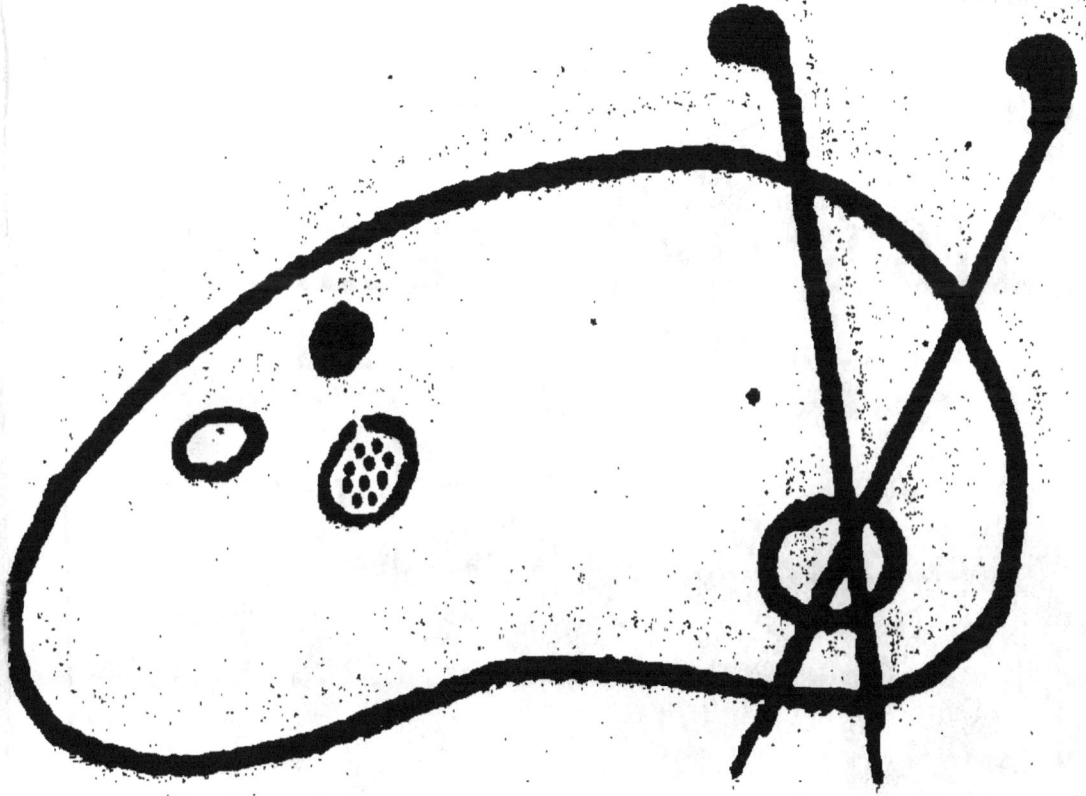

Couvertures supérieure et inférieure
en couleur

DICTIONNAIRE
DE LA
LÉGISLATION ALGÉRIENNE
CODE ANNOTÉ ET MANUEL RAISONNÉ

des

LOIS, ORDONNANCES, DÉCRETS, DÉCISIONS ET ARRÊTÉS

PUBLIÉS AU BULLETIN OFFICIEL DES ACTES DU GOUVERNEMENT

PREMIER VOLUME

1860-1872

PARIS

1193—Paris. — Imprimerie Cosset et Cⁱᵉ, rue Racine, 26.

DICTIONNAIRE

DE LA

LÉGISLATION ALGÉRIENNE.

1193 — Paris. — Imprimerie Cusset et Cᵉ, rue Racine, 26.

DICTIONNAIRE

DE LA

LÉGISLATION ALGÉRIENNE

CODE ANNOTÉ ET MANUEL RAISONNÉ

DES

LOIS, ORDONNANCES, DÉCRETS, DÉCISIONS ET ARRÊTÉS

PUBLIÉS AU BULLETIN OFFICIEL DES ACTES DU GOUVERNEMENT

SUIVI

D'UNE TABLE ALPHABÉTIQUE DES MATIÈRES ET D'UNE TABLE CHRONOLOGIQUE DES LOIS, DÉCRETS, ETC.

PAR M. P. DE MÉNERVILLE

Président à la Cour d'appel d'Alger
Officier de la Légion d'honneur

TROISIÈME VOLUME

1866-1872

ALGER

A. JOURDAN, ancienne maison BASTIDE
Libraire, place du Gouvernement

Et les principaux libraires de l'Algérie

PARIS

DURAND, libraire-éditeur, rue Cujas, 9
COSSE ET MARCHAL, imp.-édit., place Dauphine, 27
CHALLAMEL, libraire-commiss., rue des Boulangers, 30

1872

La nouvelle période de six années qui s'est écoulée depuis la publication du 2ᵉ volume du *Dictionnaire de la législation algérienne*, a été signalée encore par de nombreuses et profondes modifications dans l'organisation du gouvernement et l'administration de l'Algérie.

La substitution du régime civil au régime militaire, — la suppression des bureaux arabes, — la division du pays en deux régions, celle du Tell et celle du Sahara, sans distinction, pour la première, entre le territoire civil et le territoire dit jusqu'alors militaire, — le développement sur des bases plus larges et plus libérales du régime communal, — l'introduction du système électif par le suffrage universel, — l'institution du jury en matière criminelle, — la réorganisation de la justice musulmane, — en un mot le principe franchement adopté d'une assimilation aussi complète que le permet la situation spéciale de la colonie, aux droits et libertés réservés jusque-là à la métropole, ont donné naissance à plus de 800 décrets, arrêtés ou mesures administratives.

Il était nécessaire et urgent de réunir tous ces documents en un nouveau volume pour les mettre à la disposition facile de tous. Le même mode de classement que pour les volumes antérieurs a été suivi, et afin de simplifier les recherches, la table alphabétique embrasse toutes les matières contenues dans les trois volumes déjà publiés.

Août 1872.

EXPLICATION DES ABREVIATIONS

EMPLOYÉES AUX Iᵉʳ, IIᵉ ET IIIᵉ VOLUMES.

A.	Arrêté.
ACE.	Arrêté du commissaire extraordinaire de la République.
AD.	Arrêté du directeur de l'intérieur.
AG.	— du gouverneur général ou du général en chef.
AGI.	— du général en chef et de l'intendant civil (1831-1834).
AI.	— de l'intendant civil.
AM.	— ministériel.
VP.	— du préfet.
APE.	— du président du conseil, chef du pouvoir exécutif (1848 et 1871).
B.	Bulletin officiel des actes du gouvernement de 1830 au 24 juin 1858.
BM.	Bulletin du ministère de l'Algérie et des colonies du 24 juin 1858 au 24 novembre 1860.
BG.	Bulletin officiel du gouvernement général à partir du 24 novembre 1860.
D.	Décret.
DAN.	Décret de l'assemblée nationale.
DGP.	— du gouvernement provisoire.
DP.	— du président de la république.
DI.	— impérial.
OR.	Ordonnance royale.
SC.	Sénatus-consulte.
Cire. CE.	Circulaire du commissaire extraordinaire de la République.
Cire. G.	Circulaire du gouverneur général.
Décis. I.	Décision impériale.
Décis. PE.	Décision du président du conseil, chef du pouvoir exécutif.
Décis. M.	Décision ministérielle.
Inst. M.	Instruction ministérielle.
Arr.	Arrêté.
Arr. min.	arrêté ministériel.
Art.	article.
Cass.	cassation.
C. inst. cr.	code d'instruction criminelle.
C. Nap.	code Napoléon.
C. pén.	code pénal.
C. pr. civ.	code de procédure civile.
Décr.	décret.
Ord. roy.	ordonnance royale.

Lorsque les actes du gouvernement portent deux dates, la première est celle du jour où ils ont été signés, la deuxième celle du jour de la promulgation, savoir : — A Alger du 20 octobre 1834 au 30 septembre 1858 par leur insertion au *Bulletin officiel* (B); — A Paris, du 30 sept. 1858 au 15 février 1861 par leur insertion au *Bulletin du ministère de l'Algérie et des colonies* (BM); — A Alger, à partir du 19 janvier 1861 par leur insertion au nouveau *Bulletin officiel du gouvernement général* (BG).

Les renvois aux deux premiers volumes sont indiqués entre parenthèses par le chiffre 1 ou 2 suivi du chiffre de la page.

Les renvois au troisième volume sont indiqués par la date du document cité avec la mention *suprà* ou *infrà* seulement, si ce document se trouve dans le même article, ou, s'il se trouve dans un autre, avec la désignation de cet article.

DICTIONNAIRE

DE LA

LÉGISLATION ALGÉRIENNE.

1866—1872.

A

Abatage-Abattoirs.

AG. — 8 janv. 17 mars 1869. — BG. 308. — *Interdiction dans toute l'Algérie de l'abatage des vaches et brebis pleines.*

Vu la loi des 16-24 août 1790, tit. 11, art. 5; — Attendu les nombreux abus qui nous sont signalés, touchant l'abatage des vaches et brebis pleines; — Considérant que la grande mortalité qui a régné dans ces derniers temps, en Algérie, sur les races bovine et ovine, fait à l'autorité un devoir impérieux d'obvier, autant qu'il dépend d'elle, aux abus susceptibles d'aggraver les conséquences de cette situation; — Que l'intérêt de l'agriculture, aussi bien que celui de l'alimentation publique, prescrivent de veiller à la conservation des bêtes reproductrices;

Art. 1. — L'abatage des vaches et brebis pleines est formellement interdit dans toute l'Algérie.

Art. 2. — Les infractions à cette interdiction seront constatées par des procès-verbaux, et les contrevenants traduits devant les tribunaux compétents, pour être punis conformément aux dispositions du C. Pén.

Le sous-gouverneur,
Gal BARON DURRIEU.

RENVOIS. — V. *Table alphabétique.*

Abonnement. V. TABLE ALPHABÉTIQUE.

Académie. V. *ibidem.*

Achat d'effets militaires. V. *ibid.*

Achour. V. IMPÔT ARABE.

Actes de dévouement. V. TABLE ALPHABÉTIQUE.

Actes de l'état civil. V. ÉTAT CIVIL.

Actes du gouvernement. V. PROMULGATION.

Actes de notoriété. V. TABLE ALPHABÉTIQUE.

Actes de la préfecture (Recueil des). V. *ibidem.*

Actes sous seing privé. V. *ibidem.*

Actions commerciales. V. *ibidem.*

Adjoints civils. V. *ibidem.*

Administration civile indigène. V. AFFAIRES ARABES, § 2.

Administration générale.

La création en 1858 d'un ministère de l'Algérie paraissait favorable au progrès de la colonie; elle donnait satisfaction à l'opinion publique, et promettait aux colons une protection plus directe, une appréciation plus exacte de leurs intérêts et de leurs droits. Deux ans s'étaient à peine écoulés, que cette organisation, emblême et garantie du développement des institutions civiles, disparaissait pour faire place à la restauration du gouvernement et du régime militaire antérieurs, que le décret du 10 déc. 1860 consacrait de nouveau.

En 1864 une insurrection éclate parmi les indigènes, elle est promptement réprimée, mais sert de prétexte à de nouvelles mesures qui, rétrogradant cette fois de vingt ans en arrière, appliquent dans toute sa rigueur le système d'une administration purement militaire. La centralisation des affaires civiles entre les mains d'un directeur général est supprimée. C'est un sous-gouverneur militaire qui est appelé à remplir en même temps les fonctions de chef d'état-major général, et de directeur général. Un secrétaire général du gouvernement est placé sous ses ordres pour l'expédition des affaires civiles de même que dans chaque département les préfets sont subordonnés aux généraux commandant les divisions. Le rapport ministériel contenant l'exposé des motifs du déc. du juill. 1864, n'est pas un des documents le moins curieux de l'histoire de la colonie. L'insurrection, y est-il dit, est due aux clameurs imprudentes de la presse algérienne. La division du pays en deux territoires, l'un militaire, l'autre civil, administrés par des généraux et des préfets indépendants l'un de l'autre est une cause permanente de conflits qui enlèvent au principe d'autorité une partie de sa force; le seul moyen de le lui rendre est de conférer aux généraux, sous le titre de commandants de province, l'administration supérieure et la haute direction de tous les services civils.

Cette situation a duré jusqu'au 31 mai 1870, époque à laquelle le gouvernement consentit enfin à affranchir les préfets de cette subordination. Pendant que ce régime pesait sur les populations civiles, les indigènes étaient au contraire l'objet de mesures qui leur conféraient des droits et des privilèges de nature à retarder indéfiniment tout progrès de la colonisation et de l'immigration française. Le sénatus-consulte de 1863 sur la propriété, la manière surtout dont l'exécution en était comprise et poursuivie, la direction donnée à l'administration des indigènes conformément aux vues indiquées par l'Empereur dans sa lettre du 20 juin 1865, sur la politique de la France en Algérie, soulevaient de toute part des appréhensions et de vives critiques.

C'est alors que survint la révolution du 4 sept. 1870 et que les décr. du 24 oct., en supprimant le régime militaire, donnèrent, suivant les termes de la dépêche qui en ordonne la promulgation, une première satisfaction au besoin d'expansion si longtemps méconnu de l'élément civil. Ils suppriment également, dans l'étendue du Tell, toute distinction entre le territoire militaire et le territoire civil, ainsi que l'institution des bureaux arabes militaires, telle qu'elle était organisée et par une réaction radicale, ce sont les autorités militaires qui sont, à leur tour, subordonnées aux autorités civiles, et les généraux administrateurs aux préfets.

Ces décrets rendus à la hâte, sans avoir été mûrement étudiés et réfléchis, ont déjà subi plusieurs remaniements ou abrogations partielles (1), ce qui en reste en partie inexécuté, en partie inexécutable par suite de mesures nouvelles qui en contrarient les dispositions; c'est une constitution avortée, et le gouvernement général civil institué par décret postérieur du 29 mars 1871, tire ses pouvoirs et ses attributions bien plus du déc. de 1860 que de ceux de 1870.

L'Algérie expérimente en ce moment la douzième ou treizième organisation administrative qui lui est donnée depuis la conquête. Comment un pays soumis à de pareilles vicissitudes pourrait-il rapidement progresser, quelles que soient l'énergie et la persévérance de ses intrépides colons!

DIVISION.

(1) Voici d'ailleurs l'appréciation qu'a fait la commission de l'assemblée nationale chargée de rechercher parmi les décrets législatifs du gouvernement de la défense nationale ceux qu'il serait urgent de rapporter ou de modifier.

« Il y a dans cet ensemble de décrets, où il est souvent difficile de faire une exacte distinction entre les prescriptions purement administratives et celles qui ont un caractère législatif, tout un système d'organisation civile et militaire, qui donne une nouvelle constitution à l'Algérie. Nous savons que la plupart de ces mesures décrétées sans des études et une compétence suffisantes du sujet ont soulevé les plus vives réclamations.

« C'est donc une organisation à refaire, mais en présence de cette immense question, qui divise depuis longtemps les hommes les plus éclairés sur les besoins et les aspirations de l'Algérie, nous sommes convaincus qu'il serait téméraire de hasarder une opinion sans une compétence que la grande majorité de la commission ne se reconnaît pas, et nous laissons à celui d'entre nous à qui l'origine de son mandat donne une autorité toute spéciale, le soin de parler au nom de l'Algérie.

« Dans cette situation, nous exprimons seulement le vœu qu'on se hâte de faire disparaître les incertitudes qui règnent encore sur le régime auquel seront soumises nos possessions du nord de l'Afrique, et qu'afin d'arriver à ce résultat si désirable pour le développement et l'avenir de notre colonie, une commission spéciale de l'assemblée nationale soit chargée de l'étude et de la préparation des lois qui doivent former la constitution politique et militaire de l'Algérie. »

(2) JURISPRUDENCE. — Le décr. du 27 oct. 1858 a rendu applicables aux provinces de l'Algérie, la législation qui régit les départements pour l'exercice des actions judiciaires, d'après l'art. 56 de la loi du 10 mai 1838, et le décr. du 23 mars 1852. — Lorsque le conseil général n'a pas autorisé ni approuvé un pourvoi formé par le préfet contre un arrêté du conseil de préfecture, ce pourvoi est non recevable.

« Considérant que le préfet du dép. de Constantine ne justifie point que le conseil général l'ait autorisé à se pourvoir, ou ait approuvé le pourvoi par lui formé contre l'arrêté du conseil de préfecture qui a condamné la province de Constantine à payer la somme de... pour solde des travaux exécutés sur la route de Sétif à Bougie ; — Que dès lors ce pourvoi n'est pas recevable; — La requête est rejetée. » — Cons. d'État, 27 avr. 1870. — Dalloz, 1871. 3. 59.

(3) JURISPRUDENCE. — Il appartient au gouverneur général de statuer sur les recours formés contre les arrêtés des préfets. — « Vu le décr. du 5 juill. 1854 sur les chemins vicinaux en Algérie, le décr. du 27 oct. 1858, celui du 10 déc. 1860, notamment l'art. 7 et le décr. du 7 juill. 1861. — Considérant qu'aux termes des dispositions législatives ci-dessus visées, il appartient au gouverneur général, comme supérieur hiérarchique

10° (suite)–1866—1870.

Administration du maréchal de Mac-Mahon, gouverneur général, et du général baron Durrieu, gouverneur général par intérim.

DI. — 30 sept.-2 nov. 1867. — BG. 251. — *L'archevêque d'Alger et les évêques de Constantine et d'Oran sont nommés membres du conseil supérieur.*

Vu l'art. 12 de notre décr. du 10 déc. 1860, qui institue un Conseil supérieur de l'Algérie et désigne l'évêque d'Alger pour en faire partie (*Admin. gén.*); — Notre décr. du 9 janv. 1867, qui érige l'église épiscopale d'Alger, en métropole, et crée deux évêchés à Constantine et à Oran (*Cultes*);

Art. 1. — L'archevêque d'Alger et les évêques de Constantine et d'Oran font partie du Conseil supérieur de l'Algérie.

Décis. I. — 19 déc. 1868-17 mars 1869. — BG. 308. — *Division des secrétaires généraux de préfecture en deux classes. — Traitements.*

Rapport à l'Empereur. — Paris, 19 déc. 1868. — Sire, une décision impériale du 5 sept. 1864 a fixé uniformément les traitements des secrétaires généraux des trois préfectures de l'Algérie à la somme de 7,000 fr. — La possibilité de les appeler aux fonctions de sous-préfet élargissait pour eux la carrière et permettait de récompenser l'ancienneté et la distinction de leurs services. Mais la suppression des sous-préfectures en Algérie, recommandée en principe par V. M. dans sa lettre du 20 juin 1865 (II, *Appendice*), et déjà réalisée en partie, enlève aujourd'hui aux secrétaires généraux cette perspective d'avancement normal.

Il est du devoir du gouvernement d'offrir une compensation à ces utiles fonctionnaires, dont le travail et la responsabilité se sont accrus en proportion du développement qu'a pris, dans ces derniers temps, la tâche de l'administration départementale. — Le gouverneur général de l'Algérie propose, dans ce but, d'établir, pour les secrétaires généraux de préfecture en Algérie, 2 classes : — La 1re au traitement de 8000 fr. — La 2me au traitement de 7,000 fr. — Le passage de la 2me à la 1re cl. ne pourrait avoir lieu qu'après trois années d'exercice dans la classe inférieure. — Enfin, les promotions seraient faites par le Gouverneur général dans la limite des ressources budgétaires.

Le ministre de la guerre,
Mal NIEL.

Approuvé,
NAPOLÉON.

AG. — 2 févr.-15 mars 1869. — BG. 307. — *Le secrétaire général du gouvernement est chargé de statuer sur les demandes de passage, et de signer toute la correspondance administrative qui n'impliquera aucune décision.*

DI. — 11-25 mars 1869. — BG. 309. — *Le commandant supérieur de la marine est appelé à faire partie du conseil supérieur.*

AG. — 10 mai-31 déc. 1869. — BG. 318. — *Délégation d'attributions par le gouverneur général aux généraux commandant les provinces (abrogé virtuellement par le décr. du 31 mai 1870, et spécialement par l'arr. du 21 juin 1870 ci-après).*

Vu les décr. du 30 déc. 1856 et 27 oct. 1858

sur l'organisation administrative de l'Algérie (I, 31 et s.); — Les § 5 et 6 de l'art. 15 du décr. du 7 juill. 1864 (II, 9); — Les instructions générales pour l'exécution dudit décret, en date du 19 sept. 1856 (non publiées); — L'arr. du 20 mars 1865, portant délégation de pouvoirs, en matière administrative, aux généraux commandant les provinces (II, 14); — L'avis du conseil de gouvernement;

Art. 1. — Les généraux commandant les provinces nomment, en notre nom et en vertu de notre délégation, aux fonctions et aux emplois suivants : — Les officiers des milices jusqu'au grade de capitaine inclusivement; — Les membres des chambres consultatives d'agriculture et les membres des bureaux des dites chambres; — Les imans et autres agents du culte musulman, les muphtis exceptés; — Les vérificateurs-adjoints auxiliaires du service des poids et mesures. — Ces nominations sont faites conformément aux lois et règlements en vigueur.

Art. 2. — Les généraux délivrent les congés aux fonctionnaires de l'administration civile, les préfets, sous-préfets, et secrétaires généraux exceptés. — Ils règlent la quotité du traitement à allouer aux porteurs de congé, pendant la durée de leur absence, dans les limites déterminées par le décr. du 9 nov. 1853. — Ils fixent la résidence des receveurs et autres agents du service de l'enregistrement et des domaines, et celle des agents forestiers, autres que les chefs de service et les inspecteurs.

Art. 3. — Sont déléguées par nous aux généraux commandant les provinces les attributions suivantes :

1° Organisation des corps de milice;

2° Délivrance des autorisations d'exercer les professions d'imprimeur et de libraire;

3° Approbation des listes de commerçants notables appelés à élire les membres des tribunaux et des Chambres de commerce;

4° Composition des chambres syndicales de courtiers maritimes;

5° Approbation des locations de gré à gré d'immeubles domaniaux dont la durée ne dépasse pas 3 années et le prix annuel, après estimation de la valeur locative, 3,000 fr.;

6° Autorisation de cession des baux approuvés en vertu du paragraphe précédent;

7° Approbation des cahiers des charges pour vente aux enchères publiques d'immeubles domaniaux, ainsi que des procès-verbaux d'adjudication, lorsqu'ils n'ont donné lieu à aucune réclamation;

8° Approbation des ventes de gré à gré d'immeubles domaniaux d'une valeur n'excédant pas 3,000 fr., mais dans les conditions déterminées par le décr. du 25 juill. 1860;

9° Remise ou modération d'amendes encourues pour contraventions aux lois sur l'enregistrement;

10° Liquidation définitive des états des sommes restant à recouvrer, à la fin de chaque exercice, dans les bureaux des régies financières, sauf les cas où il y a lieu de prononcer des dégrèvements;

11° Approbation des mémoires à produire dans les instances domaniales, à la charge de transmettre immédiatement au gouverneur général une copie du mémoire approuvé;

12° Création de bureaux de débits de tabacs de la régie et de poudres à feu;

13° Création de bureaux de distribution de papier timbré;

Art. 4. — Les généraux commandant les pro-

─────────────────

du préfet du département d'Oran, de connaître des réclamations élevées contre ses actes; qu'ainsi le sieur Bleuze n'est pas fondé à soutenir qu'en approuvant la décision du préfet d'Oran en date du 29 mai 1867 (ayant pour objet d'interpréter un arrêté du conseil de préfecture

relatif au classement d'un chemin vicinal) le gouverneur général a fait un acte qui n'était pas de sa compétence. — La requête est rejetée. » —Cons. d'État, 24 juin 1870. — Dalloz, 1871, 3, 82.

vinces pourront, par des arrêtés pris d'urgence, dont ils adresseront immédiatement copie au gouverneur général, suspendre l'exécution des actes des préfets qui seraient contraires aux lois ou règlements, ou qui donneraient lieu aux réclamations des parties intéressées; mais ces mêmes actes ne pourront être annulés ou réformés que par le pouvoir central.

Art. 5. — Sauf les exceptions déterminées par le § 11 de l'art. 3 et par l'art. 4 ci-dessus, les généraux commandant les provinces rendront compte au gouverneur général de toutes les mesures qu'ils auront prises en exécution du présent arrêté, au moyen d'états collectifs par nature d'affaires, dressés à la fin de chaque trimestre.

Art. 6. — L'arr. du 20 mars 1863 est rapporté.

Mᵃˡ DE MAC-MAHON, DUC DE MAGENTA.

DÉ. — 24 juill.-28 sept. 1869. — BG. 515 — *Fonctionnaires de l'administration générale auxquels peut être conféré l'honorariat.*

Art. 1. — Nos décrets des 15 mars 1854 et 28 fév 1863, sont rendus exécutoires en Algérie et y seront promulgués à cet effet.

Art. 2. — Le titre honoraire de leurs anciennes fonctions pourra être conféré aux secrétaires généraux du gouvernement de l'Algérie et aux conseillers rapporteurs du conseil de gouvernement. Ils auront dans les cérémonies publiques le même rang que les préfets honoraires. — Les commissaires civils admis à la retraite pourront également recevoir le titre de commissaire civil honoraire, pour prendre rang dans les cérémonies publiques avec les conseillers de préfecture, après les sous-préfets et secrétaires généraux. .

Décret du 15 mars 1854.

Art. 1. — Les membres des conseils de préfecture admis à la retraite pour ancienneté de services ou pour cause d'infirmités, qui auront bien mérité dans l'exercice de leurs fonctions pourront recevoir le titre de conseiller de préfecture honoraire.

Art. 2. — Ceux auxquels ce titre aura été conféré pourront figurer dans les cérémonies publiques avec les membres des conseils de préfecture et prendre part, avec voix consultative, aux délibérations de ces conseils, lorsqu'ils y auront été appelés par convocation spéciale du préfet.

Décret du 28 février 1863.

Art. 1. — Le titre de préfet honoraire pourra être conféré par décret impérial aux préfets placés hors des cadres d'activité ou admis à la retraite et qui auront bien mérité dans l'exercice de leurs fonctions.

Art. 2. — Les préfets honoraires porteront dans les cérémonies publiques le costume de préfet, moins l'écharpe, et prendront rang immédiatement avant les conseillers de préfecture.

Art. 3. — Les sous-préfets placés hors des cadres d'activité ou admis à la retraite et qui auront bien mérité dans l'exercice de leurs fonctions pourront obtenir par décret impérial le titre de sous-préfet honoraire. — Les mêmes dispositions sont applicables aux secrétaires généraux de préfecture.

Art. 4. — Les sous-préfets et secrétaires généraux de préfecture honoraires auront le droit de porter, moins l'écharpe, le costume attribué à leurs anciennes fonctions. Ils prendront rang dans les cérémonies publiques avec les membres des conseils de préfecture.

DÉ. — 31 mai-14 juin 1870. — BG. 529. — *Modification des dispositions du titre 3 du décr. du 7 juill. 1854. (II, 9.)*

Vu notre décr. du 7 juill. 1854, relatif au régime administratif de l'Algérie, titre 3 (II, 9);

Considérant qu'il importe, jusqu'à la promulgation des mesures qui doivent fixer le nouveau régime administratif de l'Algérie, de régler par des dispositions transitoires la position respective des autorités provinciales actuellement en fonctions;

Sur le rapport de notre ministre de la guerre, et d'après les propositions du gouverneur général de l'Algérie (1);

Art. 1. — Les préfets exercent dans les départements la plénitude des pouvoirs administratifs. — Ils correspondent directement avec le gouverneur général, et ne relèvent d'aucune autre autorité.

Art. 2. — Les pouvoirs administratifs des généraux commandant les provinces sont limités aux territoires militaires. — Les généraux exercent dans ces territoires toutes les attributions dévolues à l'autorité préfectorale.

Art. 3. — Des arrêtés du gouverneur général pourvoiront aux mesures transitoires que pourra comporter le fonctionnement des différents services civils dont l'action s'étend sur les deux territoires.

Art. 4. — La police de la presse, qui était attribuée aux généraux commandant les provinces, est réservée au gouverneur général.

Art. 5. — Toutes dispositions contraires de notre décret sus-visé du 7 juill. 1854 sont et demeurent abrogées.

ACI — 11-14 juin 1870. — BG. 529. — *Arrêté pour l'exécution du décret qui précède.*

Vu le décr. du 31 mai 1870; — En vertu des pouvoirs conférés au gouverneur général par l'art. 3 dudit décret;

Art. 1. — Il est institué, auprès de chaque général commandant de province, un bureau administratif, pour l'expédition des affaires civiles; ce bureau est composé: — D'un chef de bureau, — Et de deux employés titulaires.

Art. 2. — Le personnel des bureaux administratifs des généraux sera recruté, pour sa première formation, dans les cadres actuels de l'administration provinciale. — Les employés continueront d'être rétribués conformément au tarif des traitements adopté pour les préfectures; ils restent soumis aux mêmes règlements, quant à l'admission dans les cadres, à l'avancement et à la discipline.

Art. 3. — Le général commandant la province a sous ses ordres, au même titre que le préfet du département, pour l'administration du territoire militaire, les chefs des différents services civils dont l'action s'étend sur les deux territoires.

Art. 4. — En vertu de l'art. 26, § 2 du décr. du 7 juill. 1854, qui étend à tout le territoire de

---

(1) *Rapport à l'empereur.* — Paris, 31 mai 1870 — Sire, — Le désir de donner satisfaction à l'opinion publique, en attendant que les projets de réorganisation de l'Algérie puissent être présentés aux chambres, a déterminé le gouverneur général à proposer une mesure transitoire dont l'objet serait d'affranchir, dès à présent, les préfets de leur subordination aux généraux commandant les provinces.

Cette proposition se trouvant d'accord avec les inten-

tions exprimées déjà par le gouvernement devant les chambres, je crois devoir l'appuyer auprès de l'empereur, et j'ai l'honneur de soumettre à V. M. un projet de décret qui, modifiant les dispositions du tit. 3 du décr. du 7 juill. 1854, rétablit, dans chacun des territoires civil et militaire de l'Algérie, l'indépendance respective des généraux et des préfets.

Le ministre de la guerre,
Mᵃˡ LE BŒUF.

chaque province la juridiction du conseil de préfecture, le général prendra l'avis de ce conseil dans toutes les matières où le préfet doit statuer en conseil de préfecture. — Il saisira directement le conseil, soit en matière contentieuse, soit en matière purement consultative. — Pour les affaires du territoire militaire, le conseil de préfecture sera toujours présidé par son vice-président.

Art. 5. — Les préfets adressent périodiquement au gouverneur général des rapports d'ensemble sur la situation de leurs départements respectifs. — Des rapports semblables sont fournis par les généraux commandant les provinces pour ce qui concerne l'administration des territoires militaires.

Art. 6. — Le budget provincial comprend les deux territoires. Il est préparé de concert entre le préfet et le général. Il est présenté au conseil général par le préfet.

Art. 7. — A partir du 1er août 1870, les dépenses provinciales seront ordonnancées : — En territoire civil, par le préfet ; — En territoire militaire, par l'intendant militaire pour les dépenses administratives ; — Pour les travaux, par le directeur des fortifications ou le directeur de l'artillerie, suivant les cas.

Mal DE MAC-MAHON, DUC DE MAGENTA.

Circ. G. — Même date. — *Instructions aux généraux et préfets sur le même objet.*

Un décr. du 31 mai dernier modifie les dispositions du tit. 5 du décr. du 7 juill. 1864, et rétablit, dans chacun des deux territoires de chaque province, l'indépendance respective des généraux et des préfets, pour l'exercice de leurs fonctions administratives. — Par l'effet de ce décret, se trouvent virtuellement abrogées les dispositions suivantes du décret précité de 1864 :

1° Art. 13 et 15. — En tant qu'ils attribuaient au général commandant la province, l'administration générale des deux territoires, ainsi que la haute direction et le contrôle des services civils de la province. — Par voie de conséquence, mon arr. du 10 mai 1869, relatif aux attributions administratives par moi déléguées aux généraux, se trouve également abrogé. — J'examinerai ultérieurement l'opportunité de rétablir cette délégation de pouvoirs en faveur des deux autorités provinciales ;

2° Art. 16. — concernant la police de la presse, qui rentre dans les attributions du pouvoir central ;

3° Art. 17. — en ce qu'il établissait la subordination du préfet au général commandant la province. — Mais la disposition de cet article portant que, « en cas d'absence ou d'empêchement, le préfet est remplacé par le secrétaire général de la préfecture, » reste en vigueur ;

4° Art. 19. — dans toutes ses parties. Désormais, les rapports périodiques mentionnés au § 1 de cet article, me seront directement adressés par le préfet ;

5° Art. 23, § 2. — relatif aux délégations d'attributions que le général était autorisé à faire au préfet, pour l'administration du territoire militaire. Ces délégations n'ont plus leur raison d'être ;

6° Art. 24. — concernant la préparation, par les bureaux de la préfecture, du travail et de la correspondance du général en ce qui touchait à l'administration des Français et des étrangers du territoire militaire. — Les bureaux civils des généraux sont rétablis.

7° Art. 27. — traitant des rapports des généraux commandant les provinces avec les conseils généraux. Il y a lieu de revenir à cet égard aux dispositions du décr. du 27 oct. 1858. — En vertu des pouvoirs qui me sont conférés par l'art. 5 du décr. du 31 mai, j'ai, par arrêté de ce jour, pourvu aux mesures transitoires que comporte le fonc-

tionnement des différents services civils, dans le nouvel ordre de choses créé par ce décret. — Cet arrêté règle les points suivants : — Formation des bureaux administratifs des généraux ; — Autorité des généraux sur les chefs des différents services civils dont l'action s'étend sur les deux territoires ; — Attributions consultatives du conseil de préfecture pour les affaires du territoire militaire ; — Rapports périodiques des préfets et des généraux sur la situation de leurs territoires respectifs ; — Préparation et présentation du budget provincial ; — Ordonnancement des dépenses provinciales.

Pour la formation des bureaux administratifs des généraux, je me suis reporté aux précédents, et les dispositions que j'ai adoptées sont conformes à ce qui existait antérieurement à la suppression des bureaux civils. Je n'ai aucune raison de penser qu'un simple retour à l'ancien ordre de choses ne satisfera pas amplement aux besoins du service.

Le personnel administratif des généraux sera nécessairement recruté, pour la première formation, dans les cadres de l'administration provinciale, qui s'était accrue, lors de la mise à exécution du décr. de 1864, des employés titulaires des anciens bureaux civils des généraux.

Les conditions budgétaires ne permettaient pas d'ailleurs qu'il en fût autrement, puisque les crédits affectés aux dépenses de l'administration provinciale pour 1870 et 1871, ne sont pas susceptibles d'être modifiés dans le sens d'une augmentation. — Il sera pourvu, par voie d'abonnement, aux dépenses et fournitures de bureau. — Pour ce qui est des installations matérielles, il faudra soigneusement se renfermer dans le plus strict nécessaire.

Le décr. du 31 mai ne sera mis à exécution qu'après que les mesures préparatoires et transitoires qui font l'objet de l'arrêté que je vous notifie auront elles-mêmes été exécutées. Il importe, toutefois, que le nouveau régime administratif puisse fonctionner dans les deux territoires à partir du 1er juill. prochain, au plus tard. C'est vous dire, M. le préfet, que les deux autorités provinciales devront se concerter immédiatement à cet effet, et m'adresser, dans le plus bref délai, leurs propositions, pour ce qui est de la compétence du pouvoir central.

Mal DE MAC-MAHON, DUC DE MAGENTA.

AG. — 21 juin-5 juill. 1870. — BG. 331. — *L'arr. du 10 mai 1869 ci-dessus est rapporté. — Délégation de pouvoirs administratifs aux préfets et généraux sur les nouvelles bases résultant du décr. du 31 mai 1870.*

Vu les décr. des 30 déc. 1856 et 27 oct. 1858, — le décr. du 31 mai 1870, déterminant les nouvelles attributions des préfets en Algérie ; — notre arr. du 10 mai 1869, portant délégation de pouvoirs administratifs aux généraux commandant les provinces ; — Considérant qu'il importe de maintenir le principe de décentralisation consacré par ce dernier arrêté, mais qu'il y a lieu d'en régler l'application sur de nouvelles bases.

Art. 1. — Les préfets nomment dans leur département, en notre nom et en vertu de notre délégation, aux fonctions et aux emplois suivants : — Les officiers des milices jusqu'au grade de capitaine, inclusivement ; — Les imans et autres agents du culte musulman, les muphtis exceptés ; — Ces nominations sont faites conformément aux lois et règlements en vigueur.

Art. 2. — Les préfets délivrent les congés aux fonctionnaires, employés et agents de tout grade, relevant de leur autorité, à l'exception des sous-préfets, secrétaires généraux et commissaires civils, ainsi que des chefs, fonctionnaires, employés et agents des divers services dont l'action s'étend aux deux territoires. — Ils règlent la quotité du traitement à allouer aux porteurs de ces congés pendant la durée de leur absence, dans les limites déterminées par les §§ 1, 2, 3, 4, 5, 6 et 7 de l'art. 16 du décr. du 9 nov. 1853 (I, 520). — Ils fixent, sous les mêmes réserves, la résidence des gardes forestiers et agents secondaires des divers services. — En tout autre cas, les congés et traitements y afférents sont accordés, et les mutations de résidence sont autorisées par le gouverneur général, sur la proposition des préfets, accompagnée de la demande des chefs de service et, lorsqu'il y a lieu, de l'avis des généraux commandant les provinces.

Art. 3. — Sont déléguées par nous aux préfets, dans la limite de leur département, les attributions suivantes :

1° Organisation des corps de milice;

2° Délivrance des autorisations d'exercer les professions d'imprimeur et de libraire;

3° Approbation des listes de commerçants notables appelés à élire les membres des tribunaux et chambres de commerce;

4° Composition des chambres syndicales des courtiers maritimes;

5° Approbation de locations de gré à gré d'immeubles domaniaux dont la durée ne dépasse pas trois années et le prix annuel, après estimation de la valeur locative, 3,000 fr.;

6° Autorisation de cession de baux approuvés en vertu du paragraphe précédent;

7° Approbation du cahier des charges pour vente aux enchères publiques d'immeubles domaniaux, ainsi que des procès-verbaux d'adjudication, lorsqu'ils n'ont donné lieu à aucune réclamation;

8° Approbation des ventes de gré à gré d'immeubles domaniaux d'une valeur n'excédant pas 5,000 fr., mais dans les conditions déterminées par le décret du 25 juillet 1860;

9° Remise ou modération d'amendes encourues pour contraventions aux lois sur l'enregistrement;

10° Liquidation définitive des états des sommes restant à recouvrer à la fin de chaque exercice, dans les bureaux des régies financières, sauf les cas où il y a lieu de prononcer des dégrèvements;

11° Approbation des mémoires à produire dans les instances domaniales, à la charge de transmettre immédiatement au gouverneur général une copie du mémoire approuvé;

12° Création de bureaux de débit de tabacs de la régie et de poudres à feu;

13° Création de bureaux de papier timbré.

Art. 4. — Tous les pouvoirs délégués aux préfets par les art. 1, 2 et 3 ci-dessus, sont attribués, en ce qui concerne les territoires militaires, aux généraux commandant les provinces.

Art. 5. — Sauf l'exception déterminée par le § 11 de l'art. 3, ci-dessus, les généraux commandant les provinces et les préfets rendront compte au gouverneur général de toutes les mesures qu'ils auront prises en exécution du présent arrêté, au moyen d'états collectifs, par natures d'affaires, dressés à la fin de chaque trimestre.

Art. 6. — Notre arrêté sus-visé du 10 mai 1869 est rapporté.

M^al DE MAC-MAHON, DUC DE MAGENTA.

D I. — 27 juill.-31 août 1870. — BG. 334. — *Nomination du général baron Durrieu, gouverneur général par intérim.*

D.—(Tours.)—23 oct. 1870.— *Dépêche télégraphique adressée par le ministre de la guerre au gouverneur général.*

Vous êtes rappelé en France pour recevoir un commandement, prescrivez au général Walsin-Estherazy de se rendre à Alger pour prendre le commandement de l'Algérie par intérim, partez par le premier courrier, rendez vous à Tours; chargez le plus ancien officier général présent à Alger de la direction des affaires, jusqu'à l'arrivée du général Walsin-Estherazy.

28 oct. 1870. — *Ordre général.*

Le général de division Walsin-Estherazy, chargé du gouvernement général intérimaire de l'Algérie, par ordre du ministre de l'intérieur, ministre de la guerre par intérim, forcé pour éviter une effusion de sang, de quitter le commandement qui lui avait été confié, remet le commandement provisoire de l'Algérie à M. le général de division Lichtlin, commandant en ce moment la division d'Alger.

Le gouverneur général par intérim,
W.-ESTHERAZY.

11° — 24 oct. 1870 au 29 mars 1871.

Gouvernement de la défense nationale. — Délégation à Tours et à Bordeaux. — Commissaires extraordinaires de la République.

D. (*Tours.*) — 24 oct.-10 nov. 1870. — BG. 343. — *Nouvelle organisation administrative de l'Algérie.*

Art. 1. — Sont supprimées les fonctions et attributions de gouverneur général de l'Algérie, de sous-gouverneur de l'Algérie, et de secrétaire général du gouvernement pour l'expédition générale des affaires civiles. — Le conseil supérieur du gouvernement de l'Algérie et le conseil du gouvernement de l'Algérie sont également supprimés.

Art. 2. — Sont abolis les décr. du 10 déc. 1860, du 30 avril et du 22 mai 1861, la décis. imp. du 5 nov. 1862, les décr. du 11 juin 1863 et du 7 juill. 1864.

Art. 3. — L'Algérie renferme trois départements : le département d'Alger, le département d'Oran, le département de Constantine; ce qui établit 92 départements dans la République française. — Chaque département nomme deux représentants du peuple.

Art. 4. — Les trois départements de l'Algérie constituent un seul et même territoire : néanmoins, jusqu'à ce qu'il en ait été décidé autrement, les populations européennes et indigènes, établies dans les territoires dits actuellement *territoires militaires*, continueront à être administrées par l'autorité militaire, sous la modification portée à l'art. 8.

Art. 5. — Le gouvernement et la haute administration de l'Algérie sont centralisés à Alger sous l'autorité d'un haut fonctionnaire qui reçoit le titre de *gouverneur général civil des trois départements de l'Algérie.*

Art. 6. — Un général de division commandant les forces de terre et de mer réunies dans les trois départements, administre les populations européennes et indigènes actuellement soumises à l'autorité militaire, comme il est dit à l'art. 4. — Il a sous ses ordres les bureaux arabes. — Toutefois, le ministre de la guerre et le ministre de la marine conservent sur l'armée et sur la marine, en Algérie, l'autorité qu'ils exercent sur les armées en campagne et sur les stations navales.

Art. 7. — Chaque département est administré par un préfet qui exerce, sous l'autorité supérieure du gouverneur général civil, les attributions conférées aux préfets des départements de la République. Il reçoit les instructions du gouverneur général civil pour toutes les affaires qui intéressent la colonisation, et lui rend compte de leur exécution. — En cas d'absence, le préfet est remplacé par son secrétaire général.

Art. 8. — Les populations actuellement soumises à l'autorité militaire dans les territoires dits *territoires militaires*, sont administrées par un colonel ou lieutenant-colonel nommé par le commandant des armées de terre et de mer (modifié d'abord par décr. du 24 déc., puis abrogé par décr. du 6 fév. 1871 ci-après). — Néanmoins, le préfet a sous ses ordres les chefs des différents services civils et financiers dont l'action s'étend sur les diverses populations de l'Algérie et qu'il surveille en vertu de son autorité directe. (V. circ. du 3 déc. ci-après.) — Tout centre où l'autorité civile jugera qu'il existe un nombre d'Européens suffisant pour former un conseil municipal, sera constitué en commune qui relèvera de l'autorité préfectorale. (V. circ. du 9 déc., infrà, *Communes*, § 5.)

Art. 9. — Les préfets et les commandants militaires chargés de l'administration des départements de l'Algérie seront tenus d'adresser chaque trimestre au gouverneur général civil un rapport détaillé sur la situation de chaque administration.

Art. 10. — Le gouverneur général civil correspond avec chaque ministre selon la nature des affaires; chaque année un rapport général détaillé est remis par lui au conseil des ministres, imprimé et communiqué à l'Assemblée des représentants du peuple.

Art. 11. — Le gouverneur général civil ne peut être représentant du peuple; mais il a entrée à la Chambre, qui peut d'ailleurs l'appeler dans son sein, et devant laquelle il est responsable de ses actes. — En cas d'absence, il peut déléguer, sous sa propre responsabilité, au secrétaire général du gouvernement de l'Algérie, la signature des affaires courantes de son administration.

Art. 12. — Il est créé près le gouverneur général civil de l'Algérie un secrétaire général du gouvernement dont les attributions seront fixées par un règlement d'administration publique.

Art. 13. — Il est créé un comité consultatif du gouvernement général de l'Algérie, composé comme il suit : — 1° Six citoyens Français ou naturalisés Français, élus pour trois années, au scrutin de liste et à la majorité absolue des suffrages, par tous les électeurs français de l'Algérie, et à raison de deux membres pour chaque département; — 2° Le premier président de la cour d'Alger; — 3° Le secrétaire général du gouvernement; — 4° L'inspecteur des travaux civils et l'inspecteur général des finances en Algérie; ces deux derniers n'ayant voix délibérative que pour les affaires de leur compétence, et sur lesquelles ils présentent leur rapport écrit. — Le gouverneur général civil de l'Algérie prendra, lorsqu'il le jugera convenable, la présidence du comité consultatif. A son défaut, la présidence appartiendra au premier président de la cour d'Alger. — Le comité consultatif du gouvernement est appelé à donner son avis sur les affaires qui lui seront attribuées par un règlement d'administration publique, arrêté dans les trois mois de la publication du présent décret. Provisoirement il donne son avis sur les affaires d'administration qui ne sont pas dans les attributions des préfets (abrogé par décr. du 1er janv. 1871 ci-après).

Art. 14. — Il est créé un conseil supérieur du gouvernement général de l'Algérie composé comme il suit : — Le gouverneur général civil, président; — Le commandant des forces de terre et de mer en Algérie; — Le premier président de la cour d'Alger; — L'archevêque d'Alger; — Les préfets des trois départements; — Neuf conseillers généraux, élus chaque année, dans son sein, par le conseil général de chaque département, à raison de trois membres par conseil. — Le conseil supérieur se réunit chaque année au mois d'oc-

tobre, après la session des conseils généraux, pour délibérer sur le budget général de l'Algérie. — Le vice-président et le secrétaire sont nommés par le conseil supérieur et dans son sein, à la pluralité des suffrages. — Le conseil supérieur ne pourra délibérer qu'autant qu'il réunira la majorité de ses membres; les délibérations sont prises à la majorité des membres présents. — Les procès-verbaux seront publiés après la session; un résumé sommaire des délibérations pourra, en vertu d'une autorisation du conseil, être communiqué à la presse locale pendant la session. — Le projet du budget général de l'Algérie, arrêté provisoirement par le gouverneur général civil, après délibération du conseil supérieur, sera transmis au conseil des ministres pour être définitivement arrêté (abrogé par décr. du 1er janv. 1871 ci-après).

Art. 15. — Il n'est dérogé en rien à la législation actuelle sur les attributions des conseils généraux et des conseils municipaux en Algérie. — Un décret ultérieur fixera la composition et le mode d'élection de ces conseils.

Art. 16. — Toutes dispositions contraires au présent décret sont et demeurent abrogées. — Le présent décret sera exécutoire dans les formes prescrites par l'art. 4 de l'ord. du 27 nov. 1816 et par l'ord. du 18 janv. 1817.

Ad. CRÉMIEUX, L. GAMBETTA, GLAIS-BIZOIN, FOURICHON.

D. (*Tours.*) — Même date.

Art. 1. — M. Henri Didier, procureur de la République près le tribunal de la Seine, ancien représentant de l'Algérie, est nommé gouverneur général civil des trois départements de l'Algérie.

Art. 2. — Le général de division Lallemand est nommé commandant des forces de terre et de mer dans l'Algérie. Il aura pour chef d'état-major général un général de brigade.

Art. 3. — M. Jules Le Batteux, propriétaire, est nommé secrétaire général du gouvernement près le gouverneur général civil de l'Algérie.

Art. 4. — Le traitement du gouverneur général civil est fixé à la somme de 72,000 fr. par an; — Celui du commandant des forces de terre et de mer dans l'Algérie, à la somme de 48,00? fr., y compris les émoluments de son grade de général; — Celui du secrétaire général du gouvernement près le gouverneur général civil, à la somme de 18,000 fr.

Art. 5. — Le gouverneur général civil, le commandant des forces de terre et de mer, et le secrétaire général du gouvernement, sont logés aux frais de l'État.

Art. 6. — Le traitement des préfets, en Algérie, est fixé sur les mêmes bases que pour les autres départements de la République.

Art. 7. — Les membres du comité consultatif du gouvernement général de l'Algérie, élus par les départements d'Oran et de Constantine, reçoivent chacun une indemnité annuelle de 9,000 fr.; les deux membres élus par le département d'Alger reçoivent chacun une indemnité annuelle de 5,000 fr., payables par trimestre échu (abrogé par décr. du 1er janv. 1871 ci-après).

Ad. CRÉMIEUX, L. GAMBETTA, GLAIS-BIZOIN, FOURICHON.

D. (*Tours.*) — 24 oct.-5 déc. 1870. — BG. 546. — *Départements.* — Divisions et subdivisions militaires (abrogé par décr. du 1er janv. 1871 ci-après).

Provisoirement, les trois départements composant l'Algérie continuent à former 5 divisions militaires avec leurs subdivisions actuelles, au nombre de 15 : 6 pour le département d'Alger, 5 pour le département d'Oran, 4 pour le département de Constantine; les cercles demeurant dans leur organisation actuelle. — Chaque division sera commandée par un général de brigade, chaque subdivision par un colonel ou lieutenant-colonel, sous les ordres du commandant général des forces de terre et de mer. — Toutes dispositions contraires sont annulées et abrogées.

Ad. Crémieux, Glais-Bizoin, L. Fourichon, L. Gambetta.

D. — (Tours.) — 16-26 nov. 1870. — BG. 344. — *Nomination d'un commissaire extraordinaire.* — *Attributions* (1).

Art. 1. — M. Charles du Bouzet, actuellement préfet à Oran, est nommé commissaire extraordinaire dans les trois départements de l'Algérie.

Art. 2. — Les pouvoirs provisoirement attribués par le présent décret au commissaire extraordinaire sont les pouvoirs donnés au gouverneur général civil dans notre décr.' du 24 oct. dernier.

Art. 3. — M. Alexis Lambert est nommé préfet du département d'Oran, eu remplacement de M. Charles du Bouzet, appelé aux fonctions de commissaire extraordinaire.

Ad. Crémieux, L. Gambetta, Glais-Bizoin, L. Fourichon.

Circ. — (Tours.) — 19-26 nov. 1870. — BG. 344. — *Attributions des comités de défense.* — *Instructions adressées au commissaire extraordinaire et au général commandant supérieur des forces de terre et de mer.*

Il nous a été exposé, il y a quelques jours, que les comités de défense donnaient des ordres, sous forme d'arrêtés, et que ces ordres, parfois contradictoires, embarrassaient fort les autorités locales, en déplaçant les responsabilités régulières et jetant la confusion dans l'exercice des pouvoirs publics.

Ces comités, fort bien intentionnés, ont rendu de louables services à la République; ils peuvent en rendre encore, soit en se faisant les interprètes des vœux populaires dans une période de transition qui nous impose à tous de grands devoirs, soit en activant sur une grande échelle les enrôlements des indigènes, avec le concours des commandants militaires locaux; soit en stimulant les bons vouloirs et en mettant à votre disposition un matériel de guerre en dehors des armements dont l'État peut lui-même disposer. Il y a donc lieu de faire appel à leur patriotisme pour leur faire comprendre qu'ils ne peuvent pas mieux servir la République qu'en se renfermant strictement dans la légalité de leur action, qui consiste à proposer et non à donner des ordres.

Vous ferez au besoin appel au patriotisme de leurs membres les plus zélés, pour aller surveiller

dans les territoires dits militaires, ces enrôlements d'indigènes qui nous ont été signalés comme marchant avec lenteur sur divers points, et vous veillerez, en cas de semblables missions, à ce que leurs membres soient reçus partout avec les égards dus à des citoyens qui se dévouent pour le bien public. Il est temps d'ailleurs d'affirmer par des faits et par des exemples que l'action des citoyens français s'étendra désormais en Algérie, non plus aux territoires civils, mais à tout l'ensemble du pays.

Ad. Crémieux, L. Gambetta, Glais-Bizoin, L. Fourichon.

20 nov. 1870. — BG. 344. — *Proclamation de M. du Bouzet, commissaire extraordinaire de la République.*

Circ. CM. — 28-29 nov. 1870 (V. *Promulgation*). — *Nouveau mode de promulgation en Algérie des lois, décrets et règlements exécutoires par leur seule insertion au journal officiel de France.*

ACM. — 28-29 nov. 1870. — BG. 345. — *Délégation d'attributions au secrétaire général du gouvernement.*

Vu les décr. du 10 déc. 1860 et 7 juill. 1864 (2), ensemble le décr. du 24 oct. 1870, sur le gouvernement et la haute administration en Algérie; — Voulant pourvoir à la prompte expédition des affaires civiles qui sont de sa compétence.

Art. unique. — Indépendamment de la délégation qui lui a été faite, comme ordonnateur secondaire, par l'arr. du 17 sept. 1864, le secrétaire général du gouvernement est chargé de statuer sur les demandes de passages, et de signer par ordre, toute la correspondance administrative qui n'impliquera aucune décision.

Du Bouzet.

D. — (Tours.) — 1er-10 déc. 1870. — BG. 348. — *Chefs-lieux des divisions militaires rapprochés des frontières du Tell.*

Considérant que les généraux commandant les divisions des trois départements de l'Algérie doivent, dans l'esprit du décr. du 24 oct. dernier, exercer une action qui s'étendra plus particulièrement aux régions éloignées de la côte.

Art. 1. — Les chefs-lieux des trois divisions militaires de l'Algérie seront immédiatement séparés des trois chefs-lieux des départements. En conséquence, la résidence des généraux commandant chacune des trois divisions sera transportée sur trois points plus rapprochés des limites méridionales du Tell.

Art. 2. — Un arrêté du commissaire extraordinaire, pris de concert avec le général commandant les forces de terre et de mer, déterminera les

---

(1) *Le Gouvernement de la défense nationale à M. le commandant supérieur des forces de terre et de mer, et à MM. les préfets de l'Algérie.* — Tours, le 17 novembre. — Voici, général, le décret qui nomme M. du Bouzet commissaire extraordinaire. Nous prenons cette mesure pour satisfaire à l'impatience si vivement exprimée par tant de dépêches. Nous sommes forcés, d'ailleurs, de nous concerter avec Paris pour la nomination définitive, et voilà une semaine entière que, soit à cause des pluies, soit par impossibilité de communications, nous sommes absolument privés de toutes nouvelles. Faites connaître vous-même cette situation à nos Français d'Alger. Nous travaillons, en attendant, à perfectionner nos décr. du 24 octobre et nous ne tarderons pas à leur donner des améliorations. Dites-leur bien qu'au milieu de la tempête que nous voulons dominer, il faut que leur patriotisme nous vienne en aide et qu'ils doivent se garder d'ajouter

des embarras nouveaux à la situation si grave que nous traversons avec courage, appuyés que nous sommes par nos concitoyens. Tout est calme aujourd'hui dans notre chère France; que le trouble ne vienne pas de ces nouveaux départements que nous avons encadrés dans notre République française. Le premier pas est fait; l'autorité militaire, comme gouvernement général, est abolie. Vous, qui avez si patriotiquement accepté la nouvelle position, dites-leur que nous comptons sur leur bon esprit et sur votre concours pour développer et assurer la conquête si impatiemment et si vainement espérée pendant tant d'années.

Ad. Crémieux, L. Gambetta, Glais-Bizoin, L. Fourichon.

(2) Ces deux premiers décrets avaient été abrogés par le troisième, art. 1er (V. ci-dessus.)

trois nouvelles résidences des généraux commandant les divisions.

Ad. Crémieux, L. Gambetta, Fourichon, Glais-Bizoin.

Acm. — 2-10 déc. 1870. — BG. 348. — *Fixation des nouveaux chefs-lieux des divisions militaires* (1).

Vu le décr. du 1ᵉʳ déc. 1870 : — Considérant qu'il importe de rapprocher l'autorité militaire de la frontière du Tell, pour lui rendre plus facile l'accomplissement de sa double tâche, qui est de défendre le territoire et de servir d'avant-garde à la colonisation ; — Agissant de concert avec le général commandant les forces de terre et de mer.

Art. 1. — Le chef-lieu de la division militaire est transféré : — Dans le dép. d'Alger, à Médéa ; — Dans le dép. d'Oran, à Tlemcen ; — Dans le dép. de Constantine, à Batna.

Charles du Bouzet.

Cir. CM. — 5-10 déc. 1870. — BG. 348. — *Mode d'exécution du § 2 de l'art. 8 du décr. organique du 24 oct. 1870 relativement aux services civils et financiers dont l'action s'étend à toute une province.*

M. le préfet, — Le décret du gouvernement de la République, en date du 24 oct. dernier, relatif à l'organisation politique de l'Algérie, a consacré formellement, d'une part, l'unité administrative des territoires de chaque ancienne province, devenue un département français ; d'autre part, la centralisation à Alger, entre les mains d'un gouverneur général civil, du gouvernement et de la haute administration des trois nouveaux départements (art. 4 et 5).

Ce n'est qu'à titre essentiellement transitoire, qu'il a admis que les populations européennes et indigènes, établies dans les territoires dits anciennement *territoires militaires*, continueront à être administrées par l'autorité militaire (art. 4). C'est dans les mêmes conditions que la centralisation de cette administration spéciale et exceptionnelle a été dévolue au général de division, commandant les forces de terre et de mer, supérieur hiérarchique des officiers investis de l'autorité administrative dans leurs commandements respectifs (art. 6).

Toutefois la suprématie de l'autorité civile, dans le nouveau régime, est sauvegardée par la disposition qui oblige les commandants militaires, chargés de l'administration des territoires dits *militaires*, à adresser, chaque trimestre, comme les préfets, au gouverneur civil, un rapport détaillé sur la situation dans leur ressort administratif (art. 9).

Comme autre conséquence du principe que je viens d'exposer, l'art. 8 du décret organique dit-note, § 2, que « le préfet a sous ses ordres les chefs des différents services civils et financiers

dont l'action s'étend sur les diverses populations de l'Algérie (en d'autres termes, sur ce qu'on nommait antérieurement les deux territoires), et qu'il surveille en vertu de son autorité directe. »

Pour éviter toute cause d'erreur ou de conflit dans l'exécution de cette disposition, il importe d'en préciser le sens, et tel est l'objet des observations qui vont suivre :

1° Les services dont il s'agit sont ceux : — De la topographie ; — Du cadastre ; — Des ponts et chaussées ; — Des mines et forages ; — De l'enregistrement et des domaines ; — Des contributions diverses ; — Des forêts ; — Les postes et la télégraphie relèvent directement du gouverneur général civil.

2° Il résulte formellement des termes du décret, que les agents de ces divers services relèvent directement de l'autorité civile, représentée au chef-lieu de chaque département par le préfet, et que si, en territoire dit *militaire*, ils doivent fonctionner sous l'impulsion de l'autorité chargée de l'administration civile, et en vertu de ses réquisitions, ces réquisitions doivent leur être transmises par leur supérieur direct, qui est le préfet ; que c'est également vis-à-vis de ce fonctionnaire qu'ils sont responsables de l'exécution du service accompli en territoire dit *militaire*.

3° Ainsi, d'une part, l'autorité militaire ne pourra disposer d'un agent des divers services dont il s'agit qu'avec l'attache et le concours de l'autorité civile, et celle-ci sera l'intermédiaire obligé auprès de l'administration centrale, des observations auxquelles pourrait donner lieu l'exécution du service dans le ressort administratif de l'autorité militaire.

4° Il est bien entendu, d'ailleurs, que le préfet se fera, en toute occasion, un devoir de faciliter, en ce qui le concerne, l'action des services ci-dessus désignés dans les territoires du ressort militaire, selon les convenances et les nécessités administratives ; et que, son autorité sauvegardée, il ne s'emploiera qu'à aplanir les difficultés pratiques et à éviter les conflits.

M. le commandant des forces de terre et de mer, avec qui je me suis entendu pour l'adoption des dispositions de principes résumées dans les quatre paragraphes qui précèdent, donnera des instructions conformes à MM. les commandants militaires placés sous ses ordres.

Charles du Bouzet.

Circ. CM. — 9-10 déc. 1870. (V. *Communes*.) *Instructions sur l'exécution du § 3, art. 8 du décret organique du 24 oct 1870.* — *Extension des circonscriptions communales.*

D. (Bordeaux) — 24-31 déc. 1870. — BG. 351. — *Extension du territoire civil dans le Tell* (2).

En attendant la constitution définitive des territoires civils dans les trois départements de l'Al-

---

(1) Cet arrêté a reçu un commencement d'exécution, mais seulement en ce qui concerne la division d'Alger. L'état-major de la division avait, à la suite de l'insurrection des Arabes, reçu l'ordre de s'établir à Médéa, mais les moyens d'installation manquaient, et, après quelques semaines, un ordre général du commandant supérieur des forces de terre, en date du 11 mai 1871, enjoignait au général commandant la division de venir s'installer provisoirement à Alger comme par le passé et désigna un colonel pour prendre, provisoirement aussi, le commandement de la subdivision de Médéa. Aucune suite ultérieure n'a été donnée ni au décret ni à l'arrêté.

(2) Bordeaux, le 25 déc. 1870. — M. le commissaire extraordinaire. — Le but du décret ci-inclus est de donner une première satisfaction au besoin d'expansion, si long-

temps méconnu, de l'élément civil en Algérie. — Il n'est pas destiné à limiter les propositions que les préfets des départements pourront nous faire par votre intermédiaire, mais à les encourager, au contraire, en les mettant à même, dès demain, de donner à l'extension d'un régime régulier la sanction qui résultera d'une première expérience. — Tous les six mois, les préfets devront faire des propositions ou faire connaître les motifs qu'ils auraient de s'en abstenir. Mais ils pourront en faire tous les intervalles, et le gouvernement républicain sera toujours heureux de les accueillir, puisqu'elles tendront à placer un plus grand nombre d'indigènes sous un régime d'émancipation et de liberté.

Le ministre de l'intérieur, par délégation,
Ad. Crémieux.

gérie, telle qu'elle sera déterminée ultérieurement.

Art. 1. — Dans toute l'étendue du Tell, sont détachés des territoires dits *militaires* et passeront immédiatement sous l'autorité civile, tous les territoires des tribus comprises dans la zône de colonisation définie par la circulaire du 21 mai 1866, (II, 15), ainsi que ceux des tribus contiguës aux territoires civils actuellement existants, soit que ces tribus aient été précédemment soumises aux opérations du Sén.-Cons. de 1863, soit qu'elles n'aient encore été l'objet d'aucune délimitation.

Art. 2. — Jusqu'à l'érection de ces territoires en communes de plein exercice, le commissaire extraordinaire prendra, pour en assurer l'administration au moyen des autorités civiles communales et départementales les plus voisines, telles mesures qu'il y aura lieu dans chacun des trois départements.

Art. 3. — Les chefs indigènes existant dans ces tribus continueront à y exercer leur autorité à titre d'adjoints-municipaux. Les djemâas existantes sont maintenues, et elles seront établies là où elles n'existent pas, comme s'il s'agissait de sections séparées de communes.

Art. 4. — Les centimes additionnels afférents à ces tribus pour 1871, seront transportés jusqu'à nouvel ordre aux budgets départementaux, et les préfets en assureront, dans chaque département, la répartition et l'ordonnancement.

Art. 5. — Des arrêtés du commissaire extraordinaire pourront étendre les effets du présent décret aux territoires des tribus qui formeront enclave dans les nouveaux territoires civils constitués en vertu de l'art. 1.

Art. 6. — Tous les six mois, les préfets des départements, après s'être concertés avec les généraux commandant les divisions, adresseront à l'autorité supérieure des propositions pour rattacher aux territoires civils les territoires des tribus limitrophes que l'autorité militaire aura préparés à cette transformation.

Ad. Crémieux, Fourichon, Glais-Bizoin.

D. (*Bordeaux.*) — Même date. — *Nomination des officiers administrateurs.* — *Suppression des bureaux arabes divisionnaires et subdivisionnaires, ainsi que du bureau dit politique* (1).

Considérant que si le décr. du 24 oct. 1870 a dû provisoirement, et pour ne pas déplacer les responsabilités dans un moment de crise, conférer, par son art. 8, à un général commandant les forces de terre et de mer, la nomination des officiers chargés d'administrer les territoires dits *militaires*, il importe que ce personnel administratif, dont l'action s'étend à la presque totalité du pays, n'échappe pas à celle du commissaire extraordinaire, chargé transitoirement de la haute administration du pays;

Art. 1. — Le commandant des forces de terre et de mer fait les nominations des officiers administrateurs, qui lui sont conférées par l'art. 8 du décr. du 24 oct. 1870; mais ces nominations ne deviennent définitives que par l'approbation du commissaire extraordinaire de la République en Algérie (abrogé par décr. du 6 févr. 1871 ci-après).

Art. 2. — Les officiers de bureaux arabes maintenus, jusqu'à dispositions contraires, auprès des commandants chargés de l'administration des territoires dits *militaires*, sont les agents de ces commandants; ils n'ont pas personnellement l'autorité. — Toute correspondance officielle, en dehors des commandants administrateurs, est interdite aux bureaux arabes.

Art. 3. — Le bureau arabe, dit *politique*, est supprimé, et ses attributions se trouvent, de droit, réparties entre le cabinet du commissaire extraordinaire et l'état-major du général commandant les forces de terre et de mer, sous la responsabilité respective du commissaire et du général. — Ces deux hauts fonctionnaires s'appliqueront à répartir ces attributions le plus promptement possible entre les préfets des départements et les généraux commandant les divisions.

Art. 4. — Les bureaux arabes divisionnaires et subdivisionnaires deviennent de simples bureaux arabes, dont l'action ne s'exerce que dans le cercle administré directement par le commandant militaire près duquel ils sont placés.

Art. 5. — Tout mouvement insurrectionnel qui aura lieu dans un cercle administré militairement, entraînera obligatoirement la comparution en conseil de guerre de l'officier administrateur et de ses chefs et adjoints de bureau arabe, lesquels auront à justifier de leurs efforts pour prévenir la révolte, et des mesures prises pour en empêcher l'extension. — La procédure, même en cas d'acquittement, sera toujours transmise au ministre de l'intérieur.

Ad. Crémieux, Glais-Bizoin, Fourichon.

D. (*Bordeaux.*) — 30 déc. 1870-16 janv. 1871. — BG. 331. — *Création d'inspecteurs généraux pour les territoires dits militaires* (2).

---

(1) Bordeaux, le 25 déc. 1870. — M. le commissaire extraordinaire, — J'ai l'honneur de vous adresser ampliation d'un décret destiné à rompre la hiérarchie des bureaux arabes et la politique traditionnelle et anti-nationale que cette hiérarchie avait pour but de perpétuer. — Je vous prie d'en assurer la stricte exécution, en ne perdant pas de vue que la volonté formelle du gouvernement est de faire cesser les errements anciennement établis dans les territoires dits *militaires*, et de donner, sous ce rapport, une satisfaction complète à l'opinion publique.

Les populations de l'Algérie, si dévouées au gouvernement de la République, n'auraient jamais eu la pensée de déplacer les pouvoirs publics et de recourir aux manifestations tumultueuses, sans la crainte secrète qu'elles éprouvent de voir le gouvernement de la République avorter encore une fois dans cette réforme qu'elles poursuivent, non sans raison.

Vous voudrez bien prescrire, par une circulaire, de remplacer désormais, dans le langage officiel, le mot province par le mot *département*, le mot cercle par le mot *district*, et la dénomination de commandant supérieur par celle d'*administrateur*. — Les districts militaires cesseront de comprendre, dans leur délimitation, les territoires civils qui en ont été jadis distraits. — Il est désirable que les officiers chargés de l'administration de ces districts s'arrangent, désormais, pour y résider, ainsi que leurs bureaux arabes. — Partout où une administration pourra être régulièrement installée, dans l'étendue du Tell, rien n'empêchera cette administration de revêtir prochainement le caractère civil.

Je compte sur votre patriotisme pour assurer, de concert avec le général Lallemand, la réforme effective que le gouvernement poursuit.

Par délégation du ministre de l'intérieur,
Ad. Crémieux.

(2) *Rapport de M. le garde des sceaux, ministre de la justice, aux membres du gouvernement de la défense nationale.* — Bordeaux, le 30 déc. 1870. — Messieurs et chers collègues, — Vous savez la grande situation qu'occupent en Algérie les bureaux arabes. Cette administration si importante manque absolument de contrôle. L'institution des bureaux arabes, qui a rendu après la conquête de si remarquables services, n'a fait l'objet d'aucune disposition spéciale dans les décr. du 24 oct. dernier; elle a été provisoirement maintenue. L'admi-

Art. 1. — Il est créé, en Algérie, pour chacun des trois départements, un inspecteur général des territoires dits *militaires*. Ses fonctions consistent à parcourir, visiter et inspecter les tribus du département, à entendre les réclamations, à recueillir toutes les observations utiles, à se rendre compte de la situation morale et des besoins du territoire militaire faisant partie du département dont l'inspection lui est confiée.

Art. 2. — Ils feront tous les quinze jours, et plus souvent s'ils le jugent utile, des rapports sur tout ce qui pourra éclairer le gouvernement. Ces rapports seront faits en double exemplaire, l'un adressé au préfet du département, l'autre au général administrateur des territoires dits *militaires*.

Art. 3. — Les inspecteurs généraux sont nommés par le ministre de l'intérieur; ils doivent avoir au moins cinq ans de résidence effective en Al-

géríe au moment de leur nomination. Ils sont choisis, de préférence, parmi les fonctionnaires civils jouissant de la prime pour leur connaissance de la langue arabe.

Art. 4. — Le traitement de chaque inspecteur général est de 12,000 fr.; il a droit à une indemnité de 10 fr. par jour, pour chaque jour de déplacement effectif. La résidence de chacun d'eux est au chef-lieu du département où l'inspection leur est confiée.

AD. CRÉMIEUX, GLAIS-BIZOIN, L. GAMBETTA, FOURICHON.

D. — (Bordeaux.) — 1er-16 janv. 1871. — BG. 352. — *Abrogation partielle des décrets organiques du 24 oct. 1870. — Dispositions nouvelles* (1).

Considérant que, dans les départements de

---

nistration des indigènes, calquée sur celle d'Abd-el-Kader, est privée des garanties d'ordre qui entourent nos institutions civiles. Elle s'est organisée elle-même successivement par des pratiques de fait, non par des règles de droit. Je ne connais rien de publié à cet égard. C'est dans les faits qu'il faut apporter les améliorations impérieusement réclamées.

Déjà la haute main donnée aux préfets sur les services financiers dans toute l'étendue des trois départements, sans distinction de territoires, aura pour résultat d'introduire un esprit nouveau dans l'une des branches les plus importantes des services publics, au milieu des territoires dits *territoires militaires*. Mais il est indispensable que l'autorité supérieure ait le moyen de savoir de quelle façon est conduite, dans ses détails, l'administration des indigènes; elle doit recourir, dans ce but, à des fonctionnaires autres que ceux dont elle a le devoir de contrôler les actes. Il y a, pour elle, obligation étroite de suppléer au silence que créent, au sein des tribus, l'ignorance des populations et le régime féodal qu'elles ont subi depuis plusieurs siècles.

Je vous propose, mes chers collègues, la création provisoire de trois inspecteurs généraux, un par chaque département. Chacun de ces inspecteurs aura pour mission de parcourir les tribus qui habitent le département dont l'inspection lui est confiée, d'entendre les réclamations, de se rendre compte de l'esprit public, du mode de fonctionnement des chefs et des magistrats.

Pour l'accomplissement de sa mission, l'inspecteur général recevra les pouvoirs et les garanties nécessaires par le préfet et le général chargé de l'administration des territoires dits *territoires militaires*. Il adressera, au moins deux fois par mois, et plus souvent s'il le juge utile, des rapports détaillés au préfet du département et au général qui les feront parvenir, par la voie hiérarchique au gouvernement, en les accompagnant de leurs observations.

Les inspecteurs généraux seront choisis dans l'ordre civil, et, de préférence, parmi les fonctionnaires jouissant de la prime pour leur connaissance de la langue arabe. On recherchera en eux l'intégrité, le caractère, sans s'astreindre, d'une manière absolue, aux antécédents hiérarchiques. Ils devront avoir au moins cinq ans de résidence au jour de leur nomination, et, pour leur assurer l'indépendance et le respect nécessaires à l'accomplissement de leur mission, ils auront le rang de général de brigade. Le gouvernement avisera par la suite à leur donner des agents auxiliaires. Il suffit, pour aujourd'hui, de poser le principe même de la fonction. — Si vous approuvez ces propositions, elles seront consacrées par un décret.

AD. CRÉMIEUX.

(1) *Rapport présenté par M. le garde des sceaux, ministre de la justice, aux membres du gouvernement de la défense nationale.* — Bordeaux, le 1er janv. 1871.
— Mes chers collègues, nos décr. du 24 oct. dernier ont eu pour objet de poser en Algérie le principe d'un gouvernement civil et de marquer une transition possible entre le droit commun et le régime d'exception qui l'avait précédé. — Cette transition, heureusement commen-

cée par les soins du commissaire extraordinaire et du commandant des forces, et grâce au patriotisme des Algériens et à la conviction où sont les indigènes que nous ne voulons que les protéger, s'effectue plus rapidement qu'on n'avait le droit de le prévoir, et c'est pour nous un devoir de marquer, par des mesures successives, les diverses étapes de cette transformation.

Le gouvernement civil, d'ailleurs, n'est qu'un nom; il ne consiste pas dans le maintien indéfini d'un gouvernement général emprunté à un tel ordre de citoyens plutôt qu'à tel autre, ou d'une centralisation que tous nos efforts tendent à rompre au profit des départements et à'ts communes, mais dans l'application aux trois départements de l'Algérie du droit commun comme en France à titre de règle, sauf à maintenir comme exception un certain mode d'administration militaire dans toutes les régions où ce mode peut présenter des avantages. — C'est l'inverse qui a toujours eu lieu jusqu'à présent en Algérie, où nos administrateurs militaires sont demeurés des chefs de troupes. — Il en est résulté que tout progrès de nos départements algériens rencontrait toujours, devant lui, pour premier obstacle, les hésitations de l'armée qui le considérait comme étant pour elle-même un amoindrissement.

Il y a là une situation que la plus simple prudence condamne, qui crée à l'armée un rôle en opposition avec les sentiments généreux qui lui sont propres, et que nous avons le devoir de faire cesser, sans attendre, puisque l'évolution que traversent en ce moment les départements algériens doit se trouver accomplie au moment où, l'assemblée nationale étant convoquée, ces départements viendront concourir à faire une constitution qui devra pouvoir leur être appliquée sans encombre. — Tout l'échafaudage de pouvoirs exceptionnels longuement accumulés dans ce pays par une politique antinationale doit donc disparaître, et être remplacé par des pouvoirs réguliers, identiques à ceux qui s'exercent en France, ou du moins toujours assimilables, et tendant par nature à se confondre avec eux. — L'armée y gagnera un redoublement de sympathies publiques, qui ne lui font jamais défaut quand elle accomplit son vrai rôle, et auxquelles elle a droit en Algérie plus que partout ailleurs, puisque c'est elle qui a ouvert la voie à nos pionniers. Les départements algériens y gagneront de marcher sans tiraillements à la conquête de leurs futures destinées. — Les indigènes eux-mêmes y apprendront à aimer notre état politique, puisqu'ils le jugeront sur un régime intermédiaire qui tendra à s'en rapprocher plus que par le passé.

Les pouvoirs du commissaire extraordinaire et du général commandant les forces de terre et de mer continueraient, d'ailleurs, à s'exercer de concert, et jusqu'à nouvel ordre, en tenant compte de la séparation des pouvoirs, et afin d'assurer plus rapidement l'accomplissement de cette séparation. — En vous proposant ces diverses mesures, mes chers collègues, je n'éprouve qu'un regret, c'est qu'elles ne portent pas, en tête de nos signatures, celle du grand citoyen qui avait fait triompher ces principes, et dont le nom est inséparable de toutes les lois qui consacrent l'affranchissement de l'Algérie, la signature de Jules Favre.

AD. CRÉMIEUX.

l'Algérie, la confusion, dans la main d'un seul et même général, des pouvoirs administratifs, s'étendant, en fait, sur la plus grande partie des territoires, et des pouvoirs militaires proprement dits, présente des inconvénients au point de vue de la transformation des traditions; — Considérant que l'exercice de ces pouvoirs, si différents par leur caractère et par leur objectif, exige des aptitudes opposées qui ne sauraient être demandées aux mêmes hommes; — Considérant, d'ailleurs, que si les généraux investis de l'autorité militaire, sont mis, par la République, à la disposition des administrateurs qui la représentent, pour faire exécuter la loi et assurer la sécurité, ils ne peuvent et doivent relever, dans l'exercice de leurs fonctions, que de leurs supérieurs hiérarchiques, tandis qu'il est naturel et nécessaire que les généraux de brigade, détachés de l'état-major de l'armée, pour administrer la partie non encore civilisée des trois départements, exercent ce mandat sous la haute direction du ministre de l'intérieur; — Considérant, d'ailleurs qu'il peut y avoir utilité à faire commander par des généraux de division, les importantes divisions militaires des départements algériens, et que le décr. du 24 oct. n'a disposé que provisoirement à cet égard;

Art. 1. — Dans les trois départements de l'Algérie, l'exercice des pouvoirs militaires, proprement dits, sera soumis aux mêmes règles et ne comportera pas d'autres attributions que celles en vigueur dans les autres départements de la République.

Art. 2. — Les officiers généraux ou autres, investis comme par le passé, des pouvoirs administratifs dans les territoires dits *militaires*, sont considérés comme détachés de l'armée pour un service spécial, et mis par le département de la guerre à la disposition du ministre de l'intérieur.

Art. 3. — L'avancement de ces officiers sera toujours concerté entre le ministre de l'intérieur et le ministre de la guerre.

Art. 4. — Ils sont placés au point de vue de leurs fonctions, dans chacun des trois départements, sous la haute direction personnelle du préfet de la République. Cette direction ne s'exercera jamais que par l'entremise du général de brigade administrateur des territoires dits *militaires*, lequel est considéré, non comme un subordonné, mais comme un collègue du préfet.

Art. 5. — Le général-administrateur est le chef du personnel dont il dispose et de l'administration qui lui est confiée; les nominations et révocations de pouvoirs seront faites par le ministre de l'intérieur, sur sa proposition *après avis du préfet*. Il n'a d'instructions à recevoir du général commandant la division qu'au point de vue du concours qu'il peut prêter au service purement militaire. En ce qui concerne l'administration du pays, il se concerte avec le préfet *auquel il remet ses rapports*, pour rendre compte au ministre de l'intérieur. *Il correspond avec le gouvernement par l'intermédiaire du préfet* (1).

Art. 6. — Quant aux préséances, le général-administrateur prend rang immédiatement après le préfet du département et le général commandant la division militaire.

Art. 7. — Partout où il existera des corps de troupes en dehors des chefs-lieux de division et de subdivision, soit en permanence, soit temporairement, le commandement militaire sera exercé par le chef de détachement le plus élevé en grade. — Néanmoins, et suivant les besoins du service, lorsque le chef de détachement n'aura pas le grade d'officier, le général de division pourra confier le commandement militaire à l'officier-administrateur qui se trouvera sur les lieux, mais ces délégations d'autorité seront faites nominativement, et pour un temps qui ne pourra excéder six mois.

Art. 8. — Il y aura, en Algérie, autant de généraux commandant les divisions militaires qu'il y a de départements. — Il y aura un égal nombre de généraux-administrateurs. — Le traitement, afférent au grade des généraux et officiers-administrateurs continuera à être supporté par le budget de la guerre, et les dépenses accessoires d'administration seront à la charge du budget de l'intérieur.

Art. 9. — La résidence du général-administrateur pourra n'être pas la même que celle du général commandant la division militaire. Elle sera déterminée par un arrêté du ministre de l'intérieur.

Art. 10. — Les subdivisions militaires actuelles sont provisoirement conservées, ainsi que leurs chefs-lieux, sauf réorganisation militaire ultérieure. Mais les généraux commandant ces subdivisions seront immédiatement remplacés par des officiers-administrateurs pour ce qui concerne l'administration des districts portant le nom de ces subdivisions.

Art. 11. — Les résidences de ces officiers-administrateurs seront fixées par le ministre de l'intérieur.

Art. 12. — Le commissaire extraordinaire, comme représentant temporaire du ministre de l'intérieur, aura sous ses ordres les préfets des départements et les généraux-administrateurs qui disposeront désormais de tout le personnel des bureaux arabes. Les correspondances relatives à la politique et à l'administration du pays parviendront au département de l'intérieur par son intermédiaire. — Le général commandant les forces de terre et de mer, comme représentant temporaire du ministre de la guerre et du ministre de la marine, aura sous ses ordres les généraux commandant les divisions et les subdivisions militaires, et disposera de l'armée et de la marine comme par le passé. — Ces deux hauts fonctionnaires assureront immédiatement, et de concert entre eux, la séparation de pouvoirs consacrée par les articles ci-dessus.

Art. 13. — Est abrogé le décret provisoire du 24 oct. 1870, relatif aux divisions et subdivisions militaires de l'Algérie. Sont également abrogés les art. 15 et 16 du décr. du 24 oct. 1870 portant réorganisation provisoire de l'Algérie, ainsi que l'art. 7 du second décr. du même jour portant fixation de l'indemnité attribuée aux membres du comité consultatif (2).

Ad. Crémieux, L. Gambetta, Al. Glais-Bizoin, Fourichon.

Inst. M. — (*Bordeaux.*) — 4-20 janv. 1871. — BG. 353. — *Dépêche adressée au général commandant supérieur des forces de terre et de mer, au sujet de l'exécution du décret qui précède, en ce qui concerne la séparation des*

(1) Les mots imprimés en lettres italiques sont des modifications apportées par le ministre de la justice à la rédaction première de cet article. — B. G. 353. — Décis. du 17 janv. 1871.

(2) Les dispositions de ce décr. n'ont reçu qu'une exécution très-incomplète et de courte durée. — Un seul officier de l'armée du grade de capitaine, fut nommé général de

brigade administrateur à Constantine. Le personnel des officiers commandant de cercles, et chefs de bureaux arabes, n'ayant point été changé, on se contenta de leur donner officiellement pendant quelque temps le titre d'officiers administrateurs. Puis survinrent de nouvelles modifications dans l'organisation administrative, et ces dénominations furent elles-mêmes abandonnées.

pouvoirs militaires et des pouvoirs adminis-
tratifs en territoire dit militaire.

Mon cher général, nous avons l'honneur de vous adresser ampliation du décret que le gouvernement a rendu à la date du 1er janv., pour séparer, en Algérie, l'exercice des pouvoirs militaires, proprement dits, d'avec les pouvoirs administratifs, en territoire militaire. — Cette réforme nous a paru indispensable; c'est faute de l'avoir obtenue plus tôt que l'Algérie s'est débattue pendant tant d'années contre un système confus que nous nous sommes proposé de rompre avec votre loyal concours.

Vous-même, cher général, en prenant possession du commandement militaire que nous avons été heureux de vous confier, vous avez senti les dangers de cette équivoque, et vous avez, de prime abord, gagné les sympathies des populations, en leur déclarant que vous vouliez désormais vous renfermer dans l'exercice de vos attributions purement militaires. Vous avez ainsi marqué d'avance la première réforme qu'il importait d'introduire dans le décr. du 24 oct., et nous vous en attribuons bien volontiers tout l'honneur.

Désormais, cher général, l'armée, placée dans les trois départements de l'Algérie, non en face de la colonisation, mais à côté d'elle comme son meilleur soutien, demeurera étrangère aux tiraillements presque inévitables entre deux modes d'administration destinés à se succéder l'un à l'autre; le gouvernement compte sur votre concours le plus loyal pour que la séparation des pouvoirs militaires et administratifs, dans les territoires dits *militaires*, s'effectue sans désemparer.

Veuillez bien donner aux commandants administrateurs et aux officiers des bureaux arabes, l'assurance que le département de l'intérieur tien-

dra à honneur de faire récompenser leurs services par celui de la guerre plus largement encore que par le passé, et que si la République ne met pas les officiers au service d'une politique personnelle, elle saura reconnaître comme ils le méritent les services rendus dans le sens qu'elle croit le plus favorable à la grandeur de la France, au bien-être des indigènes et aux progrès de la civilisation.

Le min. de l'int. et de la guerre, GAMBETTA,
Le garde des sceaux, AD. CRÉMIEUX.

D. — (Bordeaux.) — 4-16 févr. 1871. — BG. 857. — *Conséquences de l'assimilation de l'Algérie aux autres départements de la République.* — *Répartition entre les divers ministères des crédits législatifs votés pour 1871 au titre du gouvernement général (rapporté par décr. du 6 mai 1871 ci-après)* (1).

Vu la loi des finances du 27 juill. 1870, portant fixation par chapitres du budget général des recettes et des dépenses de l'exercice 1871; — Considérant que les décr. du 24 oct. 1870 et du 1er janv. 1871 ont eu pour objet d'assimiler progressivement le régime des départements algériens à celui des départements du continent; que, par ce motif, il y a lieu de rendre à chacun des ministères compétents les attributions et la libre disposition des crédits concernant les services dès à présent assimilables.

Art. 1. — Les crédits, montant à la somme de 41,393,611 fr. alloués par la loi sus-visée du 27 juill. 1870, au ministère de la guerre pour l'ensemble des dépenses ordinaires, sur ressources spéciales et extraordinaire, du gouvernement général de l'Algérie, pendant l'exercice 1871, sont annulés au titre de ce ministère.

(1) *Rapport.* — Bordeaux le 4 fév. 1871. — Mes chers collègues, — Vous savez la nouvelle situation qui est faite aux trois départements algériens, celle de départements ne différant plus des autres départements de la République par des caractères essentiels.

Le régime financier est la consécration nécessaire, indispensable, du régime politique. Vouloir consacrer l'assimilation de l'Algérie à la France, vouloir la faire rentrer dans le droit commun qui sera, dans l'avenir, sa sauvegarde contre les régimes d'exception qui lui ont toujours été si funestes, la mettre, en un mot, en état de se présenter à l'assemblée nationale au même titre que les autres départements, et néanmoins lui conserver au même moment, une existence financière à part, une raison d'état exceptionnelle, incompatible avec le contrôle tutélaire de la comptabilité publique, ce serait, il me semble, vouloir fondre dans un même programme des éléments contradictoires, et enlever, par avance, à l'assimilation politique de l'Algérie à la France la plus sûre de toutes ses garanties, celle qui résultera de l'intérêt qu'aura chacun des départements ministériels à défendre, sur le sol algérien, l'intégrité de ses attributions et de ses crédits.

Certes, si une année avait dû s'écouler sous le régime dictatorial que les événements nous imposent, il eût été possible, sans imprudence, de conserver à l'Algérie la forme du budget de 1871, et nous aurions pu en user pour apporter dans un grand nombre de services les réformes qu'il y a lieu d'y introduire. Mais nous sommes à la veille de la réunion de l'assemblée nationale. Ne convient-il pas, dès lors, de prendre les dispositions de forme nécessaires pour que les départements algériens n'apparaissent pas, dès le premier jour, comme se prêtant mal à rentrer dans le giron de la République, parce que leur situation ne serait pas, sinon identique à celle de tous les autres, du moins assimilée dans la limite du possible?

Poser une telle question, c'est la résoudre, et je n'ai pas besoin de vous faire longuement apercevoir la force que puisera l'application du droit commun dans cette

similitude des départements algériens avec leurs aînés; quelle garantie de durée un régime normal trouvera dans les efforts combinés de plusieurs ministres réclamant, dans ces départements, l'application des règles ordinaires, et s'opposant à toutes les exceptions que la civilisation et la rapide colonisation du pays ne justifieraient pas.

Faire de l'Algérie un tout à part, ce serait s'exposer à la voir ballotée d'un département ministériel à un autre, suivant la politique de chaque moment; mais la rattacher aux différents services publics, c'est lui assurer pour un avenir prochain, l'action française s'exerçant sur elle sous les mille formes qu'elle est habituée à revêtir. Les départements d'outre-mer comporteront, sans doute, quelques exceptions, mais du moins ne comporteront-ils que celles qu'il sera possible de justifier. Ils pourront obtenir des privilèges, mais aucun système d'ensemble ne pourra plus les menacer.

Tel est, mes chers collègues, le principe fondamental qu'il vous paraîtra sans doute nécessaire de proclamer et de garantir dans la forme à donner au budget de 1871. Il y a pourtant des tempéraments à apporter au point de vue de la transition : tous les services qui ne sont pas dès à présent identiques à ceux de France pourront être, provisoirement, conservés à l'intérieur, afin d'assurer, par un même ministère, le réemploi utile des crédits que des réformes successives pourront rendre libres. Notre but, tout en établissant le principe tutélaire dont je vous parlais plus haut, sera de ne pas préjuger, dans une nomenclature d'ensemble, les réformes que les états du pays pourront poursuivre, et de n'entraver en rien le travail ultérieur de transformation. — Ce travail exigera du temps : l'important est qu'il se trouve assez irrévocablement entrepris pour devoir être naturellement continué par la constitution de forces intéressées à son achèvement. — Si vous approuvez ces idées et ces dispositions, nous les consacrerons par le décret ci-joint.

Le ministre de la justice,
AD. CRÉMIEUX.

Art. 2. — Des crédits montant ensemble à la somme de 41,585,611 fr., sont tranférés pour ledit exercice, aux budgets des ministères de l'intérieur, de la justice, des finances, de la guerre, de la marine et des colonies, de l'instruction publique et des cultes, de l'agriculture et du commerce, des travaux publics, conformément à la répartition ci-après: (V. au *Bulletin officiel.*)

Art. 3. — Les crédits compris dans la répartition qui précède, à l'exception de ceux dont les ministres compétents se seront réservé l'emploi par voie d'ordonnancements directs, seront mis, par délégation de ces ministres, à la disposition des ordonnateurs secondaires qu'ils désigneront par des arrêtés spéciaux.

Art. 4. — Les ministres de l'intérieur, de la justice, des finances, de la guerre, de la marine et des colonies, de l'instruction publique et des cultes, de l'agriculture et du commerce, des travaux publics, sont chargés, chacun en ce qui le concerne, de l'exécution du présent décret.

Ad. Crémieux, Léon Gambetta, Glais-Bizoin, L. Fourichon.

D. — (*Bordeaux*). — Même date. — *Liquidation des dépenses et reddition des comptes des exercices 1869 et 1870 (rapporté par décr. du 6 mai 1871 ci-après)* :

Vu le décr. du 4 fév. 1871, portant répartition, entre les budgets des divers ministères, des crédits alloués au budget de la guerre de 1871, pour l'ensemble des dépenses du gouvernement de l'Algérie.

Art. 1. — Le ministre des finances est chargé de la liquidation des dépenses et de la reddition des comptes des exercices 1869 et 1870, ainsi que de l'apurement des dépenses relatives aux exercices clos antérieurs à 1869, en ce qui concerne les services spéciaux du gouvernement général de l'Algérie (budget de l'État). A cet effet, il transmettra directement ses instructions aux autorités compétentes et aux ordonnateurs secondaires de l'Algérie.

Art. 2. — Les crédits alloués par les lois de finances pour les dépenses et aux titres des exercices précités, sont mis à la disposition du ministre des finances.

Art. 3. — Les crédits nécessaires pour acquitter les dépenses du service liquidateur seront ouverts au budget du ministère des finances.

Ad. Crémieux, L. Gambetta, Glais-Bizoin, L. Fourichon.

D. — (*Bordeaux*.) — 6-16 fév. 1871. — BG 557. — *Suppression du fonds commun provincial.*

Vu le décr. du 4 fév. 1871, portant répartition des crédits afférents aux trois départements algériens entre les divers ministères, et en vue de l'assimilation de ces trois départements aux quatre-vingt-neuf autres.

Art. 1. — Le fonds commun qui existait entre les trois anciennes provinces de l'Algérie, dans la constitution des budgets provinciaux, est supprimé.

Art. 2. — Pour éviter toute interruption dans la marche des services publics, il ne sera pas apporté de modification aux budgets départementaux provisoirement en vigueur, et la suppression du fonds commun ne sera appliquée que du jour de la mise en vigueur de budgets départementaux régulièrement votés par le conseil général de chaque département.

Ad. Crémieux, Em. Arago, Eug. Pelletan, Garnier-Pagès, Glais-Bizoin, Fourichon.

D. — (*Bordeaux*.) — Même date. — *Nouvelles dispositions relatives aux officiers administrateurs et aux chefs de bureaux arabes.*

Considérant que le § 1 de l'art. 8 du décr. du 24 oct., qui confie à l'autorité militaire les nominations des officiers administrateurs, a été modifié par le décr. du 24 déc. à un moment où la séparation absolue des pouvoirs administratifs et des pouvoirs militaires n'avait pas encore été prononcée dans les trois départements algériens; — Vu le décr. du 1er janv. 1871;

Art. 1. — Sont abrogés le § 1 de l'art. 8 du décr. du 24 oct. 1870 et l'art. 1 du décr. du 24 déc. sur les bureaux arabes.

Art. 2. — Les officiers administrateurs des territoires dits *militaires*, ainsi que les chefs et adjoints de bureaux arabes, seront mis par l'autorité militaire à la disposition du général administrateur dans chacun des trois départements. Ils seront nommés aux divers postes qu'ils occuperont par le ministre de l'intérieur, sur la présentation du général administrateur, et après avis du préfet.

Art. 3. — Le ministre de l'intérieur pourra déléguer aux préfets des départements les nominations dans les bureaux arabes; mais les révocations de pouvoirs ne pourront être prononcées que par lui.

Art. 4. — L'avancement de ces officiers dans les cadres militaires continuera à être conféré par le ministre de la guerre, après concert avec le ministre de l'intérieur, conformément au décr. du 1er janv. 1871.

Ad. Crémieux, Em. Arago, Garnier-Pagès, Eug. Pelletan, Glais-Bizoin, Fourichon.

D. — (*Bordeaux*.) — 8 fév. 1871. — BG. 557. — *Nomination de M. Alexis Lambert, préfet d'Oran aux fonctions de commissaire extraordinaire de la République.*

15 fév. — BG. 557. — *Proclamation de M. Lambert aux algériens.*

ACM. — 24 fév.-8 mars 1871. — BG. 559. — *Les fonctions de secrétaire général du gouvernement sont supprimées.*

ACM. — 7-8 mars 1871. — BG. 559. — *Admission à faire valoir leurs droits à la retraite, des fonctionnaires et employés de tous grades de l'administration générale et départementale de l'Algérie, qui auront acquis ces droits au 1er avr. 1871.*

Vu la loi du 9 juin 1853, sur les pensions civiles; — la décision du ministre des finances, en date du 24 janv. 1871; — Considérant la nécessité, pour le gouvernement de la République, d'entrer dans la voie de la plus sévère économie et des réformes administratives, et de préparer, à cet effet, la réduction des cadres du personnel et des dépenses y afférentes;

Art. 1. — Les fonctionnaires, employés et agents de tous grades du secrétariat général du gouvernement de l'Algérie, des préfectures, des sous-préfectures et des commissariats civils, remplissant, au 1er avr. 1871, les conditions d'ancienneté d'âge et de services déterminées, tant par l'art. 5, § 1, que par l'art. 10, §§ 1 et 5 de la loi du 9 juin 1853, précitée, sont admis à faire valoir leurs droits à la retraite, en tant qu'ils sont soumis au régime de ladite loi. — Ils seront mis en demeure, par leurs chefs de service respectifs, de produire immédiatement les justifications nécessaires.

Art. 2. — Les titulaires d'emploi ci-dessus désignés cesseront de compter dans les cadres, à partir du 1er avril prochain. Des mesures seront prises pour assurer à titre de provision et d'avance, conformément à la décision ministérielle sus-visée, la jouissance immédiate des quatre cinquièmes de la pension à liquider à leur profit, jusqu'à la délivrance du titre définitif.

Art. 5. — Il ne sera pourvu au remplacement des employés mis à la retraite, en exécution du présent arrêté, qu'en vertu de décisions spéciales du commissaire extraordinaire de la République.

ALEXIS LAMBERT.

ACM. — 11-27 mars 1871. — BG. 561. — *Même objet.*

Vu notre arr. du 7 mars 1861; — Considérant que les mêmes nécessités de réforme et d'économie s'appliquent à tous les services coloniaux;

Art. 1. — Les dispositions de notre arr. susvisé, du 7 mars 1871, sont applicables aux fonctionnaires, employés et agents de tous grades des services ci-après désignés, rétribués sur les fonds de l'État : — Bâtiments civils. — Cadastre et topographie. — Contributions diverses (agents coloniaux). — Ponts et chaussées (agents secondaires). — Prisons. — Service sanitaire. — Service des poids et mesures.

ALEXIS LAMBERT.

12°-mars 1871.

Gouverneur général civil.
Administration du vice-amiral comte de Gueydon.

APE. — 29 mars-29 avr. 1871. — BG. 563. — *Nomination d'un gouverneur général civil, et d'un directeur général des affaires civiles et financières.*

Sur le rapport des ministres secrétaires d'État de l'intérieur et de la guerre;

Art. 1. — M. le vice-amiral comte de Gueydon est nommé gouverneur général civil de l'Algérie. — Il aura sous ses ordres les commandants des forces de terre et de mer, le directeur général des affaires civiles et financières, et en général, tous les services administratifs concernant les européens et les indigènes.

Art. 2. — M. Tassin (Charles-Aimé) est nommé directeur général des affaires civiles et financières.

9 avr. 1871. — BG. 563. — *Proclamation de M. le comte de Gueydon aux habitants de l'Algérie.*

19 avr. 1871. — BG. 563. — *Proclamation du même aux arabes et kabyles.*

20 avr. 1871. — BG. 563. — *Proclamation du même aux miliciens et soldats.*

APE. — 6-31 mai 1871. — BG. 563. — *Abrogation des deux décr. du 4 fév. 1871, relatifs à la suppression du budget général de l'Algérie.*

Vu la loi des finances du 27 juill. 1870, portant fixation, par ministères, du budget général des recettes et dépenses de l'exercice de 1871; — Vu les deux décr. de la délégation du gouvernement de la défense nationale, en date du 4 fév. 1871; le premier portant répartition, entre les budgets des divers ministères, des crédits alloués par ladite loi au budget de la guerre, pour l'ensemble des dépenses du gouvernement général de l'Algérie en 1871; et le second chargeant le ministre des finances de la liquidation des dépenses et de la reddition des comptes des exercices 1869 et 1870, ainsi que de l'apurement des dépenses relatives aux exercices clos antérieurs à 1869, en ce qui concerne les services spéciaux du gouvernement général de l'Algérie (budget de l'État); — Vu l'arrêté du président du conseil, chef du pouvoir exécutif de la République française, en date du 29 mars 1871, nommant un gouverneur général civil et un directeur général des affaires civiles et financières de l'Algérie — Considérant que cet arrêté a pour effet de maintenir à Alger la centralisation du

gouvernement et de la haute administration de l'Algérie, que les deux décrets précités avaient, au contraire, eu pour but de répartir entre les divers départements ministériels;

Art. 1. — Les décrets précités du 4 fév. 1871 sont rapportés.

Art. 2. — Le budget du gouvernement général de l'Algérie est rétabli, conformément à la nomenclature par chapitres adoptée par la loi de finances du 27 juill. 1870. Toutefois, comme conséquence de la substitution du régime civil au régime militaire en Algérie, ce budget est distrait du ministère de la guerre et formera une annexe à celui du ministère de l'intérieur.

Art. 3. — Les fonds alloués pour l'ensemble des dépenses générales de l'Algérie sont ouverts au ministère de l'intérieur, qui délègue au gouverneur général civil de l'Algérie la disposition des crédits distribués mensuellement. — Le gouverneur général civil sous-délègue aux ordonnateurs secondaires qu'il désigne, les crédits qu'il ne s'est pas réservés pour des ordonnancements directs.

Art. 4. — Un arrêté ultérieur déterminera les détails des attributions respectives, en matière de budget, du ministre de l'intérieur et du gouverneur général civil de l'Algérie.

Art. 5. — Les dispositions qui précèdent seront soumises à la sanction définitive de l'assemblée nationale; cependant, en raison de l'urgence et pour assurer la marche régulière des services, elles seront mises immédiatement à exécution.

Art. 6. — Les ordonnances de délégation émises par les divers ministres pour les dépenses afférentes au budget du gouvernement général de l'Algérie, seront distraites des écritures des ministères intéressés et cumulées avec celles délivrées avant le 4 fév. 1871, ou qui seront délivrées ultérieurement au titre de ce budget, pour ne former, en fin d'exercice, qu'un seul et même compte.

AC. — 23 juin 1871 (*publié au Moniteur de l'Algérie du 24 juin*). — *Institution d'un comité consultatif de contentieux.*

Art. 1. — Il est formé auprès du gouverneur général civil de l'Algérie un comité consultatif de contentieux. — Ce comité est appelé à donner son avis sur les questions de droit, ainsi que sur les affaires contentieuses qui sont renvoyées à son examen par le gouverneur général.

Art. 2. — Le comité consultatif de contentieux est composé d'un président, de cinq membres et d'un secrétaire ayant voix délibérative. — Le président et les membres de ce comité seront renouvelés, par moitié, tous les ans. — Pour le premier renouvellement partiel, les membres sortants seront désignés par la voie du sort.

Art. 3. — Le chef de service et les parties intéressées pourront être appelés dans le sein du comité lorsqu'il jugera nécessaire de les entendre.

Art. 4. — La présence de cinq membres est indispensable pour la validité des délibérations. — Le président empêché est remplacé par le membre qui le suit dans l'ordre des nominations. — L'avis de la minorité est toujours exprimé.

V.-am¹ COMTE DE GUEYDON.

AC. — 6 juill.-18 déc. 1871. — BG. 587. — *Désignation des ordonnateurs secondaires et sous-ordonnateurs des dépenses de l'Algérie.*

Vu les arr. du président du conseil, chef du pouvoir exécutif, le 1ᵉʳ du 29 mars 1871, qui a nommé un gouverneur général civil et un directeur général des affaires civiles et financières de l'Algérie, et le 2ᵉ du 6 mai suivant, qui a rétabli le budget du gouvernement général de l'Algérie; — Vu l'art. 84 du décr. du 31 mai 1862, sur la comptabilité publique;

Art. 1. — Sont institués ordonnateurs secondaires, pour l'acquittement des dépenses imputables sur le budget du gouvernement général civil de l'Algérie : — Le directeur général des affaires civiles et financières de l'Algérie; — Le secrétaire général du ministère de l'intérieur; — Les préfets des départements de France et d'Algérie; — L'intendant militaire de la 9° division, à Marseille; — Les directeurs des fortifications et de l'artillerie, en Algérie; — Le commissaire ordonnateur de la marine, à Alger; — Le directeur, chef du service des postes de l'Algérie; — Le contrôleur des postes, à Oran et à Constantine; — L'inspecteur, chef du service télégraphique de l'Algérie; — Les inspecteurs départementaux du service télégraphique de l'Algérie.

Art. 2. — Les ordonnateurs secondaires ci-après désignés, pourront confier, sous leur responsabilité, le mandatement des mêmes dépenses aux fonctionnaires sous leurs ordres, savoir :

Les préfets des départements de l'Algérie :

Les sous-préfets; — Les chefs des régies financières; — Les chefs du service des forêts; — Les chefs du service du cadastre; — Les ingénieurs en chef des ponts et chaussées.

L'intendant militaire de la 9° division :

Le sous-intendant militaire chargé du service des embarquements à Marseille.

Les directeurs des fortifications et de l'artillerie :

Les officiers chargés du mandatement des dépenses du génie et de l'artillerie dans les places.

Art. 3. — Disposition transitoire. — Les intendants militaires des divisions de l'Algérie conserveront, pour l'exercice 1871, les attributions d'ordonnateurs secondaires du gouvernement général de l'Algérie.

V.-am¹ COMTE DE GUEYDON.

AG. — 31 juill.-18 déc. 1871. — BG. 387. — *Idem, Chef du service de l'Algérie à Paris.*

Considérant que les fonctions de secrétaire général du ministère de l'intérieur sont supprimées;

Art. 1. — Le chef du cabinet du ministre de l'intérieur, remplissant les fonctions de chef du service de l'Algérie, est institué ordonnateur secondaire du budget du gouvernement général civil de l'Algérie, au lieu et place du secrétaire général de ce ministère. Il disposera des crédits ouverts à ce dernier fonctionnaire.

V.-am¹ COMTE DE GUEYDON.

Décis. PE. — 5 août-15 sept. 1871. — BG. 373. — *Formation d'un 7° corps d'armée composé des corps de troupes employés en Algérie. — Suppression de l'emploi de commandant supérieur des forces de terre.*

Rapport au chef du pouvoir exécutif, président du conseil des ministres. — M. le président, — L'endivisionnement permanent des régiments et leur formation en corps d'armée étant d'une incontestable utilité pratique, j'ai déjà, avec votre approbation, fait appliquer ce principe à une partie des forces militaires en France. Jusqu'à présent, il a été créé six corps d'armée, et il en sera formé d'autres, au fur et à mesure que l'organisation de nos troupes le permettra. — Il semble indispensable de procéder de même pour les corps employés en Algérie.

J'ai donc l'honneur de vous proposer de décider que les régiments actuellement dans la colonie seront formés en divisions actives, qui auront

pour commandants les généraux commandant les provinces dans lesquelles ces divisions sont stationnées. — Toutes ces troupes formeraient le 7° corps d'armée. Jusqu'à nouvel ordre, il ne sera pas pourvu au commandement de ce corps d'armée, ni à la formation de son état-major général; chaque général sera, au point de vue de l'organisation et de l'administration des troupes placées dans sa division, sous mes ordres directs. — Comme corollaire de cette mesure, il sera nécessaire de supprimer, lorsque l'insurrection sera domptée complètement, l'emploi de commandant supérieur des forces de terre en Algérie.

Le ministre de la guerre,
COMTE DE CISSEY.

Approuvé,
A. THIERS.

AG. — 11 sept. 1871. — (V. *Commune, § 5.*) — *Organisation de la grande Kabylie, en circonscriptions cantonnales, cercles et districts.*

DP. — 7-28 oct. 1871. — BG. 380. — *Reconstitution du conseil de gouvernement et du conseil supérieur.*

Vu l'arr. du 29 mars 1871, instituant un gouverneur général civil de l'Algérie et un directeur général des affaires civiles et financières de la colonie; — Vu l'arr. du 6 mai 1871, rétablissant le budget du gouvernement général de l'Algérie;

Art. 1. — Le gouverneur général civil de l'Algérie est assisté d'un conseil de gouvernement qui se réunit sous sa présidence. — Sont membres de ce conseil : — Le directeur des affaires civiles et financières, — Le premier président, — Le procureur général, — Le commandant supérieur de la marine, — Le général commandant supérieur du génie. — L'inspecteur général des travaux civils, — L'inspecteur général des finances, — Le recteur de l'Académie d'Alger, — Un conseiller secrétaire, — Un secrétaire-adjoint. — L'archevêque d'Alger aura entrée au conseil de gouvernement; il siégera à la droite du président ou de son suppléant.

Art. 2. — Les attributions du conseil de gouvernement sont déterminées conformément aux dispositions des décr. des 10 déc. 1860, art. 10, et 30 avril 1861 (II, 4 et 53).

Art. 3. — Chaque année, les conseils généraux de l'Algérie élisent, dans la session pendant laquelle ils sont appelés à voter le budget, cinq délégués par département qui, réunis au conseil de gouvernement à Alger, y forment un conseil supérieur de gouvernement dont les attributions sont déterminées conformément au décr. du 10 déc. 1860, art. 12.

Art. 4. — Le conseil supérieur du gouvernement se réunit en session ordinaire après la session dans laquelle les conseils généraux ont été appelés à voter le budget. Le gouverneur général civil le convoque en session extraordinaire toutes les fois qu'il y a lieu. — Les membres du conseil supérieur du gouvernement sont convoqués par lettres closes du gouverneur général civil.

Art. 5. — A l'ouverture de chaque session, le conseil supérieur élit un vice-président et un vice-secrétaire, pour suppléer le gouverneur général ou le secrétaire empêché.

Décis. P. — 7 oct. 1871. — (V. *Communes, § 5*) *Pouvoirs et attributions du gouverneur général, en matière d'organisation communale.*

AG. — 25-28 oct. 1871. — BG. 380. — *Organisation du cabinet du gouverneur général. — Répartition d'attributions. — Secrétariat du conseil du gouvernement. — Cabinet civil. — Cabinet militaire.*

AG. — 24 nov. 1871. — (V. *Communes*, § 5.) *Organisation administrative et communale de la région Tellienne.*

Décis. P. — 25 janv.-7 fév. 1872. — BG. 397. — *Commandement militaire. — Nouvelle composition des divisions d'Alger et d'Oran.*

Division d'Alger. — Cette division ne se compose plus que de 4 subdivisions, celles d'Alger, de Dellys, de Médéa et d'Orléansville. — Les subdivisions militaires d'Aumale et de Miliana sont supprimées. — Le territoire dont se composait la subd. d'Aumale, forme un cercle relevant directement de la division. — Le territoire qui formait la subd. de Miliana, est rattaché à la subd. d'Orléansville. — Quant à la subd. de Dellys, rien n'est changé à la délimitation de son territoire, seulement son chef-lieu est transféré à Fort-National.

Division d'Oran. — Cette division ne se compose plus que de 3 subdivisions, celles d'Oran, de Mascara et de Tlemcen. — Les subd. de Mostaganem et de Sidi bel Abbès sont supprimées; — Le territoire formant la subd. de Mostaganem est rattaché à la subd. d'Oran, ainsi que le district de Sidi bel Abbès; — Le district de Daya est rattaché à la subd. de Tlemcen.

AG. — 21 mars-22 avril 1872. — BG. 411. — *Institution d'un comité permanent pour l'examen des demandes d'emplois administratifs.*

Art. unique. — Un comité permanent composé de MM. le directeur général des affaires civiles et financières, président. — Le procureur général. — L'inspecteur général des finances. — Les préfets d'Alger, d'Oran et de Constantine. — Le chef du 3ᵉ bureau du cabinet militaire du gouverneur général. — est chargé :

1° De l'examen de toutes les demandes d'emploi, dans les administrations coloniales. — 2° De l'appréciation des titres et de l'aptitude de chacun des postulants. — 3° D'établir un tableau d'appel aux divers emplois dans l'ordre de préférence résultant des titres et de l'aptitude. — Le comité siégera deux fois par an pour statuer sur les nouvelles demandes et remanier le tableau d'appel. — À l'issue de chaque session il remettra au gouverneur le tableau d'appel à des fonctions publiques tel qu'il l'aura rectifié. — La première session aura lieu incessamment.

V.-amᵃˡ COMTE DE GUEYDON.

AG. — 22-25 mars 1872. — BG. 407. — *Abrogation des délégations de pouvoirs antérieures.*

Vu les arrêtés de nos prédécesseurs, portant délégation de pouvoirs, et notamment ceux en date des 20 mars 1865, 10 mai 1869 et 21 juin 1870; — Considérant que toute délégation de pouvoirs ou d'attributions, dans les cas même où elle est autorisée par la loi, est un acte essentiellement personnel et qui ne saurait survivre à celui qui a fait la délégation; — Considérant que, parmi les délégations faites, il en est qui changent l'ordre des juridictions;

Art. 1. — Sont abrogées toutes les dispositions antérieures portant délégation de pouvoirs du gouverneur général aux préfets et autres fonctionnaires relevant de son autorité.

Art. 2. — Il sera statué ultérieurement sur celles des délégations qu'il pourrait y avoir intérêt à rétablir.

V.-amᵃˡ COMTE DE GUEYDON.

§ 5. — PERSONNEL ADMINISTRATIF.

Décis. D. — 19 déc. 1869. (V. Suprà §1.) —

Division des secrétaires généraux de préfecture, en deux classes. — Traitements.

D. — 24 juil. 1869. (V. suprà § 1.) — *Fonctionnaires de l'administration générale ayant droit à l'honorariat.*

Circ. G. — 19-31 oct. 1870. — BG. 542. — *Décision relative au traitement des fonctionnaires et employés requis comme miliciens pour un service de détachement.*

M. le préfet, par mon arr. du 11 de ce mois (infrà, *milice* § 1,,) ai réglé la position des corps de la milice requis pour un service de détachement, en ce qui touche le commandement, ainsi que les indemnités et prestations à attribuer aux miliciens pendant la durée de ce service. — Un certain nombre de mobilisables appartenant, comme fonctionnaires ou employés, à des services publics, et l'on m'a demandé de fixer la position qui leur sera faite à ce titre, pendant l'interruption obligée de leurs fonctions.

Je décide qu'en pareil cas, il sera fait à ces fonctionnaires et employés application du § 8 de l'art. 16 du décr. du 9 nov. 1853, portant règlement d'administration publique pour l'exécution de la loi sur les pensions civiles. — Ce § est ainsi conçu : « Sont affranchies de toutes retenues, les absences ayant pour cause l'accomplissement d'un des devoirs imposés par la loi. » — Ainsi, les fonctionnaires et employés de l'État appartenant, comme miliciens, à la catégorie des mobilisables, continueront à toucher l'intégralité de leur traitement pendant toute la durée du service de détachement pour lequel ils auront été requis. — Ce traitement leur sera payé par voie de rappel, à la reprise de leurs fonctions ordinaires, sur justification en due forme du motif spécial de leur absence.

Mais aux termes de mon arr. du 10 sept. 1870, le service des mobilisables n'est obligatoire que pour les miliciens de 18 à 35 ans; il est purement facultatif pour tous les autres, sauf l'exception prévue, en cas de « circonstances graves », par le dernier § de l'art. 1ᵉʳ du même arrêté.

Si des fonctionnaires et employés, classés par leur âge dans la catégorie des miliciens sédentaires, se sont spontanément fait inscrire au nombre des mobilisables, ils ne pourront répondre à l'appel pour un service de détachement, qu'après en avoir obtenu l'autorisation du chef de leur administration, autorisation qui sera naturellement subordonnée aux nécessités et aux possibilités du service. — Ceux qui partiraient sans cette autorisation se mettraient en état d'absence illégale; ils seraient, par conséquent, privés de tout traitement pendant la durée de cette absence.

Gᵃˡ DURRIEU.

D. — (Tours.) — 30 nov.-31 déc. 1870. — BG. 551. — *Traitement de non activité accordé aux préfets et sous-préfets remplacés.*

Circ. CM. — 10-16 déc. 1870. — BG. 549. — *Traitement des employés des services administratifs qui auront contracté des engagements coloniaires pour la durée de la guerre.*

M. le préfet, par une circulaire du 4 nov., dernier, le ministre de l'intérieur a décidé que les agents des services de son département qui auront contracté un engagement volontaire, pour prendre une part active à la défense nationale, jouiront, pendant toute la durée de la guerre, de la moitié de leur traitement. — Aux termes de ladite circulaire, les indemnités de logement dues à ces agents ne subiront aucune réduction. Il en

18 AFFAIRES ARABES.

sera de même des prestations en vivres ou en combustibles revenant à ceux d'entre eux qui seront mariés ou veufs avec enfants, pourvu, toutefois, que leurs fonctions ne soient pas confiées à un intérimaire appartenant à un autre service.

Je désire que ces dispositions bienveillantes soient appliquées immédiatement aux agents des divers services administratifs de l'Algérie qui seront susceptibles d'en réclamer le bénéfice. — Les sommes qui leur seront dues à ce titre, pourront être mandatées par vos soins, au profit de leurs femmes ou de toutes autres personnes munies, à cet effet, d'un pouvoir régulier, qui restera annexé au premier mandat de paiement. — Quant aux agents qui désireront recevoir la demi-solde à leurs corps, je leur en ferai parvenir le montant par les soins de l'intendance militaire. — Je vous prie de notifier la présente décision aux chefs des divers services administratifs de votre département, en les invitant à en faire connaître les dispositions aux agents placés sous leurs ordres.

Je maintiens, d'ailleurs, la décision du 19 oct. dernier (V. *milice*), relative aux fonctionnaires et employés qui seraient appelés à un service de détachement, en qualité de miliciens mobilisables; car, aux termes de la circulaire du ministre de la guerre, en date du 20 juil. 1870, et dont les dispositions ont été confirmées par les dépêches ministérielles des 24 août et 9 sept. suivants, les gardes nationaux mobiles, résidant en Algérie, sont exceptés de l'appel prescrit par la loi du 17 juil. dernier.

Cm. du Bouzet.

ACm. — 7 mars 1871 (V. suprà § 1.) — *Admission à faire valoir leurs droits à la retraite, des employés de tout grade qui auront acquis ces droits au 1er avril 1871.*

Circ. G. — 24 juin-6 juil. 1871. — BG. 368. *Au sujet des réclamations pour dettes contre des employés.*

M. le préfet, l'administration reçoit fréquemment des réclamations tendant à obtenir son intervention pour contraindre certains employés à s'acquitter envers leurs créanciers. — L'autorité administrative ne peut exercer en cette matière l'action directe et coercitive réservée à la justice; mais, en même temps que les réclamants sont renvoyés à se pourvoir devant les tribunaux, il est pris note de leurs réclamations au dossier des agents ou employés qui en sont l'objet.

Il est bon que ces derniers en soient informés et qu'on ne leur laisse pas ignorer que de pareilles notes sont de nature à faire obstacle à leur avancement. Elles pourraient même déterminer leur élimination des cadres, si elles se reproduisaient souvent et si les états d'oppositions, que je me fais remettre mensuellement, constataient qu'au lieu de s'appliquer à éteindre leurs dettes, ils continuent à les accroître, donnant ainsi de leur conduite privée une opinion qui ne peut être que défavorable. — Cette règle a déjà été établie par mes prédécesseurs, l'intérêt du service et la considération même de l'administration me font une loi de l'appliquer rigoureusement et j'y tiendrai la main.

V.-am¹ Comte de Gueydon.

AG. — 21 mars 1872. — (V. suprà § 1.) — *Institution d'un comité permanent pour l'examen des demandes d'emplois.*

§ 4. — Sous-Préfectures.

Les sous-préfectures existantes au 1er juin 1873

sont réduites au nombre de 5 : — Miliana, dép. d'Alger; — Mostaganem, dép. d'Oran; — Bône, Guelma et Philippeville, dép. de Constantine.

DI. — 22 juin-25 juill. 1867. — BG. 237. — *Suppression de la sous-préfecture de Sétif et du commissariat civil de Jemmapes.*

Art. 1. — La sous-préfecture de Sétif, dép. de Constantine, instituée par notre décr. du 15 oct. 1858, est supprimée.

Art. 2. — Le commissariat civil de Jemmapes, institué par notre décr. du 31 déc. 1856, et rattaché par ce décret à l'arrondissement de Philippeville, dép. de Constantine, est supprimé.

Art. 3. — Les autorités municipales qui relevaient du sous-préfet de Sétif, et le maire de Jemmapes, correspondront directement avec le préfet du département.

Art. 4. — Les commissaires civils de La Calle, de Souk Abras et de Djidjelli, auront également la correspondance directe avec le préfet. Ces commissariats cesseront ainsi de relever des sous-préfectures de Bône et de Philippeville, auxquelles ils étaient rattachés par nos décr. des 25 févr. 1860 et 1er avril 1865.

Art. 5. — Il n'est d'ailleurs rien changé aux circonscriptions territoriales des ressorts judiciaires de Sétif, de Bône et de Philippeville.

DI. — 4-15 sept. 1867. — BG. 246. — *Suppression de la sous-préfecture de Mascara et du commissariat civil de Souk Ahras.*

Sont supprimés : 1° La sous-préfecture de Mascara, dép. d'Oran. — Le maire de Mascara correspondra directement avec le préfet du département. Néanmoins le territoire de la commune continuera d'appartenir au ressort judiciaire de Mostaganem.

2° Le commissariat civil de Souk Abras, dép. de Constantine. — Le maire correspondra directement avec le préfet du département.

DI. — 15 nov.-12 déc. 1867. — BG. 255. — *Suppression de la sous-préfecture de Tlemcen et du commissariat civil de Cherchel.*

Art. 1. — La sous-préfecture de Tlemcen, dép. d'Oran, instituée par notre décr. du 15 oct. 1858, est supprimée. — Le maire de la commune de Tlemcen et le commissaire civil du district de Nemours correspondront directement avec le préfet du département. — Il n'est rien changé au ressort judiciaire et à la compétence du tribunal de 1re inst. de Tlemcen, tels qu'ils ont été établis par notre décr. du 21 nov. 1860 et par l'arr. min. du 15 juin 1861.

Art. 2. — Le commissariat civil de Cherchel, dép. d'Alger, institué par arr. min. du 8 mai 1841, est supprimé. — Le maire de la commune de Cherchel correspondra directement avec le préfet du département. — La commune continuera à relever du ressort judiciaire de Blida.

DI. — 30 nov.-12 déc. 1867. — BG. 255. — *Suppression de la sous-préfecture de Blida.*

Art. 1. — La sous-préfecture de Blida, dép. d'Alger, est supprimée. — Le commissariat civil de Marengo, les maires des communes comprises dans l'ancien arrondissement administratif, correspondront avec le préfet du département. — Il n'est rien changé au ressort judiciaire du tribunal de 1re inst. de Blida.

Renvois. — V. *Table alphabétique.*

Administration municipale. V. Communes.

Affaires arabes.

La substitution du régime civil au régime militaire adoptée après le 4 sept. 1870 comme principe fondamental du gouvernement de l'Algérie, entraînait une modification complète dans le mode d'administration des populations indigènes, et l'institution des bureaux arabes militaires, si fortement organisée qu'elle fût, devait nécessairement succomber dès que le système contraire qui lui était profondément hostile viendrait à triompher; aussi l'un des décr. du 24 oct. 1870 (*Administration générale*) s'applique immédiatement à rompre la hiérarchie qui était la base et faisait la force de cette organisation, en supprimant le bureau politique ainsi que les bureaux divisionnaires et subdivisionnaires, et ne laissant transitoirement aux autres qu'une action restreinte et purement administrative. Celle-ci devait elle-même s'éteindre et disparaître à mesure que l'administration des cercles militaires pourrait être remise à l'autorité civile; c'est en effet ce qui a déjà eu lieu dans les circonscriptions nouvellement organisées.

Quant à l'administration des indigènes établis en territoire civil, le décr. du 27 déc. 1866 sur l'administration communale a déjà consacré en leur faveur une importante émancipation. La constitution de la commune en Algérie, sur les mêmes bases qu'en France et l'introduction dans les conseils municipaux d'un certain nombre d'indigènes ainsi que d'un adjoint musulman, au même titre que les conseillers et adjoints français, donnent à la population représentée par eux, les mêmes droits qu'à la population européenne, et placent celle-ci, au point de vue administratif, sur un pied d'égalité absolue. Les attributions exceptionnelles données aux préfets et aux bureaux arabes départementaux par les décrets et règlements antérieurs sont ainsi supprimés et l'autorité municipale a repris toutes celles qui sont de son ressort.

La nouvelle organisation du territoire et de l'administration civile tend à faire disparaître progressivement les distinctions qui séparent encore les indigènes des européens dans les communes de plein exercice et les mesures qui concernent plus spécialement les premiers se trouvent déjà en partie comprises dans les décrets insérés à l'article *Communes*.

DIVISION.

§ 1. — Administration politique des indigènes.
   1° Organisation des bureaux arabes militaires.
   2° Règlements administratifs. — Mesures de politique générale (I, 61. II, 18.)
   3° Commissions disciplinaires.
§ 2. — Administration civile indigène.

§ 1. — ADMINISTRATION POLITIQUE DES INDIGÈNES.

1° Organisation des bureaux arabes militaires.

Circ. G. — 21-26 mars 1867. — BG. 222. *Instruction aux généraux commandant les provinces sur les modifications apportées au service des bureaux arabes.*

L'organisation donnée en 1844 aux bureaux arabes a subi, depuis cette époque, diverses modifications dont l'expérience a démontré l'utilité, et qui ont été l'objet de divers arrêtés et circulaires. — Il m'a paru nécessaire de résumer ces modifications, de réglementer avec précision les différentes parties du service des affaires arabes,

et de faire concorder les instructions qui régissent la matière avec les principes posés par la lettre impériale du 20 juin 1865, sur la politique de la France en Algérie.

Dispositions générales.

Partout et à tous les degrés, les affaires arabes dépendent du commandant militaire qui, seul, a qualité pour signer les ordres et correspondre avec son chef immédiat, ses subordonnés et les différents services suivant les règles de la hiérarchie. — Toutefois, le commandant militaire peut déléguer le chef de son bureau arabe pour signer, en son nom et avec la mention, *par son ordre*, la correspondance ordinaire avec les chefs indigènes et les ordres de détail. Il est interdit au chef du bureau arabe de faire usage d'un cachet particulier.

Les officiers des bureaux arabes sont sous les ordres directs des commandants militaires, et dans des conditions analogues à celles des officiers de l'état-major général par rapport aux commandants des corps d'armée et de division. — C'est par eux que les ordres des commandants militaires sont donnés aux chefs indigènes; c'est par eux que l'exécution en est assurée. Mais c'est toujours au commandant militaire que les chefs indigènes adressent leurs rapports ou leurs lettres ayant trait au service. — Les officiers des affaires arabes ne doivent pas perdre de vue que les chefs indigènes, investis par nous de commandements importants, et ayant parfois des grades élevés dans l'ordre impérial de la Légion-d'Honneur, ont droit à des égards que commandent ces grandes positions. — Les bureaux arabes n'ont entre eux aucun rapport officiel.

Organisation des bureaux arabes.

L'organisation des bureaux arabes comprend : — 1° Un bureau politique; — 2° Des directions provinciales; — 3° Des bureaux arabes de 1re et 2e cl., des bureaux-annexes de cercle.

Le gouverneur général a, près de lui, un bureau politique des affaires arabes, qui est placé sous l'autorité immédiate du général, sous-gouverneur. — Le général commandant une province a, près de lui et sous son autorité immédiate, une direction provinciale des affaires arabes. — Le général ou l'officier supérieur commandant une subdivision a, près de lui et sous son autorité immédiate, un bureau arabe de 1re cl. — Le commandant supérieur d'un cercle a, près de lui et sous son autorité immédiate, un bureau arabe de 2e cl.

Lorsque le ressort administratif d'un cercle est trop étendu, il peut être créé des annexes de ce cercle. — L'officier chef d'annexe relève directement du commandant du cercle.

Des officiers des affaires arabes peuvent également être détachés sur des points d'un cercle où leur présence est jugée nécessaire. — Si la mission confiée à ces officiers n'est que provisoire et ne concerne que les affaires courantes, ils dépendent du chef du bureau arabe et correspondent avec lui. Mais lorsque cette mission a un caractère spécial et présente un certain degré d'importance, le commandant supérieur peut se réserver de correspondre directement avec eux. — Si ces officiers sont détachés d'une manière permanente, ils correspondent avec le commandant supérieur.

Personnel.

Le personnel des affaires arabes comprend : — Des officiers titulaires; — Des officiers stagiaires; — Des archivistes (civils ou militaires); — Des agents inférieurs, (khodjas, secrétaires, chaouchs, khiélas). — Des interprètes de l'armée et des spahis sont détachés près des bureaux arabes, d'après les besoins du service. — Dans chaque localité, un médecin est désigné pour être chargé du service de santé du bureau arabe. — Les officiers employés dans les affaires arabes se recrutent dans les corps de l'armée, conformément au décr. du 5 mars 1866. (II, 17.)

Officiers titulaires. — Les officiers titulaires sont ceux qui, après avoir accompli le temps d'épreuve déterminé par le présent règlement, ont été reconnus aptes au service spécial des affaires arabes et attachés définitivement à ce service.

Officiers stagiaires. — Avant d'être pourvus d'un emploi dans les affaires arabes, les officiers subissent, dans une direction provinciale, un stage dont la durée varie suivant l'aptitude dont ils font preuve, et pendant lequel ils sont initiés aux connaissances nécessaires pour être en mesure de rendre des services immédiats lorsqu'ils seront admis définitivement dans ce service. — Les officiers stagiaires sont nommés par le gouverneur général, sur les propositions faites par les inspecteurs généraux des différentes armes et les généraux commandant les provinces. Le nombre des stagiaires à admettre varie suivant les besoins probables du service.

Les officiers stagiaires sont placés sous les ordres du directeur provincial. Ils suivent un cours de langue arabe. Ils sont aussi initiés aux différentes branches du service des affaires arabes et peuvent être appelés à concourir au travail des bureaux de la direction. Ils sont, à tour de rôle, mis à la disposition du rapporteur près le conseil de guerre et employés à l'instruction des affaires concernant les indigènes. Tous les ans, à l'époque de l'inspection générale des bureaux arabes, il est établi une liste par ordre de mérite, des officiers stagiaires. Les positions d'adjoints de 2° cl. sont attribuées à ceux-ci, au fur et à mesure des vacances, d'après leur rang d'inscription au dernier classement. — Des officiers stagiaires peuvent être placés dans les bureaux de subdivision et de cercle, lorsque le besoin du service l'exige.

Hiérarchie. — La hiérarchie des officiers titulaires des affaires arabes comprend les positions suivantes: — Chef du bureau politique; — Directeur; — Chef de bureau de 1re cl.; — Id. de 2° cl.; — Adjoint de 1re cl. — Id. de 2° cl. — Les officiers titulaires des affaires arabes, sur les propositions des généraux commandant les provinces, sont nommés par le gouverneur général, qui désigne les fonctions auxquelles ils sont appelés.

Composition des bureaux. — En principe, la composition du personnel de chaque bureau arabe est fixée ainsi qu'il suit: — Bureau politique. 1 officier supérieur, chef; 1 officier, sous-chef (ayant rang de directeur); 4 chefs de bureau de 1re cl. (adjoints); un ou plusieurs interprètes; 1 archiviste, 5 secrétaires français, 2 khodjas, 5 chaouchs. — Direction provinciale. 1 directeur, 1 chef de bureau de 1re cl., 1 id. de 2° cl., 2 adjoints de 1re cl., 1 interprète, 1 archiviste, 2 secrétaires, 1 khodja, 2 chaouchs. — Bureau subdivisionnaire. 1 chef de bureau de 1re cl., 1 adjoint de 1re cl., 1 id. de 2° cl., 1 interprète, 2 secrétaires, 1 khodja, 1 chaouch. — Bureau de 2° cl. et annexe. 1 chef de bureau de 2° cl., 2 adjoints de 2° cl., 1 interprète, 1 secrétaire, 1 khodja, 1 chaouch.

Avancement sur place. — Comme il peut y avoir avantage, dans certains cas, à maintenir dans son emploi un chef de bureau de 2° cl. ou un adjoint de 2° cl. appelé par son ancienneté et ses bons services à occuper un degré plus élevé dans la hiérarchie, les officiers de ces deux catégories peuvent être élevés sur place à la classe supérieure. — Lorsque cette circonstance se présentera, un chef de bureau de 2° cl. ou un adjoint de 2° cl., suivant le cas, sera appelé à remplir dans un bureau subdivisionnaire ou une direction provinciale, les fonctions attribuées ordinairement à un officier de la classe supérieure à la sienne.

Mutations. — Les généraux commandant les provinces s'attacheront à ne proposer que le plus rarement possible des mutations concernant les chefs de bureau. Ces officiers étant chargés, sous l'autorité du commandant supérieur, de la direction politique et administrative des affaires arabes, il importe au bien du service qu'ils soient maintenus le plus longtemps possible dans le même poste, afin d'y acquérir une connaissance complète du pays, des hommes et des affaires. — Il en sera de même pour les adjoints de 1re cl.

Cette règle, bien que générale, n'est pas absolue. Les convenances du service et les avantages particuliers des officiers devront, les uns et les autres, être pris en considération. — Les adjoints de 2° cl., au contraire, seront l'objet de mutations fréquentes, principalement au moment où ils viendront de terminer leur stage. Ces changements seront calculés de manière que ces officiers se forment peu à peu aux affaires spéciales à chacune des régions principales de l'Algérie. — Toutes les mutations relatives aux officiers des affaires arabes sont ordonnées par le gouverneur général.

Interprètes. — Les interprètes de l'armée attachés aux affaires arabes sont subordonnés au chef du bureau ou à l'officier qui le remplace en cas d'absence. En règle générale, ils ne doivent pas être chargés de fonctions autres que celles qui ont rapport aux traductions et aux interprétations, sauf les cas exceptionnels, tels que l'absence ou l'empêchement de tous les officiers du bureau. Les interprètes ne peuvent remplacer les adjoints pour aucun détail du service. — Les interprètes attachés aux bureaux arabes prennent rang après les adjoints.

Médecins. — Les médecins chargés du service de santé d'un bureau arabe reçoivent, pour les détails de ce service, des instructions du chef du bureau arabe.

Archivistes. — Les archivistes attachés au bureau politique et aux trois directions provinciales peuvent être choisis dans l'ordre civil. Ils sont chargés de la conservation et du classement des archives, ainsi que des détails relatifs à la comptabilité des centimes additionnels.

Secrétaires français. — Les sous-officiers, caporaux et soldats employés comme secrétaires dans les bureaux arabes, sont divisés en deux classes. Ils sont nommés par le commandant de la province, sur les propositions des commandants des subdivisions et des cercles.

Khodjas et Chaouchs. — Les khodjas et les chaouchs sont nommés et révoqués par les généraux commandant les provinces, sur les propositions des commandants de subdivision et de cercle.

Khiélas, askars. — Les khiélas et les askars sont choisis par le commandant du cercle, dans la limite de l'effectif déterminé pour chaque bureau arabe. — Le choix des cavaliers soldés attachés aux chefs indigènes est laissé à la disposition de ceux-ci, sauf approbation du commandant du cercle. — Les khiélas sont tenus de présenter, lorsqu'ils sont admis, un cheval propre au service. — Les khiélas et askars s'équipent à leurs frais.

Spahis. — L'effectif et la composition du détachement de spahis attaché à chaque bureau arabe sont réglés par les art. 12 et 13 du règle-

ment sur les smalas, du 1er mai 1862 (non publié).
— Les spahis attachés aux bureaux arabes sont
sous les ordres des chefs de ces bureaux pour tout
ce qui concerne le service spécial qu'ils sont appelés à faire et pour la discipline. — Le chef du
détachement reste chargé de tous les détails relatifs à l'administration, à la solde des cavaliers
et à la surveillance des chevaux. — Il rend
compte, chaque jour, au chef du bureau arabe,
de la situation morale et matérielle du détachement. — Les spahis détachés dans les bureaux
arabes n'ont droit à aucune indemnité en argent
quand ils sont envoyés en mission dans l'intérieur
des tribus. Ils sont, dans ce cas, logés et nourris
ainsi que leurs montures. — Les spahis per-
manents sont choisis avec soin parmi les cavaliers les plus sûrs des régiments, sous tous les
rapports. Ils doivent connaître parfaitement le
pays et les routes qui le traversent. Tout écart
de moralité de leur part doit être réprimé éner-
giquement. Les commandants de cercle provo-
queraient sans retard le changement de ceux en
qui ils n'auraient pas confiance.

Attributions.

Bureau politique. — Le bureau politique est
chargé, sous la haute direction du sous-gouverneur de l'Algérie, de la centralisation des affaires
relatives au commandement et à l'administration
des indigènes du territoire militaire.

Ses attributions comprennent : — La préparation
de la correspondance et la réunion des documents
concernant la politique générale du pays. — Le
personnel des affaires arabes. — L'organisation
politique des commandements indigènes. — Le
personnel des chefs indigènes. — La carte politique et administrative de l'Algérie. — Les notices biographiques et les renseignements sur les
chefs et sur les familles influentes indigènes. —
L'histoire et la géographie des tribus. — La statistique. — La délimitation des frontières. —
L'exécution du Sénatus-Consulte relatif à la
constitution de la propriété dans les tribus. —
L'établissement des bases de l'impôt. — Le
budget des centimes additionnels à l'impôt arabe.
— Les prestations en nature applicables aux ouvertures ou réparations de chemins dans les tribus.
— La police générale des indigènes. — La surveillance des corporations religieuses et des
zaouias. — Les commissions disciplinaires. — Les
pénitenciers indigènes. — Les contrôles des prisonniers arabes détenus en France ou en Algérie
pour motifs politiques ou par mesure administrative. — L'instruction publique dans les tribus. —
Les écoles arabes-françaises en territoire militaire. — Les collèges impériaux arabes-français.
— La justice musulmane. — La justice en pays
kabyle. — La correspondance avec les consuls de
France à Tunis, Tripoli et Tanger, en ce qui concerne les indigènes. — Les explorations dans
l'Afrique centrale. — La rédaction du journal
arabe officiel.

Directions provinciales. — La direction des
affaires arabes de chaque province est chargée,
sous l'autorité du général commandant, de la
centralisation des affaires relatives au commandement et à l'administration des indigènes du
territoire militaire de la province.

Ses attributions comprennent : — La préparation
de la correspondance et la réunion des documents
concernant la politique. — Le personnel des affaires arabes. — L'organisation politique des commandements indigènes. — Le personnel des chefs
indigènes. — Les notices biographiques et les renseignements sur les chefs et les familles influentes
indigènes. — Les documents historiques sur les
tribus de la province. — Les renseignements géo-

graphiques et topographiques. — La statistique.
— L'établissement des bases de l'impôt et la constatation des matières imposables. — L'exécution
du sénatus-consulte relatif à la constitution de la
propriété dans les tribus. — Les questions diverses se rapportant à l'impôt arabe et au domaine
de l'État en pays arabe. — La maison des hôtes.
— Le budget des centimes additionnels à l'impôt arabe. — Les prestations en nature applicables à l'ouverture ou aux réparations des chemins dans les tribus. — La police des routes et
des marchés. — La constatation des crimes et
délits commis en territoire militaire par les indigènes et les recherches des auteurs. — La surveillance des corporations religieuses et des
zaouias. — Les commissions disciplinaires. — Les
pénitenciers indigènes. — Les prisonniers arabes
détenus par mesure politique ou administrative. —
L'instruction publique dans les tribus. — La
justice musulmane. — La justice en pays kabyle.

Bureaux subdivisionnaires. — Les bureaux
arabes subdivisionnaires remplissent auprès du
commandant de la subdivision des attributions
analogues à celles des directions provinciales placées près des commandants de province; ils concourent en outre à l'administration du cercle qui
relève directement du commandant de la subdivision, et cela dans les conditions déterminées ci-
après :

Bureaux de cercles. — Dans chaque cercle, le
bureau arabe est l'intermédiaire entre le commandant supérieur et la population indigène pour
tous les détails du service. — Le chef du bureau
arabe rend compte au commandant du cercle de
tous les faits qui sont parvenus à sa connaissance,
il assure l'exécution des décisions qui lui sont
notifiées et des ordres qui lui sont donnés. —
Les attributions du bureau arabe du cercle sont :

1° Correspondance. — La préparation et le
classement de la correspondance officielle du commandant supérieur en ce qui touche aux affaires
arabes. Le commandant supérieur remet au chef
du bureau, pour être transcrites sur les registres
de correspondance, les dépêches qu'il aurait rédigées lui-même. Les registres sont conservés dans
les archives du bureau arabe. Cette disposition
est indispensable pour assurer la conservation de
tous les documents.

2° Réclamations. — L'examen des réclamations
portées par les indigènes. — Les officiers du bureau les reçoivent du commandant supérieur auquel il est rendu un compte journalier des affaires
examinées. Le commandant fait connaître au chef
du bureau arabe sa décision sur chacune d'elles.
Il peut aussi charger cet officier de leur donner,
dans certains cas, une solution, mais cela en son
nom.

Il est tenu dans chaque bureau arabe un registre des réclamations et demandes portées par
les indigènes. La solution donnée à chaque affaire est indiquée en marge. — Les indigènes
peuvent s'adresser directement au commandant
supérieur qui les écoute lui-même ou les fait entendre par les officiers du bureau arabe. — Le
commandant supérieur est seul responsable des
décisions qui sont prises tant par lui-même que
par les officiers du bureau arabe, ses délégués.

3° Statistiques, Impôt. — L'établissement des
statistiques et la constatation des matières soumises à l'impôt. — Après avoir dressé, avec l'assistance de la djemâa de chaque douar ou fraction, les états constatant les matières imposables,
et indiquant en regard de chaque groupe le nom
du contribuable, les chefs indigènes les remettent
au chef du bureau arabe qui, avec l'aide de ses
adjoints, les contrôle et les vérifie. — Le commandant supérieur fixe la période de temps pen-

dast laquelle les indigènes sont admis à prendre communication de ces états et à porter les réclamations qu'ils se croient en droit d'élever. Ces réclamations sont écoutées au bureau arabe ou par le commandant supérieur lui-même.

Les états sont traduits pour servir à l'établissement des états de base de l'impôt. — Après avoir été vérifiés et signés par le commandant supérieur, ils sont adressés par la voie hiérarchique au commandant de la province, qui fait établir les rôles par le service des contributions diverses.

Lorsque les rôles ont été rendus exécutoires, le chef du bureau arabe fait connaître, d'après les ordres du commandant supérieur, le lieu et l'époque du versement. L'ordre de paiement écrit en langue arabe et en langue française en regard, est établi par douar ou fraction de tribu et remis au chef collecteur, après qu'il en a été fait lecture à la djemâa assemblée. Cet ordre indique la cote afférente à chaque contribuable et la somme à payer par le douar ou la fraction. Il est signé par le commandant supérieur. — Un ordre collectif est publié sur les marchés et affiché à la porte du bureau arabe. — L'impôt est versé entre les mains du receveur des contributions diverses par les chefs indigènes. Le bureau arabe n'a à intervenir dans cette opération que pour hâter les recouvrements, si la demande en est faite au commandant par le service des contributions diverses.

4° Police du territoire. — La police du territoire du cercle. — Sous l'autorité du commandant supérieur, le chef du bureau arabe veille à la tranquillité générale, assure la sûreté des routes, délivre les permis de voyage et surveille les marchés et les caravansérails. Il se tient au courant de tout ce qui se passe dans les tribus et en informe le commandant supérieur.

Aux termes du décr. du 15 mars 1860 (I, 401), les officiers titulaires des affaires arabes exercent les attributions d'officiers de police judiciaire. — Lorsqu'il apprend qu'un crime ou un délit a été commis par un indigène, le chef du bureau arabe en rend compte au commandant supérieur et se transporte sur les lieux ou y envoie un de ses adjoints pour faire une première instruction, entendre les témoins et assurer l'arrestation des coupables. — Le commandant supérieur adresse par la voie hiérarchique, au général commandant la province, les pièces de l'instruction et le rapport de l'officier de police judiciaire; il y ajoute ses observations, s'il y a lieu.

Le chef du bureau arabe rend compte au commandant supérieur des délits politiques et des infractions de toute nature qui restent en dehors de l'action des tribunaux. — Si le commandant supérieur apprécie que la répression de ces faits n'entraîne pas une punition excédant ses pouvoirs, il prononce lui-même la peine. — Dans le cas contraire, il fait établir, par le chef du bureau arabe ou par un adjoint titulaire, un rapport détaillé qu'il adresse au commandant de la subdivision avec ses observations. — Lorsque la commission disciplinaire du cercle ou de la subdivision se réunit, un officier du bureau arabe remplit les fonctions de rapporteur.

Aux termes de l'arr. min. du 5 avr. 1860 (I, 77), le commandant supérieur peut déléguer aux officiers de son bureau arabe le droit de prononcer des punitions dans la limite de 8 jours de prison et 25 fr. d'amende. — Cette délégation devra, en règle générale, être réservée pour le cas où ces officiers sont envoyés en mission hors du chef-lieu du cercle.

Le chef du bureau arabe tient un registre d'écrou pour les indigènes détenus préventivement ou administrativement. Ce registre porte l'indica-

tion du nom du détenu, de la tribu à laquelle il appartient, du jour de l'entrée et de celui de la sortie et du motif de l'incarcération. La détention ne peut être subie par les indigènes que dans la prison militaire de la place, sauf le cas d'insuffisance des locaux. Les indigènes détenus par mesure administrative sont employés, chaque jour, pendant un certain nombre d'heures, à des travaux d'utilité publique, d'après les ordres du commandant supérieur.

Le chef du bureau arabe tient également un registre dans lequel sont inscrites les amendes prononcées par le commandant supérieur ou ses délégués, par les commissions disciplinaires et par les autorités supérieures. En matière d'amende, les attributions des chefs indigènes sont réglées par l'art. 19 de l'arr. min. du 5 avril 1860.

Le versement des amendes est effectué par les chefs indigènes chez le receveur des contributions diverses, qui fait la répartition entre l'Etat et les collecteurs. Le bureau arabe reste en dehors de cette opération.

5° Justice musulmane. — Surveillance de la justice musulmane. — La surveillance de la justice musulmane appartient en territoire militaire à l'autorité judiciaire, d'une part, et au commandant de la province, de l'autre. — Celui-ci a naturellement pour auxiliaires les commandants de subdivision, de cercle, et les officiers des bureaux arabes. — Le droit de surveillance dont sont investis les commandants supérieurs et, sous leur autorité, les officiers des bureaux arabes, s'exerce dans les limites et dans les conditions déterminées par les circulaires du gouverneur général sur la matière. — En pays kabyle, la même surveillance est exercée à l'égard des décisions prises par les djemâas en matière judiciaire.

6° Instruction publique. — Instruction publique dans les tribus et écoles arabes-françaises.

7° Corporations religieuses et zaouias. — Surveillance des corporations religieuses et des zaouias.

8° Personnel des chefs indigènes. — Personnel des chefs indigènes. Notices biographiques et renseignements sur les personnages et les familles influentes du pays. — Les officiers des bureaux arabes s'attacheront à connaître parfaitement le personnel des chefs indigènes. Ils doivent être à même de renseigner le commandant supérieur sur la valeur, les qualités, les défauts de chacun de ces agents. Il est nécessaire qu'ils se mettent à l'avance en mesure de lui adresser sans retard, s'il en était besoin, des propositions pour pourvoir aux remplacements. Ils rechercheront, dans ce but, quels sont les hommes remplissant les conditions voulues pour chaque commandement, et quels services on peut attendre d'eux.

9° Topographie, etc. — Renseignements topographiques, historiques, documents concernant les tribus du cercle.

10° Maison des hôtes. — Surveillance de la maison des hôtes, conservation du mobilier, de la bibliothèque et des archives du bureau arabe, établissement des inventaires de ce matériel.

11° Service des spahis et khélas. — Direction du service des spahis, des khélas et askars attachés au bureau arabe.

12° Constitution de la propriété. — Travaux relatifs à la constitution de la propriété dans les tribus.

13° Travaux exécutés par prestations en nature. — Surveillance et direction, dans les conditions déterminées par l'arr. du 29 avr. 1865 (II, 18), des travaux exécutés au moyen des prestations en nature.

14° Rapports mensuels et trimestriels. — Préparation des rapports mensuels et trimestriels. —

Les rapports mensuels fournis dans les cercles, sont établis d'après les modèles arrêtés par le gouverneur général. — Les éléments de ces rapports, les renseignements de toute nature qui doivent y trouver place, sont réunis par le chef du bureau arabe, lequel, après avoir pris les instructions du commandant supérieur, prépare ces rapports et les soumet à la signature de ce dernier, comme toutes les autres pièces de la correspondance. — Les chefs d'annexes envoient en temps opportun, au chef-lieu du cercle, les documents relatifs à l'annexe, qui sont nécessaires pour l'établissement de ces rapports. — Les rapports parviennent au gouverneur général par la voie hiérarchique.

15° Rapports de diverses natures. — Ces rapports sont préparés dans les mêmes formes que les rapports mensuels et trimestriels.

16° Commandement des goums dans des cas exceptionnels. — Le commandement des goums doit, en principe, être laissé aux chefs indigènes. Si des raisons sérieuses font déroger à ce principe, en cas d'opérations de guerre seulement, on ne devra choisir pour marcher à la tête des goums que des officiers très-habitués aux affaires, connaissant très-bien le pays, les hommes, la situation politique et ayant acquis par leurs services une influence réelle sur les chefs indigènes qu'ils peuvent avoir sous leurs ordres.

17° Réquisitions, convois. — La réunion et la conduite des convois de réquisition; service des renseignements, des guides et des espions en campagne.

18° Constatation de l'état civil. — Essais de constatation de l'état civil dans les tribus.

19° Comptabilité des centimes additionnels.

Fonctionnement du service.

Officiers. — Le chef du bureau arabe va, au moins une fois par jour, au rapport chez le commandant supérieur. Il lui rend compte des faits survenus dans les 24 heures, lui soumet les propositions qu'il juge convenables. Il prend note des décisions et des instructions du commandant.

Le chef du bureau arabe répartit le service entre les officiers et les employés du bureau; il leur transmet les ordres qu'il a reçus et veille à leur exécution, dont il reste responsable vis-à-vis du commandant supérieur. — Il assure le service en employant chacun suivant les besoins, il s'efforce de mettre les officiers adjoints en mesure de se suppléer mutuellement et de le remplacer lui-même en cas d'absence ou d'empêchement. — Pour cela, il les fait souvent alterner pour les divers détails du service.

Le commandant supérieur prescrit au chef du bureau arabe et à ses adjoints, de fréquentes tournées dans les tribus. Il se fait, s'il le juge à propos, accompagner par l'un d'eux, lorsqu'il visite le cercle. — Cet officier prend note des affaires réglées sur place par le commandant. Le bureau arabe, par la nature de ses attributions, est étranger à tout maniement de fonds.

Interprètes. — Les interprètes sont employés à la traduction et à la rédaction des lettres et pièces arabes, à la traduction par extrait des registres du cadi et de l'état civil. Ils touchent pour la traduction des registres de cadis, le droit fixe spécifié par l'art. 1er de l'arr. min. du 16 oct. 1860 (II, 130). Ils assistent les officiers chargés d'une instruction judiciaire et, en cas de besoin, celui qui écoute les réclamations. Ils accompagnent, quand cela est nécessaire, le commandant supérieur et les officiers du bureau dans leurs tournées.

Médecins. — Le médecin chargé du service de santé fait, chaque jour, dans le local désigné à cet effet, la visite des employés du bureau et des indigènes qui réclament ses soins. — Il est tenu de traiter à domicile les officiers, l'interprète et les employés mariés du bureau, ainsi que leurs familles, si elles sont domiciliées au chef-lieu du cercle. — Il visite souvent les indigènes admis à l'hôpital militaire. Une fois par semaine et plus souvent, s'il est nécessaire, il passe la visite des détenus; il désigne d'office, pour entrer à l'hôpital, ceux qui sont dans des conditions telles qu'ils ont besoin de soins qui ne sauraient leur être donnés dans la prison.

Le médecin assiste les officiers du bureau arabe quand ils agissent en qualité d'officiers de police judiciaire. — Lorsque son service le lui permet, il fait des tournées dans les tribus. — Le médecin rend compte journellement au chef du bureau arabe des événements survenus dans son service pendant les 24 heures; il l'avertit, en outre, immédiatement, des faits importants. Il lui fait connaître les besoins du service et lui propose les mesures qu'il croit utiles. Le chef du bureau arabe en réfère au commandant supérieur qui prononce.

Secrétaires. — Les secrétaires français exécutent, sous les ordres des officiers, tous les travaux d'écriture relatifs au service des affaires arabes, tels que mise au net de la correspondance, transcription sur les registres, établissement d'états divers, etc. — Ils peuvent remplir les fonctions de greffier dans les instructions judiciaires faites par les officiers du bureau arabe, conformément aux art. 103 et 104 du Code de justice militaire.

Khodjas. — Les khodjas sont spécialement chargés de tous les détails de la correspondance arabe.

Chaouchs. — Les chaouchs sont employés, dans les bureaux et à l'extérieur, à exécuter et faire exécuter des ordres de détails, à porter et à recevoir des dépêches, et à entretenir les différents locaux du bureau dans un état de propreté convenable.

Bureaux arabes annexes.

Les attributions des bureaux arabes annexes sont les mêmes que celles des bureaux arabes. Le fonctionnement du service y est assuré d'après les mêmes principes, avec les différences suivantes : — Le chef du bureau-annexe rend compte par écrit au commandant du cercle, aux époques fixées par celui-ci, des événements survenus, et lui fait parvenir les documents qui doivent prendre place dans les divers rapports. Il l'informe sans retard des faits importants qui peuvent se produire. — Il règle, par délégation du commandant supérieur, les affaires que celui-ci ne s'est pas spécialement réservées et qui demandent une prompte solution.

En matière de punitions à prononcer, les pouvoirs du commandant supérieur peuvent être délégués au chef du bureau-annexe par le général commandant la province. — Le commandant du cercle peut déléguer au chef de son bureau-annexe le droit d'infliger des punitions dans les limites de 8 jours de prison et 25 fr. d'amende.

Si le chef du bureau-annexe n'est pas en même temps commandant militaire du poste, il relève de l'officier chargé de ces fonctions pour tout ce qui touche à la discipline et au service intérieur de la place. — Il ne relève que du commandant du cercle pour tout ce qui a rapport à l'administration et au commandement des indigènes.

Allocations. — Solde, indemnité, frais de bureau.

Officiers. — Les officiers et les médecins attachés aux affaires arabes ont droit, suivant leur position hiérarchique et l'emploi qu'ils occupent, à des allocations de différentes natures, savoir : —

Rations de fourrage (médecins et officiers d'infanterie). — Indemnités pour frais de représentation et de déplacement. — Indemnités pour frais de bureau.

Les officiers des affaires arabes appartenant à des corps de troupes à cheval, sont montés d'après les règles établies pour leur arme. — Les officiers d'infanterie employés dans les bureaux arabes reçoivent du service de la remonte, à titre gratuit, deux chevaux s'ils sont titulaires, et un seul pendant la durée de leur stage. Ils ont droit aux rations de fourrage d'après le nombre de chevaux qui leur est accordé. — Toutefois, une ration supplémentaire de fourrages est allouée aux directeurs, ainsi qu'aux chefs de bureau de 1re et 2e cl. qui justifient de la possession d'une troisième monture.

Les médecins militaires chargés du service de santé dans un bureau arabe reçoivent un cheval à titre temporaire, s'ils ne sont pas d'ailleurs attachés à un corps de troupes à cheval. Ils touchent une ration de fourrages au titre du corps qui les a montés.

Les officiers titulaires des affaires arabes reçoivent, à titre de frais de déplacement et de représentation, une indemnité annuelle, fixée ainsi qu'il suit pour chacun des degrés de la hiérarchie, savoir : — Chef du bureau politique, 3,000 fr. — Directeur, 3,000 fr. — Chef de bureau de 1re cl., 1,200 fr. — Id. de 2e cl., 900 fr. — Adjoint de 1re cl., 900 fr. — Id. de 2e cl., 600 fr. — Cette indemnité est attachée à l'emploi et non aux fonctions particulières.

Les allocations aux médecins seront fixées lorsque le service des officiers de santé des bureaux arabes sera organisé. — Les officiers stagiaires reçoivent, pour subvenir aux frais d'achat et d'entretien de harnachement et livres d'études, une indemnité annuelle de 360 fr.

Les indemnités allouées aux chefs des divers bureaux arabes, à titre de frais de bureau, sont fixées de la manière suivante : — Bureau politique, 3,000 fr. — Direction provinciale, 1,800 fr. — Bureau subdivisionnaire, 1,500 fr. — Bureau de cercle ou annexe, 800 fr. — Les officiers détachés d'une manière permanente hors du chef-lieu d'un cercle reçoivent pour subvenir aux frais de bureau qui leur incombent une allocation annuelle de 240 fr.

Archivistes. — Les archivistes militaires attachés au bureau politique et aux directions provinciales reçoivent l'indemnité attribuée aux adjoints de 1re cl. Les archivistes civils sont divisés en deux classes dont les traitements sont fixés ainsi qu'il suit : — 1re cl., 2,100 fr. — 2e cl., 1,800 fr.

Secrétaires français. — Les secrétaires français touchent, en dehors de la solde de leur grade, une indemnité annuelle de : — 360 fr. pour la 1re cl. — 270 fr. pour la 2e cl.

Khodjas. — Les khodjas sont divisés en trois classes auxquelles sont affectés des traitements fixés ainsi qu'il suit : — 1re cl., 1,500 fr. — 2e cl., 1,200 fr. — 3e cl., 900 fr.

Le nombre de khodjas attachés aux bureaux arabes est fixé à 51, dont : 10 de 1re cl., 13 de 2e cl., et 28 de 3e cl. — Les khodjas attachés au bureau politique, aux directions provinciales et aux bureaux subdivisionnaires, sont rangés de droit dans la 2e cl. Ils sont promus à la première en raison de leurs services et de leur ancienneté. — Les khodjas des bureaux arabes de cercle ou des annexes, sont d'abord compris dans la 3e cl.; ils sont élevés à la 2e par rang d'ancienneté.

Chaouchs. — Les chaouchs attachés au bureau politique, aux directions provinciales et aux bureaux subdivisionnaires, reçoivent un traitement de 900 fr. — Le traitement des chaouchs attachés

aux bureaux arabes de cercle et aux annexes, est fixé à 600 fr.

Officiers, médecins en tournée. — Transports, Diffa, Alfa.

Les officiers, médecins et interprètes attachés aux bureaux arabes ont droit à l'alfa et à la diffa, lorsqu'ils sont en service hors de la tente. — Il est accordé à chacun d'eux, pour le transport de sa tente et de ses bagages, deux mulets ou chevaux de bât qui seront fournis par les tribus. Ces bêtes de somme seront changées, autant que possible, après chaque journée de marche. — Les journées de travail de conducteur et de bête de somme fournies pour ce service, seront comptées aux propriétaires des animaux, en déduction de leur quote-part dans les prestations en nature pour ouverture et entretien des routes.

Les spahis et khiélas envoyés en mission dans le cercle, ont droit à l'alfa et à la diffa. — La diffa comprend le gîte et la nourriture, qui sont fournis l'un et l'autre d'après les habitudes du pays. — Les denrées qui entrent dans la composition des repas, sont celles que produit la localité ou dont les habitants eux-mêmes font usage. Il est formellement interdit à tout agent de l'autorité ayant droit à l'hospitalité, d'exiger qu'il lui en soit fourni d'une nature différente. — L'alfa comprend les moyens d'attache pour les animaux, l'orge et le fourrage. Cette dernière denrée d'après les ressources de la localité et la saison.

M^{al} DE MAC-MAHON, DUC DE MAGENTA.

D. — (Bordeaux.) — 24 déc. 1870. — (V. *Admin. gén.*, § 1—11°.) *Suppression du bureau arabe dit politique, et des bureaux arabes divisionnaires et subdivisionnaires. — Restriction de l'action des bureaux arabes ordinaires.*

AG. — 11 sept. 1871. — (V. *Communes*, § 5.). — *Les bureaux arabes seront supprimés au fur et à mesure que celles de leurs attributions qui sont encore maintenues, passeront aux mains des chefs de circonscr. cantonales.*

AG. — 14 sept. 1871. — (Ibidem.) — *Suppression du bureau arabe de Drà el Mizan.*

AG. — 30 déc. 1871. — (Ibidem.) — *Suppression du bureau arabe de Dellys.*

AG. — 6 janv. 1872. — (Ibidem.) — *Suppression du bureau arabe d'Alger.*

AG. — 9 janv. 1872. — (Ibidem.) — *Suppression des bureaux arabes de fort-National et de Tizi-Ouzou.*

3° Commissions disciplinaires.

AG. — 26 fév.-5 mars 1872. — BG. 401. — *Réorganisation des commissions disciplinaires au point de vue de l'application du régime civil.*

Vu l'art. 7 du décr. du 10 déc. 1860, qui a remis au gouverneur général, en ce qui concerne l'administration locale, des pouvoirs égaux à ceux dont disposait le ministre de l'Algérie et des colonies ; — Vu l'arr. du 5 avr. 1860 du ministre de l'Algérie et des colonies portant institution d'une commission disciplinaire à Alger près du commandant supérieur et dans chaque lieu de subdivision et de cercle ; — Vu l'arr. du 26 nov. 1871 sur l'organisation administrative du Tell ; — Considérant que les administrateurs des circonscriptions cantonales et des arrondissements doivent avoir les mêmes pouvoirs, soit qu'ils appartiennent à l'ordre civil ou à l'ordre militaire ; — Considérant que le commandement supérieur et le commandement de l'artillerie ont été supprimés en fait ; — Attendu qu'il importe de pourvoir aux nécessités actuelles, en attendant que la loi ait statué sur l'organisation judiciaire en ce qui concerne les indigènes non naturalisés.

Art. 1. — Le directeur général des affaires civiles et financières et le commandant de la marine, membres du conseil du gouvernement, sont substitués au commandant supérieur et au commandant de l'artillerie dans la composition de la commission supérieure disciplinaire d'Alger qui prendra, à dater de ce jour, la dénomination de commission supérieure disciplinaire des indigènes non naturalisés citoyens Français.

Art. 2. — Les commissions subdivisionnaires sont supprimées.

Art. 3. — Les commissions de cercle, prennent la dénomination de commissions cantonales.

Art. 4. — Les commissions disciplinaires cantonales sont composées : — 1° Du chef civil ou militaire de la circonscription, président; — 2° Du juge de paix du canton, ou à son défaut du juge de paix du siège le plus voisin ou de son suppléant; — 3° Du premier adjoint civil ou militaire du chef de la circonscription. - L'un des secrétaires civils de mairies mixtes ou indigènes, remplit les fonctions de greffier sur la désignation du chef de la circonscription.

Art. 5. — Lorsqu'un fait passible des commissions disciplinaires a été commis, le chef de la circonscription cantonale transmet la plainte avec toutes les pièces à l'appui au chef de l'arrondissement qui, s'il y a lieu, et si le fait n'exige pas une répression supérieure à celle que peut proposer la commission disciplinaire cantonale, saisit directe- cette commission. — Si la gravité du fait le réclame, il adresse directement ses propositions au gouverneur général qui apprécie, s'il y a lieu de soumettre l'affaire à la commission supérieure, ou de la renvoyer soit au général commandant la division territoriale, soit au procureur général.

Art. 6. — Le président de la commission disciplinaire cantonale saisi d'une affaire, envoie les pièces à l'un des membres de la commission pour faire le rapport. — Devant la commission supérieure, le rapport est fait par un fonctionnaire civil ou militaire désigné par le gouverneur général.

Art. 7. — Les pouvoirs disciplinaires attribués par les art. 17 et 18 de l'arr. min. du 5 avr. 1860, aux commandants militaires sont transférés aux administrateurs civils ou militaires des circonscriptions cantonales, des arrondissements ou arrondissements-cercles, mais seulement dans la limite de huit jours de prison et de 50 fr. d'amende pour les chefs de cantons et de quinze jours de prison et de 100 fr. d'amende pour les chefs d'arrondissement.

Art. 8. — La faculté de prononcer des amendes maintenue aux chefs indigènes par l'art. 19 de l'arr. du 5 avr. 1860, leur est désormais interdite sous les peines édictées par la loi française contre tout fonctionnaire qui commet un abus de pouvoir.

Art. 9. — Les modifications apportées par le présent arrêté à celui du 5 avr. 1860, ne concernent que les territoires soumis au nouveau régime administratif. Toutefois, les dispositions ci-dessus relatives à la commission supérieure d'Alger sont et restent, dans tous les cas, fixées conformément au présent arrêté.

V.-am¹, COMTE DE GUEYDON.

§ 2. — ADMINISTRATION CIVILE INDIGÈNE.

DI. — 27 déc. 1866. — (V. Communes, § 1.) — Nouvelle organisation municipale. — Création d'adjoints indigènes.

Circ. G. — 2-15 juill. 1867. — BG. 256. — Instruction aux préfets des départements sur les conséquences du décr. du 27 déc. 1866

(V. Commune, § 1, infrà), relativement à l'administration des indigènes. — Suppression de fait des bureaux arabes départementaux.

Le décr. du 27 déc. 1866 est venu constituer la commune en Algérie sur les mêmes bases qu'en France. En introduisant dans nos assemblées municipales un certain nombre d'indigènes musulmans, il a reconnu à la population qu'ils représentent les droits dont jouit dans la commune la population européenne. Au point de vue administratif, il a mis sur un pied d'égalité absolue les citoyens français, les indigènes musulmans, les israélites et les étrangers. — Il a donc abrogé, par le fait, le décr. du 8 août 1854 (I, 82), portant création des bureaux arabes départementaux, et supprimé les attributions données par ce même décret aux préfets, en matière d'administration indigène. Mais vous n'en demeurerez pas moins dans la nécessité d'avoir dans vos bureaux des agents qui seront chargés d'étudier les questions intéressant la population musulmane et qu'au besoin vous chargerez de missions spéciales dans le département. Je vous invite à me faire connaître les mesures qui vous paraissent devoir être prises à ce sujet.

En présence de l'art. 6, qui crée des adjoints indigènes dans les communes où il y a lieu de prendre des mesures exceptionnelles à l'égard de la population musulmane, les place sous l'autorité des maires et leur alloue, au besoin, un traitement sur le budget de la commune; en présence des dispositions de l'art. 7, qui définissent les principales fonctions dont ces adjoints sont particulièrement chargés et qui autorisent les maires à leur déléguer certaines attributions, les adjoints indigènes sont des fonctionnaires municipaux; il ne saurait y avoir aucun doute à cet égard.

Comment devront-ils agir pour qu'avec leur concours les maires puissent, dans les communes qu'ils administrent, exercer la police municipale et rurale, faire arriver à la connaissance des indigènes les lois, arrêtés et règlements de police et rappeler, le cas échéant, à leur observation, etc.? — Telle est la question sur laquelle j'appelle votre attention. Avant de la résoudre, je désire avoir l'opinion de tous les maires; vous leur adresserez, par conséquent, copie de la présente circulaire. Leurs réponses me seront transmises textuellement avec les avis des commissaires civils et des sous-préfets, et vous y joindrez votre appréciation personnelle.

Dans les villes, l'administration de la population musulmane, confiée à l'autorité préfectorale, aura à subir quelques modifications pour qu'en se replaçant dans le droit commun, elle s'exerce par les soins des maires. Là où une surveillance spéciale est nécessaire sur les Berrani, qui forment aujourd'hui diverses corporations, des agents indigènes dépendant des commissariats de police remplaceront les amins sans en avoir les pouvoirs exceptionnels. — Dans les communes rurales où la population musulmane est peu nombreuse, on a déjà pu constater de sa part une certaine tendance à se mêler à nous à divers titres; l'immixtion de l'élément musulman à l'élément européen est préparée. Le rôle de l'adjoint indigène, lorsqu'il y aura nécessité d'en créer un, sera donc facile.

Je ne mets pas en doute qu'on ne puisse choisir ces agents de telle sorte qu'ils exercent sur leurs coreligionnaires une heureuse influence. Avec leur intermédiaire, on arrivera à faire comprendre les avantages de nos institutions municipales et à en assurer le libre exercice. Les exemples et les conseils que donneront ces adjoints. sous la sage direction des maires, amèneront les enfants indigènes dans nos écoles et développeront les idées de civilisation qu'il faut semer dans la population rurale pour la rapprocher de nous.

Mais le rôle de ces mêmes adjoints m'apparaît comme entouré de certaines difficultés sur les points où la population européenne est en quelque sorte englobée au milieu d'indigènes nombreux qui, jusqu'à ce jour administrés par des cheikhs dépendant de l'autorité préfectorale, sont demeurés étrangers aux institutions municipales et ont vécu, par le fait, en dehors de la commune dans laquelle ils sont cependant compris.

Les maires sont, plus que personne, à même d'apprécier les inconvénients de l'état de choses existant. Je sais qu'ils voient, à côté d'eux, la population musulmane conserver les habitudes et les mœurs de la tribu; qu'ils regrettent de ne compter parmi les élèves des écoles communales que quelques rares indigènes, et, cependant, il y a là toute une jeune génération qui doit grandir et vivre avec leurs enfants. Je sais aussi qu'ils n'observent que de très-faibles progrès dans les méthodes agricoles et, comme moi, ils sentent que ces progrès sont le seul but vers lequel nous devons tendre. En un mot, le rapprochement entre l'élément européen et l'élément indigène ne marche qu'avec une regrettable lenteur.

Cette situation, aussi préjudiciable aux intérêts de la commune qu'à ceux de l'Algérie toute entière, c'est aux maires que revient le soin de la faire cesser. — La tâche n'est point aisée, et c'est pour les aider à vaincre ces difficultés que le décr. du 27 déc. 1866 a placé près d'eux et sous leur autorité un ou plusieurs adjoints indigènes. — Ces adjoints siégeront au conseil municipal. Par eux et aussi par les conseillers municipaux indigènes, les maires seront renseignés sur les besoins de toutes sortes de la population musulmane. Ils donneront, dans la limite de leurs attributions, pleine satisfaction à ces besoins. Le conseil municipal, d'ailleurs, n'oubliant pas que la population musulmane apporte au budget son contingent, les secondera dans cette voie.

En dehors de ce rôle, quels devront être les fonctions spéciales des adjoints indigènes? — L'art. 7 du décr. du 27 déc. 1866 dispose qu'ils fourniront à l'autorité municipale tous les renseignements qui intéressent le maintien de la tranquillité et la police du pays. — Il donne, par conséquent, aux maires le moyen d'exercer, dans les limites de leurs pouvoirs, une partie des attributions que le décr. du 8 août 1854 avait réservées à l'autorité préfectorale : — Police politique des indigènes; — Organisation du personnel du culte et de l'instruction publique; — Surveillance des berrans et des sociétés religieuses; — Établissements de bienfaisance musulmans; — Secours aux nécessiteux; — Admission dans les hôpitaux; — Surveillance des marchés.

Je vous prie d'inviter les maires à vous faire connaître comment ils pensent que doivent être réglés les rapports qui, à tous ces divers points

de vue, existeront entre eux, les adjoints et les gardes champêtres indigènes, afin de pouvoir exercer d'une manière efficace les attributions qui leur sont rendues. — Ils vous adresseront des propositions pour préparer, je ne dirai pas l'organisation d'un service spécial, mais un programme détaillé des fonctions des adjoints indigènes qui sont, avant toute chose, des agents municipaux et ne sauraient avoir aucun pouvoir en dehors de ceux que les lois leur confèrent.

Les populations musulmanes ont l'habitude de soumettre à leurs cheikhs des affaires, des questions que ceux-ci règlent, le plus souvent, de leur propre autorité; les adjoints indigènes ne suivront point les errements des cheikhs; j'admets qu'ils donnent un avis, un conseil, mais non qu'ils prennent des décisions. Les juges de paix, les cadis, sont seuls compétents pour prononcer dans tous ces litiges que réglaient les cheikhs en vertu d'usages traditionnels. — Je n'ai pas besoin de dire que ces mêmes adjoints n'auront ni à punir ni à menacer d'amendes. Il faut, en un mot, effacer de la commune toute trace de l'administration et du commandement de la tribu arabe.

L'art. 7, que j'ai déjà cité, impose aux adjoints indigènes l'obligation d'assister les agents du Trésor et de la commune pour les opérations du recensement en matière de taxes et d'impôts, et de prêter à toute réquisition leur concours aux agents du recouvrement des deniers publics. — Les maires donneront leurs idées sur la manière dont les adjoints auront à remplir ces fonctions, et après avoir, d'un autre côté, pris l'avis des services financiers, j'adopterai des dispositions de nature à prévenir tout tiraillement, tout conflit.

Aux termes du décr. du 27 déc., les adjoints indigènes recevront un traitement sur le budget de la commune. Vous aurez, par conséquent, à demander aux maires et à m'adresser des propositions pour la fixation de ces traitements, ainsi que pour ceux des gardes-champêtres. — De nouvelles charges vont se trouver ainsi imposées aux communes; mais je chercherai à leur donner les moyens d'y pourvoir, soit au moyen de subventions fournies par le département, soit au moyen d'un prélèvement sur l'impôt. — Je tiens à ce que les fonctions de ces adjoints, qui sont destinés à être le trait d'union entre les municipalités et les Européens d'une part, les indigènes d'une autre, n'aient point pour premier résultat de réduire les ressources budgétaires de la commune.

Mal DE MAC-MAHON, DUC DE MAGENTA.

DS. — 18 août-25 sept. 1868. — BG. 231. — Administration des indigènes établis en territoire civil sous le nouveau régime communal, créé par le décr. du 27 déc. 1866. (V. Commune, § 1, infrà.) — (1.).

Vu le décr. du 27 déc. 1866; — les deux décrets du 8 août 1854, sur les bureaux arabes départementaux et sur l'administration de la popu-

---

(1) Rapport à l'Empereur. — Paris, 18 août 1868. — Sire, — Le décr. du 27 déc. 1866, sur le nouveau régime municipal en Algérie, dispose par son art. 8 que : « dans les communes où la population musulmane est assez nombreuse pour qu'il y ait lieu de prendre à son égard des mesures spéciales, cette population est administrée, sous la surveillance et l'autorité du maire, par des adjoints indigènes. » L'art. 7 indique les attributions principales de ces adjoints. — En posant ainsi le principe de l'administration des indigènes du territoire civil par l'autorité municipale de la commune où ils habitent, et en établissant la première base de cette administration par la création des adjoints indigènes, le décr. du 1856 a abrogé implicitement tout ce que les règlements antérieurs pouvaient contenir de contraire à ce principe;

Mais il était indispensable de faire déterminer avec précision par le pouvoir souverain ce qui doit être maintenu, ce qu'il convient d'abroger dans ces règlements, qui, tous, ont été rendus sous forme de décrets.

J'ai l'honneur de soumettre à V. M. un projet de décret qui a pour but de fixer à ce sujet les conséquences du nouveau régime et de régler tous les détails de son fonctionnement. — Je crois devoir exposer sommairement ici l'économie générale du projet de décret, qui est divisé en six titres, savoir :

1. Dispositions générales; — 2. Fonctions administratives des adjoints indigènes; — 3. Gardes champêtres; — 4. Service d'ordre et de sûreté; — 5. Octroi de mer; — 6. Dispositions abrogatives.

lation musulmane des territoires civils ; — le décr. du 5 sept. 1850, sur les corporations de

Berranis (I, 250.) ; — le décr. du 14 juill. 1850, sur les écoles musulmanes françaises (I, 507) ; —

TIT. 1 (art. 1, 2, 3, 4 et 5).

L'art. 1, après avoir rappelé que les indigènes de territoire civil sont administrés par l'autorité municipale de la commune qu'ils habitent, déclare qu'ils supportent les charges municipales imposées aux autres habitants sans cesser d'être soumis à l'impôt arabe, tant que celui-ci n'aura pas été converti en impôt territorial. Cette disposition semble à première vue rendre la position des indigènes moins avantageuse que celle des Européens, qui ne payent pas encore d'impôt foncier ; mais on doit remarquer que l'exonération d'impôt accordée jusqu'à ce jour aux Européens, est la conséquence d'une immunité assurée par la législation française aux propriétaires de maisons nouvellement construites ou de terres mises en valeur par des travaux de dessèchement et des plantations ; or, le même principe ne saurait être appliqué aux indigènes, qui ne sont imposés qu'en raison du produit des terres par eux labourées ou des troupeaux qu'ils possèdent, et ne se livrent en général à aucune entreprise de construction, d'assainissement ou de défrichement. Les indigènes trouveront, d'ailleurs, une compensation aux charges municipales, en réalité très-minimes, qui leur incomberont, dans l'exemption des centimes additionnels imposés seulement aux Arabes du territoire militaire.

L'art. 2 supprime les bureaux arabes départementaux, créés par le décr. du 8 août 1854, tout en maintenant dans la main des préfets les attributions de police générale et politique qui leur avaient été conférées par ledit décret : l'autorité municipale reprend toutes celles qui son de son ressort.

Comme conséquence de ce qui précède, l'art. 3 abroge l'organisation actuelle des corporations, dites de Berranis et la juridiction spéciale des amins, qu'un décr. du 5 sept. 1850 avait placées sous la surveillance de l'autorité préfectorale. Ces tribunaux ne connaissent pas seulement des faits de simple police, mais encore des contestations pécuniaires ou relatives à l'exercice de la profession des membres des corporations. Ils statuaient, en outre, sur toute demande en dommages-intérêts entre Berrais ou contre l'un d'eux, qui n'excédait pas 100 fr. Ces contraventions et délits seront désormais déférés aux juridictions de droit commun. — La population indigène flottante des villes de l'Algérie, qui composait les corporations, sera soumise aux lois et règlements ordinaires de police générale et municipale et aux arrêtés spéciaux de l'autorité locale.

L'art. 4 règle ce qui est relatif à l'assistance et aux écoles musulmanes dans les villes. Ces services, qui étaient administrés par les préfets et à la charge des budgets provinciaux, sont remis à l'autorité municipale avec leur organisation et leur caractère actuels. — Les biens et revenus qui, sous le gouvernement turc, formaient la dotation des divers établissements charitables, avaient été attribués aux provinces, qui, en retour, avaient dû prendre à leur charge les dépenses des services correspondants. Ces revenus sont maintenus dans la nomenclature des ressources provinciales, en même temps que les dépenses corrélatives. Mais ces dépenses seront désormais prélevées par le gouverneur général sur le fonds commun provincial, sous le titre de subventions aux communes ou aux établissements de bienfaisance, sans que le montant de ces subventions puisse, toutefois, dépasser le chiffre des dépenses effectuées en 1867. Les communes supporteront les charges des développements qu'elles croiront devoir apporter ultérieurement à ces services.

L'art. 5 délègue au gouverneur général, avec l'assistance du conseil de gouvernement, le soin de rattacher par des arrêtés, aux sections communales, tous les groupes de population indigène établis sur le territoire de communes divisées en plusieurs sections.

TIT. 2. (art. 6, 7, 8, 9 et 10).

Ce titre a pour objet de compléter l'art. 7 du décr. du 27 déc. 1866. L'art. 6 confère au gouverneur général le pouvoir de déterminer les communes où doivent être

établis des adjoints indigènes, ainsi que le nombre et la résidence de ces agents. Le même article règle la situation hiérarchique de l'adjoint indigène, tant vis-à-vis du maire que de l'adjoint spécial. Ce dernier exerçant dans les sections ou annexes toutes les attributions municipales, soit de droit, soit par délégation, il était indispensable de lui subordonner l'adjoint indigène, avec d'autant plus de raison que la section est souvent éloignée du chef-lieu communal.

L'art. 7 du projet laisse au gouverneur général le soin de compléter, par voie d'instructions, la nomenclature des attributions dévolues aux adjoints indigènes par le décret organique de 1866. C'est en effet à la pratique et au temps de révéler les perfectionnements que peut comporter cette nouvelle institution, il était indispensable de ne pas l'enfermer, dès le début, dans des règles absolues.

L'art. 8 impose aux adjoints indigènes l'obligation de veiller à ce que les déclarations de naissances et de décès soient exactement faites à l'officier de l'état civil par leurs administrés. Il n'a pas paru opportun d'appliquer aux musulmans les sanctions pénales inscrites dans nos lois en cette matière ; et on a cru devoir inscrire dans le décret une disposition qui provoque le concours de ces agents pour l'accomplissement de formalités dont les populations indigènes finiront, avec le temps, par reconnaître l'importance et l'utilité.

L'art. 9 interdit aux adjoints indigènes de statuer sur les contestations de musulman à musulman. Cette disposition, qui rappelle un principe de droit commun, peut paraître superflue ; mais il importait de bien préciser que les adjoints indigènes n'ont rien de commun avec les cheikhs qu'ils remplaceront, et qui s'arrogeaient l'autorité de vider les différends.

L'art. 10 dispose que les adjoints indigènes sont nommés par le gouverneur général dans les chefs-lieux de département et d'arrondissement, et par les préfets dans les autres communes.

TIT. 3 (art. 11.)

Ce titre maintient l'institution des gardes-champêtres indigènes et définit leurs attributions. Une restriction a dû être apportée à ces attributions en ce qui concerne la qualité d'officier de police judiciaire, qu'ils ne peuvent exercer comme les gardes champêtres français, en raison de la difficulté qu'on éprouverait à trouver des sujets capables de rédiger des procès-verbaux réguliers. — Leurs rapports ne seront reçus en justice qu'à titre de renseignements.

TIT. 4 (art. 12, 13, 14 et 15).

Les quatre articles composant ce titre ont pour but de régulariser le service d'ordre et de sûreté actuellement imposé aux indigènes par le décr. du 8 août 1854, en assimilant, aussi complètement que possible, ce service spécial à celui de la milice, sous le triple rapport de la formation et de la révision du contrôle et du régime pénal. On comprend, en effet, que si nombreuses considérations s'opposent encore à l'incorporation dans la milice des contingents indigènes des populations communales, il n'y a pas lieu de se priver du concours qu'ils peuvent prêter au maintien de l'ordre et de la sécurité publique.

TIT. 5 (art. 16.)

L'octroi de mer est la principale ressource des communes. Son produit net leur appartient pour les quatre cinquièmes et est réparti, en vertu d'un arr. du 11 nov. 1854, au prorata de leur population, l'élément indigène n'étant compté que pour le dixième de son effectif réel. — Considérant que la part de la consommation indigène dans les produits affectés par l'octroi de mer a sensiblement augmenté depuis 1854, et que, d'un autre côté, l'administration de la population musulmane doit occasionner aux communes un surcroît de dépense dont il est juste de leur offrir une compensation, le gouverneur général propose d'élever la proportion fixée en 1854 et de la porter du dixième au huitième de l'effectif réel.

Vu le décr. du 5 déc. 1857, sur le bureau de bienfaisance musulman d'Alger (I, 135); — Vu le décr. du 27 oct. 1858, sur l'organisation administrative de l'Algérie, art. 48, § 8 (I, 37); —[Vu l'arr. min. du 11 nov. 1854, qui a fixé les bases de la répartition de l'octroi de mer entre les communes (I, 475.)

TIT. 1. — *Dispositions générales.*

Art. 1. — Les indigènes établis sur le territoire civil, sont administrés par l'autorité municipale de la commune dont ils font partie. — Ils supportent les charges municipales imposées aux autres habitants de la commune. Ils restent, en même temps, soumis à l'impôt arabe jusqu'à sa conversion en un impôt territorial.

Art. 2. — Les bureaux arabes départementaux, créés près de chaque préfecture par le décr. du 8 août 1854, sont supprimés. — Néanmoins, l'autorité préfectorale conserve les attributions suivantes, qui lui étaient dévolues par l'art. 2 dudit décret :

Police politique des indigènes ; — Organisation et personnel de l'instruction publique et du culte musulman;— Surveillance des sociétés religieuses connues sous le nom de khouans ; — Secours politiques aux indigents arabes; — Surveillance des armuriers indigènes et autorisation d'achat d'armes et de munitions de guerre par les indigènes; — Préparation, de concert avec le service financier, des rôles de l'impôt arabe.

Les attributions suivantes, mentionnées au même article :

Surveillance des corporations ; — Gestion et surveillance des établissements de bienfaisance spéciaux aux musulmans ; — Surveillance des marchés ; — Sages-femmes musulmanes; — Délais des encanteurs,

sont dévolues à l'autorité municipale, qui exerce, d'ailleurs, toutes les autres attributions de son ressort, aux termes de la législation existante.

Art. 3. — L'organisation actuelle des corporations dites de Berranis est abrogée. — La population indigène flottante dont se composent lesdites corporations est soumise aux lois et règlements ordinaires de police générale et municipale et, en outre, aux arrêtés spéciaux à intervenir à son égard. — Les contraventions et délits commis par les Berranis sont déférés aux juridictions de droit commun.

Art. 4. — Les divers services spéciaux d'assistance musulmane, ainsi que les écoles musulmanes françaises et d'adultes, instituées dans les villes, en exécution du décret du 14 juillet 1850, aujourd'hui à la charge des budgets provinciaux, sont, en ce qui concerne l'administration, remis à l'autorité municipale. — Les revenus des biens des anciennes corporations religieuses, dont les produits étaient affectés aux services d'assistance musulmane, continuent d'être perçus au titre des budgets provinciaux. — Il est pourvu aux dépenses de ces services et à celles des écoles musulmanes françaises et d'adultes, par un prélèvement annuel fait par le gouverneur général sur le fonds commun aux trois provinces, mais sans que le total des subventions ainsi allouées puisse dépasser le chiffre des dépenses qui figure au budget de l'exercice 1867. — Des arrêtés du gouverneur général détermineront la composition des bureaux de bienfaisance musulmans, et l'organisation des divers services et établissements spéciaux qui s'y rattachent.

Art. 5. — Les groupes de population indigène établis sur le territoire d'une commune divisée en plusieurs sections seront répartis entre ces diverses sections, par des arrêtés du gouverneur général, le conseil de gouvernement entendu.

TIT. 2. — *Des adjoints indigènes.*

Art. 6. — Le gouverneur général détermine par des arrêtés les communes où doivent être établis des adjoints indigènes, ainsi que le nombre et la résidence de ces agents. — L'adjoint indigène est placé sous l'autorité immédiate du maire ou de l'adjoint spécial, suivant qu'il est institué au chef-lieu de la commune, ou dans une section ou annexe.

Art. 7. — Des instructions spéciales du gouverneur général détermineront les devoirs que les adjoints indigènes sont principalement tenus de remplir, indépendamment de ceux qui leur incombent, en vertu de l'art. 7 du décr. du 27 déc. 1866.

Art. 8. — Les adjoints indigènes veilleront spécialement à ce que les déclarations de naissances et de décès soient faites exactement par leurs coreligionnaires à l'officier de l'état civil.

Art. 9. — Il est interdit aux adjoints indigènes de statuer sur les contestations de musulman à musulman, lesquelles doivent toujours être déférées aux juges de paix ou cadis.

Art. 10. — Les adjoints indigènes sont nommés par le gouverneur général dans les chefs-lieux de département et d'arrondissement, et par les préfets dans les autres communes. — Ils sont révoqués par des arrêtés du gouverneur général.

TIT. 3. — *Des gardes-champêtres indigènes.*

Art. 11. — Les gardes champêtres indigènes sont placés sous les ordres du maire ou de l'adjoint spécial, et, par délégation, de l'adjoint indigène. Ils fonctionnent, comme agents de la police rurale, concurremment avec les gardes champêtres français. — Ils prêtent serment devant le juge de paix de la circonscription. — Leurs rapports sont reçus par le juge de paix, le maire ou l'adjoint de la section, à titre de renseignement. — Ils sont tenus de prêter main-forte aux officiers de la police judiciaire et à la gendarmerie, toutes les fois qu'ils en seront requis, et de faciliter l'exécution des ordres dont la gendarmerie aura été chargée. — Ils notifient, sans frais, aux habitants indigènes de la commune, verbalement ou par simple lettre, les avertissements ou citations émanant de l'autorité. — Ils peuvent être chargés des fonctions de porteurs de contraintes, et reçoivent, dans ce cas, la rétribution affectée à ces fonctions. — Ils sont nommés par le préfet.

TIT. 4. — *Service d'ordre et de sûreté.*

Art. 12. — Dans les communes où les indigènes n'auront point été admis dans la milice par des arrêtés spéciaux, conformément à l'art. 8 du décr. du 9 nov. 1859 (*Milice*, I, 454), ce service sera remplacé par un service obligatoire de patrouilles et de gardes, aux jours et lieux qui

---

Cette proportion se rapproche, en effet, sensiblement de la vérité, et on demeure, en l'adoptant, dans les limites d'une stricte justice distributive.

TIT. 6 (art. 17).

Cet article prononce l'abrogation des dispositions antérieures, inconciliables avec celles du décr. du 27 déc.

1866, ou modifiées par les 5 premiers titres du projet actuel.

Tel est, Sire, dans son ensemble et dans ses détails, le projet que, d'après les propositions du gouverneur général de l'Algérie, j'ai l'honneur de soumettre à l'approbation de V. M.

Le ministre de la guerre,
M^l NIEL.

seront prescrits par l'autorité préfectorale, ou, en cas d'urgence, par le maire, à charge de rendre compte immédiatement des dispositions prises. — Pour l'exécution de ce service d'ordre et de sûreté, qui sera toujours placé sous le commandement d'un officier de la police judiciaire, d'un gendarme, d'un milicien gradé ou d'un indigène commissionné à cet effet par le préfet, il sera dressé dans chaque commune un contrôle de tous les indigènes musulmans de dix-huit à quarante ans, reconnus aptes audit service. — Ce contrôle sera dressé, sur les renseignements fournis par l'adjoint indigène, par le conseil de recensement de la milice, auquel sera adjoint, pour cette opération, un membre musulman, choisi dans le conseil municipal ou parmi les électeurs de la commune ou de la section. — Dans les localités où la milice ne sera pas organisée, le conseil de recensement sera remplacé par une commission spéciale de trois membres au moins, présidée par le maire, par l'adjoint spécial ou par un conseiller français délégué à cet effet; un membre musulman, désigné comme il est dit au paragraphe précédent, fera nécessairement partie de ladite commission. — Les recours contre les décisions du conseil ou de la commission de recensement seront, comme en matière de milice, portés au jury de révision. — Sont exclus des contrôles du service d'ordre et de sûreté, tous les individus exclus de la milice en vertu de l'art. 10 du décr. du 9 nov. 1859. — Sont dispensés du service les indigènes atteints de maladies ou infirmités, absents pour cause connue, employés dans les services de l'Etat, de la province ou de la commune, domestiques attachés à la personne, ceux enfin pour lesquels le service habituel serait une charge trop onéreuse.

Art. 13. — Le refus d'obtempérer à un service d'ordre et de sûreté, commandé en vertu du § 1 de l'art. 12, sera, comme en matière de milice, puni de la prison. — Cette peine sera de 6 heures au moins et de 2 jours au plus pour la première infraction; elle pourra être portée à 5 jours pour une seconde infraction dans le délai de trois mois après la première. — A défaut de prison ou de local en tenant lieu, la peine de l'emprisonnement sera remplacée par une amende de 1 fr. au moins et de 10 fr. au plus, au profit de la commune.

Art. 14. — Le délinquant, sur le rapport du chef de poste ou de patrouille, sera traduit devant le conseil de discipline de la milice, qui sera saisi par le maire ou par l'adjoint spécial. — A défaut du conseil de discipline, le délinquant sera traduit devant le juge de simple police, comme pour les cas de flagrant délit.

Art. 15. — Après deux condamnations pour refus de service, le délinquant est, en cas de troisième refus de service dans l'année, traduit devant le tribunal de police correctionnelle et puni d'un emprisonnement qui ne peut être de moins de 6 jours, ni excéder 10 jours. — En cas de récidive dans l'année, à partir du jugement correctionnel, le délinquant est traduit de nouveau devant le tribunal de police correctionnelle et puni d'un emprisonnement qui ne peut être moindre de 10 jours, ni excéder 20 jours. Il est, en outre, condamné aux frais et à une amende qui ne peut être moindre de 10 fr., ni excéder 50 fr. dans le premier cas, et, dans le deuxième être moindre de 50 fr., ni excéder 100 fr.

TIT. 5. — Octroi de mer.

Art. 16. — La part de l'octroi de mer attribuée aux communes, au prorata de la population, sera, quant à l'élément indigène, élevée du dixième au huitième de l'effectif de cette population.

TIT. 6. — Dispositions antérieures abrogées.

Art. 17. — Sont abrogés : les deux décr. du 8 août 1854, sur les bureaux arabes départementaux et sur l'administration de la population musulmane en territoire civil; — Le décr. du 5 sept. 1850, sur les corporations de Berranis; — Le décr. du 14 juill. 1850, sur les écoles musulmanes françaises; — Les §§ 2 et 3 de l'art. 1 et l'art. 2 du décr. du 5 déc. 1857, sur l'organisation du bureau de bienfaisance musulman d'Alger; — Le § 3, art. 48 du décr. du 27 oct. 1858, sur l'organisation administrative de l'Algérie; — Le § 5 de l'art. 1 de l'arr. min. du 11 nov. 1854.

Circ. G. — 18-25 sept. 1868. — BG. 281. — Instructions aux préfets des départements sur l'exécution du décret qui précède.

J'ai l'honneur de vous adresser ampliation d'un décr. du 18 août dernier, portant règlement sur l'administration des populations musulmanes habitant les communes de plein exercice. — Ce décret, complément de celui du 27 déc. 1866, organique du nouveau régime municipal de l'Algérie, a principalement pour objet de régler l'exécution des art. 6 et 7 de ce dernier décret, relatifs à l'institution des adjoints indigènes et à leurs attributions. — La mise en vigueur du règlement que je vous notifie nécessite certaines mesures préliminaires dont l'accomplissement exigera quelques délais; ce n'est donc qu'à partir du 1er janv. prochain que le décr. du 18 août recevra sa pleine et entière exécution. Mais je dois, dès aujourd'hui, appeler votre attention sur les dispositions qui réclament des mesures immédiates, et ce sera l'objet des présentes instructions.

§ 1. — Suppression des bureaux arabes départementaux (Art. 1 et 2 du décr. du 18 août 1868.)

L'art. 1 du décret dispose, en principe, que « les indigènes établis sur le territoire civil sont administrés par l'autorité municipale de la commune dont ils font partie. » — Cette disposition entraînait logiquement la suppression des bureaux arabes départementaux, créés près de chaque préfecture par le décr. du 8 août 1854, et cette suppression est prononcée par l'art. 2 du décret. — La mesure devra être accomplie le 1er janv. prochain, et à partir de ce jour, aucun agent de l'administration provinciale ne devra figurer à ce titre dans le cadre du personnel. — Néanmoins, comme le même art. 2 maintient à l'autorité préfectorale une portion des attributions qui lui étaient conférées par le décr. de 1854, vous pourrez, pour l'expédition des affaires afférentes à l'exercice de ces attributions, établir une section spéciale pour la formation de laquelle vous utiliseriez une partie du personnel de l'ancien bureau arabe départemental. — Mais il est bien entendu que cette section serait réduite aux proportions que comporte la réduction de vos attributions en matière d'administration indigène.

Les allocations qui figuraient au budget provincial pour indemnités de cheval et frais de tournées attribuées, soit au chef du bureau arabe départemental, soit à des adjoints, sont expressément supprimées, et devront cesser d'être inscrites au chap. 6 de ce budget.

Je vous invite à vous préoccuper de la position des employés qui seront susceptibles d'être atteints par la mesure de suppression édictée par l'art. 2. — Vous m'adresserez, avant le 1er janv. à l'égard de ces employés, des propositions spéciales, soit qu'ils se trouvent dans des conditions d'âge et de durée de services pour obtenir une pension de retraite; soit qu'il y ait lieu de leur faire application des dispositions de l'art. 11 de la loi du 9 juin 1853, pour le cas de suppression d'emploi; soit, enfin, que leurs services ne pouvant être utilisés dans les cadres de l'administration départementale, il s'agisse de leur ménager une position nouvelle dans quelque autre service public.

§ 2. — Corporations de Berranis.

L'art. 3 du décret déclare abrogée l'organisation actuelle des corporations dites de Berranis. — La population flottante dont ces corporations se composent est soumise aux lois et règlements ordinaires de police générale et municipale, et rendue justiciable des tribunaux de droit commun; ce qui implique l'abolition des tribunaux des amins. — Ces tribunaux cesseront de fonctionner à partir du 1er janv. prochain, et les amins, khodjas et chaouchs qui formaient le personnel, seront licenciés. — Toutefois, le principe des corporations n'est point aboli par le décret; mais il appartiendra aux autorités municipales, qui recevront de vous des instructions à cet effet, de régler par des arrêtés soumis à votre approbation, la police et le mode de surveillance de cette partie de la population flottante des villes, dont vous n'aurez plus à vous occuper qu'au point de vue de la police générale. — Une disposition des règlements à intervenir consacrera le principe qu'après un an de séjour dans la commune, tout berrani sera libre de sortir de la corporation. — Il va sans dire que les corporations de Berranis cesseront désormais de figurer, en recette comme en dépense, au budget provincial.

§ 3. — Assistance musulmane. — Écoles musulmanes françaises.

Aux termes de l'art. 4, les divers services spéciaux d'assistance musulmane, les écoles musulmanes françaises et d'adultes instituées en exécution du décr. du 14 juill. 1850, seront remis à l'autorité municipale. — Néanmoins, comme les budgets provinciaux conservent les revenus des biens dont les produits, en vertu des fondations anciennes, étaient affectés aux services d'assistance musulmane, il sera pourvu aux dépenses de ces services, au moyen d'un prélèvement annuel opéré par le gouverneur général sur le fonds commun provincial. — Le maximum des subventions allouées à ce titre ne devra pas dépasser le chiffre des dépenses allouées aux budgets de 1867.

Pour l'exécution de ces dispositions, il y aura lieu d'ouvrir, au titre du chap. 6 du budget provincial, un article sous cette rubrique : — Subventions aux communes, en exécution de l'art. 4 du décr. du 18 août 1868. — Cet article se subdivisera en paragraphes ainsi libellés : — 1 Bureau de bienfaisance musulman ; — 2 Asiles et refuges ; — 3 Bourses d'apprentissage et ouvroirs ; — 4 Écoles musulmanes-françaises ; — 5 Écoles d'adultes. — Ces §§ remplaceront les anciens art. 2 et 3 du chap. 6, sauf ce qui sera dit ci-après au sujet des subsides et secours politiques et fêtes musulmanes.

Les dépenses qui figureront ainsi au budget provincial, seront compensées par une allocation équivalente sur le fonds commun. — Ce sera donc, en réalité, pour chaque budget, une exonération de dépenses, soit un accroissement de ressources, dont pourront profiter les autres services provinciaux.

Subsides et secours politiques. — Fêtes musulmanes. — La dépense inscrite au même chap. 6 des budgets provinciaux, sous le titre de « Sub-

sides et secours à d'anciens tolbas et serviteurs, » restera une charge spéciale de ces budgets. Cette charge trouve sa compensation dans les produits portés à l'art. 1er de la sect. 2 des recettes pour loyers, fermages et rentes provenant des biens de corporations, etc. — Il en sera de même de la dépense inscrite au titre des « distributions faites dans les mosquées à l'occasion des fêtes musulmanes », en raison du caractère religieux et politique de ces distributions.

§ 4. — Rattachement des groupes indigènes aux circonscriptions communales.

L'art. 5 du décret porte que « les groupes de population indigène établis sur le territoire d'une commune divisée en plusieurs sections, seront répartis entre les diverses sections, par des arrêtés du gouverneur général, le conseil de gouvernement entendu. »

Déjà, M. le préfet, en prévision de cette disposition, je vous ai, par ma circ. du 8 juin dernier, invité à préparer des propositions, appuyées de plans, pour le rattachement à la commune ou aux sections communales, des portions de territoire occupées par des arabes, et qui seraient, jusqu'à présent, restées en dehors des délimitations consacrées par les décrets d'institutions des communes. — Je suppose ce travail assez avancé pour que vous puissiez me l'adresser très-prochainement; je ne saurais trop vous recommander, de hâter cet envoi avec la plus grande diligence, afin que les arrêtés que j'aurai à prendre en exécution de l'art. 5, puissent être promulgués en temps opportun.

Localités non érigées en communes. — A cette question se rattache celle de faire disparaître du territoire civil, en même temps que du territoire militaire, les localités qui font l'objet de l'art. 54 du décr. du 27 oct. 1858, et sont financièrement administrées conformément aux dispositions de cet article. — Il résulte implicitement de l'art. 1er du décr. du 18 août, que tous les indigènes établis sur le territoire civil doivent être administrés par l'autorité municipale. — Il ne peut être satisfait à ce vœu du décret qu'autant qu'il ne restera aucune portion du territoire civil en dehors d'une circonscription communale, soit par voie de rattachement à une commune déjà existante, soit par l'érection de la localité en commune de plein exercice, lorsqu'elle possédera l'importance et les conditions de vitalité nécessaires pour justifier une pareille mesure.

§ 5. — Désignation du nombre et de la résidence des adjoints indigènes.

D'après l'art. 6 du décret « le gouverneur général détermine, par des arrêtés, les communes où doivent être établis des adjoints indigènes, ainsi que le nombre et la résidence de ces agents. » — J'ai déjà reçu de vous des propositions à cet égard, mais elles remontent à une date déjà éloignée. Je trouve qu'en général le nombre des emplois d'adjoints indigènes à créer a été exagéré. Il vaut mieux, au début, et à titre d'essai, s'exposer à rester au-dessous des besoins, qui ne pourront être bien appréciés qu'après expérience. Il ne faut pas d'ailleurs perdre de vue, dans cette question, que ces agents seront rétribués, et qu'en multiplier le nombre au-delà des besoins les plus indispensables, ce serait grever les communes de dépenses qu'il leur serait matériellement impossible de supporter.

Un surcroît de dépense, pour ce service nouveau, a bien été prévu dès le principe, et, par ma circ. du 2 juill. 1867, je vous annonçais que je chercherais à donner aux communes les moyens d'y pourvoir, par voie de subventions spéciales, inscrites aux budgets provinciaux ou prélevées sur l'impôt. — On ne saurait, pour cet objet, demander aux budgets provinciaux, surchargés eux-mêmes de dépenses obligatoires auxquelles ils ne font face que très-difficilement, une subvention supérieure aux crédits qu'ils ont affectés jusqu'à présent au service des cheikhs des communes et des gardes-champêtres indigènes.

Pour rester dans l'esprit du décr. du 18 août, on doit prendre comme base du maximum de la subvention dont il s'agit, le chiffre des crédits de 1867. Ce chiffre a été de 90,000 fr. en somme ronde, pour les trois provinces, avec une légère différence d'une province à l'autre. — Je tiendrai donc compte, à chaque province, dans l'attribution qui lui sera faite sur le fonds commun provincial, d'une somme de 50,000 fr. représentative de la subvention à inscrire en faveur des communes, en vue de la dépense dont il s'agit. Ceci me ramène à l'observation que j'ai déja faite plus haut, qu'en réalité les budgets provinciaux se trouveront allégés d'une dépense qu'ils supportaient jusqu'à présent sans compensation, et dont ils pourront reporter le montant sur d'autres services insuffisamment dotés.

Cette subvention formera un second article du chap. 6, sous la rubrique :—Subvention aux communes, pour dépenses d'administration des populations musulmanes (art. 6 du décr. du 27 décembre 1866). Ce § remplacera l'art. 1er du chap. 6.

Je viens, M. le préfet, de vous donner l'exacte mesure du concours que les communes sont autorisées à attendre des budgets provinciaux, aux termes de la promesse contenue dans ma circ. du 2 juil. 1867. c'est vous avoir indiqué la limite dans laquelle il me paraît prudent de renfermer, au début, les dépenses afférentes au service de l'administration municipale, en ce qui touche les adjoints indigènes.

La nécessité de restreindre le nombre de ces auxiliaires de l'autorité municipale, conduira naturellement à les choisir de préférence parmi les notables et les plus aisés des groupes à administrer. Cette position ne pourra que rendre leur influence plus considérable sur leurs coreligionnaires, et, par suite, ajouter à l'utilité comme à l'efficacité de leur concours.

Ce n'est donc que sur de nouvelles propositions de votre part, ramenées aux proportions que je viens d'indiquer, que je statuerai définitivement sur la création des emplois d'adjoints indigènes, dans les communes où le concours de ces agents spéciaux sera reconnu indispensable.

§ 6. — Gardes-champêtres indigènes.

Les observations qui précèdent s'appliquent naturellement aux gardes-champêtres indigènes, qui font l'objet de l'art. 11 du décret. Le nombre de ces agents, appelés à agir concurremment avec les gardes-champêtres français, devra être renfermé dans les limites des plus stricts besoins. — La nomination des gardes-champêtres indigènes vous étant dévolue, vous voudrez bien, M. le préfet, tenir compte de ces observations dans l'examen des propositions qui vous seront soumises par les autorités municipales, à l'égard de ces agents. — Si vous êtes obligé de restreindre le nombre dans l'intérêt des finances municipales, vous vous montrerez d'autant plus difficile sur le choix, dans l'intérêt de la police rurale.

§ 7. — Octroi de mer.

Dans l'établissement des budgets municipaux pour 1869, comme dans les répartitions qu'il vous appartient d'opérer, en vertu des règlements en vigueur, vous aurez soin de tenir compte, à partir du 1er janvier prochain, de la disposition de l'art. 16 du décret qui veut que l'élément indigène soit désormais compté pour le huitième de son effectif, au lieu du dixième, proportion établie par l'arr. min. du 10 nov. 1854.

J'ai épuisé les points sur lesquels il m'a paru urgent de vous faire connaître mes vues, pour la mise à exécution du décr. du 18 août dernier, sur l'administration des populations musulmanes fixées dans les communes.

Mes observations se résument ainsi : — 1° Mesures relatives au personnel de l'administration départementale, par suite de la suppression des bureaux arabes ; — 2° Subvention à inscrire au budget provincial de 1869, pour l'exécution de l'art. 4 du décret ; — 3° Propositions à établir immédiatement pour le rattachement aux circonscriptions communales des groupes indigènes laissés en dehors de ces circonscriptions ; — 4° Même travail pour les localités non érigées en communes, et qui devront cesser d'être administrées financièrement d'après l'art. 54 du décr. du 27 oct. 1858 ; — 5° Nécessité de restreindre aux plus stricts besoins les propositions relatives à l'organisation du service des adjoints et des gardes-champêtres indigènes ; — 6° Inscription aux budgets provinciaux de 1869 d'une subvention aux communes, spécialement affectée aux services ci-dessus désignés, en prenant pour base les dépenses allouées en 1867, pour les services des cheikhs et des gardes-champêtres indigènes ; — 7° Exécution de l'art. 16 du décret, relativement à la répartition de l'octroi de mer.

L'urgence de ces diverses questions ressort de leur énonciation même.— Je vous adresserai ultérieurement des instructions spéciales en ce qui touche : — 1° Les bureaux de bienfaisance musulmans (notamment celui d'Alger, le seul qui soit régulièrement constitué) et les divers services et établissements qui s'y rattachent (art. 4, § dernier du décret) ; — 2° Le fonctionnement des adjoints indigènes (art. 7) ; — 3° Le service d'ordre et de sûreté prescrit par le tit. 4 (art. 12 à 15 du décret).

M¹ DE MAC-MAHON, DUC DE MAGENTA.

AG. — 7-18 déc. 1868. — BG. 292. — *Exécution de l'art. 5 du décr. du 18 août 1868. — Répartition des indigènes établis sur les territoires des circonscriptions communales du département d'Alger, entre les sections des diverses communes, conformément au tableau et au plan annexé.*

AG. — 21-26 déc. 1868. — BG. 294. — *Même répartition dans le département d'Oran.*

AG. — 27 fév.-25 mars 1869. — BG. 309. — *Même répartition dans le département de Constantine.*

AG. — 21-26 déc. 1868. — BG. 294. — *Exécution de l'art. 6 du décr. du 7 déc. 1868. — Fixation du nombre et de la résidence des adjoints indigènes.*

Art. 1. — Le nombre et la résidence des adjoints indigènes dans les diverses communes de l'Algérie, sont fixés conformément au tableau ci-après :

Province d'Alger. — Alger, 1 adjoint. — Alma, 2 adj. ; 1 à l'Alma, 1 à l'Oued Corsu. — Aumale, 2 adj. ; 1 à Aumale, 1 à Bir-Rabalou. — Dellys, 2 adj. ; 1 aux Cherarda, 1 aux Touarga. — Fondouk, 1 adj. — La Rassauta, 1 adj. ; à la Maison-Carrée. — Ténès, 2 adj. ; 1 au Vieux-Ténès, 1 à Montebotte. — Blida, 1 adj. — Boufarik, 1 adj.

— Cherchel, 1 adj. — Marengo, 1 adj. — Mou-zaïaville, 1 adj. — Miliana, 1 adj.

Province d'Oran. — Oran, 1 adj. — Aïn el Turk, 1 adj.; aux Ghamera. — Arzew, 1 adj.; aux Hamyane. — Saint-Cloud, 1 adj.; à Kristel. — Sidi-bel Abbès, 1 adj. — Nemours, 1 adj. — Tlemcen, 1 adj.; à Mascara, 1 adj.; à Bab-Ali. — Mostaganem, 1 adj. — Aboukir, 1 adj.; aux Ghou-firat. — Aïn Tédelès, 1 adj.; aux Cheurfa Hammadia. — Pélissier, 1 adj. — Rivoli, 1 adj.

Province de Constantine. — Constantine, 1 adj. — Bône, 1 adj. — Guelma, 1 adj. — Sétif, 1 adj.

Art. 2. — Les traitements des adjoints indigè-nes sont fixés, en maximum et minimum, de la manière suivante : — Pour Alger, de 1,800 à 2,000 fr. — Pour les chefs-lieux des préfectures d'Oran et de Constantine, de 1,500 à 1,800 fr. — Pour les chefs-lieux des arrondissements admi-nistratifs et judiciaires des trois provinces, de 1,200 à 1,500 fr. — Pour les autres localités, de 900 à 1,200 fr.

Art. 3. — Les préfets fixeront, conformément à ces bases et après délibérations spéciales des con-seils municipaux, le traitement à assigner aux adjoints indigènes à leur nomination.

Gal BARON DURRIEU.

RENVOIS. — V. *Table alphabétique.*

Affaires domaniales. V. TABLE AL-PHABÉTIQUE.

Affichage-Afficheurs. V. *ibidem.*

Agents de change. V. *ibidem.*

Agents du gouvernement. V. FONCTIONNAIRES.

Agriculture.

Les populations agricoles ont été cruellement éprouvées à diverses reprises, dans la période de 1866 à 1872. En 1866, l'invasion des sauterelles qui avait déjà fait tant de ravages en 1845 et 1846, est venue de nouveau détruire presque toutes les récoltes, et elle devait cette fois être suivie d'autres fléaux non moins désastreux. L'année 1867, signalée dès le 2 janvier par un tremble-ment de terre qui détruisit plusieurs villages dans l'arrondissement de Blida, ayant été une année de sécheresse exceptionnelle, les cultivateurs ne purent réparer leurs pertes, et ces deux causes réunies amenèrent dans l'hiver de 1867 à 1868, une épouvantable famine parmi les indigènes de tout le territoire militaire.

Enfin au commencement de l'année 1871, écla-tait dans les provinces d'Alger et de Constantine, une insurrection générale, pendant laquelle les propriétés des colons européens étaient livrées au pillage et à l'incendie.

L'assistance publique et privée, vivement émue de pareils désastres, est venue autant que possi-ble en aide à ceux qui en avaient souffert; l'État lui-même a contribué pour une large part à y porter remède.

Les pertes résultant de l'invasion des saute-relles avaient été évaluées à près de 20 millions (V. *Indemnités,* § 1). Les souscriptions volon-taires, tant en France qu'en Algérie, se sont élevées à plus de 1,100,000 fr., qui ont été répar-tis entre les sinistrés qui y avaient le plus de droit.

En 1868 deux lois, l'une du 18 janv., l'autre du 24 mars, ouvrirent un premier crédit de 400,000 fr. et un second de 2 millions pour sub-venir aux besoins les plus pressants des popula-tions indigènes.

En 1870, l'invasion d'une partie de la France par la Prusse, venant mettre obstacle aux cultures et faisant redouter une disette pour l'année sui-vante, le gouvernement songea à retirer de l'Al-gérie des ressources en céréales plus considérables que par le passé. Dans ce but, il ouvrit un crédit de 1,200,000 fr. pour prêts de semences en nature ou en argent aux cultivateurs. Il accordait en même temps un dégrèvement de moitié de l'impôt de l'achour aux indigènes qui auraient doublé leurs ensemencements ordinaires, et facilitait par des mesures administratives tout ce qui pouvait favoriser la culture et les moissons.

Quant aux pertes immenses causées en 1871 aux colons par la dévastation et le pillage de leurs propriétés, elles ont été en partie couvertes par la contribution de guerre dont ont été frappés les insurgés (V. *Indemnités,* § 2), et qui ne s'est pas élevée à moins de 55 millions pour les deux provinces d'Alger et de Constantine.

DIVISION.

§ 1. — Chambres et Sociétés d'agriculture. — Ferme-école arabe-française. (I, 89.)

§ 2. — Primes et encouragements aux cultures in-dustrielles et autres. — Prêts pour semen-ces.

§ 3. — Expositions agricoles. (I, 92.)

§ 2.—PRIMES ET ENCOURAGEMENTS AUX CULTURES INDUSTRIELLES ET AUTRES. — PRÊTS POUR SEMENCES.

LOI. — 18 janv.-29 fév. 1868. — BG. 257. — *Ouverture d'un crédit de* 400,000 *fr.*

Art. 1. — Il est ouvert au ministère de la guerre, au titre du budget des dépenses extraordinaires du gouvernement général de l'Algérie, pour l'exercice 1868, un crédit de 400,000 fr. destiné à venir en aide aux populations de l'Algérie qui ont été le plus particulièrement éprouvées par le manque de récoltes.

Art. 2. — Il sera pourvu à la dépense autorisée par la présente loi au moyen des ressources géné-rales du budget de l'exercice 1868.

Art. 3. — Les portions de crédit qui n'auront pas été consommées à la fin de l'exercice pour-ront être reportées à l'exercice suivant avec la même affectation, par décrets délibérés en conseil d'État.

LOI. — 24 mars 1868. — (Non publiée au *Bul-letin officiel.*) — *Ouverture d'un crédit de* 2 *millions dans le même but et sur le même exercice.*

D. — (*Tours.*) — 27 nov.-5 déc. 1870. — BG. 346. — *Ouverture d'un crédit de* 1,200,000 *fr. pour ensemencements de céréales.*

Vu le décr. du 12 oct. 1870. (*Exportation.*)

Art. 1. — Il est ouvert au commissaire extra-ordinaire de l'Algérie un crédit provisoire de 1,200,000 fr. pour faire acheter au cours convenable sur les divers marchés de l'Algérie, des céréales destinées aux ensemencements et aux approvi-sionnements.

Art. 2. — Ce crédit sera imputable sur les fonds généraux inscrits au ministère du commerce pour les dépenses de ravitaillement et d'appro-visionnements, chapitre 7.

Art. 3. — Les blés et autres céréales achetés soit par adjudications publiques, soit sur les divers marchés, par les soins de l'intendance militaire et par les voies les plus rapides, seront emmagasinés dans les bâtiments de l'intendance militaire et mis par les soins des administrations civiles à la disposition des cultivateurs, à titre d'avance, et dans les conditions de remboursement à la prochaine récolte, de garantie et de répartition qui seront déterminées par un arrêté du commissaire extraordinaire.

Art. 4. — Dans les localités où des sociétés se seront formées pour multiplier les ensemencements, les quantités attribuées à ces localités pourront être mises par le commissaire extraordinaire, à la disposition de ces sociétés qui en deviendront comptables envers l'État.

Ad. Crémieux, L. Gambetta, Al. Glais-Bizoin, L. Fourichon.

Circ. CM. — 4-10 déc. 1870. — BG. 348. — *Instruction sur l'exécution du décret qui précède.*

D. — (Tours.) — 1er déc. 1870. — (V. *Impôt arabe*, § 1). — *Dégrèvement de moitié de l'impôt de l'achour accordé à tout indigène qui aura doublé ses ensemencements.*

Circ. CM. — 21-26 déc. 1870. — BG. 350. — *Faculté d'employer en prêts d'argent aux cultivateurs le crédit ouvert par le décr. du 27 nov. 1870.*

Sur ma demande, le gouvernement m'autorise à transformer les prêts de semences en nature en prêts en argent. — Versez donc aux communes une somme égale à celle que les conseils municipaux ont demandée ou demanderont par états nominatifs, sous la garantie de la commune. — Le recouvrement aura lieu après la récolte, suivant la voie employée pour les impôts. — Il est entendu que le maximum du prêt à accorder à chaque particulier ne devra pas dépasser le prix total des semences par lui employées dans cette campagne agricole. — Le préfet et le trésorier-payeur s'entendront pour que des crédits soient ouverts immédiatement, à cet effet aux receveurs municipaux. — Comme le temps presse, vous satisferez en premier lieu aux demandes déjà faites, puis aux autres, suivant leur ordre de date, sans faire de réserve au profit des retardataires. — Le préfet et le général commandant la division aviseront télégraphiquement les maires et les présidents des commissions municipales des dispositions qui précèdent.

Ch. du Bouzet.

D. — (Bordeaux!) — 28 déc. 1870-16 janv. 1871. — BG. 352. — *Même objet.*

Considérant que le décr. du 27 nov. 1870 a eu pour objet de multiplier en Algérie les espaces ensemencés ; — Cons. que l'achat des semences par l'administration est signalé comme présentant des difficultés pratiques et pouvant entraîner des retards préjudiciables au but que le gouvernement s'est proposé.

Vu l'urgence,

Art. unique. — Le crédit de 1,200,000 fr. mis à la disposition du commissaire de l'Algérie pour achats de céréales pour semences, pourra être employé sous forme de prêts en argent aux cultivateurs des trois départements de l'Algérie, et

sous les garanties qui seront déterminées par le commissaire extraordinaire.

Ad. Crémieux, L. Gambetta, Glais-Bizoin, L. Fourichon.

ACM. — 20-27 mars 1871. — BG. 561. — *Transport gratuit des instruments agricoles.*

Considérant que les ensemencements effectués dans la campagne agricole de 1870-1871 occupent des espaces de terres très-considérables, et qu'il importe, dès lors, de venir en aide aux agriculteurs en facilitant le rapide enlèvement des récoltes.

Le transport gratuit sera accordé, par les soins de l'intendance militaire à Marseille, et pendant les trois mois d'avril, de mai et de juin 1871, pour toute moissonneuse et faucheuse importée en Algérie, sous la seule réserve, par l'acquéreur, de justifier qu'il dirige, comme propriétaire ou comme fermier, une exploitation rurale dans la colonie. — Le bénéfice de cette mesure ne s'étendra pas aux batteuses, ni aux instruments ou machines agricoles qui bien que d'une utilité incontestable, ne s'appliquent pas à des opérations présentant le même caractère d'urgence.

Alexis Lambert.

Renvois. — V. *Table alphabétique.*

Ajournement. V. Procédure.

Aliénés. V. Table alphabétique.

Alignements. V. ibidem.

Amendes. V. ibidem.

Amin. V. Corporations indigènes.

Amnistie.

D. — 14-28 août 1869. — BG. 312. — *Amnistie à l'occasion du centenaire de Napoléon Ier.*

Voulant, par un acte qui réponde à nos sentiments, consacrer le centenaire de la naissance de Napoléon Ier.

Art. 1er. — Amnistie pleine et entière est accordée pour toutes condamnations prononcées ou encourues jusqu'à ce jour à raison : — 1° De crimes ou délits politiques ; — 2° De délits et contraventions en matière de presse, de police de l'imprimerie et de la librairie, de réunions publiques, de coalitions ; — 3° De délits et contraventions en matière de douanes, de contributions indirectes, et de garantie de matières d'or et d'argent, de forêts, de pêche, de chasse, de voirie, de police du roulage ; — 4° D'infractions relatives au service de la garde nationale (1).

Art. 2. — L'amnistie n'est pas applicable aux frais de poursuite et d'instance, ni aux dommages et intérêts et restitutions résultant de jugements passés en force de chose jugée ; elle ne pourra, dans aucun cas, être opposée aux droits des tiers. Il ne sera pas fait remise des sommes versées à la date de ce jour.

ACM. — 20 août 1869. — (V. *Presse.*) — *Application du décret qui précède aux journaux frappés d'avertissements en Algérie.*

D. — (Paris.) — 4 sept. 1870. — (Non publié au *Bulletin officiel*) qui accorde amnistie pleine et entière à tous les condamnés pour crimes

---

(1) Jurisprudence. — Vu le décr. du 12 janv. 1852 et celui du 9 nov. 1859 (I, 435), qui font à l'Algérie l'application des principales dispositions de la loi du 13 juin 1851 sur la garde nationale, et, dès lors, assimilent la milice de l'Algérie à la garde nationale de la métropole. — Attendu que la condamnation contre la-

quelle P... s'est pourvu en cassation a été prononcée pour manquement à des exercices commandés de la milice algérienne ; — qu'elle rentre dès lors dans les prévisions du décret d'amnistie. — Cass., ch. cr., 19 août 1850. — Dalloz, 1870, 1-95.

et délits politiques et pour délits de presse, depuis le 3 déc. 1852 jusqu'au 5 sept. 1870.

RENVOIS. — V. *Table alphabétique.*

Animaux. V. TABLE ALPHABÉTIQUE.
Anniversaire (Prise d'Alger).
V. *ibidem.*

Annonces légales.

La désignation des journaux dans lesquels doivent être insérées les annonces judiciaires exigées par les lois, appartient aux préfets, aux termes de l'art. 23 du décr. du 17 févr. 1852. (I, 560). Elle a donné lieu à un conflit administratif dont témoignent les arrêtés des mois de nov. et déc. 1870; et auquel a mis fin le décr. du 28 déc. (Tours), qui n'a pas encore été abrogé par l'assemblée nationale.

A. — (*Préfet d'Alger*). — 8 nov. 1870. — (*Recueil des actes de la préfecture*). — *Désignation des journaux chargés de publier les annonces légales dans le département.*

Considérant que pour la désignation des journaux dans lesquels les annonces judiciaires et légales devront être insérées, à peine de nullité, il importe de laisser la plus grande latitude au libre choix des parties, tout en se prémunissant contre l'abus des insertions clandestines, ou n'offrant qu'une publicité insuffisante; — Considérant, d'autre part, que, dans l'intérêt des journaux qui, par suite de leur fondation récente, ne rempliraient pas encore les conditions voulues de publicité, il convient de ne pas procéder, dès à présent, à la désignation dont il s'agit. — Arrête:

Art. 1. — Du 1ᵉʳ janv. au 31 déc. 1871, les annonces judiciaires et légales prescrites par les lois pour la validité et la publicité des actes de procédure ou des contrats, seront insérées au choix des parties intéressées, — savoir:

Pour le ressort judiciaire d'Alger: — Dans deux des journaux politiques de l'arrondissement judiciaire d'Alger, pouvant justifier, au 20 déc. 1870, qu'ils paraissent au moins quatre fois par semaine depuis un mois, sur format dit carré, de quatre pages d'impression, et qu'ils comptent au moins 400 abonnés.

Pour le ressort judiciaire de Blida: — Dans un des journaux de l'arrondissement judiciaire d'Alger, remplissant les conditions déterminées ci-dessus, et dans un des journaux politiques de l'arrond. de Blida pouvant justifier, au 20 déc. 1870, qu'ils paraissent au moins deux fois par semaine depuis un mois, sur papier dit carré, de quatre pages d'impression, et qu'ils comptent au moins 200 abonnés.

Art. 2. — Le prix de l'insertion des annonces est fixé à 15 c. la ligne de 51 lettres en caractère petit romain.

Art. 3. — La liste des journaux remplissant les conditions prévues par le présent, sera définitivement arrêtée au 20 déc. prochain par une commission spéciale composée d'un conseiller de préfecture et de deux juges désignés, l'un par le tribunal civil, l'autre par le tribunal de commerce. — Les représentants des différents journaux admis à présenter leurs observations et à discuter contradictoirement les justifications produites devant la commission seront les gérants.

Pour le préfet démissionnaire,
Le conseiller de préfecture délégué,
PELLISSIER.

Circ. CM. — 19-26 déc. 1870. — BO. 350. —

Nouvelles instructions au sujet du mode de publicité à adopter.

M. le préfet. — Le gouvernement de la République n'a pas eu le loisir de s'occuper de la question des annonces légales. La législation antérieure est donc restée en vigueur, et vous aurez à désigner, avant le 1ᵉʳ janv. prochain, les journaux qui seront admis à insérer, en 1871, les annonces légales dans votre département. — Vous n'ignorez pas, en effet, qu'à défaut de cette désignation faite par vous, toute annonce légale, à moins qu'elle ne fût spécialement attribuée à tel journal par une ordonnance du président du tribunal, pourrait être contestée et peut-être déclarée nulle en justice. — Par la manière libérale dont vous exercerez votre droit actuel, vous pouvez anticiper sur les décisions à venir de la législature républicaine.

Voici quel est le but à poursuivre, et quels sont les moyens par lesquels vous aurez à l'atteindre: — Trois intérêts sont en présence; je vous les signale par ordre d'importance: l'intérêt d'une publicité *maximum* pour l'annonce; l'intérêt du public qui lit les annonces; enfin l'intérêt de la presse. — Il faut que l'annonce ait, au meilleur marché possible, la publicité la plus étendue. Il est utile que le public sache toujours où la chercher, et qu'il la trouve facilement. Il est désirable que la presse, dont les conditions d'existence sont difficiles en Algérie, trouve, dans la rémunération des annonces, un bénéfice proportionné aux services qu'elle rend en les faisant pénétrer partout.

Vous avez à choisir entre divers systèmes. — Le premier et le plus simple est la création d'une feuille spéciale d'annonces, paraissant régulièrement, et analogue aux *Petites-Affiches* de Paris. L'entreprise en serait concédée au moyen d'une adjudication au rabais. — Ce procédé, excellent à Paris, ne me paraît pas praticable en Algérie. Le petit nombre des annonces, dans certaines circonscriptions judiciaires, obligerait, pour rendre les publications fréquentes et périodiques, à n'avoir qu'une feuille d'annonces par département, ce qui serait une grande gêne pour les circonscriptions sacrifiées.

La liberté absolue, essayée en 1848, présente de graves inconvénients; elle laisse le choix du journal à celui qui fait faire l'insertion et la paye. Or, il arrive, dans certains cas, que celui-là a précisément intérêt à ce que l'annonce ait le moins de publicité possible. On ne peut donc lui laisser le droit absolu de choisir, à son profit et au détriment d'un tiers, le journal qui a le moins de lecteurs. Quelquefois même, la liberté absolue pourrait permettre une spéculation malhonnête. Pour faire le silence autour d'une grosse affaire, tout en exécutant, au moins à la lettre, les prescriptions de la loi, il suffirait de créer, pour quelques mois, une feuille sans lecteurs, où l'on enterrerait une annonce légale. L'intérêt des lecteurs d'annonces est également opposé à la liberté illimitée: elle les oblige, en effet, à chercher l'annonce dans un grand nombre de journaux et elle les expose à n'en pas avoir connaissance.

On pourrait, cependant, par un moyen facile, parer à ces inconvénients, tout en établissant la liberté illimitée des annonces. Vous pourriez, par un arrêté, autoriser dans chaque circonscription judiciaire, tout journal existant au 1ᵉʳ janv. prochain, à insérer, *in extenso*, les annonces judiciaires et légales de sa circonscription, à la condition qu'il s'engageât à reproduire un extrait analytique des annonces légales insérées *in extenso*, dans les autres journaux. Cet extrait devrait mentionner le titre et le numéro du journal ayant publié la grande annonce. Vous déciderez si l'insertion de l'extrait doit être gratuit, à tarif réduit, ou suivant tarif ordinaire. — Cette combinaison aurait le double avantage de ne pas permettre de dissimuler une annonce et de faciliter les recherches. Je ne parle pas du tarif à établir : il doit être réglé d'après les circonstances locales, par conséquent sur place et par le préfet. ,

Enfin, vous pouvez recourir à une adjudication au rabais, en prenant pour point de départ, et par conséquent pour *maximum*, le tarif aujourd'hui existant. — Une désignation arbitraire des journaux serait contraire à l'esprit du gouvernement républicain. Je pense donc que vous avez à choisir seulement entre l'adjudication au rabais et la liberté des annonces, dégagée de ses abus, par l'insertion obligatoire des extraits analytiques. — Je vous prie, M. le préfet, de vouloir bien, avant de prendre une décision, consulter la magistrature, les juges consulaires, les officiers ministériels et les journalistes.

CHARLES DU BOUZET.

A. —(*Préfet d'Alger.*) —28 déc. 1870.—(*Recueil des actes de la préfecture.*)—*Arrêté du nouveau préfet intérimaire sur le même objet.*

Vu le décr. du 17 fév. 1852, sur le régime de la presse (I, 560); — Les circulaires du commissaire extraordinaire de la République, en date des 19 et 20 déc. 1870; — Considérant qu'il y a lieu de désigner les journaux du département d'Alger dans lesquels les annonces judiciaires et légales, prescrites par les lois pour la validité ou la publicité des procédures et des contrats, seront insérées, pendant l'année 1871, à peine de nullité ; — Considérant qu'il importe de laisser à la volonté des parties, le soin de choisir librement les journaux dans lesquels seront opérées ces annonces;—Considérant que, dans ces conditions, il est essentiel, dans l'intérêt des tiers, de faciliter leurs recherches et d'obvier aux inconvénients qui pourraient résulter de la publicité restreinte de quelques journaux ; — Que ce double résultat ne peut être obtenu d'une manière certaine que par l'insertion obligatoire dans l'un des journaux existant et jouissant notoirement d'une grande publicité, d'un extrait analytique de toutes les annonces insérées *in extenso* dans les autres journaux.

Art. 1. — Du 1er janv. au 31 déc. 1871, les annonces judiciaires et légales seront respectivement insérées pour chacune des deux circonscriptions judiciaires du département et au choix des parties, dans l'un quelconque des journaux périodiques existant à ce jour, publiés en français dans cette circonscription, et paraissant au moins deux fois par semaine au chef-lieu de l'arrondissement judiciaire, savoir : — L'Akhbar, — l'Algérie française, — l'Algérien, — la Jeune République, — le Colon, — le Moniteur de l'Algérie, — le Tell, — la Voix du Peuple, — le Vengeur. — Le prix de l'insertion est fixé à 15 c. la ligne de 51 lettres en caractère petit romain.

Art. 2. — En outre, un *extrait analytique* de chacune des annonces ainsi publiées dans l'un quelconque des journaux ci-dessus énumérés autre que le Moniteur de l'Algérie, sera inséré, à la diligence des parties, dans ce dernier journal. — Cet extrait analytique ne contiendra que les indications essentielles, pour bien faire connaître aux tiers intéressés, l'objet de l'annonce les dates et adresses correspondantes, ainsi que le titre et la date du journal qui l'aura publiée. — Le gérant du journal officiel est tenu d'insérer gratuitement ces extraits analytiques.

Art. 3. — Le bénéfice du dernier § de l'art. 1 du présent arrêté ne sera acquis qu'à la

condition, pour le journal, de déposer un exemplaire de tout numéro contenant des annonces légales, au greffe du tribunal de première instance de l'arrondissement, pour y être tenu à la disposition des tiers.

L. HÉLOT.

D. —(*Bordeaux.*)—28-31 déc. 1870.—BG. 351.— *Le gouvernement de la défense nationale décrète provisoirement et jusqu'à ce qu'il en ait été autrement décidé.*

Les annonces judiciaires et légales pourront être insérées, au choix des parties, dans l'un des journaux publiés dans le département. — Néanmoins, toutes les annonces judiciaires relatives à une même procédure, seront insérées dans le même journal.

AD. CRÉMIEUX, L. GAMBETTA, GLAIS-BIZOIN, FOURICHON.

(Exécuté en ce qui concerne le département d'Alger par arr. du préfet en date du 30 déc. 1871, pour l'année 1872 avec fixation de l'insertion à 15 c. la ligne de 51 lettres en caractère petit romain.)

RENVOIS. — V. Table alphabétique.

Antiquités. V. MUSÉES.

Apostilles. V. PÉTITIONS.

Appareils à vapeur. V. MACHINES.

Apprentissage. V. TABLE ALPHABÉTIQUE.

Aqueduc. V. EAU, TRAVAUX PUBLICS.

Archéologie. V. MUSÉES.

Architectes. V. BATIMENTS CIVILS.

Armée.

DI. — 24 oct. 1868-28 août 1869. — BG. 512. — *Emplois civils réservés aux anciens militaires.*

Voulant assurer aux militaires qui, après avoir satisfait aux obligations de la loi sur le recrutement, auront contracté un rengagement de cinq ans, des avantages spéciaux qui fussent à la fois la récompense de services rendus volontairement au pays, et, en même temps, un encouragement pour les cadres inférieurs de l'armée, particulièrement pour les sous-officiers, à prolonger jusqu'à l'accomplissement de la dixième année la durée effective de leur présence sous les drapeaux; — Considérant qu'il existe dans presque toutes les administrations civiles un grand nombre d'emplois que les militaires de cette catégorie sont susceptibles d'occuper; — Qu'en les nommant à ces emplois, c'est, sous la forme la plus digne d'eux et de l'État, procurer à d'anciens et bons serviteurs des moyens honorables d'existence et pourvoir à leur avenir dans des fonctions en rapport avec leurs goûts et leurs aptitudes personnelles; — Qu'il y a tout avantage à favoriser l'admission, dans les services publics, d'hommes arrivés dans la force de l'âge, et qui, par leurs principes, par les habitudes d'ordre et de soumission au devoir qui s'acquièrent ou se développent dans l'armée, constituent une pépinière de sujets excellents pour le recrutement du personnel des diverses administrations de l'État.

Art. 1. — Les emplois civils compris dans l'état annexé au présent décret seront exclusivement attribués, dans la proportion du nombre de vacances annuelles déterminée audit état, aux sous-officiers, caporaux, brigadiers et soldats qui, après la première période de cinq ans du service actif, auront contracté et terminé un rengagement de cinq autres années, et qui auront mérité un certificat de bonne conduite.

Art. 2. — Seront seuls dispensés de la condition du rengagement et admis à participer aux mêmes avantages, les militaires retraités ou réformés par suite de blessures ou pour des infirmités contractées au service.

Art. 3. — Les militaires appelés à concourir pour l'obtention des emplois civils, conformément aux dispositions des art. 1 et 2 du présent décret, devront en outre satisfaire aux conditions d'âge, d'aptitude et de connaissances spéciales nécessaires pour remplir ces emplois, selon les règlements spéciaux à chaque administration.

Art. 4. — Les vacances d'emplois revenant au tour des militaires seront attribuées de préférence aux sous-officiers, et subsidiairement aux caporaux, brigadiers et soldats qui en feraient la demande.

Art. 5. — A défaut d'un nombre suffisant de militaires susceptibles de remplir la totalité des emplois qui leur sont réservés, il pourra être pourvu à cette insuffisance par la désignation de candidats civils, mais seulement dans ce cas et lorsque les emplois auxquels il s'agira de pourvoir ne pourraient pas rester plus longtemps vacants sans danger pour le service.

Art. 6. — A la fin de chaque année, il nous sera rendu compte, par un rapport de notre ministre de la guerre, de l'exécution du présent décret.

ÉTAT des emplois civils attribués aux militaires qui, après un premier congé passé sous le drapeau, auront contracté un rengagement de cinq ans, et proportion réservée à ces militaires sur la totalité des vacances survenues dans l'année (V. au Bulletin officiel.)

TABLEAU *des emplois civils susceptibles d'être réservés aux anciens militaires remplissant les conditions ci-dessus. — Moyenne approximative d'après les vacances annuelles.—Gouvernement général de l'Algérie(1).*

Admin. des postes. — Distributeurs et facteurs, 9. Traitement de 500 à 1,000 fr. — Droit à la retraite.

Enregistrement.—Domaine.—Contributions diverses. Poids et mesures. — Garçons de bureaux et chaouchs; 3. Traitement : 700 à 1,000 fr. — Droit à la retraite.

Ponts et chaussées. — Cantonniers, 10. Traitement : 720 à 1,080 fr. et logement.

Prisons civiles. — Gardiens ordinaires, 15. Traitement : 450 à 900 fr.; logement, habillement et une ration de vivres. — Droit à la retraite.

Service sanitaire du littoral. — Capitaines de santé ou gardes sanitaires, 1. — Capitaines, traitement : 1,500 à 2,100 fr.; indemnité de logement de 200 fr. — Droit à la retraite. — Gardes, traitement : 500 à 900 fr. — Droit à la retraite.

Administration communale. — Gardes champêtres, 16. Traitement : 720 fr. — Commissaires de police, 1. Traitement : 1,800 à 3,000 fr. — Inspecteurs de police, 4. Traitement : 1,500 à 1,800 fr. et habillement. — Agents de police, 16, dont 1/4 choisis parmi les spahis et les tirailleurs pour la police indigène. Traitement : 510 à 1,200 fr. et habillement.

Décis. 2. — 23 janv.-28 août 1869. — BG. 519. — *Dispositions transitoires pour l'exécution du décret du 24 oct. 1868 ci-dessus.*

Circ. CM. — 8-16 janv. 1871. — BG. 551. — *Ordre aux autorités civiles et militaires de rechercher et faire reconduire en France, les individus soumis à la mobilisation par leur âge et leur résidence qui se sont rendus en Algérie depuis le 4 septembre.*

Décis. PE. — 5 août 1871. — (V. Admin. gén., § 1). — *Formation d'un 7e corps d'armée composé des corps de troupes employés en Algérie. — Suppression de l'emploi de commandant supérieur des forces de terre.*

RENVOIS. — V. Table alphabétique.

Armes.

D. (Paris.) — 4 sept. 1870. — (Non publié au Bulletin officiel.)

La fabrication, le commerce et la vente des armes sont absolument libres.

DP. — 7-28 oct. 1871. — BG. 580. — *Promulgation de la loi du 19 juin 1871, qui abroge le décr. du 4 sept. 1870 (2).*

Art. 1. — La loi du 19 juin 1871, portant abrogation du décr. du 4 sept 1870, sur le commerce et la fabrication des armes de guerre, et remettant en vigueur les lois antérieures relatives à la fabrication, au commerce et à la détention des armes de guerre et autres armes prohibées, est rendue exécutoire en Algérie; à cet effet, elle sera publiée et promulguée à la suite du présent décret, qui sera inséré au *Bulletin des Lois.*

Loi du 19 juin 1871.

Art. 1. — Le décr. du 4 sept. 1870, sur le commerce et la fabrication des armes de guerre, est abrogé.

Art. 2. — En attendant qu'une loi nouvelle ait statué définitivement sur la matière, les lois antérieures relatives à la fabrication, au commerce et à la détention des armes de guerre et autres armes prohibées, sont remises en vigueur.

Art. 3. — Tout individu, fabricant ou détenteur, sans autorisation, de machines ou engins meurtriers ou incendiaires, agissant par explosion ou autrement, ou de poudre fulminante quelle qu'en soit la composition, sera puni d'un emprisonnement de 6 mois à 5 ans, et d'une amende de 50 à 3,000 fr.

Art. 4. — Les dispositions de l'art. 463 C. pén. sont et demeurent applicables aux délits prévus par la présente loi.

(Cette loi avait déjà été publiée au *Bulletin of-*

---

(1) Pour les autres ministères, V. au *Bulletin officiel.*

(2) *Rapport au président de la République.* — J'ai l'honneur de vous proposer de promulguer en Algérie la loi du 19 juin 1871, sur la fabrication, le commerce et la détention des armes de guerre et autres armes prohibées. — Les motifs qui ont fait adopter cette loi pour la métropole trouvent leur application dans la colonie : il y a même en Algérie un intérêt plus pressant à faire que le désarmement des rebelles n'y reste pas inefficace. — D'une autre part, M. le président, on n'a pas à craindre en Algérie de porter atteinte, dans la même mesure, à des intérêts privés, puisqu'il n'y a pas été fondé, sous le régime du décr. du 4 sept. 1870, d'établissements consacrés à la fabrication des armes de guerre. — J'espère donc que vous ne verrez aucun inconvénient à remettre en vigueur, en Algérie, les lois des 24 mai 1834 et 14 juill. 1860, par la promulgation de celle qui a été votée le 19 juin dernier.

Pour le ministre de l'intérieur :
Le sous-secrétaire d'État,
CALMON.

(Ce rapport est la copie textuelle de la circulaire ministérielle du 3 juillet précédent relative à l'exécution de la loi en France. Il est évident que la question de savoir si la loi du 24 mai 1834 a été exécutée en Algérie comme dans la métropole ne s'est pas présentée; en cette circonstance, à l'esprit du rédacteur du rapport, et que la citation qui en est faite dans ce document ne peut en rien préjuger la solution de cette question, qui reste soumise aux règles tracées en cette matière par la jurisprudence de la Cour de cassation. — V. Promulgation.)

décret n° 568, mais sans décret ni arrêté autorisant la promulgation.)

RENVOIS. — V. *Table alphabétique*

Armuriers. V. TABLE ALPHABÉTIQUE.

Arpenteurs. V. TOPOGRAPHIE.

Arrêtés des gouverneurs et intendants. V. TABLE ALPHABÉTIQUE.

Arrêtés municipaux—Préfectoraux. V. *ibidem*.

Arrondissements. V. CIRCONSCRIPTIONS, COMMUNES.

Art médical. V. TABLE ALPHABÉTIQUE.

Art vétérinaire. V. *ibidem*.

Arts et Métiers.

AG. — 5-6 juill. 1871. — BG. 568. — *Licenciement de l'école établie en Kabylie.*

Considérant que, pendant l'insurrection, les bâtiments et le matériel de l'école des Arts et Métiers ont été complétement détruits par les Kabyles révoltés.

Art. 1. — L'école des Arts et Métiers, qui avait été établie près de Fort-National, est licenciée.

V.-am^{al} COMTE DE GUEYDON.

Asile de vieillards et maisons d'asile. V. TABLE ALPHABÉTIQUE.

Assemblée nationale. V. ÉLECTIONS, § 1-2°.

Assesseurs musulmans. V. TABLE ALPHABÉTIQUE.

Assises (Cours d'). V. *ibidem*

Assistance publique.

Circ. G. — 2 avril-20 mai 1868. — BG. 269. — *Secours de route aux indigents se rendant d'Algérie en France.*

M. le préfet, — Il arrive fréquemment que des indigents, porteurs de passeports avec secours de route, qui leur ont été délivrés par les autorités algériennes, après leur débarquement en France, ne pouvant continuer leur route à pied, se présentent dans les bureaux de la préfecture des Bouches-du-Rhône, et réclament les moyens de transport qui leur sont nécessaires pour se rendre à leur destination.

Jusqu'à ce jour, il a été fait droit aux demandes de l'espèce qui ont paru fondées; mais les indigents éprouvent souvent de grandes difficultés pour faire constater, à Marseille ou ailleurs, leur position; il serait assurément préférable que les indigents, qui remplissent les conditions voulues pour obtenir les moyens de transport, ne fussent embarqués, en Algérie, que munis des pièces nécessaires pour qu'à leur débarquement en France, ils n'aient qu'à se présenter à la compagnie des chemins de fer, requise de les transporter jusqu'à leur destination. Ils ne seraient ainsi dans le parcours de leur route, exposés à aucun retard qui, quelque court qu'il puisse être, les place toujours dans un grand embarras.

Ces observations, provoquées particulièrement par M. le préfet des Bouches-du-Rhône, m'ont paru très-fondées, et, comme elles sont conformes à l'esprit des règlements observés dans la métropole pour le transport gratuit des indigents qui ont droit à ce mode d'assistance, j'ai décidé qu'à l'avenir les instructions spéciales sur la matière, données par le ministre de l'intérieur, seront appliquées en Algérie. — En conséquence, m'appropriant ces instructions, qui portent les dates des 8 déc. 1865, 22 mars 1866 et 1er mai 1868, je vais en réunir les dispositions dans la présente circulaire.

Les frais de route accordés aux voyageurs indigents sont mis à la charge des départements, en France, par l'art. 12, § 12, de la loi du 10 mai 1838, et, en Algérie, par l'art. 41, § 19, du déc. du 27 oct. 1858 (I, 37). — D'après la loi du 15 juin 1790, les indigents qui voyagent à pied reçoivent 0,15 c. par 4 kil. Ces secours de route leur sont alloués dans chaque commune, gîte d'étape, par les soins de la municipalité, qui est remboursée de ses avances par le département. En outre, lorsque les indigents ne peuvent pas faire la route à pied, l'administration leur fournit des moyens de transport soit dans les voitures affectées aux services des convois civils, soit dans les wagons des compagnies concessionnaires des chemins de fer.

Dans le premier cas, le prix du parcours, fractionné d'étape en étape, est payé aux entrepreneurs des convois civils par chacun des départements sur le territoire desquels s'est effectué ce parcours. Mais ce mode de distribution de secours et de comptabilité est inapplicable aux transports sur les chemins de fer, qui deviennent de plus en plus fréquents. On ne peut, en effet, dans ce cas, fractionner, par étape, ni le trajet, ni le payement des frais. Les transports doivent s'effectuer, sans interruption, de l'une à l'autre des deux gares désignées dans les réquisitions que l'autorité administrative adresse aux représentants des compagnies.

Aussi, pour prévenir le retour des difficultés qui résultaient souvent des transports sur les chemins de fer, le ministre de l'intérieur, d'accord avec son collègue des finances, qui avait pris l'avis des administrateurs des compagnies des chemins de fer, a-t-il reconnu la nécessité d'adopter pour ce mode de transport les règles suivantes :

1° Les réquisitions adressées aux compagnies doivent toujours énoncer les noms et la qualification des individus à transporter, le point de départ et celui de l'arrivée; ou, en d'autres termes, la dernière station du parcours sur le chemin de fer. Il importe de ne jamais réunir dans la même réquisition des individus de catégories différentes (indigents, aliénés, condamnés, accusés ou prévenus). Le mode de payement n'est pas le même pour ces catégories, et la séparation, plusieurs fois réclamée par les compagnies concessionnaires, est indispensable pour l'ordre et la régularité des opérations de comptabilité;

2° Lorsque la compagnie, chargée du transport d'un voyageur indigent, aura effectué ce transport, elle en réclamera le prix au préfet du département d'où sera émané la réquisition À l'appui de sa réclamation, la compagnie produira comme pièce justificative la réquisition de l'autorité administrative, revêtue du timbre des deux gares entre lesquelles aura eu lieu le transport. Les réquisitions doivent être rédigées d'une manière uniforme et, d'après le modèle que vous trouverez annexé à la présente circulaire;

3° Quand le transport a lieu sur plusieurs lignes distinctes, les autorités locales doivent délivrer autant de réquisitions qu'il y a de lignes à parcourir. L'objet de cette dernière disposition est d'établir, d'une manière plus précise et plus prompte, les droits des compagnies, de prévenir des erreurs de comptes et de rendre plus facile le remboursement des avances faites dans l'intérêt des départements;

4° La compagnie aura aussi à produire un décompte général dans lequel elle fera ressortir les sommes à payer par chaque département traversé. Ces sommes seront calculées proportionnellement à l'étendue du parcours. Le préfet du département d'où est émané la réquisition, et qui, sur le vu des pièces justificatives, aura payé la compagnie, adressera ensuite à ses collègues des extraits de ce bordereau, à l'appui de ses demandes de remboursement. Le prix du timbre, apposé sur les pièces justificatives, est payé par les départements;

5° Quant aux secours de route qui peuvent être alloués aux voyageurs indigents, la loi du 15 juin 1790 en a fixé la quotité et le mode de distribution pour les voyages qui ont lieu sur les voies de terre, et, toutes les fois que le transport s'effectuera dans ces conditions, les dispositions de la loi doivent être ponctuellement observées; mais elles sont évidemment inapplicables, lorsque le transport a lieu par chemin de fer; dans ce cas, les secours ne peuvent être payés d'étape en étape, ni calculés sur la distance parcourue. L'autorité qui aura adressé la réquisition remettra donc aux voyageurs, au moment même du départ, la somme nécessaire pour toute l'étendue du trajet. Le ministre de l'intérieur, en France, a indiqué aux préfets le chiffre de deux francs par vingt-quatre heures comme suffisant. C'est, au surplus, une question à soumettre au conseil général, qui fixera l'indemnité à attribuer aux indigents par journée de voyage en chemin de fer. Le remboursement des secours de route s'effectuera comme celui des frais de transport, et d'après la même règle, c'est-à-dire en proportion de l'étendue du parcours dans chaque département.

L'exécution des instructions qui précèdent ne saurait rencontrer de difficultés; mais pour prévenir toute complication inutile dans la comptabilité départementale, je vous recommande, M. le préfet, de ne jamais confondre les secours de route avec les prix de transport. Proportionnellement supportés par chacun des départements traversés, ces derniers sont remboursés aux compagnies par le préfet de qui est émanée la réquisition.

Quant aux secours de route, ils doivent être remis, par les soins de l'autorité administrative, aux indigents qui vont prendre le chemin de fer, au moment de leur entrée en wagon. Ces secours varient de quotité selon les départements, l'application du principe de remboursement proportionnel est bien difficile; ils ne représentent d'ailleurs que des sommes peu importantes et aujourd'hui, qu'au point de vue légal, la somme n'a plus, du moins, en France, le même caractère obligatoire, il me paraît préférable que le montant intégral soit pris en charge par le département d'où l'indigent sera parti.

En procédant ainsi, on évitera les inutiles complications que produirait dans les écritures et dans les opérations des comptables le remboursement des secours de route en autant de fractions qu'il y a de départements traversés. Ce mode d'opérer est suivi en France, il convient de l'adopter en Algérie; je ne doute pas que les conseils généraux ne se rangent à cet avis.

Il est un point que je dois signaler à votre attention, parce que, dans la pratique, il a donné lieu à quelques réclamations. — Les cahiers des charges n'imposent aux compagnies aucun tarif spécial pour le transport des indigents. Lorsqu'elles consentent à n'exiger qu'un prix inférieur au tarif commun, c'est, de leur part, une concession toute bénévole. En aucun cas, la libéralité des compagnies ne doit avoir pour résultat de faire payer par les indigents eux-mêmes une

partie de la dépense que doivent supporter les départements; qu'il y ait ou non réduction de tarif, c'est au budget départemental à y pourvoir dans la limite du crédit voté par le conseil général.

Des plaintes graves se sont élevées quelquefois contre les conséquences fâcheuses des marches forcées qu'avaient à faire des indigents pour se rendre à pied au lieu de leur destination, lorsqu'on aurait pu et dû les faire transporter par les chemins de fer. — Les intérêts de l'assistance publique et de l'humanité sont ici d'accord avec ceux de l'ordre public et des finances départementales. L'administration serait donc sans excuse, si, par négligence, ou par une préférence inexplicable accordée aux anciens modes de transport, elle exposait les indigents à tomber malades en route, par suite de fatigues ou d'intempéries dont, pour une dépense égale et quelquefois moindre, il eût été facile de les préserver en les dirigeant sur leur destination, soit par les chemins de fer, soit, faute de mieux, par les voitures des convois civils.

Ces instructions, M. le préfet, ne doivent pas seulement recevoir leur application, en ce qui concerne les indigents rapatriés d'Algérie en France, mais encore à ceux qui sont dirigés d'une province sur une autre dans l'intérieur de l'Algérie.

D'après la loi du 15 juin 1790 (art. 7), le secours de route n'est dû qu'aux indigents qui reçoivent un passeport gratuit pour retourner au lieu de leur domicile. Le même secours est également dû, en vertu de la même loi et de l'art. 6 tit. 2 de celle du 24 vend. an II, aux mendiants et gens sans aveu, étrangers à l'empire, qui devront quitter le territoire.

Le bénéfice du passeport gratuit avec secours de route a été encore accordé par extension, sur un avis du conseil d'État du 11 déc. 1811, aux vagabonds et condamnés libérés qui sont dirigés du lieu de leur détention, soit sur leurs communes respectives, soit sur le lieu de résidence qu'ils ont déclaré choisir.

On ne saurait donner à la loi plus de latitude, sans grever abusivement les budgets des départements. Ainsi, nul indigent n'a droit au secours de route pour entreprendre un voyage hors de la commune où il est domicilié.

Une circulaire du ministre de l'intérieur, en date du 25 oct. 1833, a déterminé d'une manière précise les circonstances et les conditions qui peuvent donner lieu, en faveur des indigents, à la délivrance de secours de route; vous voudrez bien vous y référer au besoin, car elle ne contient aucune disposition qui ne trouve son application en Algérie aussi bien qu'en France. Déjà, j'ai eu l'occasion de vous rappeler à l'exécution rigoureuse et étroite des dispositions que je viens d'indiquer, par ma circulaire du 27 janvier dernier.

Aujourd'hui, j'insisterai encore sur cette question, en vous faisant remarquer la distinction essentielle qui existe entre les secours de route que la loi permet aux autorités départementales d'accorder dans des conditions déterminées, et les secours de route qui peuvent être alloués aux colons nécessiteux, obligés de rentrer momentanément en France, pour y rétablir leur santé compromise par l'influence du climat de l'Algérie. Dans le premier cas, la dépense est imputable au budget départemental ou provincial, et il vous appartient d'apprécier si l'indigent à rapatrier est dans les conditions réglementaires. Dans le deuxième cas, la dépense est à la charge du budget de l'État, et je me suis réservé l'appréciation des conditions, dans les limites qui vous ont été indiquées dans mes instructions, en date du 27 mars dernier, spéciales à la délivrance des passages gratuits (non publiés).

La différence de l'imputation oblige donc, pour éviter toute confusion et toute erreur dans la comptabilité, que la catégorie à laquelle appartient l'indigent secouru, soit très-exactement indiquée sur les pièces comptables. — Je vous invite, M. le préfet, à donner dans ce sens des instructions très-précises à MM. les sous-préfets, commissaires et maires de votre département.

Mᵃˡ DE MAC-MAHON, DUC DE MAGENTA.

RENVOIS. — V. Table alphabétique.

Associations syndicales.

D⁰, — 31 oct.-28 déc. 1866. — BG. 206. — Promulgation en Algérie avec modifications, de la loi du 21 juin 1865 et décrets d'exécution.

Vu le tit. 5 de l'ord. du 1ᵉʳ oct. 1844, concernant l'expropriation pour cause d'utilité publique en Algérie; — La loi du 16 juin 1851, sur la propriété en Algérie (I, 578 et s.); — Notre décr. du 5 déc. 1855, concernant l'occupation temporaire de terrains pour travaux d'utilité publique (I, 523); — Nos décr. des 27 oct. 1858, 10 déc. 1860 et 7 juill. 1864; (V. Admin. gén.); — La loi du 21 juin 1865, sur les associations syndicales.

Art. 1. — Est applicable à l'Algérie la loi du 21 juin 1865, sur les associations syndicales, sous les modifications suivantes : — 1° Dans le cas prévu par l'art. 18 de la loi précitée, l'utilité publique est déclarée et les indemnités dues pour expropriation sont réglées conformément à la législation spéciale de l'Algérie; — 2° Le gouverneur général exerce, conformément à nos décr. sus-visés des 10 déc. 1860 et 7 juill. 1864, les pouvoirs attribués par la loi du 21 juin 1865 à notre ministre de l'agriculture, du commerce et des travaux publics.

Loi du 21 juin 1865 (1).

TIT. 1. — Des associations syndicales.

Art. 1. — Peuvent être l'objet d'une association syndicale, entre propriétaires intéressés, l'exécution et l'entretien de travaux : — 1° De défense contre la mer, les fleuves, les torrents et les rivières navigables ou non navigables; — 2° De curage, approfondissement, redressement et régularisation des canaux et cours d'eau non navigables ni flottables et des canaux de dessèchement et d'irrigation; — 3° De dessèchement des marais; — 4° Des étiers et ouvrages nécessaires à l'exploitation des marais salants; — 5° D'assainissement des terres humides et insalubres; — 6° D'irrigation et colmatage; — 7° De drainage; — 8° De chemins d'exploitation et de toute autre amélioration agricole ayant un caractère d'intérêt collectif.

Art. 2. — Les associations syndicales sont libres ou autorisées.

Art. 3. — Elles peuvent ester en justice par leurs syndics, acquérir, vendre, échanger, transiger, emprunter et hypothéquer.

Art. 4. — L'adhésion à une association syndicale est valablement donnée par les tuteurs, par les envoyés en possession provisoire et par tout représentant légal pour les biens des mineurs, des interdits, des absents et autres incapables, après autorisation du tribunal de la situation des biens, donnée sur simple requête en la chambre du conseil, le ministère public entendu. Cette disposition est applicable aux immeubles dotaux et aux majorats.

TIT. 2. — Des associations syndicales libres.

Art. 5. — Les associations syndicales libres se forment sans l'intervention de l'administration. — Le consentement unanime des associés doit être constaté par écrit. — L'acte d'association spécifie le but de l'entreprise; il règle le mode d'administration de la Société et fixe les limites du mandat confié aux administrateurs ou syndics; il détermine les voies et moyens nécessaires pour subvenir à la dépense, ainsi que le mode de recouvrement des cotisations.

Art. 6. — Un extrait de l'acte d'association devra, dans le délai d'un mois à partir de sa date, être publié dans un journal d'annonces légales de l'arrondissement, ou, s'il n'en existe aucun, dans l'un des journaux du département. Il sera en outre transmis au préfet et inséré dans le recueil des actes de la préfecture.

Art. 7. — A défaut de publication dans un journal d'annonces légales, l'association ne jouira pas du bénéfice de l'art. 3. L'omission de cette formalité ne peut être opposée aux tiers par les associés.

Art. 8. — Les associations syndicales libres peuvent être autorisées par arrêté préfectoral, en vertu d'une délibération prise par l'assemblée générale, conformément à l'art. 12 ci-après, sauf les dispositions contraires qui pourraient résulter de l'acte d'association. — Elles jouissent, dès lors, des avantages accordés à ces associations par les art. 15, 16, 17, 18 et 19.

TIT. 3. — Des associations syndicales autorisées.

Art. 9. — Les propriétaires intéressés à l'exécution des travaux spécifiés dans les n⁰ˢ 1, 2, 3, 4, 5 de l'art. 1 peuvent être réunis, par arrêté préfectoral, en association syndicale autorisée, soit sur la demande d'un ou de plusieurs d'entre eux, soit sur l'initiative du préfet.

Art. 10. — Le préfet soumet à une enquête administrative, dont les formes seront déterminées par un règlement d'administration publique, les plans, avant-projets et devis des travaux, ainsi que le projet d'association. — Le plan indique le périmètre des terrains intéressés, et est accompagné de l'état des propriétaires de chaque parcelle. — Le projet d'association spécifie le but de l'entreprise et détermine les voies et moyens nécessaires pour subvenir à la dépense.

Art. 11. — Après l'enquête, les propriétaires qui sont présumés devoir profiter des travaux sont convoqués en assemblée générale par le préfet, qui en nomme le président, sans être tenu de le

(1) JURISPRUDENCE. — Cette loi régit toutes les associations syndicales qui existaient en Algérie lors de sa promulgation, comme celles qui se sont formées depuis. Par suite, le syndic d'une association formée régulièrement peut introduire une action en justice sans l'autorisation préalable du conseil de préfecture. — « Attendu que les différences signalées entre l'association syndicale des eaux de l'Oued el Kébir (Blidah) et les associations en vue desquelles est intervenue la loi du 21 juin 1865, n'existaient pas ou sont insuffisantes pour rendre cette loi inapplicable à la cause; qu'elle est conçue, en effet, dans les termes les plus généraux; qu'elle a en vue, non seulement les associations syndicales à venir, mais aussi

les associations déjà existantes lors de sa promulgation; que rien, dans ses dispositions, n'indique qu'elle ait voulu soumettre ces dernières à l'obligation de se reconstituer, soit de remplir des conditions et formalités nouvelles; — Attendu qu'au moment où le législateur a ordonné qu'elle serait promulguée en Algérie, il lui était loisible ou d'en restreindre les effets et la portée, ou de déclarer qu'elle ne serait pas applicable soit à certains cours d'eau, soit à certains syndicats; que, ne l'ayant pas fait, c'est avec raison que l'action du syndic a été considérée par le jugement dont est appel comme régulièrement intentée, etc. » — Cour d'Alger, 17 oct. 1870. — Robe, 1870, p. 163.

choisir parmi les membres de l'assemblée. — Un procès-verbal constate la présence des intéressés et le résultat de la délibération. Il est signé par les membres présents et mentionne l'adhésion de ceux qui ne savent pas signer. — L'acte contenant le consentement par écrit de ceux qui l'ont envoyé en cette forme est mentionné dans ce procès-verbal et y reste annexé. — Le procès-verbal est transmis au préfet.

Art. 12. — Si la majorité des intéressés, représentant au moins les deux tiers de la superficie des terrains, ou les deux tiers des intéressés, représentant plus de la moitié de la superficie, ont donné leur adhésion, le préfet autorise, s'il y a lieu, l'association. — Un extrait de l'acte d'association et l'arrêté du préfet, en cas d'autorisation, et, en cas de refus, l'arrêté du préfet, sont affichés dans les communes de la situation des lieux et insérés dans le recueil des actes de la préfecture.

Art. 13. — Les propriétaires intéressés et les tiers peuvent déférer cet arrêté au ministre des travaux publics dans le délai d'un mois, à partir de l'affiche. — Le recours est déposé à la préfecture et transmis, avec le dossier, au ministre, dans le délai de 15 jours. — Il est statué par un décret rendu en Conseil d'État.

Art. 14. — S'il s'agit des travaux spécifiés aux n°° 3, 4 et 5 de l'art. 1, les propriétaires qui n'auront pas adhéré au projet d'association pourront, dans le délai d'un mois ci-dessus déterminé, déclarer à la préfecture qu'ils entendent délaisser, moyennant indemnité, les terrains leur appartenant et compris dans le périmètre. Il leur sera donné récépissé de la déclaration. L'indemnité à la charge de l'association sera fixée conformément à l'art. 16 de la loi du 21 mai 1836.

Art. 15. — Les taxes ou cotisations sont recouvrées sur des rôles dressés par le syndicat chargé de l'administration de l'association, approuvés, s'il y a lieu, et rendus exécutoires par le préfet. — Le recouvrement est fait comme en matière de contributions directes.

Art. 16. — Les contestations relatives à la fixation du périmètre des terrains compris dans l'association, à la division des terrains en différentes classes, au classement des propriétés en raison de leur intérêt aux travaux, à la répartition et à la perception des taxes, à l'exécution des travaux, sont jugées par le conseil de préfecture, sauf recours au Conseil d'État. — Il est procédé à l'apurement des comptes de l'association, selon les règles établies pour les comptes des receveurs municipaux.

Art. 17. — Nul propriétaire compris dans l'association ne pourra, après le délai de quatre mois, à partir de la notification du premier rôle des taxes, contester sa qualité d'associé ou la validité de l'association.

Art. 18. — Dans le cas où l'exécution des travaux entrepris par une association syndicale autorisée exige l'expropriation des terrains, il y est procédé conformément aux dispositions de l'art. 16 de la loi du 21 mai 1836, après déclaration d'utilité publique, par décret rendu en Conseil d'État.

Art. 19. — Lorsqu'il y a lieu à l'établissement de servitudes, conformément aux lois, au profit d'associations syndicales, les contestations sont jugées suivant les dispositions de l'art. 5 de la loi du 10 juin 1854.

Tit. 4. — *De la représentation de la propriété dans les assemblées des syndics.*

Art. 20. — L'acte constitutif de chaque association fixe le minimum d'intérêt qui donne droit à chaque propriétaire de faire partie de l'assemblée générale. — Les propriétaires de parcelles inférieures au minimum fixé peuvent se réunir pour se faire représenter à l'assemblée générale par un ou plusieurs d'entre eux, en nombre égal au nombre de fois que le minimum d'intérêt se trouve compris dans leurs parcelles réunies. — L'acte d'association détermine le maximum de voix attribué à un même propriétaire, ainsi que le nombre de voix attaché à chaque usine d'après son importance, et le maximum de voix attribué aux usiniers réunis.

Art. 21. — Le nombre des syndics, leur répartition, s'il y a lieu, entre diverses catégories d'intéressés et la durée de leurs fonctions seront déterminés par l'acte constitutif de l'association.

Art. 22. — Les syndics sont élus par l'assemblée générale, parmi les intéressés. — Lorsque les syndics doivent être pris dans diverses catégories, la liste d'éligibilité est divisée en sections correspondantes à ces diverses catégories. — Les syndics seront nommés par le préfet dans le cas où l'assemblée générale, après deux convocations, ne se serait pas réunie ou n'aurait pas procédé à l'élection des syndics.

Art. 23. — Dans le cas où, sur la demande du syndicat, il est accordé une subvention par l'État, par le département ou par une commune, cette subvention donne droit à la nomination par le préfet, d'un nombre de syndics proportionné à la part que la subvention représente dans l'ensemble de l'entreprise.

Art. 24. — Les syndics élisent l'un d'eux pour remplir les fonctions de directeur, et, s'il y a lieu, un adjoint qui remplace le directeur en cas d'absence ou d'empêchement. — Le directeur ou l'adjoint sont toujours rééligibles.

Tit. 5. — *Dispositions générales.*

Art. 25. — A défaut, par une association, d'entreprendre les travaux en vue desquels elle aura été autorisée, le préfet rapportera, s'il y a lieu et après mise en demeure, l'arrêté d'autorisation. — Il sera statué, par un décret rendu en conseil d'État, si l'autorisation a été accordée en cette forme. Dans le cas où l'interruption ou le défaut d'entretien des travaux entrepris par une association pourrait avoir des conséquences nuisibles à l'intérêt public, le préfet, après mise en demeure, pourra faire procéder d'office à l'exécution des travaux nécessaires pour obvier à ces conséquences.

Art. 26. — La loi du 16 sept. 1807 et celle du 14 flor. an XI continueront à recevoir leur exécution à défaut de formation d'associations libres ou autorisées, lorsqu'il s'agira de travaux spécifiés aux n°° 1, 2 et 3 de l'art. 1er de la présente loi. Toutefois, il sera statué, à l'avenir, par le conseil de préfecture, sur les contestations qui, d'après la loi du 16 sept. 1807, devaient être jugées par une commission spéciale. En ce qui concerne la perception des taxes, l'expropriation et l'établissement de servitudes, il sera procédé conformément aux art. 15, 18 et 19 de la présente loi.

Décret du 17 nov. 1865 portant règlement d'administration publique pour l'exécution de l'art. 10 de la loi du 21 juin 1865.

Art. 1. — Lorsqu'il y a lieu d'ouvrir une enquête sur une entreprise d'amélioration agricole et sur un projet d'association, par application de l'art. 10 de la loi du 21 juin 1865 sur les associations syndicales, le préfet prend un arrêté pour prescrire cette enquête.

Art. 2. — Le projet d'association détermine : — 1° Le minimum d'étendue de terrain ou d'intérêt qui donne droit à chaque propriétaire de faire partie de l'assemblée générale des intéressés ; — 2° Le maximum de voix à attribuer à un même propriétaire ou à chaque usinier, et le maximum de voix attribué aux usiniers réunis ; — 3° Les bases de la répartition des dépenses de l'entreprise; — 4° Le nombre des syndics à nommer, leur répartition, s'il y a lieu, entre diverses catégories d'intéressés et la durée de leurs fonctions.

Art. 3. — Le projet d'association, les plans et devis des travaux étudiés d'office par les ordres du préfet, ou sur l'initiative des intéressés, sont déposés à la mairie de la commune sur le territoire de laquelle les travaux doivent être exécutés. Si les travaux s'étendent sur plusieurs communes, le préfet désigne celle de ces communes où les pièces doivent être déposées.

Art. 4. — Aussitôt après la réception de l'arrêté préfectoral qui ordonne l'ouverture de l'enquête, avis du dépôt des pièces est donné à son de trompe ou de caisse, et une affiche contenant les énonciations prescrites par la loi est apposée à la porte de la mairie, et dans un lieu apparent, près ou sur les portes de l'église.

Art. 5. — Indépendamment de ces publications, notification du dépôt des pièces est faite par voie administrative à chacun des propriétaires dont les terrains sont compris dans le périmètre intéressé aux travaux; il est gardé original de cette notification; en cas d'absence, la notification prescrite est faite aux représentants des propriétaires ou à leurs fermiers et métayers, et, à défaut de représentants ou fermiers, elle est laissée à la mairie. — L'acte de notification invite les propriétaires à déclarer, dans les délais et dans les formes ci-après déterminés, s'ils consentent à concourir à l'entreprise. — Ces notifications doivent être faites au plus tard dans les cinq jours qui suivent l'ouverture des enquêtes.

Art. 6. — Pendant vingt jours à partir de l'ouverture de l'enquête, il est déposé dans chacune des mairies intéressées un registre destiné à recevoir les observations, soit des propriétaires compris dans le périmètre, soit de tous autres intéressés.

Art. 7. — Le préfet désigne dans l'arrêté qui ordonne l'enquête, un commissaire choisi parmi les notables propriétaires, agriculteurs ou industriels, parmi les membres du conseil général ou parmi les juges de paix des cantons traversés par les travaux. Ledit commissaire ne doit avoir aucun intérêt personnel à l'opération projetée.

Art. 8. — A l'expiration de l'enquête, dont les formalités sont certifiées par les maires de chaque commune, le commissaire recevra pendant trois jours consécutifs, à la mairie de la commune désignée par le préfet, et aux heures indiquées par lui, les déclarations des intéressés sur l'utilité des travaux projetés. — Après avoir clos et signé le registre de ces déclarations, le commissaire les transmettra immédiatement au préfet, avec son avis motivé et avec les autres pièces de l'instruction qui auront servi de base à l'enquête.

Instruction du ministre de l'agriculture, du commerce et des travaux publics au sujet de la loi du 21 juin 1865.

Paris, 12 août 1865. — La loi du 21 juin 1865 est venue coordonner et régulariser les dispositions diverses qui régissent les associations syndicales, et a marqué ainsi un nouveau pas dans la voie des améliorations agricoles dont le gouvernement impérial poursuit la réalisation. Je viens vous donner les instructions nécessaires pour vous diriger dans l'application de cette loi.

TIT. 1.

L'art. 1 énumère les divers travaux qui peuvent être l'objet d'une association syndicale entre propriétaires intéressés. — La plupart des travaux énoncés dans ces huit §§ peuvent déjà, sous l'empire de la législation actuelle, être l'objet d'associations syndicales. Cependant la nouvelle loi a consacré plusieurs additions sur lesquelles je dois appeler votre attention.

Ainsi, le 2° § comprend, indépendamment du simple curage, l'approfondissement, le redressement et la régularisation des canaux et cours d'eau non navigables ni flottables et des canaux de dessèchement et d'irrigation. Toutefois, les travaux de cette nature ne doivent être entrepris qu'avec une extrême réserve, et lorsqu'ils sont nécessaires pour former le complément d'un curage efficace. Dans ce cas, ils doivent être autorisés par un décret rendu en conseil d'État, après l'accomplissement des formalités d'enquête.

Le 4° § s'applique à une nature d'ouvrages qui présente un caractère tout spécial : ce sont les canaux nommés étiers, destinés à introduire des eaux de la mer dans les marais salants, notamment sur le littoral de l'Ouest, et, en outre, les fossés intérieurs et les bassins où ces eaux subissent une première évaporation. Ces ouvrages, nécessaires pour la fabrication du sel, constituent des propriétés communes à tous les intéressés, et dont la conservation doit peser sur chacun d'eux dans la proportion de son intérêt. La réunion des propriétaires en associations syndicales est donc une mesure parfaitement justifiée et d'une incontestable utilité.

L'assainissement des terres humides et insalubres, qui fait l'objet du 5° §, ne doit pas être confondu avec le dessèchement des marais, qui est énoncé au 3° §. Il ne s'agit pas ici de marais proprement dits, qui ont, en général, un aspect et un caractère parfaitement définis; il s'agit de ces terrains qui sont quelquefois désignés sous le nom de terres mouillées, et qui ne doivent leur état d'humidité et, par suite, d'insalubrité, qu'à des obstacles accidentels qui arrêtent l'écoulement naturel des eaux. Il suffit, le plus souvent, soit de rétablir un cours d'eau qui a disparu par suite du défaut de curage, soit d'ouvrir quelques rigoles secondaires, soit d'augmenter le débouché d'un pont, pour rendre la fertilité et la salubrité à des terrains longtemps improductifs et insalubres.

Le 6° § comprend, outre l'irrigation, le *colmatage* des terres. Cette dernière opération consiste à exhausser un bas-fond habituellement immergé, ou à couvrir des terrains infertiles, tels que des sables ou des graviers, au moyen d'alluvions entraînées par des eaux courantes. Cette amélioration agricole, qui a été appliquée avec succès sur divers points de la France, notamment sur les bords de la Moselle et de quelques cours d'eau du Midi, méritait d'être encouragée. Aussi pourra-t-elle désormais devenir l'objet d'une association syndicale.

Enfin, le dernier § énonce les chemins d'exploitation et toute autre amélioration agricole ayant un caractère d'intérêt collectif. Le terme « chemins d'exploitation » s'applique exclusivement à des chemins qui ne doivent servir qu'à l'exploitation de propriétés privées. Pour ceux qui ont un caractère public et dont l'administration et la police sont placées dans les attributions de l'autorité municipale, on ne saurait admettre qu'une association syndicale pût se substituer à cette autorité. La loi a eu seulement pour but de faciliter, par la formation d'associations syndicales, l'ouverture des voies d'accès utiles à un certain nombre de propriétaires. En ajoutant d'ailleurs à cette énonciation « toute autre amélioration agricole d'intérêt collectif », le législateur a voulu laisser la voie ouverte à l'exécution de tous les travaux utiles à l'agriculture, tels que fixation de dunes, construction de ponts, ensemencement de landes, qui, par leur nature, peuvent exiger le concours d'un certain nombre de propriétaires.

Par ces dispositions nouvelles, la loi donne une utile extension à l'action des associations syndicales. — Jusqu'ici, aucune loi ou règlement n'avait prévu la formation d'une association syndicale libre, réunie par la seule volonté des intéressés, et n'empruntant aucun droit à l'autorité publique. Une association ainsi formée ne constituait, par le fait, qu'une simple société civile, dont tous les membres devaient être assignés individuellement sur les demandes intéressant l'association, et non collectivement en la personne de leurs syndics. Il importait de faire disparaître ces entraves, et de donner un plus libre essor à l'initiative de l'intérêt privé.

L'art. 2 de la loi prévoit, en conséquence, la formation d'associations libres en même temps que celle d'associations autorisées, et l'art. 3 décide que les unes comme les autres peuvent ester en justice par leurs syndics, acquérir, vendre, échanger, transiger, emprunter et hypothéquer.

L'art. 4 fait disparaître une autre difficulté que rencontre la constitution volontaire des associations, en donnant aux représentants des incapables le pouvoir d'adhérer en leur nom à une association syndicale. Cette disposition est empruntée à l'art. 13 de la loi du 3 mai 1841, sur l'expropriation pour cause d'utilité publique. Toutefois, la nouvelle rédaction attribue d'une manière expresse, au tribunal de la situation des biens, compétence pour accorder aux représentants des incapables l'autorisation de donner leur adhésion. Il a paru que ce tribunal était mieux à même que le tribunal du domicile des parties d'apprécier l'utilité de l'opération projetée, et qu'ainsi la décision serait à la fois plus prompte et plus éclairée.

Les 4 articles dont je viens de parler forment le tit. 1er de la loi, et posent les principes généraux des associations syndicales.

Tit. 2.

Le tit. 2 est relatif aux associations libres. — Ces associations se forment, en vertu de l'art. 5 de la loi, sans l'intervention de l'Administration, par le consentement unanime des intéressés. Ce consentement doit être constaté par écrit, c'est-à-dire par acte notarié ou par un simple acte sous seing privé, spécifiant le but et les conditions de l'association.

La publication, dans un journal de l'arrondissement ou du département, d'un extrait de l'acte d'association, est prescrite par l'art. 6 dans l'intérêt des tiers, et c'est à l'observation de cette formalité qu'est attaché l'exercice des droits conférés par l'art. 3 de la loi.

L'insertion dans le recueil des actes de la préfecture est également prescrite; mais l'art. 7 n'attache de sanction qu'au défaut de publication dans un journal d'annonces légales, et n'en attache aucune au défaut d'insertion dans le recueil des actes de la préfecture. Cette insertion, faite dans un recueil administratif, et qui a surtout pour but de conserver, dans les archives de chaque mairie, l'extrait de l'acte d'association, devra être gratuite. Quant à la forme de l'extrait, il suffit pour remplir le but de la loi, d'y comprendre les clauses principales de l'acte, telles qu'elles sont énoncées dans le dernier § de l'art. 5.

L'art. 8 de la loi contient une disposition essentielle, et sur laquelle je dois appeler toute votre attention. Les associations syndicales libres, formées par application des art. 5, 6 et 7, jouissent du bénéfice des art. 3 et 4, qui leur confèrent, sans doute, des droits importants; mais elles n'en conservent pas moins leur caractère de société privée. Ainsi, soit pour le recouvrement des cotisations, soit pour le jugement des contestations relatives à la répartition et à la perception des taxes, soit pour l'acquisition de terrains ou l'établissement de servitudes, elles restent placées sous le régime du droit commun, et ne disposent d'aucun des moyens d'action que peut conférer l'intervention de l'autorité publique.

En vertu de l'art. 8, ces associations peuvent, sur leur demande, être converties en associations autorisées, et acquérir par là le bénéfice des avantages accordés à ces dernières par les art. 15, 16, 17, 18 et 19, dont il sera question plus loin.

Mais, sous quelle forme devait se produire cette demande? Devait-elle être formée par les syndics ou par l'assemblée générale, et, dans ce dernier cas, devait-elle réunir l'unanimité des suffrages? La loi a voulu qu'une mesure qui présente le plus souvent des avantages évidents pût se réaliser dans les conditions les plus faciles, et elle a décidé que l'art. 12 de la loi, qui détermine la majorité nécessaire pour la constitution d'une association autorisée, serait applicable à la transformation d'une association libre en association autorisée. Cependant, en traçant cette règle, la loi a dû tenir compte des contrats qui pouvaient lier les parties, et elle a réservé l'application des clauses spéciales qu'une association libre aurait pu stipuler, en vue de sa conversion éventuelle en association autorisée. Il convient de remarquer, toutefois, que cette réserve ne peut s'appliquer qu'aux syndicats pour lesquels la loi exige l'assentiment unanime des intéressés, et non à ceux qui peuvent être constitués dans les conditions prévues par le tit. 3 que je vais examiner.

Tit. 3.

Le tit. 3, relatif aux associations syndicales autorisées, règle, par l'art. 9, un point important : il détermine ceux des travaux énoncés en l'art. 1 qui peuvent, sur la demande d'une majorité déterminée par l'art. 12 ci-après, devenir l'objet d'une association autorisée, et décide, par voie de conséquence, que les autres travaux ne peuvent être entrepris qu'avec le consentement unanime des intéressés.

Les travaux soumis à la loi des majorités sont ceux qui font l'objet des nos 1, 2, 3, 4 et 5 de l'art. 1.

En ce qui touche les endiguements et les curages compris sous les nos 1 et 2, la loi du 16 sept. 1807 et celle du 14 flor. an XI consacraient à l'avance le droit des majorités, puisque ces lois avaient conféré à l'autorité publique un droit absolu de coercition. Mais, pour les dessèchements comme pour les ouvrages destinés à l'exploitation des marais salants, ainsi que pour l'assainissement des terres humides et insalubres, la loi pose une règle nouvelle; car les travaux de ce genre ne pouvaient jusqu'ici être entrepris que par l'unanimité des intéressés. Les motifs de cette disposition sont tirés de la nature même de ces ouvrages. Il est évident, en effet, que les dessèchement des marais, l'assainissement des terres humides et insalubres, le bon entretien des marais salants, présentent un caractère incontestable d'intérêt public, et l'on ne saurait admettre que des entreprises aussi utiles fussent entravées par la résistance ou par l'inertie d'un petit nombre d'intéressés. Aussi est-ce avec raison que la loi a donné à la majorité le droit de vaincre ces obstacles.

Quant aux travaux énoncés aux §§ 6, 7 et 8 de l'art. 1, c'est-à-dire l'irrigation et le colmatage, le drainage, les chemins d'exploitation et autres améliorations agricoles, ils ne présentent pas, comme ceux qui figurent aux paragraphes précédents, ce caractère de solidarité absolue qui ne permet pas de détacher de l'opération une portion quelconque des terrains compris dans un périmètre déterminé. Ces travaux peuvent, au contraire, en vertu de la législation spéciale sur l'écoulement des eaux d'irrigation et de drainage, être entrepris sur un grand nombre de parcelles non contiguës. Dès lors, rien ne s'oppose à ce que les propriétaires consentants se réunissent spontanément en association libre, sauf à réclamer ultérieurement, s'ils le jugent convenable, leur conversion en association autorisée.

Cela posé, les art. 10 et 11 règlent les formalités préliminaires à remplir pour arriver à la constitution d'une association autorisée. Ces formalités ne différent pas sensiblement de celles qui ont été pratiquées jusqu'ici. Néanmoins l'art. 10 prévoit que la forme de l'enquête sera déterminée par un règlement spécial d'administration publique. Ce règlement est préparé, et, dès qu'il aura été rendu je m'empresserai de vous en adresser une ampliation.

Quant à la rédaction des avant-projets qui doivent être soumis à l'enquête, il y sera procédé, soit par les soins d'un ou de plusieurs des intéressés, que vous autoriserez par un arrêté à poursuivre leurs études sur les terrains appartenant aux tiers, soit par votre propre initiative.—Toute latitude vous est laissée, ainsi qu'aux intéressés, pour le choix des agents auxquels ce travail sera confié. Dans le cas où l'on croirait devoir recourir aux ingénieurs des ponts et chaussées, le concours de ces fonctionnaires serait soumis aux règles spéciales qui ont été arrêtées à cet effet par l'administration et auxquelles il n'est apporté aucune modification.

L'art. 11 confie au préfet la mission de nommer le président de l'assemblée générale des propriétaires intéressés, et lui accorde la faculté de le choisir en dehors des membres de cette assemblée. Cette disposition vous permet, lorsque des intérêts contraires se trouvent en présence, de désigner comme président une personne désintéressée dans la question, qui, éclairant les esprits sur l'utilité de l'entreprise projetée, et en dirigeant les délibérations avec une entière impartialité, pourra exercer une heureuse influence sur le résultat de cette réunion préparatoire.

L'art. 12, que j'ai déjà eu l'occasion de citer, contient l'une des dispositions les plus importantes de la loi. Il décide que si la majorité des intéressés, représentant au moins les deux tiers de la superficie des terrains ou les deux tiers des intéressés, représentant plus de la moitié de la superficie, ont donné leur adhésion, le préfet peut autoriser l'association. Un extrait de l'acte d'association et l'arrêté du préfet en cas d'autorisation, et, en cas de refus, l'arrêté du préfet, sont affichés dans les communes de la situation des lieux et insérés dans le recueil des actes de la préfecture.

La loi, en consacrant le principe des majorités, a combiné avec le nombre des propriétaires l'importance des intérêts qu'ils représentent, de manière à donner une garantie sérieuse des avantages probables de l'entreprise. — En outre, par l'art. 13, elle ouvre un recours contre l'arrêté constitutif de l'association, non-seulement aux propriétaires dissidents, mais encore à tous les propriétaires intéressés et même aux tiers qui, ne se trouvant pas compris dans l'association, se croiraient lésés par l'opération projetée.

Enfin par l'art. 14, elle donne aux propriétaires qui n'auront pas adhéré au projet d'association, mais seulement en ce qui concerne les travaux spécifiés au n°s 3, 4 et 5 de l'art. 1, la faculté de déclarer dans le délai d'un mois à partir de l'affiche prescrite par l'art. 12, qu'ils entendent délaisser, moyennant indemnité, les terrains leur appartenant et compris dans le périmètre. Cette faculté ne pouvait évidemment s'appliquer aux travaux d'endiguement et de curage auxquels les lois de 1807 et de l'an XI ont attribué un caractère obligatoire.

Tel est l'ensemble des dispositions qui, en posant la loi des majorités, sauvegardent les droits et les intérêts de tous. Ces dispositions n'exigent que de courtes explications.

Le délai d'un mois accordé aux intéressés, soit pour former un recours contre l'arrêté préfectoral qui autorise ou rejette l'association, soit pour déclarer leur intention d'user de la faculté de délaissement, court à partir de la date de l'affiche posée dans les communes de la situation des lieux, conformément à l'art. 12 de la loi. Il convient donc que l'affiche soit, autant que possible, apposée le même jour dans toutes les communes, et qu'en tous cas, l'accomplissement de cette formalité soit certifié par le maire de chaque commune.

Les recours déposés à la préfecture doivent, en vertu de l'art. 13, être transmis, avec le dossier, au ministre, dans le délai de quinzaine. Je vous prie, M. le préfet, de vouloir bien faire en sorte que ce délai ne soit pas dépassé, et que le dossier renferme toutes les pièces et tous les renseignements nécessaires pour permettre au conseil d'État de statuer à bref délai, sans exiger une instruction supplémentaire.

Dans le cas où il se produirait à la fois un recours contre l'arrêté constitutif de l'association et une déclaration de délaissement, il est évident que cette dernière demande ne pourra recevoir de suite que lorsque l'association aura été définitivement constituée par décret délibéré en conseil d'État, et que, dans le cas de rejet, elle devra être considérée comme non avenue.

La faculté de délaissement se justifie par de puissantes considérations d'équité, car un propriétaire peut très-légitimement refuser de s'associer à une entreprise dont les avantages lui paraissent incertains ou insuffisants. Mais, par cela même, il est juste que l'indemnité qui lui est due soit réglée et payée avant l'exécution des travaux projetés et, par conséquent, avant que les terrains délaissés aient acquis, par le fait de ces travaux, une plus-value à laquelle le propriétaire ne saurait avoir droit.

Les terrains ainsi délaissés et payés sur les fonds de l'association deviennent nécessairement une propriété indivise entre tous les intéressés, et doivent être administrés par les soins et pour le compte de l'association. Mais il est désirable que cette situation provisoire se prolonge le moins de temps possible et que la propriété délaissée soit revendue au profit de la société, à charge par l'acquéreur d'adhérer à l'acte d'association.

L'art. 15 dispose que les taxes ou cotisations sont recouvrées sur des rôles dressés par les syndics, approuvés, s'il y a lieu, et rendus exécutoires par le préfet, et que le recouvrement est fait comme en matière de contributions directes. Cet article rentre dans les termes de la loi du 14 flor. an XI, qui se trouve ainsi généralisée pour toutes les opérations énoncées à l'art. 1 de la loi.

L'art. 16 contient une modification importante et réclamée depuis longtemps aux dispositions de la loi du 16 sept. 1807. En vertu de cette loi, toutes les contestations relatives à la fixation du périmètre des terrains intéressés à une opération de desséchement ou d'endiguement, au classement des propriétés en raison de leur intérêt aux travaux, à la répartition des taxes, sont jugées par une commission spéciale, établie pour chaque entreprise, par un décret de l'empereur: la loi du 14 flor. an XI, au contraire, décide que les contestations de même nature, relatives au curage des cours d'eau non navigables ni flottables, sont déférées au conseil de préfecture.

L'attribution au conseil de préfecture de toutes

les questions de ce genre, à quelque nature de travaux qu'elles s'appliquent, fera cesser une anomalie qui n'est motivée par aucune considération sérieuse, et sera en définitive un retour au droit commun.

L'art. 17 a pour but de lever les difficultés qu'éprouveraient les associations syndicales à obtenir des prêts des grands établissements financiers, si chaque propriétaire pouvait à toute époque contester sa qualité d'associé ou la validité de l'association. A l'expiration du délai fixé par cet article, l'association peut offrir à ses prêteurs une complète garantie de solvabilité.

L'art. 18 détermine les règles à suivre pour l'expropriation des terrains nécessaires à l'exécution des travaux entrepris par une association syndicale autorisée. Cette expropriation ne peut avoir lieu, à moins du consentement formel des propriétaires à exproprier, qu'après déclaration d'utilité publique par décret rendu en conseil d'État. En conséquence, lorsqu'il y aura lieu de déclarer l'utilité publique, vous devrez m'adresser, avec le projet des travaux à exécuter, les pièces de l'enquête à laquelle ce projet aura été soumis, en vertu de l'art. 10 de la loi, afin que je puisse soumettre le tout à l'examen du conseil d'État.

Quant à la fixation de l'indemnité, elle sera faite conformément à l'art. 16 de la loi du 21 mai 1836, dont je reproduis ici les termes :

« Lorsque pour l'exécution du présent article, il y aura lieu de recourir à l'expropriation, le jury spécial chargé de régler les indemnités ne sera composé que de quatre jurés. Le tribunal d'arrondissement désignera pour présider et diriger le jury un de ses membres ou le juge de paix du canton. Ce magistrat aura voix délibérative en cas de partage. Le tribunal choisira sur la liste générale (formée aujourd'hui par le conseil général du département) quatre personnes pour former le jury spécial et trois jurés supplémentaires. L'administration et les intéressés auront respectivement le droit d'exercer une récusation péremptoire. Le juge recevra les acquiescements des parties. Son procès-verbal entraînera translation définitive de propriété. »

Ces formes, tout en offrant aux intéressés des garanties complètes, sont plus simples et plus expéditives que celles de la loi du 3 mai 1841.

L'art. 19 règle d'une manière générale une question de compétence qui a reçu des solutions différentes, d'une part, dans les lois des 29 avr. 1845 et 11 juill. 1847 sur les irrigations ; de l'autre dans les lois du 10 juin 1854 sur le drainage, du 19 juin 1857 sur les landes de Gascogne et enfin du 28 juill. 1860 sur la mise en valeur des marais communaux. Désormais, pour tous les travaux énoncés à l'art. 1, les contestations relatives à l'établissement de servitudes prévues par les lois, au profit d'associations syndicales, seront jugées suivant les dispositions de l'art. 5 de la loi du 10 juin 1854, lequel est ainsi conçu :

« Les contestations auxquelles peuvent donner lieu l'établissement et l'exercice de la servitude, la fixation du parcours des eaux, l'exécution des travaux de drainage ou d'assèchement, les indemnités et les frais d'entretien, sont portées en premier ressort devant le juge de paix du canton qui, en prononçant, doit concilier les intérêts de l'opération avec le respect dû à la propriété. — S'il y a lieu à expertise, il pourra n'être nommé qu'un seul expert. »

Vous voudrez bien remarquer que les art. 15, 16, 17, 18 et 19, que je viens de passer successivement en revue, comprennent, par le fait, tous les privilèges accordés par la loi aux associations autorisées, les dispositions qui précèdent n'établissant en quelque sorte que des règles de procé-

dure. Ces privilèges sont considérables, puisqu'ils investissent les associations syndicales d'une partie des pouvoirs appartenant à l'autorité publique.

Aussi cette délégation ne peut-elle être faite qu'au profit d'associations qui ont reçu, par un acte administratif, le caractère d'intérêt public, et c'est par ce motif que les associations libres ne peuvent en avoir le bénéfice qu'après avoir demandé et obtenu leur conversion en associations autorisées. Je ne doute pas que les avantages attachés à ce dernier titre n'engagent, dans le plus grand nombre de cas, les associations libres à demander cette transformation, et je vous engage à encourager, autant qu'il est en vous, une mesure qui doit avoir pour effet d'imprimer aux opérations des syndicats une marche plus rapide et plus régulière.

TIT. 4.

Le tit. 4, qui règle la représentation de la propriété dans les assemblées générales, ainsi que la formation des syndicats, a admis en principe, d'une part, que l'intérêt dans l'association dérivant de la propriété, la représentation de la propriété dans les assemblées devait être, dans une juste mesure, proportionnelle à cet intérêt ; d'autre part, que le choix des syndics devrait appartenir aux intéressés.

En vertu du premier de ces principes, l'art. 20 stipule que l'acte constitutif de chaque association fixe le minimum d'intérêt qui donne droit à chaque propriétaire de faire partie de l'assemblée générale, et que les propriétaires de parcelles inférieures au minimum fixé peuvent se réunir pour se faire représenter à l'assemblée générale par un ou plusieurs d'entre eux, en nombre égal au nombre de fois que le minimum d'intérêt se trouve compris dans leurs parcelles réunies.

Si l'on suppose, comme exemple, que le minimum d'intérêt donnant droit à une voix dans l'assemblée générale soit fixé à un hectare, les propriétaires possédant chacun moins d'un hectare dans le périmètre de l'association peuvent se réunir, soit tous ensemble, soit par groupes, et choisir entre eux un nombre de représentants égal au nombre entier d'hectares formant l'étendue totale de leurs propriétés. Ainsi, un groupe d'intéressés possédant ensemble plus de 5 et moins de 6 hectares pourra nommer 5 membres de l'assemblée générale.

Le même art. 29 décide, en outre, que l'acte d'association doit déterminer le maximum de voix attribué à un même propriétaire. En effet, s'il convient de tenir compte de l'importance relative des intérêts, on ne saurait cependant donner à un même propriétaire une prépondérance exagérée dans les délibérations qui doivent régler les intérêts communs de l'association. C'est ainsi que, dans les sociétés industrielles, le maximum de voix attribué à un même actionnaire est limité par les statuts. — Enfin, le même article réserve les droits des usiniers, qui peuvent, dans certains cas, être opposés à ceux des propriétaires fonciers. Tous ces points sont réglés par l'acte d'association.

Les art. 21, 22, 23 et 24 contiennent les dispositions relatives à la fixation du nombre des syndics, à leur répartition, s'il y a lieu, entre diverses catégories d'intéressés, à leur mode d'élection ; enfin au choix du directeur, et, s'il y a lieu, d'un directeur adjoint. Ces dispositions sont basées sur le principe énoncé plus haut, que le choix des syndics doit appartenir aux intéressés. Ainsi, d'une part, les syndics sont élus par l'assemblée générale parmi les intéressés ; et les syndics à leur tour choisissent parmi eux un directeur, et, s'il y a lieu, un directeur adjoint. D'autre part, dans le cas où, sur la demande du syndicat, il est accordé une subvention par l'État, par le département ou par une commune, le préfet a le droit de nommer un nombre de syndics proportionné à la part que la subvention représente dans l'entreprise. Cette disposition se justifie d'elle-même; néanmoins je vous recommande, M. le préfet, de l'appliquer avec ménagement, et de réserver la plus large part au choix des intéressés. Ainsi, dans le cas où le nombre des syndics serait de neuf et où les subventions cumulées de l'Etat, du département et des communes s'élèveraient au quart de la dépense, vous auriez à nommer deux syndics seulement et quatre pour une subvention de moitié. Ces syndics devront d'ailleurs être choisis parmi les personnes qui, à raison de leur connaissance des lieux et de leur aptitude spéciale, seront le mieux à même de représenter les intérêts de la commune, du département et de l'Etat.

Tit. 5.

Le tit. 5 et dernier de la loi ne renferme que les deux art. 25 et 26. — L'art. 25 décide qu'à défaut par une association d'entreprendre les travaux en vue desquels elle aura été autorisée, cette autorisation sera retirée soit par décret rendu en Conseil d'Etat, soit par arrêté préfectoral, suivant la forme dans laquelle elle aura été accordée. Il ajoute que si l'interruption ou le défaut d'entretien des travaux entrepris par une association pouvait avoir des conséquences nuisibles à l'intérêt public, le préfet, après mise en demeure, pourra faire procéder d'office à l'exécution des travaux nécessaires pour obvier à ces inconvénients.

La première de ces deux dispositions ne s'applique évidemment qu'aux associations autorisées; la seconde, au contraire, s'applique aux associations libres comme aux associations autorisées. Il a paru, en effet, que dans toute circonstance et quelle que fût l'organisation de la Société, le préfet avait le droit et le devoir d'intervenir, par mesure de police, pour faire cesser un état de choses nuisible à l'intérêt public. Cet intérêt, qui est la principe de son intervention, doit aussi en être la limite.

Enfin, l'art. 26 maintient formellement, à défaut de formation d'associations libres ou autorisées, l'application des lois du 16 sept. 1807 et du 14 flor. an XI, en ce qui concerne : — 1° Les travaux de défense contre la mer, les fleuves, les torrents et les rivières navigables ou non navigables; — 2° Le curage, approfondissement, redressement et régularisation des canaux et cours d'eau non navigables ni flottables, et des canaux de desséchement et d'irrigation ; — 3° Le desséchement des marais.

La loi nouvelle, en effet, a eu pour but et aura, on peut l'espérer, pour effet d'encourager l'initiative individuelle des propriétaires, de provoquer l'esprit d'association et de faciliter ainsi l'exécution des travaux d'amélioration agricole; mais elle n'a pas entendu enlever au gouvernement les pouvoirs dont il est investi par la législation actuelle, à l'effet d'assurer, après que l'utilité en a été régulièrement constatée, l'exécution par les propriétaires intéressés de travaux qui, à raison de leur nature spéciale, touchent directement à la sécurité ou à la salubrité publiques. Tels sont ceux que je viens d'énumérer plus haut, et qui, par ce motif, sont soumis à des règles particulières.

Le gouvernement peut donc prescrire d'office l'exécution de travaux d'endiguement ou de curage, et prononcer la concession d'un desséchement de marais, en se conformant aux dispositions des lois de 1807 et de l'an XI; mais l'exercice de ce droit exige toujours, sauf pour les curages opérés conformément aux anciens règlements ou aux usages locaux, l'intervention d'un décret délibéré en Conseil d'Etat, et ce n'est qu'en présence d'un intérêt public incontestable que l'administration se déterminera à imposer à des propriétaires l'exécution de travaux dont ils auraient refusé de reconnaître l'utilité.

L'art. 26, tout en maintenant l'application des lois de 1807 et de l'an XI, y a néanmoins apporté, par les §§ 2 et 4, d'importantes modifications. Ainsi, la compétence du conseil de préfecture est établie pour toutes les contestations, qui d'après la loi du 16 sept. 1807, devaient être jugées par une commission spéciale, c'est-à-dire pour toutes les contestations spécifiées à l'art. 10 de la nouvelle loi. De plus, en ce qui concerne la perception des taxes, l'expropriation des terrains et l'établissement des servitudes, il sera procédé conformément aux art. 15, 18 et 19. — Ces dispositions auront pour effet d'établir, pour des cas analogues, l'unité de juridiction, soit que les travaux aient été entrepris par une association autorisée, soit qu'ils aient été prescrits par un acte de l'autorité publique.

Telles sont, M. le préfet, les explications que j'ai cru utile de vous adresser, pour faciliter l'application d'une loi qui concourra puissamment, je l'espère, à développer les améliorations agricoles, et qui répondra par là à l'un des premiers besoins du pays.

Le ministre de l'agriculture, du commerce et des travaux publics,
ARMAND BÉHIC.

Circulaire ministérielle. — Envoi du règlement d'administration publique du 17 nov. 1865.

Paris, 30 nov. 1865. — M. le préfet, — L'art. 10 de la loi du 21 juin dernier sur les associations syndicales dispose que le préfet soumet à une enquête administrative, dont les formes seront déterminées par un règlement d'administration publique, les plans, avant-projets et devis des travaux, ainsi que le projet d'association. — Ce règlement, délibéré en conseil d'Etat, fait l'objet du décr. impérial du 17 nov. courant. J'ai l'honneur de vous en adresser ci-joint une ampliation.

En prescrivant les dispositions contenues dans l'art. 10, les auteurs de la loi ont eu en vue la simplification des formalités des enquêtes, telles qu'elles sont déterminées par les ordonnances en vigueur. Le décr. du 17 nov. 1865 répond à cette pensée; les formes des enquêtes qu'il prescrit sur les projets d'association syndicales sont analogues à celles qui ont été réglées par l'ord. du 28 août 1835 pour les travaux d'utilité communale. Ces formes, consacrées par une expérience de trente années, sont simples, familières aux populations, et donnent toutes les garanties désirables.

Cependant, en raison de l'intérêt direct des propriétaires qui sont appelés à faire partie des syndicats projetés, et des conditions de majorité qui, d'après la loi, doivent être réunies pour constituer ces associations, il convenait de compléter par une disposition spéciale le mode de publication. L'avis du dépôt des pièces à la mairie, donné à son de trompe ou de caisse, n'eût pas été suffisant. Il était essentiel d'adresser cet avis à chaque intéressé, et de le mettre en demeure de faire connaître s'il donne son adhésion à l'entreprise. Dans cette intention, l'article 5 du règlement porte qu'indépendamment des publications prescrites par l'art. 4, notification du dépôt des pièces est faite, par voie administrative, à chacun des propriétaires dont les terrains sont compris dans le périmètre intéressé aux travaux, et qu'il est gardé original de cette notification. Il ajoute qu'en cas d'absence, la notification est faite aux représentants des propriétaires ou à leurs fermiers et métayers, et qu'à défaut de représentants ou de fermiers, elle est laissée à la mairie. Dans un second paragraphe, le même article dispose que l'acte de notification invite les propriétaires à déclarer, dans les délais et dans les formes déterminées par l'art. 6, s'ils consentent à concourir à l'entreprise.

Enfin, cet art. 6 fixe à 20 jours la durée de l'enquête, et porte que les déclarations, soit des propriétaires compris dans le périmètre, soit de tous autres intéressés, seront consignées sur un registre ouvert dans chacune des mairies. — Je n'ai pas besoin d'insister sur ces dispositions. Souvent, par indifférence, un certain nombre de propriétaires absents des lieux, ou même présents dans la localité, négligent de fournir leurs observations ou leur adhésion à un projet soumis à l'enquête, et, plus tard, font entendre des réclamations. La notification qui sera faite à chacun d'eux individuellement, en même temps qu'elle offre une garantie sérieuse, rendra inadmissible toute réclamation postérieure à l'enquête.

J'ai lieu de penser que ce règlement facilitera l'instruction des projets et l'organisation des syndicats chargés d'assurer l'exécution des travaux.

Le ministre de l'agriculture, du commerce et des travaux publics.

ARMAND BÉHIC.

Circ. G. — 8-18 déc. 1860. — BG. 208. — *Instruction sur le même objet adressée aux généraux et aux préfets.*

Par décr. du 31 oct. dernier, la loi du 21 juin 1865 sur les associations syndicales a été rendue applicable à l'Algérie, sous les modifications suivantes : — 1° Dans le cas prévu par l'art. 18 de cette loi, l'utilité publique est déclarée et les indemnités pour expropriations sont réglés conformément à la législation spéciale de l'Algérie ; — 2° Le gouverneur général exerce, conformément aux décrets du 10 déc. 1860 et 7 juil. 1864, les pouvoirs attribués par la loi du 21 juin 1865 au ministre de l'agriculture, du commerce et des travaux publics.

Comme conséquence du décr. du 31 oct., il y a lieu d'appliquer également en Algérie le règlement d'administration publique du 17 nov. 1865, intervenu en exécution de l'art. 10 de la loi du 21 juin, et les circulaires des 12 août et 26 nov. 1865, émanées du département des travaux publics sur cette matière. Seulement, il ne faudra pas perdre de vue la modification apportée par le décr. du 31 oct. à l'art. 18 de la loi du 21 juin. — Je me réfère, à cet égard, aux règlements spéciaux de l'Algérie concernant l'expropriation pour cause d'utilité publique.

Le sous-gouverneur,

Gᵃˡ DE LADMIRAULT.

RENVOIS. — V. *Table alphabétique.*

Avocats.

La situation respective des avocats et des défenseurs, en Algérie, est clairement exposée dans le rapport fait à l'assemblée nationale par le rapporteur de la loi du 12 déc. 1871, insérée ci-après. Le droit qu'avait la délégation du gouvernement de la défense nationale de rendre le décr. du 24 oct. 1870, a été vivement contesté, mais à tort. La cour d'Alger l'a déclaré dans l'arrêt cité en note. Le gouvernement et l'assemblée nationale en ont jugé de même et ont consacré le principe d'une manière générale et absolue, en reconnaissant qu'une loi seule pouvait modifier ou abroger les décrets rendus par une autorité alors souveraine.

D. (*Tours.*) — 24 oct.-10 nov. 1870. — BG. 515. — *Séparation du droit de postulation et du droit de plaidoirie. — Profession d'avocat régie par les règlements de France* (1).

Considérant que les règlements qui assurent l'indépendance et la discipline du barreau sont essentiels à l'organisation judiciaire de la République française ; — Que dès 1848, le gouvernement de la République avait reconnu la nécessité de séparer, en Algérie, la postulation de la plaidoirie, et préparé la division de ces deux fonctions judiciaires, en ordonnant la formation d'un tableau d'avocats à Alger ; — Que cette nécessité est surtout impérieuse dans les grands centres de population et devant les juridictions supérieures ; — Que depuis 1848, il s'est formé dans différentes villes de la colonie des collèges d'avocats distincts de la compagnie des défenseurs ; — Qu'il convient dès lors d'appliquer à ces deux professions les règles auxquelles elles sont soumises en France.

Art. 1. — A partir du 1ᵉʳ janv. 1871, le décr. du 2 juil. 1812 et l'ord. des 27 fév.-14 mars 1822, sur la plaidoirie dans les cours d'appel et dans les tribunaux de première instance, seront

(1) JURISPRUDENCE. — La constitutionnalité de ce décret ayant été contestée, la cour d'Alger a repoussé cette exception par les motifs suivants : — Attendu que c'est un pouvoir exécutif qu'a appartenu jusqu'à ce jour le droit de réglementer les matières relatives à la postulation et à la plaidoirie devant les tribunaux ; — Qu'on en trouve la preuve dans les arrêtés des 27 janv. 1835 et 18 juill. 1837 qui ont édicté les premières règles en cette matière ; — Que l'arr. du 26 nov. 1841 qui a concentré entre les mains des défenseurs seuls, la double faculté dont il s'agit, a été l'œuvre du ministre de la guerre ; — Que celui du 16 avr. 1848 qui a admis les avocats à participer à la plaidoirie en concurrence avec les défenseurs, a été l'œuvre du gouverneur général de la colonie ; — Qu'il en a été de même de l'arr. du 17 juillet suivant portant division des défenseurs alors en exercice à Alger, en défenseurs près la cour d'appel, et défenseurs près le tribunal de première instance ; — Attendu qu'il suit de là que le gouvernement de la défense nationale, en rendant le décret du 24 oct. 1870, a incontestablement agi dans la sphère de ses pouvoirs et attributions ; — Qu'il n'est besoin pour décider ainsi de se prévaloir des nécessités d'intérêt et de salut public qui, en d'autres matières, ont agrandi le cercle desdits pouvoirs. — (La cour a consacré le même principe mais d'une manière plus large, à l'occasion du décr. du 24 oct. 1870 relatif à la naturalisation des indigènes israélites. — V. *infra*, Naturalisation — en motivant ainsi sa décision : Attendu que cet acte législatif émane d'un gouvernement de fait, investi au milieu des événements du temps des pleins pouvoirs de la souveraineté.)

Statuant ensuite sur les autres questions soulevées par les avocats et les défenseurs, la cour a déclaré, en motivant sa décision : — 1° Que c'était devant la chambre saisie de l'incident, et non devant la cour, chambres réunies, que la question devait être discutée ; — 2° Qu'aux termes de l'art. 5 de l'ord. du 27 fév. 1822, et du dernier paragraphe de l'art. 2 du décret, la chambre saisie était incompétente pour juger en principe si les défen-

appliqués en Algérie. — Les défenseurs pourront plaider les incidents de procédure et les affaires qui, d'après la législation de la métropole, sont sommaires.

Art. 2. — La profession d'avocat sera régie par les dispositions non abrogées du décr. du 14 déc. 1810, les ord. des 20-23 nov. 1822, 27 août et 10 sept. 1850, les décr. des 5-22-27 mars 1852 et 10 mars 1870. — L'art. 5 de l'ord. de 1822 sera exécuté exceptionnellement le 1er nov. prochain, les années suivantes le 1er oct.

Art. 3. — Il est établi dans chaque compagnie de défenseurs une chambre de discipline, conformément aux dispositions des arrêtés du 12 frim. an IX, et 2 therm. an X, et de l'ord. des 12-14 août 1822, qui seront appliqués en Algérie.

Art. 6. — Toutes dispositions de lois et ordonnances contraires au présent décret sont et demeurent abrogées.

AD. CRÉMIEUX, L. GAMBETTA, GLAIS-BIZOIN, L. FOURICHON.

Loi. — 12-31 déc. 1871. — BG. 595. — Abrogation du décret qui précède (1).

Art. unique. — Le décr. du 24 oct. 1870, concernant la profession d'avocat en Algérie est abrogé.

RENVOIS. — V. Table alphabétique.

Avoués. V. Défenseurs.

seurs étaient en nombre suffisant pour la plaidoirie et l'expédition des affaires ; — 3° Que le décret ne pouvait avoir d'effet rétroactif à l'égard des justiciables engagés dans des instances d'appel ouvertes antérieurement à sa promulgation ; que par suite les défenseurs déjà constitués, à cette époque, dans la cause, devaient être dans tous les cas, admis à plaider. — Cour d'Alger, 10 janv. 1871. — Robe 1871, p. 77.

(1) Rapport fait par M. Mazeau, député, à la séance de l'assemblée nationale du 7 sept. 1871, au nom de la commission chargée d'examiner la proposition de la loi.

Jusqu'au 24 oct. 1870, la défense judiciaire, en Algérie, a été partagée entre deux corporations : celle des défenseurs, la plus ancienne, dont les membres cumulaient les soins de la procédure et de la plaidoirie, — celle des avocats, dont les membres avaient seulement le droit de plaider. — A cette date, un décret du gouvernement de la défense nationale a enlevé la plaidoirie aux défenseurs, pour en faire le monopole des avocats. — Le projet de loi soumis à vos délibérations abroge ce décret. — Votre commission vous propose l'adoption du projet.

Avant de vous donner les raisons qui nous paraissent justifier cette proposition, nous devons vous rappeler dans quelles circonstances elle se produit, et vous dire quelle en est la portée et la mesure. — L'assemblée, comme vous le savez, a créé au mois de juin dernier, une commission chargée de lui signaler les décrets législatifs du gouvernement de la défense nationale ayant un caractère définitif, et qu'il serait utile de rapporter ou de modifier. — Dans le cours de ses travaux, cette commission a été amenée à s'occuper du décret sur la profession d'avocat en Algérie, rendu par la délégation de Tours, à la date plus haut indiquée. Après l'examen le plus sérieux, après avoir entendu les représentants des corporations intéressées et les organes du gouvernement, elle vous l'a signalé comme devant être rapporté par voie d'urgence.

Mais là finissait son rôle. — Usant alors du droit d'initiative parlementaire qui appartient à chacun de nous, un de nos collègues, M. de Champvallier, vous a présenté un projet de loi conforme. — Ce projet soumis à votre sixième commission d'initiative a été l'objet d'un nouvel examen, non moins sérieux que le précédent, et à la suite duquel son rapporteur, l'honorable M. Clapier, vous a proposé une prise en considération et une déclaration d'urgence ; vous avez accueilli ces deux propositions. — C'est vous dire, messieurs, qu'une troisième étude de la question a été faite par une troisième commission, au nom de laquelle j'ai l'honneur de parler. Son opinion ne diffère pas de celles de ses devancières : — elle vous demande, en effet, à la presque unanimité, de prononcer l'abrogation. — Telles sont les épreuves multiples par lesquelles a passé le projet de loi qui vous est soumis.

On peut trouver que ces formalités sont lentes ; mais on reconnaîtra en même temps qu'elles constituent une garantie pour l'assemblée et pour le pays. — Il n'est pas indifférent de le rappeler dès le début, à propos d'une question autour de laquelle se sont agités des intérêts personnels, respectables sans doute, mais dont le sentiment exclusif peut momentanément enlever aux meilleurs esprits l'exacte notion du droit.

Quant au sens et à la portée de la mesure que nous vous proposons d'adopter, ils peuvent être déterminés par un mot : votre commission n'entend rien préjuger sur l'organisation future de la défense judiciaire dans la colonie. Elle n'entend donner la préférence à aucun des systèmes qui pourront se trouver en présence, lorsque vous serez appelé à étudier et à discuter l'organisation générale de l'Algérie. Elle se borne à vous demander de revenir à la législation antérieure au mois d'octobre 1870, en rapportant une mesure absolue, qui n'a peut-être pas été suffisamment méditée, et qui porte un coup trop réel à des positions et à des intérêts dignes de votre sollicitude.

Telle paraît avoir été la pensée persistante des trois commissions qui ont eu successivement à s'occuper de la question ; telle est la nôtre. — Le court espace de temps que les circonstances vous accordent pour délibérer sur ce sujet, l'urgence qu'un fait sur lequel j'aurai tout-à-l'heure à m'expliquer vous impose, s'ajoutent d'ailleurs aux considérations qui précèdent, pour établir le caractère en quelque sorte provisoire qui doit appartenir à votre œuvre.

Ces observations préliminaires fixent l'ordre d'idées relativement restreint dans lequel votre commission a dû se placer. — Nous venons de le dire : il ne s'agit que d'assurer le présent. Il suffit donc aujourd'hui pour justifier l'abrogation qui vous est proposée de montrer que l'application immédiate et telle quelle du décr. du 24 oct. 1870, d'une part nuirait infailliblement aux justiciables et, d'autre part, porterait une injuste atteinte à des situations acquises au moment où il a été promulgué. — Pour arriver à cette double démonstration, il est indispensable de vous faire connaître, en quelques mots, le régime sous lequel vivent les défenseurs, et le genre de procédure qui leur est imposé par la loi.

La création du corps des défenseurs remonte à 1835. Dès 1841, ils ont « seuls qualité pour plaider et conclure devant la cour royale d'Alger, et les tribunaux français de l'Algérie. » — Ils sont nommés par le gouvernement ; — ils doivent être âgés de 25 ans accomplis ; jouir de leurs droits civils et politiques ; — être licenciés en droit ; — justifier de deux années de stage ; — être français ou résidant depuis trois années en Algérie ; avoir satisfait à la loi du recrutement ; — justifier de leur moralité. — Les défenseurs prêtent serment et doivent verser un cautionnement à l'État (a).

Tel est, pris en ensemble, le régime légal des défenseurs ; telles sont les conditions qui constituent pour eux l'aptitude à la profession. — Quant à leur procédure, elle est réglée par l'ord. du 16 avr. 1843. Cette ordonnance a promulgué dans la colonie le code de procédure civile, en lui faisant subir certaines modifications ; elle dispose notamment que « toutes les matières en Algérie seront réputées sommaires, et jugées sur simples conclusions motivées, signées par le défenseur constitué. » — C'est là une procédure simple, économique et rapide. Elle se compose de deux actes : une constitution, puis des conclusions motivées qui présentent un juge le résumé succinct des moyens qui seront développés à l'appel de la demande et de la défense. La taxe du défenseur, comme émolument, ne recouvre que le droit minime de conclusions, et le droit de jugement ou d'arrêt. De là pour le justiciable une économie considérable de frais.

(a) Arr. du 26 nov. 1841, art. 1, 5, 10, 11. (1, 266.)

Quant à l'officier ministériel, si son intérêt est lésé par un tarif très-peu rémunérateur, il trouve une compensation dans le règlement des honoraires que comporte la plaidoirie.

Sous le double rapport que nous venons de vous signaler, la situation des défenseurs est restée jusqu'au 24 oct. 1870 ce qu'elle était antérieurement. Mais le 16 avr. 1848, le général Cavaignac, alors gouverneur de l'Algérie, par un arrêté sur lequel nous aurons à revenir tout à l'heure, établit à côté du corps des défenseurs, et pour plaider concurremment avec eux, l'ordre des avocats. Les plaideurs eurent donc désormais la faculté, pour soutenir leurs intérêts devant la justice, et selon qu'ils le croyaient utile, ou de choisir un défenseur qui concentre entre ses mains l'affaire tout entière, c'est-à-dire la procédure et la plaidoirie, ou d'en diviser les deux éléments entre un avocat et un défenseur.

C'est cet état de choses qu'a détruit le décret du 24 oct. 1870. D'après les dispositions absolues qu'il contient, la plaidoirie devient, en effet, le monopole des avocats ; les défenseurs, sans distinction, n'auront plus à l'avenir que le rôle de postulants. — Si on interroge les considérants qui précèdent le décret, on voit quels sont les motifs qui ont dirigé les intentions du gouvernement de la défense nationale : assurer l'indépendance du barreau ; affermir sa discipline, assimiler, dans une de ses branches les plus importantes, le service judiciaire de l'Algérie au service judiciaire de la métropole.

Personne ne contestera assurément que ces motifs appartiennent à un ordre d'idées très-élevé ; mais, qu'il nous soit permis de le dire, ils ne sont peut-être pas dans les circonstances actuelles d'une rigoureuse exactitude, au moins quant à l'application qu'on a voulu en faire.

Sans doute, il faut de l'indépendance chez les membres du barreau. L'indépendance est dans le caractère de l'homme bien plus que dans les immunités de la profession — En ce qui concerne le justiciable, d'ailleurs, les avantages de cette indépendance ne lui sont-ils pas assurés dès qu'il lui est toujours loisible, pour se défendre, de faire choix de l'avocat à l'exclusion de l'officier ministériel ? — Sans doute, il faut de la discipline dans le barreau ; mais le corps des défenseurs n'a-t-il pas une chambre de discipline, comme l'ordre des avocats ? — Sans doute enfin, il peut être utile d'assimiler les institutions de l'Algérie à celles de la France ; mais il ne faut pas que ce grand but soit poursuivi par des moyens qui pourraient devenir préjudiciables aux populations de la colonie et qui sont contraires à l'équité.

Il est facile en effet de prévoir quelle serait, au point de vue de l'intérêt des justiciables, la conséquence directe de l'application du décr. du 24 oct. 1870. Comme la procédure des défenseurs est celle des matières sommaires, et que le taux en est très-peu élevé, il s'ensuivrait que, les ayant privés des honoraires de la plaidoirie, le gouvernement devrait, pour leur permettre de vivre, transporter en Algérie le tarif de la métropole, c'est-à-dire celui des matières ordinaires. Ce serait là une détermination bien grave, et votre commission ne pense pas qu'il soit possible d'en légitimer l'opportunité au moment même où la colonie vient d'être si durement éprouvée. Si l'assimilation devait se faire en cette circonstance, il serait peut-être désirable, ainsi qu'on l'a dit avec raison, qu'elle s'effectuât en sens inverse, et que la métropole empruntât à l'Algérie sa procédure si rapide et si peu coûteuse. Priver les défenseurs de la plaidoirie, et en faire des avoués, c'est donc, par voie de conséquence immédiate et nécessaire, augmenter les frais de procédure dans une proportion considérable ; c'est, en un mot, frapper les justiciables, et les frapper dans un moment où ils ont besoin d'être beaucoup épargnés.

Telle est la première critique que votre commission adresse au décr. du 24 oct.

La seconde est fondée sur ce que le décret, en privant du droit de plaider les défenseurs en exercice au moment de sa promulgation, porte une injuste atteinte à des situations acquises.

Lorsqu'un aspirant à un office ministériel, après avoir satisfait aux exigences de la loi, accepte la charge publique qui lui est conférée, il se passe en quelque sorte, entre le gouvernement et lui, un contrat dont les conditions sont déterminées par la législation existante. Une convention de cette nature n'enlève pas sans doute au pouvoir le droit de modifier cette législation ; mais ces modifications ne doivent pas en principe anéantir dans le passé les conditions du contrat. Le titulaire de la charge continue, quoi qu'il advienne, à jouir du bénéfice de l'ancienne législation. — En d'autres termes, les situations acquises constituent des droits acquis, et doivent être respectées.

Le décr. du 24 oct. 1870 n'a donc pu ordonner justement que tous les défenseurs perdraient indistinctement le droit à la plaidoirie, même ceux dont la nomination était antérieure, qui avaient obtenu par leur diplôme de licencié, leur stage et leur travail, l'aptitude à la profession, et qui avaient accepté leurs fonctions sous la foi d'une législation d'après laquelle ils partageaient avec les avocats le privilège de la barre.

Ces principes ne sont pas nouveaux ; ils ont été déjà appliqués par le législateur dans des circonstances à peu près identiques. — Comme on le sait, les lois de la Révolution avaient aboli l'ordre des avocats (décr. des 2-11 sept. 1790), la vénalité des offices (décr. du 29 janv., 10 mars 1791), et plus tard les fonctions même d'avoués (décr. du 3 brum., an II, art. 12). — Un décr. du 23 vent. an XII (15 mai 1804) rétablit à la fois l'ordre des avocats et la corporation des avoués. Or, chose remarquable, l'art. 33 de ce décret institue la défense judiciaire dans les termes où elle existait en Algérie avant le décr. du 24 oct. ; cet article donne, en effet, aux avoués qui seront licenciés en droit, la faculté de plaider concurremment et contradictoirement avec les avocats.

Mais, en 1812, on songe à enlever la plaidoirie aux avoués. — Comment alors le législateur procède-t-il vis-à-vis d'eux ? Prend-il une disposition qui interdise dès à présent la barre à ceux qui ont été investis de leurs charges sous le bénéfice du décr. de l'an XII ? — Non. « Les avoués, — dit l'art. 9 du décr. du 2 juill. 1812, — qui, en vertu de la loi du 23 vent. an XII, jusqu'à la publication du présent décret, ont obtenu le grade de licencié et ont acquis le droit à eux attribué par l'article 33 de ladite loi (le droit de plaider), continueront à en jouir comme par le passé. » — La loi ne dispose donc que pour l'avenir ; elle n'interdit la barre qu'aux officiers ministériels nommés après sa promulgation ; quant à ceux qui ont été nommés antérieurement, elle leur tient compte de la situation à eux faite par la législation qui, huit ans auparavant, leur partageait avec les avocats le privilège de la plaidoirie, et elle appelle cette situation : un droit acquis.

Plus tard, l'ord. roy. du 23 mars 1822 a confirmé la disposition de l'art. 9 du décr. de 1812 (a).

Ainsi, deux fois cette question du respect des situations acquises, a été posée devant le législateur ; deux fois il a consacré une solution contraire au veto absolu que le décret du gouvernement de la défense nationale applique indistinctement à tous les défenseurs, à ceux qui seront nommés après comme à ceux qui ont été nommés avant le 24 oct. 1870.

La gravité de ce procédé ne doit échapper à personne. — Elle ne devait pas échapper surtout à ceux des intéressés qui réclament le maintien du décr. du 24 oct. 1870. Aussi ont-ils essayé d'en détruire la portée à l'aide d'une objection puisée dans l'arr. du 16 avril 1848, dont nous avons eu déjà l'occasion de vous parler. — Cet arrêté, vous vous le rappelez sans doute, établit en Algérie un ordre d'avocats. Son art. 5 dispose : « jusqu'à ce qu'il ait été statué ou ordonné autrement, les défenseurs actuellement en exercice en Algérie continueront, concurremment avec les avocats inscrits au tableau, de jouir du droit de plaider devant la Cour ou les tribunaux. »

Or, dit-on, cette disposition qu'il faut rapprocher de l'art. 2 de l'arrêté aux termes duquel la profession d'avo-

(a) Art. 1. — Les avoués qui, en vertu de la loi du 23 vent. an XII, jusqu'à la publication du décr. de 1812, avaient obtenu le grade de licenciés, continueront de jouir de la faculté qui leur était accordée par l'art. 9 du susdit décret.

B

Banque de l'Algérie.

BI. — 15 janv.-29 févr. 1868. — BG. 257. —
Prorogation de privilège.

Vu la loi du 4 août 1851, relative à la fondation d'une banque en Algérie (I, 112); — Le décr. en date du 15 août 1853, portant règlement sur les succursales de la banque de l'Algérie (I, 117);

cat en Algérie est exercée aux mêmes conditions qu'en France, sépare virtuellement les défenseurs en deux catégories : ceux qui étaient en exercice au 16 avr. 1848; ceux qui ont été nommés depuis cette époque. Pour les premiers, ils conservent le droit de plaider jusqu'à ce qu'il en ait été ordonné autrement par le gouvernement; pour les seconds, la plaidoirie leur est interdite. — Eh bien, ajoute-t-on, le gouvernement de la défense nationale s'est borné à mettre en exécution l'art. 5 de l'arr. de 1848; il n'est borné en effet à enlever le droit de plaider, soit à ceux qui, titulaires en 1848, ne l'exerçaient, aux termes mêmes de la loi, que jusqu'à ce qu'il en serait autrement ordonné, soit à ceux qui, nommés depuis 1848, n'étaient admis à plaider que par tolérance, et parce que l'arrêté n'était pas exécuté.

Cette objection n'est que spécieuse, et votre commission pense qu'il n'y a pas lieu de s'y arrêter. — On pourrait observer, en premier lieu, que le reproche adressé au décret du gouvernement de la défense nationale de porter atteinte à des situations acquises s'adresserait tout aussi bien à l'arr. de 1848, ou à la mesure prise en exécution de cet arrêté, en ce qui concerne les défenseurs en exercice à cette époque. Pour ceux-là, il ne pouvait être question, en effet, de réserver à un pouvoir quelconque la faculté d'ordonner qu'un jour ils n'auraient plus le droit de plaider, droit qu'ils tenaient de la législation sous la foi de laquelle ils avaient été nommés.

Mais il y a à l'objection une réponse qui paraît couper court à tout débat, et voici en quoi elle consiste : — Les attributions du gouverneur général de l'Algérie ont été très-souvent modifiées par le gouvernement. Au 16 avr. 1848, elles étaient fixées par les art. 2 et 3 de l'ord. du 15 avr. 1845 (I, 423-424). Aux termes de ces articles, le gouvernement est seulement autorisé, dans les cas imprévus, où l'ordre et la sécurité seraient gravement intéressés, à prendre par voie d'arrêtés les mesures jugées nécessaires, à charge par lui d'en rendre compte immédiatement au ministre, et avec cette condition que si le ministre refusait son approbation, ou si dans les trois mois cette approbation n'était pas publiée dans le *Bulletin officiel*, l'arrêté serait considéré de droit comme abrogé, et demeurerait nul et sans effet.

Or, outre qu'il paraît difficile de prétendre que l'arr. du 16 avr. 1848 ait eu pour objet de réglementer un cas imprévu où l'ordre et la sécurité étaient gravement intéressés, il est certain que jamais cet arrêté n'a été revêtu de l'approbation ministérielle, et que, par suite, cette approbation n'a pu figurer dans les trois mois au *Journal officiel* (a). — S'il en est ainsi la déduction est inévitable : l'arr. du 16 avr. 1848 a été abrogé et est demeuré nul et sans effet. — Voilà le droit.

Maintenant, Messieurs, voici le fait, et s'il n'est pas d'accord entièrement avec le droit, auquel, du reste, il ne peut rien changer, cela tient uniquement à l'état d'incertitude dans lequel, jusqu'à présent, a été laissée la législation algérienne. — En fait, les seules dispositions de l'arr. de 1848 qui aient été exécutées, sont celles qui ont trait à l'établissement de l'ordre des avocats en Algérie. Quant à celles de l'art. 5, jamais elles n'ont été mises à exécution, ni par les défenseurs, qui ont continué à plaider après le 16 avr. 1848, qu'ils fussent

(a) V. Discussion sur la légalité des arrêtés des gouverneurs généraux, I, 424. — *Législation algérienne.*

— Les décr. des 12 mars 1859 et 30 mars 1861, qui ont modifié les art. 6, 14, 31, 52 et 54 des statuts, et élevé le capital de la banque de 3 à 10 millions (II, 25); — La délibération de l'assemblée générale des actionnaires du 27 déc. 1866.

Art. 1. — La durée du privilège conféré à la banque de l'Algérie est prorogée jusqu'au 1er nov. 1881.

Art. 2. — Sont approuvées les modifications apportées aux statuts de la banque d'Algérie, telles qu'elles sont contenues dans l'acte ci-annexé, passé le 8 janv. 1868, devant Me Porcellaga, notaire à Alger.

Art. 3. — Sont maintenues les dispositions du décr. du 15 août 1853, sur les succursales de la banque de l'Algérie, sauf en ce qui concerne

ou non titulaires à cette date, — ni par le pouvoir judiciaire qui aurait dû veiller à l'observation d'une loi d'ordre public en interdisant la barre à un certain nombre de défenseurs, — ni par le gouvernement qui a nommé des défenseurs depuis 1848, et qui a toujours déclaré, dans ses réponses aux pétitions que lui adressaient, en 1860, les avocats d'Alger et, en 1865, le conseil de discipline du barreau d'Oran, qu'il entendait maintenir le *statu quo.*

Qu'est-ce à dire, sinon que l'art. 5 de l'arr. du 16 avr. 1848 était considéré par tout le monde comme n'ayant jamais eu d'existence légale? — L'objection doit donc être écartée, et votre commission persiste à vous demander de rapporter une mesure dont le caractère absolu méconnaît à la fois les intérêts des justiciables, et des principes que le législateur de 1812 et de 1822 n'avait pas hésité à appliquer.

Ajoutons, pour ne rien négliger, que la cour d'Alger, toutes chambres réunies, a dû, par délibération en date du 14 janv. 1871, renvoyer l'application du décr. du 24 oct. 1870 au 1er oct. 1871, à cause de l'insuffisance du nombre des avocats, pour pourvoir à l'expédition des affaires. Cette décision démontre à la fois le caractère d'urgence de l'abrogation qui vous est demandée, et l'inopportunité d'une œuvre hâtive, accomplie sans que la magistrature locale ait été consultée.

Votre commission répète, en terminant, ce qu'elle vous disait au début de ce rapport : elle n'entend que satisfaire aux nécessités du présent, sans rien engager pour l'avenir. — Devra-t-on maintenir, en Algérie, l'organisation des défenseurs en y apportant les améliorations que suggérera l'expérience? — Devra-t-on, dans un but d'assimilation à la France, créer deux corporations distinctes, celle des avoués et celle des avocats? Ne faudra-t-il pas alors respecter les droits acquis, et n'enlever aux défenseurs le bénéfice de la plaidoirie, qu'au fur et à mesure des extinctions ou des démissions? — Devra-t-on, au contraire, donner à tous les avocats réunissant les conditions de moralité et de stage, le droit de postuler, ainsi que cela est pratiqué devant la cour de cassation, dans le canton de Genève, et dans divers pays des bords du Rhin? — Nous ne voulons toucher à aucun de ces difficiles problèmes que vous aborderez avec le soin et la réflexion qu'ils comportent, lorsque vous aurez à vous occuper de l'organisation générale de l'Algérie.

En résumé, Messieurs, votre commission vous propose, sous la garantie d'un triple examen, de rétablir momentanément un régime qui a fonctionné pendant plus de vingt ans dans la colonie. Cette proposition est conforme au bien des justiciables et au principe du respect des droits acquis. Ce régime a, sans doute, un grave inconvénient : c'est de laisser subsister, pour quelques mois encore, une rivalité fâcheuse entre deux corporations qui devraient avoir pour principal souci la meilleure administration de la justice dont elles sont les utiles auxiliaires. Mais c'est là un mal passager : il cessera par l'effet de la législation dont vous allez bientôt doter l'Algérie, et qui fera, nous l'espérons, une part exacte à tous les intérêts légitimes.

Votre commission vous propose donc d'adopter le projet de loi soumis à vos délibérations, et qui est ainsi conçu : — Article unique. — Le décr. du 24 oct. 1870, concernant la profession d'avocat en Algérie est abrogé.

III 4

l'art. 7 portant fixation du taux de l'escompte, et l'art. 11 relatif aux conseils d'administration, lesquels sont modifiés conformément aux dispositions des art. 24 et 52 des statuts approuvés par le présent décret.

Statuts.

Tit. 1. — Constitution de la banque et nature des opérations qui lui sont dévolues.

Sect. 1. — Constitution, durée et siège de la Société.

Art. 1. — Il est établi en Algérie une banque d'escompte, de circulation et de dépôts sous la dénomination de banque de l'Algérie.

Art. 2. — Cette banque est constituée en société anonyme.

Art. 3. — Les effets de cette société remontent au 1er nov. 1851, en exécution de la loi du 4 août de la même année ; — Et le privilège conféré à la banque de l'Algérie par cette loi est prorogé jusqu'au 1er nov. 1881.

Art. 4. — Le siège de la société est établi dans la ville d'Alger.

Art. 5. — Outre les succursales actuellement existantes de Constantine et d'Oran, il pourra être établi des succursales nouvelles dans les villes de l'Algérie. — Ces établissements sont créés, soit en vertu d'une délibération du conseil d'administration, soit sur l'initiative du gouverneur général de l'Algérie, par un décret de l'Empereur, rendu sur la proposition du ministre des finances, d'accord avec le ministre de la guerre et le conseil d'État entendu. — Les créations dont le gouverneur de l'Algérie prendrait l'initiative ne peuvent excéder le nombre de trois, ni avoir lieu après le 1er nov. 1876. — Le conseil d'administration doit être appelé au préalable à fournir ses observations.

Art. 6. — Les billets sont remboursables à vue au siège de la banque et de ses succursales. La banque n'est tenue à rembourser que les billets qui lui sont effectivement représentés. — Aucune action ne peut lui être intentée, en cas de perte ou de destruction par quelque cause que ce soit (1).

Art. 7. — Les billets émis par chaque établissement sont payables à la caisse de cet établissement ; néanmoins, les billets des succursales peuvent être remboursés à Alger, par la banque, lorsque le conseil d'administration le trouve convenable. — Les billets de la banque d'Alger peuvent également être remboursés par les succur-

sales, avec l'autorisation du conseil et aux conditions qu'il détermine. — (Décr. du 15 août 1855.)

Art. 8. — L'émission et l'annulation des billets payables au porteur et à vue seront déterminées par le conseil d'administration, dans les limites fixées par la loi du 4 août 1851.

Sect. 2. — Du capital et des actions.

Art. 9. — Le capital est fixé à 10 millions fr. — (Décr. du 30 mars 1861.) — Il est représenté par 20,000 actions de 500 fr. chacune, et se trouve déjà réalisé, pour la moitié, par l'émission de 10,000 actions dont le produit a été versé et réalisé par les souscripteurs aux différentes époques d'émission. — L'émission des 10,000 actions restantes aura lieu au fur et à mesure des besoins, sur délibération du conseil d'administration, approuvée par le ministre des finances (2).

Art. 10. — Les actions à émettre seront attribuées, par préférence, aux propriétaires des actions déjà émises. — Aucune action ne pourra être émise au-dessous du pair.

Art. 11. — Les actions sont nominatives ou au porteur, au choix du souscripteur ; elles sont inscrites sur un registre à souche, et le certificat détaché porte les signatures du directeur, d'un administrateur et d'un censeur. — Les actions au porteur peuvent être déposées à la banque en échange d'un certificat nominatif.

Art. 12. — La transmission des actions nominatives s'opère par une déclaration de transfert signée de son propriétaire ou de son fondé de pouvoirs, et visée par un administrateur sur le registre à ce destiné. — S'il y a opposition signifiée à la banque, le transfert ne pourra s'opérer qu'après la levée de l'opposition. — Les titres d'action sont indivisibles et la banque n'en reconnaît aucun fractionnement. — Les droits et obligations attachés à l'action suivent le titre, dans quelque main qu'il passe ; — Et, dans leurs rapports avec la banque, les héritiers ou représentants d'un actionnaire décédé sont tenus de se faire représenter par l'un d'entre eux.

Art. 13. — En aucun cas, les héritiers ou créanciers d'un actionnaire ne peuvent, sous quelque prétexte que ce soit, provoquer l'apposition des scellés sur les biens et valeurs de la société, en demander le partage ou la licitation, ni s'immiscer en aucune manière dans son administration. Ils doivent, pour l'exercice de leurs droits, s'en rapporter aux inventaires so-

---

(1) Jurisprudence. — Cet article des nouveaux statuts est conforme à la jurisprudence de la Cour de cassation, qui a statué sur cette question dans les circonstances suivantes : — Une maison de banque de Marseille avait confié à la poste, à l'adresse de son correspondant à Alger, un pli chargé contenant une valeur de 1,600 fr. en billets de banque. Ce pli fut compris dans le courrier postal remis au navire l'Atlas, qui se perdit dans le trajet, le 5 déc. 1863, sans laisser de traces de son naufrage. Les frères Carteras, expéditeurs, ont demandé au directeur de la banque d'Alger le payement des billets perdus, et, sur son refus, l'ont assigné devant le tribunal de commerce d'Alger, offrant de déposer à la banque, à titre de garantie, jusqu'à concurrence de la valeur litigieuse, des actions de ladite banque pendant la durée qui serait fixée par le tribunal. — Cette demande avait été accueillie par jugement du tribunal en date du 3 fév. 1864, confirmé par arrêt de la Cour du 4 mars 1865 (Dalloz, 1866, 2, 143, et Robe, 1865, p. 9 et 105). Mais la Cour de cassation a rendu, sur le pourvoi formé par la banque, un arrêt dont voici le sommaire :

« Les billets de banque ne sont remboursables au porteur par la banque qui les a émis que sur leur présentation et en échange de leur remise effective (loi du 4 août 1851, art. 4. — I, 112). — Par suite la preuve de la

perte, par cas fortuit, d'un billet de banque, n'est pas admissible contre la banque, une telle preuve ne pouvant autoriser le porteur qui l'offre et qui la rapporterait à exiger d'elle le remboursement du billet détruit (art. 1348, C. civ.), — et il en est ainsi alors même que ce remboursement ne serait demandé que contre le dépôt aux mains de la banque, à titre de garantie, d'une somme égale à celle du billet perdu, avec obligation pour la banque de payer les intérêts de cette somme, au taux de l'escompte, jusqu'à la restitution que la même banque en ferait volontairement, ou qu'elle serait tenue d'en faire, soit par suite de liquidation, soit par l'effet de toute mesure gouvernementale arrêtant le terme définitif du remboursement de ses billets. — Cass., 3 juill. 1867, Journ. 1867, 1, 289. Texte de l'arrêt et article de discussion.

Le naufrage de l'Atlas a également donné lieu à une autre action contre l'administration des postes, en remboursement de valeurs déclarées à elle confiées par le même courrier. (V. infra, Postes, la décision intervenue).

(2) Jurisprudence. — Le mode d'émission d'un certain nombre de ces 10,000 actions a donné lieu, de la part des courtiers en marchandises de la place d'Alger, à un procès sur lequel est intervenu un arrêt de la Cour, inséré v° Courtiers en note.

ciaux et aux délibérations de l'assemblée générale.

SECT. 3. — *Des opérations de la banque.*

Art. 14. — La banque ne peut, en aucun cas et sous aucun prétexte, faire d'autres opérations que celles qui lui sont permises par les présents statuts.

Art. 15. — Les opérations de la banque consistent :

1° A escompter les lettres de change et autres effets à ordre ainsi que les traites du trésor public et des caisses publiques;

2° A escompter les obligations négociables, garanties par des récépissés de marchandises déposées dans des magasins publics, agréés par l'État, par des transferts de rentes françaises ou des dépôts de lingots, de monnaies, ou de matières d'or et d'argent;

3° A prêter sur des effets publics (rentes françaises), en se conformant à la loi du 17 mai 1834, et à l'ord. du 15 juin suivant;

4° A recevoir en compte courant, sans intérêts, les sommes qui lui sont déposées; à se charger pour le compte des particuliers ou pour celui des établissements publics de l'encaissement des effets qui lui sont remis, et à payer tous mandats et assignations jusqu'à concurrence des sommes encaissées;

5° A recevoir exceptionnellement et d'après une délibération de son conseil d'administration, en comptes courants à intérêts, les fonds des grands établissements financiers ou autres pour la facilité des crédits ouverts sur ses caisses, en vue des travaux d'intérêt public et de ses dispositions par mandats sur la France;

6° A recevoir, moyennant un droit de garde, le dépôt volontaire de tous titres, lingots, monnaies et matières d'or et d'argent;

7° A émettre des billets payables au porteur et à vue, des billets à ordre et des traites ou mandats.

Art. 16. — La banque reçoit à l'escompte les effets à ordre, timbrés, payables en Algérie ou en France, portant la signature de deux personnes, au moins, notoirement solvables, et dont l'une, au moins, doit être domiciliée à Alger ou au siège d'une des succursales. — L'échéance de ces effets ne doit pas dépasser 100 jours de date, ou 60 jours de vue. — La banque refuse d'escompter les effets dits de circulation, créés collusoirement entre les signataires, sans cause ni valeur réelles.

Art. 17. — L'une des signatures exigées par l'article précédent peut être suppléée par la remise, soit d'un connaissement d'expédition de marchandises exportées d'Algérie, soit d'un récépissé de marchandises déposées dans des magasins publics mentionnés à l'art. 15 ci-dessus. — Dans ce cas, l'échéance des effets ou obligations ne doit pas dépasser 60 jours de date. — Le débiteur a droit d'anticiper sa libération et il lui est tenu compte, pour le temps restant à courir, des intérêts calculés au taux déterminé par le conseil d'administration. — La banque ne peut accepter, en garantie, des marchandises dont la conservation serait difficile ou onéreuse.

Art. 18. — Les effets à une signature, garantis comme il est dit ci-dessus, peuvent ne pas être stipulés à ordre.

Art. 19. — Le rapport de la valeur des objets fournis comme garantie additionnelle avec le montant des billets ou engagements qui peuvent être escomptés, dans le cas prévu par l'art. 22, est déterminé par les règlements intérieurs de la banque. — Cette proportion ne peut excéder, quant aux avances sur connaissements, la moi-

tié de la valeur de la marchandise au lieu de l'embarquement, et, quant à tous autres effets et marchandises, les deux tiers de la valeur, calculés après déduction de tous droits ou engagements.

Art. 20. — La banque est autorisée à ouvrir, avec l'approbation du ministre des finances, toutes les souscriptions à des emprunts publics ou autres, et pour la réalisation de toute société anonyme, en commandite ou par actions, mais sous la réserve que ces souscriptions n'auront lieu que pour le compte de tiers. — (Décr. du 30 mars 1861.)

Art. 21. — En cas de remise d'un connaissement à ordre comme garantie conditionnelle d'un effet de commerce, la marchandise doit être régulièrement assurée.

Art. 22. — En cas de non payement d'un effet garanti par la remise d'un récépissé de marchandises, la banque peut, huit jours après le protêt ou après une simple mise en demeure, par acte extra-judiciaire, faire vendre la marchandise aux enchères et par le ministère d'un courtier, pour se couvrir jusqu'à due concurrence.

Art. 23. — Les garanties additionnelles données à la banque ne font pas obstacle aux poursuites contre les signataires des effets. Ces poursuites pourront être continuées concurremment avec celles qui auront pour objet la réalisation des gages spéciaux constitués au profit de la banque, et jusqu'à l'entier remboursement des sommes avancées, en capital, intérêts et frais.

Art. 24. — Le taux des escomptes de la banque est réglé, tant pour l'établissement principal que pour les succursales, par délibération du conseil d'administration de la banque. — Les bénéfices résultant de l'élévation du taux des escomptes au dessus de 6 p. 100 sont portés à un compte de réserve extraordinaire.

Art. 25. — L'escompte est perçu à raison du nombre de jours à courir et même du seul jour. — Pour les effets payables à plusieurs jours de vue, et si ces effets sont payables hors du lieu de l'escompte, le nombre de jours de vue est augmenté d'un délai calculé suivant les distances.

Art. 26. — Les sommes qui sont versées à la banque à titre de dépôt ne portent point d'intérêt. Ces sommes peuvent être, à la volonté des propriétaires des fonds, retirées ou transportées, par virement, à un autre compte.

Art. 27. — Pour les encaissements opérés à l'extérieur, la banque est autorisée à percevoir un droit de commission qui sera fixé par le conseil d'administration.

Art. 28. — Toute personne notoirement solvable, domiciliée à Alger ou au siège d'une succursale, peut être admise à l'escompte et obtenir un compte courant. — Tout failli non réhabilité ne peut être admis à l'escompte.

Art. 29. — L'admission est prononcée par le conseil d'administration, sur demande appuyée par un de ses membres ou par deux personnes ayant des comptes courants. — Le conseil d'administration peut refuser l'ouverture d'un compte courant et l'admission à l'escompte, sans être tenu d'en donner le motif.

Art. 30. — La qualité d'actionnaire ne donne droit à aucune préférence.

Art. 31. — La banque fournit des récépissés des dépôts volontaires qui lui sont faits; le récépissé exprime la nature et la valeur des objets déposés, le nom et la demeure du déposant, la date du jour où le dépôt a été fait et de celui où il devra être retiré, enfin le numéro du registre d'inscription. Le récépissé n'est point à ordre et ne peut être transmis par voie d'endossement. — La banque perçoit immédiatement, sur la valeur estimative des dépôts, un droit de garde dont la quotité est déterminée d'après un tarif arrêté par le conseil d'administration. Lorsque les dépôts sont retirés avant le temps convenu, le droit de garde perçu est acquis à la banque.

Art. 32. — La banque tient une caisse de réserve qui est affectée aux retraites, indemnités et secours accordés et à accorder aux fonctionnaires et employés. — Cette réserve se compose d'un fonds de dotation prélevé sur les bénéfices et d'une retenue sur les traitements; la quotité du prélèvement et de la retenue, ainsi que de l'emploi des fonds versés à ladite caisse de réserve et la distribution de ces pensions et secours feront l'objet d'un règlement spécial délibéré par le conseil d'administration et soumis à l'approbation du ministre des finances.

Art. 33. — La banque ne peut émettre des traites ou mandats qu'en échange de versements d'espèces ou de billets, et à charge, par elle, de faire, avant l'échéance, la provision des fonds. — L'échéance de ces traites ou mandats ne peut dépasser 10 jours de vue ou 15 jours de date.

Art. 34. — La banque publie tous les mois sa situation dans le Moniteur de l'Algérie.

Sect. 4. — Partage des bénéfices et fonds de réserve.

Art. 35. — Tous les six mois, aux époques des 1er mai et 1er nov., les livres et comptes sont arrêtés et balancés, et le résultat des opérations de la banque est établi. — Les créances en souffrance ne peuvent être comprises dans le compte de l'actif pour un chiffre excédant la moitié de leur valeur nominale. — Le bilan de la banque établit le compte des bénéfices nets acquis pendant le semestre, déduction faite de toutes les charges.

Art. 36. — Sur ces bénéfices, il est prélevé d'abord une somme suffisante pour servir aux actionnaires l'intérêt du capital versé, à raison de 6 p. 100 l'an. (Décr. du 12 mars 1859.)

Art. 37. — Le surplus de ce bénéfice leur est attribué, à titre de dividende, sauf les prélèvements ci-après : — Un tiers est prélevé pour être affecté à la constitution du fonds de réserve ordinaire fixé au maximum à un tiers du capital réalisé. (Décr. du 30 mars 1861.) — Lorsque les bénéfices, déduction faite des intérêts à 6 p. 100 et après la constitution du fonds de réserve ordinaire, dépassent pour le semestre, 5 p. 100 du capital réalisé, il est prélevé sur l'excédant une somme déterminée par le conseil d'administration et destinée : 1° à constituer un fond de réserve extraordinaire, concurremment avec les ressources mentionnées à l'art. 24 ci-dessus; 2° à l'amortissement intégral des immeubles possédés par la banque.

Art. 38. — En cas d'insuffisance des bénéfices, le complément nécessaire pour servir l'intérêt à 6 p. 100 aux actionnaires est prélevé d'abord sur le fonds de réserve extraordinaire, et à défaut de celui-ci, sur le fonds de réserve ordinaire.

Art. 39. — Indépendamment des prélèvements indiqués ci-dessus (art. 37), un versement a lieu chaque semestre à la caisse de réserve, aux fins et suivant les conditions déterminées par l'art. 32.

Art. 40. — Aucune répartition d'intérêt et de dividende ne peut avoir lieu sans l'approbation du ministre des finances.

Art. 41. — Les intérêts et dividendes seront payés tous les mois au siège de l'établissement à Alger et de ses succursales à Paris et à Marseille, aux établissements indiqués par un avis inséré dans le Moniteur universel, un journal de Marseille et les principaux journaux de l'Algérie. — Les dividendes de toute cession nominative ou au porteur sont valablement payés au porteur du titre ou du coupon.

Tit. 2. — De l'administration de la banque.

Sect. 1. — De l'assemblée générale.

Art. 42. — L'universalité des actionnaires est représentée par l'assemblée générale. — L'assemblée générale se compose de cent actionnaires qui sont, depuis six mois révolus, propriétaires du plus grand nombre d'actions nominatives ou d'actions au porteur, déposées depuis six mois dans les caisses de la banque, à Alger, ou de ses succursales. En cas de parité dans les actions, l'actionnaire le plus anciennement inscrit est préféré. — Toutefois, nul actionnaire non Français ne peut faire partie de l'assemblée générale, s'il n'a son domicile, depuis deux ans au moins, en Algérie, ou en France, ou dans une colonie française.

Art. 43. — Chacun des membres de l'assemblée générale n'a qu'une voix, quel que soit le nombre d'actions qu'il possède.

Art. 44. — Les membres de l'assemblée générale peuvent s'y faire représenter par un fondé de pouvoirs, qui doit être lui-même actionnaire de la banque, constaté par dépôt. — La forme des pouvoirs est déterminée par le conseil d'administration; indépendamment du droit personnel qu'il peut avoir, aucun fondé de pouvoirs n'a, en cette qualité, droit à plus d'une voix.

Art. 45. — L'assemblée générale se réunit au moins une fois par année, dans le courant du mois de novembre. — Elle est présidée par le directeur. — L'administrateur, secrétaire du conseil d'administration, remplit les fonctions de secrétaire. — Les deux plus forts actionnaires sont scrutateurs.

Art. 46. — Le directeur rend compte à l'assemblée générale de toutes les opérations de la banque, et soumet à son approbation le compte des dépenses de l'administration pour l'année écoulée. — L'assemblée procède ensuite à l'élection des administrateurs et censeurs dont les fonctions sont déterminées ci-après. — Ces nominations ont lieu par bulletin secret, à la majorité absolue; après deux tours de scrutin, s'il n'est pas formé de majorité absolue, l'assemblée générale procède au scrutin de ballotage entre les candidats qui ont obtenu le plus de voix au second tour. — Lorsqu'il y a égalité de voix au scrutin de ballotage, le plus âgé est élu.

Art. 47. — Les délibérations de l'assemblée générale ne sont valables, dans une première réunion, qu'autant que 40 membres, au moins, y ont participé par eux-mêmes ou par leurs fondés de pouvoirs. — Dans le cas où ce nombre ne serait pas atteint, l'assemblée est renvoyée à un mois; une nouvelle convocation a lieu, et les membres présents à la seconde réunion peuvent délibérer valablement, quel que soit leur nombre, mais seulement sur les objets qui auront été mis à l'ordre du jour de la première réunion.

Art. 48. — L'assemblée générale peut être convoquée extraordinairement toutes les fois que le conseil d'administration en reconnaît la nécessité. — L'assemblée générale doit être convoquée extraordinairement : 1° Lorsque des actionnaires nominatifs ou porteurs d'actions, réunissant ensemble le cinquième au moins des actions, en auront adressé la demande au directeur et au ministre des finances; 2° Dans le cas où les pertes auraient réduit le capital de moitié.

Art. 49. — Les convocations ordinaires et extraordinaires sont faites par lettres adressées aux membres de l'assemblée générale, aux domiciles par eux indiqués sur les registres de la banque, et par un avis inséré, un mois au moins avant l'époque de la réunion, dans le *Moniteur universel*, le *Moniteur de l'Algérie*, un des journaux de Marseille et les journaux désignés par le tribunal de commerce d'Alger, aux termes de l'art. 42 C. Com. — Les lettres et avis doivent contenir l'indication sommaire de l'objet de la convocation.

Art. 50. — Tout vœu ou toute demande de modifications aux statuts peuvent être présentés à l'assemblée générale par le directeur, au nom du conseil d'administration. — En cas d'adoption à la majorité absolue des suffrages, elle confère au conseil, par sa délibération, les pouvoirs nécessaires pour en suivre la réalisation auprès du gouvernement, même pour les cas qui n'auraient pas été prévus.

Art. 51. — Les délibérations de l'assemblée générale, prises conformément aux statuts, obligent l'universalité des actionnaires, ainsi que la minorité de l'assemblée, absents ou dissidents.

SECT. 2. — *Du conseil d'administration.*

Art. 52. — L'administration de la banque est confiée à un conseil composé d'un directeur, d'un sous-directeur, de neuf administrateurs et de trois censeurs. — Le trésorier-payeur d'Alger, délégué par le ministre des finances comme commissaire du gouvernement, fait partie du conseil d'administration de la banque et à toutes les attributions du censeur. — Les trésoriers-payeurs d'Oran et de Constantine remplissent les mêmes fonctions auprès des succursales de la banque établies dans lesdites villes. — Le père et le fils, l'oncle et le neveu, les frères ou alliés au même degré, et les associés de la même maison ne peuvent faire partie de la même administration.

Art. 53. — Le conseil d'administration fait tous les règlements du régime intérieur de la banque; — Il détermine, dans les limites ci-dessus fixées, le taux de l'escompte et de l'intérêt, les changes, commissions et droits de garde, le mode à suivre pour l'estimation des lingots, monnaies, matière d'or et d'argent et marchandises diverses; — Il autorise, dans les limites des statuts, toutes les opérations de la banque et en détermine les conditions; il statue sur les signatures dont les billets de banque doivent être revêtus, sur l'émission, le retrait et l'annulation de ces billets; — Il fixe l'organisation des bureaux, les appointements et salaires des agents ou employés et les dépenses générales de l'administration, lesquelles devront être déterminées chaque année et d'avance. — Les actions judiciaires sont exercées en son nom, aux poursuites et diligences du directeur, soit en demandant soit en défendant. — Le conseil d'administration confère au directeur tous pouvoirs contre tous débiteurs pour pratiquer toute saisie, prendre hypothèque et donner toute main levée, avec ou sans payement.

Art. 54. — Toute délibération ayant pour objet la création, l'émission ou l'annulation des billets devra être approuvée au moins par deux des censeurs mentionnés au 1er § de l'art. 52.

Art. 55. — Il est tenu registre des délibérations du conseil d'administration; le procès-verbal approuvé par le conseil est signé par le directeur et par l'administrateur qui remplit les fonctions de secrétaire.

Art. 56. — Le conseil d'administration se réunit au moins une fois par semaine, sous la présidence du directeur. — Il se réunit extraordinairement toutes les fois que le directeur le juge nécessaire ou que la demande en est faite par deux administrateurs ou deux censeurs.

Art. 57. — Aucune délibération n'est valable sans le concours du directeur, de cinq administra-

teurs et de la présence de l'un au moins des censeurs. — Le directeur, le sous-directeur et les administrateurs ont voix délibérative. — En cas de partage, la voix du directeur est prépondérante. — Les censeurs n'ont que voix consultative.

Art. 58. — Dans le cas où par suite de vacances survenues dans l'intervalle qui s'écoule entre deux assemblées générales, le nombre des administrateurs se trouve réduit à moins de neuf, le conseil peut pourvoir provisoirement à son remplacement, de manière qu'il y ait toujours neuf administrateurs, et l'assemblée générale, lors de sa première réunion, procédera à l'élection définitive. — Il est procédé de la même manière pour les censeurs. — Les membres élus ne demeurent en exercice que pendant la durée du mandat confié à leur prédécesseur.

Art. 59. — Le compte des opérations de la banque, qui doit être présenté à l'assemblée générale le jour de la réunion périodique, est arrêté par le conseil d'administration et présenté en son nom par le directeur. — Le compte est imprimé et remis au gouverneur général, aux préfets de l'Algérie et à chacun des membres de l'assemblée générale.

SECT. 3. — *Du comité d'escompte.*

Art. 60. — Le conseil d'administration est assisté d'un comité d'escompte, pour la formation duquel il s'adjoint seize notables commerçants de la place, actionnaires de la banque. — La liste de ces notables commerçants est arrêtée pour chaque année.

Art. 61. — Le comité est exclusivement chargé d'examiner et d'admettre ou de rejeter toute valeur présentée à l'escompte.

Art. 62. — Il se compose du directeur de la banque, président; de deux administrateurs et de quatre membres pris dans la liste des notables commerçants indiqués à l'art. 60. — Tous les membres du comité d'escompte ont voix délibérative; en cas de partage, le rejet est prononcé. — Les bordereaux d'admission des valeurs présentées à l'escompte sont signés par tous les membres qui ont assisté à la réunion du comité. — Les décisions du comité ne peuvent être prises qu'autant que quatre membres, au moins, y auraient concouru. — Nul effet ne peut être escompté qu'avec l'approbation formelle du directeur.

SECT. 4. — *De la direction.*

Art. 63. — Le directeur est nommé par décret de l'Empereur, sur la proposition du ministre des finances. — Le traitement du directeur est fixé par arrêté ministériel et payé par la banque. — Le directeur est tenu de justifier qu'il est propriétaire de vingt actions de la banque, ces actions doivent être libres et demeurent inaliénables pendant la durée de ses fonctions.

Art. 64. — Le directeur préside le conseil d'administration et en fait exécuter les délibérations. — Nulle délibération ne peut être exécutée si elle n'est revêtue de la signature du directeur. — Aucune opération d'escompte ou d'avance ne peut être faite sans son approbation.

Art. 65. — Il dirige les bureaux, nomme et révoque les employés, signe la correspondance, les marchés et conventions, les acquits ou endossements d'effets, les traites ou mandats à ordre. — Il peut exercer, par mandataire, tous les pouvoirs qui lui sont délégués pour un ou plusieurs objets déterminés.

Art. 66. — Le directeur ne peut faire aucun commerce ni s'intéresser dans aucune entreprise commerciale; aucun effet ou engagement revêtu de sa signature ne peut être admis à l'escompte.

Art. 67. — Le directeur ne peut être révoqué

que par un décret de l'Empereur, rendu sur le rapport du ministre des finances.

Art. 68. — Le sous-directeur est nommé par le ministre des finances, qui fixe son traitement payé par la banque. — Il est tenu de justifier qu'il est propriétaire de douze actions de la Banque qui doivent être libres et demeureront inaliénables pendant la durée de ses fonctions. — Il est placé sous les ordres du directeur qui détermine ses attributions.

Art. 69. — En cas d'absence, d'empêchement du directeur ou de cessation de ses fonctions, le sous-directeur le remplace dans toutes ses attributions.

Sect. 5. — Des administrateurs.

Art. 70. — Les administrateurs sont nommés par l'assemblée générale des actionnaires. — Ils sont nommés pour trois ans et renouvelés par tiers, chaque année; ils sont rééligibles. — Le sort déterminera l'ordre de la sortie.

Art. 71. — En entrant en fonctions, chacun des administrateurs est tenu de justifier qu'il est propriétaire de six actions; ces actions doivent être libres et demeurent inaliénables pendant la durée de ses fonctions.

Art. 72. — Les administrateurs jouissent d'un droit de présence dont le montant est fixé par l'assemblée générale.

Sect. 6. — Des censeurs.

Art. 73. — Les trois censeurs sont nommés par l'assemblée générale des actionnaires. — Ils sont tenus de justifier qu'ils sont propriétaires de six actions de la banque qui doivent être libres et qui demeureront inaliénables pendant la durée de leurs fonctions.

Art. 74. — Les fonctions des censeurs durent trois ans. Ils sont renouvelés par tiers chaque année. Ils sont rééligibles.

Art. 75. — Les censeurs veillent spécialement à l'exécution des statuts et des règlements de la banque; ils exercent leur surveillance sur toutes les parties de l'établissement; ils peuvent assister aux réunions des comités d'escompte; ils se font représenter l'état des caisses, les registres et les portefeuilles; ils proposent toutes les mesures qu'ils croient utiles, et, si leurs propositions ne ne sont pas adoptées, ils peuvent en requérir la transcription sur le registre des délibérations. Ils rendent compte à l'assemblée générale, dans chacune de ses réunions, de la surveillance qu'ils ont exercée. — Le rapport annuel est imprimé et distribué avec celui du conseil d'administration. — Ils jouissent, comme les administrateurs du droit de présence.

Sect. 7. — Surveillance directe du ministre des finances.

Art. 76. — Indépendamment de l'action attribuée aux trésoriers-payeurs, comme commissaires du gouvernement, le ministre des finances peut déléguer la surveillance de la banque au corps de l'inspection des finances dont le service est permanent en Algérie. — Son délégué a toutes les attributions des censeurs et correspondra directement avec lui.

Tit. 3. — Dispositions générales.

Art. 77. — Dans le cas où, par suite de pertes sur les opérations de la banque, le capital serait réduit de deux tiers, la liquidation de la société a lieu de plein droit. — Dans le cas où, par la même cause, la réduction serait de moitié, l'assemblée générale, convoquée d'après les art. 48 et 49, peut demander la liquidation. — Cette délibération ne peut être prise que dans une assemblée représentant plus de la moitié des actions déposées. — Si une première assemblée ne réunit pas le nombre d'actions nécessaires, il y a une nouvelle convocation à un mois, et cette nouvelle assemblée délibère valablement, quel que soit le nombre des actions représentées. — En cas de dissolution, le ministre des finances déterminera le mode à suivre pour la liquidation et désignera les agents qui en seront chargés.

Art. 78. — Cinq ans avant l'époque fixée pour l'expiration de la société, l'assemblée générale pourra être appelée à décider si le renouvellement de la société pourra être demandé au gouvernement. — Le renouvellement ne pourra être décidé que par la majorité des deux tiers des membres ayant pris part à la délibération. — Ce vote sera obligatoire pour la minorité et l'universalité des actionnaires.

Art. 79. — Toutes les contestations qui peuvent s'élever pendant la durée de la société ou lors de sa liquidation, soit entre les actionnaires et la société, soit entre les actionnaires eux-mêmes, et à raison des affaires sociales, sont jugées conformément à la loi. — Dans le cas de contestations, tout actionnaire doit faire élection de domicile à Alger, et toutes les notifications et assignations sont valablement faites au domicile par lui élu, et sans avoir égard à la distance du domicile réel. — A défaut d'élection de domicile, cette élection a lieu de plein droit, pour les notifications judiciaires, au parquet de M. le procureur impérial près le tribunal civil de première instance d'Alger. — Le domicile élu formellement ou implicitement, comme il vient d'être dit, entraîne attribution de juridiction aux tribunaux compétents d'Alger. — Dont acte, fait et passé à Alger, en l'hôtel de la Banque, dans la salle des délibérations du conseil d'administration. — L'an 1868, le 8 janv.

DE. — 11-29 juill. 1868. — BG. 274. — *La banque de l'Algérie est autorisée à établir une succursale à Bône.*

LOI. — 12-20 août 1870. — BG. 555. — *Cours forcé des billets. — Droit d'émission jusqu'à 18 millions.*

Art. 1. — A partir du jour de la promulgation de la présente loi, les billets de la banque de France seront reçus comme monnaie légale par les caisses publiques et par les particuliers.

Art. 2. — Jusqu'à nouvel ordre, la banque est dispensée de l'obligation de rembourser ses billets avec des espèces.

Art. 3. — En aucun cas, le chiffre des émissions de la banque et de ses succursales ne pourra dépasser 1 milliard 800 millions.

Art. 4. — Les dispositions des art. 1 et 2 ci-dessus sont applicables à la banque de l'Algérie, dont les émissions de billets ne pourront dépasser le chiffre de 18 millions.

Art. 5. — Les coupures de billets pourront être réduites à 25 fr.

LOI. — 5 sept. 1870 (non publié au *Bulletin officiel).* **—** *Augmentation du chiffre d'émission jusqu'à 24 millions.*

Art. 1. — La limite de 18 millions de francs fixée par l'art. 4 de la loi du 12 août 1870 pour les émissions de billets de la banque de l'Algérie pourra être portée à 24 millions de francs.

Art. 2. — Les coupures des billets de la banque de l'Algérie pourront être réduites à 25 fr.

D. (Tours.) — 26 oct.-10 nov. 1870. — BG. 545.

Augmentation du chiffre d'émission jusqu'à 54 millions.

Art. 1. — La limite de 24 millions, fixée par l'art. 1 de la loi du 5 sept. 1870, pour les émissions des billets de la banque de l'Algérie, pourra être portée à 54 millions.

Art. 2. — Les coupures de billets de la banque de l'Algérie pourront être réduites à 10 fr.

Ad. Crémieux, L. Gambetta, Al. Glais-Bizoin, Fourichon.

LOI. — 26 mars-8 avr. 1872. — BG, 409. — *Augmentation du chiffre d'émission.*

Art. 1. — La limite de 54 millions, fixée par le décr. du 26 oct. 1870 pour les émissions de billets de la banque de l'Algérie, est portée à 48 millions.

Art. 2. — La banque de l'Algérie est autorisée à émettre des billets de mêmes coupures que la banque de France.

Renvois. — V. *Table alphabétique.*

Barrages. V. Table alphabétique.

Bateaux de pêche et à vapeur. V. *ibidem.*

Bâtiments civils. V. *ibidem*

Baux et locations. V. *ibidem.*

Berrania. V. *ibidem.*

Bestiaux. V. *ibidem.*

Bêtes fauves. V. *ibidem.*

Bey—Beylik. V. *ibidem.*

Bienfaisance publique. V. *ibidem.*

Biens indivis. V. *ibidem.*

Biens vacants. V. *ibidem.*

Bit el mal. V. *ibidem*

Bois et forêts.

DIVISION.

§ 1. — Législation spéciale.
§ 2. — Forêts domaniales soumises au régime forestier.
§ 3. — Agents du service administratif.

§ 1. — Législation spéciale (1).

DI. — 7-26 août 1867. — BG, 242. — *Aliénation des forêts dont l'exploitation a été concédé par un bail de 90 ans.*

Art. 1. — Les forêts de chênes-liège appartenant à l'État en Algérie, et dont l'exploitation est aujourd'hui concédée par bail de 90 ans, pourront être concédées en toute propriété aux titulaires de ces concessions, qui en feront la demande dans

un délai de six mois, à dater du présent décret.

Art. 2. — Cette aliénation n'aura lieu qu'après distraction, jusqu'à concurrence d'un dixième de la contenance totale de chaque concession, des parties qu'il sera reconnu nécessaire, soit d'attribuer aux populations indigènes, en échange des droits d'usage et enclaves qu'elles possèderaient dans la forêt, soit de réserver pour être livrées en toute propriété aux ouvriers à installer ou fixer sur les lieux. — Cette opération qui sera faite contradictoirement avec le concessionnaire, devra être terminée dans un délai de trois mois à partir de la demande que celui-ci aura faite, conformément à l'art. 1.

Art. 3. — Il sera fait cession gratuite aux concessionnaires — 1° Des parties de forêts incendiées depuis le 1er janv. 1863 jusqu'au jour de la vente; — 2° Du tiers des forêts ou parties de forêts non incendiées. — Le prix des deux autres tiers sera fixé, savoir : — A raison de 225 fr. par hect. pour les concessions ou parties de concessions classées dans la 1re catégorie, conformément à l'art. 50 du cahier des charges annexé au décr. du 28 mai 1862; — De 250 fr. p. la 2e; — 265 fr. p. la 3e; — 285 fr. p. la 4e; — 505 fr. p. la 5e; — 525 fr. p. la 6e.

Art. 4. — Les propriétaires auront la faculté de défricher les parties de forêts incendiées dont il leur aura été fait abandon, aux termes de l'art. 3, et d'y introduire tous les genres de culture qu'ils jugeront convenable.

Art. 5. — Le prix sera payé en vingt annuités égales. La 1re écherra le 1er janv. de la 2e année qui suivra la vente; la 2e, le 1er janv. de la 3e année, et ainsi de suite, d'année en année, sans interruption jusqu'à parfait payement du prix total. — Les annuités seront payables sans intérêts à la caisse du bureau des domaines, dans la circonscription duquel sera situé l'immeuble vendu, en espèces métalliques ou valeurs ayant cours légal.

Art. 6. — Toute annuité non payée à l'échéance portera intérêt à 5 p. 100, de plein droit et sans mise en demeure. — L'acquéreur aura le droit de se libérer par anticipation, en tout ou en partie, et il lui sera tenu compte des intérêts à 5 p. 100 sur chaque payement anticipé.

Art. 7. — Les actes de cession et de vente emporteront résiliation pure et simple du contrat actuel de concession, sans répétition d'indemnité ou de remboursement de part ni d'autre. Ils seront dressés par le directeur des domaines de la situation des immeubles, sous l'approbation du gouverneur général de l'Algérie.

Art. 8. — Ces actes fixeront la situation, l'étendue, et les limites des terrains vendus ou cédés, le montant total des prix et le montant de chaque annuité à payer par l'acquéreur.

---

(1) Jurisprudence. — Nous avons rapporté au 2e vol., p. 189, v° *promulgation*, un arrêt de la Cour de cassation du 17 nov. 1865 qui déclare le Code forestier exécutoire en Algérie dans la mesure où les circonstances de temps et de lieu en permettent l'application. La décision suivante est intervenue à l'occasion de poursuites exercées par l'administration pour vente de bois coupés sans autorisation dans une forêt appartenant à l'État. La Cour d'Alger ayant repoussé cette action par arrêt du 10 nov. 1870, le pourvoi formé par l'administration a été rejeté par les motifs ci-après :

« Attendu que l'arrêt attaqué constate souverainement, en fait, que le bois saisi comme provenant de déprédations commises dans les forêts de l'État, et constitutives du délit, avait été acheté à des indigènes qui l'avaient coupé dans lesdites forêts; — Attendu que la conquête et l'occupation française ont laissé subsister en Algérie tous les droits de propriété qui existaient sous la domination arabe; que l'art. 4 de la loi du 16 juin 1851 (*propriété*, I, 593) qui réglemente la propriété en Algérie, dispose

que le domaine de l'État se compose notamment des bois et forêts, sous la réserve des droits de propriété et d'usage régulièrement acquis avant la promulgation de la présente loi, et que des règlements d'administration publique déterminent le mode d'exercice des droits d'usage dans les forêts de l'Algérie; — Attendu, d'autre part, que l'arrêt attaqué constate souverainement, en fait, qu'avant l'occupation française les indigènes avaient un droit absolu d'usage et de jouissance sur les forêts et massifs boisés avoisinant leurs tribus et leurs douars, et que ces endroits n'étaient soumis à aucune des restrictions qu'impose aux usages notre Code forestier; — Attendu qu'il suit de ces constatations que le bois saisi a été vendu en vertu d'un droit acquis antérieurement à la conquête; que, quelque excessif que puisse être le droit d'usage exercé dans de telles conditions, il doit être respecté, tant qu'un règlement d'administration publique n'en aura pas autrement réglé l'exercice. Rejette. » — *Cass.*, 29 déc. 1870. — Robe, 1871, p. 167.

Art. 9. — La vente sera enregistrée au droit fixe de 3 fr., à payer par l'acquéreur; une expédition du contrat lui sera remise dans le délai d'un mois, à partir de la date de l'approbation.

Art. 10. — Les forêts seront aliénées avec toutes les servitudes actives et passives, charges et contributions qui les grèvent ou pourront les grever ultérieurement.

Art. 11. — Elles seront livrées dans l'état où elles se trouveront, sans aucune garantie de mesure, de consistance, ni de valeur. — L'acquéreur ne pourra répéter contre l'État aucun dédommagement, aucune indemnité remise ou réduction de prix, ayant pour cause des incendies ou tout autre accident de force majeure.

Art. 12. — L'aliénation des forêts ne conférera pas la propriété des sources et cours d'eau existant sur le sol; l'acquéreur en aura seulement la jouissance, conformément aux règlements en vigueur, ou qui interviendraient sur le régime des eaux en Algérie.

Art. 13. — La partie de forêt vendue demeurera spécialement affectée et hypothéquée à la sûreté des droits de l'État, jusqu'à parfait payement.

Art. 14. — A défaut de payement de trois termes échus sur le prix de vente, le domaine pourra, trois mois après signification d'une contrainte administrative demeurée sans résultat, réclamer soit le payement immédiat de la totalité du prix restant dû, soit la résolution du contrat, laquelle sera prononcée par un arrêté du gouverneur général de l'Algérie, le conseil de gouvernement entendu. — Dans le cas de résolution du contrat, tous les travaux et constructions exécutés dans la propriété demeureront acquis à l'État sans indemnité et sans préjudice des dommages-intérêts.

Art. 15. — Toutes les contestations auxquelles pourra donner lieu l'exécution du présent décret, seront portées devant la juridiction administrative.

D2. — 2 fév.-22 mars 1870. — BG, 323. — *Conditions auxquelles les forêts de l'État seront cédées en toute propriété aux titulaires de concessions d'exploitation.*

Art. 1. — Les forêts de chênes-liège appartenant à l'État, en Algérie, dont l'exploitation est aujourd'hui concédée par bail de 90 ans, seront cédées en toute propriété, aux conditions ci-après, aux titulaires de ces concessions qui en feront la demande avant le 1ᵉʳ juill. 1870.

Art. 2. — Il sera fait cession gratuite aux concessionnaires : 1° des parties de forêts atteintes par le feu depuis le 1ᵉʳ janv. 1865 jusqu'au 30 juin 1870; 2° du tiers des forêts ou parties de forêts non atteintes par le feu. — La détermination des parties de forêts atteintes par le feu et du tiers attribué gratuitement se fera contradictoirement entre l'administration et le concessionnaire. — En cas de désaccord, il sera statué par le ministre de la guerre, sur l'avis du gouverneur général, rendu en conseil de gouvernement, les intéressés entendus.

Art. 3. — Les deux autres tiers seront payés par le concessionnaire au prix fixe de 60 fr. par hect. — Ce prix sera payé en vingt annuités qui commenceront à courir à partir de la dixième année qui suivra la vente, c'est-à-dire à partir du 1ᵉʳ juill. 1880. — Le montant des dix premières années sera de 2 fr. par hect. et par an. Ce chiffre sera de 4 fr. par hect. et par an pour les dix dernières annuités. — Les annuités seront payables, sans intérêt, à la caisse du receveur des domaines dans la circonscription duquel sera situé l'immeuble, en espèces métalliques ou valeurs ayant cours légal.

Art. 4. — Le gouverneur général, en conseil de gouvernement, est en outre autorisé à attribuer sur d'autres points, aux concessionnaires sinistrés qui en feront la demande avant le 1ᵉʳ juill. 1870, des forêts ou parties de forêts de chênes-liège d'une contenance égale à la contenance atteinte par le feu, s'il reconnaît qu'il y a lieu de les indemniser de leurs travaux et de leurs dépenses par cette attribution supplémentaire. — Le tiers des forêts, ou parties de forêts ainsi attribuées, leur sera cédé gratuitement. — Les deux autres tiers leur seront vendus au prix, suivant le mode et avec les délais de payement fixés par l'article précédent. — Les actes de cession et de vente seront dressés par le directeur des domaines de la situation des immeubles et approuvés par le gouverneur général.

Art. 5. — Toute annuité non payée à l'échéance portera intérêt à 5 p. 100 de plein droit et sans mise en demeure. — L'acquéreur aura le droit de se libérer par anticipation, en tout ou en partie, et il lui sera tenu compte des intérêts à 5 p. 100 sur chaque payement anticipé.

Art. 6. — A défaut par les acquéreurs d'avoir, dans le délai de cinq ans, à partir de la promulgation du présent décret, exploité effectivement leur concession, sur le quart au moins de son étendue, le domaine pourra poursuivre contre eux la révocation de la cession gratuite du tiers, qui fera retour à l'État, et le payement du prix des deux autres tiers, en vingt annuités égales de 5 fr. par hect. Ces annuités commenceront à courir du 1ᵉʳ juill. 1875. — La même disposition sera appliquée aux concessionnaires sinistrés qui, dans le même délai, n'auraient pas exploité le quart au moins des forêts ou parties de forêts que le gouverneur général leur aurait attribuées, aux termes de l'art. 4.

Art. 7. — Afin de faciliter aux acquéreurs le payement du prix des forêts ou parties de forêts qui viendraient à être incendiées postérieurement au 1ᵉʳ juill. 1870, et de garantir à l'État le payement de ce prix, il sera formé un fonds commun, au moyen du versement que chaque acquéreur sera tenu d'effectuer, à partir du 1ᵉʳ juill. 1870, d'une somme annuelle de 50 c. pour chaque hectare acquis au prix de 60 fr., conformément aux art. 3 et 4. — Les sommes destinées à former ce fonds commun seront recouvrées comme en matière de contributions directes, et versées dans une caisse publique. — L'attribution de ce fonds sera déterminée, avec l'assentiment du gouverneur général, par une commission composée de trois membres nommés par les intéressés ou, à défaut, désignés par le gouverneur général.

Art. 8. — Un arrêté du gouverneur général, rendu en conseil de gouvernement, les intéressés entendus, déterminera notamment : — 1° La quotité à prendre annuellement sur le fonds commun, pour payer à l'État le prix correspondant au nombre d'hectares incendiés que les acquéreurs n'auraient point acquitté, ou pour leur restituer, s'ils l'avaient versé; — 2° L'attribution à faire des reliquats, après acquis intégral de toutes les obligations à la charge du fonds commun. — Ces annuités spéciales seront payées par tous les acquéreurs, même par ceux qui se seraient libérés par anticipation. Toutefois, dans ce dernier cas, il leur sera tenu compte, par le fonds commun, du prix correspondant au nombre d'hectares qui viendraient à être ultérieurement incendiés. — Lesdites annuités seront payées pour tous les hectares vendus, même pour ceux qui seraient incendiés après le 1ᵉʳ juill. 1870. Elles continueront à être payées, même après les délais fixés par l'art. 5 pour l'entier acquittement du prix, si, à ce moment, le fonds commun dont il s'agit, est insuffisant pour couvrir le prix de tous les hectares incendiés pendant la période de payement.

Art. 9. — Les propriétaires auront la faculté de défricher les parties de forêts atteintes par le feu dont il leur aura été fait cession gratuite, et d'y introduire tous les genres de culture qu'ils jugeront convenables.

Art. 10. — Les actes de cession et de vente emporteront résiliation pure et simple du contrat actuel de concession. Ils seront dressés le plus tôt possible par le directeur des domaines de la situation des immeubles et approuvés par le gouverneur général.

Art. 11. — Ces actes énonceront la situation, l'étendue et les limites des terrains vendus ou cédés, et fixeront le montant total de chaque annuité à payer par l'acquéreur. — Les limites indiquées dans les procès-verbaux de mise en possession définitive, signés par les concessionnaires ou leurs représentants, serviront seules de bases à la détermination de la contenance de chaque forêt vendue. — A défaut de ces procès-verbaux, les limites seront fixées contradictoirement entre l'administration et les intéressés. — En cas de désaccord, il sera statué comme il est dit au § 2 de l'art. 2 du présent décret. — Les vides et les terres de culture ne seront compris dans la contenance de chaque forêt qu'autant qu'ils l'auront été dans le procès-verbal de la mise en possession définitive ou, à défaut, dans le décret des concessions.

Art. 12. — La vente sera enregistrée et transcrite au droit fixe de 2 fr. à payer par l'acquéreur. Une expédition du contrat lui sera remise dans le délai d'un mois, à partir de la date de l'approbation.

Art. 13. — Les forêts seront aliénées avec toutes les servitudes actives et passives, charges et contributions qui les grèvent ou pourront les grever ultérieurement.

Art. 14. — L'acquéreur ne pourra répéter contre l'Etat aucun dédommagement, aucune indemnité, remise ou réduction de prix, ayant pour cause des incendies ou tout autre accident de force majeure.

Art. 15. — L'aliénation des forêts ne conférera pas la propriété des sources et cours d'eau existant sur le sol; l'acquéreur en aura seulement la jouissance, conformément aux règlements en vigueur, ou qui interviendront sur le régime des eaux en Algérie.

Art. 16. — La partie de forêt vendue demeurera spécialement affectée et hypothéquée à la sûreté des droits de l'Etat jusqu'à parfait payement. — Toutefois, lorsque l'acquéreur aura payé le tiers au moins du prix total de l'acquisition, l'hypothèque dont il s'agit sera réduite au nombre d'hectares nécessaires pour garantir à l'Etat le payement des sommes restant dues. — Cette réduction sera opérée contradictoirement avec les intéressés, conformément au § 2 de l'art. 2 ci-dessus.

Art. 17. — A défaut de payement de trois termes échus sur le prix de vente, le domaine pourra, trois mois après signification d'une contrainte administrative demeurée sans résultat, poursuivre par les voies de droit, soit le payement immédiat de la totalité du prix restant dû, soit la résolution du contrat. — Dans le cas de résolution du contrat, tous les travaux exécutés dans la propriété demeureront acquis à l'Etat sans indemnité. — Toutefois, à l'égard des constructions, l'Etat aura le droit, soit d'en demander la suppression, soit de les conserver en remboursant la valeur des matériaux et le prix de la main-d'œuvre.

Art. 18. — Les effets de la vente courront à partir du 1er juill. 1870, quelle que soit la date du contrat intervenu entre l'Etat et chacun des concessionnaires.

D3. — 9 mars-10 mai 1870. — BG. 528. — *Aliénation des forêts de l'Etat par décrets et adjudication publique.*

Vu les décr. des 9 août 1864 (II, 29), 7 août 1867 et 2 fév. 1870 (suprà); — Le décr. du 6 janv. 1869, qui autorise les aliénations de terres domaniales par vente de gré à gré, pour la création d'établissements industriels et agricoles. (V. infrà, *Domaine*.)

Art. 1. — Les forêts de chênes-liège appartenant à l'Etat en Algérie, peuvent être aliénées en toute propriété, en vertu de décrets spéciaux.

Art. 2. — Ces forêts sont mises en vente, après avoir été affranchies de tous droits d'usage.

Art. 3. — Les parties de forêts vendues sont soumises aux dispositions du Code forestier relatives aux bois des particuliers.

Art. 4. — Les ventes ont lieu par voie d'adjudication publique, sur la mise à prix et d'après les lotissements et cahier des charges arrêtés par le gouverneur général de l'Algérie. — Elles sont annoncées au moins deux mois à l'avance, tant en France qu'en Algérie, par les moyens de publicité dont l'administration dispose. — Elles ne sont définitives qu'après l'approbation, par le gouverneur général, du procès-verbal d'adjudication.

Art. 5. — Toutefois, des forêts ou parties de forêts, allotées conformément au § 1er de l'art. 4, pourront être exceptionnellement aliénées par voie de vente, de gré à gré, par analogie avec les dispositions du décr. du 6 janv. 1869 susvisé, en faveur d'individus appelés à peupler des villages forestiers.

ACR. — 8-22 mars 1871. — BG. 360. — *Abrogation de l'arrêté du 2 avril 1835 (I, 120).*

Vu l'arr. du 2 avril 1835, relatif à l'abatage des arbres forestiers ou fruitiers dans les propriétés particulières en Algérie; — Sur la proposition de MM. les préfets des départements.

Art. 1. — L'arrêté sus-visé, du 2 avril 1835, aux termes duquel « il est défendu à tous propriétaires, fermiers ou colons, européens ou indigènes, d'abattre ou d'arracher, quelle que soit son essence, aucun arbre forestier ou fruitier, en plein bois ou en haie, sans en avoir, préalablement, fait la déclaration, et obtenu l'autorisation », est et demeure abrogé.

ALEXIS LAMBERT.

§ 2. — FORÊTS DOMANIALES SOUMISES AU RÉGIME FORESTIER.

1° *Province d'Alger.*

AG. — 16-28 oct. 1869. — BG. 315. — *Le bois de Si Ahmed ben Youssef, sur le territoire des Ouled Kosseïr (subd. d'Orléansville), 218 hect.*

AG. — 25 mai-24 août 1870. — BG. 356. — *Forêt des Beni Zoug Zoug, sur le territoire de la tribu des Ouled Mira (cercle de Miliana), 570 hect. 55 ares.*

2° *Province d'Oran.*

AG. — 18 fév.-5 mars 1867. — BG. 217. — *Massif connu sous le nom de Djebel Khaar ou Montagne des Lions, sur les territoires de Saint-Cloud et de Fleurus, 819 hect. 20 ares.*

AG. — 27 mai-28 sept. 1869. — BG. 514. — *Réserve forestière de Santa-Cruz, 191 hect. 88 ares.*

AG. — 2-31 déc. 1869. — BG. 317. — *Terrain domanial dans le quartier de Yeffri, banlieue d'Oran*, 651 hect. 58 ares.

AG. — 21-31 déc. 1871. — BG. 596. — *La partie de la forêt domaniale de Santa-Cruz (banlieue d'Oran), comprise entre la mer et la route d'Oran à Mers el Kebir, d'une superficie d'environ 10 hect., telle qu'elle est figurée au plan joint audit arrêté, est distraite du sol forestier pour être remise au service des domaines.*

3° Province de Constantine.

AG. — 5 avr.-28 sept. 1869. — BG. 314. — *Partie de la montagne du Chettaba*, 2465 hect. 36 ares.

AG. — 10 juill.-28 sept. 1869. — BG. 314. — *Partie du terrain domanial connu sous le nom de Djebel M' Cid (banlieue de Constantine)*, 31 hect., 60 ares.

§ 5. — Agents du service administratif.
(I, 123. II, 31.)

Renvois. — V. *Table alphabétique.*

Boissons. V. Table alphabétique.

Boulangerie.

AG. — 15 juill. 1863 (II, 33.) — *Abrogation de tous les règlements restrictifs du commerce de la boulangerie* (1).

Bourses de commerce. V. Table alphabétique

Brevets d'invention.

DI. — 12 nov.-15 déc. 1868. — BG. 291. — *Promulgation de la loi du 23 mai 1868, sur le dépôt dans les expositions publiques de produits susceptibles d'être brevetés.*

Art. 1. — La loi du 23 mai 1868 est rendue exécutoire en Algérie, et, à cet effet, elle sera publiée et promulguée à la suite du présent décret.

Loi du 23 mai 1868.

Art. 1. — Tout Français ou étranger, auteur soit d'une découverte ou invention susceptible d'être brevetée aux termes de la loi du 5 juill. 1844 (I, 151), soit d'un dessin de fabrique qui doive être déposé conformément à la loi du 18 mars 1806, ou ses ayants droits, peuvent, s'ils sont admis dans une exposition autorisée par l'administration, se faire délivrer par le préfet ou le sous-préfet, dans le département ou l'arrondissement duquel cette exposition est ouverte, un certificat descriptif de l'objet déposé.

Art. 2. — Ce certificat assure à celui qui l'obtient les mêmes droits que lui conférerait un brevet d'invention ou un dépôt légal de dessin de fabrique, à dater du jour de l'admission jusqu'à la fin du troisième mois qui suivra la clôture de l'exposition, sans préjudice du brevet que l'exposant peut prendre ou du dépôt qu'il peut opérer avant l'expiration de ce terme.

Art. 3. — La demande de ce certificat doit être faite dans le premier mois, au plus tard, de l'ouverture de l'exposition. — Elle est adressée à la préfecture ou à la sous-préfecture et accompagnée d'une description exacte de l'objet à garantir, et, s'il y a lieu, d'un plan ou d'un dessin dudit objet. — Les demandes ainsi que les décisions prises par le préfet ou le sous-préfet sont inscrites sur un registre spécial qui est ultérieurement transmis au ministère de l'agriculture, du commerce et des travaux publics, et communiqué, sans frais, à toute réquisition. — La délivrance du certificat est gratuite.

DI. — 12 juin-28 sept. 1869. — BG. 314. — *Promulgation de la loi du 31 mai 1856, modifiant l'art. 32 de la loi du 5 juill. 1844.*

Vu le décr. du 5 juill. 1850, qui rend exécutoire en Algérie, la loi du 5 juill. 1844 sur les brevets d'invention. (I, 131); — La loi du 31 mai 1856 portant modification de l'art. 32 de la loi du 5 juill. 1844.

Art. 1. — La loi du 31 mai 1856 sus-visée est rendue exécutoire en Algérie et, à cet effet, elle sera publiée et promulguée à la suite du présent décret.

Loi du 31 mai 1856.

Art. unique. — L'art. 32 de la loi du 5 juill. 1844, sur les brevets d'invention, est modifié comme il suit : — Sera déchu de tous ses droits, — 1° Le breveté qui n'aura pas acquitté son annuité avant le commencement de chacune des années de la durée de son brevet; — 2° Le breveté qui n'aura pas mis en exploitation sa découverte ou invention en France, dans le délai de deux ans, à dater du jour de la signature du brevet, ou qui aura cessé de l'exploiter pendant deux années consécutives, à moins que, dans l'un ou l'autre cas, il ne justifie des causes de son inaction; — 3° Le breveté qui aura introduit en France des objets fabriqués en pays étranger et semblables à ceux qui sont garantis par son brevet. — Néanmoins le ministre de l'agriculture, du commerce et des travaux publics pourra autoriser l'introduction : — 1° Des modèles de machines; — 2° Des objets fabriqués à l'étranger, destinés à des expositions publiques ou à des essais faits avec l'assentiment du gouvernement.

D. — (Paris.) — 10 sept. 1870 (non publié au *Bulletin officiel*) qui *relève de la déchéance encourue les inventeurs brevetés qui, depuis le 25 août 1870 n'auront pas acquitté les annuités de leurs brevets dans le délai légal à la charge par eux de justifier de l'acquittement de ces annuités avant une époque qui sera fixée ultérieurement.*

Ire. M. — 29 juill. 1871. — (Publiée au *Moniteur de l'Algérie du 15 août.*) — *Même objet.*

M. le préfet, le 10 sept. 1870, le gouvernement de la défense nationale, considérant les circonstances de force majeure qui depuis le 25 août, avaient pu empêcher les inventeurs brevetés d'acquitter les annuités de leurs brevets, a rendu un décret conçu en ces termes : — « Les inventeurs brevetés qui, depuis le 25 août 1870, n'auront pu

(1) Jurisprudence. — En Algérie, comme en France, depuis le rétablissement du régime de la liberté de la boulangerie édicté en 1863, les boulangers ne sont plus soumis à l'obligation d'avoir des réserves d'approvisionnement en grains et farines. — Et l'on estimerait à tort que les droits conservés par l'autorité municipale, sous l'empire de ce régime en matière de police de la boulangerie, comprennent celui d'exiger des boulangers la possession en magasin d'une certaine quantité d'approvisionnements. — La circulaire annexée à l'arr. du 14 juill.

1863 explique formellement que l'art. 2 ne concerne que les mesures se rattachant aux objets confiés par la loi du 24 août 1790 à la vigilance des corps municipaux, c'est-à-dire à la salubrité et à la fidélité des poids et mesures. — Cass. 25 janv. 1868.—Rejet du pourvoi formé contre un jugement du tribunal de simple police de Bône qui a déclaré abrogé par la nouvelle législation un arrêté du maire de Bône en date du 16 mai 1859. — Dalloz, 1868, 1, 258.

acquitter les annuités de leurs brevets, seront relevés de la déchéance encourue, en justifiant de l'acquittement de ces annuités avant une époque qui sera fixée ultérieurement. »

Un second décret du 14 oct. suivant a dispensé les inventeurs qui voudraient prendre un brevet, de verser immédiatement la première annuité de la taxe.—« Ce versement, est-il dit dans le même décret, devra être fait ultérieurement et dans les conditions réglées, pour les annuités par le décr. du 10 sept. 1870. »

Les circonstances qui motivaient ces dérogations au droit commun se sont modifiées heureusement de plus en plus et le moment a paru arrivé de déterminer l'époque avant laquelle les brevetés devront pour conserver leur privilège, acquitter les annuités dont ils sont redevables. Un arrêté du chef du pouvoir exécutif, en date du 5 de ce mois, a fixé cette époque au 1er octobre prochain.—Cet arrêté a été inséré au *Journal officiel* et dans plusieurs journaux. Toutefois, comme il importe de lui donner toute la publicité possible, afin que des brevetés ne laissent pas passer le terme du délai, faute d'en être informés, je vous prie de vouloir bien porter à leur connaissance l'arrêté mentionné ci-dessus par tous les moyens dont vous pouvez disposer.

Le ministre de l'agriculture et du commerce.
VICTOR LEFRANC.

RENVOIS. — V. *Table alphabétique.*

Brocanteurs-fripiers. V. TABLE ALPHABÉTIQUE.

Broussailles. V. *ibidem.*

Budgets. V. *ibidem.*

Bulletin officiel (des actes du gouvernement). V. *ibidem.*

Bulletin officiel (de l'Algérie et des colonies). V. *ibidem.*

Bureaux arabes. V. *ibidem.*

Bureaux de bienfaisance. V. *ibid.*

C

Cabarets.—Cafés. V. TABLE ALPHABÉTIQUE, V° BOISSONS.

Cabotage. V. TABLE ALPHABÉTIQUE.

Cadastre.

AG. — 8-12 mai 1868. — BG. 265. — *Organisation du service du cadastre.*

Vu les décr. des 10 déc. 1860 et 7 juill. 1865 (admin. gén.);—La décis. imp. du 2 juill. 1864, qui consacre le principe de l'application de la contribution foncière en Algérie;—Le décr. du 29 janv. 1868, qui élève de cinq dixièmes à six dixièmes la part des budgets provinciaux dans le produit net de l'impôt arabe (infrà, impôt arabe); — La loi de finances, du 31 juill. 1867, portant fixation des recettes et des dépenses pour l'exercice 1868;—Vu l'urgence.

Art. 1. — En attendant la réorganisation des services financiers en Algérie, les opérations cadastrales prescrites par la décision imp. du 2 juill. 1864 sont placées, dans chaque pro-

vince, sous la direction d'un inspecteur des contributions directes, qui prend le titre de chef du service du cadastre, et qui entrera en fonctions à partir du 1er juin 1868.

Art. 2. — Le personnel affecté au cadastre se compose dans chaque province : — D'un inspecteur des contributions directes, chef de service, chargé de la direction et de la surveillance de tous les travaux; — D'un employé supérieur des contributions directes, chargé du contrôle et de la surveillance des travaux extérieurs; — De quatre contrôleurs des contributions directes, dont le nombre sera augmenté en proportion des besoins; — D'un vérificateur, temporairement détaché du service de la topographie dans les bureaux du cadastre, chargé, sous la direction du chef de service, de la centralisation et de la vérification des travaux d'art; — D'un triangulateur; — D'un nombre de géomètres et d'élèves géomètres, ou d'autres agents auxiliaires, suffisant pour assurer la marche des travaux.

Art. 3. — Jusqu'à ce qu'il y ait été pourvu par les lois de finances, il sera imputé sur les fonds des chap. 10, art. 2 (contributions), et 12, art. 3 (topographie), du budget législatif, les sommes correspondantes à l'ensemble des émoluments affectés aux agents désignés à l'article précédent. — Ces sommes sont fixées, pour l'exercice 1868, à raison des sept douzièmes de la dépense normale de l'exercice, à 51,208 fr. sur le chap. 10, art. 2, et à 176,675 fr. sur le chap. 12, art. 3. — Les indemnités afférentes aux opérations du cadastre formeront un budget spécial à la charge des provinces; les ressources de ce budget, annuellement fixées par le gouverneur général, sont prélevées sur le fonds commun des budgets provinciaux. — Le chef de service du cadastre est institué sous-ordonnateur.

Art. 4. — Pour les programmes annuels des travaux à exécuter, comme pour les comptes des recettes et des dépenses du budget spécial du cadastre, il sera procédé, suivant les règles établies par l'art. 5 du règlement du 5 oct. 1821, et par l'art. 22 de la loi du 31 juill. 1821.

Art. 5. — Dans le cas où, indépendamment de la part revenant à chaque province dans la distribution du fonds commun, les conseils généraux voteraient des fonds pour accélérer les travaux du cadastre, il pourra être fait, sur ce fonds commun et conformément aux dispositions de l'art. 21 de la loi du 31 juill. 1821, une attribution supplémentaire égale aux sommes votées.

Mal DE MAC-MAHON, DUC DE MAGENTA.

Décis. G. — 22 juin-15 juill. 1868. — BG. 275. — *Nouveau tarif des indemnités allouées aux agents chargés des travaux du cadastre.*

RENVOIS. — V. *Table alphabétique.*

Cadix. V. TABLE ALPHABÉTIQUE.

Caisse des dépôts et consignations. V. *ibidem.*

Caisses d'épargne.

D.—(*Paris*).—17 sept. 1870 (inséré au *Moniteur de l'Algérie* du 11 oct. 1870). — *Suspension du remboursement aux déposants.*

Les demandes de remboursement de fonds des caisses d'épargne, exigibles à partir du 22 sept., ne seront provisoirement acquittées en espèces que jusqu'à concurrence de 50 fr. par livret. Pour le surplus, les déposants auront droit, s'ils le demandent, à un bon du trésor à trois mois d'échéance, et portant 3 p. 100 d'intérêt du jour de la demande.

Vu pour promulgation en Algérie. — Alger, le 10 oct. 1870.

Le gouv. gén., par intérim,
G^el DURRIEU.

LOI. — 12-22 juill. 1871. — BG. 569. — *Abrogation du décret qui précède.*
Art. unique. — Le décret du gouvernement de la défense nationale, en date du 17 sept. 1870, concernant la suppression du remboursement aux déposants des caisses d'épargne, est abrogé.

RENVOIS. — V. *Table alphabétique.*

Caisse de retraite et de prévoyance. V. TABLE ALPHABÉTIQUE.
Canaux. V. ASSOCIATIONS SYNDICALES.
Cantonnement des indigènes. V. TABLE ALPHABÉTIQUE.
Cantonniers. V. VOIRIE, § 1.
Capitaines de navire. V. NAVIGATION.
Capitation. V. IMPÔT ARABE.
Capitulation. V. TABLE ALPHABÉTIQUE.
Carrières. V. *ibidem.*
Carte géologique. V *ibidem*
Casernement. V. *ibidem.*
Cassation. V. *ibidem.*
Cautionnements. V. *ibidem.*
Centime (fort). V. *ibidem.*
Centimes additionnels. V. *ibidem.*
Centres de population. V. *ibidem.*
Cercles administratifs. V. *ibidem.*
Cérémonies publiques. V. *ibidem.* PRÉSÉANCES.
Chambres d'agriculture. V. *ibid.*
Chambres de commerce (1).

AG. — 12 juin-28 sept. 1869. — BG. 213. — *Chambre de commerce d'Oran. — Nombre des électeurs fixé à 140, savoir: Oran, Electeurs Français, 86, Étrangers, 10, Indigènes, 10; — Mostaganem, Français 7, Mascara, 5, Tlemcen, 5, Sidi bel Abbès, 5, Arzew, 2, Aïn Temouchent, 2, Saint-Denis du Sig, 3, Relizane, 2, Nemours, 1.*

AG. — 11 nov.-2 nov. 1869. — BG. 316. — *Chambre de commerce de Constantine. — Nombre des électeurs fixé à 80, savoir: Arrond. de Constantine, Français ou naturalisés, 54, Étrangers, 5, Indigènes musulmans, 8, Indigènes israélites, 4; — Sétif, Français, 6, Batna, 4, Aïn Beïda, 2.*

Chambre de commerce de Bône. — Nombre des électeurs fixé à 80, savoir: Arrond. de Bône, Français ou naturalisés, 52, Étrangers, 8, Indigènes musulmans, 8, Indigènes israélites, 8; — Guelma, Français, 6; — Lacalle, Français, 2; — Soukarras, Français, 2.

Chambre de commerce de Philippeville. —

Nombre des électeurs fixé à 80, savoir: *Arrond. de Philippeville, Français ou naturalisés, 50, Étrangers, 8, Indigènes musulmans, 9, Indigènes israélites, 5; — Bougie, Français, 8, Étranger, 1, Israélite, 1; — Djidjelli, Français, 2, Étranger, 1, Israélite, 1; — Jemmapes, Français, 2, Étrangers, 2; — El Arrouch, Français, 2, Étrangers, 2.*

DÉ. — 2 mars-10 mai 1870. — BG. 228. — *Augmentation du nombre des membres des chambres de commerce de Constantine, Bône et Philippeville.*
Art. 1. — Le nombre des membres des chambres de commerce de Constantine, Bône et Philippeville, fixé précédemment à 9, est porté à 12.
Art. 2. — La composition et la circonscription de chacune de ces chambres de commerce sont fixées ainsi qu'il suit:
Chambre de commerce de Constantine: arrond. de Constantine et arrond. judiciaire de Sétif, moins la commune de Bougie: Français, 7, Musulmans, 1, Israélites, 2, Étrangers, 2.
Chambre de commerce de Bône: arrond. de Bône et de Guelma: Français, 7, Musulman, 1, Israélites, 2, Étrangers, 2.
Chambre de commerce de Philippeville: arrondissement de Philippeville et commune de Bougie: Français, 8, Musulman, 1, Israélite, 1, Étrangers, 2.

AG. — 4 mai 1871. — (Publié au *Moniteur de l'Algérie* du 5 mai) — *Ajournement de l'élection des membres des chambres de commerce des trois provinces de l'Algérie, jusqu'à l'époque qui sera ultérieurement fixée.*

RENVOIS. — V. *Table alphabétique.*

Chambre des mises en accusation. V. TABLE ALPHABÉTIQUE.
Charcuterie. V. ABATAGE, BOUCHERIE.
Chasse. V. TABLE ALPHABÉTIQUE.
Chefs indigènes. V. *ibidem.*

Chemins de fer.

DÉ. — 7-25 août 1867. — BG. 245. — *Modifications au cahier des charges annexé à la convention du 1er mai 1863 (II, 56).*
Art. 1. — Est supprimé le § 9 de l'art. 52 du cahier des charges annexé à la convention du 1er mai 1863 et au décr. du 11 juin sus-visés, ainsi conçu:
L'administration pourra exiger qu'un compartiment de chaque classe soit réservé dans les trains de voyageurs aux femmes voyageant seules.
Le § 2 de l'art. 56 dudit cahier des charges est remplacé par les dispositions suivantes:
Dans chacun des trains de marchandises circulant aux heures ordinaires de l'exploitation, la compagnie sera tenue de mettre à la disposition des agents des postes, un compartiment de 2e cl. établi dans un fourgon à bagages, le surplus du fourgon restant à la disposition de la compagnie.
L'avant-dernier § de l'art. 57 dudit cahier des charges est remplacé par les dispositions suivantes:
Dans le cas où l'administration voudrait, pour le transport des prisonniers, faire usage des voitures de la compagnie, celle-ci sera tenue de mettre à sa disposition, dans les voitures de 3e cl., un ou plusieurs compartiments spéciaux qui seront isolés, au moyen de rideaux, des com-

---

(1) Chaque année, en exécution de l'art. 2 du décr. du 20 janv. 1851 (I, 126) et des lois sur la matière, un décret détermine la contribution spéciale destinée à l'acquit-

tement des dépenses des chambres et bourses de commerce et qui sera répartie entre les patentés conformément à l'art. 35 de l'ord. du 31 janv. 1837 (Patentes, I, 490).

partiments occupés par le public. Toutefois, si le gouvernement reconnaissait des inconvénients à cette disposition, il pourrait exiger de la compagnie de remplacer les rideaux par des cloisons. Le prix de location sera fixé à raison de 0,15 c. par compartiment et par kil. pour les compartiments de 6 places, et de 0,10 c. par compartiment de 4 places.

DP. — 10 sept. 1871. — (V. *Timbre*, § 1.) — *Promulgation de la loi du 13 mai 1863, art. 10, timbre des récépissés délivrés par les compagnies de chemins de fer.*

Renvois. — V. *Table alphabétique.*

Chemins vicinaux.

DE. — 5 juill. 1854. — (I, 143). — *Légalité de la contribution* (1). — *Art. 20.* — *Expropriation résultant des arrêtés de classement.* — *Droit à indemnité.* — *Compétence* (2).

Renvois. — V. *Table alphabétique.*

Chevaux. V. Table alphabétique.

Chèvres—Chevriers. V. *ibidem.*

Chiens (taxe sur les) (3).

AG. — 15 fév.-17 mars 1869. — BG. 308. — *Perception de la taxe dans les communes nouvellement instituées.*

Vu les décr. des 10 déc. 1868 et 27 janv. 1869, portant création de nouvelles communes et modifications de circonscriptions communales, dans les départements d'Alger, d'Oran et de Constantine (V. *infrà*, *Communes*, § 3); — Le décr. du 4 août 1856 (I, 146), qui a rendu applicable en Algérie le principe de la taxe municipale sur les chiens; — L'arr. min. du 6 août 1856, et l'arr. du 19 janv. 1857, relatifs à l'assiette, au recouvrement et au tarif de cette taxe (*ibidem*); — Considérant que, par les décr. des 10 déc. 1868 et 27 janv. 1869, il a été prescrit que la gestion financière des communes nouvelles créées partirait du 1er janv. 1869; — Considérant que, par le fait même de leur constitution, les nouvelles communes et les localités rattachées à des communes déjà existantes, sont appelées à profiter du bénéfice de toutes les taxes communales, quels que soient leur dénomination et leur mode d'assiette et de recouvrement; que, dès lors, il y a lieu d'y assurer la perception de la taxe sur les chiens, conformément aux dispositions des arr. des 6 août 1856 et 19 janv. 1857, en modifiant toutefois, pour la présente année, les délais déterminés par les art. 5, 7 et 9 de l'arr. min. du 6 août 1856, tant pour les déclarations à faire par les possesseurs de chiens, que pour la formation de l'état-matrice des imposables et la confection des rôles;

Art. 1. — La taxe sur les chiens sera perçue à

partir du 1er janv. 1869, dans les nouvelles communes instituées dans les dép. d'Alger, d'Oran et de Constantine, par les décrets ci-dessus visés des 10 déc. 1868 et 27 janv. 1869, ainsi que dans les localités rattachées par les mêmes décrets, à des communes déjà existantes.

Art. 2. — Le délai pendant lequel les possesseurs de chiens sont tenus de faire leur déclaration à la mairie, est fixé, pour la présente année seulement, du 1er mars au 15 avr. prochain. — L'état-matrice des imposables sera dressé du 15 au 30 avr., et le receveur municipal procédera à la confection des rôles, d'après les états-matrices rédigés du 1er au 15 mai suivant. — Ces diverses opérations s'effectueront d'ailleurs conformément aux dispositions de l'arr. min. du 6 août 1856.

M^{al} DE MAC-MAHON, DUC DE MAGENTA.

Renvois. — V. *Table alphabétique.*

Cimetières. V. Table alphabétique.

Circonscriptions.

DIVISION.

SECT. 1. — CIRCONSCRIPTIONS ADMINISTRATIVES.

§ 1. — DÉPARTEMENTS.

1° — *Département d'Alger.* (I, 143. II, 57.)

2° — *Département de Constantine.*

DP. — 10 déc. 1868-20 janv. 1869. — BG. 300. — *Nouvelle délimitation du département de Constantine.*

Vu l'ord. du 28 sept. 1847, et nos décr. des 27 déc. 1866 et 18 août 1868 (*Communes*); — Notre décr. du 7 juill. 1864 (*Admin. gén.*, II, 9); — L'ord. du 31 janv. 1848 et nos décr. des 31 déc. 1856, 22 août 1861 et 15 oct. 1868 (*Circonscriptions*); — Nos décr. des 4 déc. 1864 et 27 fév. 1867, portant délimitation des tribus des Ouled Atia, des Souahlia et des Beni Isbag de l'Oued Guébli, et instituant les douars des Souadek, des Eulma Medjabria et des Arb Estabia (*Propriété*, § 3); —Notre décr. du 14 avr. 1866, portant réparti-

---

(1) Jurisprudence. — Légalité de l'assiette, de la répartition et du recouvrement de la contribution établie en vertu du décr. de 1854. — Il suffit pour qu'un impôt soit légal, qu'il soit édicté en principe dans un acte législatif; tout ce qui touche à la matière imposable, à la répartition et au recouvrement, ne constitue qu'un détail d'exécution de la compétence de l'administration, ou auquel il peut être suppléé par les règles et les principes généraux en cette matière.—Spécialement le décr. du 5 juill. 1854 qui permet aux communes de remplacer les journées de travail nécessaires à l'entretien des chemins vicinaux, par une contribution spéciale, assure par lui seul la légalité de la contribution établie ultérieurement par le ministre de la guerre, aux termes de l'art. 50 de l'ord. du 28 sept. 1847 (*Communes*, I, 206), portée au budget, et approuvée par décret. Il n'est pas nécessaire que cette approbation soit donnée dans la forme des règlements d'administration publique. — *Cour d'Alger,*

25 fév. 1861. — Robe, 1861, p. 85, détail des faits et discussion de droit.

(2) Jurisprudence. — L'art. 20 du décr. du 5 juill. 1854 s'occupe spécialement des chemins vicinaux et ses dispositions ne peuvent pas être appliquées quand il s'agit d'un chemin rural. — L'arrêté préfectoral qui classe un chemin rural n'a pas pour effet de l'incorporer au domaine public communal et de déposséder le propriétaire du sol. Celui-ci peut donc, à son gré et selon les principes du droit commun, ou revendiquer la propriété, ou bien en réclamer la valeur avec ou sans dommages-intérêts.—*Cour d'Alger,* 23 janv. 1869.—Robe, 1869, p. 10.

(3) V. au Recueil des actes administratifs de la préfecture d'Alger, année 1871, p. 83, un arrêté du commissaire extraordinaire de la République en date du 6 avril 1871, réglant la taxe à percevoir dans 33 communes du dép. d'Alger.

tion des territoires azels situés dans les cinq zones de Smendou, Oued K'ton Milah, Serraouïa et Chettaba (*ibidem*);— Notre décr. du 28 avr. 1866, portant partage entre l'État et les indigènes des territoires de la zone dite *Caïdat des Azels* (*ibidem*); — Notre décr. du 1er avr. 1865, portant délimitation des territoires composant le département de Constantine (II, 27).

Art. 1. — Sont rattachées au département de Constantine les parties du territoire militaire désignées sous les n°° 1 à 39 dans le § 1 de la *Notice* et dans les plans A, B, C, D, E, F, G, H, I, annexés au présent décret.

Art. 2. — Le village de *Gastu*, placé par décr. du 1er avr. 1865, dans l'arrond. de Guelma, en est distrait pour être rattaché à l'arrond. de Philippeville.

Art. 3.—Sont modifiées, conformément au § 2 de la *Notice* et aux plans n°° 1 à 19 ci-annexés, les limites des territoires des communes suivantes :

Arrondissement de Constantine.

1. Condé-Smendou;
2. Le Hamma (avec une nouvelle section sous le nom de *Aïn Kerma*);
3. Constantine;
4. Le Khroub (avec une nouvelle section sous le nom de *El Haria*);

Arrondissement de Bône.

5. Bône;
6. Bugeaud;
7. Duzerville;
8. Mondovi;
9. Duvivier (avec une nouvelle section sous le nom de *Medjez Sfa*);
10. Souk Abras;
11. Penthièvre;
12. La Calle (avec une nouvelle section sous le nom de *Kef Oum Teboul*);

Arrondissement de Guelma.

13. Guelma (avec une nouvelle section sous le nom de l'*Oued Cherf*);

Arrondissement de Philippeville.

14. Philippeville (avec une nouvelle section sous le nom de *Damrémont*);
15. Saint-Charles;
16. Robertville;
17. El Arrouch;
18. Jemmapes;
19. Djidjelli.

Art. 4 à 9. — (V. infrà, Communes, § 2.)— Institution de 11 communes de plein exercice.

Notice. — 1re partie. — *Extension du territoire du département.*

Arrondissement de Constantine.

1° Le groupe 1, comprenant : l'azel El Ghredir, partie de l'azel Arba Djebel Ouach, vendus à la société générale algérienne; les melks Tellaba, Tsouara, Beni Ouftaine et M'chaïda; les azels Bou Hadjeb, M'chaïda et le complément de l'Arba Djebel Ouach, concédés ou vendus à des Européens; enfin, les douars arch des Souadek et des Eulma Medjabria, délimités par décr. du 4 déc. 1861, — Ensemble 13,655 h. 87 a.;

2° Les groupes 2, 3 et 3 *bis*, comprenant : le 1er, à l'E. de Bizot, le melk Aïn Abrioul; le 2e et le 3e à l'O., les melks Bach Tarzi, Beni Mestina, Atteba, et Dra Beni Ouggued; les azels Mechta ben Chérif et Coudiat Hanech; une partie des melks et des azels de la zone de Smendou,—Ensemble 12,961 h. 81 a.;

3° Les groupes 4 et 4 *bis*, comprenant : les

melks et azels Bou Ikhrief, Chabet Medbouha, Hassenia, Chandarly Braham, Bou Haddid, Khreneg Mahmed et Khreneg Bedjaoui; une partie des melks et azels de la zone de l'oued El K'ton; la parcelle 5 de l'azel Karkara, attribuée à des indigènes du Hamma, — Ensemble 25,623 h. 48 a.;

4° Le melk Ben Djelloul, 6, — 2,991 h. 60 a.;

5° Les groupes 7 et 8, comprenant les terres vendues à la société générale algérienne : 1° dans le caïdat des Souahlia; 2° dans celui des Ameur Chéraga; plus l'azel Farsoune, concédé, — Ensemble 21,580 h. 71 a.;

6° Le groupe 9, comprenant : le complément des terres vendues à la société générale algérienne dans les caïdats des Souahlia, de l'Oued Zénati, des Sellaoua et des Ameur Chéraga; le territoire de colonisation de l'Oued Zénati (Sidi Tamtam), et le melk indigène contigu, — Ensemble 58,664 h. 91 a.;

7° Les groupes 10, 11, 12, 12 *bis* et 12 *ter*, comprenant : 1° les concessions faites et les restants disponibles des azels Kadra el Amra, Aïn Gourmat, Moudena, Aïn Bouchenak, Bled Youssef, El Arba, Bled Kebounia; 2° une parcelle de propriété européenne; 3° les azels Ouled el Aïd, Bled ben Kbradem, Ouled Djebla; les propriétés particulières et diverses propriétés domaniales au N. et au S. d'Aïn Smara; au N., jusqu'à la ligne des crêtes formées par le Djebel Karkara et le Djebel Zaouaoui; au S., jusqu'aux limites de la tribu des Segnia et des douars constitués d'El Kaouachi, des Ouled bel Aguel et des Ouled Aaziz; le territoire de colonisation de l'Oued Dékri, les restants disponibles de cet azel, les concessions contiguës et une parcelle dépendant de la tribu des Télarma; — Le tout ensemble 40,545 h. 20 a.

Le tout conformément au plan A, ci-annexé.

District d'Aïn Beïda.

8° Les territoires de colonisation d'Aïn Beïda, 13, et de la Meskiana, 14, — Ensemble 9,882 h. 67 a., plan F.

Arrondissement de Bône.

9° La parcelle 15, sise entre les crêtes de la Béléliéta, la route provinciale n° 1 et l'oued Zied; et la parcelle 16, affectée à l'orphelinat de Bône, — Ensemble 1,578 h.;

10° La parcelle 17, sise entre les communes de Bône et de Bugeaud; le groupe 18, comprenant des bâtiments d'exploitations forestières et les concessions du plateau de Bou Zizi, — Ensemble 428 h. 20 a.;

11° Le groupe 19, comprenant partie de Medjez Raçoul, les melks situés entre les crêtes de la Béléliéta et le lac Fetzara, — Ensemble 4,245 h. 63 a.;

12° Le groupe 20, comprenant des concessions, des propriétés européennes et melks; enfin l'azel Oued Besbès vendu à la Société générale algérienne, — Ensemble 15,775 h. 22 a.;

13° Le groupe 21, comprenant, sur les deux rives de la Seybouse, des parcelles domaniales, le bois d'Ousfetta et la concession Ogier, — Ensemble 1,050 h. 72 h.;

14° Le groupe 22, sur la rive droite de la Seybouse, comprenant les parcelles domaniales et diverses concessions européennes, — Ensemble 555 h. 72 a.;

15° Le groupe 23, comprenant : les deux parties de l'azel Aïn Mokhra vendues à la Société générale algérienne, le lot de forêt n° 8 de l'Oued el Aneb, des terres et des carrières de marbre concédées; le lac Fetzara et les terrains situés entre le lac et la route provinciale n° 1, jusqu'à l'oued Zied; l'azel Fedj Moussa, 24, vendu

à la Société générale algérienne; — Ensemble 11,699 h. 87 a.
Le tout conformément au plan B.

District de la Calle.

16° Le territoire de colonisation de Kef Oum-Teboul, 25, —contenance 682 h. 10 a. —Plan G.

Arrondissement de Guelma.

17° La parcelle domaniale 26, Bled Gbrefar, en partie concédé; — 643 h. 20 a. ;
18° Les terrains domaniaux des Ouled Harrid, 27, en partie concédés; le territoire de l'Oued Cherf (Aïn Ghroul Annouba), 28, et la parcelle domaniale des Beni Addi, 29. — Contenance totale : 7,117 h. 83 a. —Plan C.

Arrondissement de Philippeville.

19° Le groupe 30, comprenant : le territoire des Beni Béchir, cantonnés en 1861, et une parcelle boisée formant enclave entre la commune de Philippeville et les douars d'Aïn Ghrorab et des Radjeta, — Ensemble 3,254 h. 64 a.;
20° La parcelle 31, laissée par erreur en dehors du territoire civil par la délimitation du 1er avril 1865, et formant enclave entre la commune de Robertville et le douar des Arb Estahia (Beni Isbaq de l'Oued Guébli), la fraction melk des Ouled Aouat, 32, distraite du douar des Arb-Estabia (Beni Isbaq de l'Oued Guébli); délimité par décr. du 27 févr. 1867, —Ensemble 1,185 h. 52 a.;
21° Les melks Mechmech et Bou Zitoun, 33 ; les azels Rufref, Aïata et Aïn Kébira, 34, — 5,686 h. 40 a.—Plan D.

District de Jemmapes.

22° Le domaine d'Emchekel, 35, concédé à un Européen, et l'azel El Goueràa, 36, vendu à la Société générale algérienne, — Ensemble de 5,055 h. 14 a.— Plan H.

District de Djidjelli.

23° Le groupe 37, comprenant trois concessions, et une parcelle de 17 h. dépendant du communal des Beni Hassen. 85 h. 74 a.—Plan I.

Arrondissement de Sétif.

24° Le territoire de l'Oued Deheb, 38 (village dont la création a été autorisée par décision du 8 août 1863); les concessions de l'Oued Djerman, 39,— Ensemble de 1,849 h. 45 a.—Plan E.

(Pour la 2e et la 3e partie de la notice portant modification des circonscriptions de 19 communes anciennes et délimitation de 11 communes nouvelles, v. ci-après § 4-2°.)

3° — Département d'Oran (II, 38.)

§ 2. — Arrondissements ou Sous-Préfectures.

1° — Département d'Alger. (I, 150. II, 38.)

2°—Département de Constantine.

D1. — 10 déc. 1868. — (V. suprà § 1, 2°). — Modifications aux limites des arrondissements de Constantine, de Bône, de Guelma et de Philippeville.

§ 5. — Districts ou Commissariats civils.

1° Département d'Alger.

D2. — 27 janv. 1869. — (V. Commissaires civils, § 2.) — Création et circonscription du commissariat civil de Boghari.

A2. — 8 juill. 1871. — (V. Communes, § 5.) — Id. du district de Palestro.

A1. — 17 juill. 1871. — (V. Ibidem.) — Id. du district de Bordj Menaiel.

(V. également infrà Communes, § 5, la nouvelle division du territoire de la région Tellienne en districts, cercles et circonscriptions cantonales.)

2° Département de Constantine.

D1. — 10 déc. 1868. — (V. suprà, § 1, 2°.) — Modifications aux limites des districts de Aïn-Beïda, La Calle, Jemmapes, Djidjelli.

D1. — 5 sept. 1870. — (V. Commune, § 5.) — Création et circonscription du commissariat civil de Bordj bou Areridj.

D1. — Même date. — (V. Ibidem.) — Id. du commissariat civil de l'Oued Zenati.

3° Département d'Oran.

D1. — 15 nov. 1867. — (V. Commissaires civils, § 2.) — Création et circonscription du commissariat civil de Tiaret.

D1. — 14 mars-30 avr. 1868. — BG. 268. — Délimitation du commissariat civil de Tiaret.

Vu notre décr. du 15 nov. 1867, instituant un commissariat civil à Tiaret;

Art. 1. — La circonscription du commissariat civil de Tiaret embrassera une étendue de 4,141 h. 92 a. 75 c., délimitée conformément au plan annexé au présent décret, de la manière suivante :

Au N. : 1° par la tribu des Ouled Cherif Gharaba, de la borne 72 c à la borne 72 D; 2° par la tribu des Ouled Cherif Cberaga, de la borne 72 x à la borne n° 102, au lieu dit Ras el Medrid;

A l'E., par le territoire de la smala de Tiaret, depuis Ras el Medrid jusqu'à la borne n° 72 s des Ouled Cherif Gharaba;

Au S. et à l'O., par la tribu des Ouled Cherif Gharaba, depuis la borne n° 72 s jusqu'à la borne n° 72 c, point de départ.

§ 4. — Communes.

1° Département d'Alger.

D2. — 27 fév.-10 avr. 1867. — BG. 225. — Modification à la délimitation des communes de Rouïba et du Fondouk.

Vu notre décr. du 22 août 1861, portant délimitation des communes de Rouïba et du Fondouk, dép. d'Alger;

Art. 1. — La ligne de séparation des deux communes de Rouïba et du Fondouk, qui était précédemment l'ancienne route d'Alger à Dellys, est reportée au chemin du Hamiz à l'Oued Règhaïa, connu sous le nom de Trek Chemas, conformément au plan annexé au présent décret.

D1. — 27 janv. 1869.— (V. Communes, § 5.) — Institution des communes de Teniet el Haad, Berouaghia et Boghari. — Notice annexe.

Notice § 1. — Modification de circonscriptions communales.

Commune de Dellys.

La commune de Dellys comprend, outre le territoire assigné à cette commune par les décr. des 31 déc. 1856 et 1er avr. 1865, le centre de Bordj Menaïel avec son territoire, d'une contenance de 1,718 h. 69 a. 50 c., tel qu'il est délimité au plan n° 1, ci-annexé.

Notice § 2.— Création de nouvelles communes.

Commune de Teniet el Haad.

La commune de Teniet el Haad comprend, outre le territoire assigné à ce centre par le décr. du

2 août 1858, le territoire de l'Oued Ghoul, et partie des Beni Mehares, tels qu'ils sont indiqués au plan n° 2, ci-annexé; le tout 3,315 h. 60 a. 70 c.

Commune de Berouaghia.

La commune de Berouaghia comprend le territoire assigné au centre de ce nom par le décr. du 3 mars 1860, augmenté des territoires indiqués au plan n° 4, ci-annexé; le tout 2,177 h. 14 a. 10 c.

Commune de Boghari.

La commune de Boghari comprend le territoire attribué au district civil de ce nom par le décr. du 27 janv. 1869, tel qu'il est délimité, pour une contenance de 12,012 h. 00 a. 55 c. au plan annexé audit décret.

D2. — 20 mai 1870. — BG. 331. — *Délimitation des nouvelles communes de Hussein Dey et de La Chiffa.*

Art. 1. — (V. Communes, § 3.) — Institution de ces deux communes.

Art. 2. — Les limites de ces communes sont fixées de la manière suivante :

Commune de Hussein Dey.

La commune de Hussein Dey conserve les limites de l'ancienne section du même nom, sauf en ce qui concerne la partie qui avoisine la commune de la Maison-Carrée. De ce côté, la commune de Hussein Dey aura pour limites le pont-viaduc du chemin de fer et, de ce point, une ligne droite jusqu'à l'Harrach; la ligne de chemin de fer et ses dépendances, à partir du pont-viaduc jusqu'à et y compris la maison portant le n° 12 (longueur de 1 kil. environ); la barrière située en face de la maison n° 12 avant le moulin Saulière, et, de cette barrière, une ligne droite jusqu'à l'Harrach.

Commune de La Chiffa.

La commune de La Chiffa conserve les limites de l'ancienne section du même nom.

D2. — 26 juill.-20 sept. 1870. — BG. 339. — *Modification à la délimitation de la commune d'Aumale.*

Sont distraits du territoire militaire de la province d'Alger et annexés au territoire civil de cette province, pour faire partie du district et de la commune d'Aumale :

La terre de Smelda, le versant N. du Dirah et un terrain melk de 14 h., situé entre la limite N.-O. du Dirah et le périmètre de la tribu des Oulad Dris, dont il dépend.

Le tout conformément aux délimitations déterminées au plan annexé au présent décret, savoir :

La terre de Smelda, par une teinte verte; Le versant N. du Dirah, par une teinte jaune; Et le terrain Melk, par une teinte violette.

A2. — 14 sept. 1870. — (V. Communes, § 3.) — *Institution, par le préfet d'Alger, de 15 nouvelles communes de plein exercice dans le département. — Arrêtés du même en date des 15, 18 nov., 8 déc. 1870 portant institution et délimitation de nouvelles communes.*

D. — 26 janv. 1871. — (Ibidem). — *Institution de la section de Mustapha en communes. — Limites actuelles maintenues.*

A2. — 10 juill. 1871. — (V. Communes, § 3.) — *Extension de la circonscription de la commune de Blida.*

2° Département de Constantine.

D2. — 10 déc. 1868. (§ 1-2°.) — Notice annexe. — *2° partie, modifications des circonscriptions de 19 communes anciennes.*

Les anciennes communes du dép. de Constantine, dont la circonscription est modifiée par le décret auquel est annexée la présente notice, sont indiquées dans les plans portant les n°s 1 à 19, et les délimitations nouvelles, fixées ainsi qu'il suit :

1. — Commune de Condé (Smendou).

La section de Bizot est distraite de la commune de Condé pour former une nouvelle commune. — Le groupe 1, provenant du territoire militaire, est rattaché à la commune de Condé. — Cette commune a pour limites, conformément au plan n° 1 ci-annexé :

Au N. la commune d'El Arrouch (arrond. de Philippeville) : les douars arch des Khrendek Asla, des Azabra et des Ouled Messaoud;

A l'E. l'azel des Ouled Djebarra, et les douars arch du Khrorfan et des Gherazia;

Au S. les communes du Khroub, de Constantine et de Bizot;

A l'O. le territoire militaire.

2. — Commune du Hamma.

La commune de Hamma comprend, outre son territoire et celui d'Aïn Kerma: 1° 4 parcelles marquées C, C¹, C², C³, déjà en territoire civil; 2° les groupes 4 et 4 bis, et la parcelle 5, provenant du territoire militaire. — Le centre de population d'Aïn Kerma, avec le territoire limité par un liseré orange, est érigé en section de la commune du Hamma. — La commune du Hamma, y compris la section d'Aïn Kerma, a pour limites, plan n° 15 :

Au N. la commune de Bizot et l'Oued Rhumel jusqu'au confluent de l'Oued K'ton;

A l'E. la commune de Constantine;

Au S. la commune de Constantine et la commune de l'Oued Atménia, dont les limites sont formées par la ligne des crêtes du Djebel Karkara et du Djebel Zaououat.

A l'O. le territoire militaire et l'Oued K'ton.

3. — Commune de Constantine.

La commune de Constantine comprend, outre son territoire actuel: 1° la parcelle marquée C, distraite de la commune du Khroub; 2° le melk Ben Djelloul, 6, provenant du territoire militaire. — Cette commune a pour limites, plan n° 3 :

Au N. la commune de Condé et la commune de Bizot; — A l'E. la commune du Khroub; — Au S. la commune du Khroub et la commune de l'Oued Atménia; — A l'O. la commune du Hamma et la commune de l'Oued Atménia.

4. — Commune du Khroub.

La parcelle marquée C est distraite de la commune du Khroub et rattachée à la commune de Constantine. — Sont rattachés à la commune du Khroub les groupes 7 et 9, provenant du territoire militaire. — Les territoires de colonisation d'El Haria, de Madjiba avec le groupe 7, sont érigés en section de la commune du Khroub, sous le nom de section d'El Haria. — La commune du Khroub a pour limites, plan n° 4 :

Au N. les communes de Constantine et de Condé, et le territoire militaire; — A l'E. le territoire militaire et la commune de l'Oued Zénati; — Au S. le territoire militaire; — A l'O. la commune de l'Oued Atménia.

5. — Commune de Bône.

La parcelle marquée C est distraite de la commune de Bône, pour être rattachée à la commune de Bugeaud. — Sont annexées à la commune de Bône : 1° la parcelle C¹, déjà en territoire civil; 2° les parcelles 15 et 16, provenant du territoire militaire. — Cette commune a pour limites, plan n° 5 :

Au N. le rivage de la mer, de l'embouchure de l'Oued Fahama au cap de Garde; — A l'E. le rivage de la mer, du cap de Garde à l'embouchure de la Seybouse, le cours de cette rivière formant limite avec la commune de Randon; — Au S. la commune de Duzerville; — A l'O. la commune d'Aïn Mokhra, le territoire militaire et la commune de Bugeaud.

6. — Commune de Bugeaud.

La commune de Bugeaud comprend, outre son territoire actuel : 1° la parcelle C, distraite de la commune de Bône; 2° la parcelle 17 et le groupe 18, provenant du territoire militaire. — Cette commune a pour limites, plan n° 6;

Au N. le territoire militaire; — A l'E. la commune de Bône; — Au S. et à l'O. le territoire militaire.

7. — Commune de Duzerville.

La commune de Duzerville comprend, outre son territoire actuel : 1° la parcelle C, déjà en territoire civil; 2° le groupe 19, provenant du territoire militaire. — Cette commune a pour limites, plan n° 7.

Au N. la commune de Bône; — A l'E. la commune de Randon; — Au S. les communes de Mondovi, de Penthièvre et le territoire militaire; — A l'O. le lac Fetzara, dépendant de la commune d'Aïn Mokhra.

8. — Commune de Mondovi.

La commune de Mondovi comprend, outre son territoire actuel, le groupe 21, provenant du territoire militaire et qui est annexé à la section de Barral. — Cette commune a pour limites, plan n° 8;

Au N. la commune de Duzerville; — A l'E. la commune de Randon et le territoire militaire; — Au S. la commune de Duvivier; — A l'O. le territoire militaire et la commune de Penthièvre.

9. — Commune de Duvivier.

La commune de Duvivier comprend, outre son territoire actuel : 1° Les hameaux de Medjez-Sfa et d'Aïn-Tahamimine parcelle C, distraits de Souk-Ahras, et qui forment une section de la commune de Duvivier; 2° Le territoire de Bou-Zorra parcelle C¹, déjà en territoire civil; 3° Le groupe 22, provenant du territoire militaire. — La commune de Duvivier a pour limites, plan n° 9;

Au N. la commune de Mondovi; — A l'E., au S. et l'O. le territoire militaire.

10. — Commune de Souk Ahras.

Les hameaux de Medjez-Sfa et d'Aïn-Tahamimine sont distraits de la commune de Souk-Ahras et rattachés à la commune de Duvivier. — La commune de Souk-Ahras, entourée par le territoire militaire, est ramenée aux limites assignées au territoire de colonisation de ce centre de population par le décr. du 15 sept. 1858, telles qu'elles sont figurées au plan n° 10.

11. — Commune de Penthièvre.

La commune de Penthièvre comprend, outre son territoire actuel : 1° les parcelles C et C¹, déjà en territoire civil et qui sont réunies au chef-lieu de la commune; 2° la parcelle C², également en territoire civil et qui est annexée à la section Nech-meya. — Cette commune a pour limites, plan n° 11;

Au N. la commune de Duzerville; — A l'E. la commune de Mondovi; — Au S. le territoire militaire et la commune d'Héliopolis; — A l'O. le territoire militaire.

12. — Commune de La Calle.

La commune de La Calle comprend, outre son territoire actuel, le territoire de Kef oum Teboul, 23, provenant du territoire militaire et qui formera une section de la commune de La Calle. — Les limites actuelles du chef-lieu sont maintenues,

et celles de la section sont fixées conformément au plan n° 12.

13. — Commune de Guelma.

Les sections : 1° d'Héliopolis, de Guelâat bou Sba; 2° de Millésimo et de Petit sont distraites de la commune de Guelma, pour être érigées en communes distinctes. — La commune de Guelma comprend, outre les territoires du chef-lieu, de l'Oued Touta et de Medjez Amar : 1° les parcelles C des Boufar, C¹ et C² des Ouled Halassa, C³ d'Hammam Meskoutine, déjà en territoire civil; 2° les terrains domaniaux des Ouled Harrid, 27, le territoire de l'Oued Cherf, 28, la parcelle domaniale des Beni Addi, 29, provenant du territoire militaire. — Les parcelles 27 et C³ sont réunies au chef-lieu de la commune. — La parcelle C est réunie à la section de l'Oued Touta. — La parcelle 29, le territoire de Medjez Amar, les parcelles C², 28 et C³, réunies, formeront une section sous le nom de l'Oued-Cherf. — La commune de Guelma a pour limites, plan n° 13;

Au N. le territoire militaire et la commune d'Héliopolis; — A l'E. la commune de Millésimo; — Au S. et à l'O. le territoire militaire.

14. — Commune de Philippeville.

La commune de Philippeville comprend, outre son territoire actuel : 1° Une partie des terres d'El Magen, C, et d'Eddis, C¹, déjà en territoire civil; 2° Le groupe 30 (Beni Béchir cantonnés et parcelle boisée), provenant du territoire militaire. — Le village de Damrémont est distrait de la section de Valée et formera une nouvelle section de la commune de Philippeville. — Cette commune a pour limites, plan n° 14;

Au N. la mer; — A l'E. les douars des Arb Filâla, des Radjéta et d'Aïn Ghrorab; — Au S. le douar d'Aïn Ghrorab et la commune de Saint-Charles; — A l'O. le territoire militaire.

15. — Commune de Saint-Charles.

La commune de Saint-Charles comprend, outre son territoire actuel, la parcelle C, déjà en territoire civil. — Cette commune a pour limites, plan n° 15;

Au N. la commune de Philippeville; — A l'E. le douar d'Aïn Ghrorab; — Au S. les communes de Gastonville et de Robertville; — Et à l'O. le territoire militaire.

16. — Commune de Robertville.

La commune de Robertville comprend, outre son territoire actuel, la parcelle C, déjà en territoire civil; la parcelle 31 et la fraction melk des Ouled Aouat, 32 (douar des Arb Estahla), provenant du territoire militaire. — Cette commune a pour limites, plan n° 16;

Au N. la commune de Saint-Charles; — A l'E. la commune de Gastonville; — Au S. la commune d'El Arrouch; — A l'O. le territoire militaire.

17. — Commune d'El Arrouch.

La commune d'El Arrouch comprend, outre son territoire actuel, les melks Mechmech et Bou Zitoun, groupe 33; les azels Refrel, Aïata et Aïn Kébira, groupe 34, provenant du territoire militaire. — Le melk Bou Zitoun et le groupe 34 sont réunis à la section d'El Kantour. — La commune d'El Arrouch a pour limites, plan n° 17;

Au N. la partie arch du douar Refref, les communes de Robertville et de Gastonville; — A l'E. les douars de l'Oued Ksob et des Khrendek Asla; — Au S. la commune de Condé; — A l'O. les douars de Sferdjla, des Medjadja et Beni Ishaq.

18. — Commune de Jemmapes.

La commune de Jemmapes comprend, outre son

territoire et ceux des sections de Sidi Nassar et d'Ahmed ben Ali, la parcelle G et le territoire de Ras el Ma, C¹, déjà en territoire civil, et qui sont rattachés à la section d'Ahmed ben Ali. — Cette commune est limitée par le territoire militaire, conformément au plan nᵒ 18.

19. — Commune de Djidjelli.

La commune de Djidjelli comprend, outre son territoire actuel, le groupe 37 provenant du territoire militaire, et sa délimitation est fixée conformément au plan nᵒ 19.

NOTICE. — 3ᵉ partie. — Délimitation de 11 nouvelles communes.

Les nouvelles communes du département de Constantine, instituées par le décret auquel est annexée la présente notice, sont indiquées par les plans portant les nᵒˢ 20 à 30. Elles sont composées ainsi qu'il suit :

1. — Commune de Bizot.

La commune de Bizot comprend : la section de ce nom, distraite de la commune de Condé, la parcelle C, d'Aïn Kerma, déjà en territoire civil ; les groupes 2, 3 et 3 bis, jusqu'à l'Oued Smendou, provenant du territoire militaire, tels qu'ils sont délimités par un liseré rose au plan nᵒ 20.

2. — Commune de l'Oued Zénati (Sidi Tamtam.)

La commune de l'Oued Zénati comprend le territoire du centre de Sidi Tamtam et les terrains vendus à la société générale algérienne dans les caïdats des Souhalia, de l'Oued Zénati, des Sellaoua et des Ameur Chéraga, groupe 9 provenant du territoire militaire.—Liseré rose au plan nᵒ 21.

3. — Commune de l'Oued Atménia

La commune de l'Oued Atménia comprend : — Le territoire du centre de ce nom ; — Ceux des centres d'Aïn Smara et de l'Oued Séguin (y compris Bou Ikni et les Ouled Aréma), déjà en territoire européen ; — Le territoire de l'Oued Dékri, les concessions isolées et les parcelles domaniales joignant ces territoires, groupes 10, 11, 12, 12 bis, et 12 ter, provenant du territoire militaire, et dans lesquels se trouve une parcelle appartenant à la tribu des Télarma et formant enclave dans une propriété européenne. — Liseré rose au plan nᵒ 22. — Cette commune comprend, outre le territoire du chef-lieu, trois sections à Aïn Smara, à l'Oued Séguin et à l'Oued Dékri.

4. — Commune d'Aïn Beïda Kébira.

La commune d'Aïn Beïda Kébira comprend : le territoire de colonisation de ce centre, 15, et celui de la Meskiana, 14. — Liseré rose au plan nᵒ 23. — Le territoire de la Meskiana formera une section de la commune d'Aïn Beïda.

5. — Commune de Randon.

La commune de Randon comprend, outre la circonscription rurale des Beni Urgine, parcelle C dépendant du territoire civil, l'azel Benbès et les autres parcelles formant le groupe 20, provenant du territoire militaire. — Liseré rose au plan nᵒ 24.

6. — Commune d'Aïn Mokhra.

La commune d'Aïn Mokhra comprend : l'azel de ce nom et les autres terrains formant le groupe 23, l'azel Fedj Moussa (parcelle 24) provenant du territoire militaire. — Liseré rose au plan nᵒ 25.

7. — Commune d'Héliopolis.

La commune d'Héliopolis comprend le village de ce nom et, comme section, le village de Guelaat bou Rha. — Liseré rose au plan nᵒ 26.

8. — Commune de Millésimo.

La commune de Millésimo comprend le village de ce nom et, comme section, le village de Petit, plus la parcelle 26 (Bled Ghrefar), provenant du territoire militaire. — Liseré rose au plan nᵒ 27.

9. — Commune d'Euchir Saïd.

La commune d'Euchir Saïd comprend le territoire actuel de ce village. — Liseré rose au plan nᵒ 28.

10. — Commune de Gastu.

La commune de Gastu comprend, outre le territoire actuel de ce village : le domaine d'Emchékel, groupe 35, et l'azel El Gouersa, groupe 30, provenant du territoire militaire.—Liseré rose au plan nᵒ 29.

11. — Commune de Saint-Arnaud.

La commune de Saint-Arnaud comprend, outre le territoire actuel du village : le hameau de l'Oued Deheb et les établissements européens de l'Oued Djerman, groupes 38 et 39, provenant du territoire militaire. — Liseré rose au plan nᵒ 30. — Le territoire de l'Oued Deheb formera une section de la commune de Saint-Arnaud.

DEC. — 3 sept. 1870. — (V. Communes, § 3), Institution et délimitation de la commune et du commissariat civil de Bordj bou Arefidj (prov. de Constantine).

DEC. — Mêmes dates. — (V. ibidem) Institution et délimitation de la commune et du commissariat civil de l'Oued Zénati (prov. de Constantine).

3ᵉ. — Département d'Oran.

DEC. — 27 janv.-10 févr. 1869. — BG. 303. — (V. Communes, § 3.) Modifications aux limites des communes de Mascara, Sidi bel Abbès, Tlemcen et Saint-Denis du Sig. — Délimitation de 4 communes nouvelles.

Art. 1. — Sont modifiées, conformément au § 1 de la notice et aux plans nᵒˢ 1 à 4, annexés au présent décret, les limites des territoires des communes suivantes : — Mascara, avec une nouvelle section, sous le nom de l'Oued el Hammam ; — Sidi bel Abbès, avec deux nouvelles sections : sous les noms du Thessala et des Trembles ; — Tlemcen, avec deux nouvelles sections, l'une, formée du centre des Ouled Mimoun, qui prendra le nom de Lamoricière ; l'autre, formée du centre de Pont-de-l'Isser ; — Saint-Denis du Sig.

NOTICE § 1.

Commune de Mascara.

La commune de Mascara comprend, outre le territoire qui lui a été assigné par décr. du 17 juill. 1856 : — 1ᵒ Le territoire du centre de l'Oued el Hammam ; — 2ᵒ Celui de Sélaïaa et de la banlieue supplémentaire section E ; — 3ᵒ Une partie de l'annexe de Saint-André (polygone B) ; — 4ᵒ Une partie des prairies domaniales de Sidi Kodaï (polygone D) ; — Superficie totale 10,665 h. 85 a. 57 c., plan nᵒ 1.

Commune de Sidi bel Abbès.

La commune de Sidi bel Abbès comprend, outre le territoire qui lui a été assigné par décr. du 31 déc. 1856 : — 1ᵒ La circonscription de Thessala, composée des territoires d'Aïn Soffra, Aïn Trid, Hadjar Zerga, El Brakta et Aïn el Khémis ; — 2ᵒ La circonscription des Trembles, composée des territoires des Trembles, de Zélifa, Oued Imberi, la Djemaa et Mékodra ; — Superficie totale 32,249 h. 66 a. 46 c., plan nᵒ 2.

Commune de Tlemcen.

La commune de Tlemcen comprend, outre le territoire qui lui a été assigné par décr. du 17 juin 1854 : — 1° Le territoire du centre de Lamoricière; — 2° Le territoire de Pont-de-l'Isser, avec les concessions voisines de la compagnie générale algérienne, de l'Amiguié et de Glokner-Fritz;—Supérficie 7,745 h. 97 a. 80 c., plan n° 5.

Commune de Saint-Denis du Sig.

La commune de Saint-Denis-du-Sig comprend, outre le territoire qui lui a été assigné par décr. du 31 déc. 1856 : — 1° Les lotissements de la plaine de l'Habra (rive droite et rive gauche), affectée à la colonisation; — 2° Les 24,000 h. aliénés en vue de la construction du barrage de l'Habra : ces deux groupes seront compris dans la section communale de Perrégaux;— Superficie totale 46,018 h. 04 a. 24 c., plan n° 4.

NOTICE. — § 2. *Création de communes nouvelles.*

Les nouvelles communes instituées par le décr. du 27 janv. 1869 sont indiquées dans les plans n°° 5 à 8 ci-annexés et composées ainsi qu'il suit :

Commune d'Aïn Témouchent.

La commune d'Aïn Témouchent comprend le territoire du district de ce nom, tel qu'il est actuellement délimité par le déc. du 1er avr. 1865, et embrasse : — 1° Le territoire d'Aïn Kb'al qui forme une section de commune avec celui d'El Bridje; — 2° Le territoire de Rio-Salado formant une section avec ceux de Terga et d'Er Rahel; — Et 3° le territoire d'Aïn el Arba formant section avec celui de M'leta; — Superficie totale 16,407 h. 19 a. 50 c., plan n° 5.

Commune de Nemours.

La commune de Nemours comprend le territoire du district de ce nom, embrassant le lotissement du territoire de colonisation et des Ouled Ziri, ainsi que le village de Sidi-Amar, superficie totale 2,220 h. 50 a. 85 c., plan n° 6.

Commune de Tiaret.

La commune de Tiaret comprend le territoire du district de ce nom, tel qu'il a été délimité par le décr. du 14 mars 1868, superficie 4,141 h. 99 a. 75 c., plan n° 7.

Commune de Tamzoura.

La commune de Tamzoura comprend, outre le territoire assigné au centre de ce nom par décr. du 23 août 1858 : — 1° Ceux d'Arbal et d'El Khemis; — Et 2° le territoire de Tafaraoui;—Superficie totale 5,446 h. 95 a. 58 c., plan n° 8.

ACM. — 17 mars 1871. — (V. *Communes*, § 8). — *Institution et délimitation de la commune de Zemmora (département d'Oran).*

ACM. — 18 mars 1871. — (V. *Ibidem.*) — *Institution et délimitation de la commune d'Ammi Moussa (département d'Oran).*

ACM. — 20 mars 1871. — (V. *Ibidem.*) — *Institution et délimitation de la commune de Saïda (département d'Oran).*

SECT. 2. — CIRCONSCRIPTIONS JUDICIAIRES.

§ 1. — COUR D'APPEL. (I, 181.)

§ 2. — TRIBUNAUX. (I, 181, II, 44.)

§ 3. — JUSTICES DE PAIX.

DI. — 13 nov. 1867. — (V. infra *Justices de paix*, § 2.) — *Création de justices de paix à*
l'Alma, Saïda et Relizane. — Délimitation de leur ressort.

DI. — 4 août 1870. — (Ibidem.) — *Création de justices de paix à Marengo, la Calle et Djidjelli. — Délimitation de leur ressort.*

§ 4. — *Justice musulmane.*

AG. — 14 juin 1867. — (V. infra *Justice musulmane*, § 4.) — *Division de la prov. d'Alger en 66 circonscriptions judiciaires.*

AG. — Même date. — (Ibidem.) — *Division de la prov. d'Oran en 47 circonscriptions.*

AG. — Même date. — (Ibidem.) — *Division de la prov. de Constantine en 71 circonscriptions.*

AG. — 15 sept. 1870. — (Ibidem, § 5.) — *Division en circonscriptions judiciaires du territoire situé en dehors du Tell et de la Kabylie.*

SECT. 3. — CIRCONSCRIPTIONS CANTONALES.

(V. *Commune*, § 5.) — *Nouvelle division du territoire, dans la région Tellienne, en districts, cercles et circonscriptions cantonales.*

SECT. 4. — CIRCONSCRIPTIONS ÉLECTORALES.

AG. — 24 oct. 1871. — (Infra *Élections*, § 3.) — *Nombre et composition des circonscriptions électorales pour la formation des conseils généraux.*

SECT. 5. — CIRCONSCRIPTIONS SYNODALES.

DP. — 29 nov. 1871. — (Infra, *Cultes*, § 3.) — *Organisation et nombre des délégués.*

RENVOIS. — V. *Table alphabétique.*

Clubs. V. TABLE ALPHABÉTIQUE, V° SOCIÉTÉS SECRÈTES.

Code de justice militaire. V. *ibid.*, V° JUSTICE MILITAIRE.

Code de la marine marchande. V. *ibidem*, V° MARINE.

Colonies. V. *ibidem.*

Colonisation.

ACM. — 5-8 mars 1871. — BG. 559. — *Institution de commissions départementales de colonisation et immigration.*

Considérant que, par suite des malheurs de la guerre, un grand nombre de familles agricoles françaises se trouvent privées de leur industrie et que l'État doit rechercher les moyens de leur venir immédiatement en aide; — Cons. que la vaste étendue du territoire de l'Algérie offre à tous de précieuses ressources; — Vu la délibération, en date du 25 février dernier, par laquelle la Société d'agriculture d'Alger a chargé une commission prise dans son sein, d'étudier, pour les soumettre ensuite au gouvernement, les moyens de faciliter, dans un bref délai, l'immigration en Algérie d'une nombreuse population française; — Attendu l'urgence et les nécessités impérieuses de la situation,

Art. 1. — Il est institué dans chacun des départements d'Alger, d'Oran et de Constantine, une commission spéciale qui sera chargée d'étudier, d'examiner et de proposer au gouvernement les moyens d'appeler en Algérie les victimes de la guerre.

Art. 2. — La commission du département d'Alger est composée ainsi qu'il suit (suivent les noms).

Art. 3. — Un arrêté ultérieur désignera les membres des commissions départementales d'Oran et de Constantine.

ALEXIS LAMBERT.

Ciro. CM. — 11-27 mars 1871. — BG. 361. — *Instruction aux généraux commandant les divisions et aux préfets sur l'exécution de l'arr. précédent.*

LOI. — 21 juin-6 juill. 1871. — BG. 368. — *Concession de 100,000 hect. de terres en Algérie attribuée aux habitants de l'Alsace et de la Lorraine.*

Art. 1. — Une concession de 100,000 hect. des meilleures terres dont l'Etat dispose en Algérie est attribuée, à titre gratuit, aux habitants de l'Alsace et de la Lorraine qui voudraient conserver la nationalité française et qui prendraient l'engagement de se rendre en Algérie pour y mettre en valeur et exploiter les terrains ainsi concédés.

Art. 2. — Une commission de 15 membres sera nommée par les bureaux de l'assemblée pour étudier et préparer la série de mesures destinées à réglementer l'exécution de la présente loi et pour déterminer, en outre, dans quelle proportion et de quelle manière l'Etat devra intervenir, en dehors de la concession des terres, pour faciliter l'installation des nouveaux immigrants.

AG. — 29 juill.-15 sept. 1871. — BG. 373. — *Institution d'un comité consultatif permanent de colonisation.*

Art. 1. — Il est formé auprès du gouverneur général un comité consultatif permanent de colonisation. — Ce comité sera appelé à donner son avis sur toutes les questions relatives à l'emploi des terres domaniales et à leurs différents modes d'aliénation, à la création des villages, à l'allotissement des terres et au peuplement du pays par l'émigration Européenne.

Art. 2. — Le gouverneur général se réserve la présidence du comité consultatif de colonisation ; en cas d'empêchement ou d'absence, il sera suppléé par un vice-président élu.

Art. 3. — Le nombre des membres du comité est fixé à 20. — Le secrétaire sera nommé par l'assemblée à la majorité des suffrages.

Art. 4. — Le comité consultatif de colonisation est divisé, d'après la nature de ses attributions, en quatre sections, savoir : — 1° Sect. d'administration et des finances ; — 2° Sect. de lotissement et d'exploitation ; — 3° Sect. des travaux d'accès et de premier établissement ; — 4° Sect. d'immigration Européenne.

Art. 5. — Les membres du conseil sont nommés par le gouverneur général, qui les répartira par sections. — Chaque section délibère séparément et choisit son président.

Art. 6. — Toute délibération des sections devra être adoptée par le comité, réuni en assemblée générale, avant d'être soumise à l'approbation de l'autorité supérieure.

Art. 7. — Chacun des trois conseils généraux de l'Algérie pourra, s'il le juge utile, déléguer un de ses membres pour le représenter dans les sections et prendre part à leurs travaux, avec voix délibérative. — Ces délégués pourront participer tous ensemble aux délibérations du comité réuni en assemblée générale.

Art. 8. — Les chefs de service et autres fonctionnaires qui seraient appelés à assister aux séances des sections du comité auront voix délibérative.

V.-Am¹ COMTE DE GUEYDON.

AG. — Même date. — *Nomination des membres de ce comité.*

LOI. — 15 sept.-28 oct. 1871. — BG. 380. — *Immigration Alsace-Lorraine. — Exécution de la loi du 21 juin 1871 ci-dessus.*

Art. 1. — Il est institué à Belfort et à Nancy des commissions à l'effet de recevoir les demandes des habitants de l'Alsace et de la Lorraine qui, voulant conserver la nationalité française, prendraient, conformément à l'art. 1 de la loi du 21 juin 1871, l'engagement de se rendre en Algérie pour y cultiver et mettre en valeur les terres dont la concession leur serait faite par l'état, à titre gratuit. — Ces commissions seront chargées de constater la moralité des émigrants et leur aptitude à faire des colons agricoles ; de s'assurer que chaque famille dispose de ressources pécuniaires s'élevant à 5,000 fr. au moins ; de diriger enfin sur les ports d'embarquement les familles réunissant ces diverses conditions.

Art. 2. — L'État pourvoira au transport par mer des émigrants entre les ports de France et ceux de l'Algérie les plus rapprochés des colonies à établir.

Art. 3. — Dans chacun des trois départements algériens il sera institué par les conseils généraux des commissions à l'effet de recevoir les colons à leur débarquement, de les diriger sur les lots qui leur seront affectés et leur rendre tous les bons offices réclamés par leur situation.

Art. 4. — Indépendamment des lots individuels, chaque colonie devra comprendre un communal en bois, s'il y en a, et en terres de parcours, dont l'étendue sera proportionnée au chiffre de la population présumée.

Art. 5. — Chaque chef de famille sera mis, par les soins de l'administration, en possession de son lot urbain et rural, avec titre et plan, aussitôt après son arrivée. Le choix des lots aura lieu par ordre d'arrivée ; autant que possible leur étendue devra être en rapport avec le nombre de membres de la famille et l'importance des ressources pécuniaires dont elle dispose.

Art. 6. — Chaque centre de population sera pourvu aux frais de l'Etat : — 1° D'eaux alimentaires (fontaine ou puits, lavoir et abreuvoir) ; — 2° D'une mairie ; — 3° D'une école ; — 4° D'un édifice du culte avec ses accessoires obligés ; — 5° Des voies de communication nécessaires pour le relier à l'artère principale de la contrée et aux centres voisins.

Art. 7. — Les immigrants seront employés de préférence à tous autres ouvriers aux travaux de toute nature qui sont mis à la charge de l'Etat par l'article précédent.

Art. 8. — En attendant la construction des maisons d'habitation, l'Etat pourvoira les colons des moyens de campement, comme pour les troupes en campagne.

Art. 9. — Chaque colonie sera constituée en commune de plein exercice, aussitôt l'arrivée des deux tiers des habitants qui doivent la former.

Art. 10. — Il sera pourvu aux diverses dépenses rendues obligatoires par la présente loi, au moyen de crédits ouverts au budget de l'Algérie, chapitre « colonisation ».

LOI. — 16 sept. 1871 (publiée au *Moniteur de l'Algérie* du 27 sept.). — *Ouverture d'un crédit pour l'exécution de la loi qui précède.*

Art. unique. — Un crédit de 400,000 fr. est ouvert, sur l'exercice 1871, au budget extraordinaire du gouvernement général de l'Algérie.

DP. — 16-28 oct. 1871.—BG. 580.— *Mesures d'exécution de la loi du 15 sept. 1871* (1).

Vu la loi du 21 juin 1871 ; — Les art. 1, 5 et 9 de la loi du 15 sept. 1871 ;

TIT. 1.

Art. 1. — Les habitants de l'Alsace et de la Lorraine qui voudront profiter du bénéfice de la loi du 15 sept. 1871, auront à produire devant les commissions d'émigration instituées à l'art. 1 de ladite loi, une expédition en forme de la déclaration qu'ils doivent faire auprès de l'autorité municipale du lieu de leur domicile, aux termes de l'art. 2 du traité du 10 mai 1871, pour conserver la qualité de citoyens français. Ce titre sera déposé, à l'arrivée des immigran's dans la colonie, au greffe du tribunal de première instance de la situation des biens dont la concession leur sera attribuée.

Art. 2. — A leur débarquement en Algérie, les immigrants alsaciens et lorrains souscriront définitivement l'engagement, par eux pris devant les commissions susmentionnées, de cultiver, de mettre en valeur et d'habiter les terres dont la concession leur sera faite, à titre gratuit, par l'État, en même temps qu'ils justifieront qu'ils sont demeurés en possession des ressources pécuniaires exigées par l'art. 1 de la loi précitée. — Le titre de concession qui leur sera délivré, aux termes de l'art. 5 de la même loi, mentionnera cet engagement, et la déchéance pourra être prononcée contre ceux qui cesseraient de résider sur leurs terres, avant de les avoir mises en valeur dans une mesure suffisante pour prouver la loyale exécution des clauses par eux souscrites.

Art. 5. — L'affranchissement de la clause résolutaire, impliquant au profit des concessionnaires la propriété définitive et incommutable des immeubles dont ils auront été mis en possession, sera prononcé à la requête des concessionnaires ou de leur ayants cause par arrêté du préfet du département rendu sur l'avis de la commission départementale. Cet arrêté sera enregistré gratis, et transcrit sans autres frais que le salaire du conservateur.—En cas de déchéance, il sera procédé conformément aux règles établies à l'art. 11 du présent décret.

Art. 4. — Pendant trois ans, le concessionnaire sera affranchi de tous impôts qui pourraient être établis sur la propriété immobilière en Algérie.

Art. 5. — Chaque colonie sera constituée en commune de plein exercice, aussitôt l'arrivée des deux tiers des habitants qui doivent la former. En conséquence les conditions de peuplement seront réglées pour chacune d'elles de façon à ce que cette proportion puisse correspondre à l'existence d'un corps électoral de cent citoyens français au moins.

TIT. 2.

Art. 6. — Le gouverneur général est autorisé à consentir, sous promesse de propriété définitive et aux conditions ci-après exprimées, des locations de terres domaniales d'une durée de neuf années en faveur de tous français d'origine européenne autres que ceux désignés au tit. 1.

Art. 7. — La location est faite à condition de résidence sur la terre louée.—Le locataire payera annuellement et d'avance à la caisse du receveur des domaines de la situation des biens, la somme de 1 fr., quelle que soit l'étendue de son lot.

Art. 8. — La contenance de chaque lot est proportionnée à la composition de la famille du locataire, à raison de 10 hect. au plus et de 5 hect. au moins par tête de résident européen (hommes, femmes, enfants ou gens à gage). — L'acte de la location déterminera, pour chaque cas particulier, le nombre d'européens à contenir sur l'immeuble.

Art. 9. — A l'expiration de la neuvième année de résidence continue dans les conditions exprimées à l'article précédent, le bail est converti en titre définitif de propriété.—Cet acte de propriété, établi par le service des domaines, est enregistré gratis et transcrit sans autres frais que le salaire du conservateur, le tout à la diligence du service des domaines et aux frais du titulaire.

Art. 10. — Après deux années de résidence, le locataire a la faculté de céder son droit au bail et, éventuellement, à la concession ultérieure des terres, à tout autre colon européen, aux clauses et conditions convenues entre eux, sous la réserve de la notification en due forme du contrat de substitution au receveur des domaines de la situation des biens. — Le titre définitif de propriété est délivré, en fin de bail, au dernier locataire occupant.

Art. 11. — Le bail est résilié de plein droit par le fait de l'inexécution des conditions de résidence imposées à l'art. 8. — En cas de résiliation, l'État reprend purement et simplement possession de la terre louée. — Néanmoins, si le locataire a fait sur l'immeuble des améliorations utiles et permanentes, il sera procédé publiquement, par voie administrative, à l'adjudication du droit au bail. Cette adjudication ne pourra être prononcée qu'en faveur d'enchérisseurs européens. — Le prix d'adjudication, déduction faite des frais et compensation faite des dommages, s'il y a lieu, appartiendra au locataire déchu ou à ses ayants cause. — S'il ne se présente aucun adjudicataire, l'immeuble fait définitivement retour à l'État franc et quitte de toute charge.

(1) *Rapport au Président de la République*. — 16 octobre 1871. — M. le Président, — J'ai l'honneur de soumettre à votre approbation les mesures nécessaires pour l'exécution de la loi du 15 sept. 1871, qui, elle-même, organise le mode de répartition des 100,000 hect. attribués par la loi du 21 juin précédent aux immigrants de l'Alsace et de la Lorraine.

Ces mesures très-simples ont trait à la déclaration exigée pour la conservation de la nationalité française, dont il importait de régler la forme, à la délivrance des actes de concession qui doit être entourée de quelques garanties, et à la constatation de l'accomplissement des conditions moyennant lesquelles la concession devient définitive. — J'ai cru qu'il convenait, en outre, de stipuler expressément, au profit des immigrants, la dispense, pendant trois ans, des impôts qui pourraient grever la propriété immobilière et de préciser le moment où l'existence d'un corps électoral suffisant permettra de constituer des communes de plein exercice.

Tel est l'objet du tit. 1 du décret ci-joint. Le tit. 2, d'une application plus générale, met à la disposition des immigrants de toute catégorie, indépendamment de l'acquisition des terres à prix fixe qui continue d'être possible, un mode d'occupation propre à attirer de France et à fixer sur le sol algérien des familles peu aisées, mais habituées aux travaux de l'agriculture, et qui peuvent, avec de la persévérance et grâce à la fécondité du sol, parvenir à une prospérité dont la colonie algérienne a déjà vu des exemples; ce mode consiste dans une location à prix minime qui se convertit en pleine propriété à la seule condition d'une résidence prolongée pendant neuf ans.

Il a paru inutile d'ajouter à cette condition des clauses relatives aux travaux de mise en valeur ou de construction puisque l'on ne peut raisonnablement supposer qu'un colon, par lui-même ou par ses ayant droit, réside effectivement sur une propriété pendant plusieurs années sans essayer d'en percevoir les produits et de tirer le parti dont elle est susceptible; les dispositions de détail n'ont donc pour objet que les garanties à assurer à ceux qui seront ameilloré les terres louées ou les garanties à prendre contre ceux qui auraient cessé de remplir la condition de résidence.

Le ministre de l'intérieur, CASIMIR PÉRIER.

Art. 12. — Pendant trois ans, le locataire sera affranchi de tous impôts qui pourraient être établis sur la propriété immobilière en Algérie.

AG. — 2-4 avr. 1872. — BG. 408. — *Projet de création d'un centre de population. — Travaux préparatoires.—Circonscription de Jemmapes.*

Vu le décr. du 31 déc. 1861 ; (II, 76.)

Art. 1. — Il sera immédiatement procédé à la délimitation et aux travaux préalables à l'installation d'un centre de population française à Souk el Sebt, tribu des Zardezas, circonscription de Jemmapes.

V.-am¹ COMTE DE GUEYDON,

AG. — 10-17 avr. 1872.—BG. 410.—*Projet de création de centres de population. — Arrond. de Djidjelli. — Travaux préparatoires.*

Vu l'ord. du 21 juill. 1845 ; — Les décr. des 25 juill. 1860 et 17 août 1864 ;—Le décr. du 16 oct. 1871 ;

Art. 1.—Il sera immédiatement procédé à la délimitation et aux autres travaux préalables à l'installation de deux centres de population française : — L'un projeté sous le nom de *Duquesne*, au lieu dit Guidjali, à 8 kil. de Djidjelli, sur la route de Djidjelli à Constantine; — L'autre projeté sous le nom de *Strasbourg*, au lieu dit Sedjerma, à environ 12 kil. de Djidjelli, sur la même route.

Art. 2. — Un territoire de 5,000 hect. sera affecté à chacun de ces centres de population.

V.-am¹ COMTE DE GUEYDON.

AG. — 12 avr. 1872. — (V. Communes, § 5.) — *Projet de création d'un centre de population à Akbou.*

AG. — 13-17 avr. 1872. — BG. 410. — *Projet de création de 7 centres de population sur la route de Bougie à Sétif. — Travaux préparatoires.*

Vu, etc., comme à l'arr. du 10 avr. ci-dessus;

Art. 1. — Il sera immédiatement procédé à la délimitation, et aux autres travaux préalables à la création de 7 centres de population française, sur les points ci-après, savoir : — 1° Sur la rive gauche de l'Oued Sahel, — Au lieu dit l'Oued Rhir, à 14 kil. de Bougie; — Au lieu dit El Kseur, à 26 kil. de Bougie; — Au lieu dit Il Maten, à 38 kil de Bougie; — Au lieu dit Sidi Aich, à 48 kil. de Bougie; — Au lieu dit Izzer Amokran, à 68 kil. de Bougie; — 2° Sur la rive droite de l'Oued Sahel, au lieu dit Saddouk, à 70 kil. de Bougie; — 3° Sur l'ancienne route de Bougie à Sétif connue sous le nom de route des Caravansérails, au lieu dit Oued Amizzou, à 27 kil. de Bougie.

Art. 2. — Il sera également procédé à la délimitation et autres travaux préalables à l'établissement de 5 hameaux destinés à servir de gîtes d'étape sur la route de Bougie à Sétif, entre Bougie et le Chabet el Akra, aux lieux dits : Oued Marja, Sidi Rhean, Beni Hassein, Beni Hannan et Darguina.

V.-am¹ COMTE DE GUEYDON.

AG. — 2-8 mai 1872. — BG. 413. — *Projet de création d'un centre de population à Sebdou (subd. de Tlemcen).—Travaux préparatoires.*

Vu, etc., comme aux arrêtés ci-dessus;

Art. 1. — Il sera immédiatement procédé à la délimitation et aux autres travaux préalables à l'installation d'un centre routier et commercial de 51 feux à Sebdou, subdivision de Tlemcen.— Un périmètre de 54 h. 57 a. 60 c., sera affecté à ce centre, dont le peuplement sera effectué aux conditions du tit. 2 du décr. du 16 oct. 1871.

V.-am¹ COMTE DE GUEYDON.

AG. — 5-6 mai 1872. — BG. 412. — *Projet de création de plusieurs centres de population, sur la route d'Alger à Cherchel. — Travaux préparatoires.*

Vu etc., comme aux arrêtés ci-dessus.

Art. 1. — Il sera immédiatement procédé à la délimitation et aux autres travaux préalables à l'installation de 6 centres de population française : — 1° Aux lieux dits *Versen* et *El Fedjana*, sur la route de Cherchell à Alger, à 4 et 12 kil. de Marengo; — 2° Au lieu dit *le Nador*, à 5 kil. de Marengo, sur la route de ce centre à Tipaza; — 3° Au lieu dit *El Meurad*, à 4 kil. de Marengo, sur l'ancienne route de Marengo à Milianah; — 4° Aux lieux dits *Oued Sebt* et les *Gouraya*, à 24 et 35 kil. de Cherchell, sur la route de cette ville à Ténès.

Art. 2. — Il sera procédé au peuplement de ces centres de population, conformément aux dispositions du tit. 2 du décr. du 16 oct. 1871.

V.-am¹ COMTE DE GUEYDON,

AG. — 25-29 mai 1872. — BG. 412. — *Id. sur la route de Mascara à Saïda.*

Vu l'ord. du 21 juill. 1845 ; — Vu le décr. du 16 oct. 1871;

Art. 1. — Il sera procédé immédiatement à la délimitation et aux autres travaux préalables à l'installation d'un hameau routier de 24 feux à l'Oued Traria, sur la route de Mascara à Saïda.

Art. 2. — Un territoire de 600 h. sera affecté à ce centre, dont le peuplement sera effectué conformément aux dispositions du tit. 2 du décr. du 16 oct. 1871.

V.-am¹ COMTE DE GUEYDON,

AG. — 27-29 mai 1872. — BG. 412. — *Id. d'un centre de population sur la route de Mascara à Sidi bel Abbès et de trois hameaux sur celle de Mascara à Saïda.*

Vu etc., comme à l'arrêté ci-dessus.

Art. 1. — Il sera immédiatement procédé à la délimitation et aux autres travaux préalables à l'installation : 1° Sur le chemin de grande communication de Mascara à Sidi Bel Abbès, d'un centre de population pourvu d'un territoire de 1850 h. au moins, au lieu dit Aïn Fekan; — 2° Sur la route de Mascara à Saïda, de trois hameaux de 20 à 25 feux, savoir : Au lieu dit Froha, à 14 kil. de Mascara; — Aux lieux dits Dra El Ramel et Nzereig, à 15 et 5 kil. en avant de Saïda.

Art. 2. — Il sera procédé au peuplement de ces centres, conformément aux dispositions du tit. 2 du décr. du 16 oct. 1871.

RENVOIS. — V. *Table alphabétique* (1).

Colonisation (inspecteurs de la).
V. TABLE ALPHABÉTIQUE.

Comités consultatifs et autres.
V. *ibidem.*

Commandants de place. V. *ibid.*

Commerce.

Plusieurs articles, bien que se rattachant directement au commerce en général, ont été insérés, pour la facilité des recherches, sous le titre spécial qu'ils comportaient. C'est ainsi que sous le titre *Effets de commerce*, ont été reproduits les décrets de 1870 et 1871, prorogeant les

(1) V. à l'APPENDICE divers autres arrêtés qui ont paru pendant l'impression de ce volume.

échéances, sous celui de *Procédure* les lois de 1871 concernant les liquidations judiciaires. — Voir d'ailleurs à la table.

CIRC. G. — 27 fév.-10 avril, 1867. — BG. 225. — *Nouvelles instructions aux généraux commandant les provinces au sujet des fraudes commises dans le commerce des laines.*

Par ma circ. du 16 juin 1862 (II, 46), je vous ai signalé des manœuvres frauduleuses employées dans le commerce des laines, et je vous priais de faire comprendre aux indigènes que, par ces procédés coupables, ils déprécialent leurs marchandises, se privaient d'un trafic aussi important que lucratif et faisaient un tort considérable au pays. Je vous chargeais, en outre, de prendre les mesures les plus propres à faire connaître aux producteurs, comme à ceux qui se rendraient coupables de fraudes sur la nature et la quantité des matières vendues, les peines dont ils sont passibles, aux termes de l'art. 423 C. Pén. — Je vous rappelais l'art. 1 § 3 de la loi du 27 mars 1851, rendue applicable en Algérie par le décr. du 4 sept. de la même année.

Les circonstances qui avaient motivé ces instructions paraissent se renouveler. — En effet par note du 28 déc. dernier, la maison Poncin et Cⁱᵉ, d'Elbeuf, me signale des faits regrettables qui peuvent causer le plus grand tort aux cultivateurs algériens. D'après le signataire de la note, les laines de l'Algérie, dont les qualités exceptionnelles avaient fait monter le prix au-dessus du cours moyen des laines de l'Australie et de la Russie, ont subi depuis quelque temps une dépréciation très-grande. Un revirement s'est produit dans l'opinion des filateurs et des manufacturiers qui employalent ces laines, et les causes de ce revirement seraient les suivantes :

Il y a quatre ou cinq ans, les laines de l'Algérie donnaient en cœur de peigné des rendements de 34 à 38 p. 100. Depuis 3 ans, les rendements sont devenus de plus en plus mauvais ; ils sont tombés d'abord de 28 à 30 p. 100, et certaines laines de Médéa et de la contrée d'Alger n'ont plus donné que 21 p. 100. Des laines de Constantine et de Tiaret, qui donnaient 38 p. 100, sont descendues à 23 et 24 p. 100. — Ces écarts sont énormes. Il est à craindre que le commerce de France n'abandonne les laines de l'Algérie pour reporter ses achats sur les laines étrangères : quelques négociants même ont fait des commandes au Chili et à La Plata, parce qu'ils trouvent dans la provenance de ces pays un conditionnement plus consciencieux, et que l'emploi de ces laines ne présente pas de risques aussi considérables que celui des laines de l'Algérie.

Je vous invite à insister auprès des populations que vous administrez, sur l'intérêt qu'il y a pour elles à voir se développer le commerce des laines, développement que des livraisons frauduleuses pourraient compromettre d'une manière irrémédiable. Vous leur rappellerez au besoin les dispositions du code pén. et de la loi du 27 mars 1851 ; vous n'hésiterez pas à déclarer que l'administration est décidée à poursuivre la punition très-sévère des délits qui seraient constatés.

Vous voudrez bien, dans ce but, faire surveiller avec le plus grand soin les marchés et tous les lieux où s'opèrent des transactions commerciales. — Je désire que vous me fassiez connaître les mesures que vous croirez pouvoir prescrire pour en assurer l'exécution, et celles préventives au besoin qu'il vous paraîtrait opportun de prendre pour assurer la loyauté des transactions.

Mᵃˡ DE MAC-MAHON, DUC DE MAGENTA.

RENVOIS. — V. *Table alphabétique.*

Commissaires civils.

DIVISION.

§ 1. — Législation spéciale.
§ 2. — Institution et suppression de commissariats.

§ 1. — LÉGISLATION SPÉCIALE.

DÉC. — 30 juin 1866-23 janv. 1867. — BG. 215. — *Juridiction en territoire militaire.*

Art. 1. — Les dispositions de notre décr. du 17 mars 1866 (II, 158), portant extension de la juridiction des juges de paix, sont applicables aux commissaires civils investis des fonctions judiciaires en vertu de l'arr. min. du 18 déc. 1842 (I, 194).

AG. — 1ᵉʳ oct.-20 nov. 1868. — BG. 287. — *Suppression de l'indemnité allouée aux commissaires civils faisant fonctions de maires.*

Vu l'arr. min. du 23 juin 1856 (I, 221, note); — l'art. 1, § 2, du décr. du 27 déc. 1866, sur l'organisation municipale en Algérie (V. *Communes*, infrà).

Art. 1. — A l'avenir, il ne sera alloué aux commissaires civils, remplissant les fonctions de maire, aucune indemnité en raison de ces fonctions. — Toutefois, les commissaires civils actuellement en exercice continueront de jouir de l'indemnité qui leur a été antérieurement attribuée, en vertu de votes des conseils municipaux régulièrement approuvés; et cette indemnité pourra leur être maintenue, tant qu'ils resteront dans la même résidence, et qu'elle sera votée par les Conseils municipaux.

Le gouverneur général et le sous-gouverneur absents, Par ordre,
Gᵃˡ DE WIMPFEN.

§ 2. — INSTITUTION ET SUPPRESSION DE COMMISSARIATS.

Les commissariats civils existant encore au 1ᵉʳ juin 1872 sont au nombre de 12 : — 4 dans la prov. d'Alger, Aumale, Boghari, Dellys, Marengo; — 5 dans la prov. d'Oran, Aïn Temouchent, Nemours, Relizane, Saint-Denis du Sig, Sidi Bel Abbès; — 3 dans la prov. de Constantine, Aïn Beïda, Batna, Bordj Bou Arreridj. — Sur ce nombre 7 sont vacants et peuvent être considérés comme supprimés en principe et devant être bientôt convertis en circonscriptions cantonales, par suite de la nouvelle organisation, ainsi que l'ont été déjà ceux de Dellys, Marengo et Saint-Denis du Sig. (V. *Communes*, § 5, infrà.)

DÉC. — 22 juin 1867. (V. Admin. gén., § 4.) — *Suppression du commissariat civil de Jemmapes (dép. de Constantine). — Commissariats civils de La Calle, de Souk Arras et de Djidjelli détachés des sous-préfectures de Bône et de Philippeville.*

DÉC. — 4 sept. 1867. — (V. ibidem.) — *Suppression du commissariat civil de Souk-Arras (dép. de Constantine).*

DÉC. — 13 nov. 1867. — (V. ibidem.) — *Suppression du commissariat civil de Cherchel (dép. d'Alger).*

DÉC. — 13 nov.-12 déc. 1867. — BG. 253. — *Création d'un commissariat civil à Tiaret (prov. d'Oran).*

Art. 1. — Un commissariat civil est institué à Tiaret, prov. d'Oran. — Le district civil comprendra le chef-lieu et sa banlieue, qui sera délimitée d'un commun accord entre les autorités civile et militaire. — Le commissaire civil correspondra directement avec le préfet.

DI. — 30 nov. 1867. — (V. *Admin. gén.*, § 4.) — *Par suite de la suppression de la sous-préfecture de Blida, le commissaire civil de Marengo doit correspondre directement avec le préfet.*

DI. — 27 janv.-10 fév. 1869. — BG. 303. — *Création d'un commissariat civil à Boghari (prov. d'Alger).*

Art. 1. — Un commissariat civil est institué à Boghari, prov. d'Alger. — Le district civil comprendra, avec le territoire du centre de Boghar englobé dans sa circonscription, une superficie totale de 12,012 hect. 35 c. conformément au plan ci-annexé.

DI. — 24 févr-17 mars 1869. — BG. 306. — *Suppression du commissariat civil de Ténès (prov. d'Alger) institué le 11 janv. 1848.*

DI. — 3 sept.-31 oct. 1870. — BG. 512. — *Suppression des commissariats civils de La Calle et de Djidjelli (prov. de Constantine) institués le 1er par arr. du 21 déc. 1842, le 2e par décr. du 15 oct. 1858.*

DI. — Mêmes dates. — (V. *Communes*, §5.) — *Création d'un commissariat civil à Bordj Bou Aréridj (prov. de Constantine).*

DI. — Mêmes dates. — (V. *ibidem.*) — *Création d'un commissariat civil à l'Oued Zenati (prov. de Constantine).*

RENVOIS. — V. *Table alphabétique.*

Commissaires de police. V. POLICE.

Commissaires priseurs. V. TABLE ALPHABÉTIQUE.

Commissaires de surveillance. V. CHEMINS DE FER.

Commissions administratives et autres. V. TABLE ALPHABÉTIQUE.

Communes.

Le régime communal de l'Algérie a pris depuis six ans une extension importante, et la législation libérale de la métropole lui a été successivement rendue applicable dans toutes celles de ses dispositions compatibles avec l'organisation administrative de la colonie. Les commissions municipales ont d'abord été remplacées par des conseils municipaux électifs (décr. de 1866) dans lesquels entraient au même titre que les conseillers et adjoints français des conseillers et adjoints indigènes pour les communes où le chiffre de la population arabe rendait nécessaire qu'elle fût représentée. Les attributions administratives conférées à ces adjoints sous l'autorité et la surveillance du maire, supprimaient de fait les bureaux arabes départementaux et les pouvoirs exceptionnels donnés aux préfets par les décrets de 1854 (V. *Affaires arabes*, § 2). — Deux ans après, la loi de 1867, qui avait étendu les attributions des conseils municipaux de France, servait de base à un décret qui en déclarait les dispositions fondamentales exécutoires en Algérie. Vers la même époque, le territoire militaire était lui-même divisé en communes mixtes et communes

subdivisionnaires; régime transitoire et restrictif qui sans donner aux populations de ces contrées tous les avantages attribués aux communes de plein exercice, avait pour objet et pour résultat de les initier à la vie communale, à la surveillance et à l'administration de leurs intérêts dans la mesure de leurs besoins et de leur organisation temporaire.

Enfin deux graves événements, la chute de l'Empire et la résolution prise par le gouvernement de la République, conformément aux vœux ardemment exprimés par la colonie, de substituer le régime civil au régime militaire, sont venus donner un nouvel essor à ce mouvement d'émancipation et de progrès.

D'une part, la loi municipale du 14 avril 1871 basée sur le principe du suffrage universel était immédiatement rendue exécutoire; d'autre part, toute distinction entre le territoire civil et le territoire militaire cessait d'exister, au moins en principe, dans la région du Tell, et un essai sérieux d'administration civile était pour la première fois résolument tenté. Mais une pareille et aussi radicale transformation ne peut être l'œuvre d'un jour, au milieu des obstacles et difficultés sans nombre résultant de l'état même du pays, des éléments dont se compose la population, des mauvais vouloirs à vaincre, des impatiences à contenir et par dessus tout de l'insuffisance des moyens d'action. Vouloir organiser tout le pays à la fois, serait infailliblement tout désorganiser au contraire, et compromettre imprudemment le succès d'une entreprise difficile et complexe, mais qui, conduite avec sagesse, peut et doit réussir.

L'essai ne porte, en ce moment, que sur 12 circonscriptions. L'explication complète du système adopté sortirait des limites de cette notice, et l'appréciation des effets déjà obtenus et de ceux que l'on en peut attendre appartient d'ailleurs encore au domaine de la discussion. Les arrêtés qui fixent les nouvelles divisions du territoire civil en circonscriptions cantonales et déterminent l'organisation administrative de celles-ci ont été réunis sous le § 5 de cet article. Ce sont, en effet, des communes à l'état de formation et de transition, qui deviendront successivement communes de plein exercice à mesure que leur développement le permettra, et qui remplacent en partie les communes mixtes et subdivisionnaires de 1868. Cette institution se complète par la création d'un service de contributions directes et de recenseurs spécialement chargés de tous les travaux préparatoires se rattachant à l'assiette de l'impôt arabe. — V. *Contributions directes.* — *Recenseurs.*

DIVISION.

§ 1. — Constitution communale. — Administration municipale.

§ 2. — Création de communes. — Conseils municipaux. — Commissions municipales de 1854 (1, 215).

§ 3. — Institution de communes de plein exercice. — Composition des corps municipaux.

§ 4. — Organisation municipale en territoire militaire. — Communes mixtes. — Communes subdivisionnaires. — 1868.

§ 5. — Nouvelle division du territoire dans la région Tellienne en districts, cercles et circons-

criptions cantonnales. — Communes indigènes. — 1371.
§ 6. — Revenus communaux. — Comptabilité communale. — Emprunts municipaux.

§ 1. — Constitution communale. — Administration municipale.

DI. — 27 déc. 1866 - 13 janv. 1867. — BG.
214. — *Nouvelle organisation municipale. —
Conseils municipaux électifs. — Composition
des conseils. — Adjoints indigènes.*

Vu la loi du 5 mai 1855 sur l'organisation municipale de la métropole; — Nos décr. des 27 oct.
1858, 10 et 26 déc. 1860 (*admin. gén.*); — L'ord.
du 28 sept. 1847 (*Communes*, I, 207); — L'arr.
du 16 août 1848 (*Communes*, I, 215); — Nos décr.
de 1854, relatifs à la reconstitution des différentes
communes de l'Algérie, et notamment l'art. dernier du décr. du 8 juill. 1854 (I, 217) portant
abrogation de l'arr. du 16 août 1848 ci-dessus
visé; — Considérant qu'il est nécessaire de modifier l'organisation municipale actuellement établie en Algérie par les actes ci-dessus visés et qu'il
nous appartient d'y pourvoir jusqu'à ce qu'il soit
possible de régler définitivement la constitution
de l'Algérie, conformément à l'art. 27 de la constitution de l'Empire:

Art. 1. — Le corps municipal de chaque commune se compose du maire, d'un ou de plusieurs
adjoints et des conseillers municipaux. — Aucun
traitement n'est affecté aux fonctions de maire et
d'adjoint. Toutefois, les maires peuvent recevoir
une indemnité dont le taux est fixé, pour chaque
commune, par le gouverneur général, après avis
du conseil municipal; cette indemnité est portée
au budget de la commune comme dépense obligatoire.

Art. 2. — Les maires et les adjoints sont nommés
par l'Empereur dans les chefs-lieux de département et d'arrondissement. — Dans les autres communes, ils sont nommés par le préfet, au nom de
l'Empereur. — Ils doivent être citoyens français
ou naturalisés français, et âgés de 25 ans accomplis. — Ils doivent, en outre, être résidents, propriétaires ou chefs d'établissement en Algérie. —
Les maires et les adjoints peuvent être pris en
dehors du conseil municipal.

Art. 3. — Les maires et les adjoints sont nommés pour cinq ans. — Ils remplissent leurs fonctions même après l'expiration de ce terme, jusqu'à
l'installation de leurs successeurs. — Ils peuvent
être suspendus par arrêté du préfet. — Cet arrêté
cesse d'avoir son effet s'il n'est confirmé, dans le
délai de deux mois, par le gouverneur général. —
Les maires et les adjoints ne peuvent être révoqués que par décret de l'Empereur.

Art. 4. — Le nombre des adjoints de chaque
commune est déterminé par décret. — Ceux d'entre
eux qui sont spécialement désignés pour une section de commune sont chargés, sous la surveillance
et l'autorité du maire, d'y remplir les fonctions
d'officier de l'état civil et d'y assurer l'exécution
des lois et des règlements de police.

Art. 5. — En cas d'absence ou d'empêchement,
le maire est remplacé par l'adjoint ou des adjoints résidant au chef-lieu de la commune, dans
l'ordre des nominations. — En cas d'absence ou
d'empêchement du maire et des adjoints, le maire
est remplacé par un conseiller municipal désigné
par le préfet, ou, à défaut de désignation, par le
conseiller municipal français ou naturalisé français, le premier dans l'ordre du tableau. — En cas
d'absence ou d'empêchement, l'adjoint spécial
d'une section est remplacé par un conseiller municipal de la section désigné par le préfet, ou, à
défaut de conseiller municipal, par un notable

habitant de la section ou par tout autre intérimaire
désigné par le préfet.

Art. 6. — Dans les communes où la population
musulmane est assez nombreuse pour qu'il y ait
lieu de prendre à son égard des mesures spéciales, cette population est administrée, sous la surveillance et l'autorité du maire, par des adjoints
indigènes. — Ces adjoints peuvent être pris en
dehors du conseil et de la commune. — Ils peuvent recevoir un traitement dont le taux est fixé
par le gouverneur général, après avis du conseil
municipal. Ce traitement est porté au budget de la
commune comme dépense obligatoire.

Art. 7. — L'autorité des adjoints indigènes ne
s'exerce que sur leurs coreligionnaires. — Indépendamment des attributions qui peuvent leur être
déléguées par le maire, ils sont particulièrement
chargés: — De fournir à l'autorité municipale
tous les renseignements qui intéressent le maintien
de la tranquillité et la police du pays; — D'assister les agents du trésor et de la commune pour
les opérations de recensement en matière de taxes
et d'impôts; — De prêter, à toute réquisition, leur
concours aux agents du recouvrement des deniers
publics. — Ils ne sont chargés de la tenue des registres de l'état civil musulman qu'en vertu d'une
délégation spéciale du maire. — Ils siègent au
conseil municipal au même titre que les autres
adjoints. — En cas d'absence ou d'empêchement,
l'adjoint indigène est remplacé par un conseiller
municipal indigène désigné par le préfet, ou, à
défaut, par un notable habitant indigène ou par
tout autre intérimaire désigné par le préfet.

Art. 8. — Chaque commune a un conseil municipal composé de: — 9 membres dans les communes de 2,000 habitants et au-dessous; — 12 dans
celles de 2,001 à 10,000; — 18 dans celles de
10,001 à 30,000; — 24 au-delà de 30,000.

Art. 9. — Dans chaque commune: — Les citoyens français ou naturalisés, — Les indigènes
musulmans, — Les indigènes israélites, — Les
étrangers élisent, conformément aux dispositions
ci-après, leurs représentants respectifs au conseil
municipal.

Art. 10. — Sont admis à voter: — 1° Tout citoyen français ou naturalisé français âgé de 21 ans,
domicilié depuis au moins un an dans la commune et inscrit sur les rôles des impositions et
taxes municipales; — 2° Tout indigène âgé de
25 ans ayant un an de domicile dans la commune;
— 3° Tout étranger remplissant les mêmes conditions et ayant trois années de résidence en Algérie.

Les indigènes et les étrangers devront, en
outre, se trouver dans l'une des conditions suivantes: — Etre propriétaire foncier ou fermier
d'une propriété rurale; — Exercer une profession, un commerce ou une industrie soumis à
l'impôt des patentes; — Etre employé de l'Etat,
du département ou de la commune); — Etre membre de la Légion d'honneur, décoré de la médaille
militaire, d'une médaille d'honneur ou d'une médaille commémorative donnée ou autorisée par le
gouvernement français, ou titulaire d'une pension
de retraite.

Art. 11. — Il est dressé, pour chaque commune,
par sections municipales et par catégories d'habitants, une liste comprenant: — Les citoyens français ou naturalisés, — Les indigènes musulmans,
— Les indigènes israélites, — Les étrangers remplissant les conditions énumérées en l'art. 10. —
Sont applicables aux électeurs communaux de
l'Algérie, en tout ce qui n'est pas contraire au
présent décret, les dispositions du tit. 2 du décret
organique du 2 fév. 1852, celles du tit. 1 du
décret réglementaire du même jour, et celles du
décr. du 13 janv. 1866 sur les élections.

Art. 12. — Sont éligibles : — 1° Tous les électeurs français ou naturalisés français âgés de 25 ans; — 2° Tous les indigènes et étrangers âgés de 25 ans et domiciliés dans la commune depuis trois ans au moins, inscrits sur la liste communale.

Art. 13. — Chacune des trois dernières catégories d'habitants, désignées par l'art. 11, a droit de représentation dans le conseil municipal dès que sa population atteint le chiffre de cent individus. — Le nombre des conseillers appartenant aux trois dernières catégories ne peut dépasser le tiers du nombre total des membres du conseil municipal, ni être inférieur à trois. — Le nombre des membres à élire pour chacune des trois catégories ci-dessus désignées est fixé, pour chaque commune, par un arrêté du gouverneur général, le conseil du gouvernement entendu.

Art. 14. — Les conseillers municipaux seront élus pour 7 ans. — En cas de vacances dans l'intervalle des élections septennales, il est procédé au remplacement quand le conseil municipal se trouve réduit aux deux tiers de ses membres.

Art. 15. — Sont applicables à l'Algérie toutes les dispositions des trois premières sections de la loi du 5 mai 1855, sur l'organisation municipale en France, auxquelles il n'est pas dérogé par le présent décret. — Les dispositions du tit. 1 de l'ord. du 28 sept. 1847 sont abrogées.

Art. 16. — Des arrêtés du gouverneur général, délibérés en conseil du gouvernement, pourvoiront : — 1° A l'organisation municipale des tribus délimitées en exécution du Sén.-Cons. du 22 avr. 1863; — 2° A celle des territoires qui ne renferment pas encore une population européenne suffisante pour recevoir l'application immédiate des dispositions du présent décret.

Disposition transitoire.

Art. 17. — Il sera procédé au renouvellement intégral des conseils municipaux, ainsi qu'à la nomination des maires et adjoints, conformément aux règles établies par le présent décret, dans le courant de l'année 1867, et aux époques qui seront fixées par arrêté du gouverneur général.

Loi du 5 mai 1855.

Sect. 1. — *Composition et mode de nomination du corps municipal.*

Art. 1-2-3-4 (remplacés pour l'Algérie par les art. 1-2-3-4 et 5 du décr. du 27 déc. 1866).

Art. 5. — Ne peuvent être ni maires, ni adjoints :
1° Les préfets, sous-préfets, secrétaires généraux et conseillers de préfecture ;
2° Les membres des cours, des tribunaux de première instance et des justices de paix;
3° Les ministres des cultes;
4° Les militaires et employés des armées de terre ou de mer en activité de service ou en disponibilité;
5° Les ingénieurs des ponts et chaussées et des mines en activité de service, les conducteurs des ponts-et-chaussées et les agents voyers, les agents et employés des administrations financières et des forêts, ainsi que les gardes des établissements publics et particuliers;
7° Les commissaires et agents de police ;
8° Les fonctionnaires et employés des collèges communaux et les instituteurs communaux ou libres;
9° Les comptables et les fermiers des revenus communaux et les agents salariés par la commune ;
Néanmoins les juges suppléants aux tribunaux de première instance et les suppléants des juges de paix, peuvent être maires ou adjoints.
Les agents salariés du maire ne peuvent être ses adjoints. Il y a incompatibilité entre les fonctions de maire et d'adjoint et le service de la garde nationale.

Art. 6. — (Rempl. par l'art. 8 du décr.).

Art. 7. — Les membres du conseil municipal sont élus par les électeurs inscrits sur la liste communale dressée en vertu de l'art. 13 du décr. du 2 fév. 1852..... (Pour l'Algérie, en vertu de l'art. 11 du décr. 1866.) — Le préfet peut, par un arrêté pris en conseil de préfecture, diviser les communes en sections électorales. Il peut, par le même arrêté, répartir entre les sections le nombre des conseillers à élire, en tenant compte du nombre des électeurs inscrits.

Art. 8. — (Rempl. par les art. 12 et 14 du décr.).

Art. 9. — Ne peuvent être conseillers municipaux:
1° Les comptables de deniers communaux et les agents salariés de la commune ;
2° Les entrepreneurs de services communaux;
3° Les domestiques attachés à la personne;
4° Les individus dispensés de subvenir aux charges communales, et ceux qui sont secourus par le bureau de bienfaisance.

Art. 10. — Les fonctions de conseiller municipal sont incompatibles avec celles :
1° De préfet, sous-préfet, secrétaires généraux et conseillers de préfecture ;
2° De commissaires et d'agents de police;
3° De militaires ou employés des armées de terre et de mer en activité de service ;
4° De ministres des divers cultes en exercice dans la commune.
Nul ne pourra être membre de plusieurs conseils communaux.

Art. 11. — Dans les communes de 500 âmes et au-dessus, les parents au degré de père, de fils, de frère, et les alliés au même degré, ne peuvent être en même temps membres du conseil municipal.

Art. 12. — Tout conseiller municipal qui, par une cause survenue postérieurement à sa nomination, se trouve dans un des cas prévus par les art. 9, 10 et 11, est déclaré démissionnaire par le préfet, sauf recours au conseil de préfecture.

Art. 13. — Les conseils municipaux peuvent être suspendus par le préfet; la dissolution ne peut être prononcée que par l'Empereur. — La suspension prononcée par le préfet sera de deux mois et pourra être prolongée par le ministre de l'intérieur jusqu'à une année. (En Algérie, les pouvoirs ministériels sont conférés au gouverneur général, par le décr. org. du 10 déc. 1860, art. 1, 6 et 7.) A l'expiration de ce délai, si la dissolution n'a pas été prononcée par un décr., le conseil municipal reprend ses fonctions. —En cas de suspension, le préfet nomme immédiatement une commission pour remplir les fonctions du conseil municipal dont la suspension a été prononcée.—En cas de dissolution, la commission est nommée soit par l'Empereur, soit par le préfet, suivant la distinction établie au § 1er de l'art. 2 de la présente loi.... (Pour l'Algérie, cette distinction est établie par l'art. 2 du décr. du 27 déc. 1866.) — Le nombre des membres de cette commission ne peut être inférieur à la moitié de celui des conseillers municipaux. — La commission nommée en cas de dissolution peut être maintenue en fonctions jusqu'au renouvellement quinquennal.... (En Algérie, jusqu'au renouvellement septennal, art. 14 décr. du 20 déc. 1866.)

Art. 14. — (Cet article, relatif aux villes de Paris et de Lyon n'a pas d'application en Algérie.)

Sect. 2. — *Assemblée des conseils municipaux.*

Art. 15. — Les conseils municipaux s'assemblent en session ordinaire quatre fois l'année : au commencement de février, mai, août et novembre. Chaque session peut durer 10 jours. — Le préfet ou le sous-préfet prescrit la convocation extraordinaire du conseil municipal, ou l'autorise sur la demande du maire, toutes les fois que les intérêts de la commune l'exigent. — La convocation peut également avoir lieu, pour un objet spécial et dé terminé, sur la demande du tiers des membres du conseil municipal, adressée directement au préfet, qui ne peut la refuser que par un arrêté motivé. Cet arrêté est notifié aux réclamants qui peuvent se pourvoir devant le ministre de l'intérieur.

Art. 16. — La convocation se fait par écrit et à domicile. — Quand le conseil municipal se réunit en session ordinaire, la convocation se fait trois jours au moins avant celui de la réunion. — Quand le conseil municipal est convoqué extraordinairement, la convocation se fait cinq jours au moins avant celui de la réunion. Elle contient l'indication des objets spéciaux et déterminés, pour lesquels le conseil doit s'assembler. — Dans les sessions ordinaires, le conseil peut s'occuper de toutes les matières qui rentrent dans ses attributions. — En cas de réunion extraordinaire, le conseil ne peut s'occuper que des objets pour lesquels il a été spécialement convoqué. — En cas d'urgence, le sous-préfet peut abréger les délais de convocation.

Art. 17. — Le conseil municipal ne peut délibérer que lorsque la majorité des membres en exercice assiste à la séance. — Lorsqu'après deux convocations successives, à huit jours d'intervalle et dûment constatées, les membres du conseil municipal ne sont pas réunis en nombre suffisant, la délibération prise après la troisième convocation est valable, quel que soit le nombre des membres présents.

Art. 18. — Les conseillers siègent dans l'ordre du tableau. — Les résolutions sont prises à la majorité absolue des suffrages. — Il est voté au scrutin secret, toutes les fois que trois des membres le demandent.

Art. 19. — Le maire préside le conseil municipal et a voix prépondérante en cas de partage. — Les mêmes droits appartiennent à l'adjoint qui le remplace. — Dans tout autre cas, les adjoints pris en dehors du conseil ont seulement droit d'y siéger avec voix consultative. — Les fonctions de secrétaire sont remplies par un des membres du conseil, nommé au scrutin secret, et à la majorité des membres présents. — Le secrétaire est nommé pour chaque session.

Art. 20. — Tout membre du conseil municipal qui, sans motif légitime, a manqué à trois convocations consécutives, peut être déclaré démissionnaire par le préfet, sauf recours, dans les dix jours de la notification, devant le conseil de préfecture.

Art. 21. — Les membres du conseil municipal ne peuvent prendre de décisions relatives aux affaires dans lesquelles ils ont un intérêt, soit en leur nom personnel, soit comme mandataires.

Art. 22. — Les séances des conseils municipaux ne sont pas publiques. — Les délibérations sont inscrites par ordre de date, sur un registre coté et paraphé par le sous-préfet. — Elles sont signées par tous les membres présents à la séance, ou mention est faite de la cause qui les a empêchés de signer. — Copie en est adressée au préfet ou au sous-préfet dans la huitaine. — Tout habitant ou contribuable de la commune a droit de demander communication sans déplacement, et de prendre copie des délibérations du conseil municipal de sa commune.

Art. 23. — Toute délibération du conseil municipal portant sur un objet étranger à ses attributions, est nulle de plein droit. — Le préfet, en conseil de préfecture, en déclare la nullité. En cas de réclamation du conseil municipal, il est statué par un décret de l'Empereur, le conseil d'État entendu.

Art. 24. — Sont également nulles de plein droit toutes les délibérations prises par un conseil municipal hors de sa réunion légale. — Le préfet, en conseil de préfecture déclare, l'illégalité de la réunion et la nullité des délibérations.

Art. 25. — Tout conseil municipal qui se mettrait en correspondance avec un ou plusieurs autres conseils, ou qui publierait des proclamations ou adresses, sera immédiatement suspendu par le préfet.

Art. 26. — Tout éditeur, imprimeur, journaliste ou autre, qui rendra public les actes interdits au conseil municipal par les art. 24 et 25 de la présente loi, sera passible des peines portées en l'art. 123 C. Pén.

Sect. 3. — Assemblée des électeurs municipaux et voie de recours contre les opérations électorales.

Art. 27. — L'assemblée des électeurs est convoquée par le préfet, aux jours déterminés par l'art. 33 de la présente loi.

Art. 28. — Lorsqu'il y aura lieu de remplacer des conseillers municipaux élus par des sections, conformément à l'art. 7 de la présente loi, ces remplacements seront faits par les sections auxquelles appartenaient ces conseillers.

Art. 29. — Les sections sont présidées, savoir: la première par le maire, et les autres successivement, par les adjoints dans l'ordre de nominations et par les conseillers municipaux dans l'ordre du tableau.

Art. 30. — Le président a seul la police de l'assemblée. — Ces assemblées ne peuvent s'occuper d'autres objets que des élections qui leur sont attribuées. Toute discussion, toute délibération leur sont interdites.

Art. 31. — Les deux plus âgés et les deux plus jeunes des électeurs présents à l'ouverture de la séance sachant lire et écrire, remplissent les fonctions de scrutateurs. Le secrétaire est désigné par le président et les scrutateurs. Dans les délibérations du bureau il n'a que voix consultative. — Trois membres du bureau, au moins, doivent être présents pendant tout le cours des opérations.

Art. 32. — Les assemblées des électeurs communaux procèdent aux élections qui leur sont attribuées au scrutin de liste.

Art. 33. — Dans les communes de 2,500 habitants et au-dessus, le scrutin dure deux jours: il est ouvert le samedi et clos le dimanche. — Dans les communes d'une population moindre, le scrutin ne dure qu'un jour; il est ouvert et clos le dimanche.

Art. 34. — Le bureau juge provisoirement les difficultés qui s'élèvent sur les opérations de l'assemblée. — Ses décisions sont motivées. — Toutes les réclamations et décisions sont insérées au procès-verbal; les pièces et les bulletins qui s'y rapportent y sont annexés après avoir été paraphés par le bureau.

Art. 35. — Pendant toute la durée des opérations, une copie de la liste des électeurs, certifiée par le maire, contenant les noms, domicile, qualification de chacun des inscrits, reste déposée sur la table autour de laquelle siège le bureau.

Art. 36. — Nul ne peut être admis à voter s'il n'est inscrit sur cette liste. Toutefois, seront admis à voter, quoique non inscrits, les électeurs porteurs d'une décision du juge de paix, ordonnant leur inscription, ou d'un arrêt de la cour de cassation annulant un jugement qui aurait prononcé leur radiation.

Art. 37. — Nul électeur ne peut entrer dans l'assemblée s'il est porteur d'armes quelconques.

Art. 38. — Les électeurs sont appelés successivement à voter par ordre alphabétique. — Ils apportent leurs bulletins préparés en dehors de l'assemblée. — Le papier doit être blanc et sans signes extérieurs. — A l'appel de son nom, l'é-

lecteur remet au président son bulletin fermé. —
Le président le dépose dans la boîte du scrutin,
laquelle doit, avant le commencement du vote,
avoir été fermée à deux serrures dont les clefs
restent, l'une entre les mains du président, l'autre
entre les mains du scrutateur le plus âgé. — Le
vote de chaque électeur est constaté sur la liste,
en marge de son nom par la signature ou le paraphe de l'un des membres du bureau. — L'appel
étant terminé, il est procédé au réappel par ordre
alphabétique, des électeurs qui n'ont pas voté.

Art. 39. — Le président doit constater, au
commencement de l'opération, l'heure à laquelle
le scrutin est ouvert. — Le scrutin ne peut être
fermé qu'après être resté ouvert pendant trois
heures au moins. — Le président constate l'heure
à laquelle il déclare le scrutin clos, et, après
cette déclaration, aucun vote ne peut être reçu.

Art. 40. — Après la clôture du scrutin, il est
procédé au dépouillement de la manière suivante:
— La boîte du scrutin est ouverte et le nombre
des bulletins vérifié. — Si ce nombre est plus
grand ou moindre que celui des votants il en est
fait mention au procès-verbal. — Le bureau désigne parmi les électeurs présents un certain
nombre de scrutateurs. — Le président et les
membres du bureau surveillent l'opération du dépouillement. Ils peuvent y procéder eux-mêmes
s'il y a moins de 300 votants.

Art. 41. — Si le dépouillement du scrutin ne
peut avoir lieu le jour même, les boîtes contenant
les bulletins sont scellées et déposées dans une
des salles de la mairie. Les scellés sont également
apposés sur les ouvertures du lieu où les boîtes
ont été déposées. Le maire prend les autres mesures nécessaires pour la garde des boîtes du scrutin.

Art. 42. — Les bulletins sont valables, bien
qu'ils portent plus ou moins de noms qu'il n'y a
de conseillers à élire. Les derniers noms inscrits
au-delà de ce nombre ne sont pas comptés. Les
bulletins blancs ou illisibles, ceux qui ne contiennent pas une désignation suffisante, ou qui
contiennent une désignation ou qualification inconstitutionnelle, ou dans lesquels les votants se
font connaître, n'entrent pas en compte dans le
résultat du dépouillement, mais ils sont annexés
au procès-verbal.

Art. 43. — Immédiatement après le dépouillement, le président proclame le résultat du scrutin. Le procès-verbal des opérations électorales
est dressé par le secrétaire; il est signé par lui
et par les autres membres du bureau. Une copie,
également signée du secrétaire, et des membres
du bureau, en est aussitôt envoyée au préfet par
l'intermédiaire du sous-préfet. — Les bulletins
autres que ceux qui doivent être annexés au procès-verbal sont brûlés en présence des électeurs.

Art. 44. — Nul n'est élu au premier tour de
scrutin, s'il n'a réuni : 1° la majorité absolue des
suffrages exprimés ; 2° un nombre de suffrages
égal au quart des électeurs inscrits. — Au
deuxième tour de scrutin, l'élection a lieu à la
majorité relative, quel que soit le nombre des votants. — Les deux tours de scrutin peuvent avoir
lieu le même jour. — Dans le cas où le deuxième
tour de scrutin ne peut avoir lieu le même jour,
l'assemblée est de droit convoquée pour le dimanche suivant. Si plusieurs candidats obtiennent le même nombre de suffrages, l'élection est
acquise au plus âgé.

Art. 45. — Tout électeur a droit d'arguer de
nullité les opérations de l'assemblée dont il fait
partie. — Les réclamations doivent être consignées au procès-verbal, sinon elles doivent être,
à peine de nullité, déposées au secrétariat de la
mairie, dans le délai de cinq jours, à dater du
jour de l'élection. — Elles sont immédiatement

adressées au préfet par l'intermédiaire du sous-
préfet. Elles peuvent aussi être déposées à la préfecture ou à la sous-préfecture dans le même délai de cinq jours. — Il est statué par le conseil
de préfecture, sauf recours au conseil d'État. —
Si le conseil de préfecture n'a pas prononcé dans
le courant d'un mois à compter de la réception
des pièces à la préfecture, la réclamation est
considérée comme rejetée. Les réclamants peuvent se pourvoir au conseil d'État dans le délai
de trois mois. — En cas de recours au conseil
d'État, le pourvoi est jugé sans frais.

Art. 46. — Le préfet, s'il estime que les conditions et les formes légalement prescrites n'ont
pas été remplies, peut également, dans le délai
de 15 jours, à dater de la réception du procès-
verbal, déférer les opérations électorales au conseil de préfecture. — Le recours au conseil d'É-
tat contre la décision du conseil de préfecture,
est ouvert, soit au préfet, soit aux parties intéressées, dans les délais et les formes réglés par
l'article précédent.

Art. 47. — Dans le cas où une réclamation
formée en vertu de la présente loi, implique la
solution préjudicielle d'une question d'État, le
conseil de préfecture renvoie les parties à se
pourvoir devant les juges compétents, et fixe un
bref délai dans lequel la partie qui aura élevé la
question préjudicielle doit justifier de ses diligences.

Art. 48. — Dans le cas où l'annulation de tout
ou partie des élections est devenue définitive,
l'assemblée des électeurs est convoquée dans un
délai qui ne peut excéder trois mois.

Art. 49. — Dans les six mois qui suivront la
promulgation de la présente loi, il sera procédé
au renouvellement intégral des conseils municipaux ainsi qu'à la nomination des maires et adjoints. (Cette disposition transitoire est remplacée, pour l'Algérie, par l'art. 17 du décr. du
27 déc. 1866.) — Les membres des conseils municipaux, les maires et adjoints actuellement en
exercice continueront leurs fonctions jusqu'à l'installation de leurs successeurs.

AG. — 25-27 avr. 1867. — BG. 227. — *Fixation
du nombre des conseillers municipaux dans
chaque commune.*

Vu les art. 8, 9, 11 et 13 du déc. du 27 déc.
1866 ; — Notre arr. du 4 fév. 1867, portant
fixation des états de population dressés pour l'Algérie, à la suite du dénombrement quinquennal
de 1866 (V. *Recensement*); — Le conseil du gouvernement entendu,

Art. 1. — Le nombre des conseillers municipaux à élire dans chaque commune, et la part
afférente à chacune des quatre catégories d'habitants dont se compose la population, sont fixés
conformément au tableau annexé au présent arrêté (V. au *Bulletin officiel*).

Art. 2. — Les électeurs musulmans, israélites
et étrangers ne seront admis à voter qu'autant
que la catégorie à laquelle ils appartiennent,
comptera dans la commune 100 habitants, nombre où commence, pour chacune des trois dernières catégories désignées par le décr. du 27
déc. 1866, le droit de représentation municipale.

Art. 3 et suiv. — (Formalités d'élection. — V.
Élections, § 2, 1°).

Circ. G. — 2 juill. 1867. — (V. *Affaires arabes*,
§ 2. — *Administration civile indigène.*) —
*Instructions aux préfets sur les conséquences
du décr. du 27 déc. 1866 relativement à l'administration des indigènes.*

Circ. G. — 13-15 sept. 1867. — BG 245. — *Instructions aux préfets au sujet de la publication des délibérations des conseils municipaux.*

M. le préfet,—Plusieurs conseils municipaux de l'Algérie ont demandé l'autorisation de publier leurs délibérations par la voie des journaux. Il en est même qui ont cru devoir devancer cette autorisation, en livrant leur procès-verbaux à la presse locale. — La haute administration de l'Algérie n'a jamais été hostile à la publication de ces documents, ainsi que le prouve une circulaire de mon prédécesseur immédiat, en date du 22 avr. 1861 (II, 47). — Je ne fais donc aucune objection à la publication des débats des conseils municipaux de l'Algérie, rendus électifs par le décr. du 27 déc. 1866, pourvu que cette publication n'ait lieu que dans les conditions légales et dans les formes régulières.

Aujourd'hui, M. le préfet, aux termes de l'art. 15 du décr. que je viens de citer, tout ce qui concerne les assemblées des conseils municipaux de l'Algérie est réglé par les dispositions de la sect. 2 de la loi du 5 mai 1855. C'est donc à la législation métropolitaine, et aux instructions ministérielles qui lui servent de commentaires, que l'administration de l'Algérie doit demander la solution des questions que soulève la communication aux journaux des délibérations municipales. — Ces questions ont été traitées d'une manière si complète et résolues avec tant de netteté dans une circulaire de S. Exc. le ministre de l'intérieur, en date du 16 sept. 1865, que je n'ai rien de mieux à faire que de la reproduire et de me l'appproprier. (Déjà citée en note, II, 47.)

Le ministre établit d'abord que, dans le silence de la loi de 1855, qui s'est bornée à dire (art. 22) que « les séances des conseils municipaux ne sont pas publiques », il faut recourir à la loi du 18 juill. 1837, pour y trouver le principe de la publication officielle, qui ne peut avoir lieu qu'avec l'approbation de l'autorité supérieure. (Art. 29.) — Puis, il continue en ces termes :

« Il est un premier point qui ne saurait faire aucun doute, puisqu'il est formellement énoncé dans le texte de la loi : c'est que les débats des conseils municipaux ne peuvent être l'objet d'une publicité officielle qu'avec l'approbation de l'administration. — A ce premier principe il faut en ajouter un autre qui en est la conséquence nécessaire : c'est que l'approbation ne peut être donnée, comme l'ont demandé quelques conseils municipaux, à l'avance et d'une manière générale. — Ce n'est certainement pas sans dessein que le législateur a exigé, non-seulement l'autorisation, mais l'approbation de l'administration. Cette expression, si caractéristique, si énergique, définit nettement les devoirs et les droits de l'administration. Celle-ci abdiquerait la mission que la loi lui confie, si elle consentait à se départir du droit d'examen qui lui appartient pour chacun des actes des conseils municipaux.

« Il n'y aura donc pas lieu de donner suite aux délibérations par lesquelles quelques conseils ont demandé cette autorisation préalable et indéfinie. Vous devrez leur faire connaître, M. le préfet, qu'une demande spéciale devra vous être adressée pour chaque délibération, comme le prescrit l'art. 22 de la loi de 1855, et que, dans ces conditions, vous apporterez, de votre côté, le plus grand empressement à examiner la délibération et à rendre votre décision.

« Il reste à examiner dans quelles formes doivent être conçues les délibérations destinées à une publication officielle. — La loi a pris soin elle-même de régler le mode de rédaction des délibérations des conseils municipaux. Elle confie ce soin à un secrétaire qui, élu par le conseil municipal, organe par conséquent du conseil, est responsable envers lui, rédige les délibérations et

les transcrit sur un registre où elles sont revêtues de la signature de tous les membres de l'assemblée. — A ce document officiel, quelques conseils municipaux ont eu la pensée de substituer un compte-rendu spécial, analytique, fait au point de vue de la publicité, conçu en termes différents du procès-verbal tenu par le secrétaire, et soumis, non pas au contrôle du conseil tout entier, mais à la révision d'une commission qui ne constituerait qu'une fraction du conseil. Un pareil compte-rendu, rédigé par des personnes autres que celles à qui la loi en a donné le mandat spécial, dans des conditions autres que celles que la loi a prescrites, est une pièce sans valeur légale, qui ne saurait être l'objet d'une publication officielle, et qui, par conséquent, ne devra jamais être revêtue de votre approbation.

« A plus forte raison devrez-vous refuser cette approbation lorsque les noms des opinants seront mentionnés, soit dans un compte-rendu de ce genre, soit même dans un procès-verbal régulier. Les considérations les plus graves commandent de maintenir les discussions des conseils municipaux dans la sphère des intérêts purement administratifs, et d'empêcher qu'elles ne soient dénaturées, ou par de dangereuses provocations aux passions extérieures, ou par de regrettables appels à une vaine popularité. La publicité, en même temps qu'elle entraîne certains esprits aventureux, effraie beaucoup d'hommes modestes, timides, et cependant éclairés et consciencieux, qui seraient éloignés de toute participation à ces débats intérieurs par le bruit qui se ferait autour de leur nom. Ces considérations s'appliquent dans toute leur force aux conseils municipaux, qu'on a si souvent comparés à un véritable conseil de famille; et c'est, sans aucun doute, pour ce motif que la loi a voulu que leurs séances ne fussent pas publiques.

« Vous devrez donc prendre pour règle de conduite, M. le préfet, toutes les fois que la délibération ou le procès-verbal contiendra la désignation du nom des opinants, d'user du droit que la loi vous attribue de refuser votre sanction à la publication officielle.

« En résumé, les délibérations et les débats des conseils municipaux ne peuvent être publiés officiellement qu'avec votre approbation. — Cette appprobation doit être demandée spécialement pour chaque délibération. — Elle ne saurait être accordée qu'aux délibérations transcrites sur les registres du conseil, dans les formes ci-dessus rappelées. — Elle devra être refusée pour les délibérations qui, lors même qu'elles seraient régulières d'ailleurs, contiendraient les noms des membres qui ont pris part à la discussion.

« Telles sont, M. le préfet, les prescriptions qui découlent de l'esprit de nos institutions, et qui, pour la plupart, sont énoncées en termes exprès dans le texte de la loi. Elles ouvrent aux conseils municipaux la faculté de porter à la connaissance de leurs mandants les résolutions qu'ils ont prises dans la gestion des intérêts communaux; en même temps, elles réservent à l'administration le droit d'empêcher les abus qui tendraient, soit à déplacer l'action des conseils municipaux, soit à seconder, au détriment des affaires publiques, des calculs individuels. Cette législation est libérale; elle est prudente. Vous devrez, vous-même, M. le préfet, vous inspirer de ce double sentiment, dans l'exercice des pouvoirs qu'elle vous confère, et dont je viens d'exposer le caractère et l'étendue. »

M^{al} DE MAC-MAHON, DUC DE MAGENTA.

101. — 18 août 1868 (V. *Affaires arabes*, § 2). — *Administration des indigènes établis en territoire civil sous le nouveau régime communal créé par le décr. du 27 déc. 1866.*

AG. — 1er oct. 1868, (V. *Commissaires ci-vils*). — *Suppression de l'indemnité accordée aux commissaires civils remplissant les fonctions de maires.*

D2. — 19 déc. 1868-23 janv. 1869—BO. 301. — *Attributions des conseils municipaux de l'Algérie* (1).

Vu l'ord. du 28 sept. 1847 et le décr. du 27 déc. 1866, sur l'organisation communale en Algérie; — L'arrêté du chef du pouvoir exécutif du 4 nov. 1848, sur la constitution du domaine communal (I, 311); — La loi du 24 juill. 1867 qui étend les attributions des conseils municipaux dans la métropole.

TIT. 1. — *Des attributions des conseils municipaux.*

Art. 1. — Les conseils municipaux de l'Algérie règlent par leurs délibérations les affaires ci-après désignées, savoir:

1o Les acquisitions d'immeubles, lorsque la dépense, totalisée avec celles des autres acquisitions déjà votées dans le même exercice, ne dépasse pas le dixième des revenus ordinaires de la commune;

2o Les conditions des baux à loyer des maisons et bâtiments appartenant à la commune, pourvu que la durée du bail ne dépasse pas 18 ans;

3o Les projets, plans et devis de grosses réparations et d'entretien, lorsque la dépense totale afférente à ces projets et aux autres projets de même nature, adoptés dans le même exercice, ne dépasse pas le cinquième des revenus ordinaires de la commune, ni, en aucun cas, une somme de 50,000 fr.;

4o Le tarif des droits de place à percevoir dans les halles, foires et marchés;

5o Les droits à percevoir pour permis de stationnement et de location sur les rues, places et autres lieux dépendant du domaine public communal;

6o Le tarif des concessions dans les cimetières;

7o Les assurances des bâtiments communaux;

8o L'affectation d'une propriété communale à un service communal, lorsque cette propriété n'est encore affectée à aucun service public, sauf les règles prescrites par des lois particulières;

9o L'acceptation ou le refus de dons ou legs faits à la commune, sans charges, conditions ni affectation immobilière, lorsque ces dons ou legs ne donnent pas lieu à réclamation. — En cas de désaccord entre le maire et le conseil municipal, la délibération ne sera exécutoire qu'après approbation du préfet.

Art. 2. — Lorsque le budget communal pourvoit à toutes les dépenses obligatoires et qu'il n'applique aucune recette extraordinaire aux dépenses soit obligatoires, soit facultatives, les allocations portées audit budget par le conseil municipal, pour

---

(1) *Rapport à l'Empereur.* — Paris, 19 décembre 1868. — Sire, — Le gouvernement s'est toujours attaché à appliquer à l'Algérie les dispositions qui régissent ou qui ont eu pour objet de développer les institutions municipales dans la métropole. — L'organisation communale de l'Algérie, en ce qui touche les attributions des conseils municipaux, est réglementée par l'ord. du 28 sept. 1847, calquée sur la loi du 18 juill. 1837. — Le décr. du 5 juill. 1854, sur les chemins vicinaux dans la colonie, a pour base la loi du 21 mai 1836. — Le principe de la décentralisation administrative, consacré par le décr. du 25 mars 1852, a été successivement étendu à l'Algérie par les décr. des 30 déc. 1867 et 27 oct. 1858. — Enfin, la tendance à rapprocher l'organisation municipale de l'Algérie de celle de la France s'est affirmée d'une manière plus évidente encore dans le décr. du 27 déc. 1866, qui a rendu les conseils municipaux électifs et promulgué dans la colonie la loi du 5 mai 1855.

Si l'assimilation qu'on s'efforce d'établir n'est pas encore entière, si les lois de la mère-patrie ne sont pas purement et simplement rendues exécutoires en Algérie, c'est que la propriété y a été affranchie jusqu'à présent, non-seulement de l'impôt principal qui est perçu en France au profit du Trésor, mais encore des centimes additionnels dont le vote, la répartition, l'emploi et le contrôle occupent une place considérable dans l'organisation et la gestion des services communaux.

Une loi nouvelle, celle du 24 juill. 1867, tient de conférer aux conseils municipaux de la métropole le droit de statuer directement sur des matières qui étaient réservées à la décision des maires ou qui appelaient l'intervention des préfets. Cette loi a élargi, en outre, les attributions de l'autorité préfectorale en lui abandonnant des pouvoirs que le décret de décentralisation du 25 mars 1852 avait conservés au Souverain. — J'ai pensé que V. M. n'hésiterait pas à donner à la colonie un nouveau gage de sa sollicitude en lui octroyant le bénéfice de cette législation libérale, et j'ai l'honneur de soumettre à la haute approbation de l'Empereur les propositions du gouverneur général de l'Algérie, qui ont pour but de réaliser ce progrès. — Ces propositions sont résumées dans un projet de décret divisé en trois titres et qui, tout en reproduisant les dispositions fondamentales de la loi compatibles avec l'organisation administrative de l'Algérie, y apporte quelques modifications provisoires que je dois signaler à V. M.

Le tit. 1, qui énumère les attributions nouvelles des conseils municipaux, garde nécessairement le silence sur celles qui, pour le moment, ne sauraient avoir d'application effective. Telles sont notamment les attributions relatives au vote des centimes additionnels ordinaires ou extraordinaires et à l'établissement des taxes d'octroi,

qui ne fonctionnent pas encore ou ne sont pas encore établies dans les mêmes conditions qu'en France. Ces matières donneront lieu, lorsque l'heure sera venue, à une réglementation complémentaire pour laquelle l'initiative des communes demeure réservée comme celle du gouvernement.

Le tit. 2, par analogie avec les dispositions correspondantes de la loi, transporte au gouverneur général l'approbation des budgets des communes chefs-lieux de département qui, en raison de leur importance, appartient actuellement à l'Empereur. Les ressources des communes sont loin d'atteindre encore la limite de 3 millions au-delà de laquelle la loi de 1867 exige la sanction de V. M., et en attendant que ces ressources se soient développées, le projet de décret me paraît faire une part suffisante à l'esprit de décentralisation. — Suivant le même ordre d'idées, le projet laisse aux préfets l'approbation des budgets des communes qui ne sont pas chefs-lieux de département. D'après la législation de l'Algérie, les préfets ne règlent que les budgets inférieurs à 300,000 fr. Le projet nouveau aura pour résultat de leur attribuer le règlement de certains budgets qui dépassent dès à présent cette limite. — Quant aux budgets des établissements de bienfaisance, qui n'ont point encore en Algérie l'importance de ceux de la métropole, il n'y avait pas lieu de modifier la législation actuelle, qui en laisse le règlement aux préfets.

Le tit. 3 reproduit les dispositions diverses insérées dans le tit. 4 de la loi, et y ajoute une disposition spéciale dont le but est de mettre un terme aux difficultés qui se sont produites au sujet des dépenses extraordinaires de police générale incombant à la ville d'Alger comme chef-lieu du gouvernement. Il ne serait pas juste de laisser à la charge de cette commune des dépenses résultant de nécessités politiques et de haute administration qui lui sont étrangères, et le projet porte qu'elle recevra pour y pourvoir une subvention dont le chiffre sera déterminé, chaque année, au budget du gouvernement général de l'Algérie.

Telles sont, Sire, dans leur ensemble et dans leur esprit, les mesures nouvelles que, de concert avec le gouverneur général de l'Algérie, je présente à V. M. Le décr. du 27 déc. 1866 avait réalisé déjà cette première partie du programme indiqué par l'Empereur dans sa lettre du 20 juin 1865: « Émanciper la commune en lui permettant de nommer les membres des conseils municipaux. » Le projet d'aujourd'hui satisfait à la seconde partie de ce programme: « Permettre à la commune de s'imposer pour ses besoins comme elle l'entendra et de contracter des emprunts. »

Le ministre de la guerre,
M^al NIEL.

les dépenses facultatives, ne peuvent être ni changées ni modifiées par l'arrêté du préfet ou du gouverneur général qui règle le budget.

Art. 3. — Les conseils municipaux votent et règlent, par leurs délibérations, les emprunts communaux remboursables sur ressources ordinaires ou extraordinaires, quand l'amortissement ne dépasse pas 12 années. — En cas de désaccord entre le maire et le conseil municipal, la délibération ne sera exécutoire qu'après l'approbation du préfet.

Art. 4. — Les conseils municipaux votent, sauf approbation du préfet, les emprunts remboursables sur les revenus ordinaires, dans un délai excédant 12 années.

Art. 5. — L'art. 18 de la loi du 18 juill. 1837 est applicable aux délibérations prises par les conseils municipaux en exécution des art 1, 2 et 3 qui précèdent (1).

Art. 6. — Tout emprunt remboursable sur ressources extraordinaires, dans un délai excédant 12 années, est autorisé par décret impérial, rendu sur le rapport de notre ministre de la guerre, et d'après les propositions du gouverneur général de l'Algérie, le conseil de gouvernement entendu.

Art. 7. — Les délibérations des commissions administratives des hospices, hôpitaux et autres établissements charitables communaux, concernant un emprunt, sont exécutoires en vertu d'un arrêté du préfet, sur avis conforme du conseil municipal, lorsque la somme à emprunter ne dépasse pas le chiffre des revenus ordinaires de l'établissement, et que le remboursement doit être fait dans un délai de 12 années. — Si la somme à emprunter dépasse ledit chiffre, ou si le délai de remboursement est supérieur à 12 années, l'emprunt ne peut être autorisé que par un décret rendu en la forme indiquée à l'art. 6 ci-dessus.

Art. 8. — Les changements dans la circonscription territoriale des communes faisant partie du même arrondissement, canton ou district, sont définitivement approuvés par les préfets, après l'accomplissement des formalités prévues aux art. 1, 2 et 3 du tit. 1 de la loi du 18 juill. 1837 (2), en cas de consentement des conseils municipaux, et sur avis conforme du conseil général. — Si l'avis du conseil général est contraire, ou si les changements proposés dans les circonscriptions communales modifient la composition d'un département, d'un arrondissement, d'un canton ou d'un district, il est statué par décret impérial. — Tous autres changements dans la circonscription territoriale des communes sont autorisés également par décrets impériaux. — Ces décrets sont rendus en la forme indiquée à l'art. 6 ci-dessus.

Art. 9. — La création des bureaux de bienfaisance est autorisée par les préfets, sur l'avis des conseils municipaux.

TIT. 2. — *Dispositions concernant les communes chefs-lieux de département.*

Art. 10. — Les budgets des communes chefs-lieux de département sont approuvés par le gouverneur général. — Les budgets des autres communes sont approuvés par les préfets.

Art. 11. — Les traités à passer pour l'exécution par entreprise des travaux déclarés d'utilité publique, dans les communes chefs-lieux de département, sont approuvés par arrêté du gouverneur général. — Dans les autres communes, ces traités sont approuvés par les préfets.

Art. 12. — Les receveurs municipaux des communes chefs-lieux de département sont nommés par le gouverneur général. — Les receveurs municipaux des autres communes sont nommés par les préfets.

TIT. 3. — *Dispositions diverses.*

Art. 13. — Dans le cas où une commune sera divisée en sections pour l'élection des conseillers municipaux, conformément à l'art. 7 de la loi du 5 mai 1855 (V. ci-dessus, annexe au décr. do déc. 1866), la réunion des électeurs ne pourra avoir lieu avant le dixième jour à compter de l'arrêté du préfet.

Art. 14. — Les gardes champêtres sont chargés de rechercher, chacun dans le territoire pour lequel il est assermenté, les contraventions aux règlements de police municipale. Ils dressent des procès-verbaux pour constater les contraventions.

Art. 15. — Nul ne peut être maire ou adjoint dans une commune et conseiller municipal dans une autre commune.

Art. 16. — La commission nommée, en cas de dissolution d'un conseil municipal, conformément à l'art. 13 de la loi du 5 mai 1855 (V. ci-dessus, annexe au décr. de déc. 1856), peut être maintenue en fonctions pendant trois ans.

Art. 17. — Le décret du 25 juin 1860, rendant exécutoire en Algérie l'art. 50 de la loi du 5 mai 1855, est abrogé. — Toutefois, le personnel secondaire de la police continue d'être nommé, dans toutes les communes de l'Algérie, par les préfets, sur la proposition des maires.

(Modifié ainsi qu'il suit par décr. du 8 août 1869. — BG. 315.) — Le décr. du 25 juin 1860, rendant exécutoire en Algérie l'art. 50 de la loi du 5 mai 1855, est abrogé. — Toutefois, dans les villes chefs-lieux de département, l'organisation du personnel chargé du service de la police est réglé, sur l'avis du conseil municipal, par un arrêté du gouverneur général, le conseil de gouvernement entendu. — Le personnel secondaire de la police continue d'être nommé, dans toutes les communes de l'Algérie, par les préfets, sur la proposition des maires.

---

(1) Art. 18. — Expédition de toute délibération sur un des objets énoncés en l'article précédent est immédiatement adressée par le maire au sous-préfet, qui en délivre ou fait délivrer récépissé. La délibération est exécutoire si, dans les 30 jours qui suivent la date du récépissé, le préfet ne l'a pas annulée, soit d'office pour violation d'une disposition de loi ou d'un règlement d'administration publique, soit sur la réclamation de toute partie intéressée. — Toutefois, le préfet peut suspendre l'exécution de la délibération pendant un autre délai de 30 jours.

(2) TIT. 1. — *Des réunions, des divisions et formations de communes.*

Art. 1. — Aucune réunion, division ou formation de commune ne pourra avoir lieu que conformément aux règles ci-après.

Art. 2. — Toutes les fois qu'il s'agira de réunir plusieurs communes en une seule ou de distraire une section de commune, soit pour la réunir à une autre, soit pour l'ériger en commune séparée, le préfet prescrira préalablement dans les communes intéressées une enquête, tant sur le projet en lui-même que sur ses conditions. — Les conseils municipaux, assistés des plus imposés (en Algérie, les plus imposés sont remplacés par des notables désignés par les préfets), en nombre égal à celui des membres, les conseils d'arrondissement (il n'y a point encore en Algérie de conseil d'arrondissement) et le conseil général donneront leur avis.

Art. 3. — Si le projet concerne une section de commune, il sera créé, pour cette section, une commission syndicale. Un arrêté du préfet déterminera le nombre des membres de la commission. — Ils seront élus par les électeurs municipaux domiciliés dans la section, et, si le nombre des électeurs n'est pas double de celui des membres à élire, la commission sera composée des plus imposés de la section. (En Algérie : des notables désignés par le préfet). — La commission nommera son président. Elle sera chargée de donner son avis sur le projet.

Art. 18. — Si un conseil municipal n'allouait pas les fonds exigés par les besoins du service, ou n'allouait qu'une somme insuffisante, l'allocation nécessaire serait inscrite au budget par un arrêté du gouverneur général.

(Modifié ainsi qu'il suit par décr. du 8 août 1869. — BG. 315.) — Dans les chefs-lieux de département, si le conseil municipal n'allouait pas les fonds exigés par les besoins du service de la police, l'allocation serait inscrite au budget par un arrêté du gouverneur général, le conseil de gouvernement entendu.

Art. 19. — La commune d'Alger recevra sur le budget de l'État, en raison des dépenses extra-ordinaires de police générale qui lui incombent comme chef-lieu du gouvernement, une subven-tion, dont le chiffre sera déterminé, chaque an-née, au budget du gouverneur général de l'Al-gérie.

Art. 20. — Toutes les dispositions des lois, or-donnances et décrets antérieurs demeurent abro-gées en ce qu'elles ont de contraire au présent décret.

Circ. G. — 9-15 fév. 1869. — BG. 304. — In-structions aux préfets sur l'exécution du dé-cret qui précède.

M. le préfet.—Un décr. du 19 déc. 1868 a rendu applicables en Algérie les principales dispositions de la loi du 24 juill. 1867, dont les conseils généraux et municipaux avaient à plusieurs reprises de-mandé la promulgation. Je vous adresse ci-joint am-pliation de ce décret, ainsi qu'un rapport qui en explique sommairement les principes, les motifs et l'économie. — Déjà le décr. du 27 oct. 1858 sur l'organisation administrative de l'Algérie, en con-fiant aux préfets la décision d'un grand nombre d'affaires communales, en avait rendu l'instruction plus simple et l'expédition plus rapide, mais le nouveau décret réalise un progrès plus important.

Inspiré par la même pensée que la loi du 24 juill. 1867, sur les attributions des conseils municipaux dans la métropole, il confère dans les cas nom-breux, aux représentants des communes, une au-torité propre; il réserve seulement à l'administra-tion supérieure l'approbation des mesures qui, par leur importance exceptionnelle, peuvent at-teindre les intérêts généraux du pays, ou seraient de nature à engager gravement l'avenir des com-munes et à compromettre leur situation financière. En somme, il développe et applique les principes libéraux posés par le décr. du 27 déc. 1866.

Vous remarquerez néanmoins, M. le préfet, que le nouveau décret a laissé subsister les règles fon-damentales sur lesquelles repose la législation communale. L'ord. du 28 sept. 1847 n'est pas abrogée, et, si considérable que soient les modi-fications qu'elle a reçues, cette ordonnance de-meure applicable en tous ceux de ses articles auxquels une disposition postérieure n'a pas dé-rogé. — Ces explications vous permettront de sai-sir l'esprit et la portée du décret sur le texte du-quel je crois nécessaire de vous donner des instructions destinées à en rendre l'application plus facile et plus régulière.

Art. 1. — L'art. 1 énumère plusieurs séries d'affaires qui seront, à l'avenir, réglées par les conseils municipaux. — Aux termes de l'ord. du 28 sept. 1847, ces conseils ne pouvaient que déli-bérer; ils ne statuaient sur rien, puisque l'exécu-tion de leurs délibérations était subordonnée, dans tous les cas, à l'approbation de l'autorité supé-rieure. — Vous remarquerez, au contraire, l'inté-rêt et la diversité des affaires sur lesquelles les assemblées municipales seront désormais appelées à statuer. — Le législateur a toutefois apporté une restriction à l'exercice de ce pouvoir. Si, sur l'un

des objets énumérés par l'art. 1, un désaccord s'élève entre le maire et le conseil municipal, la délibération de ce conseil doit être soumise à l'approbation du préfet. Il vous sera facile de sai-sir l'utilité de cette disposition. Mais vous ne perdrez pas de vue qu'elle met entre vos mains un droit exceptionnel, dont il ne conviendra de faire usage qu'avec la plus grande circonspec-tion.

Vous devrez peser mûrement les objections pré-sentées par le maire, tenir grand compte de la majorité plus ou moins considérable à laquelle aura été votée la mesure soumise à votre appré-ciation, et ne pas hésiter à approuver les déli-bérations du conseil municipal toutes les fois qu'elles ne seront pas de nature à compromettre réellement les intérêts de la commune. Vous vous attacherez enfin, M. le préfet, à maintenir l'unité de vues entre les conseils municipaux et les mai-res, et vous ne permettrez pas que ces derniers puissent trouver, dans la disposition finale de l'art. 1er, un moyen d'entraver la marche des af-faires et d'annuler la liberté d'action que la loi a entendu assurer aux conseils municipaux.

L'art. 1 du décret et les art. 2 et 3, dont il sera parlé ci-après, sont complétés par l'art. 5, qui déclare applicable aux délibérations auxquelles ils se réfèrent l'art. 18 de la loi du 18 juill. 1837. Ainsi, ces délibérations seront exécutoires par elles-mêmes, si, dans le délai d'un mois, à partir du jour où une expédition vous aura été adressée, vous ne les avez pas annulées, soit d'office, pour violation d'une disposition de loi ou d'un règle-ment d'administration publique, soit sur la récla-mation d'une partie intéressée. — Il vous appar-tiendra de plus, conformément au même article de la loi de 1837, de suspendre l'exécution de la dé-libération du conseil municipal pendant un nou-veau délai d'un mois.

Toutes les fois que vous serez saisi d'une déli-bération prise en vertu de l'art. 1, je vous re-commande de prescrire aux maires de prévenir les habitants, par la voie des annonces et publications usitées dans la commune, qu'ils peuvent se pré-senter à la mairie pour prendre connaissance de la délibération. C'est une formalité pratiquée dans la métropole, aux termes de l'ord. du 18 déc. 1838, et qu'il est utile d'introduire en Algérie. — L'exa-men des diverses catégories d'affaires sur les-quelles les conseils municipaux auront désormais le droit de statuer ne me paraît devoir donner lieu qu'à quelques observations.

1° Acquisitions. — 3° Travaux de réparations et d'entretien. — En ce qui touche les acquisi-tions, le nouveau pouvoir attribué à ces conseils est limité au cas où la dépense, jointe à celle des autres acquisitions réalisées dans le même exer-cice, ne dépasse pas le dixième des revenus ordi-naires de la commune. — Le calcul devra être fait, non sur le total des recettes ordinaires figu-rant au budget de l'exercice courant, mais sur la moyenne de ces recettes, établie d'après les comp-tes administratifs des trois dernières années. La même observation s'applique aux travaux de grosses réparations et d'entretien, sur lesquels les conseils municipaux statueront dorénavant lorsque les devis, réunis à ceux déjà votés dans le même exercice, n'excéderont pas le cinquième des re-venus communaux ordinaires, ni, en aucun cas, une somme de 30,000 fr.

2° Baux. — En ce qui concerne les baux, vous remarquerez qu'aucune disposition du nouveau décret n'autorise à considérer comme abrogé l'art. 57 de l'ord. du 28 sept. 1847, et que, dès lors, tout acte de bail passé par le maire devra, pour devenir exécutoire, être revêtu de l'approba-tion de l'autorité compétente. Je vous engage à ne refuser cette approbation que pour des motifs exceptionnels, et, par exemple, dans le cas où les termes de l'acte de bail ne reproduiraient pas exactement le sens des dispositions adoptées par le conseil municipal. Rien n'est changé quant aux baux des biens pris à loyer par les communes, et vous continuerez, par conséquent, à approuver les délibérations prises en pareille matière par les conseils municipaux. (Décr. du 27 oct. 1858, art. 11, tableau B, § 41.)

5° *Tarif des droits de place.* — Le § 5, concernant les tarifs des droits à percevoir pour le stationnement sur les rues, places et autres lieux dépendant du domaine public communal, ne modifie pas la règle d'après laquelle ces mêmes tarifs doivent être soumis à l'approbation de l'autorité supérieure quand il s'agit des ports, quais, rivières et autres lieux dépendant de la grande voirie, à raison des intérêts généraux qui se rattachent à la liberté du commerce et de la navigation, et que ces perceptions pourraient compromettre.

9° *Legs.* — A l'égard des legs faits aux communes sans charges, conditions, ni affectation immobilière, sur l'acceptation desquels le § 9 donne aux conseils municipaux le droit de statuer, vous aurez soin de veiller à ce que ces assemblées s'assurent que les héritiers du testateur ont consenti à la délivrance des libéralités, ou que, du moins, ils ont été appelés à se prononcer par une mise en demeure régulière.

Art. 2. — *Emploi des fonds disponibles.* — L'art. 2 déroge aux dispositions de l'art. 47 de l'ord. du 28 sept. 1847, d'après lesquelles les dépenses peuvent être rejetées ou réduites par l'autorité qui règle le budget. Il accorde aux conseils municipaux la faculté de répartir à leur gré le surplus des recettes restant disponibles, après que le payement de toutes les dépenses obligatoires a été assuré, et lorsque d'ailleurs aucune recette extraordinaire n'est affectée à l'acquittement des dépenses, soit obligatoires, soit facultatives. — Il est bien entendu que, pour profiter du bénéfice de cet article, les communes ne devront faire figurer aux recettes ordinaires que celles qui sont énoncées dans l'art. 41 de l'ord. du 28 sept. 1847.

Art. 3 et 4. — *Emprunts.* — Les art. 3 et 4 apportent des modifications importantes aux règles auxquelles était soumise jusqu'à présent l'autorisation des emprunts. — L'art. 3 investit les conseils municipaux du droit de régler par un simple vote les emprunts remboursables sur ressources ordinaires et extraordinaires, quand l'amortissement ne dépasse pas 12 années. Quand, au contraire, l'amortissement excède ce terme, leurs délibérations sont assujetties à l'approbation préfectorale, alors même que l'imputation de la dépense serait faite sur les ressources ordinaires.

Art. 6. — L'art. 51 de l'ord. de 1847 exigeait l'intervention du souverain pour toute demande d'emprunt formée par les communes. — L'art. 6 du nouveau décret, qui est le complément de l'art. 4, dispose que tout emprunt remboursable sur ressources extraordinaires, dans un délai excédant 12 années, sera autorisé par décret, le conseil de gouvernement entendu.

Sous l'empire de l'ord. de 1847 et du décr. du 27 oct. 1858, les projets d'acquisitions et de traités avec les entrepreneurs, lorsque ces projets engageaient les ressources ordinaires du budget au-delà de l'exercice, étaient instruits comme en matière d'emprunt. Cette règle se trouve nécessairement modifiée par suite des dispositions des art. 3, 4 et 6 du nouveau décret. — Le droit de statuer sur ces acquisitions et sur ces traités rentrera désormais dans la compétence des conseils municipaux, dans les attributions du préfet ou dans celles du gouverneur général, suivant les distinctions que le présent décret a établies relativement au vote et à l'approbation des emprunts communaux. — Telles sont, M. le préfet, les nouvelles règles posées en matière d'emprunts : leur stricte application intéresse la bonne gestion des affaires communales, et je ne saurais trop la signaler à votre active vigilance. La situation financière des communes devra être l'objet des constantes préoccupations des administrations locales.

Art. 7. — *Emprunts des hospices.* — En ce qui touche à l'exécution de l'art. 7, relatif aux emprunts à contracter par les établissements de bienfaisance communaux, je me bornerai à vous recommander d'apporter la plus grande circonspection dans l'instruction de ces affaires. Les institutions qu'elles intéressent n'ont pas, comme les communes, la faculté de se créer des ressources à l'aide d'impositions ou de taxes. Les emprunts remboursables au moyen de l'aliénation d'une partie de la dotation sont presque toujours désastreux; ils entravent l'action des établissements par les sacrifices qu'impose leur amortissement. Il importe donc, en général, de ne les autoriser que pour une durée de dix à douze ans au plus, et dans le cas où leur remboursement pourrait s'effectuer facilement sur les revenus ordinaires, sans faire tort aux services charitables. — Si l'emprunt avait pour objet la construction, l'agrandissement ou la reconstruction des établissements, vous m'adresseriez, avant de les approuver, les plans et devis des travaux projetés, que je soumettrais à un examen spécial au point de vue des conditions hygiéniques et de l'appropriation des locaux à leur destination.

Art. 8. — *Changements de circonscriptions territoriales.* — Les dispositions de cet article, concernant les changements de circonscriptions territoriales, n'apportent aucune modification aux règles suivies jusqu'à ce jour pour l'instruction de ces affaires. Elles ont pour but d'en faciliter la solution, soit en rapprochant des intéressés l'autorité chargée de la décision, soit en rendant moins fréquente l'intervention du pouvoir souverain.

D'après cet article, la sanction impériale n'est plus nécessaire que dans deux circonstances : — 1° Lorsque le projet modifie les limites d'un canton, d'un district, d'un arrondissement ou d'un département; — 2° Lorsque le conseil général est opposé à la mesure proposée. — Le préfet statue donc lorsque les deux conditions suivantes se trouvent réunies : — 1° Avis favorable du conseil municipal ou des conseils municipaux assistés des notables désignés par vous; — 2° Avis conforme du conseil général. — Les avis qui, sans être explicitement contraires, seraient accompagnés de réserves, devront être considérés comme défavorables et la compétence n'appartiendra plus au préfet.

Il n'y a pas lieu de distinguer si le projet consiste à distraire une section, soit pour la réunir à une autre commune, soit pour l'ériger en municipalité distincte ou à réunir ensemble plusieurs communes. L'assentiment du conseil municipal, assisté des notables, et l'avis conforme du conseil général suffisent pour rendre le préfet compétent. Ni l'étendue du territoire, ni le chiffre de la population de la commune ou des communes intéressées ne sont pris en considération par le décret. — Si le conseil général est favorable à la mesure, malgré l'opposition des conseils municipaux intéressés, il est statué par un décret rendu dans la forme indiquée par l'art. 6. — Je n'ai pas d'instructions spéciales à vous adresser à l'égard des autres projets qui exigent également l'intervention d'un décret; rien n'est innové à cet égard. Vous continuerez donc à suivre la marche adoptée jusqu'à ce jour.

Les arrêtés que vous serez appelé à prendre dans les cas que je viens de spécifier seront libellés dans la forme des décrets rendus aujourd'hui en exécution de la loi du 18 juill. 1837. Vous aurez soin d'y viser les pièces qui constatent l'accomplissement des formalités d'instruction exigées par cette loi, savoir : le procès-verbal d'enquête, l'avis de la commission ou des commissions syndicales, l'avis favorable du conseil municipal ou des conseils municipaux délibérant avec le concours des notables et l'avis favorable du conseil général, de telle sorte que l'arrêté porte en lui-même la preuve de sa régularité.

Dans le dispositif de ces actes, la fixation des limites devra toujours être en concordance parfaite avec les indications du plan, lequel restera joint à la minute de l'arrêté. Enfin, s'il y a lieu, vous réglerez, par le même arrêté, les conditions des réunions ou des distractions que vous aurez prononcées, ainsi que le prescrit l'art. 7 de la loi du 18 juill. 1857. — Vous voudrez bien me transmettre une expédition de vos arrêtés, dont la connaissance immédiate m'est nécessaire pour certaines mesures à prendre ultérieurement; vous les ferez, en outre, insérer au Recueil des actes administratifs de la préfecture.

Art. 9. — *Bureaux de bienfaisance.* — Aux termes de l'art. 9, il vous appartient, M. le préfet, d'autoriser l'établissement des bureaux de bienfaisance, après avoir pris l'avis des conseils municipaux. En vous conférant cette attribution, le législateur s'est proposé d'encourager la distribution des secours à domicile, qui facilite la création de ces modestes, mais excellentes institutions. — Dans l'intérêt même de ces établissements et pour assurer leur stabilité, vous aurez soin d'exiger, avant de prendre une décision, qu'ils soient pourvus d'une dotation d'au moins 50 fr., soit en revenus d'immeubles, soit en rentes sur l'Etat, sans compter les subventions qui peuvent être accordées par les conseils municipaux et les recettes légalement attribuées aux pauvres, telles que le tiers du produit des concessions de terrains dans les cimetières et le droit établi en faveur des indigents à l'entrée des spectacles, bals et concerts. — Si des dons et legs de capitaux ou des remboursements sont faits aux bureaux de bienfaisance, ils devront être employés en achat de rentes 3 0/0 sur l'Etat, à moins de vœux contraires formellement exprimés par les bienfaiteurs. — En ce qui concerne la composition des commissions administratives, vous n'aurez qu'à vous reporter au décr. du 23 mars 1852, promulgué en Algérie à la suite de l'arr. min. du 18 mai 1850, et qui, comme vous le savez, est applicable aux bureaux de bienfaisance. (I, 331.)

Le nouveau décret n'apporte aucun changement à la jurisprudence sur les affaires connexes, telle qu'elle résulte de l'avis du conseil d'état du 26 déc. 1865. En conséquence, toutes les fois que la création d'un bureau de bienfaisance sera liée à l'autorisation d'une libéralité entre vifs ou testamentaires, sur laquelle il appartiendrait au gouvernement de se prononcer, vous aurez à joindre au dossier les pièces relatives à la création de l'établissement, de manière à ce qu'un seul et même décret puisse statuer sur l'ensemble de l'affaire.

Il est de principe que les revenus des bureaux de bienfaisance doivent servir à distribuer des secours à domicile ou à faire soigner, au sein de leurs familles, les indigents malades ou infirmes qui, sans secours, seraient obligés de demander leur admission dans un hôpital; aussi, un bureau ne pourrait-il, à moins de fondation expresse, appliquer ses ressources à la création de lits dans un hospice, ou à l'établissement d'écoles, de salles

d'asile, etc. — Enfin, je vous recommande, M. le préfet, de veiller à ce que les secours destinés aux pauvres leur soient distribués sans distinction de cultes ou de catégories, et d'exiger chaque année, indépendamment du compte administratif, la production du compte moral, prescrit par l'instruction du 8 fév. 1823 et la circ. du 10 mars 1866 du ministère de l'intérieur.

Ces instructions, M. le préfet, ne s'appliquent pas aux bureaux de bienfaisance exclusivement musulmans. — L'assistance musulmane est réglée par le décr. du 18 août 1868, et, aux termes du dernier § de l'art. 4 de ce décret, je me réserve expressément, comme question politique et économique, d'apprécier, sur vos propositions, l'opportunité de la création de bureaux de bienfaisance musulmane et d'en régler la composition et l'organisation dans les localités où il n'en existe pas encore, et où cependant la personne morale des pauvres jouit de ressources qui lui sont spécialement affectées.

Art. 10 et 11. — *Budgets communaux.* — *Marchés pour travaux.* — Il vous appartient, aux termes de l'art. 10 du décret, d'approuver les budgets des communes, qui ne sont pas chefs-lieux de département, quel qu'en soit le chiffre. — C'est l'application d'un principe nouveau. Une autre innovation se trouve également consacrée dans l'art. 11. Désormais, par dérogation à ce qui se pratiquait en vertu du décr. du 27 oct. 1858, l'approbation des traités à passer pour l'exécution par entreprise des travaux déclarés d'utilité publique, dans les communes chefs-lieux de département, est réservée au pouvoir du gouverneur général. — Il en sera de même pour les cahiers des charges desdits travaux.

Art. 12. — *Nomination des receveurs municipaux.* — A l'exception des receveurs municipaux des chefs-lieux de département, tous ces agents, quelle que soit l'importance des ressources de la commune, sont à votre nomination. Les décr. des 20 janv. et 27 oct. 1858 sont donc modifiés quant au principe qui règle la limite de vos attributions. Mais rien n'est changé quant au mode de présentation et de nomination des receveurs municipaux.

Art. 13. — *Elections municipales.* — La loi du 5 mai 1855, appliquée en Algérie en vertu du décr. du 27 déc. 1866, ne fixait pas le délai pour la convocation des électeurs, après la publication de l'arrêté préfectoral. La jurisprudence des conseils de préfecture, consacrée par le conseil d'Etat, avait admis qu'il suffisait que les électeurs eussent pu avoir connaissance de l'arrêté, pour que les élections fussent régulières. — L'art. 13, en déterminant le délai dans lequel les préfets doivent publier leur arrêté de convocation, préviendra à l'avenir toute discussion sur ce point.

Art. 14. — *Des gardes champêtres.* — On avait jusqu'à présent refusé aux gardes champêtres qualité pour dresser d'autres procès-verbaux que ceux relatifs à la police rurale. Ils sont désormais, aux termes de l'art. 14, agents de police rurale et municipale en même temps. De plus, la jurisprudence adoptée par le garde des sceaux admet qu'ils peuvent agir comme agents de la force publique. — Ces pouvoirs nouveaux ainsi définis mettront à la disposition des maires des moyens plus puissants d'action et de surveillance. C'est un point que vous devrez particulièrement signaler à leur attention, surtout dans les communes rurales dépourvues d'un personnel spécial de police municipale.

Art. 15. — *Des maires et des adjoints.* — L'incompatibilité prononcée par l'art. 15 ne résultait pas formellement de l'art. 67 de la constitution, ni de la loi de mai 1855, ni du décr. du 27 déc. 1866, aux termes desquels les maires et les adjoints peuvent être pris en dehors des conseils municipaux. — De là étaient nées des divergences d'interprétation, qui ouvraient incessamment la porte à la controverse. L'art. 15 résout une difficulté dont la jurisprudence administrative avait laissé la solution indécise.

Art. 16. — *Des commissions municipales.* — Il résultait implicitement de l'art. 14 du décr. du 27 déc. 1866, combiné avec l'art. 15 de la loi du 5 mai 1855, que les commissions municipales nommées en cas de dissolution, pouvaient être maintenues en fonctions jusqu'au renouvellement septennal. — L'art. 15 du nouveau décret modifie cette disposition en fixant à trois ans le maximum de durée des commissions municipales, conformément aux prescriptions de la loi de la métropole (24 juill. 1867, art. 22).

Art. 17. — *Abrogation du décr. du 25 juin 1860.* — *Police.* — L'art. 17 a pour effet de retirer au préfet d'Alger les pouvoirs de préfet de police qui lui avait été attribués par le décr. du 25 juin 1860, et de replacer la police centrale de ce chef-lieu sous l'autorité du maire; sauf les attributions du préfet, au point de vue de la sûreté générale. Rien n'est changé d'ailleurs à l'organisation de la police municipale dans les communes, ni pour la nomination des commissaires, ni pour le personnel secondaire.

Art. 18. — Cet article modifie les dispositions de l'art. 50 de l'ord. de 1847, en réservant au gouverneur général l'inscription d'office au budget communal du crédit nécessaire au fonctionnement du service de la police, dans le cas d'allocations insuffisantes par le conseil municipal. — Il est bien entendu que cette restriction ne s'étend pas aux autres dépenses obligatoires, à l'égard desquelles les préfets conservent leurs attributions primitives.

Art. 19. — *Subvention à la commune d'Alger, pour frais de police.* — Les mêmes motifs qui avaient fait accorder une subvention spéciale à la province d'Alger, pour contribuer aux frais de la police centrale sous l'empire du décr. du 25 juin 1860, devaient, sous l'empire du nouveau décret, faire attribuer cette subvention à la commune d'Alger. Ces motifs sont d'ailleurs assez développés dans le rapport à l'Empereur, pour qu'il soit inutile d'y rien ajouter.

Telles sont, M. le préfet, dans leur ensemble, et commentées dans leurs détails importants, les prescriptions du nouveau décret sur l'organisation municipale en Algérie. Elles marquent, dans la voie de la décentralisation administrative et dans celle de l'assimilation à la métropole, un pas considérable qui donne satisfaction aux vœux émis par les conseils tant municipaux que généraux, dans toute la mesure que comporte la situation actuelle de la colonie.

M^{al} DE MAC-MAHON, DUC DE MAGENTA.

D2. — 8 août-28 oct. 1869. — BG. 515. — *Modifications aux art. 17 et 18 du décr. du 19 déc. 1868 (V. auxdits articles).*

Circ. C. — 25 nov.-31 déc. 1869. — BG. 517. — *Instructions aux préfets sur l'exécution de l'art. 15 du décr. du 27 déc. 1866 et de l'art. 8 du décr. du 19 déc. 1868 ci-dessus.*

L'art. 8 du décr. du 19 déc. 1868, portant extension des attributions des conseils municipaux en Algérie, vous confère le pouvoir d'approuver définitivement les changements dans la circonscription territoriale des communes faisant partie du même arrondissement, canton ou district, après l'accomplissement des formalités prévues

aux art. 1, 2 et 3 du tit. 1 de la loi du 18 juill. 1857, en cas de consentement des conseils municipaux, et sur un avis conforme des conseils généraux.

Mais les nouveaux pouvoirs qui vous sont conférés par la disposition ci-dessus rappelée, laissent subsister le droit qui m'est attribué par l'art. 15 du décret organique du 27 déc. 1866. Ce droit consiste à fixer par un arrêté, le conseil du gouvernement entendu, le nombre des conseillers à élire pour chacune des catégories non françaises d'habitants, que le décret admet au droit de représentation dans le conseil municipal. — Afin de concilier la double prérogative consacrée par les décr. du 27 déc. 1866, art. 15, et du 19 déc. 1868, art. 8, et d'établir une procédure désormais uniforme dans les affaires de l'espèce, j'ai arrêté les dispositions suivantes :

1° Aussitôt qu'en vertu des attributions qui vous sont aujourd'hui dévolues, vous aurez prononcé, soit la création d'une commune, soit le fractionnement de communes existantes, l'arrêté que vous aurez pris à cet effet me sera adressé immédiatement et avant toute promulgation ou notification aux autorités municipales intéressées.

2° Sur le vu de ce document, que vous accompagnerez de vos propositions sur la répartition entre les diverses catégories d'habitants, du nombre des conseillers à élire, je prendrai l'arrêté prescrit par l'art. 15, § 3 du décr. du 27 déc. 1866.

3° Ce n'est qu'après la réception de cet arrêté que votre propre arrêté devra être mis à exécution : les deux se complétant l'un l'autre devront être promulgués et notifiés simultanément.

4° Comme conséquence de ce qui précède, vous surseoirez à toute nomination de commission municipale provisoire, à toute dissolution de conseil en exercice, jusqu'à ce que la mesure en vertu de laquelle ces dispositions préliminaires devront être prises, ait reçu son complément nécessaire.

M^{al} DE MAC-MAHON, DUC DE MAGENTA.

Circ. CH. — 31 déc. 1870. — BG. 551. — *Réunion des conseils municipaux en session extraordinaire.* — *Autorisation permanente.*

M. le préfet, j'ai l'honneur de vous transmettre copie d'une lettre ministérielle, relative aux sessions des conseils municipaux. Je vous prie d'autoriser, une fois pour toutes et par circulaire, tous les conseils municipaux de votre département à se réunir en session extraordinaire, chaque fois que besoin sera.

CH. DU BOUZET.

Décision ministérielle (Bordeaux) du 24 déc. 1870.

M. le commissaire extraordinaire, — Les lenteurs des transmissions postales en Algérie, par suite de la difficulté des communications, et l'éloignement où se trouvent un très-grand nombre de communes du chef-lieu de département, ont inspiré au préfet d'Oran la bonne pensée d'autoriser, une fois pour toutes, tous les conseils municipaux de son département à se réunir en session extraordinaire, chaque fois que les intérêts de leurs communes pourraient l'exiger. — De cette façon, et sans préjuger du régime qui pourra prévaloir au sein de la future assemblée nationale pour concilier l'affranchissement des municipalités avec les exigences de l'ordre public et la conservation du lien politique, on arrive à débarrasser, dès aujourd'hui, les communes en Algérie d'une des obligations les plus vexatoires que l'état de tutelle inscrit dans la législation pouvait leur imposer. — Ce procédé vous paraîtra, sans nul doute, applicable aux trois départements algériens dont

les sentiments patriotiques se sont maintes fois
affirmés, et je vous autorise à en étendre le bénéfice aux départements d'Alger et de Constantine.

Le ministre de l'intérieur, par délégation,
AD. CRÉMIEUX.

(Abrogé par circ. du 13 mai 1871, *infrà*).

D. — (Bordeaux.) — 18-30 janv. 1871. — BG.
354. — *Dissolution du conseil municipal
d'Alger.*

ACM. — 21 janv. 1871. — (Publié au *Moniteur
de l'Algérie* du 22 janv.) — *Convocation pour
de nouvelles élections.*

ACM. — 1-8 fév. 1871. — BG. 356. — *Allocation illégale de traitement à des membres du
conseil municipal. — Refus d'ordonnancement.*

Vu la délibération du conseil municipal de la
commune d'Alger, en date du 26 nov. 1870, dont
le dispositif est ainsi conçu : « décide : Une
somme de 1,500 fr. est allouée au conseil municipal pour le 4ᵉ trimestre 1870. — Cette indemnité sera répartie par le conseil. — Il sera fait
face à ce crédit au moyen d'un virement d'une
somme de 1,500 fr. inscrite au budget supplémentaire, art. 103, pour travaux qui n'ont pu
être exécutés dans le courant de l'année. » —
Vu la délibération du même conseil, en date du
20 janv. 1870, ayant pour objet de régler l'exécution de la délibération précédente, et contenant la mention suivante : « Cette indemnité,
« par une nouvelle disposition du conseil, devant
« être attribuée à deux de ses membres chargés
« spécialement de fonctions qui les détournent
« de leurs occupations ordinaires, le maire pro-
« pose au conseil de décider que cette somme
« sera ainsi répartie : Indemnité à M. Lenor-
« mand, adjoint, 1,125 fr.; id. à M. Roby, con-
« seiller, 375 fr. Total 1,500 fr. Ce crédit sera
« imputé à l'art. 52 du budget de l'exercice 1870,
« dont la situation permet cette imputation. » —
Vu la lettre de M. le préfet d'Alger, en date du
25 janv. 1871 ; — Vu l'art. 1 de la loi du 3 mai
1855 ; — Vu le décr. du 27 déc. 1866 sur l'organisation municipale en Algérie, art. 1, § 2, et
art. 6 § 3 ; — Vu le décr. du 19 déc. 1868, sur
les attributions des conseils municipaux en Algérie, art. 10 ; — Vu les lois et règlements sur la
comptabilité publique ;

Considérant qu'en s'arrogeant, par sa délibération du 26 octobre, ci-dessus rapportée, le droit
de décision, en une matière pour laquelle il n'a
que le droit de proposition, le conseil municipal
est sorti de la limite de ses attributions, puisque
le budget de la commune d'Alger n'est exécutoire qu'en vertu de l'approbation du gouverneur
général (décr. du 19 déc. 1868, art. 10) ;

Considérant qu'en attribuant, sous le titre d'indemnité, de véritables traitements à un adjoint
et à un conseiller municipal, le conseil a violé
la loi de son institution, puisque, aux termes de
la loi sus-visée du 3 mai 1855, d'accord en cela
avec la législation antérieure, « aucun traitement
n'est affecté aux fonctions de maire et d'adjoint » ;

Que si le décr. du 27 déc. 1866, faisant exception, au sujet des maires en Algérie, à la loi du
3 mai 1855, admet que « les maires peuvent recevoir une indemnité », c'est à la condition que
le taux de cette indemnité « sera fixé par le gouverneur général, après avis du conseil municipal », ce qui implique que c'est au gouverneur
qu'il appartient de statuer en dernier ressort à
ce sujet ; — Que si ledit décret stipule une indemnité facultative en faveur des adjoints, c'est
en faveur des adjoints indigènes exclusivement ;
— Que s'il est toléré que les adjoints spéciaux

des sections ou annexes perçoivent une indemnité, celle-ci ne leur est attribuée qu'à titre de
frais de bureau et nullement comme émolument
personnel ; — Mais qu'il est évident que l'indemnité votée au profit de MM. Lenormand et
Roby constitue en réalité un émolument personnel, un véritable traitement ; — Considérant que
c'est en vain que le conseil municipal, dans sa
délibération du 26 oct., excipe du principe républicain qui veut que toutes les fonctions publiques
soient rétribuées pour être accessibles à tous les
citoyens ; — Que, sans contester ce principe, on
doit reconnaître que son application est nécessairement subordonnée à la constitution future de
la République, et qu'il n'appartient pas aux corps
électifs, fonctionnant en vertu des lois existantes
et maintenues en vigueur jusqu'à nouvel ordre,
de devancer les décisions du pouvoir constituant,
et de s'affranchir de la légalité qui détermine,
quant à présent, la nature et la limite de leurs
attributions ; — Considérant, en outre, que si,
plus tard, il convient au législateur de la République d'attribuer des traitements aux maires,
aux adjoints et aux conseillers municipaux, il ne
ne pourra accorder aux conseillers municipaux,
c'est-à-dire aux intéressés eux-mêmes, le droit
d'établir ces traitements et d'en régler le chiffre ;
— Qu'en effet, il serait inadmissible que les
mêmes hommes réunissent le droit de voter le
budget communal et l'avantage d'y être parties
prenantes ; que le fait de se voter à soi-même un
traitement serait en contradiction flagrante avec
les principes de notre droit public et contraire
aux bonnes mœurs.

Art. 1. — Les délibérations sus-visées du conseil municipal d'Alger, en date du 26 oct. 1870 et
du 20 janv. 1871, ne sont pas approuvées. —
Défense est faite à qui de droit d'ordonnancer
aucune dépense, et d'acquitter aucun mandat délivré en vertu desdites délibérations, sous peine
d'être constitué redevable envers la caisse municipale de toute somme indûment mandatée ou
payée, et contraint d'en opérer le reversement,
conformément aux lois et règlements sur la comptabilité publique.

CHARLES DU BOUZET.

ACM. — 27 fév.-8 mars 1871. — BG. 359. —
Décision contraire à la précédente.

Vu le décr. du 19 déc. 1868 sur les attributions des conseils municipaux en Algérie, art. 2 ;
— Les délibérations du conseil municipal d'Alger, en date des 26 oct. 1870 et 20 janv. 1871,
relatives au vote et à l'emploi d'un crédit de
1,500 fr. imputable sur le budget de la commune ;
— L'arrêté de notre prédécesseur, en date du
1ᵉʳ fév. 1871, portant que lesdites délibérations
« ne sont point approuvées » ; — Vu les observations du maire d'Alger contre la teneur dudit
arrêté.

Art. 1. — L'arrêté ci-dessus visé du 1ᵉʳ fév.
1871 est rapporté. — Les délibérations, plus haut
mentionnées, du 26 oct. 1870 et du 20 janv. 1871,
sont approuvées.

ALEXIS LAMBERT.

LOI. — 14-29 avr. 1871. — BG. 363. — *Loi sur
les conseils municipaux. — Le décr. du 27
déc. 1866 reste en vigueur pour l'Algérie.*

Art. 1. — Immédiatement après la publication
de la présente loi, les commissions municipales,
les présidents des commissions, les maires et les
adjoints en exercice et choisis en dehors du conseil municipal cesseront leurs fonctions. — Provisoirement, et jusqu'à l'installation des nouveaux
conseils municipaux, les fonctions de maires,
d'adjoints et de présidents des bureaux électo-

raux dans les communes administrées par des commissions municipales ou par des maires et adjoints pris en dehors du conseil municipal, seront remplies par les membres des derniers conseils municipaux élus, en suivant l'ordre d'inscription sur le tableau. — Seront considérés comme derniers conseils municipaux élus ceux qui ont été nommés à l'élection le 25 sept. 1870 ou depuis, et qui seront encore en exercice au moment de la publication de la présente loi.

Art. 2. — Dans le plus bref délai, après la promulgation de la présente loi, le gouvernement convoquera les électeurs dans toutes les communes pour procéder au renouvellement intégral des conseils municipaux.

Art. 3. — Les élections auront lieu au scrutin de liste pour toute la commune. Néanmoins, la commune pourra être divisée en sections dont chacune élira un nombre de conseillers proportionné au chiffre de sa population. — En aucun cas, ce fractionnement ne pourra être fait de manière qu'une section ait à élire moins de deux conseillers. Le fractionnement sera fait par le conseil général sur l'initiative, soit du préfet, soit d'un membre du conseil général, ou enfin du conseil municipal de la commune intéressée. Chaque année, dans sa session ordinaire, le conseil général procédera, par un travail d'ensemble comprenant toutes les communes du département, à la révision des sections et en dressera un tableau qui sera permanent pour les élections municipales à faire dans l'année. En attendant qu'il ait été procédé à la réélection des conseils généraux, la division en sections sera faite par arrêté du préfet.

Art. 4. — Sont électeurs tous les citoyens français âgés de 21 ans accomplis, jouissant de leurs droits civils et politiques, n'étant dans aucun cas d'incapacité prévu par la loi et de plus ayant, depuis une année au moins, leur domicile réel dans la commune. — Sont éligibles au conseil municipal d'une commune, tous les électeurs âgés de 25 ans, réunissant les conditions voulues par le paragraphe précédent, sauf les cas d'incapacité et d'incompatibilité prévus par les lois en vigueur et l'art. 5 de la présente loi. — Toutefois, il pourra être nommé au conseil municipal d'une commune, sans la condition de domicile, un quart des membres qui le composeront, à la condition, par les élus non domiciliés, de payer dans ladite commune une des quatre contributions directes.

Art. 5. — Ne peuvent être élus membres des conseils municipaux : 1° les juges de paix titulaires dans les cantons où ils exercent leurs fonctions ; 2° les membres amovibles des tribunaux de première instance dans les communes de leur arrondissement.

Art. 6. — Dans les trois jours qui suivront la publication de la présente loi, les listes spéciales aux élections municipales seront dressées dans toutes les communes. — Les réclamations seront reçues pendant trois jours après l'expiration du délai précédent, et jugées dans les trois jours qui suivront, par une commission composée de trois conseillers en suivant l'ordre d'inscription sur le tableau, sauf l'appel au juge de paix et le pourvoi en cassation qui suivront leur cours sans que les opérations électorales puissent être retardées.

Art. 7. — Dans toutes les communes, quelle que soit leur population, le scrutin ne durera qu'un jour. — Il sera ouvert et clos le dimanche. — Le dépouillement sera fait immédiatement.

Art. 8. — Les conseils municipaux nommés resteront en fonctions jusqu'à la promulgation de la loi organique sur les municipalités. Néanmoins,

la durée de ces fonctions ne pourra excéder trois ans. Dans l'intervalle, on ne procédera à de nouvelles élections que si le nombre des conseillers avait été réduit de plus d'un quart. — Toutefois, dans les communes divisées en sections ou arrondissements, il y aura toujours lieu à faire des élections partielles toutes les fois que par suite de décès ou pertes des droits politiques, la section n'aurait plus aucun représentant dans le conseil.

Art. 9. — Le conseil municipal élira le maire et les adjoints parmi ses membres, au scrutin secret et à la majorité absolue. Si, après deux scrutins, aucun candidat n'a obtenu la majorité, il sera procédé à un tour de ballottage entre les deux candidats qui auront obtenu le plus de suffrages. En cas d'égalité de suffrages, le plus âgé sera nommé. — Les maires et les adjoints, ainsi nommés, seront révocables par décret. — Les maires destitués ne seront pas rééligibles pendant une année. — La nomination des maires et adjoints aura lieu provisoirement, par décret du gouvernement, dans les villes de plus de 20,000 âmes et dans les chefs-lieux de département et d'arrondissement, quelle qu'en soit la population. Les maires seront pris dans le conseil municipal. — Avant de procéder à la nomination des maires, il sera pourvu aux vacances existant dans le conseil municipal.

Art. 10. — Les vingt arrondissements de la ville de Paris nomment chacun quatre membres du conseil municipal. — Ces quatre membres seront élus, par scrutin individuel, à la majorité absolue, à raison d'un membre par quartier.

Art. 11. — Le conseil municipal de Paris tiendra, comme les conseils des autres communes, quatre sessions ordinaires, dont la durée ne pourra pas excéder dix jours, sauf la session ordinaire où le budget ordinaire sera discuté et qui pourra durer six semaines.

Art. 12. — Au commencement de chaque session ordinaire, le conseil nommera, au scrutin secret et à la majorité, son président, ses vice-présidents et ses secrétaires. Pour les sessions extraordinaires qui seront tenues dans l'intervalle, on maintiendra le bureau de la dernière session ordinaire.

Art. 13. — Le préfet de la Seine et le préfet de police ont entrée au conseil. — Ils sont entendus toutes les fois qu'ils le demandent.

Art. 14. — Le conseil municipal de Paris ne pourra s'occuper, à peine de nullité de ses délibérations, que des matières d'administration communales telles qu'elles sont déterminées par les lois en vigueur sur les attributions municipales. — En cas d'infraction, l'annulation sera prononcée par décret du chef du pouvoir exécutif.

Art. 15. — Les incapacités et incompatibilités établies par l'art. 5 de la loi du 22 juin 1833 sur les conseils généraux, sont applicables aux conseillers municipaux de Paris, indépendamment de celles qui sont établies par la loi en vigueur sur l'organisation municipale.

Art. 16. — Il y a un maire et trois adjoints pour chacun des vingt arrondissements de Paris. Ils sont choisis par le chef du pouvoir exécutif de la République. Les maires d'arrondissement n'auront d'autres attributions que celles qui leur sont conférées par des lois spéciales.

Art. 17. — Il y a incompatibilité entre les fonctions de maire ou d'adjoint d'arrondissement avec celles de conseiller municipal de la ville de Paris.

Art. 18. — Provisoirement et en attendant que l'assemblée nationale ait statué sur ces matières, continueront à être observées les lois actuellement en vigueur sur l'organisation et les attributions municipales dans celles de leurs dispositions qui ne sont pas contraires à la présente loi.

Art. 19. — Les fonctions de maire, d'adjoints et de conseillers municipaux sont essentiellement gratuites.

Art. 20. — Le décr. des 27 déc. 1866-13 janv. 1867 reste en vigueur pour l'Algérie (1).

Circ. G. — 15 mai 1871. — BG. 564. — *Réunion des conseils municipaux en session extraordinaire.* — *La circulaire du 31 déc. 1870 est rapportée.* — *Instruction aux préfets.*

En exécution d'instructions émanant de la délégation du gouvernement de la défense nationale, et par circ. du 31 déc. 1870, le commissaire extraordinaire de la République vous a invité à autoriser, une fois pour toutes, les conseils municipaux de votre département à se réunir en session extraordinaire, chaque fois que les besoins des communes l'exigeraient. — J'ai eu occasion de constater une certaine tendance à abuser de cette autorisation générale, dont la conséquence immédiate a été de constituer les conseils municipaux en permanence, contrairement au vœu de la loi. — Il me paraît opportun de revenir à la règle qui régit les réunions de ces conseils, dans l'intervalle de leurs sessions ordinaires. — En conséquence, M. le préfet, je rapporte la circulaire ci-dessus mentionnée du 31 décembre dernier; comme par le passé, les municipalités devront se conformer, pour leurs sessions extraordinaires, aux dispositions des art. 15 et 16 de la loi du 5 mai 1855, rendues applicables à l'Algérie par le décr. du 27 déc. 1866. — Il est bien entendu, d'ailleurs, que l'autorisation réglementaire ne sera jamais refusée, lorsqu'elle sera demandée pour un motif réel et sérieux d'intérêt communal. — Je vous prie, M. le préfet, de donner des instructions en ce sens aux autorités municipales de votre département, et de tenir la main à ce qu'elles soient strictement exécutées.

V.-am¹ COMTE DE GUEYDON.

§ 2. — COMMUNES DE 1834 à 1854. (I, 215.)

§ 3. — COMMUNES DE PLEIN EXERCICE. — COMPOSITION DES CORPS MUNICIPAUX.

Le nombre des communes de plein exercice a doublé depuis 1860. Il est aujourd'hui de 144, dont 56 dans le département d'Alger, 45 dans celui de Constantine, et 43 dans celui d'Oran.

DI. — 15 oct.-23 nov. 1866. — BG. 204. — *Institution de la commune du Hamma (départ. de Constantine).*

Art 1. — La section du Hamma, dépendant de la commune de Constantine, et le centre d'Aïn-Kerma, tels qu'ils sont délimités par un liséré rose au plan ci-annexé, sont érigés en commune de plein exercice, sous le nom de commune du Hamma.

Art. 2. — Le corps municipal de cette commune se compose de : — 1 maire; — 1 adjoint; — 10 conseillers municipaux, dont 6 Français ou naturalisés Français, 1 étranger ayant au moins deux années de résidence en Algérie, dont une dans la circonscription communale, et 3 indigènes musulmans.

Art. 3. — Il ne sera pourvu à l'établissement du budget spécial de la commune du Hamma qu'à partir du 1ᵉʳ janv. 1867. — Jusqu'à cette époque, les dépenses continueront à être imputées au budget de la commune de Constantine.

Art. 4. — Des décisions du gouverneur général fixeront, sur les propositions du préfet, les détails d'exécution pour le partage à faire entre la commune de Constantine et la nouvelle commune du Hamma, du boni et des créances à payer après règlement du budget de l'exercice 1866.

DI. — 27 déc. 1866. — (V. *suprà*, § 1.) — *Composition des corps municipaux dans chaque commune.*

---

(1) Les termes de cet article semblent exclure toute application de la loi en Algérie. Ce n'était point ainsi que l'avait compris M. Lucet, député d'Alger, de Constantine, auteur de cette proposition additionnelle. La loi ne statuant qu'en vue du régime municipal de la métropole, n'avait pu tenir compte de la composition spéciale des conseils municipaux de l'Algérie, dont l'élément étranger et indigène fait partie intégrante d'après le décret organique de 1866. Elle n'aurait donc pu être promulguée sans modification, et c'était pour en assurer le bénéfice immédiat à la colonie que l'insertion d'une disposition spéciale avait été demandée au moment du vote sur l'ensemble du projet; mais la rédaction de l'article ayant été incomplète et ne mentionnant pas que le décret de 1866 restait en vigueur seulement en ce qui concerne les indigènes et les étrangers, M. Lucet essaya d'en obtenir la rectification d'une séance postérieure. Cette demande a donné lieu à l'incident qui se trouve reproduit dans l'extrait suivant des délibérations de l'assemblée nationale.

Séance du 27 avril 1871. — M. Lucet. Messieurs, j'ai l'honneur de proposer à l'adoption de l'assemblée le projet de loi suivant, appelé uniquement à combler une lacune qui s'est glissée dans l'art. 20 inséré additionnellement dans la loi votée le 14 avril courant sur les élections municipales. C'est une erreur à réparer, pas autre chose. — Voici l'article unique que j'ai l'honneur de déposer : « L'art. 20 de la loi du 14 avril 1871 est complété comme suit : — Le décr. du 27 déc. 1866 reste en vigueur pour l'Algérie. » — C'est ce qui a été voté; il fallait y ajouter et j'y ajoute : « Dans celles de ses dispositions qui concernent les indigènes musulmans et les étrangers. » — Cela a été entendu ainsi par la commission, par le gouvernement, par moi et probablement par toute l'assemblée. (Oui! Oui! C'est entendu!) Tout le monde s'en souvient...

De divers côtés. Assez! c'est de la discussion! — Déposez simplement votre projet!

M. le président. Vous développerez votre proposition quand viendra la délibération. — M. Lucet. Je demande l'urgence, parce que les élections doivent avoir lieu le 15 du mois prochain; c'est donc une rectification à faire sans retard. Je propose même le renvoi à la commission municipale, qui fera son rapport.

Un membre. Il n'y a plus de commission municipale!

M. le président. J'ai d'abord à consulter l'assemblée sur l'urgence. (L'assemblée, consultée, prononce l'urgence.) — M. le président. M. Lucet demande le renvoi à l'ancienne commission de la loi municipale. Cette commission n'existe plus puisque la loi est votée. Il est donc impossible d'y renvoyer ce projet de loi. S'il n'y a pas d'opposition, le projet est renvoyé aux bureaux pour la nomination d'une commission. (C'est cela! Très-bien!) — M. Lucet. Ce sera bien long. — M. le président. Vous ne pouvez pas faire revivre une commission pour votre projet de loi. (Assentiment.)

En présence de cet accord sur l'interprétation à donner à l'art. 20, la demande d'une loi rectificative est restée sans suite. L'application en ce sens de la loi du 14 avril n'a d'ailleurs donné lieu à aucune difficulté. Un décret postérieur du 12 oct. 1871 (infrà, *Élections municipales*, § 2, — 5°) a confirmé cette appréciation en ordonnant que le vote aurait lieu sur les listes établies pour la nomination des conseils généraux, et le décret de la même date (*Élections départementales*, § 3, — 2°) indiquait que la reconstitution de ces conseils se ferait sur la base du suffrage universel. En conséquence, les élections pour le renouvellement des conseils municipaux ont eu lieu sur cette base, et les maires et les adjoints ont été désignés parmi les membres élus.

AG. — 25 avr. 1867. — (V. ibidem.) — *Fixation du nombre des conseillers municipaux dans chaque commune.*

AG. — 7 déc. 1868. — (*Affaires arabes, § 2.*) — *Répartition des indigènes établis sur les territoires des circonscriptions communales du dép. d'Alger.*

DI. — 10 déc. 1868-20 janv. 1869. — BG. 500. — *Institution de 11 communes de plein exercice dans le dép. de Constantine.*

Art. 1 à 3. — (V. *Circonscriptions, § 1.*) Nouvelle délimitation du département.

Art. 4. — Sont érigées en communes de plein exercice, sous les dénominations ci-après, savoir :

Arrondissement de Constantine. — Bizot, comprenant l'ancienne section de Bizot, détachée de la commune de Condé ; — Oued Zénati, comprenant la circonscription de l'Oued Zénati (Sidi Tamlam) ; — Oued Atménia, ayant pour chef-lieu la circonscription de l'Oued Atménia, et pour annexes les trois sections de Aïn Smara, de l'Oued Seguin et de l'Oued Dekri ; — Aïn Beïda Kébira, ayant pour chef-lieu le centre de population d'Aïn Beïda, et pour annexe la section de La Meskiana.

Arrond. de Bône. — Randon, comprenant la circonscription de Besbes ; — Aïn Mokhra, comprenant la circonscription d'Aïn Mokhra.

Arrond. de Guelma. — Héliopolis, ayant pour chef-lieu l'ancienne section d'Héliopolis, détachée de la commune de Guelma, et pour annexe la section de Guelaat bou S'ba ; — Millésimo, ayant pour chef-lieu l'ancienne section de Millésimo, détachée de la commune de Guelma, et pour annexe la section de Petit ; — Enchir Saïd, comprenant le territoire de ce village.

Arrond. de Philippeville. — Gastu, comprenant le territoire de ce village.

Arrond. de Sétif. — Saint-Arnaud, ayant pour chef-lieu la ville de ce nom, et pour annexe la section de l'Oued Deheb.

La délimitation territoriale de ces 11 nouvelles communes est fixée conformément au 3e § de la notice et aux plans n°s 20 à 50, ci-annexés. (V. *Circonsc.*, § 4, 2°.)

Art. 5. — Le corps municipal de chacune des communes nouvellement instituées, est composé de la manière suivante, — indépendamment du maire :

Bizot. — 1 adjoint français ; — 12 conseillers municipaux, dont 8 français ou naturalisés, 4 indigènes musulmans.

Oued Zénati. — Même composition.

Oued Atménia. — 4 adj. fr., dont 1 pour le chef-lieu, 1 pour la section de Aïn Smara, 1 pour celle de l'Oued Dekri, 1 pour celle de l'Oued Seguin ; — 12 cons. mun., dont 8 français, 4 indigènes musulmans ;

Aïn Beïda Kébira. — 2 adj. fr., dont 1 pour le chef-lieu, 1 pour la section de la Meskiana ; 9 cons. mun., dont 6 français, 1 indigène musulman, 1 indigène israélite, 1 étranger.

Randon. — 1 adj. fr. ; — 12 cons. mun., dont 8 français, 4 indigènes musulmans.

Aïn Mokhra. — 1 adj. fr. ; — 9 cons. mun., dont 6 français, 3 indigènes musulmans.

Héliopolis. — 2 adj. fr., dont 1 pour le chef-lieu, 1 pour la section de Guelaat bou S'ba ; — 9 cons. mun., dont 6 français, 2 indigènes musulmans, 1 étranger.

Millésimo. — 2 adj. fr., dont 1 pour le chef-lieu, 1 pour la section de Petit ; — 9 cons. mun., dont 6 français, 3 indigènes musulmans.

Enchir Saïd. — 1 adj. fr. ; — 9 cons. mun., dont 6 français, 3 indigènes musulmans.

Gastu. — Même composition.

Saint-Arnaud. — 2 adj. fr., dont 1 pour le chef-lieu, 1 pour la section de l'Oued Deheb ; — 9 cons. mun. français.

Art. 6. — Sont applicables aux communes ins-

tituées par l'art. 4 du présent décret, les dispositions de l'ord. du 28 sept. 1847 et des décr. des 27 déc. 1866 et 18 août 1868 (supra, *Affaires arabes*, § 2).

Art. 7. — Un arrêté du gouverneur général de l'Algérie déterminera l'époque des élections municipales dans les communes nouvellement instituées.

Art. 8. — Il sera pourvu à l'établissement des budgets spéciaux desdites communes à partir du 1er janv. 1869. — Les dépenses faites au compte de l'exercice 1868 seront imputées, savoir : — Pour les sections érigées en communes, sur les budgets des communes dont elles sont distraites ; — Pour les autres localités, sur les budgets des localités non érigées en communes auxquels ces dépenses incombaient précédemment.

Art. 9. — Des instructions du gouverneur général fixeront les détails d'exécution pour le partage à faire, d'une part, entre les communes de Condé et de Guelma et les nouvelles communes de Bizot, d'Héliopolis et de Millésimo, d'autre part, entre les budgets des localités non érigées en communes auxquelles les localités du territoire militaire sont rattachées comme sections, du boni et des créances à payer après règlement des budgets de l'exercice 1868.

AG. — 24 déc. 1868 (*Affaires arabes*, § 2). — *Répartition des indigènes établis sur les territoires des circonscriptions communales du département de Constantine.*

DI. — 27 janv.-10 fév. 1869. — BG. 503. — *Régime financier provisoire des communes nouvellement créées.*

Vu notre décr. du 5 sept. 1868, qui supprime, à partir de l'exercice 1869, les budgets des localités non érigées en communes (ci-après, § 4) ; — Notre décr. du 10 déc. 1868, qui crée, à partir du 1er janv. 1869, 11 nouvelles communes dans le dép. de Constantine ;

Art. 1. — Jusqu'à ce que les budgets des nouvelles communes instituées par notre décr. du 10 déc. 1868 susvisé aient pu être régulièrement votés par les conseils municipaux, les recettes et les dépenses desdites communes seront réglées d'office par le préfet du département, et les dépenses seront ordonnancées par lui.

DI. — Mêmes dates. — *Institution des communes de Teniet el Haad, Berouaghia et Boghari (départ. d'Alger).*

Vu nos décr. des 31 déc. 1856 (I, 222) et 1er avr. 1865 (II, 50), relatifs à la constitution de la commune de Dellys (départ. d'Alger) ; — Nos décr. des 28 mars et 22 avril 1868, portant délimitation du territoire des M'Fatah et des Ouled Anteur, du cercle de Boghar ; — Notre décret, en date de ce jour, instituant un commissariat civil à Boghari ; — Nos décr. des 2 août 1858 et 3 mars 1860 (I, 665), créant les centres de Teniet el Haad et de Berouaghia ;

Vu la notice annexée au présent décret et les plans à l'appui (V. *Circonscriptions*, § 4) ;

Art. 1. — Est rattaché à la commune de Dellys le centre de Bordj Menaïel, désigné au § 1 de la notice et au plan n° 1 annexés au présent décret. — Ce centre formera une section de la commune de Dellys ; il y sera établi un adjoint spécial.

Art. 2. — Sont érigés en communes de plein exercice : — 1° Le centre de Teniet el Haad et son territoire ; — 2° Le centre de Berouaghia et son territoire ; — 3° Le district de Boghari, ayant pour chef-lieu Boghari et pour annexe le centre de Boghar. — La délimitation des communes de Teniet el Haad, de Berouaghia et de Boghari est fixée, conformément au 2e § de la notice et aux

plans n°° 2 et 3, annexés au présent décret
(V. suprà, *Circonscriptions*, § 4-1°).

Art. 3. — Le corps municipal de chacune de
ces communes est composé de la manière suivante, indépendamment du maire :

Teulet el Haad. — 2 adjoints français ; — 9 conseillers
municipaux, dont 7 français, 1 indigène israélite, 1 étranger.

Berouaghia. — 1 adj. fr. ; — 9 cons. mun. français.

Boghari. — 2 adj. fr., dont 1 pour le chef-lieu, 1 pour
Boghar; — 12 cons. mun., dont 8 français, 2 musulmans, 1 israélite, 1 étranger.

Un arrêté du gouverneur général de l'Algérie
déterminera l'époque des élections municipales.

Art. 4. — Il sera pourvu à l'établissement des
budgets des nouvelles communes, à partir du
1er janv. 1869. — Jusqu'à ce que ces budgets aient
pu être régulièrement votés par les conseils municipaux, les recettes et les dépenses seront réglées d'office par le préfet du département, et les
dépenses seront ordonnancées par lui.

DI. — Mêmes dates. — *Institution des communes de Aïn Temouchent, Nemours, Tiaret
et Tamzoura (départ. d'Oran).*

Art. 1. — Modifications aux limites des communes de Mascara, Sidi bel Abbès, Tlemcen et
Saint-Denis du Sig (V. *Circonscriptions*, § 4-3°).

Art. 2. — Sont érigés en communes de plein
exercice : — 1° Le district d'Aïn Temouchent,
ayant pour annexes les trois sections de : Aïn
Khial, Rio Salado et Aïn el Arba; — 2° Le district de Nemours; — 3° Le district de Tiaret; —
4° Le centre de Tamzoura, ayant pour annexe la
section de Tafaraouï. — La délimitation territoriale de ces nouvelles communes est fixée conformément au 2° § de la notice et aux plans n°° 5
et 8, annexés au présent décret (V. suprà, *Circonscriptions*, § 4-3°).

Art. 3. — Le corps municipal de chacune de
ces communes est composé de la manière suivante, indépendamment du maire :

Aïn Temouchent. — 4 adjoints français, dont 1 pour le
chef-lieu, 1 pour Aïn Khial, 1 pour Rio Salado, 1 pour
Aïn el Arba; — 12 conseillers municipaux, dont 8 français, 2 musulmans, 1 israélite, 1 étranger.

Nemours. — 1 adj. fr.; — 9 cons. mun., dont 6 français, 1 musulman, 1 israélite, 1 étranger.

Tiaret. — Même composition.

Tamzoura. — 2 adj. fr., dont 1 pour le chef-lieu et
1 pour Tafaraouï; — 9 cons. mun., dont 6 français,
2 musulmans, 1 étranger.

Un arrêté du gouverneur général de l'Algérie
déterminera l'époque des élections municipales.

Art. 4. — (Comme au décret précédent).

AG. — 27 fév. 1869. — (V. *Affaires arabes*,
§ 2.) — *Répartition des indigènes établis sur
les territoires des circonscriptions communales du départ. d'Oran entre les sections des
diverses communes.*

AG. — 31 juill.-28 oct. 1869. — BG. 315. —
*Composition des conseils municipaux des
communes de Blad Touaria et Boughirat
(départ. d'Oran.)*

Vu les arrêtés de M. le préfet d'Oran, en date
du 6 juill. 1869, érigeant, en communes séparées
et de plein exercice, le territoire de Blad Touaria, section municipale de la commune d'Aboukir,
et le territoire de Boughirat, section municipale
de la commune de Relizane; — Considérant
qu'aux termes de l'art. 15 du décr. du 27 déc.
1866, il y a lieu de déterminer le nombre des conseillers des diverses catégories d'habitants à élire
dans chacune des communes de Blad Touaria et
de Boughirat, départ. d'Oran; — Le conseil de

gouvernement entendu, en sa séance du 28 juill.
1869;

Art. 1. — Le nombre des conseillers municipaux
des communes sus-désignées et la part afférente à
chacune des quatre catégories d'habitants dont se
compose la population, sont fixées de la manière
suivante :

Blad Touaria. — 9, dont 6 français, 3 musulmans.

Boughirat. — 9 français.

M¹ DE MAC-MAHON, DUC DE MAGENTA.

DI. — 14 août-28 oct. 1869. — BG. 315. — *Commune de la Rassauta (départ. d'Alger).* —
Changement de nom.

Art. 1. — La commune de la Rassauta portera
désormais le nom de Maison Carrée, du centre qui
en est le chef-lieu.

DI. — 20 mai-5 juill. 1870. — BG. 331. — *Institution des communes de Hussein Dey et de
La Chiffa.*

Art. 1. — Les sections de Hussein Dey et de La
Chiffa sont distraites des communes de Kouba et
de Mouzaïaville et érigées en communes de plein
exercice. — Les deux nouvelles communes feront
partie de l'arrondissement administratif d'Alger.

Art. 2. — Les limites de ces communes sont
fixées de la manière suivante et conformément
aux indications des plans annexés au présent décret. — (V. *Circonscriptions*, § 4, 1°.)

Art. 3. — Le corps municipal de chacune des
deux nouvelles communes et des deux communes
anciennes dont elles ont été détachées, est fixé
conformément aux indications du tableau suivant :

Hussein Dey. — 1 adjoint; — 9 conseillers municipaux.

Kouba. — Même composition.

La Chiffa. — 2 adj., dont 1 français, 1 indigène; —
9 cons. mun.

Mouzaïaville. — 3 adj., dont 1 pour le chef-lieu, 1 pour
El Affroun, 1 indigène; — 12 cons. mun.

Art. 4. — Des arrêtés du préfet du département d'Alger fixeront les détails d'exécution du
présent décret en ce qui concerne l'établissement
des budgets, ainsi que le partage à faire, entre les
communes anciennes et les sections érigées en
communes nouvelles, des bonis ou des créances à
payer.

DI. — 26 juill. 1870. — (V. *Circonscriptions*,
§ 4.) — *Annexion au district et à la commune
d'Aumale (départ. d'Alger) d'un terrain melk
et du périmètre de la tribu des Oulad Dris.*

DI. — 5 sept.-31 oct. 1870. — BG. 342. — *Institution de la commune de Bordj bou Aréridj
et d'un commissariat civil au même lieu
(départ. de Constantine).*

Art. 1. — La commune mixte de Bordj bou Aréridj (subd. de Sétif, départ. de Constantine), est
érigée en commune de plein exercice. — Son territoire, comprenant une superficie totale de 5,125 h.
99 a., est délimité conformément au plan annexé
au présent décret.

Art. 2. — Il est institué à Bordj bou Aréridj un
commissariat civil qui comprend le territoire de
la commune. — Le district de Bordj bou Aréridj
est rattaché judiciairement au ressort de Sétif, et
administrativement à l'arrondissement de Constantine. — Le commissaire civil est investi des attributions judiciaires et remplira les fonctions de
maire.

DI. — Mêmes dates. — *Institution de la commune et du commissariat civil de l'Oued
Zenati (départ. de Constantine).*

Art. 1. — Sont distraits du territoire militaire

de la province de Constantine et rattachés à la commune de l'Oued Zénati, 17 azels domaniaux désignés au plan ci-annexé, sous les noms de : — Bou el Merouani. — Zmarra ben M'rad. — Ben Arraas. — Blad el Hoffra el Amor. — El Messaï. — Migues bab ou Knessa. — Blad ben Biski. — Blad ben Babès. — Bou Mehenal. — Ben bou Arioua Aïn Djemel. — Bou Ariba. — Blad el Gouffi. — Ben Saad Allah. — Bou Hamza. — El Aïfa. — Bou Kara. — Ben Sultan Arkou, — présentant ensemble une superficie de 16,640 h. 84 a.

Art. 2. — Il est institué à l'Oued Zénati un commissariat civil qui comprend le territoire de la commune avec les annexions prononcées par l'art. 1. — Le district de l'Oued Zénati est rattaché judiciairement et administrativement à l'arrondissement de Constantine. — Le commissaire civil est investi des attributions judiciaires et remplira les fonctions de maire de la commune.

A. — (*Préfet d'Alger.*) — 15 sept. 1870. — (*Recueil des actes de la préfecture*). — *Dissolution de tous les conseils municipaux du département.* — *Convocation des électeurs pour le 25 septembre.* — *Composition des corps municipaux.*

Le préfet du département d'Alger, — Considérant qu'il y a urgence à procéder immédiatement à de nouvelles élections municipales; — Vu la loi électorale du 15 mars 1849; — Le décr. du 27 déc. 1866, en ce qui touche les dispositions relatives à la composition des corps municipaux en Algérie et à l'électorat des indigènes musulmans, indigènes israélites et étrangers.

Art. 1. — Les conseils municipaux des communes du département d'Alger sont dissous (1). Toutefois, ils resteront en fonctions jusqu'au jour de l'installation des nouveaux conseils municipaux à élire.

Art. 2. — Les électeurs français ou naturalisés français, indigènes musulmans, indigènes israélites et étrangers de chaque commune, sont convoqués pour le dimanche 25 sept. 1870 à l'effet de procéder respectivement à l'élection des conseillers municipaux. — Le nombre des conseillers municipaux à élire dans chaque commune, leur répartition entre les sections municipales et la part afférente à chacune des quatre catégories d'habitants dont se compose la population, sont fixés conformément : 1° au tableau de répartition annexé à l'arrêté préfectoral du 18 mai 1867 (non publié au Recueil des actes de la préfecture); 2° au tableau annexé au décr. du 27 janv. 1869, portant création des communes de Teniet el Hâad, Berouaghia, Boghari.

Toutefois, le tableau de répartition annexé à l'arrêté préfectoral du 18 mai 1867 est modifié de la manière suivante : à raison 1° de l'annexion à

la commune de Dellys, comme section municipale, du territoire de Bordj Menaïel, en vertu du décr. du 27 janv. 1869; 2° de la division de l'ancienne commune de Kouba en deux communes distinctes, Hussein Dey et Kouba, en vertu du décr. du 30 mai 1870; 3° de la division de l'ancienne commune de Mouzaïaville, en deux communes distinctes, La Chiffa et Mouzaïaville, en vertu du décr. du 30 mai 1870.

Dellys. — 18 cons., dont 12 français, 4 musulmans, 1 israélite, 1 étranger.

Hussein Dey. — 9 cons., dont 6 fr., 1 mus., 2 étr.

Kouba. — 9 cons., dont 6 fr., 1 mus., 1 étr.

La Chiffa — 9 cons., dont 6 fr., 2 mus., 2 étr.

Mouzaïaville. — 12 cons., dont 8 fr., 3 mus., 1 étr.

Art. 3, 4, 5 et 6. — (Dispositions relatives aux opérations électorales.)

Art. 7. — Aussitôt après sa réception, le présent arrêté sera affiché au chef-lieu de chaque commune et dans les sections annexes par les soins du maire.

D' A. WARNIER.

A. — (*Préfet d'Alger.*) — 14 sept. 1870. — (*Ibidem.*) — *Création de 15 nouvelles communes de plein exercice* (2).

Vu les demandes formées par les habitants des sections communales ci-après dénommées dans le but d'obtenir que lesdites sections soient érigées en communes de plein exercice; — Vu les procès-verbaux des enquêtes auxquelles lesdites demandes ont été soumises; — Attendu l'urgence :

Art. 1. — Sont érigées en communes de plein exercice les sections communales ci-après désignées : — 1° El Biar. — 2° Saint Eugène, y compris la Pointe Pescade. — 3° La Bouzaréa. — 4° Mahelma. — 5° Souma. — 6° Ameur el Aïn. — 7° Bou Medfa. — 8° Aïn Sultan. — 9° Affreville, y compris Lavarande. — 10° Aïn Taya. — 11° Montenotte. — 12° Boghar. — 13° La Reghaïa. — 14° Saint Pierre et Saint Paul. — 15° Le territoire de la Maison Blanche et du Fort de l'Eau.

Art. 2. — Les limites et les dénominations de ces nouvelles communes seront les mêmes que celles des anciennes sections du même nom. — Toutefois, la dernière commune comprendra dans ses limites la section actuelle du Fort de l'Eau et le territoire délimité par la route d'Alger à Dellys, jusqu'à la rencontre du chemin rural n° 5; par ce chemin et par la route de Sidi Moussa à Rouïba, depuis la jonction avec le précédent chemin jusqu'à l'Oued Smar; enfin par l'Oued Smar et l'Oued Roumia, jusqu'à la limite de la commune actuelle de la Maison Carrée.

Art. 3. — La commune ainsi délimitée prendra la dénomination de commune de Pirette, en mémoire de l'héroïque et victorieuse défense du colon Pirette, en 1859 (3).

Art. 4. — La séparation effective des budgets

---

(1) Aux termes de l'art. 15 de la loi du 5 mai 1855, les conseils municipaux ne peuvent être que suspendus par les préfets. La dissolution ne peut être prononcée que par le chef de l'Etat. (V. infrà, *Législation*, § 2, 3°, note de jurisprudence.)

(2) Le droit des préfets de prononcer définitivement sur les changements proposés dans les circonscriptions communales, leur appartient en vertu de l'art. 3 du décr. du 19 déc. 1866. Mais ce droit est soumis à diverses conditions et formalités préalables dont l'accomplissement n'est pas mentionné dans cet arrêté ni dans les suivants. (V. § 1, *Circulaire du 9 fév. 1869* et infrà, *Législation*, § 2-3°, note.)

(3) Le nom de PIRETTE rappelle en effet un de ces faits d'armes devenus légendaires, qui ont signalé la conquête et la défense du sol algérien par nos intrépides

colons de la première heure. Bien que le récit de cet épisode ne rentre pas dans le plan général de cet ouvrage, nous ne voulons pas laisser passer, puisqu'il se présente, l'occasion de donner une plus grande publicité à un acte de courage et d'énergie qui honore à un si haut degré le nom français.

(Extrait de la *France algérienne*.)

Le 9 déc. 1859, les Arabes, au nombre de plus de 1,000, attaquèrent le camp de l'Arba, occupé par 500 hommes et voisin de la ferme de Ben Siman.

Aux premiers coups de fusil, les trois habitants de la ferme, Pirette et deux autres colons, montèrent sur la terrasse de la maison et jugèrent du danger qui les menaçait. Les deux colons, profitant d'un moment favorable, réussirent à s'échapper à l'aide des accidents de terrain, et gagnèrent la plaine. Pirette demeura seul.

Mais Pirette est un militaire libéré du service (grena-

n'aura lieu qu'à dater de l'exercice prochain.

Art. 5. — Des arrêtés ultérieurs détermineront les détails d'exécution, en ce qui concerne l'établissement des budgets et le partage à faire entre les communes des charges, tant actives que passives.

Dr A. WARNIER.

A. — (Préfet d'Alger.) — 15 sept. 1870. — (Ibidem.) — Fixation du nombre des conseillers à élire dans les communes d'Attatba, Birmadreis, Birkadem, Boghari, Castiglione et Coléa, et de la part afférente à chaque catégorie d'habitants.

A. — (Préfet d'Alger.) — 16 sept. 1870. — (Ibidem.) — Fixation du nombre des conseillers à élire dans chacune des 15 communes constituées par l'arr. du 14 sept. et des 11 communes limitrophes modifiées par cette création.

A. — (Préfet d'Alger.) — 18 sept. 1870. — (Ibidem.) — Révocation de tous les maires et adjoints des communes du département. — Municipalités provisoires. — Commissions syndicales.

Vu l'arrêté préfectoral du 15 sept. courant, portant convocation des électeurs pour le renouvellement des conseils municipaux; — Vu les instructions du gouvernement de la défense nationale disposant que les maires et les adjoints seront élus par les conseils municipaux; — Considérant qu'il y a lieu de prendre, pour la période électorale, des mesures exceptionnelles, en vue d'assurer la sincérité du vote et d'en mettre les résultats à l'abri de toute suspicion;

Art. 1. — Sont relevés de leurs fonctions tous

---

dier au 2e bataillon du 12e de ligne). Il envisage le péril avec le sang-froid et l'expérience d'un ancien soldat; il étudie sa position et calcule ses chances. Abandonner la ferme sans défense, c'est perdre tout ce qu'il possède au monde. D'un autre côté, les Arabes peuvent être repoussés dans leur attaque contre le camp; ils peuvent au moins éprouver des pertes considérables qui les détourneront d'assaillir la ferme ou ne leur permettront qu'une tentative précipitée.... Ces réflexions le décident à rester et à attendre l'ennemi.

Il s'occupe aussitôt de barricader toutes les issues, monte les pierres sur la terrasse, et charge cinq fusils que possède la ferme. Ces armes sont en bon état. Pirette a, en outre, une hache d'abordage, 275 cartouches, un peu de poudre et à peu près 5 kilogr. de balles coupées en quatre.

Ben Seman était une de ces belles maisons mauresques semées dans la plaine de la Mitidja; c'était presque une forteresse. Les murs étaient épais, et les fenêtres étaient garnies de grilles en fer posées en saillie et dominant la porte et la façade du bâtiment.

Bien défendue, une position pareille devait opposer un obstacle sérieux à des Arabes dépourvus d'artillerie et qui n'ont jamais su forcer un simple blockaus. Enfin, le camp de l'Arba n'était qu'à dix minutes de distance, on pouvait en espérer du secours.

Pirette, ayant disposé ses armes et préparé tous ses moyens de résistance, monte de nouveau sur la terrasse et observe les mouvements des Arabes. Bientôt il les voit, après une vaine démonstration contre le camp, s'écarter dans la plaine, hors de la portée du fusil, et là, se réunir et se concerter un moment,... puis se diriger en courant sur Ben Seman.

Dans cet instant de crise, sa présence d'esprit ne lui fait pas défaut; il imagine de placer près de chaque fenêtre, soit un chapeau soit une casquette, pour s'en couvrir alternativement pendant le combat, et faire croire aux assaillants, en se montrant rapidement aux différentes ouvertures, que la ferme compte plusieurs défenseurs.

Des cris, des hurlements affreux signalent l'arrivée de l'ennemi. Il envahit l'orangerie, entoure la maison, et s'élance pour enfoncer la porte. C'est la seule résistance à laquelle il s'attend. En effet, cette porte est solide, et déconcerte les premiers efforts des Arabes.

Pirette l'avait ainsi calculé. Posté sur une terrasse et ayant sous sa main ses cinq fusils, il retient son feu; puis, choisissant l'instant où les assaillants se pressent plus nombreux autour de l'enceinte, il ajuste à dix pas de distance, et cinq décharges successives dirigées sur des masses épaisses, y font un ravage horrible.

Les Arabes s'arrêtent étonnés, ils hésitent et se retirent hors de portée en enlevant leurs morts et leurs blessés. Pirette profite de ce moment pour recharger ses armes. Au bout de quelques instants, l'ennemi revient à l'assaut avec une fureur nouvelle. Pirette se multiplie, il est à toutes les embrasures, il fait feu par toutes les fenêtres, il défend à la fois tous les points de la maison, l'œil et l'oreille toujours au guet, il brave la soif et la fatigue; tout Arabe qui ose escalader le mur, tombe foudroyé.

Une résistance aussi vigoureuse jette un moment l'indécision dans cette troupe; on ne doute pas que la ferme ne soit défendue par une forte garnison. Un nouveau conseil est tenu, une nouvelle attaque est combinée. Un seul point de la maison n'est point protégé par ces fenêtres grillées d'où Pirette fait un feu si meurtrier. Les Arabes l'ont remarqué à la fin, ils dirigent tous leurs efforts de ce côté. L'œuvre de démolition commence. De l'endroit où il est posté, Pirette n'aperçoit pas ses ennemis, mais il entend leurs coups, il compte pour ainsi dire chaque pierre qu'ils détachent de la muraille. Bientôt une ouverture est pratiquée et laisse pénétrer une faible lueur dans un sombre et étroit passage, au bout duquel Pirette se tient embusqué. Un Arabe s'engage, à moitié corps, dans la brèche, les autres s'apprêtent à le suivre. Aussitôt Pirette s'élance sur le malheureux et le tue à bout portant. Les Kabyles retirent le cadavre, mais nul ne se hasarde dans ce périlleux passage. L'effroi et le découragement commencent à se répandre parmi eux.

Cependant, la nuit arrive, l'attaque est suspendue. Pirette fait la revue de ses munitions, il s'aperçoit qu'il ne lui reste plus que 15 cartouches. Il avait tiré 300 coups de fusil! Abandonnera-t-il, faute de munitions, l'intérieur de la ferme pour se retirer sur la terrasse et en défendre la porte avec sa hache? Pirette comprend l'inutilité de ce moyen, il sait qu'il n'est qu'à dix minutes du camp de l'Arba, mais que ce camp est trop faible pour exposer dans la plaine quelques hommes contre un ennemi si supérieur en nombre. Il se décide à profiter du silence et de l'obscurité de la nuit et à s'échapper. Il connaît, à côté de la maison, un petit espace garni de ronces et de cactus. C'est là qu'il se glisse à neuf heures du soir, et après une demi-heure de marche pénible, il arrive enfin en vue du camp et crie à la sentinelle : « Ne tirez pas, je suis le colon de Ben Seman. »

Sa présence fut pour ses anciens camarades une cause de véritable stupéfaction : ils avaient entendu toute la journée une vive fusillade qui partait de la ferme, et ils ne doutaient pas que les assiégés ne fussent nombreux et parfaitement en état de se défendre. On ne pouvait comprendre comment un seul homme avait tenu une journée entière contre mille ennemis.

Cet étonnement sera partagé sans doute par tous nos lecteurs. Le vrai peut quelquefois n'être pas vraisemblable, et il faut avouer, que c'est ici le cas, ou jamais, d'appliquer ce proverbe ; mais les preuves à l'appui du fait sont nombreuses, on ne sauraient mettre en doute. Les trois cents soldats du camp de l'Arba ont vu et entendu ce qui précède, des attestations ont été délivrées au brave Pirette par les officiers dont le nom a une garantie de vérité et d'honneur. Un récit de l'action a été rédigé et déposé chez Me Branthomme, alors notaire à Alger, et cet acte est revêtu des signatures des officiers dont nous venons de parler. C'est donc un fait que l'on peut, dans tous ses détails, considérer comme authentique.

(Ce souvenir, honorable pour tous deux, donné au colon Pirette par le premier préfet de la République de 1870, est resté sans exécution ; la commune de Pirette n'a jamais été inscrite sur les tableaux et dans les actes officiels que sous le nom de commune de la Rassauta, dénomination du quartier où elle est située.)

les maires des communes du département et les adjoints faisant fonctions de maire dans les chefs-lieux de communes ou de commissariats civils.

Art. 2. — En attendant qu'il ait été régulièrement pourvu à la reconstitution des municipalités, les attributions desdits maires ou adjoints seront provisoirement exercées par le 1er conseiller municipal dans l'ordre du tableau, à l'exclusion des membres ayant déjà rempli les fonctions de maire et d'adjoint, depuis les élections générales de 1867. — En cas d'absence ou d'empêchement du 1er conseiller, les attributions qui lui sont conférées par le présent arrêté, passeront au conseiller venant ensuite dans l'ordre du tableau.

Art. 3. — Sont également relevés de leurs fonctions les adjoints des sections communales choisis en dehors du conseil municipal.

Art. 4. — Les maires institués, à titre provisoires, par le présent arrêté, sont chargés de désigner, pour remplacer lesdits adjoints, un des conseillers municipaux de la section. — A défaut de conseiller dans la section, ils désigneront d'urgence un des habitants de la circonscription.

Art. 5. — Dans les 15 sections érigées en communes de plein exercice, par l'arrêté préfectoral du 14 sept., ainsi que dans les communes de la Chiffa et de Hussein Dey, les commissions syndicales, élues par les habitants, sont, provisoirement, investies des attributions des conseils municipaux. — Lesdites commissions éliront, dans leur sein, un président qui remplira, provisoirement, les fonctions de maire. — L'exclusion prévue par l'art. 2 ci-dessus est applicable au choix du président des commissions.

Art. 6. — Est interdite toute propagande électorale de la part des fonctionnaires, employés et agents communaux, tels que gardes-champêtres, agents de police, etc., etc. — Seront frappés de révocation, sans préjudice des poursuites autorisées par la loi, tous fonctionnaires ou agents administratifs convaincus, soit d'avoir colporté et distribué des bulletins de vote ou des circulaires électorales, soit d'avoir exercé des manœuvres ou une pression quelconque de nature à altérer la sincérité du vote.

Art. 7. — Les réunions électorales préparatoires pourront avoir lieu sans déclaration préalable.

Dr A. WARNIER.

A. — (Préfet d'Alger.) — 15 nov. 1870. — (Ibidem). — Délimitation du territoire de la commune de Boghari.

A. — (Préfet d'Alger.) — 18 nov. 1870. — (Ibidem.) — Institution en commune de plein exercice, de la section de Bordj Menaïel, distraite de la commune de Dellys.

A. (Préfet d'Alger.) — 8 déc. 1870. — (Ibidem.) — Délimitation du territoire de la commune de la Chiffa.

A. — (Préfet d'Alger.) — 8 déc. 1870. — (Ibidem.) — Institution en commune de plein exercice, de la section de Draria distraite de la commune de Dely Ibrahim.

Circ. CM. — 9-10 déc. 1870. — BG. 548. — Instructions aux préfets sur l'extension à donner aux circonscriptions communales.

Aux termes du § 3 de l'art. 8 du décr. du 24 oct. dernier, sur l'organisation politique de l'Algérie, « tout centre où l'autorité civile jugera qu'il existe un nombre d'Européens suffisant pour former un conseil municipal, sera institué en commune qui relèvera de l'autorité préfectorale. » — La plupart des centres érigés en communes mixtes, en vertu de l'arr. du 20 mai 1868, me paraissent susceptibles de recevoir, dès à présent, l'applica-

tion de ce principe, et je me concerte, à cet effet, avec M. le général commandant les forces de terre et de mer.

Mais sur d'autres points du territoire anciennement dit militaire, peuvent exister des agglomérations européennes assez développées déjà pour se trouver dans le cas prévu par le décret : la question doit être considérée comme résolue dès qu'il y aura possibilité de trouver dans la population européenne fixée sur un point quelconque du territoire, les éléments pour la formation d'un conseil municipal de 9 membres, dont 6 au moins doivent être français ou naturalisés français.

Le but à obtenir, conformément à l'esprit du décret organique, c'est de réaliser, en fait, l'unité territoriale et administrative proclamée en principe et le moyen le plus prompt, comme le plus sûr d'arriver à ce but, est dans la plus grande extension possible du régime municipal. — Je serai secondé dans cette tâche par l'autorité militaire; livrez-vous, de votre côté, à la recherche des portions du territoire qui vous paraîtraient devoir être annexées à celui déjà placé sous votre autorité, soit que ce territoire puisse être érigé en commune, soit qu'il ne doive former qu'une simple section d'une autre commune. MM. les sous-préfets et commissaires civils vous aideront dans cette recherche. Transmettez-leur, sans retard, mes instructions.

CHARLES DU BOUZET.

ACM. — 25-30 janv. 1871. — BG. 554. — Modification à la composition du conseil municipal d'Alger.

Vu le décr. de la délégation du gouvernement de la défense nationale, en date du 18 janv. 1871, portant dissolution du conseil municipal de la commune d'Alger (supra, § 1.) — Notre arr. du même mois, portant, entre autres dispositions, que les élections pour le nouveau conseil municipal de ladite commune, auront lieu le 5 fév. au plus tard (ibidem,) — Vu le décr. du 27 déc. 1866 sur l'organisation municipale en Algérie, notamment l'art. 13, lequel dispose que le nombre des conseillers à nommer, pour chacune des catégories légales d'électeurs, sera fixé par arrêté du gouverneur général; — Vu l'arrêté du gouverneur général, du 25 avril 1867, portant que le nombre des conseillers municipaux de la commune d'Alger sera réparti comme il suit : Français, 16 ; Musulmans, 5 ; Israélites, 2 ; Étrangers, 5. — Considérant que, par suite du décr. de la délégation du gouvernement de la défense nationale, en date du 24 oct. 1870, qui confère aux Israélites la qualité de Français, il y a lieu de répartir, entre les trois autres catégories électorales, le nombre de représentants attribué à la population israélite.

Art. 1. — Le nombre des conseillers municipaux français à élire dans la commune d'Alger, tel qu'il était déterminé par l'arr. du 25 avril 1867, est élevé de 16 à 17 ; celui des conseillers étrangers est porté de 5 à 4 ; celui des conseillers indigènes musulmans demeure fixé à 5.

CHARLES DU BOUZET.

D. — (Bordeaux.) — 26-30 janv. 1871. — BG. 554. — Institution de la commune de Mustapha. — Composition du corps municipal de chacune des communes d'Alger et de Mustapha.

Considérant que, depuis plusieurs années, la section de Mustapha demande à être séparée de la commune d'Alger, et qu'une enquête dirigée en 1870 a été favorable à cette séparation ; — Considérant que la commission syndicale élue par

Mustapha ayant conclu dans le même sens, cette séparation ne saurait être indéfiniment ajournée, et qu'elle devient opportune en présence du prochain renouvellement du conseil municipal, dont elle entraînerait la dissolution ;

Art. 1. — La section de Mustapha est distraite de la commune d'Alger, et érigée en commune séparée.

Art. 2. — Les limites actuelles sont maintenues.

Art. 3. — Le corps municipal de chacune des communes d'Alger et de Mustapha est composé comme il suit : — Pour Alger, 24 conseillers municipaux, y compris le maire et 2 adjoints; — Pour Mustapha, 12 conseillers municipaux, y compris le maire et 1 adjoint.

Art. 4. — Des dispositions ultérieures règleront les détails d'exécution en ce qui concerne l'établissement des budgets et le partage à faire des charges tant actives que passives.

Ad. Crémieux, L. Gambetta, Glais-Bizoin, Fourichon.

ACB. — 30 janv.-8 fév. 1871. — BG. 355. — *Modification à la composition du corps municipal de chacune des communes d'Alger et de Mustapha.*

Vu le décr. (qui précède) : — Le décr. du 27 déc. 1866, art. 13 ; — Le décr. du 24 oct. 1870, sur la naturalisation collective des israélites indigènes, et celui du 25 janv. 1871, portant que les israélites algériens inscrits sur les dernières listes électorales de 1870 seront admis à concourir aux élections au même titre que les citoyens Français, jusqu'au 31 mars 1871, et que la liste spéciale des électeurs israélites pour 1870 sera réunie à la liste des électeurs français (*Élections* § 1-2°);—Notre arr. du 25 janv. 1871, portant répartition des conseillers à élire dans la commune d'Alger.

Art. 1. — Le nombre des conseillers municipaux français, indigènes musulmans et étrangers à élire dans les deux communes sus-désignées, demeure fixé, pour Alger, conformément à notre arrêté en date du 25 janvier 1871; pour Mustapha, comme suit : — 9 conseillers français, 1 musulman et 2 étrangers.

Charles du Bouzet.

ACB. — 17-22 mars 1871. — BG. 360. — *Institution de la commune de Zemmora (dép. d'Oran). — Corps municipal. — Délimitation.*

Vu le décr. du 24 oct. 1870, art. 8, § 5 (*admin. gén.* § 1); — Le décr. du 24 déc. 1870, sur l'extension du régime civil en Algérie. (*Ibidem*.); — L'arr. du 6 nov. 1868, portant création de communes mixtes dans le territoire militaire (*infrà*, § 4); — Le décr. du 27 déc. 1866, sur l'organisation municipale en Algérie; — Vu les propositions du préfet du département d'Oran ; — Considérant que le centre de colonisation de Zemmora, situé dans la zone de colonisation de l'Ouest, contient un nombre d'Européens suffisant pour former un conseil municipal.

Art. 1. — La commune mixte de Zemmora, dép. d'Oran, est érigée en commune de plein exercice, rattachée administrativement à l'arrondissement d'Oran.

Art. 2. — Le territoire de la commune de Zemmora est maintenu tel qu'il a été fixé et délimité par les tableau et plan annexés à l'arr. du 6 nov. 1868. Il comprend : — 1° le centre européen créé par le décr. du 2 mars 1864 (II, 289), pour une superficie de 972 h. 31 a. 70 c. ; — 2° Le territoire de la tribu des Harartsa, délimité et réparti par les décr. du 1er mai 1869 (*Propriété*, exécu-

tion du Sén. Cons. de 1863), pour une superficie de 5,440 h. 59 a.

Art. 3. — Le conseil municipal de la commune de Zemmora sera composé de 9 membres, dont 7 français ou naturalisés français, et 2 indigènes musulmans. — La commune sera administrée par un maire, avec deux adjoints, dont l'un français et l'autre indigène.

Art. 4. — Transitoirement et jusqu'à ce qu'il puisse être procédé régulièrement à l'élection des conseillers, le préfet instituera une commission municipale, formée de 5 membres, dont 1 indigène de la tribu des Harartsa. — Le préfet désignera, parmi les membres français de la commission, le président qui sera chargé des fonctions de maire et d'officier de l'état civil. — Le président-maire s'occupera immédiatement de la confection de la liste des électeurs, en se conformant aux prescriptions légales.

Art. 5. — Immédiatement après la clôture de la liste des électeurs, le préfet fera procéder, en prenant un arrêté à cet effet, à l'élection des membres du conseil municipal.

Alexis Lambert.

ACB. — 18-22 mars 1871. — BG. 360. — *Institution de la commune d'Ammi Moussa (dép. d'Oran).—Corps municipal.—Délimitation.*

Vu, etc.; — Comme à l'arrêté précédent.

Art. 1. — La commune mixte d'Ammi Moussa, dép. d'Oran, est érigée en commune de plein exercice, et rattachée administrativement à l'arrond. d'Oran.

Art. 2. — Le territoire de la commune d'Ammi Moussa est maintenu tel qu'il a été fixé et délimité par les tableau et plan annexés à l'arr. du 6 nov. 1868 (*infrà*, § 4). Il comprend : — 1° Le centre européen créé par le décr. du 14 sept. 1859 (I, 670), pour une superficie de 997 h. 26 a. 80 c.; — 2° Le douar des Oulad el Abbès, délimité et réparti par le décr. du 11 août 1866 (*Propriété*, exécution du Sén. Cons. de 1863), pour une superficie de 5,000 h.; — 3° Le groupe isolé du douar de Menkoura (Ouled Ali), délimité et réparti par les décr. du 30 oct. 1867 (*ibidem*), pour une superficie de 1,436 h.

Art. 3. — Le conseil municipal de la commune d'Ammi Moussa sera composé de 9 membres, dont 7 français ou naturalisés français et 2 indigènes musulmans. — La commune sera administrée par un maire, avec 2 adjoints, dont l'un français et l'autre indigène.

Art. 4. — Transitoirement et jusqu'à ce qu'il puisse être procédé régulièrement à l'élection des conseillers, le préfet instituera une commission municipale formée de 7 membres, dont 2 indigènes, l'un du douar des Oulad el Abbès, l'autre du groupe de Menkoura (2° et 5° §§ de l'art. 4 et art. 5 comme à l'arrêté précédent).

Alexis Lambert.

ACB. — 21-22 mars 1871. — BG. 360. — *Institution de la commune de Saïda (dép. d'Oran). — Corps municipal. — Délimitation.*

Vu, etc.; — Comme aux arrêtés précédents.

Art. 1. — La commune mixte de Saïda, dép. d'Oran, est érigée en commune de plein exercice et rattachée administrativement à l'arrond. d'Oran.

Art. 2. — Le territoire de la commune de Saïda est maintenu tel qu'il a été fixé et délimité par les tableau et plan annexés à l'arr. du 6 nov. 1868 (*infrà*, § 4). Il comprend : 1° le centre européen créé par le décr. du 4 juin 1862 (II, 289), pour une superficie de 1,800 h. 22 a. 10 c.; 2° le douar des Doui Tabet, délimité et réparti par les décr. du 22 avr. 1868 (*Propriété*, exéc. du Sén. Cons.

de 1863), pour une superficie de 30,021 h. 89 a. 50 c.

Art. 3. — Le conseil municipal de la commune de Saïda sera composé de 12 membres, dont 9 français ou naturalisés français, et 3 indigènes musulmans. — La commune sera administrée par un maire, avec 2 adjoints, dont l'un français et l'autre indigène.

Art. 4. — Transitoirement et jusqu'à ce qu'il puisse être procédé régulièrement à l'élection des conseillers, le préfet instituera une commission municipale, formée de 7 membres, dont 4 indigène musulman (2° et 3° §§ de l'art. 4 et art. 5 comme à l'arrêté précédent).

ALEXIS LAMBERT.

AG. — 10-22 juill. 1871. — BG. 369. — *Réunion de la tribu des Béni Salah à la commune de Blida. — Corps municipal augmenté de 2 adjoints indigènes.*

Art. 1. — Les douars-communes de Sidi el Kébir et de Sidi el Fodhil, formant l'ancienne tribu des Béni Salah, sont distraits du district de Médéa et rattachés à la commune de Blida.

Art. 2. — Jusqu'à ce qu'il soit procédé à de nouvelles élections, ces douars seront représentés provisoirement au conseil municipal par 2 adjoints indigènes, nommés par le préfet, les djemâas consultées.

V.-am¹ COMTE DE GUEYDON.

§ 4. — ORGANISATION MUNICIPALE EN TERRITOIRE MILITAIRE. — COMMUNES MIXTES. — COMMUNES SUBDIVISIONNAIRES.

Décrs. 1. — 9-25 mai 1868. — BG. 267. — *Organisation municipale en territoire militaire.*

Rapport à l'Empereur. — Sire, le décr. du 27 déc. 1866, sur l'organisation municipale en Algérie, dispose dans son art. 16, que des arrêtés du gouverneur général pourvoiront : — 1° A l'organisation municipale des tribus délimitées en exécution du Sén.-Cons. du 22 avr. 1863; — 2° A celle des territoires qui ne renferment pas encore une population européenne suffisante pour recevoir l'application de ce décret. — Pour se conformer à ces prescriptions, le gouverneur général de l'Algérie a préparé un arrêté organique sur la matière; mais avant de rendre cet arrêté exécutoire, il m'a prié de le placer sous les yeux de V. M. Je demande à l'Empereur la permission de lui soumettre, en même temps que ce travail, quelques explications sur son opportunité. — En dehors de la zone que le décr. du 27 déc. 1866 a dotée de nos institutions municipales, l'Algérie comprend : 1° Les territoires sur lesquels la population européenne est installée, non pas assez agglomérée, assez compacte, assez dense, pour former une commune de plein exercice, mais cependant assez nombreuse pour qu'il y ait lieu de l'admettre à prendre une part à la gestion des intérêts communs et de la préparer, ainsi que les indigènes qui vivent à côté d'elle, à notre organisation communale; — 2° Les douars constitués en exécution du Sén.-Cons. et auxquels les dispositions du décr. du 25 mai 1863 (*Propriété*, II, 194), ont déjà donné quelques-unes des attributions des conseils municipaux; — 3° Les tribus qui se partageront successivement en douars par l'application du Sén.-Cons.

Quel est l'avenir réservé à ces trois éléments? Le 1er, grâce au développement de la population européenne qu'une administration libérale s'efforcera d'appeler dans le pays; grâce aux richesses de toute sorte que les travaux d'utilité publique et les relations commerciales feront sortir du sol algérien, se transformera promptement en communes de plein exercice.

Le 2°, par l'introduction de l'Européen au milieu du douar, introduction que faciliteront la reconnaissance et la constitution de la propriété individuelle; par la propagation de l'instruction et l'initiation des indigènes à nos méthodes agricoles et industrielles, arrivera progressivement au niveau où se trouve aujourd'hui le premier, et recevra les institutions de celui-ci.

Le 3° se modifiera rapidement par la substitution du douar à la tribu. Il suffira, pour cela, que rien ne vienne ralentir l'impulsion qui a été donnée aux travaux d'application du Sén.-Cons.

L'arrêté préparé par le gouverneur général de l'Algérie est conçu dans le but d'assurer la réalisation du plan que je viens d'indiquer. — Les territoires où la population européenne est assez dense pour qu'il y ait lieu de la préparer, elle et les indigènes qui sont en contact avec elle, à la vie municipale, formeront des communes *mixtes*, ayant leur domaine propre et administrées par des commissions municipales composées de fonctionnaires et d'habitants européens, musulmans et israélites, suivant les localités. Ces commissions auront les attributions des conseils municipaux des communes de plein exercice. Les fonctions de maire seront confiées au commandant du territoire, celles d'officier de l'état-civil au commandant de place ou à l'adjoint civil. La comptabilité sera remise au receveur des contributions locales ou, à défaut, à un agent spécial. En un mot, la commune mixte, telle que le gouverneur général de l'Algérie propose de la constituer, ne diffère de la commune française que parce qu'elle a pour maire le commandant du territoire et pour conseil municipal une commission spéciale. On comprend qu'ainsi organisée, cette commune, qui offre toutes les garanties désirables au point de vue administratif, pourra être, sans aucune difficulté, érigée en commune de plein exercice, le jour où l'élément européen sera suffisamment développé et où, de son côté, l'élément indigène se sera façonné à nos idées et aura fait un nouveau pas en avant.

Les douars constitués et les tribus, dans lesquels l'élément européen n'a pas encore pris de l'importance, seront groupés en communes dites *subdivisionnaires*, parce que l'administration en sera centralisée au chef-lieu de la subdivision. — Les douars réunis dans les communes de cette catégorie formeront des sections distinctes, dont les djemâas conserveront les attributions que leur a conférées déjà le décr. du 25 mai 1863, et recevront, en même temps, une partie des pouvoirs de nos conseils municipaux. Les conditions dans lesquelles devront fonctionner ces premiers éléments de l'organisation municipale chez les indigènes, sont déterminées avec soin dans le projet d'arrêté du gouverneur général, et j'estime qu'on leur a départi toutes les attributions compatibles avec le degré d'instruction de la société arabe et avec la prudence que comporte le progrès dont nous voulons doter l'institution.

La commune subdivisionnaire n'absorbera donc pas le douar; elle lui laissera sa vie propre dans une sage limite, et ne prendra le maniement des fonds appartenant au groupe indigène que dans les conditions nécessaires pour faciliter le rôle de la djemâa et prévenir des abus qui pourraient discréditer l'institution. L'organisation de cette commune est d'ailleurs calquée sur la commune française; elle a son conseil subdivisionnaire présidé par le commandant de la subdivision, dans lequel siègent, avec divers fonctionnaires, des représentants de la population indigène. Déjà ce conseil existe à peu près, institué par l'arrêté du gouverneur général du 20 avr. 1865 (*Impôt arabe*, II, 103), pour donner son avis sur les projets de dépenses de toute nature afférentes au budget des centimes additionnels à l'impôt arabe. Des modifications faciles font de ce budget un budget communal, tout en réservant à chaque douar ses fonds spéciaux. Les recettes qui l'alimentent suffiront à toutes les dépenses sans qu'il soit nécessaire d'imposer de nouvelles charges aux populations. En un mot, l'organisation de la commune subdivisionnaire est telle qu'un jour donné, un douar quelconque pourra être détaché pour former une commune mixte, si l'élément européen a pris dans ce douar une importance suffisante. Je suis donc fondé à penser que cette organisation constitue une excellente mesure et qu'elle convient non-seulement à la situation présente, mais encore à celle qui pourra résulter de l'extension de la colonisation et des progrès des populations musulmanes.

La création des communes mixtes aura pour conséquence de supprimer les budgets des localités non érigées en communes, instituées par l'art. 54 du décr. du 27 oct. 1858. Ces budgets deviennent en effet inutiles, puisque les communes ou leur annexes absorberont la totalité des territoires.

D'un autre côté, des dépenses nouvelles pourront venir s'imposer aux communes subdivisionnaires, qui n'ont d'autres ressources que les centimes additionnels de l'impôt arabe, et afin d'y faire face sans demander de nouveaux sacrifices aux douars ou aux tribus, le gouverneur général propose de transporter aux budgets de ces communes la portion du produit des amendes arabes que le décr. du 27 oct. 1858 attribue aux budgets provinciaux. Ces modifications pourront faire l'objet d'un décret que j'aurai l'honneur de soumettre à V. M., lorsque l'institution des communes nouvelles aura été consacrée par l'arrêté dont je viens d'exposer les dispositions essentielles et le but.

Cet arrêté est la conséquence directe du Sén.-Cons. du 22 avr. 1865, qui fractionne la tribu en douars. Les principes en sont posés par la lettre de l'Empereur du 20 juin 1865, sur la politique de la France en Algérie. Ses dispositions ont été l'objet d'études approfondies, concertées depuis longtemps déjà entre le gouverneur de l'Algérie et mon département, et je ne doute pas qu'elles ne soient de nature à exercer la plus favorable influence sur l'avenir du pays et à donner toute satisfaction aux préoccupations de l'opinion publique.

Si tel est l'avis de V. M., je la prie de vouloir bien me permettre de faire connaître au gouverneur général qu'il est autorisé à donner suite à ce projet d'arrêté et à préparer toutes les mesures d'exécution, afin qu'il puisse recevoir son effet aussitôt que possible.

Le ministre de la guerre,

Approuvé :   M^{al} NIEL,
NAPOLÉON.

(Bien que cette nouvelle organisation ait été sanctionnée par la signature de l'Empereur, ce qui autorisait d'abord à penser qu'elle ne pouvait être modifiée que par un décret, il a été reconnu par décision du président de la République en date du 7 oct. 1871 (*infrà*, § 5), que le gouverneur général avait le droit d'y apporter, par voie d'arrêtés, toutes modifications utiles, et de changer au besoin la circonscription des cercles et de ces communes).

AG. — 20-23 mai 1865. — BO. 267. — *Arrêté d'organisation.*

Vu le décr. du 27 déc. 1866, art. 16; — L'ord.

du 28 sept. 1847, sur l'organisation municipale en Algérie; — L'arr. du 4 nov. 1848, sur la constitution de la propriété communale; — Le décr. du 28 juill. 1860, sur l'aliénation de la propriété communale; — Le décr. du 20 janv. 1858, portant règlement sur les recettes municipales; — Les arr. min. des 30 juill. 1855 et 26 fév. 1858, sur les centimes additionnels à l'impôt arabe; — Le décr. du 27 oct. 1858, art. 54, concernant le budget des localités non érigées en communes; — Le Sén.-Cons. du 22 avr. 1865, et le règlement d'admin. publ. du 23 mai suivant (art. 16 à 24), concernant les biens appartenant aux douars; — L'arr. du 28 avr. 1865, portant institution des commissions des centimes additionnels à l'impôt arabe; — L'arr. du 28 avr. 1865, portant règlement sur les travaux d'utilité communale dans les tribus; — Le conseil de gouvernement entendu.

De l'organisation municipale du territoire militaire.

Art. 1. — Le territoire militaire de chaque subdivision est divisé en communes mixtes et en communes subdivisionnaires.

Art. 2. — Les communes mixtes comprennent les centres de population habités à la fois par des indigènes et par des européens, et qui, possédant des ressources propres, ne renferment pas encore une population européenne suffisante pour recevoir l'application immédiate du décr. du 27 déc. 1866. — Les communes mixtes peuvent être divisées en sections par l'arrêté qui en détermine l'organisation et la délimitation. Elles ont pour centre administratif le chef-lieu du cercle ou de l'annexe.

Art. 3. — Les communes subdivisionnaires comprennent les douars constitués en exécution du Sén.-Cons. du 22 avr. 1865, et les tribus qui seront successivement soumises à son application. — Les communes subdivisionnaires ont pour centre administratif le chef-lieu de la subdivision.

Art. 4. — Les communes mixtes et les communes subdivisionnaires sont personnes civiles. Elles exercent, à ce titre, tous les droits, prérogatives et actions dont les communes de plein exercice sont investies par la loi.

TIT. 1. — Des communes mixtes.

SECT. 1. — Du domaine des communes mixtes.

Art. 5. — Le domaine des communes mixtes se compose des biens meubles et immeubles réputés biens communaux pour les communes de plein exercice.

SECT. 2. — De l'organisation des commissions municipales des communes mixtes.

Art. 6. — Les communes mixtes sont administrées par des commissions municipales composées : — Du commandant du cercle ou du chef d'annexe; — Du commandant de place; — Du juge de paix; — Des adjoints du chef-lieu et des sections de la commune; — De 5 membres choisis parmi les habitants de la circonscription communale et remplissant les conditions imposées par le décr. du 27 déc. 1866 pour faire partie des conseils municipaux (modifié par arr. du 24 nov. 1871, ci-après, § 5).

Art. 7. — Les adjoints du chef-lieu et des sections de la commune et les membres des commissions municipales, autres que le commandant du cercle, le commandant de place et le juge de paix, sont nommés pour trois ans par le général commandant la province et sont susceptibles d'être renommés (modifié par arr. du 24 nov. 1871 ci-après, § 5).

Art. 8. — Il peuvent être suspendus par arrêté

du général commandant la province. — Cet arrêté cesse d'avoir son effet, s'il n'est confirmé, dans le délai de deux mois, par le gouverneur général. — Ils ne peuvent être révoqués que par arrêté du gouverneur général.

Art. 9. — Les fonctions des membres des commissions sont gratuites.

Sect. 3. — *De l'administration des communes mixtes.*

Art. 10. — Les commissions municipales se réunissent ordinairement quatre fois par an, au commencement des mois de février, mai, août et novembre. — Elles sont présidées par le commandant du cercle et, en son absence, par l'officier qui le remplace. — Chaque session peut durer dix jours. — Elles peuvent en outre être convoquées extraordinairement par le général commandant la province, lorsqu'il le juge utile.

Art. 11. — Les commissions municipales délibèrent sur toutes les matières soumises aux conseils municipaux des communes de plein exercice par les art 34, 35, 36, 57 et 58 de l'ord. du 29 sept. 1847.

Art. 12. — Les dépenses et les recettes des communes mixtes, les acquisitions, aliénations, baux, dons et legs faits à leur profit, ou consentis par elles, sont réglés par les dispositions de l'ord. du 28 sept. 1847, de l'arr. du 4 nov. 1848 et du décr. du 28 juill. 1860, en tout ce qui n'est pas contraire au présent arrêté. — Il en est de même en ce qui concerne les actions judiciaires, les transactions et la comptabilité.

Art. 13. — Le commandant du cercle, président de la commission municipale, administre les biens de la commune mixte, dirige les travaux d'intérêt commun, prépare le budget, ordonne les dépenses, surveille la comptabilité, nomme aux emplois communaux pour lesquels les lois, ordonnances et arrêtés ne prescrivent pas un mode spécial de nomination, suspend et révoque les titulaires de ces emplois. — Il exerce les fonctions d'officier de police judiciaire. — Celles d'officier de l'état civil continuent d'être exercées par le commandant de place ou par l'adjoint civil délégué. — Lorsque la commune mixte est divisée en sections, il est institué, pour chaque section, hors du chef-lieu, un adjoint spécial, chargé des fonctions d'officier de l'état civil et des autres attributions municipales qu'il conviendrait au commandant du cercle de lui déléguer.

Art. 14. — Dans les communes mixtes où il existe un receveur des contributions diverses, il remplit les fonctions de receveur communal; à défaut, un receveur communal spécial peut être nommé par le gouverneur général, sur la proposition du général commandant la province. Ce comptable est soumis aux mêmes règles et obligations que les receveurs municipaux des communes de plein exercice.

Tit. 2. — *Des communes subdivisionnaires.*

Sect. 1. — *Du domaine des communes subdivisionnaires.*

Art. 15. — Le domaine des communes subdivisionnaires se compose :

1° Des biens déclarés biens communaux et des droits conférés aux communes par la législation;

2° Des biens et des dotations qui sont ou qui pourront être attribués aux communes par la législation spéciale de l'Algérie.

Au fur et à mesure de la constitution des communes mixtes, des arrêtés du gouverneur général répartissent, suivant qu'il y a lieu, entre ces communes et la commune subdivisionnaire, les constructions élevées, soit au moyen de fonds provenant de cotisations des tribus, soit au moyen des centimes additionnels à l'impôt arabe. — Toutefois,

les biens communaux attribués aux douars légalement constitués resteront, dans tous les cas, la propriété exclusive de ces douars.

Sect. 2. — *De l'administration des communes subdivisionnaires et des conseils subdivisionnaires.*

Art. 16. — Les communes subdivisionnaires sont administrées par le commandant de la subdivision, assisté d'un conseil composé des commandants des cercles, du sous-intendant militaire, des commandants du génie, du chef du bureau arabe de la subdivision, et de notables indigènes, en nombre égal à celui des cercles, sans que ce nombre puisse être inférieur à quatre.

Art. 17. — Les conseillers indigènes sont nommés, pour trois ans, par le gouverneur général, et sont susceptibles d'être renommés. Ils peuvent être suspendus ou révoqués de leurs fonctions par arrêté du gouverneur général.

Art. 18. — Les conseils subdivisionnaires se réunissent ordinairement deux fois par an, au mois de mai et au mois d'octobre. Chaque session peut durer 10 jours.

Art. 19. — Les généraux commandant les provinces peuvent, en outre, prescrire la convocation extraordinaire d'un conseil, ou l'autoriser, sur la demande du commandant de la subdivision, toutes les fois qu'ils le jugent utile.

Art. 20. — Le commandant de la subdivision préside le conseil. Les fonctions de secrétaire sont remplies par le chef du bureau arabe subdivisionnaire.

Art. 21. — Le conseil subdivisionnaire ne peut délibérer que lorsque la majorité des membres se trouve présente. Les décisions se prennent à la majorité des voix, et, en cas de partage, celle du président est prépondérante.

Art. 22. — Il est interdit aux conseils subdivisionnaires de prendre aucune délibération sur des objets étrangers à leurs attributions, ou hors de leur réunion légale, et de se mettre en correspondance avec les autres conseils.

Art. 23. — Les délibérations des conseils sont inscrites, par ordre de date, sur un registre coté et parafé par le général commandant la province ou son délégué. Elles sont signées par tous les membres présents à la séance, où mention est faite de la cause qui les empêche de signer.

Sect. 3. — *Des attributions municipales du commandant de la subdivision, président du conseil subdivisionnaire.*

Art. 24. — Le président du conseil subdivisionnaire est chargé de la publication des lois, décrets et arrêtés, et généralement des fonctions dévolues aux Maires par la législation spéciale à l'Algérie, notamment :

1° De la conservation et de l'administration des propriétés de la commune subdivisionnaire, et de faire, en conséquence, tous actes conservatoires de ses droits;

2° De la gestion des revenus, de la surveillance des établissements communaux et de celle de la comptabilité communale ;

3° De la proposition du budget;

4° De l'ordonnancement des dépenses par l'intermédiaire des fonctionnaires de l'intendance militaire ou du service du génie;

5° Des travaux communaux;

6° De souscrire les marchés, de passer les baux de biens dans les formes établies par les règlements;

7° De souscrire, dans les mêmes formes, les actes de vente, échange, partage, acceptation de dons ou legs, acquisition, transaction, lorsque ces actes auront été préalablement autorisés.

Art. 25. — Lorsqu'il y a lieu de procéder à une adjudication, le président du conseil subdivisionnaire se fait représenter par le fonctionnaire de l'intendance militaire chargé des ordonnances.

ments; celui-ci est assisté de deux membres du conseil. — Le receveur des contributions diverses du chef-lieu, chargé de la comptabilité de la commune subdivisionnaire, est appelé à toutes les adjudications.

Art. 26. — Toutes les difficultés qui peuvent se présenter sur les opérations préparatoires des adjudications sont résolues séance tenante, à la majorité des voix, par le fonctionnaire de l'intendance et les deux conseillers, sauf le recours de droit.

Art. 27. — Les adjudications ne sont valables et définitives qu'autant qu'elles ont été approuvées par le général commandant la province, si la dépense ne dépasse pas 10,000 fr., et par le gouverneur général dans tous les autres cas.

Art. 28. — Le président du conseil subdivisionnaire nomme à tous les emplois communaux pour lesquels il n'est pas prescrit un mode spécial de nomination. Il suspend et révoque les titulaires de ces emplois.

Art. 29. — Le conseil délibère sur les objets suivants :

1° Le mode d'administration des biens de la commune subdivisionnaire ;

2° Le budget de la commune subdivisionnaire, et, en général, toutes les recettes et les dépenses, soit ordinaires, soit extraordinaires ;

3° Les acquisitions, aliénations et échange de propriétés communales, leur affectation aux différents services publics, et, en général, tout ce qui intéresse leur conservation et leur amélioration ;

4° Les conditions des baux de biens donnés ou pris à ferme ou à loyer ;

5° Les projets de constructions, de grosses réparations, d'entretien et de démolition et, en général, tous les travaux à entreprendre ;

6° L'ouverture des chemins vicinaux ;

7° L'acceptation des dons et legs faits à la commune subdivisionnaire ou aux établissements qui en dépendent ;

8° Les actions judiciaires et les transactions sur lesquelles les conseils municipaux sont appelés à délibérer, d'après les lois et ordonnances.

Art. 30. — Les délibérations des conseils subdivisionnaires sont adressées au général commandant la province, qui les transmet au gouverneur général. — Elles ne sont exécutoires qu'après avoir reçu l'approbation du général commandant la province, ou du gouverneur général dans les cas spéciaux déterminés par le présent arrêté.

Art. 31. — Le conseil subdivisionnaire est toujours appelé à donner son avis sur les comptes annuellement présentés par son président, administrateur de la commune. Il entend, débat, arrête, sauf le règlement définitif par le gouverneur général, les comptes de deniers du receveur. — Le conseil peut exprimer son vœu sur tous les objets d'intérêt local.

Art. 32. — Dans les séances où les comptes d'administration du président sont débattus, la présidence est dévolue à l'officier présent le plus élevé en grade, après le commandant de la subdivision. Celui-ci peut assister à la séance, mais il doit se retirer au moment où le conseil va émettre son vote.

SECT. 5. (sic au texte officiel au lieu de Sect. 4.) — *Des dépenses et recettes et des budgets des communes subdivisionnaires.*

Art. 33. — Les dépenses des communes subdivisionnaires sont obligatoires ou facultatives.

Sont obligatoires les dépenses suivantes :

1° L'acquittement des dettes exigibles ;

2° Les frais d'administration et de perception des droits et revenus de la commune subdivisionnaire ;

3° Les prélèvements autorisés, remboursements et restitutions sur ces produits ;

4° Les traitements des agents employés à un service de surveillance et de police ;

5° L'entretien des mobiliers des bureaux arabes et des hôtels des commandants de subdivisions et de cercles ;

6° L'hébergement des hôtes dans les chefs-lieux de subdivision et de cercle et dans les annexes ;

7° L'entretien des indigènes traduits ou condamnés devant les commissions disciplinaires ;

8° Les dépenses d'assistance publique ;

9° Celles relatives à l'instruction publique, telles que création et entretien des écoles des douars, des écoles arabes-françaises, entretien d'élèves indigènes dans les médersas, dans les écoles professionnelles, dans les collèges arabes-français ou à l'école de médecine ;

10° Les dépenses de matériel de la justice musulmane et du culte ;

11° L'achat et l'entretien des étalons de tribus ;

12° L'entretien des travaux faits ;

13° Les dépenses obligatoires des douars-communes n'ayant pas les revenus suffisants pour y faire face, notamment les dépenses des traitements des secrétaires des djemâs et celles de l'achat des registres de l'état civil. (Arrêté postérieur du 3-31 oct. 1870. — BG. 342.)

Art. 34. — Toutes les dépenses autres que les précédentes sont facultatives.

Art. 35. — Les recettes des communes subdivisionnaires sont ordinaires ou extraordinaires.

Art. 36. — Les recettes ordinaires se composent :

1° Des centimes additionnels à l'impôt arabe, dont le taux est déterminé par le gouverneur général ;

2° Des produits, tels que loyers et fermages, rentes foncières et valeurs productives quelconques, des immeubles appartenant à la commune subdivisionnaire ;

3° Des droits de place, de pesage, de mesurage et de jaugeage dans les halles, foires et marchés publics de la commune subdivisionnaire, les douars constitués en vertu du Sén.-Cons. exceptés ;

4° De la portion des amendes payées par les indigènes des tribus ou des douars qui n'est pas attribuée aux chefs indigènes par les arrêtés spéciaux sur la matière.

Art. 37. — Les recettes extraordinaires se composent :

1° Du prix de vente des biens aliénés et qui faisaient partie des propriétés de la commune subdivisionnaire ;

2° Du prix de vente des objets provenant des services subdivisionnaires, tels que mobiliers des hôtels de la subdivision, des cercles, des bureaux arabes ou des écoles arabes-françaises ;

3° Des dons et legs ;

4° Du remboursement des capitaux exigibles et rentes constituées ;

5° Du produit des cotisations volontaires que certaines tribus ou portions de tribus seraient autorisées à s'imposer extraordinairement pour subvenir à une dépense déterminée.

Art. 38. — L'excédant des recettes sur les dépenses de l'exercice expiré et réglé, sera porté en première ligne dans les ressources du budget de chaque commune subdivisionnaire pour l'exercice suivant.

Art. 39. — Ce budget, présenté par le commandant de la subdivision et voté par le conseil, est réglé définitivement par le gouverneur général, auquel il est transmis par le général commandant la province.

Art. 40. — Les crédits qui pourraient être reconnus nécessaires, après le règlement du budget, sont délibérés conformément aux articles précédents, et sont l'objet de chapitres additionnels qui doivent être soumis à l'approbation du gouverneur général.

Art. 41. — Les dépenses proposées au budget d'une commune subdivisionnaire peuvent être réduites ou rejetées par l'arrêté qui règle ce budget.

Art. 42. — Les conseils subdivisionnaires peuvent porter au budget un crédit pour dépenses imprévues, mais ce crédit ne peut être employé qu'avec l'autorisation du général commandant la province.

Art. 43. — Les dépenses proposées au budget

ne peuvent être augmentées, et il ne peut en être introduit de nouvelles qu'autant qu'elles sont obligatoires.

Art. 44. — Les fonds provenant des budgets des communes subdivisionnaires sont consacrés intégralement et exclusivement aux dépenses d'utilité commune, spéciales aux tribus ou douars de cette subdivision.

Art. 45. — Néanmoins, il en est fait, chaque année, déduction d'une somme fixée par le gouverneur général, et qui, dans aucun cas, ne pourra dépasser le vingtième des recettes. Elle est applicable à l'établissement d'un fonds commun particulier à chaque province et destiné à subvenir aux dépenses suivantes :

1° Frais généraux et impressions relatifs à l'administration des tribus ;

2° Indemnité pour frais de bureaux attribuée au directeur des affaires arabes de la province;

3° Entretien du mobilier de la direction des affaires arabes;

4° Hébergement des hôtes au chef-lieu de la province;

5° Entretien des indigènes détenus au chef-lieu de la province;

6° Secours et frais de médicaments pour les indigènes du territoire militaire de passage au chef-lieu de province;

7° Part de la province dans les dépenses d'entretien des détenus indigènes de passage à Alger et d'hébergement des hôtes du gouverneur général;

8° Part de la province dans les frais généraux et d'impression particuliers au territoire militaire de l'Algérie;

9° Secours pour les indigènes des provinces d'Oran et de Constantine de passage à Alger;

10° Entretien du mobilier du bureau politique;

11° Part de la province dans les allocations attribuées à l'inspecteur des établissements d'instruction publique ouverts aux indigènes.

Art. 46. — Le fonds commun donne lieu à l'établissement d'un budget spécial, administré par le général commandant la province et réglé par le gouverneur général, d'après les principes admis pour les budgets des communes subdivisionnaires, sauf en ce qui concerne l'assistance du conseil subdivisionnaire.

SECT. 6. — *Des acquisitions, aliénations, baux, dons et legs.*

Art. 47. — Les délibérations des conseils subdivisionnaires ayant pour objet des acquisitions, ventes ou échanges d'immeubles, le partage de biens indivis, sont soumises à l'approbation du général commandant la province, quand il s'agit d'une valeur n'excédant pas 5,000 fr., et, dans tous les autres cas, à l'approbation du gouverneur général.

Art. 48. — Les délibérations des conseils subdivisionnaires ayant pour objet des baux de biens pris ou donnés à loyer, ne sont exécutoires qu'autant qu'elles ont été approuvées par le général commandant la province, lorsque la durée des baux n'excède pas neuf ans, et dans tous les autres cas, par le gouverneur général.

Art. 49. — Les délibérations des conseils subdivisionnaires, portant refus ou acceptation de dons ou legs mobiliers ou de sommes d'argent faits à la commune ou à des établissements qui en dépendent, sont soumises à l'approbation du général commandant la province, si la valeur ne s'élève pas à plus de 5,000 fr. — Si cette valeur est supérieure à 5,000 fr., ou si les dons ou legs sont immobiliers par leur nature, les délibérations sont soumises à l'approbation du gouverneur général.

SECT. 7. — *Comptabilité.*

Art. 50. — Les recettes et les dépenses admises aux budgets des communes subdivisionnaires, ainsi que les dépenses payées sur les fonds commun, forment, dans la comptabilité des receveurs des contributions diverses, un service spécial dont ils doivent compte, conformément aux règles tracées dans le décr. du 20 janv. 1858 sur les recettes municipales en Algérie.

Art. 51. — Les budgets des communes subdivisionnaires et du fonds commun sont préparés au mois d'octobre de chaque année, et soumis par les généraux commandant les provinces à l'approbation du gouverneur général dans le courant du mois de novembre.

Art. 52. — Les dépenses imputées sur lesdits budgets sont acquittées sur des mandats délivrés par l'intendance militaire ou par le service du génie.

Art. 53. — Les règles de la comptabilité des communes de plein exercice sont applicables à la comptabilité des communes subdivisionnaires et du fonds commun, en ce qui touche la division et la durée des exercices, la justification, le contrôle, l'ordonnancement et le paiement des dépenses, le maximum de l'encaisse des receveurs, enfin, le mode d'écritures et de comptabilité.

Art. 54. — Les comptes des receveurs des contributions, en ce qui concerne le recouvrement et l'emploi des sommes appartenant aux budgets des communes subdivisionnaires ou au fonds commun, sont rendus dans les délais et conformément aux règles qui s'appliquent aux receveurs municipaux en Algérie. Les comptes administratifs sont réglés par le gouverneur général.

SECT. 8. — *De l'organisation et des attributions des djemâas des douars.*

Art. 55. — Les douars constitués par décrets impériaux en exécution du Sén.-Cons. du 22 avr. 1863, forment, dans la commune subdivisionnaire, des sections distinctes, dans les conditions ci-après déterminées.

Art. 56. — La djemâa de chaque douar constitué par les opérations du Sén.-Cons. du 22 avr. 1863, se compose du caïd ou du cheikh du douar, président, et de notables choisis dans le douar.

Art. 57. — Le nombre des notables est de 8 pour les douars qui n'ont pas 1,000 habitants, de 10 pour les douars qui ont 1,000 habitants et moins de 1,500, de 12 pour les douars de 1,500 habitants et au-dessus.

Art. 58. — Les membres de la djemâa sont nommés pour trois ans par le général commandant la province, et sont susceptibles d'être renommés. Ils peuvent être suspendus ou révoqués de leurs fonctions par le général commandant la province.

Art. 59. — Nul ne peut être membre d'une djemâa s'il n'est âgé de 25 ans accomplis et s'il ne jouit de tous ses droits civils.

Art. 60. — Les fonctions de membre de la djemâa sont gratuites.

Art. 61. — Il est attaché à chaque djemâa un secrétaire qui remplit en même temps les fonctions d'inspecteur dans le douar, et qui est, en outre, chargé, sous la surveillance du caïd ou du cheikh du douar et le contrôle de la djemâa, de la tenue des registres de l'état-civil. — Dans les douars où existent des écoles arabes-françaises, le maître-adjoint remplit gratuitement ces fonctions.

Art. 62. — Les djemâas se réunissent ordinairement quatre fois par an, dans le premier mois de chaque trimestre. — Elles peuvent, en outre, être convoquées extraordinairement par les généraux commandant les subdivisions, lorsqu'ils le jugent utile.

Art. 63. — Les djemâas délibèrent sur les objets suivants :

1° Le mode d'administration et de jouissance des biens communaux ;

2° Le mode de jouissance et la répartition des fruits communaux, ainsi que les conditions imposées aux parties prenantes ;

3° Les conditions de baux de biens donnés à ferme ou à loyer par le douar, ainsi que celles des baux des biens pris à loyer par le douar ;

4° L'aliénation des biens communaux, conformément aux dispositions des art. 16, 17, 18, 19, 20, 21 et 22 du décr. du 23 mai 1863 ;

5° Les actions judiciaires et transactions ;

6° Les travaux d'utilité publique à entreprendre, les prestations à fournir, conformément aux dispositions de l'arr. du 29 avr. 1863 ;

7° Les contributions extraordinaires pour l'exécution des travaux d'utilité publique.

Art. 64. — Les djemâas peuvent, en outre, être consultées, par l'autorité administrative, sur les besoins du culte et de l'instruction publique, sur le mode d'assiette et de répartition de l'impôt, ainsi que sur les contestations nées de la répartition des terres collectives de culture du douar.

Art. 65. — Les délibérations sont inscrites sur un registre coté et paraphé par le commandant du cercle, qui est tenu par le secrétaire de la djemâa et qui reste déposé chez son président. Elles sont signées par les membres présents à la séance, ou mention est faite de la cause qui les empêche de signer ; copie en est adressée par le président de la djemâa à l'autorité supérieure. — Elles ne sont exécutoires qu'après avoir reçu l'approbation du général commandant la province ou du gouverneur général, selon les distinctions établies par le décr. du 23 mai 1863 et par le présent arrêté.

Art. 66. — Les recettes de toute nature des douars constitués sont rattachées au budget de la commune subdivisionnaire, et versées à la caisse des contributions. — À l'exception de celles qui proviennent des centimes additionnels à l'impôt arabe, et sont perçues en vertu des dispositions de l'arr. min. du 30 juill. 1855, ces recettes sont affectées aux dépenses du douar. Il est, à cet effet, ouvert sur le budget un compte spécial pour chaque douar.

Art. 67. — Les dépenses des traitements des secrétaires des djemâas, celles de l'achat des registres de l'état civil, sont soldées sur les revenus des douars et, au besoin, sur des centimes spéciaux à chaque douar, fixés en raison de l'importance de la population locale et perçus en même temps que l'impôt principal. — (Cet article a été rapporté par arr. du 5 oct. 1870. — B. G. 512, et remplacé par la disposition suivante.)

« Les douars peuvent être autorisés, en vue de l'exécution de travaux d'une utilité reconnue, à s'imposer des centimes spéciaux, fixés en raison de la population locale et perçus en même temps que l'impôt principal. »

Mal DE MAC-MAHON, DUC DE MAGENTA.

DI. — 5 sept.-5 nov. 1868. — BG. 286. — *Suppression des budgets des localités non érigées en communes.*

Vu le décr. du 27 oct. 1858 ; — L'arr. du 20 mai 1868 (ci-dessus) :

Art. 1er. — Les budgets des localités non érigées en communes, institués par l'art. 51 de notre décr. du 27 oct. 1858, sont supprimés.

Art. 2. — La portion du produit des amendes payées par les Arabes du territoire militaire, attribuée par l'art. 48 du même décret aux budgets des provinces, est transportée aux budgets des communes subdivisionnaires instituées par l'arr. du 20 mai 1868, pour être inscrite aux recettes ordinaires de ces communes.

Art. 3. — Le présent décret recevra son exécution à partir de l'exercice 1869.

AG. — 6-20 nov. 1868. — BG. 287. — *Création de communes mixtes en exécution des arrêtés et décrets qui précèdent.*

Art. 1. — Des communes mixtes, dont le nom, la composition, l'étendue, les limites et la population sont spécifiées au tableau ci-après, sont créées dans les territoires militaires de l'Algérie.

Art. 2. — Les membres des commissions municipales chargées d'administrer ces communes mixtes, autres que ceux spécialement désignés à l'art. 6 de l'arr. du 20 mai 1868, seront nommés par MM. les généraux commandant les provinces, en vertu de l'art. 7 du même arrêté et d'après les indications du tableau ci-après.

Art. 3. — Les commissions municipales seront réunies extraordinairement, du 1er au 5 déc., à l'effet d'établir les projets de budget de ces communes mixtes pour l'exercice 1869.

Art. 4. — Ces communes mixtes seront constituées à dater du 1er janv. 1869.

Mal DE MAC-MAHON, DUC DE MAGENTA.

Tableau des communes mixtes (1).

Prov. d'Alger. — Laghouat (subd. de Medea). — Djelfa (id.). — Tizi-ouzou (subd. de Dellys). — Drâ el Mizan (id.). — Fort Napoléon (id.).

Prov. d'Oran. — Zemmora (subd. de Mostaganem). — Ammi-Moussa (id.). — Saïda (subd. de Mascara). — Sidi bel Abbès (subd. de Sidi bel Abbès). — Daya (id.). — Lalla Maghnia (subd. de Tlemcen). — Sebdou (id.).

Prov. de Constantine. — Collo (subd. de Constantine). — Tebessa (id.). — Biskra (subd. de Batna). — Bordj bou Arréridj (subd. de Setif). — Bougada (id.).

(Pour les autres détails, superficie de territoire, population, limites, composition des commissions municipales,—V. au *Bulletin officiel*.)

V. à l'APPENDICE autres arrêtés d'exécution.

§ 5. — NOUVELLE DIVISION DU TERRITOIRE, DANS LA RÉGION TELLIENNE, EN DISTRICTS, CERCLES ET CIRCONSCRIPTIONS CANTONALES, DEVANT PLUS TARD ÊTRE CONSTITUÉES EN COMMUNES DE PLEIN EXERCICE. — COMMUNE INDIGÈNE. (2).

AG. — 6-22 juill. 1871. — BG. 569. — *Création du district de Palestro (subd. de Dellys). — Constitution communale transitoire.*

Art. 1. — Il est créé, dans la subdivision de Dellys, un district dont le chef-lieu sera placé au

---

(1) Par décr. du 5 sept. 1870 et arr. du commissaire de la République des 17, 18 et 21 mars 1871, les communes de Bordj bou Aréridj, Zemmora, Ammi Moussa et Saïda ont été érigées en communes de plein exercice (*supra*, § 5.)

(2) Pour mieux faire comprendre le nouveau plan d'organisation administrative adopté par M. le gouverneur général civil comte de Gueydon, nous reproduisons un

article inséré dans le *Moniteur de l'Algérie* du 14 déc. 1871, et qui, bien que dépourvu de caractère officiel, contient des renseignements exacts et précis sur l'ensemble du système mis en pratique.

Organisation de la Kabylie. — Lorsque, en 1857, après deux mois de rudes combats, la grande Kabylie vaincue fit sa soumission, ses chefs demandèrent et ils obtinrent du maréchal Randon que les Kabyles conserveraient leurs institutions municipales sous la surveillance

village de Palestro, et qui comprendra, avec le territoire de ce centre, la tribu et les douars-

communes ci-après désignés : — 1° La tribu des Béni Khalfoun; — 2° Le douar-commune des

de l'autorité française, laquelle, pour exercer cette surveillance, créa avec les contributions de guerre un poste militaire de premier ordre, au cœur même du pays, le Fort-Napoléon (aujourd'hui Fort-National).

L'insurrection de 1870-1871 devait nécessairement modifier cette situation, car, par le seul fait de cette rébellion, le gouvernement français était délié de tous les engagements contractés vis-à-vis des indigènes et, dès lors, il convenait, au double point de vue de la politique et des intérêts coloniaux, de saisir cette circonstance pour donner à la Kabylie, où il existe déjà quelques centres Européens, une administration plus conforme aux principes qui doivent désormais régir le gouvernement de la Kabylie. Toutefois, comme des deux populations qui se partagent le sol, la population indigène est, de beaucoup, la plus dense, on décida de conserver aux Kabyles celles de leurs coutumes qui ne sont pas en opposition complète avec notre mode d'administration et de n'embrasser, pour faire l'essai de l'organisation projetée, qu'une étendue restreinte du pays. On voulait agir avec une prudente sagesse : donc, en principe, la subdivision entière de Dellys fut désignée comme devant être soumise à ce mode nouveau d'administration; mais, en fait, on se borna à opérer graduellement sur les parties du territoire qui, déjà, se trouvaient en contact avec les colons européens, territoires comprenant les districts des Issers, des Ouled Smir, de Palestro et de Dra El Mizan.

Chacun de ces districts a reçu le nom de *circonscription cantonale*. Chaque circonscription forme une commune qui embrasse le territoire déjà colonisé et les territoires des douars-communes.

Nous allons exposer le mode d'administration adopté à titre d'essai par le gouverneur, et dans lequel il introduit successivement toutes les améliorations que suggère la pratique, avant de l'étendre d'abord à l'arrondissement de Tizi Ouzou, puis à tout le Tell.

Un maire, pris parmi les Européens et nommé par le gouverneur général, est chargé de l'administration municipale. Il remplit les fonctions d'officier de l'État civil pour les deux populations et pour toutes les déclarations prescrites par la loi. Il préside, enfin, la commission municipale, composée d'Européens représentant la commune européenne, et de délégués de djemâas, représentant les douars-communes : les intérêts communaux des indigènes et des Européens sont donc ainsi librement débattus dans le sein du conseil.

Le choix du maire et des conseillers municipaux européens intéresse particulièrement la commune : aussi le gouverneur a-t-il été dans l'obligation de se le réserver temporairement, c'est-à-dire jusqu'à ce que le nombre de résidents français et étrangers soit devenu assez considérable pour permettre de constituer un corps électoral et une municipalité, sur les bases du droit commun de France.

Ce n'est point tout : les fonctions du premier magistrat de la commune, et surtout d'une commune ainsi composée d'éléments hétérogènes exigent, pour être convenablement exercées, une certaine pratique des affaires et de l'administration. Le premier venu, quelque soit d'ailleurs son mérite personnel, n'est point toujours apte à les remplir. Le gouverneur a donc pensé qu'il est nécessaire, indispensable même, de choisir ce magistrat parmi les fonctionnaires civils qui résident depuis longtemps dans le pays et, autant que possible, parlant la langue arabe; et, comme il est urgent d'activer les travaux relatifs à l'assiette de la population coloniale, ce maire est pris de préférence parmi les meilleurs agents du service topographique. Ce magistrat peut ainsi, tout en remplissant ses fonctions administratives, préparer d'ores et déjà le lotissement des terres assignées à la colonisation.

A côté du maire de la circonscription cantonale est placé un recenseur.

Cet agent, qui relève uniquement du directeur des contributions diverses de la province, a des attributions spéciales nettement déterminées : il est chargé du recensement de la population et de la constatation des matières imposables.

A cet effet, il réside dans le district et délivre à chaque contribuable indigène une carte individuelle constatant son identité, et qu'il le tient incessamment, où qu'il aille

habiter, sous la main de l'autorité; il parcourt fréquemment les tribus pour relever la richesse de tous et dresse les états statistiques servant de base au rôle d'impôt, — états qui, jusqu'à ce jour, avaient été dressés par les officiers des affaires arabes sur les déclarations plus ou moins sincères des chefs indigènes.

Enfin, en recensant les personnes comme les biens, cet agent fournit au maire de la circonscription des moyens efficaces de contrôle en ce qui a trait à l'état civil des indigènes, et les omissions de déclaration sont facilement constatées. — Tel, il faut bien le reconnaître, une difficulté grave se présente : c'est celle du nom patronymique à donner au recensé. Les études prescrites à ce sujet par le gouverneur général permettent d'espérer que cette difficulté sera bientôt écartée; néanmoins, et en attendant la solution, on suit purement et simplement les errements du passé.

La création de ces fonctions de recenseur est impérieusement motivée par la nécessité de changer un état de choses contre lequel on protestait depuis longtemps : l'ingérence de l'administration militaire dans les questions d'impôts.

Le gouverneur général a voulu mettre un terme à ce prétexte à récriminations : grâce aux mesures prises, l'impôt, on peut le croire, sera désormais assis d'une façon plus équitable et plus régulière, et comme il sera versé individuellement, par chaque contribuable indigène, dans la caisse du receveur des contributions, on ne verra plus se renouveler, par les collecteurs indigènes, des abus que l'autorité avait été jusqu'à présent impuissante à empêcher.

A côté de la population européenne, réside et travaille une population indigène qui supporte malaisément notre domination et dont il importe de surveiller les agissements. Ses intérêts lui font une loi de s'unir à nous pour tirer du sol tout le profit qu'il peut donner; elle le sait, mais elle est pillarde autant que brave, et ses instincts de rapine se réveillent au moindre bruit. Peut-être, avec le temps, ces instincts se modifieront-ils; en attendant il faut les contenir, et pour ce faire, l'autorité civile seule sera sans doute impuissante. C'est pourquoi, auprès du maire chargé d'administrer les Européens et dans la même circonscription cantonale, le gouverneur général a placé des officiers qui relèvent directement de son autorité pour les affaires intéressant l'ordre et la sécurité publique, et de leurs chefs hiérarchiques pour tout ce qui est du domaine spécialement militaire.

Ces officiers ont un rôle parfaitement tracé :

Ils président les djemâas, dont les membres sont élus, et qui ont des attributions analogues à celles des municipalités françaises.

Ils font connaître à l'autorité civile supérieure les besoins de leurs administrés indigènes.

Ils surveillent le pays, reçoivent, pour les transmettre au gouverneur général, les réclamations faites par les individus ou les tribus et remplacent, au point de vue de notre administration, les Amins El Oumena et les Amins qui, dans le cours des derniers événements ont, pour la plupart, pactisé avec les rebelles.

Les attributions judiciaires de la djemâa sont encore maintenues, mais elles doivent prochainement disparaître par la création de nouvelles justices de paix qui, graduellement, placeront sous le droit commun tous les habitants indigènes des circonscriptions.

Chacun de ces officiers administrateurs est assisté, dans les détails du service intérieur, d'un officier adjoint, et, en attendant que les brigades de gendarmerie en cours de formation soient mises à la disposition de l'autorité civile cantonale, ces officiers assurent la police du pays à l'aide de cavaliers arabes rétribués par l'État.

Bien que chef nominal de la circonscription, l'officier délégué par le gouverneur n'a donc en réalité, dans ses attributions, que la surveillance politique et la police du territoire : pour toutes les questions administratives, il n'est qu'un auxiliaire de l'autorité civile, et les pouvoirs de chacun étant nettement définis, il ne peut surgir entre le maire, le receveur et l'officier aucun conflit d'attributions.

En résumé, la nouvelle administration à laquelle le

Ammal; — 3° id. de l'Oued-Medjkan; — 4° id. des Béni Mekla; — 5° id. des Rouafa.

Art. 2. — Le district de Palestro sera provisoirement administré par un officier qui correspondra directement avec le gouverneur général civil.

Art. 3. — Le village de Palestro est détaché de la commune mixte de Dra El Mizan et formera avec le douar des Ammal, qui lui est annexé, une commune spéciale, administrée par un maire européen et par un conseil municipal composé d'européens et d'indigènes dans des proportions qui seront ultérieurement déterminées.

Art. 4. — Une djemâa élue sera constituée dans la tribu des Beni Khalfoun et dans chacun des douars-communes de l'Oued Medjkan, des Béni Mekla, et des Rouafa; mais il n'y aura ni Amin el Oumèna, ni Amin.

Art. 5. — Tous les mois, l'officier chargé temporairement de l'administration du district, sera tenu de présider la djemâa des Beni Khalfoun et celles des douars-communes. — Tous les trois mois, il y aura réunion, à Palestro, des délégués de chaque djemâa et des délégués du conseil municipal de la commune chef-lieu. — Le maire de Palestro assistera toujours à cette réunion qui sera présidée par l'administrateur du district. — On traitera, dans cette réunion, les affaires générales du district; dans les réunions mensuelles de chaque djemâa, il ne sera question que des affaires particulières à la tribu ou au douar-commune.

Art. 6. — L'organisation édictée par le présent arrêté est essentiellement transitoire. Dès que la densité de la population européenne le permettra, les territoires désignés ci-dessus seront successivement érigés en communes de plein exercice et placés sous le régime civil.

V.-am¹ COMTE DE GUEYDON.

AG. — Même date. — *Nomination de l'administrateur du district de Palestro et de son adjoint.*

Art. 1. — Nomination de l'administrateur.

Art. 2. — M. l'administrateur de ce district recevra un supplément de solde de 100 fr. par mois.

Art. 3. — Nomination de l'adjoint.

Art. 4. — L'officier adjoint à l'administration du district recevra un supplément de solde de 75 fr. par mois.

V.-am¹ COMTE DE GUEYDON.

AG. — 17-22 juill. 1871. — BG. 569. — *Création du district de Bordj Menaïel (subd. de Dellys). — Constitution communale transitoire.*

Art. 1. — Il est créé, dans la subdivision de Dellys, un district dont le chef-lieu sera placé au village de Bordj Menaïel, et qui comprendra, avec le territoire civil de ce centre, les douars-communes ci-après désignés : — Douar-commune d'El Gurous, de Tourfa, d'El Ourdan, des Khrachnas de la montagne.

Art. 2. — Le district de Bordj Menaïel sera provisoirement administré par un officier.

Art. 3. — Une djemâa élue sera constituée dans chacun des douars-communes sous la présidence de l'officier administrateur du district; il n'y aura, en conséquence, ni caïd, ni amin el oumèna, ni amin.

Art. 4. — L'officier chargé temporairement de l'administration du district sera tenu de présider les djemâa des douars-communes, au moins une fois par mois. — Tous les trois mois, il y aura réunion à Bordj Menaïel, des délégués de chaque djemâa, pour conférer les intérêts du district. Le maire de Bordj Menaïel aura entrée, avec voix délibérative, à ce conseil de district qui, comme la djemâa, sera présidé par l'officier administrateur du district. — On traitera, dans cette réunion, les affaires générales du district; dans les réunions particulières de chaque djemâa, il ne sera question que des affaires afférentes au douar-commune.

Art. 5. — L'organisation édictée par le présent arrêté est essentiellement transitoire; dès que la densité de la population européenne le permettra, les territoires militaires désignés ci-dessus seront successivement érigés en communes de plein exercice et placés sous le régime civil.

V.-am¹ COMTE DE GUEYDON.

AG. — Mêmes dates. — *Nomination de l'administrateur du district de Bordj Menaïel et de son adjoint.*

Art. 1. — Nomination de l'administrateur.

Art. 2. — M. l'administrateur de ce district recevra un supplément de solde de 100 fr. par mois.

Art. 3. — Nomination de l'adjoint.

Art. 4. — L'officier adjoint à l'administrateur du district recevra un supplément de solde de 75 fr. par mois.

---

pays Kabyle doit être progressivement soumis est essentiellement civile; elle a, dans chaque circonscription cantonale, pour agents principaux :

Un maire, choisi parmi les agents les plus méritants et les plus capables du service topographique, et ayant sous sa tutelle les intérêts communaux des Européens et des indigènes;

Une commission municipale mixte composée d'Européens, et au titre indigène, du chef et de deux délégués élus de la djemâa;

Un recenseur, dont le rôle consiste à constater dans les tribus l'identité des personnes, l'état des biens, et à dresser les états statistiques d'après lesquels le service des contributions diverses établissent les rôles d'impôt;

Un officier ne relevant des généraux qu'au point de vue purement militaire, et particulièrement chargé de faire connaître au gouverneur les besoins des indigènes, d'appuyer l'autorité du maire et d'assurer la tranquillité du pays.

Cette organisation, dont on fait actuellement l'essai dans quatre districts de la Kabylie, a permis de supprimer les bureaux arabes dans les cercles où elle est installée. Lorsque les difficultés de détail inhérentes à tout changement d'administration auront été surmontées, on l'étendra progressivement à toute la division de Dellys, au territoire dépendant de l'annexe d'Alger et au cercle de Cherchell.

Les bureaux arabes qui concouraient à l'administration de ces divers territoires disparaîtront alors pour faire place à ce nouveau régime qui, de proche en proche, embrassera tout le Tell algérien.

Le système qu'on vient ainsi d'adopter exige, sans aucun doute, un accroissement de personnel administratif français et grossira nécessairement les dépenses. Mais comme compensation, et par le fait seul d'un recensement plus complet, nous obtiendrons, sans aucun doute aussi, un rendement supérieur de l'impôt arabe. — D'autre part, les intermédiaires qui ont existé jusqu'à ce jour entre l'autorité française et les contribuables étant désormais supprimés, l'État bénéficie de la part d'impôts qu'il abandonnait aux chefs indigènes ainsi que de la rétribution perçue annuellement par les Amins et Amins El Oumena.

Comme sanction de cette organisation, le gouverneur général a pris, à la date du 24 novembre dernier, un arrêté qui non-seulement consacre les dispositions déjà mises en pratique dans quatre districts de la Kabylie, mais qui, en outre, en prépare l'application progressive à toute l'étendue du Tell. — Aux termes de cet arrêté, que nous avons publié *in extenso* dans le *Moniteur* du 26 novembre dernier, la partie Tellienne de la colonie cessera d'être divisée en territoire civil et en territoire militaire; elle ne formera plus désormais dans son ensemble qu'un territoire français.

Art. 5. — Les suppléments de solde alloués à l'administrateur du district et à son adjoint, sont destinés à pourvoir aux frais nécessités par les déplacements fréquents imposés à ces officiers. Ils n'auront, en conséquence, droit de réclamer des indigènes ni diffa, ni alfa, ni aucune autre prestation en nature, sous quelque dénomination que ce soit.

V.-amᵃˡ COMTE DE GUEYDON.

AG. — Mêmes dates. — *Formation du cercle de Palestro composé des deux districts de Palestro et de Bordj Menaïel.*

Art. 1. — Les districts de Palestro et de Bordj Menaïel forment un cercle qui, pour la partie qui est encore en territoire militaire, sera provisoirement administrée par un officier supérieur.

Art. 2. — Le chef-lieu du cercle est placé provisoirement au village de Palestro.

Art. 3. — Nomination d'un chef de bataillon administrateur.

Art. 4. — L'administrateur du cercle recevra un supplément de solde de 200 fr. par mois.

Art. 5. — Ce supplément de solde est destiné à faire face aux dépenses nécessitées par les déplacements fréquents qu'aura à faire l'administrateur du cercle, — Cet officier supérieur n'aura, en conséquence, droit de réclamer des indigènes ni diffa, ni alfa, ni aucune autre prestation en nature, sous quelque dénomination que ce soit.

V.-amᵃˡ COMTE DE GUEYDON.

AG. — 24 juill.-15 sept. 1871. — BG. 373. — *Création d'un emploi de recenseur dans le cercle des Issers.*

Art. 1. — Il est créé, dans le cercle des Issers, un emploi de recenseur permanent des personnes résidant dans le cercle, de leurs biens immeubles ainsi que des bestiaux et animaux de toute nature existant sur leurs propriétés.

Art. 2. — L'objet de cette innovation est : 1° de tenir un registre de recensement des indigènes, susceptible d'être transformé, dans un certain délai, en registre de notoriété, pour suppléer, autant que possible, le registre de l'état civil qui fait défaut ; 2° de faire recueillir et enregistrer, par un agent civil relevant de l'administration civile, tous les éléments nécessaires pour asseoir équitablement les impôts établis ou à établir.

V.-amᵃˡ COMTE DE GUEYDON.

AG. — 22 août 1871. — (V. *Recenseurs.*) *Institution et attributions des recenseurs.*

AG. — 11-15 sept. 1871. — BG. 373. — *Organisation de la grande Kabylie en circonscriptions électorales.*

Vu la dépêche du ministre de la guerre en date du 1ᵉʳ sept. 1871 (*non publiée*), qui place les officiers employés en Algérie dans le service des affaires indigènes sous l'autorité directe du gouverneur général, pour tout ce qui touche à l'accomplissement de leur mission spéciale ; — Considérant que M. le ministre a exprimé à son collègue de l'intérieur le vœu que le gouvernement civil de la colonie se trouve bientôt en mesure de suffire avec ses propres ressources à l'accomplissement de la mission qui lui est dévolue, et de se passer du concours d'un personnel militaire ; — Considérant que le moyen le plus efficace d'entrer dans les vues du département de la guerre, et de rendre réalisable le vœu exprimé par le ministre, est d'inaugurer un mode de commandement et d'administration indigène qui permette, le cas échéant, de substituer aux officiers en service, des chefs empruntés, soit aux officiers sans emploi ou en retraite, soit même aux officiers de la milice, lorsque cette institution aura reçu une organisation appropriée aux besoins spéciaux de l'Algérie ; — Considérant, d'autre part, qu'il y a urgence à pourvoir sans délai à la réorganisation administrative de plusieurs circonscriptions rentrées définitivement dans l'obéissance, et qu'il importe de n'apporter aucun trouble dans le régime des lieux dont il n'est pas fait mention dans le présent arrêté ; — Vu le décr. du 27 déc. 1866 qui, par son art. 16, donne compétence au gouverneur pour statuer par des arrêtés sur l'organisation municipale des territoires qui ne renferment pas encore une population européenne suffisante pour recevoir l'application immédiate des dispositions dudit décr. ;

Art. 1. — Dans les circonscriptions cantonales qui seront successivement établies dans la Grande Kabylie, l'action de police indigène qui incombe aux administrateurs des districts et aux bureaux arabes, sera, au fur et à mesure de leur nomination, attribuée à des chefs de circonscriptions cantonales qui seront en même temps chargés de centraliser l'administration des tribus comprises dans leurs circonscriptions respectives. — En conséquence, les administrateurs de districts et les bureaux arabes seront supprimés, au fur et à mesure que celles de leurs attributions qui sont maintenues passeront aux mains des chefs de circonscriptions cantonales.

Art. 2. — Les chefs de circonscriptions cantonales relèveront directement, mais à titre transitoire, du gouverneur général, auquel ils rendront compte de tout ce qui peut intéresser l'état politique du pays. — Toutefois ils correspondront : 1° Avec le directeur général des affaires civiles et financières, pour les affaires courantes de l'administration communale et financière. — 2° Avec le commandement territorial auquel, en cas d'urgence, ils donneront extrait de toutes les communications de nature à influer sur l'emplacement des troupes.

Art. 3. — Dans chaque circonscription, il sera organisé, sous l'autorité des chefs de canton, une milice, composée de cavaliers et de fantassins. — Il est interdit à tout indigène non incorporé dans la milice d'être détenteur d'armes ou de munitions, à moins qu'il ne soit pourvu d'une autorisation de port d'armes.

Art. 4. — L'administration des indigènes établis dans les circonscriptions cantonales de la grande Kabylie continuera à être exercée par les djemâas, mais sous la surveillance de maires provisoires.

Art. 5. — Les maires provisoires seront transitoirement choisis par le gouverneur général parmi les agents du service topographique. — Ils relèveront de l'autorité des chefs de canton. — En outre de leurs fonctions municipales, ils seront chargés de procéder au lotissement des terres affectées à la colonisation et à l'installation des colons. — Pour leurs travaux techniques, ils se conformeront aux instructions du chef du service topographique, auquel ils rendront compte directement.

Art. 6. — Dans chaque circonscription cantonale, il y aura un ou plusieurs recenseurs subordonnés au chef de la circonscription cantonale, mais correspondant directement avec le directeur des contributions, chargé de leur donner des instructions pour tout ce qui concerne le service du recensement et des contributions.

Art. 7. — Jusqu'à ce qu'il ait été créé un nombre suffisant de brigades de gendarmerie, il sera subsidiairement mis à la disposition des chefs de canton et des maires une force publique composée de khialas et de deïras.

Art. 8. — Toutes dispositions contraires à celles qui précèdent sont et demeurent abrogées.

V.-am¹ COMTE DE GUEYDON.

AG. — Mêmes dates. — *Création de la circonscription cantonale des Issers.*

Vu l'arr. du 11 sept. 1871, sur l'organisation des circonscriptions cantonales;

Art. 1. — Les districts de Palestro et de Bordj Ménaïel, tels qu'ils ont été constitués par les arr. des 6 et 17 juill. 1871, forment une circonscription cantonale dite des Issers.

Art. 2. — Nomination du chef de la circonscription cantonale des Issers.

V.-am¹ COMTE DE GUEYDON.

AG. — 11 sept.-28 oct. 1871. — BG. 380. — *Création de la circonscription cantonale de Drâ el Mizan.*

Vu, etc.

Art. 1. — Il est créé une circonscription cantonale dont le chef-lieu est Drâ el Mizan.

Art. 2. — Cette circonscription cantonale comprendra deux communes dont les chefs-lieux seront à Drâ el Mizan et à Ighil ou Moula.

Art. 3. — La commune de Drâ el Mizan sera formée : — 1° De la commune mixte de Drâ el Mizan; — 2° De la tribu des Ablds; — 3° De la tribu des Harchaoua; — 4° De la tribu des Nezlioua et Ouled Azïz; — 5° De la tribu de N'kera et Mzala. — La commune dont le chef-lieu sera à Ighil ou Moula comprendra : — La tribu des Guechtoula.

Art. 4. — Nomination du chef de la circonscription cantonale de Drâ el Mizan.

V.-am¹ COMTE DE GUEYDON.

AG. — Mêmes dates. — *Création de la circonscription cantonale de l'Oued Smir.*

Art. 1. — Il est créé une circonscription cantonale dite de l'Oued Smir.

Art. 2. — Cette circonscription cantonale comprendra : — 1° Le douar-commune des Oulad Smir; — 2° Id. de Raïcha; — 3° Id. de Bouberak; — 4° Id. d'Aïn Mouder; — 5° Id. de Djedian; — 6° Id. des Ouled Aïssa.

Art. 3. — Nomination du chef de la circonscription cantonale de l'Oued Smir.

V.-am¹ COMTE DE GUEYDON.

AG. — 14 sept.-18 déc. 1871. — BG. 386. — *Suppression du bureau arabe de Drâ el Mizan.*

Vu les arr. du 11 sept. 1871, relatifs aux circonscriptions cantonales créées dans la Grande Kabylie.

Art. 1. — Le bureau arabe de Drâ el Mizan est supprimé.

Art. 2. — Les tribus des Beni Sedka et Ouadia, qui étaient comprises dans l'ancien district de Drâ el Mizan et qui ne font point partie de la nouvelle circonscription cantonale, sont rattachées au cercle de Fort-National.

V.-am¹ COMTE DE GUEYDON.

Décis. P. — 16 oct.-18 déc. 1871. — BG. 366. — *Pouvoirs du gouverneur général en ce qui concerne l'organisation des communes et circonscriptions cantonales.*

Rapport au président de la République. — D'après le décr. du 27 déc. 1866, des arrêtés du gouverneur général de l'Algérie pourvoient à l'organisation municipale des tribus délimitées et à celles des territoires qui n'ont pas encore une population suffisante pour qu'il soit procédé utilement à la délimitation.

Lorsqu'il a fait, pour la première fois, usage de ce droit, M. le maréchal de Mac-Mahon, tout en se conformant exactement aux prescriptions du décret et en se renfermant dans le cercle de ses attributions, crut devoir soumettre à l'examen préalable de l'Empereur l'arrêté par lequel il créait des communes mixtes et des communes subdivisionnaires. Un rapport dans lequel se trouvaient posées les bases de cette organisation nouvelle fut présenté à l'Empereur qui l'approuva, et le gouverneur général prit ensuite, en la forme ordinaire, son arrêté qui porte la date du 20 mai 1868.

Il ne s'agit pas aujourd'hui de revenir sur cette mesure, mais seulement d'y apporter quelques modifications et, par exemple, de mettre la composition des commissions municipales en harmonie avec le régime administratif actuel de la colonie, en substituant des fonctionnaires civils aux commandants de cercle ou d'annexe, qui sont aujourd'hui à la tête de ces commissions. Cependant, M. le vice-amiral de Gueydon, par un scrupule très-légitime, hésite à modifier un acte qui, s'il rentre par sa nature dans la limite de ses pouvoirs, semble avoir revêtu une autorité plus élevée par l'approbation du chef de l'État.

J'ai l'honneur, M. le président, de vous proposer de dégager M. le gouverneur général de ce scrupule en confirmant, en tant que de besoin, les droits qu'il tient du décr. du 27 déc. 1866, et en décidant qu'il peut, notamment, modifier la composition des commissions municipales des communes mixtes ou subdivisionnaires, comme aussi changer, au besoin, la circonscription des cercles et de ces communes.

Le ministre de l'intérieur,
CASIMIR PÉRIER.

Approuvé :
A. THIERS.

AU. — 17 nov.-10 déc. 1871. — BG. 384. — *Création de la circonscription cantonale de Palestro.*

Vu les observations des chefs des circonscriptions cantonales, reposant sur une étude plus approfondie des lieux et des affinités des populations;

Art. 1. — Le centre de Palestro est érigé en circonscription cantonale.

Art. 2. — La circonscription aura son chef-lieu au village de Palestro et comprendra la tribu et les douars-communes ci-après désignés : — 1° La tribu des Beni-Khalfoun; — 2° Le douar-commune des Ammals; — 3° Id. des Oulad-Medjkan; — 4° Id. des Krachenas de la montagne.

Art. 3. — La circonscription cantonale des Issers, dont le chef-lieu est à Bordj-Ménaïel, conserve sa dénomination et comprendra, avec le territoire de ce centre, les douars-communes ci-après désignés : — Rouafa, — Beni Mekla, — El Gulous, — Isser et Ouidan, — Teurfa.

Art. 4. — Toutes dispositions contraires à celles qui précèdent, sont et demeurent abrogées.

V.-am¹ COMTE DE GUEYDON.

AG. — 24 nov.-10 déc. 1871. — BG. 385. — *Organisation communale de la région tellienne.*

Vu l'arrêté d'organisation communale, du 20 mai 1868 (*supra*, § 4). — L'approbation préalablement donnée à cet arrêté, à la date du 9 mai 1868 (*ibidem*). — L'arr. du 5 oct. 1870 (*ibidem*). — Les rapports du ministre de l'intérieur, en date du 15 oct. 1871, approuvés par le président de la République (non publiés); — Le décr. du 27 déc. 1866.

Considérant que l'Algérie comprend deux régions qui diffèrent essentiellement, non seulement par leur constitution physique, mais encore par les habitudes traditionnelles de leurs populations; — Considérant que si l'intérêt de la colonisation ne réclame, quant à présent du moins, aucune modification dans le mode d'administration de la région saharienne, il importe de hâter le moment où la région tellienne sera placée sous le régime du droit commun de France; — Considérant, d'autre part, que la compétence du gouverneur général, entière en matière de délimitation territoriale et d'organisation administrative, quand il s'agit de territoires militaires et de populations indigènes, ne s'étend pas à la délimitation des territoires civils et notamment des circonscriptions judiciaires; — Le conseil du gouvernement entendu;

Tit. 1. — *Organisation administrative.*

Art. 1. — L'action administrative des préfets sera étendue, graduellement et par décisions spéciales, sur toutes les populations indigènes de la région tellienne. — La région saharienne continuera à être administrée par les généraux commandant les divisions territoriales.

Art. 2. — Ces deux arrondissements qui seront transitoirement administrés par des officiers supérieurs de l'armée prendront la dénomination d'*arrondissements-cercles*. — Les officiers supérieurs, administrateurs des arrondissements-cercles, sans cesser d'être sous les ordres des généraux pour tout ce qui, dans la France continentale, est du ressort exclusif du commandement militaire territorial, relèveront des préfets pour tout ce qui est du domaine de l'administration civile. — Ils correspondront en outre, avec le gouverneur général, pour tout ce qui intéresse l'ordre et la sécurité publique.

Tit. 2. — *Organisation communale.*

Art. 5. — Sont modifiés, ainsi qu'il suit, les art. 6 et 7 de l'arr. du 20 mai 1868, constitutif des communes mixtes et subdivisionnaires; les communes de plein exercice restant soumises au droit commun, en quelque territoire qu'elles se trouvent.

Art. 6.

Les communes mixtes sont administrées par des commissions municipales composées, suivant l'importance de ces communes, de 7, 9 ou 11 membres choisis parmi les habitants français (Européens ou indigènes) de la circonscription communale, et remplissant les conditions exigées pour faire partie des conseils municipaux en Algérie.

Art. 7.

Le maire, les adjoints et les membres des commissions municipales sont nommés, pour trois ans, par le préfet, et peuvent toujours être renommés.

Art. 4. — Les douars constitués en exécution du Sén.-Cons. du 22 avr. 1863, ainsi que les tribus qui ne font partie d'une commune de plein exercice, ni d'une commune mixte, constituent, dans chaque canton tellien, une commune indigène, administrée par un fonctionnaire civil ou militaire, résidant au chef-lieu du canton, et assisté d'une commission municipale composée des présidents des djemâas. — Chaque douar-commune constitué en vertu du Sén.-Cons., forme une section distincte de la commune indigène. — Toutes les dispositions du tit. 2, sect. I de l'arr. du 20 mai 1868 sont applicables aux communes indigènes, au fur et à mesure de leur constitution.

Art. 5. — Les militaires administrateurs des communes indigènes relèvent de l'autorité militaire, pour tout ce qui intéresse le commandement, et exercent sur les troupes, dans toute l'étendue du canton, l'autorité dévolue aux commandants de cercles.

Tit. 3. — *Dispositions générales.*

Art. 6. — Le projet de délimitation de la région tellienne et de division de ce territoire en arrondissement et en (75 à 80) cantons, sera soumis aux conseils généraux dans leur session de 1871.

Art. 7. — Les bureaux civils des divisions seront rattachés aux préfectures, à partir du 1er janv. 1872.

V.-am^t COMTE DE GUEYDON.

AG. — 30-31 déc. 1871. — BG. 593. — *Organisation de la Grande-Kabylie. — Formation des 4 circonscriptions cantonales du Col des Beni Aïcha, des Issers, de Dellys et de Drâ el Mizân.*

Vu l'arr. du 24 nov. 1871 (ci-dessus).

Art. 1. — A dater du 1er janv. 1872, les dispositions de l'arr. du 24 nov. 1871 seront appliquées aux circonscriptions cantonales du col des Beni-Aïcha, des Issers, de Dellys et de Drâ-el-Mizân. — Ces circonscriptions sont provisoirement délimitées conformément au plan ci-annexé.

Art. 2. — Les administrateurs des communes indigènes comprises dans ces circonscriptions résideront à Palestro, Bordj-Menaïel, Dellys et Drâ el Mizân.

Art. 3. — Toutes dispositions antérieures contraires, notamment celle qui avait créé la circonscription cantonale Palestro, sont et demeurent abrogées.

Art. 4. — Le bureau arabe de Dellys est supprimé.

V.-am^t COMTE DE GUEYDON.

AG. — Mêmes dates. — *Nomination d'un officier, chef de la circonscription cantonale du col des Beni Aïcha et administrateur civil de la commune indigène de la même circonscription administrative.*

En qualité de chef militaire, il exercera, dans toute l'étendue de ladite circonscription, les attributions actuelles des commandants de cercles; en sa qualité d'administrateur civil de la commune indigène, il relèvera du préfet du département.

AG. — Mêmes dates. — *Id.* — *Pour la circonscription cantonale de Drâ el Mizan.*

AG. — Mêmes dates. — *Id.* — *Pour celle des Issers.*

AG. — Mêmes dates. — *Nomination d'un commissaire civil de la circonscription cantonale de Dellys et administrateur de la commune indigène de la même circonscription administrative.*

AG. — Mêmes dates. — *Nomination d'un recenseur de 3e cl. dans chacune des circonscriptions de Dellys, des Issers et de Drâ el Mizân.*

AG. — 6 janv.-7 fév. 1872. — BG. 597. — *Formation des trois circonscriptions cantonales de Blida, l'Arba et Tablat.*

Art. 1. — Les dispositions de l'arr. du 24 nov. 1871 seront appliquées, à la date de ce jour, aux circonscriptions cantonales de Blida, l'Arba et Tablat. Ces circonscriptions sont provisoirement délimitées conformément au plan ci-annexé.

Art. 2. — Les communes indigènes comprises dans les deux premières circonscriptions seront provisoirement administrées par un même commissaire civil résidant à l'Arba.

Art. 5. — La commune subdivisionnaire et le bureau arabe d'Alger sont supprimés.

V.-am^t COMTE DE GUEYDON.

AG. — 9 janv.-7 fév. 1872. — BG. 597. — *Formation des trois circonscriptions de Fort-National, Tizi Ouzou et Mékla.*

Art. 1. — Les dispositions de l'arr. du 24 nov. 1871 seront appliquées, à la date de ce jour, aux circonscriptions cantonales de Fort-National, Tizi Ouzou et Mekla. — Ces circonscriptions sont provisoirement délimitées conformément au plan ci-annexé.

Art. 2. — Les communes indigènes comprises dans les deux dernières circonscriptions seront provisoirement administrées par un même chef, résidant à Tizi Ouzou.

Art. 3. — La commune subdivisionnaire de Dellys, les bureaux arabes de Fort-National et de Tizi Ouzou sont supprimés.

V.-am¹ COMTE DE GUEYDON.

AG. — 6-7 févr. 1872. — BG. 397. — *Constitution en arrondissement-cercle des circonscriptions cantonales de Dellys, des Issers, de Dra el Mizan, de Tizi Ouzou, de Mekla et de Fort-National.*

Vu la décision du président de la République, rendue sur le rapport du ministre de l'Intérieur, eu date du 16 oct. 1871 ; — L'arr. du 24 nov. 1871, qui étend l'action administrative des préfets ; — Les arrêtés constitutifs des circonscriptions cantonales de Dellys, des Issers, de Dra el Mizan, de Tizi Ouzou, de Mekla et de Fort-National ; — Considérant qu'il est utile de donner à ces cantons la même direction administrative.

Art. 1. — Les six circonscriptions cantonales sus-dénommées sont constituées en arrondissement-cercle, qui prendra la dénomination de : *Arrondissement-cercle de Tizi Ouzou.* — Les chefs des circonscriptions cantonales relèveront directement de l'administration civile ; ceux de ces chefs de canton qui sont militaires, continueront à relever de l'autorité militaire, pour ce qui est du ressort du commandement, comme il est dit à l'art. 5 de l'arr. sus-visé, du 24 nov. 1871.

V.-am¹ COMTE DE GUEYDON.

AG. — 10-20 févr. 1872. — BG. 399. — *Création de l'emploi de chef administratif de l'arrondissement civil de Tizi Ouzou.*

Vu l'arr. du 24 nov. 1871, sur l'organisation administrative et communale de la région tellienne ; — Vu l'arr. du 6 févr. 1872, portant création de l'arrondissement-cercle de Tizi Ouzou :

Art. 1. — Il est créé un emploi de chef administratif de l'arrondissement-cercle de Tizi Ouzou. Le chef administratif relève de l'administrateur de l'arrondissement. Il est chargé de la préparation et de la conservation de la correspondance administrative avec le préfet et les chefs de circonscriptions cantonales. Il peut signer « par ordre » cette correspondance, quand il y est autorisé par l'administrateur de l'arrondissement.

V.-am¹ COMTE DE GUEYDON.

AG. — 26 févr.-5 mars 1872. — BG. 401. — *Formation des quatre circonscriptions d'Alger, Douera, Boufarik et Coléa.*

Vu, etc., comme à l'arrêté précédent.

Art. 1. — Les circonscriptions administratives cantonales d'Alger, de Douera, de Boufarik et de Koléa, sont provisoirement délimitées conformément au plan ci-annexé.

V.-am¹ COMTE DE GUEYDON.

AG. — Mêmes dates. — *Formation de la circonscription de Marengo.*

Vu, etc., comme aux arrêtés précédents.

Art. 1. — Les dispositions de l'arr. du 24 nov. 1871 seront appliquées, à la date de ce jour, à la circonscription cantonale de Marengo. — Cette circonscription est provisoirement délimitée conformément au plan ci-annexé.

Art. 2. — L'administrateur de la commune indigène comprise dans cette circonscription cantonale résidera à Marengo.

V.-am¹ COMTE DE GUEYDON.

AG. — Mêmes dates. — *Nomination du commissaire civil de la circonscription cantonale de Marengo et administrateur de la commune indigène de la même circonscription.*

AG. — Mêmes dates. — *Constitution de l'arrondissement d'Alger.*

Vu la décision du président de la République, rendue sur le rapport du ministre de l'Intérieur, en date du 16 oct. 1871 ; — L'arr. du 24 nov. 1871, qui étend l'action administrative des préfets ; — Les arrêtés constitutifs des circonscriptions cantonales du col des Beni Aïcha, de l'Arba, de Blida, de Tablat, d'Alger, de Douéra, de Boufarik, de Koléa et de Marengo :

Art. 1. — Les 9 circonscriptions cantonales sus-dénommées sont constituées en un arrondissement qui prendra la dénomination d'*arrondissement d'Alger.* — Les chefs de celles de ces circonscription cantonales qui renferment des communes indigènes ou mixtes, relèveront directement du préfet d'Alger, comme les administrations municipales des communes de plein exercice ; celui de ces chefs de canton qui est militaire continuera à relever de l'autorité militaire pour ce qui est du ressort du commandement, comme il est dit à l'art. 5 de l'arrêté sus-visé, du 24 nov. 1871.

V.-am¹ COMTE DE GUEYDON.

AG. — 31 mars-8 avr. 1872. — BG. 409. — *Formation des deux circonscriptions de Philippeville et Jemmapes (départ. de Constantine.)*

Vu, etc., comme aux arrêtés précédents.

Art. 1. — Les dispositions de l'arr. du 24 nov. 1871 seront appliquées, à la date de ce jour, aux circonscriptions cantonales de Philippeville et de Jemmapes. — Ces circonscriptions seront provisoirement délimitées, conformément au plan ci-annexé.

Art. 2. — Les administrateurs des communes indigènes comprises dans ces circonscriptions, résideront à Philippeville et à Jemmapes.

V.-am¹ COMTE DE GUEYDON.

AG. — Mêmes dates. — *Constitution en arrondissement des circonscriptions de Philippeville et de Jemmapes.*

Vu, etc., comme aux arrêtés précédents.

Art. 1. — Les deux circonscriptions cantonales sus-dénommées sont constituées en un arrondissement qui prendra le nom d'arrondissement de Philippeville. — Les chefs de ces circonscriptions relèveront directement du sous-préfet de Philippeville, comme les administrations municipales des communes de plein exercice.

V.-am¹ COMTE DE GUEYDON.

AG. — Mêmes dates. — *Formation des quatre circonscriptions cantonales de Bône, Mondovi, Aïn Mokra et La Calle (dép. de Constantine.)*

Vu, etc., comme aux arrêtés précédents.

Art. 1. — Les dispositions de l'arr. du 24 nov. 1871 seront appliquées à la date de ce jour, aux circonscriptions cantonales de Bône, Mondovi, Aïn Mokra et La Calle. — Ces circonscriptions sont provisoirement délimitées conformément au plan ci-annexé.

Art. 2. — Les administrateurs des communes indigènes, comprises dans ces circonscriptions, résideront à Bône, Mondovi, Aïn Mokra et la Calle.

AG. — Mêmes dates. — *Constitution en arrondissement des quatre circonscriptions qui précèdent.*

Art. 1. — Les quatre circonscriptions cantonales sus-dénommées sont constituées en un arrondissement qui prendra la dénomination d'arrondissement de Bône. — Les chefs de ces circonscriptions relèveront directement du sous-préfet de Bône, comme les administrations municipales des communes de plein exercice. — Celui de La Calle qui est militaire continuera à relever de l'autorité militaire pour ce qui est du ressort de son commandement, et même, eu égard à ce que sa circonscription est frontière, il continuera à relever du général pour l'administration de sa commune indigène.

V.-am¹ COMTE DE GUEYDON.

AG. — Mêmes dates. — *Nomination des chefs des circonscriptions nouvellement créées et des communes indigènes des mêmes circonscriptions.* — Un chef de bataillon est nommé chef de la circonscription cantonale de la Calle et administrateur civil de la commune indigène de la même circonscription; en qualité de chef militaire, il exercera dans toute l'étendue de ladite circonscription les attributions actuelles des commandants de cercle, et, eu égard à ce que sa circonscription est frontière, il continuera à relever de l'autorité militaire supérieure pour l'administration de la commune indigène.

AG. — 8-17 avr. — BG. 410. — *Formation de la circonscription de Collo (départ. de Constantine).*

Vu l'arr. du 24 nov. 1871; — Considérant que la création du personnel du recensement entraînerait des délais préjudiciables aux intérêts des communes mixtes et même des nouvelles communes indigènes, et que l'on peut, sans attendre le moment où ces dernières communes pourront être placées sous l'autorité des préfets, procéder à la création de certaines circonscriptions cantonales.

Art. 1. — Les dispositions de l'arr. du 24 nov. 1871 seront appliquées, à la date de ce jour, à la circonscription cantonale de Collo, telle qu'elle est délimitée sur le plan ci-annexé. — Toutefois l'action administrative du préfet ne sera étendue à la commune indigène qu'alors que le personnel du recensement aura été constitué dans cette circonscription.

Art. 2. — L'administrateur de la circonscription cantonale, résidera à Collo.

V.-am¹ COMTE DE GUEYDON.

AG. — 12-17 avr. 1872. — BG. 410. — *Formation de la commune indigène d'Akbou (dép. de Constantine).*

Vu l'ord. du 21 juil. 1845; — Le décr. des 25 juil. 1850 et 12 août 1864; — Le décr. du 16 oct. 1871; — Notre arrêté du 24 nov. 1871;

Art. 1. — Les tribus et douars compris dans la future circonscription cantonale d'Akbou, telle qu'elle est délimitée au plan ci-joint, sont détachés des communes subdivisionnaires de Sétif et d'Aumale, pour constituer une commune indigène dont le chef-lieu sera Akbou.

Art. 2. — Il sera immédiatement procédé, au dit lieu, à la délimitation et aux autres travaux préalables à l'installation, sous la protection d'un poste militaire, d'un centre de population française de deux cents feux au moins.

Art. 3. — En attendant que les immeubles séquestrés soient définitivement réunis au domaine de l'État, les colons français seront établis en qualité de gardiens du séquestre. L'acte de location sous promesse de concession définitive, conformément au décr. du 16 oct. 1871, leur sera délivré le jour où il aura été statué sur l'annexion définitive au domaine de l'État.

Art. 4. — Le centre d'Akbou sera érigé en commune de plein exercice, dès que son peuplement français comprendra cent électeurs.

V.-am¹ COMTE DE GUEYDON.

AG. — 20-22 avr. 1872. — BG. 411. — *Modification à la circonscription de Mondovi (dép. de Constantine).*

Vu les craintes manifestées par certains concessionnaires de forêts.

Art. 1. — Les douars des Beni Salah sont temporairement distraits de la circonscription cantonale et de la commune indigène de Mondovi, et rattachés, à titre d'annexe, à la circonscription frontière et à la commune indigène de la Calle. — Ces douars seront placés, comme cette dernière circonscription, sous l'autorité militaire.

V.-am¹ COMTE DE GUEYDON.

DP. — 30 avr.-8 mai 1872. — BG. 413. — *Attributions de police judiciaire conférées aux chefs de circonscriptions cantonales et commandants de brigades de gendarmerie.*

Vu le décr. du 15 mars 1860, conférant des attributions de police judiciaire aux officiers des bureaux arabes, dans les territoires militaires (*Justice*, 1, 401); — l'arr. du 24 nov. 1871 (ci-dessus); — Sur le rapport des ministres de l'intérieur et de la justice, d'après les propositions du gouverneur général civil de l'Algérie.

Art. 1. — Dans les nouvelles circonscriptions cantonales du Tell, les chefs de ces circonscriptions et les sous-officiers ou commandants de brigade de gendarmerie sont officiers de police judiciaire, auxiliaires du procureur de la République, pour la partie du territoire comprise dans leurs circonscriptions, et du général commandant la division, pour la partie du territoire militaire comprise dans ces mêmes circonscriptions.

Art. 2. — Les fonctionnaires, sous-officiers ou commandants de brigade de gendarmerie, désignés en l'article précédent, transmettent, sans délai, au procureur de la République ou au général de division, suivant les cas, les procès-verbaux, actes, pièces et instruments dressés ou saisis par eux et, en cas d'arrestation de l'inculpé, ils le mettent à leur disposition.

V. à l'APPENDICE arrêtés postérieurs.

§ 6. — REVENUS COMMUNAUX. — COMPTABILITÉ. — EMPRUNTS.

1°— *Revenus communaux.*

Circ. G. — 6-25 mars 1869. — BG. 509. — *Instruction aux préfets, au sujet de la part revenant aux pauvres dans le produit des concessions dans les cimetières.*

M. le préfet, — L'examen des comptes des communes de l'Algérie soumis à la juridiction de la cour des comptes, lui a fourni l'occasion de remarquer et de relever une infraction aux prescriptions de l'ord. du 6 déc. 1843, sur le régime des cimetières; ordonnance rendue exécutoire en Algérie par le décr. du 24 mai 1851 (I, 562).—L'infraction porte sur la disposition de l'art. 3 de la dite ordonnance, ainsi conçue : « Aucune concession ne peut avoir lieu qu'au moyen d'un capital, dont les deux tiers au profit de la commune et un tiers au profit des

pauvres ou des établissements de bienfaisance. »
— Ce produit figure pour son intégralité aux recettes des communes, et rien n'indique aux dépenses qu'il soit fait un emploi conforme à sa destination légale, du tiers revenant aux pauvres.

Il est vrai que la subvention accordée par ces communes aux bureaux de bienfaisance est généralement bien supérieure à la part qui leur appartient dans le produit dont il s'agit; mais ce fait, s'il était invoqué pour expliquer l'irrégularité signalée, ne serait pas de nature à la justifier. En effet, une libéralité qui peut toujours être révoquée, puisqu'elle est essentiellement facultative, ne saurait autoriser une municipalité à s'affranchir d'une obligation réglementaire.

En portant à votre connaissance, M. le préfet, les observations de la cour des comptes sur l'irrégularité par elle relevée, je ne puis que vous inviter à la faire cesser partout où elle existerait. — En l'état actuel du fonctionnement du régime hospitalier et des institutions d'assistance publique en Algérie, les bureaux de bienfaisance sont seuls appelés à profiter du bénéfice de l'ord. de 1843, et il devra en être ainsi tant que les hôpitaux et hospices n'auront pas leurs budgets spéciaux, et continueront d'être défrayés par les budgets provinciaux. Mais l'ordonnance a entendu que le tiers dont elle prescrit la réserve fût exclusivement appliqué aux besoins des pauvres, et cette prescription ne doit être éludée sous aucun prétexte. — Par suite, dans les communes où il n'existe pas de bureau de bienfaisance et dont les budgets contiennent un article de recette au titre du produit des concessions dans les cimetières, il y aura lieu d'inscrire aux dépenses une somme au moins équivalente au 1/3 de la recette inscrite, pour être employée en secours aux indigents.

Dans le cas probable où la subvention municipale pour cette destination charitable serait supérieure à ce produit présumé l'article de dépense devrait être libellé en cette forme : « Art. ... — Secours aux indigents : — 1° 1/3 du prix des concessions dans les cimetières... — 2° Subvention de la commune... » — On resterait ainsi dans les termes de la prescription légale rappelée par la cour des comptes, tout en complétant par la subvention municipale ce que le produit réglementaire pourrait avoir d'insuffisant.

En ce qui touche les communes où existent des bureaux de bienfaisance, il conviendra de suivre la même règle, en décomposant la subvention actuelle en deux parts, dont la première représentera le 1/3 du produit présumé des concessions, et la seconde la subvention réelle de la commune. — Pour les budgets en cours d'exercice, cette décomposition sera expliquée au moyen d'une note marginale qui sera textuellement reproduite au compte administratif. On évitera ainsi de nouvelles observations de la cour des comptes et un rappel itératif à l'exécution des règlements.

Je vous invite, M. le préfet, à adresser à MM. les maires de votre département des instructions conformes, qui devront être en même temps notifiées, tant au conseil de préfecture qu'au directeur des contributions diverses, chargés, soit de l'apurement, soit du contrôle des opérations des receveurs municipaux; à ces comptables, eux-mêmes, et enfin, aux bureaux de bienfaisance.

M^{al} DE MAC-MAHON, DUC DE MAGENTA.

2° — *Comptabilité communale.*

Décrs. 24. — 10 juin-5 juill. 1870. — BC. 331. — *Les ordonnateurs des communes et des bureaux de bienfaisance n'ont pas le droit de réquisition.* — *Instructions aux préfets.*

M. le préfet, — Aux termes de l'art. 91 du décr. du 31 mai 1862, sur la comptabilité publique, les payeurs, remplacés aujourd'hui par les trésoriers-payeurs généraux, ne peuvent suspendre un payement assigné sur leur caisse que s'ils reconnaissent qu'il y a omission ou irrégularité matérielle dans les pièces produites. En cas de refus de payement, le payeur est tenu d'en remettre immédiatement la déclaration écrite et motivée au porteur de l'ordonnance ou du mandat, et si, malgré cette déclaration, l'ordonnateur requiert par écrit, et sous sa responsabilité, qu'il soit passé outre au payement, le payeur y procède sans délai.

Quelques préfets de la métropole avaient conçu des doutes sur le point de savoir si, en matière de dépenses communales et charitables, les maires et les administrateurs avaient le droit de réquisition que l'art. 91 du décr. du 31 mai 1862 a conféré aux ordonnateurs des dépenses de l'État. De son côté, la cour des comptes a relevé certains faits qui démontrent que les ordonnateurs et les comptables ne sont pas nettement fixés sur la nature et la limite de leurs droits respectifs.

Pour lever toute incertitude à cet égard, la cour et le ministre des finances ont exprimé au ministre de l'intérieur le désir que des instructions précises fussent adressées aux préfets de la métropole. — C'est ce qu'a fait S. Exc. par une circulaire en date du 23 fév. 1870, dans laquelle elle s'exprime de la manière suivante :

« Vous remarquerez d'abord, M. le préfet, qu'aucun texte de loi n'attribue le droit de réquisition aux ordonnateurs des dépenses des communes et des établissements de bienfaisance; qu'en outre, ni l'ord. du 23 avr. 1823, qui a posé les principes de la comptabilité communale, ni les chapitres de l'ord. du 31 mai 1838, ou du décr. du 31 mai 1862, consacrés au service des communes, ne renferment aucune disposition sur la matière. — Ce silence de la loi et des règlements n'est pas le résultat d'une omission. C'est avec intention que la faculté exceptionnelle admise pour les services de l'État n'a pas été étendue aux ordonnateurs des communes et des établissements de bienfaisance.

« L'État, en effet, est chargé de pourvoir à toutes les mesures que commandent la sûreté publique et l'intérêt national. Les dépenses qui se font en son nom présentent à ce double titre, un caractère de nécessité et d'urgence qui justifie le droit pour les agents d'en requérir le payement immédiat. Les communes et les établissements de bienfaisance se trouvent évidemment dans une situation différente, et le retard qui peut être apporté à leurs dépenses n'entraîne, dans aucun cas, des conséquences assez graves pour faire attribuer aux ordonnateurs le droit de prescrire des payements, malgré l'opposition des comptables.

« Une autre considération milite encore en faveur de la distinction qui semble devoir être établie entre l'État et les établissements publics : — Les ordonnateurs des dépenses de l'État sont des fonctionnaires salariés et responsables; tandis que les ordonnateurs des communes et des établissements de bienfaisance sont des administrateurs exerçant des fonctions gratuites et qu'en réalité, la garantie des finances municipales et hospitalières repose tout entière sur la responsabilité personnelle des receveurs, seuls agents cautionnés.

« Autoriser dans de semblables conditions les maires ou les administrateurs charitables à substituer leur responsabilité propre à celle des comptables, ce serait non-seulement exposer à des chances de pertes les communes et les établissements de bienfaisance confiés à leur direction, mais donner peut-être lieu aux abus que pourrait entraîner une connaissance souvent imparfaite des règles de la comptabilité. »

Par ces motifs, M. le ministre de l'intérieur a adopté l'opinion de la cour des comptes et de son collègue des finances, et il a décidé que, dans l'état actuel de la législation, le droit de réquisition ne peut être conféré aux ordonnateurs des communes et des établissements de bienfaisance. — Par les mêmes motifs, il y a lieu d'appliquer la même décision en Algérie, et je vous invite, M. le préfet, à notifier immédiatement ma décision à ce sujet aux administrations communales et charitables, et à la faire également notifier aux comptables par les soins du directeur des contributions diverses.

Mᵃˡ DE MAC-MAHON, DUC DE MAGENTA.

Circ. G. — 18-19 juill. 1870. — BG. 555. — *Mode de comptabilité des collèges communaux. — Dispositions réglementaires. — Instructions aux préfets.*

M. le préfet, — Aux termes de l'art. 13 du décr. du 15 nov. 1811, les comptes des dépenses des collèges qui sont à la charge des communes, sont rendus, chaque année, par le principal à un bureau dont la composition est réglée par l'article susvisé; et, d'un autre côté, suivant l'art. 880 de l'instruction générale sur la comptabilité publique du 20 juin 1859, dans les cas autres que celui d'une subvention fixe, une copie du compte du principal, faisant ressortir le bénéfice ou la perte de la gestion annuelle du collège, doit être, après que ce compte a reçu l'approbation du bureau d'administration, remise au receveur municipal et jointe à son compte de gestion annuelle.

Telles sont les dispositions qui régissent encore la justification des opérations que le receveur municipal est appelé à faire, au nom de la commune, dans l'intérêt du collège; en effet, cet établissement a une existence qui lui est propre, sa gestion est entièrement indépendante de celle de la commune et, même dans le cas où il est régi pour le compte de celle-ci, le détail des opérations qui le concernent ne rentre pas dans la comptabilité communale. Le résultat de cette gestion, qu'il constitue un bénéfice ou une perte, doit seul figurer au compte de la commune, en un chiffre unique de recette ou de dépense.

La cour des comptes a eu occasion de reconnaître que le régime qui vient d'être analysé n'était pas généralement observé par les communes de l'Algérie qui entretiennent des collèges. Il arrive souvent que le receveur municipal, conformément d'ailleurs aux prescriptions du budget communal, porte en recette dans son compte, à l'article *Rétributions scolaires*, les pensions payées par les élèves, et, d'autre part, il fait figurer audit compte les dépenses du collège, en produisant à la cour des comptes des pièces justificatives des payements, mais sans fournir le compte rendu par le principal au bureau d'administration.

Ce mode est contraire aux prescriptions de l'art. 880 de l'instruction générale, et, pour faire rentrer la comptabilité des collèges communaux dans les règles ordinaires, il y a lieu de prescrire les dispositions suivantes :

À l'avenir, le budget de la commune qui entretient un collège communal ne comprendra plus qu'un seul article de recette ou de dépense. Par suite, le receveur municipal se trouvera désormais n'avoir à inscrire dans son compte aucune autre opération que le résultat final de cette règle. Il n'aura plus, dès lors, à produire d'autre justification que le compte du principal régulièrement approuvé, avec la preuve du payement des traitements des régents, dont la commune est responsable dans tous les cas, justifications exigées par

l'art. 1349, nᵒ 52, de l'instruction générale du 20 juin 1859.

Je vous prie, M. le préfet, de vouloir bien notifier ces nouvelles dispositions aux administrateurs et comptables municipaux qu'elles intéressent, et de veiller à ce qu'elles soient strictement exécutées.

Mᵃˡ DE MAC-MAHON, DUC DE MAGENTA

8ᵉ— Emprunts municipaux.

Circ. G. — 22 janv.-15 mars 1869. — BG. 507. — *Instructions aux préfets relatives aux autorisations d'emprunts communaux.*

M le préfet, — L'art. 11, (tabl. B, nᵒ 10, du décr. du 27 oct. 1858, vous confère le pouvoir d'autoriser les emprunts des communes, lorsqu'ils sont remboursables sur les ressources ordinaires et que le terme du remboursement n'excède pas 10 années. — Bien que, pour les contrats de cette nature mon intervention ne soit pas nécessaire, il n'en importe pas moins que j'en sois exactement informé, et que vos décisions me soient connues dès que les traités par vous autorisés sont devenus définitifs. — C'est ce qui n'a pas lieu dans la pratique, et les opérations de l'espèce ne me sont généralement connues que par l'examen du tableau annuel de la situation financière des communes; c'est-à-dire, longtemps après la conclusion des emprunts autorisés. — L'administration centrale se trouve ainsi privée, en temps opportun, d'un élément essentiel d'appréciation de la situation financière des communes; élément qu'elle doit toujours avoir à sa disposition.

Pour obvier à cet inconvénient, dont je n'ai pas besoin de vous démontrer la gravité, j'ai décidé qu'à l'avenir vous me tiendriez exactement informé de tous les emprunts que vous auriez autorisés, en vertu des dispositions ci-dessus rappelées. — En me rendant compte de vos décisions, vous aurez soin de me faire connaître : l'affectation spéciale du produit de l'emprunt, les conditions auxquelles il a été contracté, et les mesures prises pour en assurer le remboursement, en joignant à l'appui les délibérations du conseil municipal et une expédition du budget de la commune. — Je vous prie, M. le préfet, de m'indiquer les emprunts qu'auraient pu contracter les communes de votre département, pendant l'exercice 1868.

Mᵃˡ DE MAC-MAHON, DUC DE MAGENTA.

D. (*Bordeaux.*) — 17 janv.-8 fév. 1871. — BG. 555. — *Autorisation à la commune d'Alger de s'imposer pendant 15 années une taxe foncière de 120,000 fr.* (1).

Vu l'ord. du 28 sept. 1847, art. 40, nᵒ 0, et 42, nᵒ 1; — La loi du 15 mars 1850, art. 40; — Les délibérations du conseil municipal de la ville d'Alger, tendant à obtenir l'autorisation de créer une taxe municipale sur le revenu des immeubles pour un produit annuel de 120,000 fr. destinés : 1ᵒ pour 50,000 fr., à couvrir les dépenses relatives à la défense nationale; et 2ᵒ pour 70,000 fr., à subvenir à l'insuffisance des ressources ordinaires pour parer aux dépenses d'entretien des écoles communales primaires; la durée de ladite imposition ne devant pas excéder une période de 15 années, et son recouvrement devant cesser, d'ailleurs, dès qu'elle pourra être remplacée par des centimes additionnels aux contributions directes, comme en France;

Considérant que, si la propriété immobilière a été jusqu'ici exemptée dans les trois départements algériens de tout impôt foncier pour favoriser la

_____

(1) Légalité des contributions communales. — V. *Chemins vicinaux*, note.

colonisation du pays, et s'il y a lieu de réserver aux futures assemblées nationales la consécration d'un tel impôt sur les points et dans les conditions qui seront jugés convenables, les communes de plein exercice sont formellement autorisées, par l'ord. du 28 sept. 1847, à se créer des ressources extraordinaires par voie de contributions directes ;

Considérant qu'en demandant à imposer le revenu des immeubles, la commune d'Alger, où ce revenu est aussi solidement établi que dans les autres villes de la France, s'adresse à la seule faculté contributive qui soit restée exempte de charges, et que, cette taxe municipale étant demandée par les élus de la population, il y a lieu d'en conclure que cette charge est d'avance acceptée par l'opinion publique ;

Considérant que les droits de l'État et du département se trouvent réservés d'autant mieux que ladite taxe doit être remplacée par des centimes additionnels aux contributions directes le jour où ces droits se trouveront à leur tour exercés ; — Considérant que l'emploi des sommes à provenir de la taxe la rend au plus haut point légitime, puisqu'il s'agit de satisfaire au plus sacré des devoirs, la défense nationale, et au premier de tous les besoins, l'instruction primaire ; — Vu l'avis du commissaire extraordinaire de la République en Algérie ;

Art. 1. — La commune d'Alger est autorisée à s'imposer extraordinairement d'une somme de 120,000 fr. par an, au moyen d'une taxe municipale portant sur le revenu net des immeubles situés dans cette commune.

Art. 2. — Le produit de cette imposition sera spécialement affecté, savoir : 50,000 fr. par an au remboursement d'un emprunt de 400,000 fr., projeté en vue du concours à prêter à la défense nationale, et 70,000 fr. par an aux dépenses de l'instruction primaire.

Art. 3. — La durée de la taxe est limitée à une période de 15 années ; elle cessera, d'ailleurs, d'être perçue dès qu'elle pourra être remplacée, comme en France, par des centimes additionnels aux quatre contributions directes.

Art. 4. — Le montant annuel de la taxe municipale autorisée par les articles précédents sera réparti entre les imposables, au prorata des facultés contributives de chacun, constatées par des rôles spéciaux. — Pourront être consultés, à titre de renseignement, pour la confection de ces rôles, les rôles de la taxe des loyers, les matrices cadastrales, et généralement tous les documents publics dont les répartiteurs pourront avoir besoin. — Le recouvrement s'effectuera conformément aux règles prescrites pour la taxe sur les loyers par l'arr. du 4 nov. 1815.

Art. 5. — Il sera ajouté au principal de la contribution, savoir : 1° 5 c. par fr., dont le produit est destiné à couvrir les décharges, réductions, remises ou modérations, ainsi que les frais d'impression et de confection de matrices et des rôles ; 2° 5 c. par cote pour frais de premier avertissement.

AD. CRÉMIEUX, GLAIS-BIZOIN, L. FOURICHON.

D. (Bordeaux.) — 31 janv.-10 févr. 1871. — BG. 358. — *La commune d'Alger est autorisée à contracter un emprunt de 400,000 fr. affecté aux nécessités de la défense nationale.*

Vu l'ord. du 28 sept. 1847, art. 42, n° 1 ; — La délibération du conseil municipal de la ville d'Alger, en date du 30 sept 1870, tendant à obtenir l'autorisation : 1° de contracter un emprunt de 400,000 fr., dont le produit est destiné à la

défense nationale par des achats de matériel et notamment de batteries d'artillerie ; 2° d'affecter à l'amortissement de cet emprunt une taxe municipale imposée sur le revenu des immeubles, pour une somme annuelle de 50,000 fr. au maximum, et pour une durée qui n'excédera pas 15 années ; — Le décr. du 17 janv. courant qui a autorisé la taxe municipale annuelle dont il s'agit ; — Vu l'avis du commissaire extraordinaire de la République en Algérie ;

Art. 1. — La commune d'Alger est autorisée à contracter un emprunt de 400,000 fr., dont le produit sera spécialement affecté aux nécessités de la défense nationale.

Art. 2. — L'emprunt pourra être réalisé soit avec publicité et concurrence, soit auprès d'un établissement de crédit, soit par voie de souscription, soit de gré à gré, avec facilité d'émettre des obligations au porteur, ou transmissibles par voie d'endossement. — Le taux de l'intérêt dudit emprunt ne pourra excéder 8 fr. 50 c. p. 100 et par an.

Art. 3. — Les conditions des traités à passer, de gré à gré, seront préalablement soumises à l'approbation du gouvernement.

Art. 4. — Une somme annuelle de 50,000 fr., prélevée sur le produit de la taxe spéciale autorisée par le décr. du 17 janv. courant, sera affectée au payement des intérêts et au remboursement de cet emprunt. — Le remboursement du capital devra être effectué dans une période de 15 années.

AD. CRÉMIEUX, L. GAMBETTA, AL. GLAIS-BIZOIN, FOURICHON.

Circ. M.—5 mars 1871. — (Publiée au *Moniteur de l'Algérie* du 14 mars 1871 et au *Recueil des actes de la préfecture*).

M. le préfet, je suis informé que, dans quelques départements, les dispositions des lois des 18 juil. 1837 et 24 juil. 1867 n'ont pas toujours été rigoureusement appliquées, en ce qui concerne les aliénations, les emprunts et les impositions extraordinaires. — Je n'ignore pas que, le plus souvent, on a invoqué pour justifier les irrégularités commises, le désir de concourir, dans la mesure la plus large, aux dépenses de la guerre ; mais les circonstances n'étant plus les mêmes, il importe de revenir immédiatement à la règle, qui ne saurait être méconnue, plus longtemps, sans danger pour les finances municipales.

Je vous prie d'appeler l'attention des maires sur cette partie importante de la comptabilité municipale, et de mettre les administrations locales en garde contre l'abus de moyens financiers auxquels elles ne doivent recourir qu'avec beaucoup de réserve et en cas de nécessité absolue. — Vous leur rappellerez que le moindre des inconvénients que puisse avoir un entraînement irréfléchi dans des opérations de cette nature, c'est d'épuiser les ressources communales pour un seul objet de telle sorte qu'il devienne impossible de subvenir pendant de longues années, quelquefois, aux dépenses qu'exigeraient les besoins les plus urgents des autres services.

Aussi, tout en faisant la part des intérêts sérieux et légitimes, vous n'hésiterez pas, quand bien même toutes les prescriptions légales auraient été strictement observées, à ajourner l'instruction de tout projet qui ne serait pas motivé sur des nécessités pressantes et clairement démontrées. Mon administration, de son côté, est résolue à différer l'examen de toutes délibérations qui ne rempliraient pas rigoureusement ces conditions. — Je vous invite à m'adresser le plus tôt possible un rapport spécial sur la situation financière des communes de votre département. Vous me signalerez notamment les mesures exceptionnelles qui ont été prises dans ces derniers temps.

Le ministre de l'intérieur par intérim.
JULES SIMON.

RENVOIS. — V. *Table alphabétique.*

Comptabilité communale. V. COMMUNES, § 6.

Comptabilité publique. V. TABLE ALPHABÉTIQUE.

Comptes de retour. V. TABLE ALPHABÉTIQUE.

Concessions (1).

Concordats amiables. V. TABLE ALPHABÉTIQUE.

Confiscation. V. *ibidem.*

Conflits administratifs. V. *ibid.*

Congés (baux et locations). V. *ibidem.*

Congés (de fonctionnaires). V. *ibidem.*

Congrégations religieuses. V. *ibidem.*

Conseils d'administration et autres spéciaux. V. *ibidem.*

Conseils généraux.

La première institution des conseils généraux en Algérie remonte aux arrêtés du chef du pouvoir exécutif, en date des 9 et 16 déc. 1848 (I, 26). Chaque département civil devait avoir un conseil électif composé de 16 membres dans la province d'Alger, de 12 dans chacune des autres provinces; leurs attributions devaient être les mêmes que celles des conseils généraux de France, et un autre arrêté devait, dans les trois mois suivants, déterminer les circonscriptions électorales. Ce dernier arrêté n'ayant point paru, aucune suite ne fut donnée à cette création.

En 1858, lorsque l'administration de l'Algérie fut remise à un ministère spécial, un décret du 27 oct. institua de nouveau des conseils généraux,

mais dont les membres devaient être nommés par l'Empereur et régla en même temps leurs attributions et la tenue de leurs sessions. Ce régime a été maintenu jusqu'au 11 juin 1870. A cette date un nouveau décret vint rétablir le système électif pour la nomination en territoire civil de conseillers français, musulmans, israélites et étrangers et prescrivit que les territoires militaires seraient représentés par des conseillers français et musulmans nommés par l'Empereur.

Mais toutes ces dispositions ont été elles-mêmes bientôt abrogées par un décret rendu à Bordeaux le 28 déc. 1870 par la délégation du gouvernement de la défense nationale. Les conseils généraux de l'Algérie ont été constitués sur les bases du suffrage universel et déclarés d'avance soumis aux règles qui seraient établies par la future assemblée nationale, pour tous les conseils généraux de la République. Toutefois lorsque la loi du 10 août 1871 fut votée pour la France et que l'on demanda qu'elle fût déclarée applicable à l'Algérie, le ministre de l'intérieur répondit qu'il regardait comme indispensable que ce qui concernait l'Algérie fût résolu par une loi spéciale; qu'en effet, il importait avant tout de déterminer quelle serait la composition de ces conseils qui comprenaient jusqu'à ce jour des français et des indigènes pris les uns dans les territoires civils, les autres dans les territoires militaires, et de prendre à cet égard des dispositions spéciales qui seraient prochainement l'objet d'un projet de loi.

Malgré cette déclaration formelle, la loi du 10 août 1871 a été appliquée, en fait, à titre d'essai, notamment par la nomination de commissions départementales dans les départements de Constantine et d'Oran, le conseil général d'Alger ayant été dissous dès ses premiers travaux, à raison de son refus d'admettre à l'exercice du droit de vote, les membres indigènes désignés en vertu du décr. du 28 déc. 1870.

Un projet de loi récemment présenté à l'assemblée nationale doit régler prochainement cette situation provisoire.

D1. — 11-20 juin 1870. — BG. 330. — *Reconsti-*

(1) JURISPRUDENCE. — 1° La clause par laquelle l'Etat stipule, dans un acte de concession d'immeubles domaniaux, que le concessionnaire sera tenu de céder gratuitement, pendant dix années, les terrains dont l'administration aurait besoin pour l'exécution de travaux publics, tels que routes, canaux, etc., est licite et obligatoire. — La concession faite par l'Etat à la charge de certaines obligations et conditions n'est pas une donation, mais bien une concession à titre onéreux qui entraîne la garantie inhérente à la vente. — Par suite, lorsque dans le plan d'une concession faite par l'Etat figure un chemin d'exploitation passant sur des terrains voisins, le concessionnaire peut obliger l'Etat à délivrer ce chemin. — *Cour d'Alger*, 16 oct. 1865. — Robe, 1865, p. 188.

2° — Lorsqu'un titre de concession stipule l'obligation, par le concessionnaire, d'abandonner pendant dix ans et sans indemnité les terrains nécessaires à l'ouverture des routes, chemins et autres travaux d'utilité publique, le point de départ du délai de dix années est la date même du contrat de concession, quelle que soit la durée d'une occupation antérieure à un titre quelconque, soit par le titulaire, soit par sa famille. — Les expressions *routes* et *chemins* embrassent, dans leur application, toutes les voies de communication par terre; les chemins de fer sont incontestablement des ouvrages d'utilité publique rentrant

dans ces termes. — L'Etat, bénéficiaire de la clause résolutoire stipulée au contrat de concession, a pu légalement subroger à son droit la compagnie chargée de l'exécution du chemin de fer, et celle-ci peut l'invoquer comme lui. — Cette clause d'abandon sans indemnité comprend tous les éléments divers qui peuvent être une cause d'indemnité, et embrasse, dès lors, la dépréciation de la chose comme la chose elle-même; il ne s'agit point d'une dépossession ordinaire à laquelle doivent s'appliquer les règles de l'expropriation pour cause d'utilité publique, mais de l'exécution d'une clause résolutoire existant dans le contrat entre le concessionnaire et l'Etat. — *Cour d'Alger*, 14 nov. 1866. — Robe, 1867, p. 8.

3° — La compagnie des chemins de fer est substituée de droit par l'art. 21 de son cahier des charges au droit que l'Etat s'était réservé dans les anciennes concessions de pouvoir prendre pendant dix ans, sans aucune indemnité, les terrains nécessaires à l'ouverture de routes, chemins, canaux et autres ouvrages d'utilité publique. — Les gares, magasins, ateliers et chantiers de construction sont un accessoire nécessaire des chemins de fer et rentrent, comme les voies elles-mêmes, dans les ouvrages d'utilité publique prévus par les titres de concessions. — *Cour d'Alger*, 29 mai 1867. — Robe, 1867, p. 147.

tution par voie d'élection des conseils généraux de l'Algérie (1).

Vu nos décr. des 27 oct. 1858; 7 juill. 1861, tit. 3, sect. 4 (II, *Conseils généraux*); 27 déc. 1866 (*Communes*, § 1); 19 déc. 1868 art. 13 (*ibidem*); — Ensemble le décret organique et le décret réglementaire du 2 fév. 1852, sur les élections, et la loi du 5 mai 1855, sect. 3; — Le Sén.-Cons. du 14 juill. 1855, et notre décr. du 21 avr. 1866 (*Naturalisation*, II, 151).

Tit. 1. — *Formation des conseils généraux, en Algérie.*

Art. 1.—Jusqu'à la loi définitive qui doit régler l'administration départementale, en Algérie, le conseil général de chaque province sera composé de conseillers : — Français, — Indigènes musulmans, — Indigènes israélites, — Étrangers. — La part attribuée à chacune des quatre catégories ci-dessus désignées, dans le conseil général, est fixée par le tableau joint au présent décret (colonnes 4, 5, 6, 7, 8 et 9). — Le même tableau détermine la répartition des conseillers entre le territoire civil et le territoire militaire de chaque province. (Mêmes colonnes.)

Art. 2. — Sauf les exceptions spécifiées au § suivant et à l'art. 3 ci-après (§ 3), les membres des conseils généraux sont élus parmi les Français ou naturalisés français, les indigènes musulmans, les indigènes israélites et les étrangers domiciliés en Algérie et remplissant d'ailleurs les conditions d'éligibilité déterminées par l'art. 4 du présent décret. — Toutefois, un sixième des conseillers élus au titre français pourra être pris parmi les non-domiciliés, mais qui devront satisfaire aux autres conditions d'éligibilité.

Art. 3. — Les conseillers français, musulmans, israélites et étrangers du territoire civil sont respectivement élus par les électeurs communaux de chacune de ces catégories. — Les électeurs peuvent porter leurs suffrages sur les éligibles des diverses catégories. — Les territoires militaires sont représentés au conseil général par des conseillers français et musulmans nommés par l'empereur, sur la présentation du gouverneur général.

Art. 4. — Nul n'est éligible comme membre d'un conseil général : — S'il ne jouit de ses droits civils et électoraux; — Si, au jour de son élection, il n'est âgé de 25 ans; — S'il n'est domicilié dans la province, sauf l'exception prévue au 2e § de l'art. 2 ci-dessus; — Si, depuis au moins un an, il n'est propriétaire, imposé en vertu d'un rôle, concessionnaire de mines ou d'exploitations forestières dans la province.

Art. 5. — Il est formé, pour l'élection des membres des conseils généraux, autant de circonscriptions électorales qu'il existe de ressorts

de justice de paix dans chaque département : sont considérés comme tels les districts dont le commissaire civil est investi des fonctions judiciaires. — Le nombre des conseillers à élire au titre français, dans chaque circonscription électorale, est déterminé par le tableau annexé au présent décret.

Tit. 2 — *Des opérations électorales.*

Art. 6. — Les électeurs pour la nomination des membres des conseils généraux se réuniront, aux jours fixés pour leurs opérations, au chef-lieu de la commune ou de la section communale, conformément à ce qui a lieu pour les élections municipales. — Si le préfet, usant de la faculté qui lui est donnée par l'art. 7 de la loi du 5 mai 1855, divise en sections électorales l'assemblée du chef-lieu de la commune ou de la section municipale (annexe), l'arrêté qu'il prendra à cet effet en conseil de préfecture devra être publié dix jours au moins avant la réunion des électeurs.

Art. 7. — Les électeurs français d'une circonscription électorale qui aura plus d'un conseiller français à élire, et les électeurs musulmans, voteront par scrutin de liste.

Art. 8. — Le dépouillement des votes sera opéré dans chaque section par le bureau qui aura présidé aux opérations. — Le recensement général s'effectuera au chef-lieu de la circonscription électorale, par le bureau présidé par le maire, en séance publique. — Les procès-verbaux des opérations de chaque circonscription seront transmis au préfet, qui procédera au recensement définitif des votes en conseil de préfecture, en séance publique, et proclamera élus les candidats des différentes catégories qui auront obtenu la majorité légale.

Art. 9. — Sont applicables à la tenue des assemblées électorales, pour la nomination des conseils généraux, toutes les dispositions du décret organique du 2 fév. 1852, du décret réglementaire du même jour et de la loi du 5 mai 1855, sect. 3, qui ont été rendues exécutoires en Algérie par notre décr. du 27 déc. 1866, et auxquelles il n'est pas dérogé par le présent décret.

Art. 10. — Le conseiller élu dans plusieurs circonscriptions électorales ou par plusieurs catégories, sera tenu de déclarer son option au préfet, dans le mois qui suivra les élections entre lesquelles il doit opter.

Art. 11. — Le préfet, en conseil de préfecture et en séance publique, procédera, par la voie du sort, à l'élimination des élus non-domiciliés en Algérie, et dont le nombre dépasserait le maximum déterminé par le 2e § de l'art. 2 ci-dessus. — Le nom de chaque élu sera inscrit séparément sur un

---

(1) *Rapport à l'Empereur.* — Paris 11 juin 1870. — Sire, le conseil d'État a délibéré et a adopté, dans ses séances des 4 et 5 juin courant, un projet de décret qui a pour but de réorganiser par l'élection les conseils généraux institués en Algérie par le décr. du 27 oct. 1858, et dont les membres ont été jusqu'à présent nommés par l'Empereur.

Cette innovation était au nombre des réformes que le gouvernement a résolu d'introduire dans l'organisation départementale de l'Algérie; mais, en attendant la loi définitive qui doit régler cette organisation, et afin de ne pas ajourner plus longtemps la réalisation d'une mesure que les populations de la colonie réclament avec de vives instances, le gouverneur général, dans un rapport du 9 avr., a demandé qu'il fût pourvu par un décret transitoire à partir de la session ordinaire de 1870. C'est pour satisfaire ce vœu qu'a été élaboré le projet de décret adopté par le Conseil d'État. Il se résume dans les dispositions suivantes : — Le conseil général sera composé,

dans chaque province, de trente conseillers français, musulmans, israélites et étrangers. La part attribuée à chacune des quatre catégories est fixée par un tableau annexé au décret, qui détermine également les circonscriptions électorales. — Les conseillers français, musulmans, israélites et étrangers seront respectivement élus, dans les territoires civils, par les électeurs communaux de leur catégorie. — Les territoires militaires seront représentés au conseil général par des conseillers français et musulmans nommés par l'Empereur.

Enfin, par application des dispositions du décr. du 31 mai, qui a rendu aux préfets de l'Algérie, dans les départements, la plénitude des pouvoirs administratifs, ces fonctionnaires reprendront, vis-à-vis des conseils généraux, l'exercice des attributions qui leur étaient conférées par le décr. du 27 oct. 1858, et que celui du 7 juill. 1861 avait modifiées.

Le ministre de la guerre,
M^{al} LE BŒUF.

bulletin. Tous les bulletins, de même dimension et de même papier, seront roulés uniformément et mêlés dans une urne. Il en sera tiré au sort un nombre égal à celui des non-domiciliés qui pourront être admis dans le conseil général. — Les candidats dont les noms seront inscrits sur ces bulletins seront déclarés définitivement élus. L'élection des autres se trouvera annulée de plein droit, et il sera pourvu à leur remplacement par des élections nouvelles.

Art. 12. — En cas de vacance par option, décès, démission, perte de droits civils ou civiques, ou annulation de l'élection, l'assemblée électorale qui doit pourvoir à la vacance sera réunie dans le délai de deux mois, en vertu d'un arrêté du gouverneur général.

Tit. 3. — *De la session des conseils généraux.*

Art. 13. — Le préfet exerce vis-à-vis du conseil général les attributions qui lui étaient conférées par notre décr. du 27 oct. 1858, et qui avaient été modifiées par l'art. 27 de notre décret du 7 juill. 1861, dont les dispositions à ce sujet demeurent abrogées. — Il présente au conseil général le budget provincial, préparé de concert avec le général commandant la province.

Art. 14. — Le général commandant la province, d'accord avec le préfet, désigne un interprète militaire qui assiste aux séances du conseil général. — L'interprète désigné, avant d'entrer en fonctions, prête serment entre les mains du président.

Art. 15. — Sont maintenues en vigueur les dispositions de notre décr. du 27 oct. 1858, aux titres des conseils généraux et de la session de ces conseils, auxquelles il n'est pas dérogé par le présent décret.

Art. 16. — Dans le délai de deux mois, à dater de la promulgation du présent décret, il sera procédé à l'élection et à la nomination de la totalité des membres des conseils généraux à élire ou à nommer, en vertu des dispositions qui précèdent. (V. au *Bulletin officiel* le tableau des circonscriptions électorales.)

A.G. — 20 juin 1870. — (V. *Élections*, § 5—1re.) — *Arrêté d'exécution pour les opérations électorales.* — *Voir à la suite diverses instructions et décisions sur le même objet.*

D. — (Bordeaux.) — 28 déc. 1870-10 janv. 1871. — BG. 352. — *Abrogation du décret du 11 juin.* — *Dissolution des conseils généraux.* — *Nouvelles prescriptions et attributions.*

Considérant que le décr. du 11 juin 1870, qui a organisé l'élection des membres des conseils généraux de l'Algérie, est en opposition avec les principes du droit public, puisqu'il confère le droit d'électeur et d'éligible, en matière politique, à d'autres qu'aux citoyens français ou naturalisés français ; — Considérant qu'il ne saurait y avoir, dans les trois départements de l'Algérie, d'autre politique que la politique française ; — Considérant, relativement à la différence qui existe entre le nombre des citoyens électeurs et le chiffre total de la population de ces départements, qu'il y a lieu de maintenir au sein des conseils les membres indigènes dont la présence a répondu, dans le passé, aux exigences de cette situation particulière, décrète :

Art. 1. — Le décr. du 11 juin 1870 est abrogé dans toutes ses dispositions.

Art. 2. — Les conseils généraux élus par application dudit décret sont dissous.

Art. 3. — Les membres français des conseils généraux des trois départements de l'Algérie seront désormais nommés à l'élection, comme dans les 89 autres départements de la République, les citoyens français ou naturalisés français étant seuls électeurs et éligibles.

Art. 4. — Les conditions d'éligibilité seront d'ailleurs celles qui existent actuellement en France, ou qui pourront être ultérieurement déterminées par la future assemblée nationale.

Art. 5. — Le nombre des membres du conseil général de chacun des trois départements est fixé à 36, savoir 30 membres ordinaires, citoyens français, et 6 membres assesseurs, choisis, comme par le passé, parmi les indigènes musulmans, naturalisés ou non. — Ces six membres indigènes seront nommés par le ministre de l'intérieur, sur les propositions combinées entre le préfet du département et le général de brigade chargé de l'administration des territoires dits *militaires.* — Ces membres indigènes seront, pendant la durée des sessions, assistés d'un interprète désigné par le préfet, et qui prêtera serment entre les mains du président du conseil. — Pour le choix des membres assesseurs, et à mérite égal d'ailleurs entre les divers concurrents, les propositions des autorités départementales se porteront de préférence, sur les notables indigènes qui auront acquis des notions pratiques de la langue française, afin qu'ils puissent par eux-mêmes se rendre compte de l'esprit des discussions et des intentions libératrices de la France à l'égard des populations musulmanes.

Art. 6. — Un règlement d'administration publique, sanctionné par le ministre de l'intérieur, désignera les localités qui seront appelées à élire les membres ordinaires des conseils et le nombre des conseillers à élire par chaque circonscription électorale, avec ou sans scrutin de liste, en attendant que, à l'avenir, cette répartition soit modifiée, s'il y a lieu, par qui de droit, dans la forme qui sera adoptée par la future assemblée nationale pour l'établissement des circonscriptions électorales des autres départements.

Art. 7. — Le préfet du département et le général chargé de l'administration des territoires dits *militaires,* devront être entendus par le conseil général, toutes les fois qu'ils en exprimeront le désir, et devront, sur la demande du conseil, se présenter devant lui pour lui fournir toutes les explications dont il pourrait avoir besoin.

Art. 8. — Pour la durée de leurs pouvoirs, l'élection de leur président et de leur bureau, la police ou la publicité de leurs séances, les conseils généraux des trois départements de l'Algérie suivront d'ailleurs les règles qui seront établies par la future assemblée nationale pour tous les conseils généraux de la République. Leurs attributions sont les mêmes.

Ad. Crémieux, Léon Gambetta, Glais-Bizoin, L. Fourichon.

Instr. 54. — 2-10 janv. 1871. — BG. 352. — *Prescriptions pour l'exécution du décret qui précède.* — *Circonscriptions électorales.*

M. le commissaire extraordinaire. — Le gouvernement de la République ne pouvait laisser subsister en Algérie le décr. du 11 juin dernier, qui a essayé d'y consacrer une déplorable innovation en matière de droit électoral, ni conserver les conseils généraux qui avait été élus en vertu de ce décret. Mais il n'a pas voulu dissoudre ces conseils par le même décret que ceux de la métropole (1), afin de bien marquer qu'il était amené

par le gouvernement. Un second décret en date du 26 stipulait que le décret du 23 n'était pas applicable aux départements de l'Algérie.

---

(1) Un décr. du 23 déc. 1870 avait prononcé la dissolution des conseils généraux en France et leur remplacement par des commissions départementales instituées

à cette mesure par des considérations politiques d'un autre ordre.

J'ai l'honneur de vous adresser ampliation du décret qui a été rendu le 28 déc., tant pour prononcer cette dissolution spéciale et cette abrogation de la législation antérieure, que pour y substituer des règles nouvelles compatibles avec l'organisation des conseils généraux des autres départements et avec les nécessités de notre politique algérienne.

Je vous prie de vouloir bien assurer la promulgation de ce décret et de m'adresser très-promptement le règlement d'administration publique (en projet) annoncé par l'art. 6. Le scrutin de liste aura lieu pour toutes les circonscriptions qui comporteront plusieurs conseillers à élire. La géographie des circonscriptions sera calquée sur celle des intérêts régionaux, et les localités importantes ne seront pas fractionnées en plusieurs circonscriptions; seulement, vous proposeriez de leur attribuer plusieurs conseillers au lieu d'un seul. Généralement les chefs-lieux de département auront trois conseillers, les chefs-lieux d'arrondissement deux ou trois, suivant leur importance, et les autres membres seraient répartis de façon à assurer la représentation de tous les grands bassins où la colonisation devra se porter.

Vous apprécierez si, dans le département d'Oran où la population française est plus agglomérée, il n'y aura pas lieu d'attribuer au chef-lieu plus de trois membres au sein du conseil. — Dans un pays nouveau, où les intérêts régionaux et le chiffre de la population électorale ne présentent pas toujours entre eux un rapport constant, il était nécessaire de tenir compte de ces deux éléments parfois contradictoires : l'importance numérique du corps électoral, et l'importance des intérêts économiques et colonisateurs qu'il s'agit de sauvegarder.

Il est bien entendu, d'ailleurs, qu'il ne s'agit pas, pour le moment, de faire des élections, et que les nécessités que l'évolution de l'Algérie accomplit en ce moment créent pour les préfets des départements algériens l'obligation d'assurer les services au moyen de budgets provisoires comme en France. — Rien ne s'opposera d'ailleurs à ce que la législation ultérieure donne aux conseils généraux des trois départements algériens des attributions spéciales en matière de domaine et de colonisation. Ces attributions trouveront leur place dans la loi à venir que l'assemblée nationale fera pour les conseils généraux; nous nous appliquons en ce moment, non à consacrer des exceptions légitimes ou nécessaires que le pays pourra provoquer par l'organe de ses élus, mais à faire disparaître les anciennes qui tendaient à séparer l'Algérie de la grande famille française.

Le garde des sceaux,
AD. CRÉMIEUX.

Circ CM. — 4-8 mars 1871. — BG. 359. —
Instruction aux préfets pour la formation des circonscriptions électorales, en exécution de l'art. 6 du décret précédent.

M. le préfet, — Mon intention est de faire procéder, dans le plus bref délai possible, à l'élection des conseillers généraux, afin de ne pas prolonger au-delà de ce qui est strictement nécessaire la situation provisoire des finances départementales, et de pouvoir constituer au plus tôt, sur sa base normale, l'autonomie des départements algériens. — Je vous invite, en conséquence, à vous occuper sans retard de réunir les éléments des propositions que vous aurez à m'adresser pour la formation des circonscriptions électorales de votre département.

Vous savez, M. le préfet, que, dans les départements métropolitains, il est élu un conseiller gé-néral par canton. Le décr. du 11 juin 1870 avait essayé de se rapprocher de ce système, en déterminant, pour chaque département de l'Algérie, autant de circonscriptions électorales qu'il y avait de ressorts de justice de paix : mais cette combinaison avait l'inconvénient de trop favoriser, au détriment des villes, les centres peu populeux et qui présentent, dans les éléments dont leur population se compose, la moindre somme d'intérêts et d'intelligence. Quelques-unes des circonscriptions ainsi formées comprenaient un nombre si restreint d'électeurs, qu'il ne pouvait en sortir une représentation sérieuse des intérêts généraux du pays. C'est ainsi que, dans le département de Constantine, on a pu voir le mandat de conseiller général conféré par 11 suffrages sur 19 électeurs inscrits.

Les circonscriptions dont vous aurez à me proposer la formation devront être établies en vue d'obvier à un résultat aussi dérisoire, et si peu conforme à l'esprit du suffrage universel. Dans la France continentale, où la population se présente dans des conditions à peu près uniformes de densité, on a pu prendre pour la représentation du conseil du département une base territoriale, c'est-à-dire le canton.

En Algérie, où la population coloniale est fort inégalement disséminée sur la surface du sol, il n'y a a de base logique que cette population même. — Le nombre des conseillers français à élire dans chaque département étant uniformément fixé à 30, il en résulte qu'il faut diviser par ce nombre le chiffre de la population française ou naturalisée, pour déterminer la fraction du chiffre total à laquelle correspond chacune des 30 unités qui constituent la représentation. — En partant de ce principe et en procédant par nombres ronds, on aurait les données exprimées ci-après : — Dép. d'Alger, français et naturalisés 62,000; — Dép. de Constantine, id. 43,000; — Dép. d'Oran, id. 50,000; — Un conseiller à élire : dans le 1er par 2,000 à 2,100 habitants; dans le 2e par 1,400 à 1,500; dans le 3e par 1,600 à 1,700. — Il faudrait donc éviter de former des circonscriptions électorales inférieures : — Dans le 1er à 2,000 habitants; dans le 2e à 1,400; dans le 3e à 1,600.

Quant aux circonscriptions contenant des grandes villes, ou des centres ruraux d'une certaine densité de population, le scrutin de liste étant admis, on leur attribuerait autant de conseillers qu'elles contiendraient de fois le minimum d'habitants français ou naturalisés, spécifié ci-dessus. — On arriverait ainsi à une composition aussi équitable que normale des conseillers généraux, puisque les populations urbaines et rurales y seraient également représentées dans la proportion exacte de leur importance respective. — L'extension qu'on serait obligé de donner à certaines circonscriptions serait compensée, quant aux opérations électorales, par le vote au chef-lieu de la commune ou de ses annexes.

Telles sont, M. le préfet, les considérations qui doivent vous guider dans le travail qui fait l'objet des présentes instructions, et que je désire recevoir dans le plus bref délai, afin qu'il puisse être procédé à l'élection des conseillers généraux immédiatement après la clôture des listes électorales de 1871.

ALEXIS LAMBERT.

(V. *Élections,* § 5, — 2°.) — les arrêtés d'exécution relatifs à la formation des listes électorales, aux opérations du scrutin et à l'établissement des circonscriptions.

APe. — 16 nov.-10 déc. 1871. — BG. 384. —
Convocation des conseils généraux pour le 27 nov. 1871.

Décis. P. — 29 nov.-10 déc. 1871. — BG. 584. — *Droit de voix délibérative reconnu aux assesseurs musulmans.*

Rapport au président de la République. — Par une dépêche du 29 de ce mois, M. le gouverneur général civil de l'Algérie me consulte sur la question de savoir si les assesseurs musulmans des trois conseils généraux de la colonie ont voix délibérative ou consultative. — Cette question a trait à l'interprétation d'un décret de la délégation du gouvernement de la défense nationale, du 28 déc. 1870, qui, lui-même, a servi de base au décret rendu le 12 oct. dernier (V. *Élections*, § 3, — 2°) pour la reconstitution des assemblées départementales de la colonie. — Il vous appartient, en conséquence, M. le président, de vous prononcer sur la question soulevée par M. le vice-amiral de Gueydon.

Dans ma pensée, les assesseurs musulmans ont voix délibérative. Le décr. du 28 déc. 1870 porte, en effet, dans son préambule, « qu'il y a lieu de « maintenir, au sein des conseils, les membres in- « digènes dont la présence a répondu, dans le « passé, aux exigences de la situation particulière « des populations » ; et l'art. 5 de ce décret, en fixant le nombre des membres du conseil général de chaque département, comprend dans ce nombre : « six membres assesseurs choisis, comme par le « passé, parmi les indigènes musulmans. » Or, dans le passé, c'est-à-dire de 1858 à 1870, les in- digènes musulmans, membres des conseils géné- raux, ont toujours eu voix délibérative, et, pour les en priver, il eût fallu une disposition ex- presse, alors surtout que l'intention de mainte- nir leurs droits antérieurs est formellement ex- primée.

Il est vrai, et c'est de là que le doute est proba- blement provenu, que le décr. du 28 déc. 1870 appelle les membres indigènes des *assesseurs*; mais cette qualification n'implique pas nécessai- rement le retrait de la voix délibérative, puisque, dans divers textes de la législation coloniale, on rencontre des assesseurs ayant tantôt voix consul- tative, tantôt voix délibérative.

Tels sont, par exemple, les décr. des 5 mai 1861 et 15 déc. 1866, sur la justice musulmane. — Il y a donc lieu de penser qu'en désignant les indigè- nes par le titre d'assesseurs, le décr. du 28 déc. 1870 a voulu marquer une différence d'origine entre ces membres, qui devaient être nommés, et les membres français, qui devaient être élus, et nullement retirer aux premiers un droit qui résul- tait pour eux de la législation antérieure. — Si vous adoptez cette interprétation, je vous prie de vouloir bien m'autoriser à la notifier à M. le gou- verneur général civil et aux trois préfets de l'Algérie, en revêtant le présent rapport de votre signature.

Le ministre de l'intérieur,
CASIMIR PÉRIER.

Approuvé :
A. THIERS.

DP. — 20-31 déc. 1871. — BG. 593. — *Disso- lution du conseil général du dép. d'Alger.*

Sur le rapport du ministre de l'intérieur, d'après les propositions de M. le gouverneur général civil de l'Algérie; — Vu l'art. 6 de la loi du 7 juil. 1852, l'art. 21 du décr. du 27 oct. 1858, l'art. 17 du décr. du 10 déc. 1860; — Le décr. du 28 déc. 1870 (supra); — Les art. 35 et 35 de la loi du 10 août 1871; — Considérant que le conseil général d'Alger a refusé d'admettre à l'exercice du droit de vote les membres indigènes désignés en vertu de l'art. 5 du décr. du 28 déc. 1870, qu'ainsi il a excédé la mesure de ses attributions et méconnu les règles constitutives de son organisation; — Considérant que le même refus a entaché de nul- lité les délibérations prises jusqu'à ce jour;

Art. 1. — Le conseil général du département d'Alger est dissous.

Art. 2. — Les délibérations prises depuis l'ou- verture de la session jusqu'à ce jour, sont et de- meurent annulées.

DP. — 16 janv.-7 fév. 1872.—BG. 397. — *Annu- lation de deux délibérations du conseil géné- ral du dép. de Constantine, l'une ayant pour objet la constitution à Alger d'un parlement colonial, l'autre protestant que ce vœu n'a rien de politique, et sollicitant qu'il soit tout ou moins considéré comme une pétition éma- nant de l'initiative individuelle, mais sortant toutes deux de ses attributions telles qu'elles sont déterminées par les art. 33, 35 et 37 du décr. du 27 oct. 1858, et pour les conseils gé- néraux de la métropole par l'art. 51 de la loi du 10 août 1871.*

RENVOIS. — V. *Table alphabétique.*

Conseil de gouvernement.

D1. — 24 juil. 1869. — (V. *Admin. gén.*, § 1, — 10°.) — *Les décrets de 1834 et 1865 qui per- mettent de conférer le titre honoraire de leurs anciennes fonctions à certains fonctionnaires civils sont déclarés applicables aux conseil- lers rapporteurs du conseil de gouvernement.*

D. — (Tours.) — 24 oct. 1870. — (V. *Ibidem.*) — Art. 1. — *Suppression du conseil de gouver- nement.* — Art. 12. — *Création d'un comité consultatif de gouvernement composé en par- tie de membres nommés à l'élection.* (*Non suivi d'exécution.*)

AG. — 23 juin 1871. (V. *Ibidem*). — *Institution d'un comité consultatif du contentieux près du gouverneur général en l'absence du conseil de gouvernement.*

DP. — 7 oct. 1871. (V. *ibidem.*) — *Reconstitu- tion d'un conseil de gouvernement. Composi- tion.*

RENVOIS. — V. *Table alphabétique.*

Conseils de préfecture.

D1. — 19 déc. 1868-30 janv. 1869. — BG. 502. —*Organisation des conseils de préfecture* (1).

Vu la loi du 21 juin 1865, relative aux conseils de préfecture ;

Art. 1. — Nul ne peut être nommé conseiller

(1) *Rapport à l'Empereur.* — Paris 12 déc. 1868. — Sire. — Un décr. du 16 avr. 1863 (II, 35) a rendu exé- cutoires en Algérie les dispositions du décr. du 30 déc. 1862 concernant la publicité des audiences des conseils de préfecture et la création d'un ministère public près de ces tribunaux administratifs. — La loi complémentaire du 21 juin 1865 a sanctionné, depuis, ces dispositions pour la métropole; elle a fixé les conditions du recrute- ment des conseillers des conseils de préfecture, réglé leur organisation à nouveau, afin d'ajouter aux garanties de leur bonne composition, étendu leur compétence et posé, en

outre, le principe d'une procédure uniforme qui a été pro- visoirement réglé par un décr. du 12 juil. 1865.

L'administration de l'Algérie a exprimé le vœu que les mesures nouvelles édictées dans la métropole fussent ap- pliquées dans la colonie, afin que les conseils de préfec- ture algériens qui ont déjà, en principe, la même organi- sation qu'en France, qui ont à appliquer les mêmes lois générales, qui suivent la même jurisprudence, fussent régis par les mêmes institutions et astreints à la même procédure. — C'est pour déférer à ce vœu, que, sur les propositions du gouverneur général de l'Algérie, j'ai

de préfecture en Algérie, s'il n'est âgé de 25 ans accomplis, s'il n'est, en outre, licencié en droit, ou s'il n'a rempli, pendant 10 ans, au moins, des fonctions rétribuées dans l'ordre administratif ou judiciaire, ou bien s'il n'a été, pendant le même espace de temps, membre d'un conseil général ou maire.

Art. 2. — Les fonctions de conseiller de préfecture sont incompatibles avec un autre emploi public et avec l'exercice d'une profession.

Art. 3. — Chaque année, un arrêté du gouverneur général de l'Algérie désigne, pour chaque province, un conseiller de préfecture qui devra présider le conseil, en cas d'absence ou d'empêchement du préfet.

Art. 4. — A l'avenir, seront portées devant les conseils de préfecture toutes les affaires contentieuses dont le jugement est attribué au préfet, en conseil de préfecture, sauf recours au conseil d'Etat.

Art. 5. — Le recours au conseil d'Etat contre les arrêtés des conseils de préfecture relatifs aux contraventions dont la répression leur est confiée par la loi, peut avoir lieu par simple mémoire déposé au secrétariat général de la préfecture ou à la sous-préfecture, et sans l'intervention d'un avocat au conseil d'Etat. Il est délivré au déposant récépissé du mémoire qui doit être transmis immédiatement par le préfet au secrétaire général du conseil d'Etat.

Art. 6. — Sont applicables aux conseils de préfecture de l'Algérie les dispositions de l'art. 85 et des art. 88 et suiv. du tit. 5 Code Pr. civ. et celles de l'art 1030 du même code.

Art. 7. — Les dispositions de nos décr. des 27 oct. 1858, 7 juill. 1861, 30 déc. 1862 (ce dernier promulgué par le décr. du 16 avr. 1863), 18 déc. 1863 et 25 mars 1865 (I, 40 ; II, 51 et s.), sur les conseils de préfecture en Algérie, continueront d'y recevoir leur exécution.

93. — Même date. — *Promulgation du décret réglementaire du 12 juillet 1865, concernant le mode de procédure. — Modifications spéciales à l'Algérie.*

Vu notre décr. du 16 avril 1865, qui rend applicable en Algérie le décr. du 30 déc. 1862, sur la publicité des audiences des conseils de préfecture ; — Notre décr. du 12 juill. 1865, concernant le mode de procédure devant les conseils de préfecture de la métropole ; — Vu notre décr. de

ce jour, relatif aux conseils de préfecture de l'Algérie ;

Art. 1. — Notre décret sus visé du 12 juill. 1865 est rendu exécutoire en Algérie et y sera promulgué à cet effet. — Toutefois, les §§ 2 et 4 de l'art. 8, et l'art. 12 dudit décr. sont modifiés pour l'Algérie ainsi qu'il suit :

ART. 8.

§ 2. — « Dans les 5 jours qui suivent la rédaction d'un procès-verbal de contravention et son affirmation, quand elle est exigée, le sous-préfet ou le fonctionnaire civil ou militaire qui en tient lieu, fait faire au contrevenant notification de la copie du procès-verbal, ainsi que de l'affirmation avec la citation devant le conseil de préfecture.

§ 4. — « La citation doit indiquer au contrevenant qu'il est tenu de fournir ses défenses écrites dans le délai de 50 jours à partir de la notification qui lui est faite, et l'inviter à faire connaître s'il entend user du droit de présenter des observations orales. »

ART. 12.

« Toute partie qui a fait connaître l'intention de présenter des observations orales doit être avertie par lettre affranchie, à son domicile ou à celui de son défenseur ou mandataire quand elle en a désigné un, du jour où l'affaire sera appelée en audience publique ; cet avertissement sera donné 8 jours avant la séance. »

Décret du 12 juillet 1865.

Art. 1. — Les requêtes et mémoires introductifs d'instance et en général toutes les pièces concernant les affaires sur lesquelles le conseil de préfecture est appelé à statuer par la voie contentieuse, doivent être déposées au greffe du conseil. — Ces pièces sont inscrites, à leur arrivée, sur le registre d'ordre qui doit être tenu par le secrétaire-greffier ; elles sont, en outre, marquées d'un timbre qui indique la date de l'arrivée.

Art. 2. — Immédiatement après l'enregistrement des requêtes et mémoires introductifs d'instance, le préfet ou le conseiller qui le remplace désigne un rapporteur auquel le dossier de l'affaire est transmis dans les 24 heures.

Art. 3. — Le rapporteur est chargé, sous l'autorité du conseil de préfecture, de diriger l'instruction de l'affaire ; il propose les mesures et les actes d'instruction. — Avant tout, il doit vérifier si les pièces dont la production est nécessaire pour le jugement de l'affaire sont jointes au dossier.

---

l'honneur de soumettre à l'Empereur deux projets de décret ayant pour objet de promulguer dans la colonie les dispositions de la loi du 21 juin 1865 et du décret réglementaire du 12 juill. suivant, qui n'ont pas encore pris place dans la législation locale.

Le premier de ces projets reproduit les articles essentiels de la loi du 21 juin, sauf les modifications de forme exigées par l'organisation même de l'administration algérienne. Il a paru inutile d'y insérer les dispositions relatives : 1° à la fixation du nombre des conseillers, déjà déterminé pour l'Algérie par un décr. du 23 mars 1865 (II, 62) ; 2° à l'attribution des fonctions de commissaire du gouvernement au secrétaire de la préfecture ou aux auditeurs au conseil d'Etat ; le décr. du 30 déc. 1862, rendu exécutoire en Algérie, y a déjà pourvu ; 3° à la désignation des suppléants pour le cas d'insuffisance du nombre des membres appelés à délibérer. L'art. 9 du décr. organique du 27 oct. 1858 (I, 40) porte que, dans ce cas, le préfet pourra appeler dans le conseil un conseiller général ou un chef de bureau de la préfecture. Seulement, il doit demeurer entendu que les chefs de bureau ne seront désignés qu'à défaut des conseillers généraux ; 4° à la nomination du secrétaire-greffier, déjà réglée par le décr. du 30 déc. 1862 ; 5° enfin, à la publicité des audiences, au droit pour les parties de présenter leurs observations, et aux décisions à huis clos sur

les comptes des receveurs des communes et des établissements de bienfaisance. Toutes ces mesures sont en pleine exécution depuis la promulgation du décr. de 1862.

Le second projet de décret promulgue purement et simplement le décret réglementaire du 12 juill. 1865, sauf les modifications suivantes : Au § 2 de l'art. 8, la citation devant le conseil de préfecture, qui est faite en France par les soins du sous-préfet, serait notifiée à la diligence du fonctionnaire civil ou militaire qui remplit les fonctions de sous-préfet dans beaucoup de localités de l'Algérie où cette institution n'existe pas encore. Au § 4 du même article, le délai de 15 jours, accordé au contrevenant pour fournir ses défenses, serait porté à 50 jours en Algérie, en raison des difficultés des communications et de l'étendue des territoires soumis à la juridiction des conseils. Ce délai est d'ailleurs celui qui a été fixé par l'art. 25 du décr. du 5 nov. 1855 (I, 600) sur la police du roulage. Enfin, l'avertissement qui doit être donné à la partie, aux termes de l'art. 12,14 jours au moins avant la séance, serait porté à 8 jours, en Algérie, où les communications postales sont moins rapides que dans la métropole.

Le ministre de la guerre,
Mal NIEL.

Approuvé.
NAPOLÉON.

Art. 4. — Sur la proposition du rapporteur, le conseil de préfecture règle les communications à faire aux parties intéressées, soit des requêtes et mémoires introductifs d'instance, soit des réponses à ces requêtes et mémoires. — Il fixe, eu égard aux circonstances de l'affaire, le délai qui est accordé aux parties pour prendre communication des pièces et fournir leurs défenses ou réponses.

Art. 5. — Les décisions prises par le conseil pour l'instruction des affaires dans les cas prévus par l'article précédent, sont notifiées aux parties dans la forme administrative. — Il est donné récépissé de cette notification. — A défaut de récépissé, il est dressé procès-verbal de la notification par l'agent qui l'a faite. — Le récépissé ou le procès-verbal est transmis immédiatement au greffe du conseil de préfecture.

Art. 6. — Lorsque les parties sont appelées à fournir des défenses sur les requêtes ou mémoires introductifs d'instance, comme il est dit dans l'art. 4 ci-dessus, ou à fournir des observations en vertu de l'art. 29 de la loi du 21 avril 1832, elles doivent être invitées en même temps à faire connaître si elles entendent user du droit de présenter des observations orales à la séance publique où l'affaire sera portée pour être jugée.

Art. 7. — La communication aux parties se fait au greffe sans déplacement des pièces.

Art. 8. — Lorsqu'il s'agit de contraventions, il est procédé comme il suit, à moins qu'il n'ait été établi d'autres règles par la loi. — Dans les cinq jours qui suivent la rédaction d'un procès-verbal de contravention et son affirmation, quand elle est exigée, le sous-préfet fait faire au contrevenant notification de la copie du procès-verbal ainsi que de l'affirmation, avec citation devant le conseil de préfecture (1). — La notification et la citation sont faites dans la forme administrative. — La citation doit indiquer au contrevenant qu'il est tenu de fournir ses défenses écrites dans le délai de quinzaine, à partir de la notification qui lui est faite, et l'inviter à faire connaître s'il entend user du droit de présenter des observations orales. — Il est dressé acte de la notification et de la citation. Cet acte doit être envoyé immédiatement au sous-préfet; il est adressé par lui, sans délai, au préfet, pour être transmis au conseil de préfecture et y être enregistré comme il est dit en l'art. 1. — Lorsque le rapporteur a été désigné, s'il reconnaît que les formalités prescrites dans les troisième et quatrième alinéas du présent article n'ont pas été remplies, il en réfère au conseil pour assurer l'accomplissement de ces formalités.

Art. 9. — Lorsque l'affaire est en état de recevoir une décision, le rapporteur prépare le rapport et le projet de décision.

Art. 10. — Le dossier, avec le rapport et le projet de décision, est remis au secrétaire-greffier, qui le transmet immédiatement au commissaire du gouvernement.

Art. 11. — Le rôle de chaque séance publique est arrêté par le préfet ou par le conseiller qui le remplace, sur la proposition du commissaire du gouvernement.

Art. 12. — Toute partie qui a fait connaître l'intention de présenter des observations orales doit être avertie, par lettre non affranchie, à son domicile ou à celui de son mandataire ou défenseur, lorsqu'elle en a désigné un, du jour où l'affaire sera appelée en séance publique. Cet avertissement sera donné quatre jours au moins avant la séance (2).

(1) Modifié, comme au décret de promulgation, art. 1.
(2) Modifié, comme au décret de promulgation, art. 1.

Art. 13. — Les arrêtés pris par les conseils de préfecture dans les affaires contentieuses mentionnent qu'il a été statué en séance publique. — Ils contiennent les noms et conclusions des parties, le vu des pièces principales et des dispositions législatives dont ils font l'application. — Mention y est faite que le commissaire du gouvernement a été entendu. — Ils sont motivés. — Les noms des membres qui ont concouru à la décision y sont mentionnés. — La minute est signée par le président, le rapporteur et le secrétaire-greffier.

Art. 14. — La minute des décisions des conseils de préfecture est conservée au greffe, pour chaque affaire, avec la correspondance et les pièces relatives à l'instruction. Les pièces qui appartiennent aux parties leur sont remises sur récépissé, à moins que le conseil de préfecture n'ait ordonné que quelques-unes de ces pièces resteraient annexées à sa décision.

Art. 15. — L'expédition des décisions est délivrée aux parties intéressées par le secrétaire général. — Le préfet fait transmettre aux administrations publiques expédition des décisions dont l'exécution rentre dans leurs attributions.

Art. 16. — Les décisions des conseils de préfecture doivent être transcrites, par ordre de date, sur un registre dont la tenue et la garde sont confiées au secrétaire-greffier. Tous les trois mois, le président du conseil s'assure que ce registre est à jour.

Art. 17. — Lorsque la section du contentieux du conseil d'État pense qu'il est nécessaire, pour l'instruction d'une affaire dont l'examen lui est soumis, de se faire représenter des pièces qui sont déposées au greffe d'un conseil de préfecture, le président de la section fait la demande de ces pièces au préfet. — Le secrétaire de la section adresse au secrétaire-greffier un récépissé des pièces communiquées : il sera fait renvoi du récépissé, lorsque les pièces auront été rétablies au greffe du conseil de préfecture.

Circ. G. — 29-30 janv. 1869. — BG. 302. —
Instruction aux généraux commandant les provinces et aux préfets pour l'exécution des décrets qui précèdent.

Deux décrets, en date du 19 déc. dernier, rendent applicables en Algérie les dispositions principales de la loi du 21 juin 1865, sur les conseils de préfecture, et le décret réglementaire du 12 juill. suivant, sur la procédure de ces tribunaux administratifs. — Le rapport qui accompagne ces deux décrets en contient les motifs et la substance. Je n'ai rien à y ajouter en ce qui concerne l'application du premier décret, dont les dispositions ont d'ailleurs un caractère de précision et de clarté qui rend tout commentaire inutile.

Le second décret promulgue purement et simplement le décret réglementaire du 12 juill. 1865, sauf deux modifications nécessitées par des circonstances particulières à l'Algérie, et qui portent sur les §§ 3 et 4 de l'art. 8 et sur l'art. 12. — Ce second décret a pour effet d'abroger l'arrêté réglementaire pris par le gouverneur général à la date du 19 nov. 1865. Son application appelle de ma part quelques instructions sur l'idée générale qui a présidé au décret du 12 juill. 1865, et je ne saurais mieux faire que de m'approprier, à cette fin, la circulaire ministérielle du 21 juill. 1865.

Elle est ainsi conçue : « Il a été longtemps d'usage que l'instruction des affaires contentieuses, sur lesquelles les conseils de préfecture avaient à statuer, fût dirigée presque en entier par le préfet, sur la proposition de ses bureaux.

Ce mode de procéder, qui s'expliquait par l'absence d'un greffe auprès de ces conseils, a dû cesser avec l'institution du secrétaire-greffier, chargé, par le décr. du 30 déc. 1862, de recevoir toutes les affaires soumises au conseil de préfecture. La réforme, déjà inaugurée sur ce point par plusieurs préfets, a reçu du décr. du 12 juill. dernier une consécration définitive. Désormais les demandes des parties doivent être déposées au greffe, et c'est au conseil de préfecture à ordonner les divers actes de procédure dont ce dépôt est le point de départ. Les bureaux n'ont plus à intervenir dans l'instruction des affaires; ils n'en connaîtront que sur le renvoi qui peut leur en être fait par le conseil de préfecture, soit pour fournir des renseignements, soit pour produire des défenses.

« L'art. 1 du décret porte que les pièces sont, à leur arrivée, inscrites sur un registre d'ordre et marquées d'un timbre qui indique la date de leur entrée. Je ne saurais trop vous recommander l'observation de cette formalité, si importante au point de vue des délais fixés par la loi.

« C'est au rapporteur désigné par le préfet, ou par le conseiller qui le remplace, que les pièces, aussitôt enregistrées, doivent être adressées. Le rapporteur propose au conseil de préfecture les communications qu'il juge devoir être faites et les mesures d'instruction qui lui paraissent nécessaires. Les décisions que rend, à cet égard, le conseil de préfecture n'ont pas le caractère de décisions juridiques; elles sont prises en chambre du conseil, en dehors des parties, sans publicité et sans débat contradictoire. Elles n'ont donc pas besoin d'être libellées comme des arrêtés, ni conservées en minute. Le rapporteur se bornera, après avoir pris les ordres du conseil, à inscrire, sur la feuille devant contenir le dossier de l'affaire, la série des formalités à remplir, dans ces termes, par exemple : « Donner à M.... un délai de.... pour la production de telles et telles pièces. » » Communiquer ensuite à N...., en l'invitant à présenter ses défenses dans un délai de...., » etc. Ces simples mentions, signées du rapporteur, serviront de base aux notifications que le secrétaire-greffier doit adresser aux parties.

« Aux termes de l'art. 7, la communication aux parties se fait au greffe, sans déplacement de pièces. Les choses devront, en effet, se passer ainsi dans le plus grand nombre des cas. Il peut arriver toutefois, dans certaines affaires, que l'étendue des pièces rende difficile une communication sur place. Dans ce cas, et si les parties sont représentées par des officiers publics, le déplacement des pièces pourra, exceptionnellement et à la condition de ne pas excéder un très-court délai, être autorisé par le président. Cette autorisation seule pourra dégager la responsabilité personnelle du greffier.

« J'appelle toute votre attention, M. le préfet, sur la disposition des art. 9 et 10, aux termes desquels le rapporteur doit, une fois l'affaire en état, préparer son rapport et un projet de décision, et les transmettre au commissaire du gouvernement. Dans les affaires de contributions et de contraventions, qui forment la très-grande majorité des instances soumises au conseil de préfecture, la feuille d'instruction pourra le plus souvent servir de rapport, et le rapporteur n'aura à préparer que le projet de décision, tâche qu'il pourra abréger encore en groupant toutes les affaires semblables pour en faire l'objet d'un rapport collectif. Mais, dans toutes les autres natures d'affaires, vous devrez tenir à ce qu'un rapport écrit soit rédigé. Cette disposition du décret se justifie par des avantages sur lesquels je n'ai pas besoin d'insister; appelé à proposer une décision;

le rapporteur sent la nécessité de compléter l'instruction, et ne néglige la production d'aucune des pièces qui peuvent être utiles à la solution de l'affaire. C'est le caractère essentiel de la procédure contentieuse que l'instruction y soit écrite; les observations orales n'y tiennent qu'une place accessoire et doivent toujours se restreindre aux points qui ont été développés dans les mémoires. Du moment, en effet, où les parties ne sont pas astreintes à se présenter à la barre, et que souvent l'une des deux y vient seule, il n'est pas bon qu'il s'y produise des moyens nouveaux, qui ne pourraient pas être contredits par l'adversaire.

« Une observation qu'il importe de ne pas perdre de vue dans l'application de ce décret, c'est qu'il ne modifie en rien la procédure établie par des lois spéciales dans certaines matières, notamment les contributions et les contraventions. Les règles nouvelles doivent se concilier avec les anciennes, comme l'indiquent les art. 6 et 8. C'est ainsi que, lorsque les parties sont appelées à fournir des observations, en vertu de l'art. 29 de la loi du 21 avril 1832, par suite de l'avis du directeur des contributions directes contraire à leur réclamation, elles doivent être en même temps invitées à faire connaître si elles entendent user du droit de présenter des observations orales à la séance publique. Vous devez vous concerter, pour l'exécution de cette nouvelle règle, avec le directeur des contributions directes de votre département.

« Je signale enfin à votre attention spéciale l'art. 13, relatif à la rédaction des arrêtés; il est essentiel que les décisions portent avec elles la preuve de l'accomplissement de toutes les formalités prescrites par la loi.

« Tels sont, M. le préfet, l'esprit et les dispositions principales du nouveau règlement. Il s'est proposé d'introduire, dans la procédure des conseils de préfecture, la simplicité des formes, la rapidité de l'instruction et la modicité des frais. En même temps, il développe et confirme au profit des parties les deux grandes règles de la publicité et de la défense orale. De telles mesures ne peuvent qu'augmenter les garanties d'une bonne justice et, par là même, la confiance que les conseils de préfecture inspirent aux justiciables. C'est à vous, M. le Préfet, qu'il appartient, comme président de cette juridiction et comme chef de l'administration locale, d'en surveiller et d'en assurer la stricte observation.»

Après ces instructions d'un caractère général, je crois devoir entrer dans quelques développements au sujet des points qui ont un caractère plus particulier, et notamment en ce qui concerne l'organisation du greffe du conseil. — La loi du 21 juin 1865 et le décr. du 12 juil. suivant donnent aux fonctions du secrétaire-greffier une importance qu'elles n'avaient pas avant l'application du décr. de 1862. Le greffier a une responsabilité personnelle; il est conservateur des archives du conseil, qui sont devenues distinctes de celles de la préfecture; il est chargé d'exécuter toutes les formalités de procédure relatives à l'instruction des affaires et à l'exécution des décisions rendues; il doit être sinon un rédacteur habile, au moins un homme versé dans les pratiques de la procédure et doué de l'aptitude particulière qu'exige un classement rigoureux des archives. Son emploi le met, en outre, en rapports journaliers non-seulement avec les parties, mais encore avec les avocats et les défenseurs. Il importe donc, à tous ces titres, que le greffier soit à la hauteur de sa position, qu'il présente, en un mot, des garanties d'aptitude spéciale, d'expérience des affaires et de bonne tenue, qu'on ne peut guère rencontrer que dans un employé arrivé tout au moins au grade de commis principal.

J'ajouterai qu'aujourd'hui le greffe constitue un bureau rigoureusement ouvert au public, aux heures consacrées par les usages et les règlements locaux pour les administrations publiques. L'ouverture du greffe et la présence du greffier à son cabinet, sont donc rigoureusement obligatoires, aux mêmes heures que pour les bureaux de la préfecture. Les intérêts des parties et la responsabilité du greffier et de l'administration vous font à cet égard, M. le préfet, une obligation d'autant plus rigoureuse de n'admettre aucune tolérance, que le greffier, astreint à donner personnellement des récépissés de pièces déposées, au moment même du dépôt, ne peut être suppléé légalement par un autre employé.

Quant au personnel actuel des employés attachés au greffe, vous serez sans doute obligé d'en augmenter le nombre; mais cette mesure, qui semble rendue nécessaire surtout par la disposition qui confère au conseil l'instruction des affaires précédemment attribuées aux bureaux, ne saurait entraîner une augmentation des cadres généraux de la préfecture. Il n'y aura, en effet, que simple déplacement d'un travail qui, aujourd'hui réparti entre plusieurs bureaux, sera désormais effectué par le greffe seul. Il suffira donc, pour parer à cette transformation du service, de faire passer des bureaux au greffe un ou deux des employés qui se trouvaient spécialement chargés de ce travail sous l'empire de l'organisation actuelle.

La surveillance particulière du greffe mérite votre attention. Elle vous incombe naturellement, au même titre que celle des autres branches de l'administration préfectorale, et en raison de ce que vous êtes le président titulaire du conseil de préfecture. Mais dans le cas où vous jugeriez convenable de déléguer ce soin, la délégation paraît devoir appartenir au secrétaire général, en sa double qualité de chef du personnel et de commissaire du gouvernement, plutôt qu'au conseiller vice-président, dont les attributions normales sont naturellement circonscrites au fonctionnement du tribunal administratif, savoir : la tenue des audiences auxquelles vous ne présidez pas, la répartition du travail entre les conseillers et la signature des rôles d'audience.

Le service du greffe s'applique à deux sortes de formalités : celles relatives à l'instruction des affaires, et celles relatives à l'exécution des décisions. — Les premières sont naturellement surveillées, aux termes du décr. du 12 juill. 1865, par les rapporteurs, respectivement et chacun pour les affaires dont il est chargé, en se conformant à la marche arrêtée par le conseil, jusqu'à ce que les affaires soient en état. — La surveillance des formalités relatives à l'exécution des décisions rendues ne saurait appartenir au conseil, ni, par suite, à tel ou tel de ses membres; elle incombe rationnellement au préfet, qui ne peut déléguer son action à cet égard qu'au secrétaire général, commissaire du gouvernement.

Le décr. du 25 mars 1865, qui est expressément maintenu en vigueur par le décr. du 19 déc. dernier, confère au gouverneur général la faculté de désigner l'un des membres du conseil de préfecture pour remplir les fonctions de substitut de commissaire du gouvernement, toutes les fois que le secrétaire général est empêché d'occuper le siège du ministère public.

Depuis l'application de cette disposition, les conseillers délégués ont rempli les fonctions de commissaire du gouvernement d'une manière permanente et ont été, en fait, enlevés au siège d'une manière absolue, les secrétaires généraux étant toujours empêchés d'exercer les fonctions du ministère public par leur participation à l'administration préfectorale. — C'est pour ce motif que les cadres du conseil de préfecture ont été spécialement augmentés en 1863. Mais il faut reconnaître que les fonctions de substitut de commissaire du gouvernement sont peu recherchées par les conseillers; car elles obligent à un travail plus considérable que celui de simple rapporteur. D'un autre côté, elles exigent une aptitude spéciale que tous les conseillers n'ont pas au même degré, celle de parler facilement au public.

Il me paraît donc convenable et juste tout à la fois, de ne pas imposer trop longtemps ces fonctions à un même conseiller, à moins de motifs particuliers, et j'ai décidé que, chaque année, la désignation du substitut du commissaire du gouvernement serait renouvelée, sur votre proposition, en même temps que celle du vice-président du conseil. Je me réserve d'ailleurs d'examiner, à la fin de chaque année, sur vos propositions motivées, l'opportunité d'accorder au conseiller sortant d'exercice une indemnité proportionnée au surcroît de travail que lui aurait occasionné cette mission spéciale.

Le sous-gouverneur,
G{al} baron DURRIEU.

RENVOIS. — V. Table alphabétique.

Conseil supérieur de gouvernement.

Conservateur des hypothèques. V. HYPOTHÈQUES.

Consignations. V. DÉPÔTS.

Consistoires. V. CULTES, PRÉSÉANCES.

Constitution. V. TABLE ALPHABÉTIQUE.

Constructions. V. VOIRIE.

Consuls. V. TABLE ALPHABÉTIQUE.

Contrainte. V. CONTRIBUTIONS.

Contrainte par corps.

Vu la loi du 22 juill. 1867, sur la contrainte par corps;— L'ord. du 16 avr. 1843, dont l'art. 45 a rendu exécutoire en Algérie la loi du 17 avr. 1832 (I, 568).

Art. 1. — La loi du 22 juill. 1867, sur la contrainte par corps, est rendue exécutoire en Algérie; à cet effet, elle y sera promulguée et publiée dans les formes prescrites par les décr. des 27 oct. 1858 (I, 57) et 14 janv. 1861 (II, 164), à la suite du présent décret.

Art. 2. — Vu l'urgence, il sera procédé conformément à l'art. 3 du décr. du 27 oct. 1858.

Loi du 22 juill. 1867.

Art. 1. — La contrainte par corps est supprimée en matière commerciale, civile et contre les étrangers.

Art. 2. — Elle est maintenue en matière criminelle, correctionnelle et de simple police.

Art. 3. — Les arrêts, jugements et exécutoires portant condamnation, au profit de l'État, à des amendes, restitutions et dommages-intérêts en matière criminelle, correctionnelle et de police, ne peuvent être exécutés par la voie de la contrainte par corps, que cinq jours après le commandement qui est fait aux condamnés, à la requête du receveur de l'enregistrement et des domaines. — La contrainte par corps n'aura jamais lieu pour le payement des frais au profit de l'État. — Dans le cas où le jugement de condamnation n'a pas été précédemment signifié au débiteur, le commandement porte en tête un extrait de ce jugement, lequel contient le nom des parties et le dispositif. — Sur le vu du commandement et sur la demande du receveur de l'enregistrement et des domaines, le procureur impérial adresse les réquisitions nécessaires aux agents de la force publique et aux autres fonctionnaires chargés de l'exécution des mandements de justice. — Si le débiteur est détenu, la recommandation peut être ordonnée immédiatement après la notification du commandement.

Art. 4. — Les arrêts et jugements contenant des condamnations en faveur de particuliers pour réparations de crimes, délits ou contraventions commis à leur préjudice sont, à leur diligence, signifiés et exécutés suivant les mêmes formes, et voies de contrainte que les jugements portant des condamnations au profit de l'État.

Art. 5. — Les dispositions des articles qui précèdent s'étendent au cas où les condamnations ont été prononcées par les tribunaux civils au profit d'une partie lésée, pour réparation d'un crime, d'un délit ou d'une contravention reconnus par la juridiction criminelle.

Art. 6. — Lorsque la contrainte a lieu à la requête et dans l'intérêt des particuliers, ils sont obligés de pourvoir aux aliments des détenus; faute de provision, le condamné est mis en liberté. — La consignation d'aliment doit être effectuée d'avance pour 30 jours au moins; elle ne vaut que pour les périodes entières de 30 jours. — Elle est, pour chaque période, de 45 fr. à Paris, de 40 fr. dans les villes de 100,000 âmes et de 35 fr. dans les autres villes.

Art. 7. — Lorsqu'il y a élargissement faute de consignation d'aliments, il suffit que la requête présentée au président du tribunal civil soit signée par le débiteur détenu et par le gardien de la maison d'arrêt pour dettes, ou même certifiée véritable par le gardien si le détenu ne sait pas signer. — Cette requête est présentée en duplicata : l'ordonnance du président, aussi rendue par duplicata, est exécutée sur l'une des minutes qui reste entre les mains du gardien; l'autre minute est déposée au greffe du tribunal et enregistrée gratis.

Art. 8. — Le débiteur élargi faute de consignation d'aliments ne peut plus être incarcéré pour la même dette.

Art. 9. — La durée de la contrainte par corps est réglée ainsi qu'il suit :

De 8 jours à 20 jours, lorsque l'amende et les autres condamnations n'excèdent pas 50 fr.

De 20 jours à 40 jours, lorsqu'elles sont supérieures à 50 fr. et qu'elles n'excèdent pas 100 fr.

De 40 jours à 60 jours, lorsqu'elles sont supérieures à 100 fr. et qu'elles n'excèdent pas 200 fr.

De 2 mois à 4 mois, lorsqu'elles sont supérieures à 200 fr. et qu'elles n'excèdent pas 500 fr.

De 4 mois à 8 mois lorsqu'elles sont supérieures à 500 fr. et qu'elles n'excèdent pas 3,000 fr.

De 1 à 2 ans, lorsqu'elles s'élèvent à plus de 3,000 fr.

En matière de simple police, la durée de la contrainte par corps ne pourra excéder 5 jours.

Art. 10. — Les condamnés qui justifient de leur insolvabilité, suivant l'art. 420 du Code d'inst. cr., sont mis en liberté après avoir subi la contrainte pendant la moitié de la durée fixée par le jugement.

Art. 11. — Les individus contre lesquels la contrainte a été prononcée peuvent en prévenir ou en faire cesser l'effet, en fournissant une caution reconnue bonne et valable. — La caution est admise, pour l'État, par le receveur des domaines; pour les particuliers, par la partie intéressée; en cas de contestation, elle est déclarée, s'il y a lieu, bonne et valable par le tribunal civil de l'arrondissement. — La caution doit s'exécuter dans le mois, à peine de poursuites.

Art. 12. — Les individus qui ont obtenu leur élargissement ne peuvent plus être détenus ou arrêtés pour condamnations pécuniaires antérieures, à moins que ces condamnations n'entraînent, par leur quotité, une contrainte plus longue que celle qu'ils ont subie et qui, dans ce dernier cas, leur est toujours comptée pour la durée de la nouvelle incarcération.

Art. 13. — Les tribunaux ne peuvent prononcer la contrainte par corps contre les individus âgés de moins de 16 ans accomplis à l'époque des faits qui ont motivé la poursuite.

Art. 14. — Si le débiteur a commencé sa 60e année, la contrainte par corps est réduite à la moitié de la durée fixée par le jugement, sans préjudice des dispositions de l'art. 10.

Art. 15. — Elle ne peut être prononcée ou exercée contre le débiteur au profit : 1° de son conjoint; 2° de ses ascendants, descendants, frères ou sœurs; 3° de son oncle ou de sa tante, de son grand-oncle ou de sa grand'tante, de son neveu ou de sa nièce, de son petit neveu ou de sa petite-nièce, ni de ses alliés au même degré.

Art. 16. — La contrainte par corps ne peut être exercée simultanément contre le mari et la femme, même pour des dettes différentes.

Art. 17. — Les tribunaux peuvent, dans l'intérêt des enfants mineurs du débiteur et par le jugement de condamnation, surseoir, pendant une année au plus, à l'exécution de la contrainte par corps.

Art. 18. — Les art. 130 et 555, § 4 C. Inst. Cr., 174 et 175 du décr. du 18 juin 1811 sur les frais de justice criminelle, sont abrogés en ce qui concerne la contrainte par corps. — Sont également abrogées, en ce qu'elles ont de contraire à la présente loi, toutes les dispositions des lois antérieures; néanmoins, il n'est point dérogé aux art. 80, 157, 171, 199, 504, 555, §§ 2 et 3, 452, 455, 456 et 522 C. Inst. Cr. — Le tit. 15 C. Forest. et le tit. 7 de la loi sur la pêche fluviale, sont aussi maintenus et continuent d'être exécutés en ce qui n'est pas contraire à la présente loi. — En matière forestière et de pêche fluviale, lorsque le débiteur ne fait pas les justifications de l'art. 420 C. Inst. Cr., la durée de la contrainte par corps est fixée par le jugement, dans les limites de 8 jours à 6 mois.

Art. 19. — Les dispositions précédentes sont applicables à tous jugements et cas de contrainte par corps antérieurs à la présente loi.

V. 18-20 mai 1873. — SO. 418. — Promulgation de la loi du 16 déc. 1871.

Vu la loi du 19 déc. 1871, abrogeant l'art. 5, § 5 de la loi du 22 juil. 1867, qui a interdit l'exercice de la contrainte par corps pour le recouvrement des frais dus à l'État en vertu des condamnations prévues dans l'art. 2 de la même loi, et remettant en vigueur les dispositions légales abrogées par l'art. 18, § 1 de la loi du 22 juil. 1867;

Art. 1. — La loi du 19 déc. 1871 est rendue exécutoire en Algérie; à cet effet, elle y sera publiée et promulguée à la suite du présent décret, qui sera inséré au *Bulletin des lois*. — Il sera procédé conformément à l'art. 5 du décr. du 27 oct. 1858.

Loi du 19 décembre 1871.

Art. 1. — Est abrogé l'art. 5, § 5, de la loi du 22 juil. 1867, qui a interdit l'exercice de la contrainte par corps pour le recouvrement des frais dus à l'État en vertu des condamnations prévues dans l'art. 2 de la même loi.

Art. 2. — Sont, en conséquence, remises en vigueur les dispositions légales abrogées par l'art. 18, § 1, de la loi du 22 juil. 1867.

Renvois. — V. *Table alphabétique.*

Contrefaçon étrangère. V. Librairie.

Contributions directes.

DP. — 8-11 mai 1812. — BG. 411. *Organisation du service des contributions directes et du recensement.*

Vu l'ord. du 9 janv. 1846 (I, 554); — Considérant qu'il importe de mettre en harmonie avec le régime financier de la métropole, l'organisation de quelques-uns des services financiers de la colonie qui ne répond plus aux besoins administratifs actuels; — Sur le rapport du ministre de l'intérieur, d'après les propositions du gouverneur général civil de l'Algérie.

Tit. 1. — *Organisation.*

Art. 1. — Il est institué, en Algérie, un service des contributions directes et des recensements. — Toutes les dispositions des lois, ordonnances, décrets et règlements qui régissent en France l'organisation du personnel et les attributions de l'administration des contributions directes, sont applicables en Algérie, sauf les modifications qui résultent du présent décret.

Art. 2. — Le service des contributions directes et des recensements comprend deux catégories d'agents : — 1° Les agents des contributions directes, empruntés au ministère des finances (direction générale des contributions directes), dont ils continuent d'ailleurs à faire partie, avec les droits et obligations inscrits à cet égard dans l'ord. du 15 avr. 1845, art. 10 à 17 (I, 551); — 2° Des recenseurs, agents secondaires de l'assiette des impôts, recrutés dans la colonie.

Tit. 2. — *Agents des contributions directes.*

Art. 3. — La direction du service des contributions directes et des recensements est exercée à Alger, sous l'autorité du directeur général des affaires civiles et financières, par un directeur central, et, dans chaque département, par un inspecteur chef de service. — Le directeur central, établi à Alger, pourra remplir les fonctions de chef de service pour le département d'Alger.

Art. 4. — Les relations des chefs de service départementaux avec le directeur central et les préfets, seront les mêmes que celles qui existent en France entre les directeurs; les préfets et le directeur général des contributions directes; mais seulement en ce qui concerne l'assiette de l'impôt et les recensements.

Art. 5. — Des inspecteurs des travaux extérieurs, ou des contrôleurs principaux en remplissant les fonctions, des contrôleurs du service actif et des commis de direction, dont le nombre est déterminé par le gouverneur général sont chargés : — 1° De seconder le directeur central et les chefs de service départementaux; — 2° Avec l'assistance des municipalités, des classificateurs ou répartiteurs et des djemâas, de l'assiette des impôts directs de toute nature, et des expertises cadastrales.

Tit. 3. — *Recenseurs.*

Art. 6. — Les recenseurs ont pour attributions, sur tous les points du territoire où leur action paraîtra utile, la préparation des listes des redevables, que le contrôleur vérifie ensuite, et fait arrêter par les djemâas, ou commissions municipales : ils concourent à tous les travaux se rattachant à l'assiette de l'impôt arabe, dans les formes et les conditions qui sont indiquées par le gouverneur général; ils sont placés sous les ordres du chef de service des contributions directes et des recensements, et soumis aux vérifications des inspecteurs et des contrôleurs.

Art. 7. — Les rôles d'impôts arabes, homologués, seront déposés et publiés, comme cela se pratique dans la métropole pour les contributions directes. — Des avertissements traduits en arabe, seront, transitoirement, remis aux contribuables par les soins des recenseurs.

Art. 8. — Le personnel des recenseurs est à la nomination du gouverneur général, qui détermine le mode de recrutement et d'avancement de ces employés, leurs traitements et indemnités etc., sur la proposition du directeur central.

Tit. 4. — *Comptabilité.*

Art. 9. — Les chefs de service des contributions directes et des recensements remplissent, dans chaque département, les fonctions de sous-ordonnateurs secondaires. Ils délivrent, pour toutes les dépenses du service, des mandats en vertu des ordonnances de délégation du gouverneur général.

Tit. 5. — *Dispositions transitoires.*

Art. 10. — Le nouveau mode de recensement et d'assiette de l'impôt arabe, ne pouvant être appliqué que graduellement, au fur et à mesure de la création des nouvelles circonscriptions cantonales, les états statistiques des matières imposables, dressés sous la surveillance des officiers des bureaux arabes, seront, pour les territoires non encore soumis à ce régime, transmis, dans chaque département, au chef de service des contributions directes, chargé, à l'avenir, de la confection des rôles des impôts directs de toute nature.

Art. 11. — Sont abrogées toutes dispositions antérieures contraires.

Renvois. — V. Cadastre.

Contributions diverses.

Circ. G. — 27 mars-5 avril 1867. — BG. 223. — *Modification à la circulaire du 25 sept. 1865 (II, 64), sur le service des cotisations municipales.*

M. le préfet, — Le service des cotisations municipales, organisé, de concert avec M. le ministre des finances, par ma décision du 25 sept. 1865, a soulevé quelques objections dont l'examen m'a donné lieu de reconnaître que plusieurs des articles compris dans la nomenclature des fonds de cotisations pourraient, sans inconvénient, en être retranchés en faveur des communes qui en feraient la demande. — En conséquence, je crois devoir modifier ma décision précitée, en arrêtant les dispositions suivantes :

Le service des cotisations municipales sera divisé en deux parties.

La première, qui sera obligatoire pour les communes, comprendra les articles ci-après, savoir :

1° Fonds applicables aux chemins vicinaux intéressant plusieurs communes et aux salaires y relatifs;

2° Fonds destinés aux salaires des agents forestiers chargés de la conservation des bois de plusieurs communes;

3° Fonds destinés au remboursement par les communes de leur part dans les diverses dépenses de l'assistance publique;

4° Fonds destinés à des travaux d'intérêt commun, tels que dessèchement de marais, construction, et entretien de digues, canaux, ponts, et autres travaux d'art;

5° Fonds provenant de la part des communes dans le produit des amendes de police correctionnelle;

6° Fonds destinés au service médical des indigents, lorsqu'il est confié au même médecin par plusieurs communes.

La seconde partie, qui sera facultative pour les communes, comprendra les articles ci-après, savoir :

1° Fonds destinés aux frais des registres et des tables décennales de l'état civil;

2° Fonds destinés aux frais de confection des matrices, rôles et avertissements des taxes municipales sur les loyers et des prestations pour les chemins vicinaux (modifié par la circulaire qui suit);

3° Fonds destinés aux frais d'impressions;

4°   Id.   id.   de timbre;

5°   Id.   id.   à l'abonnement à diverses publications.

Tous les ans, dans chaque commune, le conseil municipal, lors de sa session ordinaire du mois de novembre, décidera dans quel sens et pour quels articles la commune devra user, pour l'année suivante, de la faculté qui lui est ouverte à l'égard des fonds de cotisation inscrits dans la seconde partie de la nomenclature.

M^{al} DE MAC-MAHON, DUC DE MAGENTA.

Cire. G. — 10-20 nov. 1868. — BG. 287. — *Nouvelle modification aux instructions qui précèdent.*

Des observations m'ont été présentées sur les inconvénients qui résultent, pour les communes, du classement dans la partie facultative du service des cotisations municipales, de la dépense relative aux frais de confection des matrices, rôles et avertissements pour taxes municipales. — L'examen de ces observations m'a donné lieu de reconnaître qu'en effet, par sa nature, cette dépense rentrait plus spécialement dans la catégorie de celles qui doivent figurer dans la 1re partie de la nomenclature établie par ma décision du 27 mars 1867.

Je modifie, en conséquence, ma décision précitée, en arrêtant que l'art. 2 de la 2e partie du service des cotisations municipales, sous ce titre : « Fonds destinés aux frais de confection des matrices, rôles et avertissements des taxes municipales sur les loyers et des prestations pour chemins vicinaux, » en sera retranché, pour être reporté à la 1re partie, dite obligatoire, du même service, dont il formera désormais l'art. 7.

M^{al} DE MAC-MAHON, DUC DE MAGENTA.

RENVOIS. — V. *Table alphabétique.*

Contributions foncières. V. IMPÔT FONCIER.

Contributions de guerre. V. TABLE ALPHABÉTIQUE.

Contributions personnelles, mobilières, etc. V. *ibidem.*

Contrôle de garantie. V. OR ET ARGENT.

Conventions internationales. V. TRAITÉS.

Copies de pièces. V. TABLE.

Corail—Corailleurs. V. *ibidem.*

Corporations indigènes et autres. V. *ibidem.*

Corps municipaux. V. COMMUNES.

Correspondance officielle et privée. V. TABLE ALPHABÉTIQUE.

Cotisations municipales. V. *ibid.*

Coton. V. *ibidem.*

Cours d'assises. V. *ibidem*

Cours d'eau. V. *ibidem.*

Courses de chevaux. V. *ibidem.*

Courtiers (1).

DI. — 25 août-2 nov. 1867. — BG. 251. —

(1) JURISPRUDENCE. — Aux nombreuses questions qu'a fait naître en France la rivalité entre les courtiers et les commissaires-priseurs, relativement aux ventes publiques mobilières, se sont jointes celles que soulevaient en Algérie les dispositions des arr. des 1er juin 1841 et 6 mai 1844 (I, 205 et 256), concernant spécialement l'exercice de ces deux professions. — Les lois des 25 juin 1841, 28 mai 1858 et 5 juillet 1861, ainsi que les décr. des 24 avril 1858, 17 mars 1859, 30 mai et 29 août 1865 (insérés v^o *Ventes mobilières*, I, 656 et II, 285) ont réglementé successivement les ventes publiques de marchandises. On trouvera dans les recueils de jurisprudence les arrêts rendus sur les diverses contestations auxquelles leur application a donné lieu en France. Depuis les décisions rapportées au 1er volume, la cour d'Alger a statué deux fois sur les prétentions à un privilège exclusif que réclamaient successivement les commissaires-priseurs et les courtiers de cette ville :

1° *Courtiers contre commissaires-priseurs.* — La vente aux enchères des marchandises neuves, par petits lots, à la portée des consommateurs, doit être faite par le minis-
tère des commissaires-priseurs et non par celui des courtiers, à qui sont réservées les ventes en gros à la portée des commerçants. — Attendu que, par jugement du 29 juill. dernier, le tribunal a autorisé M... à faire vendre aux enchères publiques, pour cause de cessation de commerce, les marchandises qu'il avait encore en magasin, et ordonné que la vente serait effectuée par un commissaire-priseur en fixant à 25 fr. la valeur des lots à mettre en vente; — Attendu que les courtiers soutiennent que les art. 7, 8 et 27 combinés de l'arr. du 6 mai 1844, portant règlement de l'exercice de leur profession, constituent à leur profit le privilège exclusif de procéder là où leur institution fonctionne à toutes ventes aux enchères de marchandises neuves; que cet arrêté a retiré aux commissaires-priseurs le droit de recevoir ces sortes de ventes dont les avait investi l'arr. du 1er juin 1841; que les prérogatives que les courtiers tiennent de l'arr. du 6 mai n'ont point été modifiées par l'arr. du 24 avr. 1848; que ce droit si certain n'a pu leur être enlevé que par un texte positif; — Attendu qu'on ne trouve pas ce texte dans l'art. 7 de l'arr. du 6 juin 1844, que cet article

*Libre exercice de la profession de courtier
en marchandises (1).*

Vu l'arr. du 6 mai 1844 (I, 256) ; — La loi du
18 juill. 1866, sur les courtiers de marchandises ; — Le décr. du 10 déc. 1860 (II, *Admin. gén.*).

Art. 1. — A partir du 1er janv. 1868, toute personne sera libre d'exercer la profession de courtier de marchandises, et les dispositions contraires
du Code de Com., des lois, décrets, ordonnances
et arrêtés actuellement en vigueur seront abrogées.

Art. 9. — Il pourra être dressé par le tribunal
de commerce une liste des courtiers en marchandises de la localité qui auront demandé à y être
inscrits. — Nul ne pourra être inscrit sur ladite
liste s'il ne justifie : — 1° De sa moralité au
moyen d'un certificat délivré par le Maire ; —
2° De sa capacité professionnelle par l'attestation
de cinq commerçants de la place faisant partie des
notables appelés à élire le tribunal de commerce.
Aucun individu en état de faillite, ayant fait abandon de biens, ou atermoiement sans s'être depuis
réhabilité, ou ne jouissant pas de tous les droits
de citoyen français, ne pourra être inscrit sur
cette liste. — Tout courtier inscrit sera tenu de
prêter devant le tribunal de commerce, dans la
huitaine de son inscription, le serment de remplir avec honneur et probité les devoirs de sa
profession. — Il sera également tenu de se soumettre, en tout ce qui se rapporte à la discipline
de sa profession, à la juridiction d'une chambre
syndicale qui sera établie comme il est dit à l'article suivant.

Art. 3. — Tous les ans, dans le courant d'août,
les courtiers inscrits éliront parmi eux les membres qui devront composer, pour l'année, la chambre syndicale. — L'organisation et les pouvoirs
disciplinaires de cette chambre seront déterminés
dans un règlement dressé, pour chaque place, par
le tribunal de commerce, après avis de la chambre de commerce. — Ce règlement sera soumis à
l'approbation du gouverneur général de l'Algérie.
— La chambre syndicale pourra prononcer, sauf
appel devant le tribunal de commerce, les peines
disciplinaires suivantes : — L'avertissement ; —
La radiation temporaire ; — La radiation définitive, sans préjudice des actions civiles à intenter
par les tiers intéressés, ou même de l'action publique, s'il y a lieu. — Si le nombre des courtiers
inscrits n'est pas suffisant pour la constitution d'une
chambre syndicale, le tribunal de commerce en
remplira les fonctions.

Art. 4. — Les ventes publiques de marchandises
aux enchères et en gros qui, dans les divers cas

dispose seulement que les courtiers seront exclusivement
chargés des ventes des marchandises aux enchères ordonnées par le tribunal de commerce, qu'il admet même une
exception en cas de faillite, qu'il est donc inexact de dire
que, dans aucun cas, sous l'empire de l'arr. du 6 mai
1841, les commissaires-priseurs ne peuvent procéder à la
vente de marchandises neuves ; — Attendu que la loi du
25 juin 1841 a laissé aux tribunaux de commerce la faculté d'autoriser la vente au détail ou par lots de minime
importance ; que les trois règlements qui régissent les
professions de courtiers et de commissaires-priseurs établissent une différence fondamentale entre la vente en gros
et celle en détail ; que la vente en détail a toujours été
reçue par les commissaires-priseurs ; que l'art. 6 de la
loi du 25 juin ne réserve le droit des courtiers qu'en ce
qui touche les ventes aux enchères de marchandises en
gros, laissant entendre que les commissaires-priseurs leur
sont préférés dans les autres cas ; — Attendu que la
vente dont il s'agit est une vente en détail à la portée du
consommateur ; que d'ailleurs la nature toute spéciale de
la marchandise à vendre (vêtements confectionnés) rend
les commissaires-priseurs plus compétents et plus aptes
que les courtiers à procéder à la vente, etc. — Cour
d'Alger, 22 nov. 1861. Adoption des motifs du jugement
du trib. de comm. — Robe, 1861, p. 265 et note de
discussion.

2° *Commissaires-priseurs contre courtiers.* — La vente
d'objets provenant de la démolition d'un navire peut être
ordonnée par le ministère d'un courtier maritime et certains de ces objets peuvent encore servir à l'armement
d'un navire. — Attendu qu'aux termes de l'art. 1 de la
loi du 5 juill. 1861, exécutoire en Algérie, les tribunaux
consulaires peuvent après décès ou cessation de commerce,
et dans tous les cas de nécessité dont l'appréciation leur
est soumise, autoriser la vente aux enchères en gros de
marchandises de toute espèce et de toute provenance ; —
Attendu qu'aux termes de l'art. 2 ces ventes doivent être
faites par des courtiers, et que si, par exception, le tribunal peut désigner une autre classe d'officiers ministériels, ces derniers sont obligés de se soumettre aux dispositions qui régissent les courtiers ; — Attendu qu'en
décidant ainsi le législateur a considéré que certains objets
et certaines marchandises devaient, à cause de leur nature, être vendues dans des conditions particulières et
par des intermédiaires spécialement désignés ; que c'est
ainsi que l'art. 9 de l'arr. du 6 mai 1844 porte formellement que la vente des navires, chaloupes, agrès, appa-
raux, armements et victuailles seraient exclusivement
opérée par les courtiers maritimes ; — Attendu que parmi
les objets provenant de la démolition du navire le *Dragon*
il en est, tels que membrures, bordages, doublages en
cuivre, poulies, pompes, etc. qui ont une valeur commer-

ciale réelle et peuvent encore servir à l'armement d'un
navire, qu'ils doivent être vendus plus avantageusement
par le procédé autorisé par le tribunal ; — Confirme le
jugement du trib. de comm., qui a désigné un courtier
maritime. — Cour d'Alger, 11 juill. 1870. — Robe,
1870, p. 175.

(1) JURISPRUDENCE. — La banque de l'Algérie ayant,
en exécution de l'art. 1 du décr. du 31 mars 1861 (II,
25), émis en 1871 10,000 actions nouvelles et ayant
annoncé qu'un solde de 495 actions non souscrites par
les actionnaires serait vendu aux enchères publiques par
le ministère d'un notaire, trois courtiers en marchandises
ont protesté contre ce mode d'émission, prétendant que,
remplissant aux termes de l'art. 3 de l'arr. du 6 mai 1844
(I, 256) les fonctions d'agents de change, ils avaient
seuls le droit de procéder à cette vente. Cette contestation a donné lieu à l'arrêt qui suit :

« Attendu que la législation commerciale établit entre
l'émission et la négociation des actions d'une Société une
distinction qui ressort de la nature même de ces deux
opérations ; que la négociation ne peut être faite qu'autant que l'émission a d'abord eu lieu conformément à la
loi ; qu'en outre, d'une part, le concours des agents de
change ne peut intervenir que pour la négociation ; que,
d'autre part, l'émission n'est soumise, quant à son mode,
à aucune prescription spéciale ; que dès lors la banque
était libre de choisir, pour l'émission de ses actions, telle
forme qu'elle jugeait convenable et qu'aucun agent de
change, même légalement institué, n'avait droit ni qualité pour la critiquer et prétendre que l'emploi de son
ministère fût indispensable ; — Attendu d'ailleurs que la
nouvelle législation sur l'exercice de la profession de
courtier en marchandises, rendue applicable à l'Algérie
par décr. du 25 août 1867, n'a en rien modifié la législation concernant les agents de change, qui ne conservent
les privilèges et le monopole qui leur ont été accordés
qu'en restant soumis aux charges et garanties imposées à
leur institution ; que les courtiers en marchandises affranchis, au contraire, par la nouvelle loi de ces charges, et
notamment de la garantie du cautionnement, qui leur
étaient communes avec les agents de change, sont nécessairement déchus du privilège qu'ils pouvaient avoir
d'exercer, en certains cas, les attributions spéciales de
ces derniers. — Attendu, par suite, qu'il est inutile de
rechercher si, dans tous les cas, la bourse instituée à
Alger par décr. du 1852 (I, 131) a jamais eu d'autre
caractère que celui d'une bourse de marchandises où les
négociations d'effets publics et toutes opérations, dites de
parquet, étaient même interdites par les règlements auxquels elle était soumise ; — Cour d'Alger, 25 mai 1873. »

prévus par la loi, doivent être faites par un courtier, ne pourront être confiées qu'à un courtier inscrit sur la liste dressée conformément à l'art. 2, ou, à défaut de liste, désigné, sur la requête des parties intéressées, par le président du tribunal de commerce.

Art. 5. — A défaut d'experts désignés d'accord entre les parties, les courtiers inscrits pourront être requis pour l'estimation des marchandises déposées dans un magasin général. — Si le courtier ainsi requis réclame plus d'une vacation, il sera statué, sans frais et sans recours, par le président du tribunal de commerce.

Art. 6. — Le courtier chargé de procéder à une vente publique, ou qui aura été requis pour l'estimation de marchandises déposées dans un magasin général, ne pourra se rendre acquéreur pour son compte des marchandises dont la vente ou l'estimation lui aura été confiée. — Le courtier qui aura contrevenu à la disposition qui précède, sera rayé par le tribunal de commerce, statuant disciplinairement et sans appel, sur la plainte d'une partie intéressée ou d'office, de la liste des courtiers inscrits, et ne pourra plus y être inscrit de nouveau, sans préjudice de l'ation des parties en dommages et intérêts.

Art. 7. — Tout courtier qui sera chargé d'une opération de courtage pour une affaire où il avait un intérêt personnel, sans en prévenir les parties auxquelles il aura servi d'intermédiaire, sera poursuivi devant le tribunal de police correctionnelle, et puni d'une amende de 500 fr. à 5,000 fr., sans préjudice de l'action des parties en dommages-intérêts. S'il était inscrit sur la liste des courtiers, dressée conformément à l'art. 2, il en sera rayé et ne pourra plus y être inscrit de nouveau.

Art. 8. — Les droits de courtage pour les ventes publiques et la quotité de chaque vacation due au courtier, pour l'estimation des marchandises déposées dans un magasin général, seront fixés, pour chaque localité, par le gouverneur général de l'Algérie, après avis de la chambre et du tribunal de commerce.

Art. 9. — Dans chaque ville où il existe une bourse de commerce, le cours des marchandises sera constaté par les courtiers inscrits, réunis s'il y a lieu, à un certain nombre de courtiers non inscrits et de négociants de la place, dans la forme qui sera prescrite par un arrêté du gouverneur général de l'Algérie.

Art. 10. — Les patentables qui sont actuellement compris dans la législation des patentes, sous la dénomination de commissionnaires en marchandises, courtiers de marchandises, facteurs de denrées et marchandises et représentants de commerce, ainsi que tous les individus qui prêtent leur entremise pour l'achat et la vente des marchandises, ou qui achètent ou vendent des marchandises pour le compte de tiers, et dont la profession n'est pas spécialement dénommée dans les tableaux annexés aux lois de patentes, seront assujettis, à partir de 1868, aux droits de patente fixés comme il suit :

Dans les villes de 50,000 âmes et au-dessus, 500 fr — Dans les villes de 50,000 à 50,000 âmes, et de 15,000 à 50,000 âmes si elles ont un entrepôt réel, 300 fr. — Dans les villes de 15,000 à 50,000 âmes et dans celles d'une population inférieure à 15,000 âmes, si elles ont un entrepôt réel, 150 fr. — Dans les autres communes, 75 fr. — Droit proportionnel, au trentième.

Si les opérations que font les patentables ci-dessus énumérés ou auxquelles ils prêtent leur entremise, ont pour objet habituel la vente aux marchands détaillants et aux consommateurs, les droits de patente seront ceux de la 4° cl. du tableau A annexé à l'ord. du 31 janv. 1847. (I, 492.)

A6. — 25 juin-28 sept. 1869.—BG. 511. — Établissement de mercuriales (1).

Vu la loi du 18 juill. 1866, sur les courtiers en marchandises ; — Le décr. du 25 août 1867 et notamment l'art. 9 ainsi conçu (V. supra) ; — Considérant qu'il est nécessaire d'étendre la réglementation à intervenir à toutes les villes où il existe des marchés assez importants pour être considérés comme régulateurs ;

Art. 1. — Dans les villes où il existe une liste de courtiers de marchandises dressée par le tribunal de commerce, le cours des marchandises est constaté par les courtiers inscrits sur ladite liste.

Art. 2. — Toutefois, dans le cas où les courtiers inscrits ne représenteraient pas suffisamment tous les genres de commerce ou d'opérations qui se pratiquent sur la place, la chambre de commerce, après avis de la chambre syndicale des courtiers inscrits, peut décider qu'un certain nombre de courtiers non inscrits et de négociants de la place, se réuniront aux courtiers inscrits, pour concourir avec eux à la constatation du cours des marchandises. Elle fixe, en ce cas, le nombre de courtiers non inscrits et de négociants de la place qui feront partie de la réunion chargés de constater les cours, et les désigne.

Art. 3. — Il est procédé, chaque année, pour l'exécution du présent article, aux désignations qui y sont indiquées.

Art. 4. — Dans les villes où il n'existe pas de courtiers inscrits, le cours des marchandises est constaté par des courtiers et des négociants de la place, désignés, chaque année, par la chambre de commerce.

Art. 5. — Si, dans le cours d'une année, un des courtiers et des négociants désignés comme il est dit aux trois articles précédents, vient à décéder, à donner sa démission ou n'assiste pas à trois réunion successives sans s'être fait excuser, il en est donné immédiatement avis à la chambre de commerce qui procède à une nouvelle désignation.

Art. 6. — La chambre de commerce détermine les marchandises dont le cours doit être constaté ainsi que les jours et les heures auxquels la constatation doit avoir lieu.

Art. 7. — La constatation du cours est faite, pour chaque spécialité de marchandise, par les membres de la réunion qui la représentent, réunis en sections. Le tableau des membres qui composent chaque section est arrêté, tous les ans, par la chambre de commerce, après l'avis de la chambre syndicale des courtiers inscrits. — La chambre de commerce peut, si elle le juge convenable, décider que la constatation du cours sera faite en réunion générale, sans division de spécialité.

Art. 8. — La présidence de la réunion générale des membres chargés de constater le cours des marchandises appartient au président de la chambre syndicale des courtiers inscrits. — S'il n'y a pas de chambre syndicale, le président de la réunion générale est désigné, chaque année par la chambre de commerce. — Le président de la réunion désigne celui qui le remplace en cas d'absence.

Art. 9. — Lorsque la réunion se divise par sections conformément aux dispositions du § 1 de l'art. 7, le président de la réunion générale préside la section dont il fait partie et désigne le président des autres sections.

---

(1) Les principales dispositions de cet arrêté sont tirées d'un décr. du 22 déc. 1866, portant règlement d'administration publique pour l'exécution de l'art. 9 de la loi de 18 juill. 1866.

Art. 10. — Les décisions sont prises dans les réunions générales, ainsi que dans les réunions de section, à la majorité des membres présents.

Art. 11. — Le tableau des mercuriales sera dressé et publié sous le contrôle de la chambre de commerce, dans la forme arrêtée ultérieurement à la promulgation du décr. du 25 août 1867. — Il contiendra d'ailleurs autant que possible, le relevé des affaires traitées par les courtiers inscrits ou non inscrits.

Art. 12. — Les documents rassemblés dans les archives des anciens syndicats de courtiers et relatifs, soit au cours des marchandises, soit aux affaires traitées officiellement pour les opérations de commerce, seront remis au syndicat des courtiers inscrits, s'il en existe, ou, dans le cas contraire, seront déposés au secrétariat de la chambre de commerce de la circonscription qui, désormais, centralisera tout ce qui se rapportera à la fixation des prix courants.

Art. 13. — Les certifications des prix courants, même celles qui seraient antérieures au nouveau fonctionnement des courtiers en marchandise, seront faites par le président de la chambre syndicale des courtiers inscrits, et à défaut, par le président de la réunion générale que la chambre de commerce aura désigné annuellement.

Art. 14. — Dans les villes où la suppression des anciens syndicats aurait entraîné une interruption dans l'établissement des mercuriales, la chambre de commerce aura à pourvoir à cette lacune jusqu'au jour où il sera fait application de la nouvelle réglementation.

Art. 15. — Le cours du fret et le relevé des nolissements devront être établis et publiés périodiquement par le syndicat des courtiers maritimes de chaque port en même temps que la mercuriale du prix légal. — Dans le cas où il n'existerait pas de syndicat de courtiers maritimes, la chambre de commerce aura à faire établir ces cours par les courtiers maritimes de sa circonscription.

Art. 16. — Les mesures d'exécution que pourrait exiger l'application des règles ci-dessus prescrites, seront prises par arrêté du préfet, sur la proposition de la chambre de commerce, après avis du tribunal de commerce et de la chambre syndicale des courtiers en marchandises inscrits, ou des courtiers maritimes.

Mal DE MAC-MAHON, DUC DE MAGENTA.

AG. — 19 janv. 1870. — BG. 521. — *Droit de courtage pour la conduite des navires dans les ports de la prov. de Constantine.*

Vu l'art. 75 de l'ord. du 26 sept. 1852; — L'arr. min. du 6 mai 1844 (I, 256); — Les arr. des 14 janv. 1865 et 12 nov. 1864, portant fixation des droits de courtage maritime et de traduction à percevoir dans les divers ports de la province d'Alger (II, 65); — Les arr. des 50 avr. 1864 et 10 août 1865, appliquant les mêmes tarifs à tous les ports de la province d'Oran; — Sur la proposition du préfet de Constantine,

Art. 1. — La perception des droits de courtage pour la conduite des navires, dans tous les ports de la province de Constantine, aura lieu à partir du 1er fév. 1870, de la manière et dans les conditions suivantes :

1re CATÉGORIE. — *Grand cabotage.*

(Comme à l'art. du 14 janv. 1865, II, 65.)

2e CATÉGORIE. — *Cabotage sur le littoral algérien.*

(Même observation que ci-dessus, sauf cette modification que ces droits, au lieu de n'être applicables qu'aux balancelles, sont déclarés n'être applicables qu'aux navires armés et inscrits dans les ports de l'Algérie.)

3e CATÉGORIE. — *Cabotage entre les ports de la pro-*

vince de Constantine et les ports de la Sardaigne et de la Tunisie.

(Même observation que ci-dessus. V. au § correspondant.)

4e CATÉGORIE. — *Paquebots à vapeur.*

(Même observation que ci-dessus. V. au § correspondant.)

Art. 2. — Comme à l'arr. du 14 janv. 1865.

Art. 3. — Tous règlements antérieurs sur les droits de courtage dans les ports de la province de Constantine pour la conduite des navires et la traduction des pièces écrites en langues étrangères, sont abrogés, à l'exception, toutefois, de l'arr. du 4 août 1864, portant fixation des droits de courtage sur les bateaux corailleurs dans le port de La Calle, qui est maintenu en vigueur (II, 66.)

Le sous-gouverneur,
BARON DURRIEU.

RENVOIS. — V. *Table alphabétique.*

Crédit foncier. V. TABLE ALPHABÉTIQUE.

Cultes.

DIVISION.

§ 1. — Dispositions générales.
§ 2. — Culte catholique.
§ 3. — Culte réformé.
§ 4. — Culte musulman.
§ 5. — Culte israélite.

§ 1. — DISPOSITIONS GÉNÉRALES. (I, 261.)

§ 2. — CULTE CATHOLIQUE.

Depuis le 17 janv. 1866, jusqu'au 31 déc. 1871, divers décrets en date des 27 déc. 1866-7 août 1867-4 mars 1868 et 12 sept. 1868, ont érigé en succursales 2 églises dans la province d'Alger, 2 dans celle de Constantine et 1 dans celle d'Oran.

DI. — 9 janv.-21 sept. 1867. — BG. 247. — *Institution de l'archevêché d'Alger et des évêchés de Constantine et d'Oran.*

Art. 1. — L'église épiscopale d'Alger est érigée en métropole. Elle aura pour suffragantes les églises épiscopales de Constantine et d'Oran, érigées par les art. 2 et 3 du présent décret.

Art. 2. — La province de Constantine formera, à l'avenir, un diocèse suffragant de la métropole d'Alger. — Le siége épiscopal sera établi à Constantine.

Art. 3. — La province d'Oran formera, à l'avenir, un diocèse suffragant de la métropole d'Alger. — Le siége épiscopal sera établi à Oran.

Art. 4. — Les trois bulles délivrées à Rome, sur notre proposition, par S. S. le pape Pie IX, le 8 des calendes d'août (25 juill.) de l'année de l'Incarnation 1866, portant érection canonique de l'archevêché d'Alger, et des évêchés de Constantine et d'Oran comme suffragants de ce siége, sont reçues et seront publiées dans l'empire en la forme ordinaire.

Art. 5. — Lesdites bulles d'érection sont reçues sans approbation des clauses, formules ou expressions qu'elles renferment, et qui sont ou pourraient être contraires à la constitution, aux lois de l'empire, aux franchises, libertés ou maximes de l'Église gallicane.

Art. 6. — Lesdites bulles seront transcrites en latin et en français sur les registres de notre conseil d'État; mention de ladite transcription sera faite sur l'original par le secrétaire général du conseil.

§ 3. — CULTE RÉFORMÉ.

D3. — 12 janv.-15 fév. 1867. — BG. 216. — *Modifications au décr. du 14 sept. 1869 (I, 262).* — *Nouvelle organisation des conseils presbytéraux.*

Vu le décr. du 14 sept. 1869 portant réorganisation des cultes protestants en Algérie (1, 262); — Les délibérations du consistoire de l'Algérie sur la composition des conseils presbytéraux et des consistoires; — L'avis du gouverneur général de l'Algérie sur ces délibérations; — L'avis du consistoire supérieur et du directoire de la confession d'Augsbourg sur les propositions du consistoire de l'Algérie.

Art. 1. — Les conseils presbytéraux institués par notre décr. du 14 sept. 1859 seront élus à l'avenir par les protestants âgés de 25 ans, établis en Algérie depuis deux ans ou appelés à y résider pour un service public.

Art. 2. — Pour être inscrit au registre électoral, il faut contribuer aux charges de la paroisse et établir, par les certificats d'usage, qu'on a été admis depuis deux ans au moins dans une église du culte protestant (1).

Art. 3. — Le registre paroissial est tenu en double sous le contrôle du conseil presbytéral et du consistoire ; les inscriptions sont reçues sur un exemplaire déposé chez le président du conseil presbytéral; l'autre exemplaire reste aux archives du conseil.

Art. 4. — Le registre paroissial est revisé tous les ans. — La liste des inscriptions nouvelles et des radiations, arrêtée annuellement par le conseil presbytéral, est affichée dans le temple dix jours au moins avant l'ouverture des opérations électorales. Pendant ce délai, les réclamations concernant les inscriptions ou les radiations peuvent être adressées au conseil presbytéral.

Art. 5. — Nulle réclamation pour cause d'inscription ou radiation n'est prise en considération, si elle n'est formulée par écrit et signée du réclamant. — En cas d'indignité notoire ou d'incapacités résultant de condamnations judiciaires, la radiation est prononcée sans discussion et à l'unanimité des voix.

Art. 6. — Dans chacune des trois provinces de l'Algérie, le culte protestant est placé sous l'autorité supérieure d'un consistoire composé des pasteurs de la province et de représentants laïques, choisis parmi les électeurs du ressort consistorial âgés de 30 ans. Chaque conseil presbytéral nomme à cet effet des représentants en nombre double de ses pasteurs et pris par moitié dans les deux cultes.

Art. 7. — Les membres laïques des consistoires et des conseils presbytéraux sont renouvelés tous les trois ans par moitié. Les membres sortants sont rééligibles. — Lorsque, dans l'intervalle, une vacance vient à se produire, le consistoire décide s'il y a lieu de procéder à une élection partielle. L'élection ne peut être différée si le conseil presbytéral ou le consistoire a perdu le tiers de ses membres.

Art. 8. — Le consistoire est présidé alternativement par un des pasteurs du chef-lieu, élu d'année en année parmi les pasteurs des deux communions. — Le secrétaire est élu parmi les membres laïques qui appartiennent à une autre communion que le président. — Des exceptions à ces dispositions peuvent être accordées par notre ministre des cultes, sur la demande expresse du consistoire.

Art. 9. — Le consistoire soumet à l'approbation de notre ministre des cultes les procès-verbaux des élections, en y joignant son avis sur la validité des opérations.

Art. 10. — Les consistoires exercent, dans leur circonscriptions respectives, les attributions que le décr. du 14 sept. 1859 confère au consistoire de l'Algérie, lequel est et demeure supprimé.

Art. 11. — Les précédents articles remplacent les art. 1, 5, 6, 11, 12, 13, 14, 15, 16, 21, 23, 24, 25 et suiv. de notre décr. du 14 sept. 1859, lequel continue d'être appliqué dans tout ce qui n'est pas contraire au présent décret.

Circ. M. — 25 janv.-15 fév. 1867. — BG. 216. *Instructions relatives à l'exécution du décret précédent.*

M. le pasteur, les dispositions principales du nouveau décret impérial ont été suggérées par le projet de réorganisation que m'a soumis le consistoire de l'Algérie, et par les délibérations auxquelles ce projet a donné lieu dans le sein du consistoire supérieur et du directoire de la confession d'Augsbourg. Elles répondent au vœu qui a été unanimement exprimé par ces deux corps, qu'un consistoire fût établi pour chaque province, et que les conseils presbytéraux fussent à l'avenir élus, comme ils le sont en France, par les membres de la paroisse.

L'organisation du suffrage paroissial substitué au mode d'élection actuel ne pouvait être l'objet d'un simple règlement intérieur. Appelé à régler l'élection d'une autorité à la fois administrative et ecclésiastique, le gouvernement devait prendre en considération les conditions d'existence spéciales à une colonie et la manière dont, en Algérie, la population s'établit et se développe. J'ai proposé à S. M. de ne confier l'élection des conseils presbytéraux de l'Algérie qu'aux résidents dont la qualité de protestants serait dûment établie, et qui, soit par leurs fonctions, soit par la date de leur établissement dans la colonie, comme aussi par leur participation aux dépenses générales, présenteraient le caractère d'électeurs sérieusement intéressés à la bonne administration de la paroisse. Il appartiendra aux conseils presbytéraux de déterminer, avec l'approbation du consistoire, la manière dont le concours aux charges paroissiales pourra être convenablement constaté.

Selon le désir qui en a été exprimé, les consistoires seront formés par la réunion des pasteurs de la province et d'un nombre double de laïques que les conseils presbytéraux choisiront parmi les électeurs de la province.

Il n'est apporté aucun changement aux dispositions du décr. du 14 sept. 1859, concernant les attributions des conseils presbytéraux; celles du consistoire de l'Algérie supprimé sont conférées aux nouveaux consistoires.

En laissant aux églises protestantes de l'Algérie leur caractère d'églises mixtes, il a paru juste d'assurer, à chacun des deux cultes, une représentation égale dans la composition des conseils presbytéraux et des consistoires. Mais aller plus loin, c'eût été méconnaître l'esprit d'union qui caractérise, en Algérie, les rapports entre les résidents des deux cultes. Je me borne à rappeler ici que les pasteurs nommés par le directoire conservent avec cette autorité des relations nécessaires qui, d'ailleurs, ne sauraient diminuer, à leur égard, l'autorité de leurs conseils presbytéraux et de leurs consistoires respectifs.

Jusqu'à ce que les consistoires soient régulie-

_____

(1) Cette dernière disposition ne fait qu'appliquer à l'Algérie la règle adoptée en France pour les églises du culte réformé et de la confession d'Augsbourg, d'après

l'avis du conseil central des églises réformées et du directoire de la confession d'Augsbourg.

tement constitués dans chaque province, les fonctions qui leur sont attribuées, spécialement en ce qui regarde la formation des registres paroissiaux et les opérations électorales, seront exercées par le conseil presbytéral du chef-lieu.—Les élections devront être terminées avant le 1er mars.

Le ministre de la justice et des cultes,
J. BAROCHE.

DP. — 29 nov.-10 déc. 1871. — BG. 584. — *Organisation des circonscriptions synodales.*

Vu la loi du 18 germ. an X; — Les décr. du 26 mars et du 10 nov. 1852;

Art. 1. — Les 103 consistoires des églises réformées de la France et de l'Algérie sont répartis en 21 circonscriptions synodales, conformément au tableau annexé au présent décret.

Art. 2.—Chaque consistoire élira un pasteur et un laïque qui seront ses représentants au synode de sa circonscription.

Art. 3. — Ces représentants se réuniront du 1er au 15 mars, dans l'un des chef-lieux consistoriaux de leur circonscription synodale, pour élire des délégués à un synode général, qui sera ultérieurement convoqué à Paris.

Art. 4. — Le nombre des délégués à élire pour le synode général est fixé d'après le nombre des pasteurs de chaque circonscription synodale, à raison de 1 par 6 pasteurs, et selon la progression suivante : 2 délégués pour tout nombre de 6 à 12 pasteurs inclusivement; 3 délégués pour tout nombre de 13 à 18 pasteurs inclusivement, etc., conformément au tableau annexé au présent décret.— La moitié de ces délégués, si leur nombre est pair; la moitié plus un, si leur nombre est impair, seront laïques.

(Suit le tableau des consistoires répartis en circonscriptions synodales, avec le nombre des délégués à élire pour le synode général. — 21e circonscription.— Algérie : 2 délégués.—Consistoires d'Alger, Constantine, Oran 8 pasteurs.)

§ 4. — CULTE MUSULMAN. (1, 264.)

§ 5. — CULTE ISRAÉLITE.

DI. — 16 sept.-12 déc. 1867. — BG. 255. — *Nouvelle organisation des consistoires en Algérie.*

Art. 1. — Il y a, en Algérie, pour chacune des trois provinces, un consistoire israélite siégeant, l'un à Alger, l'autre à Oran, et le troisième à Constantine.

Art. 2. — Chacun de ces consistoires est composé de six membres laïques et d'un grand rabbin. — Les consistoires sont présidés par un des membres laïques choisis par eux. Ils ne peuvent délibérer qu'au nombre de quatre membres au moins. En cas de partage, la voix du président sera prépondérante.

Art. 3. — Les grands rabbins et les membres laïques seront nommés par nous, sur la proposition de notre ministre des cultes et sur la présentation du consistoire central.

Art. 4. — Les grands rabbins de l'Algérie seront choisis parmi les rabbins français ou indigènes âgés de 30 ans au moins, et pourvu du diplôme du second degré rabbinique.

Art. 5. — Les membres laïques des consistoires seront nommés pour 8 ans et renouvelés par moitié tous les 4 ans.

Art. 6. — Les consistoires de l'Algérie ont, dans leurs circonscriptions respectives, les attributions que l'ord. du 9 nov. 1845 (I, 265) confère au consistoire algérien, lequel est et demeure supprimé.

Art. 7. — Le consistoire central des israélites

de France est l'intermédiaire entre le gouvernement et les consistoires de l'Algérie. — Chacun de ces consistoires sera représenté au sein du consistoire principal par un membre laïque, choisi parmi les électeurs résidant à Paris et agréé par nous.

Art. 8. — Continueront à être observés, dans toutes les dispositions qui ne sont pas contraires au présent décret, les règlements antérieurs spéciaux à l'Algérie.

DI. — 20 nov. 1869-4 mai 1870. — BG. 522. — *Les frais de logement des ministres du culte israélite retribués par l'État sont à la charge des communes et seront réglés d'après les dispositions de l'ord. du 7 août 1862.*

RENVOIS. — V. *Table alphabétique.*

Curateurs. V. SUCCESSIONS.

D

Débits (boissons, papier timbré, poudre). V. TABLE ALPHABÉTIQUE.

Décentralisation administrative. V. *ibidem.*

Décès. V. *ibidem.*

Décime de guerre. V. *ibidem.*

Déclinatoire. V. *ibidem.*

Défenseurs.

D. — (*Tours*). — 24 oct. 1870. — (V. *Avocats, supra*). — *Séparation du droit de postulation et du droit de plaidoirie. — Décret abrogé par une loi du 12 déc.* 1871.

RENVOIS. — V. *Table alphabétique.*

Défrichements. V. TABLE ALPHABÉTIQUE.

Délais de procédure. V. PROCÉDURE.

Délimitations. V. TABLE ALPHABÉTIQUE.

Délits de chasse. V. *ibidem.*

Délits de presse. V. *ibidem.*

Dellal. V. *ibidem.*

Démolition pour sûreté publique. V. *ibidem.*

Dénombrement. V. RECENSEMENT.

Département. V. TABLE ALPHABÉTIQUE.

Dépôts et consignations.

DI. — 4 mars-20 avr. 1868. — BG. 262. — *Attributions conférées aux payeurs particuliers.*

Vu le décr. du 14 oct. 1851 (I, 270); — L'ord. du 3 juill. 1816, art. 11 (I, 272); — Considérant que si, nommés en 1851 par le décret précité, les trésoriers-payeurs d'Alger, d'Oran et de Constantine ont seuls été constitués préposés de la Caisse des dépôts et consignations, il convient aujourd'hui d'étendre la mesure aux comptables placés sous leurs ordres, établis dans les localités pourvues de tribunaux de première instance;

Art. 1. — Les payeurs particuliers établis dans les villes de l'Algérie où réside un tribunal de première instance, rempliront, vis-à-vis la Caisse des dépôts et consignations, les fonctions attribuées dans la métropole aux receveurs particuliers des finances.

Art. 2. — Le présent décret recevra son exécution à partir du 1er mai 1868.

RENVOIS. — V. *Table alphabétique.*

Dépôts musulmans. V. TABLE ALPHABÉTIQUE.

Dépôts d'ouvriers. V. *ibidem.*

Désarmement. V. *ibidem.*

Déserteurs. V. *ibidem.*

Desséchements. V. *ibidem.*

Dia (prix du sang). V. *ibidem.*

Directions administratives. V. *ibidem.*

Dispensaires. V. HÔPITAUX.

Dispenses de parenté. V. TABLE ALPHABÉTIQUE.

Distances légales. V. *ibidem.*

Districts. V. *ibidem.*

Divisions militaires et territoriales. V. *ibidem.*

Domaine.

DIVISION.

§ 1. — ADMINISTRATION DE LA PROPRIÉTÉ DOMANIALE. — ALIÉNATION DES TERRES.

DI. — 2 avr. 1854 (I, 282). — Art. 5. — *Partage des biens indivis entre le domaine de l'État et les particuliers. — Compétence attribuée aux conseils de préfecture* (1).

DI. — 6 janv.-17 mars 1869. — BG. 508. — *Extension à divers cas de la faculté de vente de gré à gré, accordée par le décr. du 25 juill. 1860* (2).

---

(1) JURISPRUDENCE. — Illégalité de cette attribution de compétence.

1° — *Un décret ne peut déroger à une loi.* — En conséquence et nonobstant les dispositions du décr. du 2 avr. 1854, il appartient à l'autorité judiciaire de connaître, en Algérie, des actions en partage ou en licitation d'immeubles indivis entre l'État et des particuliers, conformément à l'art. 15 de la loi du 16 juin 1851, qui attribue à cette autorité les actions immobilières intentées par le domaine de l'État ou contre lui. — Cons. d'État, 23 févr. 1866. — Pourvoi du sieur Hachette contre un arrêté du conseil de préfecture d'Alger. — Dalloz, 1866, 3, 107. Conclusions du commissaire du Gouvernement sur les principes de droit constitutionnel engagés dans cette question.

2° — *Jugé de même.* Un décret ne peut déroger à une loi, sous la constitution du 14 janv. 1852, même pour l'Algérie et les colonies, et, à supposer qu'une loi ne fût pas nécessaire pour déroger à une loi antérieure à ladite constitution, il aurait fallu du moins un sénatus-consulte. — En conséquence et nonobstant les dispositions du décr. du 2 avr. 1854, il appartient à l'autorité judiciaire de connaître des actions en partage qui s'élèvent en Algérie entre l'État et les particuliers au sujet d'immeubles indivis, — et ce, encore bien que l'État prétendrait tenir son droit d'un séquestre, sauf à l'autorité judiciaire à surseoir à statuer au fond, jusqu'à ce que l'autorité administrative ait prononcé, le cas échéant, sur la validité du séquestre. — Cons. d'État, 28 mai 1868. — Pourvoi du sieur Menouillard contre un arrêté du conseil de préfecture d'Oran. — Dalloz, 1871, 5, 87.

3° — *Compétence judiciaire* — Si l'art. 18 de l'ord. du 9 nov. 1845 avait attribué compétence à la juridiction administrative, dans le cas où, pour établir le droit de l'État sur un immeuble revendiqué contre lui, l'administration des domaines en Algérie alléguerait la possession de l'autorité existante pendant l'occupation française, l'art. 15 de la loi du 16 juin 1851 a dérogé à cette disposition en attribuant aux tribunaux civils, d'une manière générale et absolue, la connaissance de toutes les actions immobilières intentées par ou contre le domaine de l'État, même en territoire militaire. — Par suite, c'est à l'autorité judiciaire qu'il appartient de connaître d'une action de cette nature intentée contre l'État, alors même que le domaine allègue que, d'après la notoriété publique, la confiscation de l'immeuble dont il s'agit aurait été ordonnée et effectuée par l'autorité locale avant l'occupation française. — Cons. d'État, 17 mai 1865. — Aff. Bou Akkas. Dalloz, 1868, 3, 42, et discussion par le commissaire du Gouvernement d'un arrêt du 27 déc. 1855. Aff. H^{er} Mustapha Pacha sur la même question.

4° — *Location des immeubles du domaine. — Contestations. — Compétence.* — Aucun texte de loi n'a attribué à l'autorité administrative la connaissance des difficultés auxquelles peut donner lieu l'exécution des baux passés pour la location des biens faisant partie du domaine de l'État. — La décision par laquelle le gouverneur général de l'Algérie déclare résiliée la location d'un droit de pêche et de chasse sur un lac et ses dépendances ne fait pas obstacle à ce que le locataire porte les contestations qui se sont élevées au sujet de cette résiliation devant les tribunaux civils, à la juridiction desquels il n'a pu être dérogé par une disposition du cahier des charges. — Cons. d'État, 19 févr. 1868. Pourvoi du sieur Portalupi. — Dalloz, 1869, 3, 1.

5° — *Vente, par le domaine, d'un immeuble appartenant à l'État et à un tiers.* — Considérant que les lois des 15 et 16 floréal an X, qui autorisent l'État à vendre les immeubles dont il est copropriétaire par indivis avec un tiers, ont eu pour but de faciliter l'action du domaine en le dégageant de toutes les entraves que pourraient apporter à son libre et plein exercice des droits rivaux plus ou moins bien définis, tout en entourant ces mêmes droits de garanties de nature à prévenir tout préjudice sérieux; — qu'il faut en conclure que ces lois sont, par leur nature même, des mesures administratives inhérentes à l'institution du domaine de l'État, et la suivent même en l'absence de toute promulgation partout où son action peut avoir à s'exercer sans qu'une distinction soit possible entre l'ancien territoire de la France et les territoires qui, depuis, pourraient y être annexés. — Considérant que l'art. 2 de la loi du 16 floréal ne saurait être séparée de l'art. 10 du 15 du même mois; que ces deux lois, en même temps qu'elles forment une dérogation au droit commun, constituent, dans leur ensemble, une législation spéciale à la matière; — qu'en autorisant les ventes dont il s'agit elles n'astreignent l'État, ni à faire connaître les noms de ses copropriétaires, ni à établir la part afférente à chacun d'eux; que, par suite, il peut prendre en son nom propre une inscription hypothécaire pour la conservation de son privilège et de celui de son copropriétaire; qu'il n'est pas nécessaire, dans ce cas, que l'inscription soit prise au nom de ce dernier pour la portion du prix qui lui appartient, et qu'on ne saurait invoquer l'encontre de l'État résolutoire, ni les dispositions de l'art. 2,148, C. Civ. ni celles de l'art. 717. — Cour d'Alger, 1er avr. 1862. — Robe, 1862, p. 62.

(2) *Rapport à l'Empereur.* — Paris, 6 janv. 1869. — Sire, — Le décr. du 25 juill. 1860, qui a déterminé

Vu notre décr. du 25 juill. 1860 sur l'aliénation des terres domaniales en Algérie (I, 287);

Art. 1. — Indépendamment des cas spécifiés par l'art. 17 du décr. du 25 juill. 1860, les ventes de gré à gré de terrains domaniaux peuvent être consenties, dans les formes indiquées par la sect. 3 dudit décret, pour favoriser la création, sur le parcours des routes, d'hôtelleries, dépôts d'approvisionnements, relais, gîtes d'étapes ou autres groupes d'habitations nécessaires à la sécurité du commerce et de la circulation.

DI. — 1er sept. 1869. — (V. *Société générale algérienne*). — *Vente de 100,000 hect. de terres domaniales.*

DI. — 2 fév. 1870-9 mars 1870. — (V. *Bois et forêts*, § 1). — *Vente de gré à gré ou par adjudication publique des forêts de l'État.*

D. — (Bordeaux). — 6-16 fév. 1871. — BG. 357. *Restitution au domaine de l'État des biens affectés en Algérie au domaine militaire.*

Considérant qu'une décision impériale, en date du 25 avril 1860 (non publiée au *Bulletin officiel*), a fait aliéner au profit du département de la guerre les immeubles qui cessent d'être nécessaires au service militaire, au lieu d'en opérer la restitution au domaine de l'État; — Considérant que cette décision est contraire aux principes financiers, et notamment au règlement du 31 mai 1863 sur la comptabilité publique, lequel dispose que les ministres ne peuvent accroître, par aucune ressource particulière, le montant des crédits affectés aux dépenses de leurs services respectifs; — Considérant que, dans les trois départements de l'Algérie en particulier, la mise en vigueur de cette décision a eu pour résultat de frapper d'interdit un grand nombre d'immeubles que l'État aurait avantage à affecter à ses services, ou à ceux des départements et des communes dont les dotations sont jusqu'ici demeurées au-dessous des besoins;

Art. 1. — La décision impériale du 25 avril 1860 sera à l'avenir considérée comme nulle et non avenue.

Art. 2. — Le prix des immeubles remis au ser-

vice des domaines pour être aliénés au profit du génie militaire, mais dont la vente n'a pas encore été effectuée à la date du présent décret, sera encaissé pour le compte de l'État.

Art. 3. — Tous les immeubles actuellement compris dans le domaine militaire en Algérie, et qui ne sont pas indispensables au service de la guerre, seront immédiatement restitués au domaine de l'État, et il en sera disposé dans les conditions prévues par la législation en vigueur dans les départements algériens, en ce qui concerne les biens domaniaux ordinaires.

AD. CRÉMIEUX, EMM. ARAGO, EUGÈNE PELLETAN, GARNIER-PAGÈS, GLAIS-BIZOIN, L. FOURICHON.

RENVOIS. — V. *Table alphabétique.*

Domicile. V. TABLE ALPHABÉTIQUE.

Dotation. V. *ibidem.*

Douanes.

DIVISION.

§ 1. — Législation spéciale. — Régime commercial.
§ 2. — Organisation du service.

§ 1. — LÉGISLATION SPÉCIALE. — RÉGIME COMMERCIAL.

OR. — 16 déc. 1843. — (I, 298.) — Art. 23. — *Les lois, décrets, ordonnances et règlements qui régissent les douanes de France, sont applicables à l'Algérie, en tout ce qui n'est pas contraire aux dispositions de la présente ordonnance.* — (L'art. 10 de la loi du 11 janvier 1851 (I, 300), reproduit la même disposition.)

DI. — 11 août 1853. — (I, 501). — Art. 11 et 12. — *Attribution de juridiction pour la connaissance des délits et contraventions de douanes.* (1).

LOI. — 17 juill. 2 août 1867. — BG. 259. — *Régime commercial. — Admission en franchise* (2).

---

les différents modes d'aliénation des terres domaniales en Algérie, a maintenu la vente de gré à gré déjà autorisée par la législation antérieure, mais en restreignant son application aux cas d'indivision, d'enclave et de préemption légale ou de possession de bonne foi.

Le gouverneur général de l'Algérie a pensé qu'en présence du développement donné aux voies de communication dans les trois provinces, il serait quelquefois utile de recourir à cette forme d'aliénation pour favoriser, sur le parcours des routes, la création, par l'industrie privée, d'hôtelleries, de dépôts d'approvisionnements, de relais, de gîtes d'étapes ou autres établissements que réclame la sécurité du commerce et de la circulation. Il demande, en conséquence, que, par une extension donnée aux dispositions du décr. du 25 juill. 1860, l'administration soit autorisée à consentir des ventes de gré à gré de terrains domaniaux, dans les circonstances que je viens d'indiquer.

Cette proposition se justifie par des motifs d'intérêt public qui la recommandent à la sollicitude de V. M., et, comme les ventes qu'il s'agit de faciliter seront nécessairement peu nombreuses et, dans tous les cas, précédées d'estimations contradictoires et soumises à des formalités qui sauvegarderont les intérêts de l'État, il me paraît sans danger d'introduire dans la législation une exception dont le but est de stimuler l'initiative individuelle et de seconder l'expansion du commerce et de la colonisation.

Le ministre de la guerre,
Mal NIEL.

Approuvé,
NAPOLÉON.

(1) JURISPRUDENCE. — Compétence des conseils de guerre en territoire militaire. — 1° — Les conseils de

guerre sont seuls compétents en Algérie pour connaître des délits et contraventions de douane commis en territoire militaire par des indigènes et des musulmans; il n'a été dérogé à cette compétence que relativement aux infractions commises par des Européens et des Israélites (décr. du 15 mars 1860, art. 1. *Justice*, I, 400), lesquels doivent être déférés à la juridiction de droit commun. — Le code de justice militaire, notamment, n'a apporté aucune modification sur ce point à la législation spéciale de l'Algérie. — *Cass.*, 24 nov. 1864, ch. crim. — Dalloz, 1867, I, 189.

2° — L'attribution aux conseils de guerre, en Algérie, de la connaissance des délits et contraventions de douane en territoire militaire, emporte, pour l'administration des douanes, le droit de se présenter devant ces conseils pour y réclamer des réparations civiles et la confiscation des objets de contrebande, et celui de s'y prévaloir de toutes les garanties que la loi lui accorde devant les tribunaux correctionnels, notamment quant à la preuve des infractions, en tant qu'elles n'ont rien d'inconciliable avec la constitution des juridictions militaires. — Dès lors, cette administration peut former contre le jugement intervenu, même en cas d'acquittement, un recours en révision pour violation ou omission des formes prescrites, et aussi, par suite, se pourvoir en cassation contre la décision du conseil de révision. — *Cass.*, 9 juin 1866, ch. crim. — (*Ibidem*).

3° — Il avait été jugé de même, avant le code de justice militaire, par arr. de *Cass.* du 9 sept. 1853. — Ibid., 1853, 5, 97.

(2) *Exposé des motifs*, par M. Chamblain, conseiller

TIT. 1. — *Rapports avec la France.*

Art. 1. — Les produits naturels ou fabriqués, originaires de l'Algérie, seront, à leur importa-

d'État, rapporteur. — Messieurs, le projet de loi qui est soumis à vos délibérations a pour objet de doter l'Algérie des facilités commerciales nécessaires au développement de la colonisation, sans nuire ni aux intérêts du Trésor public ni à ceux des industries métropolitaines. — Il règle sous deux titres distincts : 1° Les relations commerciales de l'Algérie avec la France; — 2° Les relations commerciales de l'Algérie avec l'étranger. — Un troisième titre contient des dispositions générales applicables à l'ensemble du régime commercial.

TIT. 1. —. *Rapports avec la France.*

Depuis la conquête jusqu'en 1835, les produits algériens introduits en France étaient frappés des mêmes droits et des mêmes prohibitions que les produits étrangers. Ils étaient, en outre, grevés des mêmes droits de sortie que les produits similaires de France, en sorte qu'ils payaient, à leur sortie d'Algérie comme produits français, et, à leur entrée en France, comme produits étrangers.

L'ord. du 11 nov. 1835 fit cesser cette anomalie en affranchissant de tous droits de sortie « les marchandises expédiées, sous les formalités prescrites en France pour le cabotage, à destination d'un port de France. » Mais cette même ordonnance éleva une nouvelle barrière entre l'Algérie et le marché métropolitain en décidant qu'aucun transport entre la France et les possessions françaises du nord de l'Afrique ne pourrait s'effectuer que par navires français.

L'ord. du 16 déc. 1843 inaugura un régime moins sévère : elle réduisit les droits, pour les produits les plus habituellement expédiés en France, à la « moitié des droits fixés pour la provenance la plus favorisée. »

La loi du 11 janv. 1851 se montra plus libérale encore. Elle admit en princip. l'entrée en franchise, dans les ports français, des produits naturels de l'Algérie et énuméra, dans un tableau détaillé, tous ceux de ces produits qui étaient déjà ou qui paraissaient pouvoir devenir l'objet d'une opération commerciale; puis, dans la prévision d'une omission dans la nomenclature ou d'une innovation dans les habitudes du commerce, elle autorisa le classement par décret, sauf conversion en loi dans le délai d'une année, de nouveaux produits naturels que présenterait le commerce. Enfin, elle admit en franchise les produits de l'industrie algérienne, produits énumérés dans un second tableau joint à la loi.

Cette loi, aujourd'hui en vigueur, réalise, en fait, l'union douanière entre l'Algérie et la France; les deux tableaux des produits naturels et fabriqués comprennent en effet, sauf des exceptions insignifiantes, la totalité des objets que l'Algérie peut exporter, mais la franchise n'existe pas de plein droit. Il en résulte la nécessité de remplir, sans utilité pour personne, toutes les formalités de douanes, formalités qui font perdre le temps des employés de l'État, nuisent à la rapidité des opérations commerciales, et sont également pénibles au commerce métropolitain et au commerce algérien.

L'art. 1 du projet met le droit d'accord avec le fait en admettant en franchise, d'une manière générale et sans qu'il soit besoin d'une désignation particulière, les produits naturels ou fabriqués originaires de l'Algérie.

Cette simplification des relations commerciales sera accueillie avec une égale faveur par le commerce français et par le commerce algérien. — Mais, en admettant en franchise dans les ports français tous les produits de l'Algérie, le Gouvernement n'entend pas considérer comme algériens les produits étrangers qui prendraient le chemin de l'Algérie pour pénétrer ensuite en France sans payer de droits; ces produits payeront les mêmes droits que s'ils étaient venus directement en France, sauf déduction des droits qu'ils auront payés en Algérie.

L'art. 2 du projet consacre, sauf en ce qui concerne les sucres, la franchise qui a toujours existé à l'importation en Algérie des produits français et l'assimilation aux produits français des produits étrangers nationalisés par le payement des droits.

L'art. 3 affranchit des droits de sortie les exportations effectuées de l'Algérie en France ou de France en Algérie.

tion directe dans les ports de la France, admis en franchise des droits de douane. La franchise sera également appliquée aux produits étrangers, introduits d'Algérie en France, qui auront été

On peut donc caractériser ainsi le régime sous lequel le projet de loi place ou maintient les rapports entre l'Algérie et la métropole : franchise réciproque et absolue.

TIT. 2. — *Rapports avec l'étranger.*

§ 1. — *Importations par mer.*

La même liberté de relations doit-elle être accordée à l'Algérie dans ses rapports avec l'étranger ? Le Gouvernement ne l'a pas pensé. En effet, à côté des intérêts exclusivement algériens, il en est d'autres qu'il importe de sauvegarder ou qu'il peut être convenable de favoriser : ce sont les intérêts du Trésor et les intérêts de certaines industries métropolitaines. Sans doute, si l'on se plaçait au point de vue exclusif de l'Algérie, on devrait reconnaître qu'elle n'a rien à gagner à un système quelconque de droits de douane; on comprend donc que les chambres de commerce demandent avec instance la suppression complète de droits qui ne sont, à leurs yeux, que des charges sans compensation. En effet, les droits imposés aux produits étrangers n'ont pas et ne peuvent pas avoir, pour l'Algérie, le caractère de droits protecteurs : il n'y a pas de produits industriels ou manufacturés à protéger dans nos possessions du nord de l'Afrique; la cherté de la main-d'œuvre, le peu de densité de la population, les distances, la difficulté des communications et des transports, la cherté des capitaux, tout s'oppose au développement de l'industrie manufacturière. Mais, si les questions que soulèvent les théories opposées de la protection et de la libre concurrence ne se présentent pas à propos des rapports de l'Algérie avec l'étranger, il ne reste pas moins à examiner l'influence des droits de douane sur le Trésor public et sur l'industrie métropolitaine.

L'Algérie ne se suffit pas à elle-même : elle a besoin des soldats et de l'argent de la France pour pourvoir à sa défense, à sa sûreté intérieure, à son administration, à ses travaux d'utilité publique. Il est donc juste que le Trésor perçoive des droits destinés à couvrir les dépenses de l'État dans une certaine mesure : en conséquence, le projet propose d'imposer sur différents objets de consommation, tels que les sucres, les cafés, les denrées coloniales, etc., des droits fiscaux énumérés au tableau A.

Il n'a pas paru non plus au gouvernement qu'il fût injuste d'imposer à l'Algérie, en échange des sacrifices que supporte la métropole, des droits différentiels portant exclusivement sur les produits étrangers et destinés à assurer à l'industrie métropolitaine la jouissance, sinon exclusive, au moins privilégiée, du marché algérien. — Les droits établis à ce point de vue sont énumérés dans les tableaux B et C.

Mais, après avoir donné satisfaction aux deux ordres d'intérêts que nous venons d'exposer, le projet de loi répond aux vœux de l'Algérie en accordant l'admission en franchise de tous les produits étrangers qui ne sont pas énumérés dans les tableaux A, B, C. — Cette disposition apporte une simplification considérable dans le tarif des douanes; elle rendra les vérifications plus faciles et les opérations commerciales plus rapides, sans diminuer d'une manière appréciable soit les recettes du Trésor, soit les faveurs accordées à l'industrie métropolitaine. — Elle n'est du reste que la mise à exécution, sous une forme plus simple et plus pratique, des principes qui ont inspiré la législation antérieure. Les monuments de cette législation sont l'ord. du 11 nov. 1835, l'ord. du 6 déc. 1843 et la loi du 11 janv. 1851.

De 1830 à 1835, l'Algérie n'avait pas de douane; les produits étrangers et les produits français entraient également en franchise. Pendant cette période, l'État, soit par ses troupes, soit par ses fonctionnaires, était à peu près le seul consommateur des produits importés; il avait donc un intérêt direct à ne pas enchérir, par des taxes qu'il aurait lui-même supportées, les produits importés dans nos possessions.

L'ord. de 1835 conserva la franchise à tous les produits de France, à l'exception des sucres, et aux produits étrangers nationalisés en France par le payement des droits.

nationalisés, à leur entrée en Algérie, par le payement intégral des droits de douane tels qu'ils sont fixés par le tableau C annexé à la présente loi. — Les produits étrangers, introduits d'Algérie en France, qui auront payé les droits portés aux tableaux A et B, ne seront admis à entrer en France qu'à la condition d'acquitter la différence entre le tarif de l'Algérie et le tarif de la France.

Art. 2. — Les produits naturels ou fabriqués, originaires de la France, à l'exception des sucres, et les produits étrangers, nationalisés par le payement des droits, seront, à leur importation directe dans les ports de l'Algérie, admis en franchise.

Art. 3. — Les exceptions à la franchise des droits de sortie inscrites, soit dans le tarif général, soit dans les tarifs conventionnels, ne seront pas applicables aux exportations effectuées de l'Algérie en France ou de France en Algérie.

TIT. 2. — *Rapports avec l'étranger.*

§ 1. — *Importation par mer.*

Art. 4. — Les produits étrangers non énumérés aux tableaux A, B et C, annexés à la présente loi, seront admis en franchise à leur importation dans les ports de l'Algérie.

Elle conserva également la franchise aux produits étrangers, bruts ou fabriqués, propres à favoriser l'agriculture, les constructions et les industries de colonisation, notamment la houille, les bois de construction et de menuiserie, les briques, tuiles, ardoises, carreaux de terre cuite ou de faïence, les verres à vitres, la fonte, les fers et aciers fondus ou forgés, les autres métaux bruts étirés ou laminés, les chevaux et bestiaux, les plants d'arbres et les graines pour semence.

Cette part faite aux intérêts les plus respectables de la colonisation, l'ordonnance établit, au profit du Trésor, des droits modérés sur les sucres et les cafés.

Enfin, dans l'intérêt des industries métropolitaines, elle établit sur les autres marchandises étrangères des droits, modérés également, mais propres à assurer, sur le marché algérien, un placement privilégié aux produits similaires français qui se présentaient affranchis de toute taxe. Ces droits étaient égaux au cinquième des droits fixés par le tarif général de France, lorsque les marchandises venaient d'un port français, et au quart lorsqu'elles venaient d'un port étranger. — Les marchandises prohibées à l'entrée en France payèrent un droit de 12 p. 100 ou de 15 p. 100 ad valorem, suivant qu'elles venaient d'un port de France ou d'un port étranger.

L'ord. de 1843 maintint toutes les franchises de l'ord. de 1835, en y ajoutant encore le marbre brut et scié en tranche. — Mais elle augmenta les droits destinés à assurer le bénéfice du marché algérien aux produits industriels de la métropole : le droit ad valorem de 12 ou de 15 p. 100 sur les tissus de coton, les tissus de laine et la poterie de grès fin, fut remplacé par un droit spécifique calculé à raison de 50 p. 100 de la valeur. Les droits sur les autres marchandises non prohibées furent élevés au quart et au tiers des droits du tarif général de France, et les droits sur les marchandises prohibées furent portés à 20 et 25 p. 100 de la valeur, suivant provenances.

On a vu, au titre des rapports avec la France, que la loi du 11 janv. 1851 avait accordé à l'Algérie la libre entrée en France de presque tous ses produits, assujettis jusque-là aux mêmes droits que les produits étrangers.

En compensation de cet avantage, cette loi restreignit, dans une forte proportion, les franchises antérieurement accordées dans l'intérêt de la colonisation : elle ne maintint sur ses tableaux que les matériaux à bâtir, la houille, deux métaux secondaires, le zinc et l'étain, les animaux reproducteurs, les graines pour semences et les plants d'arbres. Enfin, elle assujettit au payement de la moitié des droits perçus en France : — Les fontes brutes non aciéreuses et les aciers ; — Les fers en barres ; — Les ferblancs en feuilles ; — Les cuivres de première fusion, purs ou alliés de zinc ; — Les autres produits étrangers, prohibés ou non prohibés en France, restèrent soumis aux taxes fixées par l'ord. de 1843.

Les points généraux qui se dégagent de cet ensemble de monuments législatifs sont les suivants : 1° franchise lorsque l'intérêt de l'agriculture et de la colonisation est seul en jeu ou prépondérant ; 2° droits fiscaux dans l'intérêt du Trésor ; 3° droits destinés à éloigner ou à atténuer la concurrence étrangère en assurant un traitement privilégié aux marchandises françaises sur le marché algérien ; 4° droits toujours moins élevés que ceux du tarif général de France.

Le projet de loi est conçu dans le même ordre d'idées et ne s'en écarte exceptionnellement que dans l'intérêt de certaines industries métropolitaines ou pour assurer l'exécution des lois spéciales :

1° La franchise est la règle et les droits sont l'exception ;

2° Les droits fiscaux ne dépassent pas les droits les plus faibles inscrits au tarif métropolitain ;

3° Les droits du tableau B sont fixés au tiers des droits applicables dans la métropole, les marchandises énumérées dans ce tableau sont pour la plupart celles que les régimes antérieurs admettaient, tantôt en franchise, tantôt au cinquième, au quart ou à la moitié des droits métropolitains ; les principales sont le fer et ses dérivés, le cuivre, le plomb, les produits chimiques, les machines, les outils, les ouvrages en métaux. Il importe de faire remarquer ici que ces trois derniers articles sont affranchis de tout droit lorsqu'ils servent à l'agriculture.

4° Les droits du tableau C sont les mêmes que ceux de la métropole. Pour le payement de ces droits, comme pour le calcul des droits du tableau B, l'importateur a le choix entre le tarif général et les tarifs conventionnels. Le tableau C renferme : 1° les tissus de toute sorte, soie, laine, lin, chanvre, coton, crin, jute, phormium tenax, etc., et, comme conséquence, les effets à usage ; 2° les morues de pêche étrangère : la loi accorde une prime à la pêche de la morue par les armateurs français : on comprend qu'il y aurait inconséquence à ne pas leur conserver, par une taxe égale à celle de France, les débouchés que leur offre la consommation algérienne ; 3° les bâtiments de mer et embarcations de toute sorte : l'établissement de cette taxe a pour but d'empêcher une fraude trop facile qui consisterait à faire nationaliser en Algérie les bâtiments et embarcations qu'on introduirait ensuite en France sans payer de droits ; 4° les boissons fermentées et distillées ; 5° les armes et munitions de guerre ; 6° les contrefaçons. Ces deux derniers articles sont, d'ailleurs, frappés de prohibition : l'application du même régime qui leur sera faite en Algérie n'a pas besoin d'être justifiée.

§ 2. — *Importations par terre.*

Les produits importés de la régence de Tunis, de l'empire du Maroc et du sud de l'Algérie sont soumis au même régime qu'à l'importation par mer. Toutefois, une exception est faite en faveur des produits naturels et fabriqués originaires du Sahara et du Soudan qui entreront par la frontière du sud. Il importe, en effet, aussi bien au point de vue politique qu'au point de vue commercial, de n'entraver par aucune gêne les relations que les caravanes établissent entre nos possessions et l'intérieur de l'Afrique.

TIT. 3. — *Dispositions générales.*

Conformément aux dispositions de la loi du 11 janv. 1851, le projet conserve à l'Empereur le droit de modifier, par décrets, la nomenclature des tableaux annexés à la loi, mais à la condition que ces décrets seront soumis, dans le délai d'une année, à la sanction du Corps législatif. — Enfin les lois, ordonnances, décrets et règlements applicables en matière de douane dans la métropole, recevront leur application en Algérie, en tout ce qui n'est pas contraire au présent projet de loi.

En résumé, ce projet apporte au régime commercial de l'Algérie des améliorations vivement désirées : il place nos possessions du nord de l'Afrique, dans leurs rapports avec la métropole, sur le même pied que les autres départements de l'Empire et leur assure, dans leurs rapports avec l'étranger, toutes les franchises et les modérations de droits actuellement compatibles avec les intérêts du Trésor public et ceux de l'industrie métropolitaine. Enfin, il apporte, dans les tarifs et par suite dans les opérations de douane, une simplification considérable, également profitable à l'administration, au commerce métropolitain et au commerce algérien.

Art. 5. — Conformément à la réserve inscrite dans l'article 4, qui précède, les produits étrangers payeront, savoir : ceux énumérés au tableau A, les droits fixés par ledit tableau ; les produits énumérés au tableau B, le tiers des droits établis par le tarif général de France ou par les tarifs conventionnels, et ceux énumérés au tableau C, l'intégralité de ces droits. — Dans ces deux derniers cas, l'importateur aura le choix entre le tarif général et les tarifs conventionnels. — Les produits frappés de prohibition par le tarif général seront, selon qu'ils sont compris dans le tableau B ou le tableau C, admis, sans distinction de provenance, sous le payement du tiers ou de l'intégralité des droits inscrits dans les tarifs conventionnels.

§ 2. — *Importations par les frontières de terre.*

Art. 6. — Les produits étrangers importés en Algérie par les frontières de terre seront soumis au régime établi par le tableau D annexé à la présente loi.

Art. 7. — Les marchandises exportées de l'Algérie à destination de l'étranger seront soumises au même régime que si l'exportation avait lieu de France.

Tit. 3. — *Dispositions générales.*

Art. 8. — La nomenclature des tableaux A, B, C et D annexés à la présente loi pourra être modifiée par des décrets de l'Empereur. Ces décrets devront être convertis en projets de lois et soumis, dans le délai d'une année, à la sanction du Corps législatif.

Art. 9. — Les lois, ordonnances, décrets et règlements actuellement applicables en matière de douane dans la métropole seront également appliqués en Algérie, en tout ce qui n'est pas contraire aux dispositions de la présente loi.

Tableau A. — *Tarif spécial à certaines denrées.*

Sucres bruts de toute origine, 10 fr. les 100 kilog. — Sucres raffinés de toute origine, 15 fr. — Cafés, 12 fr. — Poivre et piment en grains ou moulus, 15 fr. — Clous de girofle, 50 fr. — Id. griffes, 12 fr. — Cannelle de toute espèce et cassia lignea, 15 fr. — Muscades en coques, 50 fr. — Sans coques, 75 fr. — Macis, 75 fr. — Vanille, 100 fr. — Tabacs en feuilles ou en côtes, 20 fr. — Id. fabriqués, 40 fr.

Tableau B. — *Marchandises étrangères admises en Algérie moyennant le payement du tiers des droits applicables dans la métropole.*

Fontes ; — Fers en barres et rails ; — Tôles ; — Fils de fer ; — Acier en barres, en bandes ou en tôle ; — Cuivre pur ou allié, laminé ; — Plomb laminé ; — Produits chimiques ; — Poterie fine, savoir : porcelaines, grès fin, faïence fine et les variétés de faïence stannifère ; — Verres autres que les verres à vitres et cristaux ; — Papiers ; — Machines et mécaniques de toute sorte à vapeur, ou autres, en appareils complets ou en pièces détachées, autres que les machines et mécaniques servant à l'agriculture (1) ; — Outils autres que les outils aratoires ; — Armes de commerce ; — Ouvrages en métaux de toute sorte, autres que ceux servant à l'agriculture.

Tableau C. — *Marchandises étrangères admises en Algérie moyennant le payement intégral des droits applicables dans la métropole.*

Morues de pêche étrangère ; — Tissus de toute sorte ; — Bâtiments de mer et embarcations de toute sorte ; — Zestes à azur ; — Boissons fermentées et distillées ; — Armes et munitions de guerre prohibées ; — Contrefaçons prohibées.

Tableau D. — *Importations par les frontières de terre.*

Produits naturels ou fabriqués originaires de la régence de Tunis, de l'empire du Maroc et du sud de l'Algérie, exempts ; — Id. de toute autre origine, même régime qu'à l'importation par mer.

D1. — 7-20 août 1867. — BG. 241. — *Ouverture des bureaux de Philippeville et de Bône à l'importation des tissus taxés ad valorem, et à l'acquittement des droits.*

Vu les traités de commerce conclus avec l'Angleterre, le 23 janv. 1860, et les conventions complémentaires des 12 oct. et 16 nov. de la même année ; — Avec la Belgique, le 1er mai 1861 ; — Avec la Prusse, le 2 août 1862 ; — Avec l'Italie, le 17 janv. 1863 ; — Avec la Suisse, le 30 juin 1864 ; — Avec les royaumes unis de Suède et de Norvège, le 14 fév. 1865 ; — avec les villes libres et anséatiques de Brême, Hambourg et Lubeck, le 4 mars 1865 ; — Avec le grand duché de Mecklembourg Schwerin, le 9 juin 1865 ; — Avec l'Espagne, le 18 juin 1865 ; — Avec les Pays-Bas, le 7 juill. 1865 ; — Avec l'Autriche, le 11 déc. 1866 ; — Vu l'ord. du 16 déc. 1843 et la loi du 11 janv. 1851 (I, 298 et s.); — Nos déc. du 9 sept. 1861, 8 janv., 15 fév., 23 nov. 1862, 15 avr., 16 juill. 1863 et 20 janv. 1864 (II, 80).

Art. 1. — Les bureaux de douanes de Philippeville et de Bône sont ouverts, comme ceux d'Alger et d'Oran, à l'importation et à l'acquittement des droits d'entrée des tissus taxés à la valeur et importés en Algérie sous les conditions des traités ci-dessus visés (abrogé par décr. du 14 juin ci-après).

Circ. G. — Juin 1869. — (Non publiée officiellement.) — *Oasis de Biskra déclarée pays franc. — Faculté d'entrepôt fictif aux frontières de terre affranchie de l'interdiction de réexportation.* — Décis. min. du 28 avril 1869.

M. le préfet, le gouvernement s'est toujours vivement préoccupé de rechercher les moyens les plus propres à rétablir les anciennes relations commerciales qui existaient autrefois entre l'Algérie et les pays barbares limitrophes, ainsi que de ramener sur nos marchés, qu'elles ont depuis longtemps délaissés, les caravanes qui font le trafic de l'Afrique centrale.

Sur le premier point, le but peut dès à présent être considéré comme assuré depuis la promulgation de la loi du 17 juill. 1867, sur le régime commercial, qui affranchit de tout droit à l'importation les produits originaires de la régence de Tunis et de l'empire du Maroc. — Tout porte à croire, en effet, qu'à la faveur de ces franchises, notre commerce saura se créer de nouveaux débouchés, étendre la sphère de ses opérations, et que les échanges entre l'Algérie et les deux pays dont il s'agit pourront prendre une grande extension, surtout lorsqu'ils seront sortis de l'état de crise dans lequel les ont plongés les fléaux qui ont sévi sur eux dans ces deux dernières années.

Quant au commerce des caravanes, si la question n'est pas encore définitivement tranchée, subordonnée qu'elle se trouve d'abord à une réorganisation du régime douanier actuel de la colonie, et ensuite à des circonstances qui échappent à l'action du législateur, on peut dire cependant qu'elle vient d'entrer dans une phase qui en activera la solution, grâce à de nouvelles facilités de transit que je viens d'obtenir.

---

(1) Sous la dénomination de machines servant pour l'agriculture, le tableau des droits comprend spécialement des appareils autres qu'à vapeur ; mais le texte et l'exposé

des motifs de la loi démontrent qu'on a entendu établir la franchise pour les machines agricoles de toute sorte. (Décision admin. du 27 déc. 1867.)

Sur mes instances, M. le ministre des finances vient en effet de décider à la date du 28 avril 1869 : — 1° Qu'à titre d'essai et comme mesure exceptionnelle, la faculté d'entrepôt fictif établie pour quelques localités des frontières de terre, par les décr. des 11 août 1853 et 8 janv. 1862, ne sera plus subordonnée à l'égard de certaines marchandises comme le sucre brut, le café, les épices et les poudres de traite à l'interdiction de réexportation ; — 2° Que l'oasis éloignée de Biskra sera laissée en dehors de la ligne des douanes et déclarée pays franc.

Ces deux mesures, bien qu'elles ne réalisent pas encore la liberté complète, qu'il y aurait peut-être avantage de voir assurer au trafic sur nos frontières de terre, n'en constituent pas moins une amélioration sensible sur le régime actuel et, à ce titre, on ne peut que les accueillir avec reconnaissance. — Ainsi dégrevés de l'impôt de consommation qui pesait sur eux, les produits auxquels ces mesures s'appliquent viendront s'offrir sur nos marchés aux nomades de l'intérieur et à des prix beaucoup plus modérés que dans les entrepôts du Maroc et de la Tunisie, en raison de la sécurité et des facilités de transport que présentent nos routes, précieux avantages qui n'existent pas dans ces deux contrées.

Il est permis d'espérer que ces nouvelles conditions économiques contribueront à ramener dans le Tell algérien les caravanes qui, actuellement, vont exclusivement s'approvisionner chez nos voisins de l'Est et de l'Ouest, et à rétablir ainsi sur ces anciennes voies le vaste courant d'échanges qui se dirigeait autrefois de la colonie vers les régions du Soudan.

Mais il ne faut pas se le dissimuler, ces résultats ne sauraient se produire immédiatement, et, avant d'y arriver, nous aurons encore bien des obstacles à surmonter. Il nous faudra tout d'abord triompher de la défiance et de l'éloignement qu'éprouvent les populations musulmanes pour nos pratiques et nos formalités, par cela seul qu'elles n'en connaissent ni le but, ni la portée libérale. — Je sais tout ce que l'autorité militaire a déjà fait pour combattre ces préjugés, et je suis persuadé qu'elle ne négligera

rien pour répandre parmi les indigènes du Sud la connaissance exacte des nouveaux avantages offerts au commerce de ces contrées.

Je compte sur le service de la douane qui saura, j'en suis persuadé, adapter ses procédés aux exigences du caractère arabe et apporter dans l'exercice de ses fonctions les formes les plus simples et les plus expéditives. — Je compte aussi et avant tout sur l'initiative intelligente de nos négociants européens ou israélites qui, avec de la persévérance, cette vertu essentiellement commerciale, et de la bonne foi, parviendront nécessairement à dissiper toutes les méfiances et à vaincre toutes les résistances.

J'ai l'honneur de vous prier, M. le préfet, de vouloir bien communiquer la présente circulaire à la chambre de commerce d'Alger et de me faire connaître ensuite les mesures que vous aurez cru devoir prendre et celles qu'il vous paraîtrait nécessaire d'adopter, pour obtenir une application féconde des nouvelles franchises consenties par M. le ministre des finances.

M[st] DE MAC-MAHON, DUC DE MAGENTA.

D1. — 15 janv.-4 mars 1870. — BG. 322. — *Régime douanier sur les frontières du Sud.— Bureaux ouverts au transit.*

Vu l'ord. du 16 déc. 1855, la loi du 11 janv. 1851 et la loi du 17 juill. 1867, relatives au régime des douanes en Algérie (I, 298 et s.); — Notre décr. du 11 août 1855, portant création des bureaux de Soukarras, Guelma, Tebessa, Aïn-Beïda, Biskra, Lalla-Maghrnia, Tlemcen et Nedroma (I, 301); — Notre décr. du 8 janv. 1862 (non publié en Algérie), ouvrant au transit les bureaux de Boucada, Laghouat et Géryville (1); — Considérant, d'une part, que la nécessité d'interdire la réexpédition des marchandises admises en entrepôt fictif n'existe plus pour celles de ces marchandises ne payant pas plus de 20 fr. les 100 kilos; — Et, d'autre part, qu'il y aurait avantage à rendre complètement libre le commerce de ces mêmes marchandises dans l'oasis de Biskra.

Art. 1. — Les bureaux de douanes de Nemours, Lalla-Maghrnia, Tlemcen, Tebessa, Soukarras et

---

(1) V. également le décr. du 23 juin 1860 (I, 304), qui ouvre la frontière du sud à l'importation en franchise de droits de douane des produits naturels et fabriqués originaires du Sahara et du Soudan. Ce décret avait été précédé d'un rapport à l'Empereur, par le ministre de l'Algérie, contenant l'exposé des motifs suivant (non inséré dans sa date) :

Sire, — Avant la conquête de l'Algérie par la France, les caravanes qui apportaient les produits du Sahara et du Soudan sur les marchés du nord de l'Afrique se dirigeaient, selon leurs besoins ou leurs sympathies, vers Alger, Tunis ou le Maroc. — Sans doute, lorsque nous avions à combattre les Arabes pour étendre et faire accepter notre domination, lorsque le pays ne pouvait présenter la sécurité indispensable au commerce, lorsque enfin nous avions devant nous des populations qui ne comprenaient ni nos desseins, ni les avantages de notre civilisation, le courant commercial qui existait jadis entre le centre de l'Afrique et les contrées que nous occupions dut s'en détourner et s'écouler vers la Tunisie, Tripoli ou le royaume de Fez.

Mais aujourd'hui que la paix est rétablie, que les routes les plus sûres sont celles qui traversent le territoire soumis à notre autorité, enfin que la renommée de nos armes et des bienfaits de notre puissance a pénétré au delà du désert, rien ne s'opposerait à ce que les caravanes chargées des productions du Soudan vinssent comme autrefois enrichir les marchés algériens et leur demander en échange, tout ce que notre industrie saurait leur offrir, si la législation douanière de 1855 n'y avait opposé un obstacle infranchissable en frappant d'une prohibi-

tion absolue tout ce qu'elles pourraient nous apporter. C'est cette barrière, Sire, que je viens demander à V. M. de vouloir bien détruire. — Le moment est arrivé de nouer des relations commerciales avec ces contrées, dont quelques-uns de nos intrépides voyageurs ont plus d'une fois cherché à pénétrer le mystère. Déjà des chefs de Touareg sont venus jusqu'à Alger, où ils ont pu se faire une idée de notre civilisation; ils ont compris de quelle protection, de quelle justice le commerce était entouré; ils ont exprimé hautement leur admiration pour l'abondance et la variété des marchandises que nos magasins étalaient à leurs yeux; enfin ces Touareg, dont l'industrie consiste surtout à servir d'intermédiaires entre les négociants du nord de l'Afrique et les producteurs du Soudan, à transporter les objets d'échange, se sont montrés tout disposés à ramener vers l'Algérie une partie de leurs caravanes.

Pour seconder un mouvement qui ne peut être que profitable à tous nos intérêts, la première chose à faire, Sire, c'est d'autoriser sur la frontière du sud de l'Algérie la libre introduction en franchise de toutes les productions du Soudan et du Sahara. — Mes collègues des départements des finances et du commerce ont pensé avec moi que rien ne s'opposait à ce qu'il en fût ainsi, et ils ont donné leur entière adhésion à un projet de décret qui, tout en maintenant les dispositions de la législation antérieure quant à l'introduction sous certains droits des produits arrivant par la frontière de l'Est et de l'Ouest, et destinés à rencontrer des similaires en Algérie, lève toutes les prohibitions qui frappent les produits du centre de l'Afrique et les affranchit de toute taxe.

La Calle sont ouverts au transit des marchandises ne payant pas plus de 20 fr. les 100 kilos. — La réexportation des marchandises placées en entrepôt fictif, conformément à l'art. 9 du décr. du 11 août 1855 susvisé, et ne payant pas plus de 20 fr. les 100 kilos, pourra avoir lieu par les bureaux précités ainsi que par ceux de Géryville, Laghouat et Bouçaada.

Art. 2. — L'oasis de Biskra, jusqu'à l'étendue d'un rayon de 50 kilom. en arrière de la place, est, pour ces mêmes marchandises, déclarée pays franc. L'exportation pour Biskra et le pays franc sera contrôlée au poste d'El Kantara, mais elle ne sera réputée complète qu'après l'arrivée et la vérification de la marchandise à Biskra même.

Art. 5. — Les dispositions contraires au présent décret sont abrogées.

D. — (*Tours*). — 27 nov. 1870. — *Et divers autres décrets* (V. *Exportation.*) — *Prohibition de sortie et exportation des denrées alimentaires, ou suspension de l'importation de bestiaux, à raison soit de la guerre, soit de la peste bovine.*

LOI. - 8-22 juill. 1871. — BG. 569. — *Augmentation de droits* (1).

Art. 1. — Les droits sur les sucres de toute origine sont augmentés de 5 dixièmes.

Art. 2. — Les sucres extraits, par les procédés barytiques, des mélasses dites *épuisées*, sont assujettis à un droit de 15 fr. les 100 kil., dixièmes compris.

Art. 5. — Les mélasses non destinées à la distillation, ayant 50 p. 100 au moins de richesse saccharine, acquitteront un droit de 18 fr. 60 c. les 100 k.

Art. 4. — Les glucoses à l'état de sirop et à l'état concret acquitteront un droit de 10 fr. les 100 k., dixièmes compris.

Art. 5. — Cafés en fèves : des pays hors d'Europe, y compris les possessions françaises, 150 fr. les 100 k.; d'ailleurs, 170 fr. les 100 k. — Café torréfié ou moulu, 200 fr. les 100 k.

Art. 6. — Chicorée brûlée ou moulue, 55 fr. les 100 k.

Art. 7. — Thé : des pays hors d'Europe, 200 fr. les 100 k.; d'ailleurs, 260 fr. les 100 k.

Art. 8. — Cacaos en fèves : des pays hors d'Europe, y compris les possessions françaises, 100 fr. les 100 k.; d'ailleurs 120 fr. les 100 k.

Art. 9. — Chocolat et cacao broyé, 160 fr. les 100 kil.

Art. 10. — Poivre, piment, girofle et cannelle, cassia lignea, muscades en coques : des pays d'Europe, y compris les possessions françaises, 200 fr. les 100 k.; d'ailleurs, 240 fr. les 100 k.

Art. 11. — Muscades sans coques et macis : des pays hors d'Europe, y compris les possessions françaises, 800 fr. les 100 kil.; d'ailleurs, 850 fr. les 100 k.

Art. 12. — Vanille de toute origine, 4 fr. le k.

Art. 15. — Vins autres que de liqueur, 5 fr. l'hect.; vins de liqueur, 20 fr. l'hect.

Art. 14. — Alcools : eau-de-vie en bouteilles, 50 fr. l'hect. de liquide; en fûts, 50 fr. l'hect. d'alcool pur. — Alcools autres, 50 fr. l'hect. d'alcool pur.

Art. 15. — Liqueurs, 55 fr. l'hect. de liquide.

Art. 16. — Tabacs et cigarettes dont l'importation est autorisée pour le compte des particuliers, 56 fr. par k.

Art. 17. — Huile de pétrole et huile de schiste venant de l'étranger : à l'état brut, des pays hors d'Europe, 20 fr. les 100 k.; d'ailleurs, 35 fr. les 100 k. — Épurées : des pays hors d'Europe, 52 fr. les 100 k.; d'ailleurs, 57 fr. les 100 k. — Essence de pétrole : des pays hors d'Europe, 40 fr. les 100 k.; d'ailleurs, 45 fr. les 100 k.

LOI. — 22 janv. 1872. — *Etablissement d'un droit pour frais de la statistique commerciale* (2).

Art. 5. — Il est établi, pour subvenir aux frais de la statistique commerciale, un droit spécial de 10 centimes par colis sur les marchandises en futailles, caisses, sacs ou autres emballages, de 10 centimes par 1,000 kilogr. sur les marchandises en vrac, et de 10 centimes par mètre cube sur les marchandises en vrac, et de 10 centimes par tête sur les animaux, vivants ou abattus, des espèces chevaline, ovine, bovine, caprine et porcine. Ce droit, indépendant de toute autre taxe, mais affranchi des dixièmes additionnels, sera perçu tant à l'entrée qu'à la sortie, quelle que soit la provenance ou la destination.

LOI. — 30 janv. 1872. — *Sur la marine marchande.* — *Surtaxe de pavillon.*

Art. 1. — Les marchandises importées par navires étrangers, autres que celles provenant des colonies françaises, seront passibles de surtaxes de pavillon fixées par 100 kilogr. comme ci-après.

Des pays d'Europe du bassin de la Méditerranée, 75 centimes;

Des pays hors d'Europe, en deçà des caps Horn et de Bonne-Espérance, 1 fr. 50;

Des pays au delà des caps, 2 fr.

Art. 5. — Les marchandises des pays hors d'Europe seront passibles, à leur importation des entrepôts d'Europe, d'une surtaxe de 5 fr. par 100 kilogr.

Cette disposition n'est pas applicable aux marchandises que les lois actuellement en vigueur assujettissent à des surcharges plus élevées.

Art. 4. — Les dispositions des articles 1 et 5 sont applicables aux relations de l'Algérie avec la France et l'Etranger.

TABLEAU INDICATIF des puissances dont les navires jouissent de l'exemption des surtaxes de pavillon (5).

1° *Dans la navigation, soit directe, soit indirecte.* — Produits de toute origine importés d'un pays quelconque. — Autriche, Belgique, Italie, Pays-Bas, Portugal, Suède et Norwège, Zollverein.

2° *Dans l'intercourse directe seulement.* — Produits de toute origine importés directement du pays auquel le navire appartient. — Angleterre (4), Chili, Danemark, Espagne (5), Etats-Unis, Russie. — Produits de toute origine importés directement du pays auquel le navire appartient. — Brésil, Costa-Ricca, Empire ottoman,

---

(1) Cette loi n'est applicable en Algérie qu'aux boissons fermentées qui, dans les colonies, sont soumises au droit intégral qu'elles ont à payer en France (tableau C de la loi du 17 juill. 1867).

Les marchandises comprises aux tableaux B et C suivent le tarif de la métropole; celles comprises au tableau A sont au tarif spécial, les autres sont exemptes de droits.

(2) Ce droit, inapplicable encore en Algérie, est perçu en France sur les importations et exportations de la colonie comme à l'égard des marchandises étant pour l'étranger ou en arrivant.

(3) Sont en outre exempts de la surtaxe de pavillon, quelle que soit la nationalité du navire importateur : — Le Guano; — Le Borax brut ou mi-raffiné, originaire et directement importé du Pérou; — Les produits des colonies ou possessions françaises, l'Algérie comprise, importés directement.

(4) Les importations des possessions britanniques en Europe sont assimilées, sous le rapport de la surtaxe de pavillon, aux importations du Royaume-Uni.

(5) Celles des îles Baléares et des Canaries sont assimilées, sous le même rapport, aux importations de l'Espagne continentale.

Équateur, Guatemala, Honduras, îles Sandwich, Mexique, Nicaragua, Nouvelle-Grenade, Pérou, République dominicaine, Uruguay, Vénézuela.

DP. — 14 juin-2 juil. 1872. — BG. 423. — *Abrogation du décr. du 7 août 1867, qui a ouvert les bureaux de douane de Bône et de Philippeville à l'importation et à l'acquittement des droits d'entrée des tissus taxés à la valeur.*

§ 2. — Organisation du service. (I, 304.)

Renvois. — V. *Table alphabétique.*

Drainage. V. Table alphabétique.

Droits municipaux. V. Table alphabétique.

E

Eau. V. Table alphabétique.

Échelles du levant. V. *ibidem.*

Écoles. V. *ibidem.*

Effets de commerce.

Loi. — 13 août-20 sept. 1870. — BG. 559. — *Prorogation d'échéance des effets de commerce. — Un mois.*

Art. 1. — Les délais dans lesquels doivent être faits les protêts et tous actes conservant les recours, pour toute valeur négociable souscrite avant la promulgation de la présente loi, sont prorogés d'un mois. — Le remboursement ne pourra être demandé aux endosseurs et aux autres obligés pendant le même délai. — Les intérêts seront dus depuis l'échéance jusqu'au paiement.

Art. 2. — Aucune poursuite ne pourra être exercée, pendant la durée de la guerre, contre les citoyens appelés au service militaire, en vertu de l'art. 2 de la loi du 11 août 1870, et les gardes mobiles présents sous les drapeaux.

D. — (*Paris.*) — 10-20 sept. 1870. — BG. 559. — *Même prorogation du 14 sept. au 14 oct.*

Art. 1. — La prorogation de délais accordée par la loi du 13 août dernier, relative aux effets de commerce, est augmentée de 30 jours, à compter du 14 sept. courant. — Cette disposition est applicable aux valeurs souscrites postérieurement à la loi du 13 août 1870 (1.)

Art. 2. — Toutes les autres dispositions de la loi du 13 août sont maintenues.

Art. 3. — Le présent décret est applicable à l'Algérie.

D. — (*Tours.*) — 3 oct. 1870. — (Publié au *Moniteur de l'Algérie.*) — *Même objet.*

Les prorogations de délai accordées par l'art. 1er de la loi du 13 août 1870, et par le décr. du 10 sept. 1870 ne seront pas applicables aux effets de commerce qui seront créés postérieurement au 14 oct. courant.

Ad. Crémieux, Al. Glais-Bizoin,
L. Fourichon.

(1) Ce deuxième § est omis dans l'insertion au *Bulletin officiel.*

D. — (*Tours.*) — 3 oct. 1870. — *Mode de publication du décret qui précède.*

Vu le décr. du 3 oct. 1870 relatif à la prorogation des effets de commerce ; — Les ordon. des 27 nov. 1816 et 18 janv. 1817, concernant la publication des lois,

Art. 1. — La publication du décr. du 3 oct. 1870 susvisé et relatif à la prorogation des effets de commerce, sera faite conformément aux ord. des 27 nov. 1816 et 18 janv. 1817.

Ad. Crémieux, Al. Glais-Bizoin,
L. Fourichon.

D. — (*Paris.*) — 11-31 oct. 1870. — BG. 542. — *Nouvelle prorogation.*

Art. 1. — La prorogation de délai accordée par la loi du 13 août et le décr. du 10 sept. 1870, relatifs aux effets de commerce, est augmentée d'un mois à compter du 14 oct. courant. Cette disposition est applicable même aux valeurs souscrites postérieurement à la loi et au décret susvisés.

Art. 2. — Toutes les autres dispositions de la loi du 13 août 1870 sont maintenues.

Art. 3. — Le présent décret est applicable à l'Algérie.

D. — 16 oct. 1870. — (Non publié.) — *Mentionné dans le décret suivant.*

D. — (*Tours.*) 3 nov.-5 déc. 1870. — BG. 546. — *Nouvelle prorogation.*

Art. 1. — Les effets de commerce qui ont donné lieu à la loi du 13 août, et aux décr. du 10 sept., du 11 et du 16 oct. 1870, seront désormais, comme tous effets de commerce qui seront souscrits à l'avenir, soumis aux protêt, dénonciation et poursuites dans les délais déterminés par le Code de Com.

Art. 2. — Pour bien fixer les époques où les paiements des effets souscrits jusqu'au 15 oct. dernier pourront être exigés, et pour interpréter au besoin la loi et les décrets sus-énoncés, il est décrété que tous les effets, quelle que soit l'époque de leur création, depuis le 13 août, ne seront exigibles qu'après 3 mois, soit 90 jours, à compter du jour de leur échéance.

Art. 3. — Exceptionnellement et par dérogation aux dispositions du Code de Com., le protêt à défaut de paiement aux jours indiqués par l'art. 2, pour l'exigibilité, pourra être fait pendant cinq jours, à compter du jour de l'exigibilité ; les délais de dénonciation de protêt et d'assignation ne courront qu'à compter de ce cinquième jour, même si le protêt a lieu avant le cinquième jour.

Art. 4. — Pour tous les effets échus ou à échoir jusqu'au 30 nov. prochain, les protêts, dénonciations, actes d'assignation et jugements de condamnation, seront enregistrés gratis.

Art. 5. — Jusqu'à la fin de la guerre, et pendant le mois qui en suivra la cessation, l'art. 1244 du Code civil, § 2, pourra être appliqué par les tribunaux de commerce, quand le débiteur réclamera un délai à l'audience, le jugement étant alors contradictoirement rendu. Si le débiteur s'est laissé condamner par défaut, il ne pourra réclamer aucun délai sur l'opposition.

Art. 6. — Les dispositions ci-dessus ne sont pas applicables aux départements envahis, même en partie. Dans ces départements, les échéances sont prorogées de droit ; tous les actes de protêt, de dénonciation, de poursuite quelconque, sont interdits. La loi commerciale n'y reprendra son cours qu'un mois après la cessation de la guerre ou l'abandon par l'ennemi du territoire occupé.

Ad. Crémieux, L. Gambetta, Al. Glais-Bizoin,
L. Fourichon.

D. — (*Paris*) — 10 nov. 1870 — (*Recueil Dalloz*

1870, 4-102). — *Prorogation d'un mois à partir du 14 novembre. — Interprétation des décrets précédents, relativement aux dates de souscription des billets.*

D. — (*Tours*) — 14-26 nov. 1870. — BG. 344 — *Nouvelle prorogation d'un mois.*

Considérant que les effets de commerce souscrits avant la guerre, à la différence des effets souscrits après la guerre déclarée, l'ont été dans l'ignorance d'un événement inattendu qui a jeté tout à coup la perturbation dans le commerce et rendu, sinon impossibles, du moins très-difficiles les moyens de libération.

Art. 1er. — Jusqu'au 15 décembre prochain aucun protêt ne pourra être fait, aucune poursuite exercée pour les effets de commerce souscrits avant le 15 août dernier.

Art. 2. — Tous les effets de commerce souscrits postérieurement au 15 août dernier demeureront soumis au décr. du 5 nov., dont toutes les dispositions non contraires à l'art. 1er sont maintenues.

AD. CRÉMIEUX, L. GAMBETTA, AL. GLAIS-BIZOIN, FOURICHON.

D. — (*Tours*) — 9 déc. 1870 (inséré au *Moniteur de l'Algérie*).

Considérant que les mêmes circonstances réclament du gouvernement les mêmes décisions qui ont été prises le 14 nov. dernier.

Le délai accordé par le décr. du 14 nov. dernier, pour le paiement des effets de commerce, est prorogé jusqu'au 15 janv. 1871, le surplus des dispositions dudit décret demeurant maintenu.

AD. CRÉMIEUX, GLAIS-BIZOIN, L. GAMBETTA, L. FOURICHON.

D. — (*Paris*) — 12 déc. 1870 (*Recueil Dalloz*, 1870, 4-128). — *Prorogation d'un mois à partir du 14 décembre.*

D. — (*Bordeaux*) — 8 janv. 1871 (inséré au *Moniteur de l'Algérie*).

Considérant que les lois et décr. des 13 août, 10 sept., 11 et 16 oct., 5 et 14 nov. et 9 déc. 1870, ayant successivement prorogé l'échéance des effets de commerce, il importe de faire cesser toute incertitude sur l'interprétation des dispositions susvisées, et de préciser celles de ces dispositions qui sont applicables aux diverses catégories d'effets, suivant l'époque de leur création.

Art. 1. — L'échéance des effets de commerce souscrits antérieurement au 15 août 1870 demeure prorogée de cinq mois. — Celle des effets souscrits depuis le 15 août jusqu'au 14 oct. 1870 inclusivement demeure prorogée de trois mois. Néanmoins, si parmi les derniers effets, il en est dont les échéances prorogées de trois mois sont antérieures au 15 janv. courant, ces échéances sont prorogées jusqu'au 15 janv. — Les effets souscrits depuis le 14 oct. restent soumis aux dispositions du Code de Com.

Art. 2. — Les prorogations spécifiées aux §§ 1 et 2 de l'art. précédent sont calculées de date à date.

Art. 3. — Jusqu'au 15 avril prochain, le délai du protêt fixé à 24 heures par l'art. 162 Code de Com. est porté à dix jours à partir du jour de l'échéance, ainsi qu'elle est déterminée par l'art. 1er du présent décret.

Art. 4. — Jusqu'à la fin de la guerre, il ne pourra à la suite du protêt, être exercé aucune poursuite contre les souscripteurs, accepteurs et endosseurs des effets de commerce créés antérieurement au 15 août 1870.

Art. 5. — Toutes poursuites sont également suspendues jusqu'à la fin de la guerre contre les souscripteurs, accepteurs et endosseurs des

effets de commerce qui sont ou seront sous les drapeaux, quelle que soit d'ailleurs l'époque à laquelle ces effets auront été créés.

Art. 6. — Les dispositions de l'art. 6 du décr. du 5 nov. 1870, relatives aux départements envahis, même en partie, sont maintenues.

Art. 7. — Toutes autres dispositions contraires au présent décret sont et demeurent abrogées.

AD. CRÉMIEUX, L. GAMBETTA, GLAIS-BIZOIN, L. FOURICHON.

D. — (*Paris*) — 12 janv. 1871 (*Recueil Dalloz* 1871, 4-2). — *Nouvelle prorogation d'un mois à partir du 14 janvier.*

D. — (*Paris*) — 27 janv. 1871 (Ibidem) — *Le délai accordé par le décret qui précède est étendu aux effets souscrits postérieurement à la loi du 15 août et aux divers décrets de prorogation qui l'ont suivie jusques et y compris le 15 février prochain.*

D. (*Paris.*) — 9-19 févr. 1871. — BG. 358. — *Nouvelle prorogation d'un mois.*

Vu la loi du 13 août 1870 et les décr. des 10 sept., 11 oct., 11 nov., 12 déc. 1870, 12 et 27 janv. 1871, relatifs aux effets de commerce ; — Considérant qu'il est désirable de revenir, dans le plus bref délai possible, à la stricte exécution des engagements, qui est la loi fondamentale du commerce ; — Qu'il y a lieu d'espérer que le délai d'un mois est suffisant pour permettre le libre rétablissement des relations commerciales ; — Qu'il est donc juste de proroger encore d'un mois les délais impartis par les lois et décrets susvisés, sauf à édicter plus tard les dispositions nécessaires pour concilier les prescriptions de la loi commerciale avec les difficultés que présente la liquidation de la situation anormale créée par les événements ;

Art. 1. — Les délais dans lesquels doivent être faits les protêts et tous actes concernant les recours, aux termes de la loi et des décrets sus-visés, sont prorogés d'un mois, à partir du 15 février, présent mois.

Art. 2. — Les intérêts continueront à courir du jour de l'échéance.

Art. 3. — Il n'est point dérogé aux autres dispositions de la loi du 15 août 1870.

Art. 4. — Le présent décret est applicable à l'Algérie.

Art. 5. — Toutes dispositions contraires aux présentes, contenues dans d'autres décrets, sont et demeurent annulées.

LOI. — 10 mars 1871. — (*Recueil Dalloz*, 1871, 4-30). — *Prorogation de 7 mois, date pour date, de tous les effets échus du 13 août au 12 nov. 1870. — Ceux échus du 13 nov. 1870 au 12 avril 1871 seront exigibles date pour date du 13 juin au 12 juill. — Actes conservatoires de procédure.*

LOI. — 24 mars 1871. — (Ibidem, 4-31). — *Prorogation d'un mois pour les effets jouissant du bénéfice de la loi du 10 mars et échéant du 13 au 24 mars et du 25 mars au 21 avril.*

LOI. — 26 avril 1871. — (Ibidem, 4-52). — *Prorogation spéciale des effets de commerce, quelle que soit la date de leur souscription, payables dans le département de la Seine, échus ou à échoir depuis le 18 mars 1871, jusqu'au dixième jour qui suivra le rétablissement du service de la poste entre Paris et les autres départements. — délais que tous les tribunaux de commerce auront la faculté d'accorder aux souscripteurs et endosseurs résidant dans le département de la Seine.*

LOI. — 4 juill. 1871.— (Ibidem, 4-59.) — *Dernière prorogation spéciale pour le département de la Seine.*

RENVOIS.— V. *Table alphabétique.*

Effets militaires (achat d'). V. TABLE ALPHABÉTIQUE.

Élections.

A partir de 1848 les Français habitant l'Algérie avaient été, en diverses circonstances, appelés à exercer le droit de vote, soit pour désigner les trois représentants que la loi électorale du 15 mars 1849 les autorisait à envoyer à l'Assemblée nationale, soit pour l'élection du président de la République et les plébiscites de 1851 et 1852.

De plus, un arrêté du général Cavaignac, alors chef du pouvoir exécutif, en date du 16 août 1849, avait accordé la nomination des conseillers municipaux par la voie du suffrage restreint; mais dès l'année 1850 tous les conseils étaient successivement suspendus d'abord, dissous ensuite et remplacés par des commissions municipales. L'arrêté du 16 août fut lui-même abrogé par un décret du 8 juill. 1854 qui remettait en vigueur, à cet égard, l'ordonnance du 28 sept. 1847, réglant l'organisation communale. Les conseillers municipaux continuèrent donc à être nommés par le gouverneur général, les maires et adjoints par le chef de l'État.

Le régime électif n'a été rétabli que par le décr. du 27 déc. 1866 pour les conseils municipaux, et institué par décr. des 11 juin et 28 déc.

1870 pour les conseils généraux, sur la base du suffrage universel. L'Algérie a en outre été admise à exercer ses droits politiques à l'occasion du plébiscite de 1870 et de l'élection de six députés à l'Assemblée nationale de 1871.

A ces diverses époques, un grand nombre de décrets, arrêtés et circulaires ont déterminé les règles à suivre pour la formation des listes électorales et pour les opérations de scrutin. Les réclamations qui se sont élevées ont été également l'objet de nombreuses décisions judiciaires. Bien que la dernière législation rende en partie inutile celle qui l'avait précédée et qui se trouve désormais abrogée, tous ces documents, à partir de 1867, ont été réunis en un seul article qui forme en quelque sorte le code électoral actuel de l'Algérie et permet de suivre et comparer la transformation rapide et progressive qui s'est opérée dans le régime électif de la colonie.

DIVISION.

§ 1. — Élections politiques.
    1° Plébiscite 1870.
    2° Assemblée nationale 1871.
§ 2. — Élections municipales.
    1° Mai 1867.
    2° Id. 1869.
    3° Novembre 1871.
§ 3. — Élections départementales.
    1° Juillet 1870.
    2° Novembre 1871.

§1. — ÉLECTIONS POLITIQUES (1).

1° — *Plébiscite 1870.*

DI. — 23-27 avr. 1870. — BG.325. — *Convo-*

---

(1) JURISPRUDENCE. — Presque toutes les questions soumises par voie d'appel à l'appréciation de la justice avaient pour objet l'exclusion de certaines classes ou catégories de citoyens ou la création d'incapacités électorales. — Pour plus de facilités dans les recherches, les décisions intervenues ont été classées ci-après, dans l'ordre de matières, sous les paragraphes suivants : — *Fonctionnaires publics; résidence;* — *officiers sans troupe et fonctionnaires militaires à résidence fixe;* — *gendarmes et douaniers;* — *incapacités diverses;* — *compétence des juges de paix en cas de réclamation tardive.*

§ 1. — *Fonctionnaires publics.* — *Résidence.*

1° Une décision de la commission municipale d'Alger, en date du 5 mai 1870, avait refusé d'inscrire sur les listes électorales, comme ne justifiant pas de leur domicile annal conformément aux dispositions des décr. des 23 avr. 1870 et 27 déc. 1866, ainsi que de la circulaire du gouverneur général en date du 14 déc. 1867 (V. *Élections*, § 2, — 1°), divers fonctionnaires ou employés, tels que : préfet d'Alger, magistrats de la cour et du tribunal, inspecteur d'académie, professeurs et maîtres du lycée, sous-inspecteurs et employés des lignes télégraphiques, contrôleurs des contributions diverses, commis des douanes, commis-greffier de justice de paix, employés auxiliaires des bâtiments civils et du service des mines, facteur à la poste. Cette décision a été infirmée et annulée par le jugement suivant :

7 mai 1870. — Lemyre de Villers et autres. — Vote du plébiscite de 1870. — Attendu que l'art. 5 de la loi du 31 mai 1850 dispose que les fonctionnaires publics seront inscrits sur la liste de la commune où ils exercent leurs fonctions, quelle que soit la durée de leur domicile dans la commune; — Attendu qu'il a été jugé par de nombreux arrêts de la cour de cassation, notamment par arrêt du 21 avr. 1869, que l'art. 5 de la loi du 31 mai 1850, favorable au principe de l'universalité du suffrage électoral, n'a pas été abrogé par les décr. du 2 déc. 1851 et du 2 fév. 1852, lesdits décrets ayant eu précisément

pour but le complet rétablissement du suffrage universel;
Attendu qu'il n'apparaît pas des décr. du 27 déc. 1866 et du 23 avr. dernier, ni des arrêtés de S. E. M. le Gouverneur général, du 13 mars 1867 et du 23 avr. dernier, qu'il ait été dérogé par lesdits décrets et arrêtés au principe écrit dans l'art. 5 de la loi du 31 mai 1850;
Qu'en effet, l'art. 11 du décr. du 27 déc. 1866, sur l'organisation municipale en Algérie, dispose que le tit. 17 du décr. organique du 2 fév. 1852 est applicable aux électeurs communaux de l'Algérie; qu'il suit de cette disposition que le décret organique sur les élections doit être appliqué à l'Algérie dans les mêmes conditions qu'il est applicable en France, c'est-à-dire avec le privilège exceptionnel que l'art. 5 de la loi du 31 mai 1850 a consacré en faveur des fonctionnaires publics; — Attendu que cette doctrine a été consacrée, notamment par un arrêt de la cour de cassation du 17 août 1867 ; — Qu'il est donc de principe que les fonctionnaires publics transportent leur capacité électorale partout où ils exercent leurs fonctions, quelle que soit la durée de leur résidence;
Attendu qu'on opposerait vainement aux réclamants une circulaire de S. E. M. le Gouverneur général, en date du 14 déc. 1867; qu'en effet, il résulte des termes et de l'esprit de cette circulaire, que l'interprétation qu'elle donne au décr. du 27 déc. 1866 est spéciale aux élections municipales et qu'il y aurait lieu de décider autrement s'il s'agissait d'élections politiques; qu'il faut rapprocher cette circulaire de celles en date du 23 avr. dernier, dans lesquelles il est dit que la loi doit être interprétée dans le sens le plus large et le plus favorable à l'exercice du droit de vote, et que les électeurs ayant acquis, même depuis le 31 mars dernier, le domicile légal dans la commune, seront admis à voter;
Attendu qu'en ce qui concerne les fonctionnaires publics, leur domicile légal étant au lieu où ils exercent leurs fonctions indépendamment de la durée de la résidence, il en résulte que les circulaires du 14 déc. 1867 et du 23 avr. dernier, rapprochées l'une de l'autre et sainement interprétées, n'ont pas pour effet de priver les

fonctionnaires publics d'un droit qu'ils tiennent de la loi.

Attendu qu'il appert des considérations qui précèdent que c'est mal à propos que la Commission municipale d'Alger a, par décision du 5 mai courant, refusé d'inscrire les appelants sur les listes électorales dressées à l'occasion du vote sur le plébiscite du 8 mai courant;

Par ces motifs : le tribunal reçoit les sieurs Lemyre de Villers et autres, appelants; infirme et annule ladite décision; en conséquence, dit et ordonne que les susnommés seront admis à voter sur le plébiscite du 8 mai. — (*Justice de paix*, canton nord d'Alger. — A. de Sulauze, juge de paix.)

2° — 6 juillet 1871. — Geoffroy, agent de police. — Élection à l'Assemblée nationale. — Attendu qu'il est de principe admis par la doctrine et la jurisprudence, que les fonctionnaires publics doivent être inscrits sur la liste de la commune où ils exercent leurs fonctions, quelle que soit la durée de leur résidence dans cette commune, que le sieur .... exerce les fonctions d'agent de police à Alger, et à ce titre doit être inscrit sur la liste électorale de cette commune. — Annule la décision de la commission municipale, etc. — (*Même tribunal.*)

3° — 7 nov. 1871. — Paul Finatea, chef cantonnier. — Élections municipales et départementales. — Attendu qu'il est conforme au principe du suffrage universel d'interpréter dans le sens le plus large 'et le plus favorable au droit du vote les lois, décrets et arrêtés qui régissent la matière. — Attendu que l'art. 5 de la loi du 31 mai 1850 dispose que les fonctionnaires publics seront inscrits sur la liste de la commune où ils exercent leurs fonctions, quelle que soit la durée de leur résidence dans cette commune.

Attendu qu'il a été jugé par de nombreux arrêts de la Cour de cassation que l'art. 5 de la loi du 31 mai 1850 n'a pas été abrogé par les lois, décrets et arrêtés qui sont intervenus postérieurement, que ledit principe consacré en l'article susénoncé est général, et qu'il n'y a pas lieu de distinguer entre les élections municipales, départementales et autres : — qu'en effet il ne résulte d'aucun texte qu'il ait été dérogé à ce principe en ce qui concerne les élections municipales. — Par ces motifs, le tribunal annule la décision rendue le 1er nov. courant par la commission municipale d'El-Biar en matière électorale qui a rejeté la demande d'inscription du sieur Paul Finatea chef cantonnier de la commune d'El-Biar. — Dit en conséquence que ledit sieur Paul Finatea sera inscrit sur les listes électorales de ladite commune pour prendre part aux élections municipales et départementales du 12 novembre courant. — (*Même tribunal.*)

4° — 10 nov. 1871. — Vice-amiral comte de Gueydon, gouverneur général civil et autres. — La décision de la commission municipale concernant le refus d'inscription de ces fonctionnaires était ainsi motivée : — Considérant qu'aux termes de l'art. 10 du déc. de 1866, le domicile d'un an était déjà une des conditions exigées pour être admis à prendre part aux élections municipales. — Considérant que la loi du 14 avril 1871 dispose, art. 4. (V. *Communes*, § 1) ; — Considérant que ces dernières expressions : une année au moins de domicile réel, par leur contraste avec celles dont la loi s'était jusqu'alors servi, indiquent suffisamment l'intention que le législateur a eue, d'introduire une innovation. C'est en effet ce qui résulte de la discussion à l'Assemblée nationale; qu'il apparaît des discours de divers orateurs, qu'il s'agissait d'appliquer à l'électeur communal dans le lieu qu'il habite, un statut électoral différent de celui qui doit être appliqué au droit politique de citoyen français; qu'on a voulu régler le suffrage universel communal, de manière à le différencier du suffrage universel politique; que la nouvelle loi s'est proposé d'apporter une restriction à l'exercice du droit électoral municipal; que la commission n'a point à en examiner la valeur politique; que sa mission se borne à en reconnaître le sens et l'esprit pour en faire régler l'application loyale; que la pensée du législateur se trouve expliquée dans le passage suivant, emprunté à la discussion de l'Assemblée nationale, au *Journal officiel* du 7 avril dernier : « Quel est le danger de la situation actuelle avec le suffrage universel

tel qu'il est ? C'est que dans les grandes communes, ce ne soit pas les habitants de la commune qui soient les maîtres de leurs affaires et qui les dirigent, c'est qu'elles soient dans les mains d'hommes étrangers à la commune qui pour une cause ou pour une autre, y apportent des idées qui ne soient pas celles des véritables habitants. » — Que c'est en se plaçant dans cet ordre d'idées que deux amendements ont proposé de fixer à trois ou à deux ans la durée du domicile; mais qu'un député ayant fait observer, qu'aujourd'hui les villes sont ouvertes, que la bourgeoisie appartient à tous, sous la condition d'avoir dans une ville un établissement sérieux, d'y avoir un domicile d'une année, l'art. 4 a été voté avec la rédaction reproduite ci-dessus.

Considérant que la loi du 14 avril 1871 est applicable en Algérie, que l'art. 20 de cette même loi qui a remis en vigueur le décret de 1866, n'a entendu faire revivre que la partie de ce décret relative aux droits de représentation des musulmans et des étrangers, mais que pour le surplus les explications échangées entre le Gouvernement et M. Lucet député de Constantine (V. *Communes*, § 1), démontrent que la loi de la Métropole doit être suivie en Algérie; qu'une communication officielle de l'autorité supérieure en Algérie, du 5 nov. courant, vient corroborer cette interprétation. — Considérant qu'en présence des termes généraux et absolus employés par la loi, les fonctionnaires publics ne peuvent désormais exciper, en matière d'élections municipales, du bénéfice de l'art. 5 de la loi du 31 mai 1850; que si l'on doit facilement présumer qu'en acceptant leurs fonctions, ils ont manifesté leur intention de transférer leur domicile au lieu où ils sont appelés à les exercer, on ne saurait les affranchir de la durée du domicile réel fixé à un an par la loi précitée, qui, dans ses termes et son esprit, ne comporte absolument aucune exception ; — Considérant que le citoyen N..., n'a pas le domicile d'un an indispensable et ne l'aura pas avant les élections du 12 novembre courant ; — Dit n'y avoir lieu de l'inscrire sur les listes électorales. — Délibéré à l'Hôtel de Ville, le 7 nov. 1871.

Jugement. — Attendu qu'il résulte de l'art. 5 de la loi du 31 mai 1850 et de la jurisprudence de la cour de cassation, que les fonctionnaires publics transportent leur capacité politique et leur domicile électoral dans la commune où ils exercent leurs fonctions, quelle que soit la durée de leur domicile dans cette commune ; — Attendu que ce principe spécial aux fonctionnaires publics n'a été abrogé ni par le décret du 27 déc. 1866, ni par les dispositions générales de la loi du 14 avril 1871 ; — Qu'il paraît donc superflu d'examiner pour la question soumise au tribunal, si c'est le décret du 27 déc. 1866 spécial à l'Algérie, ou la loi du 14 avril 1871, édictée pour la métropole, qui est applicable à l'espèce; — Qu'en effet, dans l'un et l'autre cas, il y a lieu d'admettre le principe que les fonctionnaires publics transportent leur domicile électoral et leur capacité politique dans la commune où ils exercent leurs fonctions, quelle que soit la durée de leur domicile dans ladite commune; — Que ce principe est applicable aux appelants susnommés ; qu'ils ont donc le droit d'être inscrits sur les listes électorales de la commune d'Alger, et que c'est à tort que la commission municipale de ladite ville a rejeté leurs réclamations; — Par ces motifs; — Le tribunal annule la décision rendue le 7 novembre courant en matière électorale contre les appelants sus-nommés, par la commission municipale de la ville d'Alger; — Ordonne en conséquence, etc. — (*Même tribunal.*)

(Le pourvoi formé contre ce jugement a été déclaré non recevable par *arrêt de cassation du 27 déc. 1871.* — Attendu que la requête en cassation n'avait pas été signifiée aux défendeurs, ainsi que le prescrit l'art. 23 du décret organique du 2 fév. 1852.)

5° — 11 nov. 1871 — Galabrun et autres. — Commissaire de police, directeur et instituteurs d'écoles communales, directeur des transmissions des lignes télégraphiques. — Jugé de même. Attendu qu'on exciperait vainement de l'art. 4 de la loi de 1871 ; qu'en effet les fonctionnaires publics ont bien leur domicile réel au lieu où ils exercent leurs fonctions; qu'ils remplissent donc la condition de domicile réel dont il est parlé et qu'en ce qui concerne la durée dudit domicile, l'art. 5 de la loi du 31 mai 1850 a; par ses dispositions spéciales, fixé la règle qui doit être suivie. — (*Même tribunal.*)

5° — 11 nov. 1871. — Pilaut, instituteur communal. — Jugé de même : Attendu que la qualité de fonctionnaire public doit être attribuée à l'instituteur d'une école communale; qu'en cette qualité il est dispensé de l'année de résidence et doit être inscrit sur les listes électorales de la commune où il exerce son emploi; qu'en outre il est imposable; — Annule la décision de la commission municipale de Saint-Eugène. — (*Même tribunal.*)

§ 2. — *Officiers sans troupe et fonctionnaires militaires à résidence fixe.*

1° — 15 mai 1867. — Colonel Renoux, commandant la place d'Alger et autres, colonel de l'état-major d'artillerie, interprète militaire attaché au gouvernement d'Alger, gardes du génie.

La décision de la commission municipale d'Alger était ainsi motivée : — Vu le décr. du 27 déc. 1866, le décr. organique du 2 févr. 1852, le § 10 de l'instruction du gouverneur général du 15 mars 1867 et sa décision du 5 avr. courant (v. *Élections*, § 2, — 1°); — Vu la protestation déposée, le 25 avril courant, par le sieur Poulain et plusieurs autres électeurs de la commune, contre l'inscription des militaires, douaniers et marins en activité de service, portés comme électeurs municipaux sur les listes électorales d'Alger et de ses annexes; ladite inscription constituant une violation des dispositions du décr. du 27 déc. 1866 et du § 10 de l'instruction du 15 mars 1867; lesdits réclamants établissant que tout électeur français âgé de 25 ans étant éligible, il pourrait se faire que, si les militaires et marins susdits étaient maintenus comme électeurs, ils fussent élus, et qu'ainsi la population civile d'Alger ait un conseil municipal composé de militaires; qu'enfin lesdits réclamants requièrent la radiation, sur les listes, de toutes les personnes appartenant aux catégories désignées, quels que soient l'arme, le grade ou l'emploi.

Considérant que le motif invoqué par les réclamants, basé sur la présomption d'éligibilité de militaires en activité de service n'est pas admissible, attendu que l'art. 10 de la loi du 5 mai 1855, dont les trois premiers titres ont été rendus applicables à l'Algérie par le décr. du 27 déc. 1866, établit l'incompatibilité entre les fonctions de conseiller municipal et celles de militaires ou employés des armées de terre ou de mer en activité de service; qu'il n'y a donc pas lieu de s'arrêter à ce motif et qu'il convient de rechercher dans la loi et la jurisprudence si l'inscription constitue une violation des décrets et règlements sur la matière;

Considérant que l'art. 14 du décr. du 2 févr. 1852, dispose (voir le texte) : — Que cette disposition est reproduite d'une manière plus explicite encore le § 10 de l'instruction du 15 mars 1867; — Considérant que le paragraphe qui précède fait une saine application de la doctrine en matière électorale; que cette doctrine est sanctionnée par plusieurs décisions rendues par des juges de paix dans la métropole et notamment par deux arrêts de la cour de cassation, en date des 5 avril et 24 mai 1865, qui jugent que « la règle résultant de l'art. 14 du décr. du 2 févr. 1852, d'après laquelle les militaires en activité de service doivent être inscrits sur la liste électorale de la commune où ils étaient inscrits avant leur départ s'applique aux militaires occupant des fonctions spéciales, même à résidence fixe, et, par exemple, aux officiers comptables et sous-officiers d'administration, des hôpitaux militaires, des officiers et sous-officiers de recrutement, tous officiers sans troupe, intendants et employés militaires. » — Ces arrêts ne sont que la consécration de la doctrine de la cour de cassation, et notamment de son arrêt du 11 mars 1852, par lequel les officiers sans troupe qui ont des départements fixes, conservent leur ancien domicile, nonobstant leur résidence continuelle dans le lieu de leur département et emploi;

Attendu que la décision du 5 avril courant est en opposition avec les principes et la jurisprudence sur la matière; — Attendu que les officiers et employés militaires n'ont d'autre domicile que celui qu'ils occupaient avant leur départ, à moins que, par une déclaration faite à la mairie d'Alger, ils n'aient exprimé la volonté expresse de transporter leur domicile dans cette commune pour y exercer

leurs droits politiques; — Attendu que la condition d'un an de domicile est absolue pour pouvoir être inscrit sur les listes électorales; — Attendu qu'aucun des officiers sans troupe, militaires ou employés militaires portés sur la liste supplémentaire ne justifie de cette déclaration; que dès lors ils ne peuvent être inscrits que sur les listes électorales de la commune de leur domicile originaire, et non sur celle de la commune d'Alger; — Attendu que, sur ce chef, la demande en radiation formée par le sieur Poulain et autres électeurs est recevable.

Art. 1. — La demande formée par le sieur Poulain et autres électeurs pour la radiation de tous les officiers sans troupe, fonctionnaires ou employés militaires inscrits sur la liste supplémentaire des électeurs de la commune d'Alger, est admise.

Art. 2. — Tout officier ou militaire des armées de terre ou de mer, tout fonctionnaire ou employé militaire qui ne pourra justifier qu'il habitait la commune d'Alger avant son entrée au service, ou que par un acte authentique établi dans les formes voulues par la loi, il a transporté à Alger son domicile politique, un an au moins avant le 25 mai prochain, quelle que soit la durée de sa résidence, sera rayé des listes électorales de la commune d'Alger. — Fait à Alger le 29 avril 1867.

Jugement. — Attendu qu'à la date du 5 avril dernier, le gouverneur général, interprétant l'art. 10 du décr. du 27 déc. 1866 sur les élections municipales en Algérie, et l'art. 14 du décr. organ. du 22 févr. 1852, sur les élections, et statuant sur l'exécution desdits décrets, a décidé (V. le texte, *Élections*, § 2-1°) — Attendu qu'il n'y a pas lieu pour le tribunal d'apprécier si cette décision a fait une saine interprétation des décrets susvisés;

Attendu néanmoins que la décision du 5 avril dernier ayant été critiquée par les intimés et par la commission municipale d'Alger, il convient, sans rien préjuger à cet égard, d'indiquer ce qui a été soutenu par les appelants à l'appui de cette décision; que l'art. 10 du décr. du 27 déc. 1866, déclare électeur tout citoyen français âgé de 21 ans, domicilié depuis un an au moins dans la commune et inscrit sur les rôles des taxes municipales; qu'à la vérité l'art. 14 du décr. organ. du 22 févr. 1852 sur les élections dispose que les militaires en activité de service et marins seront portés sur les listes des communes où ils étaient domiciliés avant leur départ; que cet article dispense les personnes y désignées pour exercer leurs droits électoraux dans lesdites communes de l'obligation de résidence imposée par la loi, mais ne déclare pas d'une manière explicite que les fonctionnaires militaires ou marins à résidence fixe ne pourront demander leur inscription sur les listes électorales dans d'autres communes où ils remplissent les conditions exigées par la loi pour être électeur.

Que le titre 2 du décr. du 22 févr. 1852, dont fait partie l'art. 14 susvisé, n'a été déclaré applicable aux électeurs municipaux de l'Algérie que pour ce qui n'est pas contraire aux dispositions du décret spécial du 27 déc. 1866 : qu'en matière électorale il ne faut pas confondre le domicile et la résidence, et qu'en cette matière l'exercice du droit est spécialement subordonné par la loi à la résidence et non au domicile d'origine ou autre : qu'il n'y a aucun motif sérieux de refuser aux fonctionnaires militaires ou marins à résidence fixe l'exercice d'un droit, dont jouissent les fonctionnaires civils sujets aussi à des changements de résidence : que les décrets et arrêtés sur les élections municipales en Algérie étant tout récents, on ne pourrait raisonnablement exiger que les fonctionnaires militaires ou marins à résidence fixe en Algérie eussent fait depuis un an au moins une déclaration pour exercer des droits électoraux qui n'existaient pas encore, et que cette déclaration résulte virtuellement de leur demande d'inscription sur les listes électorales de la commune de leur résidence en Algérie;

Qu'enfin la décision du 5 avril dernier est conforme en tous points à une circulaire du ministre de la guerre, du 16 juin 1850, relative à l'inscription des électeurs militaires, en exécution de la loi du 31 juin 1850, sur les élections générales en France, ladite circulaire insérée au *Bulletin officiel des actes du Gouvernement de l'Algérie*, année 1850, p. 105 (V. le texte de cette circulaire à la suite du jugement); que l'analogie est complète, l'art. 6 de la loi du 31 mai 1850, qui a donné lieu à la circulaire ci-dessus, contenant les mêmes dispositions que l'art. 14 du décr. du 22 févr. 1852, qui fait l'objet de la décision du 5 avril dernier;

Attendu, qu'en conformité de cette décision, une liste supplémentaire d'électeurs a été dressée par la mairie d'Alger et publiée le 5 avril dernier; — Attendu que le 25 du même mois, le sieur Poulain et autres ont déclaré protester contre l'inscription de tous les militaires, douaniers et marins en activité de service portés en masse comme électeurs municipaux sur les listes électorales de la commune d'Alger; — Attendu que dans cette protestation les réclamants ne désignent par leur nom aucun des électeurs dont la radiation serait demandée;

Attendu qu'il résulte de l'art. 20 du décr. du 22 févr. 1852, de l'art. 2 de l'arr. du 15 mars et de l'art. 22 de l'instruction à la même date, du 22 févr. que la commission municipale établie par lesdits arrêté et décret constitue un tribunal présidé par le maire, prononçant, à la majorité des voix, des décisions nominatives et individuelles sur les réclamations qui lui sont soumises; mais qu'elle ne peut, dans aucun cas, statuer, sous forme d'arrêté, d'une manière générale contre une catégorie d'électeurs; — Attendu qu'en matière électorale, le décret et arrêté susvisés n'ont pas dérogé au principe de droit qui défend aux tribunaux de prononcer par voie de disposition générale et réglementaire (C. civ., art. 5); — Attendu qu'en vertu de ce principe, la réclamation tendant à la radiation d'une catégorie d'électeurs, dont aucun n'est nommé dans ladite réclamation, est radicalement nulle et ne peut être accueillie;

Qu'en effet, chacun des électeurs compris dans la catégorie faisant l'objet de la réclamation, pouvant se trouver dans une situation particulière, ainsi que cela se rencontre dans l'espèce pour les sieurs Périand et Pouchon qui ne sont plus au service, le tribunal chargé de statuer doit être à même d'apprécier le mérite de la réclamation dans ses rapports avec chacun des électeurs qu'elle concerne; — Que c'est ce qui résulte des expressions même de l'art. 19 du décr. du 22 fév. 1852, qui dispose que tout électeur inscrit sur l'une des listes de la circonscription électorale pourra réclamer la radiation ou l'inscription d'un individu omis ou indûment inscrit; — Attendu que cette doctrine a été consacrée par la jurisprudence, et notamment par les arrêts de la cour de cassation des 16, 18 et 23 mars 1865.

Attendu que la formation, en vertu d'une décision de l'autorité supérieure, d'une liste spéciale sur laquelle se trouvent réunis les électeurs d'une certaine catégorie, n'autorisait pas les sieurs Poulain et consorts, ainsi qu'ils l'ont prétendu à l'audience, à réclamer la radiation de ladite catégorie d'électeurs pris en masse, sans désigner nominativement les individus dont la radiation était demandée; — Qu'en effet, cette désignation nominative est impérieusement exigée dans tous les cas, à peine de nullité, pour constituer une demande valable, que le tribunal puisse admettre sans violer l'art. 5 du Code civil susvisé; — Attendu que la réclamation faite par les sieurs Poulain et consorts, le 23 avril dernier, était donc radicalement nulle, et que, par suite, la décision de la commission municipale qui l'a accueillie, doit être annulée;

Attendu que les termes dans lesquels cette décision est formulée sembleraient indiquer que le maire, après avoir seulement consulté les deux conseillers municipaux délégués, a pris, en son nom, un arrêté, au lieu de prononcer, au nom de la commission municipale, une décision délibérée à la majorité des voix, conformément aux décrets et arrêtés sur la matière;

Attendu que la décision du 29 avril dernier, est nulle à tous les points de vue, soit qu'on la considère comme un arrêté pris en dehors de toute attribution légale, soit qu'on la considère comme une décision, statuant par voie de disposition générale et réglementaire, contre une catégorie d'électeurs, sans nommer les individus auxquels elle s'applique; — Qu'on peut donc soutenir qu'aucune des personnes portées sur la liste supplémentaire d'électeurs, publiée le 5 avril dernier, n'a été atteinte, malgré la notification qui a pu être faite de cette décision; — Qu'en effet, il est incontestable en droit, qu'une notification ne peut avoir pour effet d'appliquer à un individu une décision dans laquelle il n'est pas nommé, et de constituer à son égard la chose jugée;

Attendu, en outre, que l'art 19 du décr. du 22 févr. 1852, dispose que l'électeur dont l'inscription aura été contestée en sera averti sans frais et pourra présenter ses observations. — Que statuant d'une manière générale et sous forme d'arrêté, la commission n'a pas cru devoir se conformer à cette disposition, et a supprimé le droit de défense formellement réservé par ledit article;

Attendu enfin, qu'en ordonnant la radiation des listes électorales de tout fonctionnaire militaire ou marin qui ne justifierait pas qu'il habitait la commune d'Alger avant son entrée au service ou qu'il y a transporté son domicile politique, la commission n'a pas prononcé une décision définitive, ni a laissé en suspens une justification à faire, sans qu'il soit possible de dire comment et dans quels délais cette justification devait être faite et par qui elle serait jugée; que sous ce rapport la décision était donc inexécutable, et en opposition avec les art. 20 et 21 du décr. organ. du 22 févr. 1852 et l'art. 2 de l'arr. du 15 mars 1867; — Attendu que le tribunal n'étant pas saisi par une demande régulière, n'a pas à statuer sur la question de savoir si les électeurs portés sur la liste supplémentaire du 5 avril dernier, y ont été valablement inscrits, mais qu'ils doivent y être maintenus en vertu de leur inscription première et à défaut d'une réclamation valable dans les délais prescrits;

Par ces motifs, le tribunal déclare nulle et de nul effet la déclaration faite par les sieurs Poulain et consorts, le 23 avril dernier, contre l'inscription d'une certaine catégorie d'électeurs sur les listes électorales de la commune d'Alger; casse et annule la décision de la commission municipale d'Alger, en date du 29 du même mois d'avril, qui a accueilli cette réclamation, et ordonne que les susnommés seront ceux qui le sont et demeurent maintenus sur les listes électorales de la commune d'Alger. — (Même tribunal.)

Le pourvoi formé contre ce jugement a été déclaré non recevable, par arrêt de la Cour de cassation du 24 juin 1867.

Circulaire ministérielle du 18 juin 1850 visée dans le jugement qui précède.

Général, de nouvelles listes électorales doivent être dressées en exécution de la loi du 31 mai 1850, et dans les trente jours qui suivront la promulgation de cette loi. — Aux termes de l'art. 6, les militaires présents sous les drapeaux seront inscrits sur la liste électorale de la commune où ils auront satisfait à l'appel. — Cette inscription n'est soumise à aucune condition de durée de domicile. — En conséquence, chaque chef de corps devra fournir, dans le plus bref délai possible, au maire de chacune des communes auxquelles appartiennent les militaires inscrits sur les contrôles du corps, un état indiquant les noms et les prénoms de ces militaires, la date et le lieu de leur naissance et leur grade.

Pour les communes considérables, il sera utile de mentionner l'arrondissement municipal, et, autant que possible, la rue et le numéro de la maison dans lesquels le militaire avait son domicile au moment où il a satisfait à l'appel. — Ces états, établis séparément pour chaque commune, ainsi qu'il est dit ci-dessus, devront renfermer une colonne en blanc destinée à recevoir les observations des maires. Les chefs de corps les enverront, par l'intermédiaire de l'intendance militaire, pour en assurer la franchise, aux préfets des départements respectifs, qui en feront la répartition entre les communes.

Ne seront pas portés sur ces états, les militaires ayant des causes d'incapacité qui, aux termes des art. 8, 9 et 11 de la loi du 31 mai dernier, seraient de nature à les priver de leur droit électoral. — Les étrangers, naturalisés depuis leur entrée au service, auront pour domicile légal la commune où ils étaient en garnison lorsqu'ils ont reçu leur lettre de naturalisation. — Les militaires de la gendarmerie et ceux de la garde républicaine, les militaires invalides et les sapeurs-pompiers, formant des corps isolés et ayant une résidence habituelle, continueront d'être inscrits dans le lieu de cette résidence, d'après les listes communiquées au préfet par les chefs de corps.

En ce qui touche les officiers sans troupe et autres militaires isolés, quelle que soit l'arme à laquelle ils appartiennent, et à l'égard des fonctionnaires militaires, la stabilité de leur position et la nature de leurs fonctions ont fait reconnaître qu'ils pouvaient être assimilés, quant à l'exercice du droit électoral, aux fonctionnaires de l'ordre civil; ils seront donc inscrits, comme ces derniers, sur la liste électorale de la commune dans laquelle ils exerceront leur emploi, d'après un état dressé, à cet effet, par le membre de l'intendance militaire résidant au chef-lieu du département et envoyé par ce fonctionnaire au préfet. — Les prescriptions antérieures qui s'écarteraient des présentes devront être considérées comme non avenues.

Le ministre de la guerre,
D'HAUTPOUL.

2° — 6 juill. 1871. — Colonel Sabatier, directeur des fortifications et autres, capitaine du génie, aide de camp du gouverneur, officier d'administration. — *Jugement* qui annule une décision de la commission municipale d'Alger, en date du 30 juin, qui avait refusé l'inscription des susnommés sur les listes électorales. Mêmes motifs qu'au jugement qui suit.

10 nov. 1871. — Général Genet, commandant le génie; colonel Sabatier, directeur des fortifications et autres, capitaines du génie, aides de camp et officiers d'ordonnance du gouverneur, officiers d'administration, etc. — *Jugement.* — Attendu qu'il résulte de l'art. 5 de la loi du 31 mai 1850 et de la jurisprudence de la cour de cassation que les fonctionnaires publics transportent leur capacité politique et leur domicile électoral dans la commune où ils exercent leurs fonctions, quelle que soit la durée de leur domicile dans ladite commune; — Que ce principe spécial aux fonctionnaires publics n'a été abrogé, ni par le décr. du 27 déc. 1866, ni par les dispositions générales de la loi du 14 avril 1871; — Qu'il paraît donc superflu d'examiner pour la solution de la question soumise au tribunal, si c'est le décr. du 27 déc. 1866, spécial à l'Algérie, où la loi du 14 avr. 1871, édictée pour la métropole, qui est applicable à l'espèce; — Qu'en effet, dans l'un et l'autre cas, il y a lieu d'admettre ce principe que le domicile électoral des fonctionnaires publics est au lieu où ils exercent leurs fonctions;

Attendu, d'autre part, qu'il résulte d'une circulaire du ministre de la guerre, du 16 juin 1850, insérée au *Bulletin officiel des actes du gouvernement de l'Algérie*, année 1858, p. 103, et d'une décision de M. le Gouverneur général de l'Algérie, du 3 avr. 1867, que les officiers sans troupe et fonctionnaires militaires exerçant un emploi qui entraîne une résidence fixe où ils sont imposés, doivent être inscrits au même titre que les fonctionnaires civils et admis à voter au lieu de leur résidence; — Qu'il y a donc lieu d'assimiler aux fonctionnaires civils les officiers sans troupes et les fonctionnaires militaires, et d'admettre, pour les uns comme pour les autres, le principe qu'ils doivent être inscrits sur les listes électorales de la commune où ils exercent leurs fonctions, quelle que soit la durée de leur domicile dans ladite commune;

Attendu qu'à la vérité il est de principe, dans notre droit public, que les militaires présents sous les drapeaux doivent être inscrits sur les listes électorales de la commune où ils étaient domiciliés avant leur entrée au service; — Mais attendu que cette disposition a eu pour but d'empêcher que les majorités passent être faussées par le déplacement calculé de corps de troupes mobilisables à volonté; — Attendu qu'évidemment cette raison ne s'applique pas aux officiers sans troupe et fonctionnaires militaires qui ont une résidence fixe dans une commune où ils paient les taxes municipales comme tous les autres citoyens;

Attendu qu'en outre la disposition énoncée a eu pour but de dispenser les militaires sous les drapeaux de l'obligation de résidence dans la commune où ils étaient domiciliés avant leur départ pour y exercer leurs droits électoraux; mais que cette disposition ne peut avoir pour effet de priver les officiers sans troupes et les fonctionnaires militaires à résidence fixe d'être inscrits sur les listes électorales de la commune où ils exercent leurs fonctions;

Attendu qu'il est constant que tous les susnommés sont officiers sans troupes ou fonctionnaires militaires dans la commune d'Alger; — Qu'il est même reconnu que plusieurs d'entre eux, notamment le général Genet, réside depuis longtemps dans la commune, y ont déjà été portés sur les listes électorales précédemment dressées, y ont exercé sans contestation et à plusieurs reprises leurs droits électoraux; — Attendu qu'il résulte des considérations qui précèdent que les appelants susnommés ont le droit d'être inscrits sur les listes électorales de la commune d'Alger. — Attendu enfin que l'arrêt de la cour de cassation cité par la commission municipale d'Alger, dans sa décision du 7 novembre courant, pour rejeter la demande des appelants susnommés, ne s'applique nullement à l'espèce; — Par ces motifs : — Le tribunal annule la décision rendue le 7 novembre courant, en matière électorale, contre les appelants susnommés, par la commission municipale d'Alger; — Ordonne, en conséquence, que M. le général Genet, commandant le génie en Algérie, M. le colonel d'état-major Mircher, MM.... seront inscrits sur les listes électorales de la commune d'Alger, pour prendre part aux élections municipales et départementales du 12 novembre courant, et, au besoin, admis à voter en vertu du présent jugement. — (*Même tribunal.*) — Le pourvoi formé contre ce jugement a été déclaré non-recevable par *arrêt de cassation* du 27 déc. 1871.

3° — 11 nov. 1871. — Jugé de même. — Officiers du génie, officiers d'administration, gardes du génie et d'artillerie.

4° — 12 nov. 1871. — Jugé de même. — Officiers d'artillerie, médecin-major attaché à l'hôpital du dey, etc.

5° — 13 juin 1870. — Cour de cassation. — Le militaire français résidant depuis un an dans une commune de l'Algérie et inscrit sur les rôles des taxes municipales, doit être porté sur les listes électorales de cette commune. — Il n'en doit pas moins rester inscrit sur les listes électorales de la commune de France où il était domicilié avant son entrée au service. — Il en est ainsi spécialement d'un adjudant d'administration employé en Algérie (V. Cass., req. 17 juin 1868. — Dalloz, 1869, 1-229.) — *Arrêt.* — Vu l'art. 10, n° 1 du décr. du 27 déc. 1866 sur l'organisation municipale en Algérie; — Attendu que, d'après cette disposition conçue en termes généraux et absolus, tout citoyen français ou naturalisé français, qu'il soit militaire ou non, est électeur municipal, pourvu qu'il soit âgé de 21 ans, domicilié depuis un an dans la commune et inscrit sur les rôles des impositions et taxes municipales; — Attendu qu'il est constant que le nommé N... remplissait ces conditions; — que, depuis son inscription sur les listes électorales de la commune de Constantine, c'est en vain que le jugement attaqué se fonde : 1° Sur ce qu'aux termes de l'art. 14 du décr. du 2 févr. 1852, les militaires en activité de service doivent être inscrits sur les listes électorales des communes où ils étaient domiciliés avant leur départ; 2° sur le principe que nul ne peut être porté à la fois sur les listes de deux communes; — qu'en effet il n'y avait lieu d'appliquer dans l'espèce ni l'art. 14 du décr. de 1852, parce que cet article n'est relatif qu'aux élections de la métropole, ni le principe d'après lequel chaque électeur ne peut figurer que sur une seule liste, parce que ce principe n'est vrai que pour les listes électorales du même pays; — que, sans doute, les militaires, qui tirent leur droit de vote en Algérie de leur intérêt à la bonne gestion des affaires municipales, lorsqu'ils en supportent les charges, n'en doivent pas moins rester inscrits sur les listes des communes où ils étaient domiciliés avant leur entrée au service, à l'effet de concourir, le cas échéant, aux élections de la métropole; mais que tout ce qu'il est permis d'en conclure, c'est qu'il y a lieu, pour assurer le double droit électoral qui appartient à ces militaires, de les porter simultanément sur les deux listes correspondantes; — Casse le jugement rendu par le juge de paix de Constantine. — *Cass.*, req. 13 juin 1870. Dalloz, 1870, 1-349.

§ 3. — *Gendarmes et douaniers.*

1° — 11 nov. 1871. — Roux et autres. — Attendu qu'il résulte des lois, décrets et arrêtés qui régissent la matière, que la condition essentielle pour être inscrit sur les listes électorales est d'avoir une année de domicile dans la commune; mais attendu que les susnommés, en leur qualité de fonctionnaires militaires, doivent être inscrits sur les listes électorales de la commune où ils exer-

cation de la nation pour le vote du plébiscite sur la constitution de l'empire.

D. — *Mêmes dates.* — *Promulgation en Algérie du décret qui précède.*

AG. — 25-27 avr. 1870. — BG. 325. — *Mesures
d'exécution ordonnées pour la formation des
listes et les opérations électorales.*

AG. — *Mêmes dates.* — *Complément des mesures ci-dessus.*

Circ. G. — 26-27 avril 1870. — BG. 325. —
*Réunions publiques politiques autorisées
conformément aux prescriptions de la loi
du 6 juin 1868 et à une circulaire du ministre de l'intérieur, jusqu'au cinquième
jour qui précédera le vote.*

Circ. G. — *Mêmes dates.* — *Instructions relativement au vote des gendarmes hors des
lieux de garnison et des militaires en congé
ou en permission, conformément à une circulaire ministérielle du 23 avr. 1870.*

2° — Élections à l'Assemblée nationale.

D. — (*Paris.*) — 8 sept. 1870 (publié au *Moniteur de l'Algérie*, du 23 sept.) — *Convoca-
cation des collèges électoraux pour le dimanche 16 oct., à l'effet d'élire une Assemblée nationale constituante, au scrutin de
liste conformément à la loi du 15 mars 1849.*

D. — (*Paris.*) — 15 sept.-6 oct. 1870. — BG.

341. — *Mesures prescrites pour l'exécution
du décret précédent. Le nombre des représentants à élire en Algérie est fixé à 3.*

D. — (*Paris.*)—16 sept. 1870 (non publié en Algérie.) — *Décret relatif à l'élection des conseils municipaux dans toutes les communes
de France, et aux élections pour l'Assemblée
constituante.*

Art. 4. — *Les élections pour l'Assemblée constituante sont avancées au dimanche 2 oct. —
Elles auront lieu conformément aux dispositions
du décret du 15 sept.*

D. — (*Tours.*) — 1er oct. 1870 (non publié en
Algérie.) — *Décret qui fixe au 16 oct., en
France, au 23 oct., en Algérie, les élections
pour l'Assemblée nationale constituante, détermine le nombre total des représentants du
peuple, les conditions de droit de vote et
d'éligibilité, fixe à 6 le nombre des députés
de l'Algérie, 2 pour chaque province.*

D. — (*Tours.*) — 4-6 oct. 1870. — BG. 341. —
*Modification au décret qui précède en ce qui
concerne les colonies et le nombre des représentants mais maintient les prescriptions relatives à l'Algérie.*

AG. — 5-6 oct. 1870. — BG. 341. — *Mesures
d'exécution prescrites pour la formation et la
clôture des listes électorales, ainsi que pour*

---

cent leurs fonctions, quelle que soit la durée de leur
domicile dans ladite commune; — annule la décision de la
commune d'El-Biar, en date du 10 novembre courant;
— Ordonne, en conséquence, etc. — (*Même tribunal.*)

2° — 11 nov. 1871. — Jugé de même. — Annulation
d'une décision de la commission municipale de Saint-
Eugène, qui a refusé l'inscription du maréchal des logis
et des gendarmes composant la brigade de cette localité.

3° — 11 nov. 1871. — Jugé de même. — Annulation
d'une décision de la commission municipale de Saint-
Eugène, qui a refusé l'inscription des brigadiers et préposés des douanes habitant la commune.
(Deux circulaires des gouverneurs généraux, l'une en
date du 21 avr. 1849, l'autre en date du 14 déc. 1867,
insérées ci-après, § 2-1°, ont traité la même question. La dernière établissait une distinction entre les gendarmes et douaniers casernés ou non casernés.)

§ 4. — Incapacités diverses.

1°—*Failli concordataire.* — 16 juillet 1871. — Attendu qu'il résulte des minutes, registres et répertoires
du greffe du tribunal de commerce d'Alger que le sieur
N... a été déclaré en état de faillite, le 11 mars 1855,
et qu'il a concordé avec ses créanciers le 26 octobre de
la même année; — Qu'il doit donc être maintenu sur les
listes électorales de la commune d'Alger. — Annule la
décision de la commission municipale qui a refusé l'inscription. — (*Même tribunal.*)

2°—*Asile des vieillards.*—11 nov. 1871.— Vu l'appel formé par les nommés..., tous habitants l'asile des
vieillards à la Bouzareah, de la décision qui leur a refusé
l'inscription sur les listes électorales de ladite commune.
Attendu que les lois, décrets et arrêtés sur la matière,
ainsi que la loi du 14 avril 1871, ne prescrivent pas
d'autre condition que celle d'une année de domicile; qu'en
outre les susnommés sont imposables, et qu'on ne peut
pas exciper de leur âge pour leur refuser leur droit de
citoyens. — Annule la décision de la commission municipale de la Bouzareah.—(*Même tribunal.*)

3°—*Ordres religieux.—Prémontrés.—*11 nov. 1871.
— Attendu qu'aux termes des lois, décrets et arrêtés qui
régissent la matière, la condition essentielle pour être
inscrite sur les listes électorales, est d'avoir une année
de résidence dans la commune, que la loi du 14 avril
1871, avec laquelle il y a lieu de concilier les décrets

et arrêtés sur les élections en Algérie, ne prescrit pas
d'autre condition, qu'en outre les susnommés sont imposables. — Annule la décision de la commission municipale de Saint-Eugène qui refuse l'inscription.—(*Même
tribunal.*)

4° — *Ordres religieux.* — *Trappistes.* — 11 nov.
1871. — Vu la décision de la commission municipale de
Cheragas, qui a refusé de rayer des listes électorales de
la commune les moines du couvent de Staouëli; — Vu
l'appel des sieurs Vial et consorts.—Attendu en la forme
que la réclamation tend à la radiation d'une certaine
catégorie d'électeurs, et ne contient pas la désignation
nominative de chacun d'eux; que formulée en ces termes,
elle est radicalement nulle. — Attendu au fond (comme
au jugement précédent); qu'en outre il est constant que
les religieux de la Trappe figurent collectivement sur les
rôles des taxes municipales. — Déclare l'appel non recevable, en tout cas mal fondé, confirme la décision de la
commission. — (*Même tribunal.*)

§ 5. — Compétence du juge de paix en cas de réclamation tardive d'inscription.

1° — 7 mai 1870. — Dejouanny et autres. — Attendu
qu'il résulte d'un arrêt de la cour de cassation du 25
févr. 1850, que lorsque les parties qui ont formé une
réclamation contre les listes électorales, n'ont pu obtenir
de décision de la commission municipale qui a omis de
statuer, elles sont autorisées à saisir le juge de paix par
la voie de l'appel. — Attendu que les réclamants se
trouvent dans ce cas; qu'il résulte des circulaires du
gouverneur général, en date du 28 avril dernier, et de
la nature du vote sur le plébiscite du 8 mai, que la loi
doit être interprétée dans le sens le plus large et le plus
favorable à l'exercice du droit électoral. — Attendu que
les réclamants réunissent les conditions légales pour
être admis à voter. — Ordonne qu'ils seront admis au
vote. — (*Même tribunal.*)

2° — 10 nov. 1871. — Chodulau et autres. — Attendu
qu'il n'est pas contesté que les susnommés remplissent
les conditions exigées pour être électeurs et qu'ils ont été
rejetés par le motif que leur réclamation aurait été tardive; mais attendu qu'il résulte des lois, décrets et arrêtés sur la matière, qu'aucune déchéance ne leur est
applicable. — Annule la décision de la commission municipale d'Alger. — Ordonne, etc. — (*Même tribunal.*)

3° — 12 novembre 1871. — Jugé de même.

les opérations et la proclamation du vote en Algérie.

D. — (*Paris.*) — 1er oct. 1870 (non publié au *Bulletin officiel*.) — *Injonction du gouvernement de ne pas donner suite au décret de convocation du 1er oct. dont l'exécution est impossible dans 23 départements, et d'ajourner les élections générales jusqu'au moment où elles pourront se faire sur toute la surface de la République.*

D. — (*Bordeaux.*) — 25-30 janv. 1871. — BG. 354. — *Listes électorales en ce qui concerne les Israélites algériens.*

Vu le décr. du 24 oct. 1870 accordant la naturalisation collective aux indigènes israélites de l'Algérie ; — Considérant qu'en vertu de ce décret il ne doit plus exister dans les Conseils généraux et municipaux des membres au titre israélite ; — Considérant que jusqu'à la clôture des listes électorales, laquelle, aux termes de la loi, aura lieu le 51 mars prochain, les élections doivent se faire d'après les listes arrêtées en 1870 ; — Considérant qu'il est impossible que des électeurs soient privés de leur droit électoral, en vertu même d'un décret qui a pour objet de leur conférer la plénitude des droits civiques.

Art. 1. — Les israélites algériens inscrits sur les dernières listes électorales de 1870, seront admis à concourir aux élections, au même titre que les citoyens français, jusqu'au 51 mars 1871.

Art. 2. — A cet effet, la liste spéciale des électeurs israélites, pour 1870, sera réunie à la liste des électeurs français.

Ad Crémieux, L. Gambetta, Glais-Bizoin, L. Fourichon.

D. — (*Paris.*) — 29 janv. 1871 (non publié en Algérie.) — *Convocation des collèges électoraux pour le 8 fév.*

D. — (*Bordeaux.*) — 51 janv.-8 fév. 1871. — BG. 355. — *Même convocation.*

D. — (*Bordeaux.*) — Mêmes dates. — *Catégories de citoyens électeurs déclarés non éligibles (abrogé par décr. du gouvernement à Paris, en date du 4 fév. suiv. — BG. 356.)*

D. — (*Bordeaux.*) — Mêmes dates. — *Dispositions réglementaires pour les élections du 8 fév.*

ACM. — 2-8 fév. 1871 — BG. 356. — *Établissement d'une section électorale, par commune, dans les départements d'Algérie. — Mode de dépouillement du scrutin.*

D. — (*Bordeaux.*) — 5-8 fév. 1871. — BG. 356. *Même objet.*

APE. — 9-19 juin 1871. — BG. 367. — *Élections complémentaires.*

Vu la loi du 15 mars 1849 ; — Vu le décr. du 29 janv. 1871 ; — Vu la loi du 10 avr. 1871, portant rétablissement du vote à la commune, et celle du 2 mai suivant sur les conditions d'éligibilité, relatives aux préfets et aux sous-préfets ;

Art. 1. — Sont convoqués pour le dimanche 2 juillet prochain, à l'effet de pourvoir aux sièges de députés vacants par suite d'option, d'annulation, de décès ou de démissions, les électeurs des départements désignés dans le tableau annexé au présent arrêté.

Art. 2. — L'éligibilité sera réglée conformément aux dispositions du titre 4 de la loi du 15 mars 1849. — Toutefois, demeurent suspendues les art. 81 à 90 de la loi du 15 mars 1849, sous la réserve, en ce qui concerne les préfets et les sous-préfets, de la disposition spéciale de la loi du 2 mai 1871.

Art. 5. — *Délais.* — *Formation des listes.* — *Réclamations.* — *Décisions.*

Art. 4. — Le vote aura lieu à la commune, par scrutin de liste. Chaque commune pourra être divisée, par arrêté du préfet, en autant de sections que l'exigeront les circonstances locales et le nombre des électeurs inscrits.

Loi du 15 mars 1849. (Extrait).

Tit. 1. — *Formation des listes électorales.*

Art. 5. — Ne seront pas inscrits sur la liste électorale :

1° Les individus privés de leurs droits civils et politiques par suite de condamnations, soit à des peines afflictives et infamantes, soit à des peines infamantes seulement ;

2° Ceux auxquels les tribunaux, jugeant correctionnellement, ont interdit le droit de vote et d'élection par application des lois qui autorisent cette interdiction ;

3° Les condamnés pour crime à l'emprisonnement, par application de l'art. 465 C. Pén.;

4° Les condamnés à 5 mois de prison au moins, pour vol, escroquerie, abus de confiance, soustraction commise par des dépositaires de deniers publics, ou attentat aux mœurs, prévus par l'art. 551 C. Pén.;

5° Ceux qui ont été condamnés à 5 mois de prison, par application des art. 518 et 425 C. Pén.;

6° Ceux qui ont été condamnés pour délit d'usure ;

7° Les interdits ;

8° Les faillis qui, n'ayant pas obtenu de concordat ou n'ayant point été déclarés excusables, conformément à l'art. 538 C. Com., n'ont pas d'ailleurs été réhabilités.

Toutefois, le § 5 du présent art. n'est applicable ni aux condamnés en matière politique, ni aux condamnés pour coups et blessures, si l'interdiction du droit d'élire n'a pas été, dans le cas où la loi l'autorise, prononcée par l'arrêt de condamnation.

Tit. 5. — *Des collèges électoraux.*

Art. 58. — Le bureau prononce provisoirement sur les difficultés qui s'élèvent touchant les opérations du collège ou de la section. Les décisions sont motivées. Toutes les réclamations et décisions sont insérées au procès-verbal ; les pièces ou bulletins qui s'y rapportent y sont annexés, après avoir été paraphés par le bureau.

Art. 59. — Pendant toute la durée des opérations électorales, une copie officielle de la liste des électeurs, contenant les nom, domicile et qualification de chacun des inscrits reste déposée sur la table autour de laquelle siège le bureau.

Art. 40. — Tout électeur inscrit sur cette liste a le droit de prendre part au vote.

Art. 48. — A l'appel de son nom, l'électeur remet au président son bulletin fermé. Le président le dépose dans la boîte du scrutin, laquelle doit, avant le commencement du vote, avoir été fermée à deux serrures, dont les clefs restent, l'une entre les mains du président, l'autre, entre celles du scrutateur le plus âgé.

Art. 49. — Le vote de chaque électeur est constaté par la signature ou le paraphe de l'un des membres du bureau, apposé sur la liste, en marge du nom du votant.

Art. 50. — L'appel étant terminé, il est procédé au réappel de tous ceux qui n'ont pas voté.

Art. 55. — Après la clôture du scrutin, il est procédé au dépouillement de la manière suivante : la boîte du scrutin est ouverte et le nombre des bulletins vérifié. Si ce nombre est plus grand ou moindre que celui des votants, il en est fait mention au procès-verbal. Le bureau désigne, parmi les électeurs présents, un certain nombre de scrutateurs sachant lire et écrire, lesquels se divisent par table de quatre au moins. Le président répartit entre les diverses tables les bulletins à vérifier. A chaque table, l'un des scrutateurs lit chaque bulletin à haute voix et le passe à un autre scrutateur; les noms portés sur les bulletins sont relevés sur des listes préparées à cet effet.

Art. 54. — Le président et les membres du bureau surveillent l'opération du dépouillement. Néanmoins, dans les sections où il se sera présenté moins de 300 votants, le bureau pourra procéder lui-même et sans l'intervention des scrutateurs supplémentaires, au dépouillement du scrutin.

Art. 55. — Les tables sur lesquelles s'opère le dépouillement du scrutin sont disposées de telle sorte que les électeurs puissent circuler à l'entour.

Art. 56. — Sont valables les bulletins contenant plus ou moins de noms qu'il y a de citoyens à élire. Les derniers noms inscrits au delà de ce nombre ne sont pas comptés.

Art. 57. — Les bulletins blancs, ceux ne contenant pas une désignation suffisante ou contenant une désignation ou qualification inconstitutionelle, ou dans lesquels les votants se font connaître, n'entrent point en compte dans le résultat du dépouillement, mais ils sont annexés au procès-verbal.

Art. 58. — Immédiatement après le dépouillement, le résultat du scrutin est rendu public et les bulletins autres que ceux qui, conformément aux art. 56 et 57, doivent être annexés au procès-verbal, sont brûlés en présence des électeurs.

Art. 63. — Le recensement général des votes étant terminé, le président en fait connaître le résultat. S'il s'agit d'élections à l'assemblée nationale, le président proclame représentants du peuple, dans la limite du nombre attribué au département par la loi, les candidats qui ont obtenu le plus de voix selon l'ordre de la majorité relative.

Art. 64. — Néanmoins, nul n'est élu ni proclamé au premier tour de scrutin, s'il n'a réuni un nombre de voix égal au huitième de celui des électeurs inscrits sur la totalité des listes électorales du département.

Art. 65. — Dans le cas où le nombre des candidats réunissant au moins ce chiffre de voix est resté inférieur au nombre des représentants attribué au département par la loi, l'élection est continuée au deuxième dimanche qui suit le jour de la proclamation du résultat du premier scrutin, et alors elle a lieu à la majorité relative, quel que soit le nombre des suffrages obtenus.

Art. 66. — Dans tous les cas où il y a concours par égalité de suffrages, le plus âgé obtient la préférence.

TIT. 4. — Des éligibles.

Art. 79. — Ne peuvent être élus représentants du peuple :

1° Les individus privés de leurs droits civils et politiques par suite de condamnation, soit à des peines afflictives et infamantes, soit à des peines infamantes seulement;

2° Ceux auxquels les tribunaux, jugeant correctionnellement, ont interdit le droit de vote, d'élection ou d'éligibilité, par application des lois qui autorisent cette interdiction;

3° Les condamnés pour crime à l'emprisonnement, par application de l'art. 463 C. Pén.;

4° Les condamnés pour vol, escroquerie, abus de confiance, soustraction commise par des dépositaires de deniers publics, ou attentat aux mœurs prévu à l'art. 331 C. Pén.;

5° Ceux qui ont été condamnés par application des art. 318 et 423 C. Pén.;

6° Ceux qui ont été condamnés pour délit d'usure;

7° Ceux qui ont été condamnés pour adultère;

8° Les accusés contumax;

9° Les interdits et les citoyens pourvus d'un conseil judiciaire;

10° Les faillis non réhabilités, dont la faillite a été déclarée soit par des tribunaux français, soit par jugement rendu à l'étranger, mais exécutoire en France.

Toutefois, le § 3 du présent article n'est applicable ni aux condamnés en matière politique, ni aux condamnés pour coups et blessures, si l'interdiction du droit de vote, d'élection ou d'éligibilité n'a pas été, dans le cas où la loi l'autorise, prononcée par l'arrêt de condamnation.

Art. 80. — Sera déchu de la qualité de Représentant du peuple tout membre de l'Assemblée nationale qui, pendant la durée de son mandat législatif, aura été frappé d'une condamnation emportant, aux termes de l'article précédent, l'incapacité d'être élu. La déchéance sera prononcée par l'Assemblée nationale, sur le vu des pièces justificatives.

Loi du 2 mai 1871.

Art. unique. — En attendant l'adoption d'une loi organique électorale, les Préfets et Sous-Préfets ne pourront être élus Représentants à l'Assemblée nationale dans les départements administrés par eux, et la prohibition continuera de subsister pendant les six mois qui suivront la cessation de la fonction. — Toutefois, cette disposition ne s'appliquera pas à ceux de ces fonctionnaires qui, ayant cessé leurs fonctions avant le 29 janv. 1871, se présenteront aux élections partielles auxquelles il devra être procédé par suite d'option, d'annulation, de démission, de décès, ou pour toute autre cause.

Circ. M. — 10 juin 1871 (Publiée au *Moniteur de l'Algérie* du 22 juin) — *Instructions du ministre de l'intérieur aux préfets sur les opérations du vote.*

Assemblées des électeurs. — En vertu de la loi du 10 avr. 1871, le vote aura lieu au chef-lieu de chaque commune. La commune elle-même pourra être divisée, pour la facilité du vote, en plusieurs sections. Vous prendrez, s'il y a lieu, des arrêtés à cet effet. — Le scrutin s'ouvrira le dimanche 2 juillet à 6 h. du matin, sous la présidence des maires, des adjoints ou des conseillers municipaux, dans l'ordre du tableau. A leur défaut, les présidents sont pris parmi les électeurs les plus âgés sachant lire et écrire.

Désignation des conseillers municipaux qui feront les fonctions d'assesseurs. — Le 1er juillet, veille de l'ouverture des assemblées électorales, le conseil municipal se réunira pour reconnaître quels sont ceux de ses membres qui, selon l'ordre du tableau, rempliront les fonctions d'assesseurs. — S'il n'y a qu'une seule assemblée électorale, les assesseurs seront les quatre premiers conseillers municipaux sachant lire et écrire. Si, dans la même commune, il doit se tenir plusieurs assemblées partielles, les conseillers municipaux se concerteront entre eux pour fournir quatre assesseurs à chacune d'elles, en suivant l'ordre du tableau; de manière cependant que les conseillers soient attachés à la section dans laquelle ils sont inscrits comme électeurs. — A défaut de conseillers municipaux, le président s'adjoindra comme assesseurs, les deux plus âgés et les deux plus jeunes électeurs présents, sachant lire et écrire.

Pièces à déposer sur la table du bureau. — La feuille d'inscription des votants sera déposée sur le bureau avec la minute ou la copie de la liste officielle; on y déposera également une copie de l'arrêté du 9 juin (1).

Installation du bureau. — *Nomination du secrétaire.* — Le président prendra place au bureau, et les assesseurs siégeront à ses côtés; ils nommeront, à la majorité des voix, un des électeurs pour faire les fonctions de secrétaire. — Le président, après avoir ouvert la boîte du scrutin et vérifié avec les membres du bureau qu'elle ne renferme aucun bulletin, la fermera avec deux serrures, dont les clefs resteront, l'une entre ses mains, l'autre dans celles du plus âgé des assesseurs.

Appel des électeurs. — Il ordonnera aussitôt l'admission des électeurs. — Le vote ayant lieu par scrutin de liste, chaque électeur doit apporter un bulletin sur lequel sont portés autant de noms qu'il y a de représentants à élire (2); il doit aussi apporter la carte qui lui aura été délivrée par le maire. — Nul électeur ne peut entrer s'il est porteur d'armes apparentes ou cachées.

Remise et dépôt des bulletins. — Les électeurs sont appelés selon l'ordre de la liste. Chacun des électeurs présents se rendra au bureau et montrera sa carte au président. Un des assesseurs la prendra et en déchirera un coin. L'électeur remettra son bulletin fermé au président qui, après s'être assuré qu'il n'en renferme pas d'autre, le déposera dans la boîte du scrutin. Alors, l'assesseur, qui aura corné la carte, la rendra à l'électeur. — L'électeur qui aurait perdu sa carte sera admis à voter après constatation de son identité.

Constatation des votes. — A mesure que chaque électeur déposera son bulletin, un des assesseurs ou le secrétaire constatera le vote en écrivant son nom ou son paraphe sur la feuille d'inscription, en regard du nom du votant.

Durée du scrutin. — Le scrutin, dans tous les collèges, ne durera qu'un seul jour. Il sera ouvert le dimanche 2 juillet, à 6 heures du matin, et clos à 6 heures du soir.

Dépouillement du scrutin. — La boîte du scrutin sera ouverte, les bulletins en seront retirés, et le nombre en sera vérifié. Les six membres du bureau se partageront ce soin. — Le nombre des bulletins trouvés dans la boîte sera consigné au procès-verbal. Il y sera également fait mention du nombre des votants constaté par la feuille d'appel, afin d'établir si le nombre des bulletins est égal, inférieur ou supérieur. — Après la constatation des votes, le président fera procéder au dépouillement des bulletins et au relevé des suffrages.

Lorsque le nombre des votants est inférieur à 300, le bureau procède lui-même au dépouillement des bulletins. S'il y a plus de 500 votants, il se fait assister par des scrutateurs supplémentaires. A cet effet, il désigne parmi les électeurs présents un certain nombre de citoyens sachant lire et écrire, lesquels se divisent par table de six scrutateurs au moins. Le président répartit entre les diverses tables les bulletins à vérifier. Il sera loisible aux électeurs d'entrer dans la salle d'assemblée, pourvu, toutefois, qu'ils ne soient pas trop nombreux et que le silence soit observé. — Je ne crois pas nécessaire d'exposer ici le mode de procéder des scrutateurs. Ces opérations

sont familières aux membres des bureaux électoraux, et les détails en ont été présentés dans toutes les circulaires relatives aux élections.

Bulletins qui n'entrent pas en compte. — Le papier des bulletins doit être blanc et sans signes extérieurs. — Je vous rappelle que les bulletins blancs, ceux qui ne contiennent pas une désignation suffisante, ou dans lesquels les votants se font connaître, n'entrent point en compte dans les résultats de dépouillement, ils sont annexés au procès-verbal.

Des éligibles. — Sont éligibles tous les électeurs âgés de 25 ans. — Ne peuvent être élus (V. *suprà*, art. 79 de la loi du 15 mars 1849.) — Quant aux incompatibilités qui font l'objet des art. 81 à 90 de la loi du 15 mars 1849, l'application continuera d'en être suspendue. — Cependant les préfets ou sous-préfets ne peuvent être élus représentants dans les départements qu'ils administrent. — La prohibition continue même de subsister pendant les six mois qui suivent la cessation de leurs fonctions; la loi du 11 mai dernier admet seulement une exception à l'égard des préfets et sous-préfets qui ont cessé leurs fonctions avant le 29 janv. 1871.

Bulletins contenant plus de noms qu'il n'y a de représentants à élire. — Si un bulletin contient plus ou moins de noms qu'il n'y a de représentants à élire, ce bulletin n'en est pas moins valable. — Dans le premier cas, les scrutateurs ne tiendront pas compte des derniers noms inscrits au delà de ce nombre.

Bulletins contenant moins de noms qu'il n'y a de représentants à élire. — En ce qui concerne les bulletins qui contiendraient un nombre de noms moindre que celui des représentants à élire, le législateur a considéré que la volonté de l'électeur qui croit devoir restreindre ses choix doit être respectée. Ces bulletins devront donc être dépouillés. — Si un bulletin contenait deux ou plusieurs fois le nom d'un même candidat, ce nom ne serait compté qu'une seule fois. — Le bureau, avant de statuer, fera brûler tous les bulletins non réservés. Puis il procédera à l'addition des suffrages obtenus par les divers candidats sur les feuilles de dépouillement des différents groupes.

Bulletins réservés comme douteux. — Ensuite, il s'occupera des bulletins et des suffrages mis en réserve. Il ajoutera au relevé total des suffrages obtenus par les candidats ceux qui résulteront de ses décisions. Il fera brûler les bulletins sur lesquels il ne restera, dans son opinion, aucune difficulté à éclaircir. Les autres seront paraphés par les membres du bureau et annexés au procès-verbal.

Procès-verbal. — Le procès-verbal établira le nombre définitif de suffrages obtenus par chacun des représentants élus, et mentionnera les observations relatives à certains votes et les décisions prises à cet égard. — Les candidats seront classés selon l'ordre des suffrages qu'ils ont obtenus. — Le procès-verbal sera dressé en deux expéditions, signées l'une et l'autre par les membres du bureau (3).

Recensement des votes des sections. — Lorsqu'une commune aura été divisée en plusieurs sections, les présidents et membres des divers bureaux porteront à la première section les procès-verbaux de leurs assemblées respectives avec

---

(1) On y ajoutera une copie de l'arr. du 15 juin ci-après, relatif aux élections d'Alger et d'Oran.

(2) Le nombre des représentants à élire par l'assemblée devra être affiché dans chacune des salles de vote et au dehors.

---

(3) Un des doubles est conservé au secrétariat de la commune; l'autre est envoyé sous enveloppe cachetée et scellée à l'adresse du président du bureau central du département ou porté au chef-lieu par le président ou par l'un des membres du bureau, délégué à cet effet.

les réclamations et annexes. — Le bureau de la première section fera, en présence des présidents des autres assemblées, le recensement des votes émis dans les diverses sections, et il en dressera un procès-verbal en double expédition.

Dispositions générales. — La police de chaque assemblée appartient au président. Nulle force armée ne peut, sans son autorisation, être placée à l'intérieur et aux abords de la salle. Il peut requérir les autorités civiles et les commandants militaires, qui sont tenus de déférer à ses réquisitions. — Doivent toujours être présents au bureau trois au moins des membres qui le composent, parmi lesquels est compté le secrétaire. — En cas d'absence, le président est remplacé par le plus âgé, et le secrétaire par le plus jeune des assesseurs. — Les collèges et sections ne peuvent s'occuper que de l'élection pour laquelle ils sont réunis. Toutes discussions y sont interdites. Le président doit rappeler cette règle aux électeurs. Si la discussion continue, il prononce la suspension ou la levée de la séance.

APR. — 13-19 juin 1871. — BG. 567. — *Convocation des électeurs des départements d'Alger et d'Oran pour le 9 juillet, à l'effet de nommer chacun deux députés, en remplacement de MM. Andrieu et Garibaldi, démissionnaires, et de M. Gambetta, qui a opté pour le département du Bas-Rhin.*

Circ. G. — 17-19 juin 1871. — BG. 567. — *Instructions aux préfets et aux généraux divisionnaires, à l'effet de prendre les mesures locales nécessaires pour l'exécution du décret qui précède.*

Circ. M. — 21 juin 1871. — (Publiée au *Moniteur de l'Algérie* du 24 juin). — *Instructions aux préfets au sujet de l'inscription sur les listes électorales sans conditions de temps ni de résidence, des électeurs Alsaciens et Lorrains qui ont opté ou opteront pour la nationalité française, en exécution de la loi du 19 juin 1871, exécutoire en Algérie.*

Cir. G. — 27 juin-6 juillet 1861. — BG. 568. — *Instructions aux préfets pour que le dépouillement général des procès-verbaux des votes ait lieu conformément au décret du 3 février 1871, toujours en vigueur.*

DP. — 12-31 déc. 1871. — BG. 593. — *Convocation des électeurs du département d'Oran pour l'élection de deux députés, en remplacement de ceux dont l'élection a été annulée.*

AG. — 15-31 déc. 1871. — BG. 593. — *Mesures prescrites pour l'exécution du décret qui précède. — Publication et affiches dans toutes les communes du département. — Rectification des listes électorales.*

§ 2. — Élections municipales.

1° Élections de 1867.

AG. — 13-15 mars 1867. — BG. 230. — *Élections municipales en vertu du décr. du 27 déc. 1866.*

Vu le dernier § de l'art. 11, le § 1 de l'art. 15 et l'art. 17 du décr. du 27 déc. 1866. (V. *Communes*, § 1).

Art. 1. — Fixation de la date des élections et de la durée du scrutin.

Art. 2. — Délais pour la formation des listes qui seront établies dans la forme prescrite par l'art. 11 du décr. du 27 déc. 1866, ainsi que pour les réclamations, rectifications et décisions du juge de paix.

Art. 3. — Ne pourront prendre part aux opérations électorales que les électeurs inscrits sur la liste définitive et rectifiée comme il est dit en

l'article précédent. — Toutefois, seront admis à voter, quoique non inscrits, les électeurs porteurs d'une décision du juge de paix ordonnant leur inscription, ou d'un arrêt de la cour de cassation annulant un jugement qui aurait prononcé leur radiation.

Art. 4. — Seront publiés à la suite du présent arrêté :

1° Le tit. 2 du décr. organique du 2 fév. 1852 ;

2° Le tit. 1 du décr. réglementaire du même jour ;

3° Le décr. du 15 janvier, 1866, sur les élections ;

4° Les art. 5, 7, 9, 10, 11, 12, 13 de la sect. 1, les sect. 2 et 3 de la loi du 5 mai 1855 ;

5° Les dispositions pénales édictées par le tit. 6 (art. 51 à 51) du décr. organique du 2 fév. 1852.

M^{al} DE MAC-MAHON, DUC DE MAGENTA.

Décret organique du 2 fév. 1852.

TIT. 2. — *Des électeurs et des listes électorales.*

Art. 12. — (Remplacé pour l'Algérie par l'art. 10 du décr. du 26 déc. 1866.)

Art. 13. — La liste électorale est dressée pour chaque commune, par le maire. Elle comprend par ordre alphabétique : 1° (Remplacé, pour l'Algérie par l'art. 10 du décr. du 17 déc. 1866) ; 2° Ceux qui n'ayant pas atteint, lors de la formation de la liste les conditions d'âge et d'habitation, doivent les acquérir avant la clôture définitive.

Art. 14. — Les militaires en activité de service et les hommes retenus pour le service des ports ou de la flotte, en vertu de leur immatriculation sur les rôles de l'inscription maritime, seront portés sur les listes des communes où ils étaient domiciliés avant leur départ. — Ils ne pourront voter que lorsqu'ils seront présents, au moment de l'élection, dans la commune où ils seront inscrits.

Art. 15. — Ne doivent pas être inscrits sur les listes électorales :

1° Les individus privés de leurs droits civils et politiques par suite de condamnations, soit à des peines afflictives ou infamantes, soit à des peines infamantes seulement ;

2° Ceux auxquels les tribunaux, jugeant correctionnellement, ont interdit le droit de vote et d'élection, par application des lois qui autorisent cette interdiction ;

3° Les condamnés pour crimes à l'emprisonnement, par application de l'art. 463 C. Pén. ;

4° Ceux qui ont été condamnés à trois mois de prison, par application des art. 313 et 423 C. Pén. ;

5° Les condamnés pour vol, escroquerie, abus de confiance, soustraction commise par les dépositaires de deniers publics ou attentats aux mœurs, prévus par les art. 330 et 334 C. Pén., quelle que soit la durée de l'emprisonnement auquel ils ont été condamnés ;

6° Les individus qui, par application de l'art. 8 de la loi du 17 mai 1819 et de l'art. 5 du décr. du 11 août 1848, auront été condamnés pour outrage à la morale publique et religieuse ou aux bonnes mœurs, et pour attaque contre le principe de la propriété et les droits de la famille ;

7° Les individus condamnés à plus de trois mois d'emprisonnement en vertu des art. 31, 33, 34, 35, 56, 58, 59, 40, 41, 42, 43 et 46 de la présente loi ;

8° Les notaires, greffiers et officiers ministériels destitués en vertu de jugements ou décisions judiciaires ;

9° Les condamnés pour vagabondage ou mendicité ;

10° Ceux qui auront été condamnés à trois mois de prison au moins par application des art. 439, 443, 444, 445, 446, 447 et 452 C. Pén. (destruction de registres, minutes ou actes originaux des autorités publiques. — Dégâts causés volontairement à des marchandises, dévastations de récoltes sur pied, abatage d'arbres, etc., empoisonnement de chevaux et bestiaux, etc.) ;

11° Ceux qui auront été déclarés coupables des délits prévus par les art. 410 et 411 C. Pén. et par la loi du 21 mai 1836, portant prohibition des loteries. — (I, 429) ;

12° Les militaires condamnés au boulet ou aux travaux publics;

13° Les individus condamnés à l'emprisonnement par application des art. 58, 41, 45 et 45 de la loi du 21 mars 1855 sur le recrutement de l'armée (fraudes ou manœuvres en matière de recrutement; mutilations volontaires, substitutions frauduleuses, etc.);

14° Les individus condamnés à l'emprisonnement par application de l'art. 1 de la loi du 27 mars 1851 (fraude dans la vente des marchandises). — (I, 625);

15° Ceux qui ont été condamnés pour délit d'usure;

16° Les interdits;

17° Les faillis non réhabilités, dont la faillite a été déclarée, soit par les tribunaux français, soit par jugements rendus à l'étranger, mais exécutoires en France.

Art. 16. — Les condamnés à plus d'un an d'emprisonnement pour rébellion, outrages et violences envers les dépositaires de l'autorité ou de la force publique, pour outrages publics envers un juré à raison de ses fonctions, ou envers un témoin à raison de sa déposition, pour délits prévus par la loi sur les attroupements (loi du 7 juin 1848, I, 110), et la loi sur les clubs (décr. du 11 mai 1852, I, 625; ce décret n'est que la reproduction du décret-loi du 25 mars 1852) et pour infractions à la loi sur le colportage (loi du 16 fév. 1854, I, 88), ne pourront être inscrits sur la liste électorale pendant cinq ans, à dater de l'expiration de leur peine.

Art. 17. — Dispositions transitoires.

Art. 18. — Les listes électorales sont permanentes. — Elles sont l'objet d'une révision annuelle. — Un décret du pouvoir exécutif déterminera les règles et les formes de cette opération.

Art. 19. — Lors de la révision annuelle, et dans les délais qui seront réglés par les décrets du pouvoir exécutif, tout citoyen omis sur la liste pourra présenter sa réclamation à la mairie. — Tout électeur inscrit sur l'une des listes de la circonscription électorale pourra réclamer la radiation ou l'inscription d'un individu omis ou indûment inscrit. — Le même droit appartient aux préfets et aux sous-préfets. — Il sera ouvert dans chaque mairie un registre sur lequel les réclamations seront inscrites par ordre de date. Le maire devra donner récépissé de chaque réclamation. — L'électeur dont l'inscription aura été contestée en sera averti sans frais par le maire, et pourra présenter ses observations.

Art. 20. — Les réclamations seront jugées par une commission composée, à Paris, du maire et de deux adjoints; partout ailleurs, du maire et de deux membres du conseil municipal désignés par le conseil.

Art. 21. — Notification de la décision sera, dans les trois jours, faite aux parties intéressées par le ministère d'un agent assermenté. — Elles pourront interjeter appel dans les cinq jours de la notification.

Art. 22. — L'appel sera porté devant le juge de paix du canton; il sera formé par simple déclaration au greffe; le juge de paix statuera dans les dix jours, sans frais ni forme de procédure, et sur simple avertissement donné trois jours à l'avance à toutes les parties intéressées. — Toutefois, si la demande portée devant lui implique la solution préjudicielle d'une question d'état, il renverra préalablement les parties à se pourvoir devant les juges compétents, et fixera un bref délai dans lequel la partie qui aura élevé la question préjudicielle devra justifier de ses diligences. — Il sera procédé en ce cas, conformément aux art. 855, 856 et 858 C. pr.

Art. 23. — La décision du juge de paix est en dernier ressort, mais elle peut être déférée à la cour de cassation. — Le pourvoi n'est recevable que s'il est formé dans les deux jours de la notifi-

cation de la décision. — Il n'est pas suspensif. — Il est formé par simple requête, dénoncée aux défendeurs dans les dix jours qui suivent; il est dispensé de l'intermédiaire d'un avocat à la cour, et jugé d'urgence, sans frais ni consignation d'amende. — Les pièces et mémoires fournis par les parties sont transmis sans frais, par le greffe de la justice de paix, au greffier de la cour de cassation. — La chambre des requêtes de la cour de cassation statue définitivement sur le pourvoi.

Art. 24. — Tous les actes judiciaires sont, en matière électorale, dispensés du timbre et enregistrés gratis. — Les extraits des actes de naissance, nécessaires pour établir l'âge des électeurs, sont délivrés gratuitement, sur papier libre, à tout réclamant. Ils portent en tête de leur texte l'énonciation de leur destination spéciale et ne peuvent servir à aucune autre·

Art. 25. — L'élection est faite sur la liste révisée, pendant toute l'année qui suit la clôture de la liste.

Décret réglementaire du 2 février 1852.

TIT. 1. — *Révision annuelle des listes électorales.*

Art. 1. — La révision annuelle des listes électorales s'opère conformément aux règles qui suivent : — Du 1ᵉʳ au 10 janvier de chaque année, le maire de chaque commune ajoute à la liste les citoyens qu'il reconnaît avoir acquis les qualités exigées par la loi, ceux qui acquerront les conditions d'âge et d'habitation avant le 1ᵉʳ avril et ceux qui auraient été précédemment omis. — Il en retranche : — 1° Les individus décédés; — 2° Ceux dont la radiation a été ordonnée par l'autorité compétente; — 3° Ceux qui ont perdu les qualités requises par la loi; — 4° Ceux qu'il reconnaît avoir été indûment inscrits, quoique leur inscription n'ait point été attaquée. Il tient un registre de toutes ces décisions et y mentionne les motifs et les pièces à l'appui.

Art. 2. — Le tableau contenant les additions et retranchements faits par le maire et la liste électorale est déposé au plus tard le 15 janvier au secrétariat de la commune. — Ce tableau sera communiqué à tout requérant, qui pourra le recopier et le reproduire par la voie de l'impression. Le jour même de ce dépôt, avis en sera donné par affiches aux lieux accoutumés.

Art. 3. — Une copie du tableau et du procès-verbal constatant l'accomplissement des formalités prescrites par l'article précédent sera en même temps transmise au sous-préfet de l'arrondissement, qui l'adressera, dans les deux jours, avec ses observations, au préfet du département.

Art. 4. — Si le préfet estime que les formalités et les délais prescrits par la loi n'ont pas été observés, il devra, dans les deux jours de la réception du tableau, déférer les opérations au conseil de préfecture du département, qui statuera dans les trois jours et fixera, s'il y a lieu, le lieu dans lequel les opérations annulées devront être refaites.

Art. 5. — Remplacé par le décr. du 15 janv. 1866. — (Ci-après).

Art. 6. — Le juge de paix donnera avis des infirmations par lui prononcées, au préfet et au maire, dans les trois jours de la décision.

Art. 7. — Le 31 mars de chaque année, le maire opère toutes les rectifications régulièrement ordonnées, transmet au préfet le tableau de ces rectifications et arrête définitivement la liste électorale de la commune. — La minute de la liste électorale reste déposée au secrétariat de la commune; le tableau rectificatif transmis au préfet reste déposé avec la copie de la liste électorale au secrétariat général du département. — Communication en doit toujours être donnée aux citoyens qui la demandent.

Art. 5. — La liste électorale reste jusqu'au 31 mars de l'année suivante, telle qu'elle a été arrêtée, sauf néanmoins les changements qui y auraient été ordonnés par décision du juge de paix, et sauf aussi la radiation du nom des électeurs décédés ou privés des droits civils et politiques par jugement ayant force de chose jugée.

Décret du 13 janvier 1866.

Art. 1. — Le délai fixé par l'art. 5 du décret réglementaire du 2 févr. 1852, pour les demandes en inscription ou en radiation sur les listes électorales, est porté à vingt jours, à compter de la publication desdites listes.

Art. 2. — L'art. 5 précité du décret réglementaire du 2 févr. 1852 est rapporté.

Loi du 5 mai 1855.

(V. suprà Communes, § 1, p. 74, Annexe au décr. du 27 déc. 1866.)

Décret organique du 2 février 1852.

TIT. 4. — Dispositions pénales.

Art. 31. — Toute personne qui se sera fait inscrire sur la liste électorale sous de faux noms ou de fausses qualités, ou aura, en se faisant inscrire, dissimulé une incapacité prévue par la loi, ou aura réclamé et obtenu une inscription sur deux ou plusieurs listes, sera punie d'un emprisonnement d'un mois à un an et d'une amende de 100 à 1,000 fr.

Art. 32. — Celui qui, déchu du droit de voter, soit par suite d'une condamnation judiciaire, soit par suite d'une faillite non suivie de réhabilitation, aura voté, soit en vertu d'une inscription sur les listes antérieures à sa déchéance, soit en vertu d'une inscription postérieure, mais opérée sans sa participation, sera puni d'un emprisonnement de quinze jours à trois mois et d'une amende de 25 à 100 fr.

Art. 33. — Quiconque aura voté dans une assemblée électorale, soit en vertu d'une inscription obtenue dans les deux premiers cas prévus par l'art. 31, soit en prenant faussement les noms et qualités d'un électeur inscrit, sera puni d'un emprisonnement de six mois à deux ans, et d'une amende de 200 à 2,000 fr.

Art. 34. — Sera puni de la même peine tout citoyen qui aura profité d'une inscription multiple pour voter plus d'une fois.

Art. 35. — Quiconque étant chargé, dans un scrutin, de recevoir, compter ou dépouiller les bulletins contenant les suffrages des citoyens, aura soustrait, ajouté ou altéré des bulletins, ou lu un nom autre que celui inscrit, sera puni d'un emprisonnement d'un an à cinq ans, et d'une amende de 500 à 5,000 fr.

Art. 36. — La même peine sera appliquée à tout individu qui, chargé par un électeur d'écrire son suffrage, aura inscrit sur le bulletin un nom autre que celui qui lui était désigné.

Art. 37. — L'entrée dans l'assemblée électorale avec armes apparentes est interdite. En cas d'infraction, le contrevenant sera passible d'une amende de 16 à 100 fr. — La peine sera d'un emprisonnement de quinze jours à trois mois, et d'une amende de 50 à 300 fr., si les armes étaient cachées.

Art. 38. — Quiconque aura donné, promis ou reçu des deniers, effets ou valeurs quelconques, sous la condition soit de donner ou de procurer un suffrage, soit de s'abstenir de voter, sera puni d'un emprisonnement de trois mois à deux ans, et

d'une amende de 300 à 5,000 fr. — Seront punis des mêmes peines, ceux qui, sous les mêmes conditions, auront fait ou accepté l'offre ou la promesse d'emplois publics ou privés. — Si le coupable est fonctionnaire public, la peine sera du double.

Art. 39. — Ceux qui, soit par voies de fait, violences ou menaces contre un électeur, soit en lui faisant craindre de perdre son emploi ou d'exposer à un dommage sa personne, sa famille ou sa fortune, l'auront déterminé à s'abstenir de voter, ou auront influencé son vote, seront punis d'un emprisonnement d'un mois à un an, et d'une amende de 100 à 1,000 fr.; la peine sera double si le coupable est fonctionnaire public.

Art. 40. — Ceux qui, à l'aide de fausses nouvelles, bruit calomnieux, ou autres manœuvres frauduleuses, auront surpris ou détourné des suffrages, déterminé un ou plusieurs électeurs à s'abstenir de voter, seront punis d'un emprisonnement d'un mois à un an, et d'une amende de 100 à 2,000 fr.

Art. 41. — Lorsque, par attroupements, clameurs ou démonstrations menaçantes, on aura troublé les opérations d'un collège électoral, porté atteinte à l'exercice du droit électoral ou à la liberté du vote, les coupables seront punis d'un emprisonnement de trois mois à deux ans, et d'une amende de 100 à 2,000 fr.

Art. 42. — Toute irruption dans un collège électoral consommée ou tentée avec violence, en vue d'empêcher un choix, sera punie d'un emprisonnement de un an à cinq ans, et d'une amende de 1,000 à 5,000 fr.

Art. 43. — Si les coupables étaient porteurs d'armes, ou si le scrutin a été violé, la peine sera la réclusion.

Art. 44. — Elle sera des travaux forcés à temps si le crime a été commis par suite d'un plan concerté pour être exécuté soit dans toute la République, soit dans un ou plusieurs départements, soit dans un ou plusieurs arrondissements.

Art. 45. — Les membres d'un collège électoral qui, pendant la réunion, se seront rendus coupables d'outrages ou de violences, soit envers le bureau, soit envers l'un de ses membres, ou qui, par voies de fait ou menaces, auront retardé ou empêché les opérations électorales, seront punis d'un emprisonnement de un mois à un an, et d'une amende de 100 fr. à 2,000 fr. — Si le scrutin a été violé, l'emprisonnement sera de un an à cinq ans, et l'amende de 1,000 à 5,000 fr.

Art. 46. — L'enlèvement de l'urne contenant les suffrages émis et non encore dépouillés, sera puni d'un emprisonnement de un an à cinq ans, et d'une amende de 1,000 à 5,000 fr. — Si cet enlèvement a été effectué en réunion et avec violence, la peine sera la réclusion.

Art. 47. — La violation du scrutin faite, soit par les membres du bureau, soit par les agents de l'autorité préposés à la garde des bulletins non encore dépouillés, sera punie de la réclusion.

Art. 48. — Les crimes prévus par la présente loi seront jugés par la Cour d'assises, et les délits par les tribunaux correctionnels; l'art. 463 du C. P. pourra être appliqué.

Art. 49. — En cas de conviction de plusieurs crimes ou délits prévus par la présente loi et commis antérieurement au premier acte de poursuite, la peine la plus forte sera seule appliquée.

Art. 50. — L'action publique et l'action civile seront prescrites après trois mois, à partir du jour de la proclamation du résultat de l'élection.

Art. 51. — La condamnation, s'il en est prononcé, ne pourra, en aucun cas, avoir pour effet d'annuler l'élection déclarée valide par les pouvoirs compétents, ou dûment définitive par l'absence de toute protestation régulière formée dans les délais voulus par les lois spéciales.

Circ. G. — 15-16 mars 1867. — BG. 220. — *Instruction sur la formation, la publication, la rectification et la clôture définitive des listes électorales pour les élections municipales de 1867.*

Forme des listes.

1° Aux termes de l'art. 11 du déc. du 27 déc. 1866, la liste des électeurs communaux sera dressée, dans chaque commune, par sections municipales ou par catégories d'habitants. — On entend par section municipale, en Algérie, celle qui est administrée par un adjoint spécial, sous l'autorité du maire, en vertu du § 2 de l'art. 4 du décret. Les catégories d'habitants sont au nombre de quatre, savoir : (1). — 1° citoyens français ou naturalisés ; — 2° indigènes musulmans ; — 3° indigènes israélites ; — 4° étrangers.

2° Il sera donc établi une liste particulière pour chaque section municipale. — Chaque liste sera divisée en quatre parties, correspondant à chacune des quatre catégories d'habitants spécifiées ci-dessus. — Les inscriptions seront faites, dans chaque catégorie, dans l'ordre alphabétique des noms. Chaque nom sera précédé d'un numéro d'ordre, et chaque catégorie aura sa numération particulière. — Alors même qu'il n'y aurait pas d'électeurs à inscrire dans l'une des trois dernières catégories légales, le paragraphe correspondant à cette catégorie n'en serait pas moins ouvert sur la liste, et l'on inscrirait au-dessous de l'intitulé le mot : néant.

3° La liste sera terminée par une récapitulation numérique par catégories d'électeurs, qui fera connaître le nombre total des électeurs inscrits sur cette liste.

4° La liste sera dressée sous forme de tableau. — Ce tableau sera divisé en six colonnes indiquant : — 1° Le numéro d'ordre ; — 2° Les nom et prénoms de l'électeur ; — 3° La profession ; — 4° L'âge ; — 5° Le lieu de l'habitation ; — 6° Les observations. — Cette dernière colonne, qui restera généralement en blanc, pourra recevoir l'émargement du vote lors de la formation des scrutins. — Les feuilles, dont chaque liste se composera, seront réunies en un seul cahier.

5° Pour faciliter la confection des listes, il serait bon d'établir préalablement des bulletins individuels, sur lesquels seraient consignées toutes les indications qui précèdent. — Ces bulletins, après avoir été remplis, seraient classés dans l'ordre qui doit être observé dans la rédaction de la liste, laquelle serait établie au moyen de leur dépouillement. Ils seraient conservés comme moyen de contrôle et de vérification.

Des conditions d'âge, de domicile et de résidence en Algérie.

6° L'électeur français ou naturalisé français doit être imposé aux taxes municipales. Il doit, en outre, avoir 21 ans accompli. — L'électeur indigène ou étranger doit être âgé de 25 ans (art. 10). — La durée du domicile dans la commune a été fixée à un an au moins pour toutes les catégories d'électeurs. — Pour l'étranger, il faut, en outre, trois années de résidence en Algérie.

7° Le terme d'accomplissement des conditions d'âge, de domicile et de résidence, a été fixé par la jurisprudence au jour où se réunissent les assemblées électorales. — On devra, par conséquent, inscrire sur les listes de cette année les électeurs qui, remplissant d'ailleurs les autres conditions légales (art. 10), auront accompli les conditions d'âge, de domicile dans la commune et de résidence en Algérie, avant le 25 mai prochain.

Observations sur le domicile.

8° Le domicile exigé en matière électorale est le domicile réel, le lieu de la résidence la plus habituelle. Dans le plus grand nombre de cas, ce domicile se confond avec le domicile civil, tel que le définit le C. Nap. (art. 102 et suivants). Cependant, cette identité ne se rencontre pas toujours, et lorsqu'il existe des raisons de douter, la question doit se décider par la considération du fait de la résidence.

9° On ne peut être électeur que dans une seule commune. Le citoyen qui a deux habitations, où il réside successivement ou alternativement, depuis plus d'une année, dans deux communes différentes, a l'option de celle où il entend exercer son droit électoral ; mais, dans ce cas, il doit faire sa déclaration aux mairies des deux communes, et justifier au maire de la commune où il veut être inscrit comme électeur de la déclaration par lui faite au maire de l'autre commune. Cette option peut avoir lieu, dans les mêmes conditions, entre deux sections municipales de la même commune.

Domicile des militaires et marins.

10° Les militaires et marins en activité de service n'ont d'autre domicile politique que leur domicile réel avant leur entrée au service ; ils ne doivent donc pas être inscrits sur les listes municipales de l'Algérie. (V. arr. Cass. du 13 juin 1870, ci-dessus p. 139, décision contraire.)

11° Pour l'étranger libéré du service militaire, le temps passé en Algérie sous les drapeaux doit être compté dans la durée de la résidence légale, par application du principe consacré par l'art. 17 du déc. du 21 avril 1866, portant règlement pour l'exécution du Sén.-Cons. sur la naturalisation. (II, 160.)

Des conditions spéciales exigées des indigènes et des étrangers.

12° Outre les conditions d'âge, de domicile et de résidence, l'art. 10 du décr. du 27 déc. 1866 exige des indigènes et des étrangers, l'une des conditions suivantes : « Être propriétaire foncier ou fermier d'une propriété rurale ; exercer une profession, un commerce ou une industrie soumis

---

(1) JURISPRUDENCE. — Cons. d'Etat. — Considérant que si, d'après les art. 9, 11 et 15 de notre décr. du 27 déc. 1866, les électeurs communaux sont divisés en 4 catégories appelées à nommer séparément un nombre déterminé de membres du conseil municipal, ces dispositions ne font pas obstacle à ce que les électeurs de chaque catégorie puissent choisir, pour les représenter, toute personne remplissant les conditions d'éligibilité prescrites par l'art. 12 du même décret ; d'où il suit que le sieur Hawke, de nationalité anglaise, inscrit sur la liste des électeurs étrangers de la commune de Kolea, éligible aux termes du § 2 dudit art. 12, a été valablement élu membre du conseil municipal par les électeurs citoyens

français de cette commune ; — que c'est à tort que le conseil de préfecture d'Alger a annulé cette élection ; — maintient ladite élection. — 25 juill. 1868.

Du même jour, arrêté identique maintenant l'élection, par la catégorie des électeurs israélites, d'un israélite naturalisé français et porté à ce titre sur la liste des électeurs citoyens français. — Rejet du pourvoi contre un arrêté du conseil de préfecture d'Oran.

Cette question divisait, comme on le voit, les conseils de préfecture de l'Algérie ; elle divisait également le gouverneur général et le ministre de la guerre, consultés sur les deux pourvois. — (V. Dallez. 1869 3. 37.)

à l'impôt des patentes; être employé de l'État, du département ou de la commune ; être membre de la Légion d'honneur, décoré de la médaille militaire, d'une médaille d'honneur ou d'une médaille commémorative, donnée ou autorisée par le gouvernement français, ou titulaire d'une pension de retraite. »

On ne devra pas négliger d'indiquer, dans la colonne d'observations et en regard du nom de l'électeur inscrit, la mention de l'accomplissement de l'une de ces conditions supplémentaires. On s'en dispensera à l'égard des électeurs de la première catégorie, puisque ces conditions ne sont pas utiles à l'exercice de leur droit électoral. Les médailles commémoratives dont il s'agit dans le décr. sont celles de Sainte-Hélène, des campagnes de Crimée et d'Italie, et toutes autres qui seraient ultérieurement créées ou autorisées par le gouvernement. Les ordres étrangers n'étant pas compris dans la nomenclature légale, ne peuvent être considérés comme des distinctions servant à compléter la capacité électorale.

Des incapacités légales

13° Les incapacités légales sont déterminées par les art. 15 et 16 du décr. organique du 2 févr. 1852. Les maires apporteront la plus grande attention à vérifier, sous le rapport des incapacités légales, la position des habitants de leur commune susceptibles d'être inscrits sur les listes électorales. Dans les cas d'incertitude, les casiers judiciaires devront être consultés.

14° L'incapacité résultant d'une peine afflictive et infamante cesse quand il y a eu réhabilitation.

La perte des droits civiques, par l'effet d'un jugement correctionnel, cesse également quand il y a eu amnistie. Le décr. organique de 1852 n'a pa établi d'incapacité à raison de la surveillance de la haute police ; ainsi, quand le motif de la condamnation n'est pas un de ceux prévus par les art. 15 et 16 ci-dessus rappelés, le seul fait de la mise sous la surveillance, à titre temporaire ou perpétuel, n'entraîne pas l'interdiction du droit de vote et d'élection. En ce qui concerne les faillis, le décr. de 1852 n'a pas maintenu l'exception qui avait été établie par la loi de 1849, en faveur de ceux qui avaient obtenu un concordat ou avaient été déclarés excusables par le jugement de déclaration de faillite (art. 538 C. Com.). Il n'y a donc pas lieu de faire aucune distinction à cet égard, et tout failli non réhabilité doit être exclu des listes électorales.

Des détenus, accusés contumaces et aliénés.

15° Aux termes de la loi du 15 mars 1849, non abrogée sur ce point, le droit de vote est suspendu: pour les détenus, pour les accusés contumaces, pour les personnes non interdites, mais retenues, en vertu de la loi du 30 juin 1838, dans un établissement public d'aliénés (art. 41). Mais les individus appartenant à ces diverses catégories n'en devront pas moins figurer sur les listes électorales.

De la publication des listes.

16° La publication des listes devra être faite au chef-lieu de la commune et dans chaque section municipale, au jour indiqué par l'arr. du gouverneur général, soit le 5 avril 1867. Cette publication consistera dans le dépôt de la liste à la mairie ou dans le local désigné pour la tenir lieu. Un double des listes dressées dans les sections municipales devra être déposé à la mairie du chef-lieu de la commune, en même temps qu'à celle de la section.

17° Le maire et les adjoints de section, dans

leurs localités respectives, feront connaître par des affiches, à son de trompe ou de tambour, les lieux et heures où chaque citoyen pourra venir prendre connaissance des listes électorales. Ils feront connaître par le même publication que, dans les vingt jours, tout citoyen omis sur la liste pourra réclamer son inscription, et que tout électeur inscrit sur une des listes du département pourra réclamer la radiation ou l'inscription de tout individu indûment inscrit ou omis.

18° Il pourra, dans les grandes villes, être tiré, au moyen de l'autographie, plusieurs exemplaires des listes, et, dans ce cas, il en serait placé un exemplaire à la porte de la mairie, indépendamment de ceux qui seraient déposés dans les bureaux. Dans les communes ou sections rurales, si la demeure du maire ou le local de la mairie sont éloignés du centre, il sera tenu de déposer un double de la liste, soit chez l'instituteur, soit en tout autre local plus central, où elle pourra être consultée à des heures déterminées. Mais les réclamations devront, toujours être adressées au maire.

Des réclamations.

19°. — Toutes les réclamations devront être faites au chef-lieu de la commune, où siégera la commission municipale chargée de statuer en premier ressort. — C'est à cette mairie que sera ouvert le registre prescrit à cet effet par l'art. 19 du décr. organique du 2 févr. 1852.

20°. — Toute demande doit être formée par écrit. L'emploi de papier timbré n'est pas exigé. — S'il s'agit d'inscription, les pièces justificatives du droit devront être jointes à l'appui de la réclamation. — S'il s'agit de radiation, la demande énoncera les motifs sur lesquels elle est fondée. — Lorsque le réclamant sera étranger à la commune, il devra joindre à sa demande un certificat du maire de sa commune, constatant qu'il est électeur.

21°. — Le maire doit avertir l'électeur dont l'inscription est contestée, pour qu'il ait à présenter ses observations, avant l'expiration du délai de cinq jours imparti à la commission municipale pour statuer.

De la commission municipale.

22°. — Dans les derniers jours qui précèderont la publication des listes, le conseil municipal sera réuni par le maire, pour procéder à l'élection de deux de ses membres, qui formeront, avec le maire, la commission chargée de juger les réclamations. — Le choix peut porter sur les conseillers exerçant les fonctions d'adjoint. — Le maire présidera la commission, mais il n'y aura que sa voix, et les décisions seront prises à la majorité des suffrages.

23°. — La commission municipale devra commencer à s'occuper des réclamations aussitôt qu'elle en aura reçu, et statuera dans le délai de cinq jours, au plus tard à dater de leur réception. — Aux termes de l'arr. du 15 mars 1867, les réclamations ne pouvant être présentées que jusqu'au 25 avril, les dernières décisions de la commission devront être prises le 30 du même mois, au plus tard, et notifiées dans les trois jours.

De la clôture des listes.

24°. — Les listes seront rectifiées, définitivement closes et arrêtées au jour et de la manière indiquée par l'art. 2 de l'arrêté précité du 15 mars 1867.

M^{al} DE MAC-MAHON, DUC DE MAGENTA.

Circ. G. — 26 mars-5 avr. 1867. — BG. 225. — Instructions aux préfets sur la formation des listes électorales. — Questions diverses.

M. le préfet, par dépêche du 30 de ce mois, vous me soumettez diverses questions soulevées par M. le maire d'Alger, au sujet de l'exécution du décr. du 27 déc. 1866 et spécialement en ce qui se rapporte à la formation des listes électorales — L'une des conditions imposées par l'art. 10 (n° 1) aux Français et naturalisés Français, pour être admis à voter, est d'être inscrits sur les rôles des impositions et taxes municipales. — M. le maire fait observer : — 1° Qu'à Alger, en vertu de résolutions du conseil municipal approuvées par l'autorité compétente, les loyers d'une valeur inférieure à 120 fr. sont exempts de la taxe ; que, parmi les individus ainsi exonérés, figurent beaucoup de légionnaires jouissant d'une petite pension, des employés des administrations publiques à qui leurs faibles traitements interdisent des loyers de 120 fr. et au-dessus. — 2° Aux termes du décr. du 5 juill. 1854 sur les chemins vicinaux en Algérie, les chefs de famille ou d'établissement sont seuls imposés à la prestation en nature, d'où il résulterait que bon nombre de fils de famille, majeurs et jouissant de leurs droits civils et politiques, seraient privés du droit de participer aux élections municipales. — M. le maire demande si les personnes appartenant aux deux catégories qui viennent d'être désignées, doivent être éliminées des listes électorales, comme ne figurant pas personnellement sur les rôles des taxes et impositions municipales. — Je n'hésite pas à répondre qu'ils doivent être inscrits sur les listes.

1° En ce qui touche la taxe des loyers, en droit, cette taxe est due par chaque habitant français, indigène ou étranger de tout sexe, non réputé indigent. (Arr. du 4 nov. 1848, art. 15. — I, 212). — Ainsi, tout habitant est imposable à la taxe, sauf le cas d'indigence.

L'exemption accordée, par mesure générale, dans la commune d'Alger, aux loyers de moins de 120 fr., est un simple mode d'exécution, essentiellement local et variable, qui ne saurait rien changer au principe de la loi, qui est un, général et absolu. Ce principe doit être d'autant plus respecté dans l'espèce, que la faculté donnée aux municipalités d'en modifier l'application, quant à l'assiette de la taxe, aurait pour conséquence de mettre en leurs mains un moyen d'étendre ou de restreindre à leur gré l'exercice d'un droit civique, en élevant ou abaissant arbitrairement, chaque année, le minimum de la valeur locative soumise à cet impôt.

Le rôle mis en recouvrement ne contient que les noms des habitants qui doivent acquitter la taxe ; mais si le recensement général des contribuables, prescrit par l'arr. du 4 nov. 1848 (art. 19) a été bien fait ; si la matrice formée à la suite de ce recensement, et d'où a été extrait le rôle, a été régulièrement établie, elle contient les noms de tous les imposables ; c'est-à-dire de tous les individus ayant une habitation personnelle, quelle qu'en soit la valeur locative. — En regard du nom de chaque inscrit, sont consignées les indications relatives à ceux qui ont paru à la commission municipale qui prépare le rôle, devoir être exemptés.

Il suffira donc de se reporter à la matrice pour s'assurer du motif de l'exemption. — Si cette exemption est fondée, non sur une déclaration d'indigence, mais sur le seul motif que le loyer n'atteint pas le minimum adopté par le Conseil municipal, le citoyen exonéré n'en est pas moins contribuable dans le sens de la loi ; à ce titre, il est électeur municipal, en vertu de son inscription première sur la matrice du rôle. — Son droit sera corroboré s'il est membre de la Légion d'Honneur et titulaire d'une pension de retraite, employé de l'État, du département ou de la commune, inscrit sur les contrôles de la milice ; toutes circonstances qui excluent à *priori* l'idée d'indigence, la seule condition légale et forcée d'exemption.

2° — En ce qui touche la prestation en nature, perçue en Algérie en vertu du décr. du 5 juillet 1854, la question posée ne me paraît présenter aucune difficulté sérieuse : aux termes de l'art. 4 de ce décret, « tout habitant, etc. » (Voir le texte I, 143). — Le fils de famille dont le père est imposé à la prestation en nature, non-seulement pour sa personne, mais pour celle de son fils, demeurant avec lui, est donc, de ce chef, un contribuable de la commune, alors même qu'il ne serait pas inscrit nominativement au rôle de la prestation ; il a donc le droit de réclamer son inscription sur la liste des électeurs municipaux, si d'ailleurs il satisfait aux autres conditions légales.

Je vous prie, M. le préfet, de transmettre à M. le Maire d'Alger des instructions dans le sens des observations qui précèdent. Elles sont conformes à l'esprit qui a présidé à la rédaction du décr. du 27 déc. 1866, et qui doit présider à son exécution.

M^{al} DE MAC-MAHON, DUC DE MAGENTA.

(Ces instructions sont déclarées, par la circulaire qui suit, applicables aux indigènes). .

Circ. G. — Mêmes dates. — *Instructions relatives aux indigènes aptes à exercer le droit électoral.*

M. le Préfet, le décr. du 27 déc. 1866 confère aux populations de l'Algérie, sans distinction d'origine ni de race, le droit d'élire les membres des Conseils municipaux. — Pour les Européens, pour les Français surtout, le régime municipal qui sera bientôt inauguré en Algérie n'est pas chose nouvelle ; ils seront jaloux d'exercer un droit dont ils comprennent toute l'importance, et ils sauront veiller à ce que leurs noms soient inscrits sur les listes électorales.

Mais il n'en est pas de même des indigènes : appelés pour la première fois à participer à la vie communale, à jouir d'un droit dont ils n'ont pas encore été mis à même d'apprécier la nature et la portée, ils ont besoin qu'on les éclaire et qu'on les guide, et c'est un devoir qui incombe à l'administration. — Des avis seront publiés en arabe et placardés dans les lieux qu'ils fréquentent le plus habituellement ; mais ces avis ne suffiront pas : le plus grand nombre des intéressés ne pourraient pas les lire, et parmi ceux qui le pourraient, beaucoup seraient exposés à ne pas saisir le détail des formalités à remplir, ou portés à s'en exagérer les difficultés.

Il faut donc leur venir en aide par un enseignement plus direct et plus approprié à leur situation. Dans ce but, M. le Préfet, je crois devoir vous recommander de prescrire aux divers agents de l'ordre administratif que leurs fonctions mettent en rapports immédiats et journaliers avec les indigènes, de ne négliger aucune occasion de leur expliquer de vive voix tout ce qu'ils ont à faire en vue de leur participation aux prochaines élections municipales.

En même temps que MM. les sous-préfets, les commissaires civils, les maires et les adjoints spéciaux, les cadis et les cheikhs seront conviés à coopérer à cette tâche. — Il faut faire en sorte qu'aucun indigène des villes et des campagnes ne reste étranger au mouvement électoral par ignorance de son droit. — Les listes seront dressées d'office par les autorités municipales ; celles-ci emploieront tous les moyens d'information qui sont en leur pouvoir pour les rendre aussi exactes, aussi complètes que possible. Mais il importe que les indigènes soient avertis que leur premier soin est de vérifier, eux-mêmes ou de faire vérifier, lors de la publication de la liste de leur commune, s'ils y sont inscrits.

Ils doivent savoir aussi qu'en cas d'omission, ils ont, pour réclamer leur inscription, un délai de vingt jours, qui commencera le 5 avril et expirera le 25 du même mois. On leur expliquera en quelle forme leur réclamation doit être présentée. — Les réclamations devant être formulées par écrit, il sera utile d'avoir dans chaque mairie des formules imprimées ou autographiées qu'on remettra aux réclamants, pour qu'ils les complètent ou fassent compléter. — On leur indiquera les pièces justificatives qu'ils doivent joindre à leur réclamation, à l'effet de constater qu'ils remplissent les diverses conditions d'où résultent pour les indigènes la capacité électorale, savoir : l'acte de naissance ou la pièce en tenant lieu.

En outre : — Ceux qui sont propriétaires fonciers ou fermiers d'une propriété rurale, produiront : les premiers, un acte quelconque de propriété ; les autres, le certificat de leur propriétaire. — Ceux qui exercent une profession, un commerce, une industrie, soumis à l'impôt des patentes, produiront leur patente ou leur quittance. — Les employés de l'État, du département ou de la commune, produiront leur commission. — Les membres de la Légion-d'Honneur, les décorés de la médaille militaire, d'une médaille d'honneur, ou d'une médaille commémorative, donnée ou autorisée par le gouvernement français ; les titulaires d'une pension de retraite, produiront leur titre ou leur brevet. — Les indigènes qui ne pourront produire un acte de naissance, y suppléeront par un certificat de notoriété.

Pour faciliter l'accomplissement de cette formalité, j'ai décidé que le certificat de notoriété sera dressé et délivré gratis, sur l'attestation de deux témoins domiciliés dans la commune, par l'autorité la plus rapprochée de la résidence de l'intéressé ; soit par le juge de paix, le commissaire civil, le maire ou l'adjoint de section. — Cette pièce, rédigée sur papier libre, sera dispensée de l'enregistrement. — Quant aux autres justifications, on s'étudiera à les dégager également de tout ce qui pourrait les rendre difficiles et dispendieuses.

On ôtera ainsi aux intéressés tout motif ou tout prétexte d'indifférence et d'apathie, et le but sera atteint si les électeurs indigènes, comprenant leur droit et leur intérêt, montrent le même empressement que les européens, pour participer aux élections du 25 mai. — Les instructions contenues dans ma dépêche de ce jour, n° 988, sont également applicables aux indigènes.

M¹ DE MAC-MAHON, DUC DE MAGENTA.

Décis. G. — 5 avril 1867. — (Non publiée au *Bulletin officiel.*)

Les officiers sans troupe et les militaires exerçant des fonctions qui entraînent une résidence fixe, où ils sont imposés, doivent être inscrits sur les listes électorales au même titre que les fonctionnaires civils, et admis à voter au lieu de leur résidence ; les uns et les autres devant avoir acquis un an de domicile dans la commune.

M¹ DE MAC-MAHON, DUC DE MAGENTA.

AG. — 25-27 avril 1867. — BG. 227. — *Formalités et prescriptions relatives aux élections.*

Art. 1 et 2. — Fixation du nombre des conseillers municipaux à élire. (V. *Communes, § 1.*)

Art. 3. — Il sera procédé aux élections par sections municipales, et au centre administratif de chaque section. — Chaque section nommera le

nombre de conseillers qui lui est attribué par le présent arrêté (colonnes 9, 9, 10 et 11 du tableau.) — Si la représentation dévolue aux trois dernières catégories d'habitants, ou à l'une d'elles, ne comporte pas une répartition sectionnaire, les votes des électeurs de ces catégories seront centralisés au chef-lieu de la commune. — Tout électeur indigène ou étranger a le droit d'écrire son bulletin dans sa langue maternelle.

Art. 4. — Dans les grandes communes, le préfet pourra, par un arrêté pris en conseil de préfecture, diviser la section municipale en plusieurs sections électorales. — Il pourra, par le même arrêté, répartir entre les sections électorales ainsi formées le nombre des conseillers français attribués à la section municipale urbaine (colonne 8 du tableau.)

Art. 5. — Les scrutins seront ouverts dans chaque section, soit à la mairie, soit dans des locaux spécialement désignés par l'autorité municipale.

Art. 6. — Chaque bureau électoral est composé du président, de quatre scrutateurs et d'un secrétaire ; ce dernier n'ayant que voix consultative dans les délibérations du bureau. — Les bureaux sont présidés : Au chef-lieu de la commune, par le maire ou par l'adjoint appelé à le remplacer en cas d'absence ou d'empêchement ; — Dans les sections municipales, par l'adjoint spécial, et, en cas d'absence ou d'empêchement, par la personne appelée à le remplacer, aux termes du § 3 de l'art. 5 du décr. du 27 déc. 1866. — Lorsque la section municipale urbaine sera partagée en sections électorales, la première sera présidée par le maire, et les autres, successivement, par les adjoints, dans l'ordre de nomination, et par les conseillers municipaux, dans l'ordre du tableau. — Le bureau désignera des interprètes de chaque langue étrangère parlée dans le pays, à l'effet de traduire, lors du dépouillement du scrutin, les bulletins qui pourraient n'être pas écrits en langue française. — Chaque interprète, avant d'entrer en fonctions, prêtera serment entre les mains du président du bureau.

Art. 7. — Il sera disposé dans chaque salle d'élection autant de boîtes qu'il y aura de catégories d'électeurs appelés à voter dans la section. — Une inscription en gros caractères, placée à l'extérieur de chaque boîte, indiquera à l'électeur celle où doit être déposé son bulletin de vote. — L'inscription portera l'une des indications suivantes ; — Citoyens français ou naturalisés français ; — Indigènes musulmans (en arabe) ; — Indigènes israélites (en hébreu) ; — Étrangers (en français, en espagnol, en italien, etc.).

Art. 8. — Après la clôture du scrutin, le dépouillement des bulletins déposés dans chaque boîte sera fait dans l'ordre indiqué par l'article précédent. — Le résultat du dépouillement pour chaque catégorie sera constaté, dans le même ordre, au procès-verbal. — Les procès-verbaux dressés dans les sections foraines seront immédiatement transmis à la mairie du chef-lieu, où s'opérera le recensement général des votes.

Art. 9. — Pour tout ce qui se rapporte à la police des assemblées électorales, au mode de votation, aux incidents qui peuvent surgir dans le cours des opérations, à la durée du scrutin, au dépouillement des votes, à la rédaction des procès-verbaux, et généralement aux faits accomplis pendant la tenue des assemblées électorales, on se conformera aux prescriptions de la section 5 de la loi du 5 mai 1855.

Art. 10. — Seront affichés dans les salles où se feront les élections — 1° Le décr. du 27 déc. 1866 ; — 2° Les art. 9, 10 et 11 L. 5 mai 1855 ; — 3° La sect. 5 de la même loi, depuis et compris l'art. 27 jusqu'à l'art. 49 inclusivement; — 4° Le tit. 4 du décr. organique du 2 févr. 1852, depuis et compris l'art. 31 jusqu'à l'art. 51 inclusivement; — 5° Le présent arrêté et un extrait du tableau y annexé, en ce qui concerne la commune où s'opèrent les élections.

Mal DE MAC-MAHON, DUC DE MAGENTA.

Cire. G. — *Mêmes dates.* — *Instructions générales sur les opérations électorales.* — *Désignation du local et de l'heure de la réunion des électeurs, et de la durée du scrutin.*

1° Il appartient au maire de la commune, qui se concertera préalablement avec les adjoints spéciaux des annexes, de désigner le local de chaque réunion, l'heure à laquelle commencera la séance et la durée du scrutin. — Il fera les publications nécessaires pour porter ces diverses désignations à la connaissance des électeurs. — Le même avis fera connaître le nombre des conseillers de chaque catégorie à élire dans la commune et dans les sections municipales, au moyen d'un extrait *in parte quâ* du tableau de répartition joint à notre arrêté de ce jour. — Les électeurs qui n'auraient pas déjà reçu leurs cartes à domicile seront invités, par le même avis, à les retirer avant de se présenter au scrutin, au bureau qui leur sera désigné. — Cet avis devra précéder de cinq jours au moins celui de la réunion.

Durée des scrutins.

2° Le minimum légal de la durée des scrutins est de trois heures (art. 59, § 2, L. 5 mai 1855); mais comme il convient de laisser aux électeurs toute la latitude possible pour l'exercice de leur droit, il est passé dans la pratique de tenir le scrutin ouvert bien au delà du minimum légal. — Pour les scrutins de deux jours, il est d'usage que le scrutin du premier jour, ouvert à 8 h. du matin, ne soit fermé qu'à 6 h. du soir, et que celui du second jour, également ouvert à 8 h. du matin, soit prolongé jusqu'à 4 h. du soir. — Rien ne s'oppose à ce que la même règle soit observée en Algérie.

Disposition du bureau.

3° Le bureau où doivent siéger le président, les scrutateurs, le secrétaire, sera disposé de telle sorte que les électeurs puissent circuler à l'entour pendant le dépouillement du scrutin.

4° Des boîtes de scrutin, en nombre égal aux catégories d'électeurs qui auront à prendre part aux opérations électorales, seront disposées sur la table du bureau, dans l'ordre indiqué par l'art. 7 de notre arrêté de ce jour.

Chaque boîte fermera à deux serrures.

Pièces à déposer sur la table du bureau.

5° Devront être déposées sur la table du bureau: — 1° Deux exemplaires de la liste des électeurs appartenant à la section; — (L'une de ces listes restera à la disposition des électeurs; l'autre servira aux membres du bureau pour l'appel des votants, et l'émargement des votes. Sur cette dernière, seront ouvertes deux colonnes *en blanc*, dont l'une servira aux émargements du 1er tour, et l'autre aux émargements du 2e tour, s'il y a lieu.) — 2° Le n° 230 du *Bulletin officiel du gouvernement général*, contenant le décr. du 27 déc. 1866, et les divers documents législatifs et réglementaires qui se rapportent à son exécution; — 3° Notre arrêté de ce jour sur les opérations électorales; — 4° La présente instruction.

Ouverture de la séance.

6°. — La salle des séances sera ouverte à l'heure précise, indiquée par l'avis dont il est question à l'art. 4. — Le fonctionnaire appelé à présider l'assemblée prendra immédiatement place au bureau. Il attendra néanmoins pour commencer les opérations, l'arrivée des électeurs en nombre suffisant pour que le choix des scrutateurs et du secrétaire, puisse être fait dans des conditions normales.

Formation du bureau.

7°. — Scrutateurs. — Le président, après avoir déclaré la séance ouverte, appellera au bureau, pour remplir les fonctions de scrutateurs, les deux plus âgés et les deux plus jeunes des électeurs présents, qui sauront lire et écrire (L. 5 mai 1855, art. 51). L'âge des scrutateurs devra être mentionné au procès-verbal. — Le degré de parenté ou d'alliance des scrutateurs ne fait point obstacle à ce qu'ils siègent simultanément au bureau. — Si après la désignation des scrutateurs, il se présentait des électeurs plus jeunes ou plus âgés, cette circonstance ne changerait rien à la composition du bureau, qui resterait en fonctions jusqu'à la fin des opérations.

8°. — Secrétaire. — Le président et les scrutateurs nomment de suite le secrétaire, qui doit être pris parmi les membres présents de l'assemblée. — Le secrétaire n'a voix que consultative dans les délibérations du bureau (L. 5 mai 1855, art. 51.)

9°. — Le bureau désigne des interprètes chargés de lire et de traduire, lors du dépouillement du scrutin, les bulletins qui ne seraient pas écrits en français. — Les mêmes interprètes traduiront les réclamations ou observations présentées dans leur langue maternelle, par les électeurs non français. — Ils prêteront, entre les mains du président, le serment suivant: « Je « jure de loyalement et fidèlement interpréter les « bulletins, réclamations ou observations, dont la « traduction me sera demandée dans le cours des « opérations de la présente assemblée. »

Préliminaires du scrutin.

10°. — Dès que le bureau est installé, le secrétaire ouvre le procès-verbal. Il y mentionne les noms du président et des scrutateurs avec indication du titre à raison duquel ils remplissent leurs fonctions. Il constate la nomination du secrétaire, la désignation s'il y a lieu des interprètes et la prestation de serment. — Le procès-verbal est rédigé en double expédition.

11°. — Le président fait connaître aux électeurs le nombre des conseillers à élire par l'assemblée, et, s'il y a lieu, par chaque catégorie. — Si ce nombre est multiple, il rappelle aux électeurs que le vote a lieu par scrutin de liste, c'est-à-dire que chaque bulletin de vote devra contenir autant de noms qu'il y a de conseillers à élire, soit par section municipale, pour les citoyens français, soit par catégorie d'habitants pour les indigènes musulmans, les israélites indigènes et les étrangers. — Il donne lui-même ou fait donner lecture: — De l'art. 1 de notre arr. du 15 mars 1867, en vertu duquel les électeurs ont été convoqués; — Des art. 9, 10, 11, 12, 13 et 14 du décr. du 26 déc. 1866; — Des art. 9, 10 et 11 L. 5 mai 1855; — De notre arrêté de ce jour.

Vérification et fermeture des boîtes de scrutin.

12°. — Le président ouvre ensuite chacune des boîtes de scrutin placées sur le bureau; il vérifie avec les membres du bureau et constate ostensiblement qu'elle ne renferme aucun bulletin. Après quoi, il ferme les deux serrures dont les clefs resteront, l'une entre ses mains, l'autre dans celles du plus âgé des scrutateurs.

Ouverture du scrutin.

13°. — Les boîtes ayant été remises à leur place, le président déclare le scrutin ouvert. Il constate l'heure précise de cette déclaration et en fait mention au procès-verbal. — Un des scrutateurs commence immédiatement l'appel des électeurs, selon l'ordre de la liste.

Remise et dépôt des bulletins.

14°. — A l'appel de son nom, l'électeur remet au président son bulletin préparé en dehors de l'assemblée. — Ce bulletin peut être écrit à la main ou imprimé. Il peut aussi être écrit ou imprimé dans la langue maternelle de l'électeur, s'il n'est pas Français. — Le papier doit être blanc et sans signes extérieurs. — Le bulletin est remis plié au président, qui le dépose ou le fait déposer par un des scrutateurs dans la boîte de scrutin destinée à la catégorie d'électeurs à laquelle appartient le votant.

Émargement des votes.

15°. — Le vote est constaté sur la liste à ce destinée, en marge du nom de l'électeur, par la signature ou le paraphe de l'un des membres du bureau, apposé dans l'une des deux colonnes laissées en blanc, suivant qu'il s'agit du premier ou du deuxième tour.

16°. — Réappel. — Le premier appel terminé, il est procédé, dans le même ordre, au réappel des électeurs qui n'auront pas voté. — Le scrutin reste ensuite ouvert pour les survenants jusqu'à l'heure préalablement indiquée pour la clôture par l'avis municipal.

Dépôt des boîtes pendant la suspension du scrutin.

17°. — Dans les communes où le scrutin doit durer deux jours, après la clôture de la première séance, les boîtes seront scellées. (1.) — L'autorité municipale prendra les mesures nécessaires pour empêcher la violation des scellés.

Clôture et dépouillement.

18°. — Le président, après avoir constaté l'heure, prononce la clôture du scrutin : il est fait mention de tout au procès-verbal. — Le dépouillement commence immédiatement, à moins que le bureau ne soit d'avis d'ajourner cette opération au lendemain, auquel cas sont observées, pour le dépôt des boîtes, les précautions prescrites par l'art. précédent. — Le président indique à l'assemblée, en cas de renvoi, l'heure à laquelle aura lieu, le lendemain, l'opération du dépouillement.

19°. — Il est procédé au dépouillement des votes par catégories d'électeurs, dans l'ordre indiqué par l'art. 9 du décr. du 27 déc. 1866, c'est-à-dire en commençant par les français, et en passant successivement aux musulmans indigènes, aux israélites indigènes et aux étrangers. — Après constatation du nombre des votants sur la liste qui a servi aux émargements, les bulletins sont retirés de la boîte et comptés. On constate si leur nombre est égal, inférieur ou supérieur à celui des votants. Le résultat de la vérification est consigné au procès-verbal.

20°. — Ces préliminaires accomplis, on passe à la lecture des bulletins et au relevé des suffrages. — S'il y a moins de 500 bulletins à dépouiller, le président et les membres du bureau procèdent eux-mêmes à cette opération. — Si le nombre des bulletins dépasse 500, le dépouillement est fait par des scrutateurs supplémentaires, que le bureau désigne parmi les membres présents de l'assemblée par groupe de quatre. — Le bureau surveille l'opération.

21°. — Dans le cas de dépouillement opéré par le bureau, il est procédé de la manière suivante : — L'un des scrutateurs prend successivement dans la boîte, où les bulletins ont été remis et qui est restée ouverte, chaque bulletin, le déplie, le remet au président qui en fait lecture à haute voix et le passe à un autre scrutateur. — Si le bulletin est écrit en arabe, en hébreu ou en tout autre caractère étranger, la lecture en est faite par l'interprète compétent, parmi ceux désignés comme il est dit ci-dessus (Art. 9.) — Deux des scrutateurs et le secrétaire tiennent note du dépouillement, sous la dictée du président, et sur des feuilles préparées à cet effet. — Les bulletins épuisés, les trois relevés sont comparés : si deux sont d'accord, ils obtiennent la préférence sur le troisième ; si tous les trois diffèrent, il faut recommencer le dépouillement.

22°. — Si le dépouillement est opéré par des scrutateurs supplémentaires, il sera pris des mesures pour qu'ils puissent procéder par groupes de quatre. — Les tables où ils se placeront devront être garnies de feuilles de dépouillement, d'encriers, de plumes, etc., et disposées de telle sorte qu'on puisse circuler alentour. — Le président répartit entre les divers groupes les bulletins à dépouiller. Ces bulletins sont remis par liasses ou paquets de 100 au moins. — Chaque liasse ou paquet portera un numéro d'ordre qui sera répété sur les feuilles de dépouillement.

23°. — Un des quatre scrutateurs ouvrira chaque bulletin, en lira le contenu à haute voix et le passera à l'un de ses collègues. — Les deux autres scrutateurs inscriront simultanément sur les feuilles de dépouillement les suffrages obtenus par les divers candidats. Ils devront s'avertir mutuellement lorsqu'ils auront noté 10 voix données à un même candidat.

24°. — Quand le dépouillement d'une liasse ou d'un paquet sera terminé, un des scrutateurs récapitulera sur la feuille de dépouillement le nombre de suffrages obtenus par chaque candidat. — Cette feuille sera signée par les quatre scrutateurs supplémentaires. — Les relevés des votes seront remis au bureau avec tous les bulletins dépouillés, tant ceux qui n'auront donné lieu à aucune difficulté, que ceux qui auraient été contestés.

25°. — Lorsque les scrutateurs supplémentaires ne sont pas d'accord sur l'attribution d'un suffrage, ils devront s'abstenir d'en tenir compte; l'un deux écrira sur le bulletin : « à vérifier » et paraphera ainsi que ses collègues. — L'attribution du bulletin sera faite par le bureau, qui statuera, les scrutateurs supplémentaires ayant voix consultative seulement.

Remarques relatives aux bulletins.

26°. — Les bulletins sont valables bien qu'ils portent plus ou moins de noms qu'il y a de

---

(1) Le scellé consiste en une bande de papier, de parchemin ou de toile (ruban) apposée sur l'ouverture ou fente pratiquée au couvercle de la boîte pour l'insertion des bulletins ; chaque scellé est garni d'un double sceau en cire, aux deux extrémités et au milieu, de manière à rendre impossible toute introduction de bulletins dans la boîte.

Les cachets sont apposés, moitié par le président, moitié par un des scrutateurs, qui emploient chacun un cachet différent, puis déposés sous clef dans un lieu sûr, tel que le secrétariat de la mairie ou la salle dans laquelle s'est tenue l'assemblée. Les scellés seront apposés sur les ouvertures (portes et fenêtres) de la salle où la boîte sera déposée.

conseillers à élire. Les derniers noms inscrits au-delà de ce nombre ne sont pas comptés. — Les bulletins blancs ou illisibles, ceux qui ne contiennent pas une désignation suffisante, ou qui contiennent une désignation ou qualification inconstitutionnelle, ceux dans lesquels les votants se font connaître, n'entrent pas en compte dans le résultat du dépouillement, mais ils sont annexés au procès-verbal (L. 5 mai 1855. Art. 49.)

27°. — La désignation est insuffisante quand il est impossible de déterminer la personne à laquelle le nom écrit sur le bulletin doit être attribué. — Il convient d'assimiler au votes contenant une désignation insuffisante ceux qui portent un nom évidemment dérisoire.

28°. — Si en ouvrant un bulletin, on trouve qu'il en renferme une autre portant également des noms, il ne sera tenu aucun compte des deux; mais ils seront joints au procès-verbal.

29°. — Dans les divers cas prévus par les deux articles précédents, les scrutateurs supplémentaires en référeront au bureau qui statuera.

Jugement des difficultés.

30°. — Le bureau juge provisoirement les difficultés qui s'élèvent sur les opérations de l'assemblée. Ses décisions sont motivées. — Le bureau délibère à part; le président prononce la décision à haute voix. — Toutes les réclamations et décisions sont insérées au procès-verbal; les pièces et les bulletins qui s'y rapportent y sont annexés après avoir été paraphés par le bureau (L. 5 mai 1855).

31°. — Le bureau n'a point à délibérer sur la teneur des listes électorales. Il se borne à recevoir et à consigner au procès-verbal les réclamations qui peuvent se produire à ce sujet. — Il ne lui appartient pas, non plus, de statuer sur les questions d'éligibilité résultant de l'application des art. 9, 10 et 11 de la loi du 5 mai 1855. — Il devra proclamer tout candidat qui aura obtenu la majorité des suffrages, en laissant à la juridiction compétente le soin de prononcer l'annulation ou la confirmation de l'élection.

Proclamation du résultat du dépouillement.

32°. — Immédiatement après le dépouillement, le président proclame le résultat du scrutin. — Aux termes de l'art. 44 de la loi du 5 mai 1855, nul n'est élu au 1er tour, s'il n'a réuni : — 1° La majorité absolue des suffrages exprimés; 2° un nombre de suffrages égal au quart des électeurs inscrits.

33°. — Pour la supputation du quart des électeurs inscrits, on tiendra compte : En ce qui concerne les citoyens français, du nombre des électeurs de cette catégorie, inscrits dans la section municipale; en ce qui concerne les trois autres catégories, du nombre des électeurs de chacune d'elles inscrits dans la commune.

34°. — Au second tour de scrutin, l'élection a lieu à la majorité relative quel que soit le nombre des votants. — Au premier comme au second tour, si plusieurs candidats obtiennent le même nombre de suffrages, l'élection est acquise au plus âgé (L. 5 mai 1855, art. 44).

Dernières opérations.

35°. — Le résultat du scrutin proclamé, et avant la clôture de la séance, le président fera connaître à l'assemblée qu'aux termes de l'art. 45 de la loi du 5 mai 1855, tout électeur a droit d'arguer de nullité les opérations de l'assemblée dont il fait partie, et que les réclamations qui, n'étant pas faites immédiatement, ne pourront être consignées et jointes au procès-verbal, devront, à peine de nullité, être déposées au secré-

tariat de la Mairie du chef-lieu, dans le délai de cinq jours, à dater du jour de l'élection. — Le président préviendra en outre les électeurs : 1° que les réclamations pourront être déposées directement par eux, dans le même délai de cinq jours, à la sous-préfecture ou à la préfecture; 2° qu'il sera statué sur les réclamations par le Conseil de préfecture, sauf recours au Conseil d'État.

36°. — Après que les opérations sont terminées, le président fait procéder à l'incinération des bulletins, autres que ceux qui doivent rester annexés au procès-verbal. — Le secrétaire ferme le procès-verbal. — Le président fait donner lecture de ce document, qui est signé, séance tenante, par tous les membres du bureau. — Les procès-verbaux de section, avec les bulletins et autres pièces annexées, seront immédiatement portés au bureau de la section du chef-lieu, où doit se faire le recensement général des votes prescrit par l'art. 8 de notre arrêté de ce jour.

Dispositions générales.

37°. — La police de chaque assemblée électorale appartient au président. — Nulle force armée ne peut, sans sa demande, être placée dans l'intérieur ou aux abords de la salle. — Il peut requérir les autorités civiles et les commandants militaires, qui sont tenus de déférer à ses réquisitions.

38°. — Trois membres du bureau au moins, parmi lesquels est compté le secrétaire, doivent être présents pendant tout le cours des opérations. — En cas d'absence du président ou du secrétaire, le premier est remplacé par le plus âgé, et le second par le plus jeune des scrutateurs.

39°. — Les électeurs seuls ont le droit de pénétrer dans la salle électorale. — Nul électeur ne peut entrer dans l'assemblée s'il est porteur d'armes quelconques. (L. 5 mai 1855, art. 57).

40°. — L'assemblée ne peut s'occuper que de l'élection pour laquelle elle est convoquée. Toute discussion, toute délibération lui sont interdites. Le président doit rappeler les prescriptions de la loi aux électeurs. En cas d'infraction et si, malgré les observations du président, la discussion continue, il prononce la suspension ou l'ajournement de la séance (L. 15 mars 1849, art. 32). — Si le scrutin est de deux jours, et si l'on est au premier jour de la session, l'ajournement peut avoir lieu au lendemain; mais si l'on est au second jour, ou si le scrutin n'est que d'un jour, il ne peut être prononcé qu'une suspension de quelques heures. Les électeurs sont obligés de se séparer à l'instant.

M^el DE MAC-MAHON, DUC DE MAGENTA.

Modèle de procès-verbal des opérations électorales, rédigé principalement en vue des élections faites dans les communes rurales. — BG. 228.

Ce jourd'hui . . . , en exécution du décr. du 27 déc. 1866, et de l'arrêté de S. Exc. le Maréchal gouverneur de l'Algérie, en date du 13 mars 1867, les électeurs de la commune d. . . . pour la section municipale d. . . se sont réunis (indication du local), pour procéder à l'élection des membres du Conseil municipal de ladite commune. — M. (nom du président et qualité en laquelle il exerce la présidence), a pris place au bureau, en qualité de président de l'assemblée, et après avoir constaté qu'il était . . . heures . . minutes du matin, a déclaré la séance ouverte.

Quatre scrutateurs, choisis au sein de l'assemblée, devant venir prendre place au bureau, à ses côtés, et ces scrutateurs devant être pris par moitié parmi les plus âgés et les plus jeunes des membres présents, sachant lire et écrire, le président a invité ceux qui remplissaient cette condition à se faire connaître. — Se sont immédiatement présentés comme les plus âgés : 1° M. . . . âgé de . . . ; 2° M. . . . âgé de . . . Comme les plus jeunes : 3° M. . . . âgé de . . . 4° M. . . . âgé de . . . — Lesquels ayant justifié de leur droit, et aucune réclamation n'étant faite à l'encontre, ont été admis comme scrutateurs et ont pris place au bureau en cette qualité.

Le bureau ainsi constitué a désigné pour secrétaire M. . . . électeur de la section, qui, ayant accepté, est venu prendre place en cette qualité. — Et attendu la faculté donnée à tout électeur indigène ou étranger d'écrire son bulletin de vote dans sa langue maternelle, et conformément aux derniers paragraphes de l'art. 6 de l'arrêté du 25 avril 1867, le bureau a désigné, pour servir d'interprètes : M. . . . pour la langue arabe ; M. . . . pour la langue hébraïque ; MM. pour les langues étrangères européennes.

Le président a invité MM. les interprètes désignés à prêter entre ses mains le serment dont il a lu la formule, ainsi conçue : « Je jure de loyalement et fidèlement interpréter les bulletins, réclamations ou observations, dont la traduction me sera demandée dans le cours des opérations de la présente assemblée. » — Chacun desdits interprètes désignés, après avoir entendu la lecture de cette formule, a répondu à haute voix et la main droite levée : « Je le jure ! »

M. le Président a fait ensuite connaître à l'assemblée :

1° Que d'après le dernier dénombrement officiel, la population normale de la commune était de . . . individus, dont : . . . français ou naturalisés ; . . . indigènes musulmans ; indigènes israélites ; . . . étrangers. — Que, par conséquent, et aux termes de l'art. 8 du décr. du 27 déc. 1866, le Conseil municipal doit se composer de . . . membres ;

2° Que les deux tiers des membres, soit . . . conseillers, devaient être pris parmi les électeurs français et se répartissaient ainsi, par sections municipales : Section urbaine du chef-lieu : Section d. . . . ; section d. . . . . etc. Que, par conséquent, les électeurs réunis pour la section de . . . avaient à élire . . . conseillers français.

3° Qu'en ce qui concerne les conseillers attribués aux trois dernières catégories d'habitants, il n'a pas été fait de répartition sectionnaire, et que les votes, bien que recueillis par le bureau de la section, seront centralisés au chef-lieu de la commune, conformément à ce qui est prescrit par le 5° paragraphe de l'art. 5 de l'arrêté du 25 avril ;

4° Qu'il sera procédé à l'appel des électeurs de la section dans l'ordre des catégories, en commençant par celle des citoyens français ou naturalisés, et en passant successivement aux indigènes musulmans, aux indigènes israélites, aux étrangers ;

5° Enfin, qu'il sera voté par scrutin de liste, c'est-à-dire que le bulletin de vote remis par l'électeur devra contenir autant de noms qu'il y a de conseillers de sa catégorie à élire, dans la section, s'il est Français, ou dans la commune, s'il est indigène musulman, indigène israélite, ou étranger.

M. le président a ensuite fait donner lecture par (le secrétaire ou l'un des scrutateurs), 1° De l'art. 1

de l'arr. du Gouverneur général, du 15 mars 1867, relatif à la convocation des électeurs communaux ; 2° des art. 8, 9, 10, 11, 12, 13 et 14 du décr. du 27 déc. 1866 ; 3° des art. 9, 10 et 11 de de la loi du 5 mai 1855 ; — 4° de l'arr. du gouverneur général du 25 avril 1867, sur les opérations électorales.

Cette lecture achevée, M. le président a ouvert successivement chacune des boîtes placées sur la la table du bureau, et constaté ostensiblement qu'elles ne renfermaient aucun bulletin ; après quoi il a fermé la double serrure de chacune desdites boîtes, gardant l'une des deux clés entre ses mains et remettant l'autre à M. . . . le plus âgé des scrutateurs. — Les boîtes ayant été remises à leur place, M. le président a déclaré le scrutin ouvert, et a constaté l'heure, qui était de . . . heures . . . minutes du matin.

Il a été immédiatement procédé par un des scrutateurs à l'appel des électeurs, dans l'ordre qui avait été indiqué par M. le président. — Les bulletins des électeurs répondant à l'appel, ont été recueillis et déposés dans la forme prescrite. — L'appel terminé, il a été aussitôt et dans le même ordre, procédé au réappel des électeurs qui ne s'étaient pas encore présentés. — A . . . heures . . . minutes du . . . , le réappel étant terminé, aucun électeur ne se présentant plus pour voter, et attendu que le scrutin est resté ouvert pendant . . . heures, M. le président le déclare définitivement clos. Il annonce à l'assemblée qu'il va être procédé au dépouillement des votes.

(1) Mais vu l'heure avancée, et après délibération du bureau, M. le président fait connaître à l'assemblée que le dépouillement des votes est renvoyé au lendemain matin, à . . . heures précises. Il l'invite à ne pas se séparer qu'il n'ait assisté au scellé des boîtes, opération à laquelle il est procédé immédiatement, en la forme indiquée par l'instruction générale du 25 avril 1867. — Cette opération terminée, le président déclare que des mesures vont être prises par ses soins pour le dépôt des boîtes en lieu sûr, sous la surveillance et la responsabilité de l'autorité municipale, et que les scellés ne seront levés qu'à l'ouverture de la séance du lendemain. — La séance est levée. — Fait et clos le présent procès-verbal.

(Signatures.)

(2) Ce jourd'hui . . . mai 1867, à . . . heures précises du matin, les membres du bureau et les interprètes désignés étant à leurs places, M. le président a déclaré la séance ouverte, en rappelant qu'elle avait pour objet le dépouillement du scrutin fermé dans la séance d'hier. — Lecture a été faite par le secrétaire du procès-verbal de ladite séance. — Aucune réclamation n'ayant été faite, le président a fait connaître à l'assemblée qu'il allait être procédé par lui à l'enlèvement des scellés apposés sur les boîtes de scrutin. Il a invité les électeurs les plus rapprochés du bureau à venir préalablement s'assurer par eux-mêmes que les cachets étaient demeurés intacts. — Cette vérification faite, les scellés ont été enlevés.

Le nombre des votants, constaté d'après les émargements, a été reconnu être de : — . . . pour les Français ; — . . . pour les indigènes musulmans ; — . . . pour les indigènes israélites ; — . . . pour les étrangers. — Les bulletins déposés dans les boîtes ont été successivement comptés dans l'ordre indiqué ci-dessus. Cette opération a donné les résultats suivants : — Bulletins des Français . . . des indigènes musulmans . . . des indigènes israélites . . .

---

(1) A supprimer si le dépouillement du scrutin a lieu immédiatement. — Dans les cas où le dépouillement serait renvoyé au lendemain, on supprimera les dernières

lignes du paragraphe précédent, à partir de : Il annonce.

(2) A supprimer, comme ci-dessus, jusqu'au paragraphe commençant par : Le nombre des votants, etc.

des étrangers... — Ces résultats étant identiques à ceux constatés pour le nombre des votants, le scrutin a été déclaré par le bureau valable et régulier.

(Ou bien, si les nombres ne sont pas identiques :) — (1) Ces résultats n'étant pas de tout point conformes à ceux constatés pour le nombre des votants de chaque catégorie, le bureau a délibéré sur la validité du scrutin, et après délibération, l'a déclaré valable, sauf réclamation. — Aucune réclamation ne s'est produite.

(Ou bien, s'il y a réclamation :) — (2) Une réclamation ayant été présentée par un *ou plusieurs* (3) des électeurs présents, contre la validité du scrutin, le bureau a délibéré de nouveau et maintenu sa première décision, sauf recours auprès de qui de droit.

Il a été passé immédiatement au dépouillement du scrutin, dans les formes voulues par la loi et conformément aux instructions de l'autorité supérieure. — Cette opération a donné les résultats suivants :

CANDIDATS DES FRANÇAIS. — Nombre de suffrages exprimés. — Ces suffrages se sont répartis ainsi qu'il suit : — M... voix. — M... voix. — Divers. — Bulletins blancs ou annulés... — MM... ayant obtenu chacun la majorité des suffrages exprimés, et un nombre de voix supérieur au quart des électeurs inscrits... été provisoirement proclamé... membre... du conseil municipal de la commune d... pour la section d... — Candidats des indigènes musulmans (id.). — Candidats des indigènes israélites (id.). — Candidats des étrangers (id.). — M. le président a fait connaître que le résultat définitif des votes afférents aux candidats des indigènes musulmans, des indigènes israélites et des étrangers ne pourrait être proclamé que par le bureau central siégeant au chef-lieu de la commune, auquel les feuilles de dépouillement allaient être immédiatement transmises avec le procès-verbal des opérations de la section.

Les bulletins dépouillés, sauf ceux à annexer au procès-verbal, ont été incinérés, séance tenante, conformément à la loi. — M. le président a fait ensuite connaître à l'assemblée, que les électeurs qui croiraient devoir arguer de nullité les opérations auxquelles il venait d'être procédé, avaient cinq jours francs pour déposer leur réclamation, soit à la mairie du chef-lieu, soit à la sous-préfecture, soit au secrétariat général de la préfecture. — Lecture faite par le secrétaire du procès-verbal, le président a déclaré les opérations closes et la séance a été levée. — Ainsi fait, clos et arrêté en double expédition, les jour, mois et an que dessus (4).

Circ. G. — 14-29 déc. 1867. — BG. 255. — *Instructions aux préfets relatives à la révision annuelle des listes électorales. — Questions de principes* (5).

M. le préfet, le décret réglementaire du 2 fév. 1852, porte que la révision annuelle des listes électorales doit s'opérer dans les mairies du 1er au 10 janv. de chaque année.

L'art. 1er, tit. 1er de ce décret, détermine les règles à suivre pour opérer ce travail. Il est donc inutile d'en rappeler les dispositions. Mais je crois nécessaire d'appeler votre attention sur l'im-

portance particulière que doit présenter la première révision.

En effet, soit à cause de la précipitation avec laquelle elles ont été préparées, soit à cause de l'inexpérience des maires, mais surtout en raison de l'incertitude que la jurisprudence a laissé subsister sur la solution de certaines questions d'état, les premières listes de 1867 ont donné lieu à des réclamations assez nombreuses. — Les unes ont été jugées par la voie contentieuse, sans pourtant avoir été portées jusqu'à la juridiction suprême de la Cour de cassation; les autres sont restées à l'état de questions soumises à l'interprétation administrative, et, par conséquent, sans solution absolue et définitive. Enfin des erreurs plus ou moins nombreuses, des omissions ou des inscriptions indues, ont passé inaperçues et n'ont été constatées qu'au moment du vote; sans toutefois donner lieu à des protestations sérieuses et formelles.

Mes instructions des 15 et 26 mars 1867, sur la formation des listes électorales, renferment les indications à suivre et les principes qui doivent guider les maires dans l'application. Je ne puis que les confirmer d'une manière générale. Cependant, comme dans certaines de leurs dispositions elles ont été critiquées et ont même donné lieu à des réclamations dont j'ai été saisi administrativement, je crois utile de passer ici en revue les principales objections qui m'ont été faites et les motifs qui m'ont fait maintenir mes premières interprétations.

Des fonctionnaires, Officiers sans troupes, etc.

1° Quelques fonctionnaires ont prétendu jouir du droit électoral partout où ils se trouvent au moment des élections, et être exempts de toute obligation de justifier d'un domicile quelconque dans la commune où ils exercent actuellement leurs fonctions. — D'autres, invoquant l'art. 5 de la loi du 31 mai 1850, ont soutenu qu'ils n'étaient assujettis qu'à une résidence de six mois et non pas à la résidence annale exigée par le décr. du 27 déc. 1866;

2° Les officiers sans troupes, les employés militaires assujettis à une résidence fixe et, par suite, aux taxes municipales, ont prétendu être assimilés aux fonctionnaires publics par leur position et leurs charges municipales, et être, comme eux, ou dispensés de toute justification de domicile, ou tout au moins n'être astreints qu'à un domicile de 6 mois. Ces prétentions ont donné lieu à des protestations diverses, tant de la part des intéressés réclamant leur inscription sur les listes électorales, que de la part d'électeurs poursuivant la radiation des officiers sans troupes qui, selon les uns, devaient être considérés comme militaires en activité, et, selon les autres, assujétis comme tout électeur à la condition essentielle du domicile annal. — La juridiction contentieuse n'a point résolu en droit les questions soulevées par ces réclamations, dont aucune ne s'est trouvée recevable en la forme.

3° On a vu une anomalie dans la distinction que j'ai faite, en ce qui concerne les préposés ou matelots de la douane casernés, et ceux qui sont logés en ville: les premiers ne pouvant être inscrits sur les listes électorales, et les seconds, au

---

(1) L'emploi de ce paragraphe emporte la suppression du précédent.

(2) L'emploi de ce paragraphe entraîne la suppression du précédent.

(3) Effacer *un ou plusieurs*, suivant les cas.

(4) On aura soin de biffer les paragraphes qu'il y aura lieu de supprimer dans la présente formule et d'écrire en

marge de chaque paragraphe supprimé la mention suivante, qui sera paraphée par tous les membres du bureau : « Approuvé la suppression du paragraphe biffé ci-contre. »

(5) V. § 1er aux notes de jurisprudence, la solution donnée à ces diverses questions, par le tribunal de justice de paix d'Alger.

contraire, devant y figurer. On a réclamé, au profit des préposés des douanes et des gendarmes, qu'ils fussent casernés ou non, l'exercice du droit électoral sans distinction.

4° Enfin, on m'a posé la question de savoir si l'obligation d'être inscrit nominativement sur les rôles des taxes communales, était une condition absolue et essentielle pour pouvoir figurer sur les listes électorales.

Solutions administratives.

J'ai déjà résolu ces diverses questions, en répondant spécialement aux fonctionnaires ou aux intéressés qui me les avaient soumises lors des élections de 1867. Mais à l'occasion de la révision des listes pour 1868, je crois utile de donner à mes interprétations partielles un caractère plus général et d'en reproduire les motifs dans la présente circulaire. C'est le moyen de prévenir des réclamations nouvelles par la voie administrative. La voie contentieuse restera d'ailleurs ouverte à ceux des intéressés qui se croiront en droit de s'adresser à la juridiction chargée de trancher les questions d'état en matière de droit électoral. — Le décret organique du 27 déc. 1866 détermine les conditions essentielles de l'électorat municipal, conditions qui sont les suivantes : être âgé de 21 ans; être domicilié dans la commune depuis un an au moins; être inscrit sur le rôle des taxes municipales. — C'est dans la lettre et l'esprit de ce décret que j'ai puisé les motifs des solutions que j'ai données.

1° Question. — Fonctionnaires.

En Algérie, les élections, et par conséquent les listes électorales, n'ont qu'un caractère exclusivement municipal, et n'ont en rien le caractère général et politique que leur assigne en France la loi du 31 mai 1850, laquelle n'est point d'ailleurs exécutoire ici, puisque la constitution de l'empire tient l'Algérie et les colonies en dehors de la représentation politique. — C'est donc à tort que l'on a invoqué le bénéfice de cette loi au profit des fonctionnaires ou des officiers sans troupes.

On comprend qu'en France, où les listes servent aux élections générales et locales à la fois, les fonctionnaires et les militaires assimilés, assujettis à des déplacements fréquents, puissent exercer leur droit en matière politique partout où ils se trouvent, l'obligation d'un domicile plus ou moins ancien n'ajoutant aucune garantie à l'exercice de ce droit.

Mais il en est autrement en Algérie, où il ne peut s'agir que d'élections purement municipales. Dans ce cas, l'exercice du droit est nécessairement restreint à la qualité et à l'intérêt de l'habitant. L'étranger l'exerce à ce titre aussi

bien que le Français. Mais le fonctionnaire qui arrive dans une commune, qui y est à peine installé, qui n'a encore participé à aucune des charges de l'habitant, peut-il raisonnablement se prétendre membre de la commune? La loi spéciale n'a pas prévu d'exception à son profit. Il est donc, comme tout électeur, tenu de justifier du domicile annal.

2° Question. — Officiers sans troupes et employés militaires à résidence fixe (1).

L'assimilation que j'ai faite des officiers sans troupes et des employés militaires à résidence fixe aux fonctionnaires, repose non-seulement sur la lettre et l'esprit du déc. du 27 déc. 1866, mais encore sur ce qui se pratique dans la métropole.

En France, en effet, les officiers sans troupes sont assimilés aux fonctionnaires publics, et même, à ce titre et aux termes des instructions du Ministre de l'intérieur, dispensés de toute justification de résidence. Mais, ainsi que je viens de l'exposer, la loi du 31 mai 1850 n'est point applicable aux élections municipales en Algérie; par suite, l'assimilation des officiers sans troupes aux fonctionnaires ne peut assurer aux premiers, comme aux seconds le bénéfice du droit électoral, qu'autant qu'ils remplissent la condition du domicile annal imposée aux électeurs municipaux par le déc. du 27 déc. 1866, qui ne comporte aucune exception.

En conséquence, je crois devoir maintenir mon interprétation. Elle me paraît pleinement fondée en droit, et donne une juste satisfaction aux militaires qui, assujettis aux charges municipales, ont acquis en réalité la qualité d'habitants de la commune.

3° Question. — Gendarmes et douaniers casernés et non casernés (2).

Les douaniers casernés et les gendarmes jouissent d'une exemption d'impôt en vertu d'une disposition légale, ils ne participent donc pas aux charges communales, ils n'ont point d'intérêt d'habitants dans la commune; ils ne peuvent donc être électeurs; mais il n'en est plus de même quand ils sont logés en ville. Dans ce dernier cas, ils sont imposables aux taxes municipales, ils y sont imposés, et puisqu'ils ont les charges de l'habitant, il est juste et rationnel qu'ils en aient les droits et les privilèges.

Il n'y a, dans cette différence d'appliquer la loi algérienne à des individus appartenant à un même corps, rien d'anormal, rien qui ne soit conforme à la lettre comme à l'esprit du décr. du 27 déc. 1866. Les objections faites à ce mode d'application proviennent toujours de ce que l'on perd de vue la différence radicale qui existe

---

(1) Voir sur cette question la jurisprudence en note, § 1, et la circulaire ministérielle du 18 juin 1850, insérée à la suite d'un jugement du 13 mai 1867.

(2) A la date du 21 avril 1849, le général Charon, gouverneur général, avait adressé sur la même question aux généraux et préfets la circulaire suivante :

« La loi électorale qui vient d'être promulguée n'indique pas les conditions dans lesquelles les gendarmes et les douaniers sont appelés à prendre part à l'élection des représentants du peuple. — Rien dans les instructions des départements de l'intérieur et de la guerre n'est venu suppléer au silence de la loi et fixer les collèges électoraux. — Déjà l'année dernière des doutes qui s'élèvent en ce moment se sont produits : une décision de nos prédécesseurs les a tranchés en prescrivant de comprendre les détachements de gendarmerie et du service actif de la douane dans la catégorie des corps de troupe. — Un nouvel examen de la question ne me permet pas

de maintenir cette décision pour les élections qui se préparent. — C'est uniquement à défaut d'une résidence fixe, incompatible avec le service militaire ou celui de la marine, que des exceptions à la règle commune ont été admises en ce qui touche les militaires en activité de service et les hommes retenus pour le service des ports ou de la flotte en vertu de leur immatriculation sur les rôles de l'inscription maritime. — Les corps de gendarmerie et les brigades de douane ne sont pas dans cette position : les hommes qui les composent, dégagés en grande partie des lois militaires, sont placés à demeure dans des localités où ils prennent domicile fixe.

En conséquence, les corps de la gendarmerie et des douanes, employés en Algérie, seront inscrits sur les listes électorales du lieu de leur résidence, au moment de l'élection. Les réclamations des tiers, s'il s'en pr[...] seront reçues et jugées ainsi que cela est prescrit par la loi. »

V. Charon.

entre les élections dans la métropole et celles qui se font en Algérie.

4° Question. — De la condition d'être inscrit sur les rôles de la commune.

Je me suis prononcé pour le sens le plus libéral et le plus large, en décidant que tout individu *imposable en droit*, et remplissant d'ailleurs les autres conditions, devait être porté sur les listes. En effet, c'est moins les rôles que les matrices qu'il faut consulter pour connaître les imposés.

Souvent un seul article du rôle, au nom d'un chef de famille ou d'un chef d'établissement, comprend plusieurs contribuables qui n'y sont point dénommés et à qui il serait injuste de contester leur droit électoral. — On ne peut admettre qu'un individu omis sur les rôles, ou exempté des taxes par mesure purement locale, puisse, par ce fait seul, être exclu des listes électorales. L'indigence ou l'exemption légale, comme pour les douaniers et les gendarmes, sont les seuls motifs d'exclusion à admettre. Le droit électoral résulte de l'*imposabilité* et non pas absolument de l'imposition effective ou nominale.

Ces développements, M. le Préfet, confirment et complètent mes instructions antérieures sur la formation des listes électorales. Je vous invite à les notifier à MM. les Maires, en leur recommandant d'apporter le plus grand soin à la révision des listes de 1867. Vous devez surtout veiller à ce que les opérations soient faites après une publication suffisante pour que l'attention des électeurs soit appelée sur l'intérêt qu'ils ont à les surveiller et à y provoquer, s'il y a lieu, des rectifications.

Le général de division, sous-gouverneur,
Baron DURRIEU.

2°— Élections de 1869.

AG. — 19 févr.-17 mars 1869. — BG. 308. — *Publication des listes électorales et réunion des électeurs dans des communes nouvellement instituées.*

Vu le décr. du 27 déc. 1866, sur le régime municipal en Algérie; — Les décr. des 10 déc. 1868 et 27 janv. 1869, portant créations de nouvelles communes et modifications de circonscriptions communales dans les départements d'Alger, d'Oran et de Constantine, et spécialement les art. 7 et 8 ainsi conçus : « Un arrêté du gouverneur général déterminera l'époque des élections municipales. »

Art. 1. — Les listes des électeurs communaux dans les nouvelles communes des départements d'Alger, d'Oran et de Constantine, instituées par les décr. des 10 déc. 1868 et 27 janv. 1869, seront arrêtées et publiées le 10 mars prochain. — Il sera procédé à la rectification des listes déjà publiées dans les communes anciennes dont la circonscription et la population ont été modifiées par les décrets ci-dessus visés. — Les tableaux de rectification seront également publiés et affichés le 10 mars prochain.

Art. 2. — Les assemblées des électeurs communaux procéderont les samedi et dimanche, 1er et 2 mai prochain, aux élections de conseillers municipaux dans les communes nouvellement constituées, et, s'il y a lieu, dans celles des communes anciennes, dont la composition du conseil municipal se trouverait modifiée par suite des changements apportés aux circonscriptions territoriales.

Art. 3. — Dans les communes de 2,500 habitants et au-dessus, le scrutin durera deux jours; il sera ouvert le samedi 1er et clos le dimanche 2.

— Dans les communes d'une population moindre, le scrutin sera ouvert et clos le dimanche 2 mai.
— Dans le cas où le premier tour de scrutin n'aurait pas produit de résultat, si le second tour ne peut avoir lieu le même jour, il y sera procédé le dimanche suivant.

M^{al} DE MAC-MAHON, DUC DE MAGENTA.

3°— Élections de 1871.

Élections du 5 février à Alger.

D. — (Bordeaux). — 18 janv. 1871. — (V. Communes, § 1). — *Dissolution du conseil municipal d'Alger.*

ACR. — 21 janv. (ibidem.) — *Convocation des électeurs pour le 5 février.*

ACR. — 25 janv. — (Communes, § 3). — *Nouvelle composition du conseil municipal d'Alger.*

Élections générales du 12 novembre.

AG. — 29 août-15 sept. 1871. — BG. 372. — *Arrêté réglementaire sur la formation des listes électorales et la remise des cartes aux électeurs.*

Vu les lois, décrets et instructions sur les élections; — Considérant que l'exercice du droit de vote est pour tout citoyen l'acte le plus grave de la vie politique; qu'il importe, dès lors, au plus haut degré, d'en assurer la parfaite régularité; — Considérant, qu'à cet effet, il est surtout nécessaire de contrôler : 1° Si celui qui se présente comme électeur réunit toutes les qualités requises, et si son identité a été suffisamment constatée, soit lorsqu'il s'est agi de lui faire remise de sa carte, soit lorsqu'il veut en faire usage; — Considérant que, pour atteindre ce but, le mode employé jusqu'à ce jour ne saurait suffire; qu'il est effectivement de notoriété publique qu'il ne répond pas aux nécessités prévues; que, loin de là, il a été marqué par de graves inconvénients et par de nombreuses erreurs; — Qu'ainsi, souvent, des cartes envoyées à domicile, ont été retournées avec la suscription : inconnu, alors pourtant qu'elles concernaient des citoyens habitant depuis plusieurs années la localité, et y exerçant un métier ou une profession; qu'il est arrivé également que le même électeur a reçu jusqu'à deux et même trois cartes portant chacune des prénoms différents; — Considérant dès lors qu'il convient de recourir à l'emploi de nouvelles mesures, et que l'on ne saurait mieux faire que de s'approprier les instructions qui régissent les élections à Paris et dont l'expérience d'ailleurs consacré les bons résultats; — La commission spéciale, par nous instituée pour étudier la matière préalablement entendue :

Art. 1. — Il sera formé dans toutes les mairies une première liste préparatoire sur laquelle seront portés tous les individus de la commune, présumés réunir les conditions voulues pour l'exercice du droit de vote.

Art. 2. — Sur le vu de cette liste, il sera envoyé à chacun de ces électeurs présumés un bulletin (modèle n° 1), qu'il sera tenu de remplir, de signer et de renvoyer ensuite à la mairie. — Tout électeur qui ne saura ni écrire, ni signer, devra rapporter lui-même son bulletin, qu'il fera remplir par l'employé du bureau, sur les indications qu'il lui fournira. Il le fera, en outre, accompagner d'un citoyen, électeur comme lui, qui, à l'effet d'attester son identité, signera le susdit bulletin en son lieu et place.

Art. 3. — Les bulletins une fois rentrés, ou le jour de la clôture des listes étant arrivé, il sera procédé à l'établissement de la liste définitive (modèle n° 2), qui ne devra comprendre qu'à le nom de ceux qui se seront conformés aux prescriptions de l'article précédent. — Cette liste sera établie en double expédition, dont l'une sera envoyée au préfet.

Art. 4. — Quant aux citoyens non inscrits sur cette liste et qui croiraient avoir cependant le droit d'y figurer, toute action leur est réservée, à la charge par eux de présenter leurs réclamations dans les délais et les formes prescrites par la loi.

Art. 5. — Aucun électeur ne sera admis à voter s'il n'est inscrit sur la liste définitivement arrêtée et s'il n'est porteur de la carte qui doit lui avoir été délivrée. Cette carte (modèle n° 5) devra être signée par lui, et s'il ne sait, il sera procédé comme il est dit au dernier paragraphe de l'art. 2. — Sera toutefois admis à voter sans carte l'électeur qui aura perdu celle qui lui aura été délivrée, s'il est inscrit et si le bureau se trouve suffisamment édifié sur son identité. — Sera également recevable à déposer son vote, tout électeur qui, quoique non muni de carte ni même inscrit, présentera une décision du juge de paix ordonnant son inscription, ou un arrêt de la Cour de cassation annulant un jugement qui aurait prononcé sa radiation.

Art. 6. — Les cartes ne seront plus envoyées à domicile. L'électeur sera tenu de venir retirer la sienne lui-même à la mairie, où elle sera constamment à sa disposition jusqu'au moment du vote. A quelque moment qu'elle soit retirée, la carte ne sera remise à l'électeur que sur son reçu ou celui du citoyen qui devra l'accompagner et signer pour lui, s'il ne sait pas signer lui-même (modèle n° 4).

Art. 7. — Le vote sera constaté sur un état spécial (modèle n° 5), dont les indications devront être scrupuleusement remplies.

Art. 8. — Le relevé des votes aura lieu au moyen d'un pointage sur la pièce (modèle n° 6) destinée à assurer tout à la fois la rapidité de l'opération et l'exactitude des nombres.

Art. 9. — Pour l'avenir, la liste devra être tenue au courant, au moyen d'un jeu de fiches (modèle n° 7) sur lequel seront exactement consignées, pour chaque électeur, au moyen notamment des actes de l'état civil et des documents judiciaires, toute mutation ou modification survenues dans son état.

Art. 10. — Les instructions précédemment données continueront à recevoir leur exécution en tout ce qui n'est pas contraire au présent arrêté.

V.-am¹. CONTE DE GUEYDON.

Circe. G. — 7-15 sept. 1871. — BO. 572. — *Instructions aux préfets sur l'exécution de l'arrêté qui précède.*

M. le préfet, j'ai l'honneur de vous adresser, ci-joint, ampliation d'un arrêté que j'ai pris à la date du 29 août dernier, et qui consacre les dispositions étudiées, en vue des opérations électorales, par une commission que j'avais instituée dans ce but. — Afin de bien faire saisir la pensée et le but de cet arrêté à tous ceux qui auront à concourir à son exécution, il m'a paru utile d'entrer dans quelques explications de détail, qui font l'objet des présentes instructions.

L'arrêté, dans chacune de ses dispositions, se réfère à des modèles (de 1 à 7), qui seront reproduits à la suite du texte dans le *Bulletin officiel*. Ces formules ont été adoptées pour faciliter les travaux préparatoires de la formation des listes et de la délivrance des cartes, et pour régler, d'une manière uniforme et pratique, les opérations du vote.

Quelques explications suffiront pour rendre des plus faciles l'emploi de ces modèles. — L'usage

de la lettre (mod. n° 1) est clairement indiqué par l'art. 2 de l'arrêté. Mais, outre cette première destination, il sera bon, dans les communes de quelque importance, de s'en servir, chaque année, au moment de la révision de la liste électorale, pour obtenir, tant des électeurs déjà inscrits que de ceux à inscrire, les renseignements nécessaires au fonctionnement du jeu de fiches dont il sera ultérieurement question.

La liste définitive sera établie conformément au mod. n° 2, et en deux expéditions, dont l'une vous sera envoyée le jour de la clôture de cette liste. Cette précaution a pour but d'empêcher des additions ou des radiations illégales et dont le contrôle serait, autrement, impossible. Deux lignes sont affectées, dans la 3° colonne de ce modèle, à l'inscription du lieu de naissance de l'électeur : la première doit recevoir le nom de la commune, la seconde celui du département. — Ce même modèle sera également employé pour la formation des tableaux de rectifications. La colonne d'observations énoncera, dans ce cas, les causes des radiations : décès, départ, ou jugement entraînant l'incapacité électorale, et contiendra l'indication des renseignements au moyen desquels les modifications aux inscriptions premières ont pu être faites.

Le mod. n° 3 (carte d'électeur) n'a pas besoin d'explications particulières.

La liste (mod. n° 4) doit servir à la distribution des cartes. Au fur et à mesure de leur retrait, les électeurs qui en sont les titulaires, apposent, à titre de récépissé, leur signature dans la colonne à ce destinée. Si l'électeur ne sait pas signer, la dite colonne doit recevoir la signature d'un autre électeur qui atteste ainsi l'identité du premier. Cette substitution de signature est alors constatée dans la colonne d'observations, au moyen de cette mention : signature d'attestation.

La liste (mod. n° 5) sera utilisée au moment du vote, dont le dépôt est constaté par la signature de l'assesseur, dans deux colonnes ouvertes à cet effet, pour le 1er et pour le 2e tour de scrutin. La colonne d'observations est destinée à indiquer, dans le cas d'absence de carte, et, néanmoins, d'admission au vote, le nom, soit du membre du bureau, soit de l'électeur connu dans ce bureau, qui atteste l'identité de l'électeur ainsi admis à voter. Elle doit faire mention, le cas échéant, de toute décision judiciaire admettant valablement un électeur à voter sans carte, ni inscription, conformément aux prescriptions de l'art. 5, § 3, de l'arr. du 29 août.

Le mod. n° 6 présente de grandes facilités pour le dépouillement du scrutin. Il consiste dans une feuille de pointage, qui se compose de 15 compartiments destinés à recevoir les noms d'un pareil nombre de candidats. A l'appel du nom de chaque candidat, le scrutateur trace au-dessous de ce nom un trait vertical sur l'un des points imprimés en lignes horizontales, au nombre de 10 sur chaque ligne et numérotés par séries de 20.

Après le dépouillement complet du vote, le bureau présidentiel n'a donc plus, dans les communes où le chiffre des votants nécessite l'adjonction de bureaux supplémentaires, qu'à procéder à un travail de récapitulation des suffrages constatés par ces derniers, et le résultat définitif peut être ainsi régulièrement obtenu et rapidement connu.

Cette opération s'effectuera encore plus promptement, si la mairie a soin de réunir en cahiers portant le numéro de chaque bureau, et de préparer les feuilles de pointage, en y inscrivant, à l'avance, et par ordre alphabétique, les noms des candidats connus, les scrutateurs n'ayant plus, de la sorte, qu'à ajouter, à la suite, les nouveaux candidats dont le dépouillement produirait les noms. — Le pointage au crayon rouge ou noir fera éviter les maculations que l'encre peut produire lorsqu'on tourne les feuilles.

Enfin, un jeu de fiches (mod. n° 7) sur l'emploi duquel je vous prie d'appeler toute l'attention de MM. les maires, est également adopté. — Ces fiches, contenant le nom et les indications nécessaires à l'inscription de chaque électeur sur la liste électorale, sont placées par ordre alphabétique, dans des boîtes longues, dites cabriolets, qui en permettent le maniement facile. On comprend, sans peine, leur utilité, car elles offrent le moyen, toujours sûr, d'apporter, en temps utile, à la liste électorale, les modifications que sa confection annuelle comporte.

Elles sont divisées en deux parties : la partie supérieure contient toutes les indications relatives aux nom et prénoms, date et lieu de naissance, profession et demeure de l'électeur; la partie inférieure est spécialement destinée à constater les mutations qui, d'une année à l'autre, seront survenues dans la demeure de l'électeur. — Le nombre 187, répété, dans la colonne ayant pour titre : numéros des listes électorales, sept fois pour la première partie, et six fois seulement pour la seconde, représente les trois premiers chiffres du millésime, le quatrième devant être mis ultérieurement, à la main.

L'usage de cette colonne de la fiche est de constater que le contrôle a été fait chaque année, et que les mutations indiquées sur ladite fiche ont été reportées sur la liste. — Ainsi, lorsque la fiche est établie pour la première fois, elle porte, si ce travail est effectué, par exemple, dans l'année 1871, le millésime 1871, à la fois, en haut et à droite, et dans la colonne ci-dessus désignée, à gauche; la demeure est indiquée dans le dernier compartiment de la partie supérieure, et, alors, la fiche est complète pour 1871.

Les six cases de la partie inférieure de la fiche ne doivent donc servir qu'à partir de l'année 1872, où aura lieu la révision de la liste de 1871. — S'il n'y a pas de mutations à constater, il n'est besoin d'écrire le mot : néant, en regard de l'année où se fait le travail de vérification.

D'un autre côté, la désignation de l'année, dans la première partie de la fiche, soit 1872, indique que le contrôle a été fait pour cette année, et que l'électeur qui est titulaire de cette fiche figure toujours sur la liste. Il en est de même pour les années suivantes, et l'on arrive ainsi, de part et d'autre, à l'année 1878, qui termine la période de temps à l'expiration de laquelle la fiche a besoin d'être renouvelée.

Les renseignements nécessaires aux mutations à porter sur ces fiches seront naturellement fournis par les lettres (mod. n° 1) dont il a été fait mention plus haut. Les électeurs pourront y inscrire eux-mêmes ces renseignements, et l'agent assermenté qui distribuera à domicile les lettres dont il s'agit, attestera, par écrit, sur celles qu'il rapportera, les motifs (décès, départ sans esprit de retour, etc.) qui l'auront empêché de les remettre.

La signature de l'électeur, réclamée au bas de la lettre (mod. n° 1) a pour but d'offrir un moyen de contrôle pour assurer la répression légale, en cas de fraude. — Bien compris et bien employé, ce système de fiches, qui constitue, pour ainsi dire, la liste vivante des électeurs, doit produire les meilleurs résultats, au point de vue de l'exactitude des listes, et, par suite, des opérations électorales elles-mêmes.

Vous voudrez bien, M. le Préfet, notifier aux municipalités de votre département les dispositions de mon arrêté du 29 août, et la présente instruction. L'un et l'autre sont le complément nécessaire des instructions générales précédemment données sur la matière et qui subsistent en tout ce qui n'est pas modifié par ledit arrêté, dont je vous recommande de surveiller la rigoureuse exécution. (V. les mod. au Bulletin officiel.)

V. am¹ COMTE DE GUEYDON.

DP. — 7 oct. 1871. — (V. Naturalisation). — Formalités imposées aux indigènes israélites, pour faire constater leur indigénat et être admis à exercer les droits électoraux jusqu'à révision par l'assemblée nationale du décr. du 24 oct. 1870.

DP. — 12-18 oct. 1871. — BG. 377. — Convocation des électeurs. — Formation des listes.

Vu la loi du 15 mars 1849 et le décr. du 2 fév. 1852; — Vu le décr. du 27 déc. 1866 sur l'organisation municipale en Algérie; — Vu la loi du 14 avr. 1871 sur l'organisation municipale de la métropole maintenant en vigueur, pour l'Algérie, le décr. sus-visé; — Vu le décr. du 7 oct. 1871, rendu en exécution du décr. de la délégation de Bordeaux, en date du 24 oct. 1870, qui a conféré aux Israélites indigènes de l'Algérie le droit de citoyens français.

Art. 1. — Les élections pour le renouvellement intégral des conseillers municipaux auront lieu dans toutes les communes de l'Algérie, le 12 nov. prochain.

Art 2. — L'élection sera faite sur la liste dressée en exécution de l'arrêté du gouverneur général civil de l'Algérie en date du 29 août 1871, et révisée conformément au décr. du 7 oct. courant.

AG. — 16-18 oct. 1871. — BG. 377. Mesures prescrites pour la formation des listes électorales.

Vu le décr. du 12 oct. 1871, fixant au 12 nov. prochain les élections pour le renouvellement intégral des conseillers municipaux dans toutes les communes de l'Algérie; — Vu la loi du 14 avr. 1871, art. 20, ainsi conçu: « Le décr. des 27 déc. 1866 — 16 janv. 1867 reste en vigueur en Algérie; » — Vu ledit décr., art. 8, 9, 10, 11, 12 et 13; — Vu le décr. du 7 oct. 1871, relatif à l'inscription des Israélites indigènes sur les listes électorales; — Considérant que le décr. sus-visé, du 12 oct. courant, ne détermine pas les délais dans lesquels devront s'accomplir les diverses opérations préliminaires à l'ouverture des scrutins, et qu'il y a lieu, dès-lors, de suppléer à ce silence, en combinant ces délais avec la double nécessité d'assurer la régularité des listes et leur clôture définitive avant l'époque fixée pour les élections; — Vu l'urgence;

Art. 1. — La composition des conseils municipaux reste telle qu'elle a été fixée par l'art. 8 du décr. du 27 déc. 1866. Toutefois, la part de représentation attribuée à l'élément israélite, en vertu de l'art. 13 dudit décr., profitera à l'élément français.

Art. 2. — Sont électeurs municipaux :

1° au titre français: Tout citoyen français ou naturalisé français, âgé de 21 ans, domicilié au moins depuis un an dans la commune et inscrit sur les rôles des impositions et taxes municipales (décr. du 27 déc. 1866, art. 10) ; Tout indigène israélite remplissant les mêmes conditions et qui aura, en outre, justifié de son indigénat dans les formes prescrites par le décr. du 7 oct. 1871.

2° Au titre indigène: Tout musulman âgé de 25 ans, ayant un an de domicile dans la commune ;

5° au titre étranger : Tout étranger remplissant les mêmes conditions et ayant trois années de résidence en Algérie. — Les conditions spécifiées aux §§ 1, 2 et 3 ci-dessus, devront être remplies au jour fixé pour la clôture définitive des listes.

L'inscription des musulmans et des étrangers est d'ailleurs soumise aux conditions prescrites par les quatre derniers §§ de l'art. 10 du décr. du 27 déc. 1866.

Art. 3. — La liste à dresser pour chaque commune, aux termes de l'art. 11 du même décr., sera divisée par catégories distinctes, savoir : — 1° Électeurs au titre français ; — 2° Électeurs au titre indigène ; 3° Électeurs au titre étranger. — Les inscriptions, dans chaque catégorie, auront lieu par ordre alphabétique.

Art. 4. — Immédiatement après la réception du décr. du 12 octobre 1871 et du présent arrêté, les maires procéderont à la formation des listes électorales. — Ces listes devront être arrêtées et publiées, le 31 oct. au plus tard. — Les réclamations contre la teneur des listes seront reçues jusqu'au 5 nov., à minuit. — Les Israélites indigènes pourront produire jusqu'à cette époque, les décisions du juge de paix, établissant qu'ils ont justifié de leur indigénat. — Il sera statué sur les réclamations, par une commission spéciale, dans les cinq jours, et jusqu'au 10 nov., à minuit.

Art. 5. — La commission spéciale appelée à statuer sur les réclamations, sera composée de trois membres pris dans la commission municipale qui en tiendrait lieu, dans l'ordre d'inscription sur le tableau. — La commission spéciale siégera en permanence à partir du 5 nov., au matin, et ses décisions seront notifiées aux intéressés, après chaque séance, afin que ceux-ci puissent exercer utilement leur droit de recours, qui n'aura d'ailleurs aucun effet suspensif.

Art. 6. — Le maire tiendra compte des décisions intervenues pour l'établissement de la liste définitive, qui sera close le vendredi 10 nov. à minuit, et qui servira pour les scrutins qui s'ouvriront le dimanche suivant.

Art. 7. — Les élections auront lieu au scrutin de liste pour toute la commune. — Néanmoins, la commune pourra être divisée en sections dont chacune élira un nombre de conseillers proportionné à sa population. En aucun cas, ce fractionnement ne pourra être fait de manière qu'une section ait à élire moins de deux conseillers français. — Provisoirement, la division en sections sera faite par arr. du préfet. (L. du 14 avr. 1871, Art. 5.)

Art. 8. — Dans toutes les communes, quelle que soit leur population, le scrutin ne durera qu'un jour. — Le dépouillement sera fait immédiatement. (L. du 14 avr. 1871, art. 7.)

Art. 9. — Seront observées pour les élections du 12 nov., les dispositions de notre arr. du 29 août 1871, ainsi que le prescrit l'art. 2 du décr. du 12 oct., notamment les art. 5 et 6 dudit arr., relatifs à la délivrance et à la présentation des cartes électorales.

Par délégation : *Le directeur général des affaires civiles et financières,*

CH. TASSIN.

Cire. G. — 17-18 oct. 1871. — BG. 577. — *Instructions aux préfets pour l'exécution du décr. du 12 oct. 1871 ci-dessus, et de l'arrêté qui précède.*

M. le préfet, j'ai pris, à la date du 16, un arrêté qui a pour objet de déterminer : 1° La composition des conseils municipaux (art. 1er). — Elle reste telle qu'elle a été fixée par le décr. du 27 déc. 1866; sauf que, la catégorie des Israé-

lites ayant été virtuellement supprimée par le décret de Tours du 24 oct. 1870, la part de représentation qui était attribuée à cette catégorie, par application des art. 9 et 13 du 1er décr., devra profiter à l'élément français;

2° Les conditions de l'électorat municipal. (Art. 2.) — Ces conditions sont maintenues telles qu'elles ont été établies par le décret organique de 1866; sauf les modifications rendues nécessaires à l'égard des Israélites, tant par le décret qui a prononcé leur naturalisation collective que par le déc. du 7 de ce mois, qui leur impose certaines formalités pour être maintenus ou inscrits sur les listes électorales;

3° Le mode d'établissement des listes. (Art. 3.) — Toujours en raison des dispositions intervenues au sujet des Israélites indigènes, les quatre catégories entre lesquelles se divisaient les listes électorales établies sous le régime du décr. de 1866, se trouvent réduites à trois, comprenant : — Les citoyens français, — les indigènes musulmans, — les étrangers.

4° Les délais dans lesquels devront s'accomplir les diverses opérations qui doivent précéder l'ouverture des scrutins, savoir — Formation et publication des listes électorales; — Délai imparti aux citoyens pour présenter leurs réclamations; — Formation de la commission spéciale, qui statuera sur les réclamations; — Terme donné à la commission spéciale pour prononcer ses décisions; — Clôture définitive des listes qui serviront pour les scrutins. (Art. 4, 5 et 6.)

Pour ces divers points, j'avais à suppléer au silence du décret de convocation; les délais à déterminer pour la publication des listes, la réception des réclamations et les décisions sur ces réclamations, devaient être combinés de manière que les listes pussent être closes un jour au moins avant celui fixé pour l'ouverture du vote, c'est-à-dire le 10 nov., à minuit.

Entre le moment présumé où les maires pourront s'occuper de la formation des listes et le terme fatalement assigné à la clôture de ces mêmes listes, je n'avais à ma disposition qu'un intervalle de 21 jours au plus, à diviser en trois périodes — J'assigne la plus longue de ces périodes à l'opération qui, pour les grandes communes surtout, est la plus laborieuse et demande le plus de temps, — celle de la formation de la liste primitive. — Cette liste devra être publiée le 31 oct.; ce qui donne 10 à 12 jours pour sa confection.

Je limite à cinq jours la durée de chacune des périodes pendant lesquelles les réclamations pourront être présentées et devront être jugées. — La loi du 14 avril 1871, n'accordait que trois jours pour les mêmes périodes. J'ai donc tenu compte, autant qu'il était possible de le faire dans les circonstances, des facilités que l'administration doit donner aux citoyens pour faire constater leurs droits; le reste dépend de leur propre diligence.

Mon arrêté détermine encore : — 5° Le mode de votation. Il aura lieu au scrutin de liste, conformément à la législation en vigueur. — Par application de l'art. 3 de la loi du 14 avril, vous pourrez, pour les grandes communes urbaines, établir le fractionnement en sections électorales, à chacune desquelles sera attribué un nombre de conseillers à élire, déterminé en raison de sa population; ce nombre, ne pourra, en aucun cas, être inférieur à deux conseillers.

La disposition de l'art. 13 du décr. du 19 déc. 1868, qui veut que votre arrêté, en pareil cas, soit pris dix jours avant celui des élections, n'est pas strictement applicable; néanmoins, vous ferez bien d'aller au devant de toute objection, en prenant vos arrêtés de l'espèce avant le 2 novembre ou à cette date au plus tard. Il est bien entendu que ce qui précède ne s'applique pas aux sections de vote, uniquement destinées à faciliter les opérations électorales, en multipliant les lieux de réunion. Vous demeurerez libre de les établir suivant les nécessités locales.

6° L'art. 8 de l'arrêté, relatif à la durée et au dépouillement du vote, n'est que la reproduction textuelle de l'art. 7 de la loi du 14 avril. — La loi n'a pas fixé l'heure de l'ouverture et de la clôture du scrutin; mais, comme elle limite à un seul jour la durée des opérations, quelle que soit la population de la commune, il conviendra d'adopter, dans les villes surtout, une heure assez matinale, pour que les scrutins puissent être dépouillés avant minuit; ce qui implique leur fermeture à six heures du soir au plus tard. — Vous pourrez laisser aux maires, mieux placés que vous pour connaître ce qui convient aux besoins et aux habitudes des électeurs, le soin de statuer à cet égard, en leur prescrivant de prendre leurs arrêtés plusieurs jours à l'avance et de leur donner la plus grande publicité.

7° Enfin, l'art. 9 rappelle que, conformément à l'art. 2 du décr. du 12 oct., les prescriptions de mon arr. du 29 août seront observées; les électeurs devront donc retirer eux-mêmes leurs cartes à la mairie, et ne se présenter au scrutin que munis de cette pièce. — Comme il s'agit de formalités faciles et qui ont pour objet d'assurer la sincérité des votes, vous donnerez des instructions pour qu'on tienne la main à ce que ces formalités soient strictement observées. Des avis de l'autorité les rappelleront, suivant l'usage, aux électeurs.

Vous ne perdrez pas de vue, M. le préfet, que la loi (5 mai 1855, art. 27) vous commet le soin de convoquer les électeurs municipaux au jour déterminé par le décret que je vous notifie; vous prendrez donc un arrêté à cet effet; en même temps que vous publierez et ledit décret et mon arrêté de ce jour. — La présente communication pourvoit aux objets les plus urgents. Je vous enverrai ultérieurement des instructions complémentaires, s'il y a lieu.

Par délégation : *Le directeur général des affaires civiles et financières,*
CH. TASSIN.

Circ. G. — 19-28 oct. 1871. — BG. 380. — *Interprétation de l'art. 10 du décr. du 27 déc. 1866, au sujet des imposables à la taxe sur les loyers. — Instructions aux préfets.*

M. le préfet, par mon arr. du 16 de ce mois, j'ai reproduit la disposition du décr. du 27 déc. 1866 (art. 10), aux termes de laquelle l'une des conditions à remplir pour être électeur municipal en Algérie est d'être inscrit sur les rôles des impositions et taxes municipales. — On renouvelle à ce sujet une question qui avait déjà été posée lors de la première application du décret de 1866, savoir, si cette disposition exclut des listes électorales les habitants qui, en vertu de décisions des conseils municipaux, sont exonérés de la *taxe des loyers*, parce que leur loyer est inférieur au chiffre à partir duquel cette taxe est imposée.

Mon prédécesseur n'hésita pas à répondre négativement. Il s'exprimait ainsi dans sa circulaire du 26 mars 1867 (*suprà*, § 2-1°). « En droit, cette taxe est due par chaque habitant français, indigène ou étranger de tout sexe, non réputé indigent, etc. » (V. cette circulaire.)

J'adopte complétement cette interprétation logique et libérale de mon prédécesseur, et comme conséquence de ce principe, que tout habitant de la commune non reconnu indigent, est *imposable* à la taxe des loyers, l'exonération résultant pour les imposables d'Alger, des loyers inférieurs à

400 fr., ne saurait être un motif de les exclure de la liste électorale, lorsque, d'ailleurs, ils remplissent toutes les conditions légales.

Par délégation : *Le directeur général des affaires civiles et financières,*
CH. TASSIN.

Circ. G. — 4-6 nov. 1871. — BG. 381. — *Délivrance des cartes électorales. — Instructions aux préfets.*

M. le préfet, au moment où les électeurs vont avoir à retirer leurs cartes, je crois devoir vous renouveler encore mes recommandations, afin que, dans toutes les mairies, ils ne rencontrent que des facilités. Il importe que, partout, MM. les maires se pénètrent de cette pensée que l'arr. du 29 août 1871 n'a eu qu'un but : assurer, dans les conditions les plus dignes et les plus morales, le libre exercice du droit de suffrage, éloigner par conséquent de l'exercice de ce droit, sur lequel reposent toutes nos institutions, la confusion et l'erreur.

Tout en poursuivant ce but, il ne faut jamais perdre de vue que l'électeur doit être, par tous les moyens, secondé dans l'accomplissement des formalités, et que ce bienveillant concours doit même s'accentuer davantage, au fur et à mesure que, le moment du vote approchant, les délais deviennent plus pressants.

C'est surtout l'électeur illettré qui a besoin d'aide. L'art. 5 de l'arr. du 25 août dispose que sa carte ne lui sera remise qu'en présence d'un autre électeur signant pour lui; mais rien n'empêche que ce signataire ne soit, au besoin, l'employé du bureau lui même, ou tel autre électeur que l'on jugerait à propos de préposer à cet effet, car ici il ne s'agit plus que de constater que la carte a été retirée par l'ayant droit.

En terminant, je crois opportun, M. le préfet, de rappeler, une dernière fois, que l'arrêté du 29 août ne prescrit que des précautions. Il laisse entier le droit de l'électeur, tel que la loi le confère; et, par conséquent, le recours en justice demeure ouvert, sans aucune restriction, contre tout refus d'inscription, quelle qu'en soit la cause.
V.-am¹ COMTE DE GUEYDON.

§ 5. — ÉLECTIONS DÉPARTEMENTALES.

1°—*Élections de 1870.*

DE. — 11 juin 1870 (V. *Conseils généraux*). — *Reconstitution des conseils généraux par voie d'élection. — Titre 2. Des opérations électorales.*

AG. — 20-20 juin 1870. — BG. 330. — *Convocation des assemblées électorales. — Droit de vote. — Incapacités.*

Vu le décr. du 11 juin 1870, sur la reconstitution des conseils généraux de l'Algérie par voie d'élection, et spécialement les art. 9, 15 et 16; — Vu le décr. du 31 mai 1870, modifiant les attributions et la situation respectives des généraux commandant les provinces et des préfets.

Art. 1°. — Les assemblées des électeurs communaux sont convoquées à l'effet de procéder à l'élection des Conseillers généraux, dans les trois départements d'Alger, d'Oran et de Constantine, les samedi et dimanche 30 et 31 juillet prochain. — Dans les communes de 2,500 habitants et au-dessus, le scrutin durera deux jours; il sera ouvert le samedi et clos le dimanche. — Dans les communes d'une population moindre, le scrutin sera ouvert et clos le dimanche. — Pour les circonscriptions électorales où le 1er tour de scrutin n'aurait pas produit un résultat complet, l'élection sera continuée au dimanche 14 août prochain.

Art. 2. — Seront seuls admis à voter les électeurs inscrits sur les listes électorales municipales, telles qu'elles ont été arrêtées et closes le 31 mars dernier, ainsi que ceux qui, conformément aux dispositions de l'art. 8 du décr. réglementaire du 2 fév. 1852 et de l'art. 56 de la loi du 5 mai 1855, justifieraient d'une décision du juge de paix ayant ordonné leur inscription, ou d'un arrêt de la Cour de cassation annulant un jugement qui aurait prononcé leur radiation.

Art. 3. — Sont applicables aux élections des conseils généraux, toutes les dispositions réglementaires qui régissent les élections municipales, ainsi que l'arr. du 25 avril 1867, et les instructions du même jour (suprà, § 2-1°).

Art. 4. — Conformément à l'art. 19 du décr. du 27 oct. 1858, ne peuvent être membres des conseils généraux : — 1° Les préfets, sous-préfets, commissaires civils, secrétaires généraux et conseillers de préfecture, les commandants du territoire militaire, et les commandants des subdivisions ou des cercles ; — 2° Les agents et comptables employés à l'assiette, à la perception ou au recouvrement des impôts et au payement des dépenses publiques de toute nature ; — 3° Les ingénieurs des ponts et chaussées et des mines, les officiers du génie et les architectes actuellement employés par l'administration dans la province ; — 4° Les agents forestiers en fonctions dans la province ; — 5° Les employés des préfectures, sous-préfectures, commissariats civils, et les employés des bureaux civils du commandant du territoire militaire.

Mᵃˡ DE MAC-MAHON, DUC DE MAGENTA.

Circ. G. — Mêmes dates. — Instructions aux préfets au sujet de ces élections.

M. le préfet, un décr. du 11 juin courant a ordonné la reconstitution par voie d'élection des conseils généraux de l'Algérie. — Ce décret détermine, dans le tit. 1ᵉʳ, la composition des Conseils généraux, le mode d'élection ou de nomination des membres, selon qu'ils appartiennent au territoire civil ou au territoire militaire. Il fixe, pour chaque département, les circonscriptions électorales et le nombre des conseillers à élire ou à nommer dans chacune d'elles. Il définit les conditions d'éligibilité. — Le tit. 2 concerne les opérations électorales, et le tit. 3 a trait à la session des conseils généraux.

Les dispositions de ce décret sont par elles-mêmes assez explicites pour n'avoir besoin d'aucun commentaire. — Conformément à l'art 16, j'ai, par arrêté en date de ce jour, fixé aux 30 et 31 juillet prochain la réunion des assemblées électorales. — Les dispositions de cet arrêté, dont je vous transmets une ampliation, me dispensent d'entrer dans de longs détails sur son exécution.

En usant de la faculté qui vous est conférée par l'art. 7-§ 2 de la loi du 5 mai 1855, vous ne perdrez pas de vue, que le partage en sections des circonscriptions électorales, ne saurait avoir pour objet de « répartir, comme dit la loi, entre les sections, le nombre des conseillers à élire, » puisque le décr. du 11 juin veut qu'il soit voté par scrutin de liste dans les circonscriptions qui auront à élire plusieurs conseillers. — Le sectionnement qui est de votre compétence ne doit donc avoir d'autre but que de faciliter les opérations électorales dans les localités qui présentent un très-grand nombre d'électeurs. Vous prendrez, à ce sujet, l'avis préalable des autorités municipales.

À l'occasion des élections communales de 1867, j'ai rappelé dans mon arr. du 25 avril de cette année et dans des instructions spéciales de la même date, toutes les formalités dont doit être entourée chacune des opérations électorales ; ces instructions trouvent leur entière application dans les élections qui vont avoir lieu, je n'ai eu qu'à m'y référer. — Je me bornerai donc à vous recommander d'adresser aux maires de votre département les instructions spéciales dont ils peuvent avoir besoin ; de faire placarder dans chaque commune le décr. du 11 juin et le tableau qui y est annexé, ainsi que mon arrêté de ce jour. Ces mêmes documents, aussi bien que ceux énumérés dans l'art. 10 de mon arr. du 25 avril 1867, devront, pendant la durée du scrutin et jusqu'à la clôture des opérations, rester déposés sur la table du bureau de chaque assemblée électorale, afin de faciliter la solution de tous les incidents qui pourraient survenir.

Je n'ai pas besoin d'insister sur la nécessité de prescrire aux maires des chefs-lieux de circonscription électorale de vous transmettre sans le moindre délai les procès-verbaux des opérations centralisées par eux, et de prendre vous-même vos dispositions pour que le recensement général et définitif auquel, aux termes de l'art. 8 du décret, vous devez procéder en conseil de préfecture ne subisse aucun retard.

Mᵃˡ DE MAC-MAHON, DUC DE MAGENTA.

Circ. G. — Mêmes dates. — Instructions aux généraux commandant les provinces sur le même objet.

Général, un décr. du 11 juin courant a édicté la reconstitution des conseils généraux par voie d'élection dans le territoire civil. Mais les membres français et musulmans qui sont attribués à la représentation du territoire militaire doivent être nommés par l'Empereur sur ma présentation.

Depuis l'application du décr. du 31 mai 1870 (adminis. gén., § 4), vous n'avez plus à vous occuper des élections dans le département. Ces élections seront suivies par le préfet, en conformité d'un arrêté que j'ai pris à la date de ce jour, et que vous trouverez également au Bulletin officiel. Mais il vous appartient de formuler des propositions pour la nomination des membres que le décret attribue au territoire que vous administrez ; vous dresserez, à cet effet, une liste de trois candidats pour chaque nomination.

J'ai décidé de ne transmettre mes propositions à l'Empereur qu'après les élections du territoire civil, afin d'éviter ainsi les nominations qui pourraient faire double emploi avec les élections. — M. le préfet est invité à vous faire connaître le résultat définitif des élections aussitôt que le recensement général aura été effectué. Mais, d'ores et déjà, je vous recommande de vous occuper des présentations que vous aurez à me faire, afin que, dès les premiers jours d'août prochain, vous soyez en mesure de me les adresser.

Mᵃˡ DE MAC-MAHON, DUC DE MAGENTA.

Circ. G. — 6-19. juill. 1870. — BG. 333. — Instructions aux préfets au sujet de la permanence des listes électorales.

M. le préfet, j'ai été consulté sur la question de savoir si les électeurs omis sur les listes annuelles closes le 31 mars dernier, et inscrits sur les listes supplémentaires ouvertes à l'occasion du plébiscite du 8 mai dernier, devaient être, en vertu de ce précédent, admis à concourir aux élections de conseillers généraux ou conseillers municipaux qui auront lieu d'ici au 31 mars prochain. — La solution de cette question se trouve indiquée d'une manière explicite par l'art. 2 de mon arr. du 20 juin dernier, dont les termes sont d'autant plus absolus qu'ils ne sont que la reproduction textuelle des dispositions de la loi.

Les listes sont permanentes et arrêtées définitivement pour toute l'année qui suit leur révision périodique; d'où il suit que les listes closes le 31 mars de chaque année servent, jusqu'au 31 mars de l'année suivante, aux élections qui se font dans la période annale. — Ces listes ne peuvent recevoir d'autres rectifications que celles qui résultent des décisions judiciaires, rendues sur réclamations introduites en temps utile, c'est-à-dire avant l'expiration du délai légal fixé pour la révision annuelle des listes.

Le vote plébiscitaire du 8 mai dernier n'avait pas le même caractère: c'était un vote essentiellement politique; il s'agissait d'admettre à y prendre part tous ceux qui, dans la métropole, y auraient été admis au titre de citoyens français; j'ai donc pu, aux termes de la délégation que je tenais du décr. du 23 avr., autoriser l'inscription sur les listes supplémentaires spéciales, de citoyens qui, pour diverses causes, ne figuraient pas sur les listes annuelles. Cette mesure, d'ailleurs ne pouvait donner lieu à aucune réclamation.

Il n'en est plus de même quand il s'agit d'élections proprement dites, sans caractère politique. A l'égard de celles-ci, il faut absolument rester dans les termes de la légalité stricte, si l'on ne veut pas s'exposer à voir attaquées les élections futures par tous ceux qui ne seraient pas satisfaits du résultat. Or l'on ne peut se dissimuler que l'admission au scrutin de plusieurs centaines de citoyens qui, dans certaines communes, figurent sur les listes supplémentaires faites à l'occasion du plébiscite, serait un motif sérieux de nullité. Je vous recommande donc, M. le préfet, d'éviter avec soin cet inconvénient et d'adresser, à cet égard, aux maires de votre département, les instructions les plus précises.

Mʳˡ DE MAC-MAHON, DUC DE MAGENTA.

Circ. G. — 15-19 juill. 1870. — BG. 333. — *Instructions aux préfets sur des détails relatifs aux opérations électorales.*

Circ. G. — 6-11 août. 1870. — BG. 334. — *Idem relativement au deuxième tour de scrutin.*

2°—Élections de 1871.

Les bases de l'élection ayant été changées par un décret du 28 déc. 1870, qui prononçait en même temps la dissolution des conseils généraux précédemment élus (V. *Conseils généraux*), il y a eu lieu de procéder, en 1871, à de nouvelles élections. Voir à l'article indiqué les motifs du décret et les instructions données par le gouvernement pour son exécution et la formation des listes électorales.

Pour tout ce qui concerne l'établissement des listes d'électeurs et les opérations électorales, les prescriptions relatives aux élections municipales (*supra*, § 2-3°) s'appliquent entièrement aux élections départementales.

DP. — 12-18 oct. 1871. — BG. 377. — *Convocation des électeurs pour la nomination des conseils généraux.*

Vu le décr. du 28 déc. 1870, rendu par la délégation du gouvernement de la Défense nationale, ledit décret prescrivant la dissolution des conseils généraux de l'Algérie et leur reconstitution sur les bases du suffrage universel (V. *Conseils généraux*); — Vu la loi du 10 août 1871, sur les conseils généraux de la métropole; — Considérant que le nombre de 50 conseillers fixé par le décret sus-visé pour chacun des trois conseils généraux, ne pourrait être atteint, dès à présent, qu'au préjudice des portions du territoire qui n'ont pas encore de corps électoral constitué, et qu'il convient de réserver des places aux représentants des circonscriptions à former ultérieurement.

Art. 1. — Les élections pour la formation des conseils généraux des trois départements de l'Algérie, auront lieu le dimanche 12 nov. 1871.

Art. 2. — Le nombre des membres desdits conseils est fixé à 26 pour le département d'Alger, à 24 pour le département de Constantine, et à 22 pour le département d'Oran, indépendamment des assesseurs musulmans désignés par le gouverneur général civil.

Art. 3. — L'élection sera faite au moyen des listes dressées dans chaque commune pour les élections municipales et revisées conformément au décr. du 7 oct. courant.

Art. 4. — Un arrêté du gouverneur général civil de l'Algérie formera, au moins quinze jours avant l'élection, les circonscriptions électorales, en tenant compte du chiffre de la population et de la superficie du territoire.

Art. 5. — Le gouverneur général de l'Algérie réglera, par un arrêté spécial, l'ouverture et la durée du scrutin, ainsi que les formes du dépouillement et du recensement des votes.

Art. 6. — Le second tour de scrutin, dans les circonscriptions où il sera nécessaire d'y procéder, aura lieu le dimanche 19 novembre.

AG. — 24-27 oct. 1871. — BG. 379. — *Fixation du nombre et de la composition des circonscriptions électorales en exécution de l'art. 4 du décret précédent.*

Vu le décr. du 28 déc. 1870 (*Conseils généraux*);

Vu la dépêche de M. le ministre de l'intérieur, en date du 13 de ce mois, où il est dit:

« Le nombre des circonscriptions devra être égal à celui des conseillers attribués à chaque département, de manière qu'il n'y ait pas de scrutin de liste; »

Le conseil du gouvernement entendu,

Art. 1. — Le nombre des circonscriptions électorales, pour la formation des conseils généraux, est fixé à 72, nombre égal à celui des conseillers à élire, et réparti ainsi qu'il suit entre les trois départements:

Dép. d'Alger, 26;
De Constantine, 24;
D'Oran, 22.

Le chef-lieu et la composition des circonscriptions électorales sont déterminés par les tableaux (A, B, C.) annexés au présent arrêté.

V.-amʳˡ COMTE DE GUEYDON

(A). — Département d'Alger.

1ʳᵉ circonscription. Alger. Partie du canton N. et faubourg Bal el Oued (1). — 2. *Id.* Le reste du canton N. — 3. *Id.* Partie du canton S. intra muros (2). — 4. *Id.* Reste du canton S. — 5. *Mustapha.* Mustapha, El Biar. —

---

(1) A partir de la porte de France: rue de la Marine (côté N.) jusqu'à sa rencontre avec la rue Bab el Oued, au coin de l'hôtel de la Régence; rue Bab el Oued, sur les deux côtés, jusqu'à la place Bab el Oued; enceinte du Lycée; boulevard et rampe Valée; faubourg Bab el Oued, cité Bugeaud comprise, jusqu'à la mer.

(2) Rue de la Marine (côté S.); place du Gouvernement jusqu'à l'entrée de la rue Vialard; rue Vialard (côté S.),

6. *St-Eugène*, St-Eugène, Bouzaréah. — 7. *Chéragas.* Chéragas, Drariah, Dély Ibrahim. — 8. *Hussein Dey.* Hussein Dey, Kouba, Birkadem, Birmandreis. — 9. *Douéra.* Douéra, Mahelma. — 10. *Maison Carrée.* Maison Carrée, Alma, Réghaïa, St-Pierre et St-Paul, Fondouk, Rassauta, Rouïba, Aïn Taya. — 11. *L'Arba.* L'Arba, Rovigo, Sidi Moussa. — 12. *Dellys.* Dellys et ses annexes. — 13. *Bordj Menaïel.* Bordj Menaïel, les communes mixtes de Tizi Ouzou, Drâ El Mizan, Fort National, Isolés de la subdivision de Dellys. — 14. *Aumale.* Aumale et ses annexes. — 15. *Blida.* Blida, Beni Méred. — 16. *Boufarik.* Boufarik, Chébli, Souma. — 17. *Coléa.* Coléa, Castiglione, Attaba. — 18. *Mouzaïaville.* Mouzaïaville, La Chiffa, Oued El Aleug. —19. *Marengo.* Marengo, Vésoul Benian, Bou Mefda, Ameur El Aïn, Isolés. — 20. *Cherchell.* Cherchel. — 21. *Miliana.* Miliana. — 22. *Orléansville.* Orléansville, Isolés de la subdivision d'Orléansville. — 23. *Affreville.* Affreville, Teniet El Haad, Duperré, Aïn Sultan, Isolés de la subdivision de Miliana. — 24. *Ténès.* Ténès, Montenotte. — 25. *Médéa.* Médéa, Berrouaghia. — 26. *Boghàri.* Les communes mixtes de Boghar, Djelfa, Laghouat, Isolés de la subdivision de Médéa.

(B). — *Département de Constantine.*

1re circonscription. *Constantine.* Toute la partie intra muros du canton E. — 2. *Id.* Toute la partie intra muros du canton O. — 3. *Id.* Les faubourgs. — 4. *Le Hamma.* Le Hamma, Bizot, Condé Smendou, les localités de Milah, El Milia. — 5. *Le Khroub.* Le Khroub, Ouled Rahmoun, Oued Zénati, Oued Atménia, Aïn Smarra. — 6. *Batna.* Batna et ses annexes : Fesdis, Ksata, El Mâder, Lambèse, la commune mixte de Biskra. — 7. *Aïn Beïda.* Aïn Beïda et la Meskiana, la commune mixte de Tébessa. 8. *Philippeville.* Philippeville, moins ses annexes, la commune mixte de Collo. — 9. *Stora.* Stora, St-Antoine, Valée, Damrémont, annexes de Philippeville, St-Charles. — 10. *El Arrouch.* El Arrouch, El Kantour, Robertville, Gastonville. — 11. *Jemmapes.* Jemmapes, Gastù. — 12. *Djidjelli.* Djidjelli. — 13. *Bône.* 1re N. : Ligne partant de la mer, passant par le Château-d'Eau, contournant le théâtre, longeant la place de Strasbourg, traversant les rues Messer et Bugeaud pour rejoindre la rue Négrier, où elle suit, jusqu'à la porte des Karézas, la route départementale n° 1 pour gagner la limite de la commune. — 14. *Id.* 2e S. : Toute la partie de la ville et de la banlieue au S. de la ligne ci-dessus. — 15. *Bugeaud.* Bugeaud, Herbillon, d'Uzerville, Aïn Mokra, Randon. — 16. *Mondovi.* Mondovi, Barral, Penthièvre, Nechmeïa. — 17. *La Calle.* La Calle. — 18. *Souk Ahras.* Souk Ahras, Duvivier. — 19. *Guelma.* Guelma (ville et banlieue). — 20. *Héliopolis.* Héliopolis et Guelaat Bou Sba, Millésimo et Petit, Enchir Saïd. — 21. *Sétif.* Sétif et banlieue. — 22. *Bouhira.* Bouhira et ses annexes, El Ouricia, Id., St-Arnaud, la localité de Tahitount. — 23. *Bordj bou Aréridj.* Bordj bou Aréridj, la commune de N'sila, la commune mixte de Bousaada. — 24. *Bougie.* Bougie et banlieue.

(C). — *Département d'Oran.*

1re circonscription. *Oran.* Blanca, Marine et banlieue. — 2. *Id.* Quartiers de la République et Philippe et banlieue. — 3. *Id.* Karguentah et la Sénia. — 4. *Mers el Kébir.* Mers el Kébir, Aïn el Turck, Bou Sfer. — 5. *Valmy.* Valmy, Sidi Chami, Mangin, Sainte-Barbe-du-Tlélat, Tamzourah. — 6. *Misserghin.* Misserghin, Bou Tlélis, Lourmel. — 7. *St-Cloud.* St-Cloud, Fleurus, Assi ben Amear, Assi ben Okba, Assi bou Nif, Saint-Louis. — 8. *Arzeu.* Arzeu, Kléber. — 9. *Aïn Témouchent.* Aïn Témouchent, Aïn el Arba. — 10. *St-Denis du Sig.* St-Denis du Sig, Perrégaux, Mokta-Douz. — 11. *Sidi bel Abbès.* Sidi bel Abbès. — 12. *Id.* Sidi Brahim, Sidi Khaled, Sidi L'Hassen, Les Trembles, Tessala, la commune mixte de la Mekerra et ses trois sections, la commune mixte de Daya, la localité de El Agriba. — 13. *Mostaganem.* Mostaganem. — 14. *Aboukir.* Karouba, Mazagran, Aboukir Bled Touaria, La Stidia, Aïn Nouïssi. — 15. *Pélissier.* Pélissier, Aïn Bou Dinar, Tounin, Rivoli, Aïn Tédlès. — 16. *Relizane.* Relizane,

Boughirat, les communes mixtes de Ammi Moussa et Zemmora, les localités de Inkermann et Mendès. — 17. *Mascara.* Mascara et faubourg. — 18. *St-André.* St-André, annexe de Mascara, St-Hyppolite, Id., Oued El Hammam, Id., la localité de Palikao, la commune mixte de Saïda, le poste de Géryville. —19. *Tiaret.* Tiaret. — 20. *Tlemcen.* Tlemcen et faubourgs. — 21. *Hennaya.* Hennaya, Brés, Mansoura, Négrier, Saf Saf, Lamoricière, Pont de l'Isser, L'Amiguier, la commune mixte de Sebdou. — 22. *Nemours.* Nemours, la commune mixte de Lalla Maghrnia et son annexe Gar Roubau.

ACt. — Mêmes dates. — *Ouverture et durée du scrutin. — Dépouillement et recensement des votes.*

Vu l'art. 5 du décr. du 12 oct. 1871 ;

Art. 1. — Le scrutin, pour l'élection des membres des conseils généraux de l'Algérie, ne durera qu'un jour ; il s'ouvrira à 7 h. du matin et sera clos à 6 h. du soir. — Le dépouillement suivra immédiatement la clôture du scrutin.

Art. 2. — Aussitôt après le dépouillement, les procès-verbaux de chaque commune seront portés au chef-lieu de la circonscription électorale par deux membres du bureau. Le recensement général des votes sera fait par le bureau du chef-lieu, et le résultat proclamé par son président.

Art. 3. — Les élections municipales devant avoir lieu le même jour, si l'insuffisance de locaux, ou tout autre impossibilité matérielle, s'oppose à ce qu'il soit désigné pour chacune des élections un bureau spécial et un local distinct, les deux opérations pourront avoir lieu simultanément, dans le même local, et être présidées par le même bureau. — Dans ce cas, les précautions nécessaires seront prises pour obvier à la confusion des votes. Des inscriptions en gros caractères, placées sur les boîtes, avec l'une de ces mentions : CONSEIL GÉNÉRAL, ou CONSEIL MUNICIPAL, indiqueront la destination de chacune d'elles.

V.-aml COMTE DE GUEYDON.

RENVOIS. — V. *Table alphabétique.*

Embarquements. V. PASSAGES MARITIMES.

Emplois civils. V. ARMÉE.

Employés administratifs. V. TABLE ALPHABÉTIQUE.

Emprunts. V. *ibidem.*

Enfants. V. *ibidem.*

Engagements militaires. V. *ibid.*

Enregistrement.

Décis. G. — 1er-20 déc. 1868. — BG. 293. — *Application à l'Algérie d'une décision ministérielle du 19 déc. 1867, sur le mode d'envoi des avertissements aux redevables de l'administration.*

Décision ministérielle du 19 déc. 1867.

Art. 1. — Sont admis, moyennant affranchissement préalable, à la modération de taxe accordée aux imprimés par l'art. 5 de la loi du 25 juin 1856, les avertissements de toute nature, imprimés et manuscrits, adressés par les agents de l'administration de l'enregistrement aux redevables de cette administration, quel que soit le lieu de résidence des destinataires.

Art. 2. — Les avertissements affranchis qui

jusqu'à sa rencontre avec la rue de la Lyre ; rue de la Lyre jusqu'à sa rencontre avec la rue Porte-Neuve ; rue Porte-Neuve jusqu'aux anciens remparts ; de ceux-ci à la

rue du Centaure, place de la Lyre ; descendre l'escalier monumental du théâtre, rue Corneille ; place Bresson jusqu'à l'escalier qui conduit à la mer.

n'auraient pu être remis aux destinataires seront immédiatement renvoyés sans taxe aux fonctionnaires expéditeurs par les préposés des bureaux de destination.

Art. 3. — Les avertissements expédiés suivant le mode autorisé par la présente décision, qui n'auront pas été affranchis ou qui auront été insuffisamment affranchis et qui seront refusés pour ce motif par les destinataires, seront envoyés chaque jour au bureau des rebuts pour être transmis ensuite à la direction de l'enregistrement.

Art. 4. — Les formules d'avertissement seront frappées du timbre d'affranchissement à Paris. Il sera opéré de la manière suivante : le garde-magasin général des impressions fera déposer à la recette principale des postes de la Seine les formules à affranchir qui lui seront ultérieurement rendues contre récépissé dressé en double expédition. Le montant des droits d'affranchissement constaté par le récépissé sera payé au moyen d'un mandat délivré par l'administration de l'enregistrement au nom du receveur principal de la Seine.

Le ministre des finances,
MAGNE.

DP. — 12 déc. 1871. — (V. *Timbre*, § 1.) — *Promulgation de la loi du 23 août 1871, sur l'augmentation des droits de timbre et d'enregistrement, et décrets d'exécution portant règlements d'administration publique.*

DP. — 23 mars 1872. — (V. *Timbre*, § 1.) — *Promulgation de l'art. 6 de la loi du 23 févr. 1872, relatif aux déclarations de locations verbales.*

DP. — 22 juin 1872. — (V. *Timbre*, § 1). — *Promulgation de la loi du 28 févr. 1872, sur l'enregistrement.*

RENVOIS. — V. *Table alphabétique.*

Entrepôts. V. DOUANES, POUDRES.

Entrepreneurs. V. TABLE ALPHABÉTIQUE.

Esclavage. V. *ibidem.*

Établissements (de bienfaisance, insalubres, pénitentiaires, publics). V. *ibidem.*

État de guerre. V. TABLE ALPHABÉTIQUE.

État de siège.

AG. — 10 août 1870. — (Non publié au *Bulletin officiel.*) — *L'Algérie est placée sous le régime de l'état de siège.*

AG. — 10-20 sept. 1870. — BG. 339. — *L'état de siège est levé dans les départements de l'Algérie.*

AG. — 11-20 sept. 1870. — BG. 339. — *L'état de siège est maintenu dans les deux territoires de la subd. de Tlemcen.*

ACM. — 1-3 févr. 1871. — BG. 355. — *La ville et l'arrond. d'Alger sont déclarés en état de siège.*

ACM. — 2-3 févr. 1871. — BG. 356. — *L'état de siège établi par l'arrêté précédent sera limité aux communes d'Alger et de Mustapha, et aux communes limitrophes.*

ACM. — 14-16 févr. 1871. — BG. 357. — *Les deux arr. des 1er et 2 févr. sont rapportés.* — *L'état de siège est levé.*

AG. — 25-29 avr. 1871. — BG. 363. — *Mise en état de siège de diverses localités.*

Vu la loi du 9 août 1849 sur l'état de siège (I, 317); — Vu l'état de rébellion de diverses tribus.

Art. 1. — Sont déclarées en état de siège les circonscriptions ci-après désignées :

DÉP. D'ALGER : les communes de l'Alma, du Fondouk et de St-Pierre et St-Paul. — Subd. d'Aumale : le district d'Aumale, l'annexe des Beni Mansour. — Subd. de Dellys : les districts de Dellys, Fort National, Tizi Ouzou, Dra el Mizan.

DÉP. D'ORAN : Subd. de Tlemcen : les districts de Sebdou et de Lalla Maghrnia.

DÉP. DE CONSTANTINE : Subd. de Constantine : les districts de Tébessa, d'Aïn Belda, d'El Milia. — Subd. de Batna : les districts de Batna, de Biskra. — Subd. de Sétif : les districts de Sétif, de Bougie, de Bordj bou Aréridj, de Bou Sâada, les annexes de Takitount, de Tazmalt.

V.-amal COMTE DE GUEYDON.

AG. — 28-29 avr. 1871. — BG. 363. — *Extension de l'état de siège à la ville et à l'arrondissement d'Alger.*

Vu la loi du 9 août 1849; — Vu les légitimes préoccupations de l'opinion publique, occasionnées par les événements de guerre; — Considérant qu'il importe de ramener la confiance dans les esprits, en prenant les mesures propres à prévenir toutes tentatives de troubles; — Vu l'arr. du 25 avril 1871;

Art. 1er. — L'état de siège, déjà déclaré par l'arrêté précité du 25 avril 1871, est étendu à la ville et à l'arrondissement d'Alger.

V.-amal COMTE DE GUEYDON.

A. — 10-15 mai 1871. — BG. 364. — *Arrêté d'exécution.*

Vu l'arr. du 28 avril 1871, qui place sous le régime de l'état de siège l'arrondissement d'Alger; — La loi du 7 juin 1848 sur les attroupements; — Le décr. du 15 oct. 1843 sur le service des places, dans ses dispositions relatives à l'état de siège;

Art. 1. — Les délits de presse portant atteinte à la sécurité publique, aux pouvoirs constitués, à la considération de l'armée et à l'autorité en général, seront déférés au 1er conseil de guerre de la division d'Alger.

Art. 2. — Seront immédiatement arrêtés et livrés aux tribunaux militaires tous les individus proférant sur la voie publique des cris séditieux.

Art. 3. — Seront également déférés au 1er conseil de guerre les délits de fausses nouvelles commis soit par la voie de la presse, soit autrement, de nature à troubler la paix publique ou à inquiéter les populations, particulièrement si ces fausses nouvelles ont trait aux opérations militaires en cours d'exécution.

Art. 4. — Tout rassemblement et toute autre manifestation sur la voie publique sont absolument interdits ; la loi du 7 juin 1848 sera appliquée contre les délinquants dans toute sa rigueur.

Art. 5. — Aucune réunion publique ne pourra avoir lieu sans notre autorisation; les contrevenants seront déférés au 1er conseil de guerre. — Le commandant de la division d'Alger et tous les agents de la force publique sont chargés de l'exécution du présent arrêté.

Fait au quartier général, à Alger, le 10 mai 1871.

Le général de division commandant les forces de terre de l'Algérie par intérim, et commandant supérieur de l'état de siège.
BARRY.

AG. — 17-19 juin 1871. — BG. 367. — *L'état de*

siége est levé dans la ville et l'arrond. d'Alger. — Sont exceptés de cette mesure les communes et districts désignés dans l'arr. du 25 avril.

AG. — 19-28 juill. 1871. — BG. 569. — *Tout le territoire de la subdivision de Miliana est déclaré en état de siége.*

AG. — 0 août-15 sept. 1871. — BG. 573. — *L'état de siége est levé dans la commune de Bougie, mais il reste maintenu jusqu'à nouvel ordre, pour le reste du district dont cette ville est le chef-lieu.*

AG. — 7-15 sept. 1871. — BG. 573. — *Levée de l'état de siége dans toutes les parties de la subdivision d'Alger qui y avaient été soumises par les arr. des 25 avril et 19 juill. 1871.*

Renvois. — V. *Table alphabétique.*

État civil.

AG. — 31 mai-28 sept. 1869. — BG. 513. — *Territoire militaire. — Mode de constatation des actes.*

Vu les décr. des 27 oct. 1858, 10 déc. 1860 et 7 juill. 1864 (V. *Admin. gén.* I, 57. II, 4 et s.); — Considérant que les habitants du territoire militaire établis en dehors de toute circonscription communale, en raison des distances considérables qui les séparent de la résidence de l'officier de l'état civil de leur circonscription, éprouvent souvent des difficultés sérieuses pour accomplir, dans les délais légaux, les formalités et déclarations prescrites en matière d'état civil; — Qu'il importe, autant dans l'intérêt des familles, que pour faciliter l'exécution de la loi, de faire disparaître ou d'amoindrir ces difficultés;

Art. 1. — Les habitants du territoire militaire établis en dehors d'une circonscription communale, auront la faculté de faire recevoir leurs déclarations en matière d'état civil, et constater les actes y relatifs, par l'officier de l'état civil le plus voisin de leur résidence.

Mal DE MAC-MAHON, DUC DE MAGENTA.

D. — (Bordeaux.) — 23-31 déc. 1870. — BG. 551. — *Mode de suppléer pendant la guerre aux publications de mariage.*

Pendant la durée de la guerre, si les publications exigées par les art. 63, 64 et 168 du Code civil ne peuvent être faites aux domiciles indiqués par les art. 166, 167 et 168, ou s'il n'est pas possible de produire des preuves qu'elles ont eu lieu, la déclaration de cette impossibilité sera faite dans l'acte de mariage par les futurs conjoints et par les personnes dont le consentement est requis. — L'acte de notoriété énoncé à l'art. 70 pourra être délivré par le juge de paix de la résidence de l'un des futurs conjoints.

Ad. CRÉMIEUX, GLAIS-BIZOIN, L. FOURICHON.

Circ. G. — 5-6 nov. 1871. — BG. 551. — *Mariages mixtes entre Français et musulmans. — Instructions aux préfets, maires, cadis, muphtis, etc.*

M. le...; au nombre des projets de loi préparés pendant mon séjour à Versailles, il en est un qui, à mes yeux, règle conformément aux nécessités les plus impérieuses de notre droit comme de notre intérêt national, le régime des contrats entre les Européens et les indigènes. — Je considère en effet que s'il est juste et politique d'observer un convenable respect pour les lois et coutumes musulmanes, tant que l'exercice de ces lois et coutumes n'intéresse que les musulmans eux-mêmes, nous ne saurions oublier qu'en prenant possession de ce pays, la France y a souverainement apporté son droit public. Toutes les fois donc que les indigènes contractent avec des Français ou autres colons européens, la loi française doit seule régir les conditions et les effets de ces contrats, depuis le mariage jusqu'au plus humble intérêt de propriété.

Je n'ai point à vous rappeler toutes les anomalies auxquelles donnent aujourd'hui lieu des rapports légaux mal définis entre les deux populations, européenne et indigène, ayant, l'une et l'autre, leur statut personnel et réel propre : les transactions immobilières impossibles en fait malgré les lois qui les proclament libres, des inconvénients plus graves, quoique moins généralement aperçus peut-être, parce que les exemples en sont plus rares, dans les choses du statut personnel.

Toutefois, une circonstance récente me révèle qu'en attendant les solutions radicales qui seront prochainement soumises à l'Assemblée nationale, l'état actuel de la législation oppose déjà, notamment en ce qui regarde les mariages mixtes, certains obstacles à ce que j'appellerai l'abus du droit musulman. — Un marabout prétendait valablement épouser devant le cadi une femme française, et aux défenses faites par le parquet, en vertu du décr. du 13 déc. 1866 (*Justice musulmane*, infrà), qui n'institue la compétence des cadis qu'à l'égard des seuls musulmans, il répondait par une consultation des ulémas d'Alger, suivie d'un procès qu'il a d'ailleurs perdu. (1).

---

(1) JURISPRUDENCE. — Les cadis n'ont pas compétence pour dresser acte de mariage entre un musulman et une chrétienne. — Art. 44, décr. 31 déc. 1859. (*Justice mus.*, I, 411.) — Ahmed El Tedjini est un jeune et riche marabout, déjà vénéré, d'Aïn Madhi. Dans un voyage qu'il fit en France en 1870 pour visiter la capitale, il éprit d'une jeune chrétienne de 18 ans. Tedjini résolut de l'épouser; mais comme il avait déjà deux femmes mauresques, il pensa que l'officier de l'état civil français refuserait de procéder à un nouveau mariage. Le mariage musulman était seul possible. Tedjini, revenu en Algérie, y fut bientôt suivi par la jeune fille autorisée de ses parents. Le cadi hanéfi, auquel Tedjini s'adressa pour la rédaction de l'acte musulman, refusa, par le motif qu'il n'avait pas le droit, aux termes de la loi spéciale de l'Algérie (art. 44 du décr. du 31 déc. 1859), de dresser des actes entre indigène et Européen.

Tedjini appela le cadi hanéfi devant le cadi maléki pour le faire condamner à passer outre. Le cadi maléki donna gain de cause à son collègue.

Appel par Tedjini. — Arrêt. — Attendu que les pouvoirs des cadis, en tant que remplissant les attributions dévolues aux notaires français, sont réglés par la législation locale; qu'aux termes de cette législation ils ne peuvent recevoir que les actes qui intéressent des musulmans inclusivement; que, sans avoir à rechercher si, en droit musulman, le mariage entre un musulman et une Européenne, contracté dans la forme musulmane, est ou n'est pas valable, et si le cadi musulman, procédant d'après les données purement musulmanes, aurait ou n'aurait pas le droit de se refuser à en passer acte, il est constant qu'en présence de la législation locale, la compétence à cet égard, des cadis, est restreinte aux actes qui ne concernent que des musulmans et que, dès lors, c'est à bon droit que le premier juge a donné gain de cause au cadi hanéfi; — Attendu qu'il est prétendu, à la vérité, que El Tedjini a simplement demandé au cadi de recevoir la déclaration d'un mariage précédemment accompli avec la demoiselle Picard, en la forme et suivant la loi musulmanes, mais que le cadi hanéfi nie que ce soit en ces termes que la demande lui a été faite, et déclare d'ailleurs qu'il lui aurait opposé le même refus; — Attendu qu'en admettant, en effet, ce que rien n'établit, que tels étaient les termes de la demande soumise au cadi, son refus d'y

M. le ministre de la justice, à l'attention duquel cet incident a été signalé, vient, de son côté, d'exprimer l'opinion qu'un tel mariage ne peut être célébré que devant le maire, officier de l'état civil compétent pour les deux parties contractantes, sauf à elles, si elles le jugent convenable, à faire consacrer ensuite leur union suivant le rite de leur religion. M. le garde des sceaux n'hésite pas, en outre, à penser que l'officier de l'état civil français ne doit procéder aux mariages de cette nature, que si l'indigène musulman n'est pas engagé dans les liens d'une précédente union.

« Si en effet, dit-il, l'indigène musulman, déclaré Français par le Sén.-Cons. du 14 juill. 1865, continue à être régi par son statut personnel, il ne faut pas que l'application de la loi musulmane puisse compromettre l'ordre public. Plusieurs auteurs examinant le cas où un étranger appartenant à un pays où la polygamie est permise, demande à contracter un second mariage en France, avant la dissolution du premier, enseignent avec raison qu'on ne saurait sacrifier pour cette règle étrangère tous nos principes de morale et d'honnêteté publique. »

Une loi, je le répète, réglera prochainement, d'une façon complète et décisive, toutes les questions dans lesquelles le droit public français se trouve en contact avec le statut personnel ou réel musulman; mais il n'en importe pas moins que les règles rappelées par M. le ministre de la justice soient immédiatement portées à la connaissance de tous les officiers de l'état civil français, ainsi que de tous les cadis, muphtis, ulémas, etc., afin que, dans aucun cas, un mariage mixte ne soit célébré suivant la loi musulmane, sans la production d'un acte constatant que le mariage civil a eu lieu devant un maire français. — Je recommande cet intérêt à toute votre vigilance.

V.-am¹ COMTE DE GUEYDON.

Circ. G. — 50-51 déc. 1871. — BG. 589. — *Au sujet du mariage et du divorce des indigènes algériens en Égypte. — Circulaire adressée au procureur général, aux préfets des départements et généraux commandant les divisions.*

M. le....., M. Brenier de Montmorand, agent et consul général de France à Alexandrie, a demandé des instructions sur la ligne de conduite à suivre à l'égard des Algériens musulmans et israélites résidant en Orient, lorsqu'ils recourent aux autorités religieuses, locales, pour faire prononcer leur divorce et régler la position des femmes et des enfants. — J'ai l'honneur de vous transmettre copie d'une dépêche de M. le ministre de la justice, qui résout ces questions.

Comme vous le verrez, cette dépêche rappelle incidemment la question des mariages mixtes entre Français et musulmans algériens, qui a fait l'objet d'une circulaire du 5 nov. dernier. — Ainsi que l'annonce M. le ministre, l'Assemblée nationale sera bientôt saisie d'un projet de loi qui posera en principe que tous les mariages de cette catégorie seront régis par la loi française, et si cette loi est adoptée, elle sera applicable aux unions contractées en Orient, entre une Française et un musulman algérien, ou entre un Français et une musulmane algérienne. — En attendant, je maintiens, pour ce qui concerne l'Algérie, les dispositions de ma circulaire précitée que je n'ai fait insérer au *Bulletin officiel* qu'après m'être concerté avec M. le ministre de la justice.

V.-am¹ COMTE DE GUEYDON.

Dépêche du ministre de la justice au ministre de l'intérieur. — 15 nov. 1871.

M. le ministre et cher collègue, vous avez bien voulu me communiquer, le 16 octobre dernier, une dépêche datée du 22 août, qui vous est transmise par M. le ministre des affaires étrangères, et par laquelle M. le consul général de France à Alexandrie, signale les difficultés auxquelles donnent lieu, en Orient, le divorce que les Algériens font prononcer par les autorités du pays. — M. Brenier de Montmorand demande si les Algériens, musulmans ou israélites, ont le droit de divorcer en Orient; et, en supposant que ce droit leur appartienne, quelles en sont les conséquences à l'égard de la femme et des enfants; il propose enfin de leur interdire le divorce, sous peine d'être déchus de la qualité de Français.

Pour résoudre ces délicates questions, il importe de se rendre un compte exact de la condition légale des indigènes algériens, et de distinguer avec soin les différentes hypothèses qui peuvent se produire.

Je dois vous faire remarquer d'abord, qu'en ce qui concerne les israélites indigènes, la question ne peut faire aucun doute. Le décr. du 24 oct. 1870 les a déclarés citoyens français et soumis à la loi française. Tant que ce décret subsistera, les israélites de l'Algérie ne pourront donc divorcer en Orient; le mariage qu'ils contracteraient après un divorce illégalement prononcé par les tribunaux du pays, serait nul et les rendrait, en outre, passibles des peines édictées contre le crime de bigamie. — La même observation s'applique aux indigènes musulmans qui ont obtenu la naturalisation. Du jour où cette faveur leur a été conférée, ils sont devenus citoyens français et ont été soumis à toutes les obligations de la loi française.

Les indigènes musulmans non naturalisés sont donc les seuls qui, aujourd'hui, en vertu du Sén.-Cons. du 14 juill. 1865, ont le privilège d'être à la fois sujets français et de continuer à être régis par leur statut personnel, la loi musulmane. Cette situation exceptionnelle ne présente aucune difficulté, quand il s'agit de contrats entre indigènes musulmans; mais il en est autrement quand l'une des parties contractantes est française; la loi musulmane sera-t-elle alors applicable à l'encontre de la loi française, et le peuple conquérant s'inclinera-t-il devant les lois du peuple conquis? Le Sén.-Cons. de 1865 ne contient, à cet égard, aucune disposition; mais l'Assemblée doit être prochainement saisie, par le gouvernement, d'un projet de loi qui posera en principe que toutes les conventions, les mariages, entre Français et musulmans algériens, seront régis par la loi française.

Si cette loi est acceptée, le mariage en Orient, d'une Française avec un musulman algérien, d'un

faire droit trouverait encore sa pleine justification; qu'il n'est pas possible, en effet, de n'y pas voir une manière indirecte de lui faire constater un mariage qu'il n'avait pas qualité pour constater d'une manière formelle, et dont il était d'autant mieux fondé à se refuser à passer acte que l'une des parties contractantes, la demoiselle Picard, devait, en ce cas, ne pas se présenter, et que l'acte, en ce qui la concerne, n'eût évidemment été d'aucune valeur;

que, sous tous les rapports donc, le jugement du cadi doit être confirmé; — Par ces motifs et adoptant les motifs du premier juge, confirme le jugement dont est appel et dit qu'il sortira son plein et entier effet, charge le cadi de la première circonscription judiciaire de la province d'Alger de l'exécution du présent arrêt. — *Cour d'Alger,* 24 oct. 1871. Aff. Tedjini. — Robe, 1871, p. 173.

Français avec une musulmane algérienne, sera régi, comme en Algérie, par les lois civiles de la France. Les époux et leurs enfants seront soumis à ces lois, et, par suite, dans cette hypothèse encore, toutes les difficultés disparaîtront.

Mais il peut arriver, et ce sera sans doute le cas le plus fréquent, que le mariage ait été contracté en Orient, soit entre une musulmane algérienne non naturalisée et un musulman du pays, soit entre un musulman algérien non naturalisé et une musulmane du Levant. Les époux ont le droit indiscutable de s'adresser, comme ils pourraient le faire en Algérie, aux autorités musulmanes, pour faire prononcer leur divorce, conformément à la loi de leur statut personnel dont le sénatus-consulte leur garantit le libre exercice. — Quelle sera alors la condition de la femme et des enfants?

De ce que le Sén.-Cons. de 1865 a déclaré les indigènes musulmans sujets français, et qu'il leur a conservé en même temps leur statut personnel, il en résulte, suivant moi, que toutes les questions de nationalité devront être résolues par la loi française, et qu'au contraire, toutes les questions de capacité, d'état civil, de statut personnel en un mot, devront être réglées par la loi musulmane. — Les conséquences civiles du divorce devront donc être laissées à l'appréciation des autorités musulmanes; — ses effets, au point de vue de la nationalité, devront être déterminés par les principes de notre loi.

Ceci posé, la femme musulmane algérienne qui épouserait, en Orient, un musulman du pays, perdrait, par le mariage, conformément à l'art. 19 C. civ., la qualité de Française; ses enfants, alors même qu'ils seraient confiés à sa garde, seraient étrangers comme leur père; elle ne pourrait redevenir Française, après la dissolution du mariage, qu'en rentrant en France ou en Algérie. Résidant en Orient, après le divorce, elle devrait être considérée comme étrangère, la protection française ne lui serait pas due.

Au contraire, la musulmane du Levant, qui aurait épousé, en Orient, un musulman algérien, non naturalisé, aurait, par l'effet du mariage, acquis la nationalité française, qui est celle de son mari, sujet français, en vertu du Sén.-Cons. (art. 12 C. civ.). La dissolution du mariage ne la lui ferait pas perdre. C'est du moins ce qu'enseigne la doctrine, quand il s'agit d'une étrangère devenue Française, par son mariage avec un Français d'origine. Les enfants devraient eux-mêmes être considérés comme sujets français; ils devraient, ainsi que leur mère, être protégés par les autorités françaises.

Telles sont les solutions qui me paraissent devoir être données aux questions posées par M. le consul d'Alexandrie. Faut-il, comme le demande M. Brenier, décider que les musulmans algériens en Orient ne pourront divorcer, sous peine d'être privés de la qualité de Français? Je ne le pense pas. Tant que l'indigène musulman sera considéré, en Algérie, comme sujet français et autorisé, néanmoins à vivre sous le régime de sa loi d'origine, il me paraît difficile de ne pas respecter, à l'étranger, cette double qualité, et de lui défendre, en Orient, le divorce, la polygamie même, qui lui sont permis en Algérie. J'ajoute que cette anomalie est plus choquante sur la terre française de l'Algérie, que dans les pays étrangers d'Orient, où la loi et la civilisation autorisent ces coutumes réprouvées par nos mœurs.

Je n'ai pas besoin, au surplus, de faire remarquer que la mesure proposée par M. Brenier ne pourrait, ainsi qu'il paraît le croire, être réalisée par une simple décision ministérielle, et qu'une loi serait nécessaire pour déroger, sur ce point, aux dispositions du Sén.-Cons. du 14 juillet 1865.

Le garde des sceaux, ministre de la justice,
DUFAURE.

Cire. G. — 17 nov.-31 déc. 1871. — BG. 592. — *État civil des étrangers Espagnols.—Renseignements à fournir aux consuls.*

M. le préfet, M. le consul général d'Espagne en Algérie m'a informé, par une lettre du 5 novembre courant, que l'immatriculation obligatoire des Espagnols domiciliés ou de passage en Algérie, conséquence de la création, en Espagne, d'un registre civil, a été comprise parmi les réformes que son gouvernement vient d'introduire dans le service consulaire. — Les prescriptions adressées à ce sujet au gouvernement espagnol aux agents qui le représentent à l'étranger, ne peuvent être exactement suivies qu'autant que les renseignements qui leur sont nécessaires, sur l'état civil de leurs nationaux, leur seront régulièrement fournis par les autorités locales compétentes.

Pour arriver à ce résultat, en ce qui concerne l'Algérie, M. le consul général me demande d'inviter ces autorités à faire parvenir, sans délai et sans omission, aux agents consulaires de son gouvernement accrédités dans la colonie, les renseignements dont il s'agit. — Cette demande est conforme aux dispositions de la convention franco-espagnole du 7 janv. 1862 (II, 275); elle n'eût donc pas eu besoin de se produire, et je n'aurais pas, aujourd'hui, à vous entretenir de son objet, si les administrations municipales s'étaient toujours conformées, comme elles doivent le faire, à ces dispositions.

Mais il n'en est pas ainsi. A plusieurs reprises, en effet, et, en dernier lieu, par une circ. du 25 avr. 1868 (non publiée), l'un de mes prédécesseurs a dû, en présence des négligences et des difficultés qui lui furent signalées dans l'exécution des conventions de même nature, adresser à vos prédécesseurs des instructions sur la matière, en les invitant à les notifier aux autorités municipales, et à en surveiller l'exécution.

En rappelant l'obligation imposée à ces autorités de donner avis du décès d'un sujet étranger aux consul général, consul, vice-consul ou agent consulaire de sa nation, dans la circonscription duquel le décès a lieu, avis que ceux-ci doivent, de leur côté, donner aux autorités locales, lorsqu'ils sont informés les premiers, mon prédécesseur disait:

« L'exécution de cette disposition exige que, toutes les fois que le décès d'un étranger a été constaté dans une commune par l'officier de l'état civil, l'autorité municipale ait soin de faire parvenir, sans retard, au consul de sa nation, soit directement, soit par l'intermédiaire de la préfecture, si le lieu du décès n'est pas celui de la résidence du consul, l'acte de décès de cet étranger, sur papier libre. — Cette communication est d'autant plus nécessaire, qu'aux termes des mêmes conventions, les consuls ont qualité pour procéder à toutes les opérations ayant pour objet la curatelle, la gestion et la liquidation de toute succession ouverte à la suite du décès de l'un de leurs nationaux. — Il est bien entendu, d'ailleurs, que pour les transmissions dont il s'agit, les adjoints spéciaux des sections se serviront toujours de l'intermédiaire du maire du chef-lieu municipal. »

Je ne puis que me reporter à ces instructions, dont la clarté ne laisse rien à désirer. — La régularité de l'immatriculation des étrangers, qu'entraînera leur stricte observation, aura, d'ailleurs, pour résultat de contribuer efficacement à l'exécution des prescriptions de mon arr. du 26 avr.

dernier (passe-ports *infrà*), relatif aux mesures de sûreté à prendre contre les vagabonds et les gens sans aveu. — La production, exigée par cet arrêté, des certificats d'immatriculation, rendue désormais obligatoire pour les étrangers, facilitera, en effet, aux autorités municipales, la délivrance des cartes de sûreté dont ces étrangers doivent être munis, ainsi que la remise à leurs consuls, pour être repatriés, de ceux d'entre eux à l'égard desquels il serait constaté qu'ils ne possèdent aucun moyen d'existence connu.

Vous voudrez donc bien, M. le préfet, recommander aux municipalités de votre département d'apporter le plus grand soin à informer les autorités consulaires espagnoles et autres, non-seulement des décès, mais encore des mariages et des naissances de leurs nationaux respectifs, dont elles auront reçu la déclaration, et tenir la main à ce qu'elles se conforment aux prescriptions que vous leur donnerez dans ce sens.

V.-am¹ COMTE DE GUEYDON.

RENVOIS. — V. *Table alphabétique.*

États à marteau. V. TABLE ALPHABÉTIQUE.

Étrangers. V. *ibidem.*

Évasion. V. *ibidem.*

Exportations—Importations.

LOI. — 17 juill. 1867, art. 5. — (V. *suprà. Douanes*, § 1.)

D. — (*Tours.*) — 27 nov.-5 déc. 1870. — BG. 310. — *Promulgation du décr. du 12 oct. 1870 qui interdit l'exportation des céréales à raison des circonstances de guerre.* (Abrogé par décr. du 2 mars 1871.)

D. — (*Tours.*) — 19 nov.-5 déc. 1870. — BG. 316. — *Complément du décret précédent.* — Pénalités.

ACM. — 17 déc. 1870. — *Autorisation d'importation temporaire des blés étrangers pour venir en aide au commerce de l'Algérie avec l'Espagne.*

ACM. — 26 janv. 1871. — *Autorisation dans le même but de réexportation des sons provenant de la mouture des blés admis temporairement.*

(Tous ces décrets ont cessé d'être utiles et de recevoir application lorsque toutes prohibitions ont été levées par le décr. du 2 mars 1871.)

ACM. — 28 fév. 1871 (non publié au *Bulletin officiel*).

Vu le télégramme de M. le ministre de l'agriculture et du commerce, en date du 25 fév. 1871, constatant l'existence de la peste bovine dans plusieurs départements de France, et prescrivant les mesures les plus rigoureuses pour empêcher la propagation de l'épizootie en Algérie; — Vu l'avis du conseil sanitaire d'Alger :

Art. 1. — A partir du 1ᵉʳ mars 1871, et jusqu'à nouvel ordre, l'importation de France en Algérie, des bestiaux appartenant à la race bovine et des dépouilles vertes de ces mêmes animaux abattus en dehors de l'Algérie (peaux, suifs, etc.) est complètement interdite.

Art. 2. — Les bestiaux qui se trouveraient, le jour de la promulgation du présent arrêté, dans les différents ports de l'Algérie et qui n'auraient pas été débarqués, seront soumis à une quarantaine d'observation d'au moins dix jours, depuis leur embarquement jusqu'à la libre pratique qui leur sera accordée, s'il y a lieu, par le service de la santé, sur l'avis d'un vétérinaire de la localité,

A. LAMBERT.

RENVOIS. — V. *Table alphabétique.*

Exposition. V. TABLE ALPHABÉTIQUE.
Expropriation publique.

§ 1.—OCCUPATION TEMPORAIRE.

D. — 31 oct. 1866. — Art. 1 et loi du 21 juin 1865 art. 18. — (*Suprà.* — *Associations syndicales.*) — *L'utilité publique est déclarée et les indemnités dues pour expropriations sont réglées conformément à la législation spéciale de l'Algérie.*

D. — 11 sept.-2 nov. 1869. — BG. 316. — *Promulgation d'un décr. du 8 févr. 1868 sur les occupations temporaires.*

Vu le décr. du 5 déc. 1855, portant que les occupations temporaires de terrains nécessitées, en Algérie, pour l'exécution des travaux publics, auront lieu d'après les mêmes lois et dans les mêmes formes qu'en France (I, 523), — Le décr. du 8 fév. 1868, réglementant à nouveau les formes des occupations temporaires de terrains nécessaires à l'exécution des travaux publics en France ;

Art. 1. — Le décr. du 8 fév. 1868, susvisé, sera promulgué en Algérie et appliqué suivant les distinctions ci-après :

Dispositions concernant le territoire civil.

Art. 2. — En territoire civil, le décr. sera exécuté selon sa forme et teneur lorsque les occupations temporaires porteront sur des propriétés privées. — En ce qui concerne les terres collectives de culture et les terrains communaux de tribu ou de douar, il sera procédé à la diligence des préfets, des ingénieurs des ponts et chaussées et des maires, dans les formes édictées par les art. 3 à 8 du présent décret.

Dispositions concernant le territoire militaire.

Art. 3. — En territoire militaire, les arrêtés d'occupation temporaire sont pris par le général commandant la province. Ces arrêtés indiquent, s'il s'agit d'une propriété privée, le nom du propriétaire ; s'il s'agit d'un terrain collectif de culture, le nom du détenteur désigné par le président de la Djemâa ; s'il s'agit enfin de terrains communaux, le nom de la tribu ou celui du douar.

Art. 4. — Le général commandant la province adresse des ampliations de son arrêté au directeur des fortifications ou à l'ingénieur en chef des ponts et chaussées, suivant que cet arrêté concerne l'un ou l'autre de ces deux services, ainsi qu'au président de la commission municipale de la commune mixte, ou au président de la commune subdivisionnaire. — Le directeur des fortifications ou l'ingénieur en chef en fait remettre une copie certifiée à l'entrepreneur. En même temps, le président de la commission municipale ou du conseil subdivisionnaire notifie ledit arrêté, soit au propriétaire, soit à son représentant, s'il s'agit d'une propriété privée, soit au détenteur s'il s'agit d'un terrain collectif de culture, soit enfin au président de la djemâa s'il s'agit d'un terrain communal.

Art. 5. — En cas d'arrangement à l'amiable entre le propriétaire, le détenteur ou le président de la djemâa et l'entrepreneur, ce dernier est tenu d'en justifier toutes les fois qu'il en est requis.

Art. 6. — A défaut de convention amiable, il est procédé à une expertise. — Sur la demande de l'officier du génie ou de l'ingénieur chargé de diriger les travaux, le président de la commission municipale ou du conseil subdivisionnaire notifie au propriétaire, au détenteur du terrain à occuper ou au président de la djemâa, l'invitation de désigner un expert pour procéder, contradictoirement avec celui qu'aura choisi l'entrepreneur, à la constatation de l'état des lieux. Il fixe le jour où l'on devra procéder à l'expertise et en informe l'ingénieur des ponts et chaussées ou l'officier du génie, qui le fait connaître à l'entrepreneur. Dans le cas de propriété indivise, cette notification est faite au chef de la famille, lequel désigne l'expert. — Il doit y avoir un intervalle de dix jours au moins entre la notification dont il est question ci-dessus, et la visite des lieux.

Art. 7. — Il est procédé à l'expertise et à l'occupation du terrain, suivant les formes prescrites aux art. 5, 6, 7 et 8 du décr. du 8 févr. 1868, le président de la commission municipale ou du conseil subdivisionnaire exerçant les attributions dévolues aux maires dans lesdits articles.

Art. 8. — Lorsque les travaux sont exécutés directement par l'administration, sans l'intermédiaire de l'entrepreneur, l'expert chargé de constater l'état des lieux contradictoirement avec celui désigné par le propriétaire, le détenteur du terrain ou le président de la djemâa, est nommé par le général commandant la province.

Décret du 8 février 1868 (1).

Vu les arrêts du conseil des 7 sept. 1755 et 20 mars 1780 ; — La loi des 28 sept.-6 oct. 1791 ; — La loi du 28 pluv. an VIII, sur les attributions des conseils de préfecture; — Les art. 55 et 56 de la loi du 16 sept. 1807.

Art. 1. — Lorsqu'il y a lieu d'occuper temporairement un terrain, soit pour y extraire des terres ou des matériaux, soit pour tout autre objet relatif à l'exécution des travaux publics, cette occupation est autorisée par un arrêté du préfet, indiquant le nom de la commune où le terrain est situé, les numéros que les parcelles dont il se compose portent sur le plan cadastral et le nom du propriétaire. — Cet arrêté vise le devis qui dé-

signe le terrain à occuper, ou le rapport par lequel l'ingénieur en chef chargé de la direction des travaux propose l'occupation. — Un exemplaire du présent règlement est annexé à l'arrêté.

Art. 2. — Le préfet envoie ampliation de son arrêté à l'ingénieur en chef et au maire de la commune. L'ingénieur en chef en remet une copie certifiée à l'entrepreneur ; le maire notifie l'arrêté au propriétaire du terrain ou à son représentant.

Art. 3. — En cas d'arrangement à l'amiable entre le propriétaire et l'entrepreneur, ce dernier est tenu de présenter aux ingénieurs, toutes les fois qu'il en est requis, le consentement écrit du propriétaire ou le traité qu'il a fait avec lui.

Art. 4. — A défaut de convention amiable, l'entrepreneur, préalablement à toute occupation du terrain désigné, fait au propriétaire, ou, s'il ne demeure pas dans la commune, à son fermier, locataire ou gérant, une notification par lettre chargée indiquant le jour où il compte se rendre sur les lieux ou s'y faire représenter. Il l'invite à désigner un expert pour procéder, contradictoirement avec celui qu'il aura lui-même choisi, à la constatation de l'état des lieux. — En même temps, l'entrepreneur informe par écrit le maire de la commune de la notification faite par lui au propriétaire. — Entre cette notification et la visite des lieux, il doit y avoir un intervalle de dix jours au moins.

Art. 5. — Au jour fixé, les deux experts procèdent ensemble à leurs opérations contradictoires. Ils s'attachent à constater l'état des lieux de manière qu'en rapprochant plus tard cette constatation de celle qui sera faite après l'exécution des travaux, on ait les éléments nécessaires pour évaluer la dépréciation du terrain ou faire l'estimation des dommages. Ils font eux-mêmes cette estimation si l'entrepreneur et le propriétaire y consentent. — Ils dressent leur procès-verbal en trois expéditions, dont l'une est remise au propriétaire du terrain, une autre à l'entrepreneur, et la troisième au maire de la commune.

Art. 6. — Si, dans le délai fixé par le dernier § de l'art. 4, le propriétaire refuse ou néglige de nommer son expert, le maire en désigne un d'office, pour opérer contradictoirement avec l'expert de l'entrepreneur.

Art. 7. — Immédiatement après les constata-

___

(1) *Rapport à l'Empereur.* — Sire, — D'anciens arrêts du conseil et la loi du 16 sept. 1807, dans ses art. 55 et 56, ont autorisé en principe l'occupation temporaire des terrains nécessaires à l'exécution des travaux publics. — Mais aucun règlement n'a déterminé, d'une manière précise, les formalités à suivre pour ces occupations temporaires, et des contestations se sont élevées entre les propriétaires et les entrepreneurs.

Les propriétaires se sont plaints de n'avoir pas été prévenus plusieurs jours à l'avance, de manière à pouvoir prendre, avant l'occupation, les dispositions qui peuvent leur paraître utiles. Quelquefois aussi, on ne procède pas avec toutes les précautions nécessaires à la constatation préalable et contradictoire de l'état des lieux. Par suite, le conseil de préfecture, chargé par la loi du 28 pluv. an VIII de fixer l'indemnité due pour ces occupations temporaires, ne peut réunir que difficilement les éléments d'appréciation dont il a besoin pour rendre sa décision.

Pour éviter ces difficultés, les préfets de quelques départements ont déterminé, par des arrêtés, certaines mesures réglementaires auxquelles les entrepreneurs sont tenus de se conformer. Mais ces arrêtés sont, pour la plupart, incomplets ; de plus, les formalités qu'ils prescrivent varient d'un département à l'autre, sans que rien justifie les différences. Il a donc paru qu'il convenait de faire, pour tous les départements, un règlement général uniforme qui

deviendrait obligatoire pour tous les entrepreneurs des ponts et chaussées.

Une commission prise dans le sein du conseil général des ponts et chaussées a été chargée de préparer le projet de ce règlement ; ce conseil a été appelé lui-même à en discuter tous les détails. Enfin, la section de l'agriculture, du commerce, des travaux publics et des beaux-arts, à l'examen de laquelle j'ai cru devoir le soumettre, lui a donné son assentiment. — Ce règlement détermine, à défaut d'arrangement amiable avec le propriétaire, les formalités à remplir pour que l'occupation soit autorisée, le délai dans lequel elle peut être faite et la manière dont il sera procédé, contradictoirement avec le propriétaire, à l'expertise qui devra précéder l'occupation des terrains.

Au moyen de ces prescriptions, les propriétaires trouveront des garanties nouvelles et les conseils de préfecture auront à leur disposition des documents qui leur permettront d'apprécier l'état des terrains avant qu'ils ne puissent être occupés par les entrepreneurs des travaux publics. Ce règlement m'a paru tenir compte aussi des conditions de célérité dans lesquelles doivent s'accomplir les travaux publics et assurer ainsi la conciliation de l'intérêt général avec le respect dû à la propriété.

Le ministre de l'agriculture, du commerce et des travaux publics,

DE FORCADE.

tions prescrites par les articles précédents, l'entrepreneur peut occuper le terrain et y commencer les travaux autorisés par l'arrêté du préfet, tous les droits du propriétaire étant réservés en ce qui concerne l'indemnité. — Toutefois, s'il existe sur ce terrain des arbres fruitiers ou de haute futaie qu'il soit nécessaire d'abattre, l'entrepreneur est tenu de les laisser subsister jusqu'à ce que l'estimation en ait été faite dans les formes voulues par la loi. — En cas d'opposition de la part du propriétaire, l'occupation a lieu avec l'assistance du maire ou de son délégué.

Art. 8. — Après l'achèvement des travaux et, s'ils doivent durer plusieurs années, à la fin de chaque campagne, il est fait une nouvelle constatation de l'état des lieux. — A défaut d'accord entre l'entrepreneur et le propriétaire pour l'évaluation partielle ou totale de l'indemnité, il est procédé conformément à l'art. 56 de la loi du 16 sept. 1807.

Art. 9. — Lorsque les travaux sont exécutés directement par l'administration, sans l'intermédiaire d'un entrepreneur, il est procédé comme il a été dit ci-dessus; mais alors la notification prescrite par l'art. 4 est faite par les soins de l'ingénieur, et l'expert chargé de constater l'état des lieux, contradictoirement avec celui du propriétaire, est nommé par le préfet.

Circ. M. — 15 févr. 1868-2 nov. 1869. — BC. 516. — *Instructions aux préfets sur l'exécution du décret qui précède.*

M. le préfet, l'art. 1 porte que toute occupation temporaire, quel qu'en soit le motif, doit être autorisée par un arrêté du préfet, indiquant le nom de la commune, les numéros des parcelles du plan cadastral et le nom du propriétaire; ces énonciations sont évidemment indispensables pour ne laisser aucun doute sur le terrain qui doit être occupé, mais le règlement ajoute que l'arrêté préfectoral doit viser le devis qui désigne le terrain, ou, à défaut, le rapport de l'ingénieur en chef qui en propose l'occupation, et qu'un exemplaire du règlement doit toujours être annexé audit arrêté. — Ces diverses dispositions sont utiles pour démontrer au propriétaire intéressé que ce n'est qu'après un examen attentif que l'application de la loi lui a été faite; quant à la mesure qui prescrit d'annexer un exemplaire du règlement à chaque arrêté individuel, elle est analogue à celle qui est déjà en vigueur en matière d'alignements, et elle a le grand avantage de faire connaître à chaque propriétaire ses obligations et ses droits en ce qui touche les occupations temporaires.

L'art. 2 s'explique par son simple énoncé, et je n'ai pas en conséquence à m'y arrêter.

Les art. 3 à 6 inclusivement règlent les formalités qui doivent précéder l'occupation du terrain, et elles doivent, à ce titre, appeler spécialement votre attention et celle de MM. les ingénieurs. Ce que l'on a le plus souvent reproché aux entrepreneurs, c'est de pénétrer dans les propriétés privées sans avertir le propriétaire: de pareils actes sont très-regrettables, et il importe qu'ils ne se reproduisent pas à l'avenir. — Toutes les fois que l'entrepreneur pourra se mettre d'accord avec le propriétaire, et il faut désirer que cet accord ait lieu dans le plus grand nombre des cas, aucune difficulté ne peut s'élever; seulement, il est nécessaire que l'entrepreneur présente, lorsqu'il en est requis par les ingénieurs, le consentement écrit du propriétaire, comme l'indique l'art. 3.

Dans le cas contraire où il n'intervient pas d'accord amiable entre le propriétaire et l'entrepreneur, il importe avant tout de constater l'état des lieux; à cet effet, l'entrepreneur notifie au propriétaire le jour où il compte se rendre sur le terrain à occuper, par lui ou par son représentant, et il l'invite à faire choix d'un expert, qui procède contradictoirement avec celui qu'il aura choisi lui-même, art. 4; il doit en même temps informer le maire de la notification faite par lui au propriétaire, formalité essentielle pour donner toute garantie contre les envahissements prématurés de l'entrepreneur. — Vous remarquerez d'ailleurs que, pour éviter toute surprise en ce qui concerne la constatation préalable à faire par les experts, le dernier § de l'art. 4 exige qu'il y ait dix jours d'intervalle au moins entre la notification au propriétaire et la visite des lieux; cette disposition me paraît infiniment utile, et je vous prie d'inviter MM. les ingénieurs à en surveiller avec soin la stricte exécution.

L'art. 5 indique avec précision la manière dont devront procéder les experts : ils dressent procès-verbal de la constatation à laquelle ils procèdent, et ce procès-verbal est rédigé en trois expéditions, dont l'une pour le propriétaire, la seconde pour l'entrepreneur et la troisième pour le maire, qui demeure ainsi le contrôleur permanent de la régularité des opérations.

Il convenait de prévoir le cas où le propriétaire refuserait ou négligerait de nommer son expert; dans ce cas, il en sera désigné un d'office par le maire; par là, les nécessités du service public seront assurées et en même temps l'intérêt du propriétaire sera sauvegardé. — L'état des lieux ainsi constaté, et toutes les mesures prises pour la conservation des droits et des intérêts du propriétaire, il n'y a plus aucun motif de retarder l'occupation du terrain, et aussi l'art. 7 dispose-t-il que l'entrepreneur peut y entrer; mais, néanmoins, si le propriétaire y fait opposition, l'entrepreneur doit réclamer l'assistance du maire qui, par lui-même ou par son délégué, intervient pour assurer force et exécution à l'arrêté du préfet, et cette intervention sera d'autant plus facile à l'autorité municipale qu'elle aura été tenue exactement au courant, en vertu des articles précédents, de toutes les phases de la procédure.

L'art. 7 a fait réserve du cas où il existerait, sur le terrain occupé, des arbres fruitiers ou de haute futaie qu'il serait nécessaire d'abattre : l'entrepreneur devra, tout en occupant le terrain, laisser subsister ces arbres jusqu'à ce que l'estimation en ait été régulièrement faite. C'est un point qui a souvent donné lieu à des contestations, et il importait d'y pourvoir.

Nous sommes arrivés à la période des travaux, et là deux cas peuvent se présenter : ou ces travaux sont terminés dans le cours d'une campagne, ou ils doivent durer plusieurs années. Dans le premier cas, aucune difficulté ne peut s'élever; on procède à une nouvelle constatation de l'état des lieux; il en est dressé procès-verbal, et au vu de ce procès-verbal, réuni au procès-verbal rédigé à l'origine, il est suivi sur le règlement de l'indemnité conformément à la loi. — Dans le second cas, il serait peu équitable de faire attendre au propriétaire, pendant plusieurs années, le règlement de l'indemnité à laquelle il peut avoir droit pour chaque année de l'occupation; l'art. 8 stipule alors qu'à la fin de chaque campagne, il est fait une nouvelle constatation de l'état des lieux et qu'il est réglé pour chaque année une indemnité partielle. — Je recommande, M. le préfet, cette mesure d'une manière spéciale à votre sollicitude. Tout autre mode de procéder peut imposer au propriétaire la privation de son revenu et donner lieu, par là-même, à des plaintes fondées.

Enfin, l'art. 9 et dernier du règlement prévoit le cas où les travaux sont exécutés directement par l'administration, et il déclare que, dans ce cas, toutes les dispositions dudit règlement sont applicables, sauf quelques modifications de détail qui résultent de la nature des choses et sur lesquelles il est inutile d'insister.

Telles sont, M. le préfet, les dispositions qui doivent être désormais appliquées en matière d'occupation temporaire de terrains pour l'exécution de travaux publics dépendant de mon administration : ces dispositions mettront un terme aux plaintes légitimes élevées souvent par les propriétaires contre des actes dont la responsabilité remontait jusqu'à l'administration elle-même, et je ne doute pas que MM. les ingénieurs ne s'associent avec empressement à la pensée qui a dicté le nouveau règlement et qu'ils n'en surveillent l'application avec le soin le plus attentif : ils devront rappeler aux entrepreneurs que toute infraction de leur part engage leur responsabilité personnelle, et que, dans le cas où ils seraient pris à partie par les tiers intéressés pour n'avoir pas accompli les formalités réglementaires, l'administration devrait rester complètement en dehors de la contestation.

Le ministre de l'agriculture,
du commerce et des travaux publics,
DE FORCADE.

§ 2. — INDEMNITÉS, DISPOSITIONS SPÉCIALES (1).

RENVOIS. — V. *Table alphabétique.*

Expulsion de la colonie. V. TABLE ALPHABÉTIQUE.

Extradition. V. TRAITÉS.

F

Fabrique (Conseil de, Marque de). V. TABLE ALPHABÉTIQUE.

Falsification de denrées. V. *ibid.*

Fête nationale. V. *ibidem.*

Finances. V. *ibidem.*

Foires. V. *ibidem.*

Fonctionnaires.

D. — *(Paris.)* — 5 sept. 1870. — (V. infra *Serment.)* — *Abolition du serment politique.*

D. — *(Paris.)* — 19 sept. 1870. — (Non publié en

Algérie.) *Abrogation de l'art. 75 de la Constitution de l'an VIII* (2).

Art. 1 — L'art. 75 de la Constitution de l'an VIII est abrogé. — Sont également abrogées toutes autres dispositions des lois générales et spéciales ayant pour objet d'entraver les poursuites contre les fonctionnaires publics de tout ordre.

Art. 2. — Il sera ultérieurement statué sur les peines civiles qu'il peut y avoir lieu d'édicter, dans l'intérêt public, contre les particuliers qui auraient dirigé des poursuites téméraires contre des fonctionnaires.

RENVOIS. — V. *Table alphabétique.*

Fonds de commerce. V. TABLE ALPHABÉTIQUE.

Forêts. V. TABLE ALPHABÉTIQUE.

Fort continu. V. *ibidem.*

Fortifications. V. SERVITUDES.

Fourrière publique. V. TABLE ALPHABÉTIQUE.

Franchise de correspondance.

DIVISION.

§ 1. — Franchise ordinaire.
§ 2. — Correspondance télégraphique.

§ 1. — FRANCHISE ORDINAIRE. (I, 344. II, 93.)

§ 2. — CORRESPONDANCE TÉLÉGRAPHIQUE.

Décis. G. — 23 nov.-26 déc. 1867. — BG. 251. — *Les évêques de Constantine et d'Oran sont autorisés à correspondre directement par le télégraphe, au même titre et dans les mêmes conditions que les fonctionnaires désignés dans la décis. du 16 févr. 1861 (II, 93).*

Au. — 18-20 août 1868. — BG. 276. — *Nouveau règlement sur la franchise télégraphique attribuée à divers fonctionnaires.*

Vu le décr. du 6 nov. 1867, sur la réorganisation du service télégraphique en Algérie (infra *Télégraphie*, § 2); — La décis. du 16 févr. 1861, qui a fixé la nomenclature des fonctionnaires autorisés à correspondre par le télégraphe, pour affaires de service, et les décisions particulières des 15 mai, 11 juill. 1861, 30 nov. 1865, 22 mars 1865, 26 août 1866, 23 nov. 1867 et 6 janv. 1868; — Considérant qu'il y a lieu d'établir à nouveau

---

(1) JURISPRUDENCE. — Aux décisions judiciaires insérées au 2e vol., p. 96, il convient d'ajouter l'arrêt postérieur de la Cour de cassation, dont voici le sommaire :

En Algérie, le pouvoir conféré aux tribunaux de fixer souverainement et sans appel, comme jury d'expropriation, l'indemnité due à l'exproprié, ne leur appartient pas lorsqu'ils ont à statuer sur des indemnités réclamées à un titre autre que l'expropriation pour cause d'utilité publique, et, par exemple, sur une demande en payement du prix d'un terrain dont l'administration s'est emparée en dehors des formes de l'expropriation : les tribunaux jugent alors comme tribunaux de 1re instance, et dès lors, à charge d'appel, si la cause est susceptible d'appel (ord. 1er oct. 1845, art. 45).

Cette indemnité conserve son caractère de demande en payement d'une indemnité non réclamée à titre d'expropriation, quoique, au cours de l'instance, un arrêté d'expropriation soit intervenu, si cet arrêté n'a pas été suivi des formalités prescrites en matière d'expropriation, et notamment d'une notification d'offres et de la citation exigée par l'art. 16 de l'ord. 1845.

L'indemnité due, en Algérie, au propriétaire d'un terrain dont l'administration a pris une portion en dehors des

formes de l'expropriation, pour l'exécution de travaux publics, doit être fixée sans égard à la plus value acquise au surplus du même terrain par suite de ces travaux. Ici ne s'applique pas l'art. 20 de la loi du 16 juin 1851, spécial à l'indemnité due en cas d'expropriation pour utilité publique. — Cass., ch. req. 23 févr. 1869. — Aff. Senadely, de Bône. — Dalloz, 1869, 1, 419. — (V. infra, *Propriété*, ord. de 1844, art. 79.)

(2) JURISPRUDENCE. — La législation spéciale de l'Algérie, relativement aux autorisations de poursuites contre fonctionnaires et agents de l'administration ainsi que la jurisprudence sur l'application de l'art. 75 avant son abrogation, ont été exposées au 1er vol., 1re Admin. gén., p. 13 en note, et au 2e vol., 1re Promulgation, notice.

Il avait été décidé, en outre, que les interprètes judiciaires assermentés par les tribunaux de l'Algérie ne sont pas agents du gouvernement, et peuvent, dès lors, être poursuivis, sans l'autorisation préalable du Cons. d'État, pour cause de faits ou autres commis dans l'exercice de leur mission. — Cass., 29 avr. 1867. — Dalloz, 1867, 5, 220.

la nomenclature de ces fonctionnaires et de déterminer les limites dans lesquelles s'exerce le droit
qui leur est accordé.

Art. 1. — Les fonctionnaires ci-après désignés
sont admis, pour les affaires de service, dans les
cas d'urgence, et sous les conditions indiquées à
l'instruction annexée au présent arrêté, à correspondre par le télégraphe, savoir :

Gouvernement général. — Le sous-gouverneur, franchise illimitée. — Le secrétaire général du gouvernement,
id. administrative illim. — L'aide de camp de service ou
tout officier en mission spéciale pour le service du gouverneur général, id. admin. illim. pour toutes les dépêches transmises pour le service du gouv. gén.

Justice. — Le premier président de la Cour impériale,
fr. admin. avec le gouv. gén. et les présidents des trib.
de l'Algérie. — Le procureur général près la Cour impériale, id. adm. illim. — Les procureurs impériaux, id.
adm. illim. — Les présidents des Cours d'assises, id. avec
le gouv. gén. le procureur gén. et les procureurs imp. —
Les juges d'instruction et les juges de paix remplissant
les fonctions d'officiers de police judiciaire, id. adm. avec
les procureurs imp. et commandants supérieurs dont relève leur juridiction.

Cultes. — L'archevêque d'Alger, les évêques d'Oran
et de Constantine, fr. adm. avec le gouv. gén., les curés de
paroisses dans l'étendue de leur diocèse et entre eux. —
Les présidents des consistoires protestants des trois provinces, id. adm. avec le gouv. gén., les pasteurs de paroisses protestantes et entre eux. — Les présidents des
consistoires israélites des trois provinces, id. adm. avec
le gouv. gén., les commissaires délégués dans leur province et entre eux.

Administration civile. — Les préfets, fr. adm. dans
les limites de leur département, avec le gouv. gén., les
généraux comm. les provinces et entre eux. — Les présidents des conseils généraux, id. adm. avec le gouv. gén.,
les généraux comm. les provinces, les préfets et entre
eux, pendant la session. — Les sous-préfets, id. adm.
dans leur arrond. et avec le préfet du dép. — Les commissaires civils, id. adm. dans leur district et avec le
préfet ou le sous-préfet et le procureur imp. de l'arrond.
— Les maires des villes où il n'y a pas de sous-préfet
ni de commissaire civil, id. adm., limitée avec le préfet
ou le sous-préfet, le procureur imp. de l'arrond. et le
commissaire civil du district.

Administration militaire. — Les généraux commandant les provinces, fr. adm. dans la province avec
le gouv. gén. et les préfets et entre eux. — Les inspecteurs généraux (généraux, intendants et médecins), id.
adm. illim. pour le service spécial dont ils sont chargés.
— Les généraux commandants supérieurs du génie et de
l'artillerie, à Alger, id. adm. limitée au service spécial
qu'ils commandent. — Le chef de la légion de gendarmerie, en tournée, id. adm. limitée à son service spécial.
— Les intendants militaires des divisions, id. adm. illim.
— Les commandants des subdivisions, id. adm. dans l'é-
tendue de la subdivision et avec le général comm. la
division. — Les sous-intendants militaires (à l'exception
de ceux placés dans les trois chefs-lieux, id. adm. illim.
(Quand il y a plusieurs sous-intendants dans la même
ville, la franchise n'appartient qu'au plus ancien, qui vise
les dépêches de ses collègues.) — Les commandants de
cercle, id. adm. dans l'étendue de leur commandement et
avec le commandant de la subdivision. — Les chefs de
corps et les commandants de place, dans les villes où il
n'y a pas de commandant supérieur, id. adm. avec le
commandant supérieur dont ils relèvent. — Les officiers
chargés des fonctions de sous-intendant, id. adm. avec
l'intendant ou le sous-intendant et le commandant supérieur dont ils relèvent. — Les officiers chargés des fonctions de juge de paix, id. adm. avec les autorités dont ils
relèvent immédiatement. — Les colonels des deux régiments en garnison à Blida, id. adm. pour les dépêches
relatives au service de ces deux régiments. — Le commandant des troupes stationnées à Frendah et le Bach
Agha, id. limitée à leur correspondance de service.

Marine. — L'amiral, commandant supérieur de la
marine, fr. adm. illim. — Les commandants d'escadre,
id. adm. illim. — Les directeurs des ports de l'Algérie,
id. adm. avec l'amiral commandant supérieur et entre

eux. — Les commissaires de l'inscription maritime, à
Alger, Bône et Oran, id. adm. entre eux et avec l'amiral comm. sup.
et entre eux, dans l'étendue de leur circonscription.

Santé. — Les directeurs de la santé à Alger, Bône,
Oran et Mers el Kébir, fr. adm. entre eux et avec les
capitaines de la santé dans les divers ports de leur circonscription. — Les capitaines de la santé des différents
ports, id. adm. avec leur chef de service.

Services spéciaux.

Affaires étrangères. — Le consul général de France à
Tunis, fr. adm. illim.

Travaux publics. — L'inspecteur général des travaux
civils, fr. adm. avec les ingénieurs en chef, ingénieurs
ordinaires et agents du service des ponts et chaussées et
des bâtiments civils. — Les ingénieurs, commissaires et
autres agents préposés à la surveillance de la Compagnie
du chemin de fer, id. limitée à leur correspondance, en
cas d'accidents sur les voies ferrées, avec le gouv. gén.,
le général comm. la province, le préfet, le procureur imp.
du ressort et les ingénieurs du contrôle.

Finances. — L'inspecteur général et les inspecteurs
des finances, fr. adm. entre eux. — Les trésoriers-payeurs,
id. adm. entre eux et avec les payeurs de leur province.

Postes. — Le directeur, chef du service des postes, fr.
adm. illim. — Le receveur principal des postes d'Alger,
id. limitée avec les receveurs d'Oran, Philippeville,
Bône, Constantine, pour l'arrivée des courriers de la côte.

Télégraphie. — L'inspecteur, chef du service télégraphique, fr. adm. illim. — Les inspecteurs de ce service
à Alger, Oran et Constantine, id. limitée pour leur service spécial.

Douanes. — Le directeur, chef du service des douanes,
fr. adm. avec les fonctionnaires et agents sous ses ordres.

Instruction publique. — Le recteur de l'Académie,
fr. adm. avec les instituteurs de la colonie. — Les agents
chargés des observations météorologiques, id. limitée avec
le directeur de l'observatoire d'Alger pour les dépêches
météorologiques.

M^{al} DE MAC-MAHON, DUC DE MAGENTA.

Instr. G. — **Mêmes dates.** — *Conditions imposées pour l'exercice régulier du droit de
franchise.*

Le droit de correspondre en franchise par le
télégraphe s'exerce, conformément aux principes
et dans les conditions déterminées ci-après :

Art. 1. — Les dépêches officielles sont celles
qui intéressent le service de l'État et dont la transmission gratuite est autorisée par l'arrêté du gouverneur en date de ce jour.

Art. 2. — L'autorisation de transmission gratuite ou droit de franchise, ne s'applique qu'aux
affaires purement administratives. L'abus qui en
serait fait dans un intérêt privé pourra donner lieu
à une répétition de taxe, conformément aux tarifs
en vigueur. Les directeurs et chefs de bureaux
télégraphiques ne peuvent pas refuser de transmettre une dépêche officielle, régulièrement présentée, parcequ'elle aurait ou paraîtrait avoir un
objet étranger au service, mais il leur est formellement prescrit de la signaler au chef de leur administration chargé de prendre les ordres de
l'autorité supérieure.

Art. 3. — Le droit de franchise est illimité ou
limité. — La franchise illimitée confère aux fonctionnaires la faculté de correspondre non-seulement avec les fonctionnaires et agents placés sous
leurs ordres, mais avec tous autres fonctionnaires
et agents de l'État, et même avec les simples
particuliers, sous la seule réserve que les dépêches expédiées aient un caractère officiel. — La
franchise limitée restreint le droit de transmission
gratuite, soit par rapport à l'objet de la correspondance, soit par rapport au nombre des
correspondants : l'objet peut être spécial ; les
correspondants sont désignés d'une manière
exclusive.

Art. 4. — Les fonctionnaires de l'ordre civil

ou militaire qui ne sont pas désignés dans l'arrêté de ce jour, peuvent, néanmoins, demander la transmission gratuite des dépêches dont le service qui leur est confié nécessiterait l'envoi. — Mais ils doivent, à cet effet, les soumettre préalablement au visa de l'autorité locale.

Art. 5. — Le visa ne peut être donné que par le fonctionnaire auquel appartient le droit de correspondre avec le destinataire de la dépêche.

Art. 6. — L'ordre de répondre par le télégraphe équivaut au visa. — Cet ordre doit être expressément formulé dans la dépêche à laquelle il est répondu. — La dépêche visée peut valablement porter ordre ou demande de répondre par le télégraphe.

Art. 7. — Le droit de franchise peut se déléguer : — 1° Du fonctionnaire titulaire à son intérimaire, par le seul fait de l'intérim ; — 2° Du fonctionnaire titulaire à un fonctionnaire placé sous ses ordres et dont le nom est préalablement accrédité au bureau télégraphique. — Le droit de délégation accordé au titulaire s'applique à l'intérimaire. — Par suite, toute dépêche doit être signée par le fonctionnaire au nom duquel elle est transmise; ou par l'intérimaire, qui, en ce cas, mentionne sa position d'intérim ; ou bien, enfin, par le délégué qui fait alors précéder sa signature de la formule suivante : — Pour le... et par délégation... Le... — Si la délégation n'avait pas été notifiée au bureau télégraphique, la dépêche serait refusée.

Art. 8. — La délégation du droit de franchise n'entraîne pas celle du droit de visa. — C'est toujours au titulaire du droit de franchise que les dépêches à viser doivent être présentées. — Le délégataire ne peut les viser qu'au seul cas d'absence ou d'empêchement constaté du titulaire.

Art 9. — Toute dépêche, quel qu'en soit l'objet, doit être rigoureusement refusée comme officielle, par les bureaux télégraphiques : — 1° Si elle n'émane pas, soit d'un fonctionnaire investi du droit de franchise, soit de son intérimaire ou du délégué régulièrement accrédité ; — 2° Si ce même fonctionnaire, ne jouissant que d'une franchise limitée, n'est pas autorisé à correspondre avec la personne à laquelle il s'adresse ; — 3° Si la dépêche n'est pas visée par un fonctionnaire ayant qualité pour le faire, ou si elle n'est pas la réponse à une dépêche contenant l'ordre ou l'invitation de répondre par le télégraphe. — Le directeur ou chef du bureau télégraphique est responsable de la taxe des dépêches qui seraient ainsi irrégulièrement acceptées.

Art. 10. — Les dépêches télégraphiques officielles doivent joindre au caractère administratif qui leur est propre : — 1° Un caractère d'urgence tel qu'il puisse toujours être constaté qu'une lettre envoyée par le courrier ne serait pas arrivée en temps utile pour remplir l'objet de la correspondance télégraphique ; — 2° Une rédaction aussi brève et aussi concise que possible. — Les dépêches sans urgence suffisante ou prolixes seront signalées à l'administration, au même titre que les dépêches ayant un caractère privé, et pourront également donner lieu à des répétitions de taxes.

Mal DE MAC-MAHON, DUC DE MAGENTA.

Cire. G. — Mêmes dates. — *Instructions aux chefs de service pour l'exécution des décisions qui précèdent.*

M... une décision de mon prédécesseur, en date du 16 fév. 1861, a désigné les fonctionnaires admis, pour les affaires de service et dans le cas d'urgence seulement, à correspondre directement par le télégraphe, et plusieurs circulaires

émanées du gouvernement général et insérées au *Bulletin officiel* ont tracé, à diverses reprises, les règles de la télégraphie officielle. — Mais, depuis lors, des changements sont survenus parmi ces fonctionnaires, de nouvelles franchises ont été accordées, et les règlements du service télégraphique ont eux-mêmes reçu des modifications.

D'autre part, quelques-uns des fonctionnaires investis du droit de franchise ont donné à leur correspondance télégraphique une extension parfois peu justifiée, soit par l'objet de la dépêche, soit par les détails qu'elle contenait. Le moment n'étant pas éloigné où les taxes de la télégraphie privée, dans l'intérieur de l'Algérie, vont être notablement réduites et où, par suite, le nombre des dépêches privées s'augmentera probablement dans une proportion considérable, il importe, pour ne pas surcharger le travail des bureaux et nuire éventuellement à la rapidité des transmissions, que la correspondance officielle soit restreinte aux plus stricts besoins.

J'ai jugé utile, en conséquence, de réunir dans un seul document la nomenclature des fonctionnaires investis du droit de franchise, et de la faire suivre d'une instruction détaillée contenant toutes les conditions imposées pour l'exercice régulier de ce droit.

C'est l'objet de l'arrêté que j'ai pris à la date de ce jour.

Je vous recommande surtout, M..., de vous pénétrer des dispositions qui s'appliquent, tant à l'exercice du droit qui vous est personnellement accordé qu'à la faculté de déléguer un fonctionnaire sous vos ordres pour vous représenter et viser, en cas d'absence ou d'empêchement de votre part, les dépêches des agents de votre service. — En principe, et conformément à l'art. 5 de l'instruction, vous devez toujours signer et viser vous-même les dépêches officielles émanant de votre service, et ce n'est que dans le cas prévu d'absence ou d'empêchement, que vous devez vous reposer de ce soin sur le fonctionnaire préalablement accrédité par vous, en qualité de votre délégué, auprès du chef de la station télégraphique de votre résidence.

Je crois devoir appeler également votre attention sur les dispositions de l'art. 10, qui veulent que toute dépêche de service transmise par le télégraphe soit rédigée avec la plus grande concision et justifiée par le cas d'urgence. — En principe, le télégraphe n'est pas destiné à remplacer la poste, mais seulement à suppléer, dans certains cas, à l'insuffisance de ses moyens d'action. Un télégramme officiel n'a donc pas pour but de dispenser d'écrire, mais seulement de devancer la lettre qui doit le confirmer ou le compléter. Tout développement qui n'est pas d'une utilité immédiate, toute formule prolixe doivent être soigneusement évités dans un télégramme officiel.

Enfin, je vous prie de veiller à ce que le télégraphe ne soit jamais employé, à titre officiel ou privé, dans un intérêt personnel. Toute dépêche relative à des avis de promotions, congés, gratuité de transports, autorisations de rengagement, avis d'arrivée ou départ de certains fonctionnaires ou agents, etc., serait considérée comme dépêche abusive et donnerait lieu, aux termes de l'art. 9, à une répétition de taxe, conformément aux tarifs de la télégraphie privée.

Mal DE MAC-MAHON, DUC DE MAGENTA.

Ar. — 15-18 déc. 1868. — BO. 392. — *Extension du droit de franchise attribué à divers fonctionnaires.*

Vu l'art. du 16 août dernier :

Art. 1. — Les fonctionnaires ci-après désignés, déjà autorisés par notre arrêté sus-visé à correspondre directement par le télégraphe dans des conditions limitées, sont investis, à dater de ce jour, de la franchise et du droit de visa illimités, savoir :

Administration civile : — Les préfets, — Les sous-préfets, — Les commissaires civils, — Les maires des villes où il n'existe ni sous-préfet ni commissaire civil.

Administration militaire : — Les généraux commandant les provinces, — Les commandants de subdivision, — Les commandants de cercle, — Les chefs de corps et les commandants de place, dans les villes où il n'y a pas de commandant supérieur.

Décis. G. — 4 août-8 sept. 1870. — BG. 338. — *Correspondance en franchise par le câble sous-marin.*

Les fonctionnaires, ci-après désignés, sont admis, pour affaires de service, dans les cas d'urgence, à correspondre par le câble électrique sous-marin, à la charge de remboursement de taxe par leurs ministères respectifs, conformément aux dispositions de l'art. 4 de la convention du 25 janv. dernier dernier, savoir :

Gouvernement général. — Le gouverneur général, franchise illimitée. — Le sous-gouverneur, id. id. — Le secrétaire général du gouvernement, id. adm. illim.

Justice. — Le premier président de la Cour impériale, fr. avec les ministres. — Le procureur général près la Cour impériale, id. adm. illim. — Les procureurs impériaux près les tribunaux de 1re instance, id. adm. illim.

Cultes. — L'archevêque d'Alger, les évêques d'Oran et de Constantine, fr. avec le ministre des cultes.

Administration civile. — Les préfets des trois départements, fr. adm. illim.

Administration militaire. — Les généraux commandant les provinces, fr. illim. — Les généraux commandants supérieurs du génie et de l'artillerie, id. avec le ministre de la guerre. — Les intendants militaires des divisions, id. adm. illim.

Marine. — Le commandant supérieur de la marine en Algérie, fr. adm. illim.

Services spéciaux.

Finances. — L'inspecteur général des finances, fr. avec le ministre des finances. — Les trésoriers payeurs des trois provinces, id.

Instruction publique. — Le recteur de l'Académie d'Alger, fr. avec le ministre de l'instr. pub.

Circ. G. — 10-21 juil. 1871. — BG. 369. — *Nouvelles recommandations relativement à l'exercice du droit de franchise.*

Toute dépêche de service, transmise en franchise par la voie du télégraphe, doit être rédigée avec la plus grande concision et motivée par le cas d'urgence. — Or, la plupart des fonctionnaires, admis en vertu de l'arr. du 16 août 1869, à user de ce mode de correspondance, sont loin de se conformer à cette double prescription. — Les communications officielles, échangées par cette voie, ont pris, dans ces derniers temps surtout, au double point de vue du nombre et de l'étendue des dépêches, une extension qui, en surchargeant beaucoup le travail des lignes, ralentit et quelquefois même arrête complètement la transmission des dépêches privées. — L'examen des volumineux dossiers que constituent chaque jour les dépêches (tant à l'arrivée qu'au départ) à la station d'Alger, fait ressortir l'opportunité et l'urgence de ramener à des proportions beaucoup moindres, l'usage de la télégraphie par le service public. — Tout fonctionnaire ayant droit à la correspondance en franchise doit, en conséquence, se pénétrer de cette pensée que le télégraphe ne peut être mis en mouvement que s'il s'agit d'affaire urgente ou d'importance réelle pour l'inté-

rêt public. — Toute dépêche qui ne réunirait pas ce double caractère doit être transmise par le service ordinaire de la poste. — Les mêmes règles doivent être suivies quand il s'agit de viser des dépêches de service émanant de fonctionnaires non autorisés à requérir directement la transmission gratuite.

Quant aux correspondances envoyées comme officielles, bien que n'ayant en réalité pour objet que des intérêts privés, elles continueront à être rigoureusement soumises à l'acquittement des taxes réglementaires. — Les fonctionnaires qui auront apposé leur visa sur ces dépêches seront rendus responsables de l'acquittement des taxes, sauf leur recours contre qui de droit.

V.-amᵃˡ COMTE DE GUEYDON.

AG. — 20-22 juin 1872. — BG. 422. — *Les administrateurs d'arrondissement et de circonscriptions cantonales, le directeur central des contributions diverses et les contrôleurs du service des postes à Oran et à Constantine sont autorisés à correspondre par le télégraphe, pour affaires de service et dans les cas d'urgence.*

RENVOIS. — V. *Table alphabétique.*

Franchise d'exportation. V. DOUANES.

Francisation de navires. V. DOUANES, NAVIGATION.

Fripiers. V. BROCANTEURS.

Fusées de sûreté. V. MINES.

G

Garantie (Contrôle de). V. OR ET ARGENT.

Garantie constitutionnelle. V. TABLE ALPHABÉTIQUE.

Gardes champêtres. V. *ibidem.*

Garde colonial. V. *ibidem.*

Garde nationale. V. *ibidem.*

Gendarmerie. V. *ibidem.*

Génie militaire. V. *ibidem.*

Géologie. V. *ibidem.*

Géomètres. V. TOPOGRAPHIE.

Gouvernement général. V. ADMINISTRATION GÉNÉRALE.

Grâces et commutations. V. TABLE ALPHABÉTIQUE.

Greffiers. V. *ibidem.*

H

Habous. V. PROPRIÉTÉ.

Herboristes. V. TABLE ALPHABÉTIQUE.

Hoker. V. Impôt arabe.

Honneurs. V. Préséances.

Honorariat. V. Table alphabétique.

Hôpitaux. V. ibidem.

Huiles minérales. V. Salubrité.

Huissiers.

Il est de principe que les huissiers n'ont le droit d'exploiter que dans le ressort auquel ils sont attachés; aussi chaque arrêté de création d'offices contient-il une disposition spéciale qui détermine ce ressort. C'est pour infraction à cette règle que sont intervenues les décisions insérées en note (1).

Hygiène publique. V. Table alphabétique.

Hypothèques.

D. — 31 oct.-5 déc. 1866. — BG. 206. — *Promulgation du décr. du 9 juin 1866. — Salaires des conservateurs.*

Vu notre décr. du 9 juin 1866, modifiant le salaire alloué aux conservateurs des hypothèques,

Art. 1. — Notre décret sus-visé du 9 juin 1866 est rendu exécutoire en Algérie, à partir du 1er janv. 1867; à cet effet, il sera publié et promulgué à la suite du présent décret.

Décret du 9 juin 1866.

Vu les décr. des 21 sept. 1810 et 24 nov. 1835, qui ont réglé les salaires attribués aux conservateurs des hypothèques :

Art. 1. — A partir du 1er juill. 1866, le salaire alloué aux conservateurs des hypothèques, par les n°s 7 et 11 du tableau annexé au décr. du 21 sept. 1810 sus-visé, est réduit à 0 fr. 50 c. par rôle contenant 50 lignes à la page et 18 syllabes à la ligne.

Restois. — V. *Table alphabétique.*

I

Immeubles. V. Table alphabétique.

Immigration. V. Agriculture, Colonisation.

Importation. V. Douanes, Exportation.

Impositions. V. Table alphabétique.

Impôt arabe.

DIVISION.

§ 1. — Assiette et recouvrement de l'impôt.
   1° Dispositions générales.
   2° Conversion en argent de l'achour et du zekkat.
   3° Régularisation des perceptions et tarifs pour la province de Constantine.

§ 2. — Centimes additionnels.
   1° Dispositions générales.
   2° Fixation du maximum.

§ 1. — Assiette et recouvrement de l'impôt (2).

1° — *Dispositions générales.*

D. — 29 janv.-25 août 1868. — BG. 277. — *Augmentation de la part attribuée aux budgets provinciaux sur le produit de l'impôt arabe.*

Art. 1. — La part de cinq dixièmes prélevée au profit des budgets provinciaux sur le produit net de l'impôt arabe, est portée à six dixièmes, à partir de 1868, sous la réserve de l'approbation du Corps législatif.

Art. 2. — Le montant intégral du sixième dixième concédé par la disposition qui précède, sera provisoirement réuni au fonds commun créé par l'art. 58 de notre décr. du 27 oct. 1858. Toutefois, le prélèvement destiné à former le fonds commun fixé à 10 p. 100 par le décret précité, est élevé à 15 p. 100 à partir de 1868.

Art. 3. — La concession du sixième dixième de l'impôt arabe est essentiellement provisoire et limitée pour son application aux exercices 1868, 1869 et 1870, après lesquels ce dixième fera, de plein droit, retour à l'État.

Art. 4. — Il sera pourvu, dans le plus bref délai, aux moyens d'équilibrer les ressources et les charges des budgets provinciaux de l'Algérie, notamment par l'institution de centimes additionnels à la contribution foncière, dont la base devra être établie sur toutes les propriétés immobilières qui ne sont point assujetties à l'impôt arabe.

D. — (Tours). — 1-10 déc. 1870. — BG. — *Dégrèvement de moitié de l'impôt achour, dans l'intérêt de l'agriculture, condition spéciale.*

Considérant qu'il y a lieu de favoriser par tous les moyens possibles l'extension des cultures des céréales en Algérie pour cette année;

Art. 1. — Un dégrèvement de moitié sur la quotité qui sera fixée en 1871, pour l'application de l'impôt (achour) aux céréales, dans les trois départements de l'Algérie, sera accordé à tout indigène qui aura, dans la campagne agricole

---

(1) Jurisprudence. — 1° L'art. du 27 sept. 1817, qui nomme un huissier à Kolea, dit, de la manière la plus expresse, que cet officier ministériel aura exclusivement le droit d'instrumenter dans le ressort de cette justice de paix. En conséquence la saisie immobilière pratiquée sur le territoire de cette localité par un huissier de Blida, doit être déclarée nulle. — Cour d'Alger, 18 janv. 1835.

2° — Jugé de même. — Saisie faite par l'huissier de Boufarik sur le territoire de Kolea. — Cour d'Alger, 10 août 1849.

3° — Le brigadier de gendarmerie exerçant, aux termes de la législation spéciale à l'Algérie (Justice, I, 408. — Justices de paix, II, 135), les fonctions d'huissier en territoire militaire, n'a aucune attribution ni compétence pour instrumenter en dehors de sa juridiction; par suite, le commandement signifié et la saisie exécution par lui pratiquée en territoire civil sont radicalement nuls, et

cette nullité n'est pas de celles que l'ord. de 1842 laisse aux tribunaux la faculté d'admettre ou de rejeter. — Cour d'Alger, 15 juin 1869. — Robe, 1869, p. 187.

4° — Garde colonial. — Officier public. — En Algérie, un garde colonial faisant fonction d'huissier (Commissaires civils, arr. 1842, art. 52, I, 199) est un officier public; par suite, le fait par lui d'avoir, dans l'exercice de cette fonction, dénaturé frauduleusement la substance d'un procès-verbal de vente mobilière en constatant un prix d'adjudication autre que le prix réel, constitue un faux en écriture authentique. — Cass., 22 avr. 1869, ch. crim. — Dalloz, 1870, I, 435.

(2) Voir sur les impôts arabes, sous les Turcs et depuis la conquête, une excellente étude par M. Robe, publiée dans son Recueil de jurisprudence, années 1870 et 1871.

1870-1871, donné à ses ensemencements une importance double de ceux de l'année précédente.

Art. 2. — Un état nominatif des ensemencements de la campagne 1869-1870 sera établi dès maintenant, pour chaque cercle, et déposé au service des contributions diverses, pour la vérification, avec les derniers rôles d'impôt. Ces états seront disposés de façon à recevoir, le 25 mars prochain, au plus tard, en regard de chaque nom, les quantités ensemencées pour la campagne 1870-1871, afin d'établir, s'il y a lieu, les droits individuels à la réduction.

Art. 3. — Les rôles des dégrèvements seront arrêtés en temps utile, par les préfets des départements, sur la présentation du service des contributions diverses.

Ad. CRÉMIEUX, L. GAMBETTA, FOURICHON, GLAIS-BIZOIN.

APR. — 15 juill.-15 sept. 1871. — BG. 573. — *Complément du décret précédent.*

Considérant que le décret précité ne prévoit point le cas où des indigènes, bien qu'ayant dépassé, en 1870-1871, le chiffre de leurs cultures de 1869-1870 n'ont pu cependant parvenir à le doubler; — Considérant que l'équité exige qu'il leur soit tenu compte de leurs efforts en leur accordant un dégrèvement proportionnel à l'excédant de leurs ensemencements.

Art. 1. — Tout indigène qui, dans la campagne de 1870-1871, aura dépassé le chiffre des cultures en céréales qu'il avait effectuées en 1869-1870, sera admis à jouir, pour l'excédant de ses ensemencements de 1870-1871, et quelle que soit l'étendue de cet excédant, du dégrèvement de moitié de la taxe qui sera établie pour l'impôt achour de l'année précédente.

Art. 2. — Les indigènes qui, n'ayant pas cultivé en 1869-1870, auront fait des ensemencements de céréales pendant la présente campagne agricole jouiront, par application de l'art. 1 du décret

sus-mentionné, du dégrèvement de moitié de la taxe sur la totalité de leurs ensemencements.

Art. 3. — Les dispositions édictées en ce qui concerne les dégrèvements pour l'impôt achour sont applicables à l'impôt hokor de 1871.

DF. — 4-31 déc. 1871. — BG. 595. — *Part attribuée aux budgets provinciaux sur l'impôt arabe pour 1872.*

Vu le décr. du 29 janv. 1868, portant de cinq à six dixièmes la part en produit net de l'impôt arabe à prélever, au profit des budgets provinciaux de l'Algérie, pendant les exercices de 1868, 1869 et 1870; — Le décr. du 26 oct. 1869, prorogeant pour l'exercice 1871, les dispositions du décret précité (non publié); — Les lois de finances des 2 août 1868 et 27 juill. 1870, approuvant les dispositions des deux décrets sus-visés; — Le décret de la délégation du gouvernement de la Défense nationale, en date du 6 févr. 1871, portant suppression du fonds commun des budgets provinciaux de l'Algérie, créé par le décr. du 27 oct. 1858.

Art. 1. — L'abandon fait par l'État, dans les décrets et lois sus-visés, pour les exercices 1868, 1869, 1870 et 1871, d'un sixième dixième sur le produit net de l'impôt arabe, au profit des budgets provinciaux de l'Algérie, est continué pour l'exercice 1872, sous la réserve de l'approbation de l'Assemblée nationale, lors du vote du budget général des recettes pour ledit exercice.

Art. 2. — Le sixième dixième sur le produit net de l'impôt arabe formera une réserve que le gouverneur général civil de l'Algérie répartira, au prorata de leurs besoins, entre les départements d'Alger et d'Oran.

AG. — 22-23 mars 1872. — BG. 407. — *Abrogation de toute distinction entre les cultivateurs arabes, en territoire civil ou militaire (1).*

Vu la résolution adoptée par le conseil de gou-

---

(1) *Rapport au Gouverneur général civil.* — En 1849, le conseil de gouvernement, appelé à interpréter la législation en matière d'impôts arabes, exprima, dans sa séance du 5 mars, l'avis : — 1° Qu'il n'y avait, à ce point de vue, aucune différence à établir entre le cultivateur arabe en territoire civil et le cultivateur arabe en territoire militaire; — 2° Que le propriétaire européen qui loue ses terres à un fermier arabe ne saurait l'exempter de l'impôt arabe; — 3° Que le khammès doit être considéré et traité, pour l'assiette de l'impôt, à l'instar des fermiers et métayers, sauf le cas où il est établi sur une propriété européenne, exploitée par son propriétaire ou par un fermier européen, habitant, les uns et les autres, un corps de ferme, fournissant les instruments de travail et dirigeant la culture en personne; — 4° Que pour l'établissement de l'achour, sur la part revenant aux khammès, dans le produit de leur travail, cette part ne pourra être évaluée au-dessous du cinquième de la récolte, au brut.

L'opinion émise par le conseil fut adoptée par le département de la guerre, et l'assiette de l'impôt achour fut établie sur cette base jusqu'à la fin de 1858. — Mais les distinctions à établir entre les indigènes locataires, à un titre quelconque, et ceux qui cultivaient pour le compte, sous la direction et avec le matériel d'exploitation du propriétaire européen, présentaient, dans l'application, de sérieuses difficultés; d'un autre côté, elles apportaient de réelles entraves aux associations entre Européens et indigènes pour l'exploitation des propriétés, et diminuaient aussi la main-d'œuvre, déjà rare, dont disposaient les colons. Dans le but de remédier à ces inconvénients, le ministre de l'Algérie et des colonies décida, le 23 août 1858, qu'à partir du 1er janv. 1859, l'achour ne serait plus perçu sur les arabes cultivant, à un titre quelconque, une terre européenne.

Cette disposition n'aurait pu produire que de bons effets

si les colons s'étaient bornés à attacher à leurs exploitations des travailleurs indigènes qui, ne fournissant que leur travail, se seraient formés, chez les propriétaires français, aux pratiques de la culture européenne, qu'ils auraient, plus tard, introduites au sein de leurs tribus. Mais il n'en a point été ainsi. La décision du 23 août 1858, au lieu de produire les résultats que le gouvernement devait en attendre, n'a fait que constituer une sorte de prime à l'exploitation par les indigènes, qui, afin de s'affranchir du payement de l'impôt achour et de diverses autres charges personnelles leur incombant dans les tribus, ont recherché avec empressement la location des terres européennes, qu'ils ont pu ainsi payer à un prix plus élevé; de sorte qu'aujourd'hui la majeure partie des terres attribuées aux grands concessionnaires et à des compagnies financières, est, au grand détriment des locataires européens, des intérêts du trésor et des progrès de la colonisation, tombée aux mains des populations arabes.

Émue d'une semblable situation, la commission instituée au sein du conseil supérieur du gouvernement, à l'effet d'étudier les questions qui se rattachent à l'impôt, en général, a émis le vœu que, conformément aux errements suivis antérieurement au 1er janv. 1859, les indigènes, même lorsqu'ils sont établis sur la terre d'un Européen, fussent assujettis à l'impôt achour, sauf le cas où l'exploitation agricole est conduite par des maîtres ou des chefs ouvriers européens, et présents sur les lieux, et qu'elle est effectuée avec un matériel, des semences et des animaux leur appartenant.

Le conseil supérieur a adopté à l'unanimité, dans sa séance du 14 févr. 1872, les conclusions de la commission. — La mesure dont il s'agit donnera certainement lieu à des réclamations qui se rattachent de la part des compagnies intéressées au maintien du statu quo. Elles feront vraisemblablement valoir que l'impôt frappé sur leurs

vernement, dans sa séance du 5 mars 1849, et qui est ainsi conçue :

« 1° En matière d'impôt arabe, il n'y a aucune différence à établir entre le cultivateur arabe en territoire civil, et le cultivateur arabe en territoire militaire. — 2° Le propriétaire européen qui loue des terres à des familles arabes ne saurait les exempter de l'impôt arabe. — 3° Le khammès doit être considéré et traité, pour l'assiette de l'impôt, à l'instar des fermiers et métayers, sauf le cas où il est établi sur une terre de propriété européenne, exploitée par son propriétaire ou par un fermier européen, habitant les uns et les autres un corps de ferme, fournissant les instruments de travail, et dirigeant la culture en personne. — 4° Pour l'établissement de l'achour à percevoir sur la part revenant aux khammès, dans le produit de leur travail, cette part ne pourra être évaluée au-dessous du cinquième de la récolte, au brut. »

Vu la décis. min. du 23 août 1858, portant exemption de l'achour en faveur des Arabes cultivant, à un titre quelconque, une terre européenne, ensemble la circulaire du 2 sept. suivant, relative à l'exécution de cette décision (I, 84); — Vu l'arr. min. du 4 déc. de la même année, et les instructions y afférentes des 4 déc. 1858 et 8 janv. 1859; — La délibération du conseil supérieur du gouvernement de l'Algérie, en date du 14 févr. 1872; — Considérant que l'intérêt dominant de la colonisation est le peuplement, par les colons français, de toutes les terres de colonisation.

Art. 1. — Est remise en vigueur la résolution ci-dessus mentionnée du conseil de gouvernement de l'Algérie, du 5 mars 1849.

Art. 2. — Toutes dispositions contraires à la présente décision sont et demeurent abrogées.

V.-am¹ COMTE DE GUEYDON.

AG. — 16-17 avr. 1872. — BG. 410. — *Fraudes en matière de déclarations par les indigènes soumis au recensement. — Pénalités.*

Vu l'ord. du 17 janv. 1845, art. 1, § 2 (*finances* I, 331); — Vu le décr. du 10 déc. 1860, art. 7 (*adminis. gén.* II, 4); — Vu l'arr. du 12 févr. 1844 sur les amendes (*affaires arabes*, I, 63); — Considérant que dans les tribus visées par le décr. du 24 déc. 1870, il convient de donner à l'autorité administrative, les moyens de réprimer les fraudes, en matière de recensement pour les impôts arabes;

Art. 1. — Les indigènes sont tenus de faire, aux agents chargés du recensement, la déclaration exacte des matières soumises à l'impôt arabe.

Art. 2. — Toute omission volontaire ou dissimulation sera frappée d'une double taxe à titre d'amende.

Art. 3. — La taxe sera portée au triple, si le contribuable s'est opposé aux vérifications des recenseurs, s'il a soustrait ou cherché à soustraire les matières imposables à ces vérifications.

V.-am¹ COMTE DE GUEYDON.

2° — *Conversion en argent de l'achour et du zekkat.*

Chaque année, ainsi qu'on l'a vu au 2° vol. et qu'il est prescrit par un arr. du 19 févr. 1861, les tarifs de conversion en argent de l'impôt apprécié en nature donnent lieu à un arrêté réglementaire qui tient compte pour l'achour des variations survenues dans le prix du blé ou de l'orge et modifie rarement le chiffre de conversion du zekkat. Cette matière a été réglée relativement à l'achour, par arr. des 29 juill. 1866, 20 juin 1867, 28 juin 1868, 23 juin 1869, 25 juin 1870, 7 juill. 1871. — BG. 192, 236, 272, 313, 331, 369 ; et relativement au zekkat par arr. des 28 févr. 1867, 27 févr. 1868, 19 févr. 1869, 1er févr. 1871, 31 mars 1872. — BG. 217, 257, 308, 360, 409.

3° — *Régularisation des perceptions et tarifs.*

Chaque année également, aux termes des art. 1 et 5 de l'ord. du 17 janv. 1845 sur les finances, un arrêté doit être pris par le gouverneur général pour régulariser la perception des impôts. — Arr. des 29 juill. 1866, 20 juin 1867, 28 juin 1868, 23 juin 1869, 25 juin 1870, 7 juill. 1871. — BG. 192, 236, 272, 313, 331, 369.

§ 2. — CENTIMES ADDITIONNELS.

1° — *Dispositions générales.*

D1. — 24 juill.-26 août 1867. — BG. 242. — *Autorisation aux commissions des centimes additionnels de contracter des emprunts.*

Vu les arr. min. des 30 juill. 1855 et 26 févr. 1858 (I, 360); — Vu l'arr. du 26 avril 1865, qui institue, dans chaque subdivision des trois provinces, une commission des centimes additionnels (II, 103);

Art. 1. — Les commissions des centimes additionnels, instituées dans chaque subdivision militaire, par l'arrêté sus-visé du 26 avr. 1865, sont autorisées, comme représentant les intérêts collectifs des douars et des tribus, à contracter auprès de la Société générale algérienne et du Crédit foncier, pour un délai qui ne pourra excéder deux ans, des emprunts dont le produit sera employé à des achats de grains pour les semailles de la campagne agricole 1867-1868, et à affecter par privilège à la garantie de ces emprunts, des centimes additionnels aux impôts, dont la quotité sera déterminée par le gouverneur général de l'Algérie.

Art. 2. — Les traités relatifs à ces emprunts seront passés, par le commandant de la subdivision, sur délibération conforme de la commission

---

fermiers indigènes retombera sur elles par suite de la diminution qu'il amènera sur le prix des locations, et constituera ainsi un véritable impôt foncier, qui ne saurait être établi que par une loi.

A cette objection, l'on peut répondre que l'impôt achour étant considéré comme une charge grevant le produit agricole de l'indigène, l'État a le droit d'atteindre ce produit partout où il se présente, tant sur la propriété européenne que sur les terres arabes. — Pour ce motif, aussi bien qu'en raison de l'intérêt général qui s'attache au développement de la culture européenne sur les vastes superficies des terrains détenus par les grands concessionnaires et les compagnies financières, j'estime que la proposition de la commission de l'impôt est suffisamment justifiée. J'ai, en conséquence, l'honneur de prier M. le gouverneur gé-

néral de vouloir bien consacrer la mesure demandée, en revêtant de sa signature le projet d'arrêté ci-joint. — Afin de ne pas donner à la décision qui fait l'objet du présent rapport un effet rétroactif, en atteignant les cultures déjà effectuées, j'ai cru devoir introduire dans l'arrêté une clause stipulant que les dispositions qu'il renferme ne recevront leur exécution qu'à partir du 1er janv. 1873.

Pour le directeur général des affaires civiles et financières, en mission :
Le conseiller chargé de l'expédition des affaires,
BELLEMARE.

Approuvé :
V.-am¹ COMTE DE GUEYDON.

des centimes additionnels, et soumis par le général commandant la province, à l'approbation du gouvernement général. — Ces traités seront enregistrés au droit fixe de 1 fr.

AG. — 12 sept.-29 déc. 1867. — BG. 255. — *Autorisations spéciales d'emprunts.*

Vu le décr. du 24 juill. 1867 ; — Les délibérations des commissions des centimes additionnels des subdivisions : — D'Orléansville, en date du 21 août 1867 ; — D'Oran, 31 août 1867 ; — De Mostaganem, 24 août 1867 ; — De Mascara, 27 et 28 août 1867 ; — De Sidi bel Abbès, 26 août 1867 ; — De Tlemcen, 23 août 1867 ; — De Batna, 29 août 1867.

Art. 1. — Les commissions des centimes additionnels ci-après indiquées sont autorisées, comme représentant les intérêts collectifs des douars et des tribus à contracter auprès de la Société générale algérienne et du Crédit foncier, pour un délai qui ne pourra excéder 2 ans, les emprunts ci-dessous fixés, savoir : — 1° La commission des centimes additionnels d'Orléansville, un emprunt de 500,000 fr. — 2° Id. d'Oran, un emprunt de 485,000 fr. — 3° Id. de Mostaganem, un emprunt de 610,000 fr. — 4° Id de Mascara, un emprunt de 220,000 fr. — 5° Id. de Sidi bel Abbès, un emprunt de 510,000 fr. — 6° Id. de Tlemcen, un emprunt de 545,000 fr. — 7° Id. de Batna, un emprunt de 500,000 fr.

Art. 2. — Le produit de ces emprunts sera employé à des achats de grains pour les semailles de la campagne agricole de 1867-1868.

Art. 3. — Pour la garantie et le remboursement de ces emprunts, des centimes additionnels spéciaux sont imposés, en sus des contributions et centimes additionnels ordinaires, jusqu'à concurrence d'une somme suffisante pour couvrir le principal et les intérêts des emprunts dans le délai de deux ans. — Ces centimes additionnels spéciaux, affectés par privilége au remboursement des emprunts, seront répartis sur les exercices 1868 et 1869 ; la quotité en sera réglée par un arrêté et la perception en sera faite dans les mêmes formes que pour les centimes additionnels ordinaires.

Art. 4. — Les traités relatifs à ces emprunts seront passés par les commandants des subdivisions précitées, d'après les délibérations sus-mentionnées des commissions des centimes additionnels et en vertu des pouvoirs qui leur sont conférés par le décr. du 24 juill. 1867. Ils seront soumis, par les généraux commandant les provinces, à l'approbation du gouverneur général de l'Algérie, et enregistrés au droit fixe de 1 fr.

M^{al} DE MAC-MAHON, DUC DE MAGENTA.

AG. — 6 oct.-29 déc. 1867. — BG. 255. — *Même autorisation pour le même objet et sous les mêmes conditions accordée à la commission des centimes additionnels de la subdivision de Batna de contracter un emprunt de 100,000 fr.*

2° — *Fixation du maximum des centimes additionnels.*

La quotité des centimes additionnels a été depuis 1860 fixée tant en territoire civil qu'en territoire militaire et en Kabylie à 18 cent. par franc, maximum déterminé par l'arr. du 20 fév. 1858 (I, 360). — Pour la période de 1860 à 1872, cette fixation a été faite par arrêtés des 8 fév., 11 déc. 1867, 25 déc. 1868, 1er oct. 1869, 24 sept 1870, 7 mai 1872. — BG. 210, 254, 295, 315, 339, 419.

RENVOIS. — V. *Table alphabétique.*

Impôt foncier. V. TABLE ALPHABÉTIQUE.

Impôts. V. *ibidem.*

Imprimerie—Librairie.

D. — (*Paris.*) — 10 sept. 1871. — (Non publié en Algérie.) — *Liberté des professions d'imprimeur et de libraire.*

Art. 1. — Les professions d'imprimeur et de libraire sont libres.

Art. 2. — Toute personne qui voudra exercer l'une ou l'autre de ces professions sera tenue à une simple déclaration faite au ministère de l'intérieur.

Art. 3. — Toute publication portera le nom de l'imprimeur.

Art. 4. — Il sera ultérieurement statué sur les conséquences du présent décret à l'égard des titulaires actuels de brevets.

Incendie. V. TABLE ALPHABÉTIQUE.

Inculture des terres. V. *ibidem.*

Incurables. V. HÔPITAUX.

Indemnités.

Voir, en tête de l'article *Agriculture* la notice sur les divers événements qui, de 1866 à 1872 ont donné lieu à des répartitions générales d'indemnités (1).

DIVISION.

§ 1. — Invasion des sauterelles, 1866.
§ 2. — Insurrection de 1871.

---

(1) JURISPRUDENCE ADMINISTRATIVE. — *Insaisissabilité.* — Les allocations de secours ou indemnités accordées par le gouvernement ou les administrations supérieures aux victimes de sinistres, peuvent souvent faire naître des difficultés relativement aux droits des tiers. Il est donc utile de rappeler les principes qui régissent cette matière.

Les règles générales de droit commun sont tracées par les art. 581 et 582, C. Pr. civ. — Sont insaisissables : les pensions alimentaires adjugées par justice, excepté pour cause d'aliments ; les objets disponibles déclarés insaisissables par le testateur ou le donateur ; les sommes et pensions pour aliments, encore que le testament ou l'acte de donation ne les déclare pas insaisissables ; toutefois, dans ces deux derniers cas les créanciers postérieurs à l'acte de donation ou à l'ouverture du legs, peuvent saisir en vertu de permission du juge et pour la portion qu'il déterminera.

C'est par application de ces principes qu'une instruction du directeur du contentieux des finances, en date

du 27 août 1845, approuvée en conseil d'administration des finances, contient les dispositions suivantes :

Chap. 3. — Art. 160. — Les secours accordés par tous les ministères et considérés comme provisions alimentaires, sont insaisissables dans tous les cas. — Les payeurs ne doivent recevoir aucune opposition sur les allocations de cette nature. — Toutefois, tous les ministres, chacun en ce qui le concerne, peuvent ordonner pour cause de débet envers l'Etat, une retenue sur les secours qu'ils accordent. — Cette retenue s'opère par voie administrative. — L'Etat accorde des secours pour grêle, inondations, incendies, naufrages ou autres désastres. Les sommes allouées à ce titre sont insaisissables par le fait même de leur allocation volontaire. — Il y a exception à cette règle, si les créanciers sont porteurs de titres d'une date postérieure à la décision ministérielle portant allocation de secours. — Dans ce dernier cas, c'est aux tribunaux qu'il appartient de donner l'autorisation de saisir ou de fixer la portion saisissable. (Le règlement de comptabilité du ministère de l'agriculture et du commerce,

§ 1. — INVASION DES SAUTERELLES, 1866.

Circ. G. — 18 juill.-2 août 1866. — DG. 192. — *Instructions aux généraux commandant les provinces pour la répartition des souscriptions recueillies en France et en Algérie.*

en date du 5 déc. 1844, art. 151, contient la même disposition.)

Insurrection de 1864. — Ces questions se sont produites en Algérie, lors de la liquidation des indemnités accordées aux victimes de l'insurrection ; indemnités qui s'élevaient au chiffre total de 1,199,904 fr., y compris une somme de 89,000 fr. allouée à titre de secours à divers indigènes pendant le voyage de l'Empereur. — une décision du Ministre des Finances, en date du 16 fév. 1865, à laquelle le Ministre de la Guerre a adhéré, a reconnu :

« Que les principes posés dans l'art. 160 de l'Instruction du 27 août 1815 sont applicables aux significations d'oppositions, de saisies-arrêts, délégations et transports notifiés aux agents du trésor public par des créanciers des victimes de l'insurrection ; — Qu'en conséquence ces significations devront être reçues lorsque les titres des créanciers ou cessionnaires seront reconnus d'une date postérieure à celle de la décision du gouverneur général, qui a alloué les indemnités pour raison des dommages éprouvés par suite de la révolte des tribus rebelles, — Qu'au contraire, les significations de l'espèce ne devront pas être admises, lorsque les titres des opposants seront antérieurs à ladite décision, attendu que, dans ce cas, ils ne sauraient être présumés avoir compté, pour le recouvrement de leurs créances, sur une ressource que leurs débiteurs ne possédaient pas encore, puisqu'elle n'a été créée au profit de ces derniers que postérieurement à leurs engagements, au moyen d'une libéralité toute volontaire de la part de l'État. »

Insurrection de 1871. — La répartition des indemnités a présenté cette fois un caractère particulier. Elles avaient été divisées par la commission centrale de liquidation en trois catégories : — indemnités pour pertes immobilières, — pour pertes mobilières, — pour prix du sang.

Relativement aux deux premières catégories, aucune difficulté ne pouvait être soulevée.

En ce qui concerne la première, cette indemnité avait une affectation spéciale ; les fonds n'étaient même pas remis directement aux colons, ils restaient dans la caisse du trésor, et c'était l'État qui en faisait lui-même l'emploi pour la reconstruction des immeubles détruits. Il est donc certain que ces fonds ne pouvaient être employés à payer des créanciers, et que ceux-ci n'avaient aucun droit sur des sommes dont leur débiteur lui-même ne devait jamais avoir la libre disposition : il est certain également que les créanciers hypothécaires, s'il en existait, conservaient tous leurs droits sur l'immeuble ainsi reconstruit et qui ne cessait pas d'être le même : ils ne pouvaient rien demander de plus. La Cour d'Alger est même allée plus loin, dans l'application de ce principe, en décidant par plusieurs arrêts que, dans le cas où l'administration concédait une terre à une famille indigène en remplacement d'un autre immeuble exproprié pour les nécessités de la colonisation, les droits réels qui pouvaient grever ce dernier étaient, au moins entre indigènes, conservés et reportés de plein droit, sur celui qui lui était ainsi substitué.

En ce qui concerne la deuxième catégorie, relative aux pertes mobilières, il est évident encore que cette indemnité ne diffère en rien des créances ordinaires sur l'État, et qu'elle reste soumise aux règles du droit commun, qui veulent que tous les biens d'un débiteur soient le gage de ses créanciers.

Quant à la troisième, quel est le caractère d'une indemnité accordée pour prix du sang ? Ne représente-t-elle pas à la fois, selon les circonstances, un secours alimentaire, une libéralité et un dédommagement des ressources matérielles dont la famille de la victime se trouve privée par la mort de son chef, ou de l'un de ses membres ? Mais l'existence du défunt, son travail, son intelligence, ses forces étaient également, dans une certaine mesure, la garantie de ses créanciers pour le recouvrement de leurs avances ; ces conditions spéciales,

jointes à celles de l'honorabilité, avaient pu être une des causes déterminantes de la confiance qu'ils avaient mise en lui. La mort violente de leur débiteur leur cause un préjudice incontestable, et dès que cette mort est le résultat d'un crime et que les coupables sont condamnés par mesure politique et administrative à une réparation pécuniaire, serait-il juste, par le motif que ces sommes proviennent d'une donation personnelle et non d'une succession, que la famille de la victime en profitât seule, et pût même, selon l'importance du chiffre alloué, en tirer un lucre inespéré, sans être tenue à aucun souci de droits également légitimes ?

Le capital de cette indemnité purement mobilière, doit-il donc être considéré comme insaisissable pour le tout ou seulement pour une partie, et dans ce dernier cas pour quelle partie ? L'administration a toujours eu la sage prévoyance, lorsqu'elle avait en présence des mineurs et des incapables, de déterminer une part dans l'indemnité attribuée à la famille et d'en ordonner l'emploi, ainsi que le font habituellement les tribunaux, soit en achat de rentes sur l'État, soit en placement immobilier. Il ne peut en être de même lorsqu'il s'agit de personnes libres et majeures qui ne se trouvent dans aucun cas de protection légale. D'ailleurs, quand le donateur est l'État et que la mesure est aussi générale, il ignore complètement la situation particulière de chacun des intéressés. Il ne peut être guidé par les sentiments d'affection ou de considérations personnelles qui dirigent un donateur ordinaire et lui permettent de régler, avec une exacte appréciation, les conditions de sa libéralité, de manière à atteindre sûrement le but qu'il se propose. Le plus sage est assurément, en pareil cas, de n'entrer, ainsi que l'a fait le gouvernement, dans aucun détail d'exécution, de consentir une donation pure et simple, et de laisser impartialement à chacun le libre exercice de droits qui peuvent mériter un sérieux intérêt.

Ces questions délicates ont toutefois préoccupé, à juste titre, l'administration supérieure qui en a référé au ministère des finances, au sujet de l'exécution que comportait sa décision. Une dépêche du 6 janv. 1872 a transmis, comme règle à suivre, l'avis suivant de M. le chef de la division du contentieux :

« En ce qui concerne le prix du sang, c'est une indemnité d'une nature trop exceptionnelle au point de vue de notre législation, pour que je puisse me prononcer d'une manière absolue. Il est possible d'admettre, avec le conseil du gouvernement algérien, que le prix du sang ne constitue pas un héritage ; mais il semblerait que cette allocation n'est pas seulement un secours alimentaire, et qu'elle est destinée aussi à dédommager, dans de certaines limites, l'indemnitaire des ressources et de l'appui dont il se trouve privé par suite de la mort violente d'un membre de sa famille. On comprend qu'en raison de son origine même, et de l'intérêt qui s'attache à l'ayant droit, cette indemnité puisse ne pas être considérée comme un gage pour les créanciers ordinaires. Mais je suis d'avis que, dans tous les cas non prévus par la loi, il est prudent de laisser les questions de saisissabilité à l'appréciation des tribunaux, seuls juges compétents en pareille matière.

« Il semblerait d'ailleurs que cette allocation pourrait être assimilée aux provisions alimentaires adjugées par justice, qui, aux termes de l'art. 582, C. Pr., sont saisissables pour aliments.

« Peut-être pourrait-on aussi appliquer au cas actuel les dispositions de l'art. 160 de l'instruction du 27 août 1815, qui, tout en déclarant insaisissables les secours alloués par l'État, admet une exception à cette règle, si les créanciers sont porteurs de titres d'une date postérieure à la décision portant allocation des secours. Il me paraît donc qu'il n'y aurait pas lieu d'interdire d'une manière absolue aux trésoriers-payeurs en Algérie, de recevoir des oppositions portant sur les indemnités spéciales allouées sous la dénomination de prix du sang.

M..., dans le but d'assurer une prompte et équitable répartition des fonds provenant des souscriptions recueillies tant en France qu'en Algérie, en faveur des victimes de l'invasion des sauterelles, j'ai arrêté les dispositions suivantes : — Dans chaque commune ou section de commune, les membres du conseil municipal seront chargés, sous la direction du maire, d'examiner et de vérifier l'étendue des pertes éprouvées par les colons. A cet effet, le territoire de la commune sera divisé en autant de portions qu'il y aura de conseillers. Chaque conseiller sera chargé de la vérification d'une de ces portions de territoire. — En cas d'insuffisance numérique des membres du conseil municipal, le préfet pourra y suppléer en adjoignant à ces fonctionnaires des habitants notables du pays.

Ces répartiteurs communaux devront parcourir tout le territoire compris dans le rayon de leur circonscription, et consigner avec le soin le plus scrupuleux, sur des états que vous ferez préparer à cet effet : — 1° La liste nominative des cultivateurs, européens et indigènes, éprouvés par le fléau ; — 2° La nature des dégâts commis, avec la désignation des végétaux atteints par l'invasion ; — 3° Le chiffre aussi approximatif que possible des pertes matérielles subies par les colons ; — 4° Le montant des sacrifices d'argent faits par les habitants pour protéger leurs propriétés contre les sauterelles ; — 5° Enfin, le chiffre par famille, des secours déjà distribués aux colons les plus nécessiteux.

Après avoir établi leur travail individuel, les répartiteurs, réunis sous la présidence du maire, classeront les colons dans les trois catégories suivantes : — 1° Colons nécessiteux, complètement ruinés par l'invasion des sauterelles ; — 2° Colons peu aisés ou réduits à un état de gêne momentanée par suite du fléau ; — 3° Colons qui, sans être réduits à l'état de gêne, ont éprouvé des pertes graves.

Le travail des conseils municipaux ne sera clos que lorsque les sauterelles auront disparu. — Le travail achevé sera transmis par la voie hiérarchique, avec les observations personnelles du maire, s'il y a lieu, au préfet du département, chargé de la centralisation des documents dont il s'agit. — Au fur et à mesure que le préfet recevra les travaux des communes, il les présentera à l'appréciation, à Alger, de la Société Impériale d'agriculture, et, dans les deux autres provinces, à la chambre consultative d'agriculture instituée au chef-lieu de la province.

La chambre consultative, sur le vu des listes établies par les répartiteurs communaux et des renseignements fournis à l'appui, formulera sa proposition de répartition. — Elle devra tenir compte, dans ses propositions, du nombre, de l'âge et de la situation des membres de la famille, de façon à assurer toujours aux besoins les plus urgents et les plus réels, la distribution des premiers secours. — Vous aurez à me faire parvenir ces propositions ; elles seront déférées au jugement de la commission centrale établie à Alger, qui arrêtera la répartition définitive par province. Je vous fais connaître par lettre ci-jointe l'organisation de cette commission.

Les sommes provenant des souscriptions et versées à la banque de l'Algérie ou de ses succursales, n'en sortiront que sur un bon émis par le trésorier de la commission centrale et visé par le président. — La part afférente à chaque commune sera immédiatement convertie en mandats du service public, délivrés par le trésorier-payeur de la province, au nom des maires. — Ces mandats collectifs, accompagnés de la liste nominative des colons appelés à participer aux secours, seront adressés au préfet pour être transmis, par ses soins, aux maires des communes. — Enfin, la distribution des secours sera faite conformément à l'état de répartition, par les maires et les répartiteurs, sous la surveillance du préfet. — Dès aujourd'hui et au cas de besoins d'une extrême urgence, le maire pourra les signaler au préfet, et la chambre consultative formulera des propositions de secours dans la limite des fonds déjà recueillis.

J'espère que les mesures qui précèdent permettront, avec des travaux entrepris sur différents points du territoire, sinon de faire cesser complétement, au moins d'adoucir dans la limite du possible, des misères si dignes d'intérêt ; et je compte sur le zèle empressé de toutes les personnes appelées, à un titre quelconque, à concourir à cette œuvre.

Mal DE MAC-MAHON, DUC DE MAGENTA.

Circ. G. — 14-16 nov. 1866. — BG. 203. — *Instructions sur le même objet aux généraux commandant les provinces et aux préfets des départements pour la répartition entre les indemnitaires, sans distinction entre cultivateurs européens ou indigènes, du montant des souscriptions et dons volontaires recueillis (ces sommes se sont élevées successivement jusqu'au chiffre de 1,103,291 fr.). — Évaluation des pertes et dégâts à 19,652,981 fr. par la commission centrale. — Institution de commissions subdivisionnaires pour la répartition locale des indemnités et de commissions provinciales pour juger souverainement les réclamations. — Désir exprimé qu'il puisse se former dans les provinces d'Alger et de Constantine un comité de crédit agricole comme il en existe déjà un dans la province d'Oran.*

§ 2. — INSURRECTION DE 1871.

AG. — 9-15 mai 1871. — BG. 564. — *Institution d'une commission consultative pour la répartition des indemnités.*

En vue de sauvegarder tous les intérêts compromis par l'insurrection des indigènes et de régler équitablement les répartitions et indemnités qu'il y aura lieu d'imposer aux rebelles en faveur des colons lésés et des familles des victimes.

Art. 1. — Une commission consultative est instituée à Alger, à l'effet d'émettre un avis sur toutes demandes de réparation ou d'indemnité qui pourront être adressées aux administrations municipales, départementales ou gouvernementales, en conséquence des actes des rebelles.

Art. 2. — Sont nommés membres de cette commission, dont le gouverneur se réserve la présidence. (Suivent les noms.)

Art. 3. — La commission élira parmi ses membres un vice-président et un secrétaire. — Elle pourra appeler dans son sein toutes les personnes dont le concours lui semblera utile.

Art. 4. — Le directeur général des affaires civiles et financières est chargé de fournir à la commission tous les documents, renseignements et indications qui lui seront nécessaires pour l'accomplissement de sa mission.

V.-aml COMTE DE GUEYDON.

Circ. G. — 20-31 mai 1871. — BG. 565. — *Conditions générales de soumission à imposer aux indigènes insurgés. — Indemnités et réparations. — Instructions aux chefs de colonnes expéditionnaires.*

M. le général, les succès partiels obtenus par nos colonnes, la réduction à l'obéissance, certaine dans un temps rapproché, des tribus encore en rébellion, m'imposent le devoir de vous faire connaître les conditions auxquelles vous pouvez, dès à présent, admettre à la soumission les tribus révoltées. — Avant tout, il faut réserver mon approbation et la ratification du gouvernement de la République. — Cela fait, vous pourrez accepter les soumissions aux conditions suivantes :

1° Désarmement total ou partiel, quand les circonstances l'exigeront;

2° Remise entre vos mains des principaux instigateurs de la révolte et, à défaut, remise d'otages choisis parmi les notabilités politiques et religieuses, en nombre suffisant pour procurer des garanties sérieuses;

5° Versement immédiat, sinon en totalité, au moins en partie, entre les mains des agents du trésor, d'une provision suffisante pour : — 1° Payer les indemnités allouées dans une large mesure, par une commission spéciale, aux familles des victimes atteintes sur le territoire de la tribu, ou sur le territoire civil enclavé ou contigu; — 2° Réparer équitablement les dommages matériels occasionnés par la tribu, non plus seulement dans toutes les conditions limitatives ci-dessus, mais encore sur tous les points où elle s'est portée, y compris, bien entendu, les pertes éprouvées par les étrangers et les indigènes restés fidèles.

4° Participation plus ou moins large, suivant le degré de culpabilité, à l'acquittement d'une contribution de guerre dont la quotité sera déterminée ultérieurement.

5° Pour le payement des indemnités, réparations et contributions énoncées ci-dessus, le territoire de la tribu, de la fraction ou du village sera affecté à la garantie des droits de l'État, et à défaut de libération dans le délai fixé, réuni au domaine en partie ou en totalité, suivant les circonstances.

Je profite de cette occasion pour vous renouveler la recommandation de veiller à ce que les forces sous vos ordres s'abstiennent d'imiter les actes de vandalisme des révoltés; il ne faut systématiquement incendier aucune récolte sur pied, couper aucun arbre fruitier; il ne faut pas, en un mot, perdre de vue que nous n'opérons pas en pays ennemi, mais seulement en pays révolté. — Il ne faut donc pas enlever à ceux qui sont déjà nos débiteurs les moyens de vivre et de se libérer.

V.-am¹ COMTE DE GUEYDON.

Circ. G. — 27 mai-10 juin 1871. — BC. 566. — *Instructions adressées au commandant supérieur des forces de terre sur le mode de constatation des prises, et de perception des indemnités et contributions de guerre.*

M. le général, par circulaire du 20 mai courant, j'ai déterminé les conditions dans lesquelles peuvent, dès à présent, être admises à la soumission les tribus révoltées. Pour compléter ces instructions, j'ai l'honneur de vous faire connaître les formes sous la garantie desquelles doivent être opérées, soit les perceptions des indemnités et des contributions de guerre, soit la constatation et la réalisation des prises faites sur les rebelles.

Tout d'abord, il est une obligation de principe dont on s'est jusqu'ici beaucoup trop écarté en Algérie et à la stricte exécution de laquelle je tiens essentiellement, c'est qu'aucune perception de deniers, à quelque titre que ce soit, et quelle qu'en puisse être la destination ultérieure, aucune constatation ou réalisation de valeurs ne doit être effectuée et ne peut l'être régulièrement et valablement que par les agents du trésor. L'observation rigoureuse de cette règle est d'autant plus facile que, par suite de l'augmentation du nombre des bureaux de recettes, les colonnes sont rarement très-éloignées de l'un d'eux; d'autre part, le personnel des services financiers est assez considérable pour qu'il soit toujours possible d'attacher aux colonnes en marche un préposé du trésor, ou, à défaut, un agent des contributions diverses.

L'action des forces militaires en pays ennemi ou révolté donne lieu, au point de vue financier, à deux natures d'opérations : 1° la levée de contributions de guerre en argent ou le payement de sommes destinées à indemniser les individus lésés; 2° l'exécution de razzias et la saisie des objets en nature.

Pour la première opération, je rappellerai que le montant des contributions de guerre ou indemnités doit toujours être encaissé intégralement par le service des contributions diverses, en exécution des dispositions du tableau n° 4, annexé à l'ord. du 2 janv. 1845 (I, 555) sur l'administration et la comptabilité des finances en Algérie. À défaut du préposé de ce service, l'agent financier accompagnant la colonne, doit toujours verser la totalité des sommes perçues à la caisse du bureau des contributions le plus voisin. Mais c'est au gouverneur général civil de l'Algérie seul qu'appartient le droit de fixer, sur les propositions des commandants territoriaux, le taux de la contribution de guerre ou des indemnités à imposer aux tribus révoltées. En cas d'urgence cependant j'admettrais exceptionnellement que les chefs de colonnes fixassent eux-mêmes provisoirement le chiffre de la contribution ou des indemnités et en fissent recouvrer le montant, sous la réserve, toutefois, qu'il m'en serait rendu compte immédiatement par la voie hiérarchique, et que la perception n'en deviendrait définitive qu'après mon approbation.

J'ajouterai que, dans tous les cas, je me réserve essentiellement la répartition de tout ou partie des contributions de guerre ou indemnités, et qu'aucune somme n'en peut être distraite sans mon autorisation expresse.

En ce qui concerne les prises ou razzias, il importe qu'un inventaire des animaux et objets pris sur l'ennemi soit immédiatement dressé : cet inventaire doit être établi par une commission composée du sous-intendant militaire ou son suppléant, d'un officier désigné par le chef de la colonne et de l'agent financier. Dans le cas où le détachement qui opère la saisie serait trop éloigné pour qu'un agent financier pût être présent à l'inventaire, l'autorité militaire compléterait la commission par la nomination d'un troisième membre; mais, dès le retour du détachement à la colonne, l'agent financier serait appelé à reconnaître et à viser l'inventaire, dont une copie devra toujours m'être immédiatement transmise.

Vous connaissez l'arr. min. du 20 avr. 1841 (I, 565) qui détermine les règles suivant lesquelles doit s'opérer en Algérie la répartition des prises sur l'ennemi. Les dispositions de cet arrêté sont toujours en vigueur et l'on doit s'y conformer rigoureusement. Il en est une toutefois qui peut donner lieu à de graves abus, c'est celle qui fait l'objet du § 6, et d'après laquelle « les Européens « autorisés expressément à suivre, pour les re-« saisir, les choses à eux enlevées par l'ennemi, « ou à exercer sur lui des représailles, conser-« vent l'entière propriété des prises qu'ils ont « faites à la suite de ladite autorisation et non « autrement. » Je décide, dès lors, que cette autorisation ne sera accordée en aucun cas.

Il existe enfin une disposition qu'il ne faut pas perdre de vue, disposition qui a été concertée, en 1866, entre le ministre des finances et l'un de mes prédécesseurs, c'est que les receveurs des domaines doivent seuls être chargés de procéder aux ventes prises à l'ennemi, et que, dans les cas exceptionnels où ces ventes ne peuvent être faites que par d'autres agents financiers ou des officiers de troupes faisant fonction de receveurs des domaines, le montant des ventes n'en doit pas moins être centralisé à la caisse du service des domaines.

Ce n'est qu'après l'accomplissement de cette formalité que la répartition autorisée par l'arr. du 26 avr. 1844 a lieu, par les soins du trésorier-payeur, entre l'État et les capteurs.

V.-am¹ comte de Gueydon.

Décis. G. — 9-20 févr. 1872. — BG. 399. — *Clôture des travaux des commissions d'indemnités.*

Considérant que les délais fixés pour la production des demandes d'indemnités, en raison des pertes occasionnées par l'insurrection, sont expirés depuis plus de trois mois; — Attendu que, par suite, les commissions locales d'évaluation ont eu tout le temps nécessaire pour instruire ces demandes et pour formuler leurs propositions; — Attendu qu'il importe, pour régulariser les dépenses déjà faites ou celles restant à faire, d'arrêter définitivement et d'urgence le chiffre des indemnités imputables sur les fonds de la contribution de guerre;

A partir du 15 févr. courant, les commissions locales d'évaluation cesseront de fonctionner. — Les présidents de ces commissions transmettront immédiatement au directeur général des affaires civiles et financières, pour être remises à la commission centrale, les délibérations prises à cette date, et non encore expédiées, ainsi que les dossiers et tous documents relatifs aux demandes sur lesquelles il n'aurait pas encore été statué.

V.-am¹ comte de Gueydon.

Renvois. — V. *Table alphabétique.*

Indigents. V. Table alphabétique.

Industrie. V. *ibidem.*

Inhumations. V. *ibidem.*

Inspecteurs—Inspections. V. *ibid.*

Instances administratives. V. *ibidem.*

Instruction publique.

DIVISION.

§ 1. — Dispositions générales (I, 364; II, 110).

§ 2. — École de médecine (I, 364; II, 110).

§ 3. — Lycées et collèges.

1° — *Lycée d'Alger.*

D1. — 26 janv. 1870. (Non publié au *Bulletin officiel.*) — *Les traitements de l'économe et du commis de l'économat du lycée d'Alger sont fixés ainsi qu'il suit* : — *Économe de 1ᵉ classe* 4,600 *fr.; de 2ᵉ cl.* 4,300 *fr.; de 3ᵉ cl.* 4,000 *fr.* — *Commis d'économat de 1ʳᵉ cl.* 2,000 *fr.; de 2ᵉ cl.* 1,800 *fr.; de 3ᵉ cl.* 1,500 *fr.*

2° — *Collèges communaux.*

¶1. — 18 août-3 sept. 1870. — BG. 358. —

Institution d'un collège communal à Tlemcem, prov. d'Oran.

3° — *Collège arabe-français.*

AG. — 23-28 oct. 1871. — BG. 580. — *Réunion du collège arabe-français au lycée.*

Considérant que l'expérience a démontré la nécessité d'introduire, dans les collèges arabes-français, un certain nombre d'élèves européens, afin de faciliter l'étude des langues et de rapprocher les races; — Considérant que ce but sera plus sûrement atteint en annexant le collège arabe au lycée; — Considérant, toutefois, que la différence des religions exige que les élèves soient séparés, non-seulement pour l'accomplissement de leurs devoirs religieux, mais encore dans les réfectoires et dortoirs; — Considérant, au surplus, que le ministre de l'instruction publique, dans sa dépêche approbative d'octobre 1871, rappelle la condition que les deux établissements resteront entièrement distincts sous le rapport de l'organisation, et ajoute que cette fusion ne devra imposer aucune charge au lycée;

Art. 1. — Le collège arabe-français d'Alger sera immédiatement transféré dans les locaux disponibles au lycée, et placé sous la direction et l'autorité du proviseur du lycée. Il n'y aura qu'un seul conseil d'administration pour les deux établissements.

Art. 2. — Les professeurs et autres fonctionnaires ou employés du collège arabe-français, qui, par suite de cette combinaison, se trouveront en excédant aux beso'ns, continueront à recevoir leurs traitements, jusqu'à ce qu'il ait été possible à l'administration supérieure de les replacer, soit en France, soit en Algérie.

Art. 3. — En cas d'insuffisance de l'allocation inscrite au budget de l'État et du produit des rétributions payées par les familles indigènes pour acquitter les dépenses, le déficit restera à la charge des budgets des centimes additionnels à l'impôt arabe, dans les provinces d'Alger et d'Oran.

Art. 4. — Il sera successivement statué sur toutes les questions que pourrait soulever le transfèrement du collège dans les bâtiments du lycée, ainsi que sur celles relatives à la composition du personnel et à l'organisation de l'enseignement, au vu des propositions du conseil d'administration du lycée et de M. le recteur de l'Académie.

V.-am¹ comte de Gueydon.

§ 4. — Écoles.

1° — *Écoles religieuses autorisées* (I, 367).

2° — *Écoles arabes-françaises.* — *Création.*

AG. — 3-5 sept. 1866. — BG. 197. — *Création d'une école arabe-française à Mazouna.*

Art. 1. — Une école arabe-française est créée à Mazouna (subdivision de Mostaganem).

Art. 2. — Le personnel enseignant comprend : un directeur, un maître adjoint, dont les traitements sont fixés conformément aux dispositions de l'arr. du 2 mai 1865 (II, 112).

Art. 3. — Les traitements du directeur, du maître adjoint, les dépenses d'organisation et de matériel de ladite école, seront supportés par le budget des centimes additionnels de la subdivision de Mostaganem.

Mˡ de Mac-Mahon, duc de Magenta.

AG. — 12-25 sept. 1866. — BG. 193. — *Même création à Frendah (subdiv. de Mascara).*

AG. — 26 déc. 1866-13 janv. 1867. — BG. 214.

— *Même création à Lalla-Maghrnia (subdiv. de Tlemcen).* — *et à Bel-Acel (subdiv. de Mostaganem).*

AG. — 2 févr.-5 mars 1867. — BG. 217. — *Même création dans la tribu des Bou Rached (subdiv. de Miliana).*

AG. — 2-26 déc. 1867. — BG. 251. — *Même création à M'sila (subdiv. de Sétif).*

AG. — 10-12 oct. 1868. — BG. 283. — *Même création à la Zaouïa de Tourtatsine dans la tribu des Beni Ouatas (annexe d'Alger).*

AG. — 14 oct.-5 nov. 1868. — BG. 286. — *Même création à L'oued Amizour (subdiv. de Sétif).*

AG. — 12-31 déc. 1871. — BG. 593. — *Même création à Kalda (prov. d'Oran).*

AG. — Mêmes dates. — BG. 596. — *Même création à Geryville (prov. d'Oran).*

3° — *Écoles israélites (I, 374).*

4° — *École normale primaire (II, 116).*

5° — *Écoles primaires communales.*

Circ. G. — 11-15 sept. 1871. — BG. 575. — *Instructions aux préfets sur la liberté de l'enseignement primaire.*

M. le préfet, à mon arrivée dans la colonie, j'ai trouvé une situation profondément troublée, en tout ce qui touche à l'enseignement primaire. — Certaines municipalités avaient outre-passé leurs droits, et usurpé même des pouvoirs qui ne sauraient leur être équitablement attribués; des actes de l'administration préfectorale ou académique équivalaient, dans certaines circonstances, à une sorte d'adhésion implicite. En même temps, de nombreuses pétitions m'étaient remises contre un état de choses opposé au vœu de la loi : j'ai dû d'abord enrayer le mouvement, puis en référer au département de l'instruction publique.

M. le ministre me répond que les conseils municipaux ont un avis à formuler sur l'option entre l'école communale laïque et l'école communale congréganiste; mais que le préfet peut refuser de donner suite à leurs délibérations, en s'inspirant de l'état dominant des esprits, que le conseil municipal peut, sur ce point particulier, ne pas toujours représenter fidèlement. Il faut éviter, avec soin, tout ce qui pourrait être une cause d'agitation publique, et par conséquent, me dit-il, consulter, autant que possible, le vœu des majorités. Il ajoute que la meilleure consolation est, quand cela se peut, d'avoir deux écoles communales, ou une école communale et une école subventionnée.

Dans ces conditions, voici, M. le préfet ce que j'ai l'honneur de vous conseiller; j'emploie le terme parce que M. le ministre rappelle, qu'en matière d'instruction publique, vous êtes son « subordonné direct. »

Les mesures prises sans droit doivent rester sans effet. Je vous engage donc à faire comprendre aux municipalités qui se sont laissé entraîner à fermer absolument les écoles communales ou subventionnées à l'enseignement congréganiste, qu'elles persévéreraient dans une voie aussi impolitique qu'injuste, puisqu'elles se mettraient en contradiction avec le sentiment public clairement manifesté par le nombre considérable d'enfants qui n'ont pas cessé de fréquenter les écoles congréganistes; malgré l'intensité des efforts déployés pour les en éloigner. Les dons particuliers ont transitoirement suppléé aux subventions municipales.

L'école publique appartient à tous. Dans les localités où il n'y en a qu'une, elle doit donc être dirigée suivant le vœu des majorités; dans celles où il y en a plusieurs, il est juste qu'elles satis-

fassent aux aspirations diverses de la population. En un mot, du moment où l'autorité met la main dans cet intérêt, elle doit avoir pour principale préoccupation de décider comme agirait la liberté elle-même.

Je suis persuadé que vous amènerez facilement les conseils municipaux auxquels je fais allusion, à reconnaître que, de nos jours, l'intolérance, en quelque matière qu'elle s'exerce, ne réussit jamais. Toutefois, dans le cas où, contrairement à mes prévisions, vous rencontreriez, dans quelque commune, des passions inconciliables avec le respect dû à la conscience des familles, vous ne devriez point hésiter à user du droit que la dépêche ministérielle rappelle. Sans doute, la liberté existera toujours pour les gens riches ou aisés auxquels tous les établissements d'instruction sont ouverts, parce qu'ils peuvent payer, mais elle doit être le patrimoine commun de tous les citoyens. Si le droit inaliénable d'élever ses enfants suivant ses idées, suivant sa conscience, suivant sa religion, pouvait devenir un privilège, nul privilège ne serait plus odieux.

En d'autres termes, je considère que le père de famille doit à ses enfants l'instruction, au même titre que la nourriture et le vêtement. S'il est trop pauvre, la commune lui donne, par l'intermédiaire de ses bureaux de bienfaisance, l'assistance alimentaire, et par l'entrée gratuite aux écoles, l'assistance scolaire. Mais cette assistance, pas plus que la première, ne saurait autoriser une ingérence étrangère dans les choses de la famille, porter atteinte à l'autorité morale du père au foyer domestique. Tel est le seul principe véritablement libéral et digne de l'époque actuelle.

A ce point de vue, M. le ministre indique, comme la meilleure solution, la coexistence de deux écoles communales, ou d'une école communale et d'une école subventionnée. J'inclinerais, pour ma part, à une mesure plus radicale dans ce pays qui présente une population si nombreuse d'étrangers et de dissidents : aux écoles communales ou directement subventionnées, je substituerais la libre concurrence des écoles primaires. Je m'explique : de même que dans les bureaux de bienfaisance dont je parlais tout à l'heure, on distribue des cartes de secours, des bons de vivres, pourquoi, dans les communes qui possèdent ou comportent plusieurs écoles, les mairies ne se borneraient-elles pas à délivrer des cartes d'enseignement qui seraient valables pour toutes les écoles sans distinction?

Voilà la véritable liberté ouverte pour tous. Riche et pauvre choisiraient désormais, dans toute la dignité de leur droit, les instituteurs qu'ils entendent donner à leurs enfants; en même temps, la concurrence établie entre les écoles multiplierait les maîtres instruits, zélés, attentifs aux justes recommandations des familles. — Je livre cette pensée aux méditations des municipalités, et je vous serais reconnaissant, M. le préfet, de vous employer à en faire accueillir l'application. Je suis convaincu que là sont la vérité et le bien.

V.-am¹ COMTE DE GUEYDON.

AG. — 21 mars-4 avr. 1872. — BG. 408. — *Annulation de la décision préfectorale du 27 déc. 1870 (non publiée).*

Vu la lettre du préfet d'Alger, en date du 27 déc. 1870, portant approbation d'une délibération du conseil municipal d'Alger, du 9 novembre précédent, laquelle retirait aux instituteurs et institutrices congréganistes la direction des écoles communales qui leur étaient confiées; — Considérant que le conseil municipal d'Alger n'avait pas été appelé à délibérer sur la convenance de substituer, dans toutes les écoles publiques existantes, des maîtres laïques aux maîtres congréganistes; — Qu'alors même que la question eût été soulevée par l'autorité compétente, ce conseil, aux termes de la loi, ne pouvait émettre qu'un avis et n'avait pas le droit de prendre une décision, ce qu'il a pourtant fait, le 9 novembre, dans les termes suivants : « Dès ce jour, il sera notifié aux frères des écoles chrétiennes que la commune n'a plus besoin de leur concours, dès le 1er janv. 1871. Une semblable notification sera adressée aux sœurs de la doctrine chrétienne ; » — Considérant que le préfet n'avait pas le pouvoir de légaliser une initiative contraire au vœu de la loi ; — Considérant, en outre, que les maîtres congréganistes, régulièrement établis, n'ont pas été révoqués par le recteur de l'Académie d'Alger qui, seul, avait qualité pour le faire, et qu'en fait, les écoles congréganistes sont restées ouvertes et ont continué de recevoir de nombreux élèves, à la satisfaction des familles; — Agissant en vertu de la délégation spéciale de M. le ministre de l'instruction publique, en date du 10 fév. dernier;

Art. 1. — La décision préfectorale, ci-dessus relatée, du 27 déc. 1870, est déclarée nulle et considérée comme non avenue.

V.-am¹ COMTE DE GUEYDON.

§ 5. — ÉTABLISSEMENTS SCIENTIFIQUES. OBSERVATOIRE (I, 574, II, 118).

RENVOIS. — V. Table alphabétique.

(1) JURISPRUDENCE. — 1° Mariage, polygamie. — En Algérie, les tribunaux français doivent appliquer la loi mosaïque dans les litiges relatifs à l'état civil des israélites indigènes et notamment dans ceux qui concernent le mariage. — Les israélites algériens ne sont pas obligés de faire précéder la célébration religieuse de leurs mariages d'une célébration civile. — D'après la loi mosaïque, le mariage n'est assujetti à aucune forme sacramentelle, c'est un contrat consensuel dont la preuve peut résulter, soit d'un acte dressé par le ministre de la religion, soit d'un écrit sous seing privé, soit de déclarations de témoins, soit même de la remise ou de l'acceptation d'un symbole d'alliance. — La loi mosaïque autorise ou du moins tolère la polygamie. — Cour d'Alger, 25 mai 1865, Zermati C. Zermati. — Dalloz 1866, 2, 171.

2° Mariage, divorce. — Les israélites indigènes sont restés, depuis la conquête, soumis à leur statut personnel. Le sénatus-consulte de 1865, loin d'avoir innové à cet égard, n'a fait que confirmer et maintenir les règles existantes. — L'état civil des personnes tenant à l'ordre public, les israélites indigènes ne peuvent, par leur seule volonté, se soustraire à l'empire de leur statut personnel et le faire régir par des règles autres que celles qui en dérivent ; au surplus, dût-on admettre que la renonciation au statut mosaïque pût intervenir dans toute espèce de contrat, on ne saurait voir dans le fait du mariage devant l'officier de l'état civil français, la preuve ni la présomption d'une renonciation qui aurait pour effet de modifier d'une manière essentielle les conditions et les résultats du mariage, de le rendre indissoluble, d'altérer gravement les droits et les obligations des époux, d'exercer une profonde influence sur le sort de leurs biens respectifs et sur celui des enfants à naître de leur union. On doit d'autant plus le décider ainsi, que les israélites indigènes n'ont pris l'habitude de comparaître devant l'officier de l'état civil qu'à la suite d'exhortations administratives, ayant pour objet d'assurer avec plus de célérité l'état civil des indigènes et suivies d'injonctions impératives et de menaces de poursuites contre les rabbins qui continueraient à procéder à des mariages civils. — Cour d'Alger, 26 juill. 1869, dⁿᵉ Abulker C. Abulker. — Robe, 1869, p. 131.

3° Mariage. — Les décrets du gouvernement de la défense nationale, notamment celui du 24 oct. 1870, relatif au statut personnel et aux droits politiques des indigènes israélites, sont des actes émanant d'un gouvernement de fait, investi par les événements des pleins

Insurrection. V. TABLE ALPHABÉTIQUE.

Intendants civils. V. ibidem.

Intérêt de l'argent. V. ibidem.

Intérimaires (fonctionnaires). V. ibidem.

Internement. V. ibidem.

Interprètes. V. ibidem.

Irrigations. V. ibidem.

Israélites.

La situation spéciale successivement faite aux israélites indigènes par la législation algérienne, a déjà été exposée aux premier et deuxième volumes. L'art. 2 du Sén.-Cons. de 1865 sur la naturalisation, semblait, en consacrant le principe du statut personnel, question jusque-là si controversée, devoir mettre fin à toute contestation. Mais d'autres difficultés ont surgi de son interprétation même, et la jurisprudence postérieure présente encore des contradictions nombreuses qu'il est facile de relever en étudiant les textes des divers arrêts cités en note et dont le sommaire seul est reproduit (1).

pouvoirs de la souveraineté, et doivent être considérés comme ayant force légale. — En conséquence, ce décret atteint dans les droits que les indigènes israélites tenaient de leur statut personnel et détruit les effets d'une demande formée antérieurement à la promulgation du décret, en vue de la poursuite de droits de ce genre, et spécialement d'une demande en divorce. — Cour d'Alger, 8 mars 1871, David Timsit C. Esther Timsit. Robe, 1871, p. 67.

4° Mariage. — Sous la législation antérieure au décr. du 24 oct. 1870, les israélites algériens avaient le droit d'opter, dans leurs contrats touchant le statut personnel, pour la législation française à l'exclusion de la loi mosaïque. — Cette option pour le régime français résulte en matière de mariage et de succession, de ce fait, que les futurs époux ont, suivant contrat passé devant un notaire français adopté le régime dotal sans société d'acquêts, tel qu'il est établi par le Code civil, et que toutes les autres clauses contenues audit acte sont empruntées à la loi française. — Peu importerait, qu'après la célébration du mariage devant l'officier de l'état civil français, fût intervenue entre les époux une ketouba ou acte de mariage rabbinique, cet acte ne devant être considéré que comme la constatation de l'accomplissement d'un devoir purement religieux. En conséquence, en cas de prédécès de la femme, les droits du mari sur sa succession doivent être réglés par les principes de la loi française. — Cour d'Alger, 21 mars 1871, Marboni C. Salfati. — Robe 1871, p. 53.

5° Succession. — La législation algérienne ayant réservé aux indigènes israélites le bénéfice de leur religion et coutumes, leurs successions sont régies par la loi mosaïque, même lorsqu'elles comportent des immeubles. — En conséquence les filles n'héritent point de leur frère, alors qu'il a laissé, soit des descendants mâles, soit des frères ou des ascendants mâles. — Cour d'Alger, 17 oct 1866, Sultana Chelliel C. Simon Chelliel. Robe, 1867, p. 16.

6° Successions. — La loi mosaïque dans ses dispositions relatives aux successions, et notamment dans celles qui ont trait aux droits différents des fils et des filles au regard de l'héritage de leur auteur, est une loi personnelle. En effet, une loi qui règle la capacité des personnes qu'elle a surtout en vue et qu'elle a entendu régler, et rien ne se rattache plus directement au statut personnel que la question de savoir si une personne est ou n'est pas héritière. C'est donc la loi mosaïque qui régit les successions des israélites indigènes. — Si, en principe, les israélites indi-

Il ne pouvait d'ailleurs en être autrement, | **puisque le législateur et la Cour régulatrice ne**

gènes ne peuvent renoncer à la loi religieuse de leur état civil, ils peuvent néanmoins valablement renoncer au bénéfice acquis et résultant de l'une des qualités qui y sont inhérentes. Ainsi les filles, en droit mosaïque, ne peuvent hériter concurremment avec leurs frères; elles n'ont droit qu'à une dot représentant le dixième de l'hérédité à l'époque de la constitution dotale. Bien que les frères aient reconnu à leurs sœurs le bénéfice appartenant à la qualité d'héritières, ces dernières peuvent le perdre en y renonçant dans leur contrat de mariage, si elles y ont stipulé le retour à la loi mosaïque quant à leurs droits héréditaires, et si cette renonciation en état de majorité est volontaire et exempte de dol et de fraude. — *Cour d'Alger*, 23 juin 1870, époux Lévy et Salfati C. Seyman frères. — Robe, 1870, p. 108. (Cet arrêt, rendu sur les plaidoiries de MM. Jules Favre et Crémieux, est très-long, fortement motivé, et contient plusieurs considérations doctrinales sur la législation concernant les Israélites qui méritent une étude spéciale.)

7° *Successions.* — Les droits de succession entre époux doivent être réglés par les principes de la loi française, s'il est établi qu'à l'époque de leur mariage ils ont contracté d'après cette loi et opté pour ce régime. — V. ci-dessus *Mariage*, n° 3, arrêt du 21 mars 1871.

8° *Successions.* — Considérant que, s'agissant d'israélites indigènes, et d'actes accomplis avant le décr. du 24 oct. 1870 sur la naturalisation, c'est d'après la religion mosaïque que la cause doit être appréciée;—Qu'aux termes de cette législation, le mari hérite, même au cas où il y a des enfants, de tous les biens de sa femme, à l'exception de ceux auxquels, dit la loi mosaïque, elle eût pu prétendre si elle n'était pas morte;—Qu'en conséquence les enfants n'ont rien à prétendre, du vivant de leur père, sur la succession de leur mère. — *Cour d'Alger*, 15 avr. 1871, Piquemal C. Lelouch. — Robe, 1871, p. 177.

9° *Successions.* — Considérant que, par la conquête, les israélites indigènes sont devenus sujets français; qu'il ressort de l'art. 57 de l'ord. de 1842 et du sénatus-consulte du 24 juill. 1865, que les israélites demeurent, quant aux questions rentrant dans la sphère du statut personnel, soumis à leur législation traditionnelle, à moins qu'ils n'aient manifesté clairement la volonté de réclamer le bénéfice de la loi commune de France; que ce droit d'option a été formellement reconnu par la Cour de cassation, dans ses arrêts des 15 avr. 1862 et 29 mai 1865 (II, 119), droit auquel nulle atteinte n'a été portée par le sénatus-consulte; — Qu'en fait, dans la cause, l'option pour le droit commun par Tabet père et ses enfants, résulte de ce que Tabet a fait nommer un conseil judiciaire à l'aîné de ses fils, que ce dernier a demandé judiciairement une pension alimentaire; qu'il a signifié à son père des actes respectueux pour contracter mariage; que Kamoura, l'une de ses filles, devant elle-même contracter mariage, les conditions civiles de ce mariage ont été réglées par acte notarié, avec constitution de dot par le père en avancement sur sa succession, adoption du régime dotal avec société d'acquêts, stipulations sur les droits successoraux, intervention d'un frère qui fait à sa sœur une donation; que Tabet père a de plus laissé un testament par lequel il règle le partage de sa succession future entre ses enfants dans des proportions qui impliquent contradiction formelle avec les principes de droit mosaïque;—Que c'est donc la loi française qui doit être appliquée pour le partage de la succession de l'auteur commun, etc. — *Cour d'Alger*, 21 oct. 1870, époux Stora C. consorts Tabet. — Robe, 1870, p. 191.

Le pourvoi formé contre cet arrêt a été rejeté pour des motifs de droit complètement différents de ceux qui avaient jusqu'alors servi de règle à la jurisprudence de la Cour d'Alger et en opposition avec l'interprétation donnée par M. Delangle dans son rapport au Sénat sur l'art. 2 du sénatus-consulte. La Cour de cassation a posé en principe que les lois qui règlent la dévolution des successions se rattachent au statut réel; — Qu'en conséquence la disposition du sénatus-consulte qui maintient aux israélites indigènes de l'Algérie le bénéfice de leur statut personnel seulement, ne laisse pas le règlement de leurs successions et de leur *capacité*, au point de vue du droit de succession, sous l'empire de la loi rabbinique;—Que la

disposition de cette loi qui refuse aux femmes la qualité d'héritières de leur père doit donc être écartée, et qu'elles sont fondées à réclamer l'application de la législation française. — *Cass. req. rej.*, 3 déc. 1871.

10° *Successions.* — Jugé comme à l'arrêt de cassation qui précède en ajoutant que, en fait, dans la cause les parties ont, depuis l'ouverture de la succession, procédé constamment d'après la loi française et reconnu ainsi que c'était cette loi qui devait être appliquée aux partage et liquidation. — *Cour d'Alger*, 22 déc. 1871, Ichoua Chabbat C. Lananès.

11° *Minorité.* — La loi mosaïque règle la capacité civile des israélites entre eux et dans leurs rapports commerciaux. — Spécialement un israélite âgé de 17 ans et 10 mois, majeur aux termes de cette loi a capacité pour souscrire des billets au profit de l'un de ses coreligionnaires. — *Cour d'Alger*, 2 juill. 1870, Solal C. Sultan. —Robe, 1870, p. 235.

12° *Preuve testimoniale.* — *Contrat notarié.* — La comparution volontaire d'indigènes algériens devant un officier public français pour faire un contrat, doit être considérée comme impliquant à elle seule l'intention suffisante de leur part de se soumettre, pour l'interprétation et l'exécution de l'acte aux prescriptions de la loi française. Ce principe s'applique notamment à la disposition de l'art. 1341 qui interdit la preuve testimoniale contre et outre le contenu aux actes. Preuve toujours admissible d'après les lois indigènes. — *Cour d'Alger*, 3 mai 1871, Braham Atlan C. Bildi —Robe, 1871, p. 101.

13° *Prodigue.* — *Conseil judiciaire.* — *Statut personnel.* — Les israélites régis par leur statut personnel conformément à l'art. 2 du sénatus-consulte, ne peuvent se soustraire même par un consentement mutuel à l'empire de cette règle et faire régir par la loi française leur capacité civile, sans recourir à la naturalisation. Cette exception est d'ordre public et doit être appliquée d'office. En conséquence, la demande en nomination de conseil judiciaire à un prodigue n'étant pas autorisée par la loi mosaïque doit être rejetée.—*Cour d'Alger*, 1er et 22 juin 1869, dme Pinhas C. Pinhas. — Dalloz, 1869, 3, 156 ; Robe, 1869, p. 130.

14° *Serment.* — *Société commerciale.* — L'art. 2 du sénatus-consulte ne laisse les israélites soumis au droit mosaïque qu'en ce qui concerne leur état et leur capacité. En conséquence, la loi française est seule applicable à la contestation élevée entre israélites algériens sur l'existence d'une société commerciale, et notamment sur le mode de preuve de cette société. Dans tous les cas, et à supposer qu'une contestation engagée devant les tribunaux français, entre israélites indigènes, soit soumise à la loi mosaïque et que, par exemple, le juge ne puisse y déférer le serment à l'une des parties que si cette loi l'autorise, le serment, régulièrement ordonné, n'en reste pas moins soumis, quant à sa forme, à la loi française ; le juge français n'est pas tenu de faire prêter ce serment *more judaïco*. — Et il ne pourrait même imposer cette dernière forme de serment, sans excès de pouvoir, lorsqu'elle n'est réclamée par aucune des parties. — *Cass. req. rej.*, 16 juin 1869, Zaffran C. Bussidan. — Dalloz, 1870, 1, 198 ; Robe, 1869, p. 134.

15° *Tutelle.* — Entre israélites indigènes, la tutelle reste régie par le droit mosaïque (art. 2 du sénatus-consulte). — Il importerait peu que la naissance des enfants ait été inscrite sur les registres de l'état civil français; que le conseil de famille ait été composé et le subrogé tuteur nommé selon les règles du droit français; ces faits ne pouvant modifier l'état civil des enfants. — Application à la cause de la loi mosaïque. — *Cour d'Alger*, 21 nov. 1866, Cohen Scali C. Rachel beni Soussan. — Robe, 1866, p. 284.

16° *Vente entre israélites.* — Les transmissions immobilières d'israélites à israélites sont régies par la loi française, le sénatus-consulte ne leur ayant conservé que le bénéfice de leur statut personnel, c'est-à-dire des lois concernant leur état et leur capacité. Par suite, la vente de droits immobiliers passée entre israélites, ne peut être opposée aux tiers même israélites qu'autant qu'elle a été transcrite conformément à la loi de 1855. — *Cour d'Alger*, 2 juin 1870, Chabbat C. Kalfon. — Robe, 1870, p. 151.

sont pas eux-mêmes d'accord sur ce qu'il faut entendre par statut personnel, dans le sens que lui attribue le Sén.-Cons. M. Delangle, dans son rapport au Sénat, s'exprimait ainsi : « Les indigènes, en devenant Français, ne sont pas obligés d'abdiquer les statuts sous l'empire desquels ils ont vécu. Les lois qui régissent la famille, la propriété, les successions, sont maintenues comme par le passé. » La Cour de cassation, après avoir reconnu dans un arrêt du 16 juin 1869 (note n° 14) que le statut personnel comprend les règles relatives à l'état et à la capacité des israélites indigènes, déclare dans un second arrêt du 5 déc. 1871 (note n° 9), « que les lois qui règlent la dévolution des successions se rattachent au statut réel; qu'en conséquence la disposition du Sén.-Cons. qui maintient aux israélites le bénéfice de leur statut personnel seulement, ne laisse pas le règlement de leurs successions et de leur *capacité*, au point de vue du droit de succession, sous l'empire de la loi rabbinique. »

Un nouvel acte législatif est venu depuis changer encore cette situation, et le décret du gouvernement de la défense nationale en date du 24 oct. 1870 (V. *Naturalisation*, infrà), en conférant sans réserve ni transition aux israélites indigènes la qualité et les droits de citoyens français, les a soumis à l'application de la loi française sans distinction entre le statut réel et le statut personnel. Si la convenance et l'opportunité de cette mesure au point de vue politique ont été l'objet de vives et sérieuses critiques, elle est, au point de vue des droits civils, considérée presque unanimement comme un progrès depuis longtemps réclamé. Il y aurait sans doute beaucoup à dire, en fait et en droit, contre cette assimilation radicale et spontanée, que l'état des mœurs de la grande majorité des israélites algériens et leur degré peu avancé de civilisation peuvent faire regarder comme prématurée. Il est même douteux que ce bienfait, si c'en est un, soit apprécié comme tel et compris par la plupart d'entre eux; mais on ne peut disconvenir que c'est le seul moyen de faire cesser, pour l'avenir, les incertitudes inévitables d'une jurisprudence assise jusqu'en 1865 sur des textes vagues et indécis, les conflits d'interprétation et d'application du Sén.-Cons., les causes d'inégalités choquantes que l'absence d'une loi claire et précise entraîne depuis quarante ans dans la constitution de la famille et le règlement des droits d'hérédité.

Le décret de 1870 est en ce moment soumis à une révision législative; quelles que soient les modifications qu'il puisse subir, en ce qui concerne l'exercice des droits politiques, il y aurait aujourd'hui moins d'inconvénients à laisser l'état civil des israélites algériens définitivement réglé par la loi française seule, qu'à restreindre l'application de cette loi, et ramener par cette succession de régimes législatifs différents la confusion regrettable de droits et d'intérêts qui a enfin cessé d'exister.

RENVOIS. V. *Table alphabétique*.

J

Jardin d'acclimatation. V. TABLE ALPHABÉTIQUE.

Jeunes Détenus.

AG. — 12-28 mai 1868. — BG, 268. — *Fondation d'une colonie agricole et pénitentiaire. — Autorisation.*

Vu la loi du 5 août 1850, promulguée en Algérie le 21 du même mois, et relative à l'éducation des jeunes détenus (1,381); — La demande formée par le sieur Bourlier; — Ensemble les plans, statuts et projets de règlement intérieur présentés à l'appui de cette demande ;

Art. 1. — Le sieur Bourlier (Nicolas-Charles), professeur à l'École de médecine d'Alger, est autorisé à fonder, comme établissement privé, sur les haouchs M'zéra et Ben-Aïda, dont il est propriétaire dans la commune de l'Alma, arrondissement d'Alger, une colonie agricole et pénitentiaire de jeunes détenus, dont le nombre est fixé à 120, sous l'obligation par ledit sieur Bourlier de se soumettre aux clauses et conditions générales et spéciales, déterminées dans le cahier des charges annexé au présent arrêté.

Mal DE MAC-MAHON, DUC DE MAGENTA.

RENVOIS. — V. *Table alphabétique*.

Journée de travail. V. TABLE ALPHABÉTIQUE.

Juges—Juridictions. V. *ibidem*.

Jury.

D. — (*Tours.*) — 24 oct.-10 nov. 1870. — BG, 513. — *Institution du jury en Algérie.*

Considérant que l'assimilation du régime politique et administratif de l'Algérie à celui de la métropole appelle l'assimilation de leurs institutions judiciaires ; — Considérant que le jugement par jurés des causes criminelles est l'un des principes de notre droit public, et que le développement de la colonisation rend aujourd'hui son application nécessaire à l'Algérie ;

Art. 1. — A partir du 1er janv. 1871, les cours d'assises d'Algérie statueront avec l'assistance de jurés.

Art. 2. — Le décret rendu le 14 oct. 1870 par le gouvernement de Paris, remettant provisoirement en vigueur le décr. du 7 août 1848 sur le jury, avec certaines modifications, sera appliqué à l'Algérie. — La compétence de la Cour d'assises d'Alger comprendra les arrondissements d'Alger et de Blida; celle de la Cour d'assises d'Oran, les arrond. de Tlemcen et de Mostaganem; celle de la Cour d'assises de Constantine, les arrond. de Philippeville et de Sétif; il y aura une Cour d'assises dans l'arrond. de Bône. — Les sessions ordinaires se tiendront tous les quatre mois dans chaque Cour d'assises.

Art. 3. — La liste annuelle du jury comprendra 400 noms pour le département d'Alger, 300 pour chacun des départements d'Oran et de Constantine, et 200 pour l'arrond. de Bône, sans que l'insuffisance du nombre des jurés puisse empêcher les opérations des Cours d'assises. — La liste spéciale comprendra, quel que soit leur nombre, tous les jurés résidant dans la ville où siège la Cour d'assises.

Art. 4. — Quinze jours au moins avant l'ouverture des assises, le premier président de la Cour d'appel d'Alger, les présidents des tribunaux de Bône, de Constantine et d'Oran tireront au sort, en audience publique, sur la liste annuelle, 36 noms qui formeront la liste du jury pour toute la durée de la session. — Ils tireront en outre les noms de 10 jurés suppléants sur la liste spéciale dressée en vertu de l'article précédent. — Si, au jour indiqué pour le jugement de chaque affaire, il y a moins de 30 jurés présents, ce nombre sera complété par les jurés suppléants, suivant l'ordre de leur inscription, et, en cas d'insuffisance, par des jurés tirés au sort et en audience publique, parmi les jurés inscrits sur la liste spéciale.

Art. 5. — Nul ne pourra être tenu de faire le service de juré plus d'une fois sur deux sessions ordinaires ou extraordinaires.

Art. 6. — Est abrogé le tit. 3 du décr. du 19 août 1854 (I, 597). Les dispositions du Code d'Inst. Cr. sur la formation des Cours d'assises seront applicables à l'Algérie, à l'exception de l'incompatibilité prévue par l'art. 257, § 2 C. Inst. Cr. (1).

Art. 7. — Toutes dispositions des lois et ordonnances contraires au présent décret sont et demeurent abrogées.

AD. CRÉMIEUX, L. GAMBETTA, GLAIS-BIZOIN, L. FOURICHON.

Décret du 7 août 1848.

TIT. 1. — De la composition de la liste générale du jury.

Art. 1. — Tous les Français âgés de 30 ans, jouissant des droits civils et politiques, seront portés sur la liste générale du jury, sauf les cas d'incapacité ou de dispense prévus par les articles suivants :

Art. 2. — Ne peuvent être jurés : — 1° Ceux qui ne savent pas lire et écrire en français ; — 2° Les domestiques et serviteurs à gages.

Art. 3. — Sont incapables d'être jurés : — Ceux à qui l'exercice de tout ou partie des droits politiques, civils et de famille a été interdit ; — Les faillis non réhabilités ; — Les interdits et ceux qui sont pourvus d'un conseil judiciaire ; — Ceux qui sont en état d'accusation ou de contumace ; — Les individus qui ont été condamnés soit à des peines afflictives ou infamantes, soit à des peines correctionnelles pour des faits qualifiés crimes par la loi, ou pour délits de vol, d'escroquerie, abus de confiance, usure, attentat aux mœurs, vagabondage ou mendicité, et ceux qui, à raison de tout autre délit, auront été condamnés à plus d'un an d'emprisonnement. — Les condamnations pour délit politique n'entraîneront l'incapacité qu'autant que le jugement la prononcerait.

Art. 4. — Les fonctions de juré sont incompatibles avec celles de représentant du peuple, de ministre, de sous-secrétaire d'État, de secrétaire-général d'un ministère, de préfet et de sous-préfet, de juge, de procureur général, de procureur de la République et de leurs substituts, de ministre d'un culte quelconque, de membre du conseil d'État, de commissaire de la République près les administrations ou régies, de fonctionnaire ou préposé d'un service actif, de militaire en acti-

vité de service, d'instituteur primaire communal.

Art. 5. — Pourront, sur leur demande, ne point être portés sur la liste : — 1° Les septuagénaires ; — 2° Les citoyens qui, vivant d'un travail journalier, justifieraient qu'ils ne peuvent supporter les charges résultant des fonctions de juré.

Art. 6. — La liste des jurés pour chaque commune, sera dressée par le maire sur la liste générale des électeurs ; il se conformera aux prescriptions des articles précédents ; cette liste sera, par ses soins, affichée sur la porte de l'église, de la maison commune et partout où il jugera convenable. — Pendant les dix jours qui suivront cette publication, tout citoyen pourra réclamer, soit contre une inscription, soit contre une omission, en déposant sa réclamation à la mairie. Cette réclamation sera jugée dans les huit jours par le conseil municipal, sauf recours devant le tribunal civil, s'il s'agit d'incapacité légale, ou, s'il s'agit de toute autre cause, devant le conseil de préfecture, lequel statuera définitivement et sans frais. Ce recours sera formé dans les trois jours de la notification, faite administrativement, de la décision du conseil municipal. — Le tribunal statuera également en dernier ressort, les parties intéressées présentes ou dûment appelées. La cause sera jugée sommairement, toutes affaires cessantes, et sans qu'il soit besoin du ministère d'avoué. Les actes judiciaires auxquels l'affaire donnera lieu seront exempts de timbre et enregistrés gratis. — L'affaire sera rapportée en audience publique par un des membres du tribunal, et le jugement sera prononcé après que les parties et le ministère public auront été entendus. — Les décisions du tribunal et du conseil de préfecture devront être rendues, au plus tard, dans les quinze jours du recours. — Les additions et retranchements opérés par suite des décisions intervenues sur les réclamations, seront affichés dans la commune, conformément au § 1 du précédent article.

Art. 7. — La liste des jurés sera permanente. — Tous les ans, avant le 15 sept., le maire rectifiera cette liste, en retranchant les jurés qui seraient décédés ou devenus incapables, et en ajoutant les citoyens qui auraient acquis les conditions exigées. — La liste ainsi rectifiée sera publiée comme il est dit en l'art. ci-dessus, et tout citoyen pourra, dans le délai de dix jours, faire la réclamation prévue par ce même article, laquelle sera jugée dans les formes indiquées.

Art. 8. — Avant le 1er nov. de chaque année, le maire transmet au préfet la liste des jurés de la commune. Le préfet dresse sans retard la liste générale du département par canton et par ordre alphabétique. La liste de chaque canton est envoyée au juge de paix.

TIT. 2. — De la composition de la liste annuelle.

Art. 9. — La liste annuelle du jury, pour chaque département, comprendra un juré par 200 habitants, en prenant pour base le tableau officiel de la population ; toutefois, le nombre total des jurés ne pourra excéder 5,000 dans le département de la Seine, et 1,500 dans les autres départements. — Chaque année, il sera formé sur la liste générale et en dehors de la liste annuelle du jury, une liste spéciale de jurés suppléants, pris parmi les jurés de la ville où se tiennent les assises ; elle sera, pour chaque département de 50 et pour Paris de 500.

Art. 10. — Le nombre des jurés pour la liste annuelle sera réparti, à Paris, entre les arrondissements, et, dans les départements, entre les cantons, proportionnellement au nombre des jurés portés sur la liste générale. Cette répartition sera faite par le préfet en conseil de préfecture. — En

(1) Le texte publié au Bulletin officiel porte art. 252, mais il est évident qu'il faut lire art. 257, relatif à l'incompatibilité du juge d'instruction dont ce magistrat avait été relevé en Algérie par l'art. 7 du décr. du 19 août 1854 (I, 597).

adressant au juge de paix l'arrêté de répartition, le préfet lui indiquera le nom des jurés désignés par le sort dans le cours de l'année précédente et de l'année courante.

Art. 11. — Les jurés de chaque canton qui devront faire partie de la liste annuelle seront désignés par une commission composée : — 1° Du conseiller général du canton, qui en sera président ; — 2° Du juge de paix, vice-président ; — 3° Et de deux membres du conseil municipal de chaque commune du canton, désignés spécialement par ce conseil dans la première quinzaine du mois d'août de chaque année. — Le maire devra, sans délai, faire connaître au préfet et au juge de paix les noms des membres désignés.

Art. 12. — Dans les cantons ne comprenant qu'une seule commune, la commission sera composée : — 1° Du conseiller général, président ; — 2° Du juge de paix, vice-président ; — 3° De cinq membres du conseil municipal, désignés conformément à l'art. 11.

Art. 13. — Dans les communes divisées en plusieurs cantons, il n'y aura qu'une seule commission pour tous les cantons. — Elle sera composée : — 1° Des conseillers généraux des cantons, dont le plus âgé sera le président ; — 2° Des juges de paix, dont le plus ancien sera le vice-président ; — 3° De deux membres du conseil municipal de la ville pour chaque canton, désigné comme il est dit en l'art. 11 ; — 4° De deux membres du conseil municipal de chaque commune rurale faisant partie des cantons, et désignés comme il est dit ci-dessus.

Art. 14. — Dans la ville de Paris, la commission sera composée pour chaque arrondissement : — 1° De trois membres du conseil municipal, dont le plus âgé sera le président. Ils seront désignés par le conseil municipal et pris, autant que possible, parmi ceux qui demeurent dans l'arrondissement ; — 2° Du maire et des adjoints de l'arrondissement ; — 3° Du juge de paix. — Dans les cantons des arrondissements de Sceaux et de Saint-Denis, la commission sera composée comme il est dit en l'art. 11, et le président, à défaut de conseiller général, sera le juge de paix du canton.

Art. 15. — La commission s'assemblera dans la dernière quinzaine de novembre, au chef-lieu de canton, aux jour et heure indiqués par le préfet. Chaque membre sera convoqué par un avertissement notifié dans la forme administrative. Cette commission ne pourra procéder aux opérations qui lui sont confiées qu'autant qu'elle sera composée de la moitié plus un des membres qui doivent en faire partie.

Art. 16. — Chaque membre absent, dont les excuses n'auront pas été agréées par l'assemblée, pourra être condamné à une amende de 15 fr. au moins et de 100 fr. au plus. Elle sera prononcée par le tribunal de première instance de l'arrondissement, jugeant en matière civile, et conformément à l'art. 6, sur le vu d'un extrait du procès-verbal de la commission constatant l'absence. La partie intéressée sera appelée par un simple avertissement délivré en la forme administrative.

Art. 17. — La liste sera rédigée en double exemplaire et signée séance tenante. Un double est transmis immédiatement au préfet par le président de l'assemblée. L'autre double reste au greffe de la justice de paix, où chaque citoyen peut en prendre communication. — Il en sera de même de la liste des jurés suppléants.

Art. 18. — Le préfet dresse sans retard la liste générale du département, par ordre alphabétique, sur les listes des cantons. Il dresse également, par ordre alphabétique, la liste des suppléants prescrites par l'art. 9. Ces listes ainsi rédigées seront, avant le 15 décembre de chaque année, transmises au tribunal chargé de la tenue des assises.

Art. 19. — Si, dans le cours de l'année, il survient des décès ou des incapacités, le maire de chaque commune sera tenu d'en instruire immédiatement le président du tribunal ou de la Cour. Il sera statué conformément à l'art. 390 C. Inst. Crim.

TIT. 3. — De la composition de la liste du jury pour chaque département.

Art. 20. — Dix jours au moins avant l'ouverture des assises, le président de la Cour d'appel, ou le président du chef-lieu judiciaire, dans les villes où il n'y aura pas de Cour d'appel, tirera au sort en audience publique, sur la liste annuelle, les noms des 36 jurés qui formeront la liste de la session ; il tirera, en outre, 6 jurés sur la liste supplémentaire. — Si, au jour indiqué pour le jugement de chaque affaire, il y a moins de 30 jurés présents, ce nombre sera complété par les jurés suppléants, suivant l'ordre de leur inscription, et, en cas d'insuffisance, par des jurés tirés au sort, et en audience publique, parmi les jurés inscrits sur la liste supplémentaire, subsidiairement parmi les jurés de la ville inscrits sur la liste annuelle, ou enfin parmi les 500 jurés premiers inscrits sur la liste générale de la ville.

TIT. 4. — Dispositions générales.

Art. 21. — Nul ne peut être contraint à remplir les fonctions de juré plus d'une fois en trois années.

Art. 22. — Toutes les dispositions du Code d'Inst. Crim., auxquelles il n'est pas dérogé, continueront d'être appliquées.

TIT. 5. — Dispositions transitoires.

Art. 23. — Après la promulgation de la présente loi, il sera immédiatement procédé à la composition de la liste générale, de la liste annuelle et de la liste supplémentaire. Ces deux dernières seront transmises sans délai au greffe. Les jurés extraits de ces listes feront seuls le service des assises qui s'ouvriront ultérieurement. — Les listes ainsi rédigées serviront, en outre, pour l'année 1842.

Décret du 14 octobre 1870.

Considérant que le moment fixé par la législation en vigueur pour l'accomplissement des opérations préparatoires de la formation des listes du jury pour 1871 est arrivé ; — Considérant que la loi du 4 juin 1853 n'est pas en harmonie avec les principes du gouvernement républicain ; — Considérant qu'il ne s'agit, toutefois, que de régler provisoirement le fonctionnement du jury, qui devra être définitivement organisé par l'Assemblée constituante ; — Considérant que l'époque avancée de l'année ne permet plus de se conformer à toutes les prescriptions du décret du 7 août 1848, qui va être remis en vigueur ; qu'il y a donc lieu de modifier et de simplifier ce décret, en quelques points, par des dispositions transitoires ;

Art. 1. — Le décret du 7 août 1848 sur le jury est provisoirement remis en vigueur.

Art. 2. — La transmission par le maire au préfet de la liste des jurés de la commune, qui, aux termes de l'art. 8 de ce décret, doit avoir lieu le 1er novembre de chaque année, pourra être retardée jusqu'au 1er décembre prochain. Elle devra avoir été précédée de la publication prévue par l'art. 6 dudit décret : mais le délai des réclamations est réduit à trois jours et la décision du conseil municipal ne sera pas susceptible de recours.

Art. 3. — A Paris et dans les communes momentanément privées de conseils municipaux, les fonctions attribuées à ce conseil par le décret du

7 août 1848 seront remplies par des commissions composées du maire, de ses adjoints, du juge de paix et de l'un de ses suppléants.

Art. 4. — Les commissions cantonales établies par les art. 11 et suiv., et les commissions d'arrondissement de Paris, établies par l'art. 14 du décr. du 7 août 1848, sont remplacées par des commissions composées de la même manière que celles établies par l'article précédent. — Dans les cas prévus par l'art. 13 du susdit décret, tous les juges de paix de la commune feront partie de la commission, mais non leurs suppléants.

Art. 5. — Les art. 15 et 16 du décr. du 7 août 1848 sont remplacés par les dispositions suivantes : La commission s'assemblera entre le 1er et le 5 décembre par les soins et sous la présidence du maire.

Art. 6. — La disposition de l'art. 21 du décr. du 7 août 1848 est restreinte aux citoyens qui auraient rempli les fonctions de juré dans le cours de l'année 1870. Les préfets pourront se contenter, en exécution de la disposition du § 2 de l'art. 10 du susdit décret, d'indiquer aux maires les noms des jurés ayant siégé en 1870.

G¹ TROCHU, J. FAVRE, EMM. ARAGO, J. FERRY, GARNIER PAGÈS, H. ROCHEFORT, J. SIMON.

D. — (Tours.) — 27 oct. 1870. — (V. Presse.) — Attributions au jury de la connaissance des délits politiques et des délits de presse.

D. — (Tours.) — 18 nov.-5 déc. 1870. — BG. 516. — Prorogation jusqu'au 30 décembre pour l'Algérie du délai fixé par l'art. 5 du décr. du 14 oct. 1870 ci-dessus.

Circ. CM. — 5 déc. 1870. — BG. 517. — Instruction sur l'exécution de la loi du 7 août 1848.

M. le préfet, — Un décret du gouvernement de la défense nationale, du 24 oct. 1870, porte qu'à partir du 1er janv. 1871, les Cours d'assises statueront avec l'assistance des jurés. — Ce même décret rend applicable à l'Algérie celui du 14 oct. dernier, qui remet provisoirement en vigueur la loi du 7 août 1848 sur le jury, avec certaines modifications. — Le nombre des Cours d'assises pour l'Algérie se réduit à quatre, qui siégeront à Alger et à Oran, pour ces deux départements, et à Constantine et à Bône pour le département de Constantine. — Les sessions ordinaires se tiendront tous les quatre mois, dans chaque Cour d'assises comme par le passé. — Le tit. 3 du décr. du 19 août 1851 est abrogé.

Les listes générale, annuelle et supplémentaire du jury seront dressées dans chaque département, conformément aux règles prescrites par la loi de 1848, en tenant compte des modifications établies tant par le décret transitoire du 14 oct. 1870, pour la France continentale, que par le décret du 24 du même mois, spécial à l'Algérie.

Vous avez dû déjà, M. le préfet, promulguer dans votre département ce dernier décret et ses corollaires, tels qu'ils ont été insérés dans le Bulletin officiel, et vous occuper des mesures à prendre pour la confection de la liste générale qui doit se former de l'ensemble des listes communales. La composition de ces dernières est confiée à la diligence des maires. — La source des instructions à donner à cet effet, à ces magistrats municipaux, se trouve dans la circulaire du ministre de la justice, du 10 sept. 1848, pour l'exécution du décret-loi du 7 août 1848, sur le jury. Ce document important a été inséré au Bulletin officiel du ministère de l'intérieur, t. XI, où vous avez pu le consulter.

Pour le cas, cependant, où ce recueil n'existerait pas dans la bibliothèque administrative de votre préfecture, et pour qu'il puisse, d'ailleurs, être porté à la connaissance de tous les maires de l'Al-

gérie, je le fais reproduire à la suite de la présente circulaire, pour que chacun de ceux qui doivent concourir à la formation des listes du jury, y puise une juste idée de l'importance qui s'attache à leur bonne composition, ainsi que de l'esprit et du soin qui doivent présider à ce travail.

CHARLES DU BOUZET.

Circulaire ministérielle du 10 sept. 1848 sur l'organisation du jury.

M. le préfet, le décr. du 7 août dernier, sur le jury, a supprimé le droit que vous avait attribué la législation antérieure, de désigner les jurés qui doivent participer aux jugements criminels. Cette attribution, qui faisait peser l'influence administrative jusque sur la distribution de la justice, avait excité de vives et légitimes réclamations. Le gouvernement de la République veut que la justice s'exerce en dehors de toutes les influences, et qu'elle ne puise sa force qu'en elle-même. La séparation des pouvoirs est pour les citoyens une garantie ; cette garantie doit être sévèrement respectée.

Mais si vous n'avez plus à désigner les jurés de service, votre concours ne cesse pas d'être nécessaire pour la formation des listes. Votre tâche, dans cette opération, est, il est vrai, plutôt administrative que judiciaire, ce qui devait être, mais elle n'est pour cela ni moins active, ni moins utile ; les travaux qui doivent préparer la désignation des jurés demandent vos soins assidus. Ce n'est que par votre propre impulsion, et sous votre surveillance, qu'ils pourront s'accomplir. Je n'ai pas besoin de vous faire remarquer combien leur importance est grande, puisqu'ils ont pour but de donner des juges au pays. Le gouvernement, en vous déléguant cette mission difficile, croit donc pouvoir compter sur votre zèle éclairé, impartial, indépendant et dévoué.

Le travail que vous êtes chargé de provoquer, de surveiller ou d'accomplir vous-même, se divise en quatre parties : — La composition des listes communales ; — La rédaction de la liste générale ; — La composition et la rédaction de la liste annuelle ; — La rédaction de la liste supplémentaire. — Je vais successivement rappeler les règles qui s'appliquent à ces différentes opérations et la part que vous êtes tenu d'y prendre, vous et chaque fonctionnaire soumis à votre surveillance.

§ 1. — *De la composition des listes communales.*

La loi charge les maires de la confection des listes communales, qui, par leur réunion, doivent former ensuite la liste générale. Mais il vous appartient naturellement de diriger cette opération et de surveiller toutes les mesures qui s'y rattachent. — La liste des électeurs est la source de la liste du jury. Le maire ne doit point avoir d'autre base du travail dont il est chargé. Ce travail consiste uniquement à prendre cette liste et à y opérer des éliminations.

En principe général, la liste du jury comprend, sauf les cas d'incapacité ou de dispense, tous les Français âgés de trente ans et jouissant des droits civils et politiques. L'inscription n'est soumise à aucune condition de cens ou de propriété. C'est l'application la plus large qui ait été faite en cette matière, du principe démocratique. Le jury doit exprimer le jugement du pays. Il faut donc qu'il puisse être considéré comme le pays lui-même ; il faut que ses racines s'étendent au loin ; que chaque accusé puisse reconnaître ses pairs dans ses juges ; que les intérêts particuliers s'effacent dans sa composition, de manière à ne laisser de voix qu'aux intérêts généraux de la société. Les incapacités et les dispenses, qui rejettent de la liste une partie des citoyens, loin d'affaiblir cette règle, ne font que l'affermir, car elles ne restreignent pas le cercle où se puisent les jurés; elles ne font que déclarer les empêchements individuels qui font obstacle, dans l'intérêt seul de la justice, à ce que les individus participent aux jugements.

Les éliminations qui doivent être opérées sur la liste des électeurs ont quatre causes différentes : — Une inaptitude actuelle à remplir les fonctions de juré; — Une incapacité légale; — L'exercice de fonctions incompatibles; — Les dispenses motivées par la situation personnelle.

Éliminations fondées sur une inaptitude actuelle.

Il faut ranger dans cette première catégorie :

1° Les citoyens qui n'ont pas encore accompli leur 30° année. — La loi a maintenu sur ce point la législation antérieure : le juré, pour remplir sa mission judiciaire, a besoin de la sagesse et de l'expérience que la maturité des années peut seule donner. Il importe, dès lors, de vérifier l'âge avec le plus grand soin et sur des actes authentiques; car les citoyens qui n'ont pas accompli leur 30° année, sont frappés d'une incapacité radicale, et leurs concours à un jugement criminel pourrait en entraîner la nullité. La liste, pour prévenir les erreurs, doit indiquer l'âge de chacun des jurés par la date de leur naissance; il est toujours facile de se procurer ces renseignements auprès des officiers de l'état civil.

2° Les individus qui ne jouissent pas des droits civils et politiques. — Tels sont les étrangers qui n'ont pas obtenu des lettres de naturalité et les Français qui auraient perdu leur qualité. Je parlerai plus loin des cas où cette perte serait l'effet d'un jugement.

3° Les citoyens qui ne savent pas lire et écrire en français. — Les jurés, en effet, sont des juges. La loi peut donc exiger, comme condition de leur participation à la justice, le degré d'instruction indispensable pour saisir les preuves de la vérité et les séparer des illusions de l'erreur, l'aptitude aux opérations de l'intelligence, en un mot, la capacité de juger. Les maires sont seuls chargés de cette appréciation, et c'est là la partie la plus délicate de leur tâche. Cette tâche, néanmoins, deviendra facile, s'ils se pénètrent bien de l'esprit de cette disposition. La loi n'exige des jurés que le premier degré d'instruction : la lecture et l'écriture; mais ce degré doit être complètement acquis. Le citoyen qui ne sait que signer son nom ou qui ne peut lire que les caractères imprimés ne le possède pas. L'instruction primaire suppose, quand elle est entière, un certain développement de l'intelligence, qui est la condition essentielle de la fonction. Comment, d'ailleurs, le juré, qui ne pourrait prendre aucune connaissance des pièces de la procédure, pourrait-il consciencieusement juger? Je dois ajouter qu'il est nécessaire que ces notions élémentaires s'appliquent à *la langue française*, puisque c'est exclusivement dans cette langue que les débats ont lieu et que sont rédigés les actes.

4° Les domestiques et serviteurs à gages. — On ne doit pas se tromper sur l'esprit de cette exclusion : elle n'implique ni dédain ni mépris : elle prend sa source, au contraire, dans une idée élevée et morale. L'inaptitude qui est attachée à cette situation est fondée, en effet, sur ce que le juré doit jouir d'une entière indépendance et être à l'abri de toute espèce d'influence. Il suit de là qu'elle s'applique à la fois, et la double expression employée par la loi l'indique suffisamment, aux domestiques attachés au service de la personne et aux domestiques attachés au service de la maison. Les uns et les autres n'ont pas une indépendance assez complète pour exercer les fonctions de juge.

Éliminations fondées sur l'incapacité.

Il faut comprendre dans cette deuxième catégorie toutes les personnes à qui l'exercice de tout ou partie des droits politiques civils et de famille sont interdits. — Tels sont :

1° Les faillis non réhabilités. — L'homologation même du concordat ne suffit pas pour restituer aux faillis leurs droits civils. Il faut excepter cependant les concordats homologués à la suite de suspensions ou cessations de payements survenues depuis le 25 fév. jusqu'à la promulgation du décr. du 22 août. Aux termes de l'art. 1 de ce décr., les suspensions n'entraînent les incapacités attachées à la qualité de failli que dans le cas où le tribunal de commerce refuse d'homologuer le concordat, ou, en l'homologuant, ne déclare pas le débiteur affranchi de cette qualification (1).

2° Les interdits et ceux qui sont pourvus d'un conseil judiciaire. — Ceci n'a pas besoin d'explication.

3° Les individus en état d'accusation. — Ne sont pas compris dans cette incapacité, les prévenus en état d'arrestation, ou en état de simple prévention correctionnelle. L'arrestation préventive n'est qu'une mesure de précaution; elle ne laisse pas peser sur celui qu'en est l'objet une prévention assez grave pour qu'on puisse y attacher une incapacité. L'état d'accusation ne résulte que d'un arrêt de la chambre d'accusation, portant renvoi devant la Cour d'assises;

4° Les accusés en état de contumace;

5° Les condamnés à des peines afflictives ou infamantes;

6° Les condamnés, même à des peines correctionnelles, mais pour des faits qualifiés crimes par la loi;

7° Les condamnés, à quelque peine que ce soit, pour délit de vol, escroquerie, abus de confiance, habitude d'usure, attentat aux mœurs, vagabondage ou mendicité.

8° Les condamnés, à raison de tout autre fait, à plus d'un an d'emprisonnement, ou même à une peine moindre, si les tribunaux ont ajouté la privation des droits mentionnés en l'art. 42 du Code pénal. Toutefois, si le délit est, par sa nature, politique, la peine, même d'un an d'emprisonnement, n'entraîne l'incapacité qu'autant que cette incapacité est prononcée par le jugement.

Toutes ces déchéances reposent sur des faits judiciaires qui peuvent ne pas parvenir exactement à la connaissance des maires. Ce n'est que par leur correspondance, soit avec les procureurs de la République, soit avec les juges de paix, qu'ils pourront se procurer à cet égard les renseignements qui leur manquent. Vous devrez vous-même chercher, par tous les moyens qui sont en votre pouvoir, à faciliter leurs investigations.

Éliminations fondées sur l'incompatibilité des fonctions.

Les citoyens qui doivent être rayés de la liste, parce qu'ils exercent des fonctions incompatibles avec les fonctions du jury, sont : — Les représentants du peuple; — Les ministres; — Les sous-secrétaires d'État et secrétaires généraux des ministres; — Les préfets et sous-préfets; — Les juges : cette qualification comprend les présidents et conseillers de la Cour de cassation; les présidents et conseillers de la Cour d'appel; les

---

(1) Cette observation est applicable aux cessations de payements survenues depuis le 14 août 1870 jusqu'au 14 nov. suivant, sous le bénéfice de la loi du 15 août 1870, et des décrets de prorogation des 16 sept. et 11 oct.

présidents et juges des tribunaux de commerce et les juges de paix ; les suppléants des tribunaux civils et des justices de paix peuvent être jurés, parce qu'ils n'exercent leurs fonctions que momentanément et dans des cas particuliers ; — Les procureurs généraux et procureurs de la République et leurs substituts ; — Les ministres d'un culte quelconque ; — Les membres du Conseil d'État ; — Les commissaires de la République près les administrations ou régies ; — Les fonctionnaires ou préposés chargés d'un service actif ; — Les militaires en activité de service ; — Les instituteurs primaires communaux.

Éliminations fondées sur des causes de dispenses.

Aux personnes qui sont exclues de la liste à raison de leur inaptitude, de leur incapacité ou de l'incompatibilité des fonctions qu'elles remplissent, il faut ajouter celles qui sont éliminées à raison, soit de leur âge, soit de leur position personnelle. — La loi range dans cette catégorie : — 1° Les septuagénaires ; — 2° Les citoyens qui, vivant d'un travail journalier, justifieraient qu'ils ne peuvent supporter les charges résultant des fonctions de jurés. — Cette disposition donne lieu à plusieurs observations. La dispense ne peut être prononcée d'office par le maire ; il faut qu'elle soit consentie ; il faut même qu'elle ait été demandée. La loi porte formellement, en effet, que les citoyens ci-dessus désignés pourront, sur leur demande, ne point être portés sur la liste.

Je dois ajouter cependant que, lorsque le maire sait qu'un citoyen se trouve dans un des cas prévus par la loi, rien ne s'oppose à ce qu'il lui fasse connaître qu'il peut ne pas être porté sur la liste, et qu'il provoque une demande de sa part. Tout ce que la loi veut, c'est que l'exemption soit réclamée ou consentie ; c'est qu'un citoyen ne puisse être arbitrairement privé d'une fonction qu'il a droit d'exercer : mais elle ne s'oppose nullement à ce que ce citoyen soit mis en demeure de réclamer une dispense s'il juge convenable de le faire.

D'un autre côté, il ne suffit pas que la dispense soit demandée pour qu'elle doive être accordée. Le maire a les pouvoirs d'apprécier si les motifs allégués sont fondés, s'il y a lieu d'y faire droit : à l'égard des septuagénaires, si l'âge les rend inhabiles à supporter les charges du jury ; à l'égard des citoyens qui vivent d'un travail journalier, s'ils justifient que cette charge serait pour eux trop onéreuse.

§ 2. — Rédaction de la liste.

Lorsque le maire a opéré sur la liste des électeurs toutes les éliminations qui viennent d'être indiquées, son travail est achevé et la liste, ainsi rectifiée, forme la liste générale des jurés de la commune. — Cette liste doit être immédiatement affichée par ses soins sur la porte de l'église, de la maison commune, et partout où il le jugera convenable. Il importe que cette affiche soit faite dans le plus bref délai ; car c'est de la date de cette publication que courent les délais dans lesquels les réclamations peuvent être faites.

Ces réclamations, en effet, doivent être proposées par les citoyens, soit contre une inscription, soit contre une omission, dans les dix jours qui suivent la publication. Hors de ce délai, elles seraient frappées de déchéance. Elles sont déposées à la mairie et peuvent être faites par simple lettre. La loi ne les assujettit à aucune forme. — Le conseil municipal prononce en première instance sur toutes les réclamations ; il doit statuer dans les 8 jours qui suivent, non le dépôt de la demande, mais l'expiration du premier délai de 10 jours, car il doit évidemment

statuer sur toutes les réclamations à la fois. Sa décision, aussitôt qu'elle aura été rendue, est notifiée administrativement à la partie.

Celle-ci peut former un recours contre cette décision. Ce recours doit être formé dans les trois jours de la notification. Sa forme n'est point réglée par la loi ; il suffira qu'il soit déclaré par écrit au secrétariat de la mairie, et le maire transmettra cette déclaration avec les pièces, soit au procureur de la République, soit au préfet, suivant que l'affaire concerne le tribunal civil ou le conseil de préfecture.

Le recours est porté devant le tribunal civil quand la réclamation se fonde sur une incapacité légale, car les tribunaux sont seuls compétents pour statuer sur l'état et la capacité des parties. — Le recours est porté devant le conseil de préfecture quand la réclamation est fondée sur toute autre cause ; par exemple, sur le rejet d'une dispense. Dans ce dernier cas, vous devez veiller à ce que les décisions soient rendues au plus tard dans les 15 jours de la date du recours. Le conseil de préfecture statue définitivement et sans frais. — Aussitôt que ces décisions sont rendues, vous en donnez connaissance au maire, qui doit faire afficher dans la commune les additions ou retranchements qu'elles ont prononcés, en suivant les mêmes dispositions que pour l'affiche de la première liste.

Toutes ces opérations sont empreintes d'une grande simplicité. Le législateur a voulu, par la réduction des formes, par la brièveté des délais, par la suppression de tous les frais, rendre accessible à tous la voie des réclamations sans qu'il en résultât de retard pour la formation de la liste. — Cette liste, d'ailleurs, est permanente, et cette disposition a pour but de simplifier encore les opérations relatives à sa confection. Une fois rédigée, en effet, elle servira perpétuellement à la formation du jury. Il suffira que chaque année, avant le 15 septembre, le maire en opère la rectification, en retranchant les jurés qui seraient décédés ou devenus incapables, et en ajoutant les citoyens qui auraient acquis ou recouvré les conditions exigées par la loi. Chaque année, elle devra seulement être publiée à la même époque, et les réclamations seront produites et jugées dans les mêmes délais et suivant les mêmes règles.

Lorsque la liste des jurés de la commune est complète, le maire vous la transmet. Cette transmission, aux termes de l'art. 8 du décr., doit être faite chaque année avant le 1ᵉʳ nov. Il ne faut pas que, pour l'année actuelle, les maires attendent cette époque pour faire cet envoi. L'art. 23, en effet, par une disposition transitoire, veut que la liste qui va être rédigée serve, non-seulement pour 1849, mais aussitôt qu'elle sera faite. Il est donc urgent qu'elle vous soit adressée dans le plus bref délai, et je vous invite à y tenir sévèrement la main. Les réformes judiciaires qui doivent donner de plus grandes garanties aux justiciables, ne sauraient être trop tôt appliquées.

Ici se termine la part du maire dans ce travail. Elle consiste uniquement, en effet, dans la préparation et la rédaction de la liste générale des jurés de la commune. Elle ne s'étend pas au delà. Il importe qu'il en connaisse exactement les limites, afin qu'en mesurant à l'avance toute sa tâche, il lui soit plus facile de l'achever promptement. Il lui reste cependant encore un soin à prendre : si, dans le cours de l'année, il survient des décès ou des incapacités, il doit en prévenir immédiatement le président du tribunal du chef-lieu du département, ou le président de la Cour d'appel, si ce chef-lieu est le siège d'une Cour (art. 19 du décr.)

Lorsque toutes les listes communales vous auront été adressées, vous serez immédiatement dresser la liste générale du département. — Cette liste, qui n'est que la réunion des listes communales, sera classée par ordre alphabétique et divisée par canton (art. 8 du décr.). — Elle devra contenir, dans une première colonne, les noms et prénoms des jurés; dans une seconde, leur âge, qui sera indiqué, autant qu'il sera possible, par la date de la naissance; dans une troisième, leur profession particulière, car ce renseignement est nécessaire pour la rédaction de la liste de service; enfin, dans une quatrième, le lieu de la résidence, car, sans cette indication, les notifications seraient, sinon impossibles, au moins très-difficiles, et il pourrait en résulter des retards toujours préjudiciables.

Aussitôt que la liste de chaque canton sera dressée, vous devrez l'adresser au juge de paix du canton (art. 8 du décr.). — Je vous recommande de prendre des mesures pour que ce travail et cet envoi soient faits avec la plus grande célérité. Comme il n'y a qu'une seule copie à faire pour le juge de paix, puisque vous gardez l'original de la liste, il y a lieu de croire que cette tâche pourra être achevée très-promptement.

§ 3. — De la liste annuelle.

La rédaction de la liste générale est un travail presque exclusivement matériel; il ne s'agit que de vérifier des faits et de les constater par l'inscription ou l'exclusion des citoyens sur la liste. la rédaction est une œuvre plus difficile; il s'agit de composer par le choix, en puisant dans la liste générale, la liste des citoyens qui doivent, chaque année, siéger comme jurés pour le service des assises. — La loi a voulu que cette opération fût entourée de toutes les conditions d'indépendance et d'impartialité, et c'est à juste titre : la justice, qui s'organise dans un intérêt spécial et non au point de vue des intérêts généraux de la société, affaiblit son caractère et compromet le respect et l'autorité qui lui sont dus. Vous ne perdrez pas de vue cette pensée.

Aussitôt que la liste générale est dressée, vous devez procéder à un double travail. — Vous devez d'abord fixer le nombre des jurés de la liste annuelle du département : cette liste doit comprendre un juré par 200 habitants, en prenant pour base le tableau officiel de la population : ce nombre, toutefois, ne peut excéder 1,500, le département de la Seine excepté. (art. 9 du décr.). Cette fixation accorde de 665 à 778 jurés aux trois départements les moins populeux de France; de 900 à 1,400 à dix-huit autres dép., et 1,500 à tous les autres (1). — Vous devez ensuite répartir ce nombre entre les cantons de votre département, proportionnellement au nombre des jurés portés sur la liste générale (art. 10 du décr.). Cette répartition doit être faite en conseil de préfecture.

Ces deux opérations achevées, vous adresserez immédiatement au juge de paix de chaque canton, avec la liste générale du jury de son canton, l'arrêté de répartition qui fixe le nombre des jurés que ce canton doit fournir. — Vous aurez soin d'indiquer en même temps les noms des jurés désignés par le sort dans le cours des deux années précédentes (2) et l'année courante; car la loi ne veut pas qu'un citoyen soit contraint d'être juré plus d'une fois en trois ans (art. 21), et le passage d'une législation à l'autre ne doit pas nuire à ceux qui ont rempli, dans les deux années qui viennent de s'écouler, les fonctions de jurés. Il faut toute-

fois remarquer que ceux-là seuls qui ont siégé à la Cour d'assises peuvent profiter du bénéfice de cette disposition. Il ne suffit pas d'avoir été porté sur les listes de service précédentes, ou même d'avoir été appelé au sort, si par quelque excuse, une dispense de siéger a été accordée; il faut un service effectif.

La désignation des jurés qui doivent prendre place sur la liste annuelle, autrefois faite par vous seul, est maintenant déléguée à une commission. — Cette commission est composée : 1° du conseiller général du canton, qui en sera le président; 2° du juge de paix, vice-président; 3° et de deux membres du conseil municipal de chaque commune du canton, désignés par le conseil. — Cette composition a deux exceptions, pour le cas où le canton ne forme qu'une seule commune et pour celui où il n'est qu'une fraction d'une commune. Dans le premier cas, le conseil municipal de la commune délègue cinq de ses membres; dans le second, tous les cantons dans lesquels se divise la commune ne forment qu'une seule commission, composée : 1° des conseillers généraux des cantons, dont le plus âgé sera le président; 2° des juges de paix, dont le plus ancien sera le vice-président; 3° de deux membres du conseil municipal de la ville pour chaque canton; 4° de deux membres du conseil municipal de chaque commune rurale faisant partie des cantons (art. 11, 12 et 13 du même décret) (3).

Tous les membres des conseils municipaux qui prennent part à ces commissions, doivent être désignés par les conseils eux-mêmes, et cette désignation doit être faite, chaque année, dans la première quinzaine du mois d'août. Vous aurez soin de veiller à ce que cette disposition de la loi soit exactement exécutée. Quant à cette année, il importe de provoquer, sur-le-champ et sans aucun retard, les conseils municipaux à procéder à ces délégations, car les commissions doivent être organisées aussitôt que les listes de canton leur seront renvoyées (4).

C'est vous, M. le préfet, qui êtes chargé d'indiquer le jour de la réunion des commissions au chef-lieu de chaque canton, et de fixer l'heure des convocations. En général, cette réunion a lieu dans la deuxième quinzaine de novembre. Vous devez, cette année, les fixer le plus promptement possible et aussitôt que les listes de canton seront préparées. — Chaque membre doit être convoqué par un avertissement que vous lui notifierez dans la forme administrative, c'est-à-dire par une simple lettre.

La loi, en imposant cette mission difficile aux membres des conseils municipaux, a compté sur leur patriotisme; mais la fonction qu'elle attribuait aux membres délégués était trop importante, pour qu'une sanction ne fût pas attachée à son accomplissement. Chaque commission ne peut procéder aux opérations qui lui sont confiées, qu'autant qu'elle est composée de la moitié plus un des membres qui doivent en faire partie (art. 15 du décret). Il faut donc, pour que le service soit assuré, que les membres coupables de négligence soient atteints. Tout membre absent est passible d'une amende. Ce n'est point à la commission qu'il appartient de la prononcer; elle a seulement le pouvoir d'agréer les excuses alléguées par les membres absents et de prévenir, par là même, toute condamnation. L'amende, qui est de 15 fr. au moins et de 100 fr. au plus, est prononcée par

(1) Ces dispositions ont été modifiées, pour l'Algérie, par le décr. du 24 oct. 1870 (art. 5).

(2) Modifié pour l'Algérie, par le décr. du 24 oct. 1870 (art. 5).

(3) Modifié transitoirement par le décr. du 14 oct. 1870 (art. 3 et 4).

(4) Sans objet pour les listes de 1870, la composition des commissions cantonales ayant été transitoirement modifiée par le décr. du 24 oct. 1870 (art. 3 et 4).

le tribunal civil de l'arrondissement, sur le vu d'un extrait du procès-verbal de la commission, constatant l'absence. Cet extrait doit être transmis par le président de la commission au procureur de la République.

Les commissions sont investies d'un pouvoir discrétionnaire pour faire la désignation des jurés. La loi a confié cette grave opération à leurs lumières, à leur indépendance, à leur amour pour une impartiale et bonne justice. Elles comprendront sans doute toute la gravité de ce devoir social. — Cependant il ne sera point inutile que vous leur rappeliez, au moment où elles s'assembleront, les règles qui doivent dominer leur travail. En cherchant à les éclairer sur leur mission, vous ne gênerez ni leur indépendance, ni leur pleine liberté.

Ces règles, au reste, peuvent se résumer dans des termes fort simples. Ainsi, tout citoyen, sans doute, a le droit d'être juré; mais être juré, c'est être appelé à juger, c'est-à-dire à participer à l'une des opérations les plus difficiles de l'intelligence humaine; tout juré doit donc, en le comprend, pour avoir le droit de juger, être apte à exercer ce droit. Or, il ne sera apte qu'autant qu'il y aura en lui deux conditions essentielles, et qui doivent être préalablement reconnues, à savoir : capacité intellectuelle, capacité morale.

Capacité intellectuelle. — car l'appréciation des diverses circonstances et des caractères d'un fait criminel, le discernement de la vérité au milieu des nuages qui peuvent l'obscurcir, enfin la déclaration des divers degrés de la criminalité des auteurs d'un fait, sont des opérations de l'esprit qui supposent une intelligence plus ou moins exercée, une instruction plus ou moins cultivée.

Capacité morale. — car il ne suffit pas que le juré discerne et saisisse la vérité, si, par faiblesse ou connivence, il la voile ou la déguise dans son verdict; il faut que son caractère soit la garantie de son impartialité, qu'aucun doute ne plane sur sa probité et sur son indépendance. Ce sont les idées dont les commissions doivent être bien pénétrées au moment où elles procèdent à la formation des listes annuelles. À ces conditions, en effet, le jury sera pour tous une vérité, pour tous une garantie.

La liste des cantons achevée, elle est rédigée en double exemplaire, et signée, séance tenante (art. 17 du décret). Un double vous est transmis immédiatement par le président de la commission; l'autre reste au greffe de la justice de paix, où chaque citoyen peut en prendre communication.

Aussitôt la réception des listes formées par les commissions cantonales, vous dressez, en réunissant toutes ces listes, la liste annuelle des jurés de service. Cette liste est rédigée par ordre alphabétique; elle n'est plus divisée, comme la liste générale, par cantons; elle contient les mêmes colonnes et les mêmes renseignements; car ces renseignements peuvent servir, non-seulement à constater la capacité des jurés, mais encore à diriger les récusations. — Je dois ajouter que cette liste annuelle ne doit point être publiée. Les citoyens peuvent en prendre connaissance au greffe de la justice de paix de chaque canton; ils peuvent vérifier s'ils y sont portés. Il n'y a point d'intérêt qui sollicite cette publication, et la dépense qu'elle occasionnerait n'aurait aucun objet.

§ 4. — De la liste supplémentaire.

À côté de la liste annuelle, la loi a placé une liste spéciale de jurés suppléants, pris en dehors de la liste annuelle, parmi les citoyens de la ville où se trouvent les assises. Elle est destinée à fournir des jurés aux assises, dans le cas où les jurés cités ne se présentent pas. — Ces jurés suppléants étaient pris jusqu'ici parmi les jurés de la ville, inscrits sur la liste dressée en exécution de l'art. 387 du Code d'instr. crim.; l'expérience a démontré qu'il y avait un grave inconvénient à prendre les suppléants sur les listes des jurés titulaires, parce que souvent ceux-ci ayant été désignés par le sort, il ne se trouvait plus de suppléants. C'est pour obvier à cet inconvénient que la liste des suppléants est composée en dehors de celle des titulaires.

Cette liste se compose de 50 jurés pour chaque département, hors celui de la Seine (1). Elle est dressée, comme la liste des cantons, par la commission chargée de former le jury du lieu où siégent les assises. Les mêmes règles lui sont applicables. Seulement, elles doit rester parfaitement distincte de la première, et il est nécessaire que les jurés qui y sont inscrits aient leur résidence habituelle et continuo dans la ville, afin qu'ils soient incessamment sous la main de la justice.

La liste annuelle et la liste supplémentaire sont, avant le 15 décembre de chaque année, transmises au greffier du tribunal chargé de la tenue des assises; mais, quant à l'année actuelle, cette transmission devra être faite avant cette époque et dès que les listes seront dressées. Bien que les anciennes listes doivent servir jusqu'à ce que les nouvelles soient prêtes, il est nécessaire de hâter le plus possible ce document; et, d'ailleurs, l'art. 25 du décret fait un devoir de cette célérité.

Telles sont, M. le préfet, les principales explications que j'avais à vous transmettre sur le décret dont vous êtes chargé d'assurer l'exécution. Je me suis borné à tracer la marche générale qui doit être suivie, mais je m'empresserai de vous adresser des instructions sur toutes les difficultés que vous pourrez rencontrer et que je n'ai pas prévues. Je vous le répète, au surplus, si votre tâche a changé de nature, elle n'est ni moins difficile, ni moins pesante. Si vous n'êtes pas personnellement appelé à rédiger les listes, vous avez le devoir de préparer cette rédaction par les mesures qui peuvent la faciliter, de donner à ce travail une impulsion utile, de la surveiller à toutes ses phases, de tenir la main à ce que son exécution soit achevée avec régularité et dans les délais de la loi. J'appelle encore une fois toute votre attention et tous vos soins sur cette œuvre importante et laborieuse. Veuillez ne rien négliger pour que la loi nouvelle reçoive dans votre département une exécution entière, et pour que le principe démocratique qu'elle a consacré assure à la République une justice ferme, impartiale et éclairée.

Le ministre de la justice,
MARIE.

D. — (*Bordeaux.*) — 27 déc. 1870-10 janv. 1871. — BG. 352. — *Interprétation de l'art. 4 du décr. du 14 oct. 1870 ci-dessus.*

Vu les décrets sur le service du jury, des 14 oct. et 25 nov. 1870; — Considérant qu'il importe d'appliquer partout des règles uniformes pour la composition du jury en matière criminelle; — Considérant qu'il s'est élevé des doutes sur la composition légale des commissions cantonales chargées de former la liste annuelle du jury, ainsi que sur l'application des listes de 1870 aux départements qui n'ont pu terminer leurs opérations en temps utile;

Art. 1. — L'art. 4 du décret de Paris, du

---

(1) Modifié pour l'Algérie, par le décr. du 24 oct. (art. 5, § 2).

14 oct. 1870, doit être entendu en ce sens que les nouvelles commissions cantonales pour la formation de la liste annuelle seront composées du juge de paix, président, de ses suppléants, et des maires et adjoints de chaque commune du canton. Les opérations de la commission seront recommencées dans les cantons où elle aurait été composée autrement.

Art. 9. — L'art. 1 du décr. du 25 nov. 1870, qui autorise, pour les assises de 1871, le tirage sur les listes de 1870, s'applique à tous les départements, même non encore envahis, où les circonstances auront empêché la clôture en temps utile des opérations nécessaires à la formation de la liste annuelle.

AD. CRÉMIEUX, GLAIS-BIZOIN, L. FOURICHON.

RENVOIS. — V. *Table alphabétique.*

Justice.

Le seul changement apporté depuis 1866 à l'organisation du service judiciaire, consiste dans l'institution du jury. Le décr. du 7 août 1848 remis en vigueur en France par décr. du gouvernement de la défense nationale, en date du 14 oct. 1870, a été, un mois après, déclaré, sauf quelques modifications, applicable à l'Algérie. L'importance des décrets et règlements relatifs à cette juridiction dont l'expérience est faite pour la première fois dans la colonie, a fait juger nécessaire de les réunir en un article spécial (V. *Jury*).

DIVISION.

§ 1. — Organisation judiciaire.
§ 2. — Règlements de service intérieur.
§ 3. — Tribunaux civils de 1re instance.
§ 4. — Juridiction spéciale des commandements de place.

§ 1. — ORGANISATION JUDICIAIRE.

DÉ. — 25 août-5 sept. 1867. — BG. 243.
Création d'une 5e place de juge dans les tribunaux d'Oran et de Constantine.

Art. 1. — Il est créé un emploi de juge dans chacun des tribunaux de Constantine et d'Oran. — En conséquence, ces tribunaux seront composés ainsi qu'il suit : — Un président, — Cinq juges, — Un juge suppléant rétribué, — Un procureur impérial, — Un substitut, — Un greffier, — Deux commis greffiers.

Circ. G. — 14 mai-25 juin 1868. — BG. 271.
Compétence et attributions des officiers de police judiciaire et des agents de la force publique tant en territoire militaire qu'en territoire civil. — Instructions aux généraux commandant les provinces.

M. le général, une note insérée, par mon ordre, dans le *Moniteur de l'Algérie* du 29 avril dernier, et qui a été reproduite par les journaux de la colonie, a eu pour objet d'établir qu'en matière de crimes et délits, les mandats décernés par les magistrats compétents avaient autorité en territoire militaire aussi bien qu'en territoire civil ; que les ordonnances des juges d'instruction s'exécutaient partout sans obstacle ; que les officiers de police judiciaire ne rencontraient aucune entrave dans leurs perquisitions et leurs poursuites ; qu'enfin, tout s'accomplissait, en pareille matière, dans les conditions du droit commun. — Il a été dit, de plus, dans cette note, que, s'il s'agit d'un criminel ou d'un délinquant surpris en flagrant délit, la poursuite immédiate, même sans mandat régulier, n'est point subordonnée à une question de limite territoriale.

La note ajoute encore : « La gendarmerie a le droit de suivre le fugitif et de l'arrêter partout où elle peut l'atteindre. Les attributions des gardes champêtres et forestiers sont plus restreintes. Elles ne s'étendent pas au-delà du territoire pour lequel ils sont assermentés. Telle est la disposition de l'art. 16 C. d'inst. cr. Hors de la commune dans laquelle ils exercent leurs fonctions, les gardes qui s'emparent de la personne d'un assassin, d'un meurtrier, d'un voleur, agissent à leurs risques et périls et sous leur responsabilité personnelle. C'est encore une application du droit commun, auquel il n'est pas plus dérogé en Algérie que dans la métropole. »

En vous transmettant officiellement la substance de cette note, mon désir est que les principes du droit commun qui y sont rappelés soient aussi strictement observés dans le territoire militaire que dans le territoire civil. Je vous prie de donner des instructions conformes à MM. les commandants militaires et officiers des bureaux arabes de votre division. — Il reste bien entendu que, dans les cas ordinaires, l'autorité territoriale sera toujours informée préalablement par le magistrat qui dirige la poursuite ; mais, dans les cas urgents, il ne lui en sera référé qu'au moment même, ou après l'exécution. Le défaut d'avis préalable ne devra jamais être un motif de refuser de prêter au besoin main-forte à la justice.

En ce qui touche les gardes champêtres ou forestiers, agissant dans le cas de flagrant délit et poursuivant le criminel ou le délinquant hors de leur territoire, comme il est dit ci-dessus, ils resteront libres d'agir, en justifiant de leur qualité et sous leur responsabilité personnelle.

Je me suis concerté avec M. le procureur général pour qu'il donne des instructions concordantes à MM. ses substituts.

M^{al} DE MAC-MAHON, DUC DE MAGENTA.

Circ. G. — 17-25 juin 1868. — BG. 271.
Même objet.

M. le général, M. le garde des sceaux, ministre de la justice et des cultes, ayant reçu communication de mes instructions du 14 mai dernier, au sujet du droit de poursuite des criminels et délinquants du territoire civil en territoire militaire, m'a fait observer que l'interprétation restrictive par moi donnée à l'art. 16 C. d'inst. cr., en ce qui touche l'action des gardes champêtres et forestiers hors de leur circonscription, n'était pas conforme à l'esprit de la loi. — J'avais admis, m'attachant étroitement au texte légal, que ces officiers de police judiciaire perdaient leur caractère d'agents de la force publique hors du territoire pour lequel ils avaient été assermentés.

« Tel n'est pas, m'écrit S. Exc., le sens de la loi commune. Un arrêt de la Cour de cassation, du 2 juill. 1846, expose clairement qu'indépendamment de leurs attributions spéciales pour la conservation des propriétés rurales, les gardes champêtres et forestiers ont encore le devoir de constater les infractions à la sûreté publique ou particulière et d'en arrêter les auteurs qu'ils saisissent en flagrant délit ou que dénonce la clameur publique. Ils se trouvent donc ainsi, par la nature de leurs fonctions, assimilés aux gendarmes et autres agents de la force publique. Ce qui est nécessaire pour arriver à la répression des crimes et délits commis en territoire civil, c'est que les gardes-champêtres et forestiers de ce territoire puissent, en leur qualité, suivre les traces des délinquants réfugiés en territoire militaire, visiter leurs tentes ou gourbis, constater les faits et arrêter les prévenus de la même manière que les gendarmes et autres agents de la force publique. »

Le ministre rappelle, à l'appui de ses observations, qu'aux termes d'un traité du 30 juin 1856, entre le gouvernement impérial et la Suisse, les gardes forestiers qui ont constaté un délit ou une contravention dans la circonscription confiée à leur surveillance, peuvent suivre les objets enlevés, même de l'autre côté de la frontière, sur le territoire de l'Etat voisin, jusque dans les lieux où ils auraient été transportés et en opérer la saisie (art. 9, § 1). — « Il semble impossible, ajoute S. Exc., d'accorder aux agents de l'autorité civile, dans le territoire militaire, moins de droits que le traité suisse n'en accorde à nos agents français sur un territoire qui échappe à notre souveraineté. »

Fort d'une autorité aussi considérable, je m'empresse de modifier dans le sens des observations qui précèdent mes premières instructions, en ce qui touche les gardes champêtres et les forestiers. En conséquence, il reste bien entendu que ce n'est pas comme simples particuliers, mais comme agents de la force publique, qu'ils sont autorisés à suivre sur le territoire civil en territoire militaire les criminels et les délinquants par eux surpris en flagrant délit ou qui leur sont dénoncés par la clameur publique, et que, pour l'exécution de cette poursuite, qu'il s'agisse de personnes ou d'objets enlevés, ils ont le droit de se faire donner main-forte par l'autorité du lieu, en vertu du dernier § de l'art. 16, déjà cité, C. d'inst. cr.

M^{al} DE MAC-MAHON, DUC DE MAGENTA.

D. — (Paris.) — 6 sept. 1870. — (Publié au Moniteur de l'Algérie du 13 sept.) — Formule exécutoire des arrêts, jugements et mandats de justice.

Les tribunaux rendront la justice au nom du peuple français. — Les expéditions des arrêts, jugements, mandats de justice, ainsi que les grosses et expéditions des contrats et de tous autres actes susceptibles d'exécution forcée seront intitulées ainsi qu'il suit :

République française. — « Au nom du peuple français ! » — Pour les arrêts et jugements ; — « La Cour d'appel ou le tribunal de... a rendu .. » (Copier l'arrêt ou le jugement.) — Pour les actes notariés et autres, transcrire la teneur de l'acte. — Lesdits arrêts, jugements, mandats de justice et autres actes seront terminés ainsi : — « En conséquence, la République mande et ordonne à tous huissiers sur ce requis de mettre ledit jugement ou arrêt à exécution ; aux procureurs généraux et aux commissaires du gouvernement près les tribunaux de première instance, d'y tenir la main ; à tous commandants et officiers de la force publique de prêter main-forte, lorsqu'ils en seront légalement requis. — « En foi de quoi, le présent jugement ou arrêt a été signé par,..., etc. »

Les porteurs des expéditions des jugements et arrêts et des grosses et expéditions des actes, délivrés avant l'ère républicaine, qui voudraient les faire mettre à exécution, devront préalablement les présenter aux greffiers des Cours et tribunaux pour les arrêts et jugements, ou à un notaire pour les actes, afin d'y ajouter la formule ci-dessus indi-

quée à celle dont elles étaient précédemment revêtues. — Ces additions seront faites sans frais.

D. — (Paris.) — 25 sept. 1870. — (Non publié en Algérie.) — Sceaux de l'Etat.

Art. 1. — A l'avenir, le sceau de l'Etat portera d'un côté, pour type, la figure de la Liberté, et pour légende : Au nom du peuple français, et de l'autre côté une couronne de chêne et d'oliviers, liés par une gerbe de blé ; au milieu de la couronne : République française démocratique une et indivisible, et pour légende : Liberté, égalité, fraternité.

Art. 2. — Les sceaux, timbres et cachets des cours, tribunaux, justice de paix et notaires porteront pour type la figure de la Liberté, telle qu'elle est déterminée par l'art. 1 pour le sceau de l'Etat ; pour exergue, République française, et pour légende le titre des autorités ou officiers publics par lesquels ils seront employés.

D. — (Tours.) — 24 oct. 1870. — (V. Jury.) — Institution du jury en Algérie.

D. — (Tours.) — 27 oct. 1870. — (V. Presse.) Attribution au jury de la connaissance des délits politique et de presse.

D. — (Tours.) — 2 nov. 1870, et autres décrets, interdisant temporairement toutes poursuites d'exécution en matière de saisie immobilière ou contre femmes de militaires et autres débiteurs. (V. Effets de commerce, — Procédure.)

D. — (Bordeaux.) — 19-31 déc. 1870. — BG. 551. — Réduction de l'indemnité accordée aux présidents d'assises.

Vu les décr. des 1er nov. 1851 et 1er mai 1861 (II, 120) ; — Le décr. du 24 oct. 1870, sur l'organisation des Cours d'assises en Algérie (suprà, Jury) ;

Art. 1. — A partir de la première session des assises de 1871, l'indemnité accordée à chacun des conseillers délégués pour présider aux Cours d'assises ordinaires de l'Algérie, sera de 600 fr. pour le magistrat qui présidera successivement à Constantine et à Bône, et de 500 fr. pour le président des assises d'Oran.

Art. 2. — Le décr. du 1er mai 1861 est abrogé.

AD. CRÉMIEUX, GLAIS-BIZOIN, L. FOURICHON.

DP. — 30 avr. 1872. — (V. Communes, § 5.) — Attributions de police judiciaire conférées aux chefs des nouvelles circonscriptions cantonales.

§ 2. — RÈGLEMENT DE SERVICE INTÉRIEUR (I, 402 ; II, 121).

§ 3. — TRIBUNAUX CIVILS DE PREMIÈRE INSTANCE (I, 406).

§ 4. — JURIDICTION SPÉCIALE DES COMMANDANTS DE PLACE (1).

AG. — 16 juil.-28 sept. 1869. — BG. 515. — Exercice des fonctions d'huissier en territoire militaire.

Vu l'arr. du 29 mai 1856, portant qu'en terri-

---

(1) JURISPRUDENCE. — Compétence des commandants de place en matière civile. — 1° Une demande en payements de loyers est personnelle et doit être portée devant le juge du domicile du défendeur ; le commandant de place du lieu où est situé l'immeuble ne peut en connaître lorsque le défendeur est domicilié hors de son ressort. Le fait que cette demande aurait en même temps pour objet le payement d'une somme d'argent pour réparations locatives n'a pas pour résultat de lui donner le ca-

ractère d'une demande mixte, l'action étant divisible, et le commandant de place est incompétent pour en connaître, — cass. 16 août 1854, Alby C. Lousteau. — Renvoi devant la Cour d'Alger.

2° Jugé de même et de plus que, dans l'espèce, l'action en payement d'une somme d'argent pour réparation constitue également une demande purement personnelle. — Cour d'Alger, 15 mars 1856. — Même affaire.

3° Un commandant de place est incompétent pour

toire militaire les fonctions d'huissier seront exercées par les commandants des brigades de gendarmerie (I, 408); — Considérant qu'il est nécessaire, pour satisfaire aux besoins du service judiciaire, d'étendre aux chefs de poste, quel que soit leur grade, les attributions conférées exclusivement par cet arrêté aux commandants de brigades de gendarmerie.

Art. 1. — Les fonctions conférées aux commandants de brigades de gendarmerie par l'arr. du 29 mai 1846, seront également remplies par les chefs de postes provisoires, quel que soit leur grade.

Mal DE MAC-MAHON, DUC DE MAGENTA.

Justice militaire.

DIVISION.

§ 1. — Législation.
§ 2. — Conseils de guerre. — Compétence. — Informations en matière criminelle (1).

§ 1. — LÉGISLATION (I, 409).

§ 2. — CONSEILS DE GUERRE. — INFORMATIONS EN MATIÈRE CRIMINELLE.

Instr. M., — 26 janv. 1870. — BG, 521. — *Règles pour la communication des dépêches télégraphiques officielles.*

M. le maréchal, — Par lettre du 27 sept. dernier, V. Exc. m'a fait l'honneur de me consulter sur la question de savoir s'il a été édicté des dispositions spéciales en vue de déterminer les conditions dans lesquelles l'autorité judiciaire a le droit de requérir la communication de dépêches télégraphiques officielles. C'est dans les dispositions du C. d'Inst. Cr. que l'autorité judiciaire trouve le droit de saisir les dépêches télégraphiques comme les autres lettres, pièces ou registres pouvant servir à établir la preuve d'un crime ou d'un délit; mais l'exercice de ce droit n'a pas paru susceptible d'être réglementé d'une manière absolue. — Dans cette situation, j'ai décidé que la règle suivante serait observée, au besoin, par l'autorité militaire exerçant le pouvoir judiciaire. — Lorsque, pour l'instruction de crimes ou de délits de sa compétence, un commissaire impérial près un conseil de guerre sera dans l'obligation de prendre connaissance de dépêches télégraphiques officielles, il en informera le chef du service télégraphique local. — Si cet agent croit devoir refuser la communication demandée, le commissaire impérial établira une réquisition faisant connaître exactement la nature des documents jugés utiles pour l'instruction judiciaire en cours, et l'adressera au ministre de la guerre par l'intermédiaire du général commandant la division territoriale.

M. le ministre de l'intérieur statuera sur la suite à donner à cette réquisition. — Ces dispositions vont faire l'objet d'une note au *Journal militaire officiel.*

Le ministre de la guerre,
Gal LE BŒUF.

RENVOI. — V. *Table alphabétique.*

Justice musulmane.

Région tellienne.

L'organisation de la justice musulmane établie par le décr. du 31 déc. 1859 a été modifiée partiellement par un nouveau décr. du 13 déc. 1866 qui a donné en partie satisfaction aux réclamations faites par les indigènes, ou en leur nom et dans leur intérêt, et que signalait la lettre de l'Empereur du 20 juin 1865, sur la politique de la France en Algérie.

On doit reconnaître que ce dernier décret a apporté de réelles et utiles améliorations à cette partie du service judiciaire. Sous le régime antérieur, une seule juridiction d'appel existait, celle de la Cour d'Alger. Il en résultait ce grave inconvénient que les justiciables étaient obligés de se transporter devant elle de tous les points les plus éloignés du territoire. Pour les uns c'était une impossibilité, pour d'autres une charge des plus onéreuses, et ceux qui étaient assez riches pour confier la défense de leurs intérêts à des mandataires avaient à supporter des frais exorbitants. La nature spéciale des contestations entre indigènes, lesquelles reposent le plus souvent sur des questions de fait, rend des plus utiles, sinon indispensable, leur comparution personnelle devant le magistrat. Il y avait donc une réforme à opérer, et l'institution d'une juridiction d'appel au chef-lieu de chaque province, en rapprochant les justiciables de leurs juges, est une sage mesure.

Les formes de procéder, en même temps qu'elles ont été simplifiées, ont été réglementées de manière à rendre obligatoire et sérieuse l'instruction de chaque affaire par le ministère public et par un magistrat rapporteur qui est tenu d'entendre les parties et de conférer avec elles avant les débats d'audience.

La juridiction des cadis a été soumise à des formalités et à une surveillance plus exactes, et une heureuse innovation a prescrit que pour être nommés aux diverses fonctions de la magistrature indigène, les aspirants seraient à l'avenir soumis à des examens. On s'étonne que l'attention du gouvernement ne se soit pas portée plus tôt sur

rendre un jugement prononçant une adjudication sur saisie immobilière, mais tant que ce jugement n'a pas été réformé par les voies légales, il constitue un titre auquel exécution est due. — *Cour d'Alger*, 19 juin 1855.

3° *Compétence étendue.* — L'arrêté du 5 août 1845 qui règle sur la compétence des commandants de place faisant fonctions de juge de paix, ne leur a donné que la compétence ordinaire attribuée à ceux-ci; ils ne peuvent user de la compétence étendue, attribuée exceptionnellement aux justices de paix dans les localités où cette extension a été jugée nécessaire (arrêté précité et décr. du 22 mars 1852. I. 408). — *Trib. d'Alger*, 27 oct. 1866. — *Robe*, 1866, p. 227. — *Cour d'Alger*, 22 mars 1870. *Robe*, 1870, p. 97.

(1) JURISPRUDENCE. — *Compétence.* — 1° Compétence des conseils de guerre en matière de délits et contraventions aux lois sur la douane, commis en territoire militaire (V. *Douanes*, § 2, notes).

2° Les lois de procédure et d'instruction sont obligatoires du jour de leur promulgation, et deviennent immédiatement applicables aux poursuites en cours d'exécution, pour des crimes et délits commis antérieurement; il en est de même des lois modificatives de la compétence, et le principe s'étend également au cas où le changement d'attributions résulte de modifications apportées par le pouvoir compétent aux classifications territoriales. En conséquence, le conseil de guerre saisi en Algérie de la poursuite d'un crime commis par des Arabes en territoire militaire, a cessé de pouvoir en connaître à partir de la promulgation du décret qui réunit ce même territoire au territoire civil; et par suite, les arabes condamnés par ce conseil de guerre sont recevables à se pourvoir en cassation (ord. 26 sept. 1842, art. 48. — C. Just. Mil., art. 81). — *Cass.* 7 déc. 1865, ch. crim. — *Dalloz*, 1866, 1, 188. — *Robe*, 1867, p. 10.

ce moyen de fortifier les études et de s'assurer autant que possible des aptitudes et de l'instruction des indigènes que l'on choisissait pour remplir cette mission.

Les examens auxquels ont procédé des commissions spéciales à partir de 1869, ont révélé combien l'enseignement des principes les plus élémentaires du droit musulman était insuffisant et manquait surtout de direction et d'unité. Il y aurait évidemment à cet égard un ensemble de dispositions à prendre. Avec des programmes d'études bien conçus et convenablement préparés, des instructions faites avec soin, une surveillance sérieuse et des inspections annuelles, on formerait bientôt de bons professeurs qui, à leur tour, feraient de bons élèves. Cette réforme ne paraîtrait pas devoir offrir de grandes difficultés. Les medersas instituées par l'administration ont déjà des professeurs intelligents et savants; il suffirait de leur donner une direction plus uniforme et plus éclairée.

Les diverses mesures déjà adoptées par le décret tendent incontestablement à épurer le corps judiciaire musulman, qui a, de tout temps, provoqué de si graves et légitimes reproches d'incapacité et d'abus de toute nature, et à lui rendre un jour la considération nécessaire à l'accomplissement de sa mission.

Les prétentions des indigènes allaient plus loin. Ils demandaient que des tribunaux souverains et composés exclusivement de juges musulmans leur fussent donnés. Cette demande a été repoussée. C'eût été en effet abdiquer l'exercice de la souveraineté dont, chez tous les peuples, le droit de rendre la justice est un des principaux attributs. L'institution des midjelès a donc été conservée, mais seulement avec le caractère consultatif que lui confèrent les mœurs et les usages musulmans.

Le décret contient une autre innovation, la création d'un conseil supérieur de droit musulman, composé de cinq jurisconsultes indigènes, choisis dans les trois provinces, parmi ceux réputés les plus capables et les plus savants.

Il est naturel d'admettre que relativement aux questions qui touchent à leurs lois religieuses et d'état civil, les musulmans peuvent avoir plus de confiance dans les lumières de leurs cadis et jurisconsultes que dans celles des magistrats français. Cependant, depuis près de vingt ans que ceux-ci sont chargés d'appliquer ce droit comme juges d'appel, il en est un grand nombre qui, ayant fait une étude spéciale de la loi musulmane, sont aussi instruits et non moins intelligents que les cadis. D'ailleurs les règles en matière de mariages, de divorces et de successions, quoique différant des nôtres, sont assez simples, et il n'est pas douteux que les tribunaux français rendent sur ces diverses contestations aussi bonne et aussi exacte justice que les tribunaux musulmans.

Les indigènes eux-mêmes n'auraient pas été éloignés d'en convenir. Mais au nombre des questions d'état il en est une qui a le privilège de les passionner et sur laquelle leur foi paraît inébranlable; et c'est, le croirait-on, celle relative à la durée possible de la gestation chez la femme.

D'après des traditions et légendes plus ou moins accréditées, il est admis par eux comme constant et de principe religieux, que l'enfant conçu peut dormir dans le sein de sa mère pendant une période de plusieurs années. La majorité des commentateurs du Coran, qui cependant n'en dit mot, fixent cette période à quatre ans, quelques-uns même vont jusqu'à cinq en laissant entendre que si, même encore après cette durée, le soupçon de grossesse se fortifie, l'attente peut se prolonger [1]. Peut-être cette doctrine contraire aux lois de la nature et qui choque si vivement nos esprits a-t-elle eu dans le principe un but politique. On ne peut guère l'attribuer à l'ignorance, car les Orientaux ont précédé les nations occidentales dans presque toutes les sciences. Ne serait-il pas permis de penser que le fondateur de la religion et de la société musulmanes, qui se proclamait envoyé par Dieu pour propager la religion divine sur la terre par la force des armes, a jugé que, pour rendre plus fort et plus uni le peuple conquérant qu'il voulait constituer, aucune classe de déshérités, aucune inégalité dans les droits civils de chacun ne devait exister, et que tout enfant, dès que sa mère avait été mariée, devait avoir une famille et être exempt de la défaveur qui s'attache aux naissances illégitimes. Les enfants des concubines et des esclaves étaient également considérés comme légitimes, ils en exerçaient tous les droits, et le stigmate d'*enfant du péché* ne frappait que ceux nés d'une fille non mariée ou d'une femme notoirement prostituée.

Quel que soit le mystère qui couvre l'origine de cette croyance, elle est si fortement enracinée dans les mœurs qu'il n'est pas rare de voir la famille d'un mari décédé réclamer comme lui appartenant un enfant né longtemps après le décès, bien que cette reconnaissance, en lui donnant les droits d'enfant légitime, ait pour premier effet de l'admettre au partage de la fortune commune laissée par le défunt.

La justice française, on le comprend, avait quelque peine à consacrer dans ses arrêts une doctrine aussi étrange et ne reposant que sur un préjugé. Elle y était obligée, il est vrai, lorsque le jugement du cadi avait acquis l'autorité de la chose jugée ou était accepté par toutes les parties intéressées; mais toutes les fois que les circonstances permettaient soit d'éluder la difficulté, soit de puiser dans les faits de la cause le principe d'une autre solution, elle s'empressait de les saisir.

C'est ce grief que les indigènes invoquaient surtout pour obtenir une juridiction souveraine musulmane. L'institution d'un conseil supérieur a fait droit en partie à ces susceptibilités, car au lieu de lui conférer seulement le soin de donner

(1) SIDI-KHELIL, traduction Perron, t. III, p. 70.
Le cheik ABDAL-BAKI-ZERKANI, commentateur de Sidi Khelil au chapitre de l'Idda.
Le docteur BRAHIM-CHEBBRAKHITI, autre commentateur de Sidi Khelil.
L'auteur du livre intitulé El Moudouana au chapitre de l'Idda.

Le cheik IBN AASSEN, auteur du livre Touafel el houkkan.
Le jurisconsulte EL IMAN EL SAKIMI.
Le docteur IBN AAROUN.
Le jurisconsulte EL IMAN IBN EL KASSEM, premier disciple de l'Iman Malek.
Et autres.

un avis consultatif sur la solution des difficultés se rattachant à la loi religieuse comme l'art. 49 de l'ord. de 1842 l'avait fait pour les rabbins à l'égard des questions d'état civil, de mariages, et de répudiations entre israélites, le décret rend cet avis obligatoire, pour les tribunaux français qui sont tenus de l'enregistrer et de s'y soumettre. Cette concession, qui place la Cour elle-même dans un état d'infériorité vis-à-vis des cinq jurisconsultes indigènes érigés en tribunal suprême, est-elle l'œuvre d'une ferme et sage politique?

En fait, quels résultats cette institution a-t-elle produits? Le conseil, aux termes de l'art. 24 du décret, est largement rétribué et coûte à l'État 28,000 fr. par an. Depuis cinq ans qu'il existe, c'est une dépense de 140,000 fr. Or, depuis sa création, il a été consulté neuf fois par la justice; chacun de ses avis revient donc à plus de 15,000 fr., et l'on ne supposerait jamais quelle est la dernière décision émanée de lui! Il s'agissait précisément encore de cette question de durée de gestation, et voici dans quels termes la sentence est textuellement formulée et annexée à un arrêt de la Cour du 9 févr. 1860 : — « Certains jurisconsultes sont d'avis que la durée la plus longue de la gestation est de neuf mois et la plus courte de six. C'est l'opinion que nous adoptons en cette réponse, après examen et étude des livres de jurisprudence les plus accrédités, traitant de la matière. »

140,000 fr. dépensés pour aboutir à cette solution inattendue, qu'au lieu des quatre ou cinq années réclamées avec tant de ferveur religieuse par les savants docteurs de la loi, ils n'accordent même, plus les 300 jours fixés par l'art. 315 de notre Code civil, mais seulement 270!

On doit ajouter toutefois qu'en dehors de la mission spéciale pour laquelle il a été institué, le conseil supérieur a fourni de nombreuses décisions au bureau politique des affaires arabes, et qu'il a rédigé le programme du concours de droit musulman pour l'admission dans la magistrature indigène ainsi que divers modèles d'actes et de juge-

(*) La disposition de cet article a été reportée à la fin du nouvel art. 12.

(1) Rapport à l'Empereur. — Paris 13 déc. 1866. — Sire, — Les peuples se conquièrent moins par les armes et la contrainte que par un sage respect de leurs mœurs, de leurs croyances, et par l'intelligence de leurs besoins. Cette politique généreuse, V. M. l'applique à ses sujets musulmans de l'Algérie, en même temps qu'elle les convie à tous les avantages de notre civilisation; ils le savent et ils en sont reconnaissants.

Parmi les besoins des peuples, la justice est au premier rang. Une justice éclairée, sûre, appropriée aux coutumes et aux traditions de ceux à qui elle est rendue, est un bienfait inappréciable; elle est aussi un moyen puissant d'action civilisatrice. — La justice distribuée aux populations musulmanes est non-seulement digne de toute leur confiance, mais elle est, dans son organisation, empreinte vis-à-vis de ces populations, d'un esprit éminemment libéral et bienveillant.

Cet esprit se manifeste, en effet, dans toutes les dispositions du décr. de 1859, qui donne aux musulmans, pour loi, leur propre loi; pour juge au premier degré, le cadi, c'est-à-dire leur juge séculaire; pour juge au second degré, un juge français, mais ayant à ses côtés un organe de la loi musulmane, l'assesseur musulman. Le même décret réglant la procédure à suivre pour les affaires intéressant les indigènes, a pris soin encore que cette procédure fût conforme à leurs habitudes, qu'elle fût simple, rapide, peu coûteuse.

ment, travail qui aurait pu être fait aussi bien par les professeurs et directeurs des medereas.

Région saharienne.

Jusqu'au 8 janv. 1870, la partie de l'Algérie située en dehors du Tell et de la Kabylie était régie par la juridiction des cadis telle qu'elle existait avant le décr. du 1er oct. 1854. A cette date un décret impérial a rendu applicables à ces populations les principes posés dans le décr. du 13 déc. 1866, en apportant seulement à quelques-unes de ses dispositions les modifications commandées par la situation topographique des lieux et leur grand éloignement des tribunaux français.

Quant à la Kabylie, aux termes des engagements pris avec les djemaâs kabyles lors de la soumission du pays et qui sont consacrés par l'art. 59 du décr. du 31 déc. 1859, elle continue à être régie par ses coutumes.

DIVISION.

SECT. 1. — RÉGION TELLIENNE.

§ 1. — ORGANISATION 1830 à 1854 (I, 410 et s.; II, 122 et s.).

§ 2. — DÉCR. DU 1er OCT. 1854 (ibidem).

§ 3. — DÉCR. DU 31 DÉC. 1859 (ibidem).

§ 4. — DÉCR. DU 13 DÉC. 1866.

D1. — 13-31 déc. 1866. — BG. 212. — Organisation des tribunaux musulmans. — Modifications du décr. du 31 déc. 1859. — Institution d'un conseil supérieur de droit musulman (1).

Art. 1. — Les art. 1, 2, 4, 5, 7, 8, 9, 10, 11, 12, 15, 16 (*), 19, 22, 23, 24, 25, 28, 29, 30, 31,

Est-ce à dire, cependant, qu'après une expérience de quelques années, aucun changement utile ne puisse être proposé? — Les musulmans n'ont eu que des paroles de gratitude pour le sentiment de généreuse équité qui a présidé à l'organisation de la justice à leur égard, et pour la manière dont elle est administrée par nos magistrats. Ils ont reconnu surtout avec une remarquable unanimité que, pour le jugement de leurs transactions purement civiles ou commerciales, nulle justice ne leur inspire une confiance plus entière que celle de nos tribunaux. Sur un point important, cependant, c'est-à-dire pour le jugement des affaires qui se rapportent plus particulièrement à la loi religieuse, au mariage, à la constitution de la famille, ils ont exprimé une inquiétude et manifesté un désir. — Selon eux, les questions de cette nature, où éclate surtout la contrariété des mœurs, des traditions, des croyances, ne peuvent être qu'imparfaitement appréciées et résolues par un juge français; un juge musulman peut seul, en ces matières, faire de la loi musulmane une exacte application.

Ils ont donc émis le vœu que le jugement de ces causes spéciales fût réservé même en appel, à la connaissance d'une juridiction musulmane, et ils ont demandé pour cet objet, l'établissement d'un certain nombre de tribunaux exclusivement composés d'indigènes musulmans. — Ils ont, en outre, signalé quelques points de détail d'une importance beaucoup moindre, sur lesquels néanmoins il pouvait être utile de modifier la législation existante.

V. M. a désiré que, dans la mesure légitime, il fût donné satisfaction à des vœux dont le principe était lé-

32, 33, 34, 35, 37, 38, 39 et 40 du décr. du
31 déc. 1859 sont abrogés et remplacés par les dispositions suivantes :

Art. 1.

La loi musulmane régit toutes les conventions

pectable. Elle a pensé que, sans s'écarter des règles du
droit commun, sans sacrifier ni l'intérêt de la souveraineté française, ni les conditions d'une bonne et sérieuse
justice, il était possible d'accorder aux justiciables musulmans quelques garanties nouvelles pour une plus sûre
interprétation de leur loi dans les matières qui affectent
plus directement l'état de la famille ou la foi religieuse.
A côté de ce grave intérêt, d'autres questions ont fixé
l'attention de V. M. La juridiction des *cadis* vous a paru
réclamer de notables améliorations, soit dans son personnel, son recrutement, sa discipline, soit dans l'étendue
de ses circonscriptions et dans sa procédure. Vous avez
voulu que les juridictions d'appel fussent plus rapprochées
qu'elles ne le sont de leurs justiciables musulmans ; que,
devant ces mêmes juridictions, les formes de procéder
fussent rendues plus simples et plus rapides encore, les
frais diminués, l'intervention des hommes d'affaires écartée.

La sollicitude paternelle de l'Empereur a stipulé en faveur des Arabes combattant sous nos drapeaux, des délais de procédure destinés à protéger efficacement leurs
intérêts. Enfin elle n'a pas dédaigné d'autres détails qui
tout doivent concourir vers ce but : assurer aux musulmans de l'Algérie une justice conforme à leurs besoins,
digne en même temps de la France et de l'Empereur qui
la leur donnait.

V. M. a ordonné que ces questions fussent étudiées sur
les lieux mêmes par une commission d'enquête composée
de magistrats et d'administrateurs français, d'indigènes
choisis parmi les muphtis, les aghas, les cadis, les savants, (a) et présidée par un membre de la Cour de cassation (a). C'est le résultat des travaux de cette commission,
qui est déposé dans le projet de décret ci-joint.

Ce projet laisse subsister dans la plupart de ces dispositions le décr. du 31 déc. 1859 ; il se borne à modifier
un certain nombre d'articles. Ces modifications concernent : 1° l'application de la loi musulmane à quelques
cas non encore spécifiés ; 2° l'organisation des juridictions
soit au premier, soit au second degré ; 3° la procédure devant ces juridictions ; 4° l'exécution des jugements ; 5° l'intervention des cadis dans l'administration des successions.

1. — Aux termes de l'art. 1 du décr. de 1859, la loi
musulmane régit les conventions, les contestations civiles
ou commerciales et les questions d'état, entre indigènes
musulmans. Il a paru nécessaire de compléter cette rédaction en disant : « entre indigènes musulmans et entre
ceux-ci et les musulmans étrangers. » En effet, il y a
utilité pour les indigènes à ce que, en traitant avec des
musulmans étrangers, ils soient assurés que leurs conventions seront réglées et jugées d'après leur propre loi.
Des difficultés s'étaient élevées dans la pratique à ce sujet,
il était bon d'en prévenir le retour. Entre musulmans
étrangers, le droit commun demeure réservé. — La seconde disposition du même article est maintenue dans
sa généralité, c'est-à-dire que la déclaration faite dans
un acte par les musulmans, qu'ils entendent contracter
sous l'empire de la loi française, entraîne l'application
de cette loi.

(a) La commission était composée de MM. Gastambide,
conseiller à la Cour de cassation, président ; Pierrey, premier président de la Cour d'appel d'Alger ; Robinet de
Cléry, procureur général près la même Cour ; Urbain,
conseiller rapporteur au conseil de gouvernement général ; le colonel Gresley, chef du bureau politique ; Si
Hassan ben Brihmat, directeur de la Medersa d'Alger ;
Si el Hadj Mohamed ben Zaghouda, cadi de la Milidja
orientale ; Si Hamza ben Rahal, caïd des caïds de la Na-
drumah et des Traras ; Si Mohammed el Aïchi ben Bernou,
mophti de Mostaganem ; Si Taïeb ben Mokhtar, cadi des
Hachem (42e circonscription de la province d'Oran) ; Si
Mohammed Saïd ben Ali, chérif, caïd de Chellata ; Si el
Mekki ben Badis, cadi de la banlieue de Constantine ; Si
Mohammed ben el Hadj Mohammed, cadi de Philippeville ;
Si Sellman ben Siam, agha honoraire de Miliana ; Eugène
Gastambide, auditeur au conseil d'État, secrétaire.

et toutes les contestations civiles et commerciales
entre musulmans indigènes, et entre ceux-ci et
les musulmans étrangers, ainsi que les questions
d'état. — Toutefois, la déclaration faite dans un
acte par les musulmans, qu'ils entendent contracter sous l'empire de la loi française, entraîne

2. — Organisation des juridictions.

1er degré. — Le cadi continue d'être le juge ordinaire du premier degré entre musulmans. Nous l'avons
dit, en effet, la justice du cadi est la justice traditionnelle
des mahométans ; elle est même la seule, car, dans les
usages musulmans, le recours aux midjlès est une pure
consultation à laquelle le cadi n'est point tenu de se soumettre, et l'appel au sultan n'est qu'une voie tout exceptionnelle, d'une application nécessairement fort rare et à
peu près illusoire. Le cadi étant donc maintenu, et il ne
pourrait en être autrement, il y avait lieu seulement de
l'améliorer, en exigeant de lui des conditions d'aptitude
jusqu'à présent non prévues, en le soumettant à un contrôle efficace, en substituant aux rétributions par vacations un traitement fixe en rapport avec la dignité de la
fonction, et enfin en ôtant au nombre pour ajouter à la
valeur personnelle. — C'est ainsi que le projet exige que,
dans un avenir de trois années, tout cadi nommé soit
âgé de 27 ans accomplis, qu'il soit muni d'un certificat
d'études juridiques délivré par une commission instituée
à cet effet.

Des conditions analogues, quoique moins sévères, sont
exigées pour les bachs-adels et adels qui assistent le cadi.
C'est ainsi encore que le nombre des cadis devra être
réduit d'un tiers ; ce qui permettra, en élevant leur traitement et en les graduant par classes, de faire de meilleurs choix, d'exiger plus de zèle, et de récompenser
plus équitablement le mérite et les bons services. Enfin,
aux moyens de discipline déjà existants à l'égard des
cadis, le projet ajoute la faculté pour le gouverneur général de prononcer la suppression temporaire du traitement, mesure qui dispenserait de recourir à la suspension
de fonctions, souvent préjudiciable à l'administration de
la justice. (V. les art. 9, 10 et 12.)

Le taux de la compétence du cadi n'est pas modifié. Il
juge en dernier ressort les contestations dont la valeur
n'excède pas 200 fr. : il statue en premier ressort seulement sur toutes affaires d'une valeur supérieure ou
indéterminée.

Pour compléter ce qui concerne l'organisation de la
juridiction du cadi, il me resterait à parler d'une institution
qui en est l'accessoire complémentaire : je veux dire les
midjlès, que j'ai nommés plus haut, qui sont les conseils
du cadi, et à qui le projet restitue une existence permanente, régulière, en les renfermant dans leurs attributions
naturelles. Mais ce que je dois en dire trouvera plus
utilement sa place dans une autre partie de ce rapport.

A côté du cadi, une autre juridiction du premier degré
doit être offerte aux musulmans, lorsque ceux-ci, en
vertu des art. 1 et 2, ont manifesté l'intention de soumettre leurs contestations à la justice française. Fallait-
il, comme l'avait fait le décr. de 1859, les renvoyer purement et simplement devant nos tribunaux de première
instance, avec appel à la Cour impériale ; c'est-à-dire, les
assimiler de tous points à des justiciables français, leur
imposer des procédures qui heurtent leurs habitudes, des
dépenses disproportionnées avec la modicité de leurs intérêts et de leurs ressources ? Non. Tout en donnant satisfaction au désir qu'ils témoignent dans ces cas particuliers de se faire juger par nos magistrats, désir qu'il faut
s'appliquer à faire naître et non à décourager, il a paru
qu'il était équitable et politique en même temps de leur
rendre facile l'accès de la justice française, de leur choisir
une juridiction en rapport avec leurs mœurs, leurs goûts
et leurs moyens. L'expérience a déjà prouvé que, devant
quelques-uns de nos magistrats qui savaient aplanir aux
indigènes les abords de leur prétoire, les comparutions
volontaires de ceux-ci avaient pris, comparativement, un
développement assez notable. Le projet dispose donc que,
lorsque les musulmans auront opté pour la juridiction
française, ils seront jugés, au premier degré, non par le
tribunal civil de première instance, mais par le juge de
paix, lequel est alors substitué au cadi et lui est assimilé
pour le taux du premier et du dernier ressort. La justice

l'application de cette loi et en même temps la compétence de la justice française, sous les modifications indiquées à l'article suivant.

Art. 2.

Les musulmans peuvent également, d'un commun accord, porter leurs contestations devant la justice française ; il est alors statué d'après les principes du droit musulman et suivant les formes déterminées par le présent décr. Dans ce cas, comme dans celui prévu au § 2 de l'art. précédent, la juridiction du juge de paix est substituée à

de paix est près du justiciable ; sa procédure, par sa simplicité, est assez semblable à celle du cadi : le musulman n'aura point de répugnance à y recourir. Ajoutons tout de suite que l'appel des sentences du juge de paix jugeant entre musulmans, sera porté devant les mêmes juridictions que s'il s'agissait de sentences émanées du cadi ; c'est-à-dire, devant les tribunaux de première instance ou devant la Cour Impériale siégeant en chambres composées d'éléments mixtes, selon les règles et distinctions établies plus loin.

Ainsi sont soigneusement ménagés, en toutes circonstances et à tous les degrés, les rapports du musulman avec la justice française ; ainsi sera-t-il amené graduellement à en reconnaître la supériorité, et à recueillir dans la pratique journalière de nos lois et dans l'habituelle fréquentation de nos magistrats quelques précieuses semences d'assimilation et de progrès.

2me degré de juridiction. — Ici se présentait la grave question de savoir devant quelle juridiction serait porté l'appel des décisions du cadi. Devait-on, comme un certain nombre d'indigènes le demandaient, du moins pour les matières religieuses ou d'état, établir des tribunaux supérieurs musulmans, sur le modèle de ceux qui avaient été essayés en 1854 et supprimés en 1859 ? Ou bien devait-on chercher dans une autre combinaison le moyen de faire droit ce point à des vœux légitimes ?

Constatons d'abord que la question ne se pose qu'à l'égard des appels concernant les affaires d'un intérêt religieux, d'état ou de famille. Sur toutes autres matières, les musulmans eux-mêmes déclarent que nos tribunaux français, avec des assesseurs indigènes, leur donnent entière satisfaction.

Cette distinction admise, le projet reconnaît que, lorsqu'il s'agit de résoudre des questions de droit musulman relatives au mariage, aux devoirs des époux, au divorce, à la filiation, à la puissance paternelle, à la tutelle, à la capacité de succéder, de disposer, de recevoir, toutes questions intéressant plus ou moins directement la loi religieuse du musulman, celui-ci peut craindre que sa loi ne soit pas toujours interprétée dans son véritable esprit par le juge français, quels que soient l'étendue de son savoir, le désintéressement de son esprit ou de sa conscience. De nouvelles garanties doivent donc être données sous ce rapport à de justes susceptibilités. — Mais la création de tribunaux supérieurs exclusivement musulmans devait-elle être accordée ? De graves raisons ont fait écarter cette solution.

D'abord, c'eût été une sorte d'atteinte à la souveraineté française. Déjà les musulmans de l'Algérie ont, par une exception aux principes du droit public, le privilège d'être régis dans leurs personnes, dans leurs biens meubles et immeubles, dans toutes leurs transactions, par la loi musulmane. Déjà ils ont le privilège, non moins exceptionnel, d'être jugés au premier degré par des magistrats musulmans, les cadis. La souveraineté française devait-elle abdiquer encore au profit de ces indigènes le droit de justice en dernier ressort, l'un de ses plus hauts attributs ? Sans doute les musulmans de l'Algérie sont sujets français, et, comme tels, on comprend qu'ils aient une part, même importante, dans l'administration de la justice française. Mais il faut considérer qu'ils ne sont pas encore citoyens, et qu'on les appellerait cependant à composer seuls une juridiction souveraine à l'exclusion des Français, c'est-à-dire des citoyens eux-mêmes. Voilà pour les principes. Mais politiquement, n'y aurait-il pas aussi quelque inconvénient à élever, à côté de la justice française, une justice indigène complètement indépendante et séparée, s'inspirant d'un autre esprit, représentant et continuant l'antagonisme des races, retardant le rapprochement et la fusion déjà si difficiles et si lents entre deux peuples si différents ?

Cette dualité de juridictions ne pourrait manquer d'ailleurs d'engendrer des conflits nombreux et insolubles. Quelque soin que l'on prenne pour définir exactement les

matières spéciales qui devraient être portées en appel devant les tribunaux supérieurs musulmans, il est impossible que la limite soit si nettement tracée entre ces matières et les matières générales réservées à la cour et aux tribunaux français, qu'il n'y ait très-fréquemment des confusions de compétence entre les deux juridictions parallèles. L'erreur, l'intérêt, l'esprit de chicane, les préjugés de nation concourraient à multiplier ces confusions. Les juridictions elles-mêmes seraient-elles toujours assez éclairées et assez impartiales pour redresser les déviations du plaideur et ne retenir que les affaires qui rentrent dans leurs attributions respectives ? Nouvelle cause d'antagonisme et de défiance. Et lorsqu'il y aura conflit déclaré entre les deux juridictions sur une affaire portée à la fois devant l'une et l'autre, lorsque toutes deux auront affirmé leur compétence ou l'auront niée, quelle juridiction décidera entre elles ? Il faudra donc aller demander un règlement de juges devant la Cour de cassation ? Mais la distance, les frais, la modicité des intérêts généralement engagés dans les contestations musulmanes, permettront-ils de songer à ce recours, et ne commandent-ils pas, au contraire, de couper court à des conflits qui conduiraient à de telles extrémités ?

Personne ne conteste que la justice musulmane n'ait ses abus, abus graves et nombreux. Tous les musulmans éclairés, désireux de rehausser la considération des cadis, proclament la nécessité d'exercer sur ces magistrats une surveillance active et sévère. Or, en matière de justice, il n'y a qu'une surveillance efficace, c'est celle qui s'exerce par le juge d'appel sur le juge inférieur, dont les décisions sont soumises à son examen ; celle-là est incessante, obligée, sûre ; elle n'est pas exposée aux surprises ; elle prévient d'ailleurs le mal, parce qu'en offrant les moyens de le réparer, elle fait disparaître l'intérêt à le provoquer et à le commettre. Or, soustraire la juridiction des cadis, dans les matières les plus graves, au contrôle de la justice française, ce serait vouloir perpétuer et aggraver des abus qu'il importe d'attaquer et d'extirper résolument, pour l'honneur d'une justice que couvre le sceau de la France. Des tribunaux supérieurs musulmans apporteraient à l'accomplissement de cette tâche d'honorables intentions sans doute ; mais les éléments d'autorité nécessaires au succès leur manqueraient.

En effet, dans l'état actuel des populations musulmanes en Algérie, réussirait-on à composer convenablement, sous le double rapport de l'instruction juridique et des garanties sociales, ces douze ou quinze tribunaux souverains dont on demande l'établissement ? L'expérience a été faite en 1854 ; elle n'a pas été heureuse. — Il faut le dire, le recrutement actuel des cadis est déjà chose difficile ; on a vu que, pour l'améliorer, le projet propose de diminuer le nombre de ces magistrats, et d'exiger des conditions d'aptitude qu'on n'espère pas obtenir avant quelques années. Que serait-ce si l'on avait encore à chercher soixante magistrats d'un ordre supérieur et trente ou quarante adels appelés à les assister et parfois à les remplacer ? Les établissements indigènes (les zaouïas) où se sont données jusqu'à ces derniers temps quelques notions de droit musulman, sont très-peu nombreux ; les élèves y sont mal recrutés, mal instruits. Le gouvernement français a récemment ouvert à Alger, à Constantine, à Tlemcen, trois écoles supérieures, dites medersas, contenant ensemble cent vingt ou cent trente élèves, et qui, bien dirigées, pourront donner plus tard de bons résultats. Mais, quant à présent, il faut bien le reconnaître, il y a beaucoup à faire sous ce rapport. L'Empereur a constaté lui-même cette nécessité, lorsqu'il a écrit : « Réorganiser les écoles supérieures musulmanes, de façon à y recruter les agents de la justice indigène. » (Lettre impériale, II, 197, n° 24.)

Enfin, la création de douze ou quinze tribunaux d'appel musulmans entraînerait une dépense relativement assez considérable. Les membres musulmans de la com-

celle du cadi, et lui est assimilée pour le taux du premier et du dernier ressort. La procédure suivie devant le juge de paix est celle qui est tracée par la loi française, sauf pour l'appel, qui devra être formé par simple déclaration au greffe de la justice de paix, et ce dans le délai d'un mois à

mission ont été unanimes pour proposer d'accorder aux juges qui composeraient ces nouvelles juridictions un traitement assez élevé (en moyenne 4,000 fr.), nécessaire, à leurs yeux, pour appeler des hommes instruits et pour les mettre à l'abri des séductions. Ce serait, en y ajoutant les frais de matériel et d'administration inséparables de l'établissement de juridictions de cette importance, une charge annuelle de plus de 500,000 fr., et cela pour un résultat dont l'utilité est plus que contestable.

Toutes ces considérations ont fait écarter la création de tribunaux supérieurs musulmans. — Mais le but proposé pouvait être atteint dans les inconvénients qui viennent d'être signalés, et beaucoup plus sûrement, par la combinaison de quelques garanties sérieuses, réconstituées ou créées. C'est ce que fait le projet de décret.

Il donne une première satisfaction aux indigènes, en rétablissant au chef-lieu de chaque subdivision les anciens midjlès consultatifs, qu'il ne faut pas confondre avec des tribunaux d'appel. Dans la tradition musulmane, le midjlès est un conseil au sein duquel le cadi, soit d'office, soit sur la demande des parties ou de l'une d'elles, procède à un nouvel examen de l'affaire qu'il a déjà jugée. Après avoir pris l'avis du midjlès, qui l'éclaire sans l'obliger, il peut rendre une sentence nouvelle, mais il peut aussi maintenir la première. Tel est le midjlès musulman, conservé, après la conquête, de 1830, par l'arr. du 30 oct. de la même année; tel est celui que le décr. de 1859 avait entendu restaurer et que le projet actuel propose de revêtir d'une forme régulière et stable, qui devra prévenir désormais la possibilité d'une désuétude involontaire. Le décr. de 1854, par une innovation considérable au droit musulman, avait transformé les midjlès consultatifs en tribunaux d'appel. Après une épreuve de cinq années, le décr. de 1859 les rendait à leur caractère primitif, en déclarant qu'ils seraient constitués suivant les anciens usages musulmans. Mais il arriva que, pendant qu'on étudiait ces usages pour en faire une application uniforme, l'institution abandonnée à elle-même ne fonctionna plus que partiellement et sans suite, et finit même par disparaître ou à peu près; en sorte que, dans ces derniers temps, il existait à peine trois ou quatre de midjlès à Alger, à Constantine, à Sétif, et, par intervalles, à Oran. De là les réclamations des indigènes; de là la pensée conçue par eux de redemander les midjlès, tribunaux d'appel, création éphémère de 1854; ce qu'ils n'auraient certainement pas songé à faire si les midjlès consultatifs, conformes à leurs traditions et promis par le décr. de 1859, avaient reçu et conservé une existence régulière. C'est cette existence que le projet leur rend, en fixant d'une manière précise leurs attributions, leur résidence, leur composition. Observons d'ailleurs que le personnel de ces midjlès, pris selon l'usage parmi les cadis, muphtis et uléma de la circonscription, ne présentera aucune difficulté de composition. — Rétribués par de simples vacations, comme dans le passé, ils n'imposeront au trésor qu'une dépense insignifiante (art. 19).

A cette première garantie, le projet en ajoute une nouvelle, et les indigènes ne pourront manquer d'apprécier l'importance. — Aujourd'hui, les appels des sentences des cadis sont portés devant la Cour impériale et devant les tribunaux français, assistés d'un assesseur musulman ayant voix simplement consultative. A l'avenir, pour le jugement de ces appels, il sera formé à la Cour d'Alger et dans chaque tribunal civil, une chambre spéciale mixte, composée de juges français et d'assesseurs musulmans ayant voix délibérative comme nos juges, et où la majorité d'une voix seulement est réservée à l'élément français. De plus, pour rapprocher autant que possible des justiciables musulmans les juridictions qui doivent statuer sur leurs appels, les tribunaux d'arrondissement (chambre spéciale) jugeront ces appels jusqu'à 2,000 fr. (le taux actuel est de 1,500 fr.). Au-dessus de ce chiffre de 2,000 fr., et toutes les fois que la valeur du litige sera indéterminée (questions d'état et autres), l'appel sera porté à la Cour pour la province d'Alger, et,

pour les provinces de Constantine et d'Oran, au tribunal du chef-lieu de chacune d'elles.

Cette création de chambres spéciales d'appel, composées de Français et de musulmans jugeant ensemble et au même titre, est une nouvelle marque d'estime et d'honneur accordée aux indigènes, en même temps qu'une précieuse garantie. Ils sont assurés désormais que leurs lois et coutumes ont, au sein de la justice souveraine du pays, non-seulement des organes consultés et écoutés, mais des interprètes ayant autorité de juges et voix au jugement. Et cette garantie, ils en auront le bénéfice, non pas seulement dans certaines causes intéressant plus directement leurs croyances, ils l'auront en toutes matières quelconques. La loi musulmane, dans toutes ses parties, dans toutes ses applications, sera ainsi sous la sauvegarde d'un juge musulman, adjoint à nos magistrats français et assimilé à ceux-ci. Grâce à cette communauté quotidienne d'études et de délibérations, le juge français pénétrera plus profondément dans l'esprit de la législation musulmane; le juge musulman, de son côté, comprendra mieux ce qu'il y a souvent d'analogie et de similitude entre sa loi et la nôtre.

De cette entente, il résultera une justice à la fois acceptée avec plus de confiance et plus sagement progressive. — Politiquement, ces rapprochements sur le terrain de la justice, ces contacts, ces rapports incessants des populations musulmanes avec des tribunaux mi-partie français et musulmans, image de l'union des deux races, ne sont-ils pas autant d'éléments féconds pour un avenir de civilisation, lointain peut-être, mais qu'il importe de ne jamais perdre de vue?

Enfin, une dernière disposition complète l'ensemble des garanties accordées aux musulmans pour le jugement de leurs contestations en appel. Parmi ces contestations, nous l'avons dit, il en est un certain nombre qui, intéressant plus directement la loi religieuse des musulmans, pourraient n'être pas toujours bien appréciées par les juges français, et c'est en particulier pour le jugement de ces questions que les indigènes ont réclamé une juridiction d'appel exclusivement musulmane. Or, cette juridiction ne pouvant être créée, pour les raisons graves qui ont été déduites plus haut, il a paru néanmoins que le vœu des indigènes pouvait, sous une autre forme, recevoir à cet égard encore une satisfaction. Le projet de décret a adopté sur ce point la combinaison suivante: toutes les fois que, sur un appel entre musulmans, une question de cette nature se présentera et que la décision du procès y sera nécessairement liée, le tribunal saisi de l'appel devra préliminairement en référer à un conseil supérieur de droit musulman, séant à Alger.

Ce conseil, statuant sur le point de doctrine à lui soumis par le tribunal et procédant par simple correspondance, sans intervention des parties, sans frais et dans un très-bref délai, donnera la solution de droit, à laquelle le juge du fond se conformera en vidant définitivement l'appel. — Par ce moyen, toute difficulté de droit se rattachant réellement à la loi religieuse des indigènes est résolue en principe par un conseil musulman, composé d'hommes connus par leur savoir, dignes de sa confiance, assurant à la loi musulmane, sur ces matières délicates, une interprétation respectée et uniforme. De son côté, la juridiction française, assistée de ses assesseurs musulmans, conserve le jugement final du fond et demeure ainsi, conformément aux principes, seule juridiction souveraine d'appel en toutes matières, sans partage, et par conséquent sans conflits possibles.

Ainsi, au premier degré de juridiction, les cadis avec leurs midjlès consultatifs reconstitués; au second degré, des chambres spéciales établies dans les tribunaux et dans la Cour, statuant sur tous les appels entre musulmans, avec un conseil supérieur de droit musulman résolvant les questions de droit religieux ou d'état à lui soumises par la Cour et par les tribunaux: tel est le système de garanties organisé par le projet pour le jugement des affaires musulmanes, système qui, en respectant les principes, donne aux indigènes toutes les sûretés auxquelles ils peuvent légitimement prétendre.

partir du jour de la signification du jugement à personne ou à domicile. L'exécution de la sentence aura lieu en la forme musulmane, par les soins d'un cadi que désignera le procureur impérial, et, autant que possible, sur un simple extrait envoyé par le juge de paix au cadi. — L'appel des jugements rendu en pareil cas par les juges de paix, est porté devant les tribunaux civils ou devant la Cour impériale, en observant les dispositions des art. 22, 23 et 24 du présent décr., sauf les 4 derniers §§ dudit art. 24, qui ne sont pas alors applicables. L'instruction et le jugement de l'appel ont lieu dans les formes établies aux art.

35, 34 et 35 ci-après. Les §§ 3, 5 et 6 de l'art. 36 recevront également application.

Art. 4.

La justice entre musulmans, dans les cas prévus aux art. 1 et 2, est administrée au nom de l'Empereur, par les cadis, les juges de paix, les tribunaux de 1re inst., et la cour d'Alger, suivant les règles établies par le présent décret.

Art. 5.

Le territoire de l'Algérie, pour l'administration de la justice musulmane, est divisé en circonscrip-

3. — Procédure.

La question des juridictions étant réglée, le projet devait s'occuper des questions de procédure.

Procédure devant le cadi. — Le décr. de 1859 disait d'une manière générale que, pour cette procédure, la loi musulmane et les usages seraient suivis. — Il a paru utile de formuler, à cet égard, des précisions qui préviendraient les hésitations et assureraient d'autant mieux la prompte expédition des affaires, en même temps que les droits des parties (art. 23). — Le même art. 25 satisfait à la juste sollicitude de l'Empereur pour les musulmans combattant sous nos drapeaux. Aucun jugement ne pourra plus être prononcé contre un musulman placé dans ces circonstances, qu'après l'expiration d'un délai de trois mois depuis la fin de la campagne, dûment constatée. Dans le même cas, le délai d'appel recevra une extension de semblable durée. — Ces dispositions trouvent d'ailleurs, à certains égards, leur principe dans l'art. 446 Code de Pr.

Procédure devant le juge de paix statuant entre musulmans, dans les cas prévus aux art. 1 et 2. — L'art. 2 dispose que la procédure à suivre alors sera celle qui est tracée par les lois françaises. — On sait que, sauf de rares exceptions, aucune citation par huissier ne peut être donnée devant nos juges de paix, si elle n'a été précédée d'un avertissement sans frais délivré par ces magistrats. On sait également que les comparutions volontaires sont autorisées devant cette juridiction. La procédure est d'ailleurs sobre de formalités. Le prétoire de nos justices de paix peut donc, par une application intelligente de la loi commune, être rendu aussi facilement accessible pour les musulmans que la mahkama de leurs cadis. Sur un point, cependant, une dérogation à la procédure ordinaire a paru nécessaire : l'appel de la sentence du juge de paix devra être formé par simple déclaration au greffe de la justice de paix, et ce dans le délai d'un mois, à partir de la signification du jugement à personne ou à domicile.

Procédure devant la juridiction d'appel. — Le décr. de 1859 présente les principaux éléments de cette procédure. Le projet contient néanmoins quelques modifications et additions conseillées par l'expérience et jugées utiles. — Ainsi la déclaration d'appel, qui devait être faite devant l'adel du cadi, pourra l'être également devant d'autres fonctionnaires désignés (art. 32). On s'est plaint quelquefois, en effet, que l'adel ne se prêtait que de mauvaise grâce à recevoir l'appel dirigé contre une sentence de son cadi, ce qui pourrait compromettre les droits de l'appelant ; ce danger n'existera plus. — L'appel interjeté, c'est le ministère public qui est principalement chargé de faire toutes les diligences nécessaires pour en parfaire l'instruction et en accélérer le jugement. Dès qu'il a reçu de l'adel copie de la sentence du cadi, il invite les parties à lui faire parvenir leurs moyens d'appel ou de défense, leurs titres et pièces. Ces pièces ainsi que le jugement sont traduits par l'interprète judiciaire, moyennant la très-modique rétribution de un franc par rôle de traduction. Les pièces reçues et traduites, le ministère public requiert le président de la Cour ou du tribunal d'appel de désigner un rapporteur, qui achève d'instruire l'affaire. Les voies d'information sont aussi simples que possible, et adaptées de frais, soigneusement appropriées aux habitudes des indigènes. L'instruction préparatoire se termine par la comparution des parties devant le rapporteur, la veille de l'audience. Puis l'affaire vient à l'audience ; le rapport est présenté, les parties sont entendues de nouveau en per-

sonne ; le débat se clôt par les conclusions du ministère public. — Le décr. de 1859 dispose que le ministère des défenseurs n'est point obligatoire en matière musulmane. Mais ce ministère pouvait-il, devait-il être admis ? Les magistrats de l'Algérie considèrent que cette intervention entraîne pour les justiciables musulmans des dépenses qui, le plus souvent, ne sont en rapport ni avec leurs ressources, ni avec l'importance de leurs procès. On a pensé néanmoins qu'il y avait des circonstances où le plaideur ne pouvait être privé du secours d'un défenseur, et le projet dispose qu'il appartiendra à la juridiction saisie de l'appel de décider, après avoir entendu le rapport et les parties, s'il convient d'entendre des plaidoiries. — Enfin les formes à suivre en justice pour l'audition des femmes musulmanes ou pour les constatations à faire en ce qui les concerne, avaient éveillé quelques susceptibilités de la part des indigènes. L'art. 35 du projet a fait droit à leurs réclamations sur ce point.

4. — Exécution des décisions de justice.

Le décr. de 1859 se borne à dire que les jugements émanés des cadis et les jugements et arrêts rendus sur l'appel s'exécutent selon les voies en vigueur. Il a paru nécessaire de préciser ces usages. Ainsi, dans la pratique, c'est le cadi lui-même qui exécute ses propres jugements, sans l'intervention d'officiers ministériels. Le projet consacre cet état de choses par un texte formel. Les cadis se sont quelquefois demandé s'ils pouvaient, exceptionnellement et pour déjouer des fraudes, ordonner l'exécution provisoire de leurs sentences, nonobstant appel. Le projet leur accorde cette faculté dans les cas d'urgence déclarée, mais en exigeant une caution.

À l'égard des jugements rendus par les juges de paix, dans les cas prévus aux art. 1 et 2, il est statué que l'exécution aura lieu en la forme musulmane, par les soins d'un cadi que désignera le procureur impérial et, autant que possible, sur un simple extrait envoyé par le juge de paix au cadi désigné.

Enfin, pour les arrêts et jugements rendus sur appel, l'exécution est pareillement confiée aux cadis et a lieu dans les mêmes formes. Le projet consacre encore sur ce point ce qui s'est jusqu'ici pratiqué dans l'usage. Seulement, on prend soin de dire que la juridiction d'appel peut déléguer, pour l'exécution de sa décision, un autre cadi que celui qui a rendu le jugement en premier ressort. De même, pour empêcher qu'on lève inutilement des expéditions d'arrêts ou de jugements qui sont coûteuses, le projet dispose encore que l'exécution pourra avoir lieu sur un simple extrait, envoyé sans frais par le ministère public au cadi, sauf aux parties à se faire délivrer, à leurs frais, une expédition entière.

5. — Intervention des cadis dans l'administration judiciaire des successions.

L'art. 40 du décr. de 1852 charge les cadis de liquider toutes les successions musulmanes, en se référant encore aux usages. — Le projet remédie à un abus qui a été signalé, en déclarant que les cadis ne procéderont à ces liquidations que lorsqu'ils en seront requis par les parties, et dans les cas où la loi musulmane leur en fait un devoir.

Tel est, Sire, l'ensemble des modifications apportées aux institutions judiciaires des musulmans de l'Algérie par le nouveau décret que j'ai l'honneur de présenter à votre haute approbation.

Le garde des sceaux, ministre de la justice,
J. BAROCHE.

tions judiciaires ressortissant aux tribunaux de 1re inst. — Ces circonscriptions et le tribunal auquel elles se rattachent sont déterminées par arrêtés de notre gouverneur général de l'Algérie.

Art. 7.

La surveillance des tribunaux indigènes appartient, sous l'autorité de notre gouverneur général de l'Algérie, en territoire civil, au premier président de la Cour impériale et au procureur général, dans la limite de leurs attributions respectives ; et, en territoire militaire, à ces magistrats et au général commandant la division. qui se concertent à cet effet.

Art. 8.

Les membres des tribunaux musulmans ne peuvent être traduits en justice, pour actes relatifs à leurs fonctions, qu'après une autorisation de notre gouverneur général de l'Algérie. — En cas d'autorisation, ils seront traduits, sans distinction de territoire, en matière correctionnelle, devant la 1re chambre de la Cour impériale d'Alger ; en matière criminelle, devant la Cour d'assises compétente. — Les assesseurs près la Cour et près les tribunaux ne peuvent être poursuivis que dans les formes établies au chap. III du tit. IV C. Inst. Crim.

Art. 9.

Les cadis recevront un traitement annuel. Ils seront répartis en trois classes. Un décret ultérieur réglera cette répartition ainsi que le chiffre du traitement. — Il n'est rien changé jusque-là au mode actuel de rémunération. — Les adels et agents attachés au cadis continueront d'être rémunérés suivant le mode actuellement pratiqué, mais après révision du tarif existant. — Les assesseurs près la Cour et près les tribunaux reçoivent un traitement qui sera porté à 3,000 fr. pour les premiers, à 2,000 fr. pour ceux attachés aux tribunaux de Constantine et d'Oran, et à 1,500 fr. pour les autres.

Art. 10.

Il y a par circonscription judiciaire un cadi maléki et, lorsque le chiffre de la population hanéfite le rend nécessaire, un cadi hanéfi. — Les circonscriptions judiciaires seront revisées par arrêté de notre gouverneur général de l'Algérie, de manière à en réduire le nombre d'un tiers.

Art. 11.

Le personnel de chaque mahakma de cadi est fixé selon les besoins du service, par arrêté de notre gouverneur général ; il se compose du cadi, d'un ou de plusieurs suppléants et d'un greffier (adels).

Art. 12.

Les cadis et adels sont nommés par arrêté de notre gouverneur général de l'Algérie. Ils n'entrent en fonctions qu'après avoir prêté le serment suivant : — En présence de Dieu et des hommes, je jure et promets, en mon âme et conscience, de rester fidèle à l'Empereur, de bien et religieusement remplir mes fonctions. » — Le serment est prêté, pour l'arrond. d'Alger, devant la Cour impériale, et, pour les autres arrond., devant le tribunal de 1re inst. de la circonscription. — Dans trois ans à dater de la promulgation du présent décr., nul ne pourra être nommé cadi, s'il n'est âgé de 27 ans accomplis et s'il n'est muni d'un certificat d'études juridiques du second degré ; le bach-adel et l'adel devront être pourvus d'un certificat du 1er degré et être âgés, le 1er de 25 ans, et le 2e de 22 ans. — Les certificats dont s'agit seront délivrés annuellement par une commission d'examen, dont la composition et le mode de procéder seront

fixés par un arrêté de notre gouverneur général. (V. infra, arr. du 1er août 1839.) — Notre gouverneur général peut révoquer ou suspendre de leurs fonctions les cadis et adels. Il peut également prononcer contre les cadis la simple privation de traitement totale, ou partielle, pendant un temps déterminé. La suspension de fonctions entraîne toujours la privation du traitement ou des honoraires, lesquels sont dévolus au cadi ou à l'adel remplaçant.

Art. 13.

Des oukils peuvent seuls représenter les parties ou défendre leurs intérêts devant les cadis, lorsque les parties refusent de comparaître sur avertissement dûment justifié. Celles-ci peuvent toutefois donner à un de leurs parents ou de leur ami musulmans un mandat spécial et par écrit de les représenter pour une affaire déterminée. — Les oukils sont nommés, révoqués et suspendus par notre gouverneur général de l'Algérie.

Art. 19.

Dans les trois jours du jugement rendu par le cadi, les parties peuvent, suivant les usages musulmans et en le déclarant à l'adel qui le constate sur un registre, réclamer que l'affaire soit examinée de nouveau devant un midjlès consultatif. Ce midjlès pourra exiger l'apport de toutes les pièces produites devant le cadi. Le midjlès, qui se réunit en session chaque mois, s'il y a lieu, est présidé par le cadi qui a rendu le jugement, ou par celui qui lui a succédé, en cas de décès ou de révocation ; il est en outre composé de trois autres membres désignés annuellement, par notre gouverneur général, parmi les cadis, muphtis et ulémas de la circonscription. — Il y a un midjlès, consultatif au chef-lieu de chaque subdivision. — Le bach-adel et l'adel du cadi siégeant dans ce chef-lieu sont attachés en la même qualité au midjlès consultatif. En cas d'empêchement de l'un des trois membres désignés, il est remplacé par le bach-adel du midjlès. — L'avis du midjlès n'est point obligatoire pour le cadi, qui doit seulement le viser avec les motifs dans sa seconde sentence, et en faire mention en marge de la première. — Les membres du midjlès, le bach-adel et l'adel sont rétribués par vacations, suivant le tarif qui sera arrêté par notre gouverneur général.

Art. 22.

Les tribunaux civils d'arrondissement connaissent en appel des jugements rendus par les cadis et par les juges de paix, statuant entre musulmans par application de l'art. 1, § 2, et de l'art. 2, à savoir : pour les actions personnelles et mobilières jusqu'à 2,000 fr. de capital, et pour les actions immobilières jusqu'à 200 fr. de revenu déterminé, soit en rentes, soit par prix de bail.

Art. 23.

La Cour impériale pour la province d'Alger, et le tribunal du chef-lieu de sa division pour les provinces de Constantine et d'Oran, connaissent en appel de tous les litiges dont la valeur est indéterminée ou excède le taux indiqué dans l'art. précédent. — La Cour impériale d'Alger connaît pour l'arrondissement d'Alger, des appels même inférieurs à 2,000 fr. Il en est de même des tribunaux de Constantine et d'Oran, pour leurs arrondissements respectifs.

Art. 24.

Pour le jugement des appels entre musulmans, il y a à la Cour impériale et dans chacun des tribunaux civils, excepté celui d'Alger, une chambre spéciale composée, savoir : à la Cour et dans les deux tribunaux d'Oran et de Constantine, de trois magistrats français et de deux assesseurs musulmans ; dans les autres tribunaux, de deux magistrats français et d'un assesseur musulman. — Les assesseurs ont voix délibérative. Ils sont nommés par nous, sur la proposition de notre garde des sceaux, ministre de la justice, notre gouverneur général de l'Algérie consulté. — Les magistrats français, appelés à faire partie de la chambre des appels entre musulmans, sont désignés lors du roulement annuel et en la forme indiquée par notre décr. du 25 févr. 1860 (I, 406). — Si, dans le cours d'une procédure sur appel, les juges estiment que la décision du procès dépend de la solution d'une question de droit touchant à la loi religieuse ou à l'état civil des musulmans, ils doivent, d'office, ou sur la demande des parties ou de l'une d'elles, soumettre préalablement cette question à la décision du conseil de droit musulman dont il va être parlé. — Ne seront considérés à l'égard de ce référé, comme rentrant dans les matières religieuses et d'état, que celles dont suit l'énumération: formes et conditions nécessaires à la validité du mariage; délais légaux de l'eudda et de l'istibera; devoirs réciproques des époux; divorce, répudiation, séparation de corps; restitution de la dot, si elle est réclamée pour manquement aux devoirs du mariage; filiation; parenté; exercice de la puissance paternelle; adoption; constitution de la tutelle; droits du tuteur sur la personne du mineur; état de majorité ou de minorité des parties; demandes d'interdiction ou de mise en surveillance; capacité pour succéder résultant des liens de famille ou d'affinité; capacité pour disposer ou recevoir en matière de donations ou testaments. — Le référé au conseil de droit musulman, dans les cas qui viennent d'être spécifiés, portera exclusivement sur le point de droit posé par la Cour ou le tribunal, et sera vidé sans procédure, sans l'intervention des parties, sans frais et dans un délai qui ne pourra excéder le mois. La réponse du conseil devra être motivée et se renfermer dans la question. Le juge du fond s'y conformera, et la visera dans son arrêt du jugement. — Le conseil de droit musulman siège à Alger. Il est composé de cinq jurisconsultes musulmans et d'un greffier nommés par nous, sur la proposition de notre garde des sceaux, ministre de la justice, le gouverneur général de l'Algérie consulté. Les membres de ce conseil reçoivent un traitement annuel de 5,000 fr., dans lequel se confondent les traitements qui peuvent leur être alloués pour d'autres fonctions. Le président reçoit, en outre, une indemnité de 1,000 fr. Le traitement annuel du greffier est de 2,000 fr.

Art. 25.

La demande est introduite devant le cadi, soit par la comparution volontaire et simultanée des parties, soit par celle du demandeur seul. Dans ce dernier cas, le cadi, par l'intermédiaire d'un aoûn, fait donner avis écrit au défendeur de comparaître devant lui à un jour qu'il indique. En cas de non-comparution sur cet avis, il accorde un délai, à l'expiration duquel il annonce publiquement, à l'audience, le jour où il prononcera son jugement, et en fait donner avis au défendeur par l'aoûn. L'accomplissement de ces diverses formalités est mentionné, à sa date, sur un registre tenu à cet effet par le cadi. — Les parties ne peuvent se faire représenter ou défendre que comme il a été dit à l'art 15. — Si un musulman est absent de son domicile pour fait de guerre au service de la France, et s'il n'est pas régulièrement représenté, aucun jugement ne peut être prononcé contre lui avant l'expiration de trois mois après la fin de la campagne.

Art. 26.

Les jugements rendus par les cadis sont, dans les 24 heures de leur prononcé, inscrits sur un registre à ce destiné; ils sont revêtus du cachet du cadi, signés par ce magistrat et ses adels. Indépendamment de la formule arabe, qui peut être insérée selon les usages, tout jugement contient: 1° les noms, qualités et domiciles des parties; 2° le point de fait; 3° le dire des parties; 4° les motifs en fait et en droit; 5° le dispositif; 6° la date à laquelle il a été rendu, avec mention soit de la présence des parties ou de leurs mandataires au moment du prononcé, soit de l'avis précédemment donné par le cadi, suivant l'art. 25, que le jugement serait prononcé ledit jour.

Art. 29.

Les jugements n'entraînent aucuns frais pour les parties lorsqu'elles n'en réclament pas d'expédition. — L'expédition demandée par une partie est payée par elle d'après le tarif qui sera établi par arrêté de notre gouverneur général; elle est signée par le cadi et par l'un de ses adels, et revêtue du cachet du cadi.

Art. 30.

Le délai de l'appel est de 30 jours, à partir de celui où le jugement a été prononcé par le cadi, lorsque ledit jugement porte les mentions exigées par l'art. 28, n° 6. Dans le cas contraire, le délai ne court que du jour de la remise dûment constatée de l'expédition du jugement à personne ou à domicile. Au cas d'absence pour fait de guerre, le délai d'appel est prorogé comme il a été dit à l'art. 25.

Art. 31.

Dans le cas où, avant d'interjeter appel, les parties ou l'une d'elles invoqueront l'application de l'art. 19, la décision définitive du cadi devra être rendue dans un très-bref délai, avec observation et mention de toutes les formalités prescrites par l'art. 28; le délai d'appel contre cette décision courra comme il a été dit à l'art. 30.

Art. 32.

La déclaration d'appel sera reçue par l'adel du cadi, qui en donnera récépissé à l'appelant et sera tenu de l'enregistrer sur un registre à ce destiné. — Ladite déclaration pourra également être faite, soit devant le procureur impérial, soit devant le commissaire civil, soit devant le juge de paix le plus proche, soit devant les officiers des bureaux arabes, revêtus du caractère d'officiers de police judiciaire en territoire militaire, lesquels en transmettront copie au cadi qui a rendu le jugement, ou à son adel, avec invitation de le transcrire sur le registre ci-dessus mentionné. — L'adel en donne immédiatement avis à la partie adverse, et adresse, dans les 48 heures, au ministère public près la juridiction d'appel, copie de la déclaration et du jugement. — La déclaration faite devant l'un des fonctionnaires indiqués aura pour effet de constater l'appel et d'en fixer la date. — Les fonctionnaires qui auront reçu cette déclaration en donneront, en même temps, avis au greffier de la Cour ou du tribunal qui doit connaître de l'appel. — Dans les affaires où il y aura eu en première instance plusieurs parties, s'il n'est interjeté appel que contre une ou plusieurs d'entre elles, la déclaration le mentionnera expressément.

Art. 33.

Le ministère public, dans les 24 heures de la réception des pièces, fait inscrire et dépose le dossier au greffe de la Cour ou du tribunal. Il adresse aux parties l'invitation de fournir leurs moyens d'appel ou de défense, et de lui faire parvenir leurs titres en les déposant, sur récépissé, soit à la mahakma du cadi, soit à la justice de paix, ou au parquet, ou au commissariat civil le plus proche. Les pièces ainsi déposées sont transmises sans retard et sans frais au greffe de la Cour ou du tribunal d'appel; elles sont traduites par l'interprète judiciaire, à raison d'un franc par rôle de traduction. Cette allocation sera comprise dans la liquidation des dépens. Aucune autre traduction des titres ou du jugement ne sera passée en taxe.

Art. 34.

Dans la quinzaine, à partir du jour où il aura adressé aux parties l'invitation susmentionnée, le ministère public requerra le président de commettre un conseiller ou un juge pour faire le rapport de l'affaire. — Lorsque les parties demeureront à de grandes distances du lieu où siége la juridiction saisie de l'appel, le conseiller ou le juge commis pourra, sur la réquisition conforme du ministère public, déléguer le juge de paix ou le commissaire civil le plus voisin, pour recevoir contradictoirement les explications des parties ou procéder à une enquête; à cet effet, il indiquera dans la commission rogatoire les points à éclaircir. — Le magistrat délégué aura, d'ailleurs, la faculté de poser telles questions supplémentaires qu'il appartiendra. Si des pièces sont produites devant le magistrat délégué, leur traduction et leur transmission auront lieu ainsi qu'il est prescrit en l'art. 35. Les actes dressés en exécution de ces délégations seront immédiatement adressés, par l'intermédiaire du parquet, au conseiller ou juge rapporteur.

Art. 35.

L'affaire vient à bref délai. Le jour de l'audience étant fixé, le ministère public en donne avis aux parties; il les prévient en même temps qu'elles peuvent se présenter en personne, la veille ou l'avant-veille de l'audience, devant le magistrat rapporteur, selon qu'il aura été décidé par ce dernier. Ces comparutions préalables ont lieu sans publicité, sans assistance d'avocats ni de défenseurs, mais en présence du ministère public, lequel sera toujours entendu à l'audience. — L'intimé pourra former appel-incident par déclaration faite devant le rapporteur ou le magistrat délégué, qui en dresseront acte. — Les parties peuvent comparaître en personne à l'audience publique, ou y être appelées par la Cour ou le tribunal. Au cas de non-comparution des parties ou de l'une d'elles, il est passé outre, et la décision est définitive. — Lorsque des femmes musulmanes seront appelées à comparaître en justice, soit comme parties, soit comme témoins, le magistrat se conformera pour leur audition aux usages musulmans. Il en sera de même s'il y a lieu de procéder à des constatations sur leur personne ou à leur domicile, et ces constatations seront dirigées, autant que possible, par un assesseur ou un magistrat musulman. — Le ministère des défenseurs n'est pas obligatoire. Les juges peuvent toujours, après l'audition du rapport et, s'il y a lieu, des parties en personne, déclarer qu'ils n'entendront pas de plaidoiries. Il sera fait mention de cette circonstance dans le libellé du jugement. Il ne peut, en aucun cas, être alloué pour plaidoirie et pour tous autres soins donnés à l'affaire qu'un article unique d'honoraires, qui est de 30 fr. pour l'obtention d'un arrêt, et de 20 fr. pour l'obtention d'un jugement. — Ce droit est réduit de moitié lorsqu'il n'y a pas de contradicteurs. Il reste, dans tous les cas, à la charge de la partie qui a requis l'assistance du défenseur. Les jugements préparatoires ou interlocutoires et actes qui en sont l'exécution, ne donnent droit à aucun émolument pour le défenseur.

Art. 37.

Les sentences en dernier ressort des cadis, et des juges de paix appliquant la loi musulmane, les jugements et arrêts rendus sur l'appel de ces sentences, ne sont pas susceptibles de recours en cassation. Il en est autrement lorsque la loi française a été appliquée, en exécution du § 2 de l'art. 1 du présent décret.

Art. 38.

Les jugements définitifs émanés des cadis s'exécutent par les soins de ces magistrats, selon les lois actuellement en vigueur, en tant qu'il n'y est pas dérogé par le présent décret. — Les cadis peuvent exceptionnellement, en cas d'urgence spécifiée dans le jugement, et en exigeant une caution, ordonner l'exécution provisoire de leurs jugements, nonobstant appel. — Les arrêts et jugements rendus sur appel sont exécutés par les cadis, en la même forme que les sentences de ceux-ci. Le cadi chargé de l'exécution est désigné par l'arrêt ou le jugement. — L'exécution peut avoir lieu, en cas de confirmation de la sentence du cadi, sur un simple extrait de l'arrêt ou du jugement, envoyé par le ministère public au cadi. Les parties peuvent néanmoins se faire délivrer à leurs frais une expédition de l'arrêt ou du jugement sur appel. — Tous actes faits pour l'instruction des affaires musulmanes, ou les extraits délivrés pour l'exécution, soit au ministère public, comme il vient d'être dit, soit au juge de paix, dans le cas prévu au § 1 de l'art. 2, sont affranchis de la formalité du timbre et de l'enregistrement. — Lorsqu'un transport judiciaire aura été ordonné, il n'entraînera pas d'autres frais que l'avance ou le remboursement des déboursés qu'il nécessitera, les vacations des experts ou interprètes et les indemnités allouées aux témoins. Néanmoins, en cas de délégation ou de concours de magistrats indigènes, ils toucheront les indemnités fixées par le tarif du 16 oct. 1860. (II, 131).

Art. 39.

Les expéditions de tout jugement émané des tribunaux indigènes doivent être revêtues de la formule suivante : — N... (le nom de l'Empereur), par la grâce de Dieu et la volonté nationale, Empereur des Français. — A tous présents et à venir, salut : — (Copier le jugement avec les mentions indiquées en l'article ci-dessus.) — Mandons et ordonnons à tous fonctionnaires et agents de l'autorité publique de faire exécuter ou d'exécuter le présent jugement. — En foi de quoi le présent jugement a été signé par (signature du cadi et de l'adel greffier, — apposition du cachet du cadi).

Art. 40.

Les cadis procèdent : 1° à la liquidation et au partage des successions musulmanes, toutes les fois qu'ils en sont requis par les parties intéressées, et dans les cas où la loi musulmane leur en fait un devoir; 2° sous la surveillance de l'administration des domaines, à la liquidation et au partage des successions musulmanes auxquelles sont intéressés le Bit el Mal et les absents. Ils consignent sur des registres séparés les opérations auxquelles donnent lieu ces deux dernières espèces de successions.

Art. 2. — Le présent décret sera exécutoire à partir du 1er juill. 1867.

(La publication en langue arabe de ce décret a été insérée au *Bulletin officiel* de l'année 1867, n° 227 *bis*.)

AU. — 14 juin-15 sept. 1867. — BG. 245. — *Division de la province d'Alger en 66 circonscriptions judiciaires* (1).

---

(1) Quelques modifications de détail ont été apportées à diverses circonscriptions dans les trois provinces par

arr. des 16 juill. 1867, 18 janv. 1868, 24 juin 1871. BG. 237, 256, 592.

AG. — Mêmes dates. — Id. de la province d'Oran en 47 circonscriptions.

AG. — Mêmes dates. — Id. de la province de Constantine en 71 circonscriptions.

AG. — 30 août-15 sept. 1867. — BG, 245. — Règlement sur les midjelès consultatifs, subdivisionnaires, et tarif de frais en exécution de l'art. 19 du décret qui précède.

Vu l'art. 19 du décr. du 31 déc. 1859 (I, 415); — L'arr. min. du 16 oct. 1860. (II, 130); — L'art. 19 du décr. du 13 déc. 1866.

Art. 1. — Les sessions des midjelès consultatifs, organisés conformément à l'art. 19 du décr. du 13 déc. 1866, commenceront le premier samedi de chaque mois. — Elles seront tenues dans la mahakma du cadi siégeant au chef-lieu de la subdivision, et, si plusieurs mahakmas y sont instituées, dans celle à laquelle appartient le bach-adel attaché, en la même qualité, au midjelès. Les registres du midjelès seront conservés dans le même local. — Toutefois le midjelès pourra aussi, le cas échéant, se transporter, pour y tenir séance, dans une mosquée ou autre édifice public affecté à un service musulman.

Art. 2. — Dans les 24 h. de la déclaration des recours, l'adel en donne avis au bach-adel du midjelès. Cet avis contient les indications suivantes : — Noms des parties litigantes, date du jugement, nom du cadi qui l'a rendu, indication, prise dans le jugement, de l'évaluation du litige. — Le bach-adel du midjelès transcrit ces indications, au fur et à mesure de leur réception, sur un registre à ce destiné. — Les membres du midjelès se réunissent sur la convocation de leur bach-adel, qui les prévient aussitôt qu'il y a une affaire inscrite au rôle. — Les cadis sont prévenus par leurs adels des déclarations de recours contre les jugements émanés de leurs mahakmas. Cet avis tient lieu de convocation pour se rendre au siège du midjelès.

Art. 3. — Les affaires sont soumises au midjelès dans l'ordre de leur inscription. Elles doivent être jugées dans la session. Si néanmoins des retards résultaient de l'appel des pièces, de l'exécution d'un préparatoire ou de toutes autres mesures, la décision pourrait être renvoyée à la session suivante. — Lorsque le cadi président aura à employer le ministère d'un aoun, il le désignera parmi ceux qui résident au chef-lieu de la subdivision. Si, dans l'intervalle des sessions, le même cadi est chargé de quelque acte d'instruction, il y procédera sans autre assistance que celle des membres de sa mahakma.

Art. 4. — L'avis du midjelès consultatif sont transcrits dans les 24 heures sur le registre à ce destiné. Une colonne spéciale leur est affectée, et ils sont signés par ceux qui les ont délibérés. Il n'en est pas délivré d'expédition. — Toutefois, le conseiller ou le juge rapporteur pourra, sur les réquisitions conformes du ministère public, demander une copie sur papier libre. La même faculté sera exercée par la Cour ou par le tribunal d'appel. — La seconde sentence du cadi président, qui doit viser cet avis et ses motifs, est signée par ce cadi et les adels du midjelès. Elle est transcrite sur le registre sus-mentionné, dans une colonne à ce destinée.

Art. 5. — Les membres des midjelès consultatifs, ainsi que les bach-adels, adels et aouns qui y sont attachés, seront rétribués par vacation. — Pour les affaires dont l'importance n'excédera pas 2,000 fr. en matière personnelle et mobilière, et pour celles concernant les immeubles produisant un revenu de 200 fr. et au-dessous, déterminé ainsi qu'il est dit en l'art. 22 du décr. du 13 déc. 1866, les vacations seront fixées : — 1° Pour chacun des membres du midjelès, à 4 fr.; 2° pour le bach-adel, 3 fr.; 3° pour l'adel, 2 fr.; pour l'aoun, 1 fr. — Pour les instances personnelles et mobilières dont l'importance sera de plus de 2,000 fr. et de moins de 6,000 fr., pour celles concernant des immeubles d'un revenu de plus de 200 fr. et de moins de 600 fr., enfin pour celles ayant pour objet des questions d'état, les vacations seront fixées : — 1° Pour chacun des membres du midjelès, à 6 fr.; 2° pour le bach-adel, 4 fr.; 3° pour l'adel, 3 fr.; 4° pour l'aoun, 1 fr. 50 c. — Pour les affaires d'un intérêt supérieur, ces vacations seront portées : 1° Pour chacun des membres du midjelès, à 8 fr.; 2° pour le bach-adel, 6 fr.; 3° pour l'adel, 4 fr.; 4° pour l'aoun, 2 fr.

Art. 6. — En cas de transport des mêmes fonctionnaires hors de leur résidence, il leur sera alloué, par jour, les indemnités ci-après: — 1° Pour chacun des membres du midjelès, 10 fr.; 2° pour le bach-adel, 5 fr.; 3° pour l'adel, 4 fr.; 4° pour l'aoun, 3 fr.

Art. 7. — L'indemnité de déplacement allouée aux membres du midjelès, par application de l'article précédent, le sera aussi à ceux de ses membres qui, pour prendre part à ses sessions mensuelles, se transporteront hors de leur résidence habituelle. — Le montant de cette indemnité sera provisoirement évalué par le cadi de la mahakma où aura été rendu le jugement déféré à l'examen du midjelès consultatif. — Cette somme sera consignée entre les mains de l'adel qui aura reçu la déclaration de recours. Il en donnera récépissé, mentionnera cette consignation sur un registre spécial et la transmettra au bach-adel du midjelès subdivisionnaire, qui l'inscrira sur un registre à ce destiné.

Art. 8. — La répartition des indemnités de déplacement, perçues en exécution du précédent article, s'opérera ainsi qu'il suit : Les indemnités allouées à chacun des cadis à qui la présidence du midjelès sera successivement dévolue, se répartiront par égale portion entre les affaires provenant d'une même mahakma. — Quant aux allocations ayant pour objet d'indemniser d'autres membres du midjelès des déplacements prévus par l'art. 7 du présent arrêté, elles se répartiront entre toutes les affaires jugées, pendant la session, au prorata de la durée de chacune d'elles. Cette contribution sera arrêtée par les membres du midjelès qui seront présents au chef-lieu de la subdivision, à la fin de chaque session mensuelle, et le reliquat des sommes consignées sera restitué, le cas échéant, aux parties qui en auront fait l'avance. — L'avis exprimé par le midjelès sur le jugement objet du recours, doit statuer sur les frais, de façon que la partie condamnée à les supporter, rembourse, s'il y a lieu, celle qui a fait l'avance des sommes consignées.

Art. 9. — Le bach-adel du midjelès adressera, tous les mois, au procureur impérial ou à ses suppléants, un relevé du registre de comptabilité dont la tenue est prescrite par l'art. 7 du présent arrêté, et une copie certifiée conforme de la répartition, ainsi qu'il est dit à l'art. 8.

Art. 10. — L'art. 2 de l'arr. du 16 oct. 1860 est abrogé.

M^{al} DE MAC-MAHON, DUC DE MAGENTA.

DI. — 5-29 févr. 1868. — BG. 257. — Fixation des classes et des traitements des cadis.

Art. 1. — Les cadis sont répartis en trois classes dont l'effectif et le traitement sont fixés ainsi qu'il suit : — 31 cadis de 1re cl., au traitement de 1,500 fr.; 81 de 2e cl., 1,200 fr.; 122 de 3e cl., 1,000 fr. — Les droits et vacations que les cadis sont autorisés à percevoir, en dehors de leurs traitements fixes, seront déterminés par le gouverneur général de l'Algérie.

Art. 2. — Les cadis en fonction dans les villes où siège un tribunal de première instance, appartiendront de plein droit à la 1re cl. — Les cadis en fonctions dans les chefs-lieux de subdivision qui ne sont pas en même temps sièges d'un tribunal de première instance, ne seront en aucun cas, d'une classe inférieure à la seconde. Ils pourront être élevés à la première classe, en exécution de l'art. 3, ci-après.

Art. 3. — Le gouverneur général de l'Algérie désignera, jusqu'à concurrence du nombre fixé par l'art. 1 du présent décr., défalcation faite des classements effectués de plein droit en conformité de l'art. 2, les cadis qui, en raison de leurs services, devront être placés soit dans la première, soit dans la seconde classe. — Cette distinction inhérente à la personne du magistrat, abstraction faite du lieu où il exerce ses fonctions, pourra, suivant les cas, lui être retirée par le gouverneur général, qui conservera tout pouvoir pour modifier, en cette partie, le classement personnel qu'il aura opéré.

AG. — 21-25 mars 1868. — BG. 259. — *Tarif des actes des cadis.*

Vu le décr. du 31 déc. 1849, art. 47; — L'arr. min. du 26 oct. 1860; — Les décr. des 13 déc. 1866, art. 9, et du 5 févr. 1868; — Le conseil de gouvernement entendu;

Art. 1. — Le tarif des actes établis par les cadis, ainsi que les droits à prélever par les cadis et les autres agents de la justice musulmane, sont fixés comme il suit :

1. Acte constatant la qualité de chérif..... 25f,00
2. Contrat de mariage, y compris la procuration de la mariée, les certificats constatant son âge, le degré de parenté de son représentant et tout ce qui est nécessaire à l'accomplissement du mariage.................. 5 00
3. Renouvellement du mariage avec une femme divorcée d'une manière définitive...... 5 00
4. Acte de reprise en mariage de la même femme. 2 00
5. Acte de divorce absolu............. 5 00
6. Acte de divorce avec la faculté de reprendre la femme.................. 5 00
7. Déclaration de témoins constatant les sévices subis par la femme et tendant à lui faire restituer la somme donnée pour obtenir le divorce (dit *khéla*)............... 4 00
8. Acte de pension............... 2 00
9. Acte désignant la femme qui prendra soin d'un enfant en bas âge, après le décès de sa mère ou un mariage en secondes noces........ 1 00
10. Acte par lequel la femme désignée pour prendre soin d'un enfant en bas âge, est remplacée par une autre femme.......... 1 00
11. Acte de vente. — Au-dessous de 500 fr., 3 fr.; — De 500 fr. à 1,000 fr., 12 fr.; — De 1,000 fr. à 1,500 fr., 15 fr.; — De 1,500 fr. à 2,000 fr., 20 fr.; — De 2,000 fr. à 4,000 fr., 25 fr.; — De 4,000 fr. à 10,000 fr., 30 fr.; — Au-dessus de 10,000 fr., 40 fr., plus 25 c. par millier de fr. au-dessus de 10,000 fr.
12. Acte d'échange d'immeubles (même tarif que pour les ventes).
13. Cession d'un bien en payement d'une dette (même tarif que pour l'acte de vente).
14. Cession d'un objet vendu au prix de la vente. 5 00
15. Acte établissant la preuve d'un vice rédhibitoire existant, soit dans un immeuble, soit chez une bête de somme............. 4 00
16. Résiliation de vente (un quart du droit perçu pour la vente).
17. Acte en avance de payement pour marchandises à livrer. — Au-dessous de 500 fr., 3 fr.; — De 1,000 fr., 5 fr.; — De 2,000 fr., 7 fr.; — De 3,000 fr., 8 fr.; — Au-dessus de 3,000 fr.,

10 fr., plus 25 c. par millier de francs au-dessus de 3,000 fr.
18. Acte de prêt................ 5 00
19. Acte de quittance définitive pour achat d'un immeuble après des payements successifs... 5 00
20. Acte de prêt sur gage d'un immeuble ou autre. 5 00
21. Certificat d'indigence (doit être délivré gratuitement, exempt de droit de timbre et de traduction).
22. Interdiction................ 10 00
(Les actes d'interdiction doivent être communiqués aux notaires et publiés dans l'étendue du ressort.)
23. Acte d'émancipation............. 10 00
24. Acte par lequel un cadi nomme un gardien chargé de gérer, sous son contrôle, la tutelle d'un interdit ou d'un mineur........ 2 00
25. Arrangement à l'amiable........... 2 00
26. Transport de créance............ 5 00
27. Acte de garantie.............. 2 00
28. Acte d'association pour un immeuble ou non. 5 00
29. Dissolution d'association et règlement de comptes................. 5 00
30. Procuration................ 2 00
31. Révocation d'un mandataire......... 2 00
32. Reconnaissance d'un enfant......... 5 00
33. Reconnaissance d'une obligation....... 2 00
34. Acte de dépôt............... 5 00
35. Acte de dépôt, le dépositaire pouvant user de l'objet déposé............. 5 00
36. Déclaration relative à l'exercice du droit de préemption............... 5 00
37. Acte de partage : même tarif proportionnel que pour l'acte de vente.
38. Acte indiquant la quote-part de chaque membre d'une association.......... 5 00
39. Acte de société en commandite........ 5 00
40. Acte d'association entre le propriétaire d'un immeuble et celui qui y fait des plantations ou autres travaux améliorant la propriété, à condition de partager l'immeuble........ 5 00
41. Acte de convention entre le propriétaire d'un immeuble et celui qui le cultive, pour le partage des fruits.............. 5 00
42. Acte de convention pour la fixation d'un salaire................. 2 00
43. Acte de location : — Location perpétuelle : au même taux que la vente; — Au-dessus de 18 ans: 1/2 du taux de la vente; — De 9 à 18 ans: 1/3 du même taux; — De 3 à 9 ans: 1/4 du même taux; — Au-dessous de 3 ans...... 2 00
44. Acte de constitution de habous........ 20 00
45. Acte d'annulation de habous......... 10 00
46. Acte de don et aumône : — Au-dessous de 200 fr., 3 fr. — Au-dessus de 200 fr., 5 fr. — Pour un immeuble (droit fixe)...... 10 00
47. Révocation d'une donation.......... 5 00
48. Copie du jugement d'un cadi, y compris l'enregistrement des conclusions et réponses, l'audition des preuves, l'acceptation ou la récusation des témoins, etc. : — Si le litige est inférieur à 200 fr. de capital ou 20 fr. de revenu, 5 fr. — Au-dessus............ 10 00
(Le droit ne sera perçu qu'en cas de délivrance de copie (expédition) aux parties sur leurs demandes.)
49. Lettre d'un cadi à un autre cadi....... 1 00
50. Acte d'avération d'écriture.......... 2 00
51. Acte qui établit la filiation d'une personne et son droit à un héritage : — Pour acte de filiation remontant au grand-père ou aïeul, 5 fr. — Si on remonte au bisaïeul, 7 fr. — Si la filiation part du trisaïeul, 9 fr. — Quel que soit l'auteur commun au delà du 5e degré... 12 00
52. Actes constatant un droit par la déclaration de témoins s'il s'agit d'un immeuble..... 6 00
Dans les autres cas........... 4 00
53. Délimitation d'un immeuble......... 5 00
54. Acte testamentaire pour le 1/3 de la propriété du testateur.............. 5 00
55. Constitution d'exécuteur testamentaire.... 5 00
56. Retour sur une donation faite par testament. 5 00
57. Copie d'un acte : 1/4 du coût de l'original.

58. Recherches d'actes : — Pour les actes de l'année courante, 50 c. — Pour ceux de l'année d'avant, 1 fr. — Par chaque année en sus, 50 c., sans pouvoir dépasser 5 fr.

59 Répartition d'héritage. y compris la fixation des parts, l'énumération des héritiers et la constatation de leurs droits, les prélèvements obligatoires, l'acquittement des dettes, etc. 10 00

60. Droits à percevoir sur l'héritage vendu : — 5 p. 100 sur les premiers 10.000 fr. : — 25 c. par 100 fr. au-dessus de 10,000 fr. En cas d'estimation : même tarif. — (A partager entre les membres de la Mehakma, suivant les règles générales édictées à l'art. 2 du présent arrêté) les délais et les experts aux frais des Mehakmas.)

61. Dissolution de mariage. 5 00

62. Extrait d'un acte authentique, si on y faisant connaître la portée de l'acte, on y indique l'usage auquel l'extrait est destiné : moitié du coût de l'acte, sans que ce droit puisse, dans aucun cas, excéder, 10 fr.

63. Acte constatant le droit d'un tiers sur un immeuble. 6 00

64. Reçu fait par devant le cadi. 2 00

65. Indemnités pour frais de déplacement de magistrats. Indemnités de l'adel, lorsqu'il est mandé par les parties dans l'intérieur de la ville : — A Alger, 2 fr. — Autre ville qu'Alger, 4 fr. — En dehors de la ville, 4 fr. par jour de voyage ou de séjour pendant le temps de son déplacement. — Indemnité pour le déplacement de l'aoun : moitié de ce qui est accordé à l'adel. — Indemnité pour déplacement du cadi, lorsqu'il est mandé par les parties : 5 fr par jour de voyage, pendant le temps de son voyage.

Art. 2. — Le partage des sommes perçues pour le prix des actes se fait de la manière suivante : — Les cadis reçoivent 2/8 des sommes perçues, conformément au présent tarif, et les bach-adels 3/8. — Les adels et l'aoun se partagent le 3/8 restant, de façon que l'aoun n'ait que la moitié de la part d'un adel.

Art. 3. — Les sommes perçues dans chaque Mehakma sont recueillies par les soins d'un adel et sont partagées à la fin du mois, d'après les règles ci-dessus indiquées. Il en est dressé un acte indiquant le total des sommes encaissées pendant le mois et la part de chacun. Les membres de la Mehakma attestent l'exactitude du contenu de cet acte, apposent leurs signatures au bas et l'enregistrent sur les registres d'inscription des actes.

Art. 4. — Les cadis délivrent gratuitement, et sur papier libre, les actes destinés à tenir lieu d'actes de l'état civil, ainsi que les copies de jugement réclamées par l'administration civile ou militaire.

Gal BARON DURRIEU.

AG. — 9 avr. -9 mai 1868. — BG. 264. — *Fixation de la date à laquelle les dispositions du décr. du 5 févr. 1868, et de l'arr. qui précède seront mises en vigueur.*

Art. 1 et 2. — Nominations de cadis.

Art. 3. — Les traitements fixés pour les cadis par le décr. du 5 févr. 1868, leur seront alloués à partir du 10 avr. 1868, époque à laquelle le tarif des actes établi par l'arr. du 21 mars 1868, sera mis en vigueur dans toutes les circonscriptions judiciaires du Tell.

M^{al} DE MAC-MAHON, DUC DE MAGENTA.

AG. — 1er et 28 août 1869. — BG. 312. — *Institution de commissions pour l'examen des aspirants aux fonctions de la justice musulmane en exécution de l'art. 12 du décr. du 15 déc. 1866.*

Art. 1. — Il est institué dans chacune des trois provinces une commission d'examen devant laquelle seront tenus de se présenter, à partir du 1er janv. 1870, les candidats indigènes, qui aspirent soit au titre de cadi, soit aux fonctions de bach-adel ou d'adel.

Art. 2. — Chacune des trois commissions tiendra annuellement une session, à l'époque et dans la ville qui sera par nous indiquée.

Art. 3. — Chaque commission sera ainsi composée : — Un magistrat français, président. — Un second magistrat qui remplacera le président en cas d'empêchement. — M. l'inspecteur-général des établissements d'instruction publique indigènes, à son défaut, le professeur de la chaire d'arabe ou le directeur du collège arabe français. — Un officier des affaires arabes. — Un interprète militaire, principal ou de première classe. — Trois savants musulmans. — Le secrétaire sera désigné par nous, parmi les membres français de la commission.

Art. 4. — Chaque année les membres de la commission seront nommés par l'arrêté qui déterminera le lieu et l'époque de l'ouverture de la session. — Les magistrats faisant partie de cette commission seront désignés par nous sur la proposition du premier président et du procureur général. — Cet arrêté sera publié, par les soins de l'autorité compétente, en territoire civil et en territoire militaire, au moins quarante jours avant l'ouverture.

Art. 5. — Les candidats seront tenus de remettre au secrétaire, ou de lui faire parvenir par l'intermédiaire des procureurs impériaux, en territoire civil, et des commandants supérieurs, en territoire militaire : — 1° Leur acte de naissance ou un acte de notoriété régulièrement dressé pour en tenir lieu. — 2° Un certificat de moralité délivré par le maire, en territoire civil, et par le bureau arabe, en territoire militaire. — 3° Des certificats d'études et, s'il y a lieu, des attestations régulières relatives aux fonctions dont les candidats sont ou ont été revêtus.

Art. 6. — Les candidats seront divisés en deux catégories, suivant la nature des fonctions auxquelles ils aspirent. — Il y aura, pour chaque catégorie, une épreuve écrite et des epreuves orales. — L'épreuve écrite consistera dans la rédaction, sur des données arabes, d'une pièce rentrant dans les attributions des magistrats indigènes. — Les candidats qui auront succombé dans cette première épreuve ne seront pas admis aux épreuves orales. — Celles-ci porteront : — 1° Sur le droit civil et l'organisation judiciaire. — 2° Sur la lecture et l'analyse grammaticale de textes imprimés ou manuscrits. — 3° Sur l'arithmétique appliquée au droit, la géographie, en un mot l'instruction générale. — La commission devra constater si les concurrents parlent ou écrivent la langue française.

Art. 7. — La commission ne pourra siéger que si cinq membres au moins, dont deux musulmans, se trouvent présents.

Art. 8. — Les directeurs des *Médressas* assisteront aux séances et seront appelés à donner des renseignements sur les candidats qui auront fait leurs études dans les établissements qu'ils dirigent.

Art. 9. — A l'issue de la session la commission dressera, pour chaque catégorie, et par ordre de mérite, un tableau des candidats admis.

Art. 10. — Il sera délivré à chacun des aspirants portés sur ces tableaux un certificat de capacité, signé par nous, contresigné par le président et le secrétaire de la commission.

Art. 11. — Les généraux commandant les provinces et le procureur général près la Cour impériale d'Alger, sont chargés d'assurer, chacun en

ce qui le concerne, l'exécution du présent arrêté.

Mᵃˡ DE MAC-MAHON, DUC DE MAGENTA.

*Règlement déterminant le mode d'admission
des aspirants aux fonctions de la magistrature musulmane.*

Art. 1. — Les candidats seront divisés en deux
catégories, suivant la nature des fonctions auxquelles ils aspirent. — Les épreuves écrites devront commencer au jour indiqué par nous, pour
l'ouverture de la session. — Elles pourront avoir
lieu en même temps pour les deux catégories,
mais dans deux salles différentes : pendant la
durée de cette épreuve, la commission devra être
représentée, dans chacune des salles, par deux de
ses membres au moins.

Art. 2 — Les autres épreuves seront subies au
jour et à l'heure indiqués par le président, lequel
prendra toutes les mesures d'ordre et de police
intérieure.

Art. 3. — Dans l'épreuve écrite, les candidats
de la première catégorie devront rédiger sur des
données, soit un jugement revêtu des formes légales, soit une donation, un testament, un partage,
une constitution de habous d'après l'un ou l'autre
rite. — Les candidats de la seconde catégorie
auront un acte constatant une obligation (vente,
louage, association, etc.), un acte de notoriété
ou une lettre traitant une question de droit.

Art. 4. — Pour les deux catégories, les inter-
rogatoires sur le droit devront porter sur les
questions comprises dans le programme d'études
des *médressas*.

Art. 5. — Dans l'épreuve de lecture, une des
pièces soumises aux concurrents de la première
catégorie sera toujours un acte ancien.

Art. 6. — Pour chaque épreuve, il sera attribué au candidat un chiffre compris entre 0 (nul)
et un maximum répondant à la note : parfaitement. — Pour les deux premières épreuves
(épreuve écrite et orale de droit), le maximum est
fixé à 20 points. — Les deux autres épreuves,
qui ne s'appliquent qu'à des matières accessoires,
auront une échelle moitié moins étendue, de
0 à 10.

Art. 7. — Le candidat, pour être admis, devra
réunir un nombre total de points égal à la moitié
des maxima réunis, c'est-à-dire trente points.

Art. 8. — Chacun des membres de la commission sera appelé à son tour par le président, après
chaque épreuve, à faire connaître le chiffre qu'il
attribue au candidat. Tous les chiffres ainsi énoncés seront additionnés, le total sera divisé par le
nombre des membres présents, et le quotient
ainsi obtenu sera acquis au candidat.

Art. 9. — La liste d'admission dressée pour
chacune des catégories indiquera le rang par ordre de mérite, les noms et âge des candidats, le
nombre de points obtenus dans chaque épreuve
et le total de ces points, les renseignements sur
les études antérieures et les fonctions qu'occupent
ou ont occupées les candidats, sur la connaissance
qu'ils peuvent avoir de la langue française, sur
leur moralité et leur caractère, enfin, sur la province ou la partie de l'Algérie où ils demandent
à être nommés, et où ils peuvent être utilement
employés.

(V. au Bulletin. — Modèle de tableau des notes d'admission.)

AG. — 2-23 sept. 1869. — BG. 213. —
*Exemption des droits de timbre et d'enre-
gistrement pour les minutes des jugements
rendus par les juges de paix, entre musulmans.*

Vu le décr. du 31 déc. 1859 ; — Vu l'arr. du
22 oct. 1861, relatif aux formalités concernant
l'appel des jugements des cadis (II, 155.) ; — Le
décr. du 13 déc. 1866 ; — Sur l'avis conforme
du conseil de gouvernement ; — Considérant qu'il
y a lieu de mettre les droits d'enregistrement et
de timbre, afférents aux sentences rendues entre
musulmans, par les juges de paix, en harmonie avec
ces mêmes droits, tels qu'ils sont en vigueur soit
pour les sentences des cadis, soit pour les minutes
des arrêts et jugements rendus sur appel, en matière musulmane, conformément au § 1 de l'art. 5
de l'arr. du 22 oct. 1861 ;

Art. 1. — L'exemption des droits de timbre et
d'enregistrement, édictée au § 1 de l'art. 5
de l'arr. du 22 oct. 1861 précité, est applicable
aux minutes des jugements rendus, entre musulmans, par les juges de paix, sur la comparution
volontaire des parties, conformément à l'art. 2 du
décr. du 13 déc. 1866, sus-visé.

Mᵃˡ DE MAC-MAHON, DUC DE MAGENTA.

Circ. G. — 30 déc. 1869-15 janv. 1870. — BG.
321. — *Indemnité due aux bach-adels exerçant par interim les fonctions de cadis.*

Aux termes de l'art. 12 du décr. du 13 déc.
1866, le traitement d'un cadi suspendu de ses
fonctions est attribué au magistrat intérimaire. —
Le cas où un cadi serait indisponible pour cause
de maladie n'a pas été prévu : afin d'assurer une
rémunération suffisante au bach-adel intérimaire,
tout en laissant quelques ressources au cadi
malade, j'ai décidé, qu'en pareil cas, ces deux magistrats partageront par moitié, pour tout le temps
de l'interim, le traitement fixe du cadi. Le cadi
indisponible n'aura, d'ailleurs, aucune part au
produit des actes passés à la mahakma pendant sa
maladie. — Ces dispositions ne seront appliquées
que lorsque le commandant de la subdivision, prévenu, aura investi le bach-adel de ses fonctions
intérimaires.

Gᵃˡ ARON DURRIEU.

AG. — 21 oct.-31 déc. 1871. — BG. 596. —
*Nomination des membres des midjelès con-
sultatifs des trois divisions. (Région du
Tell.) — Suppression du midjelès de Dellys* (1).

Art. 1. — Sont nommés pour un an, à partir du
1ᵉʳ juil. 1871, membres des midjelès consultatifs,
institués dans chacun des chefs-lieux de subdivision (suivent les noms).

Art. 2. — Le midjelès de Dellys est supprimé ;
le recours contre les jugements émanés des cadis
de la subdivision de Dellys seront portés devant
le midjelès d'Alger.

AG. — Mêmes dates. — *Nomination des membres des midjelès consultatifs des trois divisions. (Partie hors Tell)* (2).

Art. 1. — Sont nommés pour un an, à partir du
15 sept. 1871, membres des midjelès consultatifs
ci-après désignés dans la partie hors Tell (suivent
les noms.)

Art. 2. — Les midjelès de Boussada et de Tug-
gurt seront constitués par un autre arrêté.

Art. 3. — Le premier bach-adel et le premier
adel de chacune des circonscriptions judiciaires de
Djelfa, Tiaret, Géryville, Saïda, Sidi bel Abbès,
Sebdou, Biskra, sont attachés, en la même qualité, au midjelès consultatif siégeant dans chacune
de ces villes.

_____

(1 et 2) Les nominations pour les années antérieures
n'ont pas été publiées.

SECT. 2. — Région Saharienne.

§ 1. — Organisation. — 1870.

221. — 8-15 janv. 1870. — BG. 519. — *Organisation et mode d'administration* (1).

Art. 1. — Dans la partie de l'Algérie située en dehors du Tell et de la Kabylie, la justice est administrée, au nom de l'empereur, par les cadis, les juges de paix, la cour impériale d'Alger, les tribunaux d'Oran et de Constantine, suivant les règles établies par le présent décret.

Art. 2. — Les musulmans de la région en dehors du Tell peuvent également, d'un commun

---

(1) *Rapport à l'Empereur.* — Sire, une expérience de trois années a démontré la sagesse et l'opportunité des réformes introduites dans l'administration de la justice musulmane par votre décr. du 13 déc. 1866. — Mais, ce décret, en abrogeant plusieurs dispositions importantes de celui du 31 déc. 1859, a laissé subsister dans son entier l'art. 59, ainsi conçu : « Le présent décret ne s'applique point à la Kabylie et à la région en dehors du Tell, qui demeurent régies, l'une par ses coutumes actuelles, l'autre par la juridiction des cadis, telle qu'elle existait avant le décr. du 1er oct. 1854. » — Ainsi, la Kabylie et la région Saharienne ne sont pas appelées à bénéficier des réformes judiciaires accomplies seulement pour le Tell, et sont restées, après le décret du 13 déc. 1866, ce qu'elles étaient auparavant.

Fallait-il maintenir cet état de choses? Fallait-il ajourner encore la participation de ces contrées aux progrès accomplis autour d'elles? — Le Gouvernement de V. M. ne l'a pas pensé. Le moment lui a paru opportun de compléter l'œuvre de réorganisation commencée en 1859 et continuée en 1866, et de donner aux pays situés au delà du Tell une administration de la justice qui répondit aux besoins des populations.

Il a été reconnu, toutefois, qu'il n'y avait pas lieu de s'occuper pour le moment de la Kabylie, régie par un droit coutumier très-compliqué, encore imparfaitement connu, et où les intérêts judiciaires et administratifs se trouvent souvent confondus dans des conditions qui rendent très-délicate et très-difficile la séparation à faire des attributions afférentes aux tribunaux d'avec celles appartenant en propre aux institutions de l'ordre administratif. — D'un autre côté, les Kabyles sont très-attachés à leurs coutumes. Toucher à ces institutions, ce serait porter une grave atteinte à leur constitution politique et s'exposer à des difficultés inextricables. D'ailleurs, des engagements ont été pris vis-à-vis les djemâas kabyles lors de la soumission du pays, et ces engagements, comme je l'ai dit, ont été consacrés, en ce qui concerne l'administration de la justice, par l'art. 59 du décr. du 31 déc. 1859.

De semblables considérations n'existaient pas pour la région saharienne, pour ce vaste territoire où vivent 100,000 Arabes qui sont encore soumis à la juridiction des cadis. — La question a donc été mise à l'étude, et après avoir été discutée dans le Conseil de gouvernement de l'Algérie et examinée à mon département, elle a fait l'objet du projet de décret que j'ai l'honneur aujourd'hui de soumettre à la haute sanction de V. M.

Les travaux préparatoires du décr. du 13 déc. 1866 avaient, du reste, extrêmement simplifié la tâche. On se trouvait encore là en présence de populations ayant la même origine, les mêmes mœurs, la même langue et enfin les mêmes croyances religieuses que les indigènes du Tell. Il ne s'agissait donc que de rendre ce décret applicable aux Sahariens, en lui faisant subir quelques modifications commandées par la situation topographique des lieux et leur grand éloignement des tribunaux français. — Sauf ces modifications, ce sont donc les principes posés dans le décr. du 13 déc. 1866 qui servent de base à la réorganisation de la justice musulmane dans le Sahara.

Le projet de décret s'ouvre par la déclaration formelle qu'il ne statue que pour la partie de l'Algérie située en dehors du Tell et de la Kabylie. Cette déclaration était nécessaire pour éviter toute équivoque, surtout en ce qui concerne la Kabylie, qui doit continuer à se régir par ses coutumes. — La confiance des Arabes dans la justice française, confiance qui se manifeste et s'affirme de plus en plus, ne permettait pas de refuser aux indigènes du Sahara la faculté de porter, en cas de commun accord, leurs contestations devant les tribunaux français : cette faculté leur est formellement accordée par l'art. 2 du projet.

Comme dans le Tell, le cadi, ce juge traditionnel des musulmans, est le juge ordinaire du premier degré. Le

taux de sa compétence n'est pas modifié. Il juge en dernier ressort les contestations dont la valeur n'excède pas 200 fr., et en premier ressort seulement toutes les affaires d'une valeur supérieure ou indéterminée et les questions d'état.

L'organisation de la juridiction du second degré présentait quelques difficultés, en raison de l'énorme distance qui existe entre les tribunaux français, situés tous dans le Tell. — D'après la législation qui régit actuellement ce dernier pays, les parties ont la faculté, après le jugement rendu par le cadi, de réclamer que l'affaire soit examinée devant un midjlès consultatif ; mais, quel qu'ait été l'avis émis par le midjlès, elles peuvent interjeter appel de la sentence du cadi devant le tribunal civil de l'arrondissement, si le montant du litige ne dépasse pas 2,000 fr., et devant la cour impériale, pour la province d'Alger, et les tribunaux du chef-lieu de la division pour les provinces de Constantine et d'Oran, s'il s'agit d'une valeur indéterminée ou excédant 2,000 fr. — Il y avait des inconvénients graves à adopter d'une manière absolue ces règles juridictionnelles pour les indigènes du Sahara. Leur accorder la faculté d'interjeter appel devant les tribunaux français pour des sommes au-dessus de 200 fr., c'eût été les exposer à des voyages lointains, qui se seraient indubitablement traduits par des frais onéreux et hors de proportion souvent avec la valeur du litige. En outre, la célérité, cette condition indispensable à l'administration d'une bonne justice, aurait fait défaut.

Une dérogation à ces principes a donc été jugée nécessaire, et voici en quoi elle consiste : L'indigène de la zône du Sahara a bien, comme celui de la région du Tell, la faculté de porter son appel devant les tribunaux français, mais l'exercice de ce droit est subordonné à des conditions Il faut que le litige porté soit sur une question d'état, soit sur un intérêt supérieur à 2,000 fr.; s'il s'agit d'un intérêt inférieur à ce chiffre, il faut qu'il y ait eu dissentiment entre le jugement du cadi et l'avis du midjlès consultatif, constitué comme il est dit au § 1 de l'art. 19 du décr. du 13 déc. 1866. Dans le premier cas, l'importance de la contestation, et, dans le second, la présomption du mal jugé qui s'attache à la décision du cadi, sont des garanties que l'appel n'a pas été interjeté d'une manière inconsidérée.

Il me reste à signaler à l'attention de V. M. un dernier point qui fait l'objet de l'art. 17 du projet, et qui a soulevé de vives controverses. — Le commerce et le progrès de la civilisation ont développé et multiplié les relations du Sahara avec les pays du littoral. — Il pouvait donc arriver, et cela fréquemment, qu'une contestation s'élevât entre parties domiciliées, les unes dans le Sahara et les autres dans le Tell. Devant quel cadi devait alors être portée l'instance? Serait-ce un cadi de la première contrée, ou bien un cadi de la seconde, qui serait compétent pour connaître du différend?

Ici, l'application du droit commun avait évidemment pour résultat d'obliger l'indigène du Tell, s'il était demandeur, de venir plaider dans le Sahara et de lui enlever, par conséquent, la faculté dont il jouit aujourd'hui d'être jugé en appel par les tribunaux français (chambre mixte) dans toute affaire dont l'intérêt est supérieur à 200 fr. (art. 22, 23 et 24 du décr. du 13 déc. 1866). — Aussi, pour conserver cette faculté à l'habitant du Tell, a-t-on demandé avec insistance de déroger à la règle, et d'accorder au cadi de la circonscription à laquelle il appartient, compétence générale pour juger dans ce cas le procès. Dans ce système, le Saharien, en toutes matières personnelles, aurait été obligé d'aller chercher le juge de son adversaire dans le Tell, sans avoir égard à la qualité de demandeur ou de défendeur. — Un privilège aussi anormal n'a pas paru suffisamment justifié. Il avait d'ailleurs, entre autres inconvénients, celui de placer le

accord, porter leurs contestations devant la justice française, et il est alors procédé d'après les dispositions du décr. du 13 déc. 1866.

Art. 3. — Il sera pourvu, par arrêtés de notre gouverneur général, à la détermination des circonscriptions judiciaires du territoire dont il s'agit, à la fixation, suivant les besoins du service, du personnel des diverses mahakmas, ainsi qu'à la nomination des cadis et des adels; — Les mêmes arrêtés désigneront le nombre et les lieux de réunion des midjlès. — La surveillance des tribunaux indigènes appartient, sous l'autorité du gouverneur général, aux généraux commandant les provinces, au premier président de la cour impériale et au procureur général, qui se concertent à cet effet.

Art. 4. — Les cadis et les adels n'entrent en fonctions qu'après avoir prêté le serment suivant : « En présence de Dieu et des hommes, je jure et promets, en mon âme et conscience, de rester fidèle à l'empereur; de bien et religieusement remplir mes fonctions. » — Ce serment est prêté devant le général commandant la province, ou, sur sa délégation, devant le chef militaire le plus rapproché du siège de la mahakma.

Art. 5. — Les cadis connaissent, en premier ressort, de toutes les affaires civiles et commerciales, ainsi que des questions d'état. — Ils statuent, en dernier ressort, sur les actions personnelles et mobilières, jusqu'à la valeur de 200 fr. de principal, et sur les actions immobilières, jusqu'à 20 fr. de revenu, déterminé, soit par contrat, soit par la déclaration des parties.

Art. 6. — Il est perçu un droit fixe de 5 fr. pour chaque affaire, lorsque les parties se présentent et se retirent sans réclamer expédition du jugement du cadi.

Art. 7. — Le tarif des droits à percevoir par les cadis est fixé conformément à l'art. 1 de l'arr. du gouverneur général du 31 mars 1868, qui a réglementé la matière pour la région du Tell. — La manière d'en répartir la quotité entre les cadis et les adels sera réglée ultérieurement par un arrêté du gouverneur général, les cadis de la région hors du Tell ne recevant pas de traitement.

Art. 8. — La partie qui voudra interjeter appel devra, à peine de déchéance, en faire la déclaration, dans les 30 jours, à l'adel du cadi qui a rendu le jugement. — Il sera dressé acte de cette déclaration, et il en sera délivré copie à l'appelant. — L'adel en donnera avis à la partie adverse qui, dans les 10 jours de la réception dûment constatée, pourra déclarer qu'elle renonce à soumettre l'affaire à l'examen du midjlès, constitué ainsi qu'il est dit ci-après. — L'appelant pourra faire la même déclaration en interjetant appel; avis en sera donné à l'intéressé par l'adel, lors de la signification de l'appel. — Dans l'un et l'autre cas, l'affaire sera directement portée devant la juridiction spécifiée à l'art. 13.

Art. 9. — A défaut de déclaration contraire, l'affaire, en cas d'appel, sera examinée de nouveau devant un midjlès consultatif, lequel pourra exiger l'apport de toutes les pièces produites devant le cadi, premier juge. — Ce midjlès sera constitué, comme il est dit au § 1 de l'art. 19 du décr. du 13 déc. 1866.

Art. 10. — Le résultat des délibérations des midjlès est exprimé sous forme d'avis, et cet avis est consigné, avec ses motifs, en marge de la sentence du cadi. — Si la contestation ne porte ni sur une question d'état, ni sur une valeur dépassant 3,000 fr. de capital ou 200 fr. de revenu, et si l'avis du midjlès est conforme au jugement du cadi, ce jugement acquiert autorité souveraine, et l'appel reste sans suite.

Art. 11. — L'appel conserve, au contraire, tout son effet : — 1° Lorsque la contestation, quel qu'ait été l'avis du midjlès, porte soit sur une question d'état, soit sur une valeur dépassant la limite ci-dessus indiquée ; — 2° Lorsque, s'agissant d'un intérêt compris dans cette limite, l'avis du midjlès n'est pas entièrement conforme au jugement du cadi.

Art. 12. — L'avis du midjlès sera immédiatement notifié, à la diligence de l'adel remplissant les fonctions de greffier, aux parties comparantes. — La partie qui a interjeté appel du jugement du cadi doit, dans les 40 jours, à peine de déchéance, déclarer à l'adel du midjlès qu'elle persiste dans son recours. — Acte est dressé de cette déclaration, et il en est délivré copie à l'appelant. — Des expéditions du jugement du cadi, avec l'avis du midjlès, de la déclaration itérative d'appel, et les pièces produites, seront transmises, dans le plus bref délai, par l'adel, sous la surveillance du président du midjlès, au général commandant la province, qui adressera ces pièces au ministère public près la juridiction d'appel.

Art. 13. — Cette juridiction appartient, pour la province d'Alger, à la chambre spéciale instituée à la cour impériale, en vertu du décr. du 15 déc. 1866, et pour les deux autres provinces, aux chambres spéciales des tribunaux d'Oran et de Constantine.

Art. 14. — Les affaires s'instruisent dans la forme prescrite par les art. 33, 34 et 35 du décr. du 31 déc. 1859, révisé par le décr. du 15 déc. 1866. — Les dépôts et communications de pièces, l'exécution des commissions rogatoires et tous actes d'instruction pourront s'effectuer par l'entremise des juges de paix, des commandants de cercle, et de tous autres officiers de police judiciaire, y compris ceux déterminés par le décr. du 15 mars 1860.

Art. 15. — Tous déclinatoires pour incompétence seront, dans les 50 jours qui suivront l'inscription au greffe, jugés sur le vu des pièces, et de tous autres documents recueillis dans l'intervalle. L'incident sera vidé sans frais ni comparution des parties. — Après l'expiration du délai

<hr/>

saharien, vis-à-vis l'habitant du Tell, dans une condition trop choquante d'inégalité.

Le gouvernement de V. M. a cru devoir se rallier à une autre opinion, qui avait l'avantage de réserver aux indigènes du Tell le bénéfice de la législation actuelle quant au jugement de leurs appels, et de respecter en même temps le droit et l'équité en matière de compétence. — L'art. 17, qui est l'expression de cette opinion, dispose que, dans le cas dont il s'agit, l'appel aura lieu et sera jugé conformément aux art. 22, 23 et 24 du décr. du 15 déc. 1866, avec cette restriction, toutefois, qu'il sera porté exclusivement devant la cour impériale d'Alger ou devant les tribunaux civils de Constantine ou d'Oran, même lorsque la contestation aura porté sur un chiffre inférieur à 3,000 fr. de capital ou 200 fr. de revenu.

— Il sera loisible, au surplus, aux parties de déroger, par des conventions expresses, à ces règles de compétence.

Telle est, en substance, Sire, l'économie de ce projet de décret qui, sauf quelques dissemblances imposées par la force des choses, n'est au fond l'honneur de le faire remarquer à V. M. que la reproduction des principes déjà édictés, en matière de justice musulmane, par les décr. des 31 déc. 1859 et 15 déc. 1866. — Il assure aux indigènes du Sahara, à ces populations lointaines aussi dignes d'intérêt que celles du Tell, une justice régulière dont ils étaient depuis longtemps privés et qu'ils appelaient de tous leurs vœux.

Le Garde des Sceaux, ministre de la Justice,
ÉMILE OLLIVIER.

spécifié ci-dessus, aucune exception de cette nature ne pourra être proposée par les parties, ni soulevée d'office. — Lorsque l'affaire sera en état, le ministère public la portera en audience, en conformité des dispositions du décr. du 15 déc. 1866. Les parties n'y seront appelées que quand la Cour ou le tribunal l'aura jugé nécessaire.

Art. 16. — Les référés au conseil de droit musulman auront lieu dans les formes et sous les conditions spécifiées au décr. du 15 déc. 1866. — La décision rendue par la juridiction d'appel ne pourra être l'objet d'aucun recours.

Art. 17. — En cas de contestations entre indigènes du Tell et indigènes du territoire régi par le présent décret, les art. 10 et 11 ne seront pas appliqués. L'appel aura lieu et sera jugé conformément aux art. 22, 23 et 24 du décr. du 15 décembre 1866, si ce n'est qu'il sera porté exclusivement devant la Cour impériale d'Alger ou devant les tribunaux civils de Constantine et d'Oran, même au-dessous de 2,000 fr. de capital ou de 200 fr. de revenu. — Il pourra être dérogé, par conventions expresses, à ces règles de compétence.

Art. 18. — Les vacations attribuées aux membres et adels des midjelès sont fixées conformément aux art. 5, 6, 7, 8 de l'arr. du 20 août 1867, qui a réglementé la matière pour la région du Tell.

Art. 19. — Il sera pourvu, par arrêtés de notre gouverneur général, aux règlements ayant pour objet l'exécution du présent décret, les mesures complémentaires que nécessitera son application et l'extension aux territoires en dehors du Tell de toutes dispositions des décrets et arrêtés relatifs à l'organisation judiciaire du Tell.

AG. — 15 sept.-6 oct. 1870. — BG. 540. — *Division du territoire situé en dehors du Tell et de la Kabylie, pour l'administration de la justice : dans la province d'Alger en 5 circonscriptions judiciaires, dans celle d'Oran en 21 circonscriptions, dans celle de Constantine en 23 circonscriptions.*

AG. — Mêmes dates. — *Institution de midjelès dans le même territoire.*

Vu les décr. des 31 déc. 1859 et 15 déc. 1866. — Les art. 5 et 9 § 2 du décr. du 8 janv. 1870; — les arrêtés de ce jour portant fixation des circonscriptions judiciaires dans la partie de l'Algérie située en dehors du Tell et de la Kabylie; — Le conseil de gouvernement entendu.

Art. 1. — Sont institués les midjelès consultatifs dont le nombre, les lieux de réunion et les ressorts sont fixés par le tableau ci-après :

PROVINCE D'ALGER.
Subdivision de Médéa.

Midjelès à Djelfa, — ayant dans son ressort les circonscriptions n° 67 à 71 des cercles de Laghouat et de Djelfa (V. l'arrêté précédent).

PROVINCE D'ORAN.
Subdivision de Mascara.

Midjelès à Tiaret, — ressort, circonscriptions n° 48 à 54 du cercle de Tiaret.

Midjelès à Géryville, — ressort, circonscriptions n° 55 à 58 du cercle de Géryville.

Midjelès à Saïda, — ressort, circonscriptions n° 59 à 62 des cercles de Mascara et de Saïda.

Subdivision de Sidi bel abbès.

Midjelès à Sidi bel abbès, ressort, circonscription n° 63 du cercle d'El Haçaïba (1).

Subdivision de Tlemcen.

Midjelès à Sebdou, — ressort, circonscriptions n° 64 à 68 du cercle de Sebdou.

PROVINCE DE CONSTANTINE.
Subdivision de Sétif.

Midjelès à Bouçada, — ressort, circonscriptions n° 72 à 76 du cercle de Bouçada.

Subdivision de Batna.

Midjelès à Biskra, — ressort, circonscriptions n° 77 à 88 du cercle de Biskra.

Midjelès à Touggourt, — ressort, circonscriptions n° 89 à 94 du cercle de Biskra.

Art. 2. — Le présent arrêté sera exécutoire à partir du 15 sept. 1870.

Gal DURRIEU.

AG. — Mêmes dates. — *Nomination des membres des midjelès. — Service des bach-adels et adouls.*

Art. 1. — Nominations.

Art. 2. — Le 1er bach-adel et le 1er adel de chacune des circonscriptions judiciaires de Djelfa, Tiaret, Géryville, Saïda, Sidi bel abbès, et Sebdou, Bouçada, Biskra et Touggourt, sont attachés, en la même qualité, au midjelès consultatif siégeant dans chacune de ces villes.

Gal DURRIEU.

AG. — Mêmes dates. — *Fonctionnement des midjelès sahariens et lieu de la tenue de leurs sessions.*

Vu l'art. 19 du décr. du 8 janv. 1870.

Art. 1. — Dans la partie de l'Algérie, située en dehors du Tell et de la Kabylie, le fonctionnement des midjelès consultatifs aura lieu conformément aux dispositions des art. 1, 2, 3, 4 et 9 de l'arr. du 20 août 1867 qui a réglé le fonctionnement des midjelès consultatifs subdivisionnaires, avec cette seule différence que les sessions des midjelès sahariens seront tenues dans la mahakma du cadi du lieu de réunion de ces midjelès au lieu de l'être dans la mahakma du cadi siégeant au chef-lieu de la subdivision.

Gal DURRIEU.

AG. — Mêmes dates. — *Mode de partage des sommes perçues par les cadis.*

Vu l'art. 1 de l'arr. du 21 mars 1868; — L'art. 7 du décr. du 8 janv. 1870 (ci-dessus §§ 4 et 5).

Art. 1. — Dans la partie de l'Algérie située en dehors du Tell et de la Kabylie, le partage des sommes perçues par les cadis, en vertu du tarif fixé par l'art. 1 de l'arr. du 21 mars 1868, sera opéré, entre les cadis, bach-adels, adels et adouls, d'après les règles établies par l'art. 1 de l'arr. min. du 16 oct. 1860 (II, 131).

BARON DURRIEU.

RENVOIS. — V. *Table alphabétique.*

Justice de paix.

Les justices de paix instituées jusqu'à ce jour en Algérie sont au nombre de 45, savoir : DÉP. D'ALGER. — *Arrond. d'Alger;* Alger divisé en deux cantons, Douera, Tenès, Aumale, Orléansville, Delleys, Tizi-Ouzou, l'Alma. — *Arrond. de Blida;* Blida, Bouffarik, Colea, Medea, Miliana, Cherchel, Marengo. — DÉP. D'ORAN. — *Arrond. d'Oran;* Oran, Saint-Cloud, Sidi bel abbès, Saint-Denis-du-Sig, Misserghin. — *Arrond. de Mosta-*

---

(1) Dans l'impossibilité de constituer un midjelès spécial à El Haçaïba, les affaires intéressant les justiciables

de la circonscription du Telagh seront portées devant le Midjelès consultatif de Sidi Bel Abbès.

ganem; Mostaganem, Mascara, Tiaret, Saïda, Re-
lizane. — *Arrond. de Tlemcen;* Tlemcen. —
DÉP. DE CONSTANTINE.—*Arrond. de Constantine;*
Constantine, divisé en deux cantons, Batna,
Biskra, Aïn-Beïda, — *Arrond. de Bône;* Bône,
Guelma, Mondovi, Souk Arras, La Calle. —
Arrond. de Philippeville; Philippeville, Jem-
mapes, El Arrouch, Djidjelli, — *Arrond. de Sétif;*
Sétif, Bougie.

L'importance des trois justices de paix de
Guelma, Sidi bel abbès et Mascara, a nécessité
l'adjonction d'un suppléant rétribué au juge de
paix. Dans toutes, à l'exception de celles situées
aux chefs-lieux d'arrondissement où siège un tribunal de 1re instance, les attributions de la
compétence étendue, déterminée par le décret de
1854, ont été conférées au juge de paix, soit par le
décret même de création, soit successivement par
décret postérieur.

DIVISION.

§ 1. — Dispositions générales (1).
§ 2. — Création de justices de paix. — Attributions.
     — Compétence spéciale.

§ 1. — DISPOSITIONS GÉNÉRALES (I, 417; II, 158).

§ 2. — CRÉATION DE JUSTICES DE PAIX. —
COMPÉTENCE.

№ 1. — 21 avr. 1866-28 janv. 1867. — BG. 215.
— *Compétence étendue attribuée au juge de
paix de Coléa (déjà inséré II, 159)*

№ 2. — 30 juin 1866. — (V. *Commissaires civils § 1*), *Extension aux commissaires civils
des dispositions du décr. du 17 mars 1866
(II, 158) relatif à la juridiction des juges de
paix.*

№ 3. — 13 nov.-12 déc. 1867. — BG. 253. —
*Création de justices de paix à l'Alma, Saïda
et Relizane. — Compétence étendue.*

Art. 1. — Des justices de paix sont créées :
— Dans la prov. d'Alger ; à l'Alma, ressortissant
au tribunal d'Alger ; — dans la province d'Oran ;
à Saïda et à Relizane, ressortissant au tribunal
de Mostaganem.

Art. 2. — La compétence étendue, telle qu'elle
est déterminée par le décr. du 19 août 1854
(I, 417), est attribuée aux juges de paix des trois
localités ci-dessus désignées.

Art. 3. — Le ressort de la justice de paix de
l'Alma comprend, outre la commune du Fondouk,
la partie orientale de l'arrondissement d'Alger
comprise entre l'Oued-Hamiz et l'Oued-Isser. —
Deux fois par mois, le juge de paix tiendra audience dans chacun des villages de Rouïba et du
Fondouk.

Art. 4. — Le juge de paix d'Alger (canton Sud)
tiendra tous les quinze jours une audience au
village de l'Arba.

Art. 5. — La juridiction du juge de paix de
Saïda comprend toute l'étendue du cercle de ce
nom.

Art. 6. — Le ressort de la justice de paix de
Relizane comprend le territoire de ce district.

Art. 7. — En conformité du décr. du 17 mars

---

(1) JURISPRUDENCE. — 1° *Attributions des juges de
paix à compétence étendue.* — *Saisie-arrêt.* — Les juges
de paix à compétence étendue peuvent autoriser une saisie-arrêt sur requête comme mesure conservatoire (décr.
du 19 août 1854, art. 2, § 2) et non en référé.— *Cour
d'Alger,* 6 janv. 1872. — Robe, 1871, p. 259.

2° *Appel des jugements des juges de paix à compétence étendue.* — L'appel de ces décisions doit être porté
devant le tribunal civil dans le ressort duquel se trouve
la justice de paix, sans aucune distinction entre les matières civiles et commerciales. — *Cour d'Alger,* 26 fév.
1869. — Robe, 1870, p. 67.

3° *Appel des ordonnances de référé.* — Attendu que
les règles générales, qui régissent l'ordre des juridictions, confèrent aux tribunaux de 1re instance seuls
compétence pour statuer sur l'appel des décisions rendues
par les juges de paix ; — Que ce principe d'ordre public
doit recevoir application, quelle que soit l'extension donnée à la compétence des juges de paix, soit par prorogation volontaire de juridiction aux termes de l'art. 7 du
Code de Procédure civile, soit en vertu de dispositions législatives spéciales ; — Que de nombreux arrêts de la Cour
ont consacré déjà cette doctrine, relativement à l'appel de
jugements rendus par des juges de paix investis de la
compétence étendue, prévue par le décr. du
19 août 1854 ; — Attendu qu'il y a même raison de
décider en ce qui concerne l'appel des ordonnances de
référé rendues en exécution du même décret ; — Qu'en
effet, dans l'un et l'autre cas, le juge de paix est substitué partiellement et dans les limites tracées par le décret,
soit au tribunal entier de 1re instance, soit au président
de ce tribunal, mais qu'il ne cesse point pour cela de
statuer avec le titre et la qualité de juge de paix ; que la
nature de sa juridiction n'a pas été modifiée et que le
tribunal reste dès lors, en toute matière, son juge supérieur immédiat ; — Attendu que pour admettre à cette
règle une exception qui serait un danger de porter la confusion dans l'ordre établi des juridictions, il faudrait que
le législateur l'ait formellement prescrite, et que son silence sur ce point ne saurait être interprété par de simples considérations d'analogie, dans un sens contraire à
la loi générale ; — Attendu qu'à ces motifs de droit,
viennent se joindre des motifs de fait, qui en confirment
pleinement l'application ; que l'intention évidente du légis-

lateur, en étendant la compétence des juges de paix en
Algérie, a été de mettre les justiciables à même d'obtenir facile et prompte justice, même dans les centres de
population les plus éloignés, et de leur éviter des frais
onéreux ; que ce but eût été complètement manqué si
les appels des jugements rendus par les juges de paix,
tant en matière civile qu'en matière commerciale, eussent
dû être portés devant la Cour ; — Qu'il en serait à plus
forte raison ainsi, relativement à l'appel des ordonnances
de référé, qui ne statuent qu'au provisoire, sur des questions d'exécution et pour des cas d'urgence ; — Attendu
que cette volonté du législateur s'est d'ailleurs manifestée
explicitement dans l'arr. min. du 18 déc. 1849 qui institue des commissaires civils avec attributions judiciaires semblables à celles des juges de paix à compétence étendue, et qu'aux termes de l'art. 37 de cet arrêté, l'appel
des ordonnances de référé rendues par ces magistrats doit
être porté devant le tribunal civil ; — Attendu que le
principe de l'extension de compétence pour certaines justices de paix remonte à la même époque ; que divers arrêtés ministériels et décrets impériaux intervenus du
20 déc. 1849 au 7 déc. 1855 (I, 418) avaient déjà institué onze justices de paix auxquelles chacun de ces
arrêtés ou décrets avait déclaré rendre communes les dispositions de l'arrêté sur les commissaires civils et notamment l'art. 37 précité ; — Qu'il n'était plus nécessaire de
reproduire les mêmes prescriptions dans le décr. de 1854,
puisque ce dernier donnait seulement une plus grande
extension au taux de premier ou dernier ressort, sans
abroger la législation antérieure, ni déroger d'ailleurs en
rien aux règles de droit commun en matière d'ordre des
juridictions ; — Attendu que c'est là une exception d'ordre public que les tribunaux doivent, au besoin, relever
même d'office ; — Se déclare incompétemment saisie.—
Cour d'Alger, 30 janv. 1872.—Robe, 1871, p. 262.—
(Cette question ne s'était encore présentée qu'en 1re instance : le tribunal de Blida s'était déclaré incompétent
pour statuer sur l'appel et avait déclaré que la Cour
seule pouvait en être saisie.— Jug. du 26 fév. 1866.—
Robe, 1866, p. 13 — Le tribunal de Philippeville avait
décidé le contraire par jugement du 1er déc. 1867,
Robe, 1867, p. 75, en se basant en partie sur les
motifs consacrés par l'arrêt qui précède.)

1866 (II, 150), un arrêté du gouverneur général de l'Algérie pourra déterminer les parties du territoire militaire qu'il y aurait lieu de faire ressortir aux justices de paix d'Alger (canton Sud), de l'Alma et de Rélizane.

DS. — 30 janv. 1869. — (Non publié au *Bulletin officiel*). *La compétence étendue déterminée par l'art. 2 du décr. du 19 août 1854 (I, 417) est attribuée au juge de paix de Douera, prov. d'Alger.*

AG. — 16 juill. 1869. — (V. *Justice*, § 4). *Exercice des fonctions d'huissier en territoire militaire. — Chefs de poste.*

DS. — 1er sept. 1869.-4 mars 1870. — BG. 522. — *La compétence étendue déterminée par l'art. 2 du décr. du 19 août 1854 (I, 417) est attribuée au juge de paix de Saint-Cloud, prov. d'Oran.*

DS. — 4 août-2 sept. 1870. — BG. 833. — *Création de justices de paix à Marengo, La Calle et Djidjelli. — Compétence étendue.*

Art. 1. — Des justices de paix sont créées : — Dans la prov. d'Alger, à Marengo, ressortissant au tribunal d'Alger; — Dans la prov. de Constantine, à La Calle, ressortissant au tribunal de Bône, et à Djidjelli, ressortissant au tribunal de Philippeville.

Art. 2. — La compétence étendue, telle qu'elle est déterminée par le décr. du 19 août 1854, est attribuée aux juges de paix des trois localités ci-dessus désignées.

Art. 3. — Le ressort de chacune de ces justices de paix comprend le territoire des commissariats civils de Marengo, La Calle et Djidjelli.

Art. 4. — Le juge de paix de Tlemcen tiendra, chaque mois, une audience au village de Lamoricière. — Le juge de paix de Sétif tiendra également audience, une fois par mois, dans chacun des villages de Saint-Arnaud et de Bouhira.

RENVOIS. — V. *Table alphabétique.*

L

Lacs salés. V. TABLE ALPHABÉTIQUE.

Laines. V. *ibidem.*

Langue arabe.

CIRC. OR. — 7-16 déc. 1870. — BG. 519. — *Mesures pour propager l'étude de la langue arabe.*

M. le préfet, le décr. du 4 déc. 1849 (I, 419) porte que des primes seront attribuées aux fonctionnaires et employés de tout grade de l'administration civile, qui justifieront de la connaissance de la langue arabe. — Le gouvernement reconnaissait, par le considérant inscrit en tête du décret, qu'il était de la plus haute importance de prendre des mesures efficaces pour vulgariser l'étude de cette langue. — Cette pensée, fort juste de tout temps, est aujourd'hui plus opportune que jamais. Au moment où l'administration civile se prépare à prendre progressivement possession du territoire du Tell, il importe qu'elle puisse disposer, dans le plus bref délai possible, d'un nombre de plus en plus considérable d'agents pratiquant la langue arabe, et pouvant, par conséquent, se familiariser avec les mœurs et coutumes des indigènes et les administrer en connaissance de cause.

Le décr. de 1849 ne concernait que les fonctionnaires et employés du gouvernement général, des préfectures, sous-préfectures et commissariats civils. Plus tard, on reconnut l'utilité d'en étendre le bénéfice aux services spéciaux et il leur fut attribué par plusieurs décrets, dont le dernier porte la date du 25 mars 1860. — Cependant, par décisions des 9 juin 1863 et 27 mars 1864 (non publiées), une première restriction fut apportée à l'octroi des primes, qui ne furent plus accordées aux employés civils qu'à partir du grade de commis de 4e cl.

Le 25 sept. 1868, une circulaire du gouverneur général (non publiée), adressée aux préfets, revenant sur les motifs qui avaient fait décider l'allocation des primes, ne reconnaissait pas les services rendus par les arabisants, et déclarait que, par suite de la suppression des bureaux arabes départementaux et de la mise en vigueur du décr. du 18 août 1868 (supra, *Affaires arabes*, § 2), l'administration provinciale n'avait plus intérêt à posséder dans ses cadres des employés sachant la langue du pays. Il décidait, en conséquence, qu'aucune nouvelle prime ne serait accordée.

Les difficultés qui entourent, dès les débuts, l'étude de la langue arabe, ont certainement écarté, après quelques essais, un grand nombre de ceux qui s'y étaient adonnés; mais ils eussent probablement persisté si cette étude eût reçu les encouragements auxquels elle pouvait prétendre; si, dans tous les chefs-lieux où existent des chaires d'arabe, l'autorité provinciale et les chefs de service avaient constamment favorisé la fréquentation de ces cours; si, à mérite égal, on avait toujours tenu compte, dans les propositions de récompenses et d'avancement, des progrès réalisés, des résultats obtenus.

J'ai la preuve que la plupart des difficultés que rencontrent les services financiers, du cadastre, de la topographie, viennent de ce que la langue du pays n'est pas familière à leur personnel, qui est dans l'obligation, pour ses rapports avec les indigènes, de se servir de l'intermédiaire de chaouchs, dits interprètes, dont le concours est insuffisant et peut prêter à des abus. — De là des erreurs et une incertitude dans les opérations qui se traduisent, pour l'administration, en embarras incessants et, chose plus grave, en réclamations nombreuses des contribuables, souvent lésés dans leurs intérêts.

Il faut bien le reconnaître, un concours de circonstances fâcheuses et, dans ces dernières années, une politique particulière, ont contribué à entraver l'étude de la langue arabe qui devait être, pour l'administration française, un puissant moyen de pénétration dans la société indigène. — Les territoires occupés par la colonisation sont encore peu importants; d'immenses espaces sont peuplés par des indigènes avec lesquels les rapports de nos nationaux, si peu communs jusqu'ici, devront se multiplier dans l'intérêt de l'agriculture, du commerce, de l'industrie.

Par l'effet de cette fréquentation plus intime, de nombreuses relations se noueront, bien des préjugés s'effaceront, et il s'opérera un rapprochement entre la race indigène et la race européenne. — Ce mouvement doit se produire; à l'administration incombe la tâche de le préparer, de l'assurer, de le développer. Pour remplir cette mission, elle a besoin de fonctionnaires et d'agents joignant aux connaissances administratives exigées, celle des mœurs et coutumes arabes. — Vous devez donc, M. le préfet, encourager dans les bureaux administratifs et dans ceux des services spéciaux, l'étude de la langue arabe, et supprimer, dès aujourd'hui, les restrictions et les causes de découragement provenant d'une politique que ne veut pas suivre le gouvernement de la République.

Dans ce but, il faut faciliter aux fonctionnaires et employés de tous grades, qui s'y adonneront, la fréquentation des cours publics. Les professeurs des chaires instituées devront tenir leurs cours aux heures de la journée où ils peuvent être le plus fréquentés. Ils vous adresseront, tous les trois mois, un rapport résumant la marche de l'enseignement, pendant le trimestre écoulé, l'état nominatif des auditeurs qui ont suivi les leçons, l'assiduité de chacun d'eux, les progrès réalisés. — Vous me transmettrez ce rapport avec vos observations personnelles sur tout ce qui pourrait être fait dans le but que j'indique.

Pour constater et utiliser, dès à présent, les connaissances acquises dans l'étude de la langue arabe, j'ai décidé que des examens auraient lieu dans les trois provinces, le 27 de ce mois.

CHARLES DU BOUZET.

Programme pour l'examen des candidats aux primes et diplômes pour connaissance de la langue arabe.

Aux termes de la décis. du 7 de ce mois, fixant au 27 déc. courant les examens d'arabe, les personnes étrangères à l'administration ont la faculté de s'y présenter, pour l'obtention d'un diplôme correspondant à chaque classe de primes. — Ces personnes devront se faire inscrire au secrétariat général des préfectures, jusqu'à la veille du jour fixé pour la passation des examens; elles sont informées que le programme des connaissances exigées est le suivant:

Prime de 1re cl. ou diplôme correspondant.

1. — Exercices d'interprétation orale, en français et en arabe sur tous les points du service en général. — Narration d'un fait; explications, détails sur l'administration.

2. — Lecture et traduction orale et par écrit d'arabe en français. — Une lettre très-difficile et un passage d'ouvrage arabe manuscrit, que les membres du jury détermineront.

3. — Traduction écrite de français en arabe. — Une proclamation ou un document analogue, d'au moins vingt lignes en français.

Prime de 2e cl. ou diplôme correspondant.

1. — Interprétation orale sur tous les points ordinaires du service.

2. — Lecture et traduction orale et par écrit d'une lettre arabe d'un style simple.

3. — Traduire en arabe une lettre ou un avis d'un ordre d'idées assez simple.

Circ. CR. — 30-31 déc. 1870. — BG, 351. — *Même objet.*

M. le préfet, ma circulaire du 7 de ce mois, relative à l'étude de la langue arabe, indique clairement les vues que poursuit le gouvernement de la République en cherchant à propager une connaissance fort utile à la gestion des affaires et indispensable aux opérations qui vont ouvrir un nouveau champ à la colonisation. — Les chefs-lieux des départements sont dotés de chaires d'arabe; mais trois chaires ne suffisent pas pour toute l'Algérie. Il faut en augmenter le nombre.

L'administration civile pourrait utiliser le savoir de ceux de ses employés qui sont en possession de la prime et dont l'aptitude à l'enseignement serait reconnue, en ouvrant des cours en dehors des chefs-lieux de département. — Là où elle ne trouverait pas parmi ses employés des personnes ayant cette aptitude, on pourrait confier ces cours à des interprètes judiciaires, à des interprètes militaires, ou à toute autre personne remplissant les conditions d'aptitude. Les diverses branches de l'administration générale et les colons algériens pourraient ainsi être appelés à concourir à l'application d'une mesure qui doit recevoir son exécution partout où il est possible.

M. le commandant supérieur des forces de terre et de mer, M. le procureur général et M. le recteur de l'académie, à qui j'adresse un exemplaire de cette circulaire, sont priés de vouloir bien favoriser l'établissement de ces cours. — De leur côté, MM. les maires comprendront que ces leçons, publiques et gratuites, sont d'un intérêt général, et ils s'empresseront, j'en suis certain, d'en faciliter la création en prêtant, quand faire se pourra, une salle de l'Hôtel-de-Ville.

Pour rémunérer ces nouveaux professeurs, je fais inscrire au budget de 1871 des crédits spéciaux à leur attribuer, à titre d'indemnité et de frais de matériel. Chacune de ces chaires pourrait donner lieu à la dépense suivante: — Indemnité au professeur, 600 fr.; — Matériel et entretien, 300 fr.

Je crois que, par une bonne entente et l'emploi bien combiné des moyens dont disposent les différentes administrations, nous pourrons arriver à doter les principales villes de l'Algérie de ces utiles institutions. — Veuillez donc, M. le préfet, vous concerter avec qui de droit pour dresser et m'envoyer, au plus tard avant le 20 du mois prochain, la liste des employés, interprètes judiciaires, ou militaires ou autres personnes qui sont en mesure de se livrer à l'enseignement de la langue arabe, et qui accepteraient cette mission, ainsi que les villes où ils l'exerceraient.

CHARLES DU BOUZET.

Circ. CR. — 10 févr. 1871. — (Non publiée au *Bulletin officiel.*) — *Décision portant que les examens prescrits par le décr. du 5 déc. 1869 auront lieu dorénavant semestriellement du 1er au 5 avril, et du 1er au 5 oct. de chaque année.*

RENVOIS. — V. *Table alphabétique.*

Légalisation de signatures. V. TABLE ALPHABÉTIQUE.

Légalités des arrêtés. V. LÉGISLATION et TABLE ALPHABÉTIQUE.

Législation algérienne.

DIVISION.

§ 1. — RÉSUMÉ HISTORIQUE JUSQU'EN 1848 (I, 122).

§ 2. — LÉGALITÉ DES ARRÊTÉS.

1° — *Arrêtés des gouverneurs généraux.*

Voir l'article de discussion au premier volume, page 423, et l'arrêt du 20 févr. 1865, inséré ci-après, § 3. — En résumé, tout acte qui a un caractère législatif ne peut émaner que du souverain. L'ord. du 22 juill. 1834 avait cependant délégué au gouverneur général le droit de statuer en pareille matière, dans les cas d'urgence, en l'autorisant à rendre provisoirement exécutoires par voie d'arrêtés, les dispositions contenues dans les projets d'ordonnances qu'il était chargé de préparer. Ce pouvoir contenait à plus forte raison, celui de promulguer une loi existante, ainsi que l'a jugé la Cour de cassation (21 mai 1856, I, 159). Mais, à partir du 15 avr. 1845, cette délégation a été successivement restreinte jusqu'en 1858, époque à laquelle le gouvernement général a été supprimé par suite de la création du ministère de l'Algérie. Depuis le 10 déc. 1860, date du décret qui l'a rétabli, les gouverneurs généraux n'ont plus que les pouvoirs ministériels, qui d'ailleurs leur sont complètement reconnus par diverses décisions et actes du gouvernement insérés dans ce volume.

3° — Arrêtés des intendants civils.

Le droit que les intendants civils ont pu avoir, de 1830 à 1834, de prendre des arrêtés emportant sanctions pénales a été exposé et discuté au premier volume, p. 425. Un nouveau document de jurisprudence s'est produit et a paru devoir être recueilli (1).

5° — Arrêtés des préfets.

En temps ordinaires, les préfets ont des pouvoirs parfaitement connus et déterminés; en temps de révolution, il est certain qu'ils peuvent accidentellement et suivant les circonstances se trouver, dans leur département, seuls représentants de l'autorité gouvernementale et dépositaires de la puissance exécutive. A ce titre ils peuvent être appelés, dans un intérêt urgent et sous certaines réserves, à prendre l'initiative de mesures provisoires nécessaires pour le maintien de l'ordre et de la sureté publique, peut-être même à suspendre momentanément l'exécution de lois existantes, mais jamais assurément à les abroger.

« Les révolutions, disait M. le procureur général Dupin dans un réquisitoire prononcé par lui en 1848, devant la Cour de cassation, sont de grandes dictatures. Chaque fois que la forme d'un gouvernement change, et surtout quand elle passe d'un extrême à l'autre, le pays se trouve quelque temps placé en dehors de toute constitution, l'ancienne étant renversée, celle qui doit lui succéder n'existant pas encore, surtout si le mouvement n'est pas encore calmé, si la lutte continue, si elle a un caractère tel que, non plus seulement la forme politique du gouvernement, mais l'état social même est en question; il n'existe plus alors qu'une loi suprême, supérieure à toutes les autres, celle qui peut préserver le pays; et ceux qui se trouvent temporairement délégataires de la souveraineté du peuple ont pour premier mandat de le sauver d'abord et d'établir ensuite une constitution, la meilleure possible. »

On comprend combien ces hautes considérations, qui s'appliquaient à un décret de l'Assemblée nationale du 24 juin 1848 sur l'état de siège et l'attribution de juridiction qui en était la conséquence, doivent avoir une portée plus restreinte et plus affaiblie lorsqu'il s'agit des actes d'un préfet, quelle que soit l'autorité administrative que lui confère l'art. 5 de la loi de pluviôse an VIII. Mais il est bien rare que ceux qui se trouvent investis du pouvoir dans des moments de troubles sachent ou puissent se maintenir dans la stricte mesure de leur droit.

L'autorité préfectorale d'Alger a pris, en 1870, plusieurs arrêtés dont l'urgence n'était pas toujours justifiée par les circonstances et dont quelques-uns abrogeaient des lois existantes et avaient un caractère illégal de permanence. (V. notamment Communes, § 5, dissolution des conseils municipaux. — Institution de 17 communes de plein exercice. — Milice, institution de juridictions nouvelles, abrogation partielle du décret organique de 1859 ayant force de loi. — Prudhommes,

---

(1) JURISPRUDENCE. — 1° — Des poursuites ayant été exercées en 1867 contre un patron de barque pour contravention à l'arrêté de l'intendant civil du 12 sept. 1832 (V. Ports, I, 544), relatif à la police des ports de la régence, une amende de 20 fr. fut prononcée contre le délinquant par le tribunal correctionnel : ce jugement ayant été frappé d'appel, on soutenait devant la Cour que l'arrêté était illégal sous deux rapports : en premier lieu, parce que l'intendant civil n'avait point la droit de prendre des arrêtés : en second lieu, parce que, ce droit fût-il admis, il ne pouvait, dans tous les cas, édicter des pénalités excédant celles de simple police, et que l'application devait dès lors en être restreinte aux dispositions de l'art. 471, C. P.—Arrêt.—En ce qui touche l'exception d'illégalité de l'arr. du 12 sept. 1832 ; — Attendu qu'au mois de sept. 1832, et jusqu'à l'ord. du 22 juill. 1834, qui établissait un gouverneur général avec attributions déterminées et limitées, le général en chef commandant l'armée d'Afrique réunissait en masse tous les pouvoirs civils et militaires, et était seul chargé de pourvoir à la conservation, à la défense et à la sûreté du pays; qu'aucune restriction ni réserve n'était apportée au droit qu'il avait d'édicter les mesures qu'il jugeait utiles ou de déléguer, à cet effet, partie de ses pouvoirs aux agents subalternes sous ses ordres et notamment à l'intendant civil ; que cette autorité absolue et sans limites relativement aux pénalités à infliger aux contrevenants dans un intérêt de haute police et de sécurité publique, pénalités qui s'étendaient même jusqu'à la peine de mort, ainsi que le constatent plusieurs arrêtés de cette époque, résultait de la force même des choses, de l'état de guerre du pays et de la situation toute spéciale d'une armée en campagne et que la légalité des mesures prises ou sanctionnées par lui ne pouvait être contestée; — Attendu que l'arrêté de police administrative du 12 sept. 1832, bien que signé par l'intendant civil seul, énonce qu'il a été pris d'après les ordres et avec l'autorisation du général en chef, que cet arrêté a été publié à sa date au Bulletin Officiel des actes du Gouvernement, et rendu ainsi exécutoire, sous les yeux et avec le concours du général en chef, qu'il était donc légal et obligatoire, et que les modifications apportées postérieurement aux attributions des gouverneurs, par les ordonnances de 1834, 1845 et autres n'ayant pu avoir d'effet rétroactif, il conserve encore ce caractère; que la Cour de cassation a proclamé ces principes par deux arrêts des 6 janv. 1834 et 24 févr. 1859; — Attendu d'ailleurs et lors même qu'il n'en serait pas ainsi que l'arrêté dont il s'agit a été, en 1838, modifié dans quelques-uns de ses articles et confirmé dans les autres, notamment en ce qui concerne les dispositions pénales, par un arrêté du gouverneur général, en date du 24 août; que ce dernier arrêté rendu dans l'exercice des attributions conférées au gouverneur par l'ord. du 22 juill. 1834 et motivé sur l'urgence, est incontestablement obligatoire, ainsi que l'a décidé également la Cour de Cassation, dans un arrêt du 9 janv. 1867, et qu'à partir du 24 août 1838, l'arrêté de 1832, ainsi édicté à nouveau, aurait acquis la légalité qu'il n'aurait pas eu dans l'origine; — Attendu en outre que depuis lors aucune autre disposition réglementaire n'a été édictée sur la matière et que, jusqu'à ce qu'ils aient été réformés par l'autorité supérieure, les arrêtés de 1832 et 1838 doivent recevoir leur entière exécution. — Par ces motifs : La Cour déclare obligatoire l'arrêté du 12 sept. 1832, modifié par celui du 24 août 1838, portant règlement sur la police des ports. — Cour d'Alger, ch. correct., 20 févr. 1868. — Robe, 1868, p. 97.

2° — Les dispositions d'un arrêté du directeur de l'intérieur en Algérie, dans le cas où elles ne pourraient être conciliées avec un arrêté antérieur pris sur le même objet par le gouverneur général, ne doivent pas être considérées comme ayant opéré l'abrogation de celui-ci. — Cass., 14 juill. 1860, ch. crim. — Dalloz, 1860, 5, 319.

institution d'un conseil de prud'hommes. — *Secours mutuels*, nomination, à l'élection, des présidents de Sociétés de secours mutuels.)

Un seul de ces arrêtés relatif à la milice a donné lieu à un recours devant la justice, et la Cour d'Alger, ainsi que l'avait fait, en premier ressort, le tribunal correctionnel, l'a déclaré illégal et non obligatoire (1).

Renvois. — V. *Table alphabétique.*

Lestage. V. Table alphabétique.

Legs. V. *ibidem.*

Libraire — Librairie. V. *ibidem.*

Licence (Droit de). V. *ibidem.*

Licenciés en droit. V. *ibidem.*

Lieux publics. V. *ibidem.*

Liquidations judiciaires. V. *ibid.*

Livret. V. *ibidem.*

Locations. V. *ibidem.*

Logements insalubres. V. *ibid.*

Logements militaires. V. *ibidem.*

Loteries. V. *ibidem.*

Loyers (Taxe des). (2).

Circ. G. — 14 juill. - 25 sept. 1866. — BG. 198. — *Règles concernant les officiers de troupes,*

M. le préfet. — Je suis informé que des officiers de troupes, occupant un appartement en ville à défaut de logement dans les casernes, ont été, dans quelques communes, considérés comme ayant une *habitation particulière*, dans le sens de l'art. 16 de l'arr. du 4 nov. 1849 (I, 313), et imposés à la taxe sur les loyers, uniquement parce qu'ils payaient un loyer supérieur à leur indemnité de logement, bien que l'appartement n'excédât point en importance celui auquel ils auraient eu droit dans les bâtiments militaires. — Ces officiers se trouvaient ainsi doublement lésés dans leurs intérêts, puisque le surcroît de dépense que leur imposait la cherté des loyers se trouvait encore augmenté de la taxe qui frappait précisément sur cet excédant de charges.

D'un autre côté, les fréquents déplacements, auxquels sont assujettis les officiers avec troupes, les exposaient à payer la taxe d'une année entière pour un appartement qu'ils auraient pu n'occuper que pendant quelques mois. — De justes réclamations s'étant élevées contre cette interprétation de l'art. 16 de l'arr. du 4 nov. 1849, je crois utile de vous rappeler que l'instr. min. du 25 nov. 1858, s'inspirant de la jurisprudence constante du conseil d'État, a fixé ainsi qu'il suit les règles à observer en pareille matière : — (V. le texte de cette décision. *Communes*, I, 313, en note.)

M^{al} DE MAC-MAHON, DUC DE MAGENTA.

Renvois. — V. *Table alphabétique.*

Lycée. V. INSTRUCTION PUBLIQUE.

---

(1) JURISPRUDENCE. — Un milicien appelé à comparaître devant le conseil de discipline de sa compagnie, ayant accueilli la décision rendue par des paroles grossières et insultantes, était poursuivi devant la police correctionnelle comme s'étant rendu coupable d'outrages envers des citoyens chargés d'un ministère de service public dans l'exercice de leurs fonctions, fait prévu par l'art. 224 C. P.; l'illégalité de l'institution de ce conseil ayant été invoquée par lui, la Cour a statué ainsi qu'il suit :

Attendu que l'Algérie ayant été jusqu'à ce jour régie par des ordonnances et décrets, il en résulte que le pouvoir exécutif a relativement à son organisation les attributions législatives, et que le décr. du 9 nov. 1859 sur la milice, a force de loi, sauf le cas prévu par l'art. 51, qui confère à l'autorité ministérielle le droit de régler les formes de procéder des conseils de recensement et des jurys de révision; — Attendu que l'arrêté préfectoral du 4 oct. 1870 a institué un conseil de recensement et un conseil de discipline par chaque compagnie, au lieu d'un conseil de recensement par commune et d'un conseil de discipline par bataillon, ainsi que le prescrivait le décr. de 1859; qu'il a modifié la composition de ces conseils, et supprimé les jurys de révision, ainsi que toute voie de recours contre les décisions à rendre; — Qu'il a ainsi créé de nouvelles juridictions, fait disparaître les garanties de droit commun et changé complètement, sur ces points, l'organisation de la milice, droit qui appartient au pouvoir exécutif seul; — Attendu qu'en admettant que dans certaines circonstances exceptionnelles, un préfet puisse prendre des mesures contraires aux lois existantes et suspendre l'exécution de celles-ci, ce ne peut être, dans tous les cas, que sous deux conditions rigoureuses, la première, que la mesure ainsi prise soit motivée sur l'urgence; la seconde qu'elle soit déclarée provisoire, et déférée aussitôt que possible à l'approbation du pouvoir exécutif; — Attendu que l'arr. du 4 oct. 1870, vise, il est vrai, le cas d'urgence, mais qu'il a tous les caractères d'une mesure définitive, puisque par son art. 23 il déclare abroger toutes les dispositions du décr. de 1859 relatives aux

conseils de recensement et de discipline, et aux jurys de révision; — Attendu, d'ailleurs, qu'au moment où il a été rendu, le gouverneur général était, par la nature et dans la limite de ses attributions, le seul représentant du pouvoir exécutif en Algérie; qu'en outre, ledit arrêté aurait dû être déféré immédiatement à la délégation du gouvernement de la défense nationale pour être soumis à sa sanction, ce qui n'a eu lieu qu'après le jugement dont est appel; — Que sous aucun rapport, il ne remplissait donc les conditions légales pour le rendre exécutoire; — Déclare le prévenu non coupable et le renvoie des poursuites. — *Cour d'Alger*, ch. corr., 2 fév. 1871.

(2) JURISPRUDENCE. — Aux décisions mentionnées au 1er vol., p. 312 et 2e vol., p. 140, il y a lieu d'ajouter les suivantes. — 1° — *Étude de défenseur.* — *Exemption.* — Considérant qu'aux termes des art. 13 et 15 de l'arr. du 4 nov. 1848, la taxe des loyers est assise sur la valeur locative des habitations et ne porte pas sur les locaux affectés à l'exercice des professions pour lesquelles les contribuables sont assujettis à la contribution des patentes. — Que d'après les dispositions du tableau G annexé au décret du 5 sept. 1851, les avocats et défenseurs près les Cours et tribunaux de l'Algérie sont imposables à la contribution des patentes; qu'il résulte de l'instruction que le local sur lequel a été assise la taxe qui fait l'objet de la réclamation est distinct de l'habitation du réclamant et exclusivement affecté à son étude de défenseur et que, dès lors, c'est à tort que le conseil de préfecture a rejeté sa demande en décharge. — *Cons. d'État*, 25 mars 1858. — Robé, 1871, p. 76.

2° — Une loge maçonnique est imposable, en Algérie, à la taxe des loyers, à raison des bâtiments affectés à ses réunions et meubles conformément à cette destination, alors même qu'ils ne serviraient à l'habitation d'aucun de ses membres. — Ils ne se trouvent dans aucun des cas d'exception prévus par l'arr. du 4 nov. 1849, et c'est à tort que le conseil de préfecture d'Alger a accordé à cette Société décharge de la taxe. — *Cons. d'État*, 6 juin 1866. — Dalloz, 1869, 3, 4.

M

Machines et appareils à vapeur. V. TABLE ALPHABÉTIQUE.

Magasins généraux. V. *ibidem.*

Maghzen. V. AFFAIRES ARABES.

Maires—Mairies. V. TABLE ALPHABÉTIQUE.

Maisons (d'arrêts, centrales et de justice). V. PRISONS.

Marais. V. TABLE ALPHABÉTIQUE.

Marchandises neuves. V. VENTES PUBLIQUES.

Marchés. V. TABLE ALPHABÉTIQUE.

Mariage. V. *ibidem.*

Marine marchande. V. *ibidem.*

Marques de fabrique. V. *ibidem.*

Mecque et Médine. V. *ibidem.*

Médaille (militaire, d'honneur). V. *ibidem.*

Médecins. V. *ibidem.*

Météorologie. V. *ibidem.*

Milice.

DIVISION.

§ 1. — Organisation. — Dispositions générales.
§ 2. — Création de corps de milice.

§ 1. — ORGANISATION. — DISPOSITIONS GÉNÉRALES.

DI. — 17 oct.-20 nov. 1867. — BG. 252. — *Formation de corps spéciaux de francs-tireurs.*

Art. 1. — Il pourra être formé en Algérie, en vertu d'arrêtés du gouverneur général, des corps spéciaux de *francs-tireurs*, qui feront partie de la milice.

Art. 2. — Ces corps seront soumis, pour leur organisation spéciale, aux statuts qui seront approuvés par l'autorité compétente. — Toutes les dispositions générales de notre décr. du 9 nov. 1859 (I, 458), leur sont applicables. Néanmoins, par dérogation aux dispositions de la sect. 5, lit. 2, dudit décret, le gouverneur général pourra autoriser les francs-tireurs à présenter, au scrutin, des listes de candidats pour les emplois et grades à la nomination de l'autorité.

AG. — 8 mai-28 oct. 1869. — BG. 315. — *Nouvelle organisation de la milice d'Alger*

Vu le décr. du 9 nov. 1859, le décr. du 7 juill. 1864, sur l'organisation administrative de l'Algérie; — La délibération du conseil municipal d'Alger, en date du 25 août 1868, proposant de réduire les cadres de la milice d'Alger; — Considérant que l'effectif de cette milice était, au 31 mars 1869, de 991 miliciens y compris les cadres, la compagnie de sapeurs-pompiers, le bataillon des francs-tireurs et la section d'escadron de cavalerie; que cet effectif n'est plus en rapport avec les cadres tels qu'ils sont actuellement composés;

— Vu l'arr. min. du 8 juin 1860, portant fixation des cadres et de l'effectif de la milice d'Alger (I, 667).

Art. 1. — L'arr. du 8 juin 1860 précité et les tableaux A et B qui s'y trouvent annexés, sont modifiés conformément aux nouveaux tableaux A et B annexés au présent arrêté. — Par suite, la légion d'Alger se compose de : 1 compagnie de sapeurs-pompiers, — 1 bataillon de francs-tireurs, — 2 bataillons de miliciens, — 1 section de cavalerie.

Art. 2. — Dans toutes les prises d'armes (revues, manœuvres, etc.), les différents corps de la milice prennent rang dans l'ordre indiqué par l'art. 1. — La compagnie de sapeurs-pompiers, le bataillon de francs-tireurs et la section de cavalerie y forment chacun une unité distincte, sous le commandement de son chef direct, placé lui-même sous les ordres du commandant de la légion.

Art. 3. — Les sapeurs-pompiers, les francs-tireurs et la section de cavalerie continuent à être régis par les décrets et arrêtés qui les ont constitués. — Toutes les dispositions du décr. du 9 nov. 1859 qui ne sont pas contraires à ces décrets et arrêtés leur sont applicables.

Art. 4. — La milice d'Alger sera immédiatement réorganisée conformément aux présentes dispositions.

Mal DE MAC-MAHON, DUC DE MAGENTA.

(V. au *Bulletin officiel*, la composition détaillée de l'état-major et des cadres de la milice d'Alger et de sa banlieue : Mustapha-Inférieur, le Ruisseau, l'Agha, Mustapha-Supérieur, El-biar, Bouzaréa, Saint-Eugène, Pointe-Pescade.

Par suite de cette nouvelle organisation, la légion d'Alger est ainsi composée : 1 compagnie de sapeurs-pompiers de 170 hommes. — 1 bataillon de francs-tireurs formant 2 compagnies de 100 hommes chacune. — 2 bataillons d'infanterie, formés de 8 compagnies de 120 hommes fournies par Alger; 2 compagnies de 120 hommes fournies par la banlieue, plus 1 subdivision de 20 hommes également fournie par la banlieue et qui s'ajoute à une des compagnies d'Alger. — 1 subdivision d'escadron de cavalerie de 50 hommes. — En tout, 1610 hommes.

DI. — 14 août 1869. — (V. Amnistie) *Décret applicable aux milices de l'Algérie, assimilées par le décr. du 9 nov. 1859 à la garde nationale de la métropole.*

AG. — 19 fév.-4 mars 1870. — BG. 522. — *Solde des emplois rémunérés dans la milice.*

Vu l'art. 42 du décr. du 9 nov. 1859; — L'arr. minis. du 17 janv. 1853, fixant la solde des emplois rétribués de la milice (non publié);

Art. 1. — A l'avenir, les appointements des majors, adjudants-majors et adjudants-sous-officiers, quand ces fonctions ne pourront être exercées gratuitement, et la solde des tambours et trompettes, seront fixées par délibérations des conseils municipaux approuvées par le préfet.

Art. 2. — L'arr. sus-visé, du 17 janv. 1853, est rapporté.

BARON DURRIEU.

Circ. G. — 11-20 août 1870. — BG. 535. — *Réorganisation des cadres. — Création de corps de volontaires. — Instructions aux préfets.*

M. le préfet, le départ de l'armée d'Afrique a créé pour notre colonie une situation que nous devons envisager sans faiblesse, mais qui impose plus rigoureusement à tout le monde l'obligation de concourir au maintien de l'ordre et de la sécurité publique. — Les populations, énergiques et braves, se montrent partout animées des meilleures dispositions, et nous n'avons pas besoin de faire appel à leur patriotisme : il se manifeste de lui-même. Mais il importe essentiellement de rendre aussi facile que possible l'accomplissement des devoirs dont chacun comprend l'importance dans les circonstances actuelles.

Le meilleur moyen d'utiliser les dévouements sur lesquels nous pouvons compter, consiste dans une forte organisation des milices. Sur bien des points, les cadres ont pu rester incomplets, et l'autorité n'a pas cru devoir exiger impérieusement que les vides fussent remplis, lorsque le pays, protégé par nos soldats, n'avait pas à pourvoir à sa propre défense. Cette tolérance ne se justifierait plus aujourd'hui. Tout le monde le comprend et nul ne voudrait d'un privilège qui rendrait pour autrui la charge plus lourde.

Je vous prie, en conséquence, de donner aux autorités municipales des instructions précises pour qu'il soit procédé, sans retard, à la révision des contrôles, afin que les citoyens que la loi n'exonère pas, viennent se faire inscrire ou soient inscrits d'office. — Qu'il s'agisse de constituer un corps de miliciens, de francs-tireurs ou de volontaires, laissez à l'initiative des populations toutes les facilités possibles pour le mode d'organisation. S'armer, s'exercer, se mettre en état de se défendre, voilà le point essentiel.

Il doit être bien entendu, cependant, que, pour la nomination des officiers, on se conformera partout aux dispositions de la loi sur les milices, et qu'en outre, aucune compagnie ne sera autorisée à rester indépendante des autres corps qui pourraient exister dans la même localité. Il faut qu'il y ait entre tous cette étroite solidarité et cette discipline sérieuse que l'unité du commandement peut seule assurer. — Vous arriverez ainsi, M. le préfet, à constituer, dans votre département, une force armée capable de protéger le pays, et, j'en suis convaincu, votre tâche sera rendue facile par l'empressement patriotique des bons citoyens à répondre à votre appel.

Le gouverneur général par intérim,
Gal Baron Durrieu.

Circ. G. — 15-20 août 1870. — BG. 335. — *Même objet.*

M. le préfet, additionnellement à ma circ. du 11 courant, je décide, nonobstant les dispositions contraires contenues dans les art. 1 et 3 de l'arr. de délégation du 21 juin dernier : 1° Que, pendant toute la durée de l'état de siége, les propositions de toute nature concernant l'organisation des corps de milice, ainsi que celle de francs-tireurs ou autres associations volontaires à rattacher aux milices, seront adressées par les préfets aux généraux commandant les provinces ; 2° Que les généraux commandant les provinces statueront d'urgence sur ces organisations et pourvoiront à tous les emplois d'officiers, même à ceux qui sont réservés, en temps ordinaire, à la nomination de l'Empereur, à charge de me rendre compte immédiatement de chacune de leurs décisions.

Baron Durrieu.

AG. — 31 août-31 oct. 1870. — BG. 342. — *Dispense temporaire du service ordinaire, en faveur des employés du service actif des chemins de fer.*

Vu l'art. 17 du décr. du 9 nov. 1859, sur les milices algériennes ; — Attendu que le service actif des chemins de fer est un service public, qui, en raison de ses exigences journalières, est absolument incompatible avec celui de la milice,

Art. 1. — Les employés de la compagnie des chemins de fer algériens concourant au service actif, les agents de gare et de la voie, les mécaniciens et les chauffeurs, sont temporairement dispensés du service de la milice.

Gal Durrieu.

AG. — 10-20 sept. 1870. — BG. 329. — *Division des miliciens en deux catégories, sédentaires, mobilisables. — Corps spéciaux. — Grades, conférés à l'élection.*

Vu le décr. du 9 nov. 1859 ; — Considérant que les dispositions de ce décret ne répondent plus aux nécessités de la situation, notamment en ce qui concerne la fixation des cadres, le mode de nomination aux grades et le service dit des détachements ; — Attendu l'urgence.

Art. 1. — A l'avenir, les milices de l'Algérie comprendront deux catégories de miliciens : — Les mobilisables, composés de tous les miliciens âgés de 18 à 55 ans et de ceux qui, bien que plus âgés, voudraient concourir à un service plus actif ; — Les miliciens sédentaires, comprenant tous les hommes âgés de plus de 55 ans. Toutefois, dans les circonstances graves, les miliciens sédentaires peuvent être appelés exceptionnellement à faire le service de détachements, dans les conditions prévues par l'art. 93 du décr. du 9 nov. 1859.

Art. 2. — Les miliciens sont réunis en compagnies ou subdivisions de compagnie et en bataillons. — Le cadre des officiers supérieurs de chaque bataillon comprend le chef de bataillon et le major. — Le cadre des officiers de chaque compagnie se compose de : 1 capitaine en 1er — 1 id. en 2e — 1 lieut. en 1er — un id. en 2e — 1 s-lieut. en 1er — id. en 2e. — En cas d'expédition, le chef de bataillon et les capitaines, lieutenants et sous-lieutenants en premier prennent le commandement des miliciens mobilisés ; le major et les officiers en second, restent à la tête des gardes nationaux sédentaires. — Des dispositions analogues seront prises pour les sous-officiers et caporaux.

Art. 3. — Les corps spéciaux dits : de francs-tireurs, d'artilleurs mobilisables, de tirailleurs israélites, de volontaires algériens, etc., etc., conservent la faculté de se régir d'après leurs statuts particuliers. — Toutefois, l'art. 2 du présent arrêté demeure applicable au corps d'artillerie de la milice d'Alger.

Art. 4. — La désignation pour tous les grades a pour base l'élection.

Les capitaines, lieutenants, sous-lieutenants, sous-officiers et caporaux sont nommés au suffrage universel direct à la majorité par les miliciens incorporés dans chaque compagnie ou subdivision de compagnie. — Les chefs de bataillon sont élus par tous les officiers élus dans les différentes compagnies formant le bataillon.

Art. 5. — Les officiers, sous-officiers et caporaux actuellement en fonctions conserveront leurs grades jusqu'à ce qu'il ait été régulièrement procédé à l'élection de nouveaux titulaires.

Art. 6. — Les dispositions du décr. du 9 nov. 1859 sont suspendues, en ce qu'elles ont de contraire au présent arrêté.

Gal Baron Durrieu.

A. — (Préfet d'Alger). — 12 sept. 1870. — *Convocation des miliciens pour l'élection des chefs. — Dispositions réglementaires sur le mode d'élection.*

Circ. — (Préfet d'Alger). — 26 sept. 1870. — *Admission des indigènes musulmans dans la milice, en exécution de l'art. 3 du § 2 du décr. du 9 nov. 1859.*

Cire. — (*Préfet d'Alger*). — 30 sept. 1870. — *Incorporation dans la milice sédentaire de tous les Espagnols âgés de 18 à 55 ans, aux termes du § 3 de l'art. 29 de la convention consulaire entre la France et l'Espagne, en date du 7 janv. 1862* (II, 275) (*V. infra Cire. du 30 nov. 1870*).

A. — (*Préfet d'Alger*). 4 oct. 1870. — (publié au *Moniteur de l'Algérie* du 5 oct.). — *Réorganisation des conseils de recensement et de discipline* (1).

Vu le décr. du 9 nov. 1859, — Considérant qu'il y a lieu de mettre les dispositions relatives au recensement et à la discipline en harmonie avec les circonstances actuelles et les nécessités de la défense, — Attendu l'urgence.

Des conseils de recensement.

Art. 1. — Il y aura un conseil de recensement par compagnie de milice.

Art. 2. — Ce conseil sera composé de 7 membres dont 6 nommés par les officiers, sous-officiers et miliciens composant la compagnie, au scrutin de liste et à la majorité relative des suffrages. — Dans les communes autres que celle d'Alger, le nombre des membres du conseil de recensement pourra être réduit à 5 au lieu de 7. — Il sera présidé par le commandant de la compagnie ou un officier par lui délégué à cet effet. — Un des membres du conseil remplira les fonctions de secrétaire. — Les membres du conseil de recensement seront nommés pour trois mois.

Art. 3. — Tout milicien inscrit sur les contrôles par le conseil de recensement sera tenu de se faire armer sur le vu du billet d'armement qui lui sera adressé par le président ou le secrétaire du conseil. — La remise de cet ordre d'armement sera faite par le tambour ou le clairon de la compagnie.

Art. 4. — En cas de réclamation, le milicien se présentera dans les trois jours devant le signataire du billet d'armement, lequel inscrira sur ledit billet le jour et l'heure où le conseil de recensement se réunira pour statuer et prendra note de la nature du motif d'exemption invoqué par le milicien.

Art. 5. — Les miliciens seront toujours admis à développer leurs moyens, soit personnellement, soit par représentant.

Art. 6. — Le conseil prendra préalablement l'avis du médecin du bataillon, toutes les fois que le motif d'exemption consistera dans l'existence d'une infirmité apparente ou cachée.

Art. 7. — Les décisions rendues par défaut par le conseil de recensement ne sont pas l'objet d'une notification spéciale. — Elles ne sont susceptibles d'aucun recours. — Toutefois, le conseil pourra apprécier, contradictoirement, les réclamations qui lui seront tardivement adressées, mais seulement en cas d'absence justifiée ou de maladie constatée par le médecin du bataillon.

Art. 8. — Les décisions des conseils de recensement ne seront valables que tout autant qu'elles auront été rendues par la moitié plus un des membres du conseil.

Des conseils de discipline.

Art. 9. — Il y aura dans chaque compagnie un conseil de discipline composé d'après les mêmes règles que le conseil de recensement.

Art. 10. — Le conseil de discipline sera tenu de se réunir au moins une fois par semaine, quel que

soit le nombre des affaires à juger. — Il sera saisi de chaque affaire par le renvoi que lui en fera le commandant de la compagnie.

Art. 11. — Avis, par écrit, d'avoir à comparaître devant le conseil aux jours et heures déterminés sera adressé à l'inculpé par le président ou le secrétaire du conseil. — La remise de cet ajournement sera faite par le tambour ou le clairon de la compagnie.

Art. 12. — L'inculpé aura toujours la faculté de développer ses moyens de défense soit personnellement, soit par un représentant.

Art. 13. — Pour former opposition, en cas de condamnation par défaut, l'inculpé devra se présenter, dans les trois jours, devant le signataire de la notification qui lui aura été faite du jugement. — Cette notification sera faite dans les mêmes formes que l'ajournement. — Elle recevra la mention de l'heure et du jour où il sera statué par le conseil sur l'opposition. — L'inscription de cette mention vaudra ajournement.

Art. 14. — Les décisions rendues sur opposition par le conseil de discipline seront notifiées dans les mêmes formes que les ajournements. — Elles ne sont susceptibles d'aucun recours.

Art. 15. — Pour juger les sous-officiers ou caporaux, le conseil s'adjoindra, en remplacement de ses trois derniers membres, deux sous-officiers et un caporal, se succédant à tour de rôle, en commençant par les plus âgés.

Art. 16. — Dans les communes où le conseil de discipline ne se compose que de 5 membres, il ne sera adjoint au conseil qu'un sous-officier et un caporal.

Art. 17. — Pour juger les sous-lieutenants, lieutenants et capitaines, le conseil tel que la composition en est déterminée par l'art. 5 se complétera par l'adjonction de tous les officiers de la compagnie.

Art. 18. — Le conseil appelé à juger les officiers sera saisi de chaque affaire par le renvoi que lui en fera le chef de bataillon.

Art. 19. — Pour juger les chefs de bataillon, ou majors le conseil sera saisi par le préfet. — Il se composera de tous les commandants de compagnie et d'un nombre égal d'officiers supérieurs, désignés par leur âge, le plus ancien de grade prenant la présidence.

Art. 20. — Les jugements rendus par les conseils de discipline ne seront valables que tout autant qu'ils auront été rendus par la moitié plus un des membres du conseil.

Art. 21. — Les mandats d'exécution des jugements rendus par les conseils de discipline sont délivrés par le président, dans les mêmes formes que ceux des tribunaux de simple police.

Art. 22. — Il sera immédiatement procédé, à la diligence des maires et des commandants de compagnie, à l'élection des membres appelés à faire partie des conseils de recensement et de discipline.

Art. 23. — Sont abrogées, en ce qu'elles ont de contraire au présent arrêté, les dispositions du décr. du 9 nov. 1859, relatives aux conseils de recensement, aux jurys de révision et aux conseils de discipline.

Art. 24. — Les maires des communes du département sont chargés d'assurer l'exécution du présent arrêté.

Dr A. WARNIER.

A. — (*Préfet d'Alger*). — 6 oct. 1870. — (Publié au *Moniteur de l'Algérie* du 8 oct.). — *Organisation de la milice du département d'Alger en 12 bataillons. — Composition de l'état-major de bataillon. — Id. de l'état major départemental. — Uniforme et insignes.*

(1) V. sur la légalité de cet arrêté un arrêt de la Cour d'Alger inséré en note, vº *Législation*, § 2-3º, arrêtés des préfets, *suprà*.

AG. — 11-31 oct. 1870. — BG. 548. — *Service des détachements mobilisés. — Solde et prestations.*

Considérant que les milices de l'Algérie peuvent être prochainement appelées à fournir des détachements hors du territoire de leurs communes, et qu'il importe de régler à l'avance les indemnités et prestations auxquelles elles auront droit ; Vu le décr. du 9 nov. 1859, et notamment l'art. 4 et le tit. 5 de ce décret; — Les instructions du ministre de la guerre, en date du 5 oct. 1870.

Art. 1. — A partir du jour de leur départ en détachement, les milices sont placées sous le commandement de l'autorité militaire (1).

Art. 2. — A partir du même jour, les miliciens et les caporaux recevront 1 fr., les sous-officiers 1 fr. 25 par jour. — Dans le cas où le pain leur est fourni, cette solde est réduite de 0,25 c. — Il leur est également fourni des tentes, des objets de campement et les convois militaires. — Il ne leur est pas dû d'autres prestations ou indemnités.

Art. 3. — Les officiers reçoivent la solde et les indemnités des officiers de 1re cl. de leur grade dans les régiments d'infanterie de ligne. — Les tentes, moyens de transport, etc., leur étant fournis, et leur service ne devant être que de peu de durée, il ne leur est pas alloué d'indemnité d'entrée en campagne. — Ils n'ont pas droit à l'indemnité de 1re mise d'habillement et d'équipement.

Gal BARON DURRIEU.

Circ. G. — 19 oct. 1870. — (V. *Admin. gén.,* § 3.) — *Décision relative au traitement des fonctionnaires et employés requis comme miliciens pour un service de détachement.*

A. — (*Préfet d'Alger*). — 18 nov. 1870. — (Publié au recueil des actes de la préfecture). — *Institution de conseils de recensement et de discipline, conformément à l'arr. du 4 oct. précédent, dans toutes les communes où il n'en a pas encore été créé par suite de l'insuffisance d'effectif de la milice.*

D. — (*Tours*). — 18 nov.-5 déc. 1870. — BG. 546. — *Autorité supérieure du gouverneur général sur les milices.*

Vu les circonstances.

Art. 1. — La milice est placée, dans les territoires civils de l'Algérie, sous l'autorité supérieure du gouverneur ou du commissaire extraordinaire qui en exerce les attributions. Les maires, commissaires civils, sous-préfets et préfets n'exercent cette autorité que par délégation et sous-ordre. — Toutefois, la milice peut passer sous le commandement du général commandant les forces de terre et de mer, en vertu d'un arrêté du gouverneur général civil ou du commissaire extraordinaire, et jusqu'à ce qu'il en ait autrement ordonné.

Art. 2. — Toutes stipulations des décrets antérieurs, contraires aux présentes, sont et demeurent abrogées.

AD. CRÉMIEUX, L. GAMBETTA, GLAIS-BIZOIN, L. FOURICHON.

Circ. CM. — 30 nov. 1870-8 fév. 1871. BG. 356. — *Au sujet de l'incorporation des étrangers dans les milices. — Réclamations des Consuls. — Instructions aux préfets.*

J'ai reçu de MM. les consuls généraux d'Espagne et d'Angleterre des réclamations fondées, relatives à l'incorporation forcée de leurs nationaux dans les milices du département. — Vous n'ignorez pas que, dans notre traité avec l'Espagne, un article, spécial à l'Algérie, stipule que les sujets espagnols domiciliés dans le territoire algérien, pourront être admis, de leur consentement et de celui de l'autorité française, à être incorporés dans les milices algériennes, et à prendre les armes pour la défense de leurs foyers.

Aucun traité à cet effet n'est intervenu entre la France et l'Angleterre, mais les principes universellement admis dans le droit international, principes dont nous exigeons l'application à l'étranger, au profit de nos nationaux, sont en accord parfait avec le traité passé entre la France et l'Espagne, et ils nous obligent, ainsi que les autres nations, à défaut même de conventions expresses. — En conséquence, nous n'avons pas le droit d'incorporer, malgré eux, les étrangers dans les milices algériennes. — Mais, lorsqu'ils y seront entrés de leur plein gré, ils seront astreints aux mêmes obligations et soumis à la même discipline que les autres miliciens.

Je vous prie de rappeler ces principes à MM. les membres des conseils de recensement et de discipline, et de prendre toutes dispositions pour en assurer l'application. — Le zèle avec lequel un très-grand nombre d'étrangers se sont présentés pour entrer dans les rangs de la milice, leurs intérêts qui sont les mêmes que ceux des Français, leur sympathie pour la grande cause de la République, font prévoir qu'ils continueront à servir avec nous. Mais ils ne doivent servir que de leur plein gré; ce sont des miliciens volontaires.

CHARLES DU BOUZET.

A. — (*Préfet d'Alger.*) — 9 déc. 1870. — (Publié au *Recueil des actes de la préfecture.*) — *Organisation et composition des jurys de révision.*

ACM. — 18-25 déc. 1870. — B. 550. — *Approbation provisoire des arrêtés préfectoraux relatifs à l'organisation de la milice du département d'Alger.*

Considérant que les milices du département d'Alger ont été organisées et qu'elles fonctionnent en vertu des arrêtés préfectoraux des 12 sep., 4 oct., 7 oct, 18 nov. et 9 déc. 1870 ; — Considérant que s'il convient de procéder à la réorganisation de ces milices, il y a nécessité de maintenir provisoirement en vigueur les arrêtés qui en assurent le fonctionnement; — Qu'en effet, la discipline, et par conséquent l'existence même des milices, dépendent actuellement de la mise à exécution de ces arrêtés; — Pour raison d'ordre public et vu l'urgence,

Art. 1er. — Les arrêtés préfectoraux en date des 12 sept. 4 oct., 6 oct., 18 nov. et 9 déc. 1870, sont provisoirement exécutoires.

CHARLES DU BOUZET.

D. — (*Tours.*) — 22-31 déc. 1870. — BG. 558. — *Les arrêtés du préfet d'Alger relatifs à*

---

(1) M. le préfet d'Alger a consulté le gouverneur général par intérim sur la question de savoir « si la disposition de l'arr. du 11 oct. 1870, qui place les milices marchant pour un service de détachement sous le commandement de l'autorité militaire, » doit avoir pour conséquence de les placer également sous la juridiction militaire au point de vue de la répression disciplinaire; ce haut fonctionnaire a reçu la réponse suivante :

« La disposition à laquelle vous faites allusion est exclusivement relative à l'administration et au commandement. Quant à la discipline, les miliciens requis pour un service de détachement ne cessent pas d'appartenir au service ordinaire de la milice, et, par conséquent, d'être placés sous le régime défini par la sect. 2 du tit. 5 du décr. du 9 nov. 1859 (art. 95, 96 et 97). — 25 oct. 1870. Gal BARON DURRIEU.

l'organisation de la milice sont déclarés provisoirement exécutoires.

Considérant... etc... comme à l'arrêté précédent.

Art. 1. — Les arrêtés préfectoraux, en date des 12 sept., 4 oct., 6 oct., 18 nov., et 9 déc. 1870, sont provisoirement exécutoires.

Ad. Crémieux, Glais-Bizoin,
Fourichon.

17 janv. 1871. — Proclamation du commissaire extraordinaire de la République. — (Publiée au Moniteur de l'Algérie.)

Aux miliciens d'Alger. — Les milices de l'Algérie sont placées, par l'art. 1er du décr. du 18 nov. 1870, sous l'autorité supérieure du commissaire extraordinaire de la République, et les maires n'exercent cette autorité que par délégation et en sous-ordre. — Le commissaire extraordinaire n'a jamais délégué au maire actuel d'Alger son autorité sur la milice. — En conséquence, le droit de réunir la milice, ce droit que le maire revendique pour lui seul, dans sa proclamation, en date du 16, à la garde nationale d'Alger (1), n'appartient pas au maire d'Alger. Il n'appartient qu'au commissaire extraordinaire de la République. — Toute convocation de la milice faite par le maire, tout ordre donné par lui à la milice, sans délégation préalable et spéciale du commissaire extraordinaire de la République, seraient donc nuls et non avenus, comme contraires à la loi.

La milice ne devrait pas y obéir.

Charles du Bouzet.

ACR. — 6-8 mars 1871. — BG. 559. — Délégation aux maires, sous-préfets et préfets de l'autorité sur les milices.

Vu le décret de la délégation du gouvernement, du 18 nov. 1870, portant en substance que la milice est placée, dans les territoires civils de l'Algérie, sous l'autorité supérieure du gouverneur général civil ou du commissaire extraordinaire qui en exerce les attributions, et que les maires, commissaires civils, sous-préfets et préfets n'exercent cette autorité que par délégation; — Voulant, dans un intérêt d'ordre public, et pour les cas urgents, assurer l'action immédiate de l'autorité locale sur la force civique, essentiellement préposée au maintien du bon ordre et de la tranquillité publique dans la cité; — Usant des pouvoirs qu'il tient du décret ci-dessus visé,

Art. 1. — Les milices de l'Algérie sont placées, en vertu de la présente délégation, sous l'autorité des maires, commissaires civils, sous-préfets et préfets, sauf les droits de l'autorité supérieure.

Art. 2. — Sont remis en vigueur les art. 5, 6 et 7 du décr. du 9 nov. 1859, qui seront publiés à nouveau, à la suite du présent.

Alexis Lambert.

Circ. CM. — Mêmes dates. — Même objet.

M. le préfet. — Le décr. du 18 nov. 1870, qui a placé la milice, dans les territoires civils de l'Algérie, sous l'autorité supérieure du gouverneur général civil, a été une mesure de circonstance,

ainsi que le constate le décret lui-même; mais il laisse au gouverneur civil ou au commissaire extraordinaire qui en exerce les attributions, la faculté de sortir de l'exception qu'il consacre, par voie de délégation de pouvoirs.

L'expérience a démontré qu'il n'y avait aucun profit pour les intérêts d'ordre public dont la défense est confiée aux milices, mais un déplacement dangereux de la responsabilité, à supprimer l'ordre hiérarchique des autorités auxquelles elles sont subordonnées; je me suis donc dessaisi, par un arrêté de délégation, en date de ce jour, des pouvoirs qui m'ont été conférés par le décret précité, en faveur des maires, sous-préfets et préfets, tout en réservant les droits de l'autorité gouvernementale, tels qu'ils sont réglés par le droit commun.

Alexis Lambert.

ACR. — 31 mars-5 avril 1871. — BG. 562. — Promulgation en Algérie de la loi du 13 juin 1851 et du décr. du 6 oct. 1851 sur l'organisation de la garde nationale.

Vu la loi du 13 juin 1851, sur l'organisation de la garde nationale; — Le décr. du 6 oct. 1851, portant règlement pour l'exécution de ladite loi; — Le décret du gouvernement de la Défense nationale, en date, à Paris, du 16 oct. 1870; — Le décr. du 24 oct. 1870, qui assimile les départements de l'Algérie aux autres départements français; — Considérant que, depuis l'établissement du gouvernement de la République, il a été dérogé par divers arrêtés du gouverneur général ou des préfets, relatifs à l'organisation des milices, et sur des points essentiels, à la législation qui régit la garde nationale en France; que les mêmes règles ne sont pas observées dans les trois départements algériens; qu'il importe, dans le double intérêt de l'ordre et de la discipline, de rétablir, en se conformant à la législation commune, l'uniformité dans l'organisation des milices, qui prendront désormais, comme dans toutes les autres parties du territoire de la République, le titre de gardes nationales; — Attendu l'urgence,

Art. 1. — La loi du 13 juin 1851, sur la garde nationale, remise en vigueur sur le continent, et le décret réglementaire du 6 oct. 1851, ci-dessus visés, sont promulgués en Algérie et rendus exécutoires dans les trois départements. — Il sera immédiatement procédé à l'organisation de la garde nationale, dans chaque commune, conformément aux prescriptions de la dite loi et du décret réglementaire. — L'organisation actuelle est provisoirement maintenue et les officiers, sous-officiers et caporaux resteront en fonctions jusqu'à la reconnaissance de ceux qui seront élus en vertu de la loi.

Art. 2. — Sont maintenus les corps spéciaux de francs-tireurs, de cavalerie, de sapeurs-pompiers et d'artilleurs déjà organisés, aux conditions déterminées par le § 7 de l'art. 31 de la dite loi. — Tous autres corps spéciaux de milice, sous quelque dénomination qu'ils aient été constitués, sont dissous, ceux qui en faisaient partie rentreront dans les compagnies d'infanterie.

Art. 3. — Il pourra être formé, par voie d'in-

_____

(1) Voici le texte de cette proclamation : À la garde nationale d'Alger. — Le devoir de la municipalité est de veiller au maintien de la tranquillité publique. De là, pour elle, le droit de décider des mesures à employer pour y parvenir. — On lui rendra cette justice, qu'après l'expulsion du gouvernement militaire, qui n'a été que l'accomplissement de la volonté générale, elle n'a pas failli à son devoir. — Elle ne doute pas que dans cette cité patriotique commune d'Alger, où les hommes de toutes les opinions se sont, dans l'intérêt de la défense nationale, inclinés devant les volontés de Tours et de Bordeaux, le

maire, assisté de deux miliciens sans armes, n'ait l'autorité suffisante pour arrêter, ce que rien d'ailleurs ne fait prévoir, toute manifestation d'un caractère violent. — Au surplus, la municipalité le déclare, au maire seul appartient le droit de réunir la garde nationale, soit sur sa propre initiative, soit sur l'initiative de l'autorité supérieure, si celle-ci en manifeste la volonté. — Tel est le droit nécessaire, immuable, et sans lequel l'administration municipale n'aurait aucune raison d'être. — Ce droit, la municipalité est décidée à le maintenir. — Alger, le 16 janv. 1871. — Le maire, R. Vuillermoz.

scription volontaire, savoir : — Dans chaque bataillon d'infanterie, une compagnie de mobilisables ; — Dans chaque compagnie non réunie en bataillon, une subdivision de mobilisables ; — Ces compagnies et subdivisions, concurremment avec les francs-tireurs et les artilleurs, seront appelées les premières, en cas de réquisition pour un service de détachements.

Art. 4. — Sont suspendues toutes dispositions antérieures, qui seraient contraires soit à la loi et au décret promulgués, soit au présent arrêté.

Art. 5. — Le présent arrêté ne deviendra définitif qu'après l'approbation du gouvernement de la République (1), mais, en raison de l'urgence, il est préalablement exécutoire Les préfets des trois départements et les administrateurs des territoires dits *militaires*, chacun pour ce qui le concerne, sont chargés d'en assurer l'exécution.

ALEXIS LAMBERT.

AG. — 19-29 avr. 1871. — BG. 363. — *Les milices sont placées sous le commandement de l'autorité militaire.*

Vu le décr. du 9 nov. 1859 ; — Le décr. de la délégation du gouvernement de la défense nationale, du 18 nov. 1870 ; — Considérant que la milice, par la loi même de son institution, est tenue, non-seulement de prêter main forte pour la sûreté intérieure de la commune, mais encore de fournir des détachements, pour seconder l'armée de ligne, dans les cas urgents ; — Considérant que les circonstances de guerre et la défense du territoire contre l'incursion des bandes insurgées de la Kabylie, réclament le concours immédiat de la milice, et exigent conséquemment qu'elle soit placée sous le commandement de l'autorité militaire ; — En vertu des pouvoirs généraux qui nous ont été conférés par l'arr. du 29 mars dernier ; — Attendu l'urgence,

Art. 1. — Les milices des territoires civil et militaire du département d'Alger sont placées sous le commandement de l'autorité militaire, tant pour le service intérieur que pour le service de détachements.

Art. 2. — Seront publiés à nouveau, à la suite du présent arrêté, les art. 87 et 90 du décr. du 9 nov. 1859.

V.-am¹ COMTE DE GUEYDON.

AG. — 10-15 mai 1871. — BG. 364. — *Indemnités et prestations aux miliciens mobilisés et en service de détachements*

Vu l'arr. du 19 avril dernier, plaçant les milices sous le commandement de l'autorité militaire ; — Vu l'arr. du général commandant les forces de terre, en date du 20 avril dernier, requérant la mobilisation d'une partie de la milice d'Alger et de sa banlieue pour concourir à la défense du territoire menacé par l'insurrection des Arabes ; — Vu l'arr. du 11 oct. 1870 par lequel le gouverneur général par intérim a fixé les indemnités et prestations à accorder aux miliciens en service de détachement. — Considérant que les indemnités et prestations fixées par ce dernier arrêté ont été reconnues insuffisantes ;

Art. 1. — A dater de ce jour, les miliciens et caporaux de la milice mobilisés et en service de détachement recevront une solde de 1 fr. et les sous-officiers de 1 fr. 25 c. par jour. — Les francs-cavaliers et brigadiers recevront une solde journalière de 1 fr. 25, et les sous-officiers de 1 fr. 50 c. — En outre, chaque homme recevra une ration de 750 gr. de pain et, s'il est monté, une

ration réglementaire de fourrage pour son cheval.

Art. 2. — Les officiers continueront à toucher les solde, indemnité et prestations déterminées par l'art. 5 de l'arr. du 11 oct. sus-visé.

Art. 3. — Les officiers et miliciens de toutes armes percevront, par homme et par jour, mais à titre de remboursement sur leur solde, une ration de 21 gr. de sucre et de 16 gr. de café, au prix de 0,0273 pour le sucre et de 0,0584 pour le café. — Ils auront encore la faculté de se faire délivrer contre remboursement, par l'administration militaire, les effets de petit équipement ci-après, savoir : souliers, guêtres et havre-sacs.

Art. 4. — L'arr. du 11 oct. 1870 est rapporté en ce qu'il a de contraire au présent.

V.-am¹ COMTE DE GUEYDON.

APM. — 31 mai-10 juin 1871. — BG. 366. — *Appel et service des détachements de la milice.*

Vu le décr. du 22 déc. 1870 de la délégation du gouvernement de la défense nationale, homologuant divers arrêtés préfectoraux rendus en exécution d'un arrêté du gouverneur général par intérim de l'Algérie, en date du 10 sept. 1870, qui divisent les corps des milices de l'Algérie en deux catégories distinctes, celle des mobilisables et celle des sédentaires ; — Considérant que la classification des mobilisables, basée uniquement sur l'âge de 18 à 55 ans, est contraire aux dispositions du décr. du 9 nov. 1859, qui classe dans la réserve les jeunes gens de 18 à 21 ans et prescrit de former les détachements mobilisés en commençant, à partir de 21 ans, par les célibataires et les moins âgés ;

Art. 1. — L'appel et le service des détachements de la milice seront réglés exclusivement par les dispositions du tit. 5, sect. 1, du décr. du 9 nov. 1859. — En conséquence, les miliciens mariés, actuellement en détachement, seront renvoyés dans leurs foyers au fur et à mesure qu'ils pourront être remplacés par des célibataires appelés dans l'ordre réglé par ledit décret.

Art. 2. — Toutes les dispositions contraires au présent arrêté sont et demeurant abrogées.

AG. — 19-22 juill. 1871. — BG. 369. — *Mobilisation de la milice de Miliana.*

Vu notre arr. du 19 avril 1871, qui a placé les milices du département d'Alger sous l'autorité du commandement militaire ; — Notre arrêté de ce jour, qui déclare la mise en état de siège de tout le territoire de la subdivision de Miliana ;

Art. 1. — Les milices de la subdivision de Miliana fourniront des détachements pour concourir avec les troupes de lignes à la défense du pays contre les insurgés. — Les appels seront faits conformément aux prescriptions de l'art. 93 du décr. du 9 nov. 1859.

V.-am¹ COMTE DE GUEYDON.

§ 2. — CRÉATION DE CORPS DE MILICE.

AG. — 16-25 janv. 1868. — BG. 256. — *Création d'un corps spécial de francs-tireurs dans la milice d'Alger.*

Vu le décr. du 9 nov. 1859. — Le décr. du 17 oct. 1867, portant « qu'il pourra être formé en « Algérie des corps spéciaux de francs-tireurs qui « feront partie de la milice ; »

Art. 1. — Un corps spécial de francs-tireurs est créé dans la milice d'Alger. Il prendra dans la milice, le rang assigné aux chasseurs à pied dans

---

(1) Cette approbation n'a point été donnée, et la nomination d'un gouverneur général civil, déjà faite au mo-

ment où cet arrêté était publié, a empêché qu'il reçut même provisoirement aucune exécution.

l'armée. — Ce corps formera bataillon dès qu'il sera assez fort pour constituer deux compagnies. L'effectif des compagnies sera de 100 hommes au moins. — Toutefois, au moment de la formation, la deuxième compagnie pourra être créée dès que l'effectif de la première aura atteint le chiffre de 50 hommes.

Art. 2. — Il sera commandé et administré d'après les statuts particuliers de la société des francs-tireurs d'Alger, autorisée par l'arrêté préfectoral du 9 déc. 1867. — Pour les services généraux, prises d'armes, manœuvres, gardes, discipline, détachements, etc., il relèvera du commandant de la milice.

Art. 3. — Les cadres, qui sont les mêmes que ceux des bataillons ou compagnies de la milice, augmentés d'un capitaine-trésorier et d'un docteur, sont soumis aux dispositions de l'art. 54 du décr. du 9 nov. 1859.

Art. 4. — Les francs-tireurs pourront présenter, au scrutin, des listes de candidats pour les emplois et grades à la nomination de l'autorité. Toutefois, les nominations et révocations à ces grades et emplois seront soumises aux dispositions de l'art. 55 du décr. du 9 nov. 1859. — Le commandant des francs-tireurs est de droit président de la société. En cas d'absence, il est remplacé par le capitaine adjudant-major.

Art. 5. — L'uniforme, l'armement et l'équipement sont réglés par les statuts particuliers de la société des francs-tireurs d'Alger.

Art. 6. — Le corps des francs-tireurs, en tant que corps spécial de la milice, ne sera composé que de membres actifs.

Art. 7. — L'entrée dans les francs-tireurs est ouverte à tous les habitants de la commune d'Alger sans distinction de nationalité, en se conformant aux statuts de la société sur le mode d'admission. Néanmoins, le nombre des étrangers et des indigènes ne devra jamais dépasser le 1/6 de l'effectif du corps.

Art. 8. — Les articles des statuts de la société des francs-tireurs d'Alger qui ne concorderaient pas avec les dispositions du présent arrêté, seront révisés et leur ensemble soumis à l'approbation de l'autorité compétente.

Art. 9. — Tout règlement pour le service intérieur des francs-tireurs, en tant que corps spécial de la milice, devra être préalablement soumis à l'approbation du gouverneur général.

Mal DE MAC-MAHON, DUC DE MAGENTA.

AG. — 12 juin 1869. — (Non publié au *Bulletin officiel.*) — *Constitution en corps de milice de la société des francs-tireurs de Blida autorisée par arr. préfectoral du 31 mai 1869.*

AG. — 16 oct. 1869. — (Non publié au *Bulletin officiel.*) — *Constitution en corps spécial de la milice de la société civile des francs-tireurs de Bouffarik, autorisée par arrêté préfectoral du 11 oct. 1869.*

A. — (*Préfet d'Alger.*) — 8 août 1870. — (Publié au *Recueil des actes de la préfecture.*) — *Création dans la milice d'Alger, d'un corps spécial de volontaires formant un bataillon de 500 hommes et composé d'étrangers ou de français résidant à Alger.*

A. — (*Préfet d'Alger.*) — 12 août 1870. — (Ibidem.) — *Création de 2 nouvelles compagnies d'artillerie mobilisables.*

Circ. — (*Préfet d'Alger.*) — 8 sept. 1870. — (V. ibidem.) — *Instructions aux sous-préfets, commissaires civils et maires au sujet de la formation de sociétés de francs-cavaliers.*

A. — (*Préfet d'Alger.*) — 17 sept. 1870. — (V. ibidem.) — *Création de compagnies de milice à Blida et à Cherchel.*

ACM. — 1er mars 1871. — BG. 559. — *Dissolution du bataillon de tirailleurs israélites.*

RENVOIS. — V. *Table alphabétique.*

Militaires. V. TABLE ALPHABÉTIQUE.

Mines et carrières.

DIVISION.

§ 1. — LÉGISLATION SPÉCIALE (1).

DI. — 6 avr.-17 mai 1867. — BG. 230. — *Promulgation du décr. du 27 juin 1866, modifiant celui du 30 juin 1860 (II, 145). — Abonnement à la redevance proportionnelle.*

Vu notre décr. du 27 juin 1866, concernant l'abonnement à la redevance proportionnelle des mines; — L'art. 5 de la loi du 16 juin 1851, sur la propriété en Algérie, ainsi conçu : « Les mines « et minières sont régies par la législation géné- « rale de la France. »

Art. 1. — Le décret susvisé du 27 juin 1866 sera promulgué en Algérie, pour y recevoir son application.

Décret du 27 juin 1866.

Art. 1. — A l'avenir, l'abonnement à la redevance proportionnelle des mines sera réglé, pour les exploitants qui le demanderont, sur le produit net moyen des cinq dernières années pour lesquelles l'impôt à la redevance aura été régulièrement établi. — — Il ne sera pas tenu compte, dans lesdites cinq années, de celles qui n'auront pas donné de produit net. — L'abonnement, fixé comme il est dit aux paragraphes précédents, sera maintenu pendant une durée de cinq ans.

Art. 2. — Il n'est pas dérogé au droit qui appartient à l'administration, en vertu, soit de l'art. 55 de la loi du 21 avril 1810, soit de l'art. 55 du décr. du 6 mai 1811, de rejeter les demandes d'abonnement, lorsqu'il résultera de l'instruction que l'exploitation a été dirigée en vue d'altérer les bases de l'abonnement. — Toutefois, le refus d'une soumission d'abonnement ne pourra être prononcé que par une décision ministérielle, rendue après avis du conseil général des mines et des sections réunies des travaux publics et des finances du conseil d'Etat.

Art. 3. — Est et demeure abrogé notre décr. du 30 juin 1860.

Circulaire ministérielle pour l'exécution du décret qui précède. Paris, 5 août 1866.

M. le préfet, j'ai l'honneur de vous adresser, ci-

---

(1) JURISPRUDENCE. — L'autorité municipale peut prendre, relativement à l'exploitation des carrières à ciel ouvert qui existent dans la commune, toutes les dispositions propres à prévenir les épidémies et à assurer la salubrité publique. — Notamment elle peut prescrire des

mesures en vue de l'écoulement des eaux stagnantes qui se trouveraient dans ces carrières; et il en est ainsi en Algérie comme en France. — Cass., 24 juin 1869, ch. crim. — Arrêt rendu à l'occasion de poursuites exercées en exécution d'un arrêté du maire de Bône.

jointe, expédition d'un décr. du 27 juin dernier, qui modifie, dans quelques-unes de ses dispositions, le décr. du 30 juin 1860, relatif aux abonnements en matière de redevance proportionnelle des mines.

La pensée de ce décret, clairement exprimée par le rapport à l'Empereur, qui le précédait, était de venir en aide à l'industrie des mines, en facilitant les abonnements à la redevance, en donnant à ces abonnements une base fixe et hors de toute contestation, celle du revenu net des deux années précédentes. Mais, dans l'application, il a donné lieu à des difficultés qui en ont rendu la modification nécessaire. — Ainsi, lorsqu'on avait prescrit que l'abonnement à la redevance serait établi pour cinq années consécutives sur le revenu net moyen des deux années précédentes, il n'avait certainement pas entendu que l'on pourrait faire entrer dans le calcul les années qui n'auraient donné aucun revenu, surtout lorsque cette absence de revenu aurait été le résultat de mesures frustratoires prises par les exploitants.

Cependant, en présence des termes du décret, plusieurs comités d'évaluation et, avec eux, la section du contentieux du conseil d'État, ont admis que l'absence de revenu, la perte même sur l'une des deux années prises pour base de calcul de la redevance, ne devaient pas empêcher d'accorder l'abonnement, et l'on voit de suite combien cette jurisprudence pouvait devenir onéreuse pour le trésor. — Il y avait aussi, dans les applications qui ont été faites du décr. de 1860, incertitude sur la question de savoir si les années à prendre pour base de l'abonnement étaient les années de redevance ou les années de produits. Les comités d'évaluation opéraient à cet égard dans des sens divers, et la jurisprudence du conseil d'État lui-même avait varié à cet égard.

Il importait de fixer toutes les incertitudes, de rétablir les vrais principes, et c'est dans ce but qu'a été rendu le nouveau décr. du 27 juin dernier. — Par son art. 1, il stipule qu'à l'avenir l'abonnement sera calculé, non plus sur deux années, comme le portait le décr. de 1860, mais sur les cinq années antérieures, et il ajoute que ce seront les cinq années pour lesquelles l'impôt aura pu être régulièrement établi, c'est-à-dire les années de redevance. Il décide, en outre, que des cinq années prises ainsi pour base de l'abonnement, on retranchera les années qui n'auront pas donné de produit, de sorte que ces années n'entreront pas dans le calcul de la redevance, et que par suite, si aucune année n'a donné de revenu, il n'y aura pas lieu à abonnement.

Vous remarquerez, d'ailleurs, qu'il est dit expressément, à l'art. 1, ce qui était certainement dans l'esprit du décr. de 1860, qu'il n'est point dérogé au droit qui appartient à l'administration, en vertu des dispositions précitées par la loi du 21 avr. 1810 et du décr. du 6 mai 1811, de rejeter les demandes d'abonnement, lorsqu'il résultera de l'instruction que l'exploitation a été dirigée en vue d'altérer la sincérité des bases de l'abonnement ; mais afin de donner dans ce cas toute garantie aux intéressés, il est stipulé que le refus d'une soumission d'abonnement ne pourra être prononcé que par une décision ministérielle, rendue après avis du conseil général des mines et des sections réunies des travaux publics et des finances du conseil d'État.

En résumé donc, le nouveau décret n'enlève aux exploitants de mines aucun des avantages que le décr. 1860 a eu pour objet de leur assurer ; il ne fait en réalité qu'en expliquer les dispositions, de manière à en rendre l'exécution conforme à

la pensée qui l'avait inspiré, et personne assurément ne pourra s'y méprendre.

Le ministre de l'agriculture, du commerce et des travaux publics,
ARMAND BÉHIC.

§ 2. — CONCESSIONS. — MESURES GÉNÉRALES (I, 449.)
§ 3. — ARRÊTÉS DE CONCESSIONS (I, 451).
§ 4. — EXPLOITATION DE CARRIÈRES. — RÈGLEMENT (I, 452).

§ 5. — SERVICE ADMINISTRATIF.

D2. — 15 juin-28 juill. 1867. — BG. 238. — *Promulgation de deux décr. du 10 mai 1851, portant règlement des honoraires et frais de déplacement des ingénieurs de l'État dans les affaires d'intérêt départemental, communal ou privé.*

AG. — 17-25 janv. 1868. — BG. 256. — *Fixation des traitements et accessoires de traitement des gardes-mines en Algérie.*

Vu le décr. du 21 déc. 1867, portant les traitements des gardes-mines principaux à 2,800 fr. et ceux des gardes-mines de 1re et de 2e cl. à 2,400 et 2,100 fr. ; — Les arr. min. des 18 déc. 1858, 4 avr. 1859 et 10 févr. 1860, et l'arrêté du gouverneur général du 21 oct. 1861, concernant les traitements et accessoires de traitement du personnel des mines ; — Les décr. des 10 déc. 1860 et 7 juill. 1864 (admin. gén.)

Art. 1. — Les traitements des gardes-mines principaux et des gardes-mines de 1re et de 2e cl. sont fixés, à partir du 1er janv. 1868, conformément au tableau ci-après : — Gardes-mines principaux, 2,800 fr., plus le tiers colonial 933,50 et indemnité de logement, 600 fr. ; total, 4,333,33. — Gardes-mines de 1re cl., 2,400, 800, 600 ; total, 3,800 fr. — Id. de 2e cl., 2,100, 700, 600 ; total, 3,400 fr.

Mal DE MAC-MAHON, DUC DE MAGENTA.

RENVOIS. — V. *Table alphabétique.*

Ministère de l'Algérie. V. ADMINISTRATION GÉNÉRALE 1858.

Mobacher. V. TABLE ALPHABÉTIQUE.

Mobilier administratif. V. *ibidem.*

Moniteur de l'Algérie. V. *ibidem.*

Monnaies.

D2. — 31 oct.-29 déc. 1866. — BG. 210. — *Promulgation de la loi du 14 juill. 1866 et du décr. du 20 juill. suivant, relatifs à la convention monétaire entre la France, la Belgique, l'Italie et la Suisse.*

Mont-de-piété.

D1. — 14 avr.-28 sept. 1869. — BG. 515. — *Augmentation du capital de roulement.*

Vu le décr. du 28 avr. 1860, maintenant le mont-de-piété comme établissement d'utilité publique, sous la surveillance et la garantie de l'autorité municipale, et notamment les art. 14 et 15 dudit décret (I, 456) ; — La délibération du conseil municipal de la ville d'Alger, en date du 7 nov. 1868.

Art. 1. — Le chiffre des obligations que le mont-de-piété d'Alger est autorisé à émettre, avec la garantie de la commune, en vertu de l'art. 14 susvisé du 28 avr. 1860, est porté de 500,000 à 750,000 fr.

Art. 2. — Les émissions des nouvelles obligations ne pourront avoir lieu que par fractions de

25,000 fr., et sur un vote spécial du conseil municipal, approuvé par le préfet d'Alger.

Monuments publics. V. TABLE ALPHABÉTIQUE.

Municipalité. V. COMMUNES.

Munitions de guerre. V. TABLE ALPHABÉTIQUE.

Musées. V. *ibidem.*

N

Naturalisation (1).

Circ. G. — 7-25 juil. 1866. — BG. 189. — *Retenues à exercer sur les traitements des fonctionnaires et employés indigènes. — Instructions aux généraux commandant les provinces et aux préfets des départements.*

Aux termes de l'art. 10, § 2 du décr. du 21 avr. dernier : (II, 159). — « Les indigènes titulaires de fonctions et emplois civils ont droit à la pension de retraite, aux conditions, dans les formes et suivant les tarifs qui régissent les fonctionnaires et employés civils en France. » — Les conditions du droit à la pension étant réglées par la loi du 9 juin 1853, j'ai l'honneur de vous prier de vouloir bien, à partir du 1er juil. courant, faire exercer les retenues qu'elle détermine par son art. 3, sur les traitements des magistrats, fonctionnaires, employés et agents indigènes directement rétribués par l'État. — En vertu de l'art. 4 de la même loi, vous voudrez bien également faire exercer les retenues sur les divers émoluments des fonctionnaires et agents indigènes de l'instruction publique que l'État ne rétribue pas directement.

Quant aux mesures d'exécution, vous aurez à vous conformer aux dispositions du décr. du 9 nov. 1853, portant règlement d'administration publique pour l'application de la loi précitée. — Afin d'épargner aux intéressés la gêne que leur occasionnerait le versement immédiat du premier douzième de leur traitement annuel, je les autorise à effectuer ce versement par à-comptes mensuels, au moyen d'une retenue supplémentaire de 5 p. 100 sur leurs émoluments, jusqu'à l'acquittement de la somme due.

Mal DE MAC-MAHON, DUC DE MAGENTA.

DI. — 5-29 févr. 1868. — BG. 257. — *Actes de notoriété à fournir par les indigènes et les étrangers indigents.*

Art. 1. — Les actes de notoriété, produits à l'appui des demandes de naturalisation, sont délivrés en brevet et dispensés d'homologation. —

Les actes de notoriété produits, soit pour les indigènes musulmans ou israélites, soit pour les étrangers ayant préalablement justifié de leur indigence, sont visés pour timbre et enregistrés gratis.

Art. 2. — Toutes les fois que l'époque de la naissance et la durée du séjour en Algérie peuvent être constatés devant le même juge de paix, ou le même cadi, cette constatation est faite par un seul et même acte de notoriété.

Art. 3. — Dans le cas prévu par le § 2 de l'art. 1 du présent décret, les émoluments du greffier de la justice de paix et ceux des cadis, sont fixés à 1 fr. pour chaque acte de notoriété.

Art. 4. — Lorsque le demandeur en naturalisation ne justifie pas qu'il réside depuis une année au moins dans la localité où sa demande est formée, il en est référé par les juges de paix ou par les cadis au procureur impérial du ressort, au commandant de la subdivision ou du cercle, ou au chef du bureau arabe, suivant le territoire. — A la suite de ces communications et en exécution des ordres hiérarchiquement transmis, les actes de notoriété reçus au lieu de la résidence du demandeur peuvent être contrôlés par le juge de paix du dernier domicile de l'étranger, ou par le cadi du dernier domicile ou du lieu de naissance de l'indigène.

Art. 5. — Si le demandeur en naturalisation n'a pas produit, devant le juge de paix ou le cadi de sa résidence, le nombre de témoins réglementaire, il peut y être suppléé, à sa requête, par les renseignements du magistrat du lieu de sa naissance ou de son dernier domicile, ainsi qu'il est dit à l'art. 4.

Circ. G. — 22 oct.-2 nov. 1869. — BG. 310. — *Instructions aux généraux commandant les provinces et aux préfets des départements sur la constatation de l'état civil de l'indigène musulman ou israélite et de l'étranger africain relativement au mariage.*

L'examen des dossiers concernant les demandes en naturalisation formées par des indigènes musulmans ou israélites et des étrangers africains, a donné lieu à quelques observations que je crois devoir vous communiquer. — Par mes instructions en date du 10 juin 1869 (non publiées), j'ai eu l'honneur de vous inviter à faire constater, désormais, par l'autorité administrative, et dans le procès-verbal d'enquête exigé par l'art. 12 du décr. du 21 avr. 1866, la situation de l'indigène au point de vue de l'état civil et de la famille.

Cette constatation devait suffire ; mais j'ai eu plus d'une occasion de remarquer que, nonobstant la constatation de l'état de monogamie, libellée dans le procès-verbal d'enquête de l'autorité administrative, des indigènes ou étrangers musulmans ou israélites se croyaient obligés, dans certaines localités, de faire constater le même fait par un acte du cadi, établi sur papier timbré, avec traduction par un interprète assermenté. — Cette formalité surérogatoire a surtout le grave inconvénient d'occasionner des frais tout à fait frus-

(1) Le sénatus-consulte de 1865 dont le gouvernement semblait attendre de si féconds résultats, si l'on se reporte à l'exposé des motifs et aux rapports qui en ont précédé l'adoption (II, 151), est loin d'avoir atteint le but annoncé. Du jour de sa promulgation jusqu'au 24 oct. 1870, 1,804 demandes en naturalisation ont seules été formées, 66 ont été rejetées, 1,509 ont été admises, 229 restaient à cette date en instance. Sur les 1,509 admises, 917 concernaient des étrangers européens, 194 des musulmans, 398 des israélites dont un dixième seulement indigènes et les neuf autres dixièmes Marocains ou Tunisiens. — Le décr. du 24 oct. 1870 en décidant que le gouverneur général civil prononcerait, à l'avenir, le comité consultatif entendu, sur les demandes en naturalisation, a mis obstacle à toute décision nouvelle ; en effet, le comité consultatif institué par décret du même jour était supprimé, avant d'avoir pu fonctionner, par un autre décret rendu à Bordeaux le 1er janv. 1871. Le gouvernement actuel pense que la naturalisation est un privilège assez important pour n'être accordé que par décret, forme plus solennelle que celle d'une simple décision du gouverneur, et en attendant que le décr. du 24 oct. 1870 soit rapporté, il ne peut être donné aucune suite aux demandes en instance qui s'élevaient au 1er juin 1872 au nombre de 693.

tratoires aux postulants que l'on induit à y recourir.

En effet : — Le cadi se fait payer un droit fixe de 5 fr. et l'interprète un droit de traduction de 5 fr., et même quelquefois de 6 fr., car j'en ai vu de taxées à ce prix tout à fait exorbitant. — Ce surcroît de dépenses, ajouté à la multiplicité des démarches, peut avoir pour résultat de détourner les indigènes de la voie qui leur a été ouverte par le Sén.-Cons. de 1865. Maintenir de pareils errements, ce serait aller à rebours de ce qu'a voulu le législateur, savoir : « faciliter, ainsi qu'il est dit dans le préambule du décr. du 5 fév. 1868, aux indigènes musulmans et israélites et aux étrangers, qui sollicitent leur naturalisation, l'accomplissement des formalités prescrites par le décr. d'exécution du Sén.-Cons. du 14 juil. 1865. »

Je vous prie en conséquence, de donner des instructions à qui de droit, pour qu'il soit bien entendu : — 1° Que la situation du postulant en naturalisation, musulman ou israélite, au point de vue du mariage et de la famille, n'a pas besoin d'être constatée par un acte de notoriété publique; mais que la déclaration contenue à cet égard dans le procès-verbal d'enquête rédigé par l'autorité administrative est suffisante; — 2° Que dans le cas où le postulant serait obligé de suppléer à son acte de naissance par un acte de notoriété, il conviendrait qu'il fît établir en même temps, par les mêmes témoins et par le même acte, sa situation au point de vue du mariage et de la famille; — 3° Que, si le postulant a négligé de le faire, il appartient à l'autorité administrative, chargée de l'enquête prescrite par l'art. 12 du décr. réglementaire du 21 avr. 1866, d'y pourvoir par telle loi qu'elle avisera, mais sans que l'intéressé soit obligé de recourir, pour ce seul fait, à l'intervention du juge de paix ou du cadi.

En un mot, prendre pour règle dans l'instruction des demandes en naturalisation, d'éviter aux parties les démarches inutiles et les dépenses frustratoires; tel est l'esprit du Sén.-Cons. de 1865, et des décrets qui en ont réglementé l'exécution. — A ce sujet, j'ai à faire remarquer encore, que le récépissé exigé des impétrants quand on leur fait la remise de l'ampliation du décret de naturalisation, n'est que pour la décharge de l'administration. — Cette pièce n'a donc pas besoin d'être formulée sur papier timbré, comme cela se pratique dans quelques localités.

Mal DE MAC-MAHON, DUC DE MAGENTA.

D. — (Tours.) — 24 oct.-10 nov. 1870. — BG. 513.—Naturalisation collective des indigènes israélites (1).

Les israélites indigènes des départements de l'Algérie sont déclarés citoyens français; en conséquence, leur statut réel et leur statut personnel seront, à compter de la promulgation du présent décret, réglés par la loi française, tous droits acquis jusqu'à ce jour restant inviolables. — Toute disposition législative, tout Sén.-Cons., décret réglement ou ordonnance contraires, sont abolis.

AD. CRÉMIEUX, L. GAMBETTA, GLAIS-BIZOIN, FOURICHON.

D. — (Tours). — Mêmes dates. — Nouvelles prescriptions légales relativement à la naturalisation des musulmans et des étrangers.

Art. 1. — La qualité de citoyen français, réclamée en conformité des art. 1 et 5 du Sén.-Cons. du 14 juil. 1865, ne peut être obtenue qu'à l'âge de 21 ans accomplis. — Les indigènes musulmans et les étrangers résidant en Algérie, qui réclament cette qualité, doivent justifier de cette condition par un acte de naissance : à défaut, par un acte de notoriété, dressé, sur l'attestation de quatre témoins, par le juge de paix ou le cadi du lieu de la résidence, s'il s'agit d'un indigène, et par le juge de paix, s'il s'agit d'un étranger.

Art. 2. — L'art. 10, § 1 du tit. 3, l'art. 11 et l'art. 14, § 2 du tit. 4 du décr. du 21 avril 1866, portant règlement d'administration publique, sont modifiés comme il suit :

Tit. 3, art. 10, § 1.

L'indigène musulman, s'il réunit les conditions d'âge et d'aptitude déterminées par les règlements français spéciaux à chaque service, peut être appelé, en Algérie, aux fonctions et emplois de l'ordre civil désignés au tableau annexé au présent décret.

Tit. 4, art. 11.

L'indigène musulman qui veut être admis à jouir des droits de citoyen français, doit se présenter en personne devant le chef du bureau arabe de la circonscription dans laquelle il réside, à l'effet de former sa demande et de déclarer qu'il entend être régi par les lois civiles et politiques de la France.

Il est dressé procès-verbal de la demande et de la déclaration.

Art. 14, § 2.

Les pièces sont adressées par l'administrateur du territoire militaire du département au gouverneur général.

Art. 3. — Le gouverneur général civil prononce sur les demandes en naturalisation ainsi formées, sur l'avis du comité consultatif.

Art. 4. — Il sera dressé un bulletin de chaque naturalisation en la forme des casiers judiciaires. Ce bulletin sera déposé à la préfecture du département où réside l'indigène ou l'étranger naturalisé, même si l'individu naturalisé réside sur le territoire dit territoire militaire.

Art. 5. — Sont abrogés les art. 2, 4 et 5 du Sén.-Cons. du 14 juill. 1865, les art. 15, tit. 4, et 19, tit. 6, intitulé dispositions générales, du décr. du 21 avril 1866. Les autres dispositions desdits Sén.-Cons. et décret sont maintenues.

AD. CRÉMIEUX, L. GAMBETTA, AL. GLAIS-BIZOIN, L. FOURICHON.

DP. — 7-12 oct. 1871. — BG. 575. — Formalités imposées aux israélites indigènes, jusqu'à révision du décret du 24 oct. 1870, pour faire constater leur indigénat et être admis à exercer leurs droits électoraux.

Art. 1. — Provisoirement et jusqu'à ce qu'il ait été statué par l'Assemblée nationale sur le maintien ou l'abrogation du décr. du 24 oct. 1870, seront considérés comme indigènes, et, à ce titre, demeureront inscrits sur les listes électorales, s'ils remplissent d'ailleurs les autres conditions de capacité civile, les israélites nés en Algérie avant l'occupation française, ou nés depuis cette occupa-

(1) JURISPRUDENCE. — Attendu que cet acte législatif émane d'un gouvernement de fait, investi, au milieu des événements du temps, des pleins pouvoirs de la souveraineté; qu'il atteint les droits que l'appelante tenait de son statut originaire, et détruit les effets de la de- mande (en divorce) formée par elle antérieurement à la promulgation de la règle nouvelle. — Cour d'Alger, 8 mars 1871, aff. Timsit. — Robe, 1871, p. 67. (V. décision conforme, v° Avocats..., suprà.)

tion, de parents établis en Algérie à l'époque où elle s'est produite.

Art. 2. — En conséquence, tout israélite qui voudra être inscrit ou maintenu sur les listes électorales, sera, dans les 20 jours de la promulgation du présent décret, tenu de justifier qu'il est dans l'une des conditions déterminées par l'art. 1.

Art. 3. — Cette justification se fera devant le juge de paix du domicile de l'israélite. Elle aura lieu, soit par la production d'un acte de naissance, soit par sept personnes demeurant en Algérie depuis dix ans au moins, soit par toute autre preuve que le juge de paix admettra comme concluante. — La décision du juge de paix vaudra titre à l'israélite; il lui en sera immédiatement délivré une copie sans frais. — Au préalable, et comme condition de la délivrance de ce titre, l'israélite, s'il n'a pas de nom de famille et de prénoms fixes, sera tenu d'en adopter et d'en faire la déclaration devant le juge de paix. — Pour chaque décision ainsi délivrée, il sera dressé, en la forme des casiers judiciaires, un bulletin qui sera remis à la mairie du domicile de l'indigène, pour servir soit à la confection des listes électorales, soit à celle d'un registre de notoriété.

Art. 4. — L'israélite dont la réclamation ne sera pas admise par le juge de paix, pourra, dans les trois jours qui suivront la prononciation de la décision, se pourvoir par simple requête adressée au président du tribunal de l'arrondissement, au pied de laquelle le président indiquera une audience à trois jours de date au plus. Le tribunal, après avoir entendu l'israélite ou son défenseur et le ministère public, statuera en dernier ressort. Le pourvoi en cassation ne sera pas suspensif.

Art. 5. — A défaut d'avoir rempli les formalités et satisfait aux conditions exigées par les articles qui précèdent, tout israélite actuellement inscrit sur les listes électorales en sera rayé et no

pourra y être rétabli que lors d'une prochaine révision.

Art. 6. — Tous actes judiciaires faits en vertu du présent décret et pour son exécution, seront dispensés des droits de timbre et d'enregistrement.

Art. 7. — La convocation des collèges électoraux n'aura lieu qu'un mois au moins après la promulgation du présent décret.

RENVOIS. — V. *Table alphabétique*.

Naufrages. V. TABLE. ALPHABÉTIQUE.

Navigation.

DIVISION.

§ 1. — Régime de la navigation.
§ 2. — Bateaux à vapeur.

§ 1. — RÉGIME DE LA NAVIGATION.

D1. — 10 oct.-12 déc. 1867. — BG. 253. — *Extension des limites du cabotage* (1).

Vu l'acte de navigation du 21 sept. 1793; — Les lois des 9 juin 1845 et 10 mai 1866; — Le décr. du 7 sept. 1850, qui réglemente le service du cabotage par navires étrangers naviguant sous pavillon français dans les eaux du littoral de l'Algérie (I, 405); — Le décr. du 2 déc. 1865 (II, 101); — La décis. imp. du 25 juin 1864 (ibidem); — Le Sén.-Cons. du 14 juill. 1865 sur la naturalisation en Algérie; — Le décr. du 26 janv. 1857 sur l'admission au commandement des navires du commerce;

Art. 1. — Les patrons qui naviguent dans les eaux de l'Algérie, sous le bénéfice des art. 5 et 6 du décr. du 7 sept. 1850, et qui auront été naturalisés Français, seront admis à commander tout navire français dans le bassin de la Méditerranée, s'ils ont au préalable fait preuve des con-

(1) *Rapport à l'Empereur*. — Paris, 15 oct. 1867. — Sire, les patrons au bornage d'Alger ont demandé l'extension des limites de leur navigation. Ils ont maintenant le droit de naviguer que sur les côtes d'Algérie, et ils voudraient pouvoir se rendre sur les points de relâche des paquebots dans les ports de la mer Méditerranée. C'est qu'en effet, dans les limites restreintes où ils sont contraints de renfermer leur navigation, ils ne trouvent plus de fret. Ils en ont eu jusqu'ici, parce que l'importation des marchandises destinées à la colonie était faite à Alger seulement, d'où les marchandises étaient réparties sur les côtes de l'est et de l'ouest. C'est cette répartition qui alimentait le cabotage algérien. Mais aujourd'hui la métropole envoie directement ses navires aux ports d'importation et d'exportation.

Le cabotage algérien doit en outre lutter contre deux autres concurrences : celle des bâtiments des messageries, substitués à ceux de l'État dans la correspondance côtière, qui transportent des marchandises, et celle que créera le chemin de fer projeté d'Alger à Oran. — Pour que le cabotage algérien retrouve le fret qui lui est nécessaire, il faut qu'il puisse l'aller chercher aux points de relâche des paquebots qui vont de France en Algérie. Mais cette extension de limites exige, de la part des marins qui en recueilleront les avantages, une garantie : c'est qu'ils se fassent naturaliser Français.

Au début de la colonisation française en Algérie, la législation a dû faire exception, en faveur du cabotage algérien, aux conditions imposées en France au commerce maritime, en ce qui concerne la nationalité des propriétaires, des capitaines et des équipages. L'administration avait vainement fait appel aux marins français pour créer le cabotage nécessaire au transport des denrées importées de France à Alger, et qui devaient être réparties dans les autres ports de la colonie.

Des marins étrangers (espagnols, sardes et italiens), organisèrent ce service. La législation dut leur accorder la protection du pavillon national, et permettre que les

navires algériens fussent possédés, commandés et équipés par des étrangers (arr. du 30 juin 1850, confirmé par le décr. du 7 sept. 1855).

Cette navigation fut d'ailleurs restreinte au bornage, seul nécessaire alors pour répartir les produits de l'importation dans les établissements de la colonie. Si l'on doit, aujourd'hui que le bornage n'offre plus de ressources suffisantes au commerce maritime algérien, étendre les limites de cette navigation, il est juste que les marins qui en recueilleront le bénéfice se fassent naturaliser Français.

Cette obligation est d'ailleurs pour eux une source d'avantages. La naturalisation, en même temps qu'elle les met à l'abri des réquisitions pour le service des armées de terre et de mer, dont ils pouvaient être l'objet de la part de leurs gouvernements, s'ils avaient conservé leur nationalité, les exempte des charges de même nature imposées aux marins français dans la métropole.

Par sa décision du 25 juin 1864, V. M. a, en effet, exempté des levées pour le service de la flotte, les marins français employés à la pêche ou au cabotage sur les côtes d'Algérie : or, pour me plus facile pour les étrangers d'obtenir avec la naturalisation, la sécurité que donne cette décision, aujourd'hui que le Sén.-Cons. du 14 juill. 1865 a autorisé les habitants de cette colonie à demander la naturalisation après trois ans de domicile, et a réduit en leur faveur les droits de sceau.

Le projet de décret suivant, que j'ai l'honneur de proposer à l'Empereur, a un double but : l'extension des limites du cabotage algérien, destiné à relever cette industrie, et l'augmentation du nombre des marins français dans la colonie, conformément au désir exprimé par V. M. à son retour de l'Algérie. Ce projet, préparé par le conseil du gouvernement et approuvé par M. le gouverneur général, a reçu l'adhésion de S. Exc. le ministre de la guerre.

Le ministre de la marine et des colonies,
Am¹ RIGAULT DE GENOUILLY.

naissances nécessaires devant le jury d'examen institué par l'art. 6 du décr. du 7 sept. 1856. A défaut de cette justification, les patrons naturalisés ne pourront commander que dans les parages où ils y étaient antérieurement autorisés, ou dans les limites nouvelles qui leur seront indiquées.

Art. 2. — Leurs équipages devront être composés, conformément aux prescriptions de l'acte de navigation du 21 sept. 1793, pour les trois quarts au moins, de marins français ou naturalisés Français.

§ 2. — BATEAUX A VAPEUR (I, 464).

RENVOIS. — V. *Table alphabétique.*

Notaires (1).

DIVISION.

§ 1. — Législation spéciale.
§ 2. — Création d'offices.

§ 1. — LÉGISLATION SPÉCIALE (1,465; II, 162 note).

§ 2. — CRÉATION D'OFFICES.

Ar. — 5 août 1831. — (Non publié au *Bulletin des actes du gouvernement*, et omis au 1er vol.)

Considérant que la suppression du consulat général de France prive les Français résidant à Alger du notariat dont les attributions étaient remplies par le chancelier interprète dudit consulat.

ARRÊTE : Jean Pierre Martin, interprète chancelier, qui n'a pas encore reçu de destination ultérieure du ministère des affaires étrangères, continuera à remplir les fonctions de la chancellerie relatives au notariat (2).

Gal BARON BERTHEZÈNE.

Notifications aux indigènes. V. TABLE ALPHABÉTIQUE.

O

Objets d'art. V. MUSÉE.

Objets d'or et d'argent. V. OR.

Obligations commerciales. V. ENREGISTREMENT.

Observatoire. V. TABLE ALPHABÉTIQUE.

Occupation (militaire, temporaire). V. *ibidem*

Octroi de mer. V. *ibidem.*

Officiers administrateurs. V. ADMINISTRATION GÉNÉRALE.

Officiers (ministériels, publics). V. TABLE ALPHABÉTIQUE.

Opérations topographiques. V. *ibidem.*

Or et argent.

DP. — 11-22 juin 1872. — BG. 422. — *Promulgation de la loi du 30 mars 1872.*

Art. 1. — La loi du 30 mars 1872, relative à l'élévation des droits de garantie des matières d'or et d'argent, est rendue exécutoire en Algérie ; elle y sera publiée à la suite du présent décret, qui sera inséré au *Bulletin des Lois.*

Loi du 30 mars 1872.

Art. 1. — Le droit de garantie perçu au profit du Trésor sur les ouvrages d'or et d'argent de toute sorte fabriqués à neuf, est fixé à 1 — 30 fr. par hectogramme d'or. — 1 fr. 60 c. par hectogramme d'argent, non compris les frais d'essai ou de touchant.

Art. 2. — La totalité des droits de garantie perçus sur les objets d'or et d'argent fabriqués en France sera restituée lorsque ces objets seront exportés.

Art. 3. — Le ministre des finances fixera le prix des essais des matières d'or et d'argent applicable à tous les bureaux de garantie. Ce prix ne pourra, dans aucun cas, excéder le prix fixé par l'art. 62 de la loi du 19 brum., an VI. — Le § 2 de l'art. 1 et l'art. 25 de la loi du 19 brum., an VI, sont abrogés.

RENVOIS. — V. *Table alphabétique.*

Oratoires protestants. V. CULTES.

Ordonnateurs. V. TABLE ALPHABÉTIQUE.

Orphelinats. V. *ibidem*

Ouvrages dramatiques. V. *ibid.*

Ouvriers. V. *ibidem.*

Ouvroirs musulmans. V. *ibidem.*

P

Papier timbré (débit de). V. TIMBRE.

Partage de biens indivis. V. TABLE ALPHABÉTIQUE.

Passagers. V. *ibidem.*

---

(1) JURISPRUDENCE. — Arr. min. du 30 déc. 1852. — Art. 57. — Actes reçus en la forme des actes notariés par les secrétaires de commissariats civils. Les arrêts annotés au 1er vol., p. 471, ne s'accordent pas sur la valeur qui doit être attribuée à ces actes. Un nouvel arrêt, longuement motivé, est intervenu sur cette question dans un sens favorable à leur authenticité. — V. à ce sujet un article de discussion. Robe, 1867, p. 218. — Les actes rédigés par les secrétaires des commissariats civils, par application de l'art. 57 de l'arrêté organique du notariat en Algérie, du 30 déc. 1842, sont des actes authentiques, bien qu'ils ne comportent pas exécution forcée, par conséquent, le contrat de mariage, rédigé dans ces conditions, remplit le vœu de l'art. 1394. C. Civ., et peut servir de base à une inscription conservatrice de

l'hypothèque légale de la femme. — *Cour d'Alger,* 19 janv. 1855, 2e ch.

(2) JURISPRUDENCE. — Les actes passés en la forme authentique après la conquête et avant l'institution du notariat en Algérie, par l'ancien chancelier du consulat de France, sont valables comme actes notariés. Les actes des notaires n'ont d'ailleurs été soumis à la formalité de l'enregistrement que par l'arr. de l'intendant civil de 16 févr. 1832. L'Arr. du 21 juin 1831 ne s'appliquait qu'aux actes passés par les cadis. — En conséquence, un contrat passé le 25 juin 1831 devant Me Martin, chancelier du consulat de France, est valable comme acte authentique, bien qu'il n'ait été enregistré. — *Cour d'Alger,* 22 nov. 1869. — Robe, 1869, p. 211.

Passages maritimes.

AG. — 19 fév., 12 mars 1866. — BU. 258. — Révision de l'arrêté ministériel du 4 juin 1860 (I, 485) sur les passages aux frais de l'État.

Vu l'arr. min. du 4 juin 1860 sur la délivrance des passages aux frais de l'État (I, 485) ; — Considérant que les dispositions de cet arrêté ne sont plus en harmonie avec le nouveau régime administratif de l'Algérie ; — qu'il importe, dès lors, de fixer à nouveau les bases du service des passages gratuits :

Art. 1. — L'arrêté ministériel sus-visé, en date du 4 juin 1860, est révisé et modifié ainsi qu'il suit (1) :

Ont droit au passage aux frais de l'État sur les bâtiments faisant le service de la correspondance entre la France et sur le littoral algérien :

1° Les fonctionnaires, agents, employés, préposés et gens de service directement rétribués sur les fonds du budget du gouvernement général de l'Algérie, et désignés au tableau de classement annexé au présent arrêté, lorsqu'ils se rendent à leur poste, sont licenciés autrement que par mesure disciplinaire, mis à la retraite, réintégrés dans les cadres de l'administration métropolitaine, porteurs d'un ordre de service ou munis d'un congé de convalescence. — La durée des droits au passage de retour, dans le cas de licenciement dans les conditions énoncées ci-dessus, ou de mise à la retraite, est fixée à un an. — Dans le cas de congé pour affaires personnelles, le passage gratuit n'est accordé qu'après un séjour consécutif de trois années dans la colonie ;

2° Les femmes et enfants, les pères et mères desdits fonctionnaires et agents, lorsque ceux-ci se rendent à leur poste en Algérie, sont licenciés autrement que par mesure disciplinaire, mis à la retraite, réintégrés dans les cadres de la métropole, ou décédés en activité de service dans la colonie. — Dans ces quatre derniers cas, la durée du droit au passage de retour n'excédera pas un an ; — 3° Les femmes et enfants des mêmes fonctionnaires et agents, en cas de maladie personnelle dûment constatée ; — 4° La femme et les enfants qui accompagnent le chef de famille muni d'un congé de convalescence délivré après trois années de séjour consécutif de l'agent en Algérie.

Art. 2. — Ont droit également au passage aux frais de l'État : — 1° Les membres du conseil supérieur se rendant à la session annuelle à Alger, ou en revenant ; — 2° Les membres des conseils généraux se rendant aux sessions, ou en revenant ; — 3° Les élèves des lycées et des collèges de l'Algérie (collèges impériaux arabes-français et collèges communaux), allant en France subir les examens pour l'admission dans l'une des écoles du gouvernement. — La même faveur est accordée pour le retour en Algérie ; — 4° Les élèves boursiers des maisons impériales de la Légion-d'honneur et des écoles du gouvernement dont les auteurs résident en Algérie, les élèves boursiers du lycée impérial et de l'école normale d'Alger et des collèges impériaux arabes-français, se rendant dans ces institutions, voyageant à l'occasion des vacances ou rentrant définitivement dans leurs familles ; — 5° Les enfants des deux sexes justifiant de leur admission dans l'un des orphelinats de l'Algérie, se rendant dans l'établissement ou le quittant définitivement sur la demande d'un membre de la famille ; — 6° Les enfants des deux sexes dont les père et mère sont décédés, et à rapatrier dans la métropole sur la demande d'un membre de la famille ; — 7° Les membres des communautés religieuses de femmes attachés à des établissements hospitaliers, et le personnel des orphelinats algériens.

Art. 3. — Peuvent obtenir des passages aux frais de l'État : — 1° Les ouvriers d'art se rendant en Algérie et justifiant de leur aptitude par des certificats émanant de leurs patrons ou chefs d'atelier, et légalisés par les maires ou les commissaires de police ; — 2° Les agriculteurs, les ouvriers de tout corps d'état et les domestiques établissant par des lettres ou des certificats de colons, chefs d'ateliers, ou habitants notables de l'Algérie, qu'ils ont du travail assuré dans la colonie. — Ces lettres ou certificats devront, en outre, être revêtus du visa de l'autorité locale accompagné d'un avis motivé. — Les passages mentionnés au présent article sont accordés par le gouverneur général de l'Algérie et, en vertu de sa délégation, par l'intendant militaire de la 9° division à Marseille, à charge par ce fonctionnaire de rendre compte mensuellement au gouverneur général des embarquements gratuits qu'il aura délivrés.

Art. 4. — Les chefs indigènes, les membres des mdjeles, ainsi que les bach-adels et adels des cadis, non rétribués sur les fonds de l'État, pourront exceptionnellement obtenir le passage gratuit, lorsque leur déplacement sera exigé par des raisons de service. Le permis d'embarquement déterminera leur classement à bord des bâtiments.

Art. 5. — Les fonctionnaires et agents de l'État non pourvus d'un ordre d'embarquement gratuit bénéficieront du rabais consenti par la Compagnie au profit de l'administration sur le prix du tarif commercial. — Le bénéfice de cette réduction, personnelle aux fonctionnaires et agents sur la ligne entre la France et l'Algérie, est étendu à leurs femmes, enfants et domestiques, sur le littoral algérien.

Art. 6. — Le gouverneur général de l'Algérie se réserve exclusivement la délivrance des passages facultatifs.

Mal MAC-MAHON, DUC DE MAGENTA.

Tableau déterminant la position des fonctionnaires, employés et agents de l'ordre civil en Algérie, relativement au droit de passage maritime.

Gouvernement général de l'Algérie. — 1re cl. Le gouverneur général, le sous-gouverneur, le secrétaire général du gouvernement, les membres du conseil supérieur, les conseillers rapporteurs et le secrétaire du conseil de gouvernement, les chefs, sous-chefs et le bibliothécaire-archiviste du secrétariat général. — 2° cl. Les commis principaux, commis ordinaires et surnuméraires du secrétariat général, le conservateur du mobilier du

---

(1) Ces modifications n'étant applicables qu'aux fonctionnaires, agents et employés rétribués sur les fonds du budget du gouvernement général, les services de la justice, de l'instruction publique et des cultes, ne sont pas appelés à en profiter. Le gouverneur général ne pouvait d'ailleurs statuer à leur égard, puisque aux termes de l'art. 5 du décr. du 10 déc. 1860 (admin. gén.), ces services ne sont pas placés dans ses attributions. — Le ministre de l'instruction publique et des cultes a réglé le droit au passage des fonctionnaires relevant de son département par un arrêté du 3 mars 1866 qui admet en principe le passage gratuit annuel à l'époque des vacances sous la seule réserve d'une décision spéciale qui, en fait, n'est jamais refusée.

Le ministre de la justice, au contraire, a par décision du 15 oct. 1869 maintenu en vigueur l'application de l'arrêté ministériel du 4 juin 1860, qui n'accorde le passage gratuit que tous les quatre ans, tout en reconnaissant que plusieurs dispositions de cet arrêté laissaient à désirer, et appelaient une réforme qui le mît en harmonie avec ceux pris pour les autres administrations.

gouvernement général. — 3° cl. Huissiers. — 4° cl. Garçons de bureau, chaouchs et gens de service.

Fonctionnaires relevant directement du gouvernement général de l'Algérie. — 1re cl. L'inspecteur général des travaux civils en Algérie, l'inspecteur des établissements d'instruction publique ouverts aux indigènes, l'inspecteur spécial de la topographie, l'inspecteur central des établissements de bienfaisance. l'inspecteur central des prisons, le directeur de l'observatoire, le commissaire impérial du gouvernement près les chemins de fer algériens. — 2° cl. Les commissaires de surveillance administrative.

Administration provinciale. — *Préfectures.* — *Conseils généraux.* — *Conseils de préfecture.* — 1re cl. Les préfets, les membres des conseils généraux, secrétaires généraux de préfecture, sous-préfets, conseillers de préfecture, commissaires civils, chefs de bureau de préfecture. — 2° cl. Sous-chefs de bureau, commis principaux et ordinaires des préfectures, greffiers des conseils de préfecture, secrétaires des sous-préfectures, secrétaires des commissariats civils, surnuméraires. — 3° cl. Huissiers. — 4° cl. Garçons de bureau, chaouchs et gens de service.

Enregistrement et domaines. — 1re cl. Directeurs, inspecteurs, vérificateurs. — 2° cl. Conservateurs des hypothèques, premiers commis de direction, receveurs, surnuméraires.—4° cl. Chaouchs.

Contributions directes. — 1re cl. Inspecteurs, contrôleurs principaux, premiers commis principaux. — 2° cl. Contrôleurs et premiers commis, surnuméraires. — 4° cl. Chaouchs.

Contributions diverses. — 1re cl. Directeurs, inspecteurs, sous-directeurs. — 2° cl. Contrôleurs, receveurs particuliers, commis principaux, receveurs principaux, commis, surnuméraires, commis coloniaux. — 4° cl. Porteurs de contraintes, chaouchs.

Poudres à feu.—2° cl. Receveurs entreposeurs.

Garantie. — 2° cl. Contrôleurs. — 4° cl. Chaouchs.

Service télégraphique. — 1re cl. Inspecteurs généraux, inspecteur chef de service en Algérie, inspecteurs provinciaux, sous-inspecteurs. — 2° cl. Directeurs de transmission, chefs de station, commis principaux, employés, employés surnuméraires. — 3° cl. Surveillants européens, facteurs, surveillants indigènes. — 4° cl. Piétons indigènes.

Postes. — 1re cl. Inspecteur, chef du service en Algérie, directeurs, contrôleurs, receveurs principaux. — 2° cl. Receveurs des postes, commis principaux, commis ordinaires, distributeurs. — 3° cl. Brigadiers facteurs, facteurs. — 4° cl. Gardiens de bureau, chaouchs.

Forêts. — 1re cl. Conservateurs, inspecteurs, sous-inspecteurs. — 2° cl. Gardes généraux, gardes généraux adjoints. — 3° cl. Brigadiers forestiers, gardes français.—4° cl. Agents indigènes préposés à la surveillance des forêts, chaouchs.

Ponts-et-chaussées. — 1re cl. Ingénieur général, ingénieurs en chef, ingénieurs ordinaires. — 2° cl. Élèves ingénieurs, conducteurs principaux, conducteurs embrigadés, conducteurs auxiliaires, piqueurs faisant fonctions de conducteurs, gardes-magasins, régisseurs-comptables, commis-comptables, dessinateurs, expéditionnaires et commis auxiliaires. — 3° cl. Piqueurs. — 4° cl. Surveillants et chaouchs.

Service des mines. — 1re cl. Ingénieurs en chef, ingénieurs ordinaires. — 2° cl. Élèves ingénieurs, gardes-mines principaux, gardes-mines, géologue, manipulateur de chimie, employés des bureaux. — 4° cl. Garçons de laboratoire, chaouchs.

Bâtiments civils — 1re cl. Architectes en chef. — 2° cl. Architectes ordinaires, inspecteurs

principaux, inspecteurs ordinaires, vérificateurs, secrétaires-expéditionnaires et autres commis de bureau, comptables, gardes-magasins. — 4° cl. Garçons de bureau et chaouchs.

Service topographique. — 1re cl. Inspecteurs, chefs de service. — 2° cl. vérificateurs, triangulateurs, géomètres, élèves géomètres, commis de bureaux. — 4° cl. Chaouchs.

Service des poids et mesures. — 2° cl. Vérificateurs, chefs de service, vérificateurs-adjoints et auxiliaires. — 4° cl. Chaouchs.

Ports et santé. — 1re cl. Directeurs, chefs de service. — 2° cl. Capitaines de port, capitaines de santé, secrétaires. — 3° cl. Inspecteurs des quais, pilotes. — 4° cl. Gardes et canotiers.

Pêches. — 2° cl. Inspecteurs des pêches. — 3° cl. Gardes-pêche. — 4° cl. Canotiers.

Police. — 1re cl. Commissaire central de police à Alger.

Prisons et maisons centrales.—2° cl. Directeurs, inspecteurs, médecins et pharmaciens, greffiers comptables, commis aux écritures, gardiens chefs. — 3° cl. Gardiens ordinaires, surveillants et agents secondaires.

Pépinières du gouvernement. — 2° cl. Directeurs.

Collèges impériaux arabes-français. — 1re cl. Le directeur du collège. — 2° cl. Le personnel enseignant et administratif. — 4° cl. Agents subalternes et gens de service.

École normale primaire. — 2° cl. Le personnel enseignant et administratif (moins le directeur de l'école). — 4° cl. Agents subalternes et gens de service.

Élèves des lycées, collèges, etc. — 2° cl. Les élèves du lycée et des collèges de l'Algérie (collèges impériaux arabes-français et collèges communaux), les élèves boursiers de l'École normale d'Alger, des maisons impériales de la Légion d'Honneur et des écoles du gouvernement.

Services indigènes.

Commandement. — *Fonctionnaires directement rétribués sur les fonds de l'État.* — 1re cl. Kalifas, bach-aghas, caïds pourvus d'un grand commandement. — 2° cl. Les autres caïds et les cheiks. — 4° cl. Agents subalternes.

Culte musulman. — 1re cl. Muphti d'Alger. — 2° cl. Muphtis des autres localités, imans.

Justice musulmane. — 2° cl. Cadis.

Instruction publique musulmane. — 2° cl. Directeurs des M'dersas, professeurs id. — 3° cl. Agents secondaires.

Le passage à la 1re cl. donne droit au passage d'un domestique à la 4° cl.

Les permis d'embarquement gratuit détermineront le classement des personnes étrangères à l'administration, ainsi que des fonctionnaires et agents non rétribués sur les fonds de l'État et auxquels des passages facultatifs auront été délivrés.

Mal DE MAC-MAHON, DUC DE MAGENTA.

AG. — 8 fév. 1869. — (V. *Administration générale, § 1*). — *Délégation au secrétaire général du gouvernement pour statuer sur les demandes de passage.*

AG. — 28 nov. 1870. (*Ibidem*). *Même délégation.*

RENVOIS. — V. *Table alphabétique.*

Passeports.

Circ. G. — 13 juill.-31 déc. 1869. — BO. 317. — *Délivrance de certificats de nationalité aux indigènes algériens séjournant en Tunisie ou au Maroc. — Instructions aux généraux et aux préfets.*

M...., des indigènes algériens en assez grand nombre, qui résident soit en Tunisie, soit au Maroc, se trouvent souvent dans le cas de solliciter auprès des autorités provinciales, la délivrance de certificats de nationalité qui leur permettent d'obtenir de nos agents diplomatiques dans le pays qu'ils habitent, des patentes de protection. — Il m'a paru convenable et juste d'accéder à la demande de ces algériens, mais en subordonnant toutefois la délivrance des certificats de nationalité qui leur sont nécessaires à l'accomplissement des conditions suivantes.

Les postulants devront justifier : — 1° De leur qualité d'algériens ; — 2° Qu'ils sont domiciliés en Tunisie ou au Maroc depuis moins de trois ans, par application des dispositions des circulaires ministérielles des 23 avr. 1856 et 16 oct. 1858 (I, 486) ; — 3° Qu'ils n'ont point quitté l'Algérie, contrairement à des ordres donnés, et ne sont d'ailleurs sous le coup d'aucune poursuite judiciaire ou administrative. — Les indigènes qui satisferont à ces conditions seront, en outre, tenus de se munir de passeports réguliers qu'ils feront renouveler ou viser tous les trois ans, en conformité des prescriptions de la circulaire précitée du 23 avril 1856 (non publiée).

Vous voudrez bien prescrire, dans l'étendue de votre juridiction administrative, l'exécution de ces dispositions, et faciliter aux indigènes qui se trouveront dans le cas de réclamer des certificats de nationalité, les moyens de satisfaire aux justifications exigées.

Mᵃˡ DE MAC-MAHON, DUC DE MAGENTA.

Aᴳ. — 26-29 avr. 1871. — BG. 563. — *Mesures de sûreté contre les vagabonds et les gens sans aveu.*

Vu la loi du 10 vend., an IV, art. 1ᵉʳ ; — Les instructions du ministre de l'intérieur, du 16 avr. 1871, sur les mesures à prendre pour assurer l'observation de ladite loi ;

Art. 1. — La faculté de débarquer dans un des ports de l'Algérie pourra être refusée à tout individu qui ne sera point porteur d'un passeport régulier délivré par les autorités du pays où il s'est embarqué. — Dans le cas où le débarquement d'un étranger serait autorisé sur la demande expresse du Consul de sa nation, celui-ci devra prendre, au préalable, l'engagement de pourvoir aux frais de repatriement de cet étranger s'il se trouve ultérieurement dans le cas d'être renvoyé dans son pays par mesure de sûreté générale.

Art. 2. — Tout individu arrivant en Algérie devra justifier d'un état ou d'une profession et de ses moyens d'existence. Il se présentera, à cet effet, devant l'autorité municipale, qui lui délivrera, après vérification, une carte de sûreté. — S'il est étranger, la carte de sûreté ne lui sera remise que sur la production d'un certificat d'immatriculation délivré par le Consul de sa nation.

Art. 3. — Tout individu non domicilié, à l'égard duquel il sera constaté qu'il n'exerce aucun état ou profession, et ne possède aucun moyen d'existence connu, pourra être renvoyé dans son pays d'origine, ou dans le lieu de son dernier domicile connu hors de l'Algérie. — S'il est français, il lui sera délivré un passe-port avec secours de route ; s'il est étranger, il sera remis au Consul de sa nation, chargé de pourvoir à son repatriement.

V.-amˡ COMTE DE GUEYDON.

Circ. G. — (Même date). — *Instructions pour l'exécution de l'arrêté qui précède.*

M. le préfet, la formalité du passe-port, qui avait été supprimée, a été rétablie d'une manière générale au début de la guerre, et les instructions données à cet époque n'ont pas été rapportées ; loin de là, une circulaire récente de M. le ministre de l'intérieur aux préfets, les invite à prendre les mesures nécessaires pour la stricte exécution de ces instructions à l'égard de tous les voyageurs français ou étrangers. Les circonstances donnent à leur application en Algérie un degré particulier d'opportunité. — En effet, nos villes du littoral voient affluer, depuis quelque temps, une foule d'individus venant de France ou de pays étrangers ; la plupart arrivent dénués de toute espèce de ressources et sont incapables de s'en créer par le travail.

Tout en évitant d'apporter aucune entrave à l'immigration des travailleurs agricoles, que l'administration doit tendre, au contraire, à favoriser par tous les moyens, il importe de s'opposer à l'invasion d'un parasitisme qui ne peut apporter aucun concours utile à la colonisation sérieuse. — Il ne faut pas laisser le pavé de nos villes s'encombrer d'une population nomade et besogneuse qui, à peine débarquée, s'empresse de tendre la main à l'assistance publique ou à la charité privée, et se garde bien de chercher du travail au dehors. Sa présence ne peut être qu'une cause d'embarras pour l'administration et de dangers pour la société.

Ces considérations, M. le préfet, imposent aux autorités préposées au maintien de l'ordre public un redoublement de vigilance et de fermeté. Elles m'ont déterminé à prendre l'arrêté dont je vous adresse, ci-joint, une ampliation. — Je pense que la stricte exécution de ces mesures aura de bons résultats pour l'ordre et la sécurité. Ce serait en assurer l'efficacité que de prescrire aux autorités municipales un recensement, dans chaque commune, de tous les individus qui se trouvent dans la situation déterminée par l'art. 3 de mon arrêté, et dont vous auriez à faire opérer le repatriement.

Une observation plus sérieuse des lois contre le vagabondage et la mendicité, ainsi que des règlements de police auxquels sont assujettis les maîtres-d'hôtel, aubergistes, logeurs et loueurs en garni, éloignerait de nos villes un grand nombre de rouleurs parasites et de gens sans aveu ; il vous appartient de veiller à ce que ces sages règlements soient partout remis en vigueur.

V.-amˡ COMTE DE GUEYDON.

Circ. G. — 3 mai 1871. — BG. 564. — *Interdiction par le gouvernement de délivrer aucun passeport à la destination de Paris.*

Circ. G. — 8-15 mai 1871. — BG. 564. — *Forme prescrite pour les passeports.*

M. le ministre de l'intérieur a télégraphié ce qui suit, à la date du 8 mai 1871 : — « Je suis informé que certains maires délivrent des laisser-passer au lieu de passeports. Un semblable titre ne contenant ni la signature, ni le signalement du titulaire, peut donner lieu à des abus et susciter des embarras ou des difficultés aux voyageurs. » — Le gouvernement général civil de l'Algérie, en rappelant que la production d'un passeport est aujourd'hui rigoureusement exigée de tout voyageur, invite les autorités compétentes à ne délivrer ces titres de voyage que dans la forme prescrite et en employant les formules réglementaires.

V.-amˡ COMTE DE GUEYDON.

Circ. G. — 14-31 mai 1871. — BG. 565. — *Signature obligatoire du porteur.*

Un grand nombre de passeports délivrés par les maires ne sont pas revêtus de la signature des porteurs. Cette formalité étant un moyen de contrôle important pour constater l'identité des voyageurs suspects de faire usage d'un passeport qui ne leur appartient pas, recommandez au maires de l'exiger conformément aux règlements.

Renvois. — V. *Table alphabétique.*

Patentes.

Circ. Cm. — 18-20 janv. 1871. — BG. 533. — *Promulgation des art. 3 et 4, loi de finances du 2 août 1868.*

Par dépêche en date du 18 janv. courant, M. le commissaire extraordinaire de la République a prescrit à MM. les préfets des trois départements de l'Algérie, de prendre les mesures nécessaires pour assurer, dans l'étendue de leur ressort administratif, conformément aux dispositions de la circulaire du 28 nov. 1870 (*Promulgation infrà*), la promulgation des art. 3 et 4 de la loi des finances du 2 août 1868, relatifs à la contribution des patentes.

Loi du 2 août 1868.

Art. 3. — Les tarifs et tableaux concernant les patentes, annexés aux lois des 21 avr. 1844, 18 mai 1850, 4 juin 1858 et 13 mai 1863, sont modifiés conformément à l'état D, annexé à la présente loi. — Est exempt de la patente, l'ouvrier travaillant en chambre avec un apprenti, âgé de moins de seize ans.

Art. 4. — Le patentable qui exploite un établissement industriel, et qui n'y effectue pas la vente de ses produits, n'est pas imposable au droit fixe additionnel de patente, pour le magasin séparé dans lequel sont vendus exclusivement en gros les seuls produits de sa fabrication. — Toutefois, si la vente a lieu dans plusieurs magasins, l'exemption de droit fixe accordée par le paragraphe précédent, n'est applicable qu'à celui de ses magasins qui est le plus rapproché du centre de l'établissement de fabrication. Les autres continuent d'être imposés, conformément aux dispositions de l'art. 9 de la loi du 4 juin 1858.

Renvois. — V. *Table alphabétique.*

Pêche.

DIVISION.

§ 1. — Pêche côtière.
§ 2. — Pêche du corail.

§ 1. — PÊCHE CÔTIÈRE.

Ar. — 18-20 août 1870. — BG. 533. — *Pêche au bœuf.*

Considérant la nécessité de mettre à l'abri de toute éventualité le câble électrique sous-marin qui relie Bône à Marseille ;

Art. 1. — La pêche dite *au bœuf*, autorisée par arr. du 22 oct. 1864 (II, 170) sur le littoral algérien, à 3 milles au large du rivage, est interdite entre la terre et le câble.

BARON DURRIEU.

Ar. — 30 nov.-10 déc. 1871. — BG. 584. — *Suppression des fonctions d'inspecteur des pêches.*

Vu le décr. du 24 oct. 1870 (*admin. gén.*) — L'arr. du 24 sept. 1856 portant règlement général des pêches pour l'Algérie, et notamment les articles 3, 4 et 6 (I, 506)] — Considérant que les fonctions d'inspecteurs des pêches créées en 1856, n'ont pas donné les résultats qu'on en attendait, qu'elles ne compensent donc pas, par une utilité reconnue, les charges qu'elles imposent au budget de l'État.

Art. 1. — Les fonctions d'inspecteurs des pêches sont supprimées en Algérie.

Art. 2. — Les gardes maritimes seront placés sous les ordres directs des commissaires de l'inscription maritime.

Art. 3. — Une décision spéciale fixera la date à laquelle chacun des titulaires actuels des emplois d'inspecteurs des pêches, cessera ses fonctions.

V. am¹¹ CONTA DE GUERYDON.

§ 2. — PÊCHE DU CORAIL.

Ar. — 18-20 août 1870. — BG. 533. — *Interdiction locale.*

Vu la nécessité de mettre à l'abri de toute éventualité le câble électrique sous-marin qui relie Bône à Marseille :

Art. 1. La pêche du corail est interdite au nord de la partie comprise entre le cap de Gardo et Takouch.

BARON DURRIEU.

Renvois. — V. *Table alphabétique.*

Peine de mort. V. TABLE ALPHABÉTIQUE.

Pèlerins de la Mecque. V. *ibidem.*

Pénitenciers. V. *ibidem.*

Pensions de retraite.

Loi. — 30 mars-8 avr. 1872. — BG. 409. — *Pensions et indemnités de réforme.*

Art. 1. — Les fonctionnaires et employés civils ayant subi une retenue, qui, du 19 févr. 1871 au 31 déc. 1872, auront été réformés pour cause de suppression d'emploi, de réorganisation, ou pour toute autre mesure administrative qui n'aurait pas le caractère de révocation ou de destitution, pourront obtenir pension, s'ils réunissent 20 ans de services. Cette pension sera calculée, pour chaque année de service civil, à raison d'un soixantième du traitement moyen des quatre dernières années d'exercice. En aucun cas, elle ne devra excéder le maximum de la pension de retraite affectée à chaque emploi.

Art. 2. — Ceux desdits fonctionnaires et employés réformés qui ne compteront pas la durée de services exigée par l'article précédent, obtiendront une indemnité temporaire du tiers de leur traitement moyen des quatre dernières années, pour un temps égal à la durée de leurs services, sans pouvoir excéder 5 ans. — Néanmoins, si les fonctionnaires et employés ont plus de 10 années de services, la jouissance de l'indemnité sera limitée à la moitié de la durée des services.

Art. 3. — Si ces fonctionnaires et employés sont ultérieurement replacés dans une administration de l'État, les pensions ou indemnités accordées conformément aux art. 1 et 2 ci-dessus ne se cumuleront pas avec leur nouveau traitement.

Art. 4. — Les pensions concédées en vertu de l'art. 1 seront éventuellement reversibles sur la tête des veuves et des enfants, aux conditions de la loi du 9 juin 1853.

Renvois. — V. *Table alphabétique.*

Personnel administratif. V. *ibid.*

Pesage public. V. *ibidem.*

Pétitions—Mémoires. V. *ibidem.*

Phares et Fanaux.

Ar. — 8-28 oct. 1868. — BG. 285. — *Organisation du service des phares et fanaux.*

Vu les décr. des 10 déc. 1860 et 7 juill. 1864

(II, 4 et 9); — Considérant qu'il importe, dans l'intérêt du service et dans celui du personnel attaché à l'entretien des phares et fanaux en Algérie, sous les ordres des ingénieurs, d'organiser ce personnel d'après les bases adoptées dans la métropole par le décr. du 17 août 1853;

Art. 1. — Le personnel des agents du service des phares et fanaux en Algérie, se compose de maîtres de phare et de gardiens. — Le traitement des maîtres de phare est fixé à 1,400 fr. — Les gardiens sont divisés en six classes pour lesquelles le traitement annuel est fixé comme il suit : — 1re cl. 1,200 fr. — 2e cl. 1,080 fr. — 3e cl. 960 fr. — 4e cl. 840 fr. — 5e cl. 720 fr. — 6e cl. 600 fr. — Ces traitements, non susceptibles d'augmentation à titre de supplément colonial, sont soumis aux retenues prescrites par la loi du 9 juin 1853 sur les pensions civiles.

Art. 2. — Des décisions du gouverneur général de l'Algérie fixent, sur la proposition de l'ingénieur en chef et sur l'avis du préfet et de l'inspecteur général des travaux civils, le nombre et les classes des gardiens attachés au service de chaque phare.

Art. 3. — Les maîtres et les gardiens des phares sont nommés par le préfet, sur la proposition de l'ingénieur en chef.

Art. 4. — Pour être nommé maître ou gardien de phare, il faut : 1° Être Français, âgé de 21 ans au moins et de 40 ans au plus; — 2° N'être atteint d'aucune infirmité qui s'oppose à un service actif et journalier; — 3° Être porteur d'un certificat de bonnes vie et mœurs; — 4° Savoir lire et écrire et posséder les premiers éléments de l'arithmétique. — Les gardiens des phares sont choisis de préférence parmi les anciens militaires des armées de terre et de mer.

Art. 5. — Chaque année, sur la proposition de l'ingénieur en chef, il pourra être accordé, par le préfet, aux gardiens les plus méritants, une gratification qui n'excédera pas un mois de traitement. — Le nombre des gardiens auxquels cette gratification pourra être accordée ne dépassera pas le cinquième du nombre total des gardiens employés dans chaque province. — Dans les provinces où il y a moins de cinq gardiens, cette gratification ne pourra être accordée qu'à un seul d'entre eux.

Art. 6. — Les gardiens actuellement en fonctions et remplissant les conditions ci-dessus, seront répartis, à partir du 1er janv. 1869, dans les six classes instituées par l'art. 1er du présent arrêté, d'après le traitement dont ils jouissent.

Art. 7. — En cas de négligence dans le service ou d'actes répréhensibles, les punitions encourues sont : — 1° La retenue d'une partie du traitement; — 2° La révocation. — Ces punitions sont prononcées par le préfet, sur le rapport de l'ingénieur en chef.

Mal DE MAC-MAHON, DUC DE MAGENTA.

Règlement d'exécution.

Art. 1. — Le personnel des agents du service des phares et fanaux se compose de maîtres de phares et de gardiens. — Ces agents sont placés sous les ordres des ingénieurs et conducteurs des ponts et chaussées.

Art. 2, 3, 4. — Nomination des gardiens. (Comme aux art. 3 et 4 de l'arrêté.)

Art. 5. — Traitements. — Classes et traitements comme aux §§ 2 et 3 de l'art. 1 de l'arrêté. — Il est alloué, en outre, à chaque maître ou gardien, une certaine quantité de bois de chauffage ou de charbon de terre. — Les maîtres et les gardiens des phares isolés reçoivent des indemnités pour vivres de mer, lesquelles sont fixées par l'administration, suivant les circonstances. — Les salaires et indemnités sont payés

chaque mois par douzième. Le combustible est fourni en nature, en une ou plusieurs fois, suivant la décision des ingénieurs.

Art. 6. — Retraites. — Les traitements des maîtres et gardiens sont soumis à une retenue de 5 p. 0/0, et ces agents ont droit à des pensions de retraite, conformément à la loi du 9 juin 1853.

Art. 7. — Les maîtres et les gardiens de phare sont assermentés immédiatement après leur nomination, afin d'être aptes à dresser procès-verbal valable, en cas de contravention commise dans l'établissement auquel ils sont attachés.

Art. 8. — Nombre de gardiens. — Des décisions du gouverneur général fixent, sur la proposition de l'ingénieur en chef et sur l'avis du préfet et de l'inspecteur général des travaux civils, le nombre et les classes des gardiens attachés au service de chaque phare. — Ce nombre n'est jamais inférieur à 3 pour les phares du 1er ordre, et à 2 pour ceux du 2e et du 3e ordre.

Art. 9. — Maîtres de phare. — Les maîtres de phare sont chargés de la direction de plusieurs phares ou fanaux. Ce titre peut être accordé, en outre, aux chefs-gardiens qui l'ont mérité par des services exceptionnels.

Art. 10. — Chefs-gardiens. — Dans les phares desservis par plusieurs gardiens et où il n'y a pas de maître, l'un de ces agents porte le titre de chef. En cas d'absence, il est remplacé dans ses fonctions par le 2e gardien.

Art. 11. — Devoirs des maîtres de phare et chefs-gardiens. — Les maîtres de phare et les chefs-gardiens sont particulièrement responsables de l'ensemble du service et de la réception des huiles. Ils sont principalement chargés de la tenue des registres et de la correspondance. — Les autres gardiens leur doivent obéissance pour tout ce qui concerne le service, sauf recours à l'ingénieur. — Les chefs-gardiens concourent d'ailleurs à la surveillance du feu et à l'entretien des appareils, sans aucune distinction, à cet égard, avec les autres gardiens. — Les maîtres de phare sont dispensés de ce service; mais ils sont tenus de visiter le feu au moins deux fois par nuit, et ils peuvent être astreints temporairement à remplir les fonctions de chef-gardien, par décision de l'ingénieur en chef du département, dans le cas où des circonstances exceptionnelles rendraient cette mesure nécessaire.

Art. 12. — Devoirs des gardiens. — Les gardiens d'un phare sont chargés conjointement du service du feu et de la conservation ainsi que de l'entretien de propreté des appareils d'éclairage, des ustensiles, du mobilier et de l'édifice. Ils doivent se conformer très-exactement aux règlements et aux ordres de service qui leur sont remis par les ingénieurs, et tenir constamment avec le plus grand soin toutes les parties de l'établissement qui leur est confié. — Ceux qui sont attachés à l'un des phares des trois premiers ordres sont astreints à surveiller la flamme de l'appareil pendant toute la durée des nuits. A cet effet, ils sont successivement de quart. — Les gardiens des fanaux sont tenus de visiter leur feu une fois au moins au milieu de la nuit pendant l'été, deux fois à intervalles égaux pendant les nuits d'hiver, et plus fréquemment lorsqu'il y aura lieu de craindre, pour un motif quelconque, que la flamme ne diminue notablement d'intensité ou ne vienne à s'éteindre.

Art. 13. — Service du matin. — Dès la pointe du jour, les gardiens doivent éteindre le feu, s'occuper de tout préparer pour l'éclairage de la nuit suivante et pourvoir au service de propreté, conformément aux prescriptions des instructions spéciales, de manière que les diverses opérations composant le service du matin soient complètement terminées deux heures après le lever du soleil.

Art. 14. — *Service du soir et de la nuit.* — Une heure avant le coucher du soleil, tous les gardiens doivent être à leur poste pour procéder ensuite au service du soir, conformément aux instructions. — L'allumage des phares à mèches doit être commencé un quart d'heure après le coucher du soleil, de manière que la flamme soit en plein effet à la chute du jour. — Les gardiens sont tenus de rester dans le phare pendant la nuit, et il doit toujours y en avoir un, au moins, dans la chambre de service, pour venir, en cas de besoin, au secours de celui qui est de quart. — Tous les gardiens doivent d'ailleurs se rendre immédiatement à l'appel du gardien de quart, si une circonstance quelconque exigeait leur concours. — Le gardien qui est de quart consigne sur un carnet ses observations sur les diverses circonstances du service de l'appareil, l'apparence des feux en vue, l'état de l'atmosphère, les navires en vue, etc. — Le gardien-chef transcrit le lendemain, sur le registre à ce destiné, toutes celles de ces notes qui lui paraissent devoir être signalées à l'attention de l'ingénieur. — Les extinctions ou les affaiblissements du feu doivent être notamment consignés sur ce registre, avec la mention de la cause, de l'heure et de la durée.

Art. 15. — *Service du jour.* — Durant le jour, les gardiens ne doivent jamais s'absenter du phare tous à la fois, sous quelque prétexte que ce soit. — A cet effet, ils sont successivement de service, soit par jour, soit par semaine, suivant les ordres de l'ingénieur.

Art. 16. — *Entretien et propreté.* — Des instructions spéciales règlent le service des gardiens en ce qui concerne l'entretien de l'appareil d'éclairage et de la lanterne. — Pour l'entretien de propreté de l'édifice ils sont tenus : (Suivent les détails.)

Art. 17. — *Visiteurs.* — Il est interdit aux gardiens de laisser visiter le phare pendant la nuit par des personnes étrangères au service. — Il ne peuvent admettre de visiteurs que lorsque le service du matin est complètement terminé, et lorsqu'il doit s'écouler encore une heure au moins avant le coucher du soleil. — Ils doivent les accompagner constamment, ne jamais leur permettre d'entrer dans l'appareil, et n'introduire pas plus de deux personnes à la fois dans la chambre de la lanterne. — Ils sont responsables de toutes les dégradations qui pourraient être commises par les visiteurs. — Ils inviteront toutes les personnes qui voudront visiter le phare à inscrire leurs noms et adresses sur un registre à ce destiné, et n'admettront que celles qui auront satisfait à cette prescription.

Art. 18. — *Assistance aux naufragés.* — Les gardiens sont tenus de prêter tous les secours en leur pouvoir aux navigateurs ainsi qu'aux naufragés, et de leur offrir asile en cas de besoin, mais sans jamais interrompre la surveillance du feu ou l'exposer à être compromise. — Ils doivent veiller à la conservation des épaves que la mer jetterait à proximité du phare et en donner avis à l'autorité maritime.

Art. 19. — *Congés.* — Nul gardien ne peut s'absenter sans une autorisation écrite de l'ingénieur et sans avoir au préalable fait agréer son remplaçant. — Sont exceptés de cette disposition, les congés délivrés régulièrement aux gardiens des phares isolés en mer.

Art. 20. — *Gratifications.* — (Comme à l'art. 5 de l'arrêté.) — Le gouverneur général statue quand il y a lieu à dépasser ces limites, à raison de circonstances exceptionnelles.

Art. 21. — *Punitions.* — (Comme à l'art. 7 de l'arrêté.) — Si les circonstances paraissent l'exiger, l'exclusion d'un gardien serait prononcée immédiatement par l'ingénieur ou par le conducteur chargé de la surveillance du phare, qui pourvoirait d'urgence au remplacement de ce gardien : mais cette mesure ne serait définitive qu'après l'approbation du préfet.

Art. 22. — *Livret.* — Chaque maître ou gardien de phare est porteur d'un livret sur lequel le conducteur chargé de la surveillance du phare inscrit les gratifications accordées et les punitions infligées.

Art. 23. — *Uniforme* des maîtres et gardiens de phare. (Suivent les détails.)

Art. 24. — *Abonnements.* — Le service des fanaux d'importance secondaire peut être confié à des personnes qui ne sont pas classées parmi les agents des phares.

Vu et approuvé :
M^{al} DE MAC-MAHON, DUC DE MAGENTA.

Pharmaciens. V. ART MÉDICAL.

Pilotes. V. PORTS.

Poids et mesures.—Poids public. V. TABLE ALPHABÉTIQUE.

Police (administrative, judiciaire, municipale, rurale). V. *ibidem.*

Ponts et chaussées.

DI. — 15 juin 1867. — (V. Suprà, *Mines*, § 5). — *Promulgation de deux décr. du 10 mai 1854, portant règlement des honoraires et frais de déplacement des ingénieurs de l'État.*

AG. — 9-26 déc. 1867. — BG. 251. — *Organisation du personnel secondaire des ponts et chaussées, au-dessous du grade de conducteur.*

Vu les décr. des 10 déc. 1860 et 1er juill. 1864 (*Admin. gén.*); — Considérant qu'il importe, dans l'intérêt du service et dans celui du personnel secondaire attaché aux bureaux de MM. les ingénieurs, de réorganiser ce personnel d'après les bases adoptées dans la métropole :

Art. 1. — Les agents des ponts et chaussées au-dessous du grade de conducteur, attachés au titre de commis comptables, commis expéditionnaires ou commis dessinateurs, à la surveillance des travaux ou au service des bureaux des ingénieurs en Algérie, prendront à l'avenir le titre d'*agents secondaires des ponts et chaussées.*

Art. 2. — Ils seront divisés en cinq classes, pour chacune desquelles le traitement annuel est fixé ainsi qu'il suit : — 1re cl., 2,800 fr. ; — 2e cl., 2,400 ; — 3e cl., 2,100 ; — 4e cl., 1,800 ; — 5e cl., 1,500. — Ces traitements, non susceptibles d'augmentation à titre de supplément colonial, sont soumis aux retenues prescrites par la loi du 9 juin 1853 sur les pensions civiles.

Art. 3. — Des décisions du gouverneur général de l'Algérie fixent, chaque année, sur les propositions de l'ingénieur en chef et l'avis du préfet et de l'inspecteur général des travaux civils, le nombre d'employés de différentes classes attachés à chaque service d'ingénieur en chef. — La répartition de ces employés entre les arrondissements des ingénieurs ordinaires et leurs résidences, sont déterminées par l'ingénieur en chef, suivant les besoins du service.

Art. 4. — Les employés secondaires des ponts et chaussées sont nommés par le préfet, sur la proposition de l'ingénieur en chef.

Art. 5. — Nul ne peut être nommé employé

secondaire des ponts et chaussées s'il n'a été reconnu apte à en remplir les fonctions à la suite d'un examen sur les connaissances ci-après : — Ecriture ; — principes de la langue française ; — arithmétique élémentaire ; — exposition du système métrique des poids et mesures ; — notions de géométrie relatives à la mesure des angles, des surfaces et des solides ; — éléments des dessins linéaires. — Ou s'il n'a été déclaré, par décision du ministre de l'agriculture, du commerce et des travaux publics, admissible au grade de conducteur auxiliaire. — Les candidats doivent être âgés de plus de 18 ans et de moins de 28 ans, au moment de l'examen. — Toutefois, les militaires porteurs d'un congé régulier et les piqueurs ou surveillants temporaires qui comptent plus de 5 ans d'emploi sur les chantiers de l'État en Algérie, peuvent concourir jusqu'à l'âge de 35 ans.

Art. 6. — Les candidats reconnus aptes à remplir les fonctions d'employés secondaires, peuvent être nommés dans la 5ᵉ ou 4ᵉ cl., d'après le résultats de leur examen, et eu égard à leur âge, à leurs antécédents, à leurs charges de familles, à la cherté de la vie dans chaque localité et au degré d'utilité des services qu'ils peuvent rendre. — Les candidats déclarés admissibles au grade de conducteur auxiliaire peuvent être nommés employés secondaires de 3ᵉ ou 4ᵉ cl. — L'ingénieur en chef fait à ce sujet des propositions auxquelles il annexe le procès-verbal d'examen ou de décision ministérielle déclarant l'admission du candidat au grade de conducteur.

Art. 7. — La promotion des employés secondaires à une classe supérieure est prononcée par le préfet, sur la proposition de l'ingénieur en chef, dans les limites du cadre arrêté chaque année, conformément aux dispositions de l'art. 3.

Art. 8. — Les employés secondaires ne peuvent passer à une classe supérieure qu'après trois ans de service dans la classe qu'ils occupent.

Art. 9. — A chaque service d'ingénieur en chef ne peut être attaché qu'un employé secondaire de 1ʳᵉ cl. — Ces employés sont pris : — 1° Parmi les employés de 2ᵉ cl. ayant au moins 10 ans de service depuis leur première nomination et porteurs d'un certificat d'aptitude délivré par l'ingénieur en chef. Ce certificat doit, en outre, constater qu'ils ont acquis les connaissances suivantes : Pratique des plans et du nivelle-

ment ; conduite des travaux ; dessin des ouvrages d'art ; — 2° Parmi les candidats déclarés par décision ministérielle admissibles au grade de conducteur auxiliaire, dont il est parlé ci-dessus.

Art. 10. — En cas de négligence dans le service ou d'actes répréhensibles, les punitions encourues par ces agents sont : — 1° La retenue d'une partie ou de la totalité du traitement du mois pendant lequel la faute a été commise ; — 2° L'abaissement d'une classe ; — 3° La révocation. — La retenue du traitement et l'abaissement d'une classe sont prononcés par le préfet, sur le rapport de l'ingénieur en chef. — La révocation est prononcée par le gouverneur général, sur le rapport de l'ingénieur en chef et l'avis du préfet et de l'inspecteur général des travaux civils.

Art. 11. — Les dispositions qui précèdent ne s'appliquent pas aux agents employés momentanément, par suite de circonstances exceptionnelles, soit sur les travaux, soit dans les bureaux des ingénieurs. — L'emploi de ces agents essentiellement temporaires ne peut avoir lieu qu'en vertu d'une décision spéciale du gouverneur général, prise sur l'avis du préfet et de l'inspecteur général des travaux civils, qui règle leur nombre, leur salaire mensuel et le temps pendant lequel ils doivent être employés.

Art. 12. — Les commis comptables, expéditionnaires et dessinateurs actuellement en fonctions seront répartis, à partir du 1ᵉʳ janv. 1868, dans les cinq classes instituées par l'art. 2, d'après le traitement dont ils jouissent aujourd'hui ; des décisions spéciales du gouverneur général fixeront leur nombre et leur classement définitif pour l'année 1868, sur les propositions et avis de l'ingénieur en chef, du préfet, et de l'inspecteur général des travaux civils, conformément aux prescriptions des art. 3, 7, 8 et 9 ci-dessus.

Art. 13. — L'arrêté du 10 mars 1849 (I, 542), relatif à la composition du personnel des bureaux des ingénieurs des ponts et chaussées en Algérie, est rapporté.

BARON DURRIEU.

DI. — 21 déc. 1867-25 janv. 1868. — BG. 256. — *Fixation de traitements.* — *Titre de sous-ingénieurs accordé aux conducteurs principaux* (1.)

---

(1) *Rapport à l'Empereur.* — Sire, l'administration des travaux publics a demandé au budget de 1868 une allocation de 150,000 fr. destinée à augmenter le traitement des conducteurs des ponts et chaussées des trois classes les plus élevées. — Le Conseil d'État et le Corps législatif se sont associés avec empressement à cette demande du gouvernement, et le crédit de 150,000 fr. a été inscrit dans la loi de finances du 31 juil. 1867, avec la destination que je viens de rappeler.

Toutefois, pour que ce crédit puisse être régulièrement employé, il est indispensable, Sire, qu'un décret de V. M. vienne consacrer l'augmentation de traitement à laquelle doit pourvoir le crédit accordé par la loi. C'est à Elle seule, en effet, qu'il appartient de régler les situations hiérarchiques de chaque ordre de fonctionnaires, de déterminer leurs attributions et de fixer leurs traitements.

— J'ai donc préparé le projet ci-joint de décret, portant qu'à dater du 1ᵉʳ janv. 1868, les traitements des conducteurs principaux des ponts et chaussées, et ceux des conducteurs de 1ʳᵉ et de 2ᵐᵉ cl., sont portés respectivement à 2,800 fr., 2,400 fr. et 2,100 fr., et j'ai l'honneur de les soumettre à la sanction de V. M.

Mais, en même temps, Sire, que, par la mesure qui précède, la situation matérielle des conducteurs des Ponts et Chaussées doit recevoir une amélioration, je crois devoir proposer à l'Empereur une autre mesure qui,

en élevant la situation hiérarchique des conducteurs principaux les plus méritants, me paraît de nature à compléter les avantages résultant pour eux de l'augmentation de traitement qui leur est accordée.

Lorsque, tout récemment, j'ai eu à entretenir V. M. des difficultés qui s'étaient opposées jusqu'ici à l'entrée des conducteurs des ponts et chaussées dans le corps des ingénieurs, et que je lui ai proposé l'institution d'une commission spéciale, chargée d'étudier les modifications dont seraient susceptibles les programmes d'examen à subir par les candidats, je lui ai fait remarquer que, depuis déjà de longues années, près de cent conducteurs remplissaient les fonctions d'ingénieurs ; tous sans doute ne réunissent pas les conditions nécessaires pour être admis au grade d'ingénieur et ne seraient probablement pas en mesure de subir avec succès les épreuves réglementaires ; mais on ne peut contester qu'au moins, pour certaines parties du service technique et administratif dont les ingénieurs des ponts et chaussées sont chargés, ils n'aient l'aptitude suffisante, puisqu'ils exercent, en ce qui les concerne, toutes les attributions confiées aux ingénieurs eux-mêmes. Dès lors, il paraît juste de conférer à ceux des conducteurs principaux qui remplissent depuis plusieurs années d'une manière satisfaisante les fonctions d'ingénieur, un titre qui soit mieux en rapport avec la position qu'ils occupent, avec les services qu'ils rendent et l'autorité qu'ils exercent. Je propose à V. M. de dé-

Art. 1. — Les traitements des conducteurs principaux et des conducteurs de 1re et de 2e cl. des ponts et chaussées seront fixés comme il suit, à partir du 1er janv. 1868, savoir : — Conducteurs principaux, 2,800 fr. — Id. de 1re cl. 2,400 fr. — Id. de 2e cl. 2,100 fr.

Art. 2. — Le titre de sous-ingénieur pourra être conféré par des arrêtés de notre ministre de l'agriculture, du commerce et des travaux publics, sur la proposition de l'inspecteur général de la division, aux conducteurs principaux des ponts et chaussées remplissant, depuis cinq ans au moins, les fonctions d'ingénieur.

D1. — 28 déc. 1867-25 janv. 1868. BG. 256. — *Costume officiel des sous-ingénieurs.*

Vu le décr. du 4 oct. 1852, réglant le costume officiel des fonctionnaires, employés et agents dépendant du ministère des travaux publics.

Art. 1. — Le costume officiel des conducteurs principaux des ponts et chaussées auxquels sera conféré le titre de sous-ingénieur, sera celui qui est réglé par le déc. ci-dessus visé pour les élèves ingénieurs des ponts et chaussées.

AG. — 17-25 janv. 1868. — BG. 256. — *Augmentation des traitements et accessoires de traitement des conducteurs en Algérie. — Même règlement pour les conducteurs principaux et conducteurs de 1re et 2e classe, que pour les gardes mines principaux, et gardes mines de 1re et 2e classe.* (V. mines, § 5, ci-dessus, arrêté de la même date.)

Renvois. — V. *Table alphabétique.*

Population. V. Recrutement.
Portefaix. V. Table alphabétique.
Ports (Police des).

La police des ports et des quais a été, dans l'origine, réglementée par un arrêté de l'intendant civil de la régence, en date du 12 sept. 1832 (I, 544.) — Des poursuites exercées en 1868 pour contravention aux dispositions de ce règlement ayant amené la Cour d'appel à statuer sur l'exception d'illégalité qui avait été soulevée, un arrêt du 20 fév. 1868 a déclaré que cet arrêté était légal et obligatoire. — (V. supra, *Législation*, § 2, légalité des arrêtés des intendants civils.)

AG. — 8-23 juill. 1867. — BG. 237. — *Modification à l'art. 5 de l'arr. du 25 mai 1865.* (II, 174.)

Vu le décr. du 16 juill. 1852 (I, 547) ; — L'arr. du 25 mai 1865, portant institution d'un service de pilotage à Oran ;

Art. 1. — L'art. 1 de l'arr. du 25 mai 1865 est modifié ainsi qu'il suit : — « Le nombre des pilotes-lamaneurs attachés aux ports d'Oran et de Mers-el-Kébir est fixé à trois, parmi lesquels le commandant supérieur de la marine désigne un chef-pilote. Il y aura, en outre, un aspirant-pilote. »

Mal DE MAC-MAHON, DUC DE MAGENTA.

AG. — 10 juill.-50 août 1868. — BG. 278. — *Usages commerciaux. — Règlement pour le chargement et le déchargement des navires de commerce dans le port d'Alger.*

Vu le décr. du 20 déc. 1860, sur le gouvernement et la haute administration de l'Algérie ; — Vu l'art. 274 C. Com. ; — Considérant que la place d'Alger ne possède point d'usages fixes, qui puissent être invoqués dans les contestations commerciales auxquelles les opérations de débarquement ou d'embarquement donnent lieu ; — Considérant qu'il y a le plus grand intérêt pour le commerce et la navigation à ce que cette lacune soit comblée, ainsi qu'en témoignent les réclamations nombreuses formées par les négociants de la place et par les capitaines de commerce qui fréquentent le port d'Alger ; — Sur les propositions de la chambre de commerce d'Alger, et sur le rapport de la commission spéciale d'examen instituée par décision du 19 fév. 1868 ; — Le conseil de gouvernement entendu ;

Art. 1. — Lorsque les conventions arrêtées entre les parties n'y auront pas pourvu, les conditions du chargement et du déchargement des navires de commerce dans le port d'Alger, sont fixées ainsi qu'il suit :

Débarquement.

§ 1. — Les déchargements des navires de toute provenance et de tout tonnage, se font par les soins et aux frais des capitaines ; la livraison des marchandises a lieu à quai.

§ 2. — Les quantités de marchandises à débarquer par chaque jour ouvrable, sont fixées ainsi qu'il suit :

Céréales. — Navires de moins de 60 t. : 130 sacs de 1 hect. — Id. de 60 à 100 t. : 200 sacs. — Id. de 101 à 500 t. : 400 sacs. — Id. de plus de 300 t. : 600 sacs.

Bois. — Grumes ou de chêne, 50 m. cubes. — Autres, 40 id.

Vins et spiritueux. — En fûts, 200 hect.

Autres marchandises. — 25 tonn. de 1,000 kil. ou de 1m 44.

Staries.

§ 3. — Les staries courent, à l'arrivée, du lendemain du jour où les capitaines ont fait connaître aux destinataires, par l'entremise de leur courtier, qu'ils sont prêts à débarquer. — Si le connaissement est à ordre, le consignataire devra être prévenu par un avis inséré dans les journaux désignés pour la publication des annonces

---

cider que les conducteurs principaux qui auront rempli pendant une certaine période de temps les fonctions d'ingénieur, pourront recevoir le titre de sous-ingénieur des ponts et chaussées.

Cette mesure ne saurait avoir pour objet de préjudicier à l'application de la loi du 50 nov. 1850, qui a ouvert aux conducteurs l'entrée dans le corps des ingénieurs. Il est désirable qu'un certain nombre puissent y arriver, et les modifications dans les programmes et les conditions d'examen que le Conseil d'État est aujourd'hui saisi doivent leur en faciliter l'accès ; mais on ne saurait se dissimuler que le nombre de ceux qui pourront se présenter pour passer les nouveaux examens ne sera pas, avant plusieurs années, suffisant pour remplir les cadres.

Cependant, Sire, il me paraît à la fois juste et nécessaire de prendre une mesure qui ait un effet immédiat et qui puisse profiter aux conducteurs principaux auxquels l'Administration a cru pouvoir confier les fonctions d'ingénieur, et dont elle apprécie les anciens et utiles services. Cette mesure, qui élèvera la position de quelques-uns, profitera indirectement à tous, et tournera en définitive à l'avantage du service, par l'émulation qu'elle entretiendra parmi les conducteurs.

Le titre de sous-ingénieur ne serait conféré d'ailleurs qu'aux conducteurs principaux qui rempliraient les fonctions d'ingénieur depuis cinq ans au moins, et il ne leur serait donné que sur la proposition des inspecteurs généraux des divisions dans lesquelles ils exercent leurs fonctions.

Le Ministre de l'Agriculture,
du Commerce et des Travaux publics,
De FORCADE.

légales; les staries courent, dans ce cas, du lendemain de la publication.

§ 4. Les jours pendant lesquels le débarquement ne peut s'effectuer par suite de mauvais temps dûment constaté, ne sont pas compris dans les staries. Cette constatation devra être faite, à la requête des parties intéressées, par le directeur du port.

Surestaries.

§ 5. — Les surestaries, ou jours de retard apporté au chargement ou au déchargement de la cargaison par le fait de l'une des parties, donneront lieu au paiement, en faveur de l'autre partie, d'une indemnité de 50 c. par jour et par tonneau de jauge du navire employé. Cette indemnité courra du lendemain du jour où les staries simples, telles qu'elles sont déterminées par le § 6 du présent règlement, auront expiré.

§ 6. — Si les surestaries se prolongent au-delà d'une période égale aux staries primitives, le chiffre d'indemnité sera porté de 50 c. à 75 c. pour tout le temps excédant les premières surestaries.

§ 7. — Les indemnités prévues ci-dessus sont payables par jour et d'avance.

§ 8. — Les retards ne pourront donner lieu à dommages-intérêts de part et d'autre qu'à partir d'une mise en demeure régulière.

§ 9. — Les embarquements sont assujétis à toutes les règles sus-énoncées. Les marchandises à charger seront livrées aux capitaines sur la bordure des quais.

Art. 2. — Les dispositions contenues dans le présent règlement seront applicables, comme usages adoptés pour la place d'Alger, à partir du 1er oct. 1868. — Tous arrêtés et règlements locaux concernant la police du port et des quais, les embarquements et débarquements, sont abrogés en ce qu'ils peuvent avoir de contraire aux règles ci-dessus énoncées.

Art. 3. — Le présent arrêté, inséré au *Bulletin officiel des Actes du gouvernement* et au *Moniteur de l'Algérie*, sera notifié, par les soins de M. le préfet du département, à la Chambre et au Tribunal de commerce d'Alger. Il sera en outre, adressé à toutes les Chambres de commerce des ports de la Métropole et aux représentants, à Alger, des puissances maritimes de l'Europe.

Mal DE MAC-MAHON, DUC DE MAGENTA.

RENVOIS. — V. *Table alphabétique.*

Postes.

DIVISION.

§ 1. — Organisation du service.
§ 2. — Lois postales.

(1) JURISPRUDENCE. — Perte de valeurs déclarées. — Le sieur Clapier avait mis à la poste de Marseille, dans les premiers jours du mois de déc. 1863, une lettre à destination d'Alger, portant une valeur déclarée de 500 fr., ainsi qu'il résultait du bulletin à lui délivré. Cette lettre avait été portée à bord du paquebot l'*Atlas* qui périt en mer. L'action du sieur Clapier en responsabilité contre l'administration des postes ayant été repoussée par jugement du trib. de Marseille, en date du 30 nov. 1864, il se pourvut contre cette décision devant la Cour de cassation, qui a confirmé par les motifs suivants :

Attendu que la responsabilité de l'administration des postes en cas de réclamation a été nettement déterminée par l'art. 3 de la loi du 4 juin 1859; qu'aux termes de cet article l'administration est responsable jusqu'à concurrence de 2,000 fr., et sauf le cas de perte par force majeure, des valeurs insérées dans les lettres et déclarées

§ 1. — ORGANISATION DU SERVICE.

N° 1 — 26 déc. 1868-18 mars 1869. — B.O. 207 — *Fixation des cautionnements des comptables des postes.*

Vu les art. 96 et 97 de la loi du 28 avril 1816; — L'art. 14 de la loi du 8 août 1847, ainsi conçu « Les cautionnements des comptables, dont la « quotité n'est pas déterminée par une loi, seront « fixés, par ordonnance rendue sur le rapport du « ministre compétent de concert avec le ministre « des finances»; Le décr. du 31 oct. 1850, intervenu en vertu de la loi précitée et qui a fixé les cautionnements des divers agents des finances; — Le décr. du 19 mars 1864, qui a eu pour objet de régler spécialement les cautionnements des agents de l'administration des postes; — considérant qu'il y a lieu de fixer les cautionnements des agents en France qu'en Algérie, d'après les bases semblables à celles qui ont servi à déterminer les cautionnements des agents des autres administrations financières.

Art. 1. — Les cautionnements des receveurs des postes dans les départements et en Algérie seront fixés, à l'avenir, d'après le montant total des recettes de toute nature, effectuées pendant l'année qui aura précédé la nomination et dans la proportion de 10 p. 100 jusqu'à 50,000 fr.; — 4 p. 100 sur les 150,000 fr. suivants; — 1 p. 100 sur les 300,000 fr. qui viennent ensuite; — 1/2 p. 100 sur le surplus. — Le minimum de 500 fr. est maintenu pour les cautionnements des bureaux les plus faibles. — Conformément aux dispositions des décr. du 31 oct. 1850 et du 27 nov. 1864, les comptables des postes à Paris continueront à fournir un cautionnement égal à la recette réalisée dans leur bureau pendant trois jours. — Le cautionnement du receveur principal du département de la Seine restera fixé à 75,000 fr.

§ 2. — LOIS POSTALES. (1)

N° 1 — 24 août 1871. — (Non publié au *Bulletin* ni au *Journal officiel*.) — *Augmentation des taxes.*

Art. 1. — La taxe des lettres, du poids de 10 gr. et au-dessous, circulant en France et en Algérie de bureau à bureau est fixé à 25 c. pour les lettres affranchies; — 40 c. pour les lettres non affranchies.

De 10 à 20 gr. inclusivement, cette taxe est élevée à 40 c. pour les lettres affranchies; — 60 c. pour les lettres non affranchies.

De 20 à 50 gr. inclusivement, à 70 c. pour les lettres affranchies; — 1 fr. pour les lettres non affranchies.

A partir de 50 gr., la taxe est augmentée de 50 c. par lettres affranchies; — 75 c. pour les

conformément aux art. 1 et 2; qu'il résulte de là qu'en cas de perte par force majeure, l'administration est exonérée de toute responsabilité, et qu'en l'absence d'expressions limitatives, les mots *force majeure* ne peuvent être pris que dans leur acception ordinaire, et s'entendent dès lors de tout événement qu'on n'a pu ni prévoir ni prévenir, et auquel on n'a pu résister; — d'où il suit qu'en refusant de considérer les mots *force majeure* comme synonymes de vol à main armée, et en déclarant l'administration des postes affranchie de toute responsabilité, à raison de la perte survenue par suite de naufrage, le jugement attaqué, loin d'avoir violé l'art. 3 de la loi de 1859, en a fait une application régulière justifiée par la généralité de ses termes. Cass., 26 déc. 1866. Dalloz, 1867, 1, 28.

(V. *Supra* 1re banque. — Arrêt rendu à l'occasion de la demande en remboursement de billets de banque perdus dans le même naufrage.)

lettres non affranchies pour chaque 50 gr. ou fractions de 50 gr.

Art. 2. — La taxe des lettres du poids de 10 gr. et au-dessous, nées et distribuables dans la circonscription postale du même bureau, Paris excepté, est fixée à 15 c. pour les lettres affranchies; — 25 c. pour les lettres non affranchies.

De 10 à 20 gr. inclusivement, cette taxe est élevée à 25 c. pour les lettres affranchies; — 40 c. pour les lettres non affranchies.

De 20 à 50 gr. inclusivement, à 40 c. pour les lettres affranchies; — 60 c. pour les lettres non affranchies.

A partir de 50 gr., la taxe est augmentée de 25 c. pour les lettres affranchies; — 40 c. pour les lettres non affranchies, pour chaque 50 gr. ou fraction de 50 gr.

Art. 3. — La taxe des lettres de Paris pour Paris, dont l'enceinte des fortifications marque les limites, est fixé, jusqu'à 15 gr. inclusivement, à 15 c. pour les lettres affranchies; — 25 c. pour les lettres non affranchies.

De 15 à 50 gr. exclusivement, cette taxe est élevée à 50 c. pour les lettres affranchies; — 50 c. pour les lettres non affranchies, et ainsi de suite en ajoutant pour chaque 50 gr. ou fractions de 50 gr., 15 c. pour les lettres affranchies; — 25 c. pour les lettres non affranchies.

Art. 4. — En cas d'insuffisance d'affranchissement, la taxe est calculée comme si les lettres n'avaient pas été affranchies, mais il est fait déduction de la valeur des timbres-poste employés.

Art. 5. — Le droit fixe à percevoir sur chaque lettre chargée, en sus du port de la lettre ordinaire, est fixé à 50 c.

Art. 6. — Indépendamment d'un droit fixe de 50 c. et du port de la lettre, suivant son poids, l'expéditeur de valeurs déclarées payera d'avance un droit proportionnel de 20 c. pour chaque 100 fr. ou portion de 100 fr. — La taxe des avis de réception est fixée à 20 c.

Art. 7. — Le port des échantillons de marchandises, des épreuves d'imprimerie corrigées, des papiers de commerce ou d'affaires, placés soit sous bandes mobiles, soit dans des enveloppes non fermées, soit dans des sacs ou boites faciles à ouvrir, est de 30 c. jusqu'à 50 gr. — A partir de 50 gr., il est augmenté de 10 c. par 50 gr. ou fractions de 50 gr. — Sont maintenues, en cas de non affranchissement de ces objets, les dispositions de l'art. 8 de la loi du 25 juin 1856.

Art. 8. — Le droit de poste à percevoir sur les sommes confiées à l'administration, à titre d'articles d'argent, est porté à 2 p. 100.

Art. 9. — Le port des circulaires, prospectus, catalogues, avis divers et prix courants, livres, gravures, lithographies en feuille, brochés et reliés, et en général de tous les imprimés autres que les journaux et ouvrages périodiques, est de 2 c. pour chaque exemplaire du poids de 5 gr. et au-dessous expédié sous bandes. — Le port est augmenté de 1 c. pour chaque 5 gr. ou fraction de 5 gr. excédant. Lorsque le poids des objets spécifiés au présent article dépasse 50 gr. ou lorsque ces objets sont réunis dans un paquet dépassant 50 gr. adressé à un seul destinataire, le port est augmenté de 1 c. par 10 gr. ou fraction de 10 gr. — Sont exceptés les circulaires électorales et bulletins de vote, pour lesquels l'ancien tarif est maintenu.

Art. 10. — Sont maintenues toutes les dispositions des lois concernant le service des postes, auxquelles il n'a pas été dérogé par la présente loi.

Renvois. — V. *Table alphabétique.*

Poudres à feu. V. TABLE ALPHABÉTIQUE.

Poursuites contre fonctionnaires. V. *ibidem.*

Pourvois en cassation. V. *ibidem.*

Préfets—Préfectures. V. *ibidem.*

Prescriptions. V. *ibidem.*

Préséances. V. *ibidem.*

Presse.

AG. — 20 août 1869. — BG. 512. — *Amnistie. — Remise des avertissements donnés jusqu'à ce jour.*

Vu le déc. du 14 août 1869. (V. *Amnistie*); — Considérant que pour donner à ce décret en Algérie l'application généreuse et libérale qu'il comporte, il est juste d'en étendre les effets aux avertissements reçus jusqu'à ce jour par les journaux qui n'ont pas cessé, comme dans la métropole, d'être régis par le décr. du 17 fév. 1852.

Art. 1. — Sont levés les avertissements donnés aux journaux de l'Algérie jusqu'à ce jour.

Mal DE MAC-MAHON, DUC DE MAGENTA.

Décis. G. — 20-26 juin-5 juill. 1870.— BG. 551. — *Délégation partielle aux généraux et aux préfets des attributions concernant la police de la presse.*

Par décis. des 20 et 26 juin dernier, et en vertu de la disposition du décr. du 51 mai précédent (V. *Admin. gén.* § 1), qui place la police de la presse, en Algérie, dans ses attributions, le gouverneur général a délégué aux généraux commandant les provinces et aux préfets, chacun dans sa juridiction respective : — 1° La délivrance des brevets d'imprimeur et de libraire; — 2° Le droit d'autoriser ou d'interdire la vente ou la distribution des journaux et autres écrits sur la voie publique; 5° Le droit d'adresser des communiqués aux journaux.

Le gouverneur général s'est réservé de statuer directement, d'après le rapport et les propositions des mêmes autorités provinciales : — 1° Sur les autorisations demandées pour publication de journaux ou écrits périodiques traitant de matières politiques ou d'économie sociale; — 2° Sur toute autre mesure administrative concernant la presse périodique.

DI. — 15-20 août 1870. — BG. 555. — *Promulgation de la loi du 21 juill. 1870. — Interdiction de rendre compte des opérations militaires.*

Vu la loi du 21 juill. 1870, portant interdiction de rendre compte, par un moyen de publication quelconque, des mouvements de troupes et des opérations militaires sur terre et sur mer.

Art. 1. — La loi susvisée du 21 juill. 1870 est rendue exécutoire en Algérie et y sera promulguée à cet effet.

Loi du 21 juillet 1870.

Art. 1. — Il pourra être interdit de rendre compte, par un moyen de publication quelconque, des mouvements de troupes et des opérations militaires sur terre et sur mer. — Cette interdiction résultera d'un arrêté ministériel inséré au *Journal officiel.*

Art. 2. — Toute infraction à l'art. 1 constituera une contravention et sera punie d'une amende de 5,000 à 10,000 fr. — En cas de récidive, le journal pourra être suspendu pendant un délai qui n'excédera pas six mois.

Art. 3. — La présente loi cessera d'avoir effet si elle n'est pas renouvelée dans le cours de la prochaine session ordinaire.

A. — 19-20 août 1870. — BG. 555. — *Interdiction spéciale en Algérie.*

Vu le décr. du 15 août 1870 et l'art. 1, § 2 de la loi du 21 juill. 1870 qui précèdent; — Notre arr. du 10 août sur la mise de l'Algérie en état de siège.

Art. 1. — A partir de la promulgation du présent arrêté, il est interdit de rendre compte, par un moyen de publication quelconque, des mouvements de troupes et des opérations militaires sur terre et sur mer.

G^{al} baron DURRIEU.

Circ. G. — Même date. — *Instruction aux généraux commandant les provinces sur la mise à exécution de l'arrêté précédent.*

Général, je vous prie de promulguer d'urgence ces divers documents, c'est-à-dire le décret, la loi et mon arrêté, par voie d'affiches qui seront immédiatement apposées dans les diverses localités de la province. — Ce mode de promulgation est autorisé par l'art. 5 du décr. du 27 oct. 1858 (V. *Admin. gén.*, I, 59) qui n'a pas cessé d'être en vigueur. — Il est bien entendu que l'interdiction dont il s'agit ne s'applique pas à la reproduction pure et simple des articles insérés dans les journaux officiels de la métropole ou de l'Algérie, ni aux publications qui auront été préalablement autorisées par l'administration.

G^{al} baron DURRIEU.

D. — (Paris.) — 4 sept. 1870. — (V. *Amnistie.*) — *Amnistie accordée à tous les condamnés pour délits de presse, depuis le 5 déc. 1852 jusqu'au 5 sept. 1870.*

D. — (Paris.) — 5-20 sept. 1870. — BG. 559. — *Abolition du timbre sur les journaux.*

L'impôt du timbre sur les journaux ou autres publications est aboli. Vu, pour promulgation en Algérie. — Alger, le 15 sept. 1870.

G^{al} baron DURRIEU.

D. — (Paris.) — 6 sept. 1870. (Non publié au *Bulletin officiel*).

Vu le décr. du 5 sept. 1870, relatif à l'abolition du timbre sur les journaux et autres publications; — Les ord. du 27 nov. 1816 et 18 janv. 1817, concernant la promulgation des lois,

Art. 1. — La publication du décr. du 5 sept. 1870 susvisé et relatif à l'abolition des droits de timbre sur les journaux et autres publications sera faite conformément aux ord. des 27 nov. 1816 et 18 janv. 1817.

D. — (Tours.) — 27 oct -10 nov. 1870. — BG. 545. — *Attribution au jury de la connaissance des délits politiques et des délits de presse.*

Considérant que le jury est le juge naturel des délits politiques et des délits de presse;

Art. 1. — La connaissance de tous les délits politiques et de tous les délits commis par la voie de la presse appartient exclusivement au jury. — Néanmoins, les délits d'injure et de diffamation envers les particuliers continueront provisoirement à être jugés par les tribunaux correctionnels.

Art. 2. — Le jury statue seul sur les dommages-intérêts réclamés pour faits de délits de presse (1).

Art. 5. — Toute disposition de loi contraire au présent décret est et demeure abrogée.

AD. CRÉMIEUX, L. GAMBETTA, AL. GLAIS-BIZOIN, L. FOURICHON.

D. — (Bordeaux.) — 28 déc. 1870. (V. *Annonces légales*.)

LOI. — 22 avr.-15 mai 1871. — BG. 564. — *Loi sur les délits de presse.*

Art. 1. — La poursuite en matière de délits commis par la voie de la presse ou par les moyens de publication prévus par l'art. 1 de la loi du 17 mai 1819, aura lieu, à partir de la promulgation de la présente loi, conformément au chap. 5, art. 16 à 25 de la loi du 27 juill. 1849, qui est remise en vigueur, sauf les restrictions suivantes (2).

Art. 2. — Les tribunaux correctionnels continueront de connaître : — 1° Des délits commis contre les mœurs, par la publication, l'exposition, la distribution et la mise en vente de dessins, gravures, lithographies, peintures et emblèmes; — 2° Des délits de diffamation et d'injures publiques concernant les particuliers; — 3° Des délits d'injures verbales contre toute personne; — 4° Des infractions purement matérielles aux lois, décrets et règlements sur la presse.

Art. 5. — En cas d'imputation contre les dépositaires ou agents de l'autorité publique, à l'occasion de faits relatifs à leurs fonctions, ou contre toute personne ayant agi dans un caractère public, à l'occasion de ces actes, la preuve de la vérité des faits diffamatoires pourra être faite devant le jury, conformément aux art. 20, 21, 22, 23, 24 et 25 de la loi du 26 mai 1819, qui sont remis en vigueur. — Néanmoins, le droit de citation directe appartiendra également, dans ce cas, au ministère public. Les délais prescrits par la loi de 1819 courront à partir du jour où la citation aura été donnée, et l'affaire ne pourra être portée à l'audience avant l'expiration de ces délais.

Art. 4. — L'action civile résultant des délits à l'occasion desquels la preuve est permise par l'ar-

---

(1) JURISPRUDENCE. — La Cour de cass. a décidé que ce décret n'était pas légalement exécutoire, et que dans tous les cas les dispositions de l'art. 2 auraient été annulées par la loi du 26 avril 1871. Voici le sommaire de cet arrêt : — 1° Aucun texte de loi n'ayant fait revivre la disposition de la loi de 1848 qui attribuait au jury le pouvoir de statuer sur les dommages-intérêts en matière de diffamation envers un fonctionnaire public par la voie de la presse, c'est la Cour d'assises seule qui est compétente aux termes de l'art. 558 C. Instr. Cr. — 2° Le décret du 27 oct. 1870 sur cet objet n'ayant été ni publié ni promulgué dans les termes légaux, ne peut être utilement invoqué; d'ailleurs la loi du 15 avril 1871 sur la presse et sur la compétence l'aurait mis à néant, en attribuant à la Cour la mission de statuer seulement sur le délit, et en laissant implicitement, mais nécessairement et virtuellement à la Cour d'assises, le soin de statuer sur les dommages-intérêts, dans les formes du droit commun, sauf toutefois la disjonction des actions publique et civile qui devront toujours marcher simultanément. —

Cour de cass., 9 déc. 1871, aff. du *Journal de la Somme*. — *Gaz. des Trib.* du 16 déc. 1871.

(2) JURISPRUDENCE. — C'est au jury et non à la Cour d'assises qu'il appartient de statuer sur les circonstances atténuantes en matière de délits de presse. Cela résulte de l'art. 25 de la loi du 27 juill. 1849 qui est remise en vigueur par la loi de 1871, et en outre de ce principe, que lorsque le délit est de la compétence de la Cour d'assises, les circonstances atténuantes doivent être déclarées par le jury. Ce n'est que dans le cas où le fait poursuivi devant le jury, à raison, par exemple, de sa connexité avec un crime, n'est passible que de peines correctionnelles, comme aussi dans le cas où le fait principal dépouillé par le verdict du jury de toute circonstance aggravante est réduit à un simple délit, que le jury se trouve sans qualité pour prononcer sur l'application de l'art. 463 et que ce droit appartient à la Cour d'assises seule. Enfin les motifs qui ont fait déférer au jury la connaissance des délits de presse repoussent au besoin toute autre interprétation. V. Chassan, *Lois de la presse*.

ticle ci-dessus, ne pourra, sauf dans le cas de décès de l'auteur du fait incriminé ou d'amnistie, être poursuivie séparément de l'action publique.

Dans tous les autres cas, elle s'éteindra de plein droit, par le seul fait de l'extinction de cette action.

Art. 5. — L'opposition à l'arrêt par défaut sera recevable jusqu'à l'exécution de cet arrêt, ou jusqu'à ce qu'il résulte d'un acte d'huissier que le condamné a eu personnellement connaissance de l'arrêt depuis trois jours au moins.

Art. 6. — Sont abrogées toutes les dispositions contraires aux articles cités dans l'art. 1, contenues dans tous actes législatifs postérieurs, et notamment dans le décr. du 17 févr. 1852 et la loi du 11 mars 1852.

Circ. M. — 25 avr.-15 mai 1871. — BG. 564. — Instructions aux procureurs généraux sur l'exécution de la loi qui précède.

M. le procureur général, vous recevrez en même temps que cette circulaire, la loi qui vient de rendre au jury la connaissance des délits commis par la voie de la presse et par les autres moyens de publication qu'énumère la loi du 17 mai 1819. L'Assemblée nationale est ainsi revenue aux traditions libérales qui ont fait, pendant plus de 80 ans, l'honneur de la tribune française. La conscience publique, représentée par un jury, appréciera, dans leur infinie variété, les manifestations d'opinion que la liberté de chacun pourra produire; elle saura discerner le degré de perversité que ces manifestations peuvent faire supposer et les dangers qu'elles peuvent faire courir.

A côté du principe général, que la loi consacre, elle a admis des exceptions, dont les motifs sont trop évidents pour qu'il soit nécessaire de les développer. Les tribunaux correctionnels n'auront plus à connaître que des infractions matérielles aux règlements qui forment la discipline de la presse, ou des contestations que des sentiments violemment ou imprudemment exprimés, peuvent faire naître entre particuliers.

La magistrature permanente se trouvera ainsi placée en dehors des luttes politiques et rendue à l'observation impartiale des intérêts de toute nature qui s'agitent autour d'elle, à la recherche indépendante et consciencieuse du droit de chacun, garantie à la fois de tout entraînement de parti et de tout soupçon de partialité. — Au surplus, la loi actuelle fait revivre en grande partie celle du 27 juill. 1849, qui n'est pas restée une lettre morte, qui a été exécutée pendant deux ans et demi, jusqu'à l'attentat du 2 déc. 1851; qui a été interprétée par la Cour de cassation dans celles de ses dispositions qui auraient pu présenter quelque obscurité.

Si les délits de la presse sont soumis à d'autres juges que les crimes et délits ordinaires, vous seul, M. le procureur général, êtes chargé, par vous et par vos substituts, de poursuivre la répression des uns et des autres. Mais, il faut en convenir, l'accomplissement de ce devoir est d'une extrême délicatesse; la limite n'est pas toujours facile à déterminer entre la simple erreur et la pensée coupable, entre l'écrivain qui n'a pas la conscience du mal qu'il fait et celui qui recherche avidement le scandale qu'il va produire.

Vous aurez même souvent à vous demander s'il n'est pas plus sage de dédaigner que de poursuivre. Vous connaissez les lois en vigueur sur la presse; vous vous pénétrerez des sentiments libéraux qui, à 50 ans de distance, ont été communs aux législateurs de 1819 et de 1849; en laissant la presse libre, vous défendrez contre ses attaques tout ce qu'ils ont voulu faire respecter.

Mais chaque époque est mise en présence de dangers qui lui sont propres; je vous signale tout particulièrement ceux du temps où nous vivons. Il se trouve en ce moment des écrivains qui déshonorent leurs plumes par les plus honteuses apostasies et les entreprises les plus violentes contre les principes essentiels de tout ordre social. Ils ont longtemps et vivement demandé le suffrage universel, et ils outragent aujourd'hui, sans relâche, une assemblée qui en est incontestablement l'expression la plus libre et la plus certaine.

A les en croire, elle serait agressive, provocante, avide de nouvelles révolutions, quoiqu'ils sachent bien que, depuis le jour où elle a nommé provisoirement le plus illustre de ses membres chef du pouvoir exécutif de la République française, elle n'a pas fait un pas rétrograde; mais en revanche, tout en prodiguant sans cesse le grand nom de la Liberté dont ils sont devenus les adorateurs, ils se font, par toute la France, les apologistes effrontés d'une dictature usurpée par des étrangers ou des repris de justice, qui a inauguré son règne par l'assassinat, qui le signale tous les jours par l'arrestation des bons citoyens, le bris des presses, le pillage des établissements publics, le vol avec effraction, de nuit et à main armée, chez les particuliers, l'incarcération des prêtres, l'enlèvement et la réduction en lingots des vases sacrés.

Oui, la force matérielle qui s'est constituée dans Paris sous le nom de Commune, pour commettre de si abominables excès, trouve des apologistes qui deviendraient bientôt ses imitateurs si elle triomphait. — Ce ne sont pas les ennemis d'un gouvernement quelconque, mais de toute société humaine; vous ne devez pas hésiter à les poursuivre. — Et ne vous laissez pas arrêter lorsque, dans un langage plus modéré en apparence, sans être moins dangereux, ils se font les apôtres d'une coalisation à laquelle ils ne croient pas eux-mêmes; mettent sur la même ligne l'Assemblée issue du suffrage universel et la prétendue Commune de Paris, reprochant à la première de n'avoir pas accordé à Paris ses droits municipaux bien que, pour la première fois, l'Assemblée nationale ait donné spontanément à cette grande ville tous les droits de représentation et d'administration dont jouissent les autres communes de France ; enfin, suppliant la France de tendre sa noble main à la main tachée de sang que ses ennemis n'oseraient lui présenter.

Pour être plus hypocrite, ce langage n'est pas moins coupable. Il énerve le sentiment du juste et de l'injuste ; il habitue à considérer de même œil l'ordre légal et l'insurrection, le pouvoir créé par le vœu de la France et la dictature qui s'est imposée par le crime et régné par la terreur.

La promulgation de cette nouvelle loi vous impose, M. le procureur général, une tâche laborieuse ; je serai toujours prêt à la partager avec vous. Nous avons été pendant de longs mois les témoins attristés de tous les maux que la guerre étrangère peut verser sur un pays; dans la guerre civile que de grands coupables cherchent malheureusement à allumer, notre rôle doit être plus actif, notre intervention personnelle est un devoir plus impérieux; vous et moi, nous saurons le remplir.

Le garde des sceaux, ministre de la justice,
J. DUFAURE.

Arr. — 19-20 août 1871. — BG. 570. — Cautionnement des journaux. — Promulgation de la loi du 6 juill. 1871 avec modification pour l'Algérie.

Vu la loi du 6 juill. 1871, qui a rétabli le cautionnement pour tous les journaux politiques, sans exception, et pour les journaux et écrits périodiques, non politiques, paraissant plus d'une fois

par semaine; — Vu le décr. du 14 mars 1855
(I, 560), sur le régime de la presse en Algérie;

Art. 1. — Sont remises en vigueur les dispositions de l'art. 1 du décr. du 14 mars 1855, relatives
au cautionnement des journaux publiés en Algérie, et ainsi conçues : « Le taux du cautionnement demeure fixé, conformément à l'art. 1 de la
loi du 16 juill. 1850, à 5,600 fr., pour les journaux ou écrits périodiques, publiés en Algérie, et
paraissant plus de cinq fois par semaine. — Il sera
réduit à moitié de cette somme pour les journaux
ou écrits périodiques paraissant cinq fois par semaine seulement, ou à des intervalles plus éloignés.»

Art. 2. — Seront exécutés et promulgués en Algérie les art. 4 et suivants de la loi du 6 juill.
1871.

Vu pour être promulgué en Algérie. — Alger,
le 28 août 1871.

Le gouverneur général civil de l'Algérie,
V.-amil COMTE DE GUEYDON.

Loi du 6 juillet 1871.

Art. 4. — Le cautionnement sera affecté par
privilège au payement des frais, des dommages-
intérêts et amendes auxquels les propriétaires,
gérants ou auteurs des articles incriminés pourront
être condamnés. — Le prélèvement s'opérera dans
l'ordre indiqué par le présent article. — Il pourra,
en tout ou en partie, être grevé du privilège de
second ordre au profit des bailleurs de fonds qui
auront rempli les conditions exigées en pareil cas.
— Demeurent, en conséquence, abrogées les dispositions des lois antérieures qui assujettissaient
le propriétaire et le gérant du journal à posséder
en propre une partie du cautionnement.

Art. 5. — Tout journal ou écrit périodique qui
aura encouru dans la personne de son gérant, ou
dans celle de l'auteur d'un article incriminé, une
condamnation à l'amende et à des réparations civiles affectant son cautionnement, sera tenu de
satisfaire à ces condamnations dans un délai de
quinzaine, à partir du jour où elles seront devenues définitives, ou de cesser sa publication, qu'il
ne pourra reprendre qu'après avoir justifié de la
complète libération de son cautionnement.

Art. 6. — Demeurent en vigueur, sans modification, les dispositions de la loi du 11 mai 1868,
relatives à la déclaration préalable et au dépôt.

Art. 7. — Toute infraction aux dispositions des
art. 3, 5, 5 et 6 de la présente loi sera punie d'une
amende de 100 à 200 fr. et d'un emprisonnement
de six jours à six mois. Celui qui aura publié le
journal ou écrit périodique, et l'imprimeur, seront
solidairement responsables des amendes. —
L'art. 463 C. P. pourra, dans tous les cas, être
appliqué.

Art. 8. — Il est accordé aux propriétaires de
journaux ou écrits périodiques existant actuellement sans cautionnement, un délai de deux mois
pour se conformer aux dispositions de la présente
loi.

Loi du 11 mai 1868.

Art. 2. — Aucun journal ou écrit périodique ne
peut être publié s'il n'a été fait, à Paris, à la préfecture de police, et, dans les départements, à la
préfecture, et quinze jours au moins avant la publication, une déclaration contenant : — 1° Le

titre du journal ou écrit périodique et les époques
auxquelles il doit paraître; — 2° Le nom, la demeure et les droits des propriétaires autres que
les commanditaires; — 3° Le nom et la demeure
du gérant; — 4° L'indication de l'imprimerie où
il doit être imprimé. — Toute mutation dans les
conditions ci-dessus énumérées est déclarée dans
les quinze jours qui la suivent. — Toute contravention aux dispositions du présent article est punie des peines portées dans l'art. 5 du décr. du
17 févr. 1852.

Art. 7. — Au moment de la publication de
chaque feuille ou livraison du journal ou écrit périodique, il sera remis à la préfecture pour les
chefs-lieux de département, à la sous-préfecture
pour ceux d'arrondissement, et, pour les autres
villes, à la mairie, deux exemplaires signés du
gérant responsable ou de l'un d'eux, s'il y a plusieurs gérants responsables. — Pareil dépôt sera
fait au parquet du procureur impérial ou à la
mairie, dans les villes où il n'y a pas de tribunal
de première instance. — Ces exemplaires sont
dispensés du droit de timbre.

Décis. P. — (Publiée sans date au *Journal officiel de la République*, du 26 déc. 1871.) —
31 déc. 1871 — BU. 596. — *Publication et
reproduction de nouvelles fausses.*

Rapport au président de la République. —
M. le Président. — Aux termes de la législation
existante, la publication ou la reproduction de
nouvelles fausses, par la voie de la presse, constitue un délit, même lorsqu'elle a lieu de bonne
foi. — Mais il y aurait souvent une rigueur ex-
cessive à provoquer l'application de la loi, sans
avoir mis les délinquants en mesure d'en éviter
les sévérités; et lorsque la publication a été faite
de bonne foi et n'a d'autre cause que l'erreur ou
l'imprudence, il semble qu'on doit se borner à
faire ou à demander une rectification qui réta-
blisse la vérité des faits présentés au public d'une
manière inexacte ou incomplète.

J'ai donc l'honneur de vous proposer, M. le
Président, de décider qu'à l'avenir l'administration publiera, selon les cas, dans le *Journal officiel*, ou adressera aux journaux les rectifications qui paraîtront utiles. — L'insertion ne serait, dans aucun cas, exigée; mais le journal qui
aurait opposé un refus à la demande de rectification, serait évidemment mal venu à exciper de sa
bonne foi devant le tribunal auquel il pourrait
être ultérieurement déféré. — Je crois qu'en
exerçant ce contrôle avec discernement et sincérité, sans s'astreindre, bien entendu, à démentir
tout fait inexact et sans que le silence puisse jamais être pris pour une acceptation, l'administration acquerrait le droit de se montrer plus sévère
envers les publications faites de mauvaise foi ou
jugées de nature à troubler la paix publique.

Le ministre de l'intérieur,
CASIMIR PÉRIER.

Approuvé.
THIERS.

LOI. — 12 févr. 1872. — (Non publiée en Algérie.) — *Publicité des procès pour délits de
presse* (1.)

Art. unique. — Est abrogé le § 1 de l'art.
17 du décr. du 17 févr. 1852, qui interdit de rendre
compte des procès pour délits de presse.

(1) Sous l'empire des lois antérieures qui attribuaient
au jury la connaissance des délits de presse, la publicité
des débats était de droit, et c'est le décr. de 1852 qui
seul a apporté à ce régime une modification profonde.
Du moment où l'on rétablit le jury en matière de
presse, il est nécessaire, il est indispensable de rétablir,
par voie de conséquence, la publicité des débats. Aucun

doute, aucun dissentiment ne peuvent s'élever à ce sujet.
C'est pourquoi, messieurs, nous vous demandons de déclarer l'urgence pour la proposition actuellement soumise
à la discussion. (Rapport à l'Assemblée nationale, qui a
prononcé la déclaration d'urgence et adopté, sans discussion, la proposition de loi.)

Renvois. — V. *Table alphabétique.*

Prestations. V. TABLE ALPHABÉTIQUE.

Prêt à intérêt. V. *ibidem.*

Prévoyance. V. *ibidem.*

Primes. V. TABLE ALPHABÉTIQUE.

Prises sur l'ennemi. V. *ibidem.*

Prisons.

DIVISION.

§ 1. — Règlements généraux.
§ 2. — Commissions de surveillance.

§ 1. — RÈGLEMENTS GÉNÉRAUX.

AG. — 22-28 janv. 1867. — BG. 215. — *Création d'un emploi d'interprète à la maison centrale de l'Harrach.*

Art. 1. — Il est créé, pour le service de la maison centrale de l'Harrach, un emploi d'interprète pour la langue arabe. — Cet agent remplira, en outre, les fonctions d'instituteur, et devra prêter son concours pour l'expédition des écritures, toutes les fois qu'il en sera requis par le directeur. — Sa capacité pour ces diverses attributions sera constatée préalablement à sa nomination. — Son traitement est fixé à 1,200 fr. par an.

Mᵃˡ DE MAC-MAHON, DUC DE MAGENTA.

AG. — 14 août-29 déc. 1867. — BG. 255. — *Constitution des maisons centrales de force et de correction.*

Vu les décr. des 10 déc. 1860 et 7 juill. 1864 (V. *admin. gén.* II, 4 et 9), sur le gouvernement général et la haute administration de l'Algérie; — Le Code pénal, art. 16, 21, 40 et 41; — Le décr. du 16 juin 1808, sur les maisons centrales; — Le décr. du 25 fév. 1852, art. 4, relatif au travail dans les prisons; — L'arr. du 9 juill. 1855 (I, 567), portant institution de la maison centrale dite de l'Harrach; — Les travaux et propositions de la commission spéciale instituée par notre arr. du 22 juin 1867 (non publié).

Art. 1. — Les individus condamnés par les tribunaux criminels de l'Algérie à la réclusion et à l'emprisonnement, les condamnés par voie de police correctionnelle à plus d'un an d'emprisonnement, seront détenus, sans distinction de nationalité, dans les maisons de force et de correction ci-après désignées : — Hommes : maison centrale de l'Harrach, près Alger, dép. d'Alger; Maison centrale de Lambèse, près Batna, dép. de Constantine. — Femmes : maison centrale dite du Lazaret, à Alger.

Art. 2. — Dans chacun des établissements ci-dessus désignés, des emplacements distincts et séparés seront réservés, autant que possible, aux condamnés correctionnels.

Art. 3. — Les condamnés détenus dans les maisons centrales seront assujettis, ainsi que le prescrit la loi pénale, à l'obligation du travail. — Les condamnés qui ne seront pas employés directement par l'administration, pourront l'être à des travaux d'industrie privée, en vertu de traités passés par voie d'adjudication publique ou de gré à gré. — Les cahiers des charges et marchés passés avec des particuliers, pour le travail des détenus, devront être approuvés par nous.

Art. 4. — A défaut d'ateliers ou de locaux suffisants pour occuper tous les détenus valides dans l'enceinte de la prison, une partie de ces détenus (hommes) pourra être détachée par groupe sur des chantiers extérieurs, dans les conditions déterminées par l'art. 4 du décr. du 25 fév. 1852. — Un règlement spécial, soumis à notre approbation, déterminera les conditions d'organisation, d'installation et de surveillance des chantiers extérieurs.

Art. 5. — Les règlements du régime intérieur et disciplinaires des maisons de force et de correction ci-dessus désignées, ainsi que ceux des maisons d'arrêt et de justice de l'Algérie, seront révisés et soumis à notre approbation.

Art. 6. — L'arrêté ministériel du 9 juill. 1855, sus visé, est abrogé.

Mᵃˡ DE MAC-MAHON, DUC DE MAGENTA.

AG. — 12 mai 1868. — (V. *Jeunes détenus.*) — *Fondation d'une colonie agricole et pénitentiaire. — Autorisation.*

AG. — 26 nov. 1867-15 juill. 1868. — BG. 275. — *Fixation des classes et traitements des gardiens-chefs dans les prisons d'arrondissement.*

Vu le décr. du 12 août 1856, portant organisation du personnel des maisons d'arrêt, de justice et de correction de France; — L'arr. du 15 mars 1862 (II, 177), sur les maisons d'arrêt, de justice et de correction d'Alger, d'Oran et de Constantine.

Art. 1. — Les maisons d'arrêt, de justice et de correction situées aux chefs-lieux de préfecture sont administrées par des directeurs; celles des arrondissements par des gardiens-chefs. — Les premiers sont nommés par le gouverneur général; les seconds, par les préfets, qui nomment également les gardiens ordinaires et autres agents d'administration et de surveillance; il sera rendu compte de ces nominations au gouverneur général.

Art. 2. — Les traitements des gardiens-chefs chargés de l'administration des maisons d'arrêt, de justice et de correction des arrondissements, sont fixés ainsi qu'il suit : 1ʳᵉ cl., 1,500 fr. — 2ᵉ cl., 1,200 fr. — Ces dispositions seront appliquées à partir du 1ᵉʳ janv. 1868.

Mᵃˡ DE MAC-MAHON, DUC DE MAGENTA.

AG. — 15 oct.-31 déc. 1869. — BG. 317. — *Modification dans le personnel de service de la maison centrale de Lambèse.*

Vu l'arr. du 15 mars 1862 (II, 177); — L'arr. du 11 mai 1867 (non publié au *Bulletin officiel*.)

Art. 1. — L'emploi de sous-directeur de la maison de Lambèse est supprimé. — L'arr. du 11 mai 1867 est abrogé.

Art. 2. — Il est créé, dans le même établissement, un second emploi d'inspecteur; le traitement attribué au titulaire de cet emploi est fixé à 2,000 fr., conformément à l'arr. du 15 mars 1862, précité. — La mesure n'aura son effet qu'à partir du 1ᵉʳ janv. 1870.

Mᵃˡ DE MAC-MAHON, DUC DE MAGENTA.

AG. — 31 janv.-4 mars 1870. — BG. 322. — *Création d'une 1ʳᵉ classe pour l'emploi d'inspecteur des maisons centrales.*

Art. 1. — Il est créé, pour l'emploi d'inspecteur près les maisons centrales de force et de correction de l'Algérie, une classe supérieure, dont le traitement est fixé à 2,400 fr. — Nul ne pourra être promu à la classe supérieure qu'après 5 ans au moins d'exercice dans la classe inférieure.

Gᵃˡ BARON DURRIEU.

§ 2. — COMMISSIONS DE SURVEILLANCE.
(I, 567. II, 178.)

Renvois. — V. *Table alphabétique.*

Prisonniers de guerre. V. TABLE ALPHABÉTIQUE.

Procédure administrative. V.
CONSEILS DE PRÉFECTURE.

Procédure judiciaire (1).

LOI. — 15 août 1870. — (V. *Effets de commerce*) *Prorogation d'échéances renouvelées successivement par autres décrets et lois jusqu'au mois de juillet 1871.*

---

(1) JURISPRUDENCE. — *Ord.* du 16 avril 1843. — Art. 3. — Signification à domicile élu ou à mandataire : — 1° La notification de l'acte d'appel au domicile réel ou au domicile élu est facultative en Algérie. — Elle est régulière et valable lorsqu'elle est faite au défenseur en l'étude duquel domicile a été élu dans la signification du jugement attaqué. — *Cour d'Alger*, jurisprudence constante. V. *Jurisprudence de la Cour d'Alger*, 1834-1831, par M. de Ménerville, v° *Appel*, p. 29. — Derniers arrêts conformes, 7 janv. et 16 mars 1868, 14 déc. 1869. — Robe, 1868, p. 23 et 108; 1869, p. 276.

2° Mandataire. — Le pouvoir donné au mandataire, chargé d'obtenir le payement d'une créance, d'assigner et défendre devant tous tribunaux et cours compétents, d'obtenir tous jugements et arrêts, les faire mettre à exécution, s'en désister, interjeter appel, etc., doit être considéré comme renfermant le mandat spécial et formel de défendre à l'appel du jugement de condamnation et exigé par l'art. 3 de l'ordonnance. — *Cass.*, 19 janv. 1859, ch. civ. — Dallos, 1859, 1. 63, Michel C. Harrani.

3° Mandataire. — L'art. 3 de l'ordonnance n'a imposé aucune forme sacramentelle au mandat qu'il exige. La personne indiquée dans un acte extrajudiciaire comme le mandataire du requérant, peut donc recevoir l'assignation adressée à ce dernier, par celui qui a été l'objet de la signification. Ce mandat peut, d'ailleurs, comme le mandat ordinaire, être ratifié soit expressément, soit implicitement et tacitement par des actes émanés de celui qui le nie et prouvant au contraire qu'il a eu connaissance de tous les actes de la procédure et n'a excipé d'aucun moyen de nullité. — *Cour d'Alger*, 25 juin 1860, comte Clary C. Housse. — Robe, 1860, p. 202.

4° Mandataire. — En admettant que le mandat puisse être verbal, et que par conséquent il soit possible, d'après les circonstances, de le prouver par témoins, il faut que cette preuve soit directe, spéciale et formelle. Elle ne saurait résulter d'inductions vagues et générales, ni de l'intervention plus ou moins active du prétendu mandataire, après le défenseur du prétendu mandant. — *Cour d'Alger*, 3 déc. 1860, Remy C. Hamida. — Robe, 1860, p. 506.

5° Mandataire. — La nullité du mandat ne peut être couverte que par le fait personnel du prétendu mandataire qui aurait formé opposition au jugement par défaut rendu sur l'assignation à lui signifiée, aurait fait plaider au nom du prétendu mandant, et laissé rendre un jugement le déboutant de son opposition. Ces actes non autorisés ne peuvent engager ce dernier. Cette nullité peut être invoquée même lorsqu'il s'agit, comme dans l'espèce, d'un ajournement aux fins de déclaration d'une faillite qui aurait pu être prononcée par les juges sur simple requête et même d'office. Du moment que l'on procédait par voie ordinaire d'ajournement on était astreint à observer toutes les formalités prescrites par la loi. — *Cour d'Alger*, 4 mars 1861, Blondeau de Combas. — Robe, 1861, p. 60.

(V. les arrêts déjà cités, I, 362.)

Même ordonnance. — Art. 4. — Domicile inconnu. — Cet article s'applique aux significations de jugements aussi bien qu'aux citations en justice. En conséquence, la signification d'un jugement faite à une personne dont le domicile et la résidence sont inconnus, conformément, non pas à cet article, mais à l'art. 69, § 8 du Code de Procédure de la métropole, qui ne régit l'Algérie que dans les points non réglés par l'ord. de 1843, est nulle et ne peut faire courir le délai d'appel. — *Cour d'Alger*, 26 fév. 1866, Ricca C. Majorel, non résolu par l'arr. de cass. du 22 janv. 1868. — Dallor, 1868, 1. 109, intervenu sur le pourvoi et qui a déclaré que même d'après le Code de Procédure la signification était nulle, la résidence à l'étranger de la partie à laquelle elle était adres-

---

D. — (*Paris*). — 9 sept. 1870. (Non publié au *Bulletin officiel*) *Suspension des prescriptions, péremptions et délais en matière civile.*

Art. 1. — Toutes prescriptions et péremptions en matière civile, tous les délais impartis pour attaquer ou signifier les décisions des tribunaux judiciaires ou administratifs, sont suspendus pen-

---

sée, étant connue de l'auteur de cette signification.

Même ordonnance. — Art. 11 et 13. — Matières sommaires. — Enquêtes. — 1° *Cour d'Alger*, 11 oct. 1852 (V. I, 569).

2° Enquête devant un seul juge. — Aux termes des art. 11 et 13 de l'ordonnance, les enquêtes sont soumises aux prescriptions des articles 407 et suiv. du Code de Procédure et non à celles des art. 252 et suiv. du même Code. Si par exception le tribunal commet un seul juge, il ne peut en résulter en principe aucune atteinte à la règle générale et absolue posée par l'art. 11 de l'ord. Il s'agit d'un simple mode de procéder, contre lequel la partie a le droit de s'élever en attaquant le jugement, et le faisant réformer sur ce point, mais elle peut également l'accepter sans protestation. Dans ce dernier cas, l'enquête ne cesse pas d'être sommaire, et dès lors les formalités et déchéances des art. 278, 279 et 280 relatives aux délais et demandes de prorogation des enquêtes ordinaires, lesquelles ne sont point rappelées dans l'art. 413, ne sont point applicables. Les juges ont, par suite, toute faculté de déterminer à quel moment l'enquête doit être réputée close et d'accorder toutes prorogations jugées utiles. — *Cour d'Alger*, 18 juill. 1862, Narboni C. Fabus.

3° Même question. — L'art. 11 de l'ordonnance n'exclut pas pour les juges le droit d'ordonner qu'une enquête s'effectuera dans les formes édictées pour les affaires ordinaires. — Spécialement, il peut y avoir avantage et économie de frais à procéder ainsi lorsque, en cas d'incendie, il importe que l'enquête se fasse sur les lieux du sinistre, et par un magistrat ayant mission de contrôler sur place les dires des témoins touchant la distance entre le point d'où ils ont aperçu le feu et celui où il a commencé, et de procéder également sur place à la constatation des dommages qui en ont été le résultat. — *Cour d'Alger*, 16 mars 1868, chemin de fer C. Mohammed. — Robe, 1868, p. 115.

4° Même question. — Les prescriptions des art. 11 et 13 ne sont pas tellement rigoureuses et absolues qu'il ne soit permis aux tribunaux d'y déroger dans certains cas où la nature de l'affaire et les difficultés que présenterait l'audition des témoins à l'audience recommanderaient de préférence l'application de la procédure suivie en matière ordinaire; mais ce sont là des cas exceptionnels qui ne sauraient dispenser de se conformer aux prescriptions précitées, toutes les fois que des circonstances particulières ne les autorisent pas à s'en écarter, — et attendu, en fait, que l'enquête ordonnée dans la cause porte sur des faits qui se sont passés à Alger, dont les témoins peu nombreux sont à Alger, — d'où il suit que loin qu'il y ait eu là des raisons particulières de déroger aux dispositions de l'ordonnance, tout, au contraire, recommandait l'application de la procédure à la fois plus prompte et moins dispendieuse qu'elles édictent, — Réforme la décision des premiers juges, ordonne que l'enquête aura lieu à l'audience — renvoie, etc. — *Cour d'Alger*, 9 mai 1868, Sintès C Mayoux. — Robe, 1868, p. 116.

5° Même question. — En admettant que l'enquête reçue par un juge commis soit irrégulière, cette irrégularité peut être couverte, soit par l'assignation donnée par la partie qui l'invoque, devant le juge désigné par le président, soit par la citation de témoins à sa requête, soit enfin par sa présence à l'enquête, lors même que des réserves ont été à ce moment par elle formulées, ces réserves ne pouvant prévaloir sur le fait même de l'acquiescement à la procédure, résultant de sa présence et de sa coopération à l'enquête. — *Cour d'Alger*, 2 juin 1871. — Robe, 1871, p. 160.

(Cette jurisprudence indécise de la Cour d'Alger, et s'appuyant sur des motifs très-contestables en droit, s'explique par la répugnance légitime qu'éprouvent les

dant toute la durée de la guerre; — 1° Au profit
de ceux qui résident dans un département investi

où occupé par l'ennemi; alors même que l'occupation ne s'étendrait pas à tout le département. —

corps judiciaires à occasionner aux parties des frais onéreux d'arrêt et de procédure nouvelle, lorsqu'en définitive
on doit arriver à peu près au même résultat, et surtout
lorsque l'enquête ayant déjà eu lieu, ce résultat est déjà
connu et peut-être apprécié. Ainsi, dans l'espèce relatée
au n° 4, où il n'avait pas encore été procédé à l'enquête,
la Cour n'a pas hésité à informer et à ordonner qu'elle
aurait lieu à l'audience. — La Cour de cassation, qui
applique strictement la loi en dehors de toute autre considération à, sur cette règle de droit, une jurisprudence
radicale et en considère l'inobservation comme constituant
une nullité d'ordre public, ainsi qu'il résulte des deux
arrêts suivants).

1° — Attendu que lorsqu'il y a lieu à enquête en matière sommaire les témoins doivent être entendus à l'audience; que cette disposition, qui a pour objet d'assurer
la prompte expédition des affaires et de réduire les frais,
est d'ordre public; que, néanmoins et dans l'espèce, le
tribunal, quoique la matière fût sommaire, a ordonné que
l'enquête qu'il prescrivait aurait lieu devant un juge-
commissaire; qu'il a ainsi formellement violé l'art. 407.
— Casse. — Cass., ch. civ., 1er août 1832. Dallos,
1832, 1, 542.

2° — Attendu que la disposition de l'art. 407, qui a
pour objet d'assurer la prompte expédition des affaires et
de réduire les frais tient à l'ordre des juridictions, et à
ce titre, emporte, quoique la peine de nullité n'y soit pas
énoncée, la nullité du jugement qui y a contrevenu, ainsi
que de l'enquête qui a été faite en exécution de ce jugement
et des décisions qui peuvent avoir été la suite de ce jugement et de cette enquête; — attendu que les significations
par acte d'avoué à avoué que se sont faites respectivement,
les parties pouvaient d'autant moins emporter l'approbation du jugement de la part du demandeur en cassation,
qu'il y réservait de se pourvoir en cassation; — attendu
que si comparution à l'enquête n'ayant eu lieu que postérieurement à sa déclaration de pourvoi et sous la réserve
formellement exprimée des effets de ce pourvoi, ladite
comparution ne peut être un motif de rejeter, soit par fin
de non recevoir, soit à tout autre titre, ledit pourvoi;
et attendu que le tribunal, quoique la matière fût sommaire, a ordonné que l'enquête qu'il prescrivait aurait
lieu devant un juge-commissaire, et a ainsi expressément
violé l'art. 407. — Casse — Cass., 23 juin 1865, ch.
civ. — Dallos, 1865, 1, 310.

Même ordonnance. — art. 16. — Délai d'appel augmenté du délai des distances prescrit pour les ajournements.

1° — V. les arrêts insérés au 2e vol., p. 179.

2° — Réciprocité en fait de délais. — Attendu que la
disposition de l'art. 1033 C. Pr., en vertu de laquelle les
délais fixés pour les ajournements, etc., sont augmentés à
raison des distances, est générale; attendu que ce délai
est accordé non-seulement aux personnes à qui les actes
sont adressés, mais aussi à celles qui sont tenues de faire
et délivrer ces actes dans un délai déterminé, lequel ne
peut réellement courir qu'en ayant égard aux distances,
sans acception desquelles il y aurait impossibilité d'agir.
— Cass., 22 août 1864. — Dallos, 1864, I, 356. —
(Décision conforme ce principe. Cour d'Alger, 22 nov.
1864, II, 178.)

3° — En Algérie, le délai d'appel contre les jugements
contradictoires est d'un mois (ord. 26 sept. 1842, art. 56)
lorsque les intimés habitent l'Algérie, et de deux mois, y
compris le délai de distance (loi du 5 mai 1862, art. 8,
qui a remplacé les dispositions de l'ord. du 16 avril 1843,
art. 16, et de la loi postérieure du 11 juin 1859), lorsqu'ils habitent la France continentale. — Cette législation
n'est pas modifiée par l'art. 2 de la loi de 1869, qui impose aux personnes demeurant hors de France continentale, outre le délai ordinaire de deux mois, le délai des
ajournements organisé par l'art 75 nouveau Code de Pr.,
dont le bénéfice n'est pas applicable par réciprocité à
ceux qui précède. — Cass., 3 juillet 1867, ch. civ. Rejet
du pourvoi formé contre l'arrêt de la Cour d'Alger du
25 oct. 1865 (II, 179).

4° — Considérant en fait que le jugement a été signifié
à Besson au son domicile réel le 27 mars 1867; et que l'acte

d'appel est du 1er juin suivant. — Considérant en droit
que Douillot étant domicilié en France, il faut rechercher
quel était le délai imparti à Besson pour former son appel.
— Qu'aux termes de l'art. 56 de l'ord. du 26 sept. 1842,
le délai d'appel en Algérie, est d'un mois à partir de la
signification du jugement à personne ou domicile; que le
délai supplémentaire à raison des distances, fixé d'abord
par l'art. 16 de l'ord. du 16 avr. 1843 et porté plus tard
d'une manière fixe, à deux mois par la loi du 11 juin
1859, a été en dernier lieu réduit à un mois par l'art. 8
de la loi du 5 mai 1862 qui abroge expressément quant à
l'Algérie, la loi du 11 juin 1859. — Qu'il suit de là que
l'appel de Besson formé seulement deux mois et cinq jours
après la signification du jugement, n'est pas recevable.
— Cour d'Alger, 29 juill. 1867, Besson C. Douillot.

5° — Jugé de même que l'appelant domicilié en France
a pour interjeter appel d'un jugement rendu par les tribunaux de l'Algérie, outre le délai de trente jours fixé par
l'ord. de 1843, un second délai de trente jours pour la
traversée maritime. — Cour d'Alger, Lacos C. Bordenave.
— Robe, 1866, p. 77.

6° — Jugé de même que la loi du 5 mai 1862 est applicable à l'Algérie, mais seulement au cas expressément
prévu par la loi, sans modification d'une manière générale de l'art. 16 de l'ord. de 1843 en ce qui concerne le
délai ordinaire d'appel. — Cour d'Alger, 29 déc. 1869.
— Celle C. Celle. — Robe, 1870, p. 47.

7° — Délai de distances en matière criminelle et correctionnelle. — L'art. 70 de l'ord. du 26 sept. 1842,
portant que les délais pour les ajournements à comparaître
devant les tribunaux et pour la notification de tous actes,
seront augmentés de trente jours à l'égard des personnes
domiciliées en Algérie, dans l'arrondissement d'un autre
tribunal, n'a reçu aucune atteinte du décret du 15 déc.
1856 sur l'organisation de la Cour d'Alger (I, 599), et
n'a pas été abrogé par l'ord. du 16 avr. 1843 (art. 6 et
16), qui remplace le délai fixe de trente jours, en matière
civile et commerciale, par un délai proportionnel d'un
jour par chaque myriamètre, il n'a donc point cessé d'être
en vigueur dans les matières criminelles et correctionnelles, et est dès lors applicable à la signification de
l'opposition formée à un arrêt correctionnel par défaut. —
Cass., 27 janv. 1870, ch. crim. — Robe, 1871, p. 169.

8° — Jugement en matière de faillite. — Délai d'appel. — Délai des distances. — Attendu que l'art. 16 de
l'ord. de 1843 n'a en rien modifié le délai spécial de
15 jours fixé pour l'appel des jugements rendus en matière de faillite, que ce même article renvoie pour le délai
de distance à l'art. 6, qui fixe un jour par chaque myriamètre de distance par terre, entre le tribunal devant
lequel la citation est donnée, et la résidence en Algérie
de la partie citée. — Attendu qu'en fait l'appelant est
domicilié à Batna où le jugement lui a été signifié, et
que le domicile de l'intimé est à Constantine (distance
12 myr.). — Attendu qu'en matière d'appel, il ne faut
pas confondre le délai dans lequel la loi a renfermé l'exercice de ce droit à peine de déchéance, avec l'ajournement
ou assignation que doit contenir l'exploit au moyen duquel
il est exercé; assignation dont le délai doit être augmenté
dans le seul intérêt de l'intimé à raison de la distance
entre le domicile dudit intimé et le lieu où siège le tribunal ou la Cour, tandis qu'en ce qui concerne le délai
même d'appel, il ne peut être augmenté qu'à raison de la
distance qui sépare le domicile de l'appelant de celui de
l'intimé auquel l'appel est notifié. — Que dans l'espèce
la notification de l'acte d'appel ne comportait donc qu'un
délai total de 27 jours. — Cour d'Alger, 7 janv. 1871.
— Arnaud C. Baisson.

Même ordonnance. — Art. 19. — Caution judicatum
solvi. — V. Traités, notes de jurisp.

Décret du 13 oct. 1855. — Instances domaniales (I, 575).

1° — Mémoire préalable. — Le mémoire préalable avec
production de pièces et conclusions, prescrit par le décret ne
peut être remplacé par des équivalents, par exemple, des
conclusions motivées, signifiées contradictoirement et par
l'État et par le demandeur, sur le fond du litige. — L'accomplissement de la même formalité est obligatoire pour
tout intervenant, fût-il un bénéficiaire ayant le même in-

2° Au profit de ceux dont l'action doit être exercée dans ce même département contre les personnes qui y résident.

Art. 2. — A dater de la cessation de l'occupation, un nouveau délai égal au délai ordinaire courra au profit des personnes qui se trouveront dans le cas de l'art. précédent.

D. — (Paris). — 5 oct. 1870. (Non publié au *Bulletin officiel*). *Extension des dispositions du décr. précédent.*

Considérant que la prolongation de l'état de guerre rend nécessaire l'extension des dispositions du décr. du 9 sept. 1870, relatif aux prescriptions et aux péremptions en matière civile;—Considérant en outre que des doutes se sont élevés sur la portée de ces dispositions, et qu'il importe, en conséquence, d'interpréter et de compléter ledit décret,

Art. 1. — La suspension des prescriptions et péremptions en matière civile, pendant la durée de la guerre, s'applique aux inscriptions hypothécaires, à leur renouvellement, aux transcriptions et généralement à tous les actes qui, d'après la loi, doivent être accomplis dans un délai déterminé.

Art. 2. — La prorogation de délai dont il est parlé dans l'art. 2 du même décr. ne s'applique qu'aux différents actes de recours devant les tribunaux judiciaires ou administratifs. — Quant aux autres actes, il est accordé, à dater de la cessation de la guerre, un délai égal à celui qui restait à courir au moment où elle a été déclarée.

Art. 3. — Le présent décr. est étendu à tous les départements de la France, ainsi qu'à l'Algérie et aux colonies, mais seulement pour les actes qui doivent être faits en France et réciproquement.

D. — (Tours). — 2 nov.-5 déc. 1870. — BG. 516. — *Suspension des procédures de saisie immobilière et de folle enchère (rapporté par la loi du 26 mai 1871. V. infra).*

Considérant que le gouvernement doit venir en aide aux souffrances de la propriété immobilière, et aux immenses difficultés que les circonstances opposent à la libération des débiteurs par hypothèques; qu'il y a justice et nécessité à surseoir à toutes ventes judiciaires, soit qu'elles soient poursuivies par un créancier, soit que la loi elle-même les ait prescrites, si dans ces derniers cas une partie intéressée y forme opposition.

Art. 1. — A compter du jour de la promulgation du présent décr., il sera provisoirement sursis à toutes procédures de saisie immobilière et de folle-enchère, même à celles qui sont actuellement en cours, la procédure de surenchère commencée pouvant néanmoins être conduite à fin.

Art. 2. — Les délais impartis au tit. 12, liv. 5, 1re partie du C. de Pr. civ., pour remplir les différentes formalités de la procédure de saisie immobilière, sont en conséquence suspendus, sans qu'il soit besoin d'aucun jugement.

Art. 3. — Néanmoins, si le créancier saisissant,

la partie saisie et tous les créanciers hypothécaires sont d'accord pour qu'il soit procédé à l'adjudication sur saisie, à la folle-enchère, à la licitation d'un immeuble, la procédure suivra son cours, et le consentement de toutes les parties sera constaté, soit par le jugement de publication, soit par le jugement d'adjudication.

Art. 4. — En matière de vente de biens de failli après union, les tribunaux pourront ordonner le sursis à la vente, sur la demande soit de tout créancier hypothécaire, soit de tout créancier chirographaire, pourvu que sa créance ait été vérifiée et admise, soit même du failli.

Art. 5. — Tous les incidents auxquels donneront lieu les demandes à fin de sursis, formées en vertu du présent décr., seront instruits et jugés sommairement. — Les jugements qui statueront sur lesdites demandes ne seront pas susceptibles d'appel.

Art. 6. — Le présent décr. sera publié et promulgué conformément aux ord. des 27. nov. 1816 et 18 janv. 1817.

Ad. Crémieux, L. Gambetta, Glais-Bizoin, L. Fourichon.

D. — (Tours). — 14 nov.-30 janv. 1871. — BG. 551. — *Interdiction de toutes poursuites pour dettes contre les mères, les femmes ou les veuves de militaires pendant la durée de la guerre.*

Pendant la durée de la guerre, la mère veuve qui a son fils ou des fils sous les drapeaux, la femme dont le mari est sous les drapeaux, la mère veuve qui a perdu un de ses enfants au service de la patrie, la femme dont le mari a succombé en combattant ou par suite de ses blessures, ne peuvent être soumises à aucun acte de poursuite pour paiement soit des dettes du mari, qu'elles auraient cautionnées, soit pour dettes solidaires entre elle et son mari, soit pour dettes des enfants dont elle serait héritière, soit pour ses propres dettes; le mobilier garnissant son habitation, soit qu'il lui appartienne, soit qu'il appartienne au mari ou aux enfants, ne peut être saisi.

Ad. Crémieux, L. Gambetta, Glais-Bizoin, L. Fourichon.

D. — (Bordeaux). — 14-31 déc. 1870. — BG. 551. — *Mode de suppléer à l'autorisation maritale et à la puissance paternelle pendant la durée de la guerre.*

Art. 1. — La femme mariée qui sera dans l'impossibilité dûment constatée d'obtenir l'autorisation maritale, par suite de la guerre, se pourvoira de l'autorisation de justice, conformément à l'art. 865 C. Pr. Civ.

Art. 2. — Si elle est éloignée de son domicile par le fait de la guerre et sans communication possible, elle présentera sa requête au président du tribunal du lieu de sa résidence, lequel aura compétence pour apprécier sa demande.

Art. 3. — La mère exercera provisoirement la puissance paternelle, à défaut du père empêché par la cause ci-dessus; elle s'adressera, pour les

_____

térêt et concluant aux mêmes fins et par les mêmes moyens, s'il n'a pas figuré dans le mémoire préalable — *Cour d'Alger*, 12 nov. 1862, Marchés. — Robe, 1862, p. 275. — Confirmé par arrêt de *Cass.* du 13 juin 1864.

2° — L'instance relative à l'expropriation d'un immeuble faite dans l'intérêt du génie militaire, est une instance domaniale rentrant dans le service des domaines; par suite, si le receveur des domaines refuse de recevoir un appel signifié dans cette instance au préfet, il commet une faute qui tombe sous l'application de l'art. 1030 C.

Pr. — La notification faite, par suite de ce refus, au domicile du commandant du génie militaire est inconsistante nulle. Mais cette nullité ayant son point de départ dans un fait indépendant de la volonté de la partie et uniquement imputable à l'agent de l'administration, c'est le cas d'user de la faculté accordée aux tribunaux par les ord. des 10 août 1854, 28 fév. 1841 et 26 sept. 1842 de l'admettre à ne rejeter nonobstant toutes dispositions des lois. — *Cour d'Alger*, 7 déc. 1860. — Robe, 1860, p. 232.

actes sujets à l'autorisation de justice, soit au tribunal du lieu de son domicile, soit à celui du lieu de sa résidence, suivant les distinctions qui précèdent.

Art. 4. — Si la femme veuve ou la femme qui n'est pas en puissance de mari, veut émanciper son enfant mineur, elle fera sa déclaration devant le juge de paix de son domicile ou de sa résidence, suivant les mêmes distinctions.

Art. 5. — La même compétence est attribuée, en matière de tutelle et de curatelle, au tribunal et au juge de paix de la résidence momentanée du tuteur, du curateur ou du mineur, d'après le droit commun.

Art. 6. — Le présent décret ne sera applicable que dans les cas d'urgence reconnus par la justice, et seulement pendant la durée de la guerre.

Ad. Crémieux, Glais-Bizoin,
L. Fourichon.

LOI. — 22 avr.-15 mai 1871. — BG. 564. —
Liquidations judiciaires.—Concordats amiables.

Art. 1.—Les suspensions ou cessations de payement survenus depuis le 10 juil. 1870 ou qui surviendront jusqu'au 30 sept. 1871, bien que régies par les dispositions du liv. III du C. de Com., ne recevront la qualification de faillite et n'entraîneront les incapacités attachées à la qualité de failli que dans le cas où le tribunal de commerce refuserait d'homologuer le concordat ou, en l'homologuant, ne déclarerait pas le débiteur affranchi de cette qualification.

Art. 2. — Le tribunal de commerce aura la faculté, si un arrangement amiable est déjà intervenu entre le débiteur et la moitié en nombre de ses créanciers représentant les trois quarts en somme, de dispenser le débiteur de l'apposition des scellés et de l'inventaire judiciaire. — Dans ce cas, le débiteur conservera l'administration de ses affaires et procédera à leur liquidation, concurremment avec les syndics régulièrement nommés et sous la surveillance d'un juge-commissaire commis par le tribunal, mais sans pouvoir créer de nouvelles dettes. — Les dispositions du C. de Com. relatives à la vérification des créances, aux concordats, aux opérations qui les précèdent et qui les suivent, et aux conséquences de la faillite, dont le débiteur n'est pas affranchi par l'art. 1 de la présente loi, continueront de recevoir leur application.

Art. 3. — La présente loi est applicable à l'Algérie.

LOI. — 26 mai-10 juin 1871. — BG. 566. —
Abrogation du décret du 2 nov. 1870 sur les poursuites de saisies immobilières.

Art. 1. — Le décr. du 2 nov. 1870, rendu par la délégation du gouvernement de la défense nationale, concernant les saisies immobilières, la folle-enchère et toutes les ventes judiciaires d'immeubles, est et demeure abrogé.

Art. 2. — En conséquence, tous les délais qui avaient été provisoirement suspendus par l'art. 2 dudit décr., reprendront leur cours à partir du 1er juin 1871 inclusivement; toutes les procédures en cours seront complétées, en tenant compte des actes faits et des portions de délais écoulées au jour de leur suspension.

Art. 3. — Les sommations prescrites par les art. 691 et suiv. C. Pr. Civ., qui auraient été faites antérieurement au décr. précité et qui n'auraient pas été suivies des lecture et publication prescrites par les art. 694 et 695, seront faites à nouveau dans la huitaine, à partir du 1er juin 1871, à l'effet de notifier le jour de la publication du cahier des charges. — Cette publication aura lieu huit jours au plus tôt et quinze jours au plus tard, à partir de la date des nouvelles sommations. — Lors des lecture et publication du cahier des charges, les tribunaux sont autorisés, sur la demande de l'un des intéressés, à étendre jusqu'au maximum de quatre mois le délai qui doit s'écouler entre la publication et l'adjudication, et même jusqu'à six mois dans le département de la Seine et dans les arrondissements occupés par les troupes allemandes en vertu des stipulations du traité des préliminaires de paix. — Cette faculté cessera à partir du 1er janv. 1872.

Art. 4. — Dans les cas où la procédure n'a été suspendue que postérieurement au jugement qui fixe le jour de l'adjudication, il sera, s'il y a lieu, procédé, par jugement nouveau, à la fixation dudit jour, à la suite d'une simple sommation d'être présent audit jugement, signifiée à la requête du poursuivant aux personnes indiquées par l'art. 691 et les §§ 1 et 2 de l'art. 692 du C. de Pr. Civ. — Les insertions et affiches seront renouvelées dans les formes et délais prescrits par les art. 696 et s., 735 et s., 958 et s. du même code, selon qu'il s'agira de saisie immobilière, folle-enchère ou vente de biens de mineurs, de faillis ou de licitation. — Les dispositions de l'art. 5 ci-dessus, concernant la faculté laissée aux tribunaux d'étendre le délai pour l'adjudication, seront applicables dans ce cas, s'il n'en a pas été déjà fait usage dans la même procédure.

Art. 5. — Jusqu'au 1er janv. 1872, les tribunaux pourront, nonobstant les dispositions de l'art. 757 du C. Pr. Civ., accorder sur la demande de tous intéressés, un sursis qui ne dépassera pas deux mois, selon les circonstances.

Art. 6. — La présente loi ne porte pas préjudice aux dispositions de l'art. 705 du C. Pr. Civ.

Art. 7. — Les jugements, significations et affiches dont le renouvellement est nécessité par les dispositions de la présente loi, seront visés pour timbre et enregistrés gratis.

Promulgation.

Depuis la publication du 2e volume du Dictionnaire en 1866, la jurisprudence de la Cour de cassation s'est affirmée de nouveau sur la question de promulgation des lois et décrets en Algérie avec une autorité qui ne permet plus aucune controverse. Les principes qu'elle a adoptés sur cette matière et qui avaient été posés et soutenus depuis 1860, aux 1er et 2e volumes, sont ainsi exposés dans un réquisitoire prononcé d'office et dans l'intérêt de la loi, par M. le procureur général près la Cour de cassation, sur lequel est intervenu l'arr. du 5 janv. 1871 inséré en note (1).

« Le décr. du 2 oct. 1870 qui a créé des cours
« martiales pour réprimer les crimes et délits

(1) Jurisprudence. — Attendu qu'aux termes de l'art. 1 du Code civil, les lois ne sont exécutoires qu'en vertu de la promulgation qui en a été faite; — Attendu que s'il est de principe que les lois générales de la métropole ont été dans la mesure des mœurs et des habi-

tudes locales, rendues applicables à l'Algérie par le fait seul de la conquête, il est également certain que les lois postérieures n'ont pas été de plano appliquées au pays conquis et ont dû être l'objet d'une promulgation spéciale, à moins qu'elles ne renfermassent que de simples

« commis par les militaires en campagne, était-il
« ou n'était-il pas applicable en Algérie. Il est
« certain, en fait, qu'il n'y a été l'objet d'aucune
« promulgation. Or, il s'agit de savoir si cette
« promulgation était nécessaire, ou si la promul-
« gation de la métropole a suffi pour rendre le
« décret exécutoire de plein droit dans cette co-
« lonie.

« Voici les principes qu'il importe de rappe-
« ler et que la jurisprudence des trois chambres
« a consacrés. — D'une part, la conquête rend
« applicable de plein droit aux pays conquis la
« législation de la métropole dans la mesure où
« les mœurs et les circonstances le permettent.
« — D'autre part, les lois postérieures à la con-
« quête pouvant n'avoir en vue que les besoins
« de la métropole, et les colonies étant soumises,
« partiellement au moins, au régime des ordon-
« nances et des décrets, la nécessité d'une pro-
« mulgation spéciale a été reconnue, excepté
« quand la loi nouvelle n'est qu'une simple mo-
« dification à une loi antérieurement appliquée.

« C'est sous l'empire de cette double règle que
« l'ord. du 22 juill. 1834 (I, 7), reconnaissant
« l'accomplissement de la conquête en Algérie, a
« rendu exécutoire dans ce pays l'ensemble de
« la législation antérieure dans la mesure possi-
« ble (la plupart des Codes font partie de cet en-
« semble), tandis que le principe d'une promul-
« gation spéciale a prévalu pour les lois posté-
« rieures à cette époque, qui ne sont pas de pures
« modifications à ces Codes, comme, par exem-
« ple, la loi du 3 mai 1844 sur la chasse, celle
« du 27 mars 1851 sur la répression de certaines
« fraudes commerciales, etc. — La nature des
« choses commandait cette solution, les lois
« sont l'expression des mœurs de chaque pays,
« et les mœurs de la métropole et des colonies
« ne sont pas en général semblables. Aussi, alors
« même que les colonies ont été soustraites au
« régime des décrets pour être soumises à celui
« des lois, le législateur a-t-il reconnu pour elles
« la nécessité d'une législation spéciale; c'est ce
« qui résulte de textes nombreux, notamment de
« l'art. 75 de la Charte de 1830 et de l'art. 109
« de la Constitution du 4 nov. 1848, ce dernier
« article portant que le territoire de l'Algérie et
« des colonies, déclaré territoire français, sera
« cependant régi par des lois particulières.

« Aucune difficulté ne se présente quand le
« législateur a expressément déclaré sa volonté
« de rendre une loi applicable à l'Algérie comme
« à la métropole; lorsque, au contraire, il a
« gardé le silence, la promulgation de la loi met
« sur la trace de sa volonté, car la loi ne devient
« exécutoire que par la promulgation, c'est-à-dire
« l'ordre de l'exécuter (art. 1, C. civ.). — Cet
« ordre a-t-il été général? La loi n'est rendue
« exécutoire que dans le territoire de la métro-
« pole. A-t-il été en outre spécial? Elle devient
« également exécutoire en Algérie. Or, cette pro-

« mulgation spéciale, qui consistait dans l'inser-
« tion de la loi au *Bulletin officiel* de la colo-
« nie, n'a pas eu lieu dans l'espèce; il en résulte
« que le décr. du 2 oct. dernier n'a pas pu être
« exécuté en Algérie, puisqu'il n'y avait pas été
« rendu exécutoire. »

M. le procureur général constate que ce décret
ne saurait être assimilé à une de ces modifications
qui s'incorporent à une loi antérieurement appliquée, dont elles forment désormais partie et sont
par là même dispensées d'une promulgation spéciale. Passant ensuite à l'examen de deux autres
questions, il continue ainsi :

« Quant à la décision de M. le ministre de la
« guerre, en date du 14 oct., qui aurait rendu le
« décret dont il s'agit applicable à l'Algérie, et
« qui se trouve visée en tête du procès-verbal de
« la séance sans être jointe au dossier, elle ne
« saurait remplacer la promulgation prescrite par
« la loi, et réglée par (1) l'arrêté du gouverneur
« général de l'Algérie, en date du 14 janv. 1861,
« art. 1 (II, 184), en vertu des pouvoirs dont le
« législateur l'avait investi (ord. du 22 juill. 1834).
« Elle explique la réunion de la Cour martiale,
« mais ne saurait avoir pour effet de la justifier
« au point de vue de la légalité. Aucune lettre
« ministérielle, aucune instruction générale
« adressée aux autorités algériennes, dit M. le
« ministre de la justice, ne pouvait remplacer la
« condition essentielle de la promulgation.

« On ne saurait rien induire contre cette com-
« binaison des divers décrets d'assimilation de
« l'Algérie à la métropole, rendus le 24 oct., der-
« nier; car chacun de ces décrets est limité par
« son objet même; l'un règle pour l'avenir l'or-
« ganisation politique et administrative de cette
« importante possession; l'autre fait découler de
« l'assimilation du régime politique et administra-
« tif de l'Algérie à celui de la métropole, l'assi-
« milation de leurs institutions judiciaires en y
« organisant le jury, etc.

« Le principe de l'assimilation posé par le
« gouvernement de la défense nationale ne sau-
« rait donc avoir pour effet d'entraîner l'applica-
« tion *de plano* en Algérie de toute loi antérieure
« qui n'y aurait pas été régulièrement promul-
« guée, puisque le législateur a pris soin de dé-
« créter lui-même les premières conséquences qu'il
« croyait devoir déduire de ce principe. Aussi
« rend-il journellement des décrets dont les uns
« sont déclarés applicables et les autres non-ap-
« plicables à l'Algérie, convaincu sans doute que
« l'assimilation absolue ne sera que l'effet du
« temps et du progrès de la colonisation. Ce qui
« est vrai des lois générales dont l'objet est du-
« rable et permanent, l'est *à fortiori* d'une loi
« d'exception et nécessairement transitoire dont
« l'effet doit être restreint aux lieux comme aux
« circonstances qui l'ont motivée. »

Résumons, avec citation des textes à l'appui,
la doctrine de la Cour de cassation sur cette ma-

---

modifications à la législation antérieure et déjà appliquée.

Attendu que le décr. du 2 oct. 1870 constitutif des
cours martiales n'a pas été promulgué en Algérie suivant le mode réglé par la loi.... Cassé dans l'intérêt de
la loi la sentence de la Cour martiale de Mascara en date

du 17 nov. dernier. — *Cass.*, 5 janv. 1871, ch. crim.
— *Dalloz*, 71. 1. 65.

(1) Il eût été plus exact de dire : par l'art. 1er du
décr. du 27 oct. 1858 (I, 37), dont l'arrêté de 1861
n'est que la conséquence et la reproduction.

tière et les règles par elles posées et qui doivent être suivies :

1° *Lois antérieures au 22 juill. 1834.* — Les lois générales de la métropole deviennent, par le fait seul de la conquête, applicables au pays conquis, dans la mesure compatible avec les mœurs et les circonstances locales, de temps et de lieu, soit au point de vue de l'intérêt politique ou administratif, soit à celui de la protection de la personne ou des intérêts des Français, soit lorsqu'une des institutions de la mère patrie y est introduite. Une promulgation ne deviendrait nécessaire que si le gouvernement entendait restreindre le droit général ou y apporter des modifications. Ce principe a, d'ailleurs, été sanctionné par les actes du pouvoir législatif ou exécutif en Algérie. Ainsi un arrêté du 22 oct. 1830, en instituant une Cour de justice, l'autorisait, par son art. 6, à appliquer les lois françaises. Les ord. des 22 juill., 10 août 1834 et 26 sept. 1842 ont maintenu cette disposition.

Cette doctrine est consacrée par cinq arrêts de la Cour de cassation, en date des 4 févr. 1863, ch. des req., 17 août et 17 nov. 1863, ch. crim. (insérés, II, 181), 15 juill. 1868 (1), et 5 janv. 1871 (*Suprà*, en note). — La Cour d'Alger a statué de même au fond par quatre arrêts, en date des 11 avr. 1830 (I, 593), 19 mars 1861 (II, 182), 11 mai et 1er juill. 1871 (2) ; mais les deux premiers arrêts s'appuient seulement sur un motif d'intérêt général qui sera ci-après l'objet d'observations particulières, parce que, dans sa généralité, il pourrait s'appliquer également aux lois postérieures à 1834.

Contrà. — Une seule décision fait exception à cette jurisprudence, c'est l'arr. du 5 oct. 1857 rendu sur le pourvoi du capitaine Doineau, et dans lequel la Cour de cassation, ch. crim., décide que l'art. 75 de la Constitution de l'an VIII, invoqué par l'armée, n'est pas applicable par le motif qu'il n'a pas été promulgué en Algérie. — Cette décision isolée était en opposition avec la jurisprudence du Conseil d'État qui avait toujours été appelé à accorder ou refuser l'autorisation de poursuite contre les fonctionnaires algériens (V. *Admin. gén.*, I, 18, note). — La Chambre des requêtes et la Chambre civile de la même Cour jugeaient, au contraire, sur la même question, que « la garantie de l'art. 75 est inhérente à la nature même des fonctions, qu'elle suit le fonctionnaire partout où il remplit ses fonctions, et où il exerce une autorité émanant du gouverne-

ment, et que, d'ailleurs, ce principe a été introduit dans la législation algérienne par les art. 65 de l'ord. du 15 avr. 1845, et 8 du décr. du 10 déc. 1860. — Arr. du 5 avr. 1860, aff. Sens, et Coll. Dalloz, 1866 (I, 176). » La Chambre criminelle elle-même a complètement abandonné sa première doctrine en adoptant un principe contraire dans trois des arrêts précités.

2° *Lois postérieures à 1834*, qui n'ont eu pour objet que de modifier ou abroger une loi préexistante et déjà exécutoire en Algérie. — La Cour d'Alger n'a jamais hésité à déclarer que ces lois étaient exécutoires de plein droit, sans promulgation spéciale, parce qu'elles faisaient corps avec la loi préexistante, en étaient partie intégrante et inséparable, et devaient recevoir la même application. — Ainsi jugé par arrêts des 28 févr. 1844, relativement à l'art. 4 de la loi du 21 mai 1834 modifiant l'art. 314, C. Pén. ; 15 janv. 1857, 7 oct. 1859, 21 janv. 1861, relativement à la loi du 25 juin 1850 qui supprime l'arbitrage forcé ; 30 juill. 1861, relativement à la loi de 1838 sur les faillites ; 4 oct. 1861 (trib. d'Alger), relativement à la loi du 2 mai 1854 sur la contrainte par corps ; 25 oct. 1865, relativement à l'art. 8 de la loi du 3 mai 1860 sur les délais de procédure (V. *Promulgation*, II, 183, note). La Cour, par application du même principe, a également déclaré applicables sans promulgation les articles d'un traité international qui se rattachent d'une manière directe à des dispositions de nos Codes civil et de procédure civile (arr. du 7 déc. 1870, aff. Marincowich. V. *infrà*, *Traités*, note).

La cour de cassation a pleinement confirmé cette jurisprudence par son arrêt précité du 17 août 1865, relativement à la loi du 15 mai 1863, modifiant l'art. 322, C. Pén.

3° *Lois postérieures à 1834.* — L'ord. du 22 juill. 1834 a posé en Algérie ce principe qui, d'ailleurs, régit toutes les colonies, qu'une promulgation spéciale serait nécessaire pour les lois postérieures à cette date. Les motifs de cette règle législative sont rapportés dans notre article *Promulgation* (II, 183) ; il en ressort également des arrêts de la Cour de cassation et constituent un principe de droit public. — Ainsi jugé ; *Cass.*, 17 nov. 1849 ; au sujet de la loi de 1844 sur la chasse (I, 576). — 1er déc. 1863, au sujet de la loi du 29 avr. 1845 sur les irrigations (II, 183) ; — 5 janv. 1871, au sujet du décr. du 9 oct. 1850 sur les Cours martiales (*suprà*) ; — *Cour d'Alger*,

---

(1) JURISPRUDENCE. — Attendu que la conquête et l'occupation permanente de l'Algérie, devenue territoire français, y ont, virtuellement et de plein droit, rendu exécutoires les lois d'ordre général précédemment existantes en France, dans la mesure où ces lois pouvaient recevoir application sur le sol algérien. — Attendu que la loi du 14 floréal an XI, relative au curage des rivières non navigables et à l'entretien des digues et ouvrages d'art qui y correspondent, a été appliquée en Algérie pour l'exécution de ces travaux ; que cette loi, notamment dans la disposition où elle s'occupe du recouvrement des frais occasionnés par lesdits travaux, intéresse l'ordre public et les finances de l'État ; qu'elle est ainsi devenue sans promulgation locale exécutoire en Algérie. — casse le jugement du tribunal civil d'Alger, qui a déclaré qu'aucun texte de loi n'attribuait de privilège au Trésor. — *Cass.*, 15 juill. 1868, ch. civ. — Dalloz, 1868, I, 375. — Robé, 1868, p. 350.

(2) JURISPRUDENCE. — 1° Considérant que les lois des 15 et 16 floréal an X, qui autorisent l'État à vendre les immeubles dont il est copropriétaire par indivis avec un tiers sans le consentement de ce tiers, sont, par leur nature même, des mesures administratives inhérentes à l'institution du domaine de l'État, et le suivent même en l'absence de toute promulgation, partout où son action peut avoir à s'exercer, sans qu'une distinction soit possible entre l'ancien territoire de la France et les territoires qui depuis pourraient y être annexés. — *Cour d'Alger*, 11 mai 1871 (V. suprà *Domaine*, § 1, note).

2° Considérant que la loi du 5 messidor an III qui prohibe la vente de grains en vert et pendant par racines est une loi d'ordre général et que, par cela même qu'elle est d'ordre public, elle est devenue de droit exécutoire en Algérie. — *Cour d'Alger*, 1er juill. 1871. — Robé, 1871, p. 454.

20 mai 1864, au sujet du décr. du 10 mai 1862 sur la pêche (II, 569).

Lorsque le législateur a voulu qu'il en fût autrement, il l'a exprimé par une disposition formelle ; c'est ainsi que, par décr. du 25 févr. 1851 (I, 504), il a été ordonné, par exception, que toutes les lois et décrets rendus en matière de douanes seraient applicables de plein droit en Algérie sans promulgation spéciale.

La jurisprudence de la Cour d'Alger sur cette troisième question présente des hésitations qu'il est utile de signaler. — Dans un arrêt du 11 avr. 1850 (I, 593), elle déclare, sans distinction et d'une manière absolue, que les lois d'intérêt général qui régissent la France sont de plein droit applicables à l'Algérie, à moins que le droit exceptionnel de l'Algérie ait restreint ou modifié la loi générale. — Dans un 2e arrêt du 22 fév. 1851 (ibid.), elle décide qu'il en est de même des lois pénales de la métropole qui intéressent l'ordre et la sûreté publique. — Enfin, dans son arrêt précité du 19 mars 1851, elle reproduit la même doctrine relativement aux lois d'intérêt général. — Dans aucun de ses arrêts, excepté dans celui du 20 mai 1864, elle ne prend pour règle de ses décisions les distinctions si nettement formulées par la Cour de cassation.

On remarquera d'abord que ces expressions — lois d'intérêt général — sont au fond sans portée juridique en cette matière ; jamais la Cour de cassation ne s'en est servie dans aucun de ses nombreux arrêts, malgré le caractère péremptoire qui semblerait devoir s'y attacher ; c'est qu'en effet toutes les lois qui régissent la personne ou les propriétés soit de l'universalité des citoyens, soit d'une fraction d'entre eux, sont des lois d'intérêt général. Il est bien évident qu'il ne peut être question des lois d'intérêt privé qui, n'intéressant qu'une personne ou une localité dénommée, ou prescrivant une mesure administrative spéciale, déterminée et temporaire, sont nécessairement restreintes, dans leur application, à cette personne, à cette localité ou à cette mesure. Cette distinction n'a pas besoin d'être exprimée, elle ne peut donner lieu à aucune discussion ni être le principe d'aucun argument ou moyen de droit, relativement à la question dont il s'agit.

Le principe tiré de l'ord. du 22 juill. 1834, si explicitement formulé dans le réquisitoire et l'arrêt de cassation du 5 janv. 1871, est une base de décision autrement sérieuse, puisque l'art. 4 de cette ordonnance porte — « jusqu'à ce qu'il en soit autrement ordonné, les possessions françaises dans le nord de l'Afrique seront régies par nos ordonnances, » — et que cette règle, loin d'avoir été abrogée, a été maintenue par l'art. 109 de la constitution du 4 nov. 1848 (I, 25). Une ordonnance spéciale ou un décret sont donc nécessaires pour qu'une mesure législative édictée pour la France soit exécutoire en Algérie avec ou sans modification : sauf le cas, il n'est pas besoin de le dire, où la loi étant spécialement faite pour l'Algérie, ou mentionnant dans un de ses articles qu'elle y sera applicable, elle n'est soumise qu'aux simples formalités réglementaires de promulgation.

L'arrêt du 20 mai 1864 est le seul qui se range sans réserve, à la doctrine de la Cour de cassation, en décidant que les lois et décrets rendus en France doivent être spécialement promulgués en Algérie pour y devenir exécutoires. Or, il s'agissait, dans cette affaire, du décret du 10 mai 1862 sur la pêche, qui était aussi bien d'intérêt général que les lois sur les droits d'auteurs, ou sur les redevances dues aux théâtres subventionnés, qui avaient motivé les décisions des 11 avril 1850 et 19 mars 1851. Ces deux lois étant d'ailleurs antérieures à 1834, les deux décisions étaient justes au fond, le motif sur lequel elles se basaient pouvait seul être critiqué.

Dans l'arrêt du 22 février 1851, il s'agissait au contraire de la loi de 1848 sur les sociétés secrètes, rendue applicable à l'Algérie par un arrêté du chef du pouvoir exécutif en date du 28 nov. 1848, qui en reproduisait textuellement les termes. Les prévenus soutenaient : 1° que si on invoquait contre eux la loi de France, elle était inapplicable faute de promulgation en Algérie ; 2° que si on invoquait l'arrêté, il était illégal et inconstitutionnel aux termes de l'art. 109 de la constitution. L'arrêt décide que les lois intéressant l'ordre et la sûreté publique sont de plein droit exécutoires, que d'ailleurs le décret est légal, et sur le pourvoi formé contre cette décision, l'arrêt du 19 avril 1851, sans se prononcer sur le premier moyen, confirme seulement sur le second. L'autorité accordée sans réserve par la Cour d'Alger aux lois d'intérêt ou d'ordre général n'a donc jamais été sanctionnée par la Cour de cassation.

4° Un dernier point doit être examiné, c'est le cas où il existe en Algérie une législation spéciale sur la matière qui fait l'objet d'une loi de France ; il ne se rapporte nécessairement qu'aux lois antérieures à 1834, puisque celles postérieures ne peuvent devenir exécutoires qu'au moyen d'un décret spécial de promulgation, sauf le cas où elles sont considérées comme faisant partie intégrante d'une loi déjà exécutoire.

Or parmi les lois antérieures à 1834, il faut encore distinguer entre celles existant au moment même de la conquête, et celles édictées de 1830 à juillet 1834. — En ce qui concerne les premières, les ordonnances et arrêtés spéciaux à l'Algérie, pris dans la limite des attributions de l'autorité supérieure, y ont force de loi et ont pu modifier ou abroger pour la colonie la législation antérieure de la métropole. — En ce qui concerne les secondes, si elles n'ont paru qu'après que la matière dont elles traitent était déjà réglementée par des ordonnances ou arrêtés spéciaux, elles n'ont point modifié ni abrogé ces ordonnances ou arrêtés, commandés par les circonstances politiques ou de guerre. C'est ce qui résulte des motifs des arrêts de la Cour de cassation, qui, en proclamant la législation antérieure à juillet 1834 exécutoire de plein droit par le fait seul de la conquête, ont tous le soin d'ajouter cette réserve : — dans la mesure où les circonstances locales en permettent l'applicabilité (4 fév. 1865) ; — Dans la mesure compatible avec les mœurs et les circonstances particulières à l'Algérie (17 août 1865) ; — Dans la mesure où les circonstances de temps et de lieu en permettaient l'application (17 nov. 1865) ; — Dans la mesure où ces lois pouvaient recevoir application sur le sol algérien (15 juill. 1868); — Dans la mesure des mœurs et habitudes locales (5 janv. 1871).

Nous croyons que ces règles, simples par elles-mêmes, répondent à toutes les difficultés d'appréciation que peuvent soulever les questions jusqu'à ce jour assez confuses de promulgation.

Il ne reste qu'une observation à faire, en ce qui touche le fait matériel de promulgation. L'administration supérieure semble avoir perdu de vue, depuis quelques années, qu'aux termes de la loi, la promulgation ne peut résulter que de l'insertion au *Bulletin officiel des actes du gouvernement*. Ainsi le plus grand nombre des lois, décrets et arrêts sont publiés d'abord dans la partie officielle du journal le *Moniteur de l'Algérie*, puis insérés longtemps après au bulletin. Quelques-uns même n'y figurent jamais. Ce serait précisément le contraire qui devrait avoir lieu, il en est d'ailleurs qui édictent des pénalités, font courir des délais et déchéances : ils ne sont légalement exécutoires, qu'à partir de la date d'une promulgation régulière, et celle-ci ne peut être suppléée par une insertion au journal officiel de la colonie, quelque utilité ou intérêt relatif que ce moyen de publicité puisse offrir; à moins qu'une ordonnance n'ait spécialement et par exception à la règle générale prescrit ce mode particulier de promulgation, ainsi que l'a fait l'ord. du 31 déc. 1845, art. 12, relativement aux arrêtés de séquestre.

Il pourrait donc un jour, et dans des circonstances déterminées, résulter de cette erreur qui tend à s'accréditer, de graves inconvénients et un sérieux préjudice pour des droits et intérêts qui se trouveraient compromis.

Dans ce volume, comme dans les précédents, lorsqu'un acte du gouvernement porte deux dates, la première est celle du jour de la signature, la seconde celle du numéro du Bulletin officiel qui contient l'insertion et par conséquent de la promulgation légale (1).

D. — (*Paris*). — 5-29 nov. 1870. — BG. 345. — *Nouveau mode de promulgation en France des lois et décrets.*

Considérant qu'il importe de prévenir les difficultés que peut faire naître le mode actuel de promulgation des lois et décrets, et d'établir d'une manière certaine l'époque où les actes législatifs sont obligatoires.

Art. 1. — Dorénavant, la promulgation des lois et des décrets résultera de leur insertion au *Journal officiel* de la République française, lequel, à cet égard, remplacera le *Bulletin officiel des lois*. — Le *Bulletin officiel* des lois continuera à être publié.

Art. 2. — Les lois et les décrets seront obligatoires à Paris, un jour franc après la promulgation, et partout ailleurs, dans l'étendue de chaque arrondissement, après que le *Journal offi-*

ciel qui les contient sera parvenu au chef-lieu de cet arrondissement. Le gouvernement, par une disposition spéciale, pourra ordonner l'exécution immédiate d'un décret.

Art. 3. — Les préfets et sous-préfets prendront les mesures nécessaires pour que les actes législatifs soient imprimés et affichés partout où besoin sera.

Art. 4. — Les tribunaux et les autorités administratives et militaires pourront, selon les circonstances, accueillir l'exception d'ignorance alléguée par les contrevenants, si la contravention a eu lieu dans le délai de trois jours francs à partir de la promulgation.

D. — (*Tours*). — 11-29 nov. 1870. — BG. 345. — *Substitution provisoire du Moniteur universel au Journal officiel de la République.*

Vu le décret du gouvernement de la défense nationale portant la date du 5 nov. 1870.

Art. 1. — Tant que les communications avec la ville de Paris et le gouvernement de la défense nationale ne seront pas rétablies, le *Journal officiel* de la République française ne pouvant parvenir régulièrement dans les départements, la promulgation des lois et des décrets rendus par la délégation du gouvernement aura lieu dans le *Moniteur universel*, qui remplacera pour leur publication et leur promulgation le *Journal officiel* de la République française.

Art. 2. — Tout décret du gouvernement de la défense nationale, inséré au *Journal officiel* de la République française, qui parviendra à Tours, sera immédiatement publié dans le *Moniteur universel*. Cette publication, pour tous les arrondissements de France où le *Journal officiel* de la République française ne serait pas parvenu, vaudra la promulgation par ce journal.

Ad. CRÉMIEUX, L. GAMBETTA.
AL. GLAIS-BIZOIN, L. FOURICHON.

Circ. CM. — 28-29 nov. 1871. — BG. 345. — *Nouvelle forme de promulgation en Algérie. — Instructions aux préfets.*

M. le préfet, le mode de promulgation des lois, décrets et règlements exécutoires en Algérie avait été réglé, en dernier lieu, par le décr. du 27 oct. 1858 (I, 577), qui faisait résulter cette promulgation de l'insertion de ces actes publics au *Bulletin officiel du ministère de l'Algérie et des colonies*. — Ce ministère ayant été supprimé par le décr. du 10 déc. 1860, qui rétablissait le gouvernement général à Alger, un arrêté du maréchal Pélissier, duc de Malakoff, en date du 14 janv. 1861 (II, 184), en créant un *Bulletin officiel du gouvernement de l'Algérie*, déclara que la promulgation légale des actes des pouvoirs législatif et exécutif de la métropole résulterait de leur insertion dans ce recueil, suivant les formes et délais déterminés par le décr. du 27 oct. 1858. Cet arrêté ne faisait que constater un retour aux errements consacrés par l'ord. du 15 avril 1845. (*Admin. gén.*, I, 13.) — Aujourd'hui que l'Algérie n'est plus considérée comme une simple colonie, mais forme en réalité trois nouveaux départements français, il résulte de cette situation nouvelle, si clairement définie par le décr. du 24 oct. 1870 (art. 5 et 4), que les lois,

_____

(1) Il est évident que cette seconde date n'offre pas toujours la garantie qui devrait y être attachée, car c'est seulement dans le courant de février et mars que paraissent un certain nombre de bulletins, portant tous la date uniforme du 31 déc. précédent, sous laquelle on a réuni tous les arrêtés que l'on avait omis de publier à leur date dans le courant de l'année; et la preuve que ce n'est pas seulement à cette époque de l'année que la

publication du *Bulletin* est quelquefois antidatée, c'est que le n° 316 de 1869, bien que portant la date du 2 nov., contient deux arrêtés qui sont eux-mêmes datés du 11 nov., ainsi que la mention d'un décret du 8 du même mois, et que le n° 321 du 15 janv. 1870 contient un arrêté du Gouverneur du 19 janv. et une dépêche ministérielle du 26 janv. de la même année.

décrets et règlements ne sont plus soumis, en ce qui la concerne, à un mode spécial de promulgation, et qu'il y a lieu, désormais, de se conformer, à cet égard, aux règles établies pour tout le territoire de la République (1). Je vous notifie, à cet effet, deux décrets rendus sur la matière : L'un, à la date du 5 nov. 1870, par le gouvernement de la défense nationale, siégeant à Paris; l'autre, à la date du 11 du même mois, par la délégation du gouvernement siégeant à Tours.

Aux termes du premier décret, le *Journal officiel* remplace le *Bulletin des lois* pour la promulgation; hors de Paris, les lois et décrets sont obligatoires dans l'étendue de chaque arrondissement, après que le *Journal officiel* qui les contient est parvenu au chef-lieu de cet arrondissement. — Il incombe aux préfets et sous-préfets de prendre les mesures nécessaires pour que les actes législatifs soient imprimés et affichés partout où besoin sera.

D'après le second décret, tant que les communications avec la ville de Paris et le gouvernement de la défense nationale ne seront pas rétablies, la promulgation des lois et décrets rendus par la délégation du gouvernement, aura lieu dans le *Moniteur universel*, qui remplace, pour la notification de ces mêmes actes, le *Journal officiel de la République*. — Des mesures ont été prises pour que le *Moniteur universel*, qui se publie au siège de la Délégation, parvienne au chef-lieu de tous les arrondissements de la République.

Les lois et décrets qui, d'une manière générale ou spéciale, sont applicables aux départements de l'Algérie, continueront à être repro-

duits tant au *Moniteur de l'Algérie* qu'au *Bulletin officiel du gouvernement général;* mais, vous ne devrez pas, à l'avenir, attendre cette insertion, pour assurer la promulgation des actes officiels dans votre ressort administratif. — L'arrivée soit du *Journal officiel* de la République, soit du *Moniteur universel* de la Délégation, sera consignée, pour chaque numéro, sur un registre *ad hoc*, tenu au secrétariat de la préfecture et dans chaque sous-préfecture.

CHARLES DU BOUZET.

RENVOIS. — V. *Table alphabétique.*

Propriété.

DIVISION.

§ 1. — Constitution de la propriété.
§ 2. — Arrêtés spéciaux d'exécution.
§ 3. — Constitution de la propriété arabe.
   1° Sénatus-consulte, mesures d'exécution, instructions et dispositions générales.
   2° Désignation des tribus soumises à la délimitation.
   3° Délimitation et répartition des territoires. — Abandon de terres azels. — Affranchissement de droits de location et redevances.

§ 1. — CONSTITUTION DE LA PROPRIÉTÉ (I, 578) (2).

§ 2. — ARRÊTÉS D'EXÉCUTION (I, 596).

§ 3. — CONSTITUTION DE LA PROPRIÉTÉ ARABE.

1° — *Exécution du Sénatus-consulte et dispositions générales.*

L'exécution du Sénatus-consulte de 1863 s'est

---

(1) V. contrairement à cette interprétation, le dernier § du réquisitoire de M. le procureur général près la Cour de cassation, reproduit dans la notice en tête de l'article, et les décrets ou arrêtés des 29 mars, 6 mai, 7 oct. 1871, et autres (*Admin. gén.*, § 1, 12°, *supra*), qui en rétablissant à Alger la centralisation du gouvernement et de la haute administration de l'Algérie, ainsi qu'en remettant en vigueur le décret organique du 10 déc. 1860, ont fait virtuellement cesser les effets du décr. du 24 oct. 1870 relativement à l'assimilation absolue du territoire de la colonie au territoire continental de la République.

(2) JURISPRUDENCE. — Aux arrêts cités en note aux 1er et 2e volumes, ajouter les décisions suivantes :

Ord. 1er oct. 1844. — Art. 6 et 7. Délai de la promulgation.

1°. — Jugé comme à l'arr. du 11 mai 1859. (I, 579, notes.) — *Cass.*, 21 avr. 1865. — Aix, 3 mars 1864. — Dalloz, 1865, I, 346. 1866, I, 108. — Robe, 1866, p. 99.

(2°. — Demande en réduction de rente. — Indication de contenance exagérée au point de rendre la vente sans prix. — Il y a dans ce cas nécessité pour le juge d'interpréter la convention dans un sens qui en rend l'exécution possible, soit par l'erreur, soit par l'intention des parties. — Quelque hardie ou erronée qu'elle puisse être, cette interprétation de fait peut constituer un mal jugé, mais ne tombe pas sous la censure de la Cour de cassation. — *Cass.*, 22 nov. 1865. — Aff. Assada et Bourély. — Dalloz, 1866, I, 108. — Robe, 1866, p. 99.

3°. — La déchéance de l'art. 7 est inapplicable au cas où il s'agit d'une action tendant, non à la revendication directe de tout ou partie d'un immeuble, mais à l'admission du poursuivant au partage de l'indemnité due par l'État à raison de l'expropriation de cet immeuble. — Cette déchéance, d'ailleurs, étant une prescription de courte durée, il faut que celui qui l'invoque ait possédé l'immeuble à titre de propriétaire, soit à l'époque de la promulgation de l'ordonnance; soit pendant les deux années qui ont suivi. — *Cour d'Alger*, 7 juin 1869. — *Cass.*, 30 mai 1870, rejet du pourvoi. — Robe, 1869,

p. 115. 1870, p. 95. (V. note 1, à l'art. 12 de la loi du 16 juin 1851, *infra*.)

Même ord. — *Art.* 79. — Expropriation réputée consommée. — 1°. — L'arrêté du gouverneur général du 5 mai 1848, et l'arrêté ministériel du 1er juill. 1848 (I, 527 et 529), ont dérogé à l'art. 79 de l'ord. en prorogeant jusqu'au 1er janv. 1845 la période de temps pendant laquelle une occupation effective par l'administration devrait être réputée expropriation consommée. Ces deux arrêtés sont légaux et obligatoires. Le 1er a été approuvé par le ministre agissant en vertu des pouvoirs à lui conférés par un décret du Gouvernement provisoire, du 2 mars 1848, qui attribuait à chacun des ministres le droit de régler les affaires d'administration qui, dans l'état de la législation, ne pouvaient l'être que par ordonnances royales; le 2e a été confirmé par le décret de l'Assemblée nationale du 25 sept. 1848, qui ouvre un crédit de deux millions pour payement des indemnités dues pour expropriations consommées antérieurement au 1er janv. 1845. — *Cour d'Alger*, 18 av. 1859. — Robe, 1859, p. 166.

2°. — L'appréciation du fait emportant expropriation est de la compétence des tribunaux civils. — Il faut que le prix de possession constitue une appropriation effective au nom de l'État et ne soit pas le fait isolé et individuel d'un officier, fonctionnaire ou agent de l'État. — *Cour d'Alger*, 16 mars 1863. Aff. Bœnsch. — Robe, 1865, p. 65.

3°. — La prise de possession d'un immeuble par l'État au moment de la conquête, n'ouvre au propriétaire ainsi dépossédé qu'un droit à indemnité et non à revendication. — *Cour d'Alger*, 3 nov. 1869. — Robe, 1869, p. 238.

4°. — Application de l'arr. min. du 1er juill. 1848 à des expropriations antérieures au 1er oct. 1844. — *Cour d'Alger*, 22 déc. 1869. Aff. Benhaïm. — Robe, 1870, p. 19.

Ordonn. 21 juill. 1846. — Vérification des titres de propriété. — L'ordonnance n'a eu pour objet que la vérification des titres d'acquisition; elle n'interdit pas aux indigènes, qui ont d'ailleurs réclamé dans les délais prescrits, de se prévaloir des autres modes d'acquérir la propriété autorisés par la loi, tels que la prescription. — La seule conséquence que l'on puisse inférer du silence de l'ordonnance sur ce point, c'est que limitant la compé-

poursuivie jusqu'au mois de décembre 1870, époque à laquelle une décision du gouvernement de la défense nationale a ordonné qu'elle serait suspendue.

En ce qui concerne les actes législatifs relatifs à la constitution de la propriété indigène et aux mesures générales d'exécution, trois décrets ont seuls été promulgués depuis 1866 et sont insérés ci-après, l'un confirmant des attributions de territoire antérieures à la promulgation du sénatus-consulte, un autre prononçant au profit des indigènes l'insaisissabilité, pour dettes antérieures, des terres constituées en propriété individuelle, le troisième apportant diverses modifications au règlement d'administration publique du 23 mai 1863 quant au mode d'établissement de la propriété individuelle dans les territoires Arch. L'ensemble des instructions et documents concernant l'exécution du sénatus-consulte ont été mis en ordre, commentés avec soin et réunis en un volume (1) qui a servi de guide aux travaux des Commissions et qui renferme tous les renseignements et modèles utiles à consulter en cette matière.

En ce qui concerne les résultats obtenus dans le courant des sept années écoulées depuis le commencement des travaux, 14 décrets dont 7 insérés au 2e volume avaient désigné 612 tribus dont le territoire serait soumis aux opérations prescrites. Ces opérations ont été suivies de décrets de délimitation et de répartition pour 574 tribus dans lesquelles 656 douars ou communes ont été constitués. Les 58 premiers décrets de délimitation et de répartition reproduits également au 2e volume permettent de comprendre et d'apprécier la nature de cet immense travail, et les conditions dans lesquelles il s'est accompli. Les 690 décrets suivants sur le même objet forment plusieurs volumes supplémentaires du Bulletin officiel, dont la reproduction même analytique comporterait une trop grande étendue, et dont

---

tence des tribunaux administratifs à la vérification des titres, elle a toujours réservé aux tribunaux civils la connaissance des autres modes d'acquérir la propriété. — *Cons. d'État, 30 juin 1857. — Cass. 20 mai 1868, Dalloz, 1868, 1, 316.*

Même ordonn. Art. 16. — Titre définitif résultant de l'arrêté d'homologation. — 1°. L'arrêté d'homologation a l'autorité de la chose jugée et forme un titre complet et définitif, relativement au droit de propriété, à la contenance et aux limites de l'immeuble. Aucune action en revendication ne peut admise de la part des prétendants droit qui n'ont pas contesté ni réclamé en temps utile. — *Cour d'Alger, 18 févr. 1869. Aff. Rahhdin.*

2°. Jugé de même, que le titre de propriété homologué en exécution de l'ordonnance est définitif et inattaquable; il constitue une fin de non recevoir contre toute demande en preuve produite par un tiers revendiquant. — *Cour d'Alger, 6 juin 1871. — Robe, 1871, p. 132.*

3°. ... Jugé de même : Que l'autorité de chose jugée attachée à l'arrêté d'homologation constatant que toutes les formalités prescrites par l'ordonnance ont été remplies, oppose une exception absolue et péremptoire à toute revendication. — même lorsqu'il s'agit d'anciens cimetières publics ou privés, compris dans la délimitation d'une propriété, et qui seraient réclamés par une commune comme étant aux droits des indigènes qui en faisaient partie avant l'arrêté d'homologation. Considérés comme propriété privée, les tiers ont été, faute de réclamation, déchus de tous droits aux termes de l'art. 16 de l'ord.; considérés comme propriété publique, le domaine, aux droits du quel est aujourd'hui la commune, ayant été présent et partie à la procédure administrative et n'ayant soulevé aucune contestation, il y a chose jugée avec lui, il est en outre déchu de toute revendication aux termes de l'art. 16 de la loi de 1851, dans le cas où il y aurait eu vente de la propriété, faute d'avoir exercé son action dans le délai prescrit. — *Cour d'Alger, 11 mars 1879. Arthaud C. commune de Fazerville.*

4°. — *Interprétation de l'arrêté d'homologation.* — S'il y a inconciliabilité de deux arrêtés d'homologation attribuant la même parcelle à deux propriétaires différents, il appartient à l'autorité administrative seule de décider lequel doit être préféré, annulé ou rétracté, le juge civil doit surseoir à statuer jusqu'à ce qu'elle ait donné la solution de la contestation des deux titres. — *Cass., 2 nov. 1869. Ch. civ. Aff. Arthaud C. Richard. — Dalloz, 1869, 1, 500. — Robe, 1870, p. 36.*

5°. — Jugé de même, en cas de simple doute sur l'attribution qu'a entendu faire l'arrêté d'homologation de droits immobiliers à deux propriétaires voisins — *Cass., 18 juill. 1870, aff. Favul, C. Papa. — Dalloz, 1870, 1, 318.*

Arrêté min. du 27 sept. 1848. — Art. 6. — Production de titres. — Le demandeur en revendication est irrecevable à produire, dans une instance civile sur le droit de propriété des titres autres que ceux déposés en exécution de l'ord. de 21 juill. 1846 et qui n'auraient pas été

soumis à la vérification du conseil de préfecture, seule autorité compétente pour la apprécier. — *Cour d'Alger, 7 juin 1859, Robe, 1859, p. 204. — Contre 15 mars 1866. — Robe, 1866, p. 82. — V. également Supra, ibid., 20 mai 1868, exception au cas où les titres produits n'auraient pour objet que d'établir la prescription, droit réservé au contestant (résolu seulement par la Cour d'Alger).*

Arrêtés des 3 mai et 1er juill. 1848. — Déclarés légaux et obligatoires. (V. Supra, note 1, à l'art. 79, ord. de 1851.)

Loi du 16 juin 1851. — Art. 4. Domaine de l'État.

1°. — La qualification de bois et forêts ne peut s'appliquer à des broussailles ni à des bouquets d'arbres plus ou moins nombreux d'essences forestières qui ont à y croître dans un domaine. — La revendication par l'État n'en est pas fondée. — *Cour d'Alger, 12 févr. 1864. — Robe, 1864, p. 35.*

2°. — Jugé de même, surtout lorsque les tiers sont les droits sont réservés par la loi justifient, par titres antérieurs à 1830, de l'acquisition de l'entière superficie d'un domaine déterminé dans lequel ces bois seraient compris. — *Cour d'Alger, 7 juin 1859. — Robe, 1860, p. 115.*

Même loi, art. 12. — 1°. — La déchéance édictée par cet article est une prescription de courte durée. Pour proscrire l'État possesseur, elle ne peut donc être invoquée qu'autant que l'acquisition sur laquelle on la base a été accompagnée ou suivie du fait de la possession réelle. — Si au contraire il est établi que l'État qui a toujours possédé, il n'avait aucune action en revendication à intenter et n'a point encouru de déchéance. — *Cour d'Alger, 6 févr. 1858. — Pourvoi rejeté par arrêt de cass. du 11 mars 1858. Dalloz, 1858, 1, 160. — Jugé de même, 7 et 20 déc. 1858. Robe, 1859, p. 41 et 82. — (V. dans le même sens, note 5, aux art. 6 et 7 de l'ord. de 1844, Supra).*

2°. — Les dispositions de l'art. 12, sont applicables aux revendications par l'État, mais non aux revendications contre l'État. — *Cour d'Alger, 22 déc. 1869, aff. Benhaim, Robe, 1870, p. 10.*

Même loi. Art. 15. — Compétence judiciaire. Actions domaniales. — (V. Domaine, notes). Illégalité du décret postérieur en date du 2 avr. 1851, qui n'a pu déroger à une loi pour conférer à l'autorité administrative la connaissance des actions concernant le partage et la licitation des biens indivis entre l'État et les particuliers.

Même loi. Art. 14. — Interdiction d'aliénation au territoire de tribu. — Distinction entre la propriété collective ou individuelle, Arch. ou Melk. Cour d'Alger, 2 nov. 1855, 12 nov. 1862. — Cass., 14 mars 1860. — Dalloz, 1860, 1, 163. — Robe, 1860, p. 45. 1861, p. 160. 1862, p. 275.

(1) *Commentaire, par ordre alphabétique, du sén. cons. du 22 avril 1863 et des lois, décrets, instructions, etc., sur la constitution de la propriété en Algérie, par M. Fenneton, vérificateur des domaines, membre d'une des commissions administratives. — Alger, 1867.*

il suffit, dans cette publication de faire connaître le résultat définitif.

Il en ressort que les 666 douars constitués dans les trois provinces comprennent ensemble 1,037,069 habitants sur une superficie de 6,833,751 hect. ainsi composés :

Terres melk., 2,845,631 h.—Terres arch., 1,625,015 h.—Communaux, 1,356,192 h.—Domaine public, 150,615 h.—Domaine de l'État, 1,003,072 h.

En séparant les opérations de délimitation par provinces, on trouve :

Pour la province d'Alger. — Habitants, 232,669.— Superficie totale, 1,557,582 h. ainsi composés :—Terres melk., 1,026,764 h.— Terres arch., 57,409 h.— Communaux, 17,107 h.— Domaine public, 50,476 h.—Domaine de l'État, 165,586 h.

Pour la province d'Oran. — Habitants, 274,823.— Superficie totale, 2,113,005 h. ainsi composés :—Terres melk., 1,265,645 h.— Terres arch., 562,241 h.— Communaux, 175,645 h. — Domaine public, 25,523 h.—Domaine de l'État, 260,132 h.

Pour la province de Constantine. — Habitants, 479,684.—Superficie totale, 6,415,164 h. ainsi composés :—Terres melk., 525,162 h. — Terres arch., 1,105,565 h. — Communaux, 1,050,440 h. — Domaine public, 126,244 h. — Domaine de l'État, 579,385 h.

(1) *Rapport à l'Empereur.* — Sire. L'art. 1 du Sén.-Cons. du 22 avr. 1863 porte, dans son § 3 que : « Tous actes, partages ou distractions de territoire, intervenus entre l'État et les Indigènes, relativement à la propriété du sol, sont et demeurent confirmés. » — Les instructions générales du 11 juin 1863 expliquent la portée de cette disposition (II, 107, § 7).

Le gouverneur général de l'Algérie vient de m'adresser le travail relatif à ces prises de possession en ce qui concerne la province d'Alger.

Il résulte de ce travail que 205 lots de terre présentant ensemble une superficie de 5,564 h. 10 a. 52 c. étaient détenus et exploités, antérieurement à la promulgation du Sén.-Cons. du 22 avr. 1863, par 297 Européens et Indigènes qui n'ont pas encore obtenu de titres réguliers.

L'attribution portant le n° 22 sur l'état général ci-annexé, concerne 63 Indigènes de la fraction Icharaoula des Béni-Raten, qui, dépossédés lors de la création du Fort-Napoléon, n'ont reçu qu'une indemnité insuffisante en argent. Les 11 h. 31 a. 61 c. qui leur sont abandonnés dans la plaine des Amraoua de Tizi-Ouzou, seront partagés entre les ayant-droit, lorsque V. M. aura bien voulu sanctionner cette attribution. Deux des terrains situés aux Béni-Salah de Médéa, et dont la concession doit être faite à des entrepreneurs de glacières, comprennent dans leurs limites des bâtiments militaires dépendant de l'ancien camp de Taïa-Izid, depuis longtemps abandonné et aujourd'hui sans valeur. Le commandant supérieur de Médéa en Algérie a reconnu que, dans ces conditions, il n'y avait pas d'inconvénients pour les services militaires à renoncer à leurs droits sur ces constructions qui ne peuvent leur être d'aucune utilité.

L'examen de l'état général n'a donné lieu à aucune autre observation, et il ne comprend que des individus qui se trouvent exactement dans les conditions édictées par les Instructions. — Ces attributions territoriales se distinguent en deux catégories principales : 1° Celles provenant d'une libéralité quelconque (promesse de concession, récompense) ; 2° Celles données à titre de compensation, à raison d'un prélèvement antérieur fait dans un intérêt public : elles constituent un véritable échange. — Le gouverneur général a pensé qu'il n'était pas équitable de traiter de la même façon ces deux classes d'attributaires : ainsi, tandis que les premiers auront à payer, suivant l'usage, une rente annuelle et perpétuelle à l'État, les seconds ne seront pas astreints à cette redevance.

Le ministre de la guerre,
M^{al} RANDON.

(2) *Rapport à l'Empereur.* — Sire, Le Sén.-Cons. du 22 avr. 1863, qui a décrété l'établissement de la propriété individuelle sur les terres possédées par les tribus

21. — 7 juil.-22 août, 1865. — BG. 191. — *Confirmation d'attributions de territoires ultérieures à la promulgation du Sénatus-Consulte de 1863 (1).*

Vu le Sén.-Cons. du 22 avr. 1863 et le règlement d'administration publique du 23 mai suiv. ; — Les instructions générales du 11 juin 1863 ; — La loi du 16 juin 1851 sur la propriété en Algérie.

Art. 1.—Sont et demeurent confirmées les attributions territoriales opérées antérieurement à la promulgation du Sén.-Cons. du 22 avril 1863, dans la province d'Alger, telles qu'elles sont portées sur l'état ci-annexé, en faveur de 297 européens et indigènes, pour une superficie totale de 5,564 h. 10 a. 52 c.

Art. 2. — Les titres individuels, qui seront ultérieurement délivrés aux attributaires, feront connaître les conditions imposées à chacun d'eux.

22. — 15-31 déc. 1866. — BG. 212. — *Insaisissabilité, pour dettes antérieures, des terres constituées en propriété individuelle en exécution du S.-C. (1).*

arabes de l'Algérie, est aujourd'hui en cours d'exécution. — De tous les moyens que le gouvernement de V. M. a généreusement offerts aux Arabes de participer aux bienfaits de notre civilisation, il n'en est pas de plus sûr et de plus puissant.

La France a beaucoup fait pour cette terre de l'Algérie, devenue Française : — de nombreux repaires de pirates transformés en ports libres et florissants ; des routes, des chemins de fer, des canaux, des docks ouverts au commerce, et, ce qui vaut mieux encore, des marchés libres où l'Arabe peut offrir individuellement ses produits, délivré de l'entremise obligée de ses chefs ; — pour l'agriculture, des enseignements, des modèles ; — pour l'instruction, des écoles françaises-arabes où s'élève une partie de la jeunesse indigène et où, avec notre langue et puissamment communicative, se répand dans ces intelligences neuves la sève féconde de nos idées ; — enfin, les rangs de notre armée s'ouvrant annuellement à des populations guerrières, et la fraternité du champ de bataille effaçant les méfiances de la race, et confondant les plus nobles sentiments de l'âme. Ce qui a été fait en Algérie depuis si peu d'années, malgré tant d'obstacles inhérents à la nature des choses et des hommes, ne peut être méconnu que par une impatience aveugle ou une aveugle ignorance.

Mais un des principaux obstacles au progrès, c'était l'état de la propriété chez les musulmans, son imperfection ; il faut presque dire, sa non-existence. D'immenses territoires appartenaient en commun à des tribus, dont la possession, mal délimitée et souvent disputée entre elles, donnait lieu à des conflits sanglants. Ces terres étaient possédées à titre précaire par des familles ou par des groupes de familles qui s'en partageaient les fruits ou les consommaient en commun.

Ces vastes espaces, pour ainsi dire sans maître, où la mollesse de l'homme le disputait à l'incurie, vous avez voulu, Sire, qu'ils eussent des possesseurs certains, légitimes, recueillant eux-mêmes ce qu'ils auraient semé. Vous avez voulu pour vos sujets musulmans l'initiation à la propriété individuelle, source de bien-être, de moralité, signe et condition de tout affranchissement. — Là peut-être est l'avenir de l'Algérie.

Mais le jour où le musulman deviendra propriétaire, il ne faut pas que, par l'imprévoyance du législateur, sa propriété puisse lui être arrachée aussitôt que donnée. L'arabe des tribus est pauvre ; dans son dénûment, il a contracté des dettes, souvent aux conditions les plus onéreuses. Permettra-t-on que, pour ces dettes du passé, le créancier saisisse le champ dont une loi de haute libéralité politique vient de gratifier inopinément le débiteur ? Ne serait-ce pas compromettre tous les résultats espérés de cette grande mesure ?

V. M. a pensé qu'il n'en devait pas être ainsi. Elle a

Art. 1. — Les terres réparties, en exécution du Sén.-Cons. du 22 avr. 1863, entre les membres des douars, sont insaisissables pour dettes contractées par ceux-ci antérieurement à la constitution régulière de la propriété. — Il en est de même du prix d'aliénation desdits immeubles, qui n'aurait pas encore été payé. — Les fruits naturels de ces terres non encore déplacés, les animaux et ustensiles servant à leur exploitation, sont également insaisissables pendant cinq années, pour les mêmes dettes, sauf le cas où, lesdites terres ayant été précédemment possédées à un autre titre par le propriétaire actuel, le créancier de celui-ci aurait eu alors, d'après les lois régissant son contrat, le droit de saisir les fruits et autres objets sus-désignés. — Les créanciers dont le droit est né depuis la constitution régulière de la propriété peuvent, à la seule condition d'y avoir intérêt, opposer aux créanciers antérieurs l'insaisissabilité établie dans les §§ précédens,

alors même que le propriétaire débiteur y aurait expressément renoncé.

D1. — 2 mars-25 juill. 1867. — BG. 231. — *Confirmation d'attributions de territoires antérieures à la promulgation du Sén. Cons. au profit de 497 Européens et indigènes pour une superficie totale de 5,515 hect.* — *Prov. de Constantine.*

D1. — 21 déc. 1867-10 août 1868. — BG. 277. — *Id. au profit de 975 Européens ou indigènes pour une superficie totale de 50,936 hect.* — *Prov. d'Oran.*

D1. — 31 mai-5 juill. 1870. — BG. 331. — *Modification au règlement d'administration publique du 23 mai 1863.* — *Mode d'établissement de la propriété individuelle dans les territoires Arch* (1)

Art. 1. — Les commissions administratives chargées des opérations relatives à l'établisse-

voulu que les terres distribuées en exécution du sénatus-consulte de 1863, fussent insaisissables pour les dettes antérieures à la constitution de la propriété. — Sans doute, l'art. 2092 C. Nap. consacre un principe juste et sage, lorsqu'il dispose que le débiteur est tenu de remplir ses engagements sur tous ses biens présents et à venir. Mais on conçoit des exceptions à ce principe. Nos lois en admettent plusieurs. Les art. 581 et 592 C. Pr. Civ. déclarent insaisissable tout ce qui est de nécessité pour l'alimentation, pour le coucher, pour le vêtement du saisi et de sa famille, pour l'exercice de sa profession ; ce sont des considérations d'humanité qui font alors fléchir le principe. — Il y a plus, le même art. 581 ne permet pas de saisir les sommes et objets quelconques déclarés insaisissables par celui qui les a légués ou donnés, et la volonté de celui-ci est opposable même aux créanciers postérieurs. — Or, des considérations de l'ordre le plus élevé commandent ici une exception nouvelle ; je n'ai pas besoin de les rappeler. Limitée d'ailleurs aux dettes antérieures, elle se justifie même au point de vue de la plus scrupuleuse équité ; car, lorsque le créancier a traité avec son débiteur, non-seulement celui-ci n'était pas propriétaire de la terre que la loi déclare aujourd'hui insaisissable, mais rien n'autorisait à penser qu'il pût jamais devenir propriétaire d'un champ qui, dans les coutumes et les traditions du pays, n'était pas destiné à devenir propriété individuelle.

Le projet de décret dispose donc que les terres réparties en exécution du Sén.-Cons. de 1863, entre les membres des douars, sont insaisissables pour dettes contractées par ceux-ci antérieurement à la constitution régulière de la propriété, c'est-à-dire antérieurement à la délivrance du titre.

Le projet ajoute qu'il en est de même du prix d'aliénation desdits immeubles, qui n'a pas encore été payé. En effet, si le propriétaire veut vendre une partie de sa terre pour se procurer le moyen de mettre le surplus en valeur, il faut qu'il puisse le faire sans s'exposer à voir passer le prix de vente aux mains de ses créanciers antérieurs. En second lieu, s'il veut emprunter sur sa terre pour la cultiver ou la défricher, il importe qu'il puisse offrir au prêteur un gage que celui-ci n'ait pas à disputer à des créanciers de vieille date, lorsqu'il sera plus tard obligé de faire vendre l'immeuble pour s'en appliquer le prix. Autrement, le propriétaire ne trouverait pour prêteurs que de nouveaux usuriers. Or, si on veut faire des propriétaires sérieux et durables chez les Arabes, il faut leur laisser les moyens de se procurer l'argent qui leur est nécessaire et qu'ils n'ont pas. En principe, d'ailleurs, cette assimilation entre la chose et le prix de cette chose non encore payé, est admise dans notre droit comme raison de préférence au profit de certains créanciers ; l'art. 575 C. Com. en fournit un exemple.

Le décret dispose, en outre, que les fruits naturels de ces terres, non encore déplacés, les animaux et ustensiles servant à leur exploitation sont également insaisissables pour les mêmes dettes, mais pendant cinq années seulement, à partir de la constitution de la propriété.

Ici deux principes et deux intérêts étaient à concilier.

D'une part, si le propriétaire de ces terres était exposé à se voir privé de leurs fruits, sans compensation actuelle ou future, il n'aurait plus d'intérêt à les faire fructifier ; il ne ferait ni les dépenses, ni les efforts nécessaires pour les mettre en culture ou les améliorer. Mais comme, d'un autre côté, le créancier, quel qu'il soit, peut soutenir à bon droit qu'il a dû compter en tout temps sur le travail de son débiteur, il a paru qu'on donnait satisfaction aux deux intérêts en limitant à cinq années l'insaisissabilité des fruits et objets accessoires.

Sur ce point encore, le décret a dû se préoccuper d'une éventualité. Les terres qui vont devenir propriété entre les mains des individus, pouvaient se trouver déjà dans les mêmes mains à titre d'usufruit ou autrement. Dans cette situation, il a pu arriver que ceux qui traitaient avec ces possesseurs eussent pour gage de leurs créances les fruits et accessoires des terres ainsi possédées. Or, il ne serait pas juste de dépouiller ces créanciers d'un droit qui leur appartenait par la loi de leur contrat, si les terres dont il s'agit n'ont pas changé de possesseurs, ceux-ci étant devenus seulement, de possesseurs, propriétaires. Le décret conserve donc, pour ce cas spécial, le droit qui pouvait appartenir au créancier antérieur de saisir les fruits et autres accessoires.

Enfin, il fallait prévoir le cas où le propriétaire aurait, soit avant, soit depuis la constitution de la propriété, renoncé, en faveur d'un créancier ancien, au bénéfice légal de l'insaisissabilité. Il a paru que, dans l'intérêt de la propriété individualisée, il fallait fortifier le propriétaire contre tout son crédit futur, le défendre avant tout son crédit futur, et lui donner pour auxiliaires les créanciers postérieurs. En conséquence, le décret dispose que les créanciers dont le droit est né depuis la constitution régulière de la propriété peuvent, à la seule condition d'y avoir intérêt, opposer aux créanciers antérieurs l'insaisissabilité établie dans les divers paragraphes de ce même décret, alors même que le propriétaire débiteur y aurait expressément renoncé. L'art. 2225 C. Civ. offrait l'exemple d'une renonciation consentie par le débiteur et non opposable à ses créanciers.

Le Ministre de la Justice et des Cultes,
J. BAROCHE.

(1) *Rapport à l'Empereur.* — Sire, j'ai l'honneur de soumettre à V. M. un projet de décret délibéré et adopté par le Conseil d'État dans sa séance du 28 mai courant, et qui a pour but de déterminer les conditions suivant lesquelles il sera procédé en Algérie, en exécution de l'art. 2, § 3, du Sén. Cons. du 22 avril 1863, à l'établissement de la propriété individuelle dans les territoires Arch ou Sabega.

La Commission instituée par l'Empereur pour élaborer les questions qui se rattachent à l'organisation administrative et politique de l'Algérie, avait pris l'initiative de ce projet, dont les dispositions complètent, en précisant, celles du règlement d'administration publique du 23 mai 1863, rendu pour l'exécution du Sén. Cons. Ces dispositions feront cesser les doutes qui s'étaient élevés, dès le début des travaux préparatoires de

ment de la propriété individuelle dans les territoires Arch ou Sabéga, en exécution de l'art. 2, § 5, du Sén.-Cons. du 22 avril 1865, procéderont avec l'assistance de la Djemâa, après avis du cadi.

Art. 2. — Elles reconnaîtront les parcelles occupées, soit par un seul ayant-droit, chef de famille ou non, soit par plusieurs ayants-droit, membres d'une même famille ou étrangers l'un à l'autre. — Dans ces deux derniers cas, elles détermineront d'abord les parts proportionnelles afférentes à chacun des ayants-droit dans la propriété commune. — Elles procéderont ensuite à la division de la propriété, en formant autant de lots qu'il y aura de co-partageants. — Les lots seront délimités sur le terrain. — Ils devront être d'une étendue ou d'une valeur proportionnelle aux droits de chacun. — Les lots attribués aux co-partageants ayant des droits égaux seront tirés au sort, à moins que ces co-partageants ne soient d'accord sur les attributions respectives.

Art. 5. — Lorsqu'il sera reconnu par les commissions administratives que la division de certaines parcelles serait sans utilité, elles se borneront à la fixation des parts indivises sur ces parcelles.

Art. 4. — Un titre sera délivré à chaque copartageant. — S'il y a allotissement, ce titre sera établi conformément au modèle ci-annexé. Il y sera joint un plan ou croquis visuel. — S'il n'y a pas d'allotissement, le titre indiquera la part proportionnelle de chaque ayant-droit dans les parcelles indivises.

Art. 5. — A dater de la délivrance du titre, le titulaire, soit d'un lot déterminé, soit d'une part indivise, pourra librement disposer de la part à lui attribuée, sans que l'action en retrait, connue sous le nom de droit de Cheffâ, puisse être exercée.

Art. 6. — Par dérogation au 2° § de l'art. 31 du décr. ci-dessus visé, du 23 mai 1863, les titres seront transcrits au bureau des hypothèques de la situation des biens.

Circ. CM. 19-26 déc. 1870 — BG. 350. — Suspension des deux premières opérations prescrites par le S.-C.

Le commissaire extraordinaire de la république en Algérie. — A MM. les préfets, sous-préfets et commissaires civils. — Généraux commandant les divisions, commandants de subdivisions et de cercles.

Par ordre du gouvernement de la République, sont suspendues les deux premières opérations prescrites par le Sén.-Cons. de 1863 (délimitation des tribus et leur répartition en douars-communes). — Il sera procédé à la reconnaissance de la propriété individuelle au profit des cultivateurs actuels. — Recueillez tous documents utiles pour cette opération et recherchez, même en dehors de l'administration, les personnes sachant l'arabe qui pourraient et voudraient y prendre part.

CHARLES DU BOUZET.

2° — *Désignation des tribus soumises à la délimitation.*

DI. — 7-30 oct. 1866. — BG. 202. — *Désignation de 82 tribus dont le territoire sera soumis à l'exécution du Sén.-Cons.*

DI. — 13 mars-20 mai 1867. — BG. 231. — *id. 47 tribus.*

DI. — 25 août-25 sept. 1867. — BG. 249. — *id. 25 tribus.*

DI. — 29 sept.-20 nov. 1867. — BG. 232. — *id. 21 tribus.*

DI. — 8 févr.-10 déc. 1868. — BG. 290. — *id. 101 tribus.*

DI. — 5 fév.-17 mars 1869. — BG. 308. — *id. 53 tribus.*

DI. — 23 fév.-10 mai 1870. — BG. 328. — *id. 30 tribus.*

(Ces décr. réunis à ceux déjà insérés au 2° vol. élèvent à 52 le nombre des tribus désignées. — V. la notice ci-dessus, p. 254.)

3° — *Délimitation et répartition des territoires.*

Aux 58 décrets relatifs à la délimitation et à la répartition du territoire de 29 tribus, qui ont été insérés au 2° vol., il faut ajouter 690 décr. qui, de 1866 à déc. 1870 ont statué définitivement sur les mêmes opérations à l'égard de 345 tribus nouvelles, ce qui porte à 374 le nombre total de celles qui ont été délimitées. — V. la notice ci-dessus, p. 254. — 7 autres décr. en date des 31 oct. 1866, 15 mai et 21 déc. 1867, 29 fév. et 25 mars 1868. BG. 210, 215, 247, 280, 293, 297, ont réglé la répartition et le partage de terres Azels entre le domaine de l'Etat et les tribus indigènes. Un décr. du 26 avr. 1869 — BG. 310 — règle les droits d'usage que la tribu des Smelas exerce à titre traditionnel sur les lagunes salées de leur territoire dépendant du grand lac salé de Misserghin (Oran). — Enfin 4 décr. en date des 28 déc. 1867, 4 mars, 4 nov. et 23 déc. 1868. — BG. 275, 294 et 299 — ordonnent l'établissement de la propriété individuelle dans 40 douars environ et sur une terre azel.

RENVOIS. — V. *Table alphabétique.*

Prud'hommes (Conseils de).

A. — (Préfet d'Alger). — 28 sept. 1870. — (*Recueil des actes de la préfecture*). — Promesse de l'institution d'un conseil de prudhommes à Alger.

Vu les lois des 15 mars 1806, 11 juin 1809 et 1er juin 1853 concernant les conseils de prudhommes; — La délibération de la chambre de commerce d'Alger; — Le comité consultatif de défense nationale entendu.

Art. 1. — Il sera établi à Alger un conseil de prudhommes.

Art. 2. — Il sera statué par des dispositions

---

la constitution de la propriété arabe, en raison de l'état social des indigènes et du caractère collectif que revêtent généralement chez eux la possession et l'exploitation du sol.

La commission de l'Algérie, comme le Conseil d'Etat, n'ont pas hésité à reconnaître qu'il fallait hâter, dans la mesure du possible et de l'opportun, la transformation de la propriété collective de famille en propriété individuelle, c'est-à-dire susceptible d'être fécondée par le travail libre et rendue librement transmissible, et c'est dans cet esprit qu'a été formulé le projet de décret dont il s'agit.

Après les études approfondies dont cette délicate question a été l'objet depuis trois ans, et dont les conclusions ont été, d'ailleurs, adoptées par le gouvernement général de l'Algérie, je n'hésite pas à vous prier, Sire, de vouloir bien signer ce projet de décret. Son application permettra de donner immédiatement un développement considérable aux opérations commencées sur divers points de la colonie, et dont l'achèvement était demeuré suspendu.

Le Ministre de la Guerre,
Mal LEBŒUF.

ultérieures, en ce qui concerne le nombre des membres appelés à composer ledit conseil, le mode d'élection de ces membres et les industries qui y seront représentées.

D' A. WARNIER.

A. — (*Préfet d'Alger*). — 1er oct. 1870. — (*Recueil des actes de la préfecture*). — *Institution d'un conseil de prud'hommes à Alger. — Composition. — Attributions. — Juridiction.*

Vu la loi du 1er juin 1853, concernant les conseils de prud'hommes (1); — La délibération de la chambre de commerce d'Alger tendant à obtenir l'établissement d'un conseil de prud'hommes à Alger ; — La délibération par laquelle le conseil municipal d'Alger a pris l'engagement de pourvoir à la dépense de cet établissement ; — L'arrêté de principe du 28 sept. dernier ; — Attendu l'urgence.

Art. 1. — La juridiction du conseil de prud'hommes d'Alger s'étendra à toutes les fabriques ou industries dénommées au tableau ci-après et comprises dans la commune.

Art. 2. — Ce conseil sera composé de 16 membres dont 8 seront choisis parmi les patrons et les 8 autres parmi les ouvriers, dans les proportions ci-après déterminées.

1re catégorie. — Maçons, tailleurs de pierres, charpentiers, couvreurs, menuisiers, mécaniciens, serruriers, peintres en bâtiments, en voitures, carrossiers, charrons, fabricants de briques, de pannes, de tuiles, marbriers, mouleurs, maréchaux-ferrants. — 2 patrons, 2 ouvriers.

2e catégorie. — Boulangers, meuniers, bouchers, charcutiers, brasseurs, distillateurs, fabricants d'huiles, savons. — 2 patrons, 2 ouvriers.

3e catégorie. — Tailleurs d'habits, cordonniers, chapeliers, tanneurs, teinturiers, apprêteurs, blanchisseurs, brodeurs, corroyeurs, filateurs, peigneurs de lin, coiffeurs, perruquiers. — 2 patrons, 2 ouvriers.

4e catégorie. — Bijoutiers, ébénistes, imprimeurs, relieurs, lithographes, luthiers, fabricants de meubles, de crin végétal, selliers, orfèvres. — 2 patrons, 2 ouvriers.

Art. 3. — Il sera en outre nommé pour remplacer les titulaires (en cas de décès ou de démission) deux suppléants pour chacune des 4 catégories appelées à composer le conseil dont un sera pris parmi les patrons et l'autre parmi les ouvriers.

Art. 4. — Sont électeurs, sous la réserve des incapacités prévues par la législation sur les élections municipales. — 1° Les patrons français ou naturalisés français qui figurent déjà sur la liste électorale du conseil municipal de la commune et patentés depuis six mois dans la commune. — 2° Les chefs d'ateliers, contre-maîtres et ouvriers français ou naturalisés français qui seront également inscrits sur ladite liste et exerçant leur industrie depuis six mois au moins dans la commune.

Art. 5. — Les règles relatives aux inscriptions, délais et recours en matière d'établissement des listes municipales sont applicables à la confection des listes spéciales d'électeurs pour les conseils de prud'hommes.

Art. 6. — Sont éligibles les électeurs âgés de 25 ans accomplis, sachant lire et écrire et ne tombant sous le coup d'aucune des incapacités prévues par la législation sur les élections municipales.

Art. 7. — Les patrons et les ouvriers nomment respectivement, les représentants qui leur sont attribués.

Art. 8. — L'élection aura lieu au scrutin secret et à la majorité absolue des votants. — En cas de second tour de scrutin, la nomination aura lieu à la majorité relative.

Art. 9. — Le conseil des prud'hommes est présidé par un de ses membres, nommé au scrutin secret, à la majorité des 3/5 des membres élus. Dans le cas où la majorité des 3/5 ne pourrait pas être obtenue après une double réunion, les membres suppléants seraient appelés à prendre part au vote, et le président serait nommé à la majorité absolue des votants.

Art. 10. — Les conseils de prud'hommes seront renouvelés par moitié tous les trois ans. — Le sort désignera ceux des prud'hommes et ouvriers qui seront remplacés la première fois. Pour la première période, les pouvoirs des prud'hommes n'expireront que le 31 décembre de l'année dans laquelle ils auront terminé leurs trois années d'exercice.

Art. 11. — Les membres du conseil de prud'hommes se conformeront, dans l'exercice de leurs fonctions, aux dispositions établies par la loi du 1er juin 1853, en tout ce qu'elles n'ont pas de contraire au présent arrêté.

Dispositions transitoires.

Art. 12. — Les élections pour le conseil de prud'hommes auront lieu le 30 octobre courant.

Art. 13. — Une carte spéciale sera délivrée par la municipalité à chacun des électeurs appelés à prendre part aux élections.

Art. 14. — Pour les élections de 1870, les cartes électorales des patrons devront être revêtues préalablement du visa du service des contributions diverses. Les cartes délivrées aux ouvriers devront être revêtues du visa de deux ouvriers et d'un patron, attestant que le titulaire remplit les diverses conditions prévues par l'art.

Art. 15. — Le maire d'Alger est chargé de l'exécution du présent arrêté.

D' A. WARNIER.

(Cet arrêté n'a point reçu d'exécution).

Publication légale. V. TABLE ALPHABÉTIQUE.

Publicité. V. *ibidem.*

Puits artésiens. V. *ibidem.*

Q

R

---

(1) L'article 1 de cette loi n'accorde pas aux préfets le droit d'établir un conseil de prud'hommes. C'est seulement par décret rendu dans la forme des règlements d'administration publique que l'institution de cette juridiction peut avoir lieu. (V. *suprà*, *Législation*, §§ 2—3e, note de jurisprudence.)

Recensement.

AG. — 4 févr.-13 mars 1867. — BG. 219.
— *Recensement quinquennal de 1866. —
États de population.*

Vu le décr. du 25 avr. 1860 (II, 251), prescrivant de procéder au dénombrement quinquennal de la population de l'Algérie dans le cours de ladite année; — Les instructions données par le gouverneur général de l'Algérie, le 7 juin 1866, pour l'exécution du décret susvisé; — Les états de population dressés officiellement, en 1866, par les autorités provinciales.

Art. 1. — Les états ci-annexés de la population européenne de l'Algérie et de la population indigène du territoire civil et des centres de colonisation du territoire militaire, seront considérés comme seuls authentiques pendant cinq ans, à partir du 1er janv. 1867.

M^{al} DE MAC-MAHON, DUC DE MAGENTA.

Suivent les tableaux détaillés de la population dans chaque commune et localité, dont la récapitulation générale présente le résultat suivant, pour le territoire civil et les centres de colonisation en territoire militaire (1).

Province d'Alger. — Français, 51,840; — Étrangers, 37,738; — Indigènes israélites, 10.720; — Indigènes musulmans, 93,512. — Population en bloc, non compris les troupes, 7,116. — Total, 200,060.
Province d'Oran. — Français, 23,697; — Étrangers, 35,656; — Indigènes israélites, 14,784; — Indigènes musulmans, 54,658; — Population en bloc, non compris les troupes, 5,397. — Total, 146,802.
Province de Constantine. — Français, 34,582; — Étrangers, 32,297; — Indigènes israélites, 8,478; — Indigènes musulmans, 70,148; — Population en bloc, non compris les troupes, 4,403. — Total, 150,010.
Population totale de l'Algérie, 496,272, dont —132,119 Français, 95,871 étrangers. Soit 217,990 Européens. — 33,952 Israélites, 217,098 musulmans. Soit 251,050. — Plus 17,232 population en bloc, non compris les troupes.

AG. — 16-31 mai 1871. — BG. 365. — *Ajournement du dénombrement quinquennal de 1871.*

Vu l'arrêté pris par le président du conseil des ministres, chef du pouvoir exécutif de la République française, le 19 avril dernier, et aux termes duquel le dénombrement quinquennal de la population, qui devait avoir lieu en 1871, est ajourné à 1872, en raison des difficultés que présenterait actuellement cette opération; — L'arrêté du gouverneur en date du 4 févr. 1867, qui déclare authentiques pendant cinq ans, à partir du 1er janv. précédent, les états de population dressés par les autorités provinciales, en exécution du décr. du 25 avr. 1860; — Les modifications apportées à ces états de population par les arr. des 13 avr. et 24 déc. 1869, 11 août et 14 oct. 1870.

Art. 1. — Continueront à être considérés comme authentiques jusqu'au 31 déc. 1872, les états de population annexés à l'arr. du 4 févr. 1867, et modifiés par les arrêtés précités des 13 avr. et 24 déc. 1869, 11 août et 14 oct. 1870.

V.-am^{al} COMTE DE GUEYDON.

DP. — 8 mai 1872. — (V. *Contributions directes.*) — *Organisation d'un service des contributions directes et du recensement. — Institution et attributions des recenseurs.* (V. ci-après *Recenseurs.*)

RENVOIS. — V. *Table alphabétique.*

(1) Les tableaux de détail ont été, par suite de la création de communes nouvelles et modification des circonscriptions communales anciennes, modifiés pour di-

Recenseurs.

L'institution de recenseurs se lie intimement au plan général adopté par M. le gouverneur général civil comte de Gueydon, pour la substitution en territoire civil du régime civil au régime militaire, et l'administration des circonscriptions cantonales créées pour atteindre ce but. La principale des attributions énumérées dans l'arrêté du 22 août 1871, est celle relative à l'assiette de l'impôt arabe qui était jusqu'alors établie par les bureaux arabes militaires. Les résultats partiels déjà obtenus par ces employés dont la création est récente ont prouvé que, dans quelques-unes des circonscriptions formées, le chiffre de l'impôt pouvait, d'après la déclaration même des indigènes, être plus que doublé. Un décret du 8 mai 1872 crée l'institution d'un service des contributions directes et des recenseurs, dont les recenseurs dépendent spécialement pour tout ce qui a rapport à l'impôt. (V. *Contributions directes.*)

AG. — 24 juill. 1871. — (V. *Communes,* § 5). — *Création d'un emploi de recenseur permanent dans le cercle des Issers. — Objet de cette innovation.*

AG. — 22 août-18 déc. 1871. — BG. 386. — *Institution de l'emploi de recenseur. — Attributions. — Classes. — Traitement.*

Art. 1. — Un emploi de recenseur permanent est créé dans chaque commune de l'arrondissement des Issers.

Art. 2. — Le recenseur réside dans le chef-lieu de la commune.

Art. 3. — Il est chargé de consulter tous les renseignements pouvant servir à la création des registres de l'état civil, chez les indigènes, et à l'administration politique du pays; il établit les états statistiques nécessaires pour l'assiette des impôts.

Art. 4. — Le recenseur tiendra deux registres conformes aux modèles A et B, annexés au présent arrêté. — Sur le registre A il sera ouvert un article pour chaque indigène âgé de plus de seize ans; dans cet article seront indiqués: — L'âge approximatif du recensé; — Sa profession; — Son état civil (marié, veuf, non remarié ou célibataire); — Si le recensé est marié, on fera connaître combien il a de femmes et d'enfants; — Dans une colonne spéciale seront consignées les appréciations sur le degré de considération ou d'influence dont le recensé jouit dans la tribu, et s'il a subi ou non des condamnations judiciaires; — La dernière colonne de l'article qui répétera le nom du recensé donnera son signalement et le nom de la tribu à laquelle il appartient; elle sera détachée de la souche, et, une fois revêtue du cachet et de la signature du maire administrateur de la commune, sera remise à l'indigène pour lui servir de carte de sûreté ou de passe-port. Un règlement administratif déterminera dans quelles conditions cette carte doit être délivrée et quelles sont les pénalités à imposer à l'indigène qui ne pourra la représenter à toute réquisition de l'autorité; — Un nombre égal d'articles avec le numéro correspondant au registre A, sera ouvert par le recenseur sur le registre B; chacun de ces articles contiendra, outre les nom et prénoms du recensé, le nombre des chevaux, mulets, bœufs, moutons ou chèvres qu'il possède, l'étendue ap-

verses localités des trois provinces par arrêtés postérieurs des 13 avr. et 24 déc. 1869, — 11 août et 14 oct. 1870. — BG., 310, 319, 336 et 342.

proximative de la propriété qu'il cultive (étendue évaluée en *djebda*); enfin le nombre d'arbres fruitiers susceptibles d'un revenu existant sur la propriété. — Une colonne spéciale de l'article fera connaître si le recensé est possesseur d'un fusil de guerre ou de chasse ou de toutes autres armes.

Art. 5. — Dans le premier trimestre de chaque année, le recenseur est tenu d'établir de nouveaux registres A et B, en tenant compte des *mutations* survenues dans le cours de l'année précédente. Ces deux registres, une fois complétés, seront remis entre les mains du maire administrateur; le registre B sera à la disposition de tout agent ou inspecteur des finances qui le demandera. — Il devra faire annuellement des tournées, la première au commencement de décembre et la deuxième au commencement de mai. Le maire administrateur préviendra la Djemâa de la tribu où le recenseur doit opérer, pour que cette dernière ait à lui prêter son concours. Le recenseur sera accompagné de l'escorte jugée nécessaire à sa sûreté. — Pendant chacune de ses tournées, le recenseur relèvera soigneusement, pour chaque article des registres A et B, les mutations survenues d'une tournée à l'autre, en vue de l'établissement des nouveaux registres prescrits par le paragraphe précédent.

Art. 6. — Le recenseur est sous les ordres directs de l'administrateur de l'arrondissement qui pourra, outre les tournées obligatoires dont il vient d'être question, lui imposer tout travail actif ou de bureau ayant trait à ses fonctions. — (Modifié par arr. du 29 déc. 1871 ci-après.)

Art. 7. — A la fin de chaque mois, le recenseur adressera à l'administrateur de l'arrondissement un journal ou relevé sommaire des opérations de recensement et autres travaux qu'il aura effectués pendant le mois; ce journal, annoté par l'administrateur, sera transmis au Directeur des affaires civiles. — (Modifié par arr. du 29 déc. 1871 ci-après.) — Les inspecteurs des contributions ou inspecteurs des finances pourront vérifier partiellement ou en totalité, à des époques indéterminées, les états statistiques B, établis par le recenseur; cette vérification donnera lieu à des rapports critiques qui, après avoir été revêtus des réponses du recenseur et des observations de l'administrateur de l'arrondissement seront adressés au Directeur général des affaires civiles.

Art. 8. — Il est créé trois classes de recenseurs; le traitement fixe affecté à la 3ᵉ cl. est de 2,500 fr.; à la 2ᵉ cl., 3,000 fr.; à la 1ʳᵉ cl., 3,500 fr. En outre, chaque recenseur touche annuellement une indemnité de 1,000 fr. pour frais de tournées. Et enfin, une somme de 500 fr. est allouée à chaque recenseur à son entrée en fonctions pour achat d'un cheval et de l'équipement nécessaire pour faire ses tournées. Cette somme, une fois payée, le recenseur ne pourra réclamer aucune indemnité, soit pour changement de résidence ou autres motifs. (Modifié par arr. du 14 mars 1872 ci-après.)

Art. 9. — Dans aucun cas, le recenseur ne peut demander aux indigènes ou accepter d'eux la Diffa ou l'Alfa. — Il ne pourra, sans les payer, leur demander aucun service qui lui soit personnel. — Toute infraction à cet article entraînerait la révocation immédiate du recenseur.

Art. 10. — Les recenseurs sont nommés par le Gouverneur général civil de l'Algérie, sur la présentation du Directeur des contributions.

Art. 11. — Les employés des divers services administratifs de l'Algérie peuvent être nommés recenseurs, pourvu qu'ils soient bien notés, qu'ils parlent couramment la langue arabe. Ils seront considérés comme détachés provisoirement de leur

administration; ils ne cesseront pas d'en faire partie et de concourir pour l'avancement.

V.-amᵃˡ COMTE DE GUEYDON.

AG. — 11 sept. 1871. — (Communes, § 5.) — Art. 6. — *Institution en principe d'un ou plusieurs recenseurs dans chaque circonscription cantonale de la Grande Kabylie.*

AG. — 14 sept. — 18 déc. 1871. — BG. 586. — *Nomination d'un recenseur pour la commune de Palestro.*

AG. — 29-31 déc. 1871. — BG. 593. — *Modifications à l'arr. organique du 22 août 1871 ci-dessus.*

Art. 1. — L'art. 6 et le § 1 de l'art. 7 de l'arr. du 22 août 1871, qui a créé l'emploi de recenseur, sont modifiés ainsi qu'il suit:

Art. 6.

Les recenseurs sont sous les ordres directs du chef de service du cadastre de chaque département, qui pourra, outre les tournées obligatoires dont il vient d'être question, leur imposer tout travail actif ou de bureau ayant trait à leurs fonctions.

Art. 7, § 1.

A la fin de chaque mois, les recenseurs adresseront au chef du service du cadastre de leur département, un journal ou relevé sommaire des opérations de recensement et autres travaux qu'ils auront effectués pendant le mois.

V.-amᵃˡ COMTE DE GUEYDON.

AG. — 30 déc. 1871. — (Communes, § 5.) — *Nomination d'un recenseur de 3ᵉ cl. dans chacune des circonscriptions des Issers, de Dellys et de Drâ-el-Mizan.*

AG. — 14-15 mars 1872. — BG. 406. — *Modification à l'art. 8 de l'arr. du 22 août 1871.*

Considérant qu'il convient de proportionner la rétribution des recenseurs au travail qui incombe à chacun d'eux; — Vu l'arr. du 22 août 1871;

Art. 1. — L'art. 8 de l'arrêté précité est modifié ainsi qu'il suit:

Art. 8.

La classification et le traitement des recenseurs sont déterminés de la manière suivante:

Recenseurs principaux:

1ʳᵉ classe à 3,000 fr. de traitement fixe.		
2ᵉ classe à 2,700	Id.	
3ᵉ classe à 2,400	Id.	

Recenseurs ordinaires:

1ʳᵉ classe à 2,100	Id.	
2ᵉ classe à 1,800	Id.	
3ᵉ classe à 1,500	Id.	

Recenseurs adjoints:

Classe unique à 1,200 | Id.

Chaque recenseur a droit, en outre, aux indemnités ci-après:

1° A une première mise de 500 fr. pour achat de cheval et d'équipement. Cette somme une fois payée, le recenseur n'aura à réclamer aucune indemnité, soit pour perte de cheval, soit à titre de changement de résidence, ou pour tout autre motif;

2° A une indemnité annuelle de 1,200 fr. pour frais de tournées;

3° A des indemnités variables, calculées à raison de 0 fr. 05 par hectare de la superficie des territoires recensés et de 0 fr. 10 c. par bulletin de recensement de chef de famille.

Art. 2. — Le directeur général des affaires civiles et financières est chargé de l'exécution du présent arrêté.

V.-am¹ COMTE DE GUEYDON.

AG. — 22-23 mars 1872. — BG. 407. — *Classification des recenseurs déjà nommés et nominations nouvelles.*

Vu l'arr. du 22 août 1871, — Et l'arr. du 14 courant; — Attendu que, d'une part, il importe de mettre la situation des recenseurs nommés à ce jour en concordance avec la nouvelle classification adoptée pour les emplois; — Attendu, d'autre part, qu'il est urgent de constituer d'une manière complète le personnel de la province d'Alger;

Art. 1 et 2. — Nominations.

Art. 3. — La liquidation de la solde et des émoluments variables, tels que les a déterminés l'arr. du 14 courant, aura lieu, à savoir : pour les agents déjà en fonctions, à partir du 1ᵉʳ avril prochain ; pour les recenseurs nouvellement nommés, à dater de leur entrée en fonctions, qui devra avoir lieu dans le plus bref délai.

V.-am¹ COMTE DE GUEYDON.

DP. — 8 mai 1872. — (V. *Contributions directes.*) — *Organisation du service des contributions directes et du recensement. — Attributions des recenseurs.*

AG. — 10 avril 1872. — (V. suprà *Impôt arabe,* § 1, 1°.) — *Pénalité contre les indigènes pour fausses déclarations en matière de recensement.*

Receveurs des contributions. V. TABLE ALPHABÉTIQUE.

Receveurs municipaux. V. *ibid.*

Recrutement.

La question de l'application aux français nés en Algérie, de la loi du 21 mars 1832, sur le recrutement, a déjà été indiquée au 2ᵉ volume p. 385. Une circulaire du gouverneur général, du 21 déc. 1851, faisait connaître une décision du ministre de la guerre, de laquelle il résultait que, dans un intérêt de peuplement et de colonisation, la loi ne serait pas déclarée exécutoire jusqu'à nouvel ordre.

Un arrêt de la Cour de Paris en date du 18 mars 1868, est venu, depuis, consacrer le même principe, bien que le fait particulier qu'il s'agissait d'apprécier semblât se prêter moins favorablement qu'un autre à cette solution, puisque l'appelant, né de parents étrangers, avait, à sa

majorité, rempli les formalités légales pour réclamer la qualité de français, qu'il s'était fait inscrire le même jour sur le tableau de recensement de la classe à laquelle il appartenait, en exécution du § 2 de l'art. 2 de la loi de 1832, qu'il avait tiré au sort, et que c'était seulement après avoir eu un numéro qui le forçait à partir qu'il avait pensé à exciper de la qualité de français algérien (1).

Redevances. V. MINES.

Réfractaires. V. TABLE ALPHABÉTIQUE.

Réfugiés. V. *ibidem.*

Remèdes secrets. V. *ibidem.*

Rentes. V. *ibidem.*

Réquisitions. V. *ibidem.*

Responsabilité (des communes, des propriétaires). V. *ibidem.*

Ressorts administratifs et judiciaires. V. *ibidem.*

Retraites. V. *ibidem.*

Réunions publiques.

Circ. M. — 13 juin 1871. — (Publié au *Moniteur de l'Algérie* du 21 juin.) — *Rappel des prescriptions de la loi du 6 juin 1868. — Instructions aux procureurs généraux.*

M. le procureur général, j'apprends, par les réclamations du ministère de l'intérieur, que, dans certains départements, la loi du 6 juin 1868 semble être tombée en oubli. — Des réunions publiques ayant un caractère politique y sont organisées sans autorisation préalable. — Des réunions publiques non politiques ont lieu sans que les déclarations préalables soient faites à l'autorité administrative locale. — La loi existe et doit être rigoureusement observée; je vous prie d'y tenir la main. — Quand une réunion publique vous sera signalée, vous voudrez bien vous assurer auprès de l'autorité administrative si les formalités voulues ont été remplies. Dans le cas d'irrégularité, vous n'hésiterez pas à intenter des poursuites. Le respect de la légalité est la condition essentielle de la vie sociale. Son mépris est la plaie de notre civilisation. — Veuillez communiquer mes instructions aux préfets de votre ressort, dont quelques uns m'ont personnellement consulté. Ils verront dans quelle mesure ils doivent compter sur votre concours en cette matière.

Le ministre de la justice,

DUFAURE.

---

(1) JURISPRUDENCE. — Considérant que N..., appelant, est né le 20 oct. 1845, à Mascara, de parents étrangers, habitant Mascara; — que son père résidait et a continué de résider dans cette commune, où il est conseiller municipal, qu'il n'a pas eu d'autre résidence ou domicile; — que l'appelant était de droit domicilié chez son père jusqu'à sa majorité, et que ce domicile subsiste tant qu'il n'a pas été légalement changé; — qu'en 1864, l'appelant habitait Paris où il prenait des inscriptions de droit le 15 novembre 1864 au 4 juill. 1867; — qu'ayant atteint sa majorité le 20 oct. 1866, il a, le 11 janv. suiv., devant le maire du 6ᵉ arrondissement de Paris, fait la déclaration prescrite par l'art. 9, C. Civ., pour réclamer sa qualité de Français; — que la volonté exprimée par lui de fixer son domicile en France, s'applique aussi bien à l'Algérie qu'à tout autre partie du territoire français, et n'implique nullement l'in-

tention d'abandonner son domicile d'origine et d'en choisir un autre; — Consid. que par l'effet de cette déclaration, l'appelant est réputé avoir toujours été Français-Algérien; qu'il n'a point perdu cette qualité; — qu'en conséquence il n'est pas soumis à la loi du recrutement du 21 mars 1832, laquelle, par des motifs d'intérêt public, n'a pas été promulguée en Algérie; — Consid. que si l'appelant a été inscrit à Paris sur les tableaux de recensement de la classe 1866 et s'il a pris part le 8 févr. 1867 au tirage au sort, ces faits, en les supposant volontaires de sa part, n'ont pu porter atteinte à sa situation légale, lui retirer la qualité de Français-Algérien, ni le priver des immunités qui en résultent; — par ces motifs, dit que N... est Français-Algérien et n'est pas soumis à la loi de recrutement. — *Cour de Paris,* 18 mars 1868. — Dalloz, 1869, 2, 56. — Robe, 1870, p. 50.

Loi du 6 juin 1868 (1).

TIT. 1. — *Des réunions publiques non politiques.*

Art. 1. — Les réunions publiques peuvent avoir lieu sans autorisation préalable, sous les conditions prescrites par les articles suivants. — Toutefois, les réunions publiques ayant pour objet de traiter de matières politiques ou religieuses continuent à être soumises à cette autorisation.

Art. 2. — Chaque réunion doit être précédée d'une déclaration signée par sept personnes domiciliées dans la commune où elle doit avoir lieu et jouissant de leurs droits civils et politiques. — Cette déclaration indique les noms, qualités et domiciles des déclarants, le local, le jour et l'heure de la séance, ainsi que l'objet spécial et déterminé de la réunion. — Elle est remise, à Paris, au préfet de police ; dans les départements, au préfet ou au sous-préfet. — Il en est donné immédiatement un récépissé qui doit être représenté à toute réquisition des agents de l'autorité. — La réunion ne peut avoir lieu que trois jours francs après la délivrance du récépissé.

Art. 3. — Une réunion ne peut être tenue que dans un local clos et couvert. Elle ne peut se prolonger au-delà de l'heure fixée par l'autorité compétente pour la fermeture des lieux publics.

Art. 4. — Chaque réunion doit avoir un bureau composé d'un président et de deux assesseurs au moins qui sont chargés de maintenir l'ordre dans l'assemblée et d'empêcher toute infraction aux lois. Les membres du bureau ne doivent tolérer la discussion d'aucune question étrangère à l'objet de la réunion.

Art. 5. — Un fonctionnaire de l'ordre judiciaire ou administratif, délégué par l'administration, peut assister à la séance. Il doit être revêtu de ses insignes et prend une place à son choix.

Art. 6. — Le fonctionnaire qui assiste à la réunion a le droit d'en prononcer la dissolution : 1° Si le bureau, bien qu'averti, laisse mettre en discussion des questions étrangères à l'objet de la réunion ; 2° Si la réunion devient tumultueuse. Les personnes réunies sont tenues de se séparer à la première réquisition. Le délégué dresse procès-verbal des faits et le transmet à l'autorité compétente.

Art. 7. — Il n'est pas dérogé par les art. 5 et 6 aux droits qui appartiennent aux maires en vertu des lois existantes.

TIT. 2. — *Des réunions publiques électorales.*

Art. 8. — Des réunions électorales peuvent être tenues à partir de la promulgation du décret de convocation d'un collège pour l'élection d'un député au Corps législatif jusqu'au cinquième jour avant celui fixé pour l'ouverture du scrutin. Ne peuvent assister à cette réunion que les électeurs de la circonscription électorale, et les candidats qui ont rempli les formalités prescrites par l'art. 1 du Sén.-Cons. du 17 févr. 1858. Ils doivent, pour y être admis, faire connaître leurs nom, qualité et domicile. La réunion ne peut avoir lieu qu'un jour franc après la délivrance du récépissé qui doit suivre immédiatement la déclaration. Toutes les autres prescriptions des art. 2, 3, 4, 5 et 6 sont applicables aux réunions électorales.

TIT. 3. — *Dispositions générales.*

Art. 9. — Toute infraction aux prescriptions des art. 2, 3 et 4 et des §§ 1, 2 et 4 de l'art. 8 constitue une contravention punie d'une amende de 100 fr. à 3000 fr., et d'un emprisonnement de 6 jours à 6 mois. Sont passibles de ces peines : 1° Ceux qui ont fait une déclaration ne remplissant pas les conditions prescrites par l'art. 2, si cette déclaration a été suivie d'une réunion ; 2° ceux qui ont prêté ou loué le local pour une réunion, si la déclaration n'a pas été faite, ou si le local n'est pas conforme aux prescriptions de l'art. 3 ; 3° Les membres du bureau, ou, si aucun bureau n'a été formé, les organisateurs de la réunion, en cas d'infraction aux art. 2, 3, 4 et 8, §§ 1 et 4 ; 4° Ceux qui se sont introduits dans une réunion électorale en contravention au § 2 de l'art. 8. Sans préjudice des poursuites qui peuvent être exercées pour tous crimes ou délits commis dans ces réunions publiques et de l'application des dispositions pénales relatives aux associations ou réunions non autorisées.

Art. 10. — Tout membre du bureau ou de l'assemblée qui n'obéit pas à la réquisition faite à la réunion par le représentant de l'autorité d'avoir à se disperser est puni d'une amende de 300 fr. à 6000 fr. et d'un emprisonnement de 15 jours à 1 an, sans préjudice des peines portées par le Code pénal pour résistance, désobéissance et autres manquements envers l'autorité publique.

Art. 11. — Quiconque se présente dans une réunion avec des armes apparentes ou cachées est puni d'un emprisonnement de 1 mois à 1 an et d'une amende de 300 fr. à 10,000 fr.

Art. 12. — L'art. 463 C. pén. est applicable aux délits et aux contraventions prévus par la présente loi.

Art. 13. — Le préfet de police à Paris, les préfets dans les départements, peuvent ajourner toute réunion qui leur paraît de nature à troubler l'ordre ou à compromettre la sécurité publique. L'interdiction de la réunion ne peut être prononcée que par décision du ministre de l'intérieur.

Art. 14. — Sont abrogées les lois et décrets antérieurs, en ce qu'ils ont de contraire à la présente loi.

Revendeurs. V. TABLE ALPHABÉTIQUE.

Revenus (communaux, publics). V. *ibidem.*

---

(1) Le droit de réunion avait été réglementé par les art. 291 à 294, C. Pén., et par la loi du 10 avr. 1834, mais seulement en ce qui concernait les associations. Un décret du 25 mars 1852 déclara que les trois premiers articles de cette loi, ainsi que les articles précités du Code Pénal seraient applicables à l'avenir aux réunions publiques, de quelque nature qu'elles fussent; et un autre décret du 11 mai de la même année (V. 629) rendit ces dispositions exécutoires en Algérie. — La loi du 6 juin 1868, sans rien changer à la loi de 1834 en ce qui concerne les associations illicites, s'applique aux réunions publiques se produisant à l'état de fait accidentel et temporaire, sans les caractères de permanence et d'organisation qui constituent et caractérisent les associations. Elle abroge donc les décrets de 1852 en les remplaçant par des dispositions nouvelles. — Il en résulte,

aux termes de la jurisprudence de la Cour de cassation (V. supra, *Promulgation*), que modifiant une loi ou un décret déjà exécutoire en Algérie, la loi nouvelle y devient également exécutoire sans promulgation spéciale.

Autrement une simple circulaire ministérielle, insérée au *Moniteur de l'Algérie*, n'aurait pu lui conférer ce caractère ; en premier lieu, parce qu'un décret est nécessaire pour qu'une loi, faite pour la métropole, soit exécutoire dans les colonies; en second lieu, parce que l'insertion d'un acte législatif, même dans la partie officielle du *Moniteur de l'Algérie*, peut bien constituer un moyen de publicité, mais non un mode de promulgation légale, celle-ci ne pouvant résulter que de l'insertion au *Bulletin officiel des actes du Gouvernement*. (Décr. du 27 oct. 1858, art. 1. — I, 37.)

Rivières. V. Associations syndicales.

Roulage (1).

AG. — 22 fév.-30 mars 1868. — BG. 260. — *Promulgation de l'arr. ministériel du 20 avril 1866 concernant la circulation des locomotives sur les routes.*

Vu l'arr. min. du 20 avril 1866 portant réglement pour la circulation des locomotives sur les routes ordinaires; — Le décr. du 5 nov. 1855, l'arr. min. en date du même jour et les arrêtés du gouverneur général, des 10 avril 1862 et 18 août 1865, concernant la police du roulage en Algérie (II, 255); — Le décr. du 23 juill. 1860, rendant exécutoire en Algérie la loi du 21 juill. 1856, concernant les contraventions aux réglements sur les appareils à vapeur; et le décr. du 22 févr. 1865, rendant exécutoire en Algérie le décr. du 25 janv. précédent, portant réglement sur les chaudières à vapeur (II, 141); — Vu les diverses pièces de l'enquête administrative à laquelle il a été procédé relativement à l'utilité de l'application en Algérie de l'arrêté sus-visé du 20 avril 1866; — Les décr. des 10 déc. 1860 et 7 juill. 1864 (*Admin. gén.* II, 4); — Le conseil du gouvernement entendu,

Art. 1. — L'arrêté ministériel sus-visé, du 20 avril 1866, concernant la circulation des locomotives sur les routes ordinaires, sera promulgué en Algérie, pour y recevoir son application sous les modifications suivantes:

Art. 2. — La circulation des locomotives sur les routes ordinaires pourra être interdite, chaque année, du 1er juin au 1er oct.

Art. 3. — Les arrêtés d'autorisation ou d'interdiction de circulation des locomotives sur les routes ordinaires seront rendus, dans tous les cas, par le gouverneur général.

Mal DE MAC-MAHON, DUC DE MAGENTA.

Arrêté ministériel du 20 avril 1866.

Vu, etc.;

Art. 1. — L'emploi des locomotives sur les routes autres que les chemins de fer est soumis aux dispositions suivantes:

Tit. 1. — *Autorisation à obtenir pour faire circuler les locomotives.*

Art. 2. — Toute personne qui voudra établir un service par locomotives pour le transport, soit des voyageurs, soit des marchandises, devra se pourvoir d'une autorisation qui sera délivrée par le préfet, si le service est compris dans un seul département, ou par le ministre des travaux publics, s'il en embrasse deux ou un plus grand nombre.

Art. 3. — La demande qui sera adressée à cet effet au préfet ou au ministre devra indiquer: — 1° L'itinéraire détaillé que le pétitionnaire a l'intention de suivre; — 2° Le poids des wagons chargés et celui des machines, avec leur approvisionnement, et, pour ces dernières, la charge de chaque essieu; — 3° La composition habituelle des trains et leur longueur totale, machine comprise.

Art. 4. — Cette demande sera immédiatement communiquée aux ingénieurs des ponts-et-chaussées et, si l'itinéraire comprend des chemins vicinaux, aux agents-voyers des départements traversés, qui seront appelés à donner leur avis, eu égard à l'état des routes et chemins que les locomotives doivent parcourir, ainsi qu'à la nature des ouvrages d'art qui se trouvent sur le parcours. — Sur le vu de ces avis, les préfets statuent par des arrêtés spéciaux. — Dans le cas où la décision est réservée au ministre, les préfets lui renvoient les demandes, avec l'instruction dont elles auront été l'objet et leur avis personnel, pour y être statué ce que de droit.

Art. 5. — L'arrêté d'autorisation déterminera les conditions particulières auxquelles le permissionnaire sera soumis, indépendamment des prescriptions générales du présent réglement. — Il fixera notamment le maximum, tant de la charge par essieu de locomotive, que de la longueur du convoi. — A moins de circonstances exceptionnelles qui nécessiteraient une réduction, la charge pourra être portée à 8,000 kilogrammes et la longueur du convoi à 25 mètres. — L'arrêté pourra d'ailleurs autoriser, lorsqu'il y aura lieu, des charges plus fortes et des longueurs de convoi plus grandes. — Enfin il prescrira les précautions spéciales à prendre au passage des ponts suspendus et autres ouvrages d'art.

Art. 6. — Les arrêtés des préfets qui refuseraient les autorisations demandées pourront être l'objet d'un recours devant le ministre. — Les arrêtés qui auront autorisé la circulation sur des routes impériales et départementales devront, dans tous les cas, être portés à sa connaissance.

Tit. 2. — *Mise en circulation des locomotives.*

Art. 7. — Les machines locomotives ne pourront circuler sur les routes autres que les chemins de fer qu'autant qu'elles satisferont, en ce qui concerne leurs générateurs, aux prescriptions du décret du 25 janvier 1865, et qu'après l'accomplissement des conditions spéciales ci-après déterminées.

Art. 8. — Elles seront munies de: 1° d'un appareil de changement de marche; 2° d'un frein assez puissant pour empêcher le mouvement de l'essieu moteur sous l'action de la vapeur, au maximum de pression que comporte la chaudière; — 3° D'un avant-train mobile autour d'une cheville ouvrière, ou de tout autre mécanisme équivalent permettant de tourner avec facilité dans les courbes de petit rayon.

Art. 9. — Le foyer de la chaudière devra être établi de manière à brûler sa fumée. — Des dispositions seront prises pour empêcher la projection des escarbilles par le cendrier et par la cheminée.

Art. 10. — La largeur de la machine, entre ses parties les plus saillantes, ne devra pas excéder 2 m. 50 c. — Les bandages des roues devront être à surface lisse, sans aucune saillie.

Art. 11. — Aucune locomotive ne pourra être mise en service qu'après avoir été visitée par les ingénieurs des mines, et, à défaut, les ingénieurs des ponts-et-chaussées. En cas d'empêchement, ces ingénieurs pourront se faire remplacer par les agents sous leurs ordres. Ils s'assureront que la machine remplit les conditions prescrites par les art. 7 à 10 ci-dessus. Ils pourront exiger, lorsqu'ils le jugeront nécessaire, qu'elle soit soumise à une expérience qui leur permette de constater l'efficacité des appareils dont elle doit être

(1) Jurisprudence. — En Algérie, c'est aux conseils de préfecture qu'il appartient, conformément au décr. du 5 nov. 1855, de connaître des contraventions constatées sur toute voie publique, relativement au nombre des chevaux qui peuvent être attelés à une voiture, et il n'y a pas lieu de distinguer à cet égard entre les voies de la grande ou de la petite voirie. — Cons. d'État, 6 juill. 1865, qui statuant par réglement de conflit négatif résultant d'un arrêté de conseil de préfecture et d'un jugement du tribunal correctionnel de Constantine, annule l'arrêté par lequel le conseil de préfecture s'était déclaré incompétent.

pourvue et son aptitude au service auquel elle est destinée.

TIT. 3 — *Marche et conduite des trains.*

Art. 12. — La vitesse en marche ne dépassera pas vingt kilomètres à l'heure. Cette vitesse devra d'ailleurs être réduite à la traversée des lieux habités ou en cas d'encombrement sur la route. — Le mouvement devra également être ralenti, ou même arrêté, toutes les fois que l'approche d'un train, en effrayant les chevaux ou autres animaux, pourrait être cause de désordres ou occasionner des accidents.

Art. 13. — L'approche du train devra être signalée au moyen d'une trompe, d'une corne ou de tout autre instrument du même genre, à l'exclusion du sifflet habituellement employé dans les locomotives qui circulent sur les chemins de fer.

Art. 14. — Pendant la nuit, le train portera à l'avant un feu rouge et à l'arrière un feu vert. Ces feux devront être allumés une demi-heure après le coucher du soleil, et ne pourront être éteints qu'une demi-heure avant son lever.

Art. 15. — Deux hommes devront être exclusivement attachés au service de la machine. Il y aura, en outre, un conducteur préposé à la manœuvre d'un frein placé à l'arrière du train toutes les fois que la machine remorquera plus d'un véhicule. Ce frein sera d'une puissance suffisante pour retenir le train entier, sauf la machine, sur les pentes les plus fortes que présentera le parcours.

Art. 16. — Le machiniste devra se ranger à droite à l'approche de toute autre voiture, de manière à laisser libre au moins la moitié de la chaussée.

Art. 17. — Les locomotives et leurs trains ne pourront stationner d'une manière prolongée et sans nécessité sur la voie publique. Ils devront être remisés aux deux extrémités de leur parcours. — L'alimentation d'eau et de charbon ne pourra se faire sur la voie publique qu'à la condition de ne point entraver la circulation. — Il est expressément interdit d'y opérer le décrassage des grilles.

Art. 18. — La largeur du chargement des voitures ne devra pas excéder 2 m. 50 c. Toutefois, il pourra être accordé, par les préfets des départements traversés, des permis spéciaux de circulation pour des objets d'un grand volume, qui ne seraient pas susceptibles d'être chargés dans ces conditions.

Art. 19. — Les locomotives et les voitures porteront sur une plaque métallique, en caractères apparents et lisibles, le nom et le domicile de l'entrepreneur de transports. Chaque machine aura en outre un numéro d'ordre ou un nom particulier.

TIT. 4. — *Dispositions générales.*

Art. 20. — Pour ce qui n'est pas expressément réglé par le présent arrêté, les machines locomotives, ainsi que les voitures qu'elles remorqueront, seront soumises, en tout ce qui leur est applicable, aux dispositions des lois et règlements sur la police du roulage, notamment à celles des tit. 1 et 5 du décr. du 10 août 1852.

Art. 21. — Les ingénieurs des ponts et chaussées et les ingénieurs des mines, ainsi que les agents sous leurs ordres, dûment commissionnés, sont chargés, sous la direction des préfets, et avec le concours des autorités locales, de la surveillance relative à l'exécution des mesures prescrites par le présent règlement.

Art. 22. — Les contraventions au présent règlement seront constatées, poursuivies et réprimées, suivant les cas, conformément aux lois du 30 mai 1851 et du 21 juill. 1856, ainsi qu'aux dispositions de l'art. 471 du Code pénal, sans préjudice de la responsabilité civile que les contrevenants peuvent encourir aux termes des art. 1382 et suivants du Code Napoléon.

Le ministre de l'agriculture, du commerce et des travaux publics,

ARMAND BÉHIC.

RENVOIS. — V. *Table alphabétique.*

Roulement (magistrature). V. TABLE ALPHABÉTIQUE.

Routes—Rues. V. *ibidem.*

S

Sages-femmes. V. TABLE ALPHABÉTIQUE.

Salines. V. *ibidem.*

Salpêtre. V. *ibidem.*

Salubrité publique.

DIVISION.

§ 1. — Surveillance administrative.
§ 2. — Établissements insalubres.
§ 3. — Interdictions spéciales.
§ 4. — Logements insalubres.

§ 1. — SURVEILLANCE ADMINISTRATIVE (I, 606).

§ 2. — ÉTABLISSEMENTS INSALUBRES.

DÉ. — 21 mars-30 avr. 1866. — BU. 265. — *Dépôts et magasins d'huiles minérales.*

Vu le décr. du 18 avr. 1866, portant règlement pour l'exploitation des dépôts et magasins d'huiles minérales et autres hydrocarbures.

Art. 1. — Le décr. du 18 avr. 1866 susvisé, est déclaré exécutoire en Algérie; il sera publié à cet effet à la suite du présent décret.

Décret du 18 avril 1866.

Vu les lois des 16-24 août 1790 et 19-22 juill. 1791; — Le décr. du 15 oct. 1810; — Les ord. des 14 janv. 1815 et 9 févr. 1825.

Art. 1. — Le pétrole et ses dérivés, les huiles de schiste et de goudron, les essences et autres hydrocarbures pour l'éclairage, le chauffage, la fabrication des couleurs et vernis, le dégraissage des étoffes ou pour tout autre emploi, sont distingués en deux catégories, suivant leur degré d'inflammabilité. — La première catégorie comprend les substances très-inflammables, c'est-à-dire celles qui émettent, à une température moindre de 35° du thermomètre centigrade, des vapeurs susceptibles de prendre feu au contact d'une allumette enflammée. — La seconde catégorie comprend les substances moins inflammables, c'est-à-dire celles qui n'émettent de vapeurs susceptibles de prendre feu au contact d'une allumette enflammée qu'à une température égale ou supérieure à 35°.

Art. 2. — Les usines pour la fabrication, la distillation et le travail en grand de toutes les substances comprises dans l'art. 1 sont rangées dans la 1re cl. des établissements régis par le décr. du 15 oct. 1810 et par l'ord. roy. du 14 janv. 1815, concernant les ateliers dangereux, insalubres ou incommodes.

Art. 3. — Les dépôts de substances appartenant à la 1re catégorie sont rangés dans la 1re cl. des établissements insalubres ou dangereux, s'ils contiennent, même temporairement, 1,050 litres ou plus desdites substances. — Ils sont rangés dans la 2e cl., lorsque la quantité emmagasinée, supérieure à 150 lit., n'atteint pas 1,050 lit. — Les dépôts pour la vente au détail, en quantité n'excédant pas 150 lit., peuvent être établis sans autorisation préalable. Toutefois, leurs propriétaires sont tenus d'adresser au préfet une déclaration indiquant la désignation précise du local, la quantité à laquelle ils entendent limiter leur approvisionnement, et de se conformer aux mesures générales énoncées dans l'art. 5 ci-après.

Art. 4. — Les dépôts de substances appartenant à la 2e catégorie sont rangés dans la 1re cl. des établissements insalubres ou dangereux, s'ils contiennent, même temporairement, 10,500 lit. ou plus desdites substances. — Ils appartiennent à la 2e cl. lorsque la quantité emmagasinée, supérieure à 1,050 lit., n'atteint pas 10,500 lit. — Les dépôts pour la vente au détail, en quantité n'excédant pas 1,050 lit., peuvent être établis sans autorisation préalable. Toutefois, leurs propriétaires sont tenus d'adresser au préfet une déclaration indiquant la désignation précise du local et la quantité à laquelle ils entendent limiter leur approvisionnement, et de se conformer aux mesures générales énoncées dans l'art. 5 ci-après.

Art. 5. — Les dépôts pour la vente au détail, de substances de la 1re catégorie, en quantité supérieure à 5 lit. et n'excédant pas 150 lit., et les dépôts de substances de la 2e catégorie, en quantité supérieure à 60 lit. et n'excédant pas 1,050 lit., qui, aux termes des art. 4 et 5, peuvent être établis sans autorisation préalable, sont assujettis aux conditions générales suivantes :

1° Le local du dépôt ne pourra être qu'une pièce au rez-de-chaussée ou une cave; il sera dallé en pierres posées et rejointoyées en mortier de chaux et sable ou ciment;

2° Les portes de communication avec les autres parties de la maison et avec la voie publique seront garnies de seuils en pierre saillant d'un décimètre au moins sur le sol dallé, de manière à retenir les liquides qui viendraient à se répandre;

3° Si le dépôt est établi dans une cave, celle-ci devra être bien éclairée par la lumière du jour, convenablement ventilée et sans aucune communication avec les caves voisines, dont elle sera séparée par des murs pleins, en maçonnerie solide, de trente centimètres d'épaisseur au moins;

4° Si le local du dépôt est au rez-de-chaussée, il ne pourra être surmonté d'étages; il sera largement ventilé et éclairé à la lumière du jour; les murs seront en bonne maçonnerie, et la toiture sera sur supports en fer;

5° Dans tous les cas, le local sera d'un accès facile et ne devra être en communication avec aucune pièce servant à l'emmagasinage du bois ou autres matières combustibles qui pourraient servir d'aliment à un incendie;

6° Les liquides seront conservés, soit dans des vases en métal munis d'un couvercle, soit dans des fûts solides et parfaitement étanches, cerclés en fer, dont la capacité ne dépassera pas 150 lit., soit dans des touries en verre ou en grès, revêtues d'une enveloppe en tresses de paille, osier ou autres matières de nature à mettre le vase à l'abri de la casse par le choc accidentel d'un corps dur; la capacité de ces touries ne dépassera pas 60 lit., et elles seront très-soigneusement bouchées;

7° Les vases servant au débit courant seront fermés et munis de robinets;

8° Le transvasement ou dépotage des liquides en approvisionnement ne se fera qu'à la clarté du jour, et, autant que possible, au moyen d'une pompe;

9° Dans la soirée, le local sera éclairé par une ou plusieurs lanternes fixées aux murs, en des points éloignés des vases contenant les liquides inflammables, et particulièrement de ceux qui serviront au débit courant;

10° Il est interdit d'y allumer du feu, d'y fumer et d'y garder des fûts vides, des planches ou toutes autres matières combustibles;

11° Une quantité de sable ou de terre, proportionnée à l'importance du dépôt, sera conservée dans le local, pour servir à éteindre un commencement d'incendie, s'il venait à se déclarer;

12° Le propriétaire du dépôt devra toujours avoir à sa disposition une ou plusieurs lampes de sûreté, garnies et en bon état, dont on se servirait, au besoin, pour visiter les parties du local que les lanternes fixées au mur n'éclaireraient pas suffisamment. Il est expressément interdit de circuler dans le local avec des lumières portatives découvertes qui ne seraient pas de sûreté et pourraient communiquer le feu à un mélange d'air et de vapeurs inflammables. — Les marchands en détail, dont l'approvisionnement est limité à 5 lit. de substances de la 1re catégorie, ou à 60 lit. de substances de la 2e catégorie, seront tenus d'observer les mesures de précaution qui, dans chaque cas, leur seront indiquées et prescrites par l'autorité municipale.

Art. 6. — Les dépôts qui ne satisferaient point aux conditions prescrites ci-dessus, ou qui cesseraient d'y satisfaire, seront fermés sur l'injonction de l'autorité administrative, sans préjudice des peines encourues pour contraventions aux règlements de police.

Art. 7. — Le transport de toutes les substances comprises dans l'art. 1, en quantité excédant 5 lit., sera fait exclusivement, soit dans des vases en tôle, en fer-blanc ou en cuivre, bien étanches et hermétiquement clos, soit dans des fûts en bois parfaitement étanches, cerclés en fer, dont la capacité ne dépassera pas 150 lit., soit dans des touries ou bombonnes en verre ou en grès, de 60 lit. de capacité au plus, bouchées et enveloppées de tresses en paille, osier ou autres matières de nature à mettre le vase à l'abri de la casse.

Circ. G. — 22-30 avr. 1868. — BG. 263. — *Instructions pour l'exécution du décret qui précède.*

M. le préfet, l'emploi des huiles minérales, dans l'éclairage, est d'une date assez récente; mais ses avantages, au point de vue économique, sont généralement reconnus. Malheureusement, la fabrication et le commerce de ses substances ne sont pas sans de graves dangers. De plusieurs points, dans ces derniers temps, des explosions, des incendies, leur ont été attribués, et, dès lors, le devoir de l'administration était de chercher à garantir la sécurité publique, tout en protégeant en cette matière spéciale les usages domestiques, le commerce et l'industrie.

Sur l'avis du comité consultatif des arts et manufactures, est intervenu le décr. du 18 avr. 1866, portant réglementation spéciale de l'industrie et du commerce des huiles minérales. — Ce règlement avait sa raison d'être appliqué en Algérie aussi bien que dans la Métropole. Les conseils municipaux, les chambres de commerce, les autorités provinciales avaient été unanimes pour en demander sa promulgation. — J'ai donc cru devoir provoquer cette promulgation, et c'est à cet effet qu'est intervenu le décr. du 21 mars dernier.

En conséquence, je vous adresse aujourd'hui les instructions nécessaires pour faire une saine application du nouveau règlement, qui, en France, avait d'abord donné lieu à quelques réclamations de la part des fabricants. Ces instructions sont entièrement conformes à celles données par M. le ministre de l'intérieur et aux propositions du comité consultatif des arts et manufactures. — Elles sont rédigées dans l'ordre des dispositions du décret.

1° L'art. 1 indique les substances qui sont réglées par le décret et les classe en deux catégories, d'après leur degré d'inflammabilité. Quelques explications sont nécessaires pour bien fixer la portée du § 1 de cet article. Il ne comprend pas seulement le pétrole brut ou épuré et les produits liquides désignés par la dénomination générale d'hydrocarbures, qui sont extraits, par distillation, du pétrole, du goudron de houille, des asphaltes, des schistes et autres minerais bitumineux, quel que soit le nom qu'on leur donne dans le commerce et l'industrie; il comprend encore les huiles essentielles d'origine végétale, comme l'essence de térébenthine, et les liquides formés d'un mélange de ces huiles avec de l'esprit-de-vin ou des alcools; mais il ne doit pas être étendu aux alcools eux-mêmes non dénaturés, non plus qu'à la paraffine brute ou non épurée, aux goudrons et autres résidus, solides ou pâteux, de la distillation du pétrole et des schistes bitumineux, et aux produits fabriqués avec les huiles lourdes, pour le graissage des essieux. Les dépôts de ces diverses matières et les ateliers où elles sont fabriquées ou élaborées ont été portés, quand on en a reconnu la nécessité, au tableau qui se prépare pour les établissements classés; ceux qui n'y figurent pas pourront être exploités sans autorisation préalable de l'autorité administrative, et ne seront astreints à aucune réglementation.

2° Les §§ 2 et 3 du même art. 1 indiquent que les substances ci-dessus dénommées sont de la première ou de la seconde catégorie, selon qu'elles émettent ou non, à une température moindre que 35° du thermomètre centigrade, des vapeurs susceptibles de prendre feu au contact d'une allumette enflammée, le décret laissant naturellement aux instructions le soin d'expliquer comment. les expériences doivent être conduites pour constater le degré d'inflammation.

Le procédé est simple et à la portée de tous. Il suffit, en effet, de chauffer au bain-marie le liquide à essayer, dans une capsule de 6 à 7 centimètres de diamètre et de 2 à 3 c. de profondeur. Au moment où un petit thermomètre, dont le réservoir plonge dans le liquide remplissant la capsule, marque 35° centigrades, on promène une allumette enflammée à la surface du liquide ainsi échauffé; après quoi on la plonge dans le liquide, qui est de première ou de deuxième catégorie, suivant qu'il y a ou qu'il n'y a pas inflammation de sa vapeur, ou du liquide lui-même. Il est très-facile de combiner un appareil portatif pour ces épreuves, qui peuvent être confiées à toute personne quelque peu adroite et intelligente. On peut, il est vrai, objecter contre la manière de procéder ci-dessus décrite, qu'à l'instant où le thermomètre plongé dans le liquide graduellement chauffé arrive à marquer 35°, le liquide lui-même est réellement à une température plus élevée. Si l'objection précédente était présentée par la partie intéressée, on écarterait cette cause d'erreur en chauffant tout d'abord le liquide à essayer au bain-marie, jusqu'à ce que le thermomètre marquât plus de 35° (36° ou 37° par exemple), laissant ensuite refroidir lentement et en procédant à l'essai par l'approche d'une allumette enflammée, au moment où le thermomètre serait redescendu exactement à 35°.

3° Le 3° § de l'art. 3 porte que les dépôts pour la vente au détail, en quantité n'excédant pas 150 lit. de substances de la première catégorie, peuvent être établis sans autorisation préalable; que leurs propriétaires sont seulement tenus

d'adresser au préfet une déclaration indiquant la désignation précise du local, la quantité à laquelle ils entendent limiter leur approvisionnement, et contenant l'engagement de se conformer aux mesures générales énoncées en l'art. 5. Il peut arriver qu'un dépôt dont l'approvisionnement n'est habituellement que de 150 lit. en contienne momentanément et par exception une quantité excédant ce chiffre. Cette prévision se réaliserait, par exemple, si un marchand en détail faisait venir un baril d'huile de 150 lit. avant d'avoir complètement épuisé son précédent approvisionnement. — Évidemment, dans ce cas, il n'y aura pas lieu de considérer le propriétaire du dépôt comme coupable de contravention, et de dresser un procès-verbal contre lui, pourvu que l'excédant de substances en magasin ne soit pas habituel et ne dépasse pas une limite raisonnable.

4° L'art. 5. règle les conditions d'emplacement et les dispositions que doivent remplir les dépôts pour la vente des substances de la première ou de la deuxième catégorie; mais cet article n'a pas d'effet rétroactif en ce qui concerne les établissements déjà autorisés par un acte administratif. Ainsi, les dépôts aujourd'hui existants en vertu d'une permission particulière pourront être maintenus dans les conditions prescrites par les actes d'autorisation, si les exploitants les trouvent préférables à celles du décr. du 18 avril 1860.

D'une autre part, rien ne s'opposerait à ce que les personnes qui voudraient créer de nouveaux dépôts d'huiles minérales pour la vente au détail fissent une demande d'autorisation de 2° cl., par application du décr. du 15 oct. 1810, si, à raison de circonstances locales dont MM. les préfets auraient à tenir compte, ils croyaient pouvoir obtenir cette autorisation sous des conditions moins sévères que celles de l'art. 5 du nouveau décret.

Au nombre de ces dernières conditions figure, sous le n° 2, l'obligation de garnir les portes de communication des dépôts de seuils en pierre, saillant d'un décimètre au moins sur le sol dallé, de manière à retenir les liquides qui viendraient à se répandre. Mais ces seuils, ayant pour objet d'empêcher les huiles de s'écouler au dehors, pourraient, sans inconvénient, être remplacés par quelque autre disposition équivalente, telle que la forme concave qui serait donnée au sol dallé, ou bien des pentes avec rigoles disposées de manière à amener les liquides répandus dans une citerne ou un réservoir intérieur.

5° Quant aux dépôts ouverts sans autorisation antérieurement au décr. du 18 avril, et qui ne répondraient pas aux prescriptions des n°s 5 et 6 de l'art. 5 de cet acte, des délais pourront leur être accordés pour régulariser leur position, et MM. les préfets auront à apprécier ce qu'ils pourront avoir à décider à cet égard, en tolérant, à titre provisoire, afin de ménager les intérêts privés, certains établissements qui, bien qu'irréguliers, ne compromettraient pas actuellement la sécurité publique et devraient toujours, plus tard, rentrer dans les conditions réglementaires.

6° Le n° 6 du même art. 5 veut que les liquides soient conservés ou dans des vases en métal munis d'un couvercle, ou dans des fûts solides et parfaitement étanches, dont la capacité ne doit pas dépasser 150 lit., ou enfin dans des touries en verre ou en grès, revêtues d'une enveloppe en tresses de paille, osier ou autres matières de nature à mettre le vase à l'abri de la casse, la capacité de ces touries ne devant pas excéder 60 lit. Si pourtant, dans certains cas, les liquides expédiés des lieux de production étaient renfermés dans des vases d'une contenance un peu plus grande, tels que des fûts de 170 lit. ou des touries de 70 lit. de capacité, comme il s'en rencontre quelquefois, ces récipients pourraient être exceptionnellement admis.

7° L'observation des dispositions prescrites dans les n° 7 à 12 de l'art. 5 est placée sous la surveillance des autorités municipales. En vertu du dernier § du n° 12, elles ont même à indiquer et à prescrire les mesures de précaution à prendre, suivant les cas, pour prévenir les accidents dans les petits magasins de vente au détail, dont l'approvisionnement est limité à 5 lit. de substances de la 1ʳᵉ et à 60 lit. de substances de la 2ᵉ catégorie. Elles ne devront pas perdre de vue que les petits établissements sont dispensés, en raison de leur faible importance, des conditions générales applicables aux dépôts plus considérables; elles doivent donc se borner à prescrire des mesures simples, d'une exécution facile, peu coûteuse, qui ne nécessiteront, en général, aucune construction spéciale, afin de n'apporter aucune gêne en dehors de ce qui est strictement nécessaire pour sauvegarder la sûreté du public, et surtout les marchands eux-mêmes. Le cas échéant, les intéressés auraient, d'ailleurs, le droit de se pourvoir devant MM. les préfets contre celles des conditions prescrites par l'autorité municipale qu'ils jugeraient excessives. Dans l'opinion du comité consultatif des arts et manufactures, il pourrait y avoir lieu de donner satisfaction aux réclamations des fabricants d'huiles minérales pour l'éclairage, en tolérant, au moins dans les premiers temps, à titre d'expérience, un maximum d'approvisionnement des petits magasins dont il s'agit ici, supérieur aux limites de 5 à 60 lit. fixées par le décret, et qui pourrait aller jusqu'à 20 lit. pour les substances de 1ʳᵉ et 500 lit. pour les substances de 2ᵉ catégorie; sous la réserve, toutefois, que les détaillants qui useraient de cette tolérance conserveraient ces liquides inflammables dans des récipients en métal ou des fûts en bois bien étanches et cerclés en fer, à l'exclusion des touries en verre ou en grès. L'envasselage dans des récipients solides, non fragiles et parfaitement étanches, écarte en effet beaucoup de causes d'accidents, et peut ainsi atténuer considérablement le danger inhérent à la présence d'une plus grande quantité de liquides inflammables. Vous pourrez donc, M. le préfet, dans certaines circonstances, que je vous laisse le soin d'apprécier, tolérer, à titre provisoire, que le maximum d'approvisionnement des petits magasins de détail inscrits dans le dernier § du n° 12 de l'art. 5 soient dépassés, dans les limites et sous les conditions restrictives indiquées par le comité.

L'art. 6 porte que les dépôts qui ne satisferaient pas aux conditions prescrites par les dispositions précédentes seront fermés sur l'injonction de l'autorité administrative, sans préjudice des peines encourues par contravention aux règlements de police. Le droit ainsi donné à l'autorité de faire fermer les dépôts est une mesure d'ordre public, et non une pénalité. L'administration n'aura recours à ce parti extrême qu'en cas d'urgence et de nécessité absolue. Les infractions commises par les propriétaires ou exploitants de dépôts seront d'ailleurs constatées, généralement, par des procès-verbaux réguliers, et leurs auteurs seront poursuivis devant les tribunaux de simple police.

Au sujet de l'art. 7, il reste à expliquer que l'intention du décret n'a pu être et n'a pas été d'interdire l'emploi des fûts de toute dimension qui sont ordinairement employés pour l'embarillage des huiles minérales expédiées des usines de l'intérieur dans les ports de mer aux usines d'épuration et aux grands entrepôts établis à proximité de Paris, de Marseille et sur d'autres points de l'empire. Les dispositions dudit article se rapportent seulement aux transports dirigés des usines

de fabrication ou d'épuration et des grands entrepôts vers les dépôts où se fait le débit et la vente en détail, et de ces derniers établissements chez les petits revendeurs et les consommateurs. C'est dans ce sens restreint que l'art. 7 doit être entendu et appliqué.

Mᵃˡ DE MAHON, DUC DE MAGENTA.

192. — 10 août 30 sept. 1868. — BO, 298. — *Promulgation du décr. du 31 déc. 1860 et du tableau de classement y annexé.*

Vu le déc. du 24 mars 1858, qui rend exécutoires en Algérie les décrets et ordonnances concernant les établissements insalubres, dangereux ou incommodes; — L'arr. du 20 mars 1858, relatif au classement provisoire d'établissements spéciaux à l'Algérie (I, 600); — Le décr. du 31 déc. 1860, sur le classement des établissements réputés insalubres, dangereux ou incommodes.

Art. 1. — Notre décr. du 31 déc. 1860 et le tableau de classement y annexé, complété en exécution de l'art. 2 du présent décret, sont promulgués en Algérie.

Art. 2. — Sont confirmées les dispositions de l'arr. du 2 mars 1858, qui ont rangé provisoirement : — Dans la 2ᵐᵉ cl. des établissements dangereux, insalubres ou dangereux, insalubres ou incommodes, les fabriques d'étoupes, de palmiers-nains et autres plantes textiles avec fermentation à l'air libre, ainsi que les fabriques de crin végétal, de palmiers-nains, avec peignage, teinture, cardage et fermentation à l'air libre; — Et dans la 3ᵐᵉ cl., les fabriques de pâte à papier (dite palmi-coton), tirée du palmier-nain et autres plantes textiles par des procédés chimiques, à l'exclusion de la macération et de la fermentation à l'air libre.

(V. le tableau du classement par lettre alphabétique des établissements insalubres, dangereux ou incommodes, au *Bulletin officiel.*)

§ 3. — INTERDICTIONS SPÉCIALES (I, 607).

§ 4. — LOGEMENTS INSALUBRES (II, 250).

RENVOIS. — V. *Table alphabétique.*

Santé publique

193. — 18 avr.-23 mai 1868. — BO, 207. — *Promulgation de l'art. 1 du décr. du 25 janv. 1868. — Composition des conseils sanitaires.*

Vu le décr. du 24 déc. 1850, sur l'organisation du service sanitaire; — Le décr. du 12 août 1854, qui a rendu applicables en Algérie les décrets et règlements sur le régime sanitaire de la France (I, 508); — Notre décr. du 25 janv. 1868, qui modifie celui du 24 déc. 1850, en ce qui concerne la composition des conseils sanitaires des ports de guerre et de commerce.

Art. 1. — Est rendu exécutoire en Algérie l'art. 1 de notre décret sus-visé du 25 janv. dernier, ainsi conçu :

Décret du 25 janvier 1868.

Art. 1. — Les §§ 3 et 4 de l'art. 20 du décr. du 24 déc. 1850, sont modifiés comme suit : — « Font partie de droit des conseils sanitaires avec voix délibérative... — 3° Le commandant de place pour les places de guerre, le commandant d'armes pour les places ouvertes; 4° Dans les ports militaires, le président du conseil de santé et deux officiers supérieurs de la marine désignés par le préfet maritime; dans les ports de commerce, le commissaire chargé du service maritime. »

RENVOIS. — V. *Table alphabétique.*

Sauterelles. V. TABLE ALPHABÉTIQUE.

Sauvetage. V. *ibidem.*

Secours mutuels.

A. — (Préfet d'Alger) — 28 sept. 1870, (publié au Moniteur de l'Algérie et au Recueil des actes de la préfecture). — Nomination des présidents à l'élection (1).

Considérant qu'il est conforme aux principes démocratiques d'attribuer aux membres des sociétés de secours mutuels la nomination de leur président.

Art. 1. — Les présidents des sociétés de secours mutuels, existant dans le département, seront nommés à l'élection.

Art. 2. — Les formes dans lesquelles auront lieu les élections seront déterminées par les sociétaires, réunis en assemblée générale. — A cet effet, les sociétaires seront convoqués d'urgence, par les soins de leurs bureaux, pour réviser les dispositions des statuts relatives à la nomination du président.

Art. 3. — Immédiatement après cette révision, il sera procédé à l'élection du président dans les formes qui auront été adoptées par les sociétaires.

Dr A. WARNIER.

RENVOIS. — V. Table alphabétique.

Secours de route. V. ASSISTANCE PUBLIQUE.

Séquestre.

DIVISION.

§ 1. — Législation spéciale.
§ 2. — Arrêtés spéciaux de séquestre.

§ 1. — LÉGISLATION SPÉCIALE (2).

ACB. — 31 mars 31 mai 1871. — BG. 565. — Séquestre général et collectif sur les biens de toute nature appartenant aux indigènes insurgés (texte en arabe à la suite).

Vu l'ord. du 31 oct. 1845, art. 10 et s.; — La

---

(1) Cette décision peut être excellente, mais le préfet avait-il le pouvoir d'abroger ainsi de sa seule autorité l'art. 1 du décr. du 28 janv. 1860 (I, 611), ayant en Algérie force de loi (V. suprà, Législation, § 2-5°, note de jurisprudence).

(2) JURISPRUDENCE. — Arrêté du 1er déc. 1840 et ord. du 31 oct. 1845 (I, 612 et notes). — Ajouter les décisions suivantes :

1° Compétence administrative. — Le séquestre de guerre est une mesure de haute administration, dont la mainlevée doit être prononcée préalablement à toute instance en revendication des biens séquestrés et ne peut être ordonnée que par le ministre de la guerre (ord. du 31 oct. 1845, art. 5). — En conséquence, l'autorité judiciaire doit se déclarer incompétente pour statuer sur l'action en revendication d'un bien frappé de séquestre en Algérie, tant que la mainlevée de séquestre n'a pas été prononcée par le pouvoir compétent. — Cass., 13 fév. 1856. — Dalloz, 1856, 1. 460. — Rejet d'un pourvoi formé contre un arrêt de la Cour d'Alger, dont la jurisprudence est constante à cet égard. — V. de nombreuses décisions en matière de séquestre rendues de 1834 à 1854 et insérées dans le recueil Jurisprudence de la Cour d'Alger, par M. DE MÉNERVILLE.

2° Vente par un indigène d'un immeuble frappé de séquestre sur lui en 1841. — Déchéance de l'action en revendication par l'État si elle ne s'est produite qu'en 1859 après les délais fixés par l'art. 12 de la loi du 16 juin 1851. — Cass., 21 déc. 1862 (V. Propriété, II, 185, note).

3° Compétence judiciaire. — Preuve du séquestre. — Il n'appartient qu'à l'autorité administrative de statuer sur le point de savoir si un immeuble en Algérie a été frappé du séquestre autorisé par l'ord. réglementaire du 31 oct. 1845, et, en cas d'affirmative, d'ordonner la mainlevée de ce séquestre. — Mais, lorsque sur une action en revendication ou en dommages-intérêts, intentée contre l'État par un individu qui prétend que sa propriété a été irrégulièrement occupée, le préfet oppose l'existence d'un séquestre qui grèverait cette propriété, et que devant le conseil d'État, appelé à régler le conflit élevé dans cette instance, il est dès à présent constaté que ce prétendu séquestre n'existe pas, il n'y a pas lieu de réserver pour l'autorité administrative la connaissance d'une question préjudicielle, qui, en fait, ne se présente pas. — Cons. d'État, 12 déc. 1863, aff. Cély. — Dalloz, 1865, 3. 54.

4° Compétence administrative. — Le séquestre de guerre est une mesure essentiellement politique. Par suite, toutes les questions relatives à son application, à sa portée, et à la mainlevée totale ou partielle qui en est demandée sont de la compétence de l'autorité administrative. — Spécialement, les tribunaux civils sont incompétents pour statuer sur une action en payement d'arrérages de rente dirigée par des vendeurs contre les acquéreurs, alors que l'État intervient dans la cause et invoque un acte de séquestre (arrêté de déc. 1840, art. 15, 17, 19 et 26).

— Cour d'Alger, 21 nov. 1866, aff. Djaffar. — Robe, 1860, p. 208. — Jugé de même, Cour d'Alger, 23 nov. 1865. — Robe, 1865, p. 170.

5° Déchéance de la demande en mainlevée. — Attribution définitive à l'État. — Lorsqu'un immeuble a été séquestré par l'administration et que la demande en mainlevée n'a pas été présentée dans les délais prescrits par l'arr. du 1er déc. 1840 et l'ord. du 31 oct. 1845, il est définitivement acquis au domaine de l'État. Cette déchéance peut être invoquée par un tiers détenteur, alors même qu'il ne tiendrait pas ses droits de l'État. — Lorsque l'État, devenu ainsi propriétaire d'un immeuble séquestré, renonce en faveur d'un tiers détenteur, à exercer son droit de propriété, cette renonciation ne constitue pas une mainlevée de séquestre, mais forme une véritable transmission de propriété au profit de ce dernier. — Ce serait contre l'État seul que l'ancien propriétaire de l'immeuble séquestré, pourrait avoir une action en indemnité à exercer devant la juridiction compétente. — Cour d'Alger, 23 nov. 1865. Aff. Sefia. — Robe, 1865, p. 170.

6° Compétence administrative. — Les tribunaux civils sont incompétents pour ordonner la levée du séquestre sous lequel ont été placés, en Algérie, des biens immeubles qui ont été frappés de cette mesure après la conquête, comme appartenant au Dey d'Alger, aux Beys ou aux Turcs sortis du territoire de la régence; et ce, alors même que le revendiquant prétendrait que les immeubles litigieux ne rentraient pas dans cette catégorie; au gouvernement seul il appartient d'ordonner la levée du séquestre. — Cass., 2 janv. 1866. Aff. Caussidou. — Dalloz, 1866, 1. 177. — Robe, 1861, p. 13.

7° Compétence judiciaire. — Biens confisqués par le gouvernement turc antérieurement à la conquête. — Action en revendication. — Allégation sans preuve du fait de confiscation. — Cons. d'État, 22 déc. 1853 et 17 mai 1865. Aff. Mustapha Pacha et Bou Akkas. — (V. Domaine, suprà, p. 128.)

8° Compétence judiciaire. — Action en partage de biens indivis avec le domaine, même lorsque l'État prétendrait tenir son droit d'un séquestre, sauf à surseoir au fond jusqu'à ce que l'autorité administrative ait statué sur la validité du séquestre. — Cons. d'État, 28 mai 1868. — (V. Domaine, ibidem.)

9° Demande en mainlevée de séquestre. — La pétition présentée par un indigène de l'Algérie à l'effet d'obtenir la remise de ses biens séquestrés doit être considérée comme une réclamation par voie gracieuse, et non comme un litige pouvant donner lieu à l'action en retrait litigieux. — Cass., 29 juill. 1868. Aff. Cély. — Dalloz, 1869, 1. 574.

10° Compétence judiciaire. — Preuve du séquestre. — Jugé comme au n° 3 que s'il n'appartient en principe qu'à l'autorité administrative d'interpréter les arrêtés de séquestre, légalement pris par le gouverneur général de l'Algérie, les tribunaux judiciaires ne peuvent être tenus de se dessaisir de cette question préjudicielle qu'autant que l'État justifie, devant eux, d'une manière suffisante, de l'existence du séquestre invoqué. — Spécialement,

loi du 16 juin 1851, art. 22, § 2, et le Sén.-Cons. du 22 avr. 1863, art. 7; (I, 614-503; II, 186).

Art. 1. — Sont ou seront frappés de séquestre, les biens de toute nature, collectifs ou individuels, des tribus ou des indigènes qui auront commis ou commettront les actes d'hostilité déterminés par l'art. 10 de l'ord. du 31 oct. 1845, ainsi conçu (V.I. 615) :

Art. 2. — La disposition générale de l'art. 1 sera ultérieurement régularisée par des arrêtés spéciaux et nominatifs, rendus sur les propositions des autorités compétentes.

Art. 3. — Le présent arrêté, qui est soumis à l'approbation du ministre de l'Intérieur, est exécutoire par provision.

Art. 4. — Les préfets des départements et les administrateurs des territoires dits militaires, sont chargés, dans leur ressort administratif, et chacun en ce qui le concerne, d'assurer l'exécution du présent arrêté, qui sera publié au Moniteur de l'Algérie et au Mobacher, et affiché en français et en arabe partout où besoin sera.

ALEXIS LAMBERT.

Approuvé : — Versailles, le 7 mai 1871. — Pour le ministre de l'Intérieur et par délégation, — Le sous-secrétaire d'État,

CALMON.

Décis. G. — 16-31 mai 1871. — BG. 368. — Mesures d'exécution de l'arrêté qui précède (texte en arabe à la suite).

Vu l'ord. du 31 oct. 1845 sur le séquestre. — L'arr. du 31 mars 1871, approuvé par le ministre de l'intérieur le 7 mai suivant :

Les commandants territoriaux, de concert avec les chefs de colonne, opérant dans leurs divisions respectives, feront procéder sans retard à l'instruction des faits susceptibles de justifier l'établissement du séquestre, en vertu des dispositions de l'art. 10 de l'ord. du 31 oct. 1845. — Ils tiendront compte, dans une juste limite, des circonstances qui auront déterminé et entouré ces faits, et, au fur et à mesure qu'ils auront réuni des éléments d'appréciation suffisants, ils adresseront les propositions au gouverneur général civil, pour l'exécution des prescriptions de l'arr. du 31 mars 1871. — La présente décision sera notifiée aux autorités compétentes, pour être mise immédiatement à exécution.

V.-Amal COMTE DE GUEYDON.

AG. — 7-10 juin 1871. — BG. 366. — Institution d'une commission chargée de l'examen des questions que soulève, dans les circonstances actuelles, l'établissement du séquestre sur les biens des indigènes rebelles.

APE. — 15 juill.-20 sept. 1871. — BG. 571. — Simplification des formalités prescrites par l'ord. de 1845, en matière de séquestre collectif.

Vu la loi du 10 juin 1851 et le Sén.-Cons. du 22 avr. 1863, art. 2; — L'ord. du 31 oct. 1845

sur le séquestre en Algérie ; — Considérant qu'il importe d'assurer les effets de ladite ordonnance en en simplifiant le mode d'exécution ;

Art. 1. — Le séquestre collectif territorial pourra être appliqué sur l'ensemble des biens immeubles de toute tribu, douar ou famille, se trouvant dans les conditions où, d'après la susdite ordonnance, le séquestre est encouru, sans qu'il soit nécessaire, dans ce cas, de procéder à la publication des états qui, aux termes des art. 10 et 12 de ladite ordonnance, doivent accompagner ou suivre l'arrêté de séquestre lui-même.

Art. 2. — Le présent arrêté est applicable aux séquestres déjà établis.

Art. 3. — Toutes autres dispositions et lois, règlements, ordonnances et arrêtés en vigueur continueront à être observés en tout ce qu'ils n'auront pas de contraire au présent.

Circ. G. — 11 sept. 1871 (publiée au Moniteur de l'Algérie du 14 sept.). — Instructions aux préfets et aux généraux commandant les divisions sur l'exécution des arrêtés de séquestre.

A la suite de la dernière insurrection, un grand nombre de propriétés ont été séquestrées sur les indigènes. — Quelques-uns des arrêtés pris dans ce but ont ordonné, par application de l'art. 29 de l'ord. du 31 oct. 1845, la réunion définitive au domaine de l'État des biens de ceux qui ont abandonné le territoire qu'ils occupaient ; les autres arrêtés, ceux qui s'appliquent à des indigènes qui n'ont pas fait acte d'abandon, n'auront d'effet que dans un délai de deux ans, à partir du jour des publications prescrites par l'art. 12 de ladite ordonnance, c'est-à-dire qu'à cette époque seulement, les biens qu'ils frappent deviendront, s'il y a lieu, la propriété de l'État.

Les immeubles placés dans ces deux catégories sont, dès à présent, régis par le domaine, à titre de propriétaire en ce qui concerne les premiers, et comme administrateur pour les seconds. — L'époque des semailles approche et il importe, au plus haut point, que les biens dont il s'agit ne restent pas improductifs, faute de bras pour les cultiver. — Il est donc du devoir de l'administration de prescrire, dès à présent, les mesures propres à prévenir cette situation, autant dans l'intérêt des indigènes eux-mêmes, que dans celui de la colonisation.

J'ai décidé, en conséquence, que les terres placées sous le séquestre seraient, autant que possible, laissées entre les mains de leurs anciens propriétaires, qui pourront continuer à les exploiter sous la seule réserve d'y être autorisés par le service des domaines. — Cette mesure est d'autant plus juste, qu'un délai leur est accordé par la loi, pour démontrer leur non-culpabilité, en vue de la main-levée du séquestre ; il convient donc d'éviter, au moins jusqu'à plus ample informé, tout dommage à ceux dont la culpabilité n'est pas patente.

Toutes précautions seront prises, d'ailleurs, en vue d'assurer l'exécution des dispositions de

---

lorsqu'une demande en revendication dirigée contre l'État est portée devant un tribunal civil, ce dernier peut régulièrement rejeter l'exception d'incompétence et statuer au fond, en alléguant que l'administration des domaines, tout en alléguant l'existence d'un arrêté de séquestre, n'établit pas que le revendiquant ait, par lui-même ou par ses auteurs, encouru l'application de cet arrêté, et que l'immeuble litigieux en ait été atteint.

D'ailleurs, l'arr. du 14 fév. 1842, par lequel le maréchal Bugeaud a frappé de séquestre, lors de la prise de Tlemcen, les propriétés des habitants qui ont abandonné la ville pour suivre l'ennemi, ne constitue point quels que soient les termes de la circulaire interprétative du 26 fév. 1843, une mesure générale et territoriale ayant atteint,

en bloc, tous les immeubles urbains et ruraux, et ne saurait, à aucun point de vue, dispenser l'État de produire tous les documents propres à justifier que l'autorité administrative a pris, à l'égard d'un terrain sis à Tlemcen, les mesures prescrites par la législation en vigueur en matière de séquestre, et notamment celles que détermine l'art. 5 de l'arr. du 1er déc. 1840. A défaut de justification de cette nature, la juridiction de droit commun, saisie de la question de propriété, doit écarter de plano le déclinatoire proposé sur l'existence du séquestre, et passer outre à l'examen du fond. — Cons. d'État, 11 mars 1872. Aff. Chancourar, rejet du pourvoi formé contre un arrêt de la Cour d'Alger du 25 janv. 1871. — Journal le Droit.

l'art. 15 de l'ord. du 31 oct. 1845, et afin d'affirmer les droits de l'État. — Le service des domaines devra, dès le 1er novembre prochain, ou plus tôt, s'il y a lieu, prendre les mesures nécessaires pour la mise en valeur immédiate des terres dont l'exploitation par leurs détenteurs n'aurait pas été autorisée avant cette époque.

V.-Am¹, COMTE DE GUEYDON.

AO. — 3-8 avr. 1872. — BG. 409. — *Institution d'une Commission pour le règlement des questions de séquestre.*

Vu l'ord. du 31 oct. 1845, sur le séquestre; — L'art. 22 de la loi du 16 juin 1851, sur la propriété en Algérie; — L'art. 7 du Sénatus-Consulte du 22 avr. 1863 sur la constitution de la propriété dans les territoires occupés par les Arabes; — Le décret du 23 juillet 1860; — L'arrêté du commissaire extraordinaire de la République en date du 31 mars 1871, approuvé par le ministre de l'intérieur; — Les délibérations du conseil supérieur de gouvernement, dans sa session de 1872; — La dépêche du ministre des finances, à la date du 25 mars 1872.

Art. 1. — Il est institué, dans chacune des provinces d'Alger et de Constantine, une Commission de séquestre, composée ainsi qu'il suit : — Un conseiller à la Cour d'appel d'Alger, désigné par le gouverneur général, président; — Un délégué de la Commission départementale, ou, à défaut, un conseiller de préfecture désigné par le préfet; — Le directeur des domaines ou son délégué; — Un officier employé dans l'administration des affaires indigènes, désigné par le gouverneur général; — En outre, mais seulement dans l'étendue de leurs circonscriptions électorales ou administratives : — Le conseiller général de la circonscription (et jusqu'à la réélection du conseil général d'Alger, l'ancien conseiller général de cette circonscription); — Le sous-préfet, ou l'officier supérieur administrateur d'arrondissement-cercle; — Le maire de la commune, ou l'administrateur de la commune indigène.

Art. 2. — La Commission formulera des propositions : 1° Pour la main levée du séquestre, en faveur des individus en situation d'invoquer le bénéfice de l'un des cas énoncés en l'art. 35 de l'ord. du 31 oct. 1845; — 2° Pour l'apposition effective du séquestre sur les biens de tous ceux qui, ayant encouru les dispositions de l'arr. du 31 mars 1871, n'y auraient point encore été soumis; — 3° Pour l'indication de celles des terres séquestrées à affecter au peuplement français, dans les conditions du tit. 2 du décr. du 16 oct. 1871; — 4° Pour la désignation de celles des terres séquestrées qui, jugées impropres à cet usage, pourront être abandonnées aux indigènes atteints par le séquestre : soit en compensation des terres affectées à la colonisation en vertu du paragraphe précédent, soit, à titre gracieux, en faveur de ceux qui ayant, notoirement ou de leur propre aveu, pris part à la révolte, renonceront au bénéfice du délai de deux années imparti par l'art. 23 de l'ord. du 31 oct. 1845 précitée; — 5° Pour la désignation de celles des terres séquestrées qui, inutilisables aux deux points de vue ci-dessus, pourront être purement et simplement remises à leurs propriétaires, moyennant rachat du séquestre.

Art. 3. — En dehors des terres séquestrées, chacune des Commissions provinciales est en outre autorisée à négocier, soit avec les propriétaires de biens melk non grevés de rahnia ou autres droits analogues, soit avec les djemmâa des douars ou tribus en possession de terres arch, des projets de transaction ayant pour objet de livrer des terres à la colonisation. — La compensation en terres ou en argent offerte aux indigènes ne pourra excéder ni les ressources domaniales déjà existantes ou rendues disponibles par les opérations mentionnées à l'article précédent, ni le montant des sommes encaissées à titre de rachat de séquestre.

Art. 4. — Les indigènes attributaires des terres données en compensation de celles qui auront été définitivement réunies au domaine de l'État, en vertu des dispositions des art. 2 et 5 ci-dessus, seront individuellement et immédiatement mis en possession des lots qui leur auront été assignés. — Des titres de propriété enregistrés et transcrits leur seront délivrés, aussitôt après la promulgation de la loi en délibération sur la propriété en Algérie, et conformément aux dispositions de cette loi.

Art. 5. — Les Commissions provinciales se conformeront aux délibérations du conseil supérieur de gouvernement, et tous les actes de transaction qu'elles proposeront seront conformes aux modèles arrêtés par ce conseil, dans sa session de 1872.

V.-am¹ COMTE DE GUEYDON.

Instr. G. — 27 avr.-6 mai 1872. — BG. 412. — *Instructions pour les Commissions de séquestre.*

Le 31 mars 1871, le commissaire extraordinaire de la République a rendu un arrêté pour frapper de séquestre les biens de toute nature collectifs ou individuels des tribus ou des indigènes qui avaient commis ou commettaient les actes d'hostilité déterminés par l'art. 10 de l'ord. du 31 oct. 1845. — Ledit arrêté a été approuvé par le ministre de l'intérieur, sous la date du 7 mai 1871.

Le 15 juillet suivant, le chef du pouvoir exécutif de la République française, président du Conseil des ministres, a arrêté : (V. le texte ci-dessus à sa date.) — Avant l'apparition de cet arrêté du chef du pouvoir exécutif, et même depuis, le gouverneur général, pour se conformer aux prescriptions de l'art. 2 de l'arrêté de principe du 31 mars 1871, a pris des arrêtés spéciaux et nominatifs sur les propositions des autorités compétentes, pour régulariser la disposition générale de l'art. 1 dudit arrêté de 31 mars 1871.

Mais il est possible qu'un certain nombre d'indigènes, qui ont commis les actes d'hostilité déterminés par l'art. 10 de l'ord. du 31 oct. 1845, aient échappé aux premières investigations. D'un autre côté, des réclamations ont été adressées au gouvernement local par des individus parmi lesquels il s'en trouve qui ont combattu dans nos rangs. — De là, nécessité de procéder à un examen approfondi des réclamations et à des investigations scrupuleuses pour atteindre tous ceux qui ont encouru l'application des dispositions de l'ord. de 1845 et de l'arr. du 31 mars 1871, sans toutefois revenir sur la disposition bienveillante qui a autorisé le domaine à laisser, à titre de location et à un prix infime, au plus grand nombre des indigènes séquestrés, les terres qu'ils exploitaient avant le séquestre.

Tel est l'objet principal de la mission confiée aux nouvelles Commissions de séquestre. Cette première partie de leurs opérations emprunte un caractère judiciaire qui exclut toute considération autre que l'intérêt capital de faire bonne justice. — Les Commissions, à ce degré de leurs travaux, n'auront donc à se préoccuper que d'établir le fait de participation ou non aux actes d'hostilité commis par les tribus ou par les individus. En cas de participation à la rébellion, les biens des coupables doivent être maintenus ou mis sous séquestre, alors même qu'ils ne seraient point directement utilisables pour la colonisation. C'est dire que les Commissions devront, au fur et à mesure qu'elles découvriront des omissions, formuler des propositions à fin de régularisation de la disposition générale de l'art. 1 de l'arr. du 31 mars 1871, par l'apposition effective du séquestre sur les biens immeubles des tribus ou des individus atteints par ledit arrêté.

D'un autre côté, elles écouteront et apprécieront toutes les réclamations qui pourront leur être adressées ainsi que toutes celles qui leur seront transmises, et elles formuleront leurs propositions sur la suite à y donner, soit par des rectifications, soit par des demandes de levée de séquestre, lorsqu'il y aura lieu.

Cette première opération terminée, la justice satisfaite, les Commissions n'auront plus à se préoccuper que de l'intérêt de la colonisation; elles désigneront celles des terres séquestrées qui leur paraîtront les plus propres à la colonisation, et, parmi ces terres, celles qu'il conviendrait d'y affecter immédiatement. En faisant ce choix, elles ne perdront pas de vue le double intérêt de la sécurité et de la politique qui réclame impérieusement le développement des centres déjà établis, et le peuplement des terres qui bordent les routes. Il est à désirer que chaque centre maritime soit couvert et enveloppé par une large zone de peuplement français, que sur toutes les routes, de forts villages, s'appuyant les uns sur les autres, se rencontrent d'étape en étape; c'est le moyen d'opérer dans le pays, comme on devrait le faire dans les forêts, des tranchées qui préservent de l'incendie.

En vue de donner satisfaction, dans la plus large mesure possible, aux intérêts légitimement impatients et aux besoins pressants de l'immigration Alsacienne et Lorraine, les Commissions sont autorisées à traiter, sous la réserve de l'approbation du gouverneur, avec les propriétaires de biens melk, ou avec les djemmâs des tribus arch: — 1° De la renonciation au bénéfice du délai accordé aux séquestrés par l'ord. du 31 oct. 1845, pour se justifier et obtenir la main levée du séquestre; — 2° De l'acquisition amiable des terres non séquestrées comprises dans les périmètres de centres créés ou à créer. — Les projets d'actes seront conformes aux types arrêtés par le Conseil supérieur à sa dernière session.

Enfin, et pour se procurer, soit en terre, soit en argent, les ressources nécessaires pour solder ces concessions, les Commissions sont autorisées à consentir, toujours sous réserve d'approbation, le rachat à prix d'argent du séquestre apposé sur les terres impropres à la colonisation, ou encore la levée du séquestre sur une partie de ces terres moyennant abandon immédiat du surplus. — Le gouverneur compte sur l'esprit de justice et de sagesse des Commissions pour concilier tous les intérêts et procurer à la colonisation un vaste champ d'exploitation, sans priver les indigènes rentrés dans l'obéissance de ce qui leur est nécessaire pour vivre et prospérer.

V.-am¹ COMTE DE GUEYDON.

Circ. C. — 16 juin 1872. — (Publié au Moniteur de l'Algérie, du 18 juin.) — *Instructions aux généraux commandant les divisions et aux préfets des départements relativement aux terres séquestrées.*

M. le préfet, le moment approche où les récoltes pendantes vont être complètement enlevées. Il convient donc de se préoccuper, dès à présent, de l'installation de colons français sur la partie des terres séquestrées que l'intérêt public nous commande de ne pas rendre aux indigènes par voie de rachat de séquestre. — Pour arriver à ce but, il n'y a pas d'autre marche à suivre que celle

de l'expropriation pour cause d'utilité publique et j'estime qu'il y a lieu de l'adopter. — En effet ce mode de procéder, outre qu'il est conforme à la loi et qu'il réserve les intérêts des tiers, nous permettra de prendre immédiatement possession des terres dont nous avons besoin pour donner satisfaction aux immigrants qui arrivent et aux colons anciens qui attendent.

En conséquence, j'ai l'honneur de vous prier, M. le préfet, de m'adresser à bref délai des propositions de déclaration d'utilité publique avec prise de possession d'urgence pour les terres comprises dans le périmètre des centres dont j'ai décidé récemment la création. — Mais il demeure bien entendu que vous ne devrez comprendre dans votre travail que des terres frappées de séquestres collectifs, c'est-à-dire des terres dont le prix d'acquisition par voie d'expropriation pourra être mis à la charge des tribus en paiement du rachat de ces mêmes séquestres collectifs. — Je vous recommande instamment, M. le préfet, d'apporter la plus grande diligence à l'exécution des présentes instructions.

V.-am¹ COMTE DE GUEYDON.

Circ. C. — 26 juin 1872. — *Instructions pour les commissions de séquestre instituées par l'arr. du 5 avril 1872 ci-dessus.*

M. le président, vous savez par mes instructions écrites et verbales quel intérêt j'attache à la mission que je vous ai confiée, mission qui doit avoir pour conséquence de mettre à la disposition de l'État les terres qui sont nécessaires à l'installation, aussi prompte que possible, des colons nouveaux qui arrivent et des colons anciens qui attendent.

Pour atteindre le but qui est et a été l'objet constant de mes préoccupations: l'établissement en Algérie d'une population française nombreuse, homogène, capable de résister au besoin par elle-même à toutes les tentatives insurrectionnelles qui pourraient se produire de nouveau, il fallait, avant tout, découvrir un moyen légal, pratique, sûr, de faire entrer l'État en possession immédiate d'une partie des territoires séquestrés collectivement sur les tribus révoltées, et cela sans attendre le terme de deux années imposé par l'art. 28 de l'ord. du 31 oct. 1845, pour la prise de possession définitive de ces territoires par le domaine.

Dès le mois de janvier dernier, je soumettais cette question au conseil supérieur de gouvernement qui, après l'examen le plus attentif et une discussion qui a duré plusieurs séances, est arrivé aux conclusions suivantes:

1° Le meilleur moyen de se procurer, dans un délai aussi rapproché que possible, les terres réclamées par la colonisation, et notamment par l'immigration Alsacienne et Lorraine, consiste à proposer aux tribus de se racheter du séquestre collectif moyennant l'abandon immédiat d'une partie de leur territoire séquestré, ou le paiement d'une somme d'argent destinée à l'acquisition des terres situées dans les périmètres sur lesquels doivent se porter tout d'abord les efforts des nouveaux colons;

2° Les superficies à abandonner immédiatement à l'État par les tribus, afin de se racheter des conséquences à terme du séquestre collectif qui frappe leurs biens, doivent être calculées en vue des besoins de la colonisation, sauf à tenir compte, dans une juste mesure, de ceux des populations indigènes à maintenir sur le sol;

3° Dans les tribus arch, aucun danger n'est à prévoir, quant à la sécurité de la transaction à intervenir, puisque les djemmâs ont le droit incontestable d'obliger les habitants en ce qui touche, soit la propriété commune, soit le paiement d'une somme d'argent à remettre comme prix du rachat du séquestre ;

4° Dans les tribus melks, la djemâa n'ayant point qualité pour engager un propriétaire à faire melk, il faut nécessairement arriver à ce propriétaire et transiger avec lui personnellement.

Mais, comme, dans ce système l'État n'aurait finalement obtenu, s'il avait dû procéder par rachats individuels, qu'un grand nombre de parcelles infinitésimales, disséminées sur toute la surface de la tribu, par conséquent sans utilité au point de vue d'une population française agglomérée, le conseil supérieur était arrivé à proposer de recourir à une série de transactions successives avec les propriétaires melks, moyennant un prix en argent, la somme totale produite par ces rachats individuels devant servir à payer l'expropriation des terrains reconnus nécessaires à l'établissement de périmètres de colonisation.

Je me hâte d'ajouter que le conseil supérieur n'avait admis qu'avec une sorte de regret cette forme de procéder, qui avait l'inconvénient d'être beaucoup trop lente ; il ne l'avait admise que dominé à bon droit par la crainte que des transactions générales s'appliquant à des propriétés melks ne donnassent lieu à des réclamations, à des procès introduits par d'anciens propriétaires absents qui viendraient ainsi mettre constamment en question la propriété des terres attribuées aux colons. Aussi, tout en recommandant à l'administration, pour le rachat du séquestre, la transaction individuelle moyennant versement d'une somme d'argent, avait-il formulé son avis dans les termes suivants : « Pour les cessions territo-« riales de melks, le conseil, à défaut de transac-« tions amiables, réalisables avec sécurité, n'ad-« met d'autre moyen de procéder que l'expropria-« tion sous séquestre. »

Dans l'opinion du conseil supérieur, l'expérience pouvait seule démontrer la possibilité ou l'impossibilité de transactions amiables réalisables avec sécurité, s'appliquant à des propriétés melks. C'est pourquoi, tout en indiquant un but précis à atteindre (l'attribution immédiate à l'État de terres de colonisation), il laissait à l'administration le soin d'apprécier, suivant les cas, s'il était préférable d'acquérir ces terres par voie de transaction amiable, ou par voie d'expropriation, dont le prix serait acquitté au moyen des fonds versés par chaque propriétaire pour se racheter individuellement du séquestre.

C'est dans cette situation, et en vue de mettre en pratique les idées émises par le conseil supérieur, que j'ai institué, par mon arrêté du 31 mars, les commissions de séquestre. Ces commissions, ainsi que je le vous l'ai fait connaître par mes premières instructions du 27 avril, ont un double mandat à remplir : — Elles sont commissions de justice ; — Elles sont commissions de transactions. — Il importe que j'envisage leurs attributions à chacun de ces deux points de vue, et, afin d'éviter tout malentendu, comme aussi d'imprimer à leurs travaux une marche uniforme, que je leur fasse connaître les règles générales qui doivent présider à leurs opérations.

SECT. 1. — Opérations des Commissions comme Commissions de justice.

Le premier soin des Commissions, à leur arrivée dans une circonscription administrative qui s'est trouvée mêlée à l'insurrection, doit être de s'entourer de tous les renseignements propres à les éclairer tant sur la conduite des tribus pendant cette période, que sur la manière dont le séquestre a été appliqué dans la circonscription. Elles doivent rechercher, notamment, si toutes les tribus qui ont pris part à la révolte, ont vu leur territoire frappé de séquestre collectif, car il importe qu'une même répression soit appliquée à une même culpabilité.

S'il y a eu des omissions ; si, d'un autre côté, des arrêtés portant apposition de séquestres individuels ont été rendus à l'égard de tribus qui, dans l'opinion de la Commission, auraient dû être frappées collectivement, celle-ci m'adressera des propositions complémentaires appuyées de projets d'arrêtés rendus dans la forme adoptée par le Conseil de gouvernement.

Toutefois, j'ai deux recommandations à faire aux Commissions à l'égard des propositions qu'elles peuvent avoir à formuler dans ce cas : 1° Dans les tribus qui feront l'objet d'arrêtés complémentaires de séquestre, peuvent se rencontrer des individus qui ne tombent pas sous l'application de l'art. 10 de l'ord. du 31 octobre 1845. La Commission en dressera la liste, et proposera de déclarer leurs propriétés non atteintes par cette mesure. — 2° Si dans les tribus que la Commission proposera de frapper collectivement de séquestre, il existe au contraire des individus ayant marqué dans l'insurrection, la Commission en dressera également la liste et proposera de les frapper nominativement de séquestre. Ce séquestre nominatif a pour résultat d'atteindre, en quelqu'endroit qu'ils se trouvent en Algérie, les biens des individus ainsi désignés, ce que l'on n'obtient pas par le séquestre collectif dont les effets sont circonscrits au territoire de la tribu. Vous verrez, en outre, lorsque j'arriverai à l'examen de l'art. 1 § 4, de la convention que je vous entretiendrai tout à l'heure, que les individus frappés de séquestre nominatif ne sont pas appelés à bénéficier du rachat du séquestre.

SECT. 2. — Opérations des Commissions comme Commissions de transactions.

Je suppose maintenant les arrêtés de séquestre rendus ; quel va être le rôle des Commissions vis-à-vis de chaque tribu séquestrée, considérée isolément ? Pour bien remplir leur mandat, les Commissions doivent se pénétrer, avant tout, de cette pensée, qu'elles sont chargées de mettre le plus promptement possible à la disposition de la colonisation, les terres dont celle-ci a besoin. Par quel moyen arriver à ce résultat ? Le Conseil supérieur l'a indiqué : en accordant aux indigènes la faculté de se racheter du séquestre par l'abandon d'une partie de leur territoire, ou par le paiement d'une somme d'argent destinée à l'acquisition de terres sur d'autres points.

Je sais bien, M. le président, que quelques personnes ont cru trouver dans l'art. 29 de l'ord. du 31 oct. 1845 un moyen de mettre l'État en possession immédiate de terrains de colonisation. Mais ont-elles bien songé aux conséquences de l'application de cet article, fait évidemment (sa date le prouve) en vue des tribus qui, à la reprise des hostilités, abandonnaient leur territoire pour s'enfuir au Maroc ? L'abandon en masse résulterait-il donc de ce simple fait que les hommes d'une tribu se seraient portés pour nous combattre en dehors de leur circonscription, et suffirait-il que ce fait se fût produit, il y a six ou huit mois, pour que le gouvernement pût, après le retour des tribus sur leurs terres, exciper de l'art. 29 pour les leur reprendre ? Qu'y a-t-il donc d'exceptionnel en Algérie, dans cet abandon momentané d'un territoire, en admettant même qu'il se soit produit en masse, c'est-à-dire y compris les femmes, les enfants, les non-combattants, pour justifier l'application d'une disposition aussi exceptionnelle que celle à laquelle il est fait allusion ?

Quel que fût mon sentiment à cet égard, je n'ai

pas voulu toutefois trancher personnellement la question d'interprétation de l'art. 29 de l'ord. du 31 oct. 1845; je l'ai soumise au Conseil de gouvernement, auquel j'avais prié de s'adjoindre exceptionnellement M. le préfet d'Alger, MM. les présidents de chambre de la Cour et M. le commissaire central d'immigration. Le Conseil a pensé que pour qu'il y eût lieu à l'application de l'art. 29, il était nécessaire : 1° Qu'il y eût un fait indiquant, de la part de la tribu, esprit d'abandon en masse de son territoire; — 2° Abandon effectif de ce territoire, à la date de l'arrêté prononçant le séquestre. — Je partage entièrement cette manière de voir qui est à mes yeux la seule logique et la seule équitable.

Il faut donc s'en tenir au système du Conseil supérieur : rachat du séquestre par les tribus, moyennant abandon d'une portion de leurs terres séquestrées, ou moyennant paiement d'une somme d'argent destinée à l'acquisition d'autres terres. Deux cas sont à prévoir, ou plutôt la Commission est en présence de tribus qui peuvent se trouver dans l'une des deux conditions ci-après :

1° Ou la tribu atteinte par le séquestre collectif est éloignée de nos centres actuels, elle est placée en dehors des routes créées ou à créer. Dans ce premier cas, nous n'avons pas intérêt à accorder le rachat du séquestre, moyennant abandon à l'Etat de terres dont il ne pourrait tirer parti pour la colonisation. Dès lors, que les biens de cette tribu soient melk, ou qu'ils soient arch, la Commission doit tendre à amener une transaction qui aura pour effet la main-levée du séquestre, moyennant versement d'une somme d'argent dont le produit sera affecté à des acquisitions de terres. Je ne prévois aucune difficulté d'interprétation sur ce point : il s'agit d'une somme à arbitrer d'après la superficie de la tribu, le chiffre de la population et la culpabilité des habitants. Je ne puis que m'en rapporter pour cette fixation aux appréciations de la Commission. Le séquestre, au surplus, ne sera levé qu'après le paiement complet de la somme fixée et l'accomplissement de toutes autres conditions imposées.

2° Ou la tribu frappée de séquestre collectif est située dans le cercle d'action immédiat, ou même médiat, de la colonisation; elle est établie le long des routes créées ou en projet, dans le voisinage de nos centres maritimes ou autres. Dans ce second cas, notre intérêt est, non plus d'obtenir de l'argent, comme prix de rachat du séquestre, mais des terres. C'est donc dans ce sens que devront être formulées les propositions de la Commission. J'ai la conviction qu'elles seront accueillies par les tribus, et cette conviction, je la puise dans l'intérêt même des indigènes, qui n'ignorent pas, et auxquels, au besoin, vous ne laisserez pas ignorer qu'à l'expiration de deux années, à partir de l'arrêté de séquestre, leur territoire entier doit revenir à l'Etat.

Les deux points de vue différents auxquels la Commission doit se placer pour savoir si le rachat du séquestre doit être opéré moyennant argent ou moyennant la cession d'une superficie en terres, étant une fois indiqués, il me reste à vous faire connaître, M. le président, de quelle manière vous devez opérer dans la seconde hypothèse.

De deux choses l'une : Ou il n'a pas encore été rendu d'arrêté portant création de centre sur le territoire de la tribu intéressée ; — Ou, au contraire, un ou des arrêtés ont prescrit, sur ce territoire, l'établissement de centres français.

Dans le premier cas, c'est à la Commission à arbitrer quelle doit être la superficie du territoire à demander à titre de rachat de séquestre. En déterminant cette fixation, elle devra se préoccu-

per, avant tout, des besoins de la colonisation, sans perdre de vue cependant ceux des populations dont une sage politique nous commande de sauvegarder l'avenir. Elle n'oubliera pas d'ailleurs que si elle jugeait nécessaire de dépasser, dans un intérêt public, la proportion équitable de terres à réclamer de la tribu, l'art. 4 du projet de convention dont il sera parlé tout-à-l'heure lui en offre les moyens, en lui permettant de désintéresser celle-ci au moyen de compensations en terres ou d'allocations en argent.

Dans le second cas, la Commission se trouve en présence d'un acte qu'elle n'a pas à modifier, dont elle est seulement chargée d'assurer l'exécution : un arrêté portant création de centre. Si la superficie à affecter au centre est déterminée par l'arrêté de création, la Commission doit comprendre cette superficie dans la demande de terres qu'elle formulera comme prix de rachat du séquestre par la tribu. S'il n'a pas encore été statué sur la question du périmètre à attribuer au centre, c'est à la Commission qu'il appartient de proposer cette fixation. Je tiens au surplus à la prévenir que, pour ne point gêner ses opérations, mon intention est de ne recourir à l'expropriation avec prise de possession d'urgence, que dans les limites des besoins immédiats d'un peuplement.

J'ajoute, à titre de renseignement, que de ce fait que la déclaration d'utilité publique aura été prononcée, il ne suit pas que nous serons forcés d'arriver à l'expropriation définitive. La déclaration ne constitue qu'une précaution, et a pour but de mettre les colons attributaires à l'abri de toute revendication de la part des propriétaires opposants ou inconnus, puisqu'il suffirait, pour couper court à toute difficulté, de poursuivre l'expropriation définitive dont la déclaration est le préliminaire. Je reviendrai au surplus sur cette question, à l'occasion de l'art. 2 de la Convention.

Sans se préoccuper d'ailleurs du moment où a été, ou sera déclarée l'utilité publique, la Commission de séquestre, dès qu'elle sera suffisamment éclairée, entrera en rapport avec la tribu pour traiter des clauses et conditions du rachat du séquestre collectif. Il est bien entendu que la fixation du périmètre qui pourrait avoir été faite dans l'arrêté de déclaration n'est point limitative, et ne signifie pas que la Commission ne devra rien demander au-delà; elle indique seulement que la Commission aura à réserver ce périmètre à l'Etat, sauf compensation à accorder par ce dernier, en argent ou en terres, dans le cas où la portion à lui réserver dépasserait le sacrifice à imposer équitablement à la tribu.

J'ai indiqué à la Commission les principes qui doivent présider à ses décisions : 1° En matière de rachat de séquestre, à prix d'argent, ou de terres; — 2° Lorsqu'elle se trouve, ou non, en présence d'arrêtés portant création de centres.

Je suppose maintenant qu'elle est tombée d'accord avec la tribu : 1° Sur l'étendue du sacrifice à consentir par celle-ci pour obtenir main-levée du séquestre; — 2° Sur l'emplacement et la superficie des terres à abandonner à l'Etat; — 3° Sur les conditions générales de la cession à faire, avec ou sans soulte, soit du côté de l'Etat, soit du côté de la tribu.

Il ne s'agit donc plus que de rédiger l'acte qui doit consacrer la Convention. Si la tribu appelée à se racheter du séquestre est Arch, aucune difficulté sérieuse n'est à redouter, toute force légale étant acquise à la convention qui sera signée par la djemâa. Les types adoptés par le Conseil supérieur pour les transactions de cette nature serviront de modèles aux Commissions. Si, au contraire, la tribu est Melk, la Commission devra opérer d'après la formule de convention ci-jointe, qui a pour effet de transporter avec toute sécurité au Domaine, sans recourir à l'expropriation qui entraînerait d'incalculables retards, la propriété des superficies melks à abandonner à l'État comme prix du rachat du séquestre.

Vous remarquerez, M. le président, que le préambule fait intervenir, du côté de la tribu, deux sortes de contractants : 1° La Djemáa garantissant, au nom de la tribu, l'exécution de la convention à passer avec les propriétaires melks, et contractant elle-même, vis-à-vis de ces derniers (art. 2, § 2) ; — 2° Les propriétaires des terrains compris dans le périmètre à céder à l'État (art. 2, § 1er), adhérant à la transaction.

L'art. 1er impose à la Commission un premier devoir : celui de rechercher quels sont les indigènes atteints par le séquestre collectif imposé sur la tribu qui ne tombent pas sous l'application de l'art. 10 du décret du 31 oct. 1845. Il a toujours été entendu, en effet, que les arrêtés de séquestre collectif seraient suivis d'exemptions exonérant les innocents, et j'ajoute que c'est en partie pour ne pas être injuste envers ces quelques-uns, que j'ai autorisé le maintien provisoire de tous sur leurs propriétés, en attendant qu'il fût possible de procéder à un travail de révision.

Une liste nominative des non-coupables devra donc être annexée à la convention. Non-seulement ces individus reprennent la libre disposition des biens dont ils avaient conservé la jouissance, mais encore ils sont exonérés, par le fait même, de tout concours dans le paiement des indemnités que la tribu devra supporter, pour désintéresser les propriétaires de terrains compris dans le périmètre revenant à l'État, en même temps que tous les individus pouvant faire valoir des droits réels quelconques sur ces terrains.

La main-levée du séquestre sur la portion du territoire non cédé à l'État, ainsi que sur les biens meubles de tous les membres de la tribu, suivra le paiement de la contribution de guerre, dans le cas où il n'aurait pas été effectué, et l'exécution des clauses et conditions stipulées. Mais cette main-levée ne s'applique pas aux superficies appréhendées par le domaine ; de cette manière, la convention, indépendamment des obligations contractées par les propriétaires et par la djemáa, reste garantie par le séquestre.

J'appelle votre attention, M. le président, sur le § final de l'art. 1er, et j'en précise le sens et la portée. — Les arrêtés prononçant des séquestres collectifs comprennent souvent les noms d'un certain nombre d'indigènes, qui se trouvent ainsi frappés d'un double séquestre d'une part, comme membre de la tribu, de l'autre, comme individus. Ces noms sont ceux des principaux coupables, des instigateurs ou des chefs de la révolte. Il ne serait pas juste que ces indigènes ne fussent point traités plus sévèrement que ceux qu'ils ont entraînés. La main-levée du séquestre ne s'appliquera donc pas aux individus frappés de séquestres nominatifs : leurs biens restent à la disposition de l'État ou de leurs créanciers.

— L'art. 2 est le développement du préambule. En premier lieu, il fait intervenir les indigènes présents qui sont propriétaires melks dans le périmètre réservé au domaine, pour transporter à celui-ci, francs et quittes de toutes charges, les immeubles possédés par eux dans ledit périmètre. — En second lieu, il fait intervenir la djemáa qui s'engage, au nom de la tribu, à désintéresser non-seulement lesdits propriétaires, mais encore tous individus, absents ou inconnus, qui justifieraient avoir des droits réels sur des immeubles compris dans le périmètre attribué à l'État. D'où il résulte que la tribu est responsable vis-à-vis de l'État de toutes les réclamations et revendications qui pourraient se produire. Puisque c'est elle, en définitive, qui désintéresse les ayant droit ou leurs créanciers. Seulement, afin de la mettre à même de remplir ses engagements, malgré les résistances possibles de quelques-uns, le gouvernement a recours à l'expropriation, dont les frais sont supportés par la tribu.

Ainsi : Ou tous les propriétaires et individus ayant des droits réels sur les terrains compris dans la superficie à céder à l'État sont présents et consentent à la transaction garantie par la djemáa, et la convention ne donne lieu à aucune difficulté ; Ou certains propriétaires et individus ayant des droits réels sur lesdits terrains, absents au moment de la convention, se présentent plus tard pour réclamer, ou présents, refusent leur adhésion, alors la procédure en expropriation est poursuivie, soit à nous, au nom de l'État, mais à la charge de la tribu. La djemáa seule est donc responsable vis-à-vis des tiers, et par conséquent elle n'a aucun intérêt, soit à nous tromper, soit à nous laisser tromper, puisqu'en définitive c'est la tribu qui doit désintéresser tous les ayant droit au sol du périmètre à abandonner.

L'art. 3 prévoit l'hypothèse où, dans le périmètre attribué au domaine se trouveraient des propriétés appartenant à des indigènes exonérés du séquestre en vertu de l'art. 1er. Ces indigènes devant reprendre la libre disposition de leurs biens, il pourrait arriver que l'État vit la superficie qu'il avait eu l'intention de se réserver, diminuée de toute la partie revenant aux exonérés. Lorsque ce fait se produira, la tribu devra remplacer cette superficie par une superficie égale de terres de même valeur contiguës au périmètre cédé. Exemple : la convention porte que l'État se réserve, comme prix du rachat du séquestre collectif par la tribu, 2000 hectares compris dans tel périmètre ; dans ce périmètre existent 600 hectares appartenant à des indigènes que le séquestre n'atteint pas : la tribu devra combler cette différence, au moyen de terrains à prendre sur les territoires contigus au périmètre primitif. — Vous remarquerez, M. le président, que l'espace réservé à l'art. 3 est demeuré en blanc. La note placée au bas de la page vous en indique le motif. Suivant les cas spécifiés par cette note, l'article devra être barré ou être rempli par des variables qui se modifient suivant que l'État ou la tribu aura à payer une soulte en argent ou en terres.

L'art. 5 détermine les limites du périmètre à annexer au domaine de l'État. Il est indispensable que ce périmètre soit nettement indiqué au moyen de références ou de bornes. On évitera ainsi toutes les contestations.

Art. 6. Les conventions à intervenir entre la Commission et les tribus melks frappées de séquestre collectif ne sont, à proprement parler, que des conventions politiques. Aux termes de la loi, la Commission n'a pas qualité pour engager l'État. Il appartiendra donc au service des domaines de passer les actes définitifs. Les intéressés devront être avertis préalablement de la nécessité de ces derniers actes.

L'art. 7 réserve au gouverneur général l'approbation des conventions, et au président de la République la main-levée du séquestre collectif.

Je recommande en terminant aux Commissions : 1° De ne point mêler leurs propositions les unes avec les autres ; car, en présence du grand nombre de séquestres apposés, il est de la plus haute importance que l'ordre le plus parfait soit établi dans la correspondance, — j'indiquerais aussi l'orthographe des noms ainsi que celle ainsi que les propositions administratives aux-quelles appartiennent les tribus. Je désirerais également que les Commissions voulussent bien ajouter aux renseignements que contiennent leurs rapports le chiffre de la population des tribus dans lesquelles elles opèrent et celui de la superficie de leurs territoires. Ces deux chiffres pourront être fournis exactement pour les tribus délimitées en vertu du sénatus-consulte de 1863; ils le seront, aussi approximativement que possible, pour les autres.

Un mot encore : Les territoires atteints par les séquestres collectifs peuvent comprendre des propriétés bâties, des orangeries ou autres immeubles ayant par leur nature une valeur exceptionnelle ou empruntant cette valeur à des traditions. — Il est d'une sage politique de laisser aux indigènes la faculté de les racheter du séquestre; il est même avantageux pour la colonisation d'agir ainsi puisque ces immeubles ne pouvant être l'objet d'attributions territoriales devraient être vendus aux enchères publiques, tandis que leur rachat par les indigènes tournera au bénéfice de la colonisation en permettant de réclamer d'eux, ou plus de terres, ou plus d'argent.

Telles sont, M. le président, les explications dont j'ai cru devoir accompagner l'envoi des modèles de conventions relatives au rachat du séquestre par les tribus. Les premières expériences faites ont levé toutes les incertitudes; elles ont prouvé qu'il était possible d'arriver avec sécurité à des transactions amiables qui ont l'avantage inappréciable, pour nous, d'accélérer les solations; pour les indigènes, de mettre fin aux incertitudes dans lesquelles ils vivent, en les appelant, sans que l'État sacrifie pour cela les intérêts de l'avenir, à bénéficier en quelque sorte de l'escompte au moyen duquel nous obtenons la prise de possession immédiate d'une propriété à terme. Nous arriverons ainsi, je l'espère du moins, à nous procurer de 450,000 à 500,000 hectares de bonnes terres de colonisation.

Les principes que j'ai développés dans ces instructions, une fois bien établis, je ne prévois plus rien qui puisse arrêter la marche des Commissions de séquestre. Elles ont une grande et difficile tâche à remplir, je le reconnais; elles en comprennent l'importance, je le sais. Je n'ai donc plus qu'à faire appel à leur dévouement, à toute leur activité, pour mener le plus promptement possible à bonne fin une œuvre qui doit avoir une influence décisive sur l'avenir de l'Algérie.

V.-am¹ COMTE DE GUEYDON.

§ 2. — ARRÊTÉS SPÉCIAUX DE SÉQUESTRE.

Le séquestre ayant été apposé sur toutes les tribus ou familles indigènes qui ont pris part à l'insurrection de 1871 dans les provinces d'Alger et de Constantine, 115 arrêtés de séquestre ont été rendus du 27 juin 1871 au 1ᵉʳ août 1872. Le nombre considérable de ces décisions spéciales et provisoires, ne permettent pas de les reproduire dans cette publication; il n'a été inséré que celles ayant un caractère réglementaire ou définitif. Les parties intéressées trouveront ces arrêtés insérés au Bulletin officiel nᵒˢ 369, 371, 374, 375, 376, 3.., 399, 400, 594, 593, 400, 402, 403, 404, 405, 410, 411, 415, 416, 421, 426, 428.

1ᵉ Province d'Alger

AG. — 25-27 mars 1871. — BG. 361. — Séquestre sur tous les biens appartenant en Algérie à El Hadj Mohammed ben el Mokrani ex Bach-Agha de la Medjana. (Arrêté approuvé par décision ministérielle du 11 avril 1871. Publiée, BG. 363).

Vu l'ord. du 31 oct. 1845, art. 10 et suiv.; — La loi du 16 juin 1851, art. 22, § 2, et le Sén.-Cons. du 22 avril 1863, art. 7; — Considérant les actes de rébellion et d'hostilité flagrante contre le gouvernement de la République, dont s'est rendu coupable El Hadj Mohammed ben El Hadj Ahmed el Mokrani, ex-bach-agha de la Medjana, province de Constantine.

Art. 1. — Sont frappés de séquestre tous les biens meubles et immeubles, dont l'existence pourra être constatée en Algérie, appartenant à El Hadj Mohammed ben El Hadj Ahmed el Mokrani, ci-dessus désigné.

Art. 2. — Tous détenteurs, dépositaires, administrateurs et gérants, fermiers ou locataires desdits biens, tous débiteurs de rentes, créances ou autres droits incorporels atteints par le séquestre, sont tenus d'en faire la déclaration dans les trois mois qui suivront la publication du présent arrêté. — L'administration des domaines prendra la gestion des biens séquestrés; il sera procédé à cette gestion conformément aux dispositions de l'ord. précitée du 31 oct. 1845 (tit. 2, chap. 2).

Art. 3. Sont ou seront également frappés de séquestre, les biens de toute nature, collectifs ou individuels, des tribus ou des indigènes qui ont pris ou prendront part à la révolte d'El Mokrani. — Cette disposition générale sera ultérieurement régularisée par des arrêtés spéciaux et nominatifs, rendus sur les propositions des autorités compétentes.

Art. 4. — Le présent arrêté, qui est soumis à l'approbation du ministre de l'intérieur, est exécutoire par provision.

ALEXIS LAMBERT.

AG. — 19-20 fév. 1872. — BG. 399. — Réunion au domaine de l'État des biens meubles et immeubles des indigènes de l'Alma, de Saint-Pierre et Saint-Paul, des Khachnas et des Issers el Ouïdan.

Vu l'art. 29 de l'ord. du 31 oct. 1845; — La loi du 16 juin 1851, et l'art. 7 du Sén.-Cons. du 22 avril 1863; — Le décr. du 15 juill. 1871; — L'arr. du 27 juin 1871, — BG. 368. — portant apposition du séquestre sur les biens des indigènes de l'Alma, de Saint-Pierre et Saint-Paul et des Khachnas de la montagne; — L'arr. du 12 août 1871, — BG. 371 — portant apposition du séquestre sur les biens des indigènes de la tribu des Issers El Ouïdan; — Considérant que les indigènes dont les biens ont été frappés de séquestre par les arrêtés ci-dessus visés, ont abandonné en masse les terres ou villages occupés par eux; qu'ils tombent, par conséquent, sous l'application de l'art. 29 de l'ord. du 31 oct. 1845; — Le conseil de gouvernement entendu.

Art. 1. — Sont définitivement réunis au domaine de l'État, les biens meubles et immeubles des indigènes de l'Alma, de Saint-Pierre et Saint-Paul, des Khachnas de la montagne, et de la tribu des Issers El Ouïdan, atteints par le séquestre, prononcé par les arr. des 27 juin et 12 août 1871.

V.-am¹ COMTE DE GUEYDON.

2ᵉ Province de Constantine

AG. — 1ᵉʳ août sept. 1866. — BG. 197. — Séquestre sur les biens de Selman ben Djellab, cheick de Tougourt.

Vu, etc.; — Considérant que, durant les années 1854, 1855 et 1856, Selman ben Djellab, cheick de Tougourt, s'est mis en hostilité ouverte contre la France en ouvrant les marchés de Tougourt à tous les insoumis, en s'alliant au chérif Mohamed ben Abdallah, en prêchant publiquement la guerre sainte, en faisant assassiner des individus serviteurs ou protégés du gouvernement français, et en attaquant audacieusement une de nos colonnes légères à Meggarin le 29 nov. 1854. — Considérant que 66 indigènes de l'entourage de Selman ben Djellab ont participé de la manière la plus active à ces faits de rébellion, et qu'après le combat de Meggarin, reconnaissant eux-mêmes la culpabilité de leur conduite, ils se sont enfuis en Tunisie avec leur chef. — Considérant le séquestre provisoire mis en décembre 1854 par le commandant de la colonne française à Tougourt sur les biens de Selman ben Djellab et de ses partisans en fuite avec lui; — Sur la proposition du général de division, commandant la province de Constantine; — Le conseil de gouvernement entendu.

Art. 1. — Le séquestre est apposé sur les immeubles désignés dans l'état ci-joint, appartenant à Selman ben Djellab et aux autres indigènes dénommés sur ce même état. — Deux ans après la promulgation du présent arrêté, ces immeubles seront définitivement réunis au domaine de l'État.

M^{al} DE MAC-MAHON, DUC DE MAGENTA.

(Suit la publication de l'arrêté en texte arabe ainsi que la liste nominative et l'état des biens séquestrés, complétés par un état supplémentaire publié en 1868 au Bulletin n° 265.)

ACM. — 25 mars 1871 (V. Suprà, § 2). *Séquestre sur les biens de l'ex-bach agha Mokrani.*

3° Province d'Oran.

AG. — 13 mars 1866 (II, 363). — *Séquestre sur les biens des ouled sidi cheick. — États supplémentaires des biens frappés de séquestre et découverts postérieurement, publiés en oct. 1866.* — BG. 200. — *en décembre 1867.* — BG. 255 bis. — *en mai 1868.* — BG. 265.

ACM. — 25 mars 1871. (V. Suprà, § 2). — *Séquestre sur les biens de l'ex-bach agha Mokrant.*

RENVOIS. — V. *Table alphabétique.*

Serment.

D. — (Paris.) — 5 sept. 1870 (non publié en Algérie). *Serment politique.*

Les fonctionnaires de l'ordre civil, administratif, militaire et judiciaire, sont déliés de leur serment. — Le serment politique est aboli.

AM. — 11 sept. 1870 (non publié en Algérie).— *Prestation du serment professionnel et installation des fonctionnaires.*

Art. 1. — Le serment politique étant aboli, le serment professionnel des nouveaux fonctionnaires sera prêté dans la première séance du corps auquel ils appartiennent.

Art. 2. — L'installation des magistrats peut avoir lieu, pendant les vacations, dans la séance de la chambre qui tient l'audience, et le serment professionnel est prêté publiquement.

RENVOIS. — V. *Table alphabétique.*

Servitudes militaires.

DI. — 3-15 avr. 1867. — BG. 226. — *La nouvelle enceinte Est de la place d'Oran, dite de Korguentah est classée, comme l'ancienne enceinte, dans la 2° série des places de guerre.*

DI. — 29 janv.-29 fév. 1868. — BG. 257. — *Déclassement des fronts 11-12 et 12-13 de l'ancienne enceinte d'Oran et des lunettes de Karguen-*

tah et de Saint-André, situées dans la même place.

DI. — 29 avr.-25 juin 1868. — BG. 271. — *Homologation des plans de délimitation et des procès-verbaux de bornage de la zone des fortifications pour la détermination complète des limites : — Les postes de Boghar, de Bordj Bouïra (prov. d'Alger) ; de Biskra (prov. de Constantine) ; la place de Sidi bel Abbès avec son ouvrage détaché (prov. d'Oran) ; — Pour la limite intérieure seulement : La place d'Alger ; le poste de Ténès (prov. d'Alger) ; — Pour la limite extérieure seulement : la place de Mostaganem (prov. d'Oran).*

DI. — Mêmes dates. — *Id. des zones de servitudes et des polygones exceptionnels du poste de Dra el Mizan ; du poste de Bordj Bouïra ; du poste des Beni Mansour ; du poste de Boghar, y compris les polygones exceptionnels en avant des fronts Sud et en avant des fronts Sud-Ouest, ainsi que celui du bureau arabe, de la place d'Orléansville (prov. d'Alger) ; de la place de Djidjelli ; du poste de Biskra (prov. de Constantine) ; de la place d'Oran, pour la nouvelle enceinte de Karguentah ; pour la création du polygone exceptionnel de l'usine à gaz et pour les ouvrages détachés dits d'Osava et de la Briqueterie ; du poste d'Ammi Moussa ; de la place de Tlemcen (prov. d'Oran).*

DI. — 13 janv.-15 mars 1869. — BG. 507. — *Id. de la place d'Oran pour le Château Neuf ; du poste de Nemours (prov. d'Oran).*

DI. — Mêmes dates. — *Id. des plans de délimitation et procès-verbaux de bornage de la zone des servitudes : — Pour la détermination complète des limites du poste de Bordj Bouïra (prov. d'Alger) ; pour la limite intérieure seulement du poste de Ténès (prov. d'Alger).*

RENVOIS. — V. *Table alphabétique.*

Sociétés (diverses). V. TABLE ALPHABÉTIQUE.

Société générale algérienne.

LOI. — 12 juill. 1865. — (V. Travaux publics, II, 382). — *Approbation des art. 1 et 2 de la convention passée le 18 mai 1865 entre le ministre de la guerre et la Société financière Frémy et Talabot, pour l'exécution de travaux publics en Algérie. — Convention annexe.*

DI. — 13-30 sept. 1865. — BG. 154. — *Approbation de la convention du 18 mai 1865 avec la Société Frémy, Talabot et comp., en ce qui concerne spécialement les clauses autres que celles déjà ratifiées par la loi du 12 juill. à raison des engagements mis à la charge du trésor de l'État.*

DI. — 15 oct.-31 déc. 1866. — BG. 213. — *Autorisation de la Société anonyme formée à Paris, sous la dénomination de Société générale algérienne.*

Vu la loi du 12 juill. 1865 et le décr. du 18 sept. suivant; — La convention en date du 18 mai 1865, passée entre le ministre de la guerre et la Société formée pour l'exécution de travaux publics et d'opérations agricoles, industrielles et commerciales en Algérie; — Les art. 29 à 57, 40 et 45 Code comm.

Art. 1. — La Société anonyme formée à Paris sous la dénomination de *Société générale algérienne* est autorisée. — Sont approuvés les statuts de ladite Société. tels qu'ils sont contenus dans l'acte passé le 10 oct. 1866, devant M⁰ˢ Turquet et Dufour, notaires à Paris, lequel acte restera annexé au présent décret.

Art. 2. — La présente autorisation pourra être révoquée en cas de violation ou de non exécution des statuts approuvés, sans préjudice des droits des tiers.

Art. 3. — La Société sera tenue de remettre tous les six mois un extrait de son état de situation au ministère de l'agriculture, du commerce et des travaux publics, au ministère de la guerre, et au gouverneur général de l'Algérie, au préfet de police, à la chambre de commerce de Paris et au greffe du tribunal de commerce de la Seine, à la chambre de commerce et au greffe du tribunal de commerce d'Alger.

Art. 4. — En outre, une situation arrêtée à la fin de chaque mois par le conseil d'administration, et certifiée par le président, sera publiée dans les premiers jour du mois suivant, dans l'un des journaux d'annonces légales des départements de la Seine et d'Alger, et copies en seront remises à nos ministres de l'agriculture, du commerce et des travaux publics et des finances. Cette situation, dont la forme sera déterminée par le ministre des finances, fera connaître, indépendamment du bilan de la Société, le mouvement de ses opérations et le montant des effets en circulation endossés et garantis par l'établissement.

Art. 5. — La gestion de la Société pourra être soumise à la vérification des délégués de notre ministre des finances, toutes les fois que celui-ci le jugera convenable. Il sera donné à ces délégués communication des registres des délibérations, ainsi que de tous les livres, souches, comptes, documents et pièces appartenant à la Société; les valeurs de caisse et de portefeuille leur seront également représentées. — (Suivent les statuts.)

AG. — 4-14 mars 1867. — BG. 210 bis. — *Exécution de l'art. 3 de la convention du 18 mai 1865. Remise à la Société de 82,544 hect. sur les 100,000 hect. convenus (1).*

Vu la convention passée le 18 mai 1865 entre le ministre de la guerre et les sieurs L. Frémy, gouverneur du crédit foncier de France et d'Algérie, et Paulin Talabot, directeur général de la compagnie des chemins de fer de Paris à la Méditerranée et de l'Algérie, agissant, tant en leur nom que comme représentants de la Société financière constituée sous le nom de *Société générale algérienne.* — Notamment l'art. 3 de ladite convention portant : « L'État promet de vendre à la compa- « gnie 100,000 hect. de terres, qui lui seront « délivrées par le gouvernement parmi celles « disponibles dans le domaine de l'État en Al- « gérie. — Le prix de chaque hectare est fixé à « 1 fr. de rente par hect. et par an, payable annuel- « lement à partir de chaque mise en possession « et pendant 50 années. » — Le décr. du 18 sept. 1865 portant approbation de ladite convention ;— Le décr. en date du 15 oct. 1866 qui constitue la Société générale algérienne; — Le décr. du 10 nov. 1866, qui nomme le sieur Frémy, gouverneur du crédit foncier de France et d'Algérie, président de la Société générale algérienne ; — Les décr. des 27 oct. 1858, 10 déc. 1860 et 7 juill. 1864 (V. Admin. gén., I, 37; II, 4 et 9); — Le décr. du 25 juill. 1860 (V. Domaine, I, 287).

Art. 1. — En exécution du décr. du 18 sept. 1865, il est attribué à la Société générale algérienne, représentée par le sieur Frémy, son président, et le sieur Paulin Talabot, administrateur délégué, qui acceptent, les immeubles ci-après désignés, à valoir sur les 100,000 hect. dont l'aliénation a été approuvée par ledit décret savoir :

Prov. d'Oran. — Aux Ouled-Abdelly, 2,905 h.; à Relizane, rive gauche de la Mina, 1,283 h. — Total : 4,188 h.

Prov. d'Alger. — A l'Oued-Isly, 1,803 h.; à l'Oued-Fodda, 825 h.; aux Djendel (20 parcelles), 825 h.; chez les Soumata, 490 h.; Beni-Boukni, 452 h.; Bou-Allaouan (8 parcelles), 798 h.; Ouled-Farès, 224 h.; à Amora, 1,158 h. — Total : 6,555 h.

Prov. de Constantine. — Circonscription de Bône: Oued-Besbès, 3,645 h.; Aïn-Mokra, 3,610 h.; Feldj-Moussa, 550 h.; Gouerza (Radjetaï), 2,180 h.; Bou-Hammam, 1,660 h.; ensemble, 11,655 h. — Circonscription de Constantine: Oued-Zenati, 31,691 h.; Ouled-Attia et Souhalia, 28,465 h.; ensemble, 60,156 h. — Total : 71,801 h.

Récapitulation. — Prov. d'Oran, 4,188 h.; — d'Alger, 6,555 h.; — de Constantine, 71,801 h. — Total : 82,544 h.

Art. 2. — La Société générale algérienne sera mise en possession des immeubles ci-dessus par les soins de l'autorité compétente dans chaque province, et cette mise en possession sera constatée par des procès-verbaux contradictoires auxquels seront annexés les plans desdits immeubles.

Art. 3. — Des actes administratifs seront dressés par l'autorité compétente représentant le domaine de l'État, à l'effet de constater la livraison des immeubles aux clauses et conditions indiquées dans le modèle annexé au présent arrêté, et d'assurer le recouvrement du prix de vente stipulé au profit de l'État.

Art. 4. — Les terrains aliénés par l'État devant être utilisés pour la création de centres de population européenne et d'exploitations agricoles, les actes à passer en vertu de l'art. 3 ci-dessus seront soumis pour leur enregistrement au droit fixe de 1 fr. — Les frais de timbre, d'enregistrement, de transcription et d'expédition seront d'ailleurs supportés par la Société générale algérienne, conformément aux lois en vigueur.

M⁰ˢ DE MAC-MAHON, DUC DE MAGENTA.

Acceptation.

Nous soussignés, L. Frémy, président de la société générale algérienne, et M. Paulin Talabot, administrateur, délégué de ladite société, après avoir pris connaissance de l'arrêté dont la teneur précède, déclarons accepter les immeubles qui y sont désignés, à valoir sur la contenance totale de 100,000 hect., vendus par l'État à la société générale algérienne, aux termes de la convention du 18 mai 1865 et du décr. du 18 sept. suivant, qui a approuvé cette convention.

Alger le 4 mars 1867.

PAULIN TALABOT. — L. FRÉMY.

DI. — 11-26 déc. 1867. — BG. 231. — *Concession temporaire à la Société, de l'établissement domanial connu sous le nom de jardin d'acclimatation, banlieue d'Alger.*

Art 1. — La convention passée, le 6 déc. 1867,

(1) *Note au Bulletin officiel.* — L'administration était en mesure de livrer à la *Société générale algérienne,* sans épuiser le montant des ressources disponibles, les 100,000 hect. fixés par la convention. Mais les opérations du Sén.-Cons., actuellement en

cours d'exécution, s'appliquant à des territoires voisins de centres où elle a déjà des intérêts engagés, la Société a préféré attendre le résultat de ces nouvelles opérations et s'est bornée pour le moment à accepter les 82,544 hect. ci-dessus.

entre le Gouverneur général de l'Algérie et le sieur Louis Frémy est et demeure approuvée. — Ladite convention restera annexée au présent décret.

Convention.

Entre S. Exc. le maréchal de Mac-Mahon, duc de Magenta, gouverneur général de l'Algérie, agissant au nom de l'État, d'une part, — Et M. Louis Frémy, gouverneur du crédit foncier de France et d'Algérie, président de la société générale algérienne, autorisée par décr. du 15 oct. 1866, agissant au nom de cette société en vertu des pouvoirs qui lui sont conférés, d'autre part ; — Il a été convenu ce qui suit :

Art. 1. — L'État concède à la société générale algérienne la jouissance, pendant 49 ans, d'un établissement domanial situé aux environs d'Alger, connu sous le nom de jardin d'acclimatation, séparé en trois parties distinctes par les deux routes d'Alger à Kouba et à la Maison-Carrée, lequel est cédé, avec les divers bâtiments, les serres et les eaux d'irrigation qui en dépendent, dans l'état où il se trouve, sans garantie de contenance. — En cas de prorogation de la durée actuellement assignée à l'existence de la société, l'administration se réserve le droit d'examiner s'il y a lieu de continuer ou de modifier les clauses du présent traité. — En cas d'une dissolution anticipée de la société, la présente convention cessera d'avoir son effet à partir de la date de cette dissolution. — En outre, l'État cède à ladite société le matériel de toute nature, les animaux de service ou de collection existant actuellement sur les lieux, ainsi que tous ceux des arbres et arbustes ou végétaux qui sont susceptibles de transplantation. — Le tout sera livré à la société, suivant procès-verbal de remise, établi dans la forme des cessions domaniales, avec plan à l'appui et portant, après expertise contradictoire, inventaire détaillé et estimatif des valeurs cédées.

Art. 2. — Cette concession est consentie et acceptée, moyennant une redevance annuelle de 1,000 fr. et aux conditions ci-après déterminées.

Art. 3. — La Société sera tenue de conserver à la propriété concédée sa triple destination de promenade publique, de pépinière pour la production et la diffusion des végétaux indigènes, enfin de jardin scientifique et d'acclimatation pour les végétaux exotiques. — Elle conservera, en outre, les allées de platanes et de palmiers qui existent aujourd'hui.

Art. 4. — Le public continuera à être admis gratuitement chaque jour, entre le lever et le coucher du soleil, dans toutes les allées qui lui sont actuellement ouvertes, ou dans des allées nouvelles présentant, dans leur ensemble, une superficie au moins égale à la superficie actuelle. — La Société devra, dans le délai d'un an, établir sur tout le parcours de ces allées 100 bancs à dossier. — Elle devra, en outre, dans le même délai, établir dans l'intérieur de la propriété une route ornée d'arbres, librement accessible aux voitures.

Art. 5. — La Société sera libre d'accroître ou

de diminuer l'importance actuelle de la pépinière et de fixer, suivant ses convenances, le choix des essences à produire, ainsi que le prix de vente des produits.

Art. 6. — En ce qui concerne le jardin scientifique, la Société sera toujours tenue d'expérimenter l'acclimatation des végétaux exotiques, dont les plantes ou les graines lui seront remis à cet effet par le gouverneur général, et de fournir à l'administration des renseignements circonstanciés sur les résultats obtenus.

Art. 7. — Dans le cas où le gouvernement croirait devoir établir des cours scientifiques publics, la Société sera tenue de réserver, dans les bâtiments qui lui sont cédés, un amphithéâtre et des locaux accessoires, nécessaires à ces cours. — Il est entendu que la bibliothèque actuelle du jardin d'Essai restera affectée au service du public dans les conditions qui seront indiquées par le gouverneur général.

Art. 8. — Les employés actuels, autres que le directeur, seront, au point de vue de la retraite, traités comme les employés de l'État, et leur retraite sera à la charge de la Société. — Ceux que la Société ne conservera pas jusqu'au moment de leur retraite, ou qui, au moment de la prise de possession, ne consentiraient pas à rester à son service, recevront d'elle une indemnité équivalente: pour les premiers, à deux ans, et pour les autres, à dix-huit mois de leur traitement actuel.

Art. 9. — La Société sera tenue de maintenir jusqu'à leur expiration les marchés en cours de durée, relatifs à la fourniture de divers objets nécessaires à l'établissement ou, à défaut, de payer les indemnités qui pourront être réclamées pour leur résiliation.

Art. 10 — A l'expiration de la concession telle que la durée en a été fixée par l'art. 1, l'État reprendra possession pleine et entière de la propriété concédée, après inventaire constatant une valeur au moins égale à celle qui aura été déterminée d'après le procès-verbal de remise. — Cet inventaire sera dressé un an avant l'expiration de la concession. Les améliorations de toute nature qui auront été apportées seront acquises de plein droit à l'État sans aucune indemnité.

Art. 11. — En cas d'inexécution des conditions de la présente convention, la résolution pourra en être prononcée. — Les contestations qui pourront s'élever entre la Société et l'administration, au sujet de l'exécution de la présente convention, seront jugées administrativement par le conseil de préfecture d'Alger, sauf recours au conseil d'État.

Art. 12. — La présente convention ne deviendra définitive qu'après avoir reçu l'approbation de l'Empereur, conformément à l'art. 10, §§ 2 et 3, du décr. du 10 déc. 1860.

Fait à Paris, le 6 déc. 1867.

Mal DE MAC-MAHON, DUC DE MAGENTA,
FRÉMY.

DI. — 1er sept.-2 nov. 1869. — BG. 516. —
Vente définitive à la Société générale algérienne des 100,000 hect. de terres domaniales à elle promis (1).

Vu la convention du 19 mai 1863. — Les décr.

(1) *Rapport à l'empereur.* — Paris, 1er sept. 1869. — Sire, par l'art. 5 de la convention du 19 mai 1863, approuvée par décr. du 18 sept. suivant, l'État s'était engagé à vendre à la société générale algérienne, moyennant un prix de 1 fr. par hect. et par an, payable pendant 50 ans, 100,000 hect. de terres domaniales en Algérie. — De 1867 jusqu'au 10 juin 1865, différents immeubles d'une contenance de 52,000 hect., ont été livrés à la société générale à cette dernière date, il lui a été fait re-

mise du complément des 100,000 hect., qui sont ainsi répartis dans les trois provinces : Alger 5,698 h. 39 à. 50 c. — Oran 4,561 h. 31 à. 10 c. — Constantine 89,181 h. 39 à. 10 c. — Total : 100,000 h.

En conformité des prescriptions de la législation sur les aliénations de terres domaniales en Algérie, j'ai l'honneur de soumettre à l'Empereur un projet de décret ayant pour objet d'accorder la sanction souveraine aux actes administratifs intervenus entre l'État et la société algé-

des 18 sept. 1865, 15 oct. 1866, 25 juill. 1866. —
Vu les actes administratifs passés à la date des
8 juin 1867; 5 juin 1868, 18 févr., 20-21 avril et
1er juin 1869, et portant vente à la Société générale algérienne de 100,000 hect. de terres appartenant à l'État en Algérie — Vu les procès-
verbaux de délimitation et de remise à la Société,
ainsi que les plans y annexés;

Art. 1. — Est et demeure définitivement approuvée, conformément aux clauses et conditions
indiquées dans les actes administratifs sus-visés,
qui restent annexés au présent décret, la vente à
la Société générale algérienne de 100,000 hect. de
terres domaniales en Algérie, tels qu'ils sont désignés aux dits actes, délimités dans les procès-
verbaux de remise et figurés sur les plans ci-
annexés.

Renvois. — V. *Table alphabétique.*

Sources. V. TABLE ALPHABÉTIQUE.

Staries et surstaries. V. PORTS, Règlement de 1848.

Substances (alimentaires, nuisibles). V. TABLE ALPHABÉTIQUE.

Successions. V. *ibidem.*

Successions vacantes (1).

AG. — 4-25 mars 1867. — BG. 221. — *Suppression des curateurs dans diverses localités
du territoire militaire.*

Vu l'ord. du 26 déc. 1842, qui institue des curateurs aux successions vacantes en Algérie (I, 629);
— Le décr. du 17 mars 1866, qui étend la juridiction des juges de paix en territoire militaire
(II, 158); — Le décr. du 21 mars 1866, déterminant le ressort des justices de paix nouvellement
créées (II, 159);

Art. 1. — Les curateurs aux successions vacantes, établis au siège d'une justice de paix ou
d'un commissariat civil, exerceront dans tout le
ressort de la juridiction du juge de paix, ou du
commissaire civil qui en remplit les fonctions.

Art. 2. — Les curateurs établis dans les cercles
et annexes où l'action judiciaire est restée dévolue aux commandants de place, continueront, provisoirement, d'exercer dans tout le ressort de la
juridiction attribuée à ces officiers.

Art. 3. — En conséquence des deux articles ci-
dessus, les curateurs établis près des commandants de place, sont supprimés dans les cercles
ci-après :

Province d'Alger. — Aumale, Cherchell, Dellys, Dra-
el-Mizan, Fort-Napoléon, Médéa, Miliana, Orléansville,
Ténès, Tizi-Ouzou.

Province d'Oran. — Aïn-Temouchent, Mascara, Mostaganem, Nemours, Oran, Sidi-bel-Abbès, Tiaret, Tlemcen.

Province de Constantine. — Aïn-Beïda, Batna, Biskra,
Bône, Bougie, Constantine, Djidjelli, La Calle, Sétif.

Les curateurs établis près des commandants de
place sont maintenus dans les cercles ci-après :

Province d'Alger. — Beni-Mansour (annexe), Boghar,
Djelfa (annexe), Laghouat, Teniet-el-Hâad.

Province d'Oran. — Ammi-Moussa (annexe), Daya
(annexe), Géryville (annexe), Lalla-Maghnia, Saïda,
Sebdou, Zemmora (annexe).

Province de Constantine. — Bordj-Bou-Arréridj, Bou-
câada, Collo, El-Milia (annexe), Takitount (annexe), Tébessa.

M'l DE MAC-MAHON DUC DE MAGENTA.

Renvois. — V. *Table alphabétique.*

Sûreté générale.

LOI — 14 mars-23 avr. 1872. — BG. 411. —
*Publication de la loi relative à l'associa-
tion internationale.*

---

(1) JURISPRUDENCE.—*Ord.* du 26 déc. 1842. (Texte et
notes. I, 629; II, 166.) — *Art.* 14. — C'est un devoir et
une obligation pour le curateur de prévenir les héritiers
dont il connaît le nom et l'adresse du décès de leur auteur, et de l'action en reprises totales exercée contre lui
par la veuve. — *Cour d'Alger.* 31 déc. 1868, hér'rs
Malcwon.

Même ordonn. — *Art.* 17. — Action judiciaire du
curateur.—1°— Toute instance relative à une succession
vacante, doit être exercée par le curateur. Toutefois,
une reprise d'instance contre un débiteur de la succession par la veuve du décédé agissant comme créancière
de son mari est régulière et utile au procès, si elle a précédé les diligences et l'intervention du curateur, et la
veuve ne doit point supporter de dépens. — *Cour d'Alger.*
31 déc. 1859. De Vaucresson.

2°. — Le curateur a le droit, en Algérie, d'après la

rienne, à la date des 8 juin 1867, 5 juin 1868, 18 fév.,
10-21 avril et 1er juin 1869, pour la cession des parcelles
constituant cette attribution de propriété. Les actes sont
rédigés d'après les formules générales employées en Algérie pour les aliénations d'espèce. Il y a été introduit,
cependant, une clause spéciale portant qu'en cas de vente
par la société, l'inscription hypothécaire qui grèvera, au
profit de l'État, les biens vendus, sera divisée au prorata
des quantités aliénées, afin de ne pas conserver la solidarité. A un gage général, tant que la propriété reste
dans l'ensemble, cette clause substitue des gages particuliers équivalents à cet ensemble.

Le conseil de gouvernement de l'Algérie a reconnu la
régularité des actes dont il s'agit; je ne puis donc que
vous prier, Sire, de vouloir bien, d'après les propositions
conformes du gouverneur général de l'Algérie, signer le
projet de décret ci-joint auquel demeureront annexés les
actes de vente, les procès-verbaux de remise et les plans
des immeubles aliénés.

Le ministre de la guerre,
M'l LE BOEUF.

nature spéciale du mandat que lui confère l'ord. de 1842,
de discuter la qualité de celui qui se présente comme héritier. — *Cour d'Alger.* 28 janv. 1861. — Robe, 1861,
p. 17.

3°. — Le curateur n'aurait pas action pour réclamer
des dommages-intérêts motivés par la mort accidentelle
du décédé. — Il n'a droit d'exercer que les actions appartenant à la succession qu'il administre, et celle dont
s'agit n'existait pas dans la succession, puisque c'est le
décès même qui a donné naissance. Quand les héritiers l'exercent, ce n'est pas comme héritiers, mais à
raison du préjudice à eux causé personnellement. — *Trib.*
de la Seine. 16 févr. 1863.

4°. — Les curateurs sont chargés de rechercher tous
biens meubles et immeubles dépendant de la succession
qui seraient en possession de tiers détenteurs, que ce
soit de non dans l'intérêt des créanciers. Il n'est pas
l'ayant-cause du décédé; on ne peut par conséquent en
l'identifiant avec ce dernier lui opposer le principe, que
nul n'est admis à se prévaloir de sa propre turpitude. —
Cour d'Alger. 21 mars, 1871. — Robe, 1871, p. 62.

Même ordonn. — *Art.* 27. — Remise de la succession
aux ayants droit. — 1°— Le curateur ne peut se refuser à
remettre la succession au légataire universel régulièrement envoyé en possession, même lorsqu'un héritier col-
latéral l'a informé de son intention d'attaquer le testament. — *Cour d'Alger.* 24 juin. 1866. — Robe, 1866,
p. 233.

2°. — Lorsque les héritiers ont renoncé à la succession, le légataire à titre universel a le droit de se faire
investir de l'administration et de la liquidation de l'hérédité, et ce à l'exclusion du curateur. — *Cour d'Alger.*
2 févr. 1870. — Robe, 1870, p. 57.

Même ordonn. — *Art.* 44. — La taxe obtenue par le
curateur pour ses frais et honoraires, lui donne un droit
sur l'hérédité entière, sans division de la part des héritiers
pour leur part et portion ; — par suite, l'appel est recevable si elle dépasse les limites du dernier ressort. —
Cour d'Alger. 5 avril 1865. Simon C. Friess.

Art. 1. — Toute association internationale qui, sous quelque dénomination que ce soit, et notamment sous celle d'Association internationale des travailleurs, aura pour but de provoquer à la suspension du travail, à l'abolition du droit de propriété, de la famille, de la patrie, de la religion ou du libre exercice des cultes, constituera, par le seul fait de son existence et de ses ramifications sur le territoire français, un attentat contre la paix publique.

Art. 2. — Tout Français qui après la promulgation de la présente loi, s'affiliera ou fera acte d'affilié à l'Association internationale des travailleurs ou à toute autre association professant les mêmes doctrines et ayant le même but, sera puni d'un emprisonnement de trois mois à deux ans et d'une amende de cinquante à mille francs. Il pourra, en outre, être privé de tous ses droits civiques, civils et de famille, énumérés en l'art. 42 du Code pénal. pendant cinq ans au moins et dix ans au plus. — L'étranger qui s'affiliera en France, ou fera acte d'affilié, sera puni des peines édictées par la présente loi.

Art. 3. — La peine de l'emprisonnement pourra être élevée à 5 ans, et celle de l'amende à 2,000 fr., à l'égard de tous, Français ou étrangers, qui auront accepté une fonction dans une de ces associations, ou qui auront sciemment concouru à son développement, soit en recevant ou en provoquant à son profit des souscriptions, soit en lui procurant des adhésions collectives ou individuelles, soit enfin en propageant ses doctrines, ses statuts ou ses circulaires. — Ils pourront, en outre, être renvoyés par les tribunaux correctionnels, à partir de l'expiration de la peine, sous la surveillance de la haute police, pour 5 ans au moins et 10 ans au plus. — Tout Français auquel aura été fait application du paragraphe précédent restera, pendant le même temps soumis aux mesures de police applicables aux étrangers, conformément aux art. 7 et 8 de la loi du 3 déc. 1849.

Art. 4. — Seront punis d'un an à 6 mois de prison et d'une amende de 50 à 500 fr., ceux qui auront prêté ou loué sciemment un local pour une ou plusieurs réunions d'une partie ou section quelconque des associations susmentionnées, le tout sans préjudice des peines plus graves applicables, en conformité du Code pénal, aux crimes et délits de toute nature dont auront pu se rendre coupables, soit comme auteurs principaux, soit comme complices, les prévenus dont il est fait mention dans la présente loi.

Art. 5. — L'art. 463 C. Pén. pourra être appliqué, quant aux peines de la prison et de l'amende prononcées par les articles qui précèdent.

Art. 6. — Les dispositions du Code pénal et celles des lois antérieures auxquelles il n'a pas été dérogé par la présente loi continueront de recevoir leur exécution.

Art. 7. — La présente loi sera publiée et affichée dans toutes les communes.

Renvois. — V. *Table alphabétique.*

Sûreté publique. V. Table alphabétique.

Sursis judiciaire. V. *ibidem.*

Surveillance. V. *ibidem.*

Syndicats. V. *ibidem.*

T

Tabacs. V. Table alphabétique.

Taxes (municipales et autres). V. *ibidem.*

Télégraphie.

DIVISION.

§ 1. — Législation spéciale.
§ 2. — Service administratif.
§ 3. — Autorisation de lignes télégraphiques privées.

§ 1. — Législation spéciale.

DI. — 8 mai.-23 sept. 1867. — BG. 248. — *Règlement d'administration publique sur le service de la correspondance télégraphique privée.*

Vu le décr. du 17 juin 1852 (I, 656). — La loi du 29 nov. 1850 et notamment les art. 9 § 2 et 11 § 2 (ibidem). — Les lois des 23 mai 1855 (I, 638); 22 juin 1855, 21 juill. 1856 (ibidem) et 18 mai 1858 sur la télégraphie privée.

Vu la loi du 5 juill. 1861, et notamment l'article 2, § 7, portant : — « Les règles à suivre pour la constatation de l'identité, pour le calcul des mots, des chiffres et de tous autres signes dont la dépêche se compose, les règles concernant le mode de réception et de conservation des dépêches et le mode de perception des taxes, sont déterminées, par des règlements d'administration publique, concertés, en ce qui touche les matières de comptabilité, avec le ministre des finances ; »

Et l'art. 4, § 2, portant : — « Tout ce qui concerne l'envoi des dépêches au-delà du lieu d'arrivée, soit par la poste, soit par exprès, soit par estafette, lorsque ce service est possible, soit par tout autre moyen de transport, enfin les mesures propres à faire concourir au service des dépêches télégraphiques celui de l'administration des postes, seront déterminés par des règlements d'administration publique concertés, en ce qui concerne le service des postes, avec le ministre des finances. »

Vu la loi du 27 mai 1863, sur le service autographique ; — Vu notre décr. du 8 févr. 1865, relatif à la taxe des dépêches télégraphiques privées transmises au moyen des appareils autographiques ;

Vu la loi du 13 juin 1866, et notamment l'art. 45, portant : — « Des règlements d'administration publique détermineront les règles à suivre dans le calcul des chiffres, lettres et signes composant les dépêches secrètes, pour l'application des taxes à ces dépêches, sans que le nombre de chiffres, lettres ou signes comptés pour un mot, puisse être inférieur à cinq. — Ils régleront également ce qui est relatif à la fabrication, à la vente et à l'emploi des timbres-dépêches ; »

Vu la convention internationale du 17 mai 1865 ;

I. — De l'ouverture des bureaux.

Vu la convention internationale du 17 mai 1865 ;

Art. 1. — Les bureaux télégraphiques sont ouverts tous les jours aux heures fixées par arrêtés du ministre de l'intérieur. — Les heures d'ouverture et de clôture sont affichées à la porte de chaque bureau. — L'heure de tous les bureaux est celle du temps moyen de Paris.

II. — Du dépôt des dépêches.

Art. 2. — Les dépêches télégraphiques privées peuvent être, soit déposées aux guichets des bureaux ou dans les boîtes établies à cet effet, soit adressées par la poste ou par messager aux bureaux télégraphiques. — Les dépêches déposées dans les boîtes doivent être revêtues de timbres-dépêches. — Il est de même de celles qui sont envoyées par la poste et qui doivent, en outre, être contenues dans des lettres affranchies.

Art. 3. — Les dépêches peuvent être rédigées en langage ordinaire ou en langage secret. — Elles doivent être écrites lisiblement et en caractères usités en France; — Elles doivent être signées par l'expéditeur. — L'adresse doit contenir toutes les indications nécessaires pour assurer la remise de la dépêche. Le nom du destinataire doit être écrit en toutes lettres, et il est interdit de le remplacer par des lettres initiales ou conventionnelles. — L'expéditeur est, en outre, tenu d'inscrire sa propre adresse sur la minute. Cette indication n'entre dans le compte des mots soumis à la taxe que s'il en demande la transmission. — Les interlignes, renvois, ratures et surcharges doivent être approuvés par le signataire de la dépêche ou par son représentant.

Art. 4. — Les dépêches peuvent être formulées, soit en français, soit en latin, soit dans une des langues admises par la Convention internationale; dans ce dernier cas, l'expéditeur peut être tenu d'en donner la traduction par écrit. Cette traduction est obligatoire pour les dépêches déposées dans les boîtes ou adressées par la poste. — Toute dépêche composée en langage ordinaire, mais inintelligible, est assimilée à une dépêche en langage secret.

Art. 5. — Les dépêches en langage secret peuvent être composées : 1° Exclusivement de chiffres arabes; — 2° Exclusivement de lettres de l'alphabet; — 3° De chiffres arabes et de mots; — 4° De lettres de l'alphabet et de mots. — Si le texte est divisé par groupes, ces groupes doivent être séparés par des points, des virgules ou des traits. — L'adresse et la signature doivent être en langage ordinaire.

Art. 6 — L'identité de l'expéditeur est dûment établie, lorsque cette formalité est jugée nécessaire, par l'attestation de deux témoins connus. Elle peut aussi l'être par la production de passeports, feuilles de route ou toutes autres pièces dont l'ensemble serait jugé suffisant par le directeur du bureau. — La sincérité de la signature est dûment constatée par le visa des autorités compétentes. Elle peut l'être aussi par une vérification contradictoire faite au bureau, ou par telle attestation ou tout autre moyen que le directeur jugerait suffisant.

Art. 7. — Lorsqu'une dépêche est refusée : 1° Pour inexécution des dispositions des art. 3, 4 et 5 ci-dessus; — 2° Par application de l'art. 3 de la loi du 29 nov. 1850, si la dépêche est contraire à l'ordre public et aux bonnes mœurs, sauf le droit de réclamation réservé à l'expéditeur par ledit art. 3; — 3° Par application de l'art. 1 de la loi du 5 juill. 1861, si l'identité de l'expéditeur ou la sincérité de la signature n'est pas établie, — la minute est rendue ou renvoyée au passant, revêtue d'une mention signée du directeur et indiquant le motif du refus.

Art. 8. — Toute dépêche reconnue transmissible reçoit un numéro d'ordre avec la mention de la date et de l'heure de la remise au bureau de départ. — Lorsque la dépêche est déposée au guichet, l'expéditeur peut s'en faire délivrer un reçu.

III. — De la transmission des Dépêches.

Art. 9. — Les dépêches sont transmises dans l'ordre de leur dépôt, sous les réserves portées aux art. 1 et 10 de la loi du 29 nov. 1850, les accusés de réception et dépêches de retour ayant, toutefois, la priorité sur les autres dépêches privées.

Art. 10. — Tout expéditeur peut, en justifiant de son identité, arrêter, s'il en est encore temps, la transmission de la dépêche qu'il a déposée.

IV. — De la remise des dépêches à destination.

Art. 11. — Les dépêches télégraphiques peuvent être adressées soit à domicile, soit poste restante, soit bureau télégraphique restant. — Elles sont remises ou expédiées à destination, dans l'ordre de leur réception.

Art. 12. — Les dépêches adressées au bureau restant sont conservées pendant quarante-cinq jours, pour être remises aux destinataires ou à leurs représentants, sur leur réclamation. — Passé ce délai, elles sont anéanties.

Art. 13. — Les dépêches adressées à domicile ou poste restante, dans le lieu d'arrivée, sont portées sans frais à leur destination par un agent du bureau de l'administration. — Le lieu d'arrivée s'entend du territoire compris dans les limites de l'octroi, ou du centre de population où le bureau est situé dans les communes qui n'ont pas d'octroi. — Les dépêches adressées à domicile ou poste restante, hors du lieu d'arrivée, sont, suivant le cas, expédiées par la poste ou par exprès. — Toutes les dépêches adressées à un bureau de gare, pour être portées en dehors de l'enceinte de la gare, sont remises à domicile par exprès.

Art. 14. — Le bureau d'arrivée emploie l'exprès, ce qui doit s'entendre des moyens les plus rapides d'expédition dont il a la disposition, lorsque ce mode d'envoi est demandé par l'expéditeur dans la dépêche, ou par le destinataire en vue des dépêches qu'il attend.

Art. 15. — Le bureau d'arrivée emploie la poste : 1° Lorsque l'expéditeur l'a formellement demandé; — 2° Lorsque l'envoi par exprès, bien que demandé, n'est pas rendu possible; — 3° Lorsque aucun mode d'envoi spécial n'a été désigné. — Dans le premier cas, la dépêche est, sur la demande de l'expéditeur, mise à la boîte sans affranchissement, affranchie ou chargée; — Dans le second cas, elle est expédiée sous chargement; — Dans le troisième, elle est mise à la poste sans affranchissement. — Le chargement est obligatoire pour les dépêches recommandées.

Art. 16. — Toute dépêche expédiée par exprès à un bureau pour être transmise, ou d'un bureau pour être remise à destination, est revêtue de la mention suivante, inscrite sur l'enveloppe : télégramme, loi du 13 juin 1866, art. 12.

Art. 17. — Lorsque, par application du § 2 de l'art. 3 de la loi du 29 nov. 1850, la remise à destination est interdite, il en est donné avis au bureau de départ, qui en informe immédiatement l'expéditeur.

V. — Des archives.

§Art. 18. — Les originaux des dépêches sont conservés dans les archives des bureaux pendant une année. — Passé ce délai, on peut les anéantir.

Art. 19. — Ils ne peuvent être communiqués qu'à l'expéditeur et au destinataire, après constatation de leur identité. — L'expéditeur et le destinataire ont le droit de se faire délivrer des copies certifiées conformes de l'original de la dépêche qu'ils ont transmise ou reçue.

VI. — De la taxe.

Art. 20. — Le tarif des dépêches télégraphiques est affiché dans chaque bureau.

Art. 21. — Tout ce que l'expéditeur écrit sur la minute, pour être transmis, entre dans le calcul de la taxe. — Toutes les indications relatives aux dépêches recommandées, multiples ou à faire suivre, aux accusés de réception ou au mode d'envoi, entrent dans le compte des mots soumis à la taxe.

Art. 22. — Le compte des mots s'établit de la manière suivante pour les dépêches en langage ordinaire : — Les mots composés compris à ce titre au dictionnaire de l'Académie française, les noms de départements, communes, rues, et les désignations relatives au numéro des habitations, ne sont comptés que pour un seul mot. — Toutes les autres expressions composées sont comptées pour le nombre de mots employés à les formuler. — Les nombres écrits en chiffres sont comptés pour autant de mots qu'ils contiennent de fois cinq chiffres, plus un mot pour l'excédant. — Tout chiffre ou lettre isolée est compté pour un mot ; il en est de même du souligné. — Les signes que l'appareil exprime par un seul signal (signes de ponctuation, traits-d'union, apostrophes, parenthèses) ne sont pas comptés. — Sont toutefois comptés pour un chiffre les points, les virgules et les barres de division qui entrent dans la formation des nombres.

Art. 23. — Pour les dépêches en langage secret, le compte des mots s'établit de la manière suivante : — Tous les chiffres, lettres ou signes employés dans le texte chiffré sont additionnés ; le total divisé par cinq donne pour quotient le nombre de mots qu'ils représentent. — L'excédant est compté pour un mot. — On y ajoute, pour obtenir le nombre total des mots de la dépêche, les mots en langage ordinaire de l'adresse, de la signature et ceux du texte. Le compte en est fait d'après les règles de l'article précédent.

Art. 24. — Toute dépêche rectificative, complétive et généralement toute communication échangée avec un bureau télégraphique à l'occasion d'une dépêche transmise ou en cours de transmission, est soumise à la taxe, à moins que cette communication n'ait été rendue nécessaire par une erreur de service.

Art. 25. — Les dépêches adressées dans une même localité à plusieurs destinataires, ou à un seul destinataire à plusieurs domiciles, ne sont soumises, en sus de la taxe principale, conformément à l'art. 4 de la loi du 15 juin 1866, qu'au droit de copie de 0,50 c. établi par la loi du 28 mai 1853. — Les dépêches adressées à plusieurs destinataires ou à un même destinataire dans des localités différentes sont taxées comme autant de dépêches distinctes.

Art. 26. — Pour toute dépêche à expédier par exprès hors du lieu d'arrivée, il est perçu une somme fixe de 0,50 c. pour chaque kilomètre. — La taxe de l'exprès est perçue au départ, au guichet du bureau télégraphique. — Toutefois, la taxe est perçue sur le destinataire lorsque l'envoi par exprès a été demandé par lui en vue de dépêches attendues. — La taxe d'exprès est calculée d'après la distance réelle, et cette distance se compte pour les habitations agglomérées du bureau d'arrivée au centre de l'agglomération, et pour les habitations isolées du bureau d'arrivée au lieu même de destination.

Art. 27. — La taxe postale est perçue au départ toutes les fois que l'expéditeur a demandé que la dépêche fût mise à la poste avec affranchissement ou chargement.

Art. 28. — Pour toute copie délivrée conformément à l'art. 19 ci-dessus, il est perçu un droit de 0,50 c.

Art. 29. — L'expéditeur d'une dépêche peut en affranchir la réponse. — Si la réponse excède le nombre des mots affranchis, elle n'est remise que contre payement de la taxe complémentaire. — Lorsque la réponse est destinée à un point autre

que le bureau d'origine, la taxe en est calculée conformément au tarif entre le point de départ de la réponse et le point de destination. — Il en est de même pour les accusés de réception et, dans le cas de recommandation, pour les dépêches de retour. — L'expéditeur d'une réponse affranchie justifie de son droit par la présentation de la dépêche reçue qui en fait mention. — Si cette réponse n'est pas présentée dans le délai de huit jours, à dater du dépôt de la dépêche primitive, elle est considérée comme nouvelle dépêche et taxée comme telle.

Art. 30. — Dans tous les cas où il y a lieu de percevoir sur le destinataire une taxe, soit principale, soit accessoire ou complémentaire, la dépêche n'est remise que contre règlement.

Art. 31. — Les taxes perçues pour la transmission des dépêches sont remboursées aux ayants droit : — 1° Lorsque la transmission n'a pas été effectuée par le fait du service télégraphique ; — 2° Lorsque le destinataire d'une dépêche affranchie n'a pas usé de cette franchise dans le délai indiqué par l'art. 29 ci-dessus ; — 3° Lorsque, par suite d'un retard notable, imputable au service télégraphique ou à l'exprès, ou d'une grave erreur de transmission, la dépêche n'a pu manifestement remplir son objet. — La taxe afférente à l'envoi par exprès est remboursée, sous déduction de la taxe postale fixée par l'art. 15 ci-dessus, lorsque l'envoi par exprès n'a pu être effectué. — Les erreurs ou omissions imputables aux services auxiliaires des compagnies privées ne donnent pas droit à remboursement. — Toute demande en remboursement doit, sous peine de déchéance, être formée dans les trois mois de la perception.

Art. 32. — Les art. 5 (§§ 1er et 2), 4, 5, 22, 23 et 25 du présent décret ne sont pas applicables aux dépêches transmises par les appareils autographiques.

VII. — Emploi des timbres-dépêches.

Art. 33. — L'affranchissement tant du principal de la taxe afférente à toute dépêche intérieure ou internationale, que des frais accessoires qui peuvent être déterminés immédiatement, s'opère au moyen de timbres-dépêches.

Art. 34. — L'affranchissement a lieu en numéraire lorsque la taxe applicable à une dépêche est supérieure à une limite déterminée par notre ministre de l'intérieur.

Art. 35. — Toute somme déposée à titre d'arrhes et de frais de copie, ou perçue pour le destinataire, ne peut l'être qu'en espèces ; les frais de poste peuvent être acquittés en espèces ou en timbres-dépêches.

Art. 36. — Les dépêches présentées au guichet ne sont acceptées que si elles sont intégralement affranchies. — La transmission n'a lieu pour les dépêches internationales qu'au cas d'affranchissement intégral, à moins de dispositions contraires concertées avec les puissances signataires de la convention télégraphique internationale ou qui ont été admises à y adhérer. — Toute dépêche dont la transmission est suspendue pour insuffisance d'affranchissement est renvoyée à l'expéditeur pour que la taxe en soit complétée. — Si le domicile de l'expéditeur est inconnu, la dépêche est conservée au bureau télégraphique à sa disposition pendant six semaines.

Art. 37. — Lorsque la valeur des timbres dont une dépêche est revêtue est supérieure à la taxe exigible, il n'y a pas lieu à dérive.

Art. 38. — Les timbres qui servent à opérer l'affranchissement d'une dépêche sont immédiatement oblitérés par les bureaux télégraphiques où ces dépêches sont déposées, excepté dans le cas prévu au § 5 de l'art. 34. — Dans le cas prévu par le § 4 du même article, l'annulation des timbres n'a lieu qu'après le délai de six semaines pendant lequel la dépêche peut être réclamée par l'expéditeur.

Art. 39. — Dans les gares de chemins de fer, les agents qui sont préposés à la manipulation des appareils télégraphiques, acceptent et mettent en transmission les dépêches qui leur sont présentées avec un nombre de timbres suffisant, ou dont l'affranchissement intégral est payé en espèces. — Ces timbres ne sont pas oblitérés; ils sont reçus pour la valeur qu'ils représentent dans la liquidation périodique faite avec les diverses compagnies par l'administration télégraphique, qui reste chargée de les oblitérer.

VIII. — De la fabrication, de l'approvisionnement et de la vente des timbres-dépêches.

Art. 40. — Les timbres-dépêches sont fabriqués par les soins de l'administration des lignes télégraphiques, d'après les types et les couleurs des modèles annexés au présent décret.

Art. 41. — La vente des timbres a lieu par l'intermédiaire des agents désignés par le ministre de l'intérieur.

Art. 42. — Le taux des remises à allouer aux agents préposés à la vente des timbres est déterminé par notre ministre de l'intérieur, sans que ce taux puisse dépasser 1 p. 0/0.

IX. — De la comptabilité.

Art. 43. — Toutes les sommes perçues à quelque titre que ce soit, autre que celui de la vente des timbres, sont enregistrées sur un journal à souche dont la quittance est délivrée à la partie versante. — Au moment de leur réception, les timbres-dépêches sont pris en charge par les comptables pour la valeur nominale qu'ils représentent.

Art. 44. — Lorsqu'il y a lieu à remboursement d'une taxe perçue, la partie prenante donne quittance de la somme remboursée. Dans le cas où la taxe a été perçue en numéraire, le récépissé de versement doit, en outre, être rendu et rattaché à la souche correspondante.

Art. 45. — Le montant des sommes perçues ou remboursées et le produit de la vente des timbres sont reportés à la fin de chaque journée sur un carnet spécial. — Tous les mois, chaque bureau télégraphique adresse à l'administration centrale le relevé des opérations de caisse, tel qu'il figure au carnet récapitulatif. — Ce relevé est résumé à la fin de chaque année dans un état récapitulatif dont un exemplaire est transmis à la cour des comptes.

Art. 46. — Lorsque l'excédant en caisse d'un bureau dépasse 1,000 fr., le montant en est versé dans la caisse du receveur des finances de l'arrondissement, et le comptable du service télégraphique donne immédiatement avis de ce versement à l'administration centrale. — Dans tous les cas, le versement est fait le dernier jour non férié de chaque mois, quelle que soit la somme en caisse, à l'exception du versement du dernier mois de l'année, qui est renvoyé aux premiers jours non fériés de l'année suivante. — Dans les localités où il n'y a pas de receveur des finances, le versement est effectué à la caisse du percepteur de la commune à la fin de chaque

mois, si le bureau est situé dans sa résidence; dans le cas contraire, au moment de son passage. Avis du versement est donné le jour même au receveur des finances par le comptable du service télégraphique. — Chaque versement est accompagné d'un bordereau dûment certifié, qui sert de titre de perception au receveur des finances. — Les versements effectués par les comptables du service télégraphique sont inscrits sur le carnet spécial prescrit à l'art. 45, § 1.

Art. 47. — Les taxes perçues pour le compte des gouvernements étrangers, ou par eux pour le compte de la France, donnent lieu à des règlements périodiques auxquels il est procédé par les soins du ministre de l'intérieur. — Les reliquats qu'ils constatent sont transmis par le gouvernement débiteur au gouvernement créancier, à l'aide de moyens de trésorerie concertés entre eux. — Le produit intégral des taxes de la télégraphie internationale, perçues par des agents français, est porté en recette au budget de l'État. Par suite, les reliquats revenant aux gouvernements étrangers doivent être imputés sur les crédits ouverts au budget et faire l'objet d'ordonnances de paiement délivrées en faveur de ces gouvernements. — Les reliquats de compte revenant au gouvernement français sont portés en recette au même titre que les autres produits de la télégraphie privée. Un extrait de l'arrêté portant règlement de compte sert de titre de perception au receveur des finances chargé d'encaisser la somme due.

Art. 48. — Le service financier et la comptabilité des agents de la télégraphie sont soumis aux vérifications des inspecteurs des finances. — Les observations auxquelles ces vérifications donneraient lieu sont communiquées par le ministre des finances au ministre de l'intérieur.

Art. 49. — A la fin de chaque année, le ministre de l'intérieur transmet au ministre des finances un état, par département et par bureau télégraphique, des versements faits aux receveurs des finances.

Art. 50. — Le décr. du 17 juin 1852 (I, 636) est abrogé.

III. — 5-30 sept. 1868. — BG. 283. — *Réduction de la taxe des dépêches.*

Vu la loi du 4 juill. 1868, fixant la taxe des dépêches télégraphiques privées, dans l'intérieur de l'Empire — Vu notre décr. du 14 déc. 1861, relatif à la taxe des dépêches télégraphiques circulant en Algérie (II, 268).

Art. 1. — A partir de la promulgation du présent décret, la taxe afférente aux correspondances circulant en Algérie et ne dépassant pas 20 mots, sera réduite, savoir : 1° A 50 centimes par dépêche échangée entre deux bureaux d'une même province; 2° A 1 fr. par dépêche échangée entre deux bureaux de provinces différentes.

Art. 2. — Les taxes fixées par l'article précédent seront augmentées de moitié par série ou fraction de série supplémentaire de 10 mots.

IV. — 9 oct.-2 nov. 1869. — BG. 316. — *Modification du tarif.* — *Dépêches entre l'Algérie ou la Tunisie et la France* (1).

Art. 1. — A partir de la mise en application

---

(1) Par suite des modifications consacrées par ce décret, la taxe de la dépêche de 20 mots expédiée d'Algérie ou de Tunisie à destination de France, par le câble sous-marin de Bizerte à Marsala, est réduite de 8 à 6 fr.

La taxe des dépêches expédiées par la voie mixte du télégraphe et des paquebots de la Méditerranée est également réduite à :

2 fr. au lieu de 3, lorsqu'elle émane d'un bureau de la colonie.

Et à 5 fr. au lieu de 4 lorsqu'elle émane d'un bureau tunisien.

Le droit fixe de 0 fr. 40 c., afférent au transport postal de ces dernières correspondances, cesse, en outre, d'être perçu.

du tarif établi par le § 1 de l'art. 2 de la loi du 4 juill. 1869, la taxe afférente au parcours des lignes territoriales françaises, pour les dépêches télégraphiques à échanger entre la France et l'Algérie ou la Tunisie jusqu'à Bizerte jusqu'à destination, et *vice versa*, est également fixée à 1 fr. par 20 mots. — La taxe afférente au parcours du câble entre Bizerte et Marsala demeure fixée à 2 fr., par 20 mots. — La taxe afférente au parcours des lignes télégraphiques d'Algérie ou de Tunisie, pour les dépêches expédiées d'Europe par les paquebots, demeure fixée à 1 fr. par 20 mots pour la Tunisie et *vice versa*. — La taxe afférente au transport des dépêches par lesdits paquebots cessera d'être perçue à partir de la même époque.

Instr. M. — 26 janv. 1870. — (V. *Justice militaire*). — *Formalités pour la communication de dépêches officielles à l'autorité judiciaire militaire.*

D. — 5 févr.-4 mars 1870. — BG. 322. — *Approbation de la convention du 25 janv. 1870, entre l'État et le baron d'Erlanger, pour l'établissement et l'exploitation d'une ligne sous-marine de la France à l'île de Malte, et desservant l'Algérie.*

D. — (Bordeaux.) — 27 déc. 1870-16 janv. 1871. — BG. 352. — *Réduction de la taxe de terre entre la France et l'Algérie. — Télégrammes mixtes ou mi-postaux.*

Vu la convention du 25 janv. 1870, intervenue entre l'État et le baron d'Erlanger, pour la pose d'un câble télégraphique sous-marin du littoral français en Algérie à Malte, et autorisant le concessionnaire à percevoir une taxe de 5 fr. pour la transmission sous-marine de la dépêche simple entre la France et l'Algérie. — Le décr. du 9 oct. 1869, qui fixe à 4 fr. pour les lignes françaises et 1 fr. pour les lignes algériennes, la taxe de cette même dépêche. — La loi du 4 juill. 1868, réduisant à 1 fr. la taxe de la dépêche simple entre deux bureaux quelconques de l'empire, y compris la Corse. — Le décr. du 24 oct. 1870, qui assimile les départements de l'Algérie à ceux de la métropole, et divise la République française en 92 départements. — Considérant que, par suite de cette assimilation, il n'y a plus lieu de maintenir des taxes séparées pour le territoire français et pour le territoire algérien, mais d'appliquer, au contraire, la loi du 4 juill. 1868, sus-visée, sans distinction des deux pays. — Considérant, toutefois, que le Trésor doit compter à la compagnie d'Erlanger, sur les taxes perçues, une somme de 5 fr. par dépêche simple, et qu'en raison des circonstances actuelles, l'État ne peut se charger de cette dépense, ni poser immédiatement un nouveau câble, en vue de supprimer ou de réduire la taxe sous-marine.

Art. 1. — La taxe de la dépêche simple (20 mots) échangée entre la France et la Corse d'une part, et l'Algérie ou la Tunisie d'autre part, est réduite de 2 fr. à 1 fr. pour les parcours terrestres, et abaissée ainsi de 5 à 4 fr. pour le parcours total.

Art. 2. — L'administration est autorisée à admettre entre la France et l'Algérie des télégrammes mixtes ou mi-postaux, qui seront transmis télégraphiquement pour les trajets sur terre, et par la voie postale pour le trajet maritime. L'indication « trajet maritime postal » devra être inscrite par l'expéditeur lui-même, à la suite de l'adresse, mais n'entrera pas dans le nombre des mots taxés.

Art. 3. — La taxe du télégramme mi-postal simple est fixée à un franc, sans aucun droit de poste.

Art. 4. — Les taxes indiquées ci-dessus seront augmentées de moitié par série ou fraction de série supplémentaire de 10 mots.

Ad. Crémieux, Al. Glais-Bizoin, L. Fourichon.

Loi. — 29 mars-8 avril 1872. — BG. 409. — *Dépêches télégraphiques. — Surtaxes.*

Art. unique. — Il est ajouté au principal de la taxe de toute dépêche échangée entre deux bureaux d'un même département de France ou d'Algérie, une surtaxe calculée à raison de deux décimes par franc. — Cette surtaxe est portée à quatre décimes par fr. pour les dépêches télégraphiques échangées entre deux bureaux quelconques de France ou d'Algérie, en dehors du cas précédent.

§ 2. — Service administratif.

D. — 6 nov.-12 déc. 1867. — BG. 353. — *Règlement sur le personnel.*

Vu nos décr. des 16 août 1859, 7 mai 1862 et notre décision du 29 sept. 1862, relatifs au services télégraphique de l'Algérie (II, 208). — Nos décr. des 30 janv. 1862, 28 janv. 1865 et 28 juill. 1866, relatifs à l'organisation du service télégraphique de l'Empire.

Art. 1. — Les fonctionnaires et agents du service télégraphique de l'Algérie se recrutent dans les cadres du personnel de la métropole dont ils ne cessent pas de faire partie ; ils exercent leurs fonctions en vertu d'une commission délivrée par le gouverneur général.

Art. 2. — Le personnel de l'Algérie se compose d'un inspecteur chef du service, d'inspecteurs en nombre égal à celui des provinces, de sous-inspecteurs, directeurs de transmissions, chefs de station, commis principaux, employés, surveillants et facteurs en nombre suffisant pour les besoins du service. — L'inspecteur chef du service est choisi dans la 1re cl. de son grade.

Art. 3. — L'avancement a lieu conformément aux dispositions des décrets organiques du service métropolitain et sur la proposition du gouverneur général.

Art. 4. — Une indemnité coloniale d'un quart est attribuée aux agents de tous grades en-sus de leur traitement. — Les surnuméraires reçoivent une indemnité fixe et annuelle de 1,200 fr.

Art. 5. — Sont rappelés dans le service de la métropole les fonctionnaires et agents qui ont exercé leurs fonctions pendant cinq ans en Algérie. Nul ne peut dépasser cette limite qu'avec l'assentiment du gouverneur général et du ministre de l'intérieur. — Peuvent être réintégrés en France, quelle que soit la durée de leur séjour en Afrique : les fonctionnaires ou agents qui justifient de graves raisons de santé ; ceux qui ont obtenu de l'avancement ou qui seraient jugés impropres au service de l'Algérie.

Art. 6. — Le gouverneur général conserve la disposition de son budget. Il détermine la répartition du personnel dans le cadre du service colonial, les lignes à construire et les bureaux à créer. — Il jouit, pour la correspondance officielle en Algérie et pour la concession des franchises télégraphiques, de tous les droits attribués en France au ministre de l'intérieur.

Art. 7. — L'inspecteur chef du service prépare les états de proposition d'avancement et les transmet au gouverneur général auquel il fournit d'ailleurs les renseignements qui lui sont demandés sur les diverses parties du service. — Il centralise la comptabilité des recettes de la télégraphie privée, et transmet mensuellement à l'administration métropolitaine un résumé succinct des opérations. — Il statue en outre sur les réclamations relatives aux dépêches échangées entre les divers bureaux de l'Algérie. — Chaque mois, il rend compte au gouverneur général et à l'administration métropolitaine de ses décisions et de leurs motifs. — Il adresse à l'administration métropolitaine tous les documents nécessaires à l'exercice de son contrôle sur la partie technique du service de l'Algérie, notamment : — Les rapports des inspecteurs de province sur le service des transmissions et du matériel ; — Les projets, devis et comptes des travaux qu'ils sont chargés d'exécuter ; toutefois, dans les cas d'urgence, dont le gouverneur général est seul juge, il est procédé immédiatement à l'exécution, sauf justifications ultérieures. — L'inspecteur chef du service accompagne ces différentes pièces de ses observations.

Art. 8. — L'inspecteur chef du service s'assure, par des tournées périodiques, de la régularité du service et de l'exécution des instructions.

Art. 9. — Tous les deux ans, un inspecteur général est délégué par l'administration centrale pour constater la marche du service, son organisation et les améliorations qu'elle paraîtrait comporter. — Il rend compte du résultat de sa mission au gouverneur général et au ministre de l'intérieur. — Il a droit à des frais de tournée, qui sont à la charge du budget de l'Algérie.

Art. 10. — Les décrets, règlements et instructions en vigueur dans la métropole sont applicables au service de l'Algérie, sauf les modifications à y introduire de concert avec le ministre de l'intérieur et le gouverneur général de l'Algérie.

Art. 11. — Sont abrogés nos décr. des 15 août 1859 et 7 mai 1862 et notre décis. du 29 sept. 1862.

AG. — 27 déc. 1867. — BG. 254. — *Mise à exécution en Algérie de l'arrêté ministériel du 31 oct. 1867.*

Vu le décr. du 6 nov. 1867, portant réorganisation du service télégraphique de l'Algérie ; — L'arr. du ministre de l'intérieur, en date du 31 oct. 1867 ;

Art. unique. — L'arrêté de M. le ministre de l'intérieur, en date du 31 oct. 1867, est rendu exécutoire en Algérie.

BARON DURRIEU.

Arrêté ministériel du 31 oct. 1867.

Considérant que le concours des fonctionnaires et agents de l'administration des lignes télégraphiques peut être réclamé à tout instant, et qu'il importe que, même en dehors des heures réglementaires du service, ils ne s'absentent jamais de leur résidence à l'insu de leurs chefs ;

Art. 1. — Tout fonctionnaire, employé ou agent qui, pour un motif étranger au service, quitte sa résidence sans autorisation écrite de ses supérieurs, est révoqué.

Le ministre de l'intérieur,
LAVALETTE.

AG. — 28 janv.-15 mars 1869. — BG. 507. — *Employés auxiliaires. — Mode de recrutement.*

Vu l'art. 10 du décr. du 6 nov. 1867, portant organisation du service télégraphique d'Algérie ; — L'arr. du ministre de l'intérieur, en date du 15 nov. 1868 ;

Art. 1. — Les bureaux télégraphiques situés dans les localités autres que les chefs-lieux de province ou de préfecture, de subdivision ou de sous-préfecture, et dont le service n'intéressera pas l'exploitation des lignes principales du réseau, peuvent être confiés : — 1° Aux anciens serviteurs de l'État qui compteront au moins sept années de services militaires ou civils, ou qui, en cas de moindre durée, ne les auraient cessés que par suite de blessures ou d'infirmités contractées dans

l'exercice de leurs fonctions ; — 2° Aux femmes, filles ou sœurs d'anciens serviteurs de l'État qui se trouveraient dans les conditions ci-dessus indiquées ou qui seraient morts en activité de service.

Art. 2. — Les titulaires de ces emplois sont logés gratuitement dans les bâtiments de la station télégraphique, et jouissent d'une rétribution fixe et annuelle de 700 fr., non sujette aux retenues prescrites par la loi sur les pensions civiles. Cette rétribution pourra être portée à 8 et 000 fr., par augmentations successives de 100 fr. — Ils reçoivent d'ailleurs les indemnités spéciales qui sont attribuées aux gérants des bureaux télégraphiques à titre de frais d'abonnement. — Ceux qui seraient chargés d'assurer le port des dépêches à domicile toucheront, en outre, une remise de 10 c. par télégramme privé d'arrivée. — Le port des dépêches officielles ne donne droit à aucune allocation.

Art. 3. — Les candidats, pour être admis, doivent être âgés de 20 ans au moins et justifier d'une aptitude morale et intellectuelle suffisante. — Ils sont tenus, en outre, de justifier d'un revenu annuel de 500 fr. au moins et de s'assurer le concours d'un membre de leur famille, capable de les suppléer, en cas d'absence ou de maladie, dans la gestion des bureaux qui leur sont confiés.

Art. 4. — Les employés auxiliaires sont assimilés aux employés titulaires, en ce qui concerne l'exécution des règlements de l'administration.

Art. 5. — Les règles du décr. du 20 avr. 1858, relatives au cautionnement des comptables du service télégraphique, leur sont applicables.

Art. 6. — Ils auront droit aux frais de route et de séjour alloués aux employés titulaires par l'arr. min. du 28 fév. 1868, lorsqu'ils seront appelés hors de leur résidence pour les besoins du service.

Art. 7. — Les employés auxiliaires sont nommés et révoqués par nous, sur la proposition de l'inspecteur, chef du service télégraphique de l'Algérie.

BARON DURRIEU.

AG. — 12-15 mars 1869. — BG., 505. — *Organisation de bureaux secondaires et municipaux.*

Vu le décr. du 6 nov. 1867, portant organisation du service télégraphique de l'Algérie ; — L'arr. du 26 janv. 1869 ; — Considérant qu'il y a lieu de faciliter la création de bureaux télégraphiques dans les localités non encore rattachées au réseau et dont le peu d'importance, au point de vue des intérêts généraux, ne justifierait pas, quant à présent, les dépenses qu'impose à l'État l'établissement de bureaux gérés dans les conditions ordinaires ;

Art. 1. — Il sera créé une double catégorie de bureaux télégraphiques, à service limité, sous le nom de bureaux secondaires et de bureaux municipaux.

Art. 2. — Les bureaux secondaires seront établis dans les localités assez importantes pour devenir le centre de plusieurs bureaux municipaux et produire, dès l'installation, des recettes suffisantes pour couvrir à peu près les frais de gestion. — L'établissement de la ligne et du bureau sera fait aux frais de l'État ; l'employé auxiliaire chargé du bureau et, s'il y a lieu, le facteur chargé de la remise des télégrammes, seront rétribués par l'administration. — La commune sera tenue de fournir et approprier le local nécessaire au service et au logement de l'employé. Elle sera déchargée de cette obligation lorsque le bureau produira une recette de 5,000 fr. par an.

Art. 3. — Les bureaux municipaux seront créés dans les communes moins importantes qui en feront la demande. — La commune, dans ce cas, devra s'engager : 1° à participer par moitié aux frais de premier établissement de la ligne, calculés à raison de 150 fr. par kilom. de ligne neuve à construire pour rattacher le nouveau bureau à la ligne la plus proche, et de 80 fr. par kil. de lu, s'il peut s'amorcer sur une ligne passant déjà dans la localité ; 2° à fournir le local et le mobilier du bureau, ainsi que l'éclairage et le chauffage. — L'État supportera la moitié des frais de premier établissement de la ligne, se chargera de son entretien et fournira, en outre, le matériel et le mobilier spécial. — Le bureau sera géré par le secrétaire de la mairie ou l'instituteur, ou tout autre agent de la commune préalablement agréé, qui recevra de l'administration une indemnité fixe de 300 fr. par an, augmentée d'une indemnité variable dans la proportion du dixième de la recette nette.

Art. 4. — Les maires des communes qui désireront avoir un bureau télégraphique soit secondaire, soit municipal, devront en faire la demande au gouverneur général par l'intermédiaire du préfet du département. — Chaque demande sera accompagnée d'une délibération du conseil municipal, d'un devis de la dépense, établi par l'inspecteur chargé du service télégraphique de la province, et d'un projet de convention établi, suivant la catégorie, conformément aux modèles n° 1 et 2, annexés au présent arrêté.

M^{al} DE MAC-MAHON, DUC DE MAGENTA.

Annexe n° 1. — Convention avec la ville de... — Entre : — 1° Le gouverneur général de l'Algérie, agissant au nom de l'État, d'une part ; — 2° le maire de la ville de..., agissant au nom et pour le compte de cette ville, conformément à une délibération du conseil municipal en date du... annexée à la présente convention, d'autre part, — il a été arrêté et convenu ce qui suit :

Art. 1. — La ville de..., en vue d'obtenir la création d'un bureau télégraphique ouvert à la correspondance privée, s'engage à mettre gratuitement à la disposition du service télégraphique un local composé de deux pièces facilement accessibles qui seront spécialement destinées au bureau, et de quatre autres pièces avec une cuisine, qui devront être affectées au logement de l'employé chargé de la gestion.

Art. 2. — Elle s'engage, en outre, à faire exécuter à ses frais, dans le plus bref délai possible, sous la direction d'un agent des lignes télégraphiques, les travaux d'appropriation nécessaires à l'installation du service. — Elle prend également à sa charge les réparations dont le local aura besoin par la suite.

Art. 3. — Le service télégraphique s'engage, de son côté, à relier la ville de... au réseau de l'État et à y établir un bureau limité. — Il prend à sa charge les fournitures et frais de toute nature qu'entraîne l'établissement de la ligne et celui du bureau, ainsi que la gestion du bureau et l'entretien du matériel.

Art. 4. — Le service télégraphique s'engage, en outre, à décharger la ville de... de l'obligation de fournir et d'entretenir gratuitement le local affecté au bureau, aussitôt que le chiffre net des recettes annuelles aura atteint ou dépassé 5,000 fr.

Art. 5. — Il est formellement entendu que l'État se réserve le droit de faire subir à l'organisation du bureau les modifications dont l'usage pourra démontrer la nécessité, et même de le supprimer.

Fait double, à Alger, le... — Le maire de la commune de... — Le gouverneur général de l'Algérie.

Annexe n° 2. — Convention avec la commune de... — Entre : 1° Le gouverneur général de l'Al-

gérie, agissant au nom de l'État, d'une part ; — 2° le maire de la commune de... agissant au nom et pour le compte de cette localité, en vertu d'une délibération du conseil municipal en date du... annexée à la présente convention, d'autre part ; — il a été convenu ce qui suit :

Art. 1. — La commune de..., en vue d'obtenir la création d'un bureau télégraphique ouvert à la correspondance privée, s'engage à mettre gratuitement à la disposition du service télégraphique, dans le bâtiment de la mairie ou tout autre bâtiment municipal, tant que ce service jugera convenable d'y maintenir un bureau, une pièce facilement accessible.

Art. 2. — Elle s'engage, en outre, à faire exécuter à ses frais, dans le plus bref délai possible, sous la direction d'un agent des lignes télégraphiques, les travaux d'appropriation nécessaires à l'installation du service. — Les réparations dont le local aura besoin par la suite seront payées sur les fonds du budget municipal.

Art. 3. — La fourniture et l'entretien de matériel télégraphique seront à la charge de l'État. — La fourniture et l'entretien du mobilier, l'éclairage, le chauffage et le nettoyage du bureau resteront à la charge de la commune.

Art. 4. — Les heures où le bureau sera ouvert seront déterminées par le service télégraphique.

Art. 5. — La gestion du bureau sera confiée au secrétaire de la mairie, ou, à son défaut, à tout autre agent présenté par la commune et agréé par le service télégraphique. — Cet agent sera chargé en outre d'assurer la remise des dépêches à domicile.

Art. 6. — L'agent municipal sera accrédité auprès du service télégraphique et prêtera le serment de garder le secret des dépêches. — Pour assurer ce secret, l'accès du poste télégraphique sera absolument interdit à toute personne étrangère au service.

Art. 7. — L'agent municipal sera tenu de se soumettre à toutes les prescriptions qui régissent le service des bureaux télégraphiques ; il recevra à cet effet les instructions nécessaires. — Il sera placé, en ce qui concerne ce service, sous le contrôle des agents de l'État.

Art. 8. — Il lui sera alloué par le service télégraphique : 1° Une indemnité fixe de 300 fr. par an ; — 2° Une indemnité égale au dixième de la recette nette de l'année.

Art. 9. — L'établissement de la ligne destinée à relier la commune au réseau télégraphique aura lieu par les soins du service télégraphique qui fournira le matériel nécessaire. La commune s'engage à contribuer à cette dépense par une somme qui sera calculée à raison de 150 fr. pour chaque kil. de ligne à établir (fil compris) et de fil à poser sur les appuis d'une ligne existante.

Art. 10. — Il est bien entendu que le service télégraphique n'admet qu'à titre d'essai l'organisation du bureau de..., telle qu'elle résulte des dispositions qui précèdent. — Il se réserve d'y apporter les modifications dont l'usage pourra démontrer la nécessité.

Fait double à Alger, le... — Le maire de la commune de... — Le gouverneur général de l'Algérie.

§ 5. — AUTORISATION DE LIGNES TÉLÉGRAPHIQUES PRIVÉES.

N° G. — 11 août-15 sept. 1871. — B. G. 575. — *Autorisation accordée à la Société des mines de Mokta el Hadid (arr. de Bône) d'établir des communications télégraphiques.*

Vu la loi du 29 nov. 1850 et le décr. du 27 déc. 1851 (I, 655, 656) ; — La demande formée au nom de la compagnie des mines de Mokta el Hadid, arrondissement de Bône, département de Constantine, le 20 juin 1871. — Le concours donné par ladite compagnie à la commune d'Aïn Mokra, pour l'établissement d'un bureau municipal desservant cette localité.

Art. 1. — La compagnie des mines de Mokta el Hadid, arrondissement de Bône, département de Constantine, est autorisée pour les besoins de son exploitation : — 1° A établir à Bône une ligne télégraphique à un fil, entre la gare de la Darse et la station de l'État ; — 2°. A faire usage de cette ligne, reliée à celle de Bône à Aïn Mokra, pour la transmission des dépêches échangées entre la gare de la Darse et l'établissement de Mokta el Hadid.

Art. 2. — Les frais de toute nature nécessités par l'établissement et par l'entretien, tant de la ligne que du poste de la gare de la Darse et de la station de l'État, à Bône, seront supportés par la compagnie. — Le matériel employé devra être conforme à celui dont il est fait usage par l'administration. — Les travaux seront exécutés sous la surveillance des agents de l'État.

Art. 3. — L'État se réserve la faculté de poser un ou plusieurs fils sur la ligne de la gare de la Darse à la station de Bône, et d'établir une ou plusieurs lignes sur tout ou partie du parcours du chemin de fer de Bône à Mokta el Hadid, sans payer aucune indemnité à la compagnie.

Art. 4. — La compagnie se conformera, pour le service télégraphique, aux règlements généraux arrêtés par l'administration, et ce service sera soumis au contrôle des agents délégués par cette dernière. — La compagnie aura le droit de transmettre en franchise, de la gare de la Darse à Mokta el Hadid, les dépêches relatives à la marche et à la composition des trains ainsi qu'à l'exploitation des mines. Toutes ces dépêches devront être écrites sur un registre spécial. — Elle sera tenue de recevoir et de transmettre gratuitement les dépêches du gouvernement. Celles-ci auront la priorité sur toutes les autres transmissions.

Art. 5. — Si l'administration ouvrait à la télégraphie privée le poste de la gare de la Darse ou d'autres postes qui seraient installés ultérieurement dans les établissements que la compagnie créerait sur le parcours du chemin de fer de Bône à Mokta el Hadid, les locaux seraient disposés de manière à donner au public un libre et facile accès.

Art. 6. — L'État se réserve le droit de suspendre momentanément ou de retirer l'autorisation accordée par le présent arrêté dans le cas où il serait reconnu qu'elle donne lieu à des abus.

Art. 7. — Les agents et les ouvriers de l'administration des lignes télégraphiques voyageant pour les besoins du service auront le droit de circuler gratuitement de Bône à Mokta el Hadid dans les voitures de la compagnie. Des permis de circulation leur seront délivrés suivant leur grade.

Art. 8. — La compagnie affectera, sur la demande de l'inspecteur, chef du service, le transport gratuit de tous les matériaux nécessaires à l'établissement et à l'entretien des lignes construites ou à construire par l'État sur le chemin de fer de Bône à Mokta el Hadid, ou sur les routes ou chemins venant aboutir à ceux dont la compagnie est concessionnaire.

V.-am¹ COMTE DE GUEYDON.

Renvois. — V. Table alphabétique.

Théâtres. V. Table alphabétique.

Timbre.

DIVISION.

§ 1. — Législation spéciale (1).
§ 2. — Débits de papier timbré.

§ 1. — LÉGISLATION SPÉCIALE.

D. — 20 févr.-12 mars 1867. — BG. 218. — *Promulgation de l'art. 4 de la loi de finances du 18 juill. 1866 et du décr. du 5 déc. 1866, sur le droit de timbre du papier des affiches.*

Vu l'ord. du 10 janv. 1845 qui a rendu applicables et exécutoires, en Algérie, les lois, décrets et ordonnances qui régissent, en France, l'impôt et les droits de timbre ; — La loi de finances du 28 avr. 1816 ; — L'art. 4 de la loi du 18 juill. 1866, relatif au droit de timbre du papier des affiches ; — Le décr. du 5 déc. 1866, établissant, pour l'exécution de la loi sus-visée, des timbres à 0f,15 et 0f,20.

Art. 1. — L'art. 4. de la loi de finances du 18 juill. 1866 et le décr. du 5 déc. 1866, sus-visés, sont rendus exécutoires en Algérie, à partir du 1er avr. 1867. A cet effet, ils seront publiés et promulgués à la suite du présent décret, qui sera inséré au *Bulletin officiel* du gouvernement général de l'Algérie.

Loi du 18 juillet 1866.

Art. 4. — A partir du 1er janv. 1867, le droit de timbre du papier des affiches est fixé de la manière suivante : — Par feuille de 12 décim. 1/2 carrés et au-dessous, 5 cent. — Au-dessus de 12 décim. 1/2 jusqu'à 25 décim. carrés, 10 cent. — Au-dessus de 25 décim. jusqu'à 50 décim. carrés, 15 cent. — Au delà de cette dernière dimension, 20 cent. — Dans le cas où une affiche contiendrait plusieurs annonces distinctes, le maximum ci-dessus fixé sera toujours exigible. Le maximum sera doublé si l'affiche contient plus de cinq annonces. — Les affiches peuvent être imprimées sur papier non timbré, pourvu que le timbre y soit apposé avant l'affichage. — Néanmoins sont maintenues, en cas de contraventions aux paragraphes qui précèdent, les amendes et pénalités édictées par l'art. 69 de la loi du 28 avr. 1816, modifiée par l'art. 10 de la loi du 15 juin 1824.

Décret du 5 décembre 1866.

Vu l'art. 4 de la loi ci-dessus.
Art. 1. — Il est établi, pour l'exécution de la loi du 18 juill. 1866 sus-visée, des timbres à 0f,15 et à 0f,20. Ces timbres seront conformes au modèle annexé au présent décret.

DP. — 16 sept.-28 oct. 1871. — BG. 580. — *Promulgation de l'art. 10 de la loi du 15 mai 1865.*

Vu l'art. 10 de la loi de finances du 15 mai 1865, relatif au timbre des récépissés délivrés par les compagnies de chemins de fer ; — L'art. 7 de

---

(1) Un communiqué officiel publié au *Moniteur de l'Algérie* du 19 oct. 1871, rappelle les prescriptions de l'art. 12, n° 1, de la loi du 13 brum. an VII, qui assujettit au timbre les pétitions et mémoires, même en forme de lettres adressées au gouvernement, aux ministres et aux administrations ou établissements publics. La stricte exécution de cette loi rendue exécutoire en Algérie par les ord.

des 10 janv. et 12 mars 1845 (I, 340) est commandée par la nécessité où se trouve l'État de faire usage de toutes ses ressources.

Toutefois, divers actes législatifs ont admis des dispenses à cette formalité. L'énumération complète en a été insérée en note, v° *Pétitions* (II, 173).

l'ord. du 10 janv. 1845 (I, 640), aux termes duquel les lois et ordonnances qui régissent, en France, l'impôt du timbre, ne deviendront exécutoires en Algérie qu'en vertu d'une promulgation spéciale.

Art. 1. — L'art. 10 de la loi de finances du 15 mai 1863 sus-visé, est rendu exécutoire, en Algérie, à partir du 1ᵉʳ oct. 1871. A cet effet, il sera publié et promulgué à la suite du présent décret qui sera inséré au *Bulletin officiel* du gouvernement général de l'Algérie.

Loi du 15 mai 1863.

Art. 10. — A partir du 1ᵉʳ juill. prochain, est réduit à 0ᶠ,20 le droit de timbre des récépissés que les compagnies de chemins de fer sont tenues de délivrer aux expéditeurs, lorsque ces derniers ne demandent pas de lettre de voiture. — Le récépissé énoncera la nature, le poids et la désignation des colis, les noms et l'adresse du destinataire, le prix total du transport et le délai dans lequel ce transport devra être effectué. — Un double du récépissé accompagnera l'expédition et sera remis au destinataire. — Toute expédition non accompagnée d'une lettre de voiture doit être constatée sur un registre à souche, timbré sur la souche et sur le talon, à peine d'une amende de 50 fr. — Les préposés de l'enregistrement sont autorisés à prendre communication de ce registre, ainsi que de ceux mentionnés par l'art. 50 de l'ord. du 15 sept. 1846 et des pièces relatives aux transports qui y sont énoncés. — La communication aura lieu selon le mode prescrit par l'art. 54 de la loi du 22 frimaire an VII, et sous les peines y portées.

DP. — 12-18 déc. 1871. — BG. 585. — *Promulgation de la loi du 23 août 1871 et de l'arr. du chef du pouvoir exécutif du 25 du même mois, relatifs à l'augmentation des droits de timbre.*

Vu l'ord. du 19 oct. 1841 (I, 315); — L'ord. du 10 janv. 1845 (I, 640); — La loi du 23 août 1871, sur le timbre et l'enregistrement; — L'arrêté pris, le 25 du même mois, par le chef du pouvoir exécutif, pour l'exécution de l'art. 2 de ladite loi.

Art. 1. — La loi du 23 août 1871 et l'arrêté du chef du pouvoir exécutif du 25 du même mois sus-visés sont rendus applicables et exécutoires, en Algérie, à partir du 1ᵉʳ janv. 1872, sauf les exceptions et modifications qui résultent des dispositions de l'ord. du 19 oct. 1841 précitée. A cet effet, ils y seront publiés et promulgués à la suite du présent décret, qui sera inséré au *Bulletin des lois.*

Loi du 23 août 1871.

Art. 1. — Les dispositions de l'art. 14 de la loi du 2 juillet 1862, relatives à la perception d'un second décime sur les droits et produits dont le recouvrement est confié à l'administration de l'enregistrement, seront remises en vigueur.

Art. 2. — Il est ajouté deux décimes au principal des droits de timbre de toute nature. — Ne sont pas soumis à ces deux décimes: 1° Les effets de commerce spécifiés en l'art. 1 de la loi du 5 juin 1850, dont le tarif fixé par ledit article et par l'art. 2 de la même loi, est porté au double, ainsi que les effets tirés de l'étranger sur l'étranger, négociés, endossés, acceptés ou acquittés en France, qui sont soumis aux mêmes droits; 2° Les récépissés des chemins de fer, les quittances de produits et revenus délivrées conformément à l'art. 4 de la loi du 8 juill. 1865, les reconnaissances de valeurs cotées, ainsi que les quittances de sommes

envoyées par la poste, lesquels seront à l'avenir assujettis à un droit de timbre de 0,25 c.; 3° Les permis de chasse dont le droit, perçu au profit du Trésor, est élevé de 15 fr. à 30 fr.

Art. 3. — Les dispositions de l'art. 7 de la loi du 18 mai 1850, concernant les valeurs mobilières étrangères dépendant des successions régies par la loi française, et les transmissions entre-vifs à titre gratuit de ces mêmes valeurs au profit d'un Français, sont étendues aux créances, parts d'intérêts, obligations des villes, établissements publics et généralement à toutes les valeurs mobilières étrangères de quelque nature qu'elles soient.

Art. 4. — Sont assujettis aux droits de mutation par décès, les fonds publics, actions, obligations, parts d'intérêts, créances et généralement toutes les valeurs mobilières étrangères de quelque nature qu'elles soient, dépendant de la succession d'un étranger domicilié en France, avec ou sans autorisation. — Il en sera de même des transmissions entre-vifs à titre gratuit ou à titre onéreux, de ces mêmes valeurs, lorsqu'elles s'opèreront en France.

Art. 5. — Les actes d'ouverture de crédit sont soumis à un droit proportionnel d'enregistrement de 0,50 c. par 100 fr. — La réalisation ultérieure du crédit sera assujettie aux droits fixés par les lois en vigueur, mais il sera tenu compte, dans la liquidation, du montant du droit payé en exécution du § 1 du présent article. — Le droit d'hypothèque, fixé à 1 pour 1,000 par l'art. 60 de la loi du 28 avril 1816, sera perçu lors de l'inscription des hypothèques garantissant les ouvertures du crédit.

Art. 6. — Tout contrat d'assurance maritime ou contre l'incendie, ainsi que toute convention postérieure contenant prolongation de l'assurance, augmentation dans la prime ou le capital assuré, désignation d'une somme en risque ou d'une prime à payer, est soumis à une taxe obligatoire, moyennant le payement de laquelle la formalité de l'enregistrement sera donnée *gratis*, toutes les fois qu'elle sera requise. — La taxe est fixée ainsi qu'il suit, savoir: 1° Pour les assurances maritimes et par chaque contrat, à raison de 0,50 c. par 100 fr., *décimes compris*, du montant des primes et accessoires de la prime. — La perception suivra les sommes de 20 fr. en 20 fr. sans fraction, et la moindre taxe perçue pour chaque contrat sera de 0,25 c., décimes compris. — 2° Pour les assurances contre l'incendie et annuellement, à raison de 8 p. 100 du montant des primes, ou, en cas d'assurance mutuelle, de 8 p. 100 des cotisations ou des contributions. — La taxe sera perçue d'après les mêmes bases sur les contrats en cours, mais seulement pour le temps restant à courir et sauf recours par les assureurs contre les assurés. — Les contrats de réassurance ne sont pas assujettis à la taxe, à moins que l'assurance primitive, souscrite à l'étranger, n'ait pas été soumise au droit.

Art. 7. — La taxe fixée par l'article précédent sera perçue, pour le compte du Trésor, par les compagnies, sociétés et tous autres assureurs, courtiers ou notaires qui auraient rédigé les contrats. — Les répertoires et livres dont la tenue est prescrite par les art. 35, 44, 45 et 47 de la loi du 5 juin 1850, feront mention expresse, pour chaque contrat, du montant des primes ou cotisations exigibles, ainsi que de la taxe payée par les assurés, en exécution de l'art. 6 de la présente loi. — Chaque contravention à cette disposition sera passible d'une amende de 10 fr. — Ces dispositions, celles de l'art. 6 et celles des lois des 5 juin 1850 et 2 juill. 1862, sont applicables aux sociétés et assureurs étrangers qui auraient un établissement ou une succursale en France.

Art. 8. — Les contrats d'assurances passés à l'étranger pour des immeubles situés en France ou pour des objets ou valeurs appartenant à des Français, doivent être enregistrés avant toute publicité ou usage en France, à peine d'un droit en sus qui ne peut être inférieur à 50 fr. — Le droit est fixé ainsi qu'il suit : — Pour les assurances contre l'incendie, à raison de 8 fr. par 100 fr. du montant des primes multiplié par le nombre d'années pour lequel l'assurance a été contractée ; — Pour les assurances maritimes, au taux fixé par l'art. 6 ci-dessus.

Art. 9. — Les contrats d'assurance contre l'incendie passés en France pour des immeubles ou objets mobiliers situés à l'étranger ne sont pas assujettis au paiement de la taxe ; mais il ne pourra en être fait aucun usage en France, soit par acte public, soit en justice, ou devant toute autre autorité constituée, sans qu'ils aient été préalablement enregistrés. Le droit sera perçu au taux fixé par l'article précédent, mais seulement pour les années restant à courir.

Art. 10. — Un réglement d'administration publique déterminera le mode de perception et les époques de payement de la taxe établie par l'art. 6 ci-dessus, ainsi que toutes les mesures nécessaires pour assurer l'exécution des art. 6 et 7 de la présente loi. Chaque contravention aux dispositions de ce réglement sera passible d'une amende de 50 fr.

Art. 11. — Lorsqu'il n'existe pas de conventions écrites constatant une mutation de jouissance de biens immeubles, il y est suppléé par des déclarations détaillées et estimatives, dans les trois mois de l'entrée en jouissance. — Si la location est faite suivant l'usage des lieux, la déclaration en contiendra la mention. — Les droits d'enregistrement deviendront exigibles dans les 20 jours qui suivront l'échéance de chaque terme, et la perception en sera continuée jusqu'à ce qu'il ait été déclaré que le bail a cessé ou qu'il a été résilié. — En cas de déclaration insuffisante, il sera fait application des dispositions des articles 19 et 39 de la loi du 22 frimaire an VII. — La déclaration doit être faite par le preneur, ou, à son défaut, par le bailleur, ainsi qu'il est dit à l'art. 14 ci-après. — Ne sont pas assujetties à la déclaration, les locations verbales ne dépassant pas 5 ans, et dont le prix annuel n'excède pas 100 fr. Toutefois, si le même bailleur a consenti plusieurs locations verbales de cette catégorie, mais dont le prix cumulé excède 100 fr. annuellement, il sera tenu d'en faire la déclaration et d'acquitter personnellement et sans recours les droits d'enregistrement. — Si le prix de la location verbale est supérieur à 100 fr., sans excéder 500 fr. annuellement, le bailleur sera également tenu d'en faire la déclaration et d'acquitter les droits exigibles, sauf son recours contre le preneur, qui sera dispensé, dans ce cas, de la formalité de la déclaration. — Le droit sera exigible lors de l'enregistrement ou de la déclaration. Toutefois, si le bail est de plus de trois ans et si les parties le requièrent, le montant du droit pourra être fractionné en autant de payements égaux qu'il y aura de périodes triennales dans la durée du bail. Le payement des droits afférents à la première période sera seul acquitté lors de l'enregistrement ou de la déclaration, et celui des périodes subséquentes aura lieu dans le premier mois de l'année qui commencera chaque période. — La dernière disposition du n° 2 du § 3 de l'art. 69 de la loi du 23 frim. an VII, relative aux baux de trois, six ou neuf années est abrogée. — Les dispositions du présent article ne

seront exécutoires qu'à partir du 1er oct. prochain

Art. 12. — Toute dissimulation dans le prix d'une vente et dans la soulte d'un échange ou d'un partage, sera punie d'une amende égale au quart de la somme dissimulée et payée solidairement par les parties, sauf à la répartir entre elles par égale part.

Art. 13. — La dissimulation peut être établie par tous les genres de preuves admises par le droit commun. Toutefois, l'administration ne peut déférer le serment décisoire, et elle ne peut user de la preuve testimoniale que pendant dix ans à partir de l'enregistrement de l'acte. L'exploit d'ajournement est donné, soit devant le juge du domicile de l'un des défendeurs, soit devant celui de la situation des biens, au choix de l'administration. La cause est portée, suivant l'importance de la réclamation, devant la justice de paix ou devant le tribunal civil. Elle est instruite et jugée comme en matière sommaire ; elle est sujette à appel, s'il y a lieu. Le ministère des avoués n'est pas obligatoire ; mais les parties qui n'auraient pas constitué avoué ou qui ne seraient pas domiciliées dans le lieu où siège la justice de paix ou le tribunal, seront tenues d'y faire élection de domicile, à défaut de quoi toutes significations seront valablement faites au greffe. — Le notaire qui reçoit un acte de vente, d'échange ou de partage est tenu de donner lecture aux parties des dispositions du présent article et de celles de l'art. 12 ci-dessus. Mention expresse de cette lecture sera faite dans l'acte, à peine d'une amende de 10 fr.

Art. 14. — A défaut d'enregistrement ou de déclaration dans les délais fixés par les lois du 22 frim. an VII, 27 vent. an IX et par l'art. 11 de la présente loi, l'ancien et le nouveau possesseur, le bailleur et le preneur, sont tenus personnellement et sans recours, nonobstant toute stipulation contraire, d'un droit en sus, lequel ne peut être inférieur à 50 fr. — L'ancien possesseur et le bailleur peuvent s'affranchir du droit en sus qui leur est personnellement imposé, ainsi que du versement immédiat des droits simples, en déposant dans un bureau d'enregistrement l'acte constatant la mutation, ou, à défaut d'actes, en faisant les déclarations prescrites par l'art. 4 de la loi du 27 vent. an IX et par l'art. 11 de la présente loi. — Outre les délais fixés pour l'enregistrement des actes ou déclarations, un délai d'un mois est accordé à l'ancien possesseur et au bailleur pour faire le dépôt ou les déclarations autorisés par le paragraphe qui précède. — Les dispositions du présent article ne sont pas applicables au preneur dans les cas prévus par les §§ 5 et 6 de l'art. 11 ci-dessus.

Art. 15. — Lorsque, dans les cas prévus par la loi du 22 frim. an VII et par l'art. 11 de la présente loi, il y a lieu à expertise, et que le prix exprimé ou la valeur déclarée n'excède pas 2,000 fr., cette expertise est faite par un seul expert nommé par toutes les parties, ou, en cas de désaccord, par le président du tribunal et sur simple requête.

Art. 16. — Les tribunaux devant lesquels sont produits des actes non enregistrés doivent, soit sur les réquisitions du ministère public, soit même d'office, ordonner le dépôt au greffe de ces actes, pour qu'ils soient immédiatement soumis à la formalité de l'enregistrement. — Il est donné acte au ministère public de ses réquisitions.

Art. 17. — Il est accordé un délai de trois mois à compter de la promulgation de la présente loi, pour faire enregistrer sans droits en sus ni amendes, tous les actes sous signatures privées qui, en contravention aux lois sur l'enregistrement, n'auraient pas été soumis à cette formalité.

— Le droit ne sera perçu pour les baux ainsi présentés à l'enregistrement que pour le temps restant à courir au jour de la promulgation de la présente loi. — Le même délai de faveur est accordé pour faire la déclaration des biens transmis soit par décès, soit entre-vifs, lorsqu'il n'existera pas de conventions écrites. — Les nouveaux possesseurs qui auraient fait des omissions ou des estimations insuffisantes dans leurs actes ou déclarations, sont admis à les réparer sans être soumis à aucune peine, pourvu qu'ils acquittent les droits simples et les frais dans le délai de trois mois. — Les dispositions du § 1 du présent article sont également applicables aux contraventions aux lois sur le timbre de dimension, encourues à raison des actes sous signatures privées qui n'auraient pas été régulièrement timbrés. — Le bénéfice résultant du présent article ne peut être réclamé que pour les contraventions existant au jour de la promulgation de la présente loi.

Art. 18. — A partir du 1er déc. 1871, sont soumis à un droit de timbre de 0,10 c. : — 1° Les quittances ou acquits donnés au pied des factures et mémoires, les quittances pures et simples, reçus ou décharges de sommes, titres, valeurs ou objets, et généralement tous les titres, de quelque nature qu'ils soient, signés ou non signés, qui emporteraient libération, reçu ou décharge. — 2° Les chèques, tels qu'ils sont définis par la loi du 14 juin 1865, dont l'art. 7 est et demeure abrogé. — Le droit est dû pour chaque acte, reçu, décharge ou quittance ; il peut être acquitté par l'apposition d'un timbre mobile, à l'exception, toutefois, du droit sur les chèques, lesquels ne peuvent être remis à celui qui doit en faire usage, sans qu'ils aient été préalablement revêtus de l'empreinte du timbre à l'extraordinaire. — Le droit de timbre de 0,10 c. n'est applicable qu'aux actes faits sous signatures privées et ne contenant pas de dispositions autres que celles spécifiées au présent article.

Art. 19. — Une remise de 2 p. 100 sur le timbre est accordée, à titre de déchet, à ceux qui feront timbrer préalablement leurs formules de quittances, reçus ou décharges.

Art. 20. — Sont seuls exceptés du droit de timbre de 0,10 c. : — 1° Les acquits inscrits sur les chèques, ainsi que sur les lettres de change, billets à ordre et autres effets de commerce assujettis au droit proportionnel. — 2° Les quittances de 10 fr. et au-dessous, quand il ne s'agit pas d'un à-compte ou d'une quittance finale sur une plus forte somme. — 3° Les quittances énumérées en l'art. 16 de la loi du 13 brum an VII, à l'exception de celles relatives aux traitements et émoluments des fonctionnaires, officiers des armées de terre et de mer, et employés salariés par l'État, les départements, les communes et tous les établissements publics. — 4° Les quittances délivrées par les comptables de deniers publics, celles des douanes, des contributions indirectes et des postes, qui restent soumises à la législation qui leur est spéciale. — Toutes autres dispositions contraires sont abrogées.

Art. 21. — Les avertissements donnés, aux termes de la loi du 2 mai 1855, avant toute citation, devront être rédigés par le greffier du juge de paix, sur papier au timbre de dimension de 50 c.

Art. 22. — Les sociétés, compagnies, assureurs, entrepreneurs de transports et tous autres assujettis aux vérifications des agents de l'enregistrement par les lois en vigueur, sont tenus de représenter auxdits agents leurs livres, registres, titres, pièces de recette, de dépense et de comptabilité, afin qu'ils s'assurent de l'exécution des lois sur le timbre. — Tout refus de communication sera constaté par procès-verbal ; et

puni d'une amende de 100 fr. à 1,000 fr.

Art. 23. — Toute contravention aux dispositions de l'art. 18 sera punie d'une amende de 50 fr. L'amende sera due par chaque acte, écrit, quittance, reçu ou décharge, pour lequel le droit de timbre n'aurait pas été acquitté. — Le droit de timbre est à la charge du débiteur ; néanmoins, le créancier qui a donné quittance, reçu ou décharge en contravention aux dispositions de l'art. 18, est tenu personnellement et sans recours, nonobstant toute stipulation contraire, du montant des droits, frais et amendes. — La contravention sera suffisamment établie par la représentation des pièces non timbrées et annexées aux procès-verbaux que les employés de l'enregistrement, les officiers de police judiciaire, les agents de la force publique, les préposés des douanes, des contributions indirectes et ceux des octrois, sont autorisés à dresser, conformément aux art. 51 et 52 de la loi du 13 brum. an VII. Il leur est attribué un quart des amendes recouvrées. — Les instances seront instruites et jugées selon les formes prescrites par l'art. 76 de la loi du 28 avril 1816.

Art. 24. — Un règlement d'administration publique déterminera la forme et les conditions d'emploi des timbres mobiles créés en exécution de la présente loi. Toute infraction aux dispositions de ce règlement sera punie d'une amende de 20 fr. — Sont applicables à ces timbres les dispositions de l'art. 21 de la loi du 11 juin 1859. — Sont considérés comme non timbrés : 1° Les actes, pièces ou écrits sur lesquels le timbre mobile aurait été apposé sans l'accomplissement des conditions prescrites par le règlement d'administration publique, ou sur lesquels aurait été apposé un timbre ayant déjà servi ; — 2° Les actes, pièces ou écrits sur lesquels un timbre mobile aurait été apposé en dehors des cas prévus par l'art. 18.

Arrêté du chef du pouvoir exécutif, 25 août 1871.

Vu l'art. 2 de la loi du 25 août 1871, relatif à l'augmentation des droits de timbre ;

Art. 1. — A partir de la promulgation de la loi du 25 août 1871, les papiers timbrés actuellement en usage seront revêtus d'un contre-timbre indiquant l'augmentation des droits. — Le contre-timbre portera : Deux décimes en sus, pour les papiers soumis à ces deux décimes ; — Un droit en sus pour les effets de commerce dont la quotité a été élevée au double ; — Cinq centimes en sus pour les récépissés de chemins de fer et les quittances des comptables publics, dont le droit est élevé de 0,20 c. à 0,25 c. — Ces contre-timbres, conformes au modèle ci-joint, seront appliqués au milieu de la partie supérieure de chaque feuille. — Ils seront apposés, outre les timbres actuellement en usage, sur les papiers présentés au timbre extraordinaire.

Art. 2. — Dans le cas où les contre-timbres ne pourraient pas être mis en activité au jour de la promulgation de la loi, il y sera suppléé soit par l'application d'un ou de plusieurs des timbres actuellement en usage, et dont la quotité représenterait le supplément de droit, soit par un visa daté et signé par le receveur ou ses suppléants.

Art. 3. — Dans les trois mois à partir de la promulgation de la loi, les officiers publics et les particuliers seront admis à échanger les papiers filigranés et timbrés restés sans emploi entre leurs mains, contre des papiers de même nature portant les timbres ou contre-timbres établis par le présent arrêté. — Cet échange s'opérera de manière que le Trésor n'ait à faire aucun remboursement ; et, dans le cas où le montant des droits afférents aux papiers rapportés serait inférieur à celui des papiers donnés en échange, les détenteurs seront tenus de payer l'excédant ou l'appoint.

Art. 4. — Les détenteurs de papiers timbrés à l'extraordinaire, antérieurement à la promulgation de la loi susvisée et non encore employés, seront également admis, dans le délai de trois mois, à les présenter à la formalité du contre-timbre, en acquittant les suppléments de droit.

Art. 5. — Les types des timbres en usage seront modifiés de telle sorte qu'ils indiquent, indépendamment de la quotité actuelle, que cette quotité est assujettie à une perception supplémentaire, soit de deux dixièmes, soit d'un droit entier, soit de cinq centimes.

Art. 6. — L'administration de l'enregistrement, des domaines et du timbre fera déposer aux greffes des Cours et tribunaux des empreintes des timbres et contre-timbres établis par le présent arrêté. — Le dépôt sera constaté par un procès-verbal dressé sans frais.

DÉP. — 25 nov.-27 déc. 1871. — BG. 588. — *Règlement d'administration publique pour l'exécution des art. 6 et 7 de la loi du 23 août 1871. — Taxe sur les assurances maritimes.*

TIT. 1. — *Des assurances maritimes.*

Art. 1. — La perception de la taxe établie sur les assurances maritimes est faite pour le compte du Trésor et au moment de la signature des polices, savoir : — Par les courtiers ou notaires qui auront rédigé les contrats ; — Par les compagnies, sociétés ou tous autres assureurs, pour les contrats souscrits sans intervention de courtiers ou de notaires. — Si, dans ce dernier cas, le contrat est souscrit par plusieurs sociétés, compagnies ou assureurs, le montant intégral de la taxe est perçu par le premier signataire désigné sous le nom d'apériteur de la police. — Néanmoins, toutes les parties restent tenues solidairement du payement des droits qui n'auraient pas été versés au Trésor aux époques ci-après.

Art. 2. — Les polices provisoires et les polices flottantes ne donnent pas lieu au payement immédiat de la taxe ; mais cette taxe est perçue au moment de la signature de la police définitive, connue sous le nom de police d'aliment, avenant, application, ou sous toute autre dénomination que ce soit. — A cet effet, les polices, avenants ou applications contiennent la mention expresse de la date, du numéro de la police provisoire ou flottante, ainsi que du nom de l'assuré et du navire. — Pareille mention est inscrite sur le livre ou registre que les courtiers ou notaires doivent tenir, en exécution de l'art. 84 du Cod. de comm. et de l'art. 47 de la loi du 5 juin 1850, ainsi que sur le répertoire tenu par les compagnies, sociétés ou assureurs, conformément aux art. 44 et 45 de la loi précitée. — Les polices de réassurances doivent aussi faire mention expresse de la date et du numéro de la police primitive, ainsi que des noms du navire et de l'assureur primitif. Ces indications sont inscrites sur le répertoire tenu par le réassureur. L'assureur primitif inscrit également en marge de son répertoire la date et le numéro de la police de réassurance et le nom du réassureur.

Art. 3. — Le versement du montant des taxes perçues par les courtiers, notaires, sociétés, compagnies ou tous autres assureurs, a lieu dans les dix premiers jours qui suivent l'expiration de chaque trimestre et au moment du dépôt des livres et répertoires assujettis au visa trimestriel du receveur de l'enregistrement. — Il est déposé à l'appui du versement un relevé, article par

article, de toutes les polices inscrites pendant le trimestre précédent, soit au livre des courtiers ou notaires, soit au répertoire des compagnies, sociétés ou assureurs. — Ce relevé est totalisé, arrêté et certifié. — Il comprend dans des colonnes distinctes : Le n° d'ordre du livre ou du répertoire ; Le n° de la police ; La date de la police ; Le nom de l'assuré ; Le nom du navire ; Le montant des capitaux assurés ; Le montant de la prime ; Le montant de la taxe perçue. — Les polices provisoires, les polices flottantes, les polices de réassurance non sujettes à la taxe, sont portées au relevé, mais pour mémoire seulement. — Par exception, le premier versement comprendra les taxes afférentes aux polices souscrites depuis la promulgation de la loi du 23 août 1871 jusques et y compris le 31 décembre suivant.

Art. 4. — Les polices souscrites sans intermédiaire de courtiers ou de notaires sont inscrites, avec mention de la taxe perçue, au répertoire des compagnies, sociétés et assureurs. — La taxe afférente aux polices concernant plusieurs assureurs est inscrite pour son montant intégral sur le répertoire du premier signataire, avec indication du nom des autres assureurs qui ont souscrit la police commune. Cette police figure, en outre, au répertoire de chacun de ces assureurs, mais seulement pour mémoire. — Les polices de réassurance, lorsqu'elles sont exemptes de la taxe, sont également inscrites pour mémoire, avec les annotations marginales prescrites par le dernier alinéa de l'art. 2. — Les polices provisoires et les polices flottantes sont inscrites au répertoire à l'encre rouge.

TIT. 2. — *Des assurances contre l'incendie.*

Art. 5. — La taxe fixée par l'art. 6 de la loi du 23 août 1871, pour les assurances contre l'incendie, est établie sur l'intégralité des primes, cotisations ou contributions constatées dans les écritures des compagnies, sociétés et assureurs. — Toutefois, sont déduites pour le calcul de la taxe : — 1° Les primes, cotisations ou contributions relatives à des immeubles ou objets mobiliers situés à l'étranger ; — 2° Celles perçues pour réassurances, à moins que l'assurance primitive, souscrite à l'étranger, n'ait pas été soumise à la taxe ; — 3° Les primes, cotisations ou contributions que les sociétés, compagnies et assureurs justifieraient n'avoir pas recouvrées par suite de la résiliation ou de l'annulation des contrats. — Il sera ouvert, dans les écritures des sociétés, compagnies et assureurs, un compte spécial à chacune des différentes natures de primes, cotisations ou contributions énumérées aux trois paragraphes précédents.

Art. 6. — Le payement de la taxe est effectué, pour chaque trimestre, avant le dixième jour du troisième mois du trimestre suivant, au bureau de l'enregistrement du siège des sociétés ou compagnies, ou du domicile de l'assureur. — Toutefois, pour les sociétés d'assurances mutuelles dans lesquelles le montant des cotisations annuelles est, d'après les statuts, exigible par avance le 1er janvier de chaque année, le payement de la taxe afférente aux contrats existants à cette époque est effectué par quart et dans les dix jours qui suivront l'expiration de chaque trimestre.

Art. 7. — Chaque année, après la clôture des écritures relatives à l'exercice précédent, et au plus tard le 31 mai, il est procédé, pour toutes les compagnies, sociétés ou assureurs, à une liquidation générale de la taxe pour l'exercice entier. — Si de cette liquidation il résulte un complément de taxe au profit du Trésor, il est immédiatement acquitté. Dans le cas contraire, l'excédant versé est imputé sur l'exercice courant.

Art. 8. — A l'appui des versements prescrits par l'art. 7, les sociétés, compagnies et assureurs remettent au receveur de l'enregistrement un état certifié conforme à leurs écritures commerciales et indiquant : — 1° Le montant des primes, cotisations ou contributions échues pendant le trimestre et provenant des exercices antérieurs ; — 2° Le montant des mêmes primes, cotisations ou contributions provenant des souscriptions nouvelles ; — 3° Les déductions à opérer en exécution de l'art. 5 ; il est ouvert une colonne spéciale à chaque nature de déduction ; — 4° Le montant net des primes, cotisations ou contributions assujetties à la taxe. — Pour opérer la liquidation générale prévue par l'art. 7, les sociétés, compagnies et assureurs remettent au receveur de l'enregistrement, avec la balance des comptes ouverts à leur grand livre, un état récapitulatif de la totalité des opérations de l'année précédente. Cet état, dûment certifié, est vérifié au siège social par les agents de l'administration, auxquels sont représentés, à toute réquisition, tous livres, registres, polices, avenants et autres documents, quelle que soit d'ailleurs leur date.

Art. 9. — La taxe due pour la période écoulée depuis le jour où la loi du 23 août 1871 est devenue exécutoire, jusques et y compris le 31 déc. 1871, sera liquidée conformément au dernier § de l'art. 9, et au plus tard le 31 mai 1872. — Il ne sera pas tenu compte des encaissements ou annulations de primes, cotisations ou contributions échues antérieurement à la promulgation de la loi précitée.

Tit. 3. — *Dispositions générales.*

Art. 10. — Les compagnies, sociétés et assureurs étrangers qui feraient en France des opérations d'assurances, soit maritimes, soit contre l'incendie, sont soumis aux dispositions du présent règlement. De plus, ils doivent, avant toute opération ou déclaration, faire agréer par l'administration de l'enregistrement un représentant français personnellement responsable des droits et amendes. — Les compagnies, sociétés et assureurs étrangers établis en France au moment de la promulgation du présent règlement, devront faire agréer ce représentant avant le 1er janv. 1872.

DP. — 27 nov.-27 déc. 1871. — BG. 588. — *Règlement d'administration publique sur la forme et les conditions d'emploi des timbres mobiles en exécution des art. 18 et suivants de la loi du 23 août 1871.*

Vu les art. 18 et s. de la loi du 23 août 1871, et notamment la disposition de l'art. 24.

Art. 1. — Il est établi pour l'exécution de l'art. 18 de la loi susvisée un timbre mobile à 0,10 c., conforme au modèle annexé au présent décret. — L'administration de l'enregistrement, des domaines et du timbre fera déposer au greffe des cours et tribunaux, des spécimens de ce timbre mobile. Le dépôt sera constaté par un procès-verbal dressé sans frais.

Art. 2. — Ce timbre mobile est apposé sur les quittances ou acquits donnés au pied des factures et mémoires, les quittances pures et simples, les reçus ou décharges de sommes, titres, valeurs ou objets, et généralement sur tous les titres, de quelque nature qu'ils soient, signés ou non signés et qui emporteraient libération, reçu, ou décharge. — Ce timbre est collé et immédiatement oblitéré par l'apposition, à l'encre noire, en travers du timbre, de la signature du créancier ou de celui qui donne reçu ou décharge, ainsi que de la date de l'oblitération. — Cette signature peut être remplacée par une griffe apposée à l'encre grasse, faisant connaître la résidence, le nom ou la raison sociale du créancier et la date de l'oblitération du timbre.

Art. 3. — Les ordonnances, taxes, exécutoires et généralement tous mandats payables sur les caisses publiques, les bordereaux, quittances, reçus ou autres pièces, peuvent être revêtus du timbre à 0,10 c. par les agents chargés du payement. Le timbre est oblitéré, au moyen d'une griffe, par ces agents, qui demeurent responsables des contraventions commises à raison des pièces acquittées à leur caisse. — Les sociétés et compagnies, assureurs, entrepreneurs de transport et tous autres assujettis aux vérifications des agents de l'enregistrement par l'art. 22 de la loi du 23 août 1871 et par les lois antérieures, peuvent également, sous leur responsabilité, user de la même faculté, en ce qui concerne les actions, obligations, dividendes et intérêts payables au porteur, les rentes sur l'étranger, ainsi que toutes autres pièces de dépenses, états de solde et d'émargement.

Art. 4. — Les sociétés, compagnies et particuliers qui, pour s'affranchir de l'obligation d'apposer et d'oblitérer les timbres mobiles, veulent soumettre au timbre à l'extraordinaire des formules imprimées pour quittances, reçus ou décharges, sont tenus de déposer ces formules et d'acquitter les droits (sauf la remise de 2 p. 100 accordée à titre de déchet) au bureau de l'enregistrement de leur résidence, ou à celui qui sera désigné par l'administration, s'il existe plusieurs bureaux dans la même ville.

Art. 5. — Les formules d'états de solde ou de payement, dits états d'*émargements*, les registres de factage ou de camionage et les autres documents pour lesquels il est dû un droit de timbre, par chaque payement excédant 10 fr. ou par chaque objet reçu ou déposé, ne peuvent être timbrés à l'extraordinaire qu'autant que le droit à percevoir, par chaque page, correspondra à l'une des quotités des timbres le dimension en usage (actuellement 0 fr. 60 c., 1 fr. 20 c., 1 fr. 80 c., 2 fr. 40 c., et 3 fr. 20 c.)

Art. 6. — Les billets de place délivrés par les compagnies et entrepreneurs, et dont le prix excède 10 fr., peuvent, si la demande en est faite, n'être revêtus d'aucun timbre ; mais ces compagnies et entrepreneurs sont tenus de se conformer au mode de justification et aux époques de payement déterminés par l'administration.

DP. — 18 nov.-31 déc. 1871. — BG. 591. — *Nouveau délai pour l'exécution de la loi du 13 mai 1865.*

Vu le décr. du 16 sept. 1871, ci-dessus.

Art. 1. — Le délai fixé par le décr. du 16 sept. dernier, pour la mise à exécution, en Algérie, de l'art. 10 de la loi de finances du 13 mai 1865, est reporté au 1er janv. 1872.

DP. — 23 mars-4 avr. 1872. — BG. 408. — *Promulgation de l'art. 8 de la loi du 28 févr. 1872.*

Vu l'ord. du 19 oct. 1841, qui détermine les conditions de l'application en Algérie des lois, décrets et ordonnances qui régissent en France les droits d'enregistrement, de greffe et d'hypothèques ; — La loi du 23 août 1871, sur le timbre et l'enregistrement, rendue applicable en Algérie, en vertu du décr. du 12 déc. suivant, à partir du 1er janv. 1872 ;

Vu l'art. 6 de la loi du 28 févr. 1872, ainsi conçu : — « Les obligations imposées au preneur, dans le cas de location verbale, par l'art. 11 de la loi du 23 août 1871, seront accomplies, à l'avenir, par le bailleur, qui sera tenu au payement des droits, sauf son recours contre le preneur ; —

Néanmoins les parties restent solidaires pour le recouvrement du droit simple. »

Considérant qu'il importe de rendre cette disposition applicable à l'Algérie, à partir du 1er avr. 1872, afin d'éviter aux preneurs qui n'auraient pas fait leur déclaration à cette date, d'être rendus passibles du droit en sus édicté par l'art. 14 de la loi du 23 août 1871; — Considérant qu'il convient, en outre, de proroger le délai accordé aux bailleurs pour faire les déclarations qui leur incombent, lequel délai expire le 1er mai 1872;

Vu l'avis du conseil de gouvernement.

Art. 1er. — L'art. 6 de la loi du 28 févr. 1872 est rendu applicable à l'Algérie, à partir du 1er avril prochain. Il y sera, à cet effet, publié et promulgué à la suite du présent décret, qui sera inséré au *Bulletin des Lois*.

Art. 2. — Est prorogé jusqu'au 30 juin 1872, le délai accordé aux bailleurs, pour effectuer les déclarations de locations verbales.

DP. — 23 juin-3 juill. 1872. — BG. 423. — *Promulgation des lois du 28 févr. 1872 sur l'enregistrement et de la loi du 30 mars 1872 sur le timbre.*

Vu l'ord. du 10 oct. 1841 (I, 313); — Les ord. des 10 janv. et 12 mars 1845 (I, 640); La loi du 23 août 1871, sur le timbre et l'enregistrement, rendue applicable en Algérie, à partir du 1er janv. 1872; — La loi du 28 févr. 1872, dont l'art. 6 a été rendu exécutoire en Algérie, à dater du 1er avril suivant; — La loi du 30 mars 1872, sur le timbre; — Considérant qu'il importe, dans l'intérêt du Trésor public, de rendre également applicables, en Algérie, les deux lois susvisées des 28 févr. et 30 mars 1872, qui sont le complément de celle du 23 août 1871.

Art. 1er. — La loi d'enregistrement du 28 févr. 1872, dont l'art. 6 a déjà été rendu exécutoire par décr. du 23 mars 1872, est applicable, en Algérie, à partir du 1er août prochain, sous le bénéfice de la modération de droits accordée par l'ord. du 10 oct. 1841. — La loi du 30 mars 1872, sur le timbre, est également rendue exécutoire dans les départements algériens, à partir de la même époque, ainsi que les règlements d'administration publique pris pour son exécution. — Ces deux lois seront, à cet effet, publiées et promulguées en Algérie, à la suite du présent décret qui sera inséré au *Bulletin des Lois*.

Loi du 28 fév. 1872.

Art. 1er. — La quotité du droit fixe d'enregistrement auquel sont assujettis par la loi du 22 frim. an VII et par les lois subséquentes les actes ci-après, sera déterminée ainsi qu'il suit, savoir :

1° Les actes de formation et de prorogation de société, qui ne contiennent ni obligation, ni libération, ni transmission de biens meubles ou immeubles, entre les associés ou autres personnes, par le montant total des apports mobiliers et immobiliers, déduction faite du passif;

2° Les actes translatifs de propriété, d'usufruit ou de jouissance de biens immeubles situés en pays étranger ou dans des colonies françaises, dans lesquels le droit d'enregistrement n'est pas établi, par le prix exprimé en y ajoutant toutes les charges en capital; — L'art. 4 de la loi du 16 juin 1824 est abrogé;

3° Les actes ou procès-verbaux de vente de marchandises avariées par suite d'événements de mer et de débris de navires naufragés, par le prix exprimé en y ajoutant toutes les charges en capital;

4° Les contrats de mariage soumis actuellement au droit fixe de 5 fr., par le montant net des apports personnel des futurs époux;

5° Les partages de biens meubles et immeubles entre copropriétaires, cohéritiers et coassociés à quelque titre que ce soit, par le montant de l'actif net partagé;

6° Les délivrances de legs, par le montant des sommes ou par la valeur des objets légués;

7° Les consentements à mainlevées totales ou partielles d'hypothèques, par le montant des sommes faisant l'objet de la mainlevée. — S'il y a seulement réduction de l'inscription, il ne sera perçu qu'un droit de 5 fr. par chaque acte;

8° Les prorogations de délai pures et simples, par le montant de la créance, dont le terme d'exigibilité est prorogé;

9° Les adjudications et marchés pour constructions, réparations, entretien, approvisionnements et fournitures dont le prix doit être payé directement par le Trésor public, et les cautionnements relatifs à ces adjudications et marchés, par le prix exprimé ou par l'évaluation des objets; — L'art. 73 de la loi du 15 mai 1818 est abrogé.

10° Les titres nouveaux et reconnaissances de rentes dont les actes constitutifs ont été enregistrés, par le capital des rentes.

Art. 2. — Le taux du droit établi par l'article précédent est fixé ainsi qu'il suit : A 5 fr. pour les sommes ou valeurs de 5000 fr. et au-dessous, et pour les actes ne contenant aucune énonciation de sommes et valeurs ni dispositions susceptibles d'évaluation; — A 10 fr. pour les sommes ou valeurs supérieures à 5000 fr., mais n'excédant pas 10,000 fr.; — A 20 fr. pour les sommes ou valeurs supérieures à 10,000 fr, mais n'excédant pas 20,000 fr., — Et ensuite à raison de 20 fr. pour chaque somme ou valeur de 20,000 fr. ou fraction de 20,000 fr. — Si les sommes ou valeurs ne sont pas déterminées dans l'acte, il y sera suppléé conformément à l'art. 16 de la loi du 21 frim. an VII.

Art. 3. — Si dans le délai de deux années à partir de l'enregistrement des actes spécifiés en l'art. 1 ci-dessus, la dissimulation des sommes ou valeurs ayant servi de base à la perception du droit est établie par des actes ou écrits émanés des parties ou par des jugements, il sera perçu, indépendamment des droits simples supplémentaires, un droit en sus, lequel ne peut être inférieur à 50 fr.

Art. 4. — Les divers droits fixes auxquels sont assujettis par les lois en vigueur les actes civils, administratifs ou judiciaires, autres que ceux dénommés en l'art. 1 sont augmentés de moitié. — Les actes de prestation de serment des gardes des particuliers et des agents salariés par l'État, les départements et les communes, dont le traitement et ses accessoires n'excèdent pas 1,500 fr., ne seront soumis qu'à un droit de 3 fr.

Art. 5. — Sont soumis au droit proportionnel, d'après les tarifs en vigueur : 1° Les ordres, collations et distributions de sommes, quelle que soit leur forme, et qui ne contiennent ni obligation ni transport par le débiteur; — 2° Les mutations de propriétés de navires, soit totales, soit partielles. Le droit est perçu sur l'acte ou le procès-verbal de vente, soit sur la déclaration faite pour obtenir la francisation ou l'immatricule au nom du nouveau possesseur. — Les art. 56 et 64 de la loi du 21 avril 1818 sont abrogés.

Art. 6. — Les obligations imposées au preneur, dans les cas de location verbale, par l'art. 11 de la loi du 23 août 1871, seront accomplies, à l'avenir, par le bailleur qui sera tenu du paiement des droits, sauf son recours contre le preneur. — Néanmoins, les parties restent solidaires pour le recouvrement du droit simple.

Art. 7. — Les mutations de propriété à titre onéreux de fonds de commerce ou de clientèles sont soumises à un droit d'enregistrement de 2 fr. par 100 fr. Ce droit est perçu sur le prix de la vente de l'achalandage, de la cession du droit au bail et des objets mobiliers ou autres, servant à l'exploitation du fonds, à la seule exception des marchandises neuves garnissant le fonds. Ces marchandises ne seront assujetties qu'à un droit de 50 c. par 100 fr., à condition qu'il sera stipulé pour elles un prix particulier et qu'elles seront désignées et estimées, article par article, dans le contrat ou dans la déclaration.

Art. 8. — Les actes sous signatures privées contenant mutation de propriété de fonds de commerce ou de clientèles sont enregistrés dans les trois mois de leur date. — A défaut d'actes constatant la mutation, il y est suppléé par des déclarations détaillées et estimatives faites au bureau de l'enregistrement de la situation du fonds de commerce ou de la clientèle, dans les trois mois de l'entrée en possession. — A défaut d'enregistrement ou de la déclaration dans les délais fixés ci-dessus, il sera fait application des dispositions du § 1 de l'art. 16 de la loi du 23 août 1871. Sont également applicables aux mutations de propriété de fonds de commerce ou de clientèles, les dispositions des §§ 2 et 5 dudit article relatives à l'ancien possesseur, et celles de l'art. 12 et 15 de la même loi concernant les dissimulations dans les prix de vente. — L'insuffisance du prix de vente du fonds de commerce ou des clientèles peut également être constatée par expertise, dans les trois mois de l'enregistrement de l'acte ou de la déclaration de la mutation. — Il sera perçu un droit en sus sur le montant de l'insuffisance outre les frais d'expertise, s'il y a lieu, et si l'insuffisance excède un huitième.

Art. 9. — La mutation de propriété des fonds de commerce ou des clientèles est suffisamment établie, pour la demande et la poursuite des droits d'enregistrement et des amendes, par les actes ou écrits qui révèlent l'existence de la mutation ou qui sont destinés à la rendre publique, ainsi que par l'inscription aux rôles des contributions du nom du nouveau possesseur, et des paiements faits en vertu de ces rôles, sauf preuve contraire.

Art. 10. — Sont soumis au droit proportionnel de 50 c. par 100 fr. les lettres de change et tous autres effets négociables, lesquels pourront n'être présentés à l'enregistrement qu'avec les protêts qui en auraient été faits. — Les dispositions de l'art. 50 de la loi du 28 avril 1816, concernant les lettres de change, sont abrogées. — Il n'est rien innové en ce qui concerne les warrants.

Art. 11. — Le droit de décharge de 10 c., créé par l'art. 18 de la loi du 23 août 1871, pour constater la remise des objets, sera réuni à la taxe due pour les récépissés et lettres de voiture, qui est fixée ainsi qu'il suit : Récépissé délivré par les compagnies de chemins de fer (droit de décharge compris), 55 c. — Lettre de voiture (droit de décharge compris), 70 c.

Loi du 30 mars 1872.

Art. 1. — A partir du 8 avril 1872, le droit de timbre des récépissés délivrés par les chemins de fer, en exécution de la loi du 13 mai 1863, est fixé, y compris le droit de la décharge donnée par le destinataire, à soixante-dix centimes (0 fr. 70 c.), pour chacun des transports effectués autrement qu'en grande vitesse. — Ces récépissés pourront servir de lettres de voiture pour les transports qui, indépendamment des voies ferrées, emprunteront les routes, canaux et rivières. Les modifications qui pourraient survenir en cours d'expédition, tant dans la destination que dans

le prix et les conditions du transport, pourront être écrites sur ces récépissés. — Le droit de 70 c. n'est pas assujetti aux décimes.

Art. 2. — Les entrepreneurs de messageries et autres intermédiaires de transports, qui réunissent en un ou plusieurs expéditions des colis ou paquets envoyés à des destinataires différents, sont tenus de remettre aux gares expéditrices un bordereau détaillé et certifié, écrit sur papier non timbré, et faisant connaître le nom et l'adresse de chacun des destinataires réels. — Il sera délivré, outre le récépissé pour l'envoi collectif, un récépissé spécial à chaque destinataire. Ces récépissés spéciaux ne donneront pas lieu à la perception du droit d'enregistrement au profit des compagnies de chemins de fer, mais ils seront établis par les entrepreneurs de transports eux-mêmes, sur des formules timbrées que les compagnies de chemins de fer tiendront à leur disposition, moyennant remboursement des droits et frais. Les numéros de ces récépissés seront mentionnés sur le registre de factage ou de camionnage que lesdits entrepreneurs ou intermédiaires seront tenus de faire signer pour décharge par les destinataires. — Ces livres ou registres seront représentés à toute réquisition aux agents de l'enregistrement. Chaque contravention aux dispositions qui précèdent sera punie d'une amende de 50 fr., et de 100 fr. en cas de récidive dans un délai d'un an. — Ces contraventions seront constatées par tous les agents ayant qualité pour verbaliser en matière de timbre et par les commissaires de surveillance administrative.

Art. 3. — Tout transport par mer et sur les fleuves, rivières et canaux dans le rayon de l'inscription maritime, doit être accompagné de connaissements. — A partir du 1er mai 1872, les quatre originaux prescrits par l'art. 282 C. com. seront présentés simultanément à la formalité du timbre. Celui des originaux qui sera destiné à être remis au capitaine sera soumis à un droit de timbre de 2 fr.; les autres originaux seront timbrés gratis, mais ils ne seront revêtus que d'une estampille sans indication de prix. Le droit de 2 fr. est réduit à 1 fr. pour les expéditions par le petit cabotage de port français à port français.

Art. 4. — Les connaissements venant de l'étranger seront soumis, avant tout usage en France, à des droits de timbre équivalents à ceux établis sur les connaissements créés en France. — Il sera perçu, sur le connaissement en la possession du capitaine, un droit minimum de 1 fr. représentant le timbre du connaissement ci-dessus désigné, et celui du consignataire de la marchandise. — Ce droit sera perçu par l'apposition de timbres mobiles.

Art. 5. — S'il est créé en France plus de quatre connaissements, ces connaissements supplémentaires seront soumis chacun à un droit de 50 c. — Ces droits supplémentaires pourront être perçus au moyen de timbres mobiles. Ils seront apposés sur le connaissement existant entre les mains du capitaine, et en nombre égal à celui des originaux qui auraient été rédigés et dont le nombre doit être mentionné conformément à l'art. 1325 C. civ. — Dans le cas où cette mention ne serait pas faite sur l'original, représenté par le capitaine, il sera perçu un droit triple de celui fixé par l'art. 3 ci-dessus.

Art. 6. — Tout connaissement créé en France et non timbré donnera lieu à une amende de 50 fr. contre le chargeur. En outre, une amende d'égale somme sera exigée personnellement et sans recours tant du capitaine que de l'armateur ou de l'expéditeur du navire. — Les contraventions seront constatées par les employés des douanes, par ceux des contributions indirectes et par tous autres agents ayant qualité pour verbaliser en matière de timbre. — Il leur sera alloué un quart des amendes recouvrées. — Les capitaines de navires français ou étrangers devront exhiber aux agents des douanes, soit à l'entrée, soit à la sortie, les connaissements dont ils doivent être porteurs aux termes de l'art, 5 ci-dessus. — Chaque contravention à cette prescription sera punie d'une amende de 100 fr. à 600 fr.

Art. 7. — Un règlement d'administration publique, déterminera la forme et les conditions d'emploi des timbres mobiles créés par la présente loi, ainsi que toutes autres mesures d'exécution. Sont applicables à ces timbres les dispositions de l'art, 21 de la loi du 11 juin 1859. Chaque contravention au règlement d'administration publique à intervenir sera punie d'une amende de 50 fr. — Les formules de connaissements pourront être revêtues de l'empreinte du timbre dans les départements. Les dispositions des art, 6 et 7 de la loi du 11 juin 1842 sont abrogées en ce qui les concerne.

§ 2. — Débits de papier timbré. (I, 642; II, 274).

Renvois. — V. Table alphabétique.

Timbres-postes. V. Postes.

Titres (Usurpation de). V. Table alphabétique,

Topographie (1).

AG. — 8-51 sept. 1869. — BG. 518. — Personnel du service topographique. — Modifications au règlement général du 26 nov. 1861 (II, 165).

Vu l'arr. du 26 nov. 1861 ;

Art. 1. — Le personnel des bureaux de la topographie en Algérie, comprend : — 1° 5 commis principaux de 1re, 2e et 5e cl., sans qu'il puisse jamais y avoir plus d'un commis principal de 1re cl. Le commis principal le plus avancé en grade est spécialement chargé de la vérification des travaux graphiques, de la surveillance des bureaux et de la direction des élèves ; — 2° 7 commis ordinaires de 1re, 2e, 5e, 4° ou 5e cl.,

Art. 2. — Les traitements de ces divers employés sont fixés ainsi qu'il suit : — Commis principaux de 1re cl. 5,600; 2e 5,500 ; 5e 5,000 ; — Commis ordinaires de 1re cl. 2,700; 2e 2,400 ; 5e 2,100 ; 4° 1,800, 5° 1,500. — Ces traitements sont soumis aux retenues prescrites par la loi du 9 juin 1853, sur les pensions civiles.

Art. 5. — Les employés du service sédentaire de la topographie sont nommés par le gouverneur général.

Art. 4. — Nul ne peut être admis dans ce service, sauf l'exception mentionnée à l'art. 8 ci-

après, s'il n'a satisfait, devant une commission qui sera constituée à cet effet, aux conditions du programme ci-après ; — 1° Écriture. Tous les genres usités dans le dessin des plans. — 2° Principes de la langue française. Les candidats mettront au net une dictée destinée à donner un spécimen de leur écriture courante, et à constater qu'ils savent suffisamment l'orthographe. — 5° Arithmétique. Numération décimale; les quatre règles fondamentales; preuve de ces opérations; fractions ordinaires et décimales; proportions; système métrique. — 4° Géométrie préliminaire. Égalité des triangles; droites; perpendiculaires; obliques; parallèles; parallélogrammes; polygones; lignes proportionnelles; triangles semblables; mesure des angles; contact et intersection des cercles; tangentes et sécantes du cercle; polygones inscrits et circonscrits au cercle; mesure des surfaces. — 5° Dessin graphique et lavis. — Éléments du dessin linéaire. Les candidats auront à effectuer, sous les yeux de l'un des examinateurs, la copie d'un plan ou d'une carte déterminés. — Il sera tenu compte aux candidats des connaissances dont ils justifieraient en dehors du programme ci-dessus.

Art. 5. — Les candidats doivent être âgés de 18 ans au moins et de 50 ans au plus au moment de l'examen. Toutefois, les anciens militaires peuvent concourir jusqu'à l'âge de 55 ans.

Art. 6. — L'avancement des employés des bureaux est prononcé par le gouverneur général sur la proposition du préfet. Il n'est accordé qu'après 2 ans de stage, au moins, dans la classe ou le grade immédiatement inférieur.

Art. 7. — En cas de négligence dans le service ou d'actes répréhensibles, les agents peuvent être punis, suivant le cas, des peines disciplinaires ci-après ; — 1° La réprimande simple ; — 2° La réprimande avec mise à l'ordre du jour; 5° La retenue du traitement pendant un mois au plus ; — 4° La rétrogradation d'une classe ; — 5° La révocation. — Les deux premières peines peuvent être infligées par le chef de service; la retenue sur le traitement est prononcée par le préfet, sur le rapport du chef de service ; la rétrogradation d'une classe et la révocation ont lieu, par décision du gouverneur général, sur le rapport du chef de service et la proposition du préfet.

Art. 8. — Les agents titulaires en ce moment employés dans les bureaux, et qui possèdent l'aptitude des travaux du terrain, seront, avant la mise à exécution du présent arrêté, mis en demeure d'opter entre la section active et la section sédentaire. — Le titre de géomètre sera maintenu à ceux d'entre ces agents qui opteraient pour la section sédentaire. — Les géomètres et élèves-géomètres du service actif peuvent être admis

---

(1) Communication officielle insérée au Moniteur de l'Algérie du 15 mars 1879. — Le gouverneur général, en vue de réduire le personnel du service topographique au chiffre nécessaire, et de préparer en même temps de bons éléments de recrutement pour le personnel des recenseurs destinés à remplacer progressivement les officiers des bureaux arabes chargés de dresser les états statistiques servant à asseoir l'impôt arabe, a décidé que des géomètres et des géomètres-élèves seraient temporairement admis, à titre d'agents auxiliaires dans le service chargé de l'assiette de cet impôt à Alger, pour être employés dans l'arrondissement d'Alger et dans l'arrondissement-cercle de Tizi Ouzou.

La désignation des agents sera faite par le gouverneur général, sur avis du chef du service topographique et sur la présentation de l'inspecteur des contributions directes, chargé du nouveau service. — Après un stage de

trois mois au moins, les géomètres et géomètres-élèves qui auront fait preuve d'aptitudes suffisantes, pourront être définitivement classés dans le personnel des recenseurs, avec un rang correspondant à celui qu'ils occupaient dans le service topographique.

En vue de la prochaine constitution d'un personnel de recenseurs dans les départements d'Oran et de Constantine, deux contrôleurs des contributions directes du département d'Oran seront également mis à la disposition du chef du service d'Alger, pour coopérer, dans les deux arrondissements sus-mentionnés, à l'organisation du nouveau mode de recensement de la matière imposable au titre des contributions arabes. Ces agents seront ultérieurement chargés, dans les deux départements d'Oran et de Constantine, et sous l'autorité des chefs respectifs, d'initier les recenseurs aux règles qui, après expérimentation, auront été définitivement arrêtées.

dans le service des bureaux, sans être assujettis à l'examen mentionné à l'art. 4 ci-dessus.

Art. 9. — Sont rapportées toutes dispositions de l'arrêté du 26 nov. 1861, contraires au présent arrêté.

Art. 10. — Les préfets des départements sont chargés de l'exécution du présent arrêté, qui sera exécutoire à partir du 1er janv. 1870.

Le général de division, sous-gouverneur,
BARON DURRIEU.

RENVOIS. — V. *Table alphabétique.*

Traducteurs—Traductions. V.
TABLE ALPHABÉTIQUE.

Traitements. V. *ibidem.*

Traités (1).

DI. — 21 sept. 1862-30 mars 1868. — BG. 260. — *Promulgation de la convention conclue entre la France et le royaume d'Italie le 26 juillet* 1862.

Art. 1. — Une convention consulaire ayant été conclue le 26 juill. 1862, entre la France et le royaume d'Italie, et les ratifications de cet acte ayant été échangées à Paris, le 13 du présent mois, ladite convention, dont la teneur suit, recevra sa pleine et entière exécution.

Convention du 26 juillet 1862.

Art. 1. — Chacune des hautes parties contractantes aura la faculté d'établir des consuls généraux, consuls, vice-consuls ou agents consulaires, dans les ports, villes et localités du territoire de l'autre partie. — Lesdits agents seront réciproquement admis et reconnus en présentant leurs provisions, selon les règles et formalités établies dans les pays respectifs. — L'exéquatur nécessaire pour le libre exercice de leurs fonctions leur sera délivré sans frais, et sur la production dudit exéquatur, l'autorité supérieure du lieu de leur résidence prendra immédiatement les mesures pour qu'ils puissent s'acquitter des devoirs de leur charge et qu'ils soient admis à la jouissance des exceptions, prérogatives, immunités, honneurs et privilèges qui y sont attachés.

Art. 2. — Les consuls généraux, consuls et vice-consuls ou agents consulaires, sujets de l'État qui les nomme, jouiront de l'exemption des logements et des contributions militaires, des contributions directes, personnelles, mobilières ou somp-tuaires, imposées par l'État ou par les communes, à moins qu'ils ne possèdent des biens immeubles, qu'ils ne fassent le commerce, ou qu'ils n'exercent quelque industrie; dans lesquels cas, ils seront soumis aux mêmes taxes, charges d'imposition que les autres particuliers. — Ils jouiront, en outre, de l'immunité personnelle, excepté pour les faits et actes que la législation pénale des deux pays qualifie crimes et punit comme tels, et, s'ils sont négociants, la contrainte par corps ne pourra leur être appliquée que pour les seuls faits de commerce et non pour des causes civiles. — Ils pourront placer au-dessus de la porte extérieure du consulat ou vice-consulat, l'écusson des armes de leur nation avec cette inscription : Consulat ou vice-consulat de... — Ils pourront également arborer le pavillon de leur pays sur la maison consulaire, aux jours de solennités publiques, religieuses ou nationales, ainsi que dans les autres circonstances d'usage, à moins qu'ils ne résident dans une ville où se trouverait l'ambassade ou la légation de leur pays. Il est bien entendu que ces marques extérieures ne pourront jamais être interprétées comme constituant un droit d'asile, mais serviront, avant tout, à désigner aux matelots et aux nationaux l'habitation consulaire. — Les consuls généraux, consuls et vice-consuls ou agents consulaires, pourront de même arborer le pavillon national sur le bateau qu'ils monteraient dans le port pour le service de leurs fonctions.

Art. 3. — Les consuls généraux, consuls et leurs chanceliers, ainsi que les vice-consuls ou agents consulaires, ne pourront être sommés de comparaître comme témoins devant les tribunaux. — Quand la justice locale aura besoin de recueillir auprès d'eux quelques déclarations juridiques, elle devra se transporter à leur domicile, pour les recevoir de vive voix, ou déléguer, à cet effet, un fonctionnaire compétent, ou la leur demander par écrit.

Art. 4. — En cas d'empêchement, d'absence ou de décès des consuls généraux, consuls et vice-consuls ou agents consulaires, les élèves-consuls, les chanceliers et secrétaires qui auront été présentés antérieurement en leurs dites qualités aux autorités respectives, seront de plein droit admis, dans leur ordre hiérarchique, à exercer par intérim les fonctions consulaires, sans que les autorités locales puissent y mettre obstacle. Au contraire, celles-ci devront leur prêter assistance et protection, et leur assurer, pendant leur gestion intéri-

---

(1) JURISPRUDENCE. — 1° *Traité avec l'Espagne* du 7 janv. 1862 promulgué en Algérie par décr. du 18 mars 1862 (II. 275). — Caution *judicatum solvi.* — L'art. 2 de ce traité en donnant aux nationaux de ces deux pays, libre et facile accès auprès des tribunaux, tant pour réclamer que pour défendre leurs droits à tous les degrés de juridiction et jouir sous ce rapport des mêmes droits ou avantages déjà accordés aux nationaux, a pour effet de dispenser les Espagnols de fournir la caution *judicatum solvi.*—Cette convention est d'ailleurs applicable à tout plaideur, quelle que soit sa nationalité, et notamment au défendeur même étranger qui ne jouit du droit de réclamer cette caution qu'en vertu de l'art. 19 de l'ord. du 16 avril 1843 (*Procédure* I, 565). — *Cour d'Alger*, 11 mai 1871. Robe, 1871, p. 134.

2° *Traité avec l'Autriche* du 11 déc. 1866. — Promulgation. — Succession. — Tutelle. — Droits des consuls. — 1° La convention internationale du 11 déc. 1866 s'applique aux pays relevant, à quelque titre que ce soit, des deux états contractants, se rattache d'une manière directe à des dispositions de nos Codes civil et de procédure civile; par suite, leur application en Algérie n'est pas subordonnée à une promulgation spéciale; — 2° en matière d'apposition et de levée de scellés et d'inventaire, c'est au tribunal du lieu où se trouvent les objets sujets aux scellés et à l'inventaire, qu'il appartient de statuer sur les questions qui s'y rattachent, et ce quand même il s'agirait de la succession d'un étranger, à laquelle interviendrait le représentant consulaire de la nation à laquelle appartient cet étranger; — à bien plus forte raison doit-il en être ainsi, lorsque l'une des parties requérant le scellé ou l'inventaire est française (art. 3 du traité). — 3° Une Française qui a épousé un Autrichien retrouve la qualité de Française par le décès de son mari; par suite, elle est investie de la tutelle légale de ses enfants mineurs, encore bien que la loi autrichienne l'en exclut. — 4° Si le traité confie aux consuls l'administration de la partie mobilière des successions de leurs nationaux, ce n'est que dans le cas où les héritiers ne sont pas présents. — 5° Une mineure étrangère représentée par sa mère, redevenue Française, chez laquelle seule elle a domicile, au lieu de l'ouverture de la succession et de la situation des biens dont elle se compose et dont elle est seule héritière, doit être considérée comme héritière présente. Elle a donc le droit de requérir la levée des scellés et l'inventaire. Le consul n'a droit parallèle, surtout lorsque le décédé était lui-même un agent consulaire de sa nation et qu'il peut se trouver chez lui des papiers et documents se rapportant à l'exercice de ses fonctions. — *Cour d'Alger*, 7 déc. 1870. — Affaire *Marincowich.* — Robe. 1870, p. 181.

maire, la jouissance des exemptions, prérogatives, immunités et privilèges réciproquement reconnus par la présente convention aux agents du service consulaire.

Art. 5. — Les archives consulaires seront inviolables, et les autorités locales ne pourront, sous aucun prétexte, ni dans aucun cas, visiter ni saisir les papiers qui en font partie. — Ces papiers doivent toujours être complétement séparés des livres ou papiers relatifs au commerce ou à l'industrie que pourraient exercer les consuls, vice-consuls ou agents consulaires respectifs.

Art. 6. — Les consuls généraux et consuls pourront nommer des vice-consuls ou agents consulaires dans les villes, ports et localités de leurs arrondissements consulaires respectifs, sauf l'approbation du gouvernement territorial. — Ces agents pourront être indistinctement choisis parmi les citoyens des deux pays comme parmi les étrangers, et seront munis d'un brevet délivré par le consul qui les aura nommés, et sous les ordres duquel ils devront être placés. Ils jouiront des mêmes privilèges et immunités stipulés par la présente convention, sauf les exceptions consacrées par l'art. 2.

Art. 7. — Les consuls généraux, consuls et vice-consuls ou agents consulaires des deux pays pourront s'adresser aux autorités de leur arrondissement, pour réclamer contre toute infraction aux traités ou conventions existant entre les deux pays, et contre tout abus dont leurs nationaux auraient à se plaindre. Si leurs réclamations n'étaient pas accueillies par ces autorités, ils pourraient avoir recours, à défaut d'un agent diplomatique de leur pays, au gouvernement de l'État dans lequel ils résideraient.

Art. 8. — Les consuls généraux, consuls et vice-consuls ou agents consulaires des deux pays, ou leurs chanceliers, auront droit de recevoir dans leur chancellerie, au domicile des parties et à bord des navires de leur nation, les déclarations que pourront avoir à faire les capitaines, les gens de l'équipage et les passagers, les négociants et tous autres sujets de leur pays. — Ils seront également autorisés à recevoir, comme les notaires, les dispositions testamentaires de leurs nationaux et tous autres actes notariés, lors même que lesdits actes auraient pour objet de conférer hypothèques; dans lequel cas, on leur appliquera les dispositions spéciales en vigueur dans les deux pays. — Lesdits agents auront, en outre, le droit de recevoir dans leur chancellerie tous actes conventionnels passés entre un ou plusieurs de leurs nationaux et d'autres personnes du pays dans lequel ils résident, et même tout acte conventionnel concernant des citoyens de ce dernier pays seulement, pourvu, bien entendu, que ces actes aient rapport à des biens situés ou à des affaires à traiter sur le territoire de la nation à laquelle appartiendra le consul ou l'agent devant lequel ils seront passés. Les copies ou extraits de ces actes, dûment légalisés par lesdits agents et scellés du sceau officiel des consulats, vice-consulats ou agents consulaires, feront foi, tant en justice que hors de justice, soit en France, soit en Italie, au même titre que les originaux, et auront la même force et valeur que s'ils avaient été passés devant un notaire ou autre officier public de l'un ou de l'autre pays, pourvu que ces actes aient été rédigés dans les formes requises par les lois de l'État auquel appartiennent les consuls, vice-consuls ou agents consulaires, et qu'ils aient ensuite été soumis au timbre et à l'enregistrement, ainsi qu'à toutes les autres formalités qui régissent la matière dans le pays où l'acte devra recevoir son exécution. — Dans le cas où un doute s'élèverait sur l'authenticité de l'expédition d'un acte public enregistré à la chancellerie d'un des consulats respectifs, on ne pourra en refuser la confrontation avec l'original à l'intéressé qui en fera la demande, et qui pourra assister à cette collation, s'il le juge convenable. — Les consuls généraux, consuls et vice-consuls ou agents consulaires respectifs pourront traduire et légaliser toute espèce de documents émanés des autorités ou fonctionnaires de leur pays; ces traductions auront, dans le pays de leur résidence, la même force et valeur que si elles eussent été faites par les interprètes-jurés du pays.

Art. 9. — En cas de décès d'un sujet de l'une des parties contractantes sur le territoire de l'autre, les autorités locales devront en donner avis immédiatement au consul général, consul, vice-consul ou agent consulaire dans la circonscription duquel le décès aura eu lieu. Ceux-ci, de leur côté, devront en donner avis aux autorités locales lorsqu'ils en seront informés les premiers. — Quand un Français en Italie, ou un Italien en France, sera mort sans avoir fait de testament ni nommé d'exécuteur testamentaire, ou si les héritiers, soit naturels, soit désignés par le testament, étaient mineurs, incapables ou absents, ou si les exécuteurs testamentaires nommés ne se trouvaient pas dans le lieu où s'ouvrira la succession, les consuls généraux, consuls et vice-consuls ou agents consulaires de la nation du défunt, auront le droit de procéder successivement aux opérations suivantes :

1° Apposer les scellés, soit d'office, soit à la demande des parties intéressées, sur tous les effets, meubles et papiers du défunt, en prévenant de cette opération l'autorité locale compétente, qui pourra y assister et apposer également ses scellés. — Ces scellés, non plus que ceux de l'agent consulaire, ne devront pas être levés sans que l'autorité locale assiste à cette opération. — Toutefois, si après un avertissement adressé par le consul ou vice-consul à l'autorité locale, pour l'inviter à assister à la levée des doubles scellés, celle-ci ne s'était pas présentée dans un délai de quarante-huit heures, à compter de la réception de l'avis, cet agent pourra procéder seul à ladite opération.

2° Former l'inventaire de tous les biens et effets du défunt, en présence de l'autorité locale, si, par suite de la notification sus-indiquée, elle avait cru devoir assister à cet acte. — L'autorité locale apposera sa signature sur les procès-verbaux dressés en sa présence, sans que, pour son intervention d'office dans ces actes, elle puisse exiger des droits d'aucune espèce.

3° Ordonner la vente aux enchères publiques de tous les effets mobiliers de la succession qui pourraient se détériorer et de ceux d'une conservation difficile, comme aussi des récoltes et effets, pour la vente desquels il se présentera des circonstances favorables.

4° Déposer en lieu sûr les effets et valeurs inventoriés, conserver le montant des créances que l'on réalisera, ainsi que le produit des rentes que l'on percevra, dans la maison consulaire, ou les confier à quelque commerçant présentant toutes garanties. Ces dépôts devront avoir lieu, dans l'un ou l'autre cas, d'accord avec l'autorité locale qui aura assisté aux opérations antérieures, si, par suite de la convocation mentionnée au § suivant, des sujets du pays, ou d'une puissance tierce se présentaient comme intéressés dans la succession ab intestat ou testamentaire.

5° Annoncer le décès et convoquer, au moyen des journaux de la localité et de ceux du pays du défunt, si cela était nécessaire, les créanciers qui pourraient exister contre la succession ab intestat ou testamentaire, afin qu'ils puissent présenter leurs titres respectifs de créance, dûment justifiés, dans le délai fixé par les lois de chacun des deux pays. — S'il se présentait des créanciers contre la succession testamentaire ou ab intestat, le paiement de leurs créances devra s'effectuer dans le délai de 15 jours après la clôture de l'inventaire, s'il existait des ressources qui pussent être affectées à cet emploi; et dans le cas contraire, aussitôt que les fonds nécessaires auraient pu être réalisés par les moyens les plus convenables, ou enfin dans le délai consenti, d'un commun accord, entre les consuls et la majorité des intéressés. — Si les consuls respectifs se refusaient au paiement de tout ou partie des créances, en alléguant l'insuffisance des valeurs de la succession pour les satisfaire, les créanciers auront le droit de demander à l'autorité compétente, s'ils le jugent utile à leurs intérêts, la faculté de se constituer en état d'union. — Cette déclaration obtenue par les voies légales établies dans chacun des deux pays, les consuls ou vice-consuls devront faire immédiatement la remise à l'autorité judiciaire ou aux syndics de la faillite, selon qu'il appartiendra, de tous les documents, effets ou valeurs appartenant à la succession testamentaire ou ab intestat; lesdits agents demeurant chargés de représenter les héritiers absents, les mineurs et les incapables. — En ce cas, les consuls généraux, consuls et vice-consuls ne pourront faire la délivrance de la succession ou de son produit, aux héritiers légitimes ou à leurs mandataires, qu'après l'expiration d'un délai de six mois à partir du jour où l'avis du décès aura été publié dans les journaux.

6° Administrer et liquider eux-mêmes, ou par une personne qu'ils nommeront sous leur responsabilité, la succession testamentaire ou ab intestat, sans que l'autorité locale ait à intervenir dans lesdites opérations, à moins que des sujets du pays ou d'une tierce-puissance n'aient à faire valoir des droits dans la succession; car, en ce cas, s'il survenait des difficultés, provenant notamment de quelque réclamation, donnant lieu à contestation, les consuls généraux, consuls, vice-consuls et agents consulaires n'ayant aucun droit pour terminer ou résoudre ces difficultés, les tribunaux du pays devront en connaître selon qu'il leur appartient d'y pourvoir ou de les juger. — Lesdits agents consulaires agiront alors comme représentants de la succession testamentaire ou ab intestat, c'est-à-dire que, conservant l'administration et le droit de liquider définitivement ladite succession, comme aussi celui d'effectuer les ventes d'effets dans les formes précédemment indiquées, ils veilleront aux intérêts des héritiers et auront la faculté de désigner des avocats chargés de soutenir leurs droits devant les tribunaux. Il est bien entendu qu'ils remettront à ces tribunaux tous les papiers et documents propres à éclairer la question soumise à leur jugement. — Le jugement prononcé, les consuls généraux, consuls et vice-consuls ou agents consulaires devront l'exécuter, s'ils ne forment pas appel, et ils continueront alors, de plein droit, la liquidation qui aurait été suspendue jusqu'à la liquidation du litige.

7° Organiser, s'il y a lieu, la tutelle ou curatelle, conformément aux lois des pays respectifs.

Art. 10. — Lorsqu'un Français en Italie ou un Italien en France sera décédé sur un point où il ne se trouverait pas d'agent consulaire de sa nation, l'autorité territoriale compétente procédera, conformément à la législation du pays, à l'inventaire des effets et à la liquidation des biens qu'il aura laissés, et sera tenue de rendre compte, dans le plus bref délai possible, du résultat de ses opérations à l'ambassade ou à la légation qui doit en connaître, ou au consulat ou au vice-consulat le plus voisin du lieu où sera ouverte la succession

ab intestat ou testamentaire. — Mais, dès l'instant que l'agent consulaire le plus rapproché du point où serait ouverte ladite succession ab intestat ou testamentaire, se présenterait personnellement ou enverrait un délégué sur les lieux, l'autorité locale qui serait intervenue devra se conformer à ce que prescrit l'article précédent.

Art. 11. — Les consuls généraux, consuls et vice-consuls ou agents consulaires des deux États, connaîtront exclusivement des actes d'inventaire et des autres opérations pratiques pour la conservation des biens et objets de toute nature laissés par les gens de mer et les passagers de leur nation qui décéderaient à terre ou à bord des navires de leur pays, soit pendant la traversée, soit dans le port de leur arrivée.

Art. 12. — Les consuls généraux, consuls et vice-consuls, ou agents consulaires pourront aller personnellement ou envoyer des délégués à bord des navires de leur nation, après qu'ils auront été admis en libre pratique; interroger les capitaines et l'équipage; examiner les papiers de bord; recevoir les déclarations sur leur voyage, leur destination et les incidents de la traversée; dresser les manifestes et faciliter l'expédition de leurs navires; enfin les accompagner devant les tribunaux et dans les bureaux de l'administration du pays, pour leur servir d'interprètes et d'agents dans les affaires qu'ils auront à suivre ou les demandes qu'ils auraient à former. — Il est convenu que les fonctionnaires de l'ordre judiciaire et les officiers et agents de la douane ne pourront, en aucun cas, opérer ni visites ni recherches à bord des navires sans être accompagnés par le consul ou vice-consul de la nation à laquelle ces navires appartiennent. Ils devront également prévenir en temps opportun lesdits agents consulaires, pour qu'ils assistent aux déclarations que les capitaines et les équipages auront à faire devant les tribunaux et les administrations locales, afin d'éviter ainsi toute erreur ou fausse interprétation qui pourrait nuire à l'exacte administration de la justice. — La citation qui sera adressée à cet effet aux consuls et vice-consuls indiquera une heure précise; et, si les consuls et vice-consuls négligeaient de s'y rendre en personne, ou de s'y faire représenter par un délégué, il sera procédé en leur absence.

Art. 13. — En tout ce qui concerne la police des ports, le chargement et le déchargement des navires et la sûreté des marchandises, biens et effets, on observera les lois, ordonnances et règlements du pays. — Les consuls généraux, consuls et vice-consuls ou agents consulaires seront chargés exclusivement du maintien de l'ordre intérieur à bord des navires marchands de leur nation; ils régleront eux-mêmes les contestations de toute nature qui seraient survenues entre le capitaine, les officiers du navire et les matelots, et spécialement celles relatives à la solde et à l'accomplissement des engagements réciproquement contractés. — Les autorités locales ne pourront intervenir que lorsque les désordres survenus à bord des navires seraient de nature à troubler la tranquillité et l'ordre public, à terre ou dans le port, ou quand une personne du pays ne faisant pas partie de l'équipage, s'y trouvera mêlée. — Dans tous les autres cas, les autorités précitées se borneraient à prêter tout appui aux consuls, vice-consuls ou agents consulaires, si elles en sont requises par eux, pour faire arrêter et conduire en prison tout individu inscrit sur le rôle de l'équipage, chaque fois que, pour un motif quelconque, lesdits agents le jugeront convenable.

Art. 14. — Les consuls généraux, consuls et vice-consuls ou agents consulaires pourront faire arrêter et renvoyer, soit à bord, soit dans leur pays, les marins ou toute autre personne faisant à quelque titre que ce soit, partie des équipages des navires de leur nation qui auraient déserté. — A cet effet, ils devront s'adresser par écrit aux autorités locales compétentes, et justifier, au moyen de la présentation des registres du bâtiment ou du rôle de l'équipage, ou, si le navire était parti, en produisant une copie authentique de ces documents, que les personnes réclamées faisaient réellement partie de l'équipage. Sur cette demande ainsi justifiée, la remise des déserteurs ne pourra être refusée. On donnera, en outre, auxdits agents consulaires, tout secours et toute assistance pour la recherche et l'arrestation de ces déserteurs qui seront conduits dans les prisons du pays et y seront détenus à la demande et aux frais du consul et vice-consul, jusqu'à ce que celui-ci trouve une occasion de les faire partir. — Cet emprisonnement ne pourra durer plus de trois mois, après lesquels, et moyennant un avis donné au consul, trois jours à l'avance, la liberté sera rendue au prisonnier, qui ne pourra être incarcéré de nouveau pour la même cause. — Toutefois, si le déserteur avait commis quelque délit à terre, l'autorité locale pourrait surseoir à l'extradition, jusqu'à ce que le tribunal eût rendu sa sentence, et que celle-ci eût reçu pleine et entière exécution. — Les hautes parties contractantes conviennent que les marins ou autres individus de l'équipage, sujets du pays dans lequel s'effectuera la désertion, sont exceptés des stipulations du présent article.

Art. 15. — Toutes les fois qu'il n'y aura pas de stipulations contraires entre les armateurs, chargeurs et assureurs, les avaries que les navires des deux pays auront souffertes en mer, soit qu'ils entrent dans les ports respectifs volontairement ou par relâche forcée, seront réglées par les consuls généraux, consuls, vice-consuls ou agents consulaires de leur nation, à moins que des sujets du pays dans lequel résideront lesdits agents, ou ceux d'une tierce-puissance, ne soient intéressés dans ces avaries ; dans ce cas, et à défaut de compromis amiable entre toutes les parties intéressées, elles devraient être réglées par l'autorité locale.

Art. 16. — Lorsqu'un navire appartenant au gouvernement ou à des sujets de l'une des hautes parties contractantes, fera naufrage, ou échouera sur le littoral de l'autre, les autorités locales devront porter le fait à la connaissance du consul général, consul, vice-consul ou agent consulaire de la circonscription, et, à son défaut, à celle du consul général, consul, vice-consul ou agent consulaire le plus voisin du lieu de l'accident. — Toutes les opérations relatives au sauvetage des navires français, qui naufrageraient ou échoueraient dans les eaux territoriales de l'Italie, seront dirigées par les consuls généraux, consuls, vice-consuls ou agents consulaires de France ; réciproquement, toutes les opérations relatives au sauvetage des navires italiens, qui naufrageraient ou échoueraient dans les eaux territoriales de la France, seront dirigées par les consuls généraux, consuls, vice-consuls ou agents consulaires de l'Italie. — L'intervention des autorités locales n'aura lieu, dans les deux pays, que pour assister les agents consulaires, maintenir l'ordre, garantir les intérêts des sauveteurs étrangers à l'équipage, assurer l'exécution des dispositions à observer pour l'entrée et la sortie des marchandises sauvées. — En absence et jusqu'à l'arrivée des consuls généraux, consuls, vice-consuls et agents consulaires, ou de la personne qu'ils délégueront à cet effet, les autorités locales devront prendre toutes les mesures nécessaires pour la protection des individus et la conservation des objets qui auront été sauvés du naufrage. — L'intervention des autorités locales dans les différents cas ne donnera lieu à la perception de frais d'aucune espèce, hors ceux que nécessiteront les opérations du sauvetage et la conservation des objets sauvés, ainsi que ceux auxquels seraient soumis, en pareil cas, les navires nationaux. — En cas de doute sur la nationalité des navires naufragés, les dispositions mentionnées dans le présent article seront de la compétence exclusive de l'autorité locale. — Les hautes parties contractantes conviennent, en outre, que les marchandises et effets sauvés ne seront sujets au payement d'aucun droit de douane, à moins qu'on ne les destine à la consommation intérieure.

Art. 17. — Les consuls généraux, consuls, vice-consuls et agents consulaires, ainsi que les chanceliers, secrétaires, élèves ou attachés consulaires, jouissent dans les deux pays de toutes les exemptions, prérogatives, immunités et privilèges qui sont accordés ou seraient accordés aux agents de même classe de la nation la plus favorisée.

Art. 18. — La présente convention sera en vigueur pendant 12 années à dater du jour de l'échange des ratifications. Si aucune des hautes parties contractantes n'avait notifié à l'autre, une année avant l'expiration de ce terme, l'intention d'en faire cesser les effets, elle continuerait à rester en vigueur pendant une année encore, à partir du jour où l'une ou l'autre des hautes parties contractantes l'aura dénoncé.

Art. 19. — Les stipulations qui précèdent seront exécutoires dans les deux États immédiatement après l'échange des ratifications.

Art. 20. — La présente convention sera ratifiée et les ratifications en seront échangées à Paris, aussitôt que faire se pourra.

Vu pour la promulgation en Algérie :
Alger, le 13 mars 1868.
M^{al} DE MAC-MAHON, DUC DE MAGENTA.

Circ. C. — 24 sept.-20 déc. 1868. — BG. 293. — *Instructions aux généraux et aux préfets pour l'application en Algérie d'une convention intervenue entre la France et l'Italie, le 21 février 1868.*

M...., il est intervenu, entre la France et l'Italie, une déclaration signée à Paris, le 21 févr. 1868, et qui détermine les privilèges accordés aux sujets français en Italie et aux sujets italiens en France. — Cette déclaration, insérée au *Bulletin des lois*, est conçue en ces termes :

« Le gouvernement de S. M. l'empereur des Français et le gouvernement de S. M. le roi d'Italie, désirant faire profiter, autant que possible, et sur le pied d'une parfaite égalité, leurs sujets respectifs, de toute faveur ou de tout privilège accordé dans les deux pays aux nationaux d'un autre État, déclarent qu'ils seront exempts de tout service dans l'armée, dans la marine, dans la garde nationale ou dans la milice, de toute fonction judiciaire ou municipale, de tout emprunt forcé, de toute prestation ou réquisition militaire, comme aussi de toute espèce de contribution de même genre, en numéraire ou en nature, imposée en échange d'un service personnel. — Les stipulations contenues dans la présente déclaration seront en vigueur jusqu'au 29 oct. 1875. »

La déclaration dont il s'agit ne faisant pas mention de l'Algérie, j'ai dû consulter M. le ministre des affaires étrangères sur la question de savoir s'il y avait convenance et opportunité d'appliquer les dispositions de cet acte international aux Italiens résidant dans la colonie. — En réponse à cette communication, S. Exc. me fait connaître qu'elle s'est concertée à ce sujet avec M. le ministre de la guerre et qu'il a été entendu, entre leurs deux départements, que la déclaration du 21 févr. 1868 devait recevoir l'interprétation la plus libérale et que ses clauses s'appliquaient, dès lors, aussi bien à l'Algérie qu'au territoire continental de l'empire, aucune réserve n'ayant été faite à cet égard par le gouvernement de l'empereur. — Il convient donc, pour satisfaire pleinement aux vues du gouvernement, que ladite déclaration du 21 févr. soit appliquée, sans retard et dans toutes ses parties, aux Italiens domiciliés en Algérie.

Mal DE MAC-MAHON, DUC DE MAGENTA.

DI. — 19 oct. 1869-10 mai 1870. — BG. 327. — *Promulgation de la convention conclue le 15 juin 1869 entre la France et la confédération suisse, sur la compétence judiciaire et l'exécution des jugements en matière civile.*

Art. 1. — Une convention relative à la compétence judiciaire et à l'exécution des jugements en matière civile, suivie d'un protocole explicatif, ayant été conclue, le 15 juin 1869, entre la France et la confédération suisse, et les ratifications de cet acte ayant été échangées à Paris, le 13 oct. 1869, ladite convention, ainsi que le protocole explicatif dont la teneur suit, seront insérés au *Bulletin des lois* et recevront leur pleine et entière exécution.

Convention du 15 juin 1869.

Des difficultés s'étant élevées entre la France et le gouvernement suisse relativement à l'interprétation de quelques dispositions du traité du 18 juill. 1828, S. M. l'Empereur des Français et la confédération suisse ont jugé nécessaire de le soumettre à une révision, et ont, à cet effet, nommé des plénipotentiaires, lesquels, après s'être communiqué leurs pleins pouvoirs trouvés en bonne et due forme, sont convenus des articles suivants (1) :

1. — *Compétence et action en justice.*

Art. 1. — Dans les contestations en matière mobilière et personnelle, civile ou de commerce, qui s'élèveront soit entre Français et Suisses, soit entre Suisses et Français, le demandeur sera tenu de poursuivre son action devant les juges naturels du défendeur. Il en sera de même pour les actions en garantie, quel que soit le tribunal où la demande originaire sera pendante. Si le Français ou le Suisse défendeur n'a point de domicile ou de résidence connus en France ou en Suisse, il pourra être cité devant le tribunal du domicile du demandeur. — Si néanmoins l'action a pour objet l'exécution d'un contrat consenti par le défendeur dans un lieu situé, soit en France, soit en Suisse, hors du ressort desdits juges naturels, elle pourra être portée devant le juge du lieu où le contrat a été passé, si les parties y résident au moment où le procès sera engagé.

Art. 2. — Dans les contestations entre Suisses qui seraient tous domiciliés ou auraient un établissement commercial en France, et dans celles entre Français tous domiciliés ou ayant un établissement commercial en Suisse, le demandeur pourra aussi saisir le tribunal du domicile ou du lieu de l'établissement du défendeur, sans que les juges puissent se refuser de juger et se déclarer incompétents à raison de l'extranéité des parties contractantes. Il en sera de même si un Suisse poursuit un étranger domicilié ou résidant en France devant un tribunal français, et réciproquement si un Français poursuit en Suisse un étranger domicilié ou résidant en Suisse devant un tribunal suisse.

Art. 3. — En cas d'élection de domicile dans un lieu autre que celui du domicile du défendeur, les juges du lieu du domicile élu seront seuls compétents pour connaître des difficultés auxquelles l'exécution du contrat pourra donner lieu.

Art. 4. — En matière réelle ou immobilière, l'action sera suivie devant le tribunal du lieu de la situation des immeubles. Il en sera de même dans le cas où il s'agira d'une action personnelle concernant la propriété ou la jouissance d'un immeuble.

Art. 5. — Toute action relative à la liquidation et au partage d'une succession testamentaire ou *ab intestat* et aux comptes à faire entre les héritiers ou légataires sera portée devant le tribunal de l'ouverture de la succession, c'est-à-dire s'il s'agit d'un Français mort en Suisse, devant le tribunal de son dernier domicile en France, et s'il s'agit d'un Suisse décédé en France, devant le tribunal de son lieu d'origine en Suisse (2). Toutefois, on devra, pour le partage, la licitation ou la vente des immeubles, se conformer aux lois du pays de leur situation. Si dans les partages de succession auxquelles les étrangers sont appelés concurremment avec les nationaux, la législation de l'un des deux pays accorde à ses nationaux des droits et avantages particuliers sur les biens situés dans ce pays, les ressortissants de l'autre pays pourront, dans les cas analogues, revendiquer de même, les droits et avantages accordés par la législation de l'État auquel ils appartiennent. — Il est au reste bien entendu que les jugements rendus en matière de succession par les tribunaux respectifs et n'inté-

---

(1) Les art. 1, 4, 5, 11, 16, 20 et 21 sont l'objet d'observations spéciales consignées soit dans le protocole, soit dans les circulaires ministérielles qui suivent, et celles-ci ont pour objet d'en préciser clairement le sens et la portée.

(2) JURISPRUDENCE. — La femme française, mariée en Algérie avec un sujet suisse qui y a établi sa résidence et son industrie et qui y est décédé, peut-elle s'adresser au tribunal français pour demander le partage de la communauté, ou est-elle obligée de porter sa demande devant le tribunal du lieu d'origine de son mari ? — Arrêt. — Attendu qu'il résulte de tous les faits de la cause, que, bien avant son mariage N..., Suisse d'origine, s'était établi à Alger sans esprit de retour qu'en 1857, déjà âgé de 40 ans il s'y est marié, et que les époux ont continué à y résider, jusqu'à son décès survenu en 1869. — Que cette union contractée sans contrat de mariage écrit se trouvait régie par la loi du lieu où les époux se proposaient, en la célébrant, de fixer leur domicile, c'est-à-dire dans l'espèce, par les principes de la communauté légale établie par le Code civil français. — Que c'est donc à bon droit que la veuve devenue française par la mort de son mari, a saisi le tribunal d'Alger de la demande en partage de la communauté. — Attendu que si les traités des 18 juillet 1828 et 15 juin 1869 disposent que les difficultés entre héritiers relatives à la succession d'un Suisse, mort en France, doivent être portées devant le tribunal du dernier domicile du défunt, il n'y est rien cependant de prévu touchant le partage des communautés conjugales, lesquelles doivent être réglées par les juges du domicile matrimonial. — Attendu au surplus que la demande ayant, en fait, pour objet et conséquences, la licitation d'un immeuble, la compétence des tribunaux d'Alger rentre dans l'esprit de l'art. 4 du traité de 1869, lequel dispose qu'en matière réelle ou immobilière, l'action sera suivie devant le tribunal du lieu de la situation des immeubles. — par ces motifs : dit que par l'effet de l'établissement en France de leur domicile matrimonial, les époux N..., se sont soumis au régime de la communauté légale française, et que, par suite, les tribunaux français sont compétents pour connaître de la demande en partage et licitation de la communauté. — Cour d'Alger, 9 nov. 1871. Soldini. — Robe, 1871, p. 308.

ressant que leurs nationaux seront exécutoires dans l'autre, quelles que soient les lois qui y sont en vigueur.

Art. 6. — La faillite d'un Français ayant un établissement de commerce en Suisse pourra être prononcée par le tribunal de sa résidence en Suisse, et réciproquement celle d'un Suisse ayant un établissement de commerce en France pourra être prononcée par le tribunal de sa résidence en France. — La production du jugement de faillite dans l'autre pays donnera au syndic ou représentant de la masse, après toutefois que le jugement aura été déclaré exécutoire conformément aux règles établies en l'article 16 ci-après, le droit de réclamer l'application de la faillite aux biens meubles et immeubles que le failli possédera dans ce pays. — En ce cas, le syndic pourra poursuivre contre les débiteurs le remboursement des créances dues au failli; il poursuivra également, en se conformant aux lois du pays de leur situation, la vente des biens meubles et immeubles appartenant au failli. — Le prix des biens meubles et les sommes et créances recouvrées par le syndic dans le pays d'origine du failli seront joints à l'actif de la masse chirographaire du lieu de la faillite et partagés avec cet actif, sans distinction de nationalité, entre tous les créanciers, conformément à la loi du pays de la faillite. — Quant aux prix des immeubles, la distribution entre les ayants-droits sera régie par la loi du pays de leur situation; en conséquence, les créanciers français ou suisses qui se seront conformés aux lois du pays de la situation des immeubles pour la conservation de leurs droits de privilège ou d'hypothèque sur lesdits immeubles seront, sans distinction de nationalité, colloqués sur le prix des biens au rang qui leur appartiendra d'après la loi du pays de la situation desdits immeubles.

Art. 7. — Les actions en dommages, restitution, rapport, nullité et autres qui, par suite d'un jugement déclaratif de faillite ou d'un jugement reportant l'ouverture de la faillite à une époque autre que celle primitivement fixée, ou pour toute autre cause, viendraient à être exercées contre les créanciers ou des tiers, seront portées devant le tribunal du domicile du défendeur, à moins que la contestation ne porte sur un immeuble ou un droit réel et immobilier.

Art. 8. — En cas de concordat, l'abandon fait par le débiteur failli des biens situés dans son pays d'origine et toutes les stipulations du concordat produiront, par la production du jugement d'homologation, déclaré exécutoire conformément à l'art. 16, tous les effets qu'il aurait dans le pays de la faillite.

Art. 9. — La faillite d'un étranger établi soit en France, soit en Suisse, et qui aura des créanciers français et suisses et des biens situés en France ou en Suisse, sera, si elle est déclarée dans l'un des deux pays, soumise aux dispositions des art. 7 et 8.

Art. 10. — La tutelle des mineurs et interdits français résidant en Suisse sera réglée par la loi française, et réciproquement la tutelle des mineurs et interdits suisses résidant en France sera régie par la législation de leur canton d'origine. En conséquence, les contestations auxquelles l'établissement de la tutelle et l'administration de leur fortune pourront donner lieu seront portées devant l'autorité compétente de leur pays d'origine, sans préjudice toutefois des lois qui régissent les immeubles et des mesures conservatoires que les juges du lieu de la résidence pourront ordonner.

Art. 11. — Le tribunal français ou suisse devant lequel sera portée une demande qui, d'après les articles précédents, ne serait pas de sa compétence,

devra d'office, et même en l'absence du défendeur, renvoyer les parties devant les juges qui en doivent connaître.

Art. 12. — L'opposition à un jugement par défaut ne pourra être formée que devant les autorités du pays où le jugement aura été rendu.

Art. 13. — Il ne sera exigé des Français qui auraient à suivre une action en Suisse aucun droit, caution ou dépôt auxquels ne seraient pas soumis, conformément aux lois du canton où l'action est intentée, les ressortissants suisses des autres cantons; réciproquement, il ne sera exigé des Suisses qui auraient à poursuivre une action en France aucun droit, caution ou dépôt auxquels ne seraient pas soumis les Français d'après les lois françaises.

Art. 14. — Les Français en Suisse et les Suisses en France jouiront du bénéfice de l'assistance judiciaire, en se conformant aux lois du pays dans lequel l'assistance sera réclamée. Néanmoins, l'état d'indigence devra, en outre des formalités prescrites par ces lois, être établi par la production de pièces délivrées par les autorités compétentes du pays d'origine de la partie et légalisées par l'agent diplomatique de l'autre pays, qui les transmettra à son gouvernement.

2. — Exécution des jugements.

Art. 15. — Les jugements ou arrêts définitifs en matière civile et commerciale, rendus soit par les tribunaux, soit par les arbitres, dans l'un des deux États contractants, seront, lorsqu'ils auront acquis force de chose jugée, exécutoires dans l'autre, suivant les formes et sous les conditions indiquées dans l'art. 16 ci-après.

Art. 16. — La partie en faveur de laquelle on poursuivra, dans l'un des deux États, l'exécution d'un jugement ou d'un arrêt devra produire au tribunal ou à l'autorité compétente du lieu ou de l'un des lieux où l'exécution doit avoir lieu : — 1° L'expédition du jugement ou de l'arrêt légalisé par les envoyés respectifs ou, à leur défaut, par les autorités de chaque pays; — 2° L'original de l'exploit de signification dudit jugement ou arrêt, ou tout autre acte qui, dans le pays tienne lieu de signification; — 3° Un certificat délivré par le greffier du tribunal où le jugement a été rendu, constatant qu'il n'existe ni opposition ni appel, ni autre acte de recours. — Sur la représentation de ces pièces, il sera statué sur la demande d'exécution, savoir : en France, par le tribunal réuni en chambre du conseil, sur le rapport d'un juge commis par le président et les conclusions du ministère public, et en Suisse, par l'autorité compétente, dans la forme prescrite par la loi. Dans l'un et l'autre cas, il ne sera statué qu'après qu'il aura été adressé à la partie contre laquelle l'exécution est poursuivie, une notification indiquant le jour et l'heure où il sera prononcé sur la demande.

Art. 17. — L'autorité saisie de la demande d'exécution n'entrera point dans la discussion du fond de l'affaire. Elle ne pourra refuser l'exécution que dans les cas suivants : — 1° Si la décision émane d'une juridiction incompétente; — 2° Si elle a été rendue sans que les parties aient été dûment citées et légalement représentées ou défaillantes; — 3° Si les règles du droit public ou les intérêts de l'ordre public du pays où l'exécution est demandée s'opposent à ce que la décision de la juridiction étrangère y reçoive son exécution. — La décision qui accorde l'exécution et celle qui la refuse ne seront point susceptibles d'opposition, mais elles pourront être l'objet d'un recours devant l'autorité compétente, dans les délais et suivant les formes déterminées par la loi du pays où elles auront été rendues.

Art. 18. — Quand le jugement emportera contrainte par corps, le tribunal ne pourra ordonner l'exécution en cette partie de la décision, si la législation du pays ne l'admet pas dans le cas dont il s'agit au jugement. — Cette mesure ne pourra, dans tous les cas, être exercée que dans les limites et suivant les formes prescrites par la loi du pays où l'on poursuit son exécution.

Art. 19. — Les difficultés relatives à l'exécution des jugements et arrêts ordonnés conformément aux art. 15, 16 et 17, seront portées devant l'autorité qui aura statué sur la demande d'exécution.

3. — *Transmission d'exploits et actes judiciaires et extrajudiciaires. — Commissions rogatoires.*

Art. 20. — Les exploits, citations, notifications, sommations et autres actes de procédure dressés en Suisse et destinés à des personnes domiciliées ou résidant en France seront adressés directement par le gouvernement suisse à son agent diplomatique ou consulaire, placé le plus près du procureur impérial chargé de les remettre aux destinataires. L'agent diplomatique ou consulaire les transmettra à ce magistrat, qui lui renverra les récépissés délivrés par les personnes auxquelles les actes auront été notifiés. — Réciproquement, le gouvernement français adressera à son agent diplomatique ou consulaire en Suisse, placé le plus près de l'autorité suisse chargée de les remettre aux destinataires, les exploits et actes dressés en France et destinés à des personnes domiciliées ou résidant en Suisse. L'autorité à laquelle les actes auront été transmis renverra à l'agent consulaire les récépissés qu'elle aura reçus.

Art. 21. — Les deux gouvernements contractants s'engagent à faire exécuter dans leurs territoires respectifs les commissions rogatoires décernées par les magistrats des deux pays pour l'instruction des affaires civiles et commerciales, et ce autant que les lois du pays où l'exécution devra avoir lieu ne s'y opposeront pas. — La transmission desdites commissions rogatoires devra toujours être faite par la voie diplomatique et non autrement. Les frais occasionnés par ces commissions rogatoires resteront à la charge de l'État requis de pourvoir à leur exécution.

Art. 22. — La présente convention est conclue pour dix années, à partir du jour de l'échange des ratifications. — Dans le cas où aucune des deux hautes parties contractantes n'aurait notifié, une année avant l'expiration de ce terme, son intention d'en faire cesser les effets, la convention continuera d'être obligatoire encore une année, et ainsi de suite d'année en année, jusqu'à l'expiration d'une année à compter du jour où l'une des parties l'aura dénoncée. — Le jour où la présente convention sera mise en vigueur sera fixé dans le procès-verbal de l'échange des ratifications. — Les dispositions du traité du 18 juill. 1828 relatives à la juridiction et à l'exécution des jugements sont et demeurent abrogées.

Protocole.

Après s'être mis d'accord sur les termes des divers articles de la convention, les plénipotentiaires des deux pays ont pensé qu'il serait utile de déterminer, par des observations insérées dans un protocole spécial, le sens et la portée de quelques-unes des stipulations de la convention, stipulations sur l'interprétation desquelles il pourrait s'élever des doutes; à ces causes, les plénipotentiaires ont dressé les notes explicatives suivantes :

Art. 1. — Le dernier alinéa de cet article est ainsi conçu : — Si néanmoins l'action a pour objet l'exécution d'un contrat consenti par le défendeur dans un lieu situé, soit en France, soit en Suisse, hors du ressort desdits juges naturels, elle pourra être portée devant le juge du lieu où le contrat a été passé, « si les parties y résident au moment où le procès sera engagé. » — Le traité de 1828 dispose, dans son art. 3, que les contestations personnelles sont portées devant les juges naturels du défendeur, « à moins que les parties ne soient présentes dans le lieu même où le contrat a été stipulé. »

Des difficultés se sont élevées sur l'interprétation des derniers mots qu'on vient de transcrire. Faut-il, pour que le tribunal du lieu où le contrat a été stipulé soit compétent, que les parties aient été présentes dans ce lieu au moment où le contrat a été passé, ou bien au moment où le procès est engagé? — Des décisions ont été rendues en sens contradictoire par plusieurs cours impériales de France. — Le gouvernement suisse a toujours soutenu que, pour que les juges naturels cessassent d'être compétents, il ne suffisait pas que les parties se trouvassent dans le lieu où le contrat a été passé au moment de la convention, mais qu'il était nécessaire qu'elles y fussent présentes au moment où le procès était engagé. — Le gouvernement français s'était, à plusieurs reprises, montré disposé à partager cet avis. Il convenait donc de trancher la question dans le nouveau traité.

En conséquence, une rédaction nouvelle a été adoptée : on a substitué aux mots « à moins que les parties ne soient présent : dans le lieu même où le contrat a été stipulé, » ceux-ci : « si les parties y résident au moment où le procès sera engagé. »

En principe donc, l'interprétation du gouvernement suisse est adoptée; mais il a paru nécessaire d'expliquer que le seul fait de la présence du Français en Suisse ou du Suisse en France ne suffirait pas pour rendre le tribunal du lieu du contrat compétent; les mots « y résident » ont pour objet d'indiquer que la dérogation au principe de la compétence des juges naturels n'aura pas lieu quand le défendeur se trouvera momentanément et en quelque sorte de passage dans le pays où le contrat aura été stipulé, par exemple, pour assister à une fête publique ou autre, pour un voyage d'affaires et de commerce, une foire, une opération isolée, un témoignage en justice, etc., etc., mais seulement quand le défendeur y aurait soit une résidence équivalente à domicile, soit même une résidence temporaire dont la cause ne s'est point déterminée par des faits purement accidentels, tels, que ceux qu'on vient d'énumérer.

Art. 4. — Le paragraphe final de cet article donne compétence au tribunal du lieu de la situation des immeubles « dans le cas où il s'agira d'une action personnelle concernant la propriété ou la jouissance à cet immeuble. » — On a voulu prévoir les cas où un Français propriétaire en Suisse ou bien un Suisse propriétaire en France serait actionné en justice, soit par des entrepreneurs qui ont fait des réparations à l'immeuble, soit par un locataire troublé dans sa jouissance, soit enfin par toutes personnes qui, sans prétendre droit à l'immeuble même, exercent contre le propriétaire, et à raison de sa qualité de propriétaire, des droits purement personnels.

Art. 5. — La question s'est élevée, dans le cours des négociations, de savoir si l'art. 2 de la loi française du 14 juill. 1819 pouvait encore être appliquée dans le cas où des héritiers français et suisses se trouveraient appelés concurremment à la succession d'un Français ou d'un Suisse décédé en laissant des biens dans les deux pays. Cet article est ainsi conçu : « Dans le cas de partage d'une même succession entre des cohéritiers étrangers et français, ceux-ci prélèveront sur les biens situés en France une portion égale à la valeur des biens situés en pays étrangers dont ils seraient exclus, à quelque titre que ce soit, en vertu des lois et coutumes locales. »

Le gouvernement suisse exprimait le désir que les successions respectives des Français et des Suisses fussent réglées sans égard aux dispositions de cet article; le gouvernement français a expliqué qu'il ne pouvait, par un traité, abroger une loi faite en faveur des Français; que, d'après un arrêt de la cour de cassation du 18 juill. 1859, les traités antérieurs ne faisaient point obstacle à l'application de l'art. 2 de la loi de 1819; que tout ce qu'il était possible de faire, c'était de stipuler la réciprocité; en conséquence, on a exprimé dans des termes généraux que si la législation d'un des deux pays accordait à ses nationaux des droits et des avantages particuliers sur les biens situés dans le pays, les nationaux de l'autre pourraient de même invoquer les droits et avantages à eux réservés par la législation de l'État auquel ils appartiennent.

Art. 11. — Le gouvernement suisse attache comme le gouvernement français un grand intérêt à ce que le tribunal saisi incompétemment d'une affaire qui appartient aux juges naturels du défendeur veille, même en l'absence de celui-ci, à la stricte application du traité, et renvoie le procès au tribunal qui doit en connaître. En imposant aux juges l'obligation de se déclarer incompétents, même d'office, l'art. 2 disait suffisamment que, même en l'absence du défendeur et de toute exception d'incompétence produite par lui, le tribunal devrait se déclarer incompétent; on a cependant ajouté ces mots : « et même en l'absence du défendeur », au que celui-ci puisse, sans être tenu de se présenter à la barre pour soulever le moyen d'incompétence, adresser, soit au président du tribunal de commerce, soit au procureur impérial, quand il s'agira d'un tribunal où se rencontrera un officier du ministère public, des notes et observations propres à les éclairer sur l'application à sa cause des stipulations du traité. Ce moyen aura pour effet d'appeler utilement l'attention du tribunal sur sa propre compétence. Des instructions adressées aux tribunaux pour l'exécution du traité leur indiqueront d'ailleurs la portée des termes de l'art. 11.

Art. 16. — Pour l'intelligence des mots « autorité compétente » qui se rencontrent plusieurs fois dans cet article, il est expliqué qu'en Suisse la demande d'exécution peut être portée, suivant les cantons, soit devant le tribunal entier, soit devant le président, soit même devant l'autorité exécutive; que, de plus, elle peut, en cas de difficulté, être soumise au conseil fédéral, qui fait office, en ce cas, de cour supérieure : il a donc fallu se servir d'expressions générales et applicables à tous les cas. — En France, c'est toujours l'autorité judiciaire à ses divers degrés qui statuera sur les demandes d'exécution.

Art. 20. — Il est reconnu que le mode de transmission des exploits, citations et actes de procédure, tel qu'il est organisé actuellement, donne lieu à des correspondances géminées et à des retards fâcheux. On aurait désiré stipuler que ces actes seraient envoyés directement par le magistrat d'un pays à l'autorité correspondante de l'autre pays; mais le § 9 de l'art. 69 du Code de Pr. civ. français est impératif; il exige, à peine de nullité (art. 70), que les exploits soient envoyés au ministre des affaires étrangères, qui les transmet au gouvernement étranger. Il y a donc lieu d'attendre que la révision du Code de pr., et notamment celle du § 9 de l'art. 69, permette au gouvernement français de consentir des stipulations plus appropriées aux besoins de célérité de

notre époque. Dans l'état des choses, la clause insérée en l'art. 20 a seule pu être admise.

Art. 21. — Quant aux commissions rogatoires, le gouvernement français a tenu à conserver le mode actuel de transmission. Il importe, dans son opinion, que les gouvernements puissent surveiller avec soin l'exécution des mesures sollicitées par la justice étrangère et qui peuvent n'être point en rapport avec la législation du pays.

Le présent protocole, qui, de même que la convention du 15 juin 1869, a été expédié en double original, sera considéré comme approuvé et confirmé par les parties contractantes et comme ayant reçu la ratification par le fait seul de l'échange des ratifications de ladite convention, à laquelle le présent protocole se réfère.

Circulaire ministérielle du 17 déc. 1869. — Instructions sur l'exécution de la convention du 15 juin 1869.

M. le procureur général, — Une nouvelle convention, portant révision du traité du 18 juill. 1828, a été signé entre la France et la Suisse, le 15 juin 1869; les ratifications en ont été échangées le 13 octobre dernier, et elle doit recevoir son exécution à partir du 1er janv. prochain. — Elle a pour objet de régler les rapports du droit civil entre les sujets des deux pays et elle s'occupe, dans trois titres successifs — de la compétence en matière civile et commerciale; — de l'exécution des jugements; — de la transmission des exploits, actes judiciaires et commissions rogatoires.

Afin de déterminer à l'avance le sens et la portée de certains articles du nouveau traité, les puissances contractantes y ont ajouté un protocole qui a été revêtu de la signature des plénipotentiaires et qui doit avoir la même force exécutoire que le traité. Le traité et le protocole ont été publiés dans le Journal officiel des 2 et 3 nov. 1869 et ils sont insérés au Bulletin des lois, n° 1758.

Les dispositions claires et précises de ce traité, les explications contenues dans le protocole qui y est annexé, me dispensent d'entrer dans aucun détail. — Il est cependant un point sur lequel je dois insister : — Les dix premiers articles tracent les règles de la compétence. Mais il peut arriver que le demandeur, par ignorance ou mauvaise foi, introduise son action devant une juridiction qui ne doit pas en connaître; qu'en matière personnelle, par exemple, il assigne son adversaire devant le tribunal de son propre domicile, au lieu de saisir, ainsi qu'il est tenu de le faire, en vertu de l'art. 1, le tribunal du domicile du défendeur, et qu'il oblige ainsi ce dernier à venir élever l'exception d'incompétence.

Sous l'empire du traité de 1828, les Français ou les Suisses, ainsi irrégulièrement assignés, se dispensaient fréquemment de comparaître, et des jugements par défaut étaient rendus contre eux par des magistrats auxquels rien d'ailleurs ne pouvait, le plus souvent, révéler leur incompétence. — Pour obvier à cet inconvénient et appeler l'attention du tribunal sur la violation de la convention internationale, le protocole admet que le défendeur pourra adresser au ministère public ou au président du tribunal, suivant le cas, ses observations écrites, auxquelles il pourra joindre l'assignation qu'il a reçue; et l'art. 11 autorise le tribunal, ainsi mis en demeure de statuer en connaissance de cause, à déclarer d'office son incompétence. — Ces dispositions, fidèlement observées, auront l'avantage d'éviter aux habitants des deux pays, les frais d'un déplacement et toutes les phases d'un double procès.

Le garde des sceaux, ministre de la justice,
DUVERGIER.

Circulaire ministérielle du 7 fév. 1870. — Instructions sur l'interprétation de l'art. 11 de la convention du 15 juin 1869 ci-dessus.

M. le procureur général, — Des difficultés d'interprétation se sont récemment élevées sur le sens précis qu'il faut attacher à l'art. 11 de la convention passée le 15 juin 1869, entre la France et la Confédération suisse, sur la compétence judiciaire et l'exécution des jugements en matière civile. — Cet article est ainsi conçu. (V. ci-dessus.) — Le protocole explicatif de la convention du 15 juin 1869, ajoute sur l'art. 11. (V. également le texte ci-dessus.) — Cette explication très-catégorique et très-nette de la portée du mot *devra*, employé dans l'art. 11, ayant été convenue, ainsi que tout le reste du protocole, entre les plénipotentiaires des deux pays, elle demeure la loi des parties.

Je viens donc, afin d'éviter toute interprétation erronée à l'avenir, vous rappeler que ce n'est point une faculté, mais bien une obligation, que l'art. 11 de la convention consacre pour le tribunal incompétemment saisi. Il n'est pas seulement autorisé à renvoyer le procès devant le tribunal qui en doit connaître, il doit y renvoyer d'office, et même en l'absence du défendeur. — Tels sont, M. le procureur général, les principes qui ont présidé sur ce point à l'accord intervenu entre la Confédération suisse et la France. J'espère qu'il aura suffi de vous les signaler, pour dissiper tous les scrupules qui avaient pu se produire à cet égard.

Le garde des sceaux, ministre de la justice,
E. OLLIVIER.

RENVOIS. — V. *Table alphabétique.*

Tansactions (administrative, immobilière). V. TABLE ALPHABÉTIQUE.

Transcription hypothécaire. V. *ibidem.*

Transportation. V. *ibidem.*

Travaux (communaux, publics). V. *ibidem.*

Trésorerie. V. *ibidem.*

Tribunaux de commerce.

DIVISION.

§ 1. — DISPOSITIONS GÉNÉRALES.

D. (Tours) — 17 oct.-26 nov. 1870. — BG. 344. *Élection des membres des tribunaux de commerce, par le suffrage universel de tous les citoyens français patentés depuis 2 ans. — Nomination du président et fixation du rang des juges entre eux, par un scrutin de liste auquel prendront part tous les membres élus.*

LOI. — 4-15 mai 1871. — BG. 564. *Abrogation du décret qui précède avant qu'il ait été exécuté.*

DP. — 10 mai 1872 (publié au *Moniteur de l'Algérie* du 18 mai). — *Promulgation de la loi du 21 déc. 1871 sur le mode d'élection des membres des tribunaux de commerce.*

Vu la loi du 21 déc. 1871, qui a abrogé le décr. du 2 mars 1852 et établi de nouvelles dispositions pour le mode d'élection des membres des tribunaux de commerce.

Art. 1. — La loi du 21 déc. 1871, sur le mode d'élection des membres des tribunaux de commerce, est rendue exécutoire en Algérie. A cet effet, elle y sera publiée et promulguée à la suite du présent décret qui sera inséré au *Bulletin des Lois*. Il sera procédé conformément à l'art. 3 du décr. du 27 oct. 1858.

Loi du 21 décembre 1871.

Art. 1. — *Le décr. du 2 mars 1852 est abrogé.*

Art. 2. — Les art. 618, 619, 620 et 621 du Code de commerce seront remplacés par les articles suivants :

Art. 618.

Les membres du tribunal de commerce seront nommés dans une assemblée d'électeurs pris parmi les commerçants recommandables par leur probité, esprit d'ordre et d'économie. — Pourront aussi être appelés à cette réunion les directeurs des compagnies anonymes de commerce, de finance et d'industrie, les agents de change, les capitaines au long cours et les maîtres au cabotage ayant commandé des bâtiments pendant 5 ans et domiciliés depuis 2 ans dans le ressort du tribunal. Le nombre des électeurs sera égal au dixième des commerçants inscrits à la patente ; il ne pourra dépasser mille ni être inférieur à cinquante ; dans le département de la Seine, il sera de trois mille.

Art. 619.

La liste des électeurs sera dressée par une Commission composée :

1° Du président du tribunal de commerce, qui présidera, et d'un juge au tribunal de commerce. Pour la première élection qui suivra la création d'un tribunal, on appellera dans la Commission le président du tribunal civil et un juge au même tribunal.

2° Du président et d'un membre de la chambre de commerce ; si le président de la chambre de commerce est en même temps président du tribunal, on appellera un autre membre de la chambre ; dans les villes où il n'existe pas de chambre de commerce, on appellera le président et un membre de la chambre consultative des arts et métiers ; à défaut, on appellera un conseiller municipal ;

3° De trois conseillers généraux choisis, autant que possible, parmi les membres élus dans les cantons du ressort du tribunal ;

4° Du président du conseil des prud'hommes, et, s'il y en a plusieurs, du plus âgé des présidents ; à défaut de conseil des prud'hommes, on appellera dans la Commission le juge de paix ou le plus âgé des juges de paix de la ville où siège le tribunal ;

5° Du maire de la ville où siège le tribunal de commerce, et à Paris du président du conseil municipal. — Les juges au tribunal de commerce, les membres de la chambre de commerce, les juges du tribunal civil, les conseillers municipaux, dans les cas prévus aux paragraphes précédents, seront élus par les corps auxquels ils appartiennent. Chaque année, la Commission remplira les vacances provenant des décès ou d'incapacités légales survenues depuis la dernière révision. Elle ajoutera à la liste, en sus du nombre d'électeurs fixé par l'art. 618, les anciens membres de la chambre et du tribunal de commerce, et les anciens présidents des conseils des prud'hommes. Ne pourront être portés sur la liste ni participer à l'élection, s'ils y avaient été portés : 1° les individus condamnés soit à des peines afflictives ou infamantes, soit à des peines correctionnelles pour des faits qualifiés crimes par la loi ou pour délit de vol, escroquerie, abus de confiance, usure, attentat aux mœurs, soit pour contrebande quand la condamnation pour ce dernier délit aura été d'un mois au moins d'emprisonnement; 2° les individus condamnés pour contravention aux lois sur les maisons de jeu, les loteries et les maisons des prêts sur gages; 3° les individus condamnés pour les délits prévus aux art. 413, 414, 419, 420, 421, 423, 430 § 2, du Code pénal, et aux art. 596 et 597 du Code de commerce; 4° les officiels ministériels destitués; 5° les faillis non réhabilités, et généralement tous ceux que la loi électorale prive du droit de voter aux élections législatives.

La liste sera envoyée au préfet, qui la fera publier et afficher. Un exemplaire signé par le président du tribunal de commerce sera déposé au greffe du tribunal de commerce. Tout patenté du ressort aura le droit d'en prendre connaissance et, à toute époque, de demander la radiation des électeurs qui se trouveraient dans un des cas d'incapacité ci-dessus. L'action sera portée sans frais devant le tribunal civil, qui prononcera en la chambre du conseil. En appel la cour statuera dans la même forme.

Art. 620.

Tout commerçant, directeur de compagnie anonyme, agent de change, capitaine au long cours et maître au cabotage porté sur la liste des électeurs, ou étant dans les conditions voulues pour y être inscrit, pourra être nommé juge ou suppléant s'il est âgé de trente ans, s'il est inscrit à la patente depuis cinq ans et domicilié au moment de l'élection dans le ressort du tribunal. — Les anciens commerçants et agents de change seront éligibles s'ils ont exercé leur commerce pendant le même temps. — Nul ne pourra être nommé juge, s'il n'a été suppléant. — Le président ne pourra être choisi que parmi les anciens juges.

Art. 621.

L'élection sera faite au scrutin de liste pour les juges et les suppléants, et au scrutin individuel pour le président. Lorsqu'il s'agira d'élire le président, l'objet spécial de cette élection sera annoncé avant d'aller au scrutin. — Les élections se feront dans le local du tribunal de commerce, sous la présidence du maire du chef-lieu où siège le tribunal, assisté de quatre assesseurs qui seront les deux plus âgés des électeurs présents. — La convocation des électeurs sera faite, dans la première quinzaine de décembre, par le préfet du département. — Au premier tour de scrutin, nul ne sera élu s'il n'a réuni la moitié plus un des suffrages exprimés et un nombre égal au quart du nombre des électeurs inscrits. Au deuxième tour, qui aura lieu huit jours après, la majorité relative sera suffisante. La durée de chaque scrutin sera de deux heures au moins. — Le procès-verbal sera dressé en triple original, et le président en transmettra un exemplaire au préfet et un autre au procureur général; le troisième sera déposé au greffe du tribunal. Tout électeur pourra, dans les cinq jours après l'élection attaquer les opérations devant la cour d'appel qui statuera sommairement et sans frais. Le procureur général aura un délai de dix jours pour demander la nullité.

Art. 5.

Pour les premières élections, auxquelles il sera procédé immédiatement après la promulgation de la présente loi, les juges et juges suppléants en exercice seront éligibles. — Pour la première élection, la désignation des conseillers généraux, dont il est parlé au 3° de l'art. 619 ci-dessus, sera faite par la Commission départementale.

§ 2. — CRÉATION DE TRIBUNAUX. — NOMBRE DES ÉLECTEURS.

AG. — 14 mai-28 sept. 1869. — BG. 313. — *Le nombre des notables commerçants appelés à concourir à l'élection des membres du tribunal de commerce d'Alger est fixé à 170.*

AG. — Même date. — *Id, pour Oran, à 100.*

AG. — 11-2 nov. 1869 (1). — BG. 316. — *Id, pour Constantine, à 60.*

D. (*Bordeaux*). — 15 déc. 1870 (non publié en Algérie). — *Création d'un tribunal de commerce à Bône (non encore suivie d'exécution).*

RENVOIS. — V. *Table alphabétique.*

U

Usines. V. TABLE ALPHABÉTIQUE.
Utilité publique. V. *ibidem.*

V

Vacances. V. TABLE ALPHABÉTIQUE.
Vaccination. V. *ibidem.*
Vagabondage. V. *ibidem.*
Ventes immobilières. V. *ibidem.*
Ventes mobilières.

DIVISION.

§ 1. — Fonds de commerce.
§ 2. — Marchandises et objets divers.
§ 3. — Vente publique de marchandises. — Magasins généraux.

§ 1. — FONDS DE COMMERCE (I, 656).

§ 2. — MARCHANDISES ET OBJETS DIVERS (I, 656).

§ 3. — MAGASINS GÉNÉRAUX.

ACM. — 22-27 mars 1871. — BG. 361. — *Promulgation de la loi du 31 août 1870.*

Vu la loi du 31 août 1870, sur les magasins généraux; — Le décr. du 31 mars 1860, qui a promulgué en Algérie la loi du 28 mai 1858, sur les négociations concernant les marchandises, et la loi, à la même date, sur les ventes publiques de marchandises en gros, ainsi que le règlement d'administration publique du 12 mars 1859 (II, 283); — Considérant qu'il importe, dès lors, de promulguer également dans la colonie les modifications qui ont été apportées en France aux lois précitées; — Vu l'urgence,

Art. 1. — La loi précitée du 31 août 1870, concernant les marchandises déposées dans les magasins généraux, est rendue exécutoire en Algérie.

ALEXIS LAMBERT.

Loi du 31 août 1870.

Art. 1. — Les magasins généraux, autorisés

---

(1) V. *Promulgation*, p. 232. Note.

par la loi du 28 mai 1858 et le décr. du 12 mars 1859, pourront être ouverts par toute personne et par toute société commerciale, industrielle ou de crédit, en vertu d'une autorisation donnée par le préfet, après avis de la chambre de commerce, à son défaut, de la chambre consultative, et, à défaut de l'une ou de l'autre, du tribunal de commerce. — Cet avis devra être donné dans les huit jours qui suivront la communication de la demande. — À l'expiration de ce délai et dans les trois jours qui suivront, le préfet sera tenu de statuer.

Art. 2. — Le concessionnaire d'un magasin général devra être soumis, par l'arrêté préfectoral, à l'obligation d'un cautionnement variant de 20,000 à 100,000 fr. — Ce cautionnement pourra être fourni, en totalité ou en partie, en argent, en rentes, en obligations cotées à la Bourse, ou par une première hypothèque sur des immeubles d'une valeur double de la somme garantie. — Cette valeur sera estimée par le directeur de l'enregistrement et des domaines, sur les bases établies pour la perception des droits de mutation en cas de décès. — Pour la conservation de cette garantie, une inscription sera prise, dans l'intérêt des tiers, à la diligence et au nom du directeur de l'enregistrement et des domaines.

Art. 3. — Les exploitants de magasins généraux pourront prêter sur nantissement des marchandises à eux déposées ou négocier les warrants qui les représenteront.

Art. 4. — Les magasins généraux actuellement existants pourront profiter des dispositions de la présente loi, en se conformant, s'ils ne l'ont pas fait déjà, aux conditions qu'elle impose.

Art. 5. — Sont abrogés le § 2 de l'art. 1 de la loi du 28 mai 1858 et toutes les dispositions de lois ou décrets antérieurs, contraires à la présente loi.

Renvois. — V. Table alphabétique.

Vétérinaires. V. Art vétérinaire.

Villes et villages.

Le nombre des villages et hameaux créés depuis 1866, ne s'élève qu'à 16, ainsi qu'il résulte des décrets ci-après. Dans le courant des seuls mois d'avril et mai 1872, les travaux préparatoires ont été ordonnés pour l'établissement de dix-huit nouveaux centres de population (V. Colonisation), en vue de donner des terres à l'émigration Alsacienne et Lorraine, et un plus grand développement à la colonisation.

DIVISION.

§ 1. — Fondation de villes et villages.
§ 2. — Colonies agricoles de 1848 (I, 670).

§ 1. — Fondation de villes et villages.

1° — Province d'Alger.

DP. — 18 nov. 1869-10 mai 1870. — BG. 523.
— Création du village de Palestro.

Vu nos décr. du 26 avr. 1851, 25 juill. 1860, 31 déc. 1864, 21 juill. 1866 et 6 janv. 1869, relatifs à l'aliénation des terres domaniales en Algérie. (I, 251, 267. — II, 76 et note. — Suprà, Domaine.)

Art. 1. — Il est créé dans la province d'Alger, sur le territoire de Ben Hini, traversé par la route impériale, n° 5, d'Alger à Constantine, à 79 kilom. d'Alger et à 25 kilom. du col des Beni Aïcha, un village de 59 feux, qui prendra le nom de Palestro. — Un territoire de 546 h., 31 a. et 10 c. est affecté à ce centre de population, conformément aux plans annexés au présent décret.

Art. 2. — Les terrains non réservés du village seront aliénés dans les conditions suivantes. — Le prix de chaque lot, ainsi que la liste des acquéreurs, seront arrêtés définitivement par le gouverneur général de l'Algérie. — Les acquéreurs pourront se libérer en cinq annuités. Le premier cinquième du prix sera exigible au moment de la signature du contrat de vente. Les quatre autres termes payables d'année en année. — La partie du prix non payée comptant sera productive d'un intérêt de 5 p. 100, conformément au décr. du 21 juill. 1856, sus-visé. — Les actes de vente ne contiendront d'autre clause résolutoire que celle prévue à l'art. 7 du décr. du 31 déc. 1864, en cas de retard dans le payement du prix.

DP. — 18 déc. 1869-4 mars 1870. — BG. 522.
— Création du village de Montebello.

Art. 1. — Il est formé dans la plaine des Hadjoutes, au lieu dit Sidi Rached, sur la route de Coléa à Marengo, dép. d'Alger, un périmètre de colonisation, embrassant une superficie de 1,031 h., 42 a., 70 c., sur lequel est créé un centre de population de 44 feux qui prendra le nom de Montebello.

Art. 2. — Les terrains domaniaux non réservés compris dans ce périmètre et allotis conformément au plan annexé au présent décret, seront aliénés à prix fixe dans les conditions suivantes. (Comme au décret précédent.)

DP. — 30 déc. 1869-15 janv. 1870. — BG. 521.
Création du village de Malakoff dans la plaine du Chélif.

Art. 1. — Il est créé dans la plaine du Chélif, à 14 kilom. à l'Ouest d'Orléansville, sur la route impériale n° 4, d'Alger à Oran, et sur le tracé de la voie ferrée en construction, un centre de population de 52 feux, qui prendra le nom de Malakoff. — Un territoire de 1,012 h., 86 a. est affecté à ce centre de population.

Art. 2. — Les terrains du village de Malakoff seront aliénés dans les conditions suivantes. (Comme au décr. du 10 nov. précédent.). — Les actes de vente seront passés par le receveur des domaines de la circonscription où sont situées les terres.

DP. — 9 sept.-28 oct. 1871. — BG. 580.
Création du hameau d'Ard el Beïda, sur la rive droite du Chélif.

Art. 1. — Il est créé, sur la rive droite du Chélif, à 12 kilom. Ouest d'Orléansville, prov. d'Alger, un hameau de 9 feux, qui prendra le nom d'Ard el Beïda. — Le territoire affecté à ce centre aura une contenance de 421 h., 89 a., 60 c., avec un communal de 275 h., 56 a., 80 c., prélevé sur la terre dite Blad ben Daiech, conformément aux plans ci-annexés.

Art. 2. — Les terrains du hameau d'Ard el Beïda, autres que ceux réservés pour les services publics et le communal, seront aliénés dans les conditions suivantes : — Le prix de chaque lot et la liste des acquéreurs seront arrêtés définitivement par le gouverneur général civil de l'Algérie. — Les acquéreurs pourront se libérer en cinq annuités, etc. (Comme aux décrets précédents.)

Art. 3. — Le centre d'Ard el Beïda sera provisoirement rattaché, pour ce qui concerne son administration, au district d'Orléansville.

2° — Province de Constantine.

DP. — 15 janv.-17 mars 1869. — BG. 506. — Création d'un nouveau périmètre de colonisation dit de l'Oued Cherf, comprenant le village de Clauzel et les 3 hameaux d'Aïn Amara, d'Aïn Rhoul et d'Announa.

Art. 1. — Il est formé, dans la province de Constantine, sous le nom d'Oued Cherf, sur la route provinciale n° 2, de Bône à Constantine par Guelma, à 15 kilom, environ à l'Ouest de cette dernière ville, un périmètre de colonisation d'une étendue superficielle de 6,472 h., 87 a., 68 c., comprenant 2,176 h., 13 a., 6 c. de propriétés particulières, et 4,296 h., 74 a., 82 c. de terres domaniales : ce périmètre divisé en 7 sections, A, B, C, D, E, F, G, telles qu'elles sont figurées au plan général annexé au présent décret.

Art. 2. — Il est créé, sur chacune des sections A, B, C et D, dont les plans spéciaux sont également annexés au présent décret, un centre de population, sous la dénomination et avec les contenances territoriales ci-après déterminées : — Dans la section A, un village principal de 26 feux, sous le nom de *Clauzel*, au lieu dit *Aïn Enchîr Rayan ;* — Dans la section B, un hameau de 7 feux, sous le nom d'*Aïn Amura ;* — Dans la section C, un autre hameau de 8 feux, sous le nom d'*Aïn Rhoul ;* — Dans la section D, un hameau sous le nom d'*Announa*, qui sera plus particulièrement affecté à des cultivateurs indigènes.

Art. 3. — Il est affecté à ces centres de population, toutes réserves et propriétés particulières comprises, savoir : — Clauzel, un territoire de 1,003 h., 36 a., 50 c., — Aïn-Amura, 278 h., 59 a., 56 c., — Aïn Rhoul, 570 h., 61 a., 50 c., — Announa, 428 h., 15 a., 52 c., conformément aux plans A, B, C et D, annexés au présent décret.

Art. 4. — Les terrains domaniaux non réservés des sections A, B, C et D, composant les territoires des villages, seront aliénés dans les conditions suivantes : — Le prix de chaque lot, ainsi que la liste des acquéreurs, dont la moitié sera prise, autant que possible, parmi les fils de colons algériens possédant des ressources suffisantes, et l'autre moitié, réservée à l'émigration, seront arrêtés définitivement par le gouverneur général de l'Algérie. — Les acquéreurs pourront se libérer en cinq annuités. Le premier cinquième du prix sera exigible au moment de la signature du contrat de vente. Les quatre autres termes seront payables d'année en année. — La partie du prix, non payée comptant, sera productive d'un intérêt de 5 p. 100, conformément au décr. du 21 juill. 1866 sus-visé. — Les actes de vente ne comporteront d'autre clause résolutoire que celle prévue à l'art. 7 du décr. du 31 déc. 1864, en cas de retard dans le payement du prix.

Art. 5. — Les terres domaniales non réservées des sections E G seront aliénées par la voie de la vente aux enchères publiques, dans les conditions prévues par le décr. du 25 juill. 1860.

D3. — 18 sept.-2 nov. 1869. — BG. 316. — *Création du village d'Herbillon.*

Art. 1. — Il est créé dans la province de Constantine, au lieu dit : Takouch, entre le port de Bône et le cap de fer, un centre de population de 50 feux qui portera le nom de : Herbillon.

Art. 2. — Un territoire de 412 h., 52 a., 68 c. est affecté à ce centre de population, conformément au plan ci-annexé ; — Les terrains du centre d'Herbillon seront aliénés dans les conditions suivantes : — Le prix de chaque lot, ainsi que la liste des acquéreurs seront arrêtés définitivement par le gouverneur général de l'Algérie ; — Les acquéreurs pourront se libérer en cinq annuités. Le premier cinquième du prix sera exigible au moment de la signature du contrat de vente. Les quatre autres termes seront payables d'année en année. — Les actes de vente ne contiendront d'autre clause résolutoire que celle prévue à l'art. 7 du décr. du 31 déc. 1864 également sus-visé, en cas de retard dans le payement du prix.

Art. 3. — Jusqu'à ce qu'il soit érigé en commune de plein exercice, le centre d'Herbillon sera rattaché à la commune de Bugeaud. (arrondissement de Bône), dont il formera une section.

D3. — 15 oct.-2 nov. 1869. — BG. 316. — *Création d'un nouveau périmètre de colonisation dans la vallée de la Seybouse.*

Art. 1. — Il est formé dans la province de Constantine, dans la vallée de la Seybouse, arrond. de Bône, sur la route provinciale n° 4 et l'ancienne route de cette ville à Souk-Ahras, un périmètre de colonisation d'une étendue superficielle de 948 h., 77 a., 44 c. — Ce périmètre, formé des terrains restants disponibles dans les anciens lotissements de la vallée de la Seybouse, d'Akara et d'Ousfetta, est divisé en 27 lots, numérotés de 1 à 27, tels qu'ils sont figurés au plan général annexé au présent décret.

Art. 2. — Les terrains domaniaux compris sous les n°s 1 à 15 (vallée de la Seybouse, rive droite) et 21 à 27 (terre d'Akara, également rive droite) seront aliénés dans les conditions suivantes : — Le prix de chaque lot et la liste des acquéreurs, choisis principalement parmi les agriculteurs de la Métropole, seront arrêtés définitivement par le gouverneur général de l'Algérie. — Les acquéreurs pourront se libérer en cinq annuités, etc... (Comme à l'art. 2 de l'arr. précédent).

Art. 3. — Les terrains domaniaux inscrits sous les n°s 16, 17, 18, 19 et 20 du plan, et qui composent la terre d'Ousfetta (rive gauche de la Seybouse), seront aliénés par la voie de la vente aux enchères publiques, dans les conditions prévues par le décr. du 25 juill. 1860.

D3. — 22 nov. 1869.-10 mai 1870. — BG. 329. — *Création du village d'El Mader.*

Art. 1. — Il est créé dans le département de Constantine, commune de Batna, au lieu dit El Mader, un centre de population de 40 feux, qui portera le nom d'El Mader. — Un territoire de 2,229 h. est affecté à ce centre de population, conformément aux plans annexés au présent décret.

Art. 2. — Les terrains non réservés du village seront aliénés dans les conditions suivantes : (comme à l'art. 2 de l'arr. du 18 sept. 1869, ci-dessus).

3° — Province d'Oran.

D3. — 28 janv.-10 mai 1870. — BG. 328. — *Création du village de Palikao.*

Art. 1. — Il est créé dans la province d'Oran, au lieu dit Terniñae, sur la route de Mascara, un centre de population européenne de 50 feux, qui prendra le nom de Palikao. — Un territoire de 1,253 h., 12 a. est affecté à ce centre de population, conformément au plan ci-annexé.

Art. 2. — Les terrains formant ce territoire seront aliénés dans les conditions suivantes, savoir : — Le prix de chaque lot et la liste des acquéreurs, choisis parmi les agriculteurs de la Métropole et les fils de colons algériens, possédant les ressources suffisantes, seront arrêtés définitivement par le gouverneur général de l'Algérie. — Les acquéreurs pourront se libérer en cinq annuités, etc... (Comme aux arrêtés précédents).

D3. — Mêmes dates. — *Création du village d'Inkermann.*

Art. 1. — Il est créé dans la province d'Oran, sur le territoire du Riou, sur la route impériale d'Alger à Oran et à 800 mèt. de la station du chemin de fer, à 44 kil. à l'Est de Relizane, un centre de population européenne de 60 feux, qui prendra le nom d'Inkermann. — Un territoire de 5,901 h., 26 a., 20 c., y compris deux réserves communales, d'une contenance totale de 92 h.,

69 a., est affecté à ce centre de population, conformément au plan ci-annexé.

Art. 2. — Les terrains formant ce territoire seront aliénés sous les conditions suivantes, savoir : — Le prix de chaque lot et la liste des acquéreurs, dont la moitié sera prise, autant que possible, parmi les fils de colons algériens, possédant des ressources suffisantes, et l'autre moitié réservée à l'émigration, seront arrêtés définitivement par le gouverneur général de l'Algérie. — Les acquéreurs pourront se libérer en cinq annuités, etc... (Comme aux arrêtés précédents).

DI. — 6 avr.-10 mai 1870. — BG. 328. — *Création du hameau de Sidi Ali ben Youb.*

Art. 1. — Il est créé dans la province d'Oran, sous le nom du hameau de Sidi Ali ben Youb, sur la route de Sidi bel Abbès à El Hassaïba, à 2 kil. du village principal de Sidi Ali ben Youb, un centre de population européenne de 9 feux.

Art. 2. — Un territoire de 571 h., 22 a., 70 c., y compris une réserve communale de 196 h., 68 a., 60 c., est affecté à ce centre de population, conformément au plan ci-annexé.

Art. 3. — Les terrains de ce territoire, autres que ceux réservés à l'acquéreur du Bordj pour servir à l'exploitation d'une ferme et être vendus aux enchères publiques, seront aliénés dans les conditions suivantes : — Le prix de chaque lot et la liste des acquéreurs, qui seront pris parmi les colons ou fils de colons algériens possédant des ressources suffisantes, seront arrêtés définitivement par le gouverneur général de l'Algérie. — Les acquéreurs pourront se libérer en cinq annuités, etc... (Comme aux arrêtés précédents).

APB. — 30 juill.-15 sept. 1871. — BG. 375. — *Création du village de Lalla-Maghrnia.*

Art. 1. — Le centre de population formé près de la rivière Ouerdefou, au lieu dit *Lalla-Maghrnia*, à 55 kil. de Tlemcen, prov. d'Oran, est définitivement constitué. Il comprendra 62 feux.

Art. 2. — Un territoire de 1272 h. est affecté à ce centre, conformément au plan ci-annexé.

Art. 3. — Les terrains formant ce territoire, autres que ceux réservés ou appartenant déjà à des particuliers, seront aliénés dans les conditions suivantes : — Le prix de chaque lot et la liste des acquéreurs seront arrêtés définitivement par le gouvernement général civil de l'Algérie. — Les acquéreurs pourront se libérer en cinq annuités, etc. (Comme aux arrêtés précédents).

APB. — 31 juill.-15 sept. 1871. — BG. 375. — *Création du village de Mendez.*

Art. 1. — Il est créé dans la province d'Oran, sous le nom de *Mendez*, sur un point situé à 35 kil. de Relizane, à 15 kil. du poste de Zemmorah, et à 63 kil. de Tiaret, un centre de population européenne de 71 feux.

Art. 2. — Un territoire de 2,350 h., 07 a., 90 c., est affecté à ce centre de population, conformément au plan ci-annexé.

Art. 3. — Les terrains formant ce territoire, autres que ceux appartenant à des particuliers, seront aliénés dans les conditions suivantes : — Le prix de chaque lot et la liste des acquéreurs seront arrêtés définitivement par le gouverneur

général civil de l'Algérie. — Les acquéreurs pourront se libérer en 5 annuités, etc. (Comme aux arrêtés précédents.)

RENVOIS. — V. *Table alphabétique.*

Voirie.

§ 1. — ROUTES.

DI. — 13-30 juin 1868. — BG. 272. — *Classement de partie de route d'Alger à Constantine.*

Art. 1. — La partie A'B de la route provinciale n° 1, d'Alger à Dellys, indiquée au plan n° 1 ci-annexé, et comprise entre les points kilométriques 17 et 55 kil. 500, est déclassée comme route provinciale et fera désormais partie de la route impériale n° 3, d'Alger à Constantine.

Art. 2. — Cesse désormais de faire partie de la route impériale d'Alger à Constantine, la portion de la route d'Alger au village de Fondouck, comprise entre le point kilométrique 17 et le village de Fondouck, indiqué au plan n° 2 ci-annexé.

§ 2. — RUES.

DI. — 11 août-15 sept. 1867. — BG. 245. — *Règlement relatif à l'élargissement, redressement et ouvertures de rues de la ville de Constantine, reproduisant les dispositions textuelles du décr. du 26 août 1859 sur les rues de la ville d'Alger (I, 672), sauf les modifications suivantes aux art. 2 et 7.*

Art. 2. — Attributions du ministre de l'Algérie conférées au gouverneur général pour les décisions à rendre. — Observations des propriétaires reçues, constatées et transmises dans la forme spécifiée au décr. du 11 juin 1858 (I, 825. *Expropriation*) au lieu de celle spécifiée en l'art. 26 de l'ord. du 1ᵉʳ oct. 1844.

Art. 7. — Toutes les maisons qui seront construites à partir de la promulgation du présent décret, devront être pourvues d'une citerne ou récipient propre à emmagasiner les eaux pluviales recueillies sur les toitures des nouveaux bâtiments. — Toute construction nouvelle, dans une rue pourvue d'égouts, devra, en outre, être disposée de manière à y conduire ses eaux ménagères. — La même disposition sera prise pour toute maison ancienne en cas de grosses réparations, et, en tout cas, avant dix ans.

DP. — 10 nov.-31 déc. 1871. — BG. 591. — *Même décret pour la ville de Bône, reproduisant également les dispositions textuelles du décr. du 26 août 1859 (I, 672), sauf les mêmes modifications que ci-dessus à l'art. 2, et la nouvelle rédaction de l'art. 7 ci-après :*

Art. 7. — Toutes les maisons qui seront construites à partir de la promulgation du présent décret, devront être pourvues d'une fosse d'aisances permanente ou mobile. — Toute construction nouvelle dans une rue pourvue d'égouts, devra, en

---

(1) JURISPRUDENCE. — Le propriétaire qui veut construire sur un terrain lui appartenant dans une ville de l'Algérie, ou dans l'un de ses faubourgs, est tenu de se pourvoir d'une autorisation administrative, même alors que ce terrain ne joignant aucune voie publique actuelle ou projetée, se trouve affranchi de toute servitude urbaine (arrêté du 8 oct. 1859, art. 1). — Seulement,

dans ce cas, la contravention ne peut être réprimée que par la prononciation de l'amende, et non pas en outre par l'injonction de démolir la construction (arrêté du 25 fév. 1858, art. 1). — Cass., 27 juill. 1867. — Dalloz, 1867, 1, 456. (V. les arrêtés et autres décisions judiciaires, I, 673 et II, 290.)

outré, être disposée de manière à y conduire les eaux pluviales et ménagères. Les liquides de la fosse permanente ou mobile pourront également y être versés, à la condition que les matières solides soient retenues par des appareils spéciaux et désinfectées autant que de besoin. — La même disposition sera prise pour toute maison ancienne, en cas de grosses réparations.

RENVOIS. — V. *Table alphabétique.*

Voitures. V. TABLE ALPHABÉTIQUE.

Z

Zekhat. V. IMPÔT ARABE.

Zones. V. TABLE ALPHABÉTIQUE.

FIN

APPENDICE [1]

Administration générale.

§ 1. — 13°.

Administration du vice-amiral comte de Gueydon.

AG. — 29 juin-9 juillet 1872. BG. 424. — *Ordonnateur secondaire pour les dépenses du service des contributions directes.*

Vu le décr. du 8 mai 1872, qui institue en Algérie un service de contributions directes et des recensements ; — l'art. 1 dudit décret qui rend applicables en Algérie, sous certaines réserves, toutes les dispositions des lois, ordonnances, décrets et règlements qui régissent en France l'organisation du personnel et les attributions de l'administration des contributions directes ; — l'art. 94 du décr. du 31 mai 1862, sur la comptabilité publique ;

Art. 1. — Le directeur central du service des contributions directes et des recensements en Algérie, est institué ordonnateur secondaire, à partir du 1er juill. 1872, pour l'acquittement des dépenses de ce service, imputables sur le budget du gouvernement général civil de l'Algérie.

Art. 2. — A dater de la même époque et conformément à l'art. 9 du décret précité du 8 mai 1872, les chefs de service départementaux rempliront les fonctions de sous-ordonnateurs. Ils délivreront, pour toutes les dépenses du service départemental, des mandats en vertu des ordonnances de délégation du gouverneur général.

Art. 3. — Ampliation de cet arrêté, qui sera inséré au *Bulletin officiel* du gouvernement général civil de l'Algérie, sera adressée à M. le ministre des finances, ainsi qu'à MM. les trésorier payeurs de l'Algérie.

V.-am¹ COMTE DE GUEYDON.

Colonisation.

AG. — 27-29 mai 1872. — BG. 418. — *Formation d'un centre appelé Isserbourg (dép. d'Alger).*

Vu l'ord. du 21 juill. 1845 ; — Le décr. du 16 oct. 1871.

Art. 1. — Il sera procédé immédiatement à la délimitation et aux autres travaux préalables à l'installation d'un centre de population française dans les Issers-Ouidon, à 7 kil. Est du village de Bled-Guitoun.

Art. 2. — Ce centre, qui prendra le nom d'Isserbourg, sera doté d'un territoire de 1,700 h.

V.-am¹ COMTE DE GUEYDON.

AG. — 28-29 mai 1872. — BG. 418. — *Formation d'un centre (dép. d'Oran).*

Vu (comme à l'arrêté ci-dessus).

Art. 1. — Il sera immédiatement procédé à la délimitation et aux autres travaux préalables à l'installation d'un centre de population française, projeté, sous le nom de Saint-Aimé, près la ligne du chemin de fer d'Alger à Oran, sur la rive gauche de la Djeddouïa (subd. d'Oran).

Art. 2. — Un territoire de 1,200 h. au moins sera affecté à ce centre de population, dont le peuplement sera opéré conformément aux dispositions du décr. du 16 oct. 1871.

V.-am¹ COMTE DE GUEYDON.

AG. — 7-10 juin 1872. — BG. 420. — *Formation d'un centre à Bordj-Bouira, route d'Alger à Constantine.*

Vu l'ord. du 21 juill. 1845 ; — Les décr. des 25 juill. 1860 et 13 août 1861 ; — Le décr. du 16 oct. 1871.

Art. 1. — Il sera immédiatement procédé à la délimitation et aux autres travaux préalables à l'installation d'un centre de population française, d'au moins 100 feux, à Bordj-Bouira, sur la route nationale d'Alger à Constantine.

Art. 2. — Un territoire de 2,395 h., qui, au besoin, pourra être porté à 3,000 h., est affecté à ce centre, dont le peuplement aura lieu conformément aux conditions prescrites par le décr. du 16 oct. 1871.

V.-am¹ COMTE DE GUEYDON.

AG. — 8-10 juin 1872. — BG. 420. — *Formation d'un centre dans la vallée du Béddou (dép. d'Alger).*

Vu (comme à l'arrêté qui précède).

Art. 1. — Il sera immédiatement procédé à la délimitation et aux autres travaux préalables à l'installation, dans les Issers-Djedian, vallée du Sebaou, d'un centre de population qui sera doté d'un territoire de 2,155 h., 20 a.

Art. 2. — Le peuplement de ce centre sera effectué par des familles provenant du département des Alpes-Maritimes, dans les conditions prescrites par le tit. 2 du décr. du 16 oct. 1871.

V.-am¹ COMTE DE GUEYDON.

42. — 12-22 juin 1872. — Bel. 422. — Création d'un commissariat d'immigration et de peuplement.

Vu les décr. des 23 juill. 1860, 7 juill. 1861 et 29 mars 1871, sur le gouvernement et la haute administration de l'Algérie. — L'arr. du 9 avril 1860, relatif à l'établissement des nouveaux centres de population. — Le tit. 2 du décr. du 16 oct. 1871.

Considérant qu'il ne suffit pas, pour qu'un centre de population française prospère, que le territoire qui lui est attribué soit bien choisi, aux divers points de vue de la sécurité, de l'influence politique, de la salubrité, de la propriété, des communications, des eaux, etc.; qu'il faut encore qu'il faut surtout que la liste de peuplement comprenne toutes les professions indispensables, et ne renferme que des familles résolues à se fixer sur le sol et à y faire souche. — Considérant que le projet de loi sur la propriété, soumis en ce moment à l'Assemblée nationale, donne aux capitalistes toutes facilités et toute sécurité pour acquérir et transmettre des biens territoriaux, sans acception de nature, ni limitation de contenance. — Que, d'ailleurs, le décr. du 16 oct. 1871 laisse au Domaine la faculté d'aliéner, dans les conditions édictées par les décrets et règlements antérieurs, tous les biens domaniaux que leur nature, leur contenance ou leur situation ne désigne pas pour recevoir l'affectation prévue par le tit. 2 dudit décret.

Considérant, d'autre part, qu'il est d'un intérêt capital d'attirer de France, pour les fixer sur le sol algérien, des familles habituées aux travaux de l'agriculture, et simultanément, de favoriser le développement des familles agricoles déjà établies en Algérie, en facilitant à ces familles ou à leurs descendants les moyens de devenir propriétaires et de prospérer. — Considérant que des surfaces importantes de terres de culture vont être rendues disponibles pour la colonisation par suite de conventions réalisées ou en voie de réalisation pour le rachat du séquestre collectif imposé aux douars ou tribus rentrés dans l'obéissance. — Le conseil de gouvernement entendu :

Tit. 1er. — Des commissariats d'immigration et de peuplement.

Art. 1er. — Il est créé un commissariat central et des commissariats départementaux d'immigration et de peuplement. — Le commissaire central et les commissaires départementaux sont nommés par le gouverneur général et révocables par lui. La mission qu'ils remplissent ne leur donne droit qu'à des indemnités dont la quotité est déterminée par le gouverneur général.

Art. 2. — Le commissaire central d'immigration et de peuplement réside à Alger; il relève directement du gouverneur général. — Un commissaire d'immigration et de peuplement réside au chef-lieu de chaque département. Il relève du commissaire central.

Art. 3. — Le commissaire départemental correspond directement avec le préfet et le général commandant la division, suivant le territoire pour lequel il opère; il fournit les renseignements qui lui sont demandés par le conseil général et par la commission départementale, et se rend dans leur sein quand il y est appelé.

Art. 4. — La mission des commissaires d'immigration comprend, outre l'instruction des demandes de locations domaniales, ainsi qu'il est dit à l'art. 5 ci-après : — 1° La recherche et la réunion de tous plans, documents et généralement de tous renseignements utiles aux immigrants et colons en vue du peuplement des terres disponibles; — 2° La réponse à toutes demandes

de renseignements adressées verbalement ou par écrit, et la communication, sans déplacement, des plans et documents utiles.

Tit. 2. — De l'examen des demandes de locations domaniales sous promesse de concession définitive. (Exécution du tit. 2 du décr. du 16 oct. 1871.)

Art. 5. — Les commissaires d'immigration et de peuplement instruisent, au 1er degré, les demandes de locations domaniales sous promesse de concessions définitives, conformément au tit. 2 du décr. du 16 oct. 1871. — Ils correspondent directement, à cet effet, avec les maires ou administrateurs tant des lieux d'origine des demandeurs que de ceux où les terres demandées en location sont situées. — Le résultat de cette instruction est, quel qu'il soit, soumis à la commission départementale, à la diligence du préfet.

Art. 6. — Quand, conformément aux propositions du commissaire d'immigration, la commission départementale aura conclu à l'admission d'un demandeur, le préfet ou le général commandant la division, s'ils ne font point objection à la demande, pourront mettre sans délai le futur locataire en possession provisoire des terres proposées en sa faveur, sous les réserves exprimées en l'art. 7. — En cas de dissentiment, le préfet ou le général en réfère au gouverneur général, qui statue sur l'avis du commissaire central d'immigration et de peuplement et la proposition du directeur général des affaires civiles.

Art. 7. — Les actes de location sous promesse de concession sont préparés par le service des domaines, au fur et à mesure des attributions de terre consenties ainsi qu'il est dit à l'article précédent. — Ils ne sont validés que par l'approbation du gouverneur général, auquel ils sont transmis avec tous les renseignements propres à établir : — 1° Que l'attributaire n'est au plus propriétaire ou concessionnaire que d'une parcelle insuffisante, pouvant donner lieu à augmentation. — 2° Que les lots attribués ne comprennent que la part proportionnelle de terres de diverses qualités qui, dans le centre où elles sont situées, revient à chaque famille, par tête de résident. — 3° Qu'il n'existe sur ces terres aucune construction, de même qu'aucune orangerie, olivette, carrière ou autre richesse naturelle propre à assigner une valeur exceptionnelle à l'immeuble.

Tit. 3. — Des périmètres de colonisation et de leur peuplement.

Art. 8. — Dans les cas d'annexions territoriales aux centres déjà établis, il est satisfait aux besoins des colons anciens et à ceux de leurs descendants, avant d'introduire de nouvelles familles d'immigrants.

Art. 9. — Dans tout nouveau centre de colonisation, une part est faite aux colons déjà établis en Algérie ou à leurs descendants, de façon que partout les familles d'immigrants trouvent le contact de l'expérience acquise par leurs devanciers dans le pays, ainsi que des moyens de travail, sur les lieux mêmes, en attendant les premières récoltes.

Art. 10. — Sont de préférence admis au bénéfice des dispositions du tit. 2 du décr. du 16 oct. 1871, outre les immigrants cultivateurs; — 1° Les colons qui, résidant déjà sur les terres qu'ils exploitent, n'en possèdent pas, ou ne possèdent, à quelque titre que ce soit, qu'un nombre d'hectares inférieur à celui qui est alloué par le décr. du 16 oct. 1871, eu égard au nombre de résidents : l'attribution est faite en ce dernier cas, de manière à compléter, sans jamais les dépasser, les

surfaces proportionnelles édictées audit décret; —
3° Les descendants des anciens colons formant
de nouvelles familles de cultivateurs: ces jeunes
ménages, en vue de leur développement probable, seront comptés pour cinq têtes.

Art. 11. — La surveillance de l'exécution de
la clause de résidence habituelle des localataires
et de l'exploitation par eux, sur les terres attribuées
aux conditions du tit. 2 du décr. du 16 oct. 1871,
du nombre de résidents européens stipulé dans
l'acte de location, est confiée à tous les maires
ou administrateurs locaux, à tous les agents
des domaines et des contributions, et notamment
aux recenseurs, qui devront mensuellement faire
parvenir un rapport sur cet objet aux préfets,
chargés de poursuivre l'annulation des actes,
pour cause d'inexécution de la seule charge imposée aux attributaires.

Art. 12. — Toutes dispositions antérieures sont
et demeurent abrogées, en ce qu'elles ont de
contraire au présent arrêté.

V.-am¹ COMTE DE GUEYDON.

Circ. G. — 17 juin 1872. — (Publié au Moniteur de l'Algérie du 19). — Instructions aux
préfets et aux généraux de division relatives
au peuplement français.

L'enlèvement des récoltes pendantes va permettre d'entrer largement dans la voie ouverte
par le tit. 2 du décr. du 16 oct. 1871. — Ne
louez donc à nouveau aucun Azel, aucune terre
domaniale susceptible de recevoir un peuplement
français. L'arr. du 14 juin qui institue les commissariats d'immigration et de peuplement fait
disparaître toute cause de lenteur. Je désire que
les nouveaux attributaires puissent s'installer sans
retard et faire leurs labours en temps opportun.
— Une seule difficulté subsiste encore: c'est l'insuffisance du crédit alloué pour colonisation. —
Tous mes efforts tendent à la faire disparaître et
j'y réussirai dans une assez large mesure si j'ob-
tiens, comme je l'ai demandé, de prélever les
sommes nécessaires sur le reliquat de l'impôt de
guerre.

Le gouverneur général civil,
V.-am¹ COMTE DE GUEYDON.

A.G. — 29 juill.-2 août 1872. — B.G. 423. — Formation d'une banlieue agricole autour du centre
de Tizi-Ouzou.

Vu l'ord. du 21 juil. 1845; — Les décr. du 23
juil. 1860 et 12 août 1864; — Le décr. du 27
oct. 1858, portant création du village de Tizi-
Ouzou.

Art. 1. — Il sera procédé immédiatement à
la délimitation, autour du centre de Tizi-Ouzou,
d'un périmètre de colonisation qui n'embrassera pas moins de 6,840 h. y compris le territoire actuel de ce village qui est de 246 h., 05 a.,
65 c.

Art. 2. — Le peuplement de cette banlieue agricole s'effectuera dans les conditions prescrites par
le décr. du 16 oct. 1871.

V.-am¹ COMTE DE GUEYDON.

A.G. — 30 juill.-2 août 1872. — B.G. 423. — Formation d'un hameau près de Dra-el-Mizan.

Vu l'ord. du 21 juil. 1845; — Les décr. des
23 juil. 1860 et 12 août 1864; — Le décr. du
16 oct. 1871.

Art. 1. — Il sera immédiatement procédé à la
délimitation et aux autres travaux préalables à
l'installation d'un hameau au lieu dit Aïn Bou
Fhaïma, à 4 kil. de Dra-el-Mizan sur le chemin
qui conduit de cette ville aux Issers.

Art. 2. — Ce hameau sera doté d'un périmètre
de 900 h.

V.-am¹ COMTE DE GUEYDON.

Commentaires.

§ 4. — COMMUNES MIXTES ET COMMUNES
SUBDIVISIONNAIRES.

A.G. — 6-20 août 1868. — B.G. 207. — Organisation des communes subdivisionnaires, en
exécution des arrêtés et décrets qui précèdent.

Art. 1. — Les dispositions des art. 1, 3, 4,
et 15 à 66 de l'arr. du 20 mai 1868, relatives à
l'organisation et à l'administration des communes
subdivisionnaires, seront mises à exécution à dater
du 1er janv. 1869.

Art. 2. — Les conseils subdivisionnaires seront
réunis extraordinairement du 24 au 26 nov., à
l'effet d'établir les projets de budget des communes subdivisionnaires pour l'exercice de
1869.

M¹ DE MAC-MAHON, duc DE MAGENTA.

A.G. — Mêmes dates. — Nomination, en exécution de l'art. 17 de l'arr. du 20 mai 1868,
des membres du conseil subdivisionnaire,
chargé de l'administration de chacune des
communes subdivisionnaires.

A.G. — 17 mars-10 mai 1870. — B.G. 223. — Le
territoire du centre créé sous le nom de Palestro, dans la douar-commune des Ammal
(annexe et prov. d'Alger), par décr. du 18
nov. 1869 (villes et villages), cesse de faire
partie de l'annexe d'Alger, et est rattaché
au cercle de Tizi-el-Mizan, subd. de Dellys,
prov. d'Alger. — Ce territoire est érigé en
section de la commune mixte de Tizi-el-
Mizan.

A.G. — 31 août-3 sept. 1870. — B.G. 224. — Le
chef-lieu de la commune mixte de Smys
(prov. d'Oran) est transporté au centre de
Magenta, chef-lieu du cercle d'El-Magenta;
le poste de Smys et ses dépendances deviennent une section de la commune mixte,
qui prend le nom de commune mixte de
Magenta.

A.G. — 4-31 oct. 1870. — B.G. 263. — Modification aux art. 56 et 67 de l'arr. du 20 mai
1868 ci-dessus. (V. ces articles).

A.G. — 24 nov. 1871. — (V. § 5). — Modification
aux art. 6 et 7 de l'arr. du 20 mai 1868. —
Composition des commissions municipales.

A.G. — 31 juil. 1872. — (Publié au Moniteur
de l'Algérie du 2 août). — Constitution de la
commune mixte d'Inkermann (dép. d'Oran).

Vu les décr. du 10 déc. 1860 et 7 juil. 1865
sur le gouvernement et la haute administration
de l'Algérie; — Le décr. du 27 déc. 1866; —
L'arr. du 20 mai 1868, sur l'organisation et l'administration des communes mixtes; — L'arr. du
24 nov. 1871; — Vu l'importance croissante de
la population européenne du centre d'Inkermann
(Oued Riou), annexe de la commune mixte
d'Ammi Moussa, et ses ressources budgétaires;
— Considérant les difficultés que présente, pour
l'administration de cette annexe, son rattachement
à cette dernière commune; — Le Conseil de gouvernement entendu;

Art. 1. — Le centre d'Inkermann (Oued Riou)
est détaché de la commune mixte d'Ammi Moussa,
et constitué en commune mixte avec les douars-
communes de Merdja et Gargar et d'Abd el Goui
qui, par suite, sont détachés de la commune

subdivisionnaire d'Oran. — A cette commune mixte sera rattaché provisoirement le territoire du centre européen de St-Aimé, actuellement en création.

Art. 2. — Il sera procédé sans retard à l'établissement du plan délimitatif de la commune mixte d'Inkermann.

Art. 3. — La commission municipale de cette commune sera composée de 7 membres, dont 4 européens et 3 indigènes. — Ces membres seront nommés par M. le général commandant la division.

Art. 4. — La susdite commission municipale se réunira extraordinairement, à la date qui sera fixée ultérieurement, à l'effet d'établir le projet de budget de la commune pour le 2ᵉ semestre de l'exercice 1872.

V.-amᵃˡ, COMTE DE GUEYDON.

§ 5. — NOUVELLE DIVISION DU TERRITOIRE, EN DISTRICTS, CERCLES ET CIRCONSCRIPTIONS CANTONALES.

A. G. — 21 mai-10 juin 1872. — B. G., 420. — *Création de 6 circonscriptions cantonales dans le dép. d'Oran.*

Vu l'arrêté du 24 nov. 1871, sur l'organisation administrative et communale de la région italienne.

Art. 1. — Les dispositions de l'arr. du 24 nov. 1871 seront appliquées, à la date de ce jour, aux circonscriptions cantonales d'Oran, de Mostaganem, d'Arzew, du Tlélat et d'Aïn-Témouchent. — Ces circonscriptions sont provisoirement délimitées conformément au plan ci-annexé.

Art. 2. — Les administrateurs des communes indigènes comprises dans ces circonscriptions résideront à Aïn En Naro, Saint-Denis du Sig, Sidi-Barbe du Tlélat et Aïn Témouchent.

Art. 3. — La future circonscription cantonale de Nekmaria est aussi délimitée conformément au plan ci annexé. — La commune indigène de cette circonscription sera constituée aussitôt que le poste de Nekmaria et la route qui le reliera à Mostaganem seront établis.

Art. 4. — Le présent arrêté, comme tous ceux antérieurs relatifs aux circonscriptions cantonales, ne modifie en quoi que ce soit la délimitation des communes et des arrondissements civils établis par décrets. — Il ne modifie non plus en aucune manière les circonscriptions judiciaires ; il n'affecte que les territoires dits militaires.

V.-amᵃˡ, COMTE DE GUEYDON.

FIN DE L'APPENDICE.

TABLE ALPHABÉTIQUE DES MATIÈRES

J

FIN DE LA TABLE ALPHABÉTIQUE DES MATIÈRES.

TABLE CHRONOLOGIQUE

DES LOIS, ORDONNANCES, DÉCRETS, ARRÊTÉS ET DÉCISIONS

INSÉRÉS AU III° VOLUME

1re partie.

Actes du gouvernement concernant spécialement l'Algérie.

2e partie.

Lois et décrets régissant la métropole promulgués, publiés ou applicables en Algérie.

ABRÉVIATIONS SPÉCIALES A LA TABLE CHRONOLOGIQUE.

C   Circulaire.
CCR Circulaire du commissaire extraordinaire de la République.
CG Circulaire du gouverneur.
CM Circulaire ministérielle.
DG Décision du gouverneur.
DI Décision impériale.
DM Décision ministérielle.
IG Instruction du gouverneur.
IM Instruction ministérielle.

PREMIÈRE PARTIE.

ACTES DU GOUVERNEMENT CONCERNANT SPÉCIALEMENT L'ALGÉRIE.

DEUXIÈME PARTIE.

LOIS ET DÉCRETS RÉGISSANT LA MÉTROPOLE.

§ 1. — Promulgués en Algérie de 1806 à 1872 en vertu de décret spécial.

§ 2. — *Promulgués par décision du gouverneur général ou du commissaire extraordinaire de la République.*

			Pag.					Pag.
DI	26 juill. 1862	Traité	296	LOI	2 août 1868	Patentes		234
DI	24 sept. —	Traité	296	LOI	31 août 1870	Ventes mobilières		305
AM	20 avril 1866	Roulage	265	D	5 sept. —	Presse		241

§ 3. — *Publiés au Bulletin officiel sans décret ni arrêté de promulgation.*

			Pag.					Pag.
	15 juin 1869	Traités	300	D	14 déc. 1870	Procédure		247
DP	19 oct. —	Traités	300	D	23 — —	État civil		166
LOI	13 août 1870	Effets de commerce	153	D	25 — —	Annonces légales		53
D	10 sept. —	Effets de commerce	153	LOI	22 avril 1871	Presse		241
D	17 oct. —	Tribunaux de comm.	304	LOI	4 mai —	Tribunaux de comm.		304
D	27 — —	Presse	241	LOI	26 — —	Procédure		248
D	2 nov. —	Procédure	247	LOI	12 juill. —	Caisses d'épargne		60
D	5 — —	Promulgation	252	LOI	14 mars 1872	Sûreté générale		279
D	11 — —	Promulgation	252	LOI	30 — —	Pensions de retraite		254
D	14 — —	Procédure	247					

§ 4. — *Non publiés au Bulletin officiel (1).*

			Pag.					Pag.
D	4 sept. 1870	Amnistie	53	D	10 nov. 1870	Effets de commerce		153
D	4 — —	Armes	56	D	14 — —	Effets de commerce		153
D	5 — —	Serment	276	D	9 déc. —	Effets de commerce		154
D	6 — —	Justice	196	D	12 — —	Effets de commerce		154
D	6 — —	Presse	241	D	8 janv. 1871	Effets de commerce		154
D	8 — —	Élections	140	D	12 — —	Effets de commerce		154
D	9 — —	Procédure	245	D	27 — —	Effets de commerce		154
D	10 — —	Brevets d'invention	58	D	29 — —	Élections		141
AM	11 — —	Serment	276	D	31 — —	Élections		141
D	16 — —	Élections	140	LOI	10 mars —	Effets de commerce		154
D	17 — —	Caisses d'épargne	59	LOI	24 — —	Effets de commerce		154
D	19 — —	Fonctionnaires	173	LOI	26 — —	Effets de commerce		154
D	25 — —	Justice	196	CM	10 juin —	Élections (circ.)		142
D	1 oct. —	Élections	140	LOI	4 juill. —	Effets de commerce		155
D	5 — —	Effets de commerce	153	CM	29 — —	Brevets d'inv. (circ.)		58
D	5 — —	Effets de commerce	153	D	10 sept. —	Imprimerie		179
D	5 — —	Procédure	247	LOI	12 févr. 1872	Presse		245
D	11 — —	Effets de commerce	153	DP	10 mai —	Tribunaux de comm.		504
D	16 — —	Effets de commerce	153					

(1) Dans le nombre des lois et décrets compris dans ce paragraphe, comme parmi ceux indiqués aux paragraphes précédents, il en est qui n'avaient pas besoin de promulgation spéciale pour être exécutoires (V. l'étude sur cette question à l'article *Promulgation*, p. 248); il n'eut pas moins été utile de les publier pour les porter officiellement à la connaissance de la population algérienne. Quelques autres ont été mentionnés ou insérés à titre de document, et sans rien préjuger de leur caractère exécutoire.

FIN DE LA TABLE CHRONOLOGIQUE.

ERRATA

www.ingramcontent.com/pod-product-compliance
Lightning Source LLC
Chambersburg PA
CBHW060131200326
41518CB00008B/996